U0864389

梅森方志学文论选

梅森　著

方志出版社
Publishing House of Local Records

图书在版编目（C I P）数据

梅森方志学文论选／梅森著. --北京：方志出版社，2019.10

ISBN 978-7-5144-3940-3

Ⅰ.①梅…　Ⅱ.①梅…　Ⅲ.①方志学－文集　Ⅳ.①K290-53

中国版本图书馆CIP数据核字(2019)第293750号

梅森方志学文论选

著　　者：梅　森
责任编辑：张　颢

出 版 者：方志出版社
地址　北京市朝阳区潘家园东里9号（国家方志馆4层）
邮编　100021
网址　http://www.fzph.org
发　　行：方志出版社图书经销中心
电话（010）67110500
经　　销：各地新华书店
印　　刷：合肥添彩包装有限公司

开　　本：787×1092　1/16
印　　张：45
字　　数：952千字
版　　次：2019年10月第1版　2019年10月第1次印刷
印　　数：0001～1200册

ISBN 978-7-5144-3940-3　定价：120.00元

·版权所有　翻印必究·

梅森（1950— ）

1982年8月至今，在一线从事地方志编纂与研究38年。2000年前在安徽省全椒县地方志办公室、省地方志办公室工作。2000年上海市政府人才引进调上海市地方志办公室工作。出版系列编审，历任中国地方志学会理事、中国地方志学会学术委员会委员、方志大百科编委与专家组成员、《汶川特大地震抗震救灾志》专家组成员、灾害志卷全志办委派通稿、灾后重建志执行总纂、《上海世博会志》主纂、中国地方抗日战争志工程学术委员、《中国抗日战争志》学术委员、中国名山志文化工程学术委员、方志出版社专家委员会委员、方志出版社特聘社外审稿质检专家、《中国地方志》期刊社外审稿专家、中国地方志精品工程特聘专家、志苑杂志（国内外公开发行）社总编、《安徽省志》复审、《安徽省地方志》（期刊）主编、《上海市地方志》（期刊）执行副主编、《上海研究论丛》编辑室负责人。多次担任中国地方志学术年会、中国方志论坛论文选稿特聘专家，复旦大学、安徽大学历史系客座教授，宁波大学文学院方志培训班教授，安徽地方志学会秘书长、上海市地方史志学会秘书长副会长、上海市地方志办公室方志编纂处处长、市志处处长。先后起草《安徽省志编纂方案》（最终67卷案）、《上海市二轮市级志书编纂方案》《汶川特大地震抗震救灾志编纂方案》《上海世博会志编纂方案》《中华大一统志编纂方案讨论稿》《抗日战争志编纂方案讨论稿》；先后参与了中国地方志指导小组《地方志书质量规定》的研究拟定、《当代志书编纂教程》编写工作。公开出版《方志学简论》等专著7部，编著《安徽沿江地区经济概览》《上海世博会志》等30部，在《中国地方志》等省级以上刊物上发表论文160余篇，历年参与中国地方志精品工程与上海、安徽、浙江等志书评审300多部，先后在安徽、上海、江苏、浙江、北京、陕西、江西、新疆、内蒙古、山东、湖南、贵州、西藏、广东、海南、福建和复旦大学、宁波大学、中国地方志指导小组办公室等举办的方志编纂培训班授课300多场。因编纂汶川特大地震志和上海援建志，中共上海市委、上海市人民政府授予"突出贡献个人"称号，所带团队授予"突出贡献集体"称号，中共上海市委宣传部授予"上海市宣传系统优秀共产党员"称号；国务院汶川特大地震抗震救灾志灾后重建志编纂委员会办公室、国家发展改革委西部开发司（代章）发个人荣誉证书。任职期间，先后随团考察了芬兰、荷兰、比利时、卢森堡、法国、意大利、德国、澳大利亚、加拿大、美国、埃及、土耳其等国家，与加拿大多伦多公共图书馆、美国纽约公共图书馆、美国国家档案馆新馆、美国国会图书馆、埃及埃中文化交流协会、土耳其历史协会进行了学术交流。2011年3月退休，退休后受聘担任《上海世博会志》《上海市志·政府志》《上海市志·公安志》《上海市志·普通教育志》《闵行区志》《江苏省志·政府志》《吴起县志》《浙江通志·财政志》《浙江通志·钱塘江志 》《浙江通志·运河志 》《安徽省抗日战争志》的总纂、主纂、顾问、通稿、特约编审及指导专家。

自　序

白驹过隙，转眼古稀将至；夕阳里，正可静下来回首过往。一生过去，至今有三十八载都在从事地方志这一件事，就此行说来检讨之事甚多；留给后人，提供研讨。

方志一行，如从南宋志书定型算起已有近七八百年的历史，从源头春秋诸侯国史算起有两千年左右的历史。公认方志学研究是自清乾嘉间章学诚先生（1738—1801）开始。其后“方志学”由梁启超先生（1873—1929）于民国13年（1924年）在《清代学者整理旧学之总成绩——方志学》一文中予以命名。方志文化我国独有，清代是封建时代志书编纂最为繁盛的时代。民国时期是传统方志向现代方志转型的重要时期。中华人民共和国成立后，累积编纂的地方志书、地情文献规模巨大。从学科间比较看，地方志事业的历史不可谓不长，成果规模不可谓不巨，参加编纂和研究的人不可谓不众。但方志学科的建设较之成果反差同样巨大，至今只作为历史学分支历史文献学的“方志学方向”（俗称“三级学科”），在高校和社科研究部门至今没有一个专业院系和一家研究所。愚见原因，一是现代中国的学科建设是“西学东渐”，而方志与方志学是中国独有，西方没有；二是地方志为官修，无独立学科正可发挥行政的权威，兼之吸收相邻学科的专家“客串”；行政官员、相邻学科专家对地方志本行专家队伍的成长与赓续，自然而然地形成“挤压”甚至“挤出”效应。客观地说，方志学与方志研究、编纂的规模虽大，但质量亟需提高。方志学与其他学科不同，需要的是编纂、组织、各学科知识面、文字功力兼具的“杂家”，而不是单一专项研究的专家。方志编纂和研究的专家需要的是十数年、数十年的积累。这就是一些他学科专家教授难以进行地方志实际编纂的原因。方志学应该是一门安静的学科，它不是显学，在官本位和动辄文化炒作的环境中，地方志专业真正的研究所得到的支持和关注是非常不够的。这就是近年方志界退休专家纷纷解囊出版文论集的原因。好在经济社会发展了，今天老去的方志学研究者，还没有到当年章学诚的《章氏遗书》由儿子版梓的地步。

本书所选，是本人数十年方志编纂研究中认为可留给方志后人参考的。包括文选、起草的修志方案选、复旦大学历史专业方志方向研究生班方志编纂学教案、工作活动著作文论年表四部分。至今，绝大多数同仁的方志文论集都属单纯的文论汇编，而本书在此基础上略有增溢。原因是地方志编纂、研究很多属于“职务著作”，著作权、署名权界定不清，为留给后来人真实一些的研究素材，故增加了其他三部分。文选部分共选入论文、文章57篇，大多是在《中国地方志》期刊或全国地方志学术年会上发表的。文论结尾增加了自评与注解，主要交代研究的背景，新的观点见解与价值。虽有“卖瓜”之嫌，但减少了后人的许多摸索，同时也并不影响后人发表更加客观的意见。第二部分是复旦大学历史专业方志方向研究生班方志编纂学教案，共分方志性质的探讨与论争、方志机构与编纂组织、地方志书编纂的原则和要求、志书的编纂体例、地方志书篇目拟订方法、资料征集与资料长编、志书撰稿、志书体裁的运用、志书总纂与无纸化编纂。本人历年编写的地方志教案主要集中在该教案、宁波大学培训教材、上海市志编纂培训教材、汶川特大地震志编纂培训教材中。宁波大学编有内部教材，上海市志编纂教材发布在上海通网页上。故本书只收复旦研究生班的教案。修志方案是方志编纂学的重要组成部分，但研究起草是职务行为，故其研究历来行内重视不够。章学诚《文史通义·外篇》中的和州志序例、永清县志序例、亳州志例议，实际就是今天地方志的编纂方案。黎锦熙先生（1890—1978）起草的《城固县志续修工作方案》，后出版为有名的方志学著作——《方志今议》。本书收录修志方案是为了推动从社会和宏观编纂上研究方志编纂学；收入本人设计起草的《安徽省志》、《上海市志》及《市级专志》、《上海世博会志》、《汶川特大地震抗震救灾志》、中华一统志、中国抗日战争志的编纂方案（后两个是讨论稿），以及研讨材料共12件。第四部分收录了本人地方志工作活动要事、方志学与方志编纂授课、方志著作编审、方志学文论、方志学著作编著五份年表。对前人的业务学术活动的研究是历代学术研究的重要方面。本人近40年的一线业务活动和研究，涉及业务范围、志种范围、子业务范围，既有长度也有宽度，留给后人，可具体研究我们这一代人修志的思考与方法、困惑与迷茫、成功与失落。

南宋王应麟（1223—1296）在他的《辞学指南》中说：“序者，序典籍之所以作。”上文说的就是本书编纂出版的缘由。

2019年2月22日于家中“槑痴书屋”

目　　录

自序

文选

复旦大学历史专业方志方向研究生班方志编纂学教案

起草的修志方案选

工作活动著作文论年表

文选

关于新志中古代人物传的编撰

目前修志界对于古代人物志的编写有各种不同看法，本文试图就此谈点认识与体会，以期达到抛砖引玉的目的。

一、三种不同的意见和我们的看法

从近年来的会议记录和业已成书的新志编纂体例上看，人物传古代部分的编写表面上众说纷纭，但集中归纳一下，基本上有下面三种意见：其一，认为新志的上限已有明确规定，即以辛亥革命为源头适当上溯；所以主张旧志中已在传的历史人物一律不再载入新志，只补充旧志中漏载的人和事。理由是节省精力和篇幅，集中使用到新志的主体部分——辛亥革命后的编纂上。这一意见有一定的合理性，但还不够全面。因为它忽略了我们这次编修的是新型志书，我们有责任用历史唯物主义观点对旧志进行改写，并将其有价值部分纳入新志。

我们都知道，旧志编修者的指导思想总体上讲都是唯心主义的；因之，旧志中传下来的历史材料，一部分本身就是假的，或者真伪相杂。以文献而言，往往尽管材料本身是真的，但却不一定真实地反映客观历史事实的真相；所以，也就无法揭示历史现象的内在本质，它们“仅仅表现的是外表的运动”，并没有“还原为内部的现实运动”（《资本论》第 8 卷，第 384 页）。对于人物，旧志书不是大加粉饰就是肆意歪曲；因之，今天在编纂社会主义新型志书时，决不能忘记要用新的世界观对旧志进行改写，恢复历史的真实面貌。另外，新志是“一方之全史”，占旧志内容 50% 左右的古代人物如果一笔勾销，那么，新志也只能算是“一方之断史”了。诚然上述意见持有者并不反对给遗漏的人和事进行补记，但实际上这种补充基本上只是一句空话。

从我县（全椒县）县志编纂工作实践看，除在太平天国史料中找到康王汪海洋的资料，从年谱、传记以及有关论文中找到一些吴敬梓的资料外，至今还没有发现其他什么“遗漏”的古人资料。

再者，新志应是爱国主义教育、乡土教育的材料，对旧志中颇有教育意义的人和事如若不予改写，那古奥的文字，又有多少知音？其二，这种意见认为新志既非是旧志的续修，更非断代史，主张把旧志人物全部列入新志中。我认为这种意见也值得商榷，因为新志体例的另一要点是“详今略古”。一部志书字数有限，如若对旧志有文照录，岂不把新志写得头重脚轻比例失调？所以，这种意见我更不敢苟同。

注：全集所选文论除错误予以修正外，因时期不同，度量衡等方面的规范，保留发表时的原始状态，未作统一。

第三种意见认为：古代人物（指旧志中已载人物）既不能不写，也不能全写，而是要经过筛剔进行改写。我们认为这种意见比较正确，并在实际工作中采纳了。我室（全椒县地方志办公室）拟定了一个选择旧志人物的标准，就是：既要考虑该人物的历史功过，同时还须兼顾其社会地位；本着内容为主（须有充分的资料性）的原则，分量不足者不予勉强入传，其余人物仍须兼顾社会地位载入“人物表”简述生平，与“人物传”互为补充。有人曾提出选择人物时不考虑人物的社会地位，这对于撰写人民群众已经当家做主的当代社会人物是正确的，但对于中华人民共和国成立前，特别是古代社会，是很不客观的。恩格斯曾经说过：“因为在人类发展的以前一切阶段上，生产还是如此不发达，以致历史的发展只能在这种对抗形式中进行，历史的进步整个说只是极少数特权者的事，广大群众则不得不为自己谋取微薄的生活资料。”（《马克思恩格斯选集》第2卷，第41–42页）再者，人物的社会作用与其自身的社会地位无法截然分开；因之，不分时代笼统地提出不考虑社会地位选择入传人物，这不是历史唯物主义的态度。通过筛选后，一些不重要的人物被剔除了；既照顾了新志的完整，又不过多地占用文字篇幅，经过改写后的人物还具有较大的现实意义。

二、撰写古代人物资料的一点体会

（一）坚持历史唯物主义，改写古代人物

1.在背景、环境、情节和语言中综合体现政治观点。有人认为纂修志书不应带有任何观点，其实不然，只不过真正的史志大家的思想“信息”总是巧妙含蓄地传递给读者罢了。他们常常以选材取胜，注意选择人物的典型言行塑造人物，这种“选择”实际上也就是笔者世界观的“外化”。马克思主义史学观很注重这种“选择”，它要求经选择载入史书的任何材料都必须反映社会发展的必然规律，反映时代的本质。这和马克思主义在文学领域中提出的“典型化”有共通之处，只不过文学中的“典型”是采用夸张虚构情节的手法来表现；而史和志的“典型”却是通过大量的真实的人和事的选择、剪裁，具体数字的排比进行表现的。

那么，我们又是如何去改写旧志人物志呢？有人会提出疑问：旧志人物的言行都是死的，是不容随便更易的，如何赋予它正确的历史观呢？大家知道，旧志人物绝大多数不记载历史背景和社会环境，我们只要在这里下点功夫，人物的功过是非，他的行为是否顺应当时的社会发展，无须笔者赘言，自白于读者案前。

江克让的民国九年《全椒县志·人物传》里有个石文进，他是晚清伊犁镇标总兵（正二品）。志书上仅仅记载：“光绪四年从将军金顺，总督左宗棠破玛纳斯南城……，十一年勘分伊犁三段界务……”如果我们的新志只是不带任何观点地转转原文，那些不了解这一历史，又缺少工具书的同志就很难知道石文进跟随左宗棠、金顺参与的是一场平定新疆少数民族上层叛乱，制止国家分裂，捍卫主权，抗击沙俄入侵的重大政治、军事活动。如果我们在传中穿插进这一历史背景，那么石文进的形象还须我们用文字以褒贬抑扬吗？显然不必。

2.正确对待比较敏感的农民战争、民族起义和“盗贼”劫掠、分裂、割据、上层叛乱的问题。由于长期“左”的影响，史学界多年来对封建统治者的某些行为不

敢从历史的角度给予客观的评价，否定的居多；常常把平定少数民族上层叛乱说成是镇压少数民族起义，把旧志上的“盗贼”不分青红皂白一律说成是农民起义。因之，我们必须加强理论修养提高鉴别能力，首先对历代统治阶级重大的政治、军事行动是否符合国家和民族的利益应该有个总体认识。整理资料中，遇到问题应细心核对，避免犯盲目否定的错误。

《全椒县志》旧志中有几个在清康熙、雍正年间随军入云、贵平“苗”的政治军事人物，他们都“斩杀甚众”。乍一看，参与的似乎是一场镇压少数民族的战争，是残酷杀害少数民族的刽子手；但翻开史书，才知道这是康熙皇帝接受鄂尔泰的建议，实行的“改土归流”政策。这次行动曾最终对一些拒绝服从中央、割据一方的土司势力采取武力镇压，是维护国家统一的重大政治、军事行动。当然，有时由于旧志中记载的一些事件影响较小，在工具书、史书中查找不着；遇到这种情况，应该照转原文，有待后人考证。最后予以重申的是：对待边疆地区的政治军事事件必须持慎重态度，历史上曾属于我国版土今为邻国领土的区域应持历史唯物主义态度照实记载。

（二）几个值得注意的问题

1. 古代人物传中的溢美内容应予修正。旧志编纂者常常出于乡土感情，为入传人物溢美讳饰，不予纠正，不能还原历史真实面目。改正有两种类型和方式：一种与正史不同，明显看出溢美的。这一类应查对史书和工具书进行补削，资料丰富适用的史书是“廿四史”。全椒两本县志在记载宋太宗时的参知政事张洎、神宗时的中书侍郎张璪时溢美讳饰极其严重。《宋史》上清清楚楚地记载张洎：性格鄙吝，为人奸猾，好迎合当道，任参知政事不称职被太宗降职；张璪利用王安石变法之机投机钻营，掌权时大设冤狱，曾谋害苏轼等人不遂，被骂为“大奸小佞”。这些都被旧志编纂者墁抹隐藏，剩下多为吹捧之词。在改写的新志资料中，我们一律把它纠正过来。可见在改写旧志人物时校对“廿四史”一类的正史是必要的。

另一种类型是正史、工具书上不见经传的人物，但行文有明显的夸饰，也应予以纠正，使其朴素自然，接近真实。

2. 尽可能让新志拥有较多读者。新志应是一种语言通俗、内容易懂的文体，现代部分好说，然古、近代，特别是人物传，涉及古代典章制度，今天具有这方面知识的人并不太多，特别是年轻人。为了扩大新志的阅读范围，真正使之起到乡土教材的作用，编写时给予适当的注释，我们认为是必要的。有人会认为这样做太占篇幅，其实不然，我计算了一下整理的 34 个古、近代人物，在注职品上花去的文字也不过 400 字左右。对于我们来说是费了一点时间，花了一点精力，但却大大地省去了社会时间；如果不附加一些此类注释，其必然是“阳春白雪”，和者甚寡。文章的内容和篇幅是个对立统一的矛盾体，孰主孰从应当分清，出书的目的本来就是要人懂嘛。不过，这样说也不是要编纂者把古代典章制度都注解出来，对那些释文较长的，如：“散馆”“科举制”，或者无关宏旨的就不必给予注释。总之，要酌情处理，在不费过多文字的前提下，做些“经济实惠”的工作，以此使新志拥有较多的读者又有什么不好呢?

3. **人物传应该有文学传记性**。人物传写得不好，味同嚼蜡，写好了如同嚼橄榄，越嚼越有味；人物传耐读与否，传记有无一定的文学性至关重要。因之，新志应该以《史记》为榜样，把人物写得有感染力，使人读了如闻其声，如见其人，不要写成简单的履历。为达到这种境界，在撰写人物之前须细心地选择典型的事件和颇有特色的情节。朱元璋有个义子平安是全椒人，为了写好这一人物，我们很注意表现他在“靖难”中的军事才能以及被俘后燕王（后明成祖朱棣）对他的态度的描写，加强了人物传的悲剧色彩，读起来就比较有味。

4. **如何处理“谥号”**。旧志中常有封建统治者和封建文人的谥号（包括一些诔文），这些传者死后被追赠的名号绝大多数反映统治阶级忠、孝、节义的思想，同时，又大多是阿谀不实之词，价值不大，因之，最好不入新志；另外，旧志中往往还有一些门生故吏、街巷黎庶私下的追赠——“私谥”，倒常常能反映人物的性格，副作用也较小，可以考虑入传，但不宜过多。

5. **如何对待人物籍贯**。旧志中记载的人物籍贯往往和正史或工具书上记载的不同，有些属于错载，有些属于修志者家乡观念作祟，死拉硬扯，有些是另外一些原因，因之应认真校雠考订。上面曾提到过的平安，旧志上记为全椒人，但《中国人名大辞典》和《明史》上却记为“滁人”。是正史错了还是县志错了？我们查考了“全椒建置沿革”后，发现都没错。原因是明初曾废全椒入滁，洪武十四年（1381 年）重新恢复全椒县；因之，把明初的平安记成滁人是有其历史原因的。以上是可以考订的一例，考订不清的还是很多的，如隋初将军张奫，全椒旧志记载其：祖籍山东武城，移居南谯（今全椒）；《隋书》载：祖籍山东武城，移家淮阴。遇到这种情况，决不能犯前人“增色乡梓”的“老病”，应该同时记载清楚，不应有意漏阙。

还有，是否尽可能注清人物的详细居址，旧志绝大多数籍贯只记到县，使读者往往有“不够味”之感，特别是本乡本土的人，更有探求本源的欲望。为了满足这种欲望，我们在改写古代人物资料时，特意走访了县中长者，同时查勘了历史遗迹，能够搞清楚的一律补注到乡、镇、村。如：明代王阳明的学生，全椒第一所书院——“南谯书院”的创始人，吏科给事中戚贤。《明史》和全椒旧志都仅记全椒人，但经过调查，得知戚是全椒赤镇上下戚（村）人，民国年间该处还立有“戚秀夫（戚贤字秀夫）读书处”（书屋）的刻石，见者今健在甚多；这类可以访查清楚的人物我们核定了9人。当然，决不能把一些不足证的居址记入志中。太平天国康王汪海洋的详细居址，一直是个谜，有人提出来他是全椒程家市人，其理由是全椒汪姓都集中在程家市。我们分析后认为：第一，汪姓今都在程家市，咸丰年间如何，不清楚；第二，太平天国制度避讳君王，国中只有“汪”姓而不准有“王”姓，汪海洋本姓“汪”还是“王”也不可知，所以根据汪海洋的姓氏来定其居址是不妥的；因之，在整理该人物资料时，其县内详细居址我们依然是暂付阙如。

6. **如何对待具有重大影响的人物**。对一些具有全国性，甚至是世界性影响的卓越人物，为了使传记具有资料性，其亲属入传入表应适当放宽。我县最重要的人物要数《儒林外史》的作者吴敬梓了。在改写后的人物资料中，他的亲属涉传的6人，入表2人；同时，还附吴敬梓的“世系一览表”。另外，这些重要的人物要重点写，他们的传记篇幅允许比他人传记篇幅长。我们在吴敬梓的人物资料上不仅介绍了他的生平，同时还介绍了学术界的评论，国内外研究状况以及《儒林外史》的版本、译本等。汪海洋的传记也详细地记叙了他在天京（今南京）失陷后在浙闽地区转战的详情。

7. **如何对待学术争论问题**。学术争论问题应该慎重对待，既不能盲目崇拜，以“成书”或“专家说”为定论；同时，也不能盲目否定“权威”，标新立异。在遇到学术争论的问题时，首先要做到对立论双方的观点心中有数，不能“以己昏昏，使人昭昭”；另一点，注重原始资料，择善而从。在改写吴敬梓的人物资料时，我们一开始就忽略了学术争论这一现实，而直接引用了专家教授的吴敬梓年谱和传记。资料发出去后，县内许多老同志提了不少的意见，特别是关于吴敬梓的生父、嗣父的问题，意见提得更激烈。我停下手头工作挨门挨户遍访老者征求意见，同时阅读了有关论文，列出争论的焦点，然后赴南京师院向最早提出吴敬梓嗣父观点的专家教授请教，对这一问题有了全面的了解，为再次改写这一资料做了充分的准备。当然，有时争论双方都持之有据，无法“择善而从”；还拿吴敬梓来说吧，他的进学时间、扬州逝世的具体地址、归葬地点等都是这样；遇到这种情况只有两说并存，决不能按个人倾向草率成书。因为我们志书是“官书”，比学术争论有一定的权威性，稍有不慎将贻误后人。

8. **人物不能脱离社会环境**。旧志为“贤者讳”，为“乡人讳”，前车之鉴应该吸取。今天，新志撰修工作中，还时常见到一些同志出于对伟人的崇敬，出于朴素的乡土情感，希望把心目中的人物写得完美光鲜一些。这种情感是可以理解、值得同情的，但缺少科学态度，因之，是不足取的。伟人首先是人，特别是古代人物，他们所具有的局限是历史的产物，只要我们坚持唯物主义世界观来认识，这种局限丝毫也不会影响人物的伟大之处。在对待吴敬梓的生活问题上，有人反对记载他曾有过一段“一朝愤激谋作达，左骑右姌恣荒耽。明月满堂腰鼓闹，花光冉冉柳鬖鬖”的荒唐生活，把人物硬性拔高，使其脱离了社会环境；他们没有看到这段荒唐生活正是吴敬梓对社会黑势力初期的一种反抗形式，是他人生道路的转折点。今天，我们在撰写吴敬梓人物传时，决心摆脱来自“左”的干扰和传统的习惯势力，写出有血有肉的吴敬梓。

9. **归类问题**。给人物归类时，你常常会发现有的人物具有多重性，有的人不但是政治名人，同时又是文化名人、军事名将。遇到这种情况，要仔细分析权衡，看其在哪一领域中影响最大再进行归类。如果诸领域中都有相当的影响，那么先政治，再科学文化，再军事，再其他。比如像范仲淹这样的政治家、文学家、军事家，我认为归入政治名人类比归入其他类为妥。

10. **一件不应缺少的工作**。旧志人物改写后，还应做一件不可少的工作，就是把撰写好的资料打印好分发给领导和社会各界，特别是那些具有社会阅历和文史知识的老同志，征求意见，鉴别真伪，为今后的修改定稿打下坚实的基础。目前有不少的县市处理资料采取办小报“古今”的形式，这种形式可以扩大影响，让更多的同志都来关心修志工作。但它的缺陷也是不可忽视的，需要费很多的时间，人力和物力，这对于一些人员较少的县一级修志机构尤为不宜；就是市级单位，人手多一点，也应酌情而为，以不干扰收集资料，组织专业志的编写等主要工作为好，否则将捡了“芝麻”丢了“西瓜”。我们认为这种“古今”可以通过投稿，请县、市广播站和电台去办，既扩大了影响，丰富了群众文化生活；同时，也节省了人力、物力、财力，是两全其美的做法。

（《中国地方志通讯》1983 年第 4 期）

自评：此文是本人从事地方志工作后第一篇发表在《中国地方志通讯》（1986年改称《中国地方志》）上的文章，也是自己的第一篇地方志研究文章。属于方志编纂方法之研究。在 20 世纪 80 年代首轮新方志编纂初，该文关于旧志人物利用的研究应该是具体并具有可操作性的。“自古方志半人物”，故人物志研究者颇多，首轮社会主义新方志研究，大多人从人物志研究开始；但对旧志人物如何撰写成新志人物，研究却较少。本文使用的观点，基本是马克思主义哲学和传统史学观点的结合（学校学的基本知识）。今天看，观点单一了，对旧志评价，仍然有“政治化”的偏激；但当时历史看还是思想有所解放的。文中指出，“我们有责任用历史唯物主义观点对旧志进行改写，并将其有价值部分纳入新志”“对于人物，旧志书不是大加粉饰就是肆意歪曲”“史和志的典型却是通过大量的真实的人和事的选择、剪裁，具体数字的排比进行表现的”等等。文章认为，改朝换代的第一部志书应该是通纪体志书，贯通古今；认为首轮方志编纂初期对待旧志人物不记和全盘转记都是不合适的，应该是选择性收录才是科学合理的。根据自己对《全椒县志》古代人物的资料整理撰写（该志古代人物由本人撰稿），归纳出对待古代人物传重新撰写中，如何对待溢美、可读、传记性、人物籍贯、重大人物、学术争论、人物与社会环境、人物归类等 10 个问题的认识和处理方法；对古代人物撰写，强调体现历史观点，利用“背景法”从历史和人民角度撰稿；正确对待比较敏感的农民战争、民族起义和“盗贼”劫掠、分裂、割据、上层叛乱的问题；对边疆领土须历史地记述。在首轮修志初，此文具有一定角度和范围的指导性；同时，对人物的续修今天仍具有一定的参考价值。

谈志书的竖写

“横排竖写”是志体区别于其他书体的最显著标志，因之，其自然而然地成为地方志学科中方法论研究所必然要频繁触及的问题。“横排竖写”含有两个概念，一是“横排”，二是“竖写”；迄至目前，人们对“横排”的研究热心，对“竖写”

的探讨不足。早在1938年黎锦熙先生在他主编的《城固县志续修工作方案》中已就志书的事类，就当时来说，做了极科学详尽的横排。朱士嘉先生在《方志学两种》序中详述道："……书中所列篇目……现在也很适用"（岳麓书社版《方志学两种》3—4页）。今天，在社会主义新型志书篇目的拟定中，更有许多专家和实际编纂者根据当今学科划分较细的特点，增设了一些新的门类和事类；特别是如东等县县志的编纂，为后来者提供了借鉴。

"横排竖写"，"横排"是形式，"竖写"则是方法和技巧；因之，对于实际纂修志书的人来说，后者往往比前者重要而且较难掌握。有人提出事类"应依照历史发展的顺序来写，包括发生、沿革、现状三项内容。"（欧阳发《谈谈专志的编写》·黑龙江史志·1984年专辑第74页）从整体上说，这一提法是正确的，但尚嫌抽象和笼统。要想"竖写"好一个专志，一个事类，还必须要掌握一些具体的方法，根据实践的体会，我觉得以下四个要点应引起编纂者注意。

一、选材慎重，突出重点，详略得体

选材应该说是撰写的第一步重要工作；志书内容丰富，时空跨度大，因此，尤其要重视选材。我认为，那种不分主次罗织材料的写法是不可取的，它最多只能搞出资料汇编而已。大家都知道，要写一份年终总结、一份调查报告、一份通讯……，首先要准备好概括性、典型性、统计性三种材料；志书的编写也应如此。在撰写某一事类之初，笔者首先应该从整体上把握这一事类的历史演变过程，最好事先准备一个浓缩的概括性材料。如在编写公路类目时，应把握住中华人民共和国成立前后公路营运的重大变化，把握住中华人民共和国成立后三年经济恢复、"一化三改造"、十年社会主义建设、"文化大革命"、中共十一届三中全会前后的发展变化情况；然后，在总体把握的前提下，还必须选择好说明问题的典型事件，像第一条公路、第一条柏油路、第一辆汽车等等进行详写；其余可通过粗线条的勾勒和统计数字的列表处理。如电影的蒙太奇，把各个不同"镜头"按照规律和逻辑剪辑在一起。这样纵写出来的事类才既有整体又有个别，既有重点又有一般，详略得当，脉络清楚。从现今已成书的几部县志来看，虽有创新和突破，但在把握详略得当这一点上尚有欠缺。有的是平铺直叙顺时而下，有的则过于简略如同展览的文字简介。

此外，不论在写哪一类事（纯自然物除外）时，体现人的活动以及上层建筑对经济基础、生产关系对生产力的反作用都应作为重点写；否则，志书就不可能反映规律，也没有什么借鉴价值可言。我认为，这些问题，正是目前修志界应该重视的问题。

二、"竖写"的三种结构形式

通过一段时间专志的编纂，我认为竖写的形式不应过于拘泥，应该根据资料的丰富与否和事类独有的特点灵活地选择竖写形式，竖写形式基本上有以下三种：

1. 按时间顺序分层次撰写。这种形式大多在事类难以再分，资料数量不大的情况下采用。它只要把握住规律，兼顾本地区特点即可。比如，水运类目，我们可以抓住中华人民共和国成立前、1949—1956年、1956—1962年、1962—1966年、1966—1976年、1976—1981年、1981—1984年几个历史阶段归纳撰写。如果资料不足，这些历史阶段或者各阶段共同的内容（指经营管理形式）较多，还可以合并成再少一些的层次。

2.**按小事类分层撰写**。这种方式是在事实可以细分，但分后又因小事类篇幅不大，造成章节零碎的情况下来用。如“航道”这条目，就可以分成航道自然状况、历史状况、设施、建设等几个方面撰写，一个方面一个自然段，不必再立细目。

3.**重大事物重点介绍**。第三种形式是在某一事类中有个别事物具有重大的影响和地方特点，需要作重点介绍时采用。这种方式是先作总体铺陈，后把所介绍的事物单独提出来撰写，如同电影的特写镜头。比如写港口，先叙述全县港口总的历史变化、装卸能力、港口建设、吞吐量，然后，抓住一、两个重要的港口进行介绍，全文形成凹凸起状的立体感。

三、发挥背景材料的特殊作用

“背景”可以使读者视野开阔，对事物认识加深；背景材料空泛，只能将读者对比的“参照系”限定在狭小的范围之内，很难发挥出志书资料的最大价值。

我们在编写《全椒军事志》的过程中，比较注意背景材料的合理利用。例如：1943年12月，新四军二师四旅十团一部曾发动了皖东著名的“程家市奔袭战”（程家市为全椒的一个集镇，当时是国统区皖东政治、经济中心之一）一举打掉了住在该镇的国民党七县流亡政府。因为当时正是抗日战争时期，国民党表面上还同我们联合抗战；根据这一特殊的历史情况，我们注意了背景材料的利用。我们介绍了当年5月，国民党发动了第三次反共高潮；8月，国民党桂系军队开始向我淮南津浦路西根据地大举进攻的战前态势。经过这一背景材料的铺垫，谁是谁非，一目了然；使读者清楚地认识到我们发起“程家市奔袭战”完全是迫于自卫。

背景材料不但在军事志中可以利用，在其他专志中也可以利用。比如，水利工程建设对航道的改良（如驷马山水利工程改变了滁河航运的落后状况），经济政策对工农业生产的影响（如“大办工业、大办钢铁”造成生产力的巨大浪费，“联产承包责任制”使农村经济发生巨大变化），上海知识青年插队落户对当地衣着的影响（风俗篇·衣食住行）等等。

总的说来，要竖写好一个事类，一定不能只着眼一点一线，视野要开阔些，一定要注意运用好背景材料；但在利用背景材料时也必须要注意文笔简洁，不能与其他事类的记叙重复。

四、运用对比的表现手法

我们知道，对比可以扩大思维的空间，可以把握不同事物或同一事物不同阶段的区别与联系，而更深刻地认识事物的本质和规律。对比的类型有两种，一是纵向比较，二是横向比较，志书是以时系事，一般以纵向比较为主。

我们在编纂《全椒军事志·兵役兵制》一节时，即采用了纵向比较的方法，在两个不同的历史时期，各记述了一件群众对待兵役态度的典型事例。一件是，民国29年（1940年）5月，中央陆军学校教导团来全椒征兵，当时的县长曾颁布一篇《召集志愿兵宣言》，宣言道：“……中央陆军学校教导团所有志愿兵薪饷是十二分的充足……服装是十二分的整齐”；但椒民抱着“好男不当兵，好铁不打钉”的习俗，应征无几；最终县府通过坊董进行了强行摊派（原材料载于民国廿九年《芜湖工商报》）。另一件发生在中华人民共和国成立以后，1951年4月，全椒征集志愿兵赴朝参战，县内到处是母送子、妻送郎、兄弟相争上战场。赤镇乡曹埠的农村妇女范华珍亲送小儿报名参军；身体不合格，又赶回家动员大儿子上了朝鲜战场。这两件事反映的都是征兵，但由于社会制度不同，军队的性质不同，人民对当兵入伍的态度也截然不同。两件事同时记入兵役一节，就可以使读者清楚地看到人民政权所实行的兵役制和旧政权的兵役制有着本质的区别；并看到人心的向背，人民军队胜利的源泉之所在。

志书虽以纵向比较为主，但还应适当注意横向比较，并使这两种比较有机地结合，让人们的思维形成一个完整的座标系，以便准确地把握住事物存在的真实位置。黎锦熙在编写《城固县志续修工作方案》时就提出过志书要重视横向比较。他在谈“地形志”的编纂方法时，就提出要在介绍城固地形时还须概略地介绍和城固地形的成因有关的汉江盆地、秦岭坡地、大巴山麓的地形特点。在介绍城固水运情况时，还须简略地介绍穿越城固县境的汉江的水运情况。我认为黎锦熙先生的看法是很有道理的。我们在编写全椒县交通志时也注意采用了横向比较。如滁河是我县主要的航道，流经苏皖8个县，沿河重要港口有6个，但只有江苏六合港和全椒三汊河港的年吞吐量在10万吨以上，并且只有全椒的三汊河港是滁河渠化、航道条件改善后发展起来的新港。要想让读者了解本县港口在滁河水系中的地位，不简略地介绍一下其他港是不行的；而这种介绍，实际上就是运用了横向比较。可以下句断语，对比是志书事类最重要的表现手段之一。

除以上四种竖写要点外，还须做点补充，就是在竖写任何一个事类时，遣词造句一定要运用专业术语，这样志书才有专业味。比如从侧面攻打敌军就应该用“侧击”一词，古代利用水道转运粮食就应该用“漕运”这个词。总之，用词一定要准确，不说外行话，否则，专志的“专”字就无从谈起了。

（《中国地方志通讯》1985年2期刊载，《黑龙江史志》1988年第1期转载）

自评：本文只有3000字，今天看起来平淡无奇，文中的撰稿方法早已在方志界广泛普及。记得2011年前后，在北京由专家投票选择中国地方志指导小组办公室编的《〈中国地方志〉优秀论文选编》论文时，这篇文章落选（我本人参加评选，评自己的文章回避）。但据我所知，本文是志书竖写方法最早的研究文章。今天，二三十年过去了，本文所提出的地方志撰稿的具体方法，后人大都离不开这些方面；本人编写教材、讲课材料，哪怕第二轮新方志编纂，依然离不了这些根本方法。但为何这样的文章落选呢？因为缺乏理论性和引经据典的外壳；此外，评选的专家也不都是早期的编纂者，把前后相隔一二十年同样主题文章放在一起评选，必然缺乏历史的价值观。文章一定要历史地看，纵向地分析比较，看其有无开拓（创）性，

并被实践检验后广泛采用的。回到本文的主题上，志书与其他文献一个不同特点就是强调“横排竖写”。新方志编纂初期，80年代初中期，方志界重点研究的是“分类”“横排”。因为横排分类可根据工具书、专业书籍和形式逻辑就可以研究，但“竖写”研究必须建立在几年编纂实践基础之上。我1982年8月分到安徽省全椒县地方志办公室参加修志，到本文发表，已经经过了3年的编纂实践（《全椒县志》4年出版）。所以，才能写出这篇关于如何“竖写”的文章。这是我对《全椒县志》三年自己撰稿方法的分析归纳。文章概括出地方志书“概括性、典型性、统计性三种材料”“竖写的三种结构形式”，即按时间顺序分层次撰写、按小事类分层撰写、重大事物重点介绍；以及发挥背景材料的特殊作用、运用对比的表现手法等等。在此基础上，1986年调安徽省地方志办公室后，1988年我们组织编写了《实用方志编纂学》（黄山书社1988年版）作为业务指导工具书。在该书中，我进一步研究了“竖写”，认为志书的竖写，形式上包括依时分层撰写、排述、多角度分层撰写、综述加典型、总述与分述；技法上包括背景资料运用法、比较法、“画龙点睛”法；竖写的资料包括综合性资料、背景资料、典型资料和统计资料；使志书竖写的方法更加系统。2008年、2011年我编写的汶川特大地震志、上海市志的撰稿方法以及复旦大学方志专业研究生班关于方志竖写方法的教材，我依然是介绍这些方法。本文批评了上世纪80年代初中期部分志书“罗织材料的写法”，但直到本文发表30多年后，这种根据工作总结、年鉴资料流水账式的编纂方法依然比比皆是。从中可见这篇短文的价值。

县志工业志的内容及分类

1984年全国南片县志评议会是方志史上一次重要的会议，她把注重经济志的编纂作为体现新县志“三新”（新的观点、新的方法、新的材料）的主要方面提出，表明了地方志工作已跨入了新的里程。在南片评议会上，有人提出：经济志是新志成败的关键，农业（或牧业）志是反映地方特点的专志，应引起高度重视。从总体上说，这一编纂方针是正确的，但还应补充一点，即：工业志是反映现代生产力水平的重要尺度，忽略了这一点就是忽略了时代的特色；因之，就县志来说，工业志的编纂也是不可轻视的。

方志是古老的学科，但工业却是年轻的生产部门；虽然，手工业生产历史久远，但大工业的历史却是近现代的事，至于县级工业历史就更短了。正是由于工业生产力水平的低下（迄至中华人民共和国成立初，国内绝大多数的县级工业仍处于手工业生产的阶段），民国年间所写县志无一部将工业志单立门类。民国18年（1929年），浙江大学校长蒋梦麟在为浙江省国民政府制定的《续修新志体例拟具进行具体办法》中尚未将工业内容列入省志类目，只是到了民国27年（1938年），黎锦熙才在《城固县志拟目》中增加了工业的内容，但仍和商业放在一起，称“工商志”；其中究底，并非志界前辈“不智”，而是当时工业生产力的水平限制了县级工业尚不能成为独立的生产部门。这一结论的根据可从黎锦熙的《城固县志拟目》中得到证明。黎在“工商志”内容提要中解释了工业不能单独设志的原因，他说：“工艺与商业，在大工业尚未兴举之都市及乡镇，往往互有关联（注：前廾开店经商，后廾置坊生产），故并为一编。”中华人民共和国成立以后，我国的工业早已从商业中分离出来，成了独立的生产部门；在一县之地不仅有机器生产的小型、中型工业企业，甚至有少数大型的中央或省属企业。这样，编写工业志的重任就落到了我们新中国地方志工作者的肩上。

20世纪五六十年代，国内曾编纂了一批县志，为今天的修志者留下了一些宝贵的史料和难得的教训；但由于历史的原因，大多数志书不是志史不分，就是内容不实。80年代以《如东县志》为代表的新县志工业部分，无论在形式还是在内容上都有较大的突破，但仍存在不足，主要表现在内容和分类两方面。到目前为止，究竟如何编纂新型的工业志，尚无成熟的分类和（内容）提要；因之，应进一步加以探讨，为实际编纂者提供方便。基于这一目的，本文就工业志的内容和分类谈谈自己的看法，以期共同提高。

一、工业志的分类

（一）理论上工业的分类及在志书中的运用

根据工业本身的属性和中华人民共和国成立后工业管理体制、所有制等多种因素，从理论上说工业可以按主管系统、所有制性质，大中小工业企业（规模）、工业性质，工业部门、两大部类，独立非独立核算企业、生产规模等性质进行分类；但从志书编纂的角度看，两大部类（消费资料生产与生产资料生产）和独立、非独立核算企业，大、中、小工业企业三种分类方法明显不可采用。以下就剩余的五种分类法进行分析评判：

1. 按主管系统（隶属关系）分类 隶属关系有“条条”和“块块”两条线，以“条条”（中央和省、地方的同行业系统）分，可分为中央企业、省属企业和地方企业；以“块块”（地方）分，可分为：县工业局工业、社队企业局工业、二轻局工业、基建局工业、农机局工业、粮食局工业（粮油加工）等行政主管局工业。这种分类法在志书中采用效果不好，其原因是中华人民共和国成立后我国工业隶属关系变动频繁，如按隶属关系分类，必然人为地割裂材料。如县级水泥厂和砂石厂，有不少地方先隶属于工业局，后成立基建局又隶属基建局，如按隶属关系分类，就势必把一个厂分割到两个子目中，既打乱了行业，也打乱了志书的科学体系。

2. 按所有制性质分类 我国的社会主义经济体制是全民、集体、个体三种经济成分并存；因之，某一工业企业也分别属于这三种经济成分中的一种。工业企业所有制的归属，主要是根据国家经济的重大变革和企业生产的规模这两重性去划分的。一般说来，县级工业在1958年以前，绝大多是手工业集体企业；1958年有80%的手工业社都（过早）转升为地方国营性质；1962年，过早上升为地方国营的企业被重新降格为集体手工业性质；1970年县办“五小”工业，其中又有一批企业再次上升为地方国营。由此可见，一个工业企业往往既被划过集体企业，也被划过全民企业，甚至还曾是公私合营企业；此外，所有制性质不同的企业往往属于同一工业部门（如：地方国营砖瓦厂和大集体性质的砖瓦厂）；如果按所有制性质分类，就势必造成企业、产品生产过程的割裂和志书内容的杂乱；所以说，这一分类同样是不可取的。

3. 按工业性质分类 按工业性质分类也就是按重工业、轻工业、手工业分类。对于县级工业来说，轻工业和手工业的比重较大，如果从现状的角度去编写工业志，这种分类方法是可行的；但如果从沿革角度去编写，就很难劈开材料。因为轻工业和手工业有着渊源关系，绝大多数二轻工业、社队轻工业企业都是在手工业合作社组的基础上发展起来的；由于历史的原因，我们很难区别这些企业是从何时由手工业上升为轻工业的，以1958年（盲目）转厂为界吗？显然不科学。

4. 按工业部门分类 按工业部门分类即是按照工业产品的属性分类，也就是将工业生产分为化学工业、冶金工业、采掘工业、机械工业、电子工业等等门类，这种分类法的长处是产品门类突出，最能反映生产的本质；但由于县级工业的生产水平低，尤其是一些集体性质的企业，为了求得生存，往往跨行业生产，产品多样化，这也造成了按工业部门分类的困难。因之，单一地采用工业部门分类法，编纂出来的志书也有缺陷。

5. 按工业企业的规模分类 按工业企业的规模分类实际上是按企业的生产力水平分类，它是从工业生产运动和发展的角度去进行的分类，比较符合志书记叙沿革的特点；它按照工业发展的阶段性，将工业企业分成匠铺作坊、手工工场、工厂三个生产力水平不同的形态阶段。但单一地采用这一分类法编纂工业志，志书还不能完全“立”起来。

从以上分析可以看出，理论上的工业分类有七八种，实际上能够被志书（正文部分不指表格）采用的只有企业规模（形态）和工业部门两种；为了使志书充实和丰满，还需在附表中辅助其他分类方法。

（二）《如东县志》为代表的系列县志工业志分类之不足

如上所云，由于中华人民共和国成立后我国工业管理体制的多次变革，更由于志书具有反映事物动态而非静态的特征，从而造成了工业志分类的困难。《如东县志·工业》在这一方面虽做出了开拓性的探求，但仍存在归属不当和逻辑不清的问题。下面我试举北方片县志评议会认为“较好地体现了志书特点，在志书体例的探索方面是基本成功”的《如东县志》和《万年县志》来解剖一下，看看存在的问题：

1.《如东县志·工业》评析 《如东县志·工业》分小序和正文两大部分，正文又分成“工业生产”“手工业生产”“社队工业生产”“主要工厂简介”4节，这是分类的第一层次；但只要稍加推敲，就会发现这一层次的分类不够科学：大家都知道，首先，“手工业生产”和“社队工业生产”是包含在“工业生产”这一概念之内的；其次，“社队工业生产”也含有“手工业生产”（如社队编织、小农具加工等）；但《如东县志》却将三个互相包容、不同级别的概念并列设目，造成逻辑和内容的紊乱。

2.《万年县志·工业》评析　《万年县志·工业》是按隶属和所有制结合的两重性质分类的。该志共设“省地属国营工业企业”“县属国营工业”“县属大集体工业”“社队工业”“个体手工业”5个节编纂；从标题上看这一分类是无懈可击的，但正如我在以上谈到的，这一分类只是以事物的现状这一静态来追述历史（追述却是动态的），必然造成内容与标题（形式）的相互矛盾。如《万年县志·工业·县属国营工业》一节的“针织印染”，是从光绪二十八年写到1980年，很难设想该县在清末和民国年间就有县属国营工业了，这明显地是内涵与标题不符。

此外，正因为《万年县志·工业》是以编写下限时企业性质去追述历史，这样，一些企业所有制和隶属关系变动的历史就缺失了。如1961—1962年“国民经济调整”前后的企业所有制情况，以及历来在社办和大集体两者间徘徊的企业情况。

我认为《万年县志·工业》的分类是表面上通达而实际上条理不清。

（三）到底如何分类

上面，笔者已对县志工业志的理论分类和实践分类都做了评说，其目的就是企图设计出较系统完善的分类。到底如何分类呢？我认为，根据我国工业的具体特点，确切地说，也就是根据我国工业内容的多重性（社会、经济和工业生产）以及志书体例，新型的县志工业志应采用“多角度综合型分类”较好。就是要从工业发展的形态规模、工业部门、隶属关系、所有制性质等多方面去表现，才能立体、纵深地反映一县工业发展的全过程。下面介绍一下这种分类方法：

“多角度综合型分类”首先根据志书是动态地记叙事物的特点，将工业志第一层次按照工业生产从低级到高级的三个过程(形态)设节，即“第一节 匠铺作坊”“第二节 手工工场”“第三节 工厂”。

第二层次，再将“工厂”一节按照工业部门的性质分类，分为冶金工业、化学工业、食品工业等。

第三层次，在附表中从隶属关系、所有制性质、工业性质等角度对正文无法介绍的内容进行补充。

二、县志工业志的内容

工业志的内容应包含原材料供应、生产和产品销售、劳动分配，要从这些方面反映出一个县工业发展的过程，写出本县工业及具体工业企业发展的盛衰、起伏以及与经济体制的关系（计划经济、市场经济）；从而反映出社会主义社会的基本经济规律和生产关系必须适应生产力发展的一般规律，以起到存史资治的作用。同时，要用相当的篇幅去反映工业生产力发展的程度，主要从生产工具、设备、厂房、职工、固定资产、产品、产量、产值和利润各方面表现，要发挥统计数字的作用。工业志应该设置经营管理一节，既可反映规律，也可和概述结合反映一个县工业的总概。工业志的编纂者必须以《关于建国以来党的若干历史问题的决议》为理论根据，科学地排比利用材料（而不是散乱和“自然主义”的），要扣紧“决议”为我们理出的中华人民共和国成立后经济建设的主线去进行编纂，去反映地方特点。20世纪

80年代出版的几部县志工业志的内容尚没有达到这一程度，不足之处表现在：

1. 工业生产关系和管理体制的变迁反映不够 未能表现出生产关系必须适应生产力发展状况的规律。

2. 中华人民共和国成立前部分和个体手工业部分内容分量不足 《如东县志·工业》中华人民共和国成立前部分集中在小序中，仅560个字（正文部分只蜻蜓点水般地点了150个字）。《万年县志·工业》个体手工业部分仅240个字。

3. 普遍是重概括轻记述、重现状轻历史沿革 一般为概述加表格式，没能反映一县工业和工业企业的开始、演变、发展的过程，类同简志。

4. 表格数字不够全面系统 一般仅记载三五个年份，缺乏资料性。《万年县志·工业》附表仅有1978年、1979年、1980年三年数字；《如东县志·工业》载有20世纪50年代统计数字的表格仅占总表格数的28%，其他均为六、七十年代的统计数字。

然而，欠缺和不足总是陪伴着开拓者，正是由于如东、万年等县的探索，才为编纂开创了崭新的局面；先行者的不足应由后来者去不断完善。

附：新县志工业志内容提要

第一节 经营管理

一、主管部门

主要是记述中华人民共和国成立后，政府根据每一时期生产力发展的水平和生产部门的增减而设置的主管部门（如：工业局、机械工业局、手工业管理局、手工业联合社等），主管部门对所属单位拥有哪些权限，各主管部门各时期所辖的工业企业名称。

二、管理

总体上分社会经营管理政策和各企业内部经营管理制度两方面：社会经营管理政策主要是社会经济体制的变革、经济政策；企业管理制度主要是生产、技术、质量、标准化、分配等方面的管理。要用全县、典型企业的各种典型数字（产值、利润、产品、消耗等）去反映管理的结果（效应）。

各历史时期工业管理的主要内容：

中华人民共和国成立前私有制度下县内工厂、作坊、匠铺的产供销和厂主、作坊主的经营管理的内容和形式（概括介绍）。

1956年个体手工业改造结束，成立县手工业联合社后所采用的经营管理体制，产供销活动（如“包产包销”，保护县内工业，外地产品不得随便进入县境等）。

1958年“大办工业”，手工业社全面转厂，改手工业社计件工资为固定月薪制（或半供给制）；生产组织军事化、党委包揽企业的一切行政事务，产品重数量不重质量，县内工业情况。

1961年，国家对国民经济“调整”，制定了“工业七十条”，提出我国工业企业管理的指导原则；1962年，手工业开始落实“三十五条”，将1958年过早转厂的企业恢复为集体所有制手工业社；县内情况。

1966年“文化大革命”开始，1967年、1968年两年动乱，职工无政府主义盛行，

“造反派”操纵厂内大权；1969年提出批判“资产阶级权威”“物质刺激”“对工人管卡压”等，对县内工业企业管理的破坏和后果。

1971年9月，周恩来总理主持中央日常工作，明确规定企业恢复和健全常规管理七项制度，抓好七项经济技术指标；1975年，邓小平主持国务院工作，整顿工业企业；1976年，“批邓反击右倾翻案风”县内工业企业管理和生产情况。

1977年，全国工业学大庆会议；1978年，工业“三十条”试行；1979年，中央提出“调整、改革，整顿，提高”方针；1984年，城市经济管理体制改革；县内工业企业如何贯彻执行，效果。

第二节　匠铺、作坊、手工工场

一、匠铺、作坊

匠铺、作坊代表时代是中华人民共和国成立前，但由于历史的原因，中华人民共和国成立后迄至20世纪80年代仍有，这种工业生产形态主要存在于三个历史时期：一是中华人民共和国成立前至1958年：二是1962—1965年；三是1979年至志书下限。

撰写方法：第一部分要概括介绍县内匠铺和作坊的发展史，种类（油坊、砻坊、机坊、酱坊、糟坊、木作坊、铁作坊、银作坊、窑坊等）；主要作坊简介（工具、工人、产品，销售范围等）。1949年县手工业种类、户数、从业人员、年产值、主要产品；1956年手工业社会主义改造完成后，县内个体手工业户（匠铺、作坊）基本绝迹。1962—1965年，贯彻国民经济“调整、巩固、充实、提高”的方针，提出“个体手工业是社会主义经济的必要补充和助手”，县内兴办匠铺和作坊的情况。

1979年以后，在中共十一届三中全会精神指引下，农村商品经济的发展，推动了个体手工业的发展，作坊、匠铺分布城乡，产品、产量、各手工业专业户户数，典型的作坊、匠铺和个体专业户简介；此外，集体匠铺、作坊简况。

二、手工工场

手工工场这一工业生产形态，县级一般分四个时期（可能有早迟，根据各县具体情况）：是1952—1958年“三大改造”时期成立的手工业社组。第二个时期是1958—1962年，所有的手工业社均转为国营工厂，但生产力水平仍停留在手工工场阶段；因之，应仍作手工工场介绍（这一时期由于生产关系超越了生产力，生产损失很大）；第三个时期是1962—1970年，是手工工场向工厂生产转化的过渡时期；1970年，国家提出县办“五小”工业；至此，1956年以来实行“改造”的手工工场性质的工业企业绝大多数跨入了工厂生产阶段。1975年后，手工工场向镇办、社办转移。1980年以后，手工工场只集中于乡村企业，这是第四个历史时期。

交待清楚四个时期手工工场的种类、规模、数量、产品、产量、产值，利润等。

第三节　工厂

中华人民共和国成立前至志书下限期，工厂发展演变过程（成长壮大或消亡），代表年份的产品、产量、产值、利润、固定资产、职工数、技术力量、生产设备，厂房、资金周转、生产线、技术革新等。

该节按工业部门分子目，细目要根据情况变通设置，一般工业水准低、企业数少的县可以直接用厂名作标题（如：子目为“冶金工业”，细目为“×× 县钢铁厂），可省工厂简介；工业水准较高，企业多的县（如江苏武进县有一千多个工业企业），可概括叙述沿革面貌特点与重点企业简介相结合设目（工业企业较少的县，如某一工业部门企业较多，该工业部门也可参照此法编写）。

工厂节下子目：一、采掘工业；二、冶金工业；三、化学工业；四、机械工业；五、电子工业；六、建材工业；七、家具制造木材加工工业；八、食品工业；九、棉纺针织缝纫制革工业；十、印刷造纸纸品工业；十一、修造工业……。

表格：

1.×× 县主要工厂工业设备一览表（下限年份）

栏目：厂名、设备名称、规格型号、数量（台）、价值（万元）

2.×× 县工业产品产量统计表

栏目：年份、建筑工业产品（砖瓦）、机械工业产品（柴油机、拖拉机）、纺织工业产品（棉布、棉纱）、轻工业产品（重革、皮鞋），略……

3.×× 县工业产值、利润统计表（纵列栏为年份）

横栏目为：总计、其中：全民、集体；一、经委系统（一）工业局、化肥厂、磷肥厂（省略）、（二）农机局（省略）；二、财贸系统（省略）；三、农林水系统（省略）；四、其他（略）。

注：工业志编写资料主要来源于部门志和县档案馆档案资料；中华人民共和国成立前的工厂、匠铺、作坊材料需征集口碑资料。

（《中国地方志通讯》1985 年第 6 期）

自评：方志编纂研究，除体例形式、体裁运用的研究外，重要的是对记述对象的研究。不了解者认为地方志也就是资料性文献的编纂而已，实际不然。地方志事涉百科，其编纂者，尤其是总纂，必须是个杂家，不但对自然，而且对社会，不但对事物的现状，而且对事物的历史和阶段要有了解。这就是为什么一些高校的教授、社会科学研究人员往往编不了志书的原因，因为他们是专家而不是杂家，专长面不宽，善于个人钻研而不善于团队编纂。故“术有专攻”。朱光潜先生 1922 年在上海的《时事新报》上发表《怎样改造学术界》的文章（《朱光潜全集》第八卷），批评当时学术界有五大通病，即缺乏爱真理的精神、缺乏科学批评的精神、缺乏忠诚扎实的精神、缺乏独立创造的精神、缺乏客观实验的精神。其中，第五点我感悟最深，学术研究不可“好理论轻客观实验”，地方志的研究与编纂更是如此。

在老的方志家中，本人修志初受黎锦熙先生《城固县志续修工作方案》（即《方志今议》）的影响最大，获益良多。懂得志书编纂不是简单的资料汇编，而是要对经济社会作一定的研究分析；弄清来龙去脉后才可以编纂。志中文字，自己说不清楚，读者必然看不明白；体现沿革、轨迹、规律就是空话。在方志界研究者内部，也有两种研究方法，一种是先研究概念形式（基础理论）；另一种是先研究志书内容（记述对象），编纂实践后再研究抽象的概念和基础理论。我属于后者。而且数十年把研究编纂对象的演变和志书的内容要点作为研究的重点。这与我30多年一直在一线从事方志编纂和业务指导工作有关。我主编的《实用方志编纂学》（黄山书社1988年版）、《续志备考》（黄山书社2000年版）、《方志编修教程》（方志出版社2004年版）、《地方志书内容要素探微》（方志出版社2009年版）都是此类著作，从中可看出与黎锦熙先生方志研究的传承关系。

本篇关于县志工业志的研究文章，应该属于首轮县志对编纂对象、编纂内容、编纂要点要素研究较早的文章，尤其是对工业内容的研究。1984年，全国首轮地方志已有呼玛县志、如东县志、万年县志几部志书出版或将要出版，中国地方志指导小组和地方史志协会于4月在北京召开了已出版的五部县志学术讨论会。7月委托黑龙江省举办了全国北片十三省市“县志稿”评议会。有了参照物，两次会议开启了对县志内容的研究。

本文根据县级工业发展的历史和现状，根据工业的有关属性与属性间的交叉关系，以及志书“反映事物动态而非静态的特征”，分析了县级工业志的五种分类，即按主管系统（隶属关系）分类、按所有制性质分类、按工业性质分类、按工业部门分类、按工业企业的规模分类；由于事物的多重性和复杂性，指出这五种单一分类都不科学全面。此外，文章例举当时认为较好的《如东县志·工业》《万年县志·工业》进行分析，指出存在的逻辑问题和内容不全问题。最后提出应该采用“多角度综合型分类”，此分类方法应该是首次提出。“多角度综合型分类”，第一层次将工业志按照工业生产从低级到高级的三个过程（发展形态）设节；即“第一节 匠铺作坊”“第二节 手工工场”“第三节 工厂”；第二层次，再将“工厂”一节按照工业部门的性质分类，分为冶金工业、化学工业、食品工业等等；第三层次，在附表中从隶属关系、所有制性质、工业性质等角度对正文进行补充。

本文还仿黎锦熙《城固县志续修工作方案》概括了县志工业的内容要点要素，并附了自己撰写的《新县志工业志内容提要》，包括表格要素。当然，这篇研究，是《全椒县志》4年编纂的成果（该志工业部分本人总纂撰写）之一；可以说没有实践和进一步研究是写不出这篇文章的；从中可看到朱光潜先生“重视客观实验”意见的重要。

浅谈志书的交叉处理

“当我们深思熟虑地考察自然或人类历史或我们自己的精神活动的时候，首先呈现在我们眼前的，是一幅由种种联系和相互作用无穷无尽地交织起来的画面”（见

《马克思恩格斯选集》第三卷，第六十页）。用方志记述一地的地理、人口和人类物质、精神活动，去忠实地描绘和再现历史的“画面”时，必然要把事物的现象之间及其内部诸要素之间的互相联系作为编纂的逻辑起点，而这种“联系”在方志界被习惯地称之为“交叉”。如果一部志书没有能够认真地处理好交叉问题，那么必将造成整部志书布局失调、层次杂乱、内容轻重畸形，缺少整体性，丰腴处令人窒息，瘦瘠处食而无味。所以，为了能使志书的内容、形式完全统一，质清如莲，文洁如玉，对志书编纂中的交叉处理应作深入地探讨。本文就志书主要的交叉门类、关联内容及交叉部分的处理方法谈点看法。

一、处理方法

（一）编纂形式

要想志书的交叉部分妥善处理，必须有一个健全的编纂班子和一个循序渐进的编纂过程。从总体上说，总纂（或总编做总纂事）是志书交叉的主要处理者，因此，总纂的配置应该说是必不可少的；其次，分纂者对交叉处理也要分担一定的责任。只有总、分纂者密切地配合、协调地工作，才能保证志书交叉部分得到较好的处理。目前，有不少已经成书的志稿出现了专志与专志、专志与概述、大事记、人物传、地理志等部分互相矛盾，重复记述等问题，其原因大都是修志班子不够健全所致。有些修志班子只设分纂而没有总纂，各自为政，交叉问题无人过问，造成志书质杂不纯，内容机械重复或自相矛盾，这一教训应该说是极其深刻的。

另外，在编纂过程中，有不少志书的编者常把交叉处理放在总纂阶段进行，沉重的包袱由总纂一个人去背。这样，由于卷帙浩繁，工程量过大，总纂虽苦其筋骨，绞尽脑汁，结果不是由于“病入膏肓”难以就治，就是因为一人力量有限，不免疏忽遗漏。因之，我认为要想处理好交叉问题，必须经过以下几个过程；同时，交叉的处理应该在分纂阶段（甚至在部门修志阶段）就应该进行。在志书分纂之前，应由总纂与专业部门合作，拟定出全志的分纂方案和分纂篇目，篇目的每一条目都应该列出总体性的内容提要，并在交叉的门类条目名下给予适当的提醒。如在税务志中注明：工商税收总额应记入财政志财政收支条中，本志只收工商细目税征收额；在农业志中注明：农业技术（或农技农艺）条只记述广泛运用的技术，农业科学技术的推广和试验及成果应放入科技志中等。这样，在分纂还没有开始之前，交叉重复的问题即预先得到了初步的处理。但是，是不是一份篇目提要就可以保证交叉重复的问题不再出现了呢？当然不是。因为，志书是一项巨大的文化建设工程，工程施工中出现的具体的、局部的问题，往往是工程总设计师在蓝图设计时所难以洞察的。正因为如此，要想处理好交叉问题，还须分纂者给予无私的协作，遇到交叉地方，双方及时通气，并通过总纂确定各自行文的重点。此外，在分纂工作结束后，分志稿必须经过所有的编纂者的传阅、讨论，出现重复时及时提出（当然还包括与本文无关的其他问题），修改后，最终交总纂审定，统一文笔。我想，一部志书只要一丝不苟、循序渐进地经过以上过程，交叉重复的问题是可以得到解决的。

（二）编纂内容

我省（安徽省）地方志编纂委员会办公室拟定的《省志编纂工作若干具体问题的暂行规定（讨论意见稿）》。对志书交叉问题提出了如下处理意见，即："专志只记述本专业的主体，突出专业特色、地方特色。至于党政工青妇、职工教育、科研、爱国卫生运动、计划生育等涉及各专业部门共有的工作，各专志只能按照详独略同的办法，根据需要略加记述，详细内容集中到省志大事记、党政群团志、教育志、科技志、医药卫生志等专志中记载。某些内容牵连几个专志，则依主次确定详略，科学归类。"这一意见不独是处理省志交叉问题的一剂良药，同时也是处理市志、地区简志和县志交叉问题的良药。我对这一意见的体会是，要想处理好志书的交叉问题，首先要抓准事物的本质属性进行科学分类。如学生的体育活动、学校运动会，其本质属体育，因之，市县志绝不应该放入教育志中去写；水电站其本质属电业，因之，不应放入水利志中去写。其二是详独略同，前详后略。详独略同，即详细记述本专志、本事类独特、专有的内容，共同的内容简略地记述，不能"半斤八两，平分秋色"。以工青妇等群团志为例，应该突出记述其基本的工作和活动，如文明家庭建设、职工代表大会，保护妇女和少年儿童的合法权益、少先队的领导和组建等；至于配合党的中心任务（如历次经济变革和政治运动）所开展的工作和活动应一笔带过。前详后略，即同一内容，两个或两个以上的条目都应给予记述，为"惜墨"起见，排在前面的条目应详，排在后边的条目则一笔带过。如国营商业和供销商业都有商品购销渠道这一子目，而在计划供应这一点上，双方渠道基本相同；因之，排在前面的国营商业可以细写，而排在后面的供销商业只要轻点一笔："商品购销渠道，计划调拨同国营商业"即可，采用"互贝法"，不必重复记述。其三，运用重点和一般相结合的方式进行处理，属于本质内容应浓墨重彩，属于交叉连带的第二、第三属性内容应惜墨如金，点到为止。如中国共产党在中华人民共和国成立前的活动以军事为主；然而根据分类，重大兵事活动和地方武装的建立与发展都应归入军事志中，因之，中国共产党一节应主要记述组织的成长壮大过程，军事斗争只应简略提及，不应过多着墨；但在军事志中，党的武装活动就应该浓墨重彩，详细记述。

总之，只要我们在志书内容方面做到科学分类、详独略同、轻重有度，再辅之以上所说的严密健全的编纂班子，那么，志书的交叉问题是不难处理的。

二、主要的关联内容和交叉门类

志书的关联内容和交叉门类主要有三大类，一是专志与专志之间，二是专志与概述、大事记、地理志之间，三是概述、大事记、地理志三者互相之间。后两者由于涉及面较小，只要给予必要的重视，辅之以得当的方式，交叉问题是完全可以处理好的。得当的方式是：概述、大事记虽分由专人编写，但不应由其单独完成；而是由每一专志的分纂者提供各专志的大事和概述，概述和大事记的分工者补充全社会共同的大事和概略，然后集体讨论、取舍，再交分工者编纂。经过这样的编纂形式以后，概述和大事记之间，以及两者与各专志之间就不会出现重复记述和自相矛盾的问题了。有的志书是先编概述和大事记（特别是大事记），我认为这种编纂程序不够科学，原因是他们植的是无本之木，汲的是无源之水；因之，既不能全面地记述一地之大事、大略，同时，交叉间内容的差错与互相矛盾在所难免。

以上我们讲的是第二、第三种类型的处理方法。下面我们将专志之间主要的交叉重复点分列如下，以引起同行们的注意：

（1）工业志与商业志，中华人民共和国成立前的匠铺、作坊一般为前店后坊，前为商业性质，后为工业性质；中华人民共和国成立后工业产品的销售渠道与商业志的工业品销售。（2）农业、工业、水利、林业等志与科技志。（3）交通志公路绿化与林业志，航道与河道、引江工程建设。（4）财政志财政收支与税务志的工商税收。（5）人物志与各类专业志，专志中因事系人从略，人物传从详；人物志与文化志的著作作品表，表不宜介绍人物简历。（6）城建志与交通志的道路、桥梁，与文化志的名胜古迹，与林业志的绿化，与电业志的照明等等；城市属集约性质，与各业都有联系，较难处理。（7）军事志与党政群团志共产党的活动，军事志民兵一节与工青妇等群团的活动。（8）教育、文化、体育、卫生四志之间。（9）各项事业的使用经费与财政志。（10）党的中心工作和统一战线、纪律检查、党员教育等分项工作。（11）工青妇围绕党的中心工作所开展的活动与党的中心工作。（12）民政志安置与劳动志的就业。（13）民政志中的生产救灾与社会救济。

以上所列仅是志书中主要的一些交叉点，并非全部。

（《安徽史志通讯》1986 年第二期）

自评：1986 年 10 月本人被调到安徽省地方志办公室工作。年初，《安徽史志通讯》主编曹贵森先生约了我这篇稿子。他的建议是，当前方志编纂规定对方志的交叉处理是原则性的；一些论文和文章也点到“交叉处理”，但都没有具体研究出如何交叉处理。你已经完成了《全椒县志》的编纂，把好的做法总结出来。这是本文撰写的缘起。他们也很重视这一研究，最后把这篇只有 3000 字的文章放在了本期刊物的首篇。这也是皖派方志研究重视实践的一个特点（首轮安徽方志研究在全国颇有影响，被称为“皖派”）。

本文价值在于，首先用哲学观点，给方志编纂的“交叉处理”确定了扼要的概念；二是从编纂组织和志书内容结构两个方面阐述了如何进行志书内容的交叉处理；最后开列出一部县级志书在内容上有哪些交叉点。编纂组织上，明确总纂在全志交叉处理工作中的作用，同时在编纂中与方案提要、分纂工作的关系。明确分纂各阶段交叉处理任务。归纳认为志书的关联内容和交叉门类主要有三大类：一是专志与专志之间，二是专志与概述、大事记、地理志之间，三是概述、大事记、地理志三者互相之间。此外，明确在志书内容结构方面交叉处理的几个方法：一是科学分类；二是详独略同，前详后略；三是运用重点和一般相结合的方式进行处理。属于本质内容应浓墨重彩；属于交叉连带的第二、第三属性内容应惜墨如金，点到为止。此文交叉处理的方法，被大量编纂教材引用。在本人起草的各种修志方案中，或多或少可以看到这些交叉处理方法的影子。比如在二轮上海市志编纂培训时，交叉处理授课中，我总要讲到覆盖面大的专志与单一性专志的交叉处理；覆盖面大的如科技、信息化、法治（法制）、教育培训、信访、外事交流专志与其他专志以上内容的处理。今天回头再看，志书交叉处理的方法作为编纂教材已经普及，但为什么许多已经出版的志书还存在交叉重复和互相矛盾等问题呢？关键总纂（主编）是挂名的“甩手掌柜”，或是成稿后再依行政职务位次明确主编、总纂；志种大的省市级修志部门将“工”派给社会有关部门、团体，自己只抓进度；方志编纂业务越来越行政化，真正从事总纂的甚至享受不到署名权，导致从始至终就没有真正的总纂和真正的交叉处理。一些志书内容“叠床架屋、层次杂乱、轻重畸形，缺少整体性”，甚至要项缺失的根源即在于此。

从总体上把握经济专志的编写

就我的认识而言，要想体现好经济活动错综复杂的内涵，编纂出较成功的经济类专志，必须从总体上把握经济活动，注意处理好以下两点：

一、应围绕流通领域生产、分配、交换、消费四个环节，从横断面角度去编写（“事纬”）

综合性志书一般的分类，经济类主要包括农业、林业、水利、畜牧渔业、多种经营、工业、交通、邮电、城建、商业、粮油、外贸、财政、税收、金融、工商管理（含物价）16个门类。但客观的经济，从经济学角度应该是个有机的整体，国民经济中各部门之间存在着互相联系、互相制约的性质。从本质上说，经济志的核心应该整体上围绕经济领域中生产、分配、交换、消费四个环节进行编写。

（一）生产

要想整体地反映一地社会生产的状况，首先必须掌握生产部门之间和各部门内部之间的关系，掌握衔接的“链条”。

社会生产分为生产资料生产和消费资料生产两大部类；而社会生产两大部类之间的比例关系，具体地表现为农业、工业、轻工业和重工业等物质资料生产部门之间的关系。因之，只要抓住了农业和工业专志的编写，就抓住了“四环节”中的“生产”这一环节；经济志的重头戏也就唱了一半；因为生产决定流通。下面看看生产部门内部以及甲部门与乙部门之间的关系：

1. 农业部门内部各业之间的关系　农业有广义农业和狭义农业之分，志书一般是狭义分类。就广义农业来说，农、林、牧、副、渔五业之间存在着相互依存，互相影响的关系。如1958年“大跃进”大办工业，种植业萎缩，粮食大减产，养殖的家禽畜极少。“中共十一届三中全会”以后实行联产承包制，粮食产量大幅度增长，反之促进了养殖业的发展。再如，林业是“绿色海洋”，发展了有利于水土保持、改善生态平衡，对种植业和养殖业的发展都有促进作用。

2. 工业内部关系　在工业生产内部，除重工业和轻工业、建筑业的关联外，原料工业和加工工业、能源工业和其他工业之间也有着极密切的关系。如果只有冶金、化工工业而没有机械、化工制品工业与之相配套，原料工业生产的原料只有向外地寻求销路。反之，只有机械、化工制品工业，而无化工原料、冶金工业，则只有向外地寻求工业原料。这关系到一地工业生产的内部结构和原料、产品的进出。志书中只有把这些关系交待清楚了，一地的工业与工业经济才能形成一个整体跃然纸上。

3. 工农业生产之间的相互关系　农业生产与工业生产之间有着密切关系。农业可以为工业提供生产原料；工业生产发展了也可以为农业提供农机、化肥、农药、药械等生产资料，反作用于农业。如中华人民共和国成立前除工业水平低下外，粮油产量也较低，县一级只有以手工操作为主的砻坊和油坊。中华人民共和国成立后，由于粮油产量的不断增长，县级均逐渐采用了机械加工，办起了机米厂和油厂。

4. 工农业生产和交通运输、邮电等业关系　交通运输和邮电是国民经济的动脉，工农业生产良好、财政收支平衡，可促进交通运输业（公路、铁路、水路、航空、邮政、电信）的发展。交通运输业发展了，又可以当好工农业生产的“先行官”，反过来促进工农业生产的发展。

5. 现行生产和基本建设之间的关系　现行生产和基本建设之间的关系，主要是简单再生产和扩大再生产之间的关系，基本建设是扩大再生产的先决条件（包括农林场、科研所、水库、城镇建设、公路、邮路等各业固定资产项目的建设）。基本建设规模符合一地国民经济的实际状况，就能够从长远利益的角度促进生产的发展。如果基本建设规模过当，就会妨碍现行生产和降低人民生活水平。如 1958 年工业盲目“上马”，基本建设项目过多、过大，导致“三年困难”。1961 年、1979 年两次压缩基本建设项目，使经济建设得到了均衡发展。这些，志书应很好记述。

从上面各生产部门之间密切的关系可见，我们在编写各类专志时，不能只见树木不见森林，一个专志（门类）一个专志（门类）地孤立辑录；否则，整个经济部分就不可能成为一个有机的整体。

（二）交换

生产过程生产出来的产品必须通过流通才能进入消费领域（包括生产消费和生活消费），才能称作商品。从志书分类看，反映商品交换的主要专志是商业志。该志要从商品采购（包括农副产品、工业品）和商品销售两方面去编写。采购包括货源地（计划调拨二级站、国营批发和自行采购的外地市场、厂家）、品种。销售包括销售政策、形式（国营批发、国营、集体、合作、个体零售、个体代销）和渠道、网点等。要体现出计划经济的控制（是“死”是“活”）和市场经济的调节（“放”的是否适度）。如 1958 年大购大销，购销活动由原来的国营、集体、个体“三条腿”走路改为国营一条腿走路，流通渠道阻塞；中共十一届三中全会后除一类物资外，绝大多数二类物资和所有的三类物资全部放开，致使“一条腿”走路改为国营、集体、个体、外资、合资一起上；此外，中华人民共和国成立后完全由市场调节的生产和交换主要指农副产品、日用工业品和服务修理业的劳务活动，它们在国民经济中起着不可缺少的补充作用。中华人民共和国成立后，各个历史时期对商品交换活动的“统”和“放”在志书中应很好记述，以便吸取教训。

此外，还要注意与生产、交换有直接关联的经济管理部门专志（门类）的编写。

与生产和交换有直接关联的专志主要是税收、金融和工商管理。货币的流通和信用贷款的合理投放，直接关系到生产部门的扩大再生产和交换部门的扩大经营。货币是商品交换的媒介，货币流通渠道通畅可加速资金的周转，进一步促进国民经济均衡发展。税收来源于生产和交换，生产、交换水平越高，税源就越多，税收量也越大。合理的税费可以促进一地经济和国家经济共同繁荣。工商管理是国家采用行政手段对交换的直接管理（包括商标、物价、发证、度量衡等方面的管理）；没有工商管理，交换必然陷于无政府状态。因此，这些专志虽不是直接写生产和交换，但与生产和交换有着极密切的关系，在志书编写时也应给予重视。其主要内容是各个历史时期货币管理、税收管理、工商管理主要政策产生的经济社会效应，主要税种、税率（突出地方税）和信贷投放的政策对象，工商管理打击、限制和保护对象等。

（三）分配

国民收入的分配主要通过一地的财政部门去实现。1983 年“利改税”之前，财政收入包括国营工商企业上缴的利润和集体、个人的税收。1983 年后，国营、集体、个体经济实体一律以税收形式上缴。一般的是，一地财政部门根据上年国民总收入情况决定当年的财政支出（分配），主要包括经济建设（扩大再生产和流通）、社会文教卫（社会后备基金和文教卫生基金）、行政管理、其他四项，分项如下：

1. **经济建设支出主要为：**（1）工业基本建设支出，含建筑、安装、设备、工具、器具等方面购置；（2）农业基本建设支出，含农林、水利、气象部门的基本建设投资和这些部门的事业费以及国营农业的流动基金、对贫穷社队的投资等。

2. **社会文教卫支出主要为：**抚恤、社会救济、自然灾害救济以及文教卫体、通信广播、计划生育等部门的事业费。

3. **行政管理费支出主要为：**行政业务费、干部训练费等。

4. **其他支出主要为：**民族补助、地方外事、兵役征集、收容看守等费用。

以上四项是直接由地方财政统支的费用，可以直接通过财政志·历年财政收支表、历年基本建设投资情况简表反映之。至于劳动报酬基金的分配，农民分配见农业志·历年农业社人民公社社员分配情况表；工人和干部职工的劳动工资见劳动志·历年工资情况一览表（工资级别，平均工资数、工资总额）。

（四）消费

旧社会的消费和积累之间存在着尖锐的矛盾，因之，我们在经济类各专志中应体现出统治阶级的剥削和掠夺（在地租、高利贷、薪俸等方面反映）。社会主义积累代表着人民的长远利益，在志书编写中应突出社会主义社会“一要吃饭，二要建设”

的经济观。积累和消费是互相制约的，国民收入总量一定，积累多消费就少，消费多积累就少；偏重哪一方都不利于社会经济的均衡发展。上面已谈过，社会的消费基金包括国家管理基金、文教卫生基金、社会保障基金、劳动报酬基金四项。因之，志书在反映一地一时社会总消费水平时，还需借助于财政志·支出表；至于人民群众的消费水平尚须通过劳动志的劳动报酬（农业志、劳动人事志）、物价（工商管理志）、衣食住行（风俗志·日常生活）、住房（城乡建设志）和历年生活消费品零售情况表（商业志）等方面综合反映。

下面我们通过示意图来表示县级志书16个经济门类（志书中为16个经济专志，表中“多种经营”放不下故缺）之间有关内容的互相联系，以加强志书编纂者在宏观上对经济志的印象。

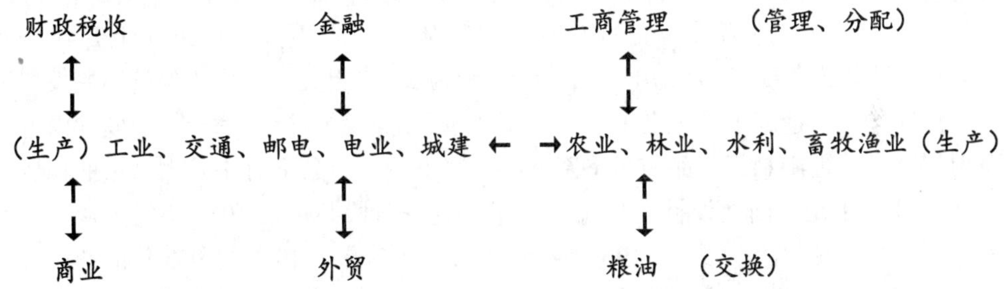

二、要把握住经济发展的阶段和规律，从纵的方面去编写（“年经”）

经济专志的质量如何，除以上所谈的要从各专志（门类）的联系中、从总体上去编写外，还必须反映事类发展的阶段和规律。从普遍的资料收集看，一般是掌握的辛亥革命以前的资料较少，以后逐渐增多；因之，只能采取详近略远的方式去编写。我经过了抽样，现举一县经济发展的阶段状况来进行示例。该县（安徽省全椒县）的经济发展可分为七个阶段，中华人民共和国成立前三个，中华人民共和国成立后五个（民国以前略）：

1912—1927年，这一时期该县由于军阀混战和帝国主义的经济掠夺，生产力低下，农村自给自足，商品经济羸弱，人民生活贫困。1927—1937年，是整个民国38年间经济上有所发展的时期（尽管连绵战争，工业增长率仍高达8%～9%，被称为“民国黄金十年”“南京十年”“建设十年”）。该县地处沿江，工商业和交通运输业都有了发展，开办了数家工厂，本地商人取代了客商的地位，工厂采用了简单的机器生产。但由于剥削残酷，人民生活仍很贫困。1937—1949年，这一时期经历了全面抗日战争和解放战争，经济为战争所破坏。抗战中，由于日本帝国主义的军事侵略和经济掠夺，男劳力脱离生产和经营，工厂、商店倒闭，生产场（厂）地和工具、机器受到了极大破坏。解放战争中，由于国民党反动派挑起了全面内战，1948—1949年，国民经济全面崩溃，通货膨胀，金圆券与法币比值上升为300万:1。

中华人民共和国成立后，1949—1951年是国民经济三年恢复时期。这一时期主要利用价值规律或剩余价值规律来引导经济的恢复。没收了官僚资本，建立了第一批国家企业，形成了国营经济、合作经济、资本主义经济和个体经济共存的格局。由于生产关系适应了生产力的发展，国民经济得到了全面恢复。这一时期农村进行了土地改革，建立了互助组，农民生产积极性空前提高。该县工业总产值1949年为306.9万元，1951年上升到420.8万元。粮食生产1949年为90万斤，1951年上升到180万斤。1952—1956年，是中华人民共和国成立后经济发展的第二个阶级，即“对私改造”时期。这一时期进行了对生产资料私有制的社会主义改造。个体手工业首先转为供销合作社，后来发展为生产合作。所采取的经济形式是从手工业供销小组到手工业供销合作社，再发展到手工业生产合作社。对资本主义工业，1952—1953年，首先将资本主义经济转变为国家资本主义经济（采用了加工定货、包购包销等形式）。农村建立了农业生产初级社和高级社。这一时期经济总的发展是好的，这个县工业总产值1952年为399.2万元，1956年为595.7万元；粮食1952年为237万斤，1956年为270万斤；商品零售额1952年为1159万元，1956年上升到1780万元；财政收入1952年为270万元，1956年为296.7万元。但由于经济体制发展过急，形式单一，造成了管理混乱。如手工业过急地实行跨行业综合，造成社内行业精粗混杂，管理困难，产品质量下降，原材料浪费，产品不对路并大批量的积压。1956—1965年是全面建设社会主义的十年。这一阶段共包括1958年的工业“大跃进”，农村人民公社；1959—1961年“三年困难时期”；1962—1965年的“调整、巩固、充实、提高”。这一时期主要的经济政策有1958年的农村以生产大队为核算单位，商业的“大购大销”、关闭集市贸易市场、取缔个体商业，供销、集体商业上升为国营性质。1961年底“调整”后，农村改生产队为核算单位，一度实行责任田；工业大部分工厂仍恢复集体性质，实行奖金制；商业开放集市贸易，集体、个体商业比重增大。这阶段经济发展有曲折，不少时间生产关系超越，阻碍了生产力的发展，尤其是1958—1961年。但总的说来是发展了，主要指1956—1957年、1962—1965年。本文所例举的县的经济发展也是这样。这个县的粮食1957年为284万斤，1958年下降为138万斤，1961年为90万斤，1962年112万斤，1964年为187万斤；工业总产值1957年为597.3万元，1961年为500万元，1965年回升至672万元；商品零售额1957年为1528万元，1961年为1352万元，1964年为1888万元；财政收入1957年为291.7万元，1961年为124.9万元，1964年为330.6万元。1966—1976年“文化大革命”的十年，由于武斗，生产大幅度下降。1969年局面有所好转，但由于批“走资派”，生产管理混乱。1974年“批林批孔”，生产再度混乱。这一时期集市贸易几乎全部关闭，个体工商业再度绝迹，流通渠道阻塞，工业生产只讲产量不讲效益，农业抓单一的粮食生产，产业结构单一化；但也进行了大规模的农田水利建设，粮食增产较快。本文所例举的县和全国其他地区相同，由于人民的努力，生产总的说来有所发展：工业总产值1966年为704万元，1976年为4308万元；粮食1966年为182万担，1976年为453万担；财政收入1966年为264万元，1976年为655万元。1977—1985年是我国重要的经济变革时期。1978年中共十一届三全会以后，采取了一系列重大的改革：一是农村联产承包制，二是城市经济体制改革，三是对外开放。

具体政策有1979年的“调整、改革、整顿、提高”，1983年的“利改税”，1984年的企业生产经营自主权和厂长责任制等。根据所举例县的经济指标递增情况看，“文化大革命”后的八年大大超过了“文化大革命”的十年：1977年工业总产值为4764万元，1984年为10276万元；粮食产量1977年为422万担，1984年为635万担；社会商品零售额1977年为5624万元，1984年为12463万元。尤其多种经营有所发展，1977年水产养殖水面为80297亩，产量8516担；1984年增加到103574亩，40385担。

中华人民共和国成立前三个、中华人民共和国成立后五个历史阶段，志书的表述除应通过自然、政治、军事的因素作背景材料外，纯经济方面的背景材料主要为对经济管理的集权还是分权，市场经济和计划经济的成分，对个体经济的放开和限制，流通渠道的少环节或多环节等等。最根本的一点就是上层建筑与经济基础，生产关系与生产力的矛盾状况。历史上的经济是停滞，是迂回，是发展还是崩溃，《关于建国以来党的若干历史问题的决议》以及一些现代经济史方面的书籍，如《新中国商业史稿》都作了较科学的论述，应作为我们编写经济类专志的参考书籍。

根据以上两问题的阐述，我们是否可以得出这样一个结论：要想使经济类各专志（门类）同经济事物本身一样成为一个有机的整体，并成为政治性、思想性、资料性较强，“年经事纬”的著述之书，就必须“横向”把握住流通领域的“四个环节”，“纵向”把握住经济发展的阶段和普遍规律（在此基础上突出地方特点），然后通过背景材料、通过概述、通过经营管理等内容和表述手段，将经济本身的总体性、综合性、规律性、关连性表现出来，使经济类专志成为一个“柱形体”；否则，如果让经济类专志各自为政，编出来的经济志必然松散并流于自然主义。

（《史志文萃》1987年第2期）

自评：这是学习社会主义政治经济学和进行《全椒县志》经济部类编纂后，沉下来研究的一篇论文。当时，我已经调到安徽省地方志办公室业务指导处，负责对江淮片40多部地市县志编纂业务的指导，因之急需这样部类性的研究。本文包括“事纬”“年经”两个板块。《史记》共有十表，“大事表年经事纬，纵横互订”。“年经事纬”指以年为经、以事件为纬的编写史书的方法。本人用这一传统史学概念，统辖这篇论文。认为经济部类内容的表现总体也是“事纬年经”的关系。一部县志16个经济门类（专志），实际就是围绕流通领域生产、分配、交换、消费四个环节，从横断面的角度去编写（“事纬”）。但4个环节16个经济门类事物的演变发展的记述，要把握住经济发展的阶段和规律，从纵的方面去记述（“年经”）。提出“我们在编写各类专志时，不能只见树木不见森林，一个专志（门类）一个专志（门类）地孤立辑录；否则，整个经济志就不可能成为一个有机的整体”。结论：“年经事纬”的经济部类方志，就必须“横向”把握住流通领域的“四个环节”，“纵向”把握住经济发展的阶段和普遍规律。本篇文章写作前，除4年的《全椒县志》的编纂实践，同时认真学习了《关于建国以来党的若干历史问题的决议》《新中国商业史稿》等

文献著作。今天看，本文经济思想主要是社会主义政治经济学观点，时代所限，大多属于计划经济体系，也有机械引用经济概念使文章形成理论体系的不足。方志编纂者，作为杂家，一是深入编纂实际，二是不断学习百科，捷径是学习专业史和学术史。

概述商

概述是新编地方志的首创。旧志虽有“序”，但毕竟只是冠于专志之首的几句提要。黄炎培主纂的《川沙县志》虽然首次在志书中用了“概述”标题，但该“概述”并非今天大家所刻意追求的概述，彼只是在各专志及大事记前增设的一个栏目，意匡旧志“因果不彰”、专志与专志之间“独立栏界”的毛病，说概述又类小序。新志书的概述到底以什么形式出现，应该写哪些内容，运用什么文体，自1981年以来方志界已提出了不少设想，随之在新志编纂中也就有了不少的实践；但系统地说起概述如何编写，仍有许多疑点和不甚了了的地方。目前，新志概述存在的问题，最严重的莫过于两点：一是概述与序、与专志内容互相重复；二是概述游离于专志之外，只是专志内容的拾遗补缺。病因何在？可能与我们孤立地就概述言概述不无关系；因之，对概述仍有换换角度进行讨论的必要。

一、从志书的总体构成上探讨概述

概述的作用是什么？是弥补志书横排门类后缺乏宏观记述，以及事类之间缺乏互相联系的不足。然而，就整部志书看，起“宏观”和“联系”作用的不仅限概述一项内容，还包括大类的综述、专志志首的小序、正文的背景材料，以及各类统计总表。为此，单一地就概述而研究概述、就概述而论概述往往会陷于偏颇。总体上说，志书的宏观记述和反映事物之间的联系应该是有层次的、梯级的。从表格、背景材料到小序，到综述，再到概述就是一个系列阶梯。概述是阶梯的最高层次。这就如同同心圆一样，各个圆都围绕着圆心，一个比一个缩小，最里边的圆就是概述。如果按照这样的主导意识去编写志书，概述方不会背离全志的总体去游移于外。

正因为志书的宏观内容是梯级的、系列性的，为此，概述的体裁就值得探讨。有的志书小序采用“勾弦提要”，概述也同样采用“勾弦提要”，这就必然地导致小序与概述内容的重复，因为它们采用了同一体裁。因之，同一体裁在小序和概述中不可同时运用，小序采用“勾弦提要”，概述只能采用史体的综述。

二、从各类志书的异同上探讨概述

以上阐述了志书宏观内容的系列性和梯级性以及与概述的关系。然而，是否省、地、市、县志书都要完成统一的梯级呢？回答是：根据各类志书的特点，“因志而异”。

首先就县志而言，虽然门类多而全，但由于政区范围小，内容与省、市志比较少得多，不需要设过多的层次。加之史体综述难度大，就一县来说人才难求，因之，其概述还是采用“勾弦提要”为宜。各专志不设小序，必要的内容可采取不标目的“导言”处理之。就目前出版的新县志和未出版的县志稿看，成功的唯有此体。那种在一部县志中追求概述、综述、小序“大而全”的，其结果没有不使志体臃肿、内容杂乱的。

省、市（省辖市）志卷帙浩繁、内容宏富、非同县志，因之应采取梯级结构去表现宏观内容。各专志应设“勾弦提要”式小序，大事类前加综述，概述采用史体纵横捭阖。概述是“纲”，序、综述、正文是“目”，层层勾连，“纲举目张”。

地区简志写的是一地区的概况和特点，内容较少，不宜设专志小序；此外，简志的各专志皆为概况式，其概述也必然是史体。

三、志体概述与史体概述

有人为概述总结了六七种体裁样式，但实质上只有两种：一是“勾弦提要”式志体；二是“综述”式史体。

志体概述采用“勾弦提要”的方式，将各专志的精髓凝炼出来，实际上是勾勒各专志事业兴衰发展的脉络。“勾弦提要”体概述的内容：地理方面包含自然环境、资源、建置；经济方面包括农业、林业、水利、牧副渔业、工业、交通、邮电、电力、城乡建设、商业、特产、人民生活；政治军事方面包括追述革命斗争传统、农民起义、罢工罢市、革命思想思潮传播、三次国内革命战争时期地方党政群团组织及军队重大的革命和军事活动的影响和意义、中华人民共和国成立后政治运动等；文化方面包括反映当地人才、历代著述、中华人民共和国成立后专业及业余创作、群众文化、广播电视、文物古迹、教育、医药、体育、科技。篇末用精练的文字收拢全文，略点出当地自然、经济、文化的优劣态势，并对未来给予展望。以上可见，“勾弦提要”的取类实际上是各专志中的实体内容，而像财税、金融、工商管理、司法、民政等非实体性内容一般不进入概述。

概述中每事类的“勾弦提要”应基本上勾勒出事物的兴衰起伏的阶段，以及各阶段的基本状况。试举某县志概述工业部分示例：

“××县历代以农为主，工业起步较迟，民国13年（1924年）以前，县内仅有几家手工作坊。民国13年后才陆续办起了3家小型工厂、半机械化生产。1949年，全县工业正式职工24人、产品仅有砖瓦、棉布、铁木小农具和商品粮油4种，产值306.9万元。35年过去了，××县的工业取得了较大的发展。1984年统计，全县共拥有独立核算工业企业240个，其中全民企业30个，集体企业210个，轻工业企业152个、重工业企业88个。全县工业企业固定资产2491万元（净）；职工7714人，其中全民4199人，集体3515人。工业产品由1949年的4种增加为柴油机、喷雾器、棉布、饮料酒、化肥、水泥、药品、家具、皮革、皮鞋、服装、建材、玩具等近百种，其中S195型柴油机和552丙型喷雾器分别荣获“省优”“部优”产品称号，皮毛制品、软体玩具、大米、菜籽油和再制蛋先后打入国际市场。1984年，全县工业总产值为1027582万元，利润400万元。

县工业经过了符合工业自身发展规律的三个阶段。中华人民共和国成立前，县内工业主要以匠铺、作坊为主，尚未脱离商业的樊篱，生产落后。中华人民共和国成立后，经过1953—1956年对手工业的社会主义的改造，建立起以手工工场为主体的县内工业。20世纪70年代，县内工厂工业开始从手工业中脱颖而出，迄至1978年，全县已初步形成了以农机、药械、化肥等农业生产资料生产为主，以轻纺、酿造、制药、水泥、砖瓦、轧花、粮油加工、制革和印刷为辅的工业体系。80年代初，在迅猛发展的农村商品经济的推动下，乡镇工业加快了前进的步伐。80年代中期，乡镇工业、建材工业、农副产品加工工业和食品工业已作为县工业发展的重心。1984年，乡镇工业企业达180个，总产值占全县工业总产值的20%。

为了建设一批在商品市场上具有竞争能力，在计划经济和市场经济的双重作用下具有应变能力，能够创出名牌产品打入国内、国际市场的现代工业企业，自1984年起，本县开始在部分工业企业中进行体制改革的试点，已取得了初步成效。”

（分析）整个工业概述分两个层次。第一层次也就是第一自然段，写的是该县工业发展的总脉络。以民国13年现代工业的萌芽、1949年中华人民共和国成立初的落后面貌、1984年工业发展的程度划分三个阶段，用企业、固定资产、职工、产品种类、产品质量、产值利润等数量、质的对比，反映了一县工业的兴衰起伏。第二个层次是总结该县工业发展的规律，将该县工业分成匠铺作坊、手工工场和工厂三个阶段，并明确了三个阶段的起始时间。这两个内容层次，第一个是从具体的角度，第二个是从抽象的角度概括了一地工业发展的大势大略，基本上起到了（概述）总领后边专志（各章）的目的。

下边我们再谈“勾弦提要”概述的语言特点。“勾弦提要”既然是志体，无需总结规律和进行议论，但其语言的表达方式与专志（各章）又有区别，它可以运用倾向性的语言以体现概述的明确性和作者的立场及思想。如行文可出现“中华人民共和国成立前县内民族商业长期受到帝国主义的经济压迫”“中华人民共和国成立前城镇建设极为落后”“中华人民共和国成立后商业得到了迅速的发展”等等一类的句子；但倾向性语言之后，应用具体的数据和典型的材料去说明之。

“勾弦提要”式概述在勾勒各专业的同时，对经济、文化等大事类内容也有必要作进一步提要。如在农业、工业等经济类内容前边增添各时期工农业产品结构、国民经济总构成等；在种植业、牧副渔业前增添大农业的产业结构，可进一步增加“勾弦提要”概述对宏观内容记述的深度。

此外，“勾弦提要”式概述所述事业排列顺序基本类同各专志（章）顺序。每一专业“勾弦”应起一层次，前冠以“本县的文化”“我县的文化”，或“××县文化”以提示读者。全篇概述可以分成地理部分、经济部分、政治军事部分、文化部分、态势和展望部分撰写，不标目，以（一）（二）（三）（四）（五）为序。

史体概述——综述，其内容和文体与志体概述不同。首先对自然环境作简明的介绍，然后采用分期（而不像“勾弦提要”采取分类）结构，将一篇概述按照我国历史的普遍进程和本地特点分成若干历史时期，如1840年前的封建社会，1840年后的半封建半殖民地社会，1949年后的社会主义社会（重点是民国年间和中华人民共和国成立后）；或古代、近代、现代、当代等。各期间可根据当地实际分成若干历史段落。每个时期和阶段再抓住政治、经济、文化等大类内容（因为各专志已有小序），叙述其发展演变，交待其相互之间的联系，以反映规律和特点。这种结构大体上似简史体结构。范文澜的《中国通史简编》就将中国历史分成原始人与原始公社，夏商、西周、东周、战国、秦、西汉、东汉、隋、唐等历史时期。每时期含有经济与文化、政治与经济、政治与文化、自然与经济等内容。此外，综述是史体，它可以有述有论、有褒有贬、有因果有得失，如同范文澜《中国通史简编》每章后边的“简短的结论”，作为独立的自然段落处理之。但述和论必须通过概括性、典型性、统计性材料说话，要论之有据，不可妄论。一时有分歧难以断明的问题宁可不论。

事物的发展往往不是均衡的。一个历史时期文化发展了，但其他事业进展却不大；另个时期农业上去了，工业却没有多大起色。一地阶段历史的特点应注意表现之。

此外，任何时代、任何事物的发展阶段都有其标志，在寻求事物发展规律的同时，应寻求表现其发展阶段的“标志”。如国史中标志奴隶制社会和封建社会分期的“初税亩”，标志文学分期的先秦散文、汉赋、唐诗、宋词等。志书概述中也要寻求标志，如某某市是哪一年代由消费城市转为工商集约型城市的，等等。只要在述中竖起“标志”，事物发展的阶段性才更加清晰，规律也更加明显。

最后应该补充几点，就内容而言，不论志体概述还是史体概述，在记述时都应该突出三个重点：一是经济内容，二是可以反映地方特点的事物，三是交待一地自然、经济和文化的优劣态势。就编写方法而言应分两步走，首先由各专志分纂者提供本专志的小概述作为全志概述的素材，然后由专人撰写总概述。总概述一般由志书主编（总纂）担任。

此外，有些志书在概述后附上一地“国民经济主要指标统计表”不失一个好的办法，它可以配合文字概述，从数字系统去弥补志书横分事类后整体性不足的缺陷。

（《中国地方志》1987年第4期）

自评：概述作为一种体裁首轮新方志编纂讨论较早，但到20世纪80年代中后期仍然莫衷一是、众说纷纭。原因是不少的讨论者往往不是志书的实际编纂者。不少同仁认为黄炎培《川沙县志》是概述的首创；的确，黄炎培先生认为“一般方志，偏于横剖，而缺乏纵贯，则因果之效不彰”，黄炎培《川沙县志》采用大事年表和概述，以补横剖之不足。黄在《川沙县志导言》中说：本书各志，皆先以“概述”，有类实斋（章学诚）所为序例，而实不同。盖重在简略说明本志内容之大要，而不尽单阐明义例也。章学诚序例重在阐明义例，不重在说明本志内容大要，往往只是表明其方志学之观点。由此看来，章氏“序例”与《川沙县志》“概述”，侧重点不同。但总体上看，同属序跋文章。社会主义新方志概述强调概全貌、概轨迹、概

特点，而舍弃了义例（全志设凡例、编纂说明），并把小序或无题导言放在篇章之下。故本文一开始就认为，《川沙县志》概述用了“概述”名称，但不是全志的概述，实属门类篇章的小序（导言）。本文立足编纂实际，从志书的总体构成和各类志书的异同上探讨概述撰写的形式、内容、方法；对一些不切实际“孤立地就概述言概述”提出不同看法。指出“概述的作用是增强志书的宏观和联系”，而全志的宏观和联系，不仅仅单一靠概述，而是“从表格、背景材料到小序，到综述，再到概述，是一个系列阶梯。概述是阶梯的最高层次”。本文还与众不同地指出，志种不同概述的用法也不相同。省级志书规模大，数十卷组成，故全志设总述，分志设概述，大的门类设综述（经济综述、城乡建设综述），篇章设导言；而一部县志规模小，往往只有一卷本，假如追求概述、综述、小序“大而全”的，其结果没有不使志体臃肿、内容杂乱的。文章认为“概述”是综合性内容的圆心。认为同仁所研究出的六七种概述体裁，从运用角度归纳，主要只有“勾弦提要”式志体和“综述”式史体两种。并从实践出发，开列了需要钩玄提要哪些方面内容；史体如何分期叙述。分析了史体概述与志体概述的区别与方法、结构、语言特点；并用《范文澜通史简编》和本人撰写的《全椒县志·概述》示例；由于来源实践，具有可操作性，此文被收入部分编纂教材；同时被收入中国地方志指导小组2013年版《〈中国地方志〉优秀论文选编》。

小议地理志改自然环境志

1988年3月，中国地方志指导小组在北京召开了有多种学科的专家学者参加的《玉山县志》《渭南县志》《萧山县志》三部县志研讨会。会上，有的专家认为，地理学和地质学是两门不同的学科，统称地理志，把地质当作地理志下的一章不妥当。而且地理学包括自然地理和人文地理，而人文地理有很广泛的内涵。现在地理志之下所记的内容和地理志并不吻合，因此，建议将“地理志”改为“自然环境志”。

我认为，此说偏狭于地学专业分类，过于强调地学的专业分支，脱离了方志编纂的实际。其一，如果将志书硬套地学的分类，贴上地学的标签，写地理就应该写全了自然地理、经济地理、文化地理、政治地理，实际上是将中国地方志协会初期提出的篇目所分的地理、经济、政治、文化、人物五大篇贴上地理的标签。如果再细分，还可以分出工业地理、农业地理等等。实际上将方志学纳入了地学的范畴，地方志只能称地理志了。如果人类学、环境学、城市学、经济学、人文学等学科都来强调方志要按他们的学科、专业分类，方志就很难有自身的特点，成为一门独立的学科。

其二，有的专家认为地理学和地质学是两个学科，并包括在地学的范围之内，这是对的。但以前却没有地学的概念，有关地理、地质内容同称地理。后来地理、地质分家，这是现代科学发展，专业分工日细的结果。如同历史和方志一样，过去说“志属信史”，方志为地方史的分支。近几年又说方志是独立的学科，称方志学。如果眼下有人编写历史学专著，将方志研究纳入，能不能说此人连科学分类都不懂，建议他将方志内容拿掉呢？我看不能。实际上将地理（地表）和地质（地壳内部）合并为地理志，是沿袭志体（沿革地理）传统，今天是一种粗分法。这种粗分法现在还约定俗成地通行。换句话说，为什么既教地理又教地质的系能叫地理系，既有地理内容又有地质内容的书能叫中学地理，而既有地理内容又有地质内容的志书则不能叫地理志呢？总之，我认为，地方志即为百科，当然应该吸收各专业的科学成果；但这种吸收应该是立足于方志编纂的实际，由此发展成为独立的、与它学科不同的方志分类学和编纂学，不能照搬照套其他学科和工具书。否则，方志学必然被其他学科“五马分尸”形成不了自身特点，使实际编纂者难以从命（一个县、一个市的志书，学科需要分那么专、那么细吗？）。

其三，将原“地理志改称自然环境志”似乎也不能成立。此说内涵外延不符，标目小于内容。原因是原地理志包含建置沿革和自然环境两部分，自然环境入“自然环境志”是可以的，而建置沿革为社会属性，入自然属性的“自然环境志”就值得研究了。如果将“建置沿革”和“自然环境”分设两志，必然造成志书畸轻畸重。作为一个县的建置沿革能有多少内容可以独立成志而与农业、工业、文化等各志平列。作为一个省志虽有内容可写，但相对而言，与其他志比较，也必然轻得多。

总之，我认为改地理志为自然环境志大无必要，应维持原地理志的分类和称谓。

（《志苑》1988 年第 3 期）

自评：本文是典型的千字文，但所讨论的问题却非常重要，也是长期困扰地方志分类、编纂、评审的问题；是地方志与他学科关联的问题。地方志内容包括自然、经济、政治、文化、社会各方面，其篇目分类是全面覆盖和多元性的，加之事物（专业）之间的关联重叠，如自然资源与社会对自然资源的管理，如河流与航道，文化与宗教文化，民俗与社会生活，科学技术、信息化与各行各业应用，等等；所以全面性的方志分类与单一的专业分类（包括学术研究分类）是不同的。本文根据地学专家对志书地理志的批评，较早提出地方志既要参考各学科科学分类，同时更要“立足于实际，由此发展成为独立的、与它学科不同的方志分类学和编纂学，不能照搬照套其他学科和工具书”。由于地方志的管理层不稳定，大多地方志管理者、他学科专家学者（请来评审者）绝大多数不亲自修志，故只能就自己熟悉的单一学科知识去要求综合性的地方志，而实际编纂者绝大多数是被领导者（“干活的”），没有话语权，故文中批评的问题长期困扰着方志界。

历史文化名城志编纂构想

中华民族素以历史悠久、文化灿烂闻名于世。在2000多个县市中（不包括台湾省），已被国务院授予历史文化名城的就有62个，其中我省（安徽）有3个。它们分别是歙县、寿县和亳州市。

编好历史文化名城志（以下简称名城志），充分记述我国古代劳动人民改造自然、改造社会的光辉业绩对弘扬我国古代文化，振奋民族精神，批判民族虚无主义，增强民族自尊心，以及促进改革开放和国际文化交流，都有重要的现实意义和历史意义。

一、应当体现名城的特点

历史文化名城其古代文化发达，古迹文物丰富，杰出人物众多，著述典籍富硕。如歙县，明清时期的徽商、刻版、歙砚、儒学、徽派建筑（包括木雕、园林）、新安医学、新安画派等在国内外享有盛誉。寿县地下出土文物较多，其楚文化、寿州窑瓷文化、淮南国文化、淝水之战、芍陂（安丰塘）、淮上军等举世闻名。亳州的商代文化、酒文化、曹（操）氏父子与建安文学、华陀墓、花戏楼等古代建筑、“药都”等在国内也有较大的影响。这些历史文化时间跨度大、内容多，如果在志书中不增加古代内容的比例，就难以突出地方和时代的特点。有人认为，历史文化毕竟已成为历史，新志主要记述的是社会主义时期的经济文化。如果记述古代文化则要重在记述今存文物古迹，古有今无者略记，古扬今弃者略记，古有今存者才可详记。我认为，这种认识是不全面的；因为名城志不同于一般的市县志，他的性质决定必须突出古代悠久的文化。虽然旧志对古文化有所记载，但这些记载大多是分散的，认识水平也不高。中华人民共和国成立后，我们的考古、文献研究已获得了大量的新资料，提出了一些新的系统的观点，这些需要我们这代志书详加记述。“详今略古”的原则作为全国新方志编纂的总要求无疑是正确的，但对于名城志应区别对待，以体现名城的特点。如果不详记古代人文就不能反映名城的全貌，也不能更好地为现实服务；所以，在编纂名城志时，一方面要详记近现代政治、经济、文化，同时对能反映名城特点的内容也应该充分予以记述。

二、适当地变通体例

既然名城志与一般县市志的内容有所不同，那么名城志的篇目结构就不能雷同于一般市县志结构。如果我们将古文化内容像一般市县志一样分散记入各专志，如古水利工程入水利志、古城墙入城乡建设志、出土文物入文化志，就不能集中反映名城志历史文化的特点，体现古文化之间的相互作用，以及与政治、经济、军事、自然环境的有机联系。较好的方法是在一般市县志篇目结构的基础上，采取“升格”或“集中设志”；同时，涉及到每个具体的名城还可进行某些变通：古人文资料分量稍轻、内容单纯的可在专志内适当升格；分量重的可适当集中单独成专志，甚至全志采取按历史分期和古代文化集中设志相结合的方式组织材料。

按照历史分期和古代文化集中设志相结合的方式，是从社会大文化的角度出发，将名城的古文化集中在一起记述。当然，历史分期要尽最大可能采取隐时显事的方法，不破坏全志形式上的统一。如寿县志可以内设“寿春古文化”志，歙县志内设“明清人文经济”或“徽派文化”志等。这样徽墨、歙砚、徽商、新安画派、新安医学等都可以集中在“徽派文化”志中去写；寿县的蔡文化、楚文化、淮南国文化等可集中于“寿春古文化”志中去写。不具有历史文化名城特点的内容仍按普通志书篇目分类设目。如县志可拟设“地理人口”“寿春古文化”“经济”“政治（含军事）”“文化”“社会”“人物”七大篇。“寿春古文化”篇下拟设“新石器文化”“蔡文化”“楚文化”“淮南国文化”“寿州窑瓷文化”等专章，集中记述名城古文化内容。而“文化”篇侧重记述近现代一般性的文化内容，仍按文化艺术、教育、医药卫生、体育、科技等常规形式设目。这样处理后，必然使全志内容出现新的交叉关系，体现名城特色的史料必然被多处章节争夺；因之，一定要将新旧文化内容的交叉关系处理好。处理原则仍是前后呼应，此详彼略，各有侧重。如徽商专志与商业专志，徽商详写古代徽商，而商业志对徽商采取点叙呼应的手法衔接。芍陂在楚文化中详记，在水利志中可一笔带过。

历史文化名城地区在历史上有着不同的文艺流派，名人众多，加之历代建置变更频繁；因之，文艺流派和著名人物的收录比较棘手。为了反映文艺流派的完整性，在记述时可以超出现行政区去予以收录，围绕流派加以综合性记述，不能写成变相的人物传和作品选介。在人物传的收录上，要避免感情用事，要以现行行政区的区域范围为收录原则，而不是历史上的行政区域，不可越境记人。立传人物的籍贯指出生地的户籍，出生地有争议的多说并存。

名城历史文化内容时空跨度大，如单一按志体横排必然零碎杂乱而不成系统，如果我们采取史志结合的方法记述，就可以解决这一问题。如寿县志楚文化章，可先综述楚文化传入和形成的历史、自然、经济原因及兴衰过程。寿春楚文化与楚前期文化的不同特点，各历史时期出土楚文物的数量、价值和影响，等等；然后选出楚都、楚墓、芍陂等典型文化代表作具体记述。这样既可避免分散记述造成的不系统，更重要的是写明了楚文化发展的脉络和渊源。古代人文不同于近现代人文经济，因为隔代远久，多数问题学术界早已定论。因之采取史体明确事物的规律不但有可能，也是必要的，但记述时必须科学准确。

从共性角度讲，名城志与一般志书均属于资料性著述，仍强调资料性和体现事物的规律性。名城志不能写成风物志，必须吸收近现代考古、文献研究成果，系统、完整、准确、权威地写出地上、地下的历史文化资源。名城志还需要制作高质量的照片和图表，尤其是古文物部分。

（《志苑 1990 年第 2 期》）

自评：20 世纪 80 年代初至 90 年代，是方志界研究方志篇目框架的集中时期，随着不断研究和新东西、新概念的形成，解决了编纂的基本问题，但也出现了模式化的问题。为了形式的统一，往往造成志书形式的雷同、内容的平庸。连“形式服从内容”的常识也很少有人提起，更不要提志书不同与地域的差异了。我一直坚持记述对象的差异决定志书的结构形式的差异。但，为了完成编纂任务，不少地方都在编纂形式雷同的志书。1982 年 2 月，根据北京大学历史地理学家侯仁之、建设部城市规划专家郑孝燮和故宫博物院文物专家单士元三位先生提议，国务院开始确定并公布国家历史文化名城，到本文撰稿前，国务院已公布了两批文化名城（第一批 24 座，第二批 38 座）。1990 年，安徽省地方志办公室组织在寿县讨论了名城志编纂。本文是研讨会后写的文章。文章认为，“详今略古”的原则作为全国修志的总要求无疑是正确的，但对于历史文化名城志应区别对待。名城志篇目结构要适当变通，历史文化内容应采取“升格”或“集中设志”，并采取史志结合的方法记述。这是我最早一篇反对志书编纂模式化、雷同化，应该根据不同方志“量体裁衣”的文章。模式化的编纂、评审，导致了一批志书的趋同与平庸。

纪略作为新方志体例补充的探讨

一、纪略的历史内涵及在旧方志中的运用

近查《中国地方志辞典》（黄山书社 · 1986 年版），冠以志略、纪略名称的方志有《云南志略》《澳门纪略》《琼崖志略》《嘉靖浦江志略》《龙沙纪略》《西陲总统事略》《东三省政略》《皖志述略》等，推敲起来，这些用“略”标名的志书并非可以用“简”“少”“举纲”去界定的，因为它们的篇幅不全都尚简，其字数多少不一，少者数千字，多者数十万字。如《琼崖志略》，全书 5 章 22 节，对于琼崖历史地理、自然地理、物产、市镇、农业经济、垦殖业、渔盐经济、交通事业、金融、治黎（族）政务、征抚、风俗等等，取材丰富，记载翔实，作了“详尽叙述”。《澳门纪略》从政务、海防着手，详细记载澳门地理形势、历史变迁、外贸事务、商品种类、海防等，“于山海之险要，防御之得失，言之最悉”。以上两志均为详体。而《广东通志 · 前事略》只编年扼要地记述了自秦代至明代，广东地区的大事和灾异，属简体。由此我们可以得出，旧志以纪略标名有多种含义：一种是内容简约，称“略”；一种是作者给自己留有余地，不用志而用“略”称之；第三种是志书的别名，与内容详略无关，此类较多。因之，冠以纪略名称的志书，不能顾名思义地认为是简略体。

除志书外，史书也有将“略”“纪略”“纪要”作为篇名、书名的。如刘歆的《七略》，李则纲的《安徽历史述要》等，均是这样。

可见，旧史志家对“纪略”的内涵界定不严，其理解往往因人而异，因书而异。“纪略”在民国以前的旧志书中绝大多数是全志的总名称，尚没有见过作为条目名称出现的。但民国年间的方志，已偶有将纪略内容列入专志下的，民国《庐山志》中附有“抗战斗争史实”，实际上是一种新型的与旧志不同的纪略体，设此条目时曾受过非议。有人认为，山志只应记名胜景观，记入政治性内容不伦不类。但今天看“抗战斗争史实”却觉得有非凡的意义和价值。抗战初，庐山曾一度是国民政府抗日决策的中心，几次国共会谈在这里举行，美国顾问团驻庐山，国内各界名人也住在牯岭。当时许多重大的抗战决策与庐山有关。这样一些政治、军事性综合内容用“抗战斗争史”统辖，具有远见卓识，是对旧志体裁的丰富和创造；是今天研究纪略如何运用的成功先例。

二、纪略在新志中的运用及地位

当今新志的总体结构和体例可归纳为卷首、专志、卷末三部分，大篇、中篇或小篇设目，记、志、传、图、表、录为体裁。纪略已逐渐被修志工作者所认识，在新志中有所采用。近来笔者学习了近20部市县志书，其中5部没采用纪略；15部在局部专志中采用了纪略，采用的内容多是政治军事类。如《渭南县志》《全椒县志》《尤溪县志》《户县志》设了“兵事纪略”，《万年县志》设“国民党对苏区的屠杀和破坏”，《萧山县志》《阳县志》《常熟市志》设“日本侵略军暴行”，《武乡县志》设“抗日战争和解放战争时期的革命斗争”，《萧县志》设了“三方政权”。经济文化部类设纪略极少，只有3部。《奉贤县志》设“海塘围垦”“重大抢险”。河北《三河县志》和新疆《哈密县志》是目前新志中纪略运用最多的。《三河县志》在公安司法章附记“反革命分子胡万荣抓捕记”“本县部分反动道会门情况”，民政章设“段甲岭敬老院兴办记”；《哈密县志》政党社团编设“重大政事”“西路军在星星峡”“苏联军队在哈密”“平尧乐博其叛乱”“艾力叛乱”等。综合20部新志看，除少数志书外，纪略在新方志中运用的还比较少，还没有把它当成体裁的正式稳定的组成部分。

三、新志运用纪略不够所造成的缺憾

新志囿于传统的纪、志、传、图、表、录诸体，手法和形式不够多样灵活，使新志的内容表现的程度有不够深入的地方。

1. 志书偏重横列，横排门类，导致综合性、社会性、全局性的内容在实体条目下不便展开。如安徽省凤阳农业大包干涉及政治、经济、文化等各领域，是中共十一届三中全会后我国重大经济变革的发端，仅放在农业志农业经济制度条目中记述，必然受到束缚，担心超出农业的范畴；再如全社会性的重大抗洪救灾，涉及农业、工业、水利、交通、电信、党政群团、军队等多个部门，因之也难以在水利志某些条目下展开记述；再如“土地改革”“对私改造”是我国结束几千年剥削制度，建立社会主义社会的翻天覆地、划时代的变革，是重大的政治、经济事件，内容包括生产力、生产关系、运动过程、农民、工人、商人观念的变化等方面。新志对这方面内容记述不够，其原因之一是受了工业、商业、农业现有分类和必须平列资料的方法束缚，难以将运动的阶段过程和社会的广泛性记述清楚。此外，目前志书经济部类许多工程建设都简单地从技术角度去记述，许多丰富的社会内容被忍痛舍弃了。如世界上最大的人工灌区安徽淠史杭工程，其建设和得益关系到安徽、河南两省十余县，其决策、施工任务的落实，省与省、地县与地县的协调，财政投资、劳力调配、工程技术队伍、工程物资供应、交通能源、库区移民、国家的补贴、生产的效益、国际国内影响等，这么多内容在“水利志·工程”条目中不可能撰写全面。以上这些例子，如果采用纪略处理，就可表现充分得多了。比如农业志可以设“土地改革纪略”，工商管理志设“对私改造纪略”，水利志设“大型工程建设纪略”“1954年防洪纪略”等，就可以解决现有志书对综合性、多部门性内容记述不够的问题，使志书内容具有一定的广度和深度。

2. 新志门类的专项性限制了社会观念形态的反映。现有志书分类，社会观念只能通过风俗志予以折射，但由于受到门类专项性的束缚，与风俗有关但又不完全是风俗的观念形态，包括党和国家提倡的道德风尚往往被漏记。如学雷锋活动、五讲四美三热爱、爱国卫生运动等，这些活动一般在风俗志、卫生志、大事记中简单记几笔，反映不出广阔的社会性和观念形态的深刻性。这些全民性的社会活动，如采用纪略处理，其效果就大不相同。

3. 新志现有体裁不大好表现综合性的政治内容和宏观决策，表现群众团体的活动和作用。目前新志政党群团、政府、人大、政协等内容多为机构、领导人更迭、代表会议，很少有具体的活动，少数记的也是常规党务工作和不便归属的几项政府工作。如党员教育、统一战线、纪律检查、侨务、信访等，对政党、政府、人大、政协、群团在国家政治、经济生活中的作用体现不够。如果我们设“政务纪要”（或“施政概要”）、“重大党务工作纪略”“工运纪略”“农运纪略”“妇运纪略”“重大提（议）案落实纪略”，就可以使志书的政治性得到加强，政权机关的作用得到具体体现。近年方志界已提出设“政务纪略”，尚在实践中。

4. 新志现有体裁是影响人的活动记述的原因之一。方志界普遍反映新志对人的活动记述过少。新志体裁记人主要是人物传、人物表，但传要受“生不立传”的限制，表是简介。专志中只能以事系人，无法写人活动的过程。如果增设纪略，就可以在重大事件记述的同时，将人的活动写得更全面些。如农业大包干始于凤阳小岗村，“1978年，小岗生产队人均收入20元上下，口粮一百斤，群众生计困难。这年11月，生产队副队长严宏昌召开秘密会议，定了包干到户规定，规定‘万一走漏风声，严洪昌为此蹲班房，全队社员共同负责把他的孩子抚养到18岁’，18个社员在规定上按了18颗手印。”这些具有划时代意义的历史资料和人的活动，用“凤阳大包干纪略”保存下来，传之后世，岂不很有价值?《霍邱县志》水利志防汛抗旱纪略，在记述1954年、1968年、1982年三次洪灾抢险时，均记了人的活动。其纪略内容包括洪水对下游蚌埠等工业城市的威胁，分洪堵口、党政水利部门决策蓄洪、南京军区部队抢险时战士的献身精神、人民与子弟兵的鱼水情，同时还记述了典型人物（活着的人）。如姚李区委书记张士杰的爱人和孩子被围水中，房屋已倒塌，他得知后仍三过村子而不入，坚持在抗洪第一线指挥堵口。普通社员陶启源放弃自家20万尾成鱼，用渔船抢救出26名儿童和老人。这些典型人物事迹颇具教化作用。可以看出，只有用纪略配合人物志和专志，“以事系人”，才可能将人的行动充分展示出来。

5. 新志现有体裁容易使志书内容变得枯燥干巴。人类社会活动，其政治斗争、军事斗争、生产斗争是非常丰富生动的。但现有体裁影响了人物活动和事件过程的展示，使工作内容和数据偏多，影响了志书的可读性。从心理学角度看，人们出于参与意识，对重大事件的背景，以及名人活动有强烈的了解欲。我们用纪略表现这方面内容，就可以满足这一欲望，扩大读者面。如果设“西藏平叛纪略”，事件背景、叛乱分子的活动、事件过程、国际国内反映、百万农奴心愿、中央政府决策、平叛后善后处理等去写，纪实性强，必然耐看。

四、纪略作为志书现有体裁补充的几点作用

从以上第三个问题的分析中，我们大体看到，新志用纪略，就内容而言：一可弥补门类横排后，综合性、多部门协同性事物（如社会主义大协作）反映不够的缺陷，从一个新角度增强志书的资料性。二可填补大事记与专志之间的内容断层，使重大事件得以充分展示。三可以对社会的观点形态进行较充分的反映。四是使政党、政府、人大、政协、群团的性质和作用得以具体反映，增强志书的资料功能。五可以使人的活动在志书中得以进一步展现。六是增强了志书的可读性。

可见，纪略是新志现有体裁的必要补充。

五、新志中纪略定义的界定及在新志中运用的设想

新志纪略为史体，但不像旧史志那样缺少界定；它是志书记述体（大事记、志书）的补充，但处于记和志的从属地位。

由于处于辅助地位，运用纪略要慎重有度，不能过滥，过滥则喧宾夺主，干扰了志书的基本体裁，损害了志书横呈资料的基本特征。要在对事物把握，对地情了解的前提下灵活设置。其选材对象为重大事件、重大活动、经济变革、地方特色事物等。个别纪略可与专志平列；多数作专业的组成部分；也可放大事记后，特列大事纪略。文字简约、叙事集中、符合志体，不能写成纪实性文学。

纪略内容要素可抽象为时间、地点、背景、活动过程、影响等。就专业志而言，农业志可设土改纪略、农业学大寨纪略，水利志设重大工程建设纪略、防洪抗灾纪略、工业志设大跃进纪略、交通、邮电、城乡建设设基础工程建设纪略，工商管理志设对私改造纪略，政治部分志设党务工作纪略、政务纪略、工运纪略、农运纪略、妇运纪略、抗战斗争纪略、重大战役支前纪略、基层政权建设纪略、重大提案落实纪略、剿匪纪略、镇反纪略、重大兵事纪略等，医药卫生志设重大医疗活动纪略（如吸血虫防治）；此外，政治方面可设“四清运动”纪略、“三反”纪略、“文化大革命”纪略等。以上所列，应根据地情选择设置，须使之地方化。

（《史志文萃》1991年第六期）

自评：1991年夏安徽发生特大洪涝灾害，我被抽去参加省委督导组到淮河边的霍邱县抗洪，督查救灾物资的发放。其间想到，这样的抗洪救灾，地方志书现有的述、记、志、传、图、表、录是难以全面记述的。这篇文章是救灾3个月在霍邱写的。文章分析了古代“纪”“略”的概念，以及社会主义新方志的运用状况。认为新志囿于传统的纪、志、传、图、表、录诸体，门类的专项性限制了重大事件、社会观念形态的反映；只有补充纪略，并作为一种新的体裁，才能解决现有志书对综合性、多（跨）部门性内容记述失能的问题；用纪略配合人物志和其他专志，“以事系人”，才可能将人的行动充分展示出来；提出纪略作为志书现有体裁补充的六点作用。后来有人从创新出发，提出了“专记”名称，其实是“新壶装老酒”。此文最初投给《中国地方志》，但并没有被录用，我回了中国地方志编辑部一个短信，告诉他们这篇文章是具有前瞻性的，未来在方志中“纪略”会被广泛运用。后，文章被湖北大学《史志文萃》刊用。

论修志事业与社会主义市场经济接轨

世界就要迈进21世纪门槛的时候，传统的社会主义计划经济体制暴露了诸多的不适应，邓小平同志高屋建瓴，提出改革开放，建设社会主义市场经济的理论。建立社会主义市场经济，打开国门，与国际经济全面接轨，这是中国经济发展的必然，政治稳定的必然，也是中华五千年文明史延续的必然。

任何社会、任何时代的经济变革，必然要带动政治、文化的适应性变革。这种适应性变革，对于经济变革有前有后，有疾有缓，但总的说来，经济基础与上层建筑必然是反复地进行着相互作用，相互制约，相互适应，相互推动的社会过程。适之生存，不适之淘汰，这是自然法则，也是社会法则。

在封建社会、半封建半殖民地社会，以及社会主义计划经济体制下均能生存、发展的方志事业，在社会主义市场经济的体制下有没有存在的需要和可能，有必要进行论证。作为文化范畴的方志事业，在社会经济转型时必然受到强大的冲击。以现有的修志事业体制，“方志围城”中的绝大多数人都发现难以适应社会主义市场经济的机制。在当前本届（后中国地方志指导小组改为“轮”）修志不几年就要完成的时候（指首轮），方志界应该讨论一下下列问题：首先方志作为一种工具，在未来的社会主义市场经济中有无存在的价值；二是进一步明确方志的功能是什么；三是旧的社会体制下方志赖以存活的条件和存在的弊端；四是转型期的冲击和适应性调整；五是社会主义市场经济的社会中，方志业务的取向。此五个问题，每后一个问题均是依赖前一个问题而存在的。

一、社会主义市场经济社会，方志有无存在的必要

长期以来，方志界一直争议着方志的性质，目的是一方面明确地方志在社会学科中的位置和地位，更重要的是明确方志的内涵和编修的目的，尤其是其对社会的作用。我们长期反复宣传的是地方志具有“存史、资治、教化”三大功能。在当今市场经济中，有人提出，把能不能发展生产力，能不能发展经济，能不能提高综合国力，作为衡量一切经济、政治、文化行为的标尺。在新的社会需求下，传统的提法面临强大的冲击。也正是为此，方志界的心理产生了失落。所以对方志的功能作用，尤其是在新时期的功能和作用有进一步研讨之必要。

首先，按传统的说法方志属于史学范畴，是一种文化现象。文化本身即可产生精神的力量，作用于劳动者，间接地推动生产力，促进经济的发展。比如，方志中大量的经济文化成就，爱国主义的素材，遵纪守法见义勇为的行为，艰苦创业精神，互助互爱的风格等等，可以弘扬中华民族的优良传统，稳定社会秩序，激发民族自豪感。再比如，在抗日战争50周年之际，我们利用在中国共产党倡导的抗日民族统一战线旗帜下，中国军民浴血奋战抵御日军侵略的史料，提醒人民不要忘记历史，了解“落后就要挨打”的道理，激励人民奋发向上，发展经济，建设强盛的国家。

就方志的物质方面而言，方志的内容包括自然、经济、政治、文化、社会、人物六大方面。这些内容除具备教化和存史的功能外，也是一种科学技术，是软科学，具体地说是信息科学。像一部省志有数十卷，除公安志、司法志、文化志、教育志、民俗志、方言志等等之外，还有邮电志、石化志、冶金志、农业志、煤炭工业志、商业志等等专业志。它们记述的是行业和专业内容。现在有些很有趣的事，省志专业志（《xx省志xx志》）只能在社会科学系统评奖，但有些带有部门志痕迹的省专业志（《xx省xx志》）却可以在自然科学领域评奖。这两种志书主要内容几乎相同。这说明，各类志书本身就具有大量的科技内容。除此以外，一套省志有专门的科技志，同时各省志专业志中都设有科技篇和管理篇。比如《安徽省志》共67卷，内有《安徽省志·科学技术志》，另外《安徽省志·石油化学工业志》《安徽省志·邮电志》等等专业志内设有“科技篇”和“管理篇”。科技篇主要记述某一专业历史上重要的科技成果，对于这些科技成果的开发或推广应用起到了桥梁作用。管理科学当今被世界公认为软科学。马克思提出生产力三要素，就是劳动者+劳动工具+劳动对象。今天有人提出管理也是生产力。可见，志书中记述各历史时期各行业的管理方法，对今后的管理，最大限度地发展生产力具有很好的参考价值。

方志功能的最根本一点，就是志书中提供的信息可以直接为经济建设服务。比如上海至新疆伊宁的312国道的建设设想，是修志工作者从旧志古驿道的线路走向的信息中，分析得出并被交通部采纳的。再如安徽省休宁县地方志办公室建立休宁籍在外工作人才的信息库，并为本县各经济部门提供咨询服务，牵线搭桥，使当地的乡镇企业得到了发展。再如《黄山志》于1985年编纂完成，在黄山申报并获准为世界自然和文化遗产时发挥了重要作用，使得黄山成了世界级知名度的风景名胜区，世界各地旅游团组大增。通过上述事例，谁还能说方志没有经济效益，与发展市场

经济无关？

当今，世界发达国家已把“信息”作为最重要的产业来发展，作为重要信息库之一的地方志到了进一步发挥自身价值的时候了。地方志与电脑不应该互相排斥，而应很好结合。当方志安上电脑这双翅膀时，才能真正迈入信息科学的殿堂，才会产生无穷的力量和价值。

邓小平同志认为：科学技术是第一生产力。起码占有50%以上经济、产业、专业、科技、管理、信息内容的地方志，其本身就是软科学，是属于“第一生产力”的范畴。因之，在社会主义市场经济社会中，地方志本身仍具有很强的生命力，但随着市场经济的不断发展，社会运行机制的不断变革，地方志无论从编写组织形式到方志的内容结构，都需要作适应性的变革和调整。

二、社会主义传统体制下方志事业存在的矛盾与问题

方志，作为中华民族的文化传统和史学传统，已有数千年的历史。中华人民共和国成立前，伴随着中国社会的进程，由封建社会而半封建半殖民地社会，方志的编纂组织，完全是集权政体的体现。由帝王和中央提出方志的体例、内容以及完成的时间，再由各地方政府组织人才、成立机构、筹措资金进行编纂。中华人民共和国成立以后，20世纪60年代为了配合政治宣传，写革命斗争史，部分地区也曾修过一些志书，但真正大规模系统的修志，还是从80年代初开始的。这次修志，动用了大量的人力和财力，其组织体制虽然从性质上讲与中华人民共和国成立前有本质上的区别，但就其形式而言可以说是社会主义计划经济的产物，仍然属于“高度集中”的事业体制。用方志界强调最多的一句话，就是“党委领导，政府修志”的格局。机构、人员、经费完全由政府统筹安排，一切的一切由“婆婆”全部包下来。于是，各届政府、党委领导成员的文化修养程度，对修志事业的认识理解程度、政府的财政状况、人事劳动制度，甚至具体分工地方志财政拨款的工作人员的态度，均直接影响到修志的进程。历朝历代的方志时修时停，再看本届修志，具体到一些地方同样是修修停停，也就不难理解了。另外，不少地方甚至还出现党政领导从个人角度出发，对史料进行干预，直接影响到志书的内容质量。十几年的修志得出了一句话：“修志好不好，关键在领导。”这句旨在激发各地党政领导热心方志工作的话，反映了一个深层次的问题。90年代中期，全国方志界更是面临着一个共同的问题：本届修志完成后，下届修志何时开始，还修不修。上上下下一概茫然。如果要编修社会主义时期第二届志书，那么已经完成本届修志任务的地方，修志机构和修志骨干就应该保留下来，并着手新时期史料的征集工作。但大多数完成修志任务的地方已是“人去楼空”，十几年间花费大量财力培养出的一支修志队伍在凋零。这难道不是极大的浪费？难道不是非常可惜的事吗？

从方志界现有状况或多或少地看出，在社会主义传统体制下，高度的集中，产生了长官意志的随意性与方志事业的连续性之间的矛盾，换句话也可以说是地方的盲从性与方志事业的连续性之间的矛盾。

有人说“全民所有制等于无所有制”，不管这句话的准确程度如何，但在传统

体制下，社会生产者的工作责任心和热情是有目共睹的。这在方志界也有不同程度的体现。志书的资料如何，质量如何，看来有几级审核，有专业、保密、方志办等部门把关，好像有人分工负责，但又缺乏严格的责任。有些地方修志十几年，甚至没有形成一个工作程序。在人员、经费的安排上，往往不是从方志事业的发展出发，从志书的编纂考虑，而是把钱花在其他方面，调入一些明显缺乏修志能力的人员。另外，在志书完成后，往往会出现侵权行为。正因为传统体制下的种种因素，使方志事业缺乏生气和生命力，业务人员缺乏工作激情。

三、在向市场经济转型期中，修志事业正在受到剧烈的冲击

从传统的计划经济体制向社会主义市场经济转型，对任何产业、任何事业、任何企业、任何单位，都既是机遇又是挑战，必然要受到不同程度的冲击。方志事业的生存与发展，重要的一点就是取决于领导者观念的转变。

经济体制转型的目的是，通过"市场"这只无形的手，使社会的劳力、资源、财富做到合理的配置。尽管中国经济变革取向政府调控的社会市场经济的模式可能性较大，但只要属于市场经济，就必然要合理地流动人才、资金。因之，方志事业除了对政府负责外，同时必须要面向社会，面向经济，过去那种单一编纂的、历史资料性的志书，就很难与高速发展的现代经济社会接轨，其功用也很难为社会认可。

二是实行市场经济以后，志书的资料征集工作出现了困难。过去计划经济体制下，政府一纸红头文件，企业、单位、社会团体纷纷献上了各种厂志、校志、公司志、部门志、专业志，提供给修志部门总纂成地方志。实行市场经济后，企业只是纳税人，超出国家法律范畴的义务完全可以拒绝。近几年，一些进度较慢的志书，在征补资料中已面临这样的问题了。市场经济对修志的这种冲击是致命的，必须用市场经济的手段设法解决。

三是在向市场经济转型中，国家对党政部门、事业单位实行的机构和工资制度的改革，正在冲击着事业性质的地方志部门。从全国各地地方志系统实行不同的工资形式已看出了这一点。实行国家公务员工资而又不进入国家公务员队伍，或单一实行事业职称工资，或公务员工资与职称工资并行，总之，冲击是巨大的。其结果是，方志界的学术气氛、业务气氛越来越淡，对修志理论的研究极为不利。市场经济下，人才大部分会流向收入高、福利好的部门，完全依靠政府拨款、待遇极差的修志部门很难留住人才。

四、只有变革，才有生存之路

中国选择改革开放和市场经济是不可逆转的。修志事业如果仍局限于"党委领导，政府修志"的格局，是不会有作为的。在市场经济下，政府要放出很大一部分权力，也不可能把事管得那么细了。因之，要继续发展方志事业，把中华民族这样好的优良传统一代代传下去，并发挥其推动生产力的部分作用，最好双向选择，双向发展：一条路仍然依靠国家"调控"，根据政府的需要，组织编纂历届志书；另一条路是立足社会，为社区服务，为企业服务，在国家法律政策范围内，实行有偿服务。

正因为实行双向两条路方针，所以，方志事业内部的运行机制要进行必要的手

术。现有的方志机构要分成两个：一个是代表政府对方志等文献编纂进行管理的机构，工作人员实行公务员系列；另一个是走向社会的事业单位，可实行企业化管理，单位内部成立各个相关的编辑室，自负盈亏，自我发展，人员实行职称工资。实行编纂业务与修志管理分离的体制。代表政府的管理机构，主要管理地方文献的利用，代表政府将各届修志的项目分解，向社会主要是事业单位的编辑室招标，控制修志经费的分阶段拨放，审批志稿。目前各省省志一些无机关单位承编的专业志，往往采取承包给社会相关专业人员完成，如自然环境志、风俗志、方言志等等，就带有这种社会招标的性质。纯事业性质的各修志编辑室可以竞标，双方签订合同，按工作阶段领取经费，组织人力、征集资料进行编纂。在完成政府修志项目的同时，编辑室还可以承担其他社会业务。这样，两方面结合，以志养志，可以保证方志事业、专业队伍、资料管理的相对稳定，使修志成为一个稳定、健康、持续发展的行业。

在编辑室内，实行市场经济的运作机制，企业化管理。人员、资金的配置根据接纳业务量的多少而定，实行编辑室常规人员和社会聘用人员结合的方式，使每个成员都处于亢奋的积极创造之中，使每一个铜板都用在该用的地方。

五、社会主义市场经济环境下，修志事业的业务取向

首要任务是投标和承接政府历届修志业务（最好是由全国人民代表大会通过一个地方志法规，各地政府必须每20年修一次志书。作为某一编辑室，可以竞争其中某几部专业志。另外，承接政府一年一度的年鉴，以及其他专题文献，如概览、地情等，领取项目费用，按期完成编纂业务。

在社会方面，编辑室可为厂矿企业编写小志，如厂史、校史、村史、厂志、校志、公司志、街道志、族谱等，收取编写费，还可为社会各界在史志书籍和年鉴中提供永久性的宣传版面，收取费用。

利用盈利资金发展其他事业，如特色性的书刊发行、印刷业务，甚至第三产业等等。此外，建立微机系统和资料库，为社会提供咨询和服务，根据资料产生的价值收取信息费。

在社会由传统的计划经济向社会主义市场经济转型的时候，方志界的同仁，尤其是领导和决策人物，必须改变固有的传统观念，用市场机制来促进修志机构的变革，才能把方志事业接到市场经济的轨道上去，使方志事业继续发展，生生不息。

（《中国地方志》1996年第2期）

自评：本文是一篇地方志在新的时代社会价值和价值取向与如何发展的探讨文章。地方志是20世纪80年代，由下而上呼吁建立临时机构或者挂靠相关单位从事的工作，当时还有个重要目的，就是安排“文化大革命”中受冲击的老同志。所以，在2016年国务院《地方志工作条例》颁布前，一有变革和机构改革方面的风吹草动，地方志工作者脆弱的心理就要受到冲击；更何况国家的重大变革。1993年11月，中共十四届三中全会召开，大会通过了《中共中央关于建立社会主义市场经济体制

若干问题的决定》；1995年，机构改革的工作重点是抓好省级机构改革的方案和市地县乡的改革，推动事业单位改革的不断深化。这，就是本文撰写的背景。在市场经济环境下，传统文化的地方志还有没有价值？当时，方志界的心理产生了失落。为此，文章分五个方面，讨论了："作为一种工具，地方志在未来的社会主义市场经济中有无存在的价值；二是进一步明确方志的功能是什么；三是旧的社会体制下方志赖以存活的条件和存在的弊端；四是市场经济转型期的冲击和适应性调整；五是社会主义市场经济的社会中方志业务的取向。"

文章指出社会主义市场经济社会中，地方志本身仍具有很强的生命力，但从编写组织形式到方志的内容结构，都需要作适应性的变革和调整。认为，现行体制下修志产生长官意志的随意性与方志事业的连续性之间的矛盾。随着市场经济的冲击，方志界的学术气氛、业务气氛越来越淡。市场经济对修志的这种冲击是致命的，必须用市场经济的手段设法解决。提出立法和对事业双向选择，双向发展：一条路仍然依靠国家"调控"，根据政府的需要，组织编纂历届（轮）志书；另一条路是立足社会，为社区服务，为企业服务，在国家法律政策范围内，实行有偿服务。本文刊发20多年过去，地方志可以说发生巨大变化。2006年《地方志工作条例》出台后，以法修志，政府修志得到加强，修志机构稳定，高文凭高学历人才大量进入，地方志事业"十个指头弹琴"，"志、鉴、馆、网、库、用、刊、会、研、史"全面铺开；第二条市场化修志之路在一些文化公司和个人中有所出现，包括采用招投标项目制编纂规划内外的志书。但也出现了新的问题，一些参公性质的地方志单位行政职级一条路，"管志不修志"，修志能力弱化，甚至在规划内志书的编纂和业务指导上"少作为"。非地方志机构单位（承编、参编单位）修志，修完人散，地方志事业的业务、研究，真正的方志人才无以传承。一轮"猴子扳苞米"再接新一轮的"猴子扳苞米"。2018年，新一轮的国家机关机构改革又开始了，方志机构是独立还是会并到哪里？如何解决管志不修志、解决方志发展延续的问题？

安徽人物人才形成的区域性及历史根源

安徽，因其所处的区域位置，尤其政治、经济、文化的诸种社会原因，在中华民族数千年文明史中，向以藏龙卧虎、人才辈出著称于世。本文就此谈些尚不成熟的看法。

一、军政人物闪耀历史的星空

安徽是个政治家、军事家的多产省份。春秋时，这块土地上就涌现出一些著名的政治人物，其代表是颍上人管仲，他对齐国的吏制、军事、经济等方面进行了一系列的改革，帮助齐桓公成为春秋"第一霸主"。战国时，楚国下蔡（今凤台）人甘罗，12 岁为秦使赵助秦得 11 城池，封为上卿。秦末，安徽居巢（今巢湖市）出了料事如神的范增，范助项羽，与刘邦在中国大地上上演了一场雄伟的历史活剧——楚汉相争。其时，六（今六安）人淮南王英布也徘徊于两大政治军事集团间，成为一代风云人物。

汉末三国纷争，江淮大地是魏吴拉锯地区。沛国谯（今亳州市）出了唯才是举、精通兵法、雄才大略的魏武帝曹操，建立了三国中最强盛的魏国。其子曹丕，也就是魏文帝，实行影响后世的九品中正制，确立士族豪强的政治特权。吴国阵营，皖人也居核心地位。舒（今舒城县）人周瑜、东城（今定远县）人鲁肃、富陂（今阜南县）人吕蒙，帮助吴主建立“三世基业”，大破曹军于赤壁。

东晋时，安徽境内谯国龙亢（今怀远县）、铚县（今濉溪县）出了桓彝、桓温、桓玄和桓伊等桓氏杰出人物。桓彝为东晋初年的重臣。桓温被人称为在世的孙权、司马懿，控制朝政、拥有八州数万雄兵。桓玄同样是显赫的政治人物。桓伊与谢玄、谢琰大破前秦军于淝水，稳定了东晋的偏安局面。

到了五代，砀山出了后梁皇帝朱温，庐州（今合肥）出了吴王杨行密。

宋代，安徽庐州出了廉洁奉公、刚正不阿的清官包拯。歙州（今歙县）出了农民起义军领袖方腊。

元末明初，在中国的政治军事舞台上，安徽人物成为主角。颍州（今阜阳）人刘福通协助韩山童举行红巾军起义，定远人郭子兴率众响应。凤阳人朱元璋在郭子兴的部队中成长，最终成为明朝的开国皇帝。朱元璋手下云集了一批皖人，尤其是以淮西为主的文臣武将。文臣有冯国用、冯国胜、李善长、朱升，武将有汤和、徐达、常遇春、胡惟庸、蓝玉等。明代嘉靖间，绩溪出了平倭总督胡宗宪，定远出了抗倭名将戚继光（祖籍定远）。万历、天启间，桐城出了铁骨铮铮、弹劾魏忠贤的御使左光斗。

清初，康熙年间桐城张英、张廷玉，人称“父子宰相”。张英任礼部尚书。张廷玉历任户部、吏部尚书、军机大臣。乾隆间，歙县曹文埴任户部尚书。道光间曹振镛历任工、吏、户、刑部尚书、军机大臣。

咸丰间，在镇压太平天国和捻军起义中，淮系政治军事集团崛起。淮系集团为首的是合肥人李鸿章，重要人物有肥西人刘铭传，合肥人张树声、张树珊、丁寿昌、王孝祺、叶志超、章高元、周盛波、周盛传、聂士成，贵池人刘瑞芬，庐江人吴长庆、潘鼎新，东至人周馥等。

太平军中，有全椒人康王汪海洋，巢县人听王陈炳文。捻军领袖有涡阳人张乐行、龚得、张宗禹、任化邦等。

民国年间，安徽在军政界方面也不让前人。民国初年，所谓“北洋三杰”之一的合肥人段祺瑞，是皖系的首要人物。另外有内阁总理贵池人许世英，陆军总长、合肥人段芝贵。国民党方面，有国民政府军事委员会副委员长、巢县籍人冯玉祥；国民党著名将领有巢县人张治中、合肥人卫立煌、舒城人孙立人、寿州人方振武、无为人戴安澜和徐庭瑶等。中共方面有中国共产党创始人、中央局书记陈独秀，在遵义会议上起重要作用的泾县人王稼祥，中共中央社会部部长、巢县人李克农上将；另外，还有陶勇、皮定钧、洪学智、梁从学、杨国夫、陈先瑞等数十位著名将领。

中华人民共和国成立后，著名的军政人物有中共中央政治局常委、贵池人姚依林，绩溪人胡锦涛，国务院副总理、歙县人柯庆施，肥东人吴邦国，国务委员、肥东人张劲夫。政协和民主党派方面有，全国政协副主席太湖人赵朴初，东至人周叔弢，农工民主党中央主席桐城人章伯钧，民建中央主席休宁人孙起孟，致公党中央主席合肥人董寅初。

二、文化科技人物在华夏文化史上大放光华

在教育、科技、文化艺术、卫生等方面，安徽自古以来同样人文荟萃，其成就在中国文化史上发出熠熠光华。

安徽北部涡河一带是中国古代哲学的故乡，是道家的发源地，老子、庄子等思想家长期在这一带活动。西汉时，以刘安为首的淮南子新道家学派在八公山下著书立说，涉猎政治、历史、哲学、天文、地理等各种学科。西汉之际，沛国相（今淮北市）诞生了卓越的唯物主义思想家、无神论者桓谭。在汉代淮北还出了著名的私人教育家桓荣和张酺。《汉书·儒林传》记载的皖籍学者就有 16 人之多。东汉末年，沛国谯（亳州）出了医圣华佗及其弟子李当之、吴普、樊阿等一批名医。

东汉末年和三国时，安徽还出了在中国文学史上具有重要地位的“建安三曹”，即曹操、曹丕、曹植父子，他们的诗歌创作和文学理论所体现的“建安风骨”，对后世极具影响。三国时，庐江出了著名的天文学家王蕃。魏晋时，“竹林七贤”中嵇康、刘伶都是安徽谯沛地区人，嵇康的侄孙嵇含是植物学家。

东晋时，铚县（濉溪）人桓伊不但是著名的军事家，还是“江左第一”笛子吹奏家。桓伊的同乡戴逵是卓越的绘画大师。

唐至五代，安徽出了一批诗文家，主要是亳州谯县（今亳州市）人李绅、舒州（今潜山）人曹松、池州石埭（今石台县）人杜荀鹤、和州（今和县）人张籍、歙州人冯延巳等。唐谯郡人曹霸以画马驰名于世。

宋代，安徽所出的诗词家，主要有现实主义诗人、宣城人梅尧臣，爱国词人、和州（今和县）人张孝祥。舒城人李公麟被推为“宋画第一”。

明代，安徽出了许多音乐家、戏曲家。朱元璋第十七子朱权政治失意后，成为卓越的剧作家和散曲文献家。朱元璋的孙子朱有纯也创作杂剧，被认为是明朝前期“第一杂剧作家”。这一时期，影响最大的杂剧家应推皖南的汪道昆，他创作了《唐明皇七夕长生殿》等多种剧本。宣城人梅鼎祚、休宁人汪廷讷、安庆人阮大铖等，在戏曲艺术方面也均有建树。音乐方面，朱元璋第八代孙朱载堉创造了“十二平均律”，被后人称为“明代科学和艺术的巨星”。明代，休宁还出了珠算大师程大位，宣城出了词汇学家梅膺祚。朱元璋第五子朱橚是著名的古代医药方剂专家和植物学家，歙县人江瓘是我国第一部总结历代医案专著的作者。明末桐城（今枞阳）出了哲学家、思想家方以智。

清代 200 多年间，安徽人才同样群星灿烂。休宁人戴震是著名的思想家，清季

学术集大成者。诗歌方面，宣城人施闰章被时人尊为“南施”。散文方面，出现了桐城派，像桐城人钱澄之、戴名世、方苞、刘大櫆、姚鼐及宿松人朱书等。小说创作上，全椒人吴敬梓创作的《儒林外史》被称为中国古典文学中第一部讽刺之书。在戏剧方面，安庆人高朗亭、程长庚、杨月楼、杨小楼把京剧艺术锤炼成中国的国粹。在绘画方面，有包括歙县人渐江在内的清初“四僧”，歙县汪士慎、罗聘还被归入“扬州八怪”。铁画的创始人芜湖汤鹏在中国艺术史上也留下一笔。安庆人邓石如擅长金石书法，人称“皖派”。科技方面，清代的安徽数学学派有很大影响，其代表人物是宣城梅文鼎。其他，光学家有歙县人郑复光，天文历法有宣城人梅瑴成、歙县人程瑶田，还出了女科学家天长人王贞仪。晚清时，桐城人姚莹的历史地理著作融入许多西方的科技知识，渗透了反侵略的爱国思想。泾县出了著名经世派代表人物、爱国思想家包世臣，当涂出了著名经世派史学家夏燮。经济货币方面，歙县人理财家王茂荫被马克思《资本论》提及。

此外，明清时期徽商中出了一大批“贾而好儒”者，像祁门人马曰琯，经营官盐，扬州首富，又有“棋王”之称。绩溪人胡雪岩更是有名的官办商人。清代，安徽科举取仕在全国位于前列。康熙二年至光绪二十九年（1663—1903 年）乡试，全省共选拔人才 4752 人。康熙六年至光绪二十九年（1667—1903 年），安徽人考中进士的有 905 人，其中后来因政绩显著被立传的有 357 人；考中状元的有吴锡龄、赵文楷、洪莹、龙汝言、戴兰芬、李振钧、孙家鼐等 9 人，另外还有 30 人中榜眼、探花、传胪，居全国各省区第三位。

近代以来，安徽更是文化、科技人杰层出不穷之地。绩溪人胡适是在世界范围内有影响的著名学者和新文化运动的领军人物；另外，还出了鸳鸯蝴蝶派代表作家潜山人张恨水，作家、文艺理论家芜湖人阿英（钱杏邨），小说家六安人蒋光慈，文艺理论家歙县人叶以群，作家泾县人吴组缃，诗人无为人田间，作家旌德人周而复，作家巢湖人鲁彦周，美学家枞阳人朱光潜，“人民教育家”歙县人陶行知。艺术方面，歙县人黄宾虹，与齐白石同称“北齐南黄”，还有绘画大师泾县人吴作人、雕塑家萧县人刘开渠、音乐家歙县人张曙、黄梅戏表演艺术家桐城人严凤英、杂技表演艺术家潜山人夏菊花、京剧表演艺术家太湖人叶盛兰、电影表演艺术家安庆人舒绣文。体育方面，射击运动员和县人许海峰实现中国奥运会奖牌零的突破。

在实业界，著名的有至德人（今东至）周学熙、周叔弢，周学熙与张謇齐名，人称“北周南张”；还有寿州人（今寿县）孙多森、孙多钰，合肥人龚心湛也是一位有影响的实业家。

科技界，数学方面著名人士有合肥人杨武之、芜湖人钟家庆、旌德人江泽涵、舒城人樊映川，物理学家有桐城人孙德和、望江人陈新民，工程物理专家有望江人何祚庥、滁县人陈学俊，物理数学专家有怀宁人邓稼先，化学家有阜阳人丁绪贤、怀宁人王星拱、舒城人刘有成、泾县人查全性，地学家有广德人许杰、当涂人徐仁、滁县人阮维周、巢县人徐克勤，生物学家有和县人侯学煜、休宁人汪坤仁，气象学家有安庆人叶笃正，计算机专家有桐城人慈云桂，自动化专家有来安人陆元九，航天专家有宁国人任新民，他们绝大多数都是学部委员、科学院院士，在现有的中科院院士中，皖籍院士有 27 人。

三、影响中华历史进程的皖籍人物群

在历史长河中，安徽人才英发，不断形成各类人物群，在中国大舞台上成为执牛耳的群体，使得中国数千年的文明史不断打上皖人的印记。

安徽历史上出现最早的人物群体是在秦末大起义和楚汉相争时期，主要人物是参加陈胜、吴广起义的葛婴、邓宗、宋留、任徐、朱鸡石、取虑，加入楚汉相争的重要人物有范增、张良、英布等。

汉末三国时期，安徽形成两大人物群，掌握魏或吴的军政大权，在江淮大地上争战。以曹操、曹丕父子为核心的曹魏集团人物，多是谯沛（亳州一带）曹操家乡的豪强地主，不少是曹氏亲戚，如曹洪、曹仁、曹纯、夏侯惇、夏侯尚、曹休、曹真以及许褚等。曹魏成为三国中最大的军事政治集团。

在江淮之间与曹魏对抗的孙吴，其核心人物同样是安徽人，他们是周瑜、鲁肃、吕范、吕蒙等人。周瑜、鲁肃联刘抗曹取得赤壁大战的胜利，确立三国鼎立的局面。吕范也是赤壁大战中的骁将。吕蒙则是周瑜、鲁肃之后的孙吴重要将领，取得对蜀汉关羽作战的胜利。

东晋及其后的南北朝时期，安徽形成一些以世家大族为主的人物群，主要是谯国龙亢和铚县的两支桓氏人物。他们操纵东晋、南朝的政权，对待司马氏如同司马氏对待曹氏。龙亢桓氏的桓彝官至宣城太守，他的儿子桓温、桓冲都权倾当朝。桓温至大司马，都督中外诸军事，废司马奕，改立简文帝。桓温的儿子桓玄也官至丞相，都督中外诸军事。铚县桓氏的桓宽，官至梁州刺史、平北将军；桓伊官至江州刺史，都督 14 郡军事。

明代，安徽地区形成了朱明王朝人物群。凤阳人朱元璋在多年反元和与其他起义军反复争夺政权的斗争中，逐渐形成了以淮西人物为主体的军政人物群。主要人物有胡大海、常遇春、徐达等数十个统军将领以及朱升等谋臣。依靠这一人物群体的力量，朱元璋建立了明王朝。另外在皇权斗争中失意的朱元璋儿孙们，形成了在文化艺术方面很有成就的人物群。

咸丰、同治年间，以直隶总督兼北洋大臣李鸿章为首的淮系集团控制中国政局 20 多年。淮军作为中国近代实力强大的武装集团，一方面是镇压太平军和捻军的凶手，另一方面又是提倡富国强兵、引进西方科技、促进洋务运动的重要力量。淮系集团中位至总督、巡抚和尚书、侍郎的有 67 人，副将、总兵以上将领 1800 人。著名人物有直隶总督张树声、广西巡抚潘鼎新、湖南提督周盛传、海军提督丁汝昌、广东水师提督吴长庆、台湾首任巡抚刘铭传等。

清末民初的北洋皖系首领段祺端曾任北京政府国务总理，在中国现代史上是个翻云覆雨的人物，门下集聚一批皖人，长期控制国家军政大权，所以有“会说合肥话，便把洋刀挎”的说法。

民国时期，在以合肥为中心的皖中一带形成了国民党将领人物群，著名人物有巢县冯玉祥、张治中，合肥卫立煌，无为徐庭瑶、戴安澜，舒城孙立人等。

皖西，在第二次国内革命战争时期是鄂豫皖苏区的重要组成部分，许多大别山麓、淮河之滨的英雄儿女参加了红军，形成了后来的皖西共产党将领人物群。中华人民共和国成立后，在全国九大将军县中，皖西有金寨、六安两个将军县。1955 年授衔时，皖西共有将军 130 人。著名的有洪学智上将，皮定钧、曾绍山、陶勇、林维先、张贤约、滕海清、梁从学、杨国夫、徐立清、李耀、聂鹤亭中将。

除军政人物外，明清以来直至近现代，在安徽沿江和皖南，还形成了一些文化艺术和科学技术人物群。

四、安徽人物人才及其群体形成的区域环境

安徽丰富的人才资源和层出不穷的著名人物，与其所处的区域和民风有很大关系。

安徽位于中国的南北冲要，地形多样，两大河流长江、淮河横贯东西，把全省分为淮北、江淮之间和江南三大自然区。淮北为广阔的平原，坦荡如砥；江淮间是连绵的丘陵，起伏如波；沿江是平展的绿畴，间以明镜般的湖泊；皖西、皖南是雄奇的大别山和黄山（天目山系）。如此多样化的地貌和气候环境，形成了多样化的居民群体性格和民风，造就了不同特点的人才人物。

淮北大平原上生活的人，古代讲老庄，信黄老，民风剽悍豪爽，即使走险，也群起响应，因而多出胸怀坦荡的英雄豪杰。梁启超曾说："淮河流域，阳开阴合，为我国数千年来政治史的中心，其代立英雄，龙跳虎卧，为吾国数千年人物史的代表。"该地区出了魏武帝曹操、后梁太祖朱温、红巾军起义领袖刘福通、捻军起义领袖张乐行等人物。

江南和皖南，山青水秀，流水潺潺，宋明时是程朱理学影响最大地区，这里的人视家庭为立国之本，"家齐而后国治"，遵守严格的伦理秩序。皖南山区、新安江畔，现今仍保存完善的一座座宗祠就是这一切的历史见证。这里民风温文尔雅，为人谦和又不失自尊，行事谨慎缜密，多出学问家，如戴震、胡适等。明清时的徽商，人称"徽骆驼"，以能吃苦耐劳精打细算并有儒商特点而著称于世。

江淮地区，兼有淮北之刚，江南之柔，具有一种过渡地带的民风，既出军政人物，又出学问家，如明太祖朱元璋、吴王杨行密，国共两党将领，以及现代科技人物杨武之、邓稼先等。

五、安徽人才人物及其群体形成的社会背景

安徽位于祖国南北冲要，长江、淮河系南征北战的天然屏障，在历史上是重要的政治军事区域。沿江沿淮，历为南北统治集团必争之地，军事地位极为重要。

安徽是商王朝发祥建都之地，春秋时是兼并战争频繁之地。"吴头楚尾"的安徽，是吴、楚在淮河、长江流域反复争战之地，楚国后期迁都寿春（今寿县）。秦末陈胜、吴广大起义揭竿之地，楚汉决战之地，三国魏吴拉锯争锋之地，大都在安徽境内。南北朝江淮间更是屡燃战火。宋代，金与南宋同样以淮河为界对峙争战，方腊起义于皖南。元末红巾军起于颍州，朱元璋兴王于凤阳。清代，太平军、捻军与清军激

战于江淮，摧清王朝于欲倾。解放战争中，人民解放军千里跃进大别山，拉开解放战争战略反攻的序幕。历史上的重大战事，很少有离开江淮的。

从古至今，在江淮大地上爆发的著名战事有：徐楚娄林之战、楚灭方国之战、吴楚鹊岸之战、秦灭楚蕲南之战、大泽首义、楚汉垓下之战、汉景帝平七国之乱、汉末王州公起义、三国魏吴逍遥津之战、濡须坞之战、西晋祖逖北伐、东晋与前秦淝水之战、南朝钟离保卫战、隋灭陈采石之战、江淮人民反隋起义、唐藩镇割据战争、黄巢起义军战事、宋方腊起义、宋金顺昌之战、柘皋之战、采石之战、红巾军颍州起义、太平军安庆保卫战、三河大捷、人民解放军淮海战役、渡江战役等。

江淮之地向为政治家强化政权之地、兵家四战之地。古人云："江淮定而天下稳"。俗话说"乱世出英雄"，频繁的政治斗争和雄奇的军事斗争的烈火熏陶和锤炼了皖人，他们从祖辈的血液中继承了军事的韬略和政治的权谋。因之，安徽自古政治家、军事家迭出，像管仲、曹操、李鸿章，等等；就是今天仍有人说，安徽出政策、出官。

安徽也出良吏。《汉书·循吏传》6名传主中，安徽就占了3人。东汉"党锢之祸"中坚贞不屈的范滂是太和人，宋代包拯更是封建时代清官的典范，桐城人左光斗是明代反权奸魏忠贤的斗士。

以上讲的是政治军事与安徽人物形成的关系。另一方面，经济的发展和社会的不断进步，也是安徽人才、人物形成的原因。

南宋以前，中国的政治、经济、文化的中心在黄河流域，安徽淮北地区属于中原之一部分，经济和文化较为发达。先秦在淮北形成了老庄道家学派。到了西汉，寿春一带形成了以刘安为首的新道家学者群。而当时长江以南，尤其是皖南，还没有很好开发，所以从这时期的典籍中几乎看不到这一带出过什么人物。汉末三国时期，孙吴统治江东后，江南才开发。东吴在皖城（潜山）皖口（安庆）濡须坞（含山）等地屯田，并兴修水利、圩田，使江南和皖南的农业经济得到开发。在农业发展的同时，商贸也随之兴旺，宛陵（宣城）、姑孰（当涂）、芜湖成为江南商贾云集的城市。到了魏晋南北朝时期，江南出现铜冶炼中心梅根冶。由于中原战乱，江南经济的初步发展，北人南徙，世族豪强渡江来到江南。这一时期江南土著人物尚没有出现，主要是北方南迁士族人物，如迁至宣城的桓氏集团。

唐代中前期，安徽的农业、手工业、制瓷业、茶叶生产都得到了发展，但中国的政治、经济、文化中心仍在北方，政治和文化领域几为北方人物垄断，安徽这一时期人物人才的产出不多，处于"低迷"状态。

北宋时期，安徽工商业尤其矿冶业得到较快发展。江南的铁铅开采量增加，池州铸造货币，皖南文房四宝工艺发达。安徽江南商业集镇从密集程度看逐渐超过北方。建炎三年（1129年）后，宋室南渡，中国的政治、经济、文化中心南移，江南、皖南的人物人才密度大大超过北方，出现了张孝祥、倪涛等人物。

明中叶至清中叶的三四百年间，由于朱元璋政治、经济方面的倾斜政策和徽商的崛起，安徽发展呈现辉煌。芜湖成为国内重要商埠和手工业中心。凤阳一度成为中都皇城。桐城文章扬天下，形成了桐城文派。皖南出现了徽商人物群和新安学派人物群，如戴震、程大位等。宣州出了安徽数学学派和施闰章等诗文家。

鸦片战争后，安徽与全国一样，经济文化逐渐向沿江、沿海转移。长江重要港埠安庆为皖省政治中心，近代工业在这里发端，兴办了一批实业。芜湖开埠，米市兴起。沿江地区的卫星城镇也在增加和发展。由于西方科学民主思想，后来特别是马克思主义的传入，出现了陈独秀等思想家和杰出人物。到了民国年间，安庆仍是皖省的政治、经济、文化中心，自然成为全省人物人才集中之地。

中华人民共和国成立后，由于历史的原因，沿江江南仍然是安徽出人才之地。皖中合肥因是省会，也成为人才相对集中的地方，知识分子的人口密度在全国城市中居于前列。

由于历史上中国政治、经济、文化的南移东渐，使得安徽人物、人才出现了区域性的不平衡。南宋以前，人物人才主要在淮河以北地区，江淮之间也有分布。南宋以后，人才逐渐进入江南和皖南的宣州、歙州等地。到了清末，人才又移向沿江的安庆、芜湖等地。江淮之间、皖中一带，向为经济文化的过渡地带。正因此，从历史的角度看，这一地区人才总数较淮北、江南、皖南为多。

安徽的人才人物的产出量与经济基础有一定关系，人才人物的产出类型也与经济文化的区域水平和特点有一定的关系。

安徽人才人物的形成还有一个鲜明的特点，那就是封建宗族势力是安徽人物群形成的重要支点。

中华人民共和国成立以前数千年，安徽是个以农业经济为主体的地区，小农经济占主导地位，农村中大宗小族分片集中居住，血缘关系亲密，小城镇也有封建性的行会、帮会。宗法势力是历代统治阶级既要利用又非常疑惧的力量。这些宗族群体往往有土堡、土围，有自己的武装、监狱、公堂，有自己的家庙、祠堂。当民族矛盾上升时，这些武装除极少数外，绝大多数都反抗侵略，在统治者的领导下一致对外，如东晋时由两淮地方武装组成的北府军，南宋抗金前线的淮军等。当农民起义爆发时，一部分宗族武装参加了起义，一部分宗族武装站在统治者一边镇压起义。如东汉太平道，元末的白莲教，清末捻军、淮军等。当中央朝廷在农民大起义中行将崩溃时，部分坐大的宗族势力正式登上历史舞台，操纵政局，控制兵权，甚至随时准备取而代之，如东汉末年的曹魏集团、唐末的朱温集团、元末的朱元璋集团、清末的淮军和北洋皖系均是这样。

纵观安徽数千年的人物活动史，许多把握国家命脉权倾一时的人物，往往都寻求宗族势力的支持，渐渐形成与自己利益一致的宗姓人物群体，在中国政治舞台上扮演了重要的角色。

皖人重教，是江淮大地人才多产的又一原因。

汉武帝独尊儒术，江淮地区办起了官办学校，由学官来教授学生。九江郡人梅福是当时有名的教育家。东汉时，宛陵（今宣城）办郡学，丹阳形成了好学风。建安时，刘馥镇守合肥，重建学校。

汉代私家教育也很发达，淮北著名私人教育家桓荣、张酺，桓荣的儿孙也以教授为业，收门徒数百人。江淮之间的教育中心是九江郡，西汉时这里出了宁普、陈侠、张邯三位大学问家，还出了卫宏、谢曼卿等鸿儒。寿春人召信臣，因授经学被荐，成为著名循吏。

魏晋南北朝时，虽因战乱官学时废时停，但民间教育繁荣，出现潜人杜夷与相人刘瓛等知名教育家。刘宋政权专设玄学馆，主持人是潜山县人何尚之，海内知名人士慕名至此游学。何尚之的玄学被尊为“南学”。

北宋起，安徽的人文和教育逐渐繁荣。这一时期书院兴起，知名的有颍州“西湖书院”，舒地“龙眠书院”，歙州“紫阳书院”“西畴书院”，当涂“天门书院”，丹阳（今马鞍山）“丹阳书院”，休宁“西山书院”，黟县“石鼓书院”，泾县“峨岱书院”，无为“林泉书院”，贵池“齐山书院”，六安“龙山书院”“武陟书院”，旌德“敏文书院”，芜湖“中江书院”等，培养了大批人才。

两宋时徽州刻书业兴起，也促进了皖籍著述人才的产生。

明清时期，徽商兴起后，许多儒商热心家乡的公益，尤其是教育。当时，徽州府 6 个县有书院 54 所，占全省 133 所的 40%，人称“十户之村，不废诵读”“东南邹鲁”“文献之邦”。明清时徽州共出 618 名进士、996 名举人。更重要的是出了皖派经学、新安医学、新安画派等学术文化流派。

此外，入清以后桐城文派的许多重要人物，如戴名世、刘大櫆等都任过教习、教谕，培养出许多人才。

清代晚期，近现代经济文化中心向沿江转移。现代教育开始较早的是安庆、桐城、芜湖等地。安庆的求是学堂、省立法政学堂、省立师范学堂、绿营警察学堂、安徽巡警学堂、安徽学院培养了大批人才。

中华人民共和国成立后，中国科技大学、合肥工业大学、安徽大学、安徽师范大学、合肥师范学院、安徽医科大学、安徽中医学院、安徽农业大学、安徽教育学院等，成为皖籍人才的摇篮。

可见，重视教育是从古至今安徽人才迭出的直接原因。

六、历史告诉今天，今天答复历史

在新的历史时期，我们在对待人才的培养、发现、管理和发挥其作用方面，应结合安徽人物人才形成发展的历史特点，把人才管理的科学化、法制化、民主化作为努力的目标。“人存国兴，人亡国衰”，做好人的工作，尤其是人才工作，是促进经济发展和社会进步的大事。历代兴衰，成在得人，败在失人。只有人才辈出、群星灿烂，才能有繁荣富强、国力昌盛；也只有繁荣富强、国力昌盛，才能更加人才辈出，群星灿烂。

历史告诉我们，除军事人物外，文化、教育、科技人才，包括政治人物的出现，都需要有其产生的物质基础。如果物质基础差，即使是本籍人才也往往会流向经济发达地区，当今“孔雀东南飞”的现象主要是这一原因。另一方面，越是经济落后越是观念陈旧，关系学、官本位等，束缚了人才能力的发挥，是留不住人才的更重要原因。安徽近年经济有了较快发展，但比起国家政策倾斜的沿海地区有很大差距。

越是这样，越要给人才创造工作和生活的优惠条件，促进安徽经济发展和社会进步。

要尊重人才，要多看其长，少看其短。在社会主义市场经济的今天，各部门应任贤举能，不能“武大郎开店”，要抛弃官本位思想。在人才培养和使用上，要讲究全面和均衡，不可短期行为，今天讲政治，就大面积从党政群机关选拔领导干部，明天搞经济又从经济部门选拔干部。我们的领导结构应该是全面系统的，既应该有搞自然科学、技术型、微观管理的，也应该有懂社会科学搞宏观决策的；既应该有懂经济的干部，也应该有懂文化艺术的干部。我们的前人说：猛将起自卒伍，良相出于州郡。人事部门应该从实际工作岗位上、从专业岗位上选拔踏实的领导人才。

从历史上看，淮北、江淮之间、皖南三地因民风不同，人们的性格特点有别。一般地看，北方干部有魄力，南方干部工作谨慎细致。在配备领导干部时，可以把不同地区、不同特点的干部结合在一起。资源要合理配置，人才作为资源当然也需要最佳配置。

安徽历史上宗族势力很强大，因宗族力量而发展成割据集团的先例不少。经过中华人民共和国成立后近 50 年的思想教育和经济制度的变革，封建宗族势力和宗法思想已遭较彻底的清除，但今天封建宗族血亲思想又有抬头。我们一方面可以通过同学会、同乡会等关系联系皖人，进行联谊活动，为安徽和家乡的发展出谋划策。另一方面，也要注意教育大家认清封建宗派思想的害处。组织、人事部门在干部配备方面，要坚决执行回避和轮岗制度，以保证各项事业健康发展，保证干部队伍的纯洁。

在安徽建省 330 周年之际，回顾江淮大地数千年的人才人物史，唯希望新世纪的安徽人才更加兴旺，经济建设和社会进步能进入中华大家庭的前列，才无愧于江淮大地上曾经创造过灿烂和辉煌的先人。

（《奋进中的思考——纪念安徽建省 330 周年暨省情再认识学术研讨会论文集》安徽人民出版社 1997 年 12 月版 225—239 页）

自评：这是一篇利用地方志资料进行省情研究的文章。1997 年是安徽建省 330 周年。康熙六年（1667 年）取“安庆”和“徽州”两府首字的合成，改“江南左布政使司”为“安徽布政使司”，建“安徽省”。“安徽巡抚衙门”“安徽按察使司”“安徽都指挥使司”驻安庆，但由于东南沿海局势等方面因素，“安徽布政使司”暂留江宁（今南京）。乾隆二十五年（1760 年），“安徽布政使司”由江宁迁至安庆，安庆正式成为完全意义上的安徽省会。为了纪念建省 330 周年，安徽省政府举办了纪念活动，并要求社会科学系统进行有关研究。此时，我主编（副主编，实际业务主编、总纂）的《安徽省志 · 人物志》完成，主编的《安徽省志 · 总述志》也完稿，故利用掌握的资料和编纂中的研究思考，写了这篇文章，除大会发言外，并被收入本次学术研讨会的论文集中。文章介绍了影响中华历史进程的皖籍人物群，分析研

究了安徽人物人才及其群体形成的区域环境和社会背景。认为，今天应该结合安徽人物人才形成发展的历史特点，把人才管理的科学化、法制化、民主化作为努力的目标。这是一篇方志编纂与地情研究结合的实例。

以邓小平理论为指导编纂社会主义第二届新方志

在21世纪即将到来之际，方志界面临新时期的新任务：完成第一届社会主义新方志的编纂，着手组织发动社会主义第二届新方志的编纂。当前首要任务是什么？我认为应该是树立下届修志的理论旗帜。

旗帜问题至关紧要。什么是旗帜？旗帜就是方向，就是指导思想。社会主义时代新方志的编纂，其指导思想是马克思主义、毛泽东思想、邓小平理论，是历史唯物主义和辩证唯物主义。今天，在改革开放的新时期，编纂社会主义第二届新方志，更应以邓小平理论为指导。

一、地方志反映的对象是广阔的社会生活，社会主义第一届新方志主要记述的是中国人民从数千年封建社会、半封建半殖民地社会走过的历史，是在毛泽东思想指引下进行革命、建立人民共和国和初步建设社会主义的历史。改革开放的历史是中国人民在邓小平理论指引下勇于探索取得辉煌成就的历史。中共十五大以后，是我国第三代领导人领导全国人民继续高举邓小平理论旗帜继往开来迈入更加辉煌的历史。记述1978年以后我国社会的全面振兴和巨大变革，其任务将主要由社会主义第二届新方志去承担

社会主义新方志本着详今略古的原则，重点记述鸦片战争以后中国的历史。20世纪100年是既辉煌而又灾难深重的100年，也是革命的100年；有创世纪的政治革命，有改变一切的经济革命和前所未有的科技革命。在这100年中，我国经历了三次历史巨变、产生了三位伟大人物，他们是孙中山、毛泽东、邓小平。三位伟人是中华民族三次历史巨变，不断创造奇迹的阶段性标志。孙中山先生领导的辛亥革命，结束了数千年的封建帝制，是20世纪第一次历史巨变，为中国的进步打开了历史的大门。

然而，辛亥革命以后，近代中国仍未找到独立富强之路。十月革命送来了马列主义。以毛泽东为杰出代表的中国共产党人，用马克思主义的世界观观察、把握中国的历史和现状，提出了新民主主义革命和社会主义革命的理论。在这个理论指导下，中华民族完成了从鸦片战争以来救亡图存的社会主题。中国人民在以毛泽东为首的中国共产党领导下，不仅推翻了“三座大山”，而且建立了社会主义制度，使一个频受外部侵略、破碎的国家站立起来，使国家奠定了初步的工业化基础，使中国在20世纪50—70年代取得超乎自己经济实力的世界地位。中华人民共和国的建立是20世纪的第二个历史巨变。

以毛泽东为核心的党中央第一代领导集体，把马列主义基本原理与中国革命、中国社会主义建设相结合，创建了毛泽东思想。在毛泽东思想的指引下，中国人民取得了新民主主义革命的胜利并进行建设社会主义的探索。历史的经验教训告诉我们：什么时候党的路线把马克思主义与中国国情相结合，什么时候我们的革命和建设就取得胜利；什么时候我们脱离了中国的国情和社会发展阶段，我们的革命和建设就会招致失败。毛泽东同志带领中国人民完成了新民主主义、社会主义革命和中华人民共和国成立初期的经济建设和改造，建立了初步工业化的经济基础。根据当时的国情，毛泽东同志撰写了《论十大关系》。1956年中共八大要求全党把工作重点转移到社会主义建设上来。1957年，提出正确处理两类不同性质的矛盾，并指出社会主义时期主要是人民内部矛盾。这些观点的提出，表明党对社会主义建设道路的探索取得了良好的开端。但由于国际国内形势的变化及毛泽东同志认识的偏差，我们一度偏离了实事求是的思想路线，这一期间理论和实践上都出现了严重错误。1958—1960年三年大跃进，“左”倾错误严重泛滥，高指标，浮夸风，全国损失达1000亿元，导致1959—1961年的“三年困难”。1966年党内“左”倾思想占统治地位，“文化大革命”开始。10年“文化大革命”是我国社会主义发展进程中的一场灾难，共损失5000亿元人民币，并失去了世界性发展的大好时机。

“文化大革命”的惨痛教训使中国人民对过去“左”的做法进行反思，对以往社会主义建设的实践进行思索。人民需要改革，国家和民族的命运要求改革。在这样的历史背景下产生了以邓小平为核心的中共第二代领导和由他创立的社会主义建设新时期的思想体系——邓小平理论。以毛泽东思想为源头的邓小平理论是马克思主义在中国发展的新阶段。1975年，邓小平理论的实践是对当时的混乱社会生产进行“全面整顿”，与“江青反革命集团”的极“左”思潮作斗争。我国社会主义改革的实践历程的起始标志是1978年12月召开的中国共产党十一届三中全会。1978年12月至1984年，是我国改革的探索与准备阶段，也是改革理论的突破和实验阶段。粉碎“四人帮”后，全党对当时中央的主要领导人坚持“两个凡是”的错误观点深表不满，为此全党开展了“真理标准”的讨论，提出“实践是检验真理的唯一标准”，使党的思想路线再次回归到实事求是上来。邓小平同志指出：毛泽东思想的核心是“实事求是”。“真理标准”的讨论成为中华人民共和国成立以来党的历史上最大一次思想解放运动，为十一届三中全会确立改革开放的路线奠定了思想基础。1978年11月10日至12月15日的中央工作会议，制定了国家新时期的政治方针。在这次会议上，邓小平同志提出了要把中央工作的重点转移到发展社会生产力上来，并进一步提出“解放思想，实事求是”的思想路线，也就是：政治路线、组织路线上拨乱反正，抛弃“以阶级斗争为纲”；经济政策是权力下放，精简机构，政企分开；农业实行生产承包制，并实行对外开放，让一部分人先富起来。同年12月底召开的十一届三中全会以党的会议的形式清算“左”的错误，肯定了“真理标准”

的讨论，批判了“两个凡是”，确定全党工作重点的转移，这是中华民族改革振兴的伟大起点。

中共十一届三中全会以后，1979 年，邓小平同志针对否定毛泽东思想，否定中共领导的自由化思潮，作了关于坚持四项基本原则以及党和国家领导制度的改革，结束干部终身制等讲话。这 3 篇讲话可以说是我国新时期政治体制改革的宣言书。同年进行冤假错案平反，选拔中青年干部为改革开放进行组织准备。提出“调整、改革、整顿、提高”的方针，调整国民经济，为改革做好经济准备。把改革的突破口选在农村，在农村进行农业生产承包制的改革，为改革进行试点。1983 年废止人民公社，政社分开，99.7% 的农户实行了联产承包；在城市扩大了企业自主权。扩大对外开放，在沿海地区创办了深圳、珠海、汕头、厦门等经济特区。这一时期，思想空前解放，农村改革成效显著。1982 年 9 月中共十二大报告指出：“我国的社会主义社会现在还处在初级发展阶段。”这一经典结论为改革扫清了思想障碍。

1984 年 10 月至 1991 年年底，改革开放全面展开。1984 年 10 月，中共十二届三中全会作出《关于经济体制改革的决定》，从理论上突破了把计划经济同商品经济对立起来的传统观念，明确提出社会主义经济是有计划的商品经济，增强国有企业的活力是以城市为重点的整个改革的中心环节。中共十二届三中全会后，中国的改革从农村到城市全面推进。1987 年 10 月，中共十三大报告系统地阐述了社会主义初级阶段的理论，并指出党在这一阶段必须坚持“一个中心，两个基本点”的基本路线。这一时期，经济全面改革，把企业改革成独立经营的主体，建立和发育市场。市场价格体制开始形成，由计划经济向市场调节转移。1990 年，中央采取重大举措，开发、开放上海浦东经济新区。自此，对外开放从沿海向内地推进，促使整个长江经济带开发和开放的步伐加快。

1992—1997 年，改革进入整体推进与重点攻关阶段。1992 年年初，邓小平南方谈话，从理论上回答了长期困扰人们思想的许多重大问题，促进人们彻底摆脱把计划经济和市场经济视作不同社会制度基本特征的观念的束缚。同年 10 月，中共十四大确立了邓小平建设有中国特色社会主义理论在全党的指导地位，同时提出：我国经济体制改革的目标是建立社会主义市场经济体制，要使市场在社会主义国家宏观调控下对资源配置起基础性作用。1993 年 11 月，中共十四届三中全会《关于建立社会主义市场经济体制若干问题的决定》宣布，采取“整体推进和重点突破相结合”的改革战略。1994 年开始推出配套改革措施，在财税、金融、投资、外汇管理体制，国有企业，社会保障方面进行改革。这一时期，市场机制的调节作用显著增强，以建立现代企业制度为方向的国企改革稳步推进，以公有制为主体，多种经济成分共同向前发展。整个经济体制改革朝着建立社会主义市场经济体制的目标迈出重大步伐。

1997 年 9 月，中共十五大召开，标志着我国经济体制改革进入攻坚阶段，即要解决包括亚洲金融危机在内的一系列棘手问题，全面建立比较完善的社会主义市场经济体制，明确政府在市场经济中的宏观调控职能，建立社会主义经济的分配制度和社会保障制度。表明了我国第三代领导坚定地高举邓小平理论伟大旗帜，对我国改革开放和社会主义现代化建设的跨世纪发展作出了战略部署。我国第三代领导人对邓小平理论做出了新贡献。首先在所有制理论上进行新概括：国有制起主导作用，非公有制经济是社会主义市场经济的组成部分，股份合作制是新思路。分配上按劳分配和按生产要素分配，坚持效率和公平统一，健全保障制度。国有企业改革抓大放小，战略改组，兼并破产、下岗分流、减员增效、战略重组、制度更新、配套改革、优胜劣汰。宏观经济拉动内需，发行国债、征收储蓄利息调节税。在可持续性发展方面，提出科教兴国、扶贫攻坚、教育产业化等。政府机构改革加快步伐。

改革开放20年来，我国以公有制为主体、多种所有制经济共同发展的格局基本形成；市场对资源配置的基础作用显著增强；财税、金融、外汇、外贸以及投融资等新的宏观调控体系框架初步形成；农村和企业改革取得了重大进展；社会保障和分配制度改革得到推进。

地方志是历史的记录，这些中国社会进程中昨天和今天的重大事件，应该予以翔实地记述。用当今人们最爱唱的歌曲《我们走进新时代》可以通俗地说明这一问题："我们唱起东方红，当家做主站起来；我们讲着春天的故事，改革开放富起来；继往开来的领路人，带领我们走进那新时代，高举旗帜开创未来。"我们的社会主义第一届新方志已经全面地记述了在毛泽东思想指引下，中国人民取得的革命和社会主义建设的初步胜利，扬眉吐气当家做主的历史。我们的社会主义第二届新方志，其着眼点应记述在邓小平理论的指引下，坚持改革开放，在社会主义市场经济建设和社会发展中取得的辉煌成就；记述我国第三代领导人如何继续带领全国人民，高举邓小平理论伟大旗帜，在21世纪初叶将取得更加辉煌成就的历史。改革开放的20年是邓小平理论成功实践的20年，未来的实践依然是在邓小平理论的指引下的伟大实践。在中国广袤的大地上数十年间发生的重大变革都是邓小平理论的体现。社会主义第二届新方志以邓小平理论为旗帜、为指导思想，并非出自政治宣传，而是社会主义第二届新方志记述的对象——1978年以来的中国社会本身所决定的。只有以邓小平理论为指导，我们才能了解1978年以来中国人民所走过的路、所做过的事，才能把握改革开放这条社会主线，去收集资料、分析资料、归纳资料，结合地情，高屋建瓴地编纂出高质量的社会主义第二届新方志。

二、新方志是科学地反映自然、社会进程的信息载体，邓小平理论是新的历史时期产生的科学完整的马克思主义理论体系，也是剖析社会现象的理论武器，因之，邓小平理论是社会主义第二届地方志编纂的指导思想，是广大修志工作者必须高举的理论大旗

方志记述着自然和社会的运动过程及其发展规律，而哲学是研究自然、社会和人类思维发展的最一般规律的学问，哲学家从世界观的高度影响方志学的发展。马克思主义哲学是最科学的哲学，因之它必然成为方志学研究的指南。邓小平理论是继毛泽东思想之后，作为马克思主义与当代实践和时代特征相结合的产物，是马克思列宁主义在中国发展的新阶段。邓小平理论是博大精深的科学体系，它包括社会

主义的发展道路、发展阶段、根本任务、发展动力、外部条件、政治保证、战略步骤、领导力量、依靠力量、社会主义市场经济、社会主义精神文明建设、“一国两制”和平统一等问题。邓小平理论把马克思主义导向了哲学的新境界，坚持和发展了唯物主义认识论，坚持和发展了唯物主义历史观，因此，邓小平理论必然成为新时期社会主义第二届新方志编纂的指导思想和理论指南。

首先，邓小平理论提出了实践标准，坚持和发展了唯物主义的认识论，恢复并丰富了中共实事求是的思想路线。邓小平理论指出“实事求是是马克思主义的精髓”，第一次把“解放思想”同“实事求是”联系在一起，强调“一切从实际出发，理论联系实际，实事求是，坚持实践是检验真理的唯一标准”。这一理论掀起一场伟大的思想解放运动，在中国大地上恢复了马克思主义认识论的权威。自古以来，地方志的编纂都提倡“秉笔直书”，但由于没有正确的世界观的指引，“实”写出来的“个别”事物往往并不具备普遍意义上的历史真实。邓小平理论首先要人们从解放思想的角度审视历史，从客观实际的实践结果审视过去，正由于“解放思想”，才能否定过去曾经存在的非马克思主义的东西，特别是“左”或右尤其是“左”的问题，才能编纂出具有实事求是思想光华的社会主义第二届新方志。

邓小平理论指出“不能离开生产力谈社会主义”，要改变中华人民共和国成立后一度忽视发展生产力，搞“穷过渡”和阶级斗争的状况，认为“贫穷不是社会主义”；冲破传统的社会主义模式的禁锢，提出了生产力标准，坚持和发展了唯物主义历史观，实现了党的思想路线和政治路线的统一，产生了“一个中心，两个基本点”的路线。因之，在社会主义第二届新方志内容中，反映生产力和以经济建设为中心的内容应是其中的主体内容。

邓小平理论把人民利益作为衡量是非成败的标准，实现了党的思想、政治路线与工作路线、群众路线的统一。邓小平理论指出：“归根到底要看生产力是否发展，人民收入是否增加，这是压倒一切的标准”，是衡量工作“做得对或不对的标准”，也是姓“资”姓“社”判断的标准。社会主义第二届新方志应该用相应的篇幅反映改革开放以来人民生活的巨大变化，现在有人提出续志单设“社会生活”是有道理的。

邓小平理论最伟大的贡献就是以全新的思路创立了当代的社会主义政治经济学。邓小平理论以生产力标准为尺度，以社会主义初级阶段为出发点，带领全党创立和实践了“一主多辅”的所有制和分配制度，以公有制为主体发展多种辅助的经济成分和经济形式，以按劳分配为主体允许多种分配形式。邓小平理论提出允许一部分地区、一部分人先富，先富带后富，最后达到共同富裕。所以，经济体制的变革，分配制度的变革，地区、群众收入的变化，也都应该是社会主义第二届新方志编纂时需要研究和关注的重要内容。

改革开放前，我们实行的是高度集中的计划经济体制。邓小平理论认为“社会主义也可以搞市场经济”，认为经济管理体制只是手段、方法，可以为不同的社会制度所用。正是社会主义市场经济理论为我国经济起飞注入了强大的推动力。社会主义第二届新方志必须围绕社会主义市场经济的不断推进，系统反映消费品和生产资料等商品市场，以及金融、劳动力、房地产、技术和信息等生产要素市场的建设，反映当地启动的财税体制、金融体制、投资体制、外汇管理体制、国有企业改革、价格体制的改革。

传统的社会主义政治经济学主要研究生产关系，而邓小平理论把经济运行机制生产力理论导入了社会主义政治经济学。邓小平理论中关于生产力的理论十分丰富，诸如“科学技术是第一生产力”“发展才是硬道理”“基本路线一百年不动摇”，强调“四个现代化的关键是科学技术现代化”。邓小平理论揭示了社会主义经济发展的周期性，提出“三步走”的发展战略、战略重点和战略措施。这些为我国改革开放、经济起飞起了指南针的作用。领会邓小平理论的这些精神实质，对在第二届志书的编纂中研究省情、地情，准确把握时代脉搏非常重要。

改革开放 20 年，是全方位开放的 20 年。邓小平理论认为和平与发展是当代的主题。站在这一基点上，产生了：中国发展离不开世界；兴办经济特区、逐步扩大开放区域；大胆吸取和借鉴人类一切文明成果；开放不会导致资本主义等论述。这些理论为我国打开国门，引进外资和国外的先进管理经验、技术、设备，进行科技、教育、文化交流插上了腾飞的翅膀。“一国两制”，我们迎来了香港、澳门的回归。开放毫无疑问是第二届志书记述的重点内容，更是沿海开放城市志编纂的重点。

邓小平理论中的“社会主义本质论”，使以往带有空想浪漫色彩的传统的社会主义回到了现实生活中；其改革开放理论使现实社会主义充满生机；其社会主义全面发展理论，使对政治和阶级斗争过于热情的社会主义变成了既反“左”也要反右、全面发展的社会主义；其“坚持四项基本原则”的理论，使面临国内外复杂环境充满危机的中国变成了稳定发展的社会主义中国；尤其是“社会主义初级阶段”理论，使转型期产生的种种经济和社会问题找到了合理的答案；其“三个有利于”的标准，即“是否有利于发展社会主义社会的生产力”“是否有利于增强社会主义国家的综合国力”“是否有利于提高人民生活水平”，是我们褒贬记述对象的标准。

邓小平理论作为剖析社会的科学利刃，强大深邃的思想武器为我们回顾改革开放 20 年的历程，全面把握时代的脉络，分析重大事件，鉴别史料，科学地编纂社会主义第二届新方志提供了最直接、最明晰的指导思想。

三、社会主义第二届新方志的编纂应遵循邓小平理论的哲学精髓——实事求是的思想路线，辩证地反映我国社会主义初级阶段的实情，反映改革开放的摸索前行和奇伟曲折，在浓墨重彩记述改革开放巨大成就的同时，认真记述历史遗留问题和社会转型期必然出现的社会问题，为后人留下经验和教训，留下真正的“信史”是修志工作者的历史责任

建设有中国特色的社会主义，必须一切从实际出发。编纂一部建设有中国特色的社会主义内容的地方志，也必须一切从实际出发。社会主义初级阶段理论是邓小平理论的基石，是我们党制定路线、方针、政策的根本出发点，也是史志工作者编史修志的基本观点。因此，正确地认识国情、地情是非常重要的。

虽经 20 多年的改革开放建设，我国国情仍然是人口多、底子薄，我们的国民

生产总值位居世界第七位，但人均国民生产总值仍居世界后列，生产力发展水平低。虽然劳动力数量居世界第一位，但劳动力素质低，科学文化水平普遍不高，全世界5个文盲中就有1个中国人。劳动生产率低，9亿人口的农村基本上还是靠手工工具搞饭吃。现代工业与落后于现代水平上百年的工业并存；东部沿海部分经济发达地区与中西部广大不发达地区和贫困地区并存；此外，社会主义市场经济仍然不发达。虽然人民当家做主的社会政治制度已经建立，但由于我国历史上长期处在封建主义统治下，缺少民主和法制传统，另外在政治体制和领导体制方面还存在着许多弊端，官僚主义、家长制、长官意志、权力过分集中等现象还相当广泛地存在，民主制度还不完善。所以我国正在进一步进行社会主义民主政治的建设，坚持和加强人民民主专政的国家政权，坚持和完善人民代表大会制度，坚持和完善共产党领导的多党合作和政治协商制度，坚持和完善民族区域自治制度，坚持和发展基层的民主制度，在单位、团体实行民主集中制。同时，按照邓小平同志提出的“有法可依，有法必依，执法必严，违法必究”的要求，进一步健全社会主义法制，依法治国，建设社会主义法制国家。继续巩固马克思主义在意识形态领域中的指导地位，清除封建宗法思想、迷信意识、等级观念，以及旧社会的习惯势力、资本主义腐朽思想的影响。特别要坚持“四项基本原则”，反对资产阶级自由化思潮。我们人民的生活水平还有待努力提高，全国还有近6000万人没有脱贫，城镇也有2000万左右居民生活水平很低，还有数百万职工下岗待业。改革开放以来人民收入大幅度增加，但贫富差距拉大，基尼系数已从0.212提高到0.416。

正因为历史遗留下成堆的问题，所以，中华民族是在肩上背负着沉重包袱的状况下负重进行改革开放，加上国际环境的因素，以及社会转型中在政治、经济、文化等方面产生的许多问题，使改革具有风险，但不改革就是自取灭亡。

许多改革的措施从长远看是正确的，但当前会引发一些社会不安定因素，这些就是如何处理改革的力度和人们的心理承受力的问题，是如何处理好改革、发展、稳定三者之间关系的问题。只有改革开放经济发展，才能长治久安和社会稳定；但也只有社会稳定才能把中华民族改革复兴的大业进行下去。我们的新方志应该辩证地去记述我们的改革，记述改革中出现的社会问题。例如，由于地区、行业的竞争条件不公平，目前一些地区与地区、行业与行业、单位与单位的经济收入差距较大；以农业为主的省区，农副产品出现低水平过剩；农村提留过多、集资泛滥，农民不堪重负；有的地方虚报农民纯收入，加大生产费用，强行以资代劳及收税；干部缺乏民主，群众反映大等等。又如，城市中，由于社会保障未能解决，企业改革中职工下岗出现了暂时的生活困难；一些企业破坏性生产，国有资产流失，富了承包者，穷了职工；有些人利用手中权力钻计划价和市场价差额的空子，搞批文，一夜成为暴发户。金融系统人情贷款、行政干扰以致出现滞账；有些人胆大妄为，转移国家资产化公为私；地方保护，重复建设，豆腐渣工程经常出现；企业办政府事，政府办企业事，官商勾结、权钱交易；公款送礼、公款旅游、公款出国、公款装修私房、公车超豪华；有的地方任人唯亲，甚至用钱买官；有令不行，有禁不止，上有政策下有对策，统计数字加水分，弄虚作假风气上升；黄色文化商品及卖淫现象泛滥抬头。为了谋取钱财，少数人铤而走险，廉政建设和社会治安任务增大。以上这些腐败现象是局部的，既不要看得过分严重，也不能掉以轻心。改革开放经济建设搞多久，反腐倡廉就要搞多久。应该正确领会邓小平理论中“两手都要硬”的论述。所以说，社会主义第二届新方志不应该回避社会腐败问题，如果我们只记一手搞经济建设搞社会发展，而不记另一手惩治腐败，那么对邓小平理论的理解和贯彻就不是全面的。当然，腐败是局部的，记到什么程度，如何记述又是需要研究的具体问题。

改革开放中，我们有许多大利和小弊的统一问题，我们都应该实事求是地从两方面予以记述，这才是活生生的历史。这样的历史才是伟大的改革开放的历史，因为许许多多的决策和取舍中充满了智慧和气魄，从中可见中国第三代领导驾驭国民经济的高超艺术。

如何正确认识改革开放中出现的腐败问题和工作的差误，以及事物的两面性，是我们提高新一届志书政治质量的关键，采取虚无主义和过分的夸张都是不可取的。我认为，要以“四项基本原则”为前提，把握好这一问题的记述，才能真正反映社会主义初级阶段诸方面不完善并且正不断走向完善的特色。

四、结论

邓小平理论是社会主义第二届新方志编修的指导思想和旗帜。

社会主义新方志需要科学的理论作为指导思想和旗帜。马克思主义是最科学最锐利的认识世界和改造世界的理论武器。毛泽东思想是马克思主义与中国实际相结合产生的第一次历史飞跃的理论成果，它是社会主义第一届新方志编纂的指导思想。而邓小平理论是在毛泽东思想的基础上，马克思主义与中国实际相结合产生的第二次历史飞跃的理论成果，是对马克思主义、毛泽东思想的进一步发展。20 世纪 80 年代以来改革开放 20 多年的历史巨变，中华民族迈出的每一步，都是在邓小平理论指引下取得的。邓小平理论是当代的马克思主义、毛泽东思想，是全党和全国人民改革开放伟大实践的产物，是科学的思想体系，它的理论核心是解放思想、实事求是，是新时期具体的历史唯物主义和辩证唯物主义。所以，邓小平理论是社会主义第二届新方志编修的指导思想和旗帜。

社会主义第一届新方志编修，是在理论准备不足的情况下启动工作的。回想起来，留下了诸多的遗憾。社会主义第二届新方志的编纂工作正未雨绸缪，因此，当前首要问题是做好理论准备和前期资料收集工作。理论准备有二，一是指导思想，二是方志编纂理论，其中指导思想是首要的。我们不能把高举邓小平理论旗帜仅仅作为续修新一届志书的政治口号和新志凡例的第一条款，或是停留在口头上，而应该认真学习这一理论，领会其思想精髓，以其分析社会的政治、经济、文化的演进规律，以其指导我们回顾总结 20 年改革开放走过的道路，研究本地区所发生的重大事件，才能站高看远，编纂好社会主义第二届新方志。

（《中国地方志》2000 年第 1 期）

自评：本文被刊发在《中国地方志》21 世纪开年第一期的开篇。2000 年前后，全国的第一轮志书编纂进入收尾阶段，方志界开始第二轮志书编纂的研究（2005 年之前，在中国地方志指导小组办公室没有统一前称“第一届”“第二届”，后统一为“第一轮”“第二轮”）。此文属编纂思想和编纂对象（内容）的研究。1999 年，本人在安徽省委党校参加了 3 个月的县处级干部邓小平理论研讨班的学习。本文是结束时交给党校的论文。可谓政治学习与业务研究结合。社会主义第二轮志书主要记述的是 1978 年以后改革开放时期，而这一时期是在邓小平理论指引下进行的。该理论为我们回顾改革开放 20 年的历程，全面把握时代的脉络，分析重大事件，鉴别史料，科学地编纂社会主义第二轮新方志提供了最直接、最明晰的指导思想。本文主要阐述了邓小平理论的构成，列出 1978—2000 年的经济社会变化、中央改革开放的重大决策，为第二轮志书的编纂提供内容背景和轨迹。白驹过隙，转眼 18 年过去，虽然此文有理论上生搬硬套、现学现卖的成分，但主要观点今天看仍然是正确的。如“以邓小平理论为旗帜、为指导思想，并非出自政治宣传，而是社会主义第二届新方志记述的对象——1978 年以来的中国社会本身所决定的。”邓小平理论强调“一切从实际出发，理论联系实际，实事求是，坚持实践是检验真理的唯一标准”。否定过去“左”或右，尤其是“左”的问题，才能编纂出具有实事求是思想的第二轮新方志。第二轮新方志中，反映生产力和以经济建设为中心的内容是主体内容；应反映改革开放以来人民生活的巨大变化；经济体制、分配制度的变革，地区、群众收入的变化。围绕社会主义市场经济的不断发展，系统反映商品市场、生产要素市场的建设，反映财税、金融、投资、外汇管理体制，国有企业制度、价格体制的改革和对外开放。其中“三个有利于”，是我们褒贬记述对象的标准；“社会主义初级阶段”理论鼓励我们在第二轮新方志编纂中不应该回避社会腐败以及决策错误，如果我们只记成就不记失误和问题，甚至不记“摸着石头过河”所交的“学费”，就不能说是信史。实事求是地说，今天看第二轮已出版的志书，后一点解决的仍然不好，只记成就不记问题的志书不在少数。可见不是什么理论准备问题，而是修志的编纂审定体制存在问题。

“专题”：方志编纂新的体例形式

地方志的内容和形式是相互依存的。两者之间，内容起主导。方志的特定内容要求有相应的形式予以表现。由于内容决定形式，因此，各个时代社会内容的不同，导致方志著述内容不同，所以编纂形式也往往不同。人们对社会认识日益深入，视角不断开阔，使方志著作内容逐渐丰富，每有新事物产生，必然要求在方志中予以表现，同时要求方志著作形式相应变化，以表现这一社会内容，从而引起方志著述形式不断创新。

一、方志体例形式的历史变化，适应了反映当时社会内容的需要

随着社会的发展和进步，方志著作的编纂形式也经历了一个逐渐演变、逐渐成熟的过程；不同的历史阶段有着不同的体例。

西汉时期，统治者为了解各地经济情况及民情，要求各地把有关资料随同计书报送中央政府。《隋书·经籍志》记载："武帝时，计书既上太史，郡国地志，因亦在焉"，地志即地方志。

东汉、魏晋、南北朝，随着地主豪强势力的强大和地方经济的发展，为了宣扬自己，表彰乡邦，产生了《风俗传》类型的地方志，其体例形式完全为了适应记述一方的人物、文化和风俗民情，宣扬封建帝王和士大夫，为封建政权的利益服务。同时郡国之书大兴。班固的《地理志》记述了郡国及地方的区域、山川、物产、风俗、户口等，志书发展成为地方资料的总汇。

隋唐，国家统一，经济和文化繁荣。朝廷"普诏天下诸郡，条其风俗、物产、地图上于尚书"（《隋书·经籍志》），促进了图经这一方志形式的出现。宋元及以后，随着社会的发展，志书记载的事物增多，为了记述和表达不同的事物，志书多采用史体，均设有图、表、考、传等体例形式。史体地方志有多种类型。编年体志书把言和事糅为一体，按时间顺序编排内容。纪传体对记载的内容进行分门别类的梳理，创立了"纲为提要，目以叙事"的编纂形式。

近现代，尤其是首届修志，随着社会的进步、社会科学的发展，在方志编纂中人们又产生了展现事物发展规律的要求，纪传体这种简单归类的编纂形式又无法适应这种要求，于是又形成了章节体志书。可见地方志的编纂形式，每次体裁、结构和表述手法的变化，都是为了更加适应反映社会内容的需要。

二、改革开放丰富的社会内容呼唤方志编纂创造新的形式，"专题"应运而生

社会主义第一届新方志的编纂中，主要处于计划经济和计划经济向市场经济发展的转型时期，各项事业均有部门分工，因此跨部门、跨行业、跨事类的事物不多，所以，这一时期的志体主要以纪、志、传、图、表、录形式出现。但也有少数事物属于跨部门、跨事类的，如抗洪抢险、苏区、抗日民主根据地等，因之往往作为附录或纪略处理，实际上这种处理应属于"专题"的萌芽。

随着改革开放的不断深入，社会主义市场经济由发育到拓展，跨地区、跨行业、跨部门、跨事类的事物越来越多，如跨国公司就是最典型的例子。原来的章节体，即使加附录、纪略已不能解决有关内容的记述。如科教兴国、扶贫攻坚、希望工程、扫黄打非、股市风潮、民工潮、质量万里行、再就业工程、反腐倡廉、反法轮功邪教等，章节体的原有体例形式已不能表现改革开放的这一部分内容，而这一部分内容又是最具有改革开放时代特征的，属时代的亮点事物。为此，首届志书中萌芽状态的"专题"将从局部零星个别的可有可无的状态转为稳定成型、不可或缺的状态，一种必

备的充满生机的有效的体例形式。中国地方志指导小组《关于续修地方志的几项规定（讨论稿）》提出续志的五项内容，其中包括“专题”，就是深入研究了改革开放的社会内容而提出来的，提得非常正确，非常及时。

三、“专题”作为方志编纂新的体例形式，具有自身的特征和特点的“专题”具备哪些特征呢？

首先“专题”在表现社会内容方面，既具备事物的单纯性，又具备事物的综合性。如“民工潮”是单一民工的社会现象，是改革开放以来农村经济发展、生产力解放的结果，其牵涉到社会的方方面面、诸多部门，像基本建设部门、政府、民政部门、计划生育、公安部门、户籍、教育、交通、党团组织生活、当地人口与外来人口的利益矛盾、民工对城市建设的贡献，流动人口占城市人口的比例及管理，新闻媒体的反映等等，又是个复杂的综合性的社会问题。

其二，“专题”能够充分深入地反映变革，反映改革大潮中的社会生活，甚至人的心态，最能体现事物的时代精神。如股市、抗洪抢险、教育减负、高等院校扩招、再就业工程等。“专题”也最能表现地方特色性事物，使志书具有浓郁的地方性。如联合国表彰的中国生态农村第一村安徽颍上县小张村，安徽省政府提倡全省人民学习黄山松精神的精神文明创建活动，这些地方特色性事物都可以设“专题”编写。

其三，“专题”具有鲜活的可读性。“专题”可以不受章节体横分门类的束缚，编写专题事物，可有一定的叙事性、情节性，加强以事系人，增加文采，使志书增加可读性。

其四，“专题”的设置具有宽松的灵活性。专题位置可灵活，既可放在相关事类章节之后，也可全志设“专题”编集中安排。

其五，“专题”具有研究性和调查性。“专题”具有研究性，其形式早已在史学研究、经济研究、社会研究、政策研究等方面运用。例如在史学上指专门的研究项目，范畴可大可小，大的如淮军专题，小的如李鸿章专题；在经济研究方面，大的如市场物价，小的如农产品价格。专题也具备调研性，如农村政策研究，“费改税”实行后效果如何，农民态度如何，需要到农村进行调查。可见，专题作为方志编纂的新形式，也是从其他学科移植的。因此，各类专题除由有关部门承编外，也可约请社会学专家承编。这是专题的性质所决定的。

其六，“专题”的文体以叙事为主，兼作适当的议论，也可收反映社会问题的调查报告，选择典型的反映社会问题的材料予以编写。

四、结论

方志编纂的体例形式演变有两种情况，一种是不打破旧形式基本格局的局部量变；另一种是在旧形式基础上创立的新形式。未来续志的编纂形式，应该是个继承创新的问题。一方面，我们仍要继承志书体例纪、志、传、图、表、录较能容纳资料信息，也能展现社会运动规律的优点，同时要进行创新，用“专题”这样的体例形式反映改革开放、市场经济形成以来丰富的社会内容。这里说的是书版方志。关于光盘版方志应属于新材料的运用；至于建立网页，上互联网，那应该是方志信息载体的延伸。我们不应该把方志编纂形式的创新与方志载体新材料的运用混为一谈。一般地说，新的编纂形式更能适合反映新的社会内容，“专题”这一编纂形式应该是目前认识到的新的能够有效地表现改革开放20年来社会内容的编纂形式，其必将在未来的续志编写中大放异彩。

（《广西地方志》2000年第5期）

自评：2000年3月，中国地方志指导小组下发《关于做好〈全国地方志理论工作研讨会〉准备工作的通知》，其附件之二是《关于续修地方志的几项规定（讨论稿）》，第四条把续修地方志书的内容分为五个方面，一是承前简述，二是续修志文，三是专题记述，四是补遗考订，五是附录和索引。本文是专项对“专题”进行的研究。此文观念与1991年，即10年前发表在《史志文萃》当年第6期上的《纪略作为新志体例的探讨》是一脉相承的。本文认为志书的体例体裁是随着社会的发展而作适应性的变化。文章分析了从西汉到当代地方志形式特征的演变，分析了改革开放新时代的新生事物需要新的体裁方式来记述。认为方志编纂的体例形式演变有两种情况，一种是不打破旧形式基本格局的局部量变，另一种是在旧形式基础上创立的新形式。“专题”（后来主要还是用纪略、附记、专记作为名称）将从首轮局部零星个别的可有可无的状态转为二轮稳定成型、不可或缺的状态。本文提出“专题”具备六个特征：“专题”在表现社会内容方面，既具备事物的单纯性，又具备事物的综合性；能够充分深入地反映变革重大事物；具有鲜活的可读性；具有研究性和调查性；以叙事为主，兼作适当的议论等等。本文在志书体例、体裁创新上，在书版基础上，还较早地提出光盘版方志属于新材料的运用，建立网页，上互联网是方志信息载体的延伸。

本文是我在安徽发表的最后一篇方志研究文章，2000年12月被人才引进调上海市地方志办公室工作。可见此前本人在安徽的地方志研究主要侧重在方志编纂学范畴。

续修：重温章学诚方志理论——纪念章学诚逝世200周年

章学诚方志理论在首届修志中起到了重要作用。在续修启动之际，重温章学诚的理论仍然十分必要。以章学诚的《方志立三书议》考察新方志编纂体例，可知新方志对艺文的收录不够重视。《修志十议》所指出的问题在首届修志中未能全部避免，在续修中必须引起新的重视。

《州县请立志科议》提醒修志工作者，加强方志编纂组织建设仍是我们的奋斗目标。章学诚倡导的“史德”警示方志工作者在社会主义市场经济时期应树立新的史德。

20世纪80年代初，社会主义第一届新方志编纂伊始，曾认真学习章学诚的方志理论。其简赅深邃的论述，对我们的修志实践和方志理论的研究起到了至关重要的作用。近20年过去了，章学诚的方志理论，尤其是他的编纂学理论到底被我们在首届修志中继承了多少，哪些在续修中仍须继承，可以说是当今研究的重要课题。

章学诚（1738—1801），清代乾嘉时期著名的历史学家和方志学家。他以极大的热情献身于方志的编修和方志学的理论探求，一生总纂或参与编纂了《天门县志》《和州志》《永清县志》《亳州志》《麻城县志》《湖北通志》《常德府志》《荆州府志》《石首县志》《广济县志》。梁启超在《中国近三百年学术史》中称誉他主编的《湖北通志》是“史界独有千古之作品。不独方志之圣而已”。在方志学理论方面，他写下了《修志十议》《答甄秀才论修志》《方志辨体》《方志立三书议》等论著，并创立了通志（省志）编修全新的义例。他通过不懈的修志实践和理论探索，建立了较完整的方志编纂学理论体系。他对方志的起源、性质和作用给予了全面的论述。他首先提出“志属信史”，主张方志应立“志”“掌故”“文征”三书，“志”需采用纪、传、考、表、图诸体裁。如此全面地阐发方志学理论，在封建时代章学诚是第一人。自章学诚的方志理论起，我国的方志学才真正开始逐渐形成了一门独立的学科。

修志是中华民族优良的传统，方志的编纂是在一代代继承和创新中发展的，因之在续修开展之初，重温章学诚的方志理论是非常必要的。

一、用章学诚的《方志立三书议》考察新方志编纂体例的得失

章学诚在他的《方志立三书议》中，主张方志要立“三书”体例，“三书”是讲志书是由“志”“掌故”“文征”三种体裁组成。其中，“志”是主体，是成一家之言的著述；“掌故”储存典故、档案和史料；“文征”辑录艺文，也就是说，“志”是著述，“掌故”“文征”是文献汇编。同时，“志”是由纪、表、考、传等体裁组成。社会主义第一届新方志的编修中，我们基本上继承和光大了章学诚的“三书体”。我们明确认为，社会主义新方志既有著述性，同时又具有资料性，这是方志与其他文献的不同之所在，新方志应属“资料性著述”。“志”也就是一部志书中的“专志”“专篇”“专章”，仍然是方志的主体。而新方志的附录，包括文献辑存、考辨等，相当于章氏所讲的“掌故”。三者中有别在于“文征”。新方志对艺文的收录重视不够，一是由于改革开放，重视经济记述，二是现当代文学创作繁荣，尤其是大篇幅的小说、散文的出现，造成了艺文辑不胜辑的状况（旧方志艺文辑录的主要是奏议、征实、论说、诗赋，文较短小）。首届修志即将结束时，人们对艺文收录不足提出了批评，有待于续修中予以纠正。在续志编纂中，我们应该进一步发扬章学诚的“三书体”，对于艺文可以采取书目与经典诗文辑录相结合的方法，加强这方面内容的记述。至于“志”的记述，社会主义首届志书采用了“述”“记”“传”“图”“表”“录”的形式，在章学诚“纪”“表”“考”“传”的基础上，我们又增加了“述”，也

就是总述、概述、编下序、章下无题导言，使“独立栏界”的门类叙述通过“述”予以勾连，并进行了宏观综述和纵向横向的比较分析，此外，我们在志书的卷首增加了大事记，在图表的基础上引进了现代科技——照片（甚至包括卫星遥感照片），使社会主义新方志在内容上增强了著述性、整体性，在形式上增强了时代性。这些是续修新志时应进一步发扬的。我们还要用电脑更进一步丰富续志的编纂材料，使志书能缩短编纂时间，志书的信息得以更快捷地传递。为了记述改革开放以来丰富多彩的社会生活，续志的体裁还要进一步创新。中国地方志指导小组提出增设“专题”，正是对方志体裁的丰富和创新。

社会主义第一届新方志的体裁是在章学诚“三书体”的基础上发展而来的，而社会主义新志的续修同样要在这一基础上发展创新。

二、章学诚的《修志十议》仍须引起当代修志者的重视

章学诚归纳了历史上修志的弊端，并根据自己的修志实践对修志易出现的问题提出了批评，同时提出了解决的措施。“修志十议”所指出的问题可以说在首届社会主义新方志的编纂中仍未能全部避免，在续修中也可能会重新出现，因此须引起新的重视。

章学诚认为，修志者应“乘二便，知三长，去五难，除八忌，而立四体以归四要”。“四体”指纪、谱（表）、志、传等体裁，“四要”指简、严、核、雅。“乘二便”指资料地近易核，时近易真。“三长”指修志者掌握大量的知识可以断凡例，思路清晰可以决断内容的去取，具有史德可以拒绝请托贿赂秉笔直书。同时认为修志有八忌，忌条理混杂，忌详略失体，忌偏尚文辞，忌妆点名胜，忌擅翻历史的旧案，忌给当权者浮记功绩，忌对志体泥古不变，忌贪载诡异怪戾之事。

纪、谱（表）、志、传“四体”在第一个问题中已有阐述。至于简、严、核、雅，社会主义第一届新方志只能说有部分志书和部分志书的部分篇章具备之。续修新志中，这四个字仍然是我们所追求的质量标准。首届志书存在的不足，如有的志书文字臃肿，行文拖沓，资料精选不够，表述缺乏史志应具有的严谨。此外，章学诚在“八忌”中所指出的问题，像条理混杂、详略失体、崇尚文辞、妆点名胜、浮记功绩等在首届修志中也时有发生。当然，对于章学诚提出的，忌擅翻旧案，关键在于“擅”字上，也就是随意的意思。首届社会主义新方志站在马克思主义的立场，运用历史唯物主义的观点，对旧志中的一些内容进行新的熔铸，如旧志对太平天国的污蔑，对封建官吏、贞节烈女过分的歌功颂德，对其进行改写是完全必要的。续志对于首届志书的差误也应进行补遗和勘误。所以我们应该辩证地看待章学诚提出的忌擅翻旧案。

章学诚“修志十议”的第一议是议职掌，他认为提调的职责是专门决断是非（提调大概相当于今天的办公室主任），总裁的任务是笔削文辞，设牒者叙而不议，参阅者议而不断，用今天的话说，就是编委会主任、总编、撰稿、评议、审稿各负其责。首届新方志的编纂分工基本上是明确的，建立了征稿、撰稿、分纂、总纂、评稿、审稿、编辑出版的工作制度，但也不排除一些地方存在主编是甩手掌柜，甚至出现

编写期间不明确主编，书写好了争当主编的事。修志者“职掌”不明直接影响了志书的质量和修志队伍的建设。章学诚第二议是议考证，他认为对修志资料要用工具书考证，以正史作参照，对一些书本上无记载的事要采访踏勘，使志书成为信史。在资料考订翔实方面，首届修志绝大多数还是认真负责的，但也有修志作风不够严谨，出现了史实问题。至于首届修志过于依赖文档资料，忽视了采风和实地踏勘，也不能不说是个不足。续修新志首先要注意对资料的考证，同时还要重视社会采风。改革开放以来，社会内容异常丰富，不是所有内容都是可以通过部门文档解决的。章学诚第三议是议征信，侧重讲人物入传须详细了解此人的职务，对社会有何贡献，为当地革除了哪些弊端。对人物的评价要准确，最忌空泛的套话，“全无实征”“概不收录”，至于收入文苑的人物，必须开列著有何书。首届志书在人物收录方面，往往以职务、职称为标准，有些人物传内容空泛，类同简历。虽然提出注意小人物的收录，但多数志书在这方面做得不是很好，在续修中我们一定要注意民营企业家一类人物的收录。章学诚第四议是议文征，他认为收艺文，其作者之臧否应属盖棺论定者，健在者的著作不得收录。此议似乎过于严谨，首届志书绝大多数只管作品发表书刊的级别，不管作者健故与否。我本人也不同意章氏此议，比如，明末清初之阮大铖，其《燕子笺》是好戏文，无须管阮的人品如何都得收录，但章氏指出从严掌握对艺文的收录，其精神还是正确的。第五议议的是传例，主要谈的是不为生人立传，认为为生人立传是非史法也，但他又认为守节之妇已至暮年，去任之官政绩卓然者可以入传。首届社会主义新方志共同遵守的是“生不立传”的原则，但不少志书是生可入表，在任的官员也可以入表。可见在生人入传问题上，章学诚也觉得要开口子。因之我认为，续修新志不仅生可入志入表，而且在“兼顾活动地区”问题上，比首届志书应增加外籍，包括外国人在当地多年并对当地卓有贡献者，否则如何把改革开放在人身上反映出来。六是议书法，章学诚认为，典故作考，人物作传，有体有要乃属不刊之书。志书切不可浮夸当地的形胜，拼凑个八景十景的。首届修志虽很少有拼胜景的，但对章氏此议矫枉过正，景物不敢描写，无状物无写形，具有旅游价值的神话传说不敢记述，文字干巴，缺乏可读性。七议援引，“援引”就是引文。他认为，志书引用它籍的原文，不看原文作者的地位如何，讲究这段文字能否说明问题。首届志书多数能做到这点，但也有少数志书把领导当权者的应景浮文、一般性的报告讲话收入志书。续修新志时在此方面要尤为重视避免。章学诚的第八议是议裁制，第九议是议标题，尤其强调分类与标题的关系。他认为，既不能把志书划分成几十门类，肢解了事物的总体性，也不能“每好合并”分类过粗难以展纳资料。首届修志之初，讨论最多的是分类。开始时，强调横分到底。后看到分类过细肢解了事物的整体性，改为分类层次以不影响事物的整体性为原则，其实章学诚早在 200 多年前就阐述了这个问题。章学诚的第十议是议外编。他认为史志除有“纪表志传”四种体裁外，还有“载记”“附录”“图式”，这些附属体裁对社会一些难以归类的内容“无遗无滥”提供收录的场所。此外章学诚在志、掌故、文征之外，还设有“轶事”“琐语”“异闻”等。“附录”在首届社会主义新方志中大量应用，尤其是续修新志提出了增设“专题”的构想。正可记述大量生动的反映改革开放的难以归类的内容。这完全可以说是章学诚“外编”传统题材的继承和发展。

三、章学诚的《州县请立志科议》与当代的方志编纂组织

章学诚主张州县除设立吏、工、刑、户、礼、兵六科之外，还应设立专门的修志机构——志科，平时收集保存资料，整理资料，届时修志。他在《答甄秀才论修志第一书》中就提出：“欲使方志无遗漏，平时当立一志乘科房”，以保存“政教典故”和“六曹案牍”，以便“异日开局纂修”。他强调了志科对于史料、史料对于修志的作用。他说：“州县有荒陋无稽之志，而无荒陋无稽之令使案牍。”他认为志科平时要收集六科经办的文件、官员的政绩与劣迹、文人的著作、建筑物和环境的建设、文化教育等。他还主张在“四乡设采访一人”收集遗文轶事。同时，详细地阐述平时如何收集归类资料，对于资料要分门别类按年月依次排好，既可开局时以此修志，也可平时让官府查用。

章学诚的这一主张，在当时的封建时代终未实现，而在社会主义第一届新方志编纂中基本成为现实。省、市、区、县都有专门的修志机构，配有专门的修志人员。首届修志的组织比章学诚提出的志科构想有了很大发展，不但建立志办，还组织相关部门、单位、团体修志。但从常设的角度看仍达不到章学诚提出的与六科并列的地位，一些市、县把修志当成临时性的工作，有的地方首届修志一结束就把人员调走，机构撤并。有的地方机构虽未撤并，但业务骨干调离，人员结构极不合理。此外，在收集资料，以我为主编修志书方面也还未达到章学诚提出的标准。绝大多数志办并不收集资料撰稿，而是做指导、总纂通稿工作，长此以往，业务人员的素质必然退化。不直接撰稿，缺乏全面的业务功底，如何能健全久远的修志机构。前面已说，首届修志偏重文档资料，没有在各地聘请采访员，因之首届志书对贴近生活的内容缺乏记述。加强办公机构、人员、理论、资料的建设，建立微机资料信息征集系统，仍然是今后地方志系统奋斗的目标。

四、章学诚的封建史德与社会主义市场经济时期的新史德

道德的内涵和本质各个时代不同，但只要是史志工作者就应该讲史德。章学诚提倡“史德”，他认为“德者何？谓著书者之心术也”。他根据封建时代修志存在请托贿赂，提出了“公”的问题，即“史德”的问题，指出著述者“心术”要“正”，如果“心术不慎”的话，就会“害义而违道”，修志者的“心术”是以“道”“义”为准绳的。当然，封建时代有封建时代的道义，社会主义社会有社会主义社会的“道义”，但不论何种道义都要反对“以私废公”。应该说，首届修志我们绝大多数修志工作者都是抱着对历史负责的态度，严肃认真地对待史实，特别是在对待人物传这一敏感问题上。但也不排除少数人受市场经济负面因素的影响，有接受请托之行为。尤其是20世纪90年代甚至要求机关办企业干部下海，在志书审稿和印制上难免受到经济因素的影响。新志续修时我们一定要对修志人员进行好史德，即职业道德的教育。地方志机构是事业单位，自然要创造经济效益，养活自己，发展事业，

但我们修志又必须讲史德，因之一定要处理好二者之间的关系，加强管理，统收统支，做好事业发展、福利分配、经营奖励的切块安排；建立严格的编审制度，编审与经营分离，以防化公为私影响团结和修志业务与经营不分，影响志书质量。

章学诚已逝世200年了，这篇文章是一个后学对他的缅怀。200年前的人提出了这样一整套完整的方志理论，怎不令人感佩之至。有人认为，章学诚的方志理论是封建社会的产物，只是系统方志理论的初级产品。但只要我们认真地用之检讨一下首届修志和展望续修，我们就会深切地感受到那理论与实践相结合的强大力量。虽然时代不同，我们在运用马克思主义辩证理论分析社会、记述事物反映社会运动的规律方面，的确超过了章学诚。但从地方志的一般规律，尤其是方志编纂学角度看，今天我们许多地方志还没有达到章学诚所期望的境界。在首届修志即将全面完成，续修已开始启动并进行理论准备的时候，重温章学诚的方志理论应该是很有意义的。

（《中国地方志》2001年第4期）

自评：本文撰写的2001年，正是著名的方志学开拓者章学诚逝世200周年，也是社会主义新方志二轮志书编纂启动初。本文是我调入上海市地方志办公室写的第一篇文章。“重温”既是纪念也是学习。根据我此前近20年修志一线上得到的经验，结合学习章学诚方志编纂理论的核心，即“三书”“四体”“修志十议”“立志科”“史德”，分析在首轮志书编纂中运用的得失，以及在二轮志书编纂中需要进一步继承的方面。参照章学诚的修志理论，认为首轮志书在主编实事、艺文收录、实地踏勘、人物传记、贴近生活、志办编纂等等方面，仍然没有达到章学诚提出的要求。二轮修志需进一步完善，尤其是《修志十议》提出的问题，更加需要重视对待。本文较早提出，市场经济环境的二轮志书人物，“不仅生可入志入表，而且在‘兼顾活动地区’问题上，比首届志书应增加外籍，包括外国人在当地多年并对当地卓有贡献者”。学习先人＋总结前轮＋研判二轮，属编纂准备性研究。

续修城市志：写好基础设施建设

记得1990年前后，有人约我为他们新出版的市志写篇评论文章，我当时在文章中谈到城市志的主要内容是资源环境、人口、产业（尤其是主导产业，二次、三次产业）、基础设施、教科文卫等。这是当时对社会主义第一届新方志城市志的一个粗浅大略的认识。新世纪来临初始，我们启动城市志的续修，我想，以上内容仍然是续志城市志的重要内容。尤其是城市基础设施的发展变化、建设中的经验教训、志书断限期的现状、未来发展应注意的问题，随着城市化的进程，经济的发展，成为城市续志记述的核心内容，必须予以重视。以下谈谈自己的一管之见，以期抛砖引玉引起方家的兴趣：

一、城市基础设施的概念和分类

编纂地方志并非把资料"拣到篮子就是菜"，而应该研究和了解被记述对象的演进规律，然后，根据这些规律筛选资料，撰写事物的沿革进程。

西方国家把城市基础设施分为"社会性（福利性）基础设施和技术性基础设施，前者包括居民住宅、医疗卫生、文化教育、幼儿保健等设施；后者包括市政工程、公用事业、环境卫生、园林绿化和电力、电信等"。在我国，城市基础设施有广义和狭义之分，我们志书的内容覆盖社会的方方面面，因之，每一章节所涉事类，绝大多数采用狭义概念。城市基础设施的狭义定义为："既为城市物质生产、社会发展，又为城市人民生活提供一般条件的基础性公共设施，是城市生存和发展的基础。"城市基础设施的服务对象是生产和生活。

按照城市学理论，城市基础设施的内容大体包括六大系统、20多个子系统。六大系统是：（1）能源系统；（2）交通运输系统；（3）邮电通讯系统；（4）供水、排水系统；（5）生态环境系统；（6）城市防灾系统。这六大系统按照我国现有的管理体制是分别由城建、交通、信息产业、水务、环保、民政、公安、民防等部门管理，但是在一部城市续志中，我们必须把这六大系统作为一个整体去对待，因为城市是一个整体，六大系统、20多个子系统是相互联系和彼此协调的。

城市基础设施包含设施、产品（服务）和产业三种形态。设施既不是产品也不是产业。基础设施西方认为"指城市地区中在地上或地下提供服务通道和便利的实体结构，如道路、给排水、电话与电力线路等……""市政公共设施是指，城市供水、排水、照明、动力、通信、供热、燃气等设施的总称"。也就是说，基础设施主要是建筑设施。产业是指把基础设施实体或产品（服务）作为经营对象的产业和行业。通信产业，自来水经营企业，公共交通企业等类企业，一般称为公用事业。

与首届社会主义新方志不同，计划经济时代城市基础设施往往不以产业，而是以社会福利性面貌出现，而随着市场经济的发展和完善，越来越多的基础设施、产品和服务向着商品化、市场化发展，基础设施的经营范围越来越大。续修城市志如何处理好基础设施和产业、产品的关系。作为一部城市志应该系统地介绍基础设施的总情况、分布与网络，而不应该被管理部门分割开去写，然后从产业、产品角度去介绍经营内容。

城市基础设施的分类应是续修城市志首先要解决的问题。横分好科学合理符合客观实际的门类，是编纂出高质量城市续志的第一步。按照我国现今的统计分类，城市基础设施包括第二产业中的电力、煤气和自来水的生产和供应业；第三产业中的水利（水务）业、铁路运输、公路运输、管道运输、航空运输、邮电通信、公共服务和环境保护投资等。在统计应用上，把城市基础实施分成电力建设、运输邮电和公用设施三大类。运输邮电又分为交通运输和邮电通信两大类。公用设施再分为市政建设和公用事业两大类。市政建设包括园林绿化、环境卫生、市政工程管理等。公用事业包括自来水、煤气、市内公共交通等。

我们知道城市是经济聚集体，城市的发展需要共同的，如交通、能源、通信、供水、排水等物质基础和条件，只有具有这些条件，才能进行生产活动和居民的生存和生活。随着城市规模的扩大和经济的发展，城市对基础设施的依赖性与日俱增，这就是写好城市续志基础设施的出发点。

作为一部志书，要有机地看整体。志书要体现出基础设施与城市经济生活（主要指现代化生产），与居民生活的关系。现代化生产，城市主要指二、三产业须臾脱离不了基础设施提供的服务。基础设施所提供的产品和服务是不可缺少的生产要素，如能源、交通、通信、排污等。企业的生产效益和竞争能力在很大程度上取决于城市基础设施的完善程度。

基础设施是居民生活水平的主要背景之一，其直接关系到居民的生活质量和健康。如通讯技术的进步，使居民交往突破了空间的限制。一座城市现代化的前提是基础设施的现代化。城市乃至这座城市企业的竞争力如何，很大程度取决于城市的基础设施的先进性和文明程度。

二、中国城市基础设施建设的发展阶段

每座城市都有自身发展的历史，但作为中国城市的发展由于中华人民共和国成立初至改革开放前，我国是计划经济体制；改革开放以后，我国是政府调控下的市场经济，因之，城市基础设施建设有很大的共性之处。

中国城市学学者把中华人民共和国成立后的城市发展分为两大阶段，一是1949年至1978年的30年，二是1979年至今的20年。一看便知以改革开放为界。本文主要侧重研究续志，因之，主要介绍改革开放以后城市基础设施建设的发展情况，为保持事物的完整性，改革开放前略作介绍。

改革开放以前，中国的城市发展是走工业化带动城市化的路子。城市建设是“先生产，后生活”，先建工厂后建生活设施，最后进行基础设施建设，除生产、生活最需的基础设施，如能源、交通设施外，一般基础设施，特别是环境保护设施等建设不够，欠下了许多的“债”。

改革开放前10年，也就是20世纪的70年代末至80年代末，城市发展快，重点仍在生产，但由于百业待兴，基础设施并非主要的矛盾，所以基础设施发展仍然滞后。但改革开放的前沿地区，如经济特区、沿海开放城市，一般指的是长江三角洲以上海为中心的城市群，珠江三角洲以深圳为中心的城市群和北京、天津环渤海湾城市群，在开发开放中，把基础设施建设放在营造投资环境的重要位置上。90年代，由于城市生产和生活迅速发展，基础设施落后成为城市发展的主要障碍和矛盾。因此，城市越来越重视基础设施的建设，城市能源建设、交通建设、环境建设都提高到一个新的水平。比如上海的跨越黄浦江的南浦、杨浦、徐浦、奉浦大桥的兴建，内环高架、外环高架建设，地铁和明珠线建设，对外的沪宁高速建设、浦东国际机场建设；此外，苏州河治理，延安绿地、长寿绿地、大宁绿地、浦东世纪公园、曲

阳公园等城市“绿肺”、欧亚三号光缆上海配套工程、中美海底光缆电路建设，吴泾热电厂八期一号发电机组、东海气田天然气管道的建设，都充分说明了这一点。

基础设施的投资渠道和资金的筹集中华人民共和国成立后分为三个小阶段。

一是单纯依靠财政投资阶段。城市基础设施建设投资很难得到保证，欠账越来越多。据统计，上海1950—1980年的30年中，固定资产投资占GDP的8.83%，城市基础设施和市政公用事业建设投资占GDP的2.35%。

二是财政投资与行政收费并行阶段。改革开放后，一方面国家通过新立税种，提高税率，增加城市建设的财政收入，如设城市维护建设税，开征车船税等；并且实行专款专用，以增加对城市基础设施建设资金的投入。还有一些城市采取对一些基础设施使用收费的形式，如收取过桥费、过路费、增容费、排水费、排污费等，以筹集资金，用于桥梁、道路、能源的建设。行政收费一般采取“自愿使用、受益付费、合理负担”的原则和“取之于基础设施，用之于基础设施”的方针。对贷款建设的大桥、高速公路等基础设施，多数通过收费偿还建设的资金和利息。据本人记忆，全国最早收费的大桥是南京长江大桥。目前，沪宁高速等高速公路仍在收取过路费。南浦、杨浦大桥建成初也曾收过费，但由于过桥车辆太多，影响车辆通行才作罢。除路桥外，对一些过去过低的公用事业收费也作了相应的调整（与职工收入相协调），如调整了车船飞机的票价（包括节假日加钱）、水费、电费、煤气费等。迄至21世纪初由于中国人群的普遍收入不高，对公用事业的收费也只能维持设施运行费用，不足补偿投资建设费用。

三是以财政投资为主，实物投资为辅阶段。80年代末，90年代初，我国的城市土地使用制度改革在各城市迅速推开，加之公布取消职工的福利分房，掀起了城市房地产的开发热（说明一下，这次房地产热带来了通货膨胀；到1993年开始调控，至1997年“软着陆”）。房地产开发，必然有相应配套的基础设施（如常说的“三通一平”），没水、没电、没路，谁来买你的房子。原来的基础设施不能满足开发的要求，政府无财力进行基础设施的配套建设。于是，城市政府就把有关的基础设施项目交给开发商承建，其建设投资费用土地来支付，以地价抵补。也就是开发商购买土地使用权的资金改为建设小区道路、停车场、垃圾场、绿地等基础设施，这一般称之为实物地价。实物地价分为小配套和大配套，小配套指与开发商开发物业有直接关系的基础设施，大配套指与开发商的物业无关的基础设施，如自来水、城市道路、配变电站等。与此同时，政府仍然要承担大部分基础设施和公共事业的建设。

房地产开发与基础设施相结合，有利于加快城市基础设施建设，但掌握不好也易产生国有资产流失。近些年来，官商勾结的腐败案件常常出自这一原因。20世纪90年代中期以来，城市基础设施建设大多采用政府批租土地的这一方式。开辟多元化的资金筹集渠道阶段。在市场经济条件下，城市基础设施建设资金的筹集最好是多元化、多层次的，而不应是单一的，但这一阶段至今尚未形成。

三、中国城市基础设施发展的现状

1984年10月20日，中共十二届三中全会举行，通过了《中共中央关于经济体制改革的决定》。《决定》宣布了改革开放转入以城市为重点阶段，城市基础设施与改革前发生了很大变化，承载能力和服务功能提高：

电力和能源供应。改革开放初有些城市还经常停电拉闸，20世纪末，电力、能源已供应充足，煤炭、煤球已在城市绝迹。燃气结构发生变化，煤气供应量减少，而天然气、液化石油气供应量增加。1997年，全国用气普及率达75.7%。其中，人工煤气占25.33%，液化石油气占63.43%，天然气占11.24%，集中供热面积8亿平方米。

城市道路和公共交通。1980年全国实有铺装道路长度3万公里，当时全国220个城市，每个城市平均实有137公里。1997年城市实有铺装道路长度13.86万公里。每万人铺装道路1980年仅3.3公里，1997年7.1公里。全国城市桥梁1997年一年就增加1863座。城市对外交通，改革开放以来除国际国内航线增多外，铁路提速，公路建设了一大批高速公路，如京津塘高速、沪宁高速、成渝高速等，形成七横三纵的高速交通网。由于开发开放，对外经济联系和人员往来频繁，人民生活水平的提高，五一、国庆、元旦旅游和春节职工、民工返乡欢度节日，是客货流量增大的主要原因。1996年全国客运总量是85.56亿人次。市内交通，1997年统计，城市拥有公交车辆17万标台，人均拥有公共交通车辆8.6标台。城市客运渡船1177艘，出租车68万辆。

通信。是改革开放以来发展最快的基础设施和公用事业。1997年，我国的电信网络规模跃居世界第二位，电话普及率很高，2/3以上城市居民家庭拥有电话。沿海城市电话普及率尤为惊人。比如1985年广州才开通程控电话2.6万门，揭开了市话交换程控化的序幕，1989年宣布甩掉"摇把子"机，1998年广州电话总容量达300万门，电话用户超过200万户，移动电话高达60万户，市话人均两人一部，移动电话10人一部。在电话数量、质量上进入国际先进城市的行列。信息产业成为上海、北京、天津、深圳、广州等发达城市的支柱产业。

供水与排水。1997年全国自来水综合生产能力2亿吨/日，供水管道长度21万公里。年城市供水总量476.78亿立方米。自来水用水人口2.25亿人，用水普及率95.16%，人均日生活用水量213升。上海、北京、广州、天津等城市自来水普及率达100%。1997年，城市下水道总长度12万公里，日污水处理能力1300万吨。污水处理率为25.84%。

环境治理。当今环境工程在城市设施建设中处于越来越重要的地位，环境保护和可持续发展是我国三大国策之一。1996年统计，我国工业固体废物综合利用率为29%；建成烟尘控制区2319个，烟尘区控制面积1.3万平方公里。建成环境噪声达标区1734个，环境噪声控制区面积12623平方公里，覆盖率为61.1%。

城市绿化。1997年，全国建成区绿化覆盖面积达到53万公顷，全国城市公共绿地面积10.8万公顷，人均拥有公共绿地5.5平方米。2000年，上海市绿化总量达到1.26万公顷，绿化覆盖率达22.2%。

城市卫生。随着改革开放以来经济的发展，社会文明程度不断提高，保洁工作进一步强化。1997年，清运垃圾粪便1.4亿吨，大中城市基本做到日产日清；垃圾粪便无害化处理量7600多万吨，处理率达55.4%。

从上可见，反映城市公用事业基本情况的要素有：供水综合生产能力（亿立方米/日）、供水总量（亿立方米）、生活用水（吨）、平均每人生活用水（吨）、用水普及率（%）、城市公共交通标准运行车辆（万标台）、平均每万人拥有（辆）、铺装道路长度（万公里）、平均每万人拥有（公里）、铺装道路面积（平方米）、每万人拥有（万平方米）、煤气供应总量（亿立方米）、天然气供应总量（亿立方米）、液化石油气供应总量（万吨）、集中供热面积（亿立方米）、污水处理能力（万立方米/日）、污水处理量（亿立方米）、建成区绿化覆盖面积（万公顷）、城市公共绿地面积（万公顷）、垃圾粪便清运量（亿吨）、垃圾粪便无害化年处理量（万吨）。

改革开放20年城市基础设施建设有了巨大发展，但相对于城市经济和社会的发展，仍嫌滞后和不足，交通拥堵、环境污染、供水紧张成为城市经济社会发展面临的三大障碍、三大难题。有统计表明，全国城市平均拥有道路面积下降1/3，必然表现出道路的拥挤。20世纪70年代末，当时车辆较少，城市平均车速可达每小时40公里，而90年代不足15公里。

此外，改革开放以来一些城市基础设施的建设有一定的盲目性，未能纳入规划和计划，项目之间缺少协调和配套，特别是一些居民小区，配套的邮政网络、电信设施、区内道路、商业街区、环境绿化、垃圾处理滞后于住宅建设。有的道路设计不合理，路网层次不分明，负荷分布不均衡，造成人为的道路堵塞。水厂布局与管网不配套，有水不能及时供应到用户；此外，尚有“豆腐渣”工程，给国家、人民的财产造成损失。

至今，城市基础设施管理仍不很科学系统，产业化程度较低，计划经济的成分仍不小。首先是，基础设施的使用制度不统一，缺少法律规范。有的设施实行有偿使用，有的实行无偿使用，有的采取优惠和补贴。有的城市，该实行有偿使用的不实行有偿使用，不该实行的倒实行有偿使用。收费标准高，人民反映强烈。乱收费现象不少，如电话初装费，有些城市不按国家规定乱加价。有些城市基础设施管理机构和部门不统一，政出多门，相互扯皮。中国绝大部分城市对大多数基础设施未实行产业化；因此，建设、使用、经营和管理效率较低。基础设施建设质量问题的不断出现，与管理机制有很大关系。

四、如何编写城市续志基础设施建设

首届志书我们是用松散的、以部门分工为归属编纂的低层次的城市基础设施内容，因为当时的城市基础设施内容门类相对简单，内容相对较少，所以，可以平分交通、邮电、城市建设等门类，大体可以看出基础设施的状况。当时是把“设施”和产业合起来写的。

城市基础设施建设随着改革开放已进入了一个较高层面，内容也越来越丰富多彩，首届志书的松散门类已难以解决基础设施的宏观结构和布局问题，尤其是特大型、大型城市的宏观内容，因之，续修城市基础设施的内容篇目结构应该重新架构和考虑。

我觉得可以把原来的城市建设专篇或专章分拆成3部分写，一是“城市规划”；二是“城市基础设施”，从宏观上介绍城市道路、管线、邮政电信设施的分布情况，也就是宏观介绍以上讲的六大系统；三是“公用事业”开发；此外，另设交通、电信等专篇，从产业角度去写。这样的结构就是在原篇目基础上增加“城市基础设施”，以独立记述，避免城市基础设施分散，只见树木不见森林的情况出现。也就是城市志把“设施”和“产业”分开写。

写好城市续志的基础设施内容，除要了解中国城市基础设施建设的一般情况，同时，还要研究城市基础设施各地的自身特点。比如上海，就基础设施建设而言，除解放前，上海开埠以来的公用事业建设外，解放后至20世纪80年代，发展还是滞后于经济增长的。城市建设围绕几大工业区发展，先生产设施，再建道路、新村、附属设施等。1992年，邓小平同志南方谈话后，浦东开发开放，上海的城市建设进入了现代化建设的快车道。内环、外环高架、地铁、明珠线、机场高速公路、过江桥梁隧道、绿地，证实了一句话：一年一个样，三年大变样。目前的浦西外滩为万国建筑博物馆，浦东一座座高楼巨厦林立，俨然是一座现代的大都市。浦东、浦西相映生辉。这些特点，应该在志书中充分反映。

写改革开放以来的城市基础设施建设，仍须坚持实事求是的思想路线，对高速发展要记述，对存在的环境质量差、交通拥挤、供水不足、公用设施不足、房地产过热、豆腐渣工程等问题也需记述，使读者了解未来城市发展需要继续解决和需要避免的问题。另外，写基础设施建设，应写效果，写出为人民生活带来了什么。比如地铁、明珠线、南浦、杨浦大桥的建成带来了什么，缓解了什么矛盾，为经济生活带来了什么便利；延中绿地的建成对净化城市空气，对人民群众的健康带来了什么；总之，不应孤立地写“设施”。

“城市基础设施”内容的编写应有创新精神，除客观写出基础设施的配套建设的因果外，最好把一些大型的基础设施工程作“专记”进行专题记述。如：人民广场建设、延安绿地建设、世纪广场建设、内环高架建设、南浦大桥建设等，使得续志的记述具有纵深推延的空间，使续志具有可读性和感染力。

（《上海志鉴》2001年第5期）

自评：我几十年的习惯是工作引领研究，研究提升工作。研究和学习志书反映的对象是编纂志书应做的准备。2000年12月调入上海市地方志办公室后，虽然上海还在进行首轮志书的编纂，部分区县刚刚开始研究二轮续志的编纂方案。但上海的志书与安徽的志书有很大不同。安徽虽有城市和城市志，但都是中小城市。所以，在这超大型城市的上海修志，学习研究城市建设发展的过程和建设的构成是我业务工作首要的功课。

本文是学习后的作业，包括城市基础设施的概念和分类、中国城市基础设施建设的发展阶段、中国城市基础设施发展的现状、如何编写城市续志基础设施建设几个部分。具体指出城市基础设施的内容大体包括六大系统（见正文）。文章分析了现行管理体系、基础设施和公用事业的关系。认为“作为一部城市志应该系统地介绍基础设施的总情况，分布与网络，而不应该由于管理部门分割编写”。首届志书我们是用松散的，以部门分工为归属，把“设施”和产业合起来写的。这样的写法，难以展现基础设施的宏观结构和布局问题，尤其是特大型、大型城市建设的宏观内容；因之，续修城市志在首轮原篇目基础上需增加“城市基础设施”独立记述，避免城市基础设施分散，“只见树木不见森林”；把城乡建设志的“设施”和“产业”分开撰写。通过上海市政府2010年2月12日批准实施的《〈上海市志（1978—2010）〉编纂实施方案》卷目及分工（梅森起草），《城乡建设分志·城乡基础设施卷》被列在第85册（见本书“编纂方案”部分）。表中扼要提示“宏观记述城市功能分区、能源系统、给排水系统、交通系统、信息系统、防护系统等工程总情况”，体现的就是本文的思路。2016年3月18日，上海市地方志编纂委员会取消了该卷，改为“综述”。新框架城乡建设板块（分志）只剩有综述、规划、房地产、公交环保；估计在“综述”中写宏观内容，但愿写出六大系统；如写不了功能分区和六大系统，也不应缺了公用、市政内容。此外，原实施方案的城乡建设宏观综述是放在全志总述分志中，作为一个板块（篇章）与经济、文化、社会等分历史时期并列撰写的；2016年调整的新框架分志中增设了城乡建设综述卷，我很难想象与总述分志城乡建设总情部分不互相重复（市志总述卷是一部书，不是县志总述部分只有1万字）。后者否定前者，否的须合情理焉！调整的效果只能看编纂结果了。改革开放后一座都市型特大城市，城乡建设志缺少基础设施建设分卷，必然是内容散状化很难看到城市的整体。

研究新时期经济建设和社会发展的进程
编纂好新一届城市志

城市是现代经济乃至现代社会的中心。中国曾是农业为主的国度。改革开放以前，中国的城市大都是政治、经济、文化的中心。作为经济而言，城市中的第二产业虽较中华人民共和国成立前有较大发展，甚至是质的飞跃，然而现代工业和第三产业仍不发达，农业和农村经济仍与城市的二、三产业处于平等地位，处于国民经济基础的地位。作为社会客观现实载体的地方志，在志书结构与内容布局和侧重点的安排上面，首届城市志大多体现了这一客观现实。

改革开放20年来，在邓小平理论和“三个代表”重要思想的指引下，中国的城市经济和社会发展取得了举世瞩目的成就。因之，在中国城市化高速进程的新时期，续修的城市志，包括续修城市区志具有重要的意义和价值。研究改革开放以来城市经济建设和社会发展的演进规律，理清城市发展的主线，深层次地保证城市续志的质量是当前方志研究的一个重要课题。

一、新时期的城市志主要反映城市的哪些内容

续修城市志，写好城市续志，主要体现什么？我把它概括为围绕中共十一届三中全会以来党有关城市建设发展的路线、方针、政策，以经济建设为中心，实事求是，按城市发展的运行规律建设和发展城市并取得的成就与不断完善之不足。

经济学家认为，城市是现代经济的增长极和辐射中心，志书应反应城市的经济中心作用，带动周边区域共同发展的功能。在改革和创新中，我们是如何不断割除那些计划经济沿续下来的僵化的不适应生产力发展的体制和模式，创造崭新的社会主义市场经济体系，使城市经济不断焕发生机和活力的。因之，城市志应记述好1984年10月十二届三中全会作出《关于经济体制改革的决定》以来，不断创立城市市场体系的内容。城市化是国家经济现代化的必然方向，工业化、现代化的进程必然要求推进城市化的进程。改革开放以来，我国农村改革，城市改革，市场化后成为一元经济，农村大量的劳动力进入城市，加速了城市化的进程，也促进了国民经济的现代化。从具体操作而言，城市发展的建设方针和科学规划是城市发展的正确航向，也是城市是否能够健康发展的首要环节，处理好中心城市和卫星城市、新城建设和老城改造、现代化建筑和文物古迹、现代化和城市特有风格、建设与环境等的关系，是鉴别我们城市规划和城市发展质量的重要内容。科技进步是反映城市生产力水平的主要内容之一，除仍需重视传统产业的记述外，更应该重视对新兴产业的记述，如新兴的轿车工业、通信工具工业等等。续修的城市志要突出体现“科学技术是第一生产”。人才是现代化城市发展的首要条件，是城市经济现代化、城市科技进步的基本条件。新时期的城市志需要加强对政府、企业、事业单位培养人才、引进人才，以及人才创造财富推进城市进步的记述。物质文明和精神文明具有辩证统一的关系，经济繁荣、环境优美、文化发达、精神高尚是社会主义城市化的发展目标。改革开放以来，我们采取两个文明共建、“两手抓”“两手都要硬”的方针，加强城市居民的思想道德教育和城市教育、科技、文化、卫生、体育事业的建设，使得城市的文明程度和市民的素质有很大的提高。以上几个方面，我想应是城市续志需要重点突出的内容。

二、紧扣城市经济体制改革这条主线，“以经济建设为中心”是写好城市续志的关键

在农村经济体制改革的同时，城市经济体制改革也在中共十一届三中全会后展开。紧扣改革的主线，首先要了解改革的轨迹。城市经济体制改革是从扩大国营企业生产经营自主权开始的。1981年国企推行经济责任制，实行企业基金、利润留成、盈亏包干、以税代利的办法。在国企改革中，所有制改革也随之开始，进一步放宽个体经营。国家在有关城市开展了工业体制、计划体制、财政体制、银行体制、商业体制、物资体制、价格体制、外贸体制、劳动工资体制、建设体制和科技体制的

改革试点，后陆续推开。1983 年开始地区改市、郊县改区，逐步拓展城市化的区域。1984 年，中共中央《关于经济体制改革的决定》发表，开始把城市改革作为全社会改革的中心环节，提出所有权与经营权分开，政企分开，企业成为独立的经济实体。坚持发展多种经济形式和多种经营方式，私人企业、民营企业开始逐年增加。1984 年国务院批转《关于增强大中型国有企业活力若干问题的暂行规定》，进一步扩大企业自主权。1986 年国务院颁布《关于深化企业改革增强企业活力的若干规定》。1987 年全国预算内工业企业承包 78%，1988 年为 93%。小型国营企业实行租赁制。1985 年前后试行股份制，沈阳、上海、北京、深圳等地先后成立证券交易所。次年 12 月，国务院发文允许有条件的全民所有制大中型企业进行股份制试点。1988 年全民所有制企业全部实行厂长负责制，劳动用工打破"铁饭碗"。于此同时，开始对流通领域进行改革。1984 年起改革价格体系、发展商品市场。到 1988 年，实行价格双轨制的产品占生产资料种类的 40%，生活资料价格全面放开。商品流通打破计划批发体系，试办贸易中心和批发市场，扩大和发展生产资料市场。中心城市办物资交易中心。在宏观管理（调控）体制改革方面，扩大指导性生产经营和市场调节的范围、比重。计划管理的商品逐渐减少。1992 年起，尤其是 1995 年到 20 世纪末，重点实行国企改革，建立股份制公司和现代企业制度，进行公司制改制，资产重组，职工下岗分流，优化组合，组建企业集团，优化资本结构，兼并破产企业，盘活存量等等。1992 年以来，随着金融体制、劳动工资制度、房地产制度、科技体制的改革，生产要素市场也不断发育。此外，改革开放以来教育、文化、卫生、科技的飞速发展、城市基础设施的建设也是以经济体制改革、经济巨大发展为前提的。在经济与市场的发展、发育中，文教卫科技也与市场接轨，不少的事业单位与政府脱钩成为企业或企业集团，如上海的文新集团、广电集团等。当然，其间我们在城市经济改革中也出现了"通胀"和调整，并成功地实行了"软着陆"。城市续志既要记叙改革开放的巨大成就，也要记叙从计划经济转制市场经济的"阵痛"。所以说，紧扣经济体制改革和"以经济建设为中心"这条主线是编纂好城市续志的关键。

三、了解改革开放 20 多年中国城市发展的基本情况，是编纂高质量的新时期城市志的必要前提

了解近 20 多年城市发展的历史，有必要了解此前城市的大体情况。中国具有工业化意义的城市开始于 19 世纪中后期，与租界的辟设有着紧密的关系。鸦片战争后，1843 年 10 月订立《中英五口通商附粘条约》（《虎门条约》），上海等地开埠。1845 年 11 月公布《上海土地章程》。此后，英租界、法租界和公共租界在上海辟设。外国资本家在租界内开厂（场）、设店、填浜筑路、疏浚河道，仿照欧美订立租界管理法规。中国现代城市由此发端。然而，中国建置最早的城市是广州（法定意义上的），1921 年成立市政厅，1925 年设市。至 1949 年解放前夕，全国共设市 69 个。按人口和经济规模，有特大城市 9 个、大城市 10 个、中等城市 23 个、小城市 115 个。这些城市有了近代工业、内外贸易、银行。由于租界的辟设，西方的城市管理方式在沿海城市实行，如上海、广州、天津、青岛、汉口、旅大都是这样，建起了一批洋行、工厂、教堂、学校、剧院、写字楼、跑马厅、铁路、电厂、水厂等。而南京城市建设是当时中国政府建设的典范，体现的是传统的民族风格。在半殖民地、半封建的旧中国，中国近代城市具有依附帝国主义的性质。

解放后，1949—1978年，为逐渐以计划经济为主体的城市建设、管理时期，又是以工业化为基本动力的城市化过程，基本采用苏联城市建设、管理的模式。所以，中华人民共和国成立初我们提出变资本主义的消费城市为社会主义的生产城市，按照国民经济的计划在全国重点城市安排重点项目。1949年与1952年，国家在兰州、成都、西安、太原、沈阳等西北、东北的十多个城市重点建设156个工业项目。伴随建厂招工，城市人口增加，工人新村不断建立，随之建设新的基础设施，城市新区出现。旧城贫民区环境极差，成为改造的重点。改造棚户区，拆除危房，建新工房。这一时期，城市布局主要依托旧城，兴建工厂和新的居民区。“一五”时期（1953—1957年）国家重点发展大同、大冶、兰州、西安、成都、吉林、哈尔滨、太原、武汉、郑州、乌鲁木齐等内陆城市。1958—1959年“大跃进”造成巨大浪费的同时，新建了一批工厂和工程。“二五”时期（1958—1962年）重点发展了鞍山、本溪、包头、太原、马鞍山、武汉等钢铁基地。1960—1962年国民经济调整时期，部分工厂“关停并转”，留下一些“半截子工程”，动员一些城市人口回乡务农，城市人口减少。这一时期城市发展出现负增长。

“文化大革命”中经济衰退，取消自由市场，一、二、三产业发展失衡，以农养工、分割城乡，中国经济向二元结构方向发展。为了缓解就业的压力，百万“知青”上山下乡，城市人口减少。20世纪70年代中后期“知青”才大批返城。“三五”时期重点进行“三线”建设，贵阳、攀枝花等城市得到发展。“文化大革命”结束后，1980年统计，全国有特大城市15座、大城市30座、中等城市70座、小城市105座。改革开放前，走的是政府主导型的国家工业化道路，地方无自主权，重工轻农，农业和轻工业发展受到限制，国营、集体“一条腿”，经济成分单一，缺少其他经济成分的推动，城市经济发展和城市化进程缓慢。

20世纪80年代起，改革开放以来，初期农村经济体制改革，农业和农村经济复苏、繁荣，城市第三产业迅速发展，第二产业结构得到调整。其间乡镇企业异军突起，城市经济实力得到增强。由于农村生产力的解放，农村剩余劳动力涌入城市，城市人口规模迅速扩大。东南沿海有的城市外来人口超过本地人口，深圳最具典型。上海1600万人口中外来人口占300万。改革开放以来，每年有2000万农村剩余劳动力进入城市。城市基础设施建设规模和质量水平空前扩大和提高。改革开放的前沿地区，长江三角洲以上海为中心的城市群、珠江三角洲以深圳为中心的城市群和北京、天津环渤海湾城市群，在改革开放中把基础设施建设放在营造投资环境的重要位置。城市、交通、环境建设都进入新的高水平，上海跨越黄浦江的南浦、杨浦、徐浦、奉浦大桥的兴建，内外环高架、地铁、越江隧道、高速公路、城市绿地、高新科技园的建设，都充分说明了这一点。改革开放中，城市规模普遍发展，初步形成城市体系。1997年统计，全国城市共668个；另外建置镇1.8万个，集镇5万个以上。城市中特大城市有34座，大城市47座，中等城市205座，小城市382座。城市建筑的面貌、风格丰富多采、类型多样。由于经济发展，人民收入提高，城市建设投资社会化程度也相应提高。商贸大厦、高档宾馆、高级公寓、高层写字楼、度假村、复式别墅、假日旅馆、娱乐城、步行街、大型广场、公园绿地不断出现。改革中，城市产业结构变动发生三次转变。改革初，各城市按照计划体制规定的专业分工和协作关系动作，因之，不同城市的重点产业的附加值差距很大，由中央财政予以协调。第二次是80年代中期，中央政府和地方政府实行6种形式不同的财政承包制，为此，地方政府为了追求高附加值而调整本地的产业结构、工业体系，打破了原来的专业分工，造成彩电、冰箱、汽车工业的重复建设。第三次是90年代市场作用，资本逐步涌入交通通信等基础设施和有可能发展地方生产要素的优势产业上。由于地域和历史的原因，各城市的市场化和竞争力有程度的区别，随着时间的拉长，城市与城市收入分配的绝对差距持续拉大。

改革开放中，在发展城市规模的同时，加强了对历史文化名城的保护，不少城市还建起了具有地方特色的“一条街”，如北京秀水街、武汉汉正街、合肥城隍庙一条街、皖南屯溪老街、南京夫子庙、上海老街等。城市形态由单一的中心城市向城市群发展，不但特大城市进入了向远郊延伸和卫星城建设的时期，而且发达地区进入区域城市群带的发展时期。此外，农民就地发展工商建设“农民城”，小城镇大量出现。经济发达地区形成了城乡一体化。改革开放时期出现的小城镇也应是城市续志记述的重要内容。小城镇有综合型、交通型、农副产品加工型、工矿型、旅游型、边境口岸型等，其中农副产品加工型最多。

改革开放以来城市化程度加快，也不等于没有问题，当然是新旧交替发展中出现的问题。主要是交通拥挤、道路管理存在问题。其次是大城市人口膨胀，住宅不足，基础设施和服务设施水平仍然不够高。有些高层建筑损害了城市的风貌。由于改革以来，国家处于推进工业化的阶段，加上粗放经营，随着城市人口不断增多，环境污染也日益严重。此外在城市规划和管理方面还缺乏法律监督机制，自编规划，自批规划，自我管理。做规划主要是工程技术人员，难以从当地的自然、地理、历史、经济等方面综合规划城市建设，因之，城市规划和管理水平还不够高。这些，也应是续修时需要注意记述的问题。

四、研究和记述城市的自身特点，在反映城市一般内容和时代特点的同时突出城市的个性特征，是“地方”志的最基本要求

20世纪末，中国有城市700座。由于各地自然、地理、历史的差别，应该说各具特色。按区位分，有沿海城市、内地城市、边远城市、东部城市、中部城市、西部城市；按规模可分为特大型城市、大型城市、中等城市、小型城市；按经济类型分，可分为商贸城市、交通枢纽城市、旅游城市、工矿城市；按文化分，可分为历史文化名城、山水风光名城、革命纪念地等。续修城市志应该对城市定位，分析出自身城市的特色，在谋篇布局、结构安排、资料征集等方面予以考虑和突出，因为地方性是地方志的最基本特征。要分析出城市发展和影响城市发展的主要原因，比

如区位与改革开放、与城市发展有巨大关系。改革开放最初突破口选在沿海，由于政策的倾斜，深圳、珠海、大连、上海、青岛、天津等沿海城市先后摆脱计划经济的束缚优先发展起来。深圳在改革开放中由一个小村落发展成大型城市充分说明区位和政策的作用。再如，江苏的苏、锡、常（苏州、无锡、常州）地属上海经济区，受上海经济的带动迅速发展，尤其是乡镇企业更得益于上海的市场、技术和更新换代下来的设备。南京是江苏的省会，但经济发展不及苏、锡、常，说明改革开放后，经济区的作用已超过行政区的作用了。因之，沿海城市续志应注意对区位、政策、经济区内城市之间经济关系的记述。此外，我们在记述城市发展时不应该忽视计划经济时期留下的城市基础，改革开放后的城市发展不是凭空的。计划经济时期上海是工业中心城市，华东乃至全国的矿产、工业原料、能源按照专业分工提供给上海，在不平等的条件下中西部地区的发展受到限制；而上海也把大块的财政收入上缴中央财政。从 1953 年至 1998 年，上海累计上缴 1.08 万亿元，其自身发展也收到了制约。改革开放后，上海等沿海城市首先政策松绑，加之原有的经济基础作用迅速起飞。而中西部地区没有政策的优势，加之产业单一，经济基础薄弱，拉大与东部地区的差距是有其外在原因的。

研究城市特点，首先要研究城市的经济结构。20 世纪 90 年代以来，中国城市经济结构发生了巨大变化，一般而言三次产业中第二次产业增长最快，第三产业增长较快。1995 年全国三次产业比重为 19.69、48.97、31.34。城市化的水平主要看第三产业在国民经济中所占的比重。有些超大型城市改革开放以来第三产业发展飞快，上海的第三产业在国民经济中的比重已超过了 50%，这是都市化城市的重要标志。此外，在三次产业中还需要了解行业结构，如包头、攀枝花、鞍山、马鞍山以钢铁工业为主要行业。城市产业中，高科技产业产值、利税占全市工业产值、利税的比重，重要行业与市财政收入的关系，城市的进出口结构如何，初级产品、工业制成品、机电产品、高档次和高附加值产品的出口比重，这些都是分析城市经济结构、经济水平的重要要素，也是志书记述的重要内容。历史文化名城应加重对文化资源和渊源的记述（不要认为首届志书记了，续志只记本届断限的内容，当然记述方法上要概括一些，否则历史文化名城就无从谈起）。分析名城资源的特点，有的是古都，如西安是十三朝古都，南京是六朝古都，遵义是重大事件发生地。大理当然要突出记述苍山、洱海、大理古城和白族文化，丽江当然要记述玉龙雪山、丽江古城和纳西族文化。在充分记述历史文化特点的同时，重点记述旅游业与其他第三产业的发展。

因之，我们在研究改革开放以来城市的时代特点和一般规律的同时，必须研究和记述城市自身的特点特色，只有这样未来的城市续志才能够丰富多采、五彩缤纷。

（《上海志鉴》2002 年第 2 期）

自评：本文是学习中国城市发展史、上海城市史和研究二轮城市志编纂撰写的

第二篇文章，与前篇只立足城市基础设施不同，本篇视角立足城市的全方位。我认为要想编纂好二轮城市志，必须在研究改革开放以来城市的时代特点和一般规律的同时，还要研究所记城市的自身特点。文章内容包括一、二轮城市志的区别；认为写好二轮城市志，需要研究城市的经济建设与社会发展；研究重点记述的内容，包括区位、增长极与中心辐射、新旧经济体系的取代、城市化或都市化、城乡二元经济转一元经济、城市发展规划、新兴产业、人才培养与引进、城市文明进步；认为二轮城市志要以经济体制改革和“以经济建设为主线”，写出厂长负责制、股份制与现代企业制度、组建企业集团、发展要素市场与产业结构的变化；同时要反映城市化后产生的新问题；深入记述城市的个性特征。

特色志编写之我见

何谓“特色志”？“特色志”应是地方志家族中的“另类”。众人皆知，方志一般的种类包括区域志（一统志、省志、市志、区志、县志、乡镇志）、专志（农业志、工业志、商业志、文化志、卫生志、工商管理志等）、部门志（交通局志、学校志、厂矿志、商店志等）、山湖志等，或以区域，或以种类为记载对象。而“特色志”是什么？顾名思义，是专记一地特色的志书。过去我们只把其归在方志以外的地情书一类，作为地方志二次开发的产物，因为只是偶尔为之，想到一种做一种，总是不成规模和系统。2000年，上海市政府办公厅发文，在规划续修第二轮志书的时候，同时列定编纂上海特色系列的工作项目，这在全国各省市区倒是首次，应该是“特立独行”的决定，作为政府首次把特色志作为一个系列，作为一个正式的志书系列布置是“前无他人”的。自此开去，“特色志”能否作为方志苑中的又一奇葩，作为一个新型的成系列，成规模的志书种类？由于它更贴近普通百姓而具有广泛的生命力，因之，会具有光明的前途。

何谓“特色志”，就外部特征而言，他常以“名”字和“著名”两字冠以书名之首，如名街志、名镇志、名村志、名园（苑）志、名川志、名城志、名山志、名楼志、名肴志、名画志、名帖志、名著志、名剧志、名舞志、名产志、名酒志、名店志、名厂（场）志、名校志、名宅志、名陵志、名树志、名花志、名人志等，也还有著名战事志、著名政治事件志、著名文体活动志、著名会议志、著名文物志、著名工艺品志、著名广场志、著名展馆志、著名娱乐场所志等。细究起来，特色志可分两种类型，一是以一定区域为范围，集中记区域范围内的特色事物，像名城志、名镇志。还有一种是单记一种特色事物，如名店志、名园志、名酒志。

“名”字打头的，不成系列的地情书编写，在方志界也有些年头了，但最早组织编写的，并不是方志界人士。20世纪80年代中后期，方志界正在如火如荼地收集资料，呕心沥血地埋头编纂志书时，殊不知黄雀在后也，出版界、社科界、文化界出于他们专业的敏锐，发现地方志资料是个金矿，而其中最具价值、最有卖点的，是其中最具地方特色的“著名的事和物”。因之，他们或四处收集志稿自己写，或约请方志界人士参与编写，这一时期也出了一些书，但由于方志界修志任务很重，出书量不大。90年代，随着改革开放的深入，出版社把地情书的开发作为其创经济效益的一个方面，所以，这类书的出版有所增加。这类书尽挑地情资料中最精华部分，归类出版，对面面俱到的正宗地方志是不小的冲击。在著作权意识淡薄，著作权法尚未出台时，是无可奈何之事。

当时，在修志之余，出版社和一些单位也约我参加编写了几种这样的书。这些书往往以全国范围分省组稿，如我参加了由旅游教育出版社组织编写的中国民俗旅游丛书的编写（撰写了安徽卷部分）。该丛书每省卷一本，每本20多万字，1996年出版。其特色通过卷名也略有反映：《世界屋脊的民俗与旅游》（西藏卷）、《孔雀之乡的民俗与旅游》（云南卷）、《齐鲁之邦的民俗与旅游》（山东卷）、《汾河两岸的风俗与旅游》（山西卷）。《荆山楚水的民俗与旅游》（湖北卷）、《江河源头的民俗与旅游》（青海卷）、《燕南赵北的民俗与旅游》（河北卷）、《中原大地的民俗与旅游》（河南卷）、《天山南北的民俗与旅游》（新疆卷）、《八桂边寨的民俗与旅游》（广西卷）、《内蒙草原的风俗与旅游》（内蒙卷）、《长白山下的民俗与旅游》（吉林卷）、《海河津门的民俗与旅游》（天津卷）、《巴山蜀水的民俗与旅游》（四川卷）、《赣江流域的民俗与旅游》（江西卷）、《吴山越水的民俗与旅游》（浙江卷）、《苗岭布依的民俗与旅游》（贵州卷）、《芙蓉国里的民俗与旅游》（湖南卷）、《岭南北粤的民俗与旅游》（广东卷）、《江淮热土的民俗与旅游》（安徽卷）、《黄土高原的民俗与旅游》（陕西卷）、《辽河平原的民俗与旅游》（辽宁卷）、《陇原丝路的民俗与旅游》（甘肃卷）、《八闽山水的民俗与旅游》（福建卷）、《贺兰山下的民俗与旅游》（宁夏卷）、《江南水乡的民俗与旅游》（江苏卷）、《明珠海南的民俗与旅游》（海南卷）、《宝岛台湾的民俗与旅游》（台湾卷）、《浦东淞沪的民俗与旅游》（上海卷）、《古都北京的民俗与旅游》（北京卷）、《松花江畔的民俗与旅游》（黑龙江卷）。主要抓住各省市区民俗旅游中最精华的东西去写，当然精彩。比如我写的《江淮热土的民俗与旅游》就分成“合肥春秋”“淮上风光”“皖江漫游”“黄山上下”四个部分分区去写。其下有仙城佛国九华山、吴楚分疆第一州（安庆）、“千载诗文地”（池州）、江南铜都铜陵、琅琊山下古滁州、黄山上下，再以下是《孔雀东南飞》故地小吏港、李清照贵池《七夕》词、岳飞翠微亭留诗、慈禧幼时在安庆、醉翁之意不在酒、天下第一奇山、黄山之冬、太平湖黄山的情侣、齐云风光、徽州名果和山货等大小近千个专题，特色鲜明，文词亮丽，富有浪漫色彩。

1997年，山东画报出版社（就是在全国最早出版老照片的那家出版社）总编找到我，告知他要在全国组织编写一套供中小学生阅读的通俗丛书《我们的家园》，后来我了解到，各省参加编写的多数是地方志的同行（这里不禁要提出个问题，为什么我们自己拥有资料，自己编不出来，为什么非得别人组织我们编写？）。这套书每本5万字左右，也是一省、市、区一本，既可单本分省发行，也可辑成一套装盒发行，很是精美。这家出版社是为评“五个一工程”奖而做的，因此也很精心。

《我们的家园》序言中有一句话至今让人难以忘怀：“一个人只有将自己的家园刻进了灵魂，才会做她最好的儿女。”因为给孩子们的书，因之文字要求浅显准确并雅而不俗。安徽这本我是分“安徽是什么样子”“一方水土养一方人”“金戈铁马光照千秋”“安徽人创造的奇迹”“灿烂的文化与科技”“锦绣安徽，迷人的地方”“龙藏虎卧、地灵人杰”七块内容去写，每块内容都是在全国甚至世界上有重大影响，让安徽人引以为自豪的人和事去写。同时“安徽是什么样子”这部分主要写安徽的概况，下分“安徽在什么地方”“为什么叫安徽”“省会合肥”“省树省花”“地貌和气候”“安徽的河流”“粮山、煤海、茶飘香”等内容去撰稿。其余部分主要抓特色，抓亮点去写，如“金戈铁马，光照千秋”，主要抓住“历史上第一次农民起义”（陈胜吴广大泽乡起义）、“楚河汉界与霸王别姬”（楚汉垓下之战）、“草木皆兵的故事”（东晋淝水之战），以及朱元璋建立大明王朝、淮北捻军、太平天国在安徽、“千古奇冤，江南一叶”（皖南事变）、刘邓大军千里跃进大别山、蒋记王牌“黄维兵团”覆灭记、渡江战役从这里突破，突出了安徽地处江淮要冲，占江淮而得天下的“四战之地”的特点。这本仅5万字的小书，后来成为发行可观，连省委党校学员也争购的教材。

其实，也并非出版部门看中地方志的资料和编纂能力，其他系统也曾组织地方志系统（包括部门修志人员）编写特色内容丛书。1998年前后，安徽省政协也曾组织编纂了《安徽重要历史事件丛书》《安徽著名历史人物》丛书，由安徽人民出版社出版。历史事件这套丛书分8册，共300万字，分别包括《政治风云》《军事纵横》《经济史踪》《教坛古今》《科技集粹》《文苑春秋》《学术百家》《涉外史事》。我参加了其中的《军事纵横》部分的撰稿。这套事件丛书注重情节的叙述，标题的雕琢也很引人入胜。

2000年起我参加了上海市志办主持的上海特色志系列中的《上海名镇志》的编写工作，我们在兼虑经济的同时重点从历史人文出发，选择了松江、泗泾、嘉定、南翔、安亭、马陆、七宝、朱家角、枫泾、朱泾、吴淞、罗店、川沙、高桥、周浦、惠南、奉城、龙华、江湾、真如20个镇作为上海的名镇进行编写，目前已经定稿，年内出书（注：2003年8月由上海社科院出版社出版）。

根据多年来编写特色志丛书的实践，产生了以下一些心得。

首先是地方志工作者在工作之余要广泛占有资料，要做有心人。在安徽工作时，资料占有方面是独天独厚，除了有整套的省志和地市县志外，还有各市县同行送的地情书，20平方米的书屋放满了这类书。除了编写评审志稿时熟悉资料外，平时也翻一些小志和地情书，因之，编写全省性的特色志书其资料可以随手拈来。调上海后就没那么方便了，在资料方面可以说是“家徒四壁”，加之通志馆在浦东，调阅不便，因之，这次编名镇志难度很大，幸亏同志们帮忙支持。因为特色志的结构并不等同于一般志书，有价值的资料是散藏在各门类内容中，只有围绕“特色”这个中心，把相关特色资料重新组织才能编出好的特色志。比如名镇志吴淞镇出产鮰鱼的内容，虽百余字，资料是由《宝山县志》《吴淞镇志》《辞海》《上海轶事大观》等多种著作中汇集筛选后撰写的。因之，熟悉资料是很重要的。

其二，写特色志要能发现其“特”，要选择那些闻名遐迩，在历史上，甚至对后世都有影响的事物去编写，比如吴淞的开埠、龙华塔、松江的“云间第一楼”、南翔小笼、朱家角的课植园等等，再如真如历史上有名的白切羊肉，即使现在没有了，但这种品牌也完全有恢复的可能，因之，也属应记之事之物。这些最能体现上海名镇特色的事物，首先是知晓它，其次是撰写它，因之，写特色志的人要很熟悉和了解地情，知晓“名”在何处。

其三，特色志的体例结构不能等同于一般方志的结构。既然是特色志，就要在“特”字上做文章，有些失败的稿子，其失败之处就是追求一般方志的面面俱到，因之，特色被一般性内容所淹没。每一特色就是一个专题，精心雕琢好。当然，只有特色也不行，显得松散而无整体，因之，辅之以概况内容（注意！这里说的是“辅之以”），十分内容，九分特色，一分概况。这次《上海名镇志》的内容结构大体如此，即概况加特色。

其四，特色志不能等同于完全资料性、著述性的一般方志，而是在资料翔实的基础上追求文体的活泼可亲，追求可读性，追求平民化，不要搞成拒人千里、严肃有加的模样，图版尽量活泼些，比如可否插些白描等等。标题可加些状物写景抒情的修饰，比如“江海交汇的明珠：吴淞镇”“旧府新城：松江镇”“书香瀚墨满蒲溪”“名桥、河埠、缆石轻扣历史的回声”等。正文的文字也应轻松活泼一些，有些地方可以有合乎情理的铺陈。如吴淞渔市的描写，可以在真实资料基础上，对当时的场景进行渲染。比如写吴淞的黄花鱼汛：“其时码头上渔歌号子不时响起，街面酒肆茶馆生意兴隆，渔民、商人、百姓猜拳行令，咀嚼海鲜，欣赏着江海上空飞翔的海鸟，品尝丰收的喜悦”。这段文字虽有虚构，但也实在事理之中。然而文字具有形象后，更易读者接受。有些同志搞一般性的方志时间长了，写特色志过于平实，难起到引人入胜的效果。

其五，在内容选择的安排上，除很有影响的经济事物外，应该尽量注重人文特色内容的选入。只有人文内容多于经济内容，经济内容淡薄数据化倾向，才能形成特色志可读的特点。再者，不要搞大一、二、三，小一、二、三的层层分目，层次尽量少，增加文气的贯通，给人以流畅的美感。此外，特色内容的撰写注意概括，力避琐碎，让读者了解“特”在何处。

以本人这些年编写特色志的体会，孤陋寡闻之处也属难免，只是写出来与同仁探讨而已。

当前，第一轮修志已经结束，第二轮修志还在理论准备之时，利用这中间的空档，作为省市区或市、县志办编写成系列的特色志书，其社会效益和经济效益是不言而喻的。

我想不经意中，特色志可能会成为方志家族中一个不错的志书种类。

（《上海志鉴》2002 年第 5 期）

自评：本文是最早把“特色志”作为志种来研究的，并明确其特征为：“一是以一定区域为范围，集中记区域范围内的特色事物，像名城志、名镇志。还有一种是单记一种特色事物，如名店志、名园志”。2000 年，上海市政府办公厅文，在要求规划续修第二轮志书的时候，同时列定编纂上海特色系列的工作项目。我到上海后，市地方志办公室把启动试编特色志的任务交给我们方志处，我们首先编出《上海名镇志》，接着编出《名建筑志》，其他处室编出《名街志》；因处室编纂能力不平衡等问题（当时市志办为事业单位，编就有稿酬，不编均摊奖金），后来这套丛书并没有编下去（就编了以上三部），今天想起来深感可惜。这就涉及一个事业发展的体制问题，就是有些是个人无条件（无资源）做，但单位集体有条件做而难于做，只有“不作为”（后来参照公务员管理，职务著作取消了稿酬，方志部门更是无人染指本部门的职务著作了）。话说回来，在筹备编纂《上海名镇志》的过程中，我总结了在安徽时，参加出版部门编纂的地情书，把心得写成了这篇文章。其中：写特色志的人要很熟悉和了解地情，知晓“名”在何处。围绕“特色”这个中心，把相关特色资料重新组织才能编出好的特色志。十分内容，九分特色，一分概况。即概况加特色。追求文体的活泼可亲，追求可读性，追求平民化。只有人文内容多于经济内容，经济内容淡薄数据化倾向，才能形成特色志可读的特点。以上经验来源我编纂特色志的实践。近年，中国地方志指导小组办公室在全国组织编纂名字系列文化工程志，包括中国名镇志、中国名村志、中国名山志、中国名酒志等，成果丰硕。可见本人十多年前认为特色志将成为方志家族新志种的预见是有一定道理的。

论新时期方志事业管理体制的新创建

成体系成规模的社会主义方志事业始自 20 世纪 80 年代，至今已经 20 多年了。20 多年间，随着改革开放的不断深入，我国的经济政治体制发生了巨大转变，相应的党政部门、企事业单位的管理体制也作出改革和调整，尤其是在社会主义市场经济建立、WTO 加入之后。而方志事业的管理体制至今仍沿袭计划经济时期的传统体制。21 世纪初新的历史时期，地方志事业的管理体制是否也要做出调整，并根据事业单位改革的形势、事业自身的特点进行新的创建，本文想就此谈谈自己的看法。

一、传统的社会主义地方志事业管理体制的形成及面临的挑战

社会事业是社会政治经济文化发展需要的产物，其管理体制必然从属于社会治

理的总体系。社会主义地方志事业开始于首届社会主义新方志编纂，开始于社会主义计划经济体制时期。这一管理体制是在中央设指导小组，从指导思想、工作规划、理论研究等方面进行引导性的宏观管理。在省（直辖市、自治区）、市（地、州、盟、区）、县（旗、区）建立地方志编纂委员会和委员会的办事机构地方志办公室，直接从事地方志事业的管理和具体业务工作。当然，也有的地方单设编委会或地方志办公室，有的地方叫通志馆。地方志编纂委员会是在地方党委、政府领导下协调有关部门从事一地地方志工作的松散性虚体组织。地方志办公室部分为政府直属具有部分行政职能的事业单位，部分为单纯的事业单位，部分是并在党委、政府有关单位内从事方志工作的非独立单位。

方志事业、方志工作、方志编纂是三个不同的概念，然而，社会主义方志事业、方志工作是从首届地方志编纂开始，这一点是无须置疑的。今天，地方志事业已基本形成地情信息的收集储存利用（地情数据中心）、方志和年鉴的编纂、地方文献的收藏和整理（通志馆、资料室）、地情研究（调研调查报告）、地情宣传和地情咨询服务五大工作业务系统，其中方志、年鉴的编纂是核心。

首届修志采用“党委领导、政府主持、地方志部门组织编纂”的修志组织形式，用政府文件、行政方式组织编修。作为官修志书，政府修志，在计划经济时期这种方式是非常行之有效的，也基本上完成了首届志书的编纂。既然是用行政的方式修志，虽然地方志是一项事业，但必然导致方志事业管理行政化、机构行政化，也即体制行政化。一般是省一级地方志办公室设处、地市设科、县设股，省级志办三四十人，市级志办二三十人，县级志办三五人。省志办内设秘书处、组织人事处、省志编纂处、地市业务指导处、资料处、年鉴处、研究室、通志馆等。市志办设秘书科、方志科、年鉴科等。正因为事业行政化，导致方志部门业务化、专业化建设不够。就全国而言，地方志部门不少是行政人员多于业务人员，加上职称评定方面的困难，不利于修志队伍的业务建设和专业化建设。修志之初，不少地方“一本书主义”，根本谈不上专业队伍建设，甚至书竣人散。市县修志一般为“两步走”，先修部门志、专业志，再修市县志，志办在部门志、专业志的基础上分总纂成市县志。而省级志书绝大多数是指导厅局和有关单位一步成卷，多卷成志。省级志办业务主要是业务指导和责编，相对而言接触的业务较广，但涉及业务的深度反不一定及市县。编其他地情书往往也组织外边人撰稿，志办业务人员只起到联络组稿作用。长期以往方志队伍的业务素质难以提高，事业发展失去基础。

20世纪80年代中后期，一些志办开始承担地方综合年鉴的编纂，主要是经济条件好的中等城市。志办除方志科等科室外，增设了年鉴科。90年代中后期部分省市志办也接受了省、市地方综合年鉴的编纂工作，相应地增设年鉴处或年鉴编辑部。（非地方志系统编年鉴不在本文讨论范围之内）除少数人员少的市地方志办公室地方志、年鉴工作“打统战”外，多数是各行其责，资料征集、业务指导、志鉴编纂各成系统。在业务理论方面，年鉴与中国版协年鉴研究会形成一个系统，反倒与地方志系统的联系不够紧密。90年代中后期，方志界曾就年鉴与方志机构，年鉴与续志编纂的关系形成论争，莫衷一是。本人在《中国地方志》（1998年第4期）曾发表一篇《年鉴：两届志书编纂的中继》文章，从标题即可知我的观点。这种争论时断时续，有人认为地方志与年鉴本来就是两种文献，并拿出地方志是“国货”，年鉴是“洋货”舶来品作佐证（有人是否知道，柳亚子先生20世纪30年代主编《上海通志》时提出编年鉴，并把上海年鉴作为修志的资料准备）。近年中国年鉴会为首的年鉴系统提倡年鉴的编纂要创新，反对“年鉴方志化”，不主张年鉴讲究门类齐全，要素齐全，有人主张要向欧洲黄页年鉴学习（欧洲黄页主要刊登企业广告）。续志编纂以来，年鉴与地方志的矛盾突现。对于地方志而言，年鉴显得宣传性、工作总结性内容较多。主要是情况性资料、统计性资料，缺少方志所需要的背景性资料和典型性资料（年鉴是年度性的，故不存在综合性资料）。近年对少数主要以年鉴为基本资料编竣的续志评价不高，表现在资料水分大，内容空泛，低质资料堆砌，文字冗长，加上政府系统工作内容多，群众和社会生活内容少，有人读后认为“虚气太重”，呼吁要“减肥健身”，为此方志界担忧“方志年鉴化”，方志成为多年体年鉴，成为年鉴的叠加。志、鉴同体必然“煮豆燃萁”，假设方志无存，作为方志系统“以短接长”的年鉴岂不“唇亡齿寒”“皮之无存毛将焉附”？某地一位负责人就说过：既然一年一部年鉴还编地方志干什么。围绕同一的地方志事业、同一的地方志工作，方志系统内部有人反对“方志年鉴化”，有人反对“年鉴方志化”，似乎方志、年鉴是两项互不相干的工作，给人“雾里看花”看不明白的架势，其实真是如此互不相干吗？当然，“化”是不对的，但我认为，不管是地方志也好还是地方综合年鉴也好，翔实的内容、深度的资料、全面系统的门类要素应该是共同的。另外，地方志、年鉴又是不同的，他们是不同断限、不同深度、不同程度的资料性文献。在方志系统内如何处理好地方志、年鉴的关系，是地方志事业管理的重要问题。

近年，方志系统在建设地情数据库，有人担心是不是又要形成一个新的独立的业务系统。

很难相信一项法律依据不足，各自为政，不能形成合力，专业基础薄弱，管理体制与事业不相配套，没有长远观点，难以调动专业人员积极性的事业，在市场化的今天能长期生存下去。随着全国性事业单位改制的进行，地方志系统更应积极地加入改革之中，尤其是根据地方志事业自身的特点性质，对管理体制施以“手术”是很有必要的。只有这样，地方志事业才能随着我国改革开放的不断深入，社会事业的不断进步而继续健康发展。

总之，从全国改革的大趋势，从方志事业的规模发展（由修志一项工作发展到今天多项工作），从市场化的现实，从内部业务的系统化，从业务和业务队伍的建设，更重要的是从方志事业的生存发展出发，方志事业的管理体制到了需要新创建的时候了。

二、新时期方志事业管理体制创建的构想

从管理角度看，事业要有专业化为前提；专业一方面以理论为支撑，更重要的是要有与之相配套的事业管理机制；但统而归之，要有法律为依据。

近年来，不少方志同仁奔走呼吁修志立法，不立法方志事业缺乏存在依据。中共十六大后，国家进一步向法治化方向发展，按照我国法治建设的规划，截至2010年，我国的各项法律法规必须制定完成。届时，如果地方志事业的相关法律尚未出台，地方志事业如何运作是个令人难以想象的问题，尤其是资料征集。修志立法的促成中指组办公室责无旁贷。单独立法更好，如果不行也可与党史、政协文史联合立文献法，通过法律、法规将政府修志、续志的工作制度化，以保证修志事业的连续性，不以领导者的好恶而兴废。作为有关单位部门依法有向修志部门提供修志资料的责任，资料性著述的地方志才有“源头活水来”。

外部大环境寻求解决的同时，方志系统内部更需寻求一种与地方志事业相适宜的、更加科学的运作方式和管理体制。其根本是解决以上所说的各自为政和专业化建设不够的问题。

根据本人的工作体会，我们与出版系统的工作对象、工作环节有相似之处。出版社和大多数地方志办公室一样是事业单位（全国而言有些地方志办公室是参照公务员管理），是出各种书的，而我们是编纂地方志、地情书和年鉴。与出版社企业化管理不同，地方志办公室应该在争取参照公务员，起码全额拨款事业单位的基础上，可以在管理上学习参照出版社的管理运作方式。出版社设社长和总编，地方志办公室设主任和总编，主任负责行政，总编负责编纂业务，主任也可以兼任总编。办公室设总编室，业务部门负责人参加总编室。总编室可设专职也可虚体性质。总编根据各部门的分项方案负责设计方志、年鉴、数据库等业务的总体构架和业务方案。办公室内部除原有的行政处室外，另外可根据方志、年鉴的内容，也即我们的工作对象组建经济编辑部、政治编辑部、文化社会编辑部、综合编辑部等（也可以仍用处、科、室名称之），打通原资料、年鉴、方志等业务处室，通合专业力量从事志、鉴业务。详细地说，就是经济编辑部、政治编辑部、文化社会编辑部等各自从业务的专项进行工作。具体的，首先年鉴、地方志的资料征集系统统一配置，平时各编辑部根据本部门的专业分工，与对口资料单位联络，分门别类地为数据库搜集资料，与主要资料提供单位进行微机联网，并从有关报刊和其他文献上搜集资料。数据库有一名技术人员负责服务器、电脑硬件的维修，建成办公室的局域网，各业务部门也即是数据库的分类组成部分。每年根据本部门、处室的专业分工编纂年鉴的相关类目和条目。平时分门别类地根据掌握的资料研究地情，按照总编室的安排撰写调查报告，编写地情书，为资政教化宣传服务（与社会其他专业部门不同的是，地方志系统的地情研究可发挥其宏观综合的特点）。届时，根据中国地方志指导小组的布置，进行续志的编修。这样的部门和运作机制的改革是围绕着地方志系统专业化进行的，是符合地方志事业自身特点的。其优点有以下几点：一是在业务力量的使用方面，改变了以往忽松忽紧、时忙时闲、有的处室忙有的处室闲的情况。如省级志办，修志之初市县志处业务指导忙而省志处相对清闲，修志中后期省志处忙而市县志处相对清闲。再如年鉴处是半年紧张半年松弛。改革使得业务工作变得均衡、常规、有序。二是方志队伍的专业化建设得以进一步深入，常规的不间断的业务工作使业务人员的业务能力不断提高。三是数据库、志、鉴业务一体化后，资料渠道系统化，不但为数据库输入以往的老资料，同时为次年编鉴和十数年后修志输入大量对路的活资料，把资料工作与修志、编鉴工作对接起来。同时避免了一家社会单位被地方志办公室多部门索取资料的无序现象出现。四是修志与编鉴结合，只有两者结合才能摆脱门户之见，才能深入了解二者的异同，取长补短，既提高了方志的质量也提高了年鉴的质量。题外话，年鉴、方志都需要创新，但创新的前提是要研究好其基本的门类、基本条目和基本要素，那种要素不全、空议创新的空泛的资料性文献是不受人欢迎的，这点应该是无须争议的。年鉴与方志接轨，健全基本类目和要素，方志接受年鉴资料这应当是相得益彰的事。今年，安徽省志办王宜斌副主任在《上海志鉴》(2003年第一期)上发表了一篇题为“年鉴编纂和地方志续修”的文章，其论述得非常透彻，值得同仁一读。这样重大的事中国地方志协会有责任组织研讨。五是编研结合，专业人员按照志书内容，每人分管几个专业，比如财税、金融，比如文化、艺术等，平时专类收集资料，根据资料专项研究地情，在研究的基础上编修志鉴，最终提高了志、鉴的质量；当然，以修志编鉴的实践指导资料征集，反之提高了数据库的质量。六是随着资料征集、志鉴编纂、地情研究的常规化、专业化，未来的修志、编鉴将可以由地方志办公室独立完成。有人会说，把原来的以业务指导对象划分业务部门，改为以志鉴内容也即编纂对象划分业务部门，对下的业务指导怎么办？其实通过首届修志，区县志办不但锻炼培养出一些懂方志的业务骨干，甚至产生了方志专家。加之，新方志的体例风格已基本形成，修志者有了参考。因之续修指导完全可以改为编教材和集中培训的方法。其他指导工作可以由总编室具体安排。此外，按照这样的管理体制，其专业人才的结构要进行整合和纳新，改变以往仅单一吸收文史类人员的做法，应扩充吸收经济、社会类的高校毕业生和同样层次的编研人才。

以上曾谈到地方志系统的专业化需要学说研究予以支撑的问题，这一点建议中国地方志协会、各地的地方志学会加强理论队伍的建设，开展好学术研究。学会理事和学术组织成员要处理好其人员构成。既要有行政业务官员，也要有学术业务人员；既有高校、研究单位的专家学者，也要有修志岗位上产生的专家学者。应该吸收部分有理论有实践经验的老方志工作者参加学（协）会工作，但仍要以修志第一线上正在工作的专家为主。如果我们的学（协）会成员绝大多数是官员、是外系统外专业的专家学者、是退了休年事已高的老同志，地方志系统的学术研究是难以进行的。学（协）会要有计划地拟出课题组织专家研究，尤其是基础理论方面的研究。充分发挥以《中国地方志》为首的全国地方志刊物的研究阵地作用。只有学术研究的深入，地方志系统的专业化建设、方志事业的管理水平才能不断提高到新的高度。

（《上海志鉴》2004 年第 1 期）

自评：2002 年国家开始在事业单位中全面推行聘用制改革；至此，大规模的社

会主义新方志编纂已经走了近1/4个世纪，作为意识形态范畴的地方志工作，仍然是计划经济管理体制下“弱不禁风”的体制：国家一个“指导小组”立足“指导”，地方上成立的是虚体的编纂委员会，委员会下辖归属不一的地方志办公室，按照志书、年鉴、资料、行政设若干处（科）室，“用行政的方式修志，导致方志事业管理行政化、机构行政化，也即体制行政化”，方志自身的业务性、专业性、学术性与行政化产生必然的矛盾。地方志办公室所谓的行政性准确地说是依附与上级管理部门的“假行政性”，以致行政不行政，业务不业务，学术不学术，在任何环境中都是弱弱的。

鉴此，文章认为，首先是方志事业需要立法；地方志办公室争取参照公务员，全额事业拨款，业务管理上参照出版社的运作方式，设主任和总编，主任负责行政，总编负责地方志业务。总编设计方志、年鉴、数据库等业务的总体方案。办公室（总编室）以下组建经济编辑部、政治编辑部、文化社会编辑部、综合编辑部等（也可以仍用处、科、室名称之），打通原资料、年鉴、方志等业务处室，通合专业力量从事志、鉴业务。这样的部门和运作机制的改革是围绕着地方志系统专业化进行的。改革使得业务工作变得均衡、常规、有序。业务人员的业务能力能够不断提高。数据库、志、鉴业务一体化后，资料渠道系统化，改变地方志办公室偏向业务指导，缺少编纂和研究的问题。2006年国务院《地方志工作条例》颁布后，依法修志和队伍参公问题解决了；但内部管理行政化进一步加强，业务与学术研究更加趋弱，尤其省级地方志机构。地方志机构的领导基本不是地方志业务人员中产生，组织部门安排的外部门外行业干部居多，不少是退休前的过渡。如何在这样的领导层设总编室？行政领导谁愿意吃苦受累当总编？此外参公后，取消专业职称，业务人员无须追求业务的提高，学术研究反倒成为异类，按部就班等着，不是实职就是非领导职务（中下层职务），“面包总会有的”。谁还愿意以上提出的以业务、事业、学术为中心的改革？动力在哪？本篇文章发表至今又16年过去了，方志事业越做越大，已从“一本书主义”发展到“志、鉴、库、馆、网、用、会、刊、研、史“十业并举”，修志队伍研究生、博士生比比皆是，但业务、学术长进不大；“十业”实际是地方志办公室从政府拿项目分给社会相关机构、部门、单位、个人去做，地方志作为专业单位，反倒偏重组织、管理，长期脱离编纂实际的方志专业队伍，如何能把方志学术业务继承发展下去；成果质量如何提高；学术研究队伍如何成长；今天看，地方志在社会上成不了独立的学科是怪不得别人的。

上海方志理论研究述略

理论是从学术活动的实践中产生，反之用来指导具体的学术活动，上海地区的地方志理论研究也是如此。

根据张国淦著《中国古方志考》、朱士嘉的《中国地方志综录》及上海师范学院图书馆编《上海方志资料考录》所列书目，自汉代以来，记载有关今上海地区情况的各种图经、地记、总志、通志、府县乡镇志总计500种以上。宋元及以前今上海地区的方志传世较少。明代上海地区，即松江一带的棉织业发达："岁贡上海者十六万有奇，土产之饶，海错之异，木绵文绫，衣被天下，可谓富矣。"（明弘治《上海县志·王鏊序》）清代开埠以后，远洋贸易更是雄踞东南，经济繁盛，导致文化的兴起。明清两代今存志书最多，经挖掘整理，约在250种左右。记有上海地区内容的早的志书一向被认为是东汉《越绝书》、吴顾启期《娄地记》、唐李吉甫《元和郡县图志》、唐陆广微《吴地记》、宋乐史《太平寰宇记》、宋朱长文《吴郡图经续记》、宋王存《元丰九域志》等。而南宋绍熙四年（1193年）编修的《云间志》是今上海地区第一部独立内容、独立编纂的地方志。

与全国方志理论的发展大体相同，上海地区传统方志理论清乾嘉以前处于经验阶段，乾嘉后逐渐成熟，方志体例不断完善。就本次搜集的研究资料，上海地区散见在序文、凡例中的方志论说，最早的见于南宋《云间志》，谈方志的功能："事君父，则可以备顾问。"次早的见于元至元《崇明州志·序》，谈的是"郡史"（方志）的功用。据资料分析，上海地区传统方志的论说主要包括方志的功能、方志性质源流、方志凡例条规、方志史料、门类纲目、志种评价、编纂组织、方志评论等。除南宋绍熙四年《云间志·序》、元至元《崇明州志·序》外，明正统《崇明州改县志·张庆序》、成化《云间通志·白行中序》、万历《重修嘉定县志·时偕行序》、嘉靖《上海县志·徐阶序》、嘉靖《上海县志·郑洛书序》、清顺治《崇明县志·序》、康熙《崇明县志·朱衣点序》、乾隆《娄县志·闵鹗元序》、乾隆《奉贤县志·李治灏序》、乾隆《嘉定县志·汪滌序》、乾隆《宝山县志·赵酉序》、嘉庆《松江府志·陈桂生序》、嘉庆《石冈、广福合志·萧记笙序》、咸丰《紫隄村志·凡例》、道光《川沙抚民厅志·何士祁序》、光绪《重修青浦县志·方锜序·汪祖绶序》、光绪《川沙厅志·刘瑞芬序》、光绪《重修华亭县志·方锜序》、光绪《金山县志·崔廷镛序》、光绪《嘉定县志·许应鑅序》、光绪《续修娄县志·赵佑宸叙》、民国《嘉定县续志·陈传德序》、民国《川沙县志·陆炳懿序》、民国《宝山县续志·冯成序》等，都阐发了志书功能的论说。

全国名志东晋常璩的《华阳国志·序》认为修志的目的是"达道义，章法式，通古今，表功勋，旌贤能"。唐李吉甫在《元和郡县图志·序》中说，志书可以"佐明王扼天下之吭，制群生之命，收地保势胜之利，示形束壤制之端"。元《大元一统志》明确编纂目的是"垂之万世，知祖宗创业艰难；播之臣庶，知生长一统之世"，使臣民"各尽其职""各尽其力"，达到"上下相维，以持一统"。上海地区的传统方志序文，不少就"资治、存史、教化"方面进行了论述，如白行中在明成化《云间志·序》中说："编成大明一统志，而皇上特颁行之。则凡守土之臣不待身履其地而古今风土之迹可一览，而概得于中。"陈桂生在清嘉庆《松江府志·序》中说："今守之志松也，立礼严稽，事核而于一厅七县，风俗之奢俭，民生之利病尤详。

上足以备内外史之采择，不足以为长民者之所考镜。”方志的功能是地方行政官员最为重视之事，上海地区传统方志中，不少郡守、州牧、知县、县丞都谈到了这一点，他们很重视为志书作序，以陈述自己的观点。比如，明代万历年间（1573—1620年）太子少保陆树声曾为万历《上海县志》作序。清代乾隆年间（1736—1795年），工部右侍郎吴省钦为《南汇县志》作序。苏松太兵备道应宝时为同治《上海县志》作序。光绪年间（1875—1908年），两江总督曾国荃为光绪《松江府志》作序，两江总督沈葆桢为光绪《华亭志》《娄县续志》《川沙厅志》作序。苏松太道刘瑞芬也是作序较多的，他曾为光绪《重修青浦县志》《重修奉贤县志》《重修华亭县志》《川沙厅志》作序。民国年间上海地方官员也重视修志的社会功能。民国20年（1931年）上海市国民政府宣布上海市通志馆筹备会成立，市长张群就修志的目的、作用等作了长篇讲话。

方志的性质、源流是历代方志学者争论较多的问题。清代乾嘉时，受“文字狱”等因素的影响，许多学问家转向经学考据，参与方志的编纂实践，使方志的论说研究上升到一个新的层面，从经验而转向理性。乾嘉时，上海地区作为学者参加修志，并有理论建树的是钱大昕、钱大昭、陆锡熊，尤其钱大昕，形成了较系统的方志理论。陆锡熊乾隆间上海人，曾与纪昀同纂《四库全书总目》，总纂《娄县志》。他认为“史以继往，志以开来”，方志要有裨实用，主张方志“稍仿史体”“志源于史，法贵谨严”、反对“矜夸”“失实”，主张“务从简括，期于文约事核……，刊削繁芜，易资省览”（见《中国地方志辞典》黄山书社出版）。此外，被梁启超称为“方志之祖”“方志之圣”的古方志学体系的创始者，乾嘉时的会稽（今绍兴市）人章学诚，同时及其后的方志家、阳湖（今常州市）人孙星衍、洪亮吉、李兆洛，平湖人陆陇其，江阴人缪荃孙都是上海周围地区人氏，其方志观点对上海地区的修志有很大的影响。章学诚对方志的起源、性质、体例、资料、修志机构、编者素质等均有论述。与章学诚同时代的经学大师、方志理论家戴震认为方志属舆地范畴，而章学诚与之论争，认为“志为史体”“志乃一方之全史”。在方志体例上提出“三书”“四体”，在修志者的素质方面提出“三长”，修志机构提出“州县立志科”。其时，上海地区的一些志书不同程度地接受了这些观点，并在编纂中应用，比如嘉庆《上海县志》就是其中的一部。民国《青浦县志·凡例》直接说：“昔前贤如章氏学诚、孙氏星衍皆曾言之。”乾嘉以后，上海地区旧志序文、凡例中常出现章学诚的观点。

上海地区旧方志中散见方志性质、源流论说的有明正德《松江府志·序》、清康熙《松江府志·孙丕承序》、乾隆《娄县志·谢墉序》、乾隆《南汇县志·吴省钦序》《同治上海县志·叙录》、光绪《重修青浦县志·汪祖绶序》等。如谈方志源流，清康熙《松江府志·孙丕承序》认为：“周礼小史与外史掌邦国四方之志。”乾隆《娄县志·谢墉序》认为：“古之方志自《越绝书》始。”关于方志的性质，如乾隆《南汇县志·吴省钦序》：“志之为言识也。”对方志凡例、条规的论说，其观点散见在明弘治《上海县志·钱福序》、嘉靖《上海县志·徐阶序》、清乾隆《娄县志·凡例》《嘉定县志·程国栋序》、嘉庆《松江府志·凡例·罗麟祥序·宋如林序》、道光《川沙抚民厅志·何士祁序》、光绪《重修奉贤县志·刘瑞芬序》《金山县志·凡例》《重修华亭县志·刘瑞芬序》《嘉定县志·许应鑅序·凡例》《青浦县志·熊其英序》《重修青浦县志·刘瑞芬序》、民国《南翔镇志·凡例》《崇明县志·凡例·曹炳麟序》等旧方志的序言、凡例中。如明弘治《上海县志·钱福序》认为志书必须“留而不遗，备而不泛，兼收并蓄，而无所混淆”。

史料是修志者尤为重视的问题。对其重要性，对于资料的翔实与存史的关系等等，明正德《松江府志·顾清序》、崇祯《松江府志·陈继儒序》、民国《宝山县新志备稿·吴葭序》有论述。关于门类设置与编排的合理性，明弘治《上海县志·王鏊序》、万历《重修嘉定县志·凡例》、清乾隆《金山县志·序三》、嘉庆《上海县志·陈文述序》、同治《上海县志·叙录》《重修华亭县志·沈葆桢序》、光绪《宝山县志·吴康寿序》、民国《宝山县续志·冯成序》《金山艺文志·例言》中均有论及。明正德《松江府志·顾清序》指出：“史不为天下万世而私于一人是之谓曲笔。”明正德《松江府志·顾清序》、清康熙《嘉定县续志·序》、乾隆《嘉定县志·程国栋序》、光绪《重修华亭县志·方锜序》、民国《宝山县再续志编纂纪略》《青浦县续志·凡例》《真如里志·张承先序》《南翔镇志·凡例》对续志和乡里小志的志种特点、编纂方法进行了研述。光绪《松江府续志·凡例》认为续志续前志而作也，随社会的变迁，续志的纲目要随之调整。清乾隆《嘉定县志·顾栋高序》、光绪《嘉定县志·许应鑅序》还对当时方志存在的弊病进行了批评，包括考核失真、体例未当、叙次无法等等。

传统方志理论中，上海地区成理论系统研究的应为清乾嘉时期嘉定钱大昕，他以其精深的经学思想对方志理论进行思考，并参加了修志实践。他的研究包括方志性质、功能、体裁、事物是非以及人物立传等各方面。他认为“地方志为一方之徵信”“志无论大小皆道之所在”“纂辑撰著随其事之宜”“据实直书是非自见”“方志立传有褒无贬但不能以黑为白”，等等。当今方志界一般认为，志为“史地两性”说的形成是在民国年间，实际上在章学诚的志属信史派与戴震的志乃舆地派论争之时，钱大昕折合两家之说，认为地方志“乃一方之徵信”，既非地理专门，亦非历史专门，而是二者兼而有之。

民国年间因为战乱，上海地区方志编纂的数量不及清代，但也编纂了一批县志和乡里小志，尤其开编了《上海通志》（拟订 25 编，完成初稿 11 编，终未编竣，故称《上海通志稿》）。这一时期方志理论研究主要是把西方先进的科学，如测绘学、统计学、目录学、新兴产业的知识运用到修志中，增加了社会调查，并调整了封建时代方志的一些类目，如议会、团体、教育、实业、警察、交通这些新类目进入了方志中（见民国《宝山县续志·冯成序》）。尤其是在方志编纂组织方面，上海通志馆从机构设置、编纂人员的素质要求、征集资料、方志和年鉴结合等等方面，为现代的方志编纂管理提供了新的创建。通志馆馆长柳亚子先生在方志中采用公元纪年和白话文。这些在胡道静先生的回忆文章和袁燮铭的研究文章中有详细介绍（见《上海志鉴》2003 年第 2 期）。黄炎培主纂的民国 26 年（1937 年）《川沙县志》

是一部在当时用创新思想编纂的志书，在该志中，黄正式创立“大事年表”，并说“大事年表为他志所罕见。然欲究时代之变迁，治述之趋向，则非可忽也”。“编方志必先立大事表，余主此甚坚。史之为用，明因果而已。一般方志偏于横剖，而缺于纵贯，则因果之效不彰，必将若干年间事料串列焉，其同时者并列焉，以玩其彼此先后之消息。”他主张方志要横排纵贯，统合古今；修志应突破旧志框框，革故鼎新，除采用大事年表外，还用概述，以补横剖之不足和便于读者阅读。他还强调志书材料要翔实可靠，应充分利用档案和文献材料；叙事宜简洁流畅，繁简适当；注意经济内容和人民生活的记载。（见《中国地方志辞典》黄山书社出版）黄炎培先生创见并实践运用的“大事年表”和“概述”，丰富了我国传统方志的体例、体裁，使方志内容增加了有机联系，进一步地系统化、整体化。民国年间的方志编纂和方志理论研究，本书虽将其列入传统方志、方志理论的范畴，实际上从形式而言，民国年间的方志编纂和方志理论研究正是传统方志发展为社会主义新方志的桥梁，其方志理论同样具有重要作用。梁启超在《中国近三百年学术史》中对民国方志进行评述，全国而言，重要的方志学专著有李泰棻的《方志学》、傅振伦的《中国方志学通论》、黎锦熙的《方志今议》等。民国时期上海地区的方志理论研究虽无专著，但黄炎培和柳亚子先生新的方志编纂思想在《上海通志稿》和民国《川沙县志》编纂中的具体实践是当时那个阶段我国方志理论的重要组成部分，并对后世产生重要影响。

中华人民共和国成立后，1956 年中国十二年科学规划中提出编写地方志。1958 年有些省市着手进行，但大都“一哄而起，一哄而散”，未作踏实的研究工作，所成志书质量不高。上海地区青浦、川沙等郊县也修了志，其结果与全国情况大体相同。

1980 年，胡乔木同志在中国史学会代表大会上，强调编写地方史志的重要意义。会议期间，十六省市代表为此开会讨论编写地方史志问题，倡议成立中国地方史志研究会。同年 10 月，中国地方史研究会筹备会在天津举行，会议讨论了省志、县志编纂情况，上海、四川、湖南、湖北、天津等省市就省志、县志各自提出编纂草案或意见。上海图书馆顾廷龙、上海社会科学院历史所与上海史研究会（筹）唐振常、邬烈勋与会。1981 年 1 月 29 日，上海史研究会（筹）、上海市文物保管委员会和上海社会科学院历史所联合召开上海十县兴修新志座谈会。上海图书馆、上海博物馆、复旦大学、华东师范大学，以及 10 个郊县的有关同志 50 余人参加。当时，上海农委稍前已开过上海农业史座谈会，崇明县已成立纂修县志的办公室。会议认为，修志是一件艰巨复杂的工作，请市委和农业办公室予以支持，应从市到县成立修志办公室。有的学者认为，方志应是集合各项专史而编成的地方通史性的资料长编。有的学者认为，应该在搞好县志的同时搞好上海通志或上海总志。有的学者说：要修上海县志，也要修上海市志，以反映上海市、县的全貌。同年 5 月 5 日，上海史志研究会成立，中共上海市委宣传部副部长陈其五、洪泽，社联常务副主席罗竹风出席。会上，陈其五、洪泽谈到修志工作对开展爱国主义教育和文明教育的作用。洪泽针对 1958 年不顾客观情况，冒进急性的修志教训，对今后上海史志研究提出“量力而行，雷打不散”的希望。市农委副主任万景亮、大百科全书出版社上海分社社长陈虞孙、复旦大学副校长蔡尚思等与会发言。7月，《上海史研究通讯》刊发《上海市〈崇明县志〉类目》初稿，修志的时间断限拟从民国初年开始至中共十一届三中全会召开，篇目包括舆地、政治、经济、武备、科教文卫、人物、杂类七编；除舆地、杂类外，其余5编均分解放前、解放后两部分，然后再下分章节。这是上海地区第一部社会主义新方志篇目的研究构想。

与此同时，同年7月25日至8月1日，中国地方史志协会成立大会暨首届地方史志学术讨论会在山西太原召开，大会分组讨论史与志的关系，关于新省志、新市志、新县志编纂方案的建议（草案）和关于旧方志整理研究的计划（草案）。会议明确了地方史志的重大意义、基本原则和方针、任务。会议认为，编修新型方志工作，牵涉到各行各业、各条战线，必须充分发动群众、集思广益。地方志书绝不是个别系统和少数人士所能承担的，必须广泛发动群众，组织分工协作。建议各省市代表回去后向当地党委、政府汇报，加强对本地地方史志工作的领导。

根据太原会议的精神，1982年8月12—13日，上海在奉贤县城南桥召开上海郊县编志工作第一次协作会议。这种会议后来成为上海郊县主要的方志业务交流学术讨论的组织形式。会议由上海市农委和上海史志研究会联合召开，其间，已有崇明、上海、奉贤、嘉定、松江、青浦、川沙、宝山、南汇九县成立了地方志编纂委员会及办公室。自此，郊县修志工作不同程度地开展起来。1983年复旦大学历史系开办方志学专业进修班，招收上海郊县和华东其他省市的修志工作者，普及传统方志学知识，为修志培养人才。

为了组织启动修志，方志理论问题当时主要由史学界专家学者阐述。其时起重要作用的是上海社科院和复旦大学的专家教授谭其骧、唐振常、吴贵芳、邹逸麟、胡道静、黄苇等。内容包括史与志的关系、编纂组织、传统方志的体例等等。出于史学界惯常的观点和主流学科对方志的认识，他们把地方志作为历史学科的附属，作为地方史编写前收集资料的手段之一。1980年在中国地方史研究会筹备会上，梁寒冰（后来的会长）就说过：地方史研究一定要占有资料，所以不要忙于写地方史。我们首先要抓编志的工作，这将为现代化建设事业提供可靠的资料，为后人编史修志提供真实有用的资料。可见这是当时史学界对修志的观点，这一点也必然影响上海的史学界，并由此指导初期上海的修志工作。当时，上海地区没有专门的方志理论和工作刊物，主要是上海史志研究会与上海社科院合办的《上海史研究通讯》，另外全国性的刊物有《中国地方志通讯》。80年代初期，刊物主要发表的是史学专家、地学专家介绍传统方志知识的文章，如1980年社科院历史所谯枢铭的《上海地区方志述略》，这篇文章后来成为上海介绍传统方志的底本和模式。同年，卢汉超、郑祖安的文章《上海通志馆和上海文献委员会始末》文章，介绍了民国年间的修志活动。1983年，复旦大学教授黄苇的《方志论集》由浙江人民出版社出版，其中《地记与图经考述》一文，提出方志演变的四段论，即秦汉发端，魏晋隋唐雏形，北宋过渡南宋定型，元代稳定发展。比张国淦的至赵宋而“体例始备”说更具体。同年，顾炳权《黄炎培与〈川沙县志〉》文章介绍民国年间的上海修志。其间，还有文章介绍《大德〈松江郡志〉》的。这些都属于修志之初，对传统方志的介绍，属方志知识的普及。另外，是学者研究史志关联与区别的文章，以及建置沿革、人物的文章，如1981年谭其骧教授的文章《史志有别》《地方史志不可偏废》，黄苇《关于〈上海史〉与地方志问题》，陈光贻《关于编纂上海通史上海通志的建议》，邬烈勋的《论新地方志中人物立传的地位与作用》等。随着修志的深入，修志工作者也通过修志实践的经验总结，发表新志编纂的经验性文章，如1981年《上海郊区十县修志座谈会纪要》主要谈修志的组织，同年的《上海市〈崇明县志〉类目初稿》及1984年姚金祥的《县志篇目研究》谈县志的篇目设计。此外，还有文章谈搜集资料，大事记、地理、人物、风俗分志的编写。分志研究既有专家学者，如陈正书、邬烈勋、章采烈关于人物的研究，葛剑雄关于地理分志研究，另外也有修志实践者松江的欧粤对风俗志的研究，具有一定的深度。1986年，黄苇主编的《中国地方志辞典》由黄山书社出版，这是我国第一部方志专业辞典（上海、安徽等省市方志工作者合作编写）。1987年，上海图书馆陈光贻著《稀见地方志提要》15卷由齐鲁书社出版，多为上海图书馆所藏之书。同年上海师范大学图书馆编订的《上海方志资料考录》由上海书店出版。1988年，举办地方志高级讲习班，由谭其骧、胡道静、黄苇等专家讲课。总之，这一时期的研究，正如以上所说，由于编纂者实践不深，史志专家又不可能完全深入编纂实际，加之没有修志专门的刊物，因之文章的数量较少，大多为传统方志知识的普及，少量的是新志实践文章。但社会主义第一轮新方志启动初，高校、研究所的专家学者的方志知识普及，起到了重要的启蒙作用。其后，还由少数专家坚持关心第一轮社会主义新方志的编纂，并从中吸取营养进行研究，其代表是黄苇教授。据本次征（搜）文统计，1980—1987年共发表文章38篇，占1980—2003年总文章806篇的4.71%。8年中，1983年发11篇，为年度发表最多年份，是因为这年召开了上海郊区十县修志座谈会。在撰写不多的文章同时，修志之初，部分郊县还编写了非公开出版的培训教材，如1982年1月，由嘉定县志办编写的《编史修志业务学习教材（一）》，全书收集“要重视地方志的编写”“略谈县志的编写问题”等15篇文章，计10余万字。对当时的修志启蒙起到了较好作用。20世纪80年代中期开始，修志实践者的研究文章在数量上已逐渐超过史学专家，占据了方志论坛的主体地位，说明了“实践出真知”的道理。

1983年4月，全国性的地方志指导组织中国地方志指导小组在北京正式成立，地方志工作指导从组织上与地方史志学会脱离，这是地方志编纂涉及社会党、政、军、文化、社会诸多部门、行业方面的特点决定的，由单纯以历史研究为宗旨的史学研究的社团难以承担组织协调任务。1986年12月，中国地方志指导小组组长曾三在全国地方志第一次会议上作《为编纂社会主义时代新方志而开拓前进》的报告，指出社会主义新方志指导思想的问题，关于社会主义时期新方志的科学性和时代性（或现代性）的问题。在这次会议的闭幕会上，胡乔木作了“关于新方志的体裁和科学性问题”的讲话。1987年5月26日，在全国修志形势的推动下，在上海地方志事业发展的大好形势下，上海市成立了市地方志编纂委员会及其办事机构上海市地方志办公室，全面领导全市的修志工作。成立大会上，上海市市长江泽民同志作了重要讲话，讲话内容包括社会主义新方志编纂的指导思想、社会主义新方志在上海建设发展中的功能作用、各级领导要重视地方志工作等等。这篇讲话，2002 年在讲话 15 周年之际，经中国地方志指导小组办公室请示中共中央有关部门后，由《中国地方志》杂志在当年第 5 期上公开发表，这是指导全国地方志工作的重要文献。1987 年 7 月，黄浦区地方志办公室成立，预示上海城市中心城区区志的编纂开始，为此，进一步拓展了上海新方志理论研究的领域。同年 11 月，上海市第一次县志工作会议在崇明举行，着重研究如何编纂郊县志，新成立的市地方志办公室开始正式介入修志的业务指导工作。同年，中国地方志指导小组副组长梁寒冰在《学习乔木同志讲话，提高志书的科学质量》文章谈了新修地方志的目的和作用，新方志的时代性，新方志的体裁体例，新方志的科学要求，新方志的分量，新方志的政治质量等问题。这些讲话，开阔了包括上海在内的方志工作者的思路。1988 年以前，方志界具体遵循的是《关于建国以来党的若干历史问题决议》，对中华人民共和国成立以来的失误，包括 1958 年大跃进、政治运动，尤其是“文化大革命”的记述，坚持的是“宜粗不宜细”的原则。1988 年 3 月，根据中共十三大提出社会主义初级阶段的理论，中国地方志指导小组第八次会议纪要，要求各级各类志书贯彻中共十三大精神，解放思想,并认识解放思想的实质就是“实事求是”,要清理自己思想上长期形成的“左”的影响，和一些附加于社会主义的不科学的旧观点的影响。1988 年 4 月，全国地方志工作会议，贯彻中国地方志指导小组第八次会议精神，用社会主义初级阶段的理论为武器，更新观念，认清国情，以实事求是的态度记述历史，从根本上保证志书质量。后，中共十三届四中全会提出加强国情教育，同年 8 月，全国城市志指导会议侧重强调：新的地方志是对广大人民，特别是对青年一代进行坚持四项基本原则教育，进行爱国主义教育、社会主义和革命传统教育的材料。1990 年上海市地方志工作会议工作报告中强调: 学习党的十三届四中全会、五中全会精神，去年（1989 年）以来，小平同志和江泽民同志提出全党要改变前几年在执行一个中心两个基本点中一手硬、一手软的失衡情况，要求加强社会主义精神文明建设，加强思想政治工作，加强国情教育。这些对“文化大革命”等政治运动和中华人民共和国成立后的失误的记述是有很重要影响的。1991—1992 年，在全国方志界发生了对“文化大革命”记述的争论，上海方志界也发表了一些文章。陆慕祥在《记述“文化大革命”的形式和效果》一文归纳了市郊 10 县志书的四种记述模式，是一篇很有代表性的文章。

1989 年，上海郊县的修志工作进入完成期，《奉贤县志》《崇明县志》出版，《青浦县志》开机印刷，金山、川沙、松江、南汇 4 县志即将定稿，上海、嘉定、宝山评审。另一方面中心城区的区志，普陀、黄浦、南市、卢湾、杨浦、徐汇、闵行、静安、吴淞区志也已开始组织编纂。上海社会主义新方志编纂进入繁盛期，加之 1988 年，市地方志办公室创办了专门服务于全市修志工作的内部刊物《上海修志向导》，主要发表方志理论研究和修志经验介绍的文章论文，指导全市修志工作。有了自己的理论刊物和理论队伍，加之郊县修志已有一定的经验形成，并有所理论化，因之，从1989年开始，每年发表的文章在50 ~ 60篇。尤其是1992年，是上海市方志理论研究高峰年，原因是郊县志编纂完成（1993年10部郊县志全部出版），进行经验总结，约请各县志的主编、总纂以及业务骨干梳理修志以来的经验，撰写了方志经验总结性的论文集《上海郊县修志十年》，加上《上海修志向导》，当年共发文章115篇，占历年发表文章论文总数的14.27%。其后平均每年发表的文章在40篇左右。主要研究内容包括分志研究、地情特色研究、体裁体例研究、指导思想研究、资料研究、编纂方法研究、编纂组织方法研究、篇目内容研究等。姚金祥、薛振东、朱炎初、何惠明、王孝俭、周之珂、冯学文、周正仁等县志的总编、总纂都分别发表了既有实践经验又有一定理论水平的文章论文。10部新县志的编纂，是上海地方志工作的成功演练，为全市修志工作的全面铺开做了实践与理论的准备。（按："全面"主要指后编的区志、专志和《上海通志》）在指导思想方面，除一般修志人员和史学界专家重视和研究外，更是市党政领导和部门党政领导最为重视的问题，在全市地方志会议和有关评审稿会议上，他们多次强调修志要坚持正确的指导思想，强调方志编纂与上海建设发展的关系。此期，江泽民、朱镕基、黄菊、陈至立、钟民等领导分别在有关会议上讲话，除了市级领导讲话外，上海警备区副司令相守荣，市委宣传部副部长龚心瀚，市总工会副主席杨森，市经委主任郁品方、徐志毅，市外经贸委主任王祖康，市化工局局长符卫国，市交运局书记王敬清等，都就方志的指导思想作了讲话或写了文章。

上海是座都市化的城市，与其他省市相比，修志有一定的特殊性。因之，在第一轮社会主义新方志的系列丛刊的构架方面，有自己的不同做法，有因有创，其构架的思路有一条起伏的发展过程，所以，志种研究是上海新方志理论研究的重要方面。上海市地方志编纂委员会刚成立，1988年提出《上海市志》由"一个高度概括的总志"和"大约一百部专志"组成，其编纂程序"采用通常所说的'两步成志法'进行"。1989年，编委会进一步明确，"两步成志"即第一步先由各单位"分别编纂一百部以上可以独立存在的专志"，第二步再"按照《上海市志》的总体设计的篇目结构，对一百部以上的专志加以综合提炼，编纂加工，总纂成2000万字左右的《上海市志》"，并计划这一庞大的文化工程"在1997年左右基本完成"。考虑到这一构想，市志、专志规模太大，内容可能重叠，在《上海市志》篇目座谈会上，专家建议将《上海市志》压缩到500万字，并改名为《上海通志》。这就是说，《上海通志》从原来的"统率型两级结构"改为"宏观轻型结构"。据此，正式形成上海市地方志编纂"一纲三目"的总体思路，即：一部宏观轻型的《上海通志》及其统率下的《上海市专志系列丛刊》《上海市区志系列丛刊》和《上海市县志系列丛刊》，构成第一轮上海社会主义地方志的完整体系。围绕这一系列认识的形成，在会议和文章中有不少的阐述和论争。如钟民、林克、胡道静、吴云溥、姚秉楠、刘其奎、姚金祥、王孝俭、何惠明的文章，对上海新方志系列，尤其是《上海通志》（原称《上海市志》）的编纂框架均有不同深度的阐述。这些意见有同有异。上海第一轮新方志的体系在这些研究和论争中逐渐形成，并指导着上海第一轮新方志编纂的宏观实践。

城市区志是一种新型志种，没有可继承的经验，与郊县编修县志重视交流一样，1988年中心城区的城市区志开始编纂后，市内各区也轮流主办区志协作会（共举办了12次），同时参加全国城市区志协作会议，研究城市区志的编纂，并在各本《全国城市区志协作会议文集》，以及《上海修志向导》上发表了不少的文章，对城市区志的编纂起到了针对性很强的指导作用。张一雷、范洪涛、王国滨、左熙融、常林焕、沈永清等发表了不少区志研究文章。专志由市宣传、经委、建委、交办、财贸等大口组织编纂，规划110部，因之，研究文章较多，单一的专志研究就有40多篇（不含编纂方法研究）。王渭泉、霍美芬等发表了一些有价值的专志研究文章。1993年，黄苇领衔，巴兆祥、孙平、姚金祥、褚赣生的《方志学》一书由复旦大学出版社出版。

20世纪90年代初，全国方志理论研究大体是从普遍问题的研究（方志性质、体裁体例、编纂方法、概述、大事记、人物、文体等）、宏观研究（宏观内容结构、三新三性）为主，转为对特殊性的研究为主（地情研究、具体的专志分志、体例创新突出特点、时代特点）。当然，从发文数量看，编纂方法仍然是上海方志研究的重要方面和主要方面，如何记述政治运动，如何记述各类政策仍然是方志争论的焦点。1991年4月全国地方志工作会议在河南开封举行。会议纪要再次重申《新编地方志工作暂行规定》，指出，《规定》中的修志指导思想无疑是完全正确的。会议认为，把政治性和科学性割裂开来或对立起来，认为坚持政治性就会影响科学性的观点，既不利于保证志书的政治质量，也会从根本上损害志书的科学性。志书应加强对旧社会的记述，正确地记述"左"的影响和失误，如何记述"左"的影响和失误，确实是一个难度较大的问题。当前不少志书对此采取回避态度或一笔带过，这就影响了志书的政治质量。会议还认为，要充实政治部类的质量，政治部类内容过于简略，要反映党的领导和政府的政绩。此间，1990年10月在大连召开的全国城市志质量研讨会，1991年在哈尔滨举行的东北地区城市志研讨会、在西安召开的西北地区城市志质量研讨会，都把志书的质量，尤其是政治质量放在中心议题的地位上。上海这一时期也发表了这样一些文章，如发表在《上海修志向导》上李家齐的《县志中有关政治门类记述的管见》、张一雷的《如何充实政治部类内容》、范洪涛的《编写政治类志书的若干共性问题》、梁觋章的《谈谈政府志政绩的记述》、何惠明《浅论新方志如何反映政治运动》、张燕诒《关于加强共产党领导专记记述的一些构思》等，就是当时的这样一批文章。

1992年2月18日，上海市地方史志学会成立，进一步加强了上海地方史志工作者之间的团结协作，对上海市情和地方史志的研究起到了促进作用。学会研究方向，一是上海研究，二是史志研究，吸收复旦等高校的学者和地方史志工作者参加，丰富了方志理论研究的领域。上海地情研究促进了上海方志突出地情特色，从又一个侧面提高了志书的质量。

1992年全国地方志工作会议在吉林长春举行，会议要求方志工作者在指导思想方面要学习“邓小平南方谈话”精神，冲破“左”的思想束缚和影响，扶持不同流派，在符合志书基本特点的基础上进行创新。同年8月19—20日，上海市志办举行有各大口地方志指导组和部分区志、专志主编参加的修志研讨会，学习邓小平南方谈话，解决“修志中政策问题”。会议认为，坚持辩证唯物主义和历史唯物主义，警惕右，主要是防止“左”，从形形色色的“左”的思想影响下解放出来，以此指导修志实践。次年11月，中国地方志协会1993年学术年会，着重讨论三个问题，一是地情研究与方志编纂；二是发挥地方志的优势，认为先有地方志然后有方志学，方志学研究的对象包括方志范畴，也即方志学、方志编纂学、方志应用学等；三是政治上要防止“左”和右的影响，以确保志书的质量。可见，20世纪80年代末到90年代前中期，政治、政策、指导思想问题是各级修志领导组织者最为关心重视的问题，因之，也是成为方志研究重要课题的原因。但这一时期由于县志、区志、专志的大量完成，在方志编纂经验的总结中，逐渐开始提出社会主义新方志基础理论的研究，提出了建设社会主义新型的方志学科体系。但社会主义方志学学科体系不是可以一朝建成的。上海地区与全国各地一样，仍然多为编纂方法的研究，基础理论研究文章较少。

1994年7月，全国地方志座谈会在山东泰安举行，在提出的“当前几项任务”中，包括推动方志理论研究深入发展和开展新志书的评论。提出新、旧方志学比较研究，探讨戴震、章学诚，以及民国前辈究竟有什么方志理论和实践可以借鉴。20世纪90年代上半期，上海的县志、专志、区志陆续出版，带动了方志评论的活跃。方志批评是上海方志理论研究的主要方面之一。在806篇采撷文章中，方志评论122篇，占总篇数的15.14%。1993年至2003年共发表方志批评文章80余篇。评论的对象包括县志、区志、专志，以及各志种中的部分分志，以及概述、大事记等等。其中由于专志的编纂量大，因之，专志评论文章也最多。除实际修志者的评论文章外，一些史学界及其他学界的专家也参加了方志的评论，如胡道静、唐振常通过序文对《龙华镇志》的评论，周振鹤评《黄浦区志》，郑祖安评《静安区志》，万景亮、谭其骧、胡道静评《松江县志》，黄苇评《上海丝绸志》等等。胡道静先生为《松江县志》作的序文，谭其骧先生对《金山县志》的评论，都是影响很大的评论文章。市地方志编委会、审定委员会和市志办的领导及业务人员也通过方志批评对修志进行指导，钟民、林克、吴云溥、李家齐、姚秉楠等编委会、办公室、审定委员会领导也有方志评论文章刊发。其中发表评论文章最多的是闵行区志办沈永清。在旧志比较研究方面，上海地区于90年代中前期也刊发了一些文章，如刘其奎、孙纪平《黄炎培先生的方志实践与理论建树》、顾炳权的《黄炎培〈川沙县志〉在体例上的创新》、王桂云《张之象与明万历〈上海县志〉》、周之珂《取其精华去其糟粕——谈谈批判地继承旧志》、许洪新《〈中国地方志联合目录〉上海部分校读记》、王桂云《曹炳麟与民国〈崇明县志〉》、谯枢铭的《上海地区方志述略》等。

20世纪90年代中期，中国方志界从下而上，从上而下形成了一股重视方志理论研究之风。1994年10月29日至11月3日在重庆，中指组召开了方志理论工作座谈会。会议认为，90年代随着志书出版，理论研究出现高潮。围绕方志学基础理论、方志编纂学、方志史及方志学史等方面课题进行研讨，讨论范围涉及方志学学科的性质、学科体系、方志学研究对象、方志学的属性和功能、志书的质量标准及真实性、方志与历史、地理与政治的关系、旧志的批判继承与创新、方志编纂的技巧与方法、志书的科学性与资料性标准、方志管理学（包括机构体例、组织领导、队伍培养、发行推广及志书应用）、方志与社会时代关系与海外方志的比较研究、方志的指导思想和编纂原则等。认为“近些年”还是应用（实用）理论侧重，经历了一个吸收、消化、反思、提高的过程。但理论工作“人自为战”，理论研究缺乏宏观的概括，零散的研究多、系统完整性差，也未形成权威性较高的成果，对传统理论缺乏系统的研究和整理，基础理论研究明显滞后于方志技巧的研究。这些对当时方志学研究的评价也完全适合上海的状况。会议提出的方志理论研究方向对上海地区的方志理论研究起到了明晰范围方向的作用。为此，同年 12 月，市地方志编纂委员会常务副主任林克在市地方志编委会第五次委员、顾问（扩大）会议上的工作报告指出：加强研究，继续办好指导修志、研究上海的刊物——《上海修志向导》《上海研究论丛》，通过对上海近现代历史（主要开埠以来）和现状的研究，以及开展方志理论的探讨，切实提高《上海通志》政治质量和学术水平。根据上海的特点，林克同志强调，上海研究中心（上海市志办与复旦大学合办，中心办公在市地方志办公室）要充分调动上海各研究方面的学术力量，着力规划组织有关课题的研究。市地方志办公室要与上海地方史志学会一起定期举办区志、专志研讨会议，交流经验，研讨问题，并经常举行各专题学术讨论会，研究解决修志中出现的各种问题。《上海修志向导》《上海方志信息》要及时反映上海市情研究和方志工作的信息和成果，进一步发挥指导性、学术性和资料性的功能。

1995 年 8 月，中国地方志指导小组二届一次会议就方志理论问题进行了讨论。纪要认为：加强方志理论建设是当前新方志事业中的一项迫切任务，要全面总结十几年来修志工作的基本经验，在此基础上探索我国修志工作的规律，努力建设起符合时代要求的科学的新方志理论。作为上海地区，由于市地方志办公室正着手《上海通志》和《上海专志系列丛刊》的编纂，不可能组织人力进行基础理论的研究，少量的研究仍来自于分散的个人。从文章看，1993 年以后的文章、论文也主要以方志批评、方志编纂方法为主。但对方志理论的研究仍是很重视的，并有重要理论成果诞生。以上所谈 1993 年黄苇、巴兆祥、姚金祥、褚赣生合著的《方志学》，1994 年姚金祥与何惠明合著的《简明方志编纂学》专著出版，两书中都有一定分量的基础理论研究内容。1997 年 5 月 21 日，上海市地方志第四次工作会议，编委会常务副主任林克同志在工作报告《今后四年的主要工作》中提出：进一步加强方志理论研究，要认真地总结上海十几年来编纂方志的经验，从理论上加以阐述，要努力探索在建设有中国特色社会主义的条件下编纂方志的规律，为建立方志学提供理论研究成果。鉴于 1996 年 5 月 7 日，中共中央政治局委员、国务委员、中国地方志指导小组组长李铁映作《求真存实，修志资治，服务当代，垂鉴后世》的工作报告，提出：“一届志书完成之日，就是新一届志书开修之时”，四次工作会议上，上海地方志编委会还提出“承前启后，做好编纂下一届志书的准备工作”，对续志编纂研究起到牵发作用。6 月 1 日，上海市政府办公厅以当年 38 号文下发《上海市人民政府办公厅转发市地方志办公室〈关于进一步加强本市地方志编纂工作意见的通知〉》，通知要求为下一轮志书的编纂做好理论准备。20 世纪 90 年代中后期起，上海的方志理论研究进入了第一轮社会主义新方志理论总结和第二轮新方志续修的理论探索阶段，两者研究具有相辅相承的关系。

上海的方志理论研究除每年召开县志、区志、专志编纂协作会外，还多次召开《上海通志》编纂工作研讨会，以及一些专题会议。1997 年 4 月 25 日，上海市地方史志学会举办了“专记”研讨会，会议认为，20 世纪 80 年代以来，上海新编志书中，设“专记”篇及与“专记”有相似之处的“特记”“杂记”“志余”“附记”占了绝大多数，各具一格，存史价值高，可读性强，引起方志编纂者对新方志设“专记”的浓厚兴趣。此外，还多次举办如何编纂人物志、大事记、概述、政治部类专志，如何记述政策等专题研讨，取得了较好的效果。

中共十五大召开后，随着马克思主义中国化的不断深入，社会主义新方志的指导思想进一步融入历史新阶段的新内容。1997 年 10 月 17 日，中国地方志协会第三届会长办公会议纪要：“中国地方志协会的同志要认真学习江泽民同志的报告，全面准确地领会精神实质，牢牢把握十五大的主题，牢固树立邓小平理论的指导地位，以邓小平理论为指导思想，从理论和实践上不断总结修志经验。”1998 年 1 月 19—20 日，中国地方志指导小组二届五次会议提出：已完成本届修志任务的地区要及时转入下届志书的编前准备，包括思想理论准备。5 月 4 日，上海市地方志编纂委员会常务副主任林克在上海新编地方志优秀成果颁奖大会上的讲话中强调要总结经验，进一步加强和深化方志理论研究。他指出：本届修志一个很大的不足，是修志的理论研究滞后于编纂实践，为了给下届地方志工作奠定理论基础，要深化方志理论研究。继 1993 年 10 部郊县志全部出版，1999 年，上海中心城区 12 部区志全部编纂告竣，对城市区志的编纂经验进行了一次总结回顾，撰文出版了《上海区志编纂十年》论文集，区志的主编、总纂、副主编、副总纂和业务骨干，撰写了一批文章，筛选后结集出版。

2000 年，中国地方志指导小组发出关于做好《全国地方志理论工作研讨会》准备工作的通知。会议内容：一是从理论和实践的结合上对 20 年来修志工作进行总结。二是对地方志续修的理论和实际问题进行探讨。并就评估志书标准、志书质量评价、方志的性质、功能、特点、如何体现思想性、科学性与资料性的统一；继承与创新；在贯彻总的指导思想反映时代特点和地方特色方面的经验；方志体例、篇目的合理性；如何运用现代化手段；首届修志的经验问题等布置了讨论专题。2001 年 12 月，110 部的上海专志系列即将出齐（已出版 98 部），在上海社科会堂召开了首届专志编纂的总结会，并落实了专志编纂研究论文集的编撰工作。2002 年，《上海专志编纂十五年》编纂出版。自此，上海第一轮社会主义新方志“一纲三目”的理论总结性的市一级文集，除通志外，其余全部出齐。《上海郊县修志十年》《上海区志编纂十年》《上海专志编纂十五年》组成了首轮修志经验总结性的理论研究姊妹篇。

这是对上海第一轮社会主义新方志理论研究的重要的、系统总结，不少重要的理论成果都发表在这三部论文集上。

在续志研究方面，2000年5月1日，上海市政府办公厅发出《关于进一步做好上海地方志编纂工作的通知》，要求已完成县志编修工作的县和撤县建区的区开展县志续修工作。新建的区如时间已满10年，要开展新区志的编纂工作。条件具备的市直部门和单位，可以续修专业志。

在此之前，续志研究已经从分散到有组织地陆续开始，自2000年开始至2003年，已陆续在《上海修志向导》《上海志鉴》《中国地方志》等刊物上发表续修论文文章30多篇。

2000年4月20—21日，上海市续志编纂研讨会在松江区佘山举行。研讨课题包括：以邓小平理论为指导写好改革开放，突出续志时代特征；年鉴是续志的重要资料基础，但只是续志资料的一部分等。这是上海市有组织地开展续志研究的第一次会议。此后每年都要召开一至两次上海区县续志研讨会。2001年9月13—14日，市志办在青浦区朱家角，2002年在浦东新区三甲港，2003年在青浦区日月岛度假村，均召开了同类会议，讨论了续志的指导思想、如何记述改革开放、续志与首届志书的衔接和上下限，继承与创新、新的社会变革后的资料征集、社会生活如何编写等。2002年、2003年社会主义新方志的指导思想进一步丰富，党的十六大提出了“三个代表”重要思想，围绕指导思想上海方志界发表了一批有影响的文章，如沙似鹏的《用“与时俱进”的思想研究续修对象，编纂出无愧于现代化大都市地位的精品良志》，朱敏彦的《用“三个代表”重要思想统领方志编修工作》、姚金祥的《深入学习和贯彻中共十六大和十六届三中全会精神，努力开创续志工作新局面》，梅森以市方志办名义撰写的尚志文章《指导地方志工作的重要文献》都是围绕续修指导思想发表的重要文章。尤其中共上海市委副书记龚学平2002年发表在《中国地方志》刊物上的文章《以“三个代表”思想为指导，努力开创上海地方志工作新局面》，具有更为广泛重要的影响。在具体的续志方法研究方面，由于《嘉定县续志》于1999年率先出版，该志主编倪所安的文章较为充实具体，有很好的先行领行价值。此外，《黄浦区续志》《南市区续志》也于2003年出版，范洪涛、陶俊也写了有参考价值的文章，对于新的社会体制下修志疑难之处提出了自己的思考。同年，市地方志办公室方志编纂处梅森、王继杰、颜小忠、黄晓明等编写了30余万字的续志培训教材《方志续修十六讲》，被编入《中国地方志2003年十件大事》。

上海社会主义新方志理论研究除了以上阶段特点外，常规性的方志性质功能、编纂组织、体裁体例、篇目、资料工作、历史考证、旧志、编纂方法、分志和专志、地情特色、志种、读志用志研究是基本没有间断的。根据此次编写《上海方志理论研究》的较为全面调查，2003年初作者（梅森）开始《上海方志年鉴志·方志理论研究》章节的编写工作。首先由办公室发文向各区县志办和市直单位专志编辑室征集，由于时间久远，人员变动，只征集了20余篇文章。5月起，作者开始从内外两方面入手，以市内为主，首先分类列表（栏目包括：著作论文文章标题、理论研究类别、作者姓名、发表书刊名、刊发时间），从《上海史研究通讯》《上海修志向导》《上海志鉴》《上海郊县修志十年》《上海区志编纂十年》《上海专志编纂十五年》等书刊上辑论文文章题目入“上海方志研究论文文章简表”。同时，发函至《中国地方志》编辑部和其他各省方志刊物编辑部，请协助复印上海方志系统在市外刊物上的文章，一并辑入表中。共采摘文章 806 篇，此次采集应该是较为完整的（会有少量遗漏，因为外省市有些刊物发表文章未刊作者地址，这也是少数）。第二步工作是在 806 篇文章中选择重要文章，并摘录重要的观点。第三步把分类的观点分成 11 节撰成上海方志理论有关研究，如指导思想研究、体裁体例研究等等。对于传统旧方志研究的论点论述，由于数量少，一旦分门别类就会被湮没，故独立一节撰写，每节尽量予以综述勾弦。本书第 12 节为著作提要。第四步，用电脑对表格数据进行分析，分制出“上海方志研究论文文章分类分析表图”“上海方志研究论文文章年份数量分析表图”和“上海方志研究论文文章发表刊物分析表图”。在此基础上，第五步撰写“第一节上海方志理论研究述略”。从 1980 年至 2003 年 24 年间，上海方志系统共发表论文文章 806 篇：其中领导讲话 22 篇，占 2.73%；指导思想 23 篇，占 2.15%；性质功能 12 篇，占 1.49%；编纂组织 56 篇，占 6.95%；经验体会 38 篇，占 4.71%；体裁体例 34 篇，占 4.22%；篇目研究 37 篇，占 4.59%；资料工作 48 篇，占 5.96%；旧志研究 26 篇，占 3.23%；历史考证 29 篇，占 3.6%；编纂方法 80 篇，占 9.93%；分志研究 103 篇，占 12.78%；专志研究 33 篇，占 4.09%；地情特色 22 篇，占 2.73%；志种研究 19 篇，占 2.36%；方志综论 48 篇，占 5.96%；读志用志 31 篇，占 3.85%；方志批评 122 篇，占 15.14%。当然，由于文章不少是综合性的研究，分类有交叉，只能从文章重要方面从属归类。可见其中发表最多的是方志批评文章，其次是分志研究，再其次是编纂方法研究，如果把编写组织、经验体会、篇目研究、资料工作等都归入方志编纂方法（学），那么，发文章最多的应为方志编纂方法研究，可见与全国地方志研究总情况相同，方志理论研究编重于实用、应用、方法，基础理论研究较为薄弱，指导思想仅 23 篇，方志性质功能仅 12 篇。当然，方志学科建设完全依赖具体的方志编纂者也是不现实的，应该方志实践者与史学界、学院、社科院专家合作和融合。此外，方志批评文章虽多，但质量相对其他类别文章，提出的观点不多，理论深度不足，问题指出较少，多为褒奖之文；当代人评当代志的确受到很大局限。根据分析，上海社会主义第一轮新方志理论研究的论文、文章中，最有价值的是方志编纂方法、编纂学的文章、论文，尤其是县志、区志、专志的理论总结文章和通志等研究文章。按文章发表的年份分析，随着县志、区志、专志的陆续完成，以及理论总结等背景原因，24 年间，发表文章较多，较稳定的是 1989—1997 年（1999 年是特例，因为《区志编纂十年》论文集出版）。随着第一轮修志的接近完成，文章逐渐减少；再随着续志的启动，文章自 2002 年起有所增加。由于专业方志工作者毕竟是少数，修志理论研究的高潮与社会广泛的修志有关，而扎实系统基础的方志理论应由专业方志工作者与研究部门、院校的专家教授共同完成。

在 806 篇文章中，发表在全国和外省市刊物上的只占 8%，分别是在《中国地方志通讯》上发表11篇，在《中国地方志》上发表31篇（《中国地方志》的前身是《中国地方志通讯》），在《广西地方志》《黑龙江史志》上各发4篇，在《河南史志》《湖北史志》《陕西地方志通讯》《天津史志》《云南史志》《浙江方志》《志苑》等刊物上分别刊发1～2篇。虽然，上海方志系统重视参加全国城市志，全国城市区志的研讨会，但本市刊发在外地刊物上和本市刊物发表外地修志人员的文章均较少，和全国各省市理论研究一样，各自为战，人自为战，交流不够现象较为普遍。除800多篇论文、文章外，上海方志系统，包括高校的专家学者教授还出版了15部方志论著和论文集，其中以上行文中有的已经交代。可概括为五大类：专著类有黄苇的《方志论集》，黄苇、巴兆祥、姚金祥、褚赣生合著的《方志学》，姚金祥、何惠明的《简明方志编纂学》，张一雷等的《城市区志编纂概论》（与外省市合著）；编著有梅森、王继杰、颜小忠、黄晓明的《方志续修十六讲》（内部出版，2004年以上海市地方志办公室名义，由方志出版社出版，改名《方志编修教程》，梅森内容结设计。通稿，撰写其中6章；因为属于职务著作，分工副主任朱敏彦任主编，梅森任副主编）；文论集有市地方志办公室主编的《上海郊县修志十年》《上海区志编纂十年》《上海专志编纂十五年》，周正仁等主编的《奉贤县志文论选》，金山县志办编《金山县志论评》，姚金祥、周正仁等的《新编方志评论集》，普陀区志办编的《城市区志上海协作研讨会议论文集》，松江县志办编《茸城志谭》；旧志整理，上海图书馆陈光贻的《稀见地方志提要》，上海师范大学图书馆编《上海方志资料考录》；方志辞典，黄苇等上海方志界专家、方志工作者与外省市合编《中国地方志辞典》。1980年上海第一轮社会主义新方志开始编纂至2003年，24年间，上海方志系统共出版以上著述15部，与发表的近千篇论文、文章，组成了20世纪80年代至21世纪初阶段性的上海方志理论文库。

上海地区旧志中有不少珍贵论述值得我们继承发扬，尤其是嘉定钱大昕方志观，黄炎培、柳亚子的体例创新，都是上海方志界可引以为自豪的，也是可在中国方志理论史上占有一席地位的。20世纪80年代开始的社会主义第一轮新方志编研中形成的上海经验和方法，如“一纲三目”的系列体系，如重视通过地方史志学会和上海研究活动加强与研究所、高校史学界、地学界的沟通，请专家学者共同参与上海方志理论的研究，重视通过学会和《上海研究论丛》刊物开展对上海市情的研究，召开各种专题会、协作会、工作会，进行方志理论的交流，在志书编纂完成后不失时机地总结县志、区志、专志的编纂经验编撰论文集，在近千篇的论文文章和10多部著作中有大量有价值的各类研究文章，尤其是方志编纂方法文章，这些成绩、成就、成功之处有待未来进一步发扬光大。当然以上分析中存在的不足，如基础理论研究不够，与外省市交流不多等，有待在第二轮修志工作中加以改进，只有广泛地交流，发扬上海“海纳百川”“艰苦奋斗”的城市精神，上海社会主义新方志理论研究才能不断“追求卓越”，才能在中国方志学学科体系的构建中发挥重要的作用。

（《上海志鉴》2004年第5期）

自评： 本文是我于2004年5月由香港天马出版有限公司出版的著作《上海方志研究概要》（梅森 著）的“第一节 上海方志理论研究述略”的转刊。《上海方志研究概要》应该是省级行政区域性方志理论综合研究轨迹特征的第一部著作。考虑香港出版社书号内地出版、研究部门不承认（不成文规定），2008年4月改名《上海方志研究综论》由上海市地方志办公室出版，改由分工副主任朱敏彦任主编，本人任副主编，补充了2005—2008年的研究情况。《上海方志研究概要》是本人2003年开始着手撰写的著作。2000年底调上海后，上海的方志工作已经了解，萌生了了解上海方志研究的念头。当时租房住在普陀区新村路，因妻子孩子还在合肥，故上班以外的主要精力就是评正高职称（2001年在上海评上正高）和编写这本29万字的著作。跑图书馆，利用方志刊物搜集上海的研究论文、文章，以及全国方志研究的学术背景（条件艰苦，用的都是过期日历纸做卡片）。“上海方志理论研究述略”总提全书，介绍了上海地区地方志文献及研究的渊薮与发展轨迹及特点；传统方志序文、凡例中的方志论说；总结传统方志理论的类别与旧志分布；列举经典论断；名人序论；钱大昕方志理论；民国年间的方志研究与黄炎培川沙县志的编纂创新；主体是中华人民共和国成立后的上海方志理论研究，尤其是80年代起大规模修志以来的上海理论研究和编纂经验总结；介绍了研究资料的来源。本文应该是本人第一篇方志基础理论（方志学史）研究。以省区市为独立区域进行方志史研究，本书是比较早的，在框架和研究方法上有自身特点。

方志学“折衷派”与“综合性系统的地方文献”：也谈方志性质

——写在经学、史学、方志学大家钱大昕逝世200周年

今年，是清乾嘉时期著名的经学、史学、方志学大家钱大昕（1728年2月16日—1804年11月2日）逝世200周年，结合近年撰写《上海方志研究概要》（已由香港天马出版公司出版），对钱氏的方志理论有所心得，推及封建时代方志理论高峰——乾嘉时期及以后方志学派、流派的学术论争，竟有新的见解生出，并有理由认为，钱大昕的方志理论是章学诚为首的“历史派”和戴震为首的“地理派”之外独树一帜的流派，是黎锦熙以前史地合一“折衷派”[①]的第一人和奠基者。

一、钱大昕及他的方志学

钱大昕（1728—1804），字晓征，号辛楣，自署竹汀居士，晚称潜研老人，乾嘉时期嘉定县望仙桥人（今属上海市嘉定区望新镇）。钱为乾隆间进士，历官内阁

中书、翰林侍讲学士、詹事府少詹事、广东学政等官职。他于乾隆四十年（1775 年）致仕（今义“退休”），潜心著述和讲学，历主钟山、娄东、紫阳书院，著作有《廿二史考异》《六史氏族表》《六史艺文志》《十驾斋养新录》《潜研堂诗文集》等。方志学是钱大昕史学理论的组成部分。钱氏在大清一统志馆时议订书例并先后为《昆山郡志》《玉峰志》《乾道四明图经》《云间志》《会稽志》《凤阳县志》《韩浚嘉定县志》等数十部方志题写序跋，不乏真知灼见，也反映其在当时方志界的影响。他还主纂了乾隆《鄞县志》《长兴县志》，遂成后世楷模。[②]

乾嘉时期，由于朝廷倡修方志，一大批学者参加，一时间志坛群星灿烂，章学诚、戴震、孙星衍、洪亮吉、方苞、姚鼐、纪昀、李兆洛、阮元、钱大昕等都参加了修志实践和进行不同程度的理论研究，其中最有影响的是章学诚。近代著名学者梁启超一语“方志学之成立，自实斋始也”出，更是奠定了章学诚在中国传统方志领域的地位。除章学诚外，乾嘉时期在方志界较有影响的还有戴震、洪亮吉、孙星衍，而钱大昕的理论星光被章学诚等所淹没，为后世所忽视。因关于钱大昕方志理论的研究不多，所见肯定钱氏方志理论的文章本人只见 3 篇。

当代学者陈光贻早在 1981 年就曾撰文《钱大昕的方志学》，指出：钱大昕在经学、史学、金石、氏族、目录等方面学术都有人加以研究，但对其方志学理论却无人系统研究。他说：方志学是钱氏学术的重要组成部分，可卓然成家。研究钱氏方志学，可从其经史学、地理学开始，然后及于他的方志学。该文还具体指明研究钱氏方志学的范围：钱氏在一统志馆时，所议之书例及纂鄞县、长兴《志》，还有《潜研堂文集》中所题旧方志序、跋，及与洪亮吉、孙星衍、章学诚、徐中圃等互通的信札之中所阐发的方志理论。文章指出：钱氏方志中最突出者是对方志人物传编写的意见。[③]

朱士嘉先生也于 1981 年在他的文章《谈谈清代学者论述修志的问题》中共推出顾炎武、方苞、章学诚、钱大昕、纪昀五大方志家。可见他把钱大昕的方志理论摆在重要的地位上。他认为：钱大昕方志论点包括修志者必须占有充足的资料；要通晓前代官制；辨别古今地名异同；注意人物考订。他还认为，钱氏“所主诸义例，则全为新派开宗之言也。”（作者按：“新派”代表人物是章学诚，钱大昕比章学诚长 10 岁）。[④]

对钱大昕方志理论研究占有资料较多，有自己独到见解的，我认为是社会主义新方志《嘉定县续志》总编倪所安先生。他 1989 年在《钱大昕方志学说初探》一文中认为：钱大昕融合各家学说，对方志的性质功能、编纂方法、资料搜集、篇目拟订、人物传记编写无不有独到的见解和精辟的论述。其理论虽是零星散说，但汇拢则卓然自成一家。倪文最重要之处在于不像其他学者，大多肯定钱大昕关于人物传编纂等记述方法的论说，而是从全面角度，从一个新的高度评价钱大昕的方志理论。他的关键研究是，认为钱大昕的理论既不同于章学诚，也不同于戴震，而是“自成一家”。他把钱大昕的方志理论概括为六大方面：一是钱大昕折合章学诚和戴震两家之言，认为地方志是“一方之徵信”（见《鄞县志·凡例》），并在《凤阳县志·序》中说：“志之为言，识也”，钱大昕从“志”的本义去探索方志的起源和属性，把方志看成记述一地各方面事物的载体（按：古文“识”通“志”，通“记”）。二是“志无论大小皆道之所在”，讲的是方志内容的义旨，文以载道，“志”以载道之意。三是“博观约取为修志首事”，指钱大昕强调方志要广征资料，入志资料要“辞严事核，质而有文”。（见《鄞县志·凡例》）。四是“纂辑、撰著随其事之宜”。清代“纂辑”和“撰著”两派争论不休，钱大昕同样折合两家之说，参正史之例，以撰著为主，纂辑为辅。五是“据事直书是非自见”，对史家所谓“春秋笔法”不以为然，认为“但使记事从其实，则万世之下，是非自不能掩，奚庸别为褒贬之词”。（见《十驾斋养新录》）。六是“方志立传有褒无贬但不能以黑为白”，强调“史家为例，以立传为主”（《鄞县志局与同事书》。⑤

以上是本文作者仅见的3篇有分量、有价值的研究钱大昕的方志理论文章。三位学者都肯定了钱大昕的方志学学术地位，但肯定的角度和评论的观点不尽相同。陈光贻先生和方志界不少人认为钱大昕方志理论最有价值的部分是他对人物传编写的研究。朱士嘉先生文章的价值是他以敏锐的眼光，发现从方志学角度应该给予钱大昕以较高的学术地位。他认为，钱大昕是乾嘉时期方志新派的开宗者，并且将其与顾炎武、方苞、章学诚、纪昀诸家并列。而倪所安的文章最为重要和最有价值的地方是，经过比较性分析，更是发现钱大昕的方志理论是独立在章学诚、戴震以外自成一家，尤其在方志的性质方面，钱大昕既不同意章学诚的“志属信史”，也不同意戴震的“志属舆地”，而认为方志是“一方之徵信”。在方志的基本体例方面，既不同意章学诚的“撰著体”，也不同意戴震、洪亮吉的考据派“纂辑体”，而是折合两家为“纂辑、撰著随其事之宜”。钱大昕方志观独树一帜的标志主要在方志性质和体例这两个最基本点上。比较陈光贻、朱士嘉、倪所安三先生的观点，我更同意倪先生对钱大昕的分析评价。

立足于方志的性质和体例，从倪所安先生的文章分析开去，联系清乾嘉时期、民国时期、中华人民共和国时期的方志学流派和各种论争，我认为民国时期黎锦熙的“立两标”，也即“折衷之论，则谓方志为物，史地两性，兼而有之，而是兼而未合，混而未融”。（见黎锦熙《方志今议》，本文作者所命名的“折衷派”方志流派名称即取名于黎氏的这一段话）。社会主义新方志编纂以来提出的方志是“一方百科全书”等观点与钱大昕的方志学观点是一脉相承的。当代方志界一直认为“史地两性”的方志性质观是始于民国，始于黎锦熙，实际上是黎锦熙等潜在地进一步阐发了钱大昕的方志学观点。可见，根据以上分析，中国传统的方志学流派，尤其乾嘉时期，除一般认为的章学诚所代表的“历史派”，戴震、洪亮吉所代表的“地理派”外，应该还有钱大昕所代表的“折衷派”。其后以史地两性为标志，“折衷派”在民国时期崛起。中华人民共和国成立以后，随着经济建设的不断发展，社会的不断进步，所记述事物的不断增加，“折衷派”“一方徵信”的方志属性观，较为灵活的形式为内容服务的体例和兼容性较强能够联系实际的编纂方法，被不断地发扬光大。

综上所论，嘉定钱大昕及其所领军的方志流派，在方志学领域应该具有与章学诚、戴震及所领军的流派具有同等的地位。

二、清乾嘉以来至民国方志流派的观点及比较

要想阐述清楚“折衷派”方志流派的地位及其作用，还得从乾嘉时期方志流派的论争和观点差异说起。各方志流派在修志的义旨、方志的功能、重视资料性等方面观点大抵相同，差异主要在方志性质、源流、体例方面。

章学诚是清乾嘉以来，方志界各方公认的大家。他的理论奠定了方志学的形成。他所领军的方志“历史派”，又称“新派”，从方志的性质、源流和基本体例方面进行了系统全面的论述，是传统方志学的最大流派。对于方志的性质，该流派认为“志属信史”（章学诚《修志十议》）、志为“一方全史”（章学诚《丁巳岁暮书怀投赠宾次转运因以志别》）、“方志为国史要删”“郡府县志一国之史也”“方志为古国史，本非地理专门”。他认为方志的性质是历史不是地理，从方志的性质推及方志是记载一地历史的文献，再推及方志是成一家之言的著述。他认为“志乃史裁”（章学诚《永清县六书例义》、“志乃史体”（章学诚《州县请立志科议》），认为修志应像撰史，遵循“史家法度”，在方志撰述范围，其义例、体例、论断都应以史体来规范，方志要采用《史记》《汉书》的“春秋笔法”。

乾嘉以后，大多数方志理论家和编纂者都赞成并实践“历史派”的学术观点，其中最具代表性的是近代著名学者梁启超，他赞成章的观点，认为“最古之史，实为方志”，先秦列国之史，“比附今著，则一府县志而已”。他充分肯定章学诚等对方志学的贡献，评价道：“方志学之成立，自实斋始”（梁启超《中国近三百年学术史》）。其后，今人，著名方志学家傅振伦先生也赞成章学诚的观点，他在《新志述略》一文中认为：“修志当师法史裁”“庶足称一方信史”（见民国 17 年《新河县志·卷首》）。近代史志家吴宗慈在《论今日之方志学》中认为“汇记一地方古今纵横之史迹曰方志”。甘鹏云同样认为方志是“一方之史”。寿鹏飞在他的《方志通义》（1941 年版）中也说：“志乘，为郡邑正史”，“志者，史也”。民国年间方志学家瞿宣颖在他的《志例丛话》（《东方杂志》民国 23 年第 31 卷第 1 号）中说：“方志者地方之史而已。”余绍宋在民国《浙江省通志馆馆刊》（第 1 卷第 3 期）认为：“史与志性质虽同，而其主旨各有所在。”

章学诚方志性质观属历史派，主张方志一源，即源于《周官》，体例方面属“撰著派”，这样的体例前面已讲过，称“新派”。方志学家朱士嘉先生认为：“清代方志学家可分撰著派和纂辑派两派，也就是‘新派’和‘旧派’。章学诚、蒋湘南、黄彭年、刘光谟为‘新派’代表，其观点‘无语不出于己’。而‘纂辑派’又称‘旧派’，即‘无语不出于人’，其代表人物是洪亮吉、李文藻、陈诗、莫友芝。”（见《中国地方志通讯》1981 年第 2 期文《谈谈地方志中的几个问题》）

与章学诚的“历史派”“新派”理论相对立的是大经学家、史学家戴震为首的“地理派”，又称“考据派”“厚古派”“旧派”。这一派被认为除重要人物戴震外，还有经学家、史志家毕沅、洪亮吉、孙星衍等。戴震主张“夫志以考地理，但悉心于地理沿革，则志事已竟，侈言文献，岂所谓急务哉？”他认为方志就是地理

沿革的考证，而考证的旧史料来源于旧史籍。而章学诚正好相反，认为修志是补正史之不足，方志是“国史之要删”。戴震的地理派尤其重视旧史料，轻视现实资料，崇古薄今，详古略今，重文采。为此，与之相对的章学诚强调修志要“详今略古”，重视现实资料的收集使用。乾嘉两派论争时，地理派虽不及历史派然尚有一定的对抗力量，但由于他们过于钻故纸堆而轻视现实，与社会脱节，其后力量渐渐衰弱，到清末已无以与历史派抗争之力，几欲退出学术舞台。

实际上，自乾嘉起，在方志界除章学诚的“历史派”和戴震的“地理派”以外，自始至终还有另外一个派别，就是本文所称的“折衷派”。随着社会的不断发展和进步，方志所记述的对象也不断增多，偏重考据和只重视地理沿革的“地理派”必然退出历史舞台。“历史派”也在不断的充实和更新。而本来势弱的“折衷派”，其方志为“一方之徵信”的观点，由于其对反映社会的包容性，反而得到不断发扬。这正验证了梁启超先生说过的一句话：“方志发展过程是由单一而多样，由简单到复杂。”（见黄山书社《中国地方志辞典》梁启超条）

方志“折衷派”的奠基者是清乾嘉钱大昕，中继者是民国湘人黎锦熙，发扬光大者是社会主义新方志编纂以来的方志理论研究者。

钱大昕在方志的性质、源流方面，他既不同意章学诚的“志属信史”，也不同意戴震的“地理说”，而是认为地方志“乃一方之徵信”⑥。他认为地方志就是对一地自然、社会多方面的记载，“志之为言，识也”⑦。他还认为，方志的历史性、地理性同样重要，因之钱大昕的方志理论和修志实践折合了章、戴两家之言。具体的他同意章学诚的观点：“周礼小史掌邦国之志，训方氏掌道四方之政事，与其上下之志。诵训掌道方志，以诏观事，其志之权舆乎！”⑧他又强调修志要懂地理之学。他说：“读史而不谙舆地，譬如瞽之无相也。”⑨可见其方志性质的观点是“折衷”于史、地两性之间，方志体例的基本观点是界于章学诚的撰著派和戴震、洪亮吉等纂辑派两派之间走中间道路的。钱大昕认为纂辑、撰著随其事之宜。⑩他参正史之例，撰著为主，纂辑为辅，纂辑、撰著一随其事，即在志书编纂中该用撰著体的用撰著体，该用纂辑体保存资料的用纂辑体。他主纂的《鄞县志》，纂辑的地方“无语不出于人”“于各条之下注明出处”（见《鄞县志·凡例》）。他更重视方志的著述，他说：“古人所以词必己出，未有剿说雷同而成一家言者也。”所以他提倡把重要史料明加概括，“或曰据，或曰采，或曰参用，要无失乎古人之本意。”（见《鄞县志·凡例》）对于章学诚提出参正史提倡“春秋笔法”，钱大昕不以为然。他认为应“据事直书，是非自见”。（见钱大昕《十驾斋养新录·卷十三》）

从上可见，钱大昕是立于史、地两派之间自成一家之言的一个流派。随着社会的发展，事物的增新，“折衷派”这一包容较广的特点，灵活的体例潜在地适应了新的方志的编纂。虽然，此前没有任何人提出钱大昕这一方志流派，没有一人认为他的理论继承了钱氏的理论，但这一派别是始终存在的。随着社会的需要，“折衷派”这一流派在民国年间得到发扬，其代表人物是前面已谈过的黎锦熙先生。

黎锦熙是我国现代著名的语言学家、教育家、文字学家、方志学家。他在民国年间主持纂修《城固县志》《洛川县志》《黄陵县志》《宜川县志》《同官县志》等。同时又根据自己修志的体会和经验写成著名的方志学专著《方志今议》，为丰富和发展方志理论做出了巨大的贡献。他在《方志今议》中提出修志四原则，即“明三术”“立两标”“广四用”“破四障”；修志要采用“续、补、创”三法；强调修志要调查研究。在大西北修志中，大量吸纳西北联大的教师、学生修志，采用较现代的测绘等科学技术。尤其他的“地志之历史化”“历史之地志化”，即地方志为“史地两性”的观点与钱大昕的观点有相承的地方。黎锦熙说：“章氏（学诚）特见，谓为国史之基；时贤（指梁启超、瞿宣颖等）阐明，定作‘地方之史’，则地方志是创修一部历史，但忧时者流重视现状，主张方志仍返图经。自然、人文，略依地理之类同；调查、统计，悉遵科学之准绳，则方志又是创修一部最新的地理志。”对此，黎锦熙认为：“折衷之论，则谓方志之物，史地两性兼而有之；惟是兼而未合，混而未融。”他进而阐述，给方志下定义有两个标准：“（其一）方志因为‘方域之地志’，必须将境内事事物物，穷原竟委，非但考其迹象之沿革而已，必使读者能就演变之实况，推知驱引之总因，是为‘地志之历史化’”；（其二）“方志固为‘地方之历史’，但史家活剥生吞，方志乃引之，使浅斟细嚼，是为‘历史之地志化’”。⑪

黎锦熙的这些论说，反映了民国年间较清代社会内容有了很大的变化，完全采用章学诚单一的“志属信史”观、单一的撰著体修志，难以展现当时的社会内容和用科学方式研究出的自然内容。随新型、科学的地理学的从西方引进发展，如人文地理、经济地理等，已不是只进行考据和研究建置沿革的传统舆地、传统地理可言的。因之，有人提出修新型的地理性质的方志。黎锦熙先生根据史地结合的确可以丰富方志反映地情的手段，满足当时社会的需要，遂提出方志“史地两性”的观点，并提出“折衷之论”这一概念，理论上同性归并，应该是钱大昕观点的继续与发扬。从黎锦熙著作《方志今议》看，可以发现“折衷派”具有包容广泛的特征。钱大昕和黎锦熙所代表的方志“折衷派”，实际上已从方志编纂和研究的弱势、潜在的派别走上了前台，成为了主流派。

三、社会主义新型方志学继承了“折衷派”理论包容性广泛的特长，把方志性质拓展为“综合性系统的地方文献”

方志是外部世界自然和社会内容的载体，方志性质和体例的研究，从根本上说，不应该脱离外部客观世界的变化，也就是说社会的状态决定方志的性质和体例。从修志为现实服务出发，方志的研究，包括方志性质和体例的研究，中华人民共和国建立以后，尤其是20世纪80年代的大规模修志以来，其观点是在不断地融合各家之长，沿着“史地两性”“编与著结合”的“折衷派”思路继续发展。表面上看，大多数人一谈继承就谈章学诚，但实际上走的是钱大昕、黎锦熙的研究和编纂思路。原因何在？原因就是“折衷派”的观点比单一的“历史派”“地理派”的观点更具有广泛的包容性，因之也最能符合当今社会的需要。20世纪80年代新方志编修以来，方志界对方志的性质和方志的体例这两个最核心、最基础的问题开展过两次论争，第一次是1982年前后，也即大规模的社会主义新方志开编之时，主要是史学等学科的专家学者。第二次是1989年中国地方志协会年会，重点讨论方志的性质，是一次有组织的讨论，参加者除部分专家学者外，多数为新方志编纂的实践者。此外方志的性质、体例的零星讨论，20多年来从未停顿，但至今仍是莫衷一是。

以具体的观点分析。对于方志的性质，20世纪初胡乔木同志在呼吁编纂社会主义新方志时就提出地方志是“科学的资料书”，未确定其记载内容的范围。复旦大学历史地理所教授谭其骧于1981年在中国地方史志协会成立大会暨首届地方史志学术讨论会上认为：章学诚的所谓“志”就是“史”，方志就是一方之史并不可取。事实上自古至今，地方史和地方志是两种著作，一直同时存在，都是源远流长的。方志学家朱士嘉在此次会议上为方志定义：1935年（我）在《中国地方志综录·序二》中说：“方志者，盖以地方为单位之历史与人文地理也。”（此说颇近黎锦熙的“史、地两性”说）这次会议上他又丰富了自己在民国年间的提法。他说：“地方志是以一定体例反映一定行政单位的综合著述。它等于地方百科全书，也是一门边缘学科，涉及范围非常之广。”[12]其观点正是发挥了“折衷派”包容性广泛的特点，与钱大昕的方志乃“一方之徵信”有相通之处。早在1979年，复旦大学教授黄苇就发表观点：“方志乃一方古今总览”，并否定章学诚的周官一源说为《周官》《禹贡》《山海经》等多源说。[13]1981年他又在《中华文史论丛》（第3期）上进一步阐明了这一观点。史念海教授1981年在《论历史地理学和方志学》一文中分析历史地理学与方志学的历史渊源，认为两者为“孪生兄弟”，方志学今后的发展，应配合利用历史地理学的发展趋势，横包自然与人文结合。[14]史念海先生还认为：方志中关系史与志的论争最突出者是乾嘉时期的章学诚和戴震。史氏认为戴氏限于沿革未免狭隘，章氏方志为一方之全史无视志的意义也失之偏颇。他认为唐以前方志以述地为主，元明以后才是述人为主的所谓“史”。相对来说，志是本来面目，史是变态。社会主义新方志，史志问题应与旧志不同，应以史贯串志，纵横交错，才能修出具时代特点的新方志。从中可以看出史先生是认为方志的性质和体例是随着社会发展而变化的。[15]方志理论家董一博先生1982年发表文章认为：“中国的地方志是一个地方性的百科资料宝库。”[16]同年，浙江大学教授仓修良在《方志的起源和性质》一文中认为：“时至今日，地方志已经有了自己完整的理论和体系，并已独立成为一门学科——方志学。因此，它尽管具有‘亦地亦史’的性质，但它已经既不从属于地理，也不从属于历史。我们不能再抱住章学诚‘志属信史’的老观点。”[17]粟冠昌1982年撰文《修志小议》认为：“志并不是史。史和志有明显的区别。”地方志将一地各种原始资料提供给读者，以便读者研究各种问题时应用。志所包括的内容比史广。所以，地方志除了与史学工作者研究外，还应广泛征求其他领域科学工作者的意见。[18]

在方志性质上，除以上的论述外，也还有一些修志者和研究者仍继承了章学诚“志属信史”的观点，但大多对其进行了扩延。中国人民大学的刘光禄、胡惠秋在他们的《方志学讲座·第一讲》中给方志下了定义：“以地区（或叫行政单位）为中心的综合性资料性史书。”他认为，方志是地方史书中的一种，但又有自身的特点，一般史书不如地方志广泛。“志为史之积，史为志之成”。可见刘、胡的方志属史的观点已大大超出了章学诚“志属信史”“志乃史裁”的范畴。1982年吴天骥在《论方志的性质、体例及编纂》中，对“方志属地理专门”“方志为国史羽翼”提出异议。认为方志是以一个地区的整体为调查研究对象的，涉及自然科学和社会科学的多种学科，按照现代科学的分类，方志应属社会学的范畴。1983年，复旦大学历史地理所教授葛剑雄在《编纂地方志应当重视地理》一文中认为：“目前”学术界和地方史志的编纂人员对地方史志的性质、定义和相互关系看法不尽相同。有人过于强调地方志的历史学属性，只重视社会现象的调查和记录，不重视自然现象的调查和记录。他认为，清代以前的学者一般把地方志归入地理类，清代强调方志是历史而不是“地理专门”，但葛认为，古人的“地理”与今天的地理学概念不完全一致。（同时）今天，历史学者已不可能具有记载研究复杂地理现象的能力了。当今地理学的成果已大大丰富了地方志的内容。[19]可见，葛剑雄先生头脑里的地方志应包括科学的地理内容，新方志应为史地两性的。

以上属方志性质的讨论，在方志的体例方面呢？也同样从单一向综合方向发展。社会主义新方志采用什么体例？董一博先生认为是“史志结合体”，后广为方志界采纳。董认为志早在宋代就出现摆脱地理派和历史派的一种体例。按董的观点，史志结合体还在钱大昕的“折合论”和章学诚的“志属信史”、戴震的“志乃地理专门”之前。董一博先生认为，“史志结合体”的优点能合理地把一方的自然、社会、人文百科的历史和现实组成有机整体。[20]欧阳发、丁剑在《新编方志十二讲》（黄山书社1986年版）一书中也赞成这种体例，认为这种体例融合了方志资料性、著述性二者之长。这些观点应该很自然地与钱大昕的志乃“一方之徵信”“纂辑撰著随其事之宜”的观点衔接起来。

以上曾谈到，社会主义新方志编纂时期关于方志性质的第二次大讨论是在1989年。当年的中国地方志学会年会的重点研讨课题是方志的性质。安徽《岳西县志》主编王晖的论文《论方志性质》引起较大的关注。该文将方志性质的各种观点加以归纳，认为在思辨方式上有三种类型：一是运用比喻方式给方志下现象性定义，如戴震认为方志是“地理书”，章学诚认为是“历史书”，黎锦熙概括方志两源为“史地两性”。社会主义第一轮修志，董一博认为方志是“地方百科全书”，于希贤认为是“政书”，黄苇认为是“一方古今总览”，梁滨久是“资料性著述”。王晖认为这些观点既没有揭示方志的本质定义，同时违背了“定义不能用比喻来代替”，所以以上为不规范的方志定义。二是将“方志”与“方志学”属性相混淆，把方志性质定为“史料学”“行政管理学”“地方信息学”“地情学”“地方区域学”等。三是将“性质”与“定义”割裂，大致表述是“记载特定地区特定时期的自然与社会、历史与现状的综合性著述”，其后再讲方志性质是“地理书”“历史书”“史地两性”。王晖同志在基本否定了以上诸家之说后，为方志性质所下的定义是：“方志是记述地方古今各个方面或是某一方面情况的科学文献；它既是概括一地自然、经济和社会发展进程的地方史书，也是汇集一方基本知识和系统资料的地方百科全书。”[21]2004年，王晖对原有的方志性质定义作了进一步的修订和新的概括，即“方志是记述地方古今各个方面或某一方面情况的科学文献；它既是纵述历史的地方史书，又是横陈现状的地方百科全书，故有一方之全史之称”（源自王晖的安徽有关市县续志理论培训班讲稿）。

除王晖等人集中的论述之外，零星的论述也不时散见于刊物和著作中。本文作者也曾在自己的小书《方志学简论》（黄山书社1997年版）中阐述了对方志性质的观点，即“方志是时空性多学科、多专业的历史和具系统资料的科学文献”（第7页倒5—倒4行）。

综观以上，20世纪80年代新方志编纂以来诸家对方志性质的论述，其共同的一点是进一步在广延地方志的功能作用，在广延功能作用的基础上为其作性质的界定。也即地方志内容既有自然性也有社会性，既具历史性也具地理性，更重要的是具备百科的综合性。即便王晖同志在否定各家之说之后，也仍然是概括综合了各家之说，其定义中包括“地方情况的科学文献”“地方史书”“地方百科全书”“一方之全史”，也就是把诸家之说综合在了一起。本文此处不想评判以上观点的全面与否，正确与否，只想联系乾嘉以来方志性质的各种观点进行比较，我最终的结论是，社会主义新方志编纂以来关于方志性质的观点、论说，实际上是对钱大昕、黎锦熙的“折衷派”观点的光大。

为此，我想切磋方志学者、方志工作者在讨论方志的性质和基本体例，并为性质作定义界定时，不可忽略了马克思主义最基本原理，即历史唯物主义和社会存在决定人们意识的最基本观点，更不可忽略了马克思主义历史观。我们看待事物要看事物的主要特征。也就是方志作为一种文献，它的内容是社会的反映，它的体例形式又取决于社会的具体内容，而方志的内容又决定方志的性质。也就是说，随着社会的发展，方志的内容、性质和基本体例在不同的历史阶段是不一致的。而我们的学者，总是想确定一个贯通古今并通贯后世的方志性质的定义，必然会以偏概全，或难免不够准确。一般认为方志在南宋定型，如按照发展的观点看方志的性质，我认为元代以前，方志基本上属图经，有少量的历史成分，因此是舆地，即方志为地理属性，体例以纂辑体为主。到了南宋以下，尤其到了清乾嘉时期，随着社会的发展，旧的地理学（沿革地理）已难以反映纷繁的社会，因之，“志属信史”、方志性质属史和撰著体的体例取而代之，成为主流。其时戴震与章学诚的论争，从后来的方志发展看，章学诚顺应了历史的潮流，而戴震没有顺时顺事而动。但在方志进入历史性的时候，不能说历史上方志未曾属过地理。另一方面，乾嘉时期的自然、社会内容还并不像后世那样丰富，故钱大昕包容性较强，超前性的方志乃“一方之徵信”“撰著和纂辑随所记之事为宜”的折衷理论未能得到广泛重视。这说明了理论的超前与当时社会发展的阶段不对应。到了民国年间，由于社会较清代的进步，新的地理学、历史学、统计学、测量学、工程学、城市管理学等等现代科学从西方进入我国，原来的方志内容结构和形式体例难以与社会互动和对应，编纂者追求一种除单一的历史以外的更具包容性的新体例。这样，黎锦熙的“折衷”“立两标”“史地两性”“史志结合”的方志性质、体例观自然而然地产生了。中华人民共和国成立后，社会更加进步，尤其到20世纪80年代，民国年间修志提出的“史地两性”也不能全面反映自然和社会的变化和进步，遂出现了“百科全书”“古今总览”“资料性著述”“地情书”“地方文献”“历史与现状的百科全书”等外延较广泛的方志定性。在体例上进一步发展为著述和资料辑录相结合的形式。很显然，其目的是适应社会的复杂内容，对应记述对象的广泛、复杂性。从上可见，方志的性质、体例不是一成不变的，而是随着社会的发展而发展，随着社会的变化而变化的。这样以辩证的观点去看待方志的性质和体例，许多到今天还在困惑我们的问题就会看得较为清楚，许多问题也会变得容易解决。今天再让我阐明社会主义新方志的性质是什么？（这里不笼统提方志的性质，是从以上所谈的方志性质阶段性的观点出发的）我认为：新方志是“综合性系统的地方文献”。这一定义可以包涵80年代大规模修志以来各家的方志性质论。定义如此大的包容量是今天的社会要求方志需具有丰富的功能决定的。

从上面新方志性质的定义，我们可再作深一步的分析。作为文献，其范畴是广泛的。文献的种类多样，但综合性、地方性、系统性三者兼具的文献只有地方志。定义中的“综合”有名词和动词两重性。名词性的“综合”指方志的百科性，有别于其他单项和数项的文献。动词性的“综合”指方志工作者对原始资料的整理、加工、辑录、编纂、编研，综合的结果就是成体系成系统，即使是资料也是二次加工后的资料，完全有别于档案一类文献。档案虽是综合性的文献，但是是原始性的文献。

四、“综合性系统的地方文献”的方志性质定位与第二轮社会主义新方志编修的关系

“综合性系统的地方文献”的方志性质观的提出，涵盖了社会主义新方志首轮时期各种方志属性的基本论述，反映了社会主义新方志编纂以来社会对方志工作的需求和方志研究的方向。从胡乔木提出的“科学的资料书”、董一博的“地方百科全书”等等，一直到王晖的复合诸家的方志性质论也好，都统统可以涵盖在“综合性系统的地方文献”的概念之中。在体例方面，第一轮修志中，包括方志是纂辑体，方志是撰著体，方志是撰著、纂辑结合体三者也可以统统涵盖在“综合性系统的地方文献”中。

首轮社会主义新方志的编纂中，由于我们的方志性质的诸“性”并争等原因，在地方志工作和地方志编修、地方志书和地情书编纂取得巨大成就的同时，我们的志书今天使用起来还觉得有些不足，尤其是在方志资料性和著述性的定位方面，由于我们过于强调方志的历史性和著述性，导致方志资料性的基本特征受到影响。陈桥驿先生最近指出了第一轮新方志的资料性和资料出处的问题（见《中国地方志》2003年第二期），仓修良先生关于对新方志缺少艺文志的批评，实际上反映了在首轮修志中由于对方志性质和基本体例界定的不够统一，或者说是界定过狭，导致方志的价值功能受到影响。

在首轮修志中，我们都是就一部部书版方志来研究方志的性质，而不是就所有

的方志编纂过程中的各阶段产品和各种载体的方志成果来抽象方志的属性。这必然在我们过多提倡著述体方志，提高方志的学术品味的情况下自然而然产生的问题。在当代极其丰富的自然变化和社会内容面前，什么人具有这样的能耐，可以在一部书中，既要它具有覆盖一地百科的资料性，又要它具有阐述一地百科进程和运动轨迹的著述性？显然是不可能的。仓修良先生批评新方志缺少艺文志，显然是不错的，但仓先生至今尚未拿出解决的办法。现代以来，诗歌、小说（长、中、短篇）、散文、金石、书法等，是爆炸性的扩量发表，已不是旧方志艺文的古诗文、金石谱、疏谏等文字量可比的，如何来记“艺文志”？陈桥驿先生在提出新方志缺资料出处，学者不便不敢利用的问题。但新方志本身就是资料性为主的文献，如何为资料加注，如加，岂不是文一半，注一半。这些都是难题。当然，历史学家、历史地理学家及其他相关学科的学者，他们研究方志一般是研究方志发展史，方志的源流、性质、功能，通常指基础理论，间忽对新方志进行批评。他们并没有参加新方志的编纂实践，他们提出的问题，自己也不知如何处理。这些，还要方志编纂的实践家、编纂者去研究解决。社会主义第一轮修志存在的问题，往往是我们“一部书主义”（当然，“一部书主义”也是受当时的经济和技术条件的限制）和单一的用志书界定方志的性质所造成的。由于，性质概念的模糊，单一的志书操作的局限，使得志书的著述性、资料性两不落实，影响了方志的质量和价值。

第二轮社会主义新方志编修在全国各地已不同程度地推开，我们在方志的载体上比第一轮修志更加丰富，不但有书版方志、电子版方志、地情数据库、年鉴、地情书、专题调研、地方史等等。这些载体有的是著述性的，如地方史；有的是著述与资料结合性的，如地方志书、地情书；有的是资料性的信息性的，如年鉴、数据库；有的是研究性的，如专题调研材料。难道我们在续修中还继续用单一的资料性、著述性去给方志定性吗？另外，山东省志办提出的把山东地方志系统建设成“地方文献中心”“地情资料中心”“区域研究课题咨询中心”，这一工作方针提出的很好，但它的理论依据是什么呢？再如，地方志只是一部资料性著述，最多只能立一个地方性的工作条例，无从谈起立一国家的专门的法规。因之，社会主义第二轮修志的质量如何？未来的方志工作的走向如何？与我们给地方志一个合适的定性有很大的关系。首先，新的历史时期的方志不仅只是一部志书，还包括其他的载体。对这些载体分开看，有的承担资料性功能，有的承担著述性功能，有的资料著述兼而有之。各地可以根据自身情况处置之。假如让我来设想，第二轮修志我们可以出一部资料著述性的书版志书，同时再出一部多卷本的资料长编（第一轮修志中《上海财政税务志》就是这么做的），也可以把资料长编及书版内容做个光盘插在志书中一并销售。这样解决了陈桥驿先生提出的资料出处问题，也可解决仓修良先生提出的艺文志的问题。（如考虑书版志书的发行，光盘可以只刻录资料长编）把“志书”和“长编”合看，可解决第一轮修志方志的著述性和资料性难以兼顾和统一的矛盾。更重要的是，地方志是“综合性系统的地方文献”的性质的提出，有利于我们拓展地方志的工作领域，符合时代的要求，改变了首轮修志“一本书主义”，我们既可以详现状写志书，也可以研究过去写地方史，还可以年年出年鉴，出其他地情书，搞采风搞调研搞专题为现实服务。尤其是综合系统的地情资料数据库的建立，更是其他行业不能比拟的。这样，方志工作的空间会变得很大，一方面总结历史写一地的过去，一方面研究现状为现实服务，还有就是常规性地利用数据库积累资料服务编史修志、服务社会现实。这么广泛的地方志，用什么概念来定性呢？我看只有用“综合性系统的地方文献”来界定。方志是“综合性系统的地方文献”这一性质，其广泛性和包容性，可为山东省提出的创建“三个中心”，甚至为人大立《地方文献法》找到了理论根据（地方志、党史、政协文史等都纳入其中，我认为地方志单独立法理论上不充分）。再一点，“综合性系统的地方文献”的性质确定，更便于我们为地方史志鉴的关系进行定位。[22]据此，我们根据地方志的性质确定我们的工作内容，进行事业和队伍的建设，因之我们的人才不仅仅是文史类的，还要吸纳经济、社会学有关方面的人才，按编研型对方志机构的诸部门进行重新创建，形成资料征集、史志鉴编纂、地情研究等分类的一条龙部门工作系统，设立经济编辑室（处）、政治编辑室（处）、文化社会编辑室（处）等。（梅森：《方志系统史志鉴应准确定位，《上海志鉴》，2003 年第 4 期）因之，我认为新的历史时期，方志系统对基础理论之一的地方志性质的研究尤为重要，这一研究与第二轮修志的成败如何，与地方志为现实服务，与地方志事业在全社会的地位，与方志事业未来的发展方向和长远发展有重要的关连作用。

五、结论

通过以上对方志性质纵向、横向的解读，尤其对章学诚、戴震、钱大昕方志学说的分析，以及钱大昕、黎锦熙的方志折衷派的观点与社会主义新方志编修提出的“方志是一地的百科全书”等观点的继承关系的分析，提出了地方志的性质是“综合性系统的地方文献”。全文主要观点如下：

1. 本文认为，在对地方志性质的界定时需要用马克思主义认识论的观点认识地方志，认识方志的性质。首先，根据历史唯物主义观点，精神产品是受历史阶段的经济、物质条件影响的，是社会需求所决定的；此外，事物的性质是由量变到质变的，是有阶段性的。本文与以往静态地研究方志性质的做法不同，采取与社会发展相结合，动态地研究的方式，所以，认为方志的性质不是千古不变的，而是有时代性和阶段性的。

隋唐以前本文不予讨论，隋唐至南宋方志所谓“定型”前（本文观点认为不存在“定型”与否，只不过是方志发展的阶段），在当时的生产力水平下，社会内容相对不太复杂，地方志以图经的面貌出现，因之，方志的性质属地理。南宋以后，尤其到了清乾嘉时期，随着社会经济的发展，社会内容较前丰富，原来的旧的舆地性地理记载方式已不能满足社会的需要，为此方志融合了史体和史裁来加强对社会事物的记述。加之一大批经学家、著作家参与修志。因之，章学诚的“志属信史”派、“史著派”成为主流。但是，本文认为，乾嘉时期，在章学诚的历史派和戴震的地理派之间还有一个弱势的派别，即钱大昕的“折衷派”。“折衷派”的性质特征是“一方之徵信”，它在记述的对象方面具有广泛性和包容性。民国后，“折衷派”的观点得以发扬光大。方志到了民国年间，社会科学新的思潮、新的社会内容、自然科学新的研究成果，已不是单一的地理派体例或单一的历史派体例所能反映的，为此出现了兼顾两家的黎锦熙的“史地两性”，实际是钱大昕理论的拓展。这时的“折衷派”合乎了社会的需要，在民国时期得到发扬。社会主义新方志虽在本质上与旧的传统方志不同，但在形式上继承了“折衷派”包容自然、社会内容广的特点，提出了“方志是一地百科全书”等关于方志性质的观点。本文作者概括当代各家之言，认为社会主义新时期地方志的性质是“综合性系统的地方文献”。这样的性质定义，为解脱方志从属于史学或其他学科的地位，免受到其他体裁的束缚，建立新兴的学科体系，拓展编研领域开辟了全新道路。

本文还认为，方志的内容是由自然、社会决定的，方志的性质是由方志的内容决定的，方志的体例是由方志的性质决定的。既然方志的性质是随着社会发展的阶段而有不同和差异，从而由方志的性质影响到方志体例的变化和发展。社会内容是由简单向复杂发展，导致方志的性质由单一向复杂发展。社会由简单向丰富发展，为了能全面反映社会、自然，志书的体例、体裁、载体也必然由单一向多元发展。社会的进步，科技的发展也为多元载体提供了物质条件。

用发展观看问题，方志性质、性质流派、方志体例的发展阶段，过程如下：

（1）方志的性质：地理性（隋唐至南宋）→历史性（南宋至清代，高峰为乾嘉时期）→史、地两性（民国时期）→综合性系统的地方文献（大规模的社会主义新方志编纂时期）。

（2）方志性质流派：地理派（隋唐至南宋，延至清乾嘉，被推举的代表人物戴震）→历史派（南宋起至民国，代表人物章学诚）→折衷派（源于乾嘉，盛于民国，代表人物乾嘉钱大昕、民国黎锦熙）→综合性系统的地方文献派（折合了历史派、地理派、折衷派各家学说观点，尤其是折衷派观点，为大规模的新方志编纂时期的派别，代表观点的研究者有胡乔木、朱士嘉、董一博、黄苇、仓修良、梁滨久、王晖等）。

（3）方志体例：考据纂辑（南宋以前主流，乾嘉时开始衰落，理论代表人物清乾嘉戴震、洪亮吉等）→撰著体（南宋以后，代表人物章学诚）→著辑兼具，以著为主体（社会主义第一轮修志中提出，代表人物李明）→多元性方志体（本文作者提出，指运用书版、电子版、志书、年鉴、地方史、地情书、专题调研、资料长编、数据库，著述体和资料体等多种材料、多种载体、多种体例创编“综合性系统的地方文献”。社会主义第二轮修志中提出）

根据马克思主义认识论，“综合性系统的地方文献”的方志性质和“多元性方志体例体裁载体”是当今时代发展阶段对地方志的需求。

2. 本文认为，清乾嘉时期是我国传统方志理论的发展高峰，过去对传统的方志学研究认为，当时方志学的主要流派为章学诚、戴震两派，但本文认为是章学诚、戴震、钱大昕三派，即章学诚的历史派、戴震的地理派和钱大昕志乃“一方之徵信”的折衷派。作者还认为，钱大昕的理论观“一方之徵信”到民国发展成为黎锦熙的

“史地两性”，到了大规模的社会主义新方志编纂时期成为包容广泛的“地方性百科全书”“综合性系统的地方文献”。钱大昕的方志理论在乾嘉时期属于弱式派别，但其对后世地方志的发展意义重大，对他的方志理论值得重新认真地予以研究。

3. 本文还认为，地方志的性质和体例除了从历史阶段性角度去纵向研究分析外，还要从方志的各种载体、体裁去横向研究，尤其是科学技术手段和文化传播手段多元的今天，必须改变过去单一从书版孤立地认识方志性质的做法，而是应该从志书、地方史、年鉴、资料长编、调查报告、地情书的多元体裁，从书版、电子版、数据库等多种载体去综合地研究方志的性质、体例，去研究地方志最基础的理论。今天的地方志也应是“一方之徵信”，通过各种体例、体裁、载体去“识”、去“志”、去“记”地方各方面的情况。这样，我们就不会再担心各地的地方志千篇一律、千志一面了。

4. “综合性系统的地方文献”的地方志性质和“多元体的地方志体例体裁载体”的提出，有利于拓展地方志的研究对象和编研领域，从综合系统的角度研究社会经济、政治、文化现象，从收资、编纂、著述、研究等方面发展方志事业，留存历史资料，为现实服务，促进地方志从他学科的藩篱中解放出来，作为新兴独立的学科早日建立。我认为，正确的符合当今社会发展阶段的地方志性质的确定，有利于地方志事业在新的历史时期进一步发展。

本文从纵横两个方面研究方志的性质和方志基本体例的区别和发展，从发展的角度提出新的地方志性质观——“综合性系统的地方文献”和“多元性方志体例体裁载体”，是为了以上所说进一步促进方志学科的建设和方志事业的进一步发展，这是在钱大昕先生逝世200周年之际写作此文的初衷。

---

①黎锦熙《方志今议》，本文见“二、清乾嘉以来至民国方志流派的观点及比较”部分的“※”符号处。（自然段开头文字是“立足于……”）

②黄苇等编《中国地方志辞典》（黄山书社1986年版）288页。

③陈光贻发表在《史学史研究》（1981年第4期）文章《钱大昕的方志学》。

④朱士嘉发表在《中国地方志通讯》（1981年第5、6期合刊）上的文章《谈谈清代学者论述修志的问题》。

⑤倪所安发表在《古籍整理》（1989年第3、4期）上的文章《钱大昕方志学初探》。

⑥钱大昕《鄞县志·凡例》。

⑦钱大昕《凤阳县志·序》。

⑧钱大昕《潜研堂文集》卷二十四。

⑨钱大昕《潜研堂文集》卷二十四《东晋南北朝舆地表序》。

⑩倪所安《钱大昕方志学初探》（《古籍整理》1989年第3、4期）。

⑪黎锦熙《方志今议》。

⑫朱士嘉发表在《中国地方志通讯》（1981年第2期）上的文章《谈谈地方志中的几个问题》。

⑬黄苇发表在《历史学》（第4期）上的文章《章学诚方志理论研究》。

⑭史念海发表在《中国地方志通讯》（1981年第5、6期）文章《论历史地理学和方志学》。

⑮史念海发表在《北京师范大学学报》（社会科学版1982年第5期）上的文章《论方志中的史与志的关系》。

⑯董一博发表在1982年8月23日《人民日报》上的文章《要重视编修新方志》。

⑰仓修良《方志的起源和性质》（《安徽史志通讯》（1982年第4期）。

⑱粟冠昌发表在《学术论坛》（1982年第1期）上的文章《修志小议》。

⑲吴天骥发表在《江海学刊》（1982年第4期）上的文章《论方志的性质、体例及编纂》。

⑳葛剑雄发表在《中国地方志通信》（1983年第5期）文章《编纂地方志应当重视地理》。

㉑《中国地方志辞典》（黄山书社1986年版）389页“史志结合体”条。

㉒王晖发表在《中国地方志》1990年第2期上的文章《论方志性质》。

（2004年中国地方志学术年会论文，收入《新方志理论与实践二十年》论文集，方志出版社2005年版）

自评：本文是2004年8月在新疆乌鲁木齐召开的全国地方志学术年会上的发言论文，被收入《新方志理论与实践二十年》论文集。“也谈方志性质”，表示本人首次系统地研究方志性质，并形成自己的理论体系。此前，1997年在自己的著作《方志学简论》（黄山书社）第7页中曾提出：“方志是时空性多学科、多专业的历史和具系统资料的科学文献”；但只是提出自己的方志性质观“是什么”，并没有论证“为什么”，学术上看是不完整的（这样的情况在方志性质研究文章中不少见）。本文纵向分析了方志体例、性质的演变；横向分析了历代和当代的方志性质观。本文以马克思主义历史观——社会存在决定社会意识为理论依据，认为方志的内容是社会的反映，它的体例形式又取决于社会的具体内容反映的需要，而方志的内容体例又决定方志的性质。与以往一些静态地研究方志性质的做法不同，本文采取与社会发展相结合，动态研究的方式；所以，认为社会在变，方志的性质不是千古不变的，而是有时代性和阶段性的。它是由地理到历史，再到“史地两性”，再到“综合性系统的地方文献”和“多元性方志体例体裁载体”。本文认为清代“钱大昕的方志理论是章学诚为首的‘历史派’和戴震为首的‘地理派’之外独树一帜的流派，是黎锦熙以前史地合一‘折衷派’的第一人和奠基者”。“折衷派”“一方徵信”的方志属性观，较为灵活的形式为内容服务的体例，和兼容性较强能够联系实际的编纂方法，随着社会的发展被不断地发扬光大。本文提出社会主义新方志的性质是“综合性系统的地方文献”。

地方志是“综合性系统的地方文献”性质的提出和论证（尤其是形成理论体系的论证），即交代了“是什么”，也交代了“为什么”，有利于我们打破地方志“一部书主义”，拓展地方志事业的领域，可以详现状写志书，也可以研究过去写地方史，还可以年年出年鉴，出其他地情书，搞采风搞调研搞专题为现实服务；尤其是综合系统的地情资料数据库的建立。理论上为地方志事业（不是“一部书”）立法提供了理论依据。2004年10月，中国地方志指导小组办公室在广州召开全国部分专家参加的方志性质研讨会，会上本人仍然提出以上年会的观点。本文最大价值是打破此前静态不变的方志性质观，系统论证了动态变化的方志性质观，公开提出拓展地方志的工作领域，与后来2006年出台的《地方志工作条例》提出的“本条例所称地方志，包括地方志书、地方综合年鉴。地方志书，是指全面系统地记述本行政区域自然、政治、经济、文化和社会的历史与现状的资料性文献。地方志书，是指全面系统地记述本行政区域自然、政治、经济、文化和社会的历史与现状的资料性文献”。观点应该是相同的。本文可见，长期从事方志编纂的实践者，即使在方志性质的研究上，与脱离编纂实践的研究者的视角与侧重点也是不大相同的。

方志性质宽泛性和学科间交融性的发展趋势浅议

摘　要：文章认为，随着社会的发展，方志的内容、体例更加宽泛，遂决定着方志的性质概念的不断宽泛；同时，随着新兴学科的不断出现，以及社会对综合学科、边缘学科的不断需求，方志学科的特殊性在减弱；因此，宽泛的方志性质观和多元的方志体例是当今社会对地方志工作的需要。

关键词：方志性质宽泛性　学科交融性　发展趋势

对于方志性质，过去的学者绝大多数是站在静态的立场上予以界定。本文作者认为，方志性质观是随着社会的发展而发展变化的。随着社会的发展，方志的内容、体例更加宽泛，遂决定着方志的性质概念的不断宽泛。新的历史时期，随着新兴科学的不断出现，西方科学文化观的进入，随着社会对综合学科、边缘学科的不断需求，各学科的特殊性在不断地被学科间的交融性所减弱。站在发展和宽泛的立场上确定学科的性质观已是各学科的共同行为；因之，地方志学科也概莫能外。宽泛的方志性质观和多元的方志体例是当今社会对地方志工作的需要。

一、用发展的观点看待方志的性质，方志性质观内涵逐渐向宽泛发展

方志的性质不是一成不变的，而是随着社会的发展而变化的。社会的内容决定方志的内容，方志的内容决定方志的体例（载体形式），方志的体例决定方志的性质。

方志在上古的原始形态是“方”，是“志”，“方”就是地方，后来具体讲就是郡国、郡县、省地市县，地方性是方志性质中不变的。而“志”就是记，就是“识”。记的形式决定了方志性质的另一方面，是导致方志性质变化的主要方面。原始、朴素的方志，并没有特殊的体例，就是“记地情的文字”，后来的研究者认为是凡记地情的文字都叫“方志”。方志性质的演变是随着社会的发展水平，社会的内容不断丰富，不断由简单到复杂的。方志的体例、方志的性质随之演变。汉代主要是编

地记，以便中央了解各地风俗、物产，当时的《南阳风俗传》《越绝书》《陈留风俗记》大体起这样的作用。隋唐时方志是图经的形式，为中央提供风俗物产，以图的形式上报，图经以“图”为主，“经”是少量的文字说明。（北宋李宗谔《祥符州县图经序》：“图则作绘之名，经则载言之别”）可以说图经属地理范畴，因为是以图为主。一直到北宋，图经体例已经能够反映当时的社会了。这一时期方志的性质属地理。体例为“纂辑体”。

到了南宋，社会内容比隋唐丰富，只用图经解决不了问题，志书内容增加了人事的记述，包括时、地、人、事四项内容。为此借助了《史记》《汉书》的历史体裁，包括年表、传等。由于体例越来越向历史靠拢，方志性质转为历史。体例为“撰著体”。

清乾嘉时期的方志编纂者对方志性质持不同的观点，章学诚与戴震是否发生论争，现今方志界有不同说法，但当时不同的观点是摆在传之后世的文字里的。章学诚认为“志属信史”[①]，为历史派。戴震认为“夫志以考地理，但悉心于地理沿革，则志事已竟”，[②]为地理派。在体例上章学诚代表新派，强调撰著（无一言不出于己）。戴震为旧派，强调纂辑考据（无一言不出于人）。历史派所主张的方志性质、方志体例观适应当时的社会，章学诚的方志观成为主流。当时还有一个弱小的派别，我认为应该叫作“折衷派”，代表人物是钱大昕。（具体观点见中国地方志协会2004年度学术年会本人的论文《方志学“折衷派”与“综合性系统的地方文献”：也谈方志性质》）他认为“方志“乃一方之徵信”，[③]“志之为言，识也”。[④]“读史而不谙舆地，譬如瞽之无相也。”[⑤]“纂辑、撰著随其事之宜”，[⑥]对章学诚提出的“春秋笔法”不以为然——“据事直书，是非自现”。[⑦]所以折衷派的观点内涵宽泛，代表了后来的方志方向。也即折合历史、地理两家之言，体例追求与内容相适应，与后来的黎锦熙的观点相源流。

民国时期，社会发展，单一的历史性和历史体例已不能满足对社会内容的记述。历史派过于强调撰著影响了对现状的记述，影响了方志的资料性和实用性。加之西方的科学文化，包括科学的地理学传入，黎锦熙提出了“史地两性”的方志性质观。黎锦熙说：“章氏（学诚）特见，谓（方志）为国史之基；时贤（指梁启超、瞿宣颖等）阐明，定作‘地方之史’，则地方志是创修一部历史，但忧时者流重视现状，主张方志仍返图经。自然、人文，略依地理之类同；调查、统计，悉遵科学之准绳，则方志又是创修一部最新的地理志。”对此，黎锦熙认为：“折衷之论，则谓方志之物，史地两性兼而有之；惟是兼而未合，混而未融。”[⑧]本人所提“折衷”派一词正源于此。20世纪80年代以来大规模修志，社会更是发展巨大，事物更加丰富、复杂，尤其改革开放后，社会主义新方志研究者的方志性质观是在民国方志观的基础上，进一步拓展外延，变得更加宽泛。如：胡乔木同志认为“地方志是严肃的科学的资料书”。[⑨]朱士嘉先生“方志者，概以地方为单位之历史与人文地理也”。[⑩]黄苇教授“方志乃一方古今总览”。[⑪]史念海教授：“横陈自然与人文结合”。[⑫]董一博先生：“中国的地方志是一个地方性的百科全书”。[⑬]仓修良教授：“亦地亦史的性质”。[⑭]刘伯伦：“一方信息全书”。刘伯修、宋永平、梁滨久、魏桥、欧阳发、苏长春等：“自然与社会，历史与现状的资料著述”。刘辰“地方志是地情书”。[15]王晖批判并综合叠加各家：“方志是记述地方古今各个方面或是某一方面情况的科学文献；它既是概括一地自然、经济和社会发展进程的地方史书，又是横陈现状的地方百科全书，故有一方全史之称。”[16]

综上所见，从古至今，方志性质观的外延，明显地由单一向综合，由狭窄向宽泛发展，是时代社会需要使然。新方志的理论工作者以上观点也基本上是扩大方志性质观的外延，把方志向综合性而不是单一性的文献方向扩展，这是客观世界在主观世界的反映：20世纪80年代大规模修志以来，具体方志性质观讨论的出发点，主要强调方志学科的特殊性，一种研究方式是从单一的角度，另一种研究方式是从综合的角度。单一角度如“资料性著述”“百科全书”“地情书”等，实际上其他学科也具备这种性质特征，难以体现方志的特殊性。综合的角度代表是王晖的观点，即方志性质包括“科学文献”“地方史”“百科全书”“一方之全史”。还有其他同仁的“五性观”“七性观”，即方志具有地方性、时代性（断限）、资料性、科学性、著述性、历史性、百科性等，认为没有任何一个学科全面到具有方志这么多的性质特征。其实其他学科细细推敲起来也具有这么多的特征，比如地方史。过去我们认为历史主要是反映社会的规律，地方志主要是资料。但实际上，传统的历史文献也是以资料为主，从《史记》《汉书》等史学名著中可以清楚地看到这一特点。只是现代的历史书才开始强调展现规律，强调对历史的评价，强调史论。近年历史学科为了结合为社会服务，又开始强调资料性，强调占有第一手资料，强调“田野调查”乃至“口述史”。对于资料，历史与方志都重视资料，只不过程度不同、分量多点、少点而已。故大家多年的研究，无论从单一角度还是从综合角度都没能解决方志性质的特殊性问题。但方志性质观的宽泛特点却是各家共同的。本人在《方志学简论》（黄山书社1997年版）第七页，也曾从综合的角度认为“方志是时空性多学科、多专业的历史和具系统资料的科学文献”。

二、从近现代以来和当今的各学科发展趋势看，各学科在不断交融，学科性质特征不断地互相重叠，学科的特殊性在减弱

关于哲学社会科学间的关联，实际上古代的学科间的界线是模糊的。从今天各学科看，是多学科同源的。其他学科也把记地情的文字算作自己的学科源头。如历史、地理、方志都把《山海经》《禹贡》当作自己的源头。再说在先秦，文史哲经是无法分的。甚至到了汉代，著名的历史著作《史记》的大量文字被后人写入文学史编入文选中。随着社会的发展，各学科间有了专业的划分，但仍是交融的，互相借鉴的。近代以来，西方科学学术方法的传人，加之学科与社会发展的联系日益紧密，各学科的交融更加广泛，学科的编研手段更加丰富，外延也更加宽泛。今天，综合性学科、边缘学科不断出现。在学科间，与其他学科的重叠是明显的。比如以上讲的方志的资料性，现在历史学科也强调社会调查、“田野调查”。过去讲历史详过去，方志详现状，现在历史也强调调查为现实服务。过去强调历史展现社会发展的规律，实际上不尽然。历史上史学名著不说，新编的地方史不少也是以资料性为主，与地方

志差别不大，体例上也大体横分门类（先大体分个期），只不过抓住最具特色的事物去记，不像地方志面面俱到而已，如1999年由上海人民出版社出版的《上海通史》。再如地理学，近代以来的地理已不是中国古代的舆地（沿革地理）了，而是注入了西方科学的地理学方法。现代的地理学从内容上研究对象上又细分为历史地理、经济地理、政治地理、文化地理、社会地理等门类。方志学也是如此，过去是包涵在历史学科中，属地方史的范畴（民国以前，隋唐以后），历史学科甚至只把方志作为编史的材料。1981年，中国地方史志学会成立大会时，绝大多数历史学家还是这样的观点。而今天的地方志除继续强调资料性外，同时注意了著述性。可见社会的进步导致学科间的交融和重叠。因之，今天要用“整齐切割”的方式去为地方志性质进行界定几乎是不可能的，今天方志性质的界定应该与其他学科一样，趋于宽泛，各自从本学科出发，无须一味地去寻求特殊性，非去找出与它学科的不同不可。

三、今天地方志的性质是“记录地情的综合性文献”

根据以上提出方志性质的发展观和今天方志性质宽泛特征的认识，我认为今天的方志性质是：“记录地情的综合性文献”，因为这一观点可以容纳20世纪80年代以来的方志性质的各种提法。

“记录地情的综合性文献”的广义性质观分析。“记录地情”是方志事业的目的，“地情”指一方之情况。“综合”作为动词指把原始的一次性文献（另加征集资料和采风）综合加工成二次性文献——地方志。“综合”作为名词是指方志文献是系统的。区域性方面，区别于中央，就是地方。地方文献有一次文献，主要指地方内容的档案。二次文献指在一次性文献基础上创造劳动形成的新文献。目前地方性二次文献主要是地方志。从工作分工还有地方史、党史、政协文史等，如果从以上广义的方志性质出发，这些记录地情的文献也都是地方志、地方记。可见，我的观点，历史学科可以把地方志纳入地方史范畴，方志学也可以把党史、地方史、文史、年鉴纳入地方志的范畴，只是各自的角度不同而已。史学是出于“史材”的角度，方志学是出于记地情、志地情角度，我认为都无可厚非。

按照“记录地情的综合性文献”的广义性质观和多元的方志体例，今天的地方志就是地方记，它包括地方志书、地方史、年鉴、资料长编、调查报告、其他地情书。其载体有书版、光盘、数据库。体例可资料体，可编著体，也可著述体。

“记录地情的综合性文献”的广义性质观的确立，与立法，与第二轮修志有着重要关系。它有利立法。“文献”是个大概念，如同文物，便于立法。地方文献主要包括档案的一次文献和地方志为主的二次文献，但档案国家已经立了法，故方志以文献立法较合理，也利于立法部门接受。实际国民政府20世纪30年代设通志馆，1947年就把通志馆并入了地方文献委员会，今天台湾仍是文献委员会组织编方志，可见是鉴于方志文献性质的考虑。现在各省、市、区立法，基本是回避方志的性质，从方志工作角度立工作条例，这样把编年鉴、建地情数据库工作列入，看不出理论根据。而用“地方文献”“地情”的概念就可以包容以上工作。

广义的方志性质便于把本来已属于地方志部门操作的工作合法地纳入方志部

门，如编年鉴。便于开拓新时期的方志工作，如编其他地情书、搞调查报告为现实服务，如建地情数据库等，改变方志“一本书主义”。使得方志事业合理、合法，连续不断，平时收集资料建地情数据库、编年鉴、编地情书，到时统一编纂地方志。

宽泛的方志性质便于方志多元化体例、体裁、载体的形成，使方志百花齐放。比如长期争论不息的方志是资料性还是著述性的问题。我认为第二轮修志首先编资料长编，这是地方志的基础，余下体例可各自选用。只要是记地情就是地方志，不必用单一的形式束缚自己。

四、广州会议后“方志性质”的再思考

2004 年 10 月 14—15 日，由于方志立法和法规条例的起草，中国地方志指导小组办公室在广州召开了方志性质小型讨论会，会上多数人认为，学术讨论的方志性质与方志立法中的方志性质现今阶段难以完全同步，但可形成方志性质观的基础。广州会议上中指组办公室提交的《地方志编纂管理条例》讨论稿关于方志的性质和地方志的工作内容是：“本条例所称地方志，是指全面系统地记述特定行政区域内自然、社会和人文的历史、现状的大型资料性文献。”“地方志工作是以地方志、地方综合年鉴、地情文献的编纂整理为中心的组织、管理、编纂、整理、研究、利用等活动。”

这一提法与本人以上提出的方志是“记录地情的综合性文献”有共同的基础，首先性质的基础都立足在文献上，其次“特定行政区域内自然、社会和人文的历史、现状”与本人观点中的“地情”是吻合的，前者是后者表述的具体化。“全面系统的记述”与本人观点中的“综合”一词的描述大体相近。

经讨论，从宽泛的角度去界定方志性质是符合今天客观实际的。如提“特定行政区”，会影响一统志、专业志、山湖志的涵盖；提“全面系统”“大型资料性”影响单项性志书和编著型志书的涵盖。参照中国地方志指导小组办公室草案的性质观和方志工作概念，我认为方志的性质从宽泛出发，以下表述基本科学，也更加符合实际，即：“地方志是记录特定地域自然、社会、人文的历史和现状的文献”。“地方志工作是以地方志书、地方综合年鉴、其他地情书编纂为中心的组织、管理、编纂、整理、研究、利用等活动。”对于条例中“地方志”“地方志书”“地方志工作”三个概念的界定和区别。我认为，“地方志”是记录地情的文献，是由地方志书、年鉴、其他地情书组成的系列文献。“地方志书”是包涵在“地方志”系列文献中的一种文献。“地方志工作”是围绕“地方志文献”的编纂而进行的活动。

---

①章学诚《修志十议》。

②章学诚《记与戴东原论修志》（《章氏遗书·卷十四·方志略例一》）。

③钱大昕《鄞县志·凡例》。

④钱大昕《凤阳县志·序》。

⑤钱大昕《潜研堂文集》卷二十四《东晋南北朝舆地表序》。

⑥倪所安《钱大昕方志学初探》（《古籍整理》1989年第3、4期）。

⑦钱大昕《十驾斋养新录·卷十三》。

⑧黎锦熙《方志今议》。

⑨胡乔木1986年12月24日在全国地方志第一次工作会议闭幕式上的讲话。

⑩朱士嘉1935年《中国地方志综录·序二》，另见《中国地方志通讯》（1981年2期）文章《谈谈方志中的几个问题》。

⑪黄苇《章学诚方志理论研究》（《历史学》第4期）。

⑫史念海《论方志中的史与志的关系》（《北京师范大学学报》社会科学版1982年第5期）。

⑬董一博《要重视编修新方志》（1982年8月23日《人民日报》）。

⑭仓修良《方志的起源和性质》（《安徽史志通讯》1982年第4期）。

⑮《中国方志通鉴》书稿“方志性质”。

⑯王晖《论方志性质》（《中国地方志》1990年第2期））。

（《中国地方志》2005年第1期，中国地方志指导小组办公室《〈中国地方志〉优秀论文选编上册415页、中国城市出版社2013年版）

自评：2004年10月14—15日，中国地方志指导小组办公室在广州市召开方志性质研讨会，为起草地方志工作条例作基础准备，“来自上海、浙江、安徽、河北和广东等地的修志人员及专家12人与会”（《会议纪要》）。本人参加了此次研讨，再次提交了8月在全国新疆年会上的新时期地方志性质的论文，并按照会议要求提交了方志性质、地方志工作概念简短文字（论辩后，每个专家均按照自己的观点写一纸条）。会议上，中国地方志指导小组办公室提交了《地方志编纂管理条例稿》。该稿“方志性质”和“方志工作”的定义为：“本条例所称地方志，是指全面系统地记述特定行政区域内自然、社会和人文的历史、现状的大型资料性文献。”“地方志工作是以地方志、地方综合年鉴、地情文献的编纂整理为中心的组织、管理、编纂、整理、研究、利用等活动。”该表述虽然与本人的研究观点总体一致，但“性质”的概念还是显得宽度不够。与条例稿的“地方志”工作范围难以匹配。当时我就感到其他地情文献的编纂很难写进国务院的条例中。尤其是“特定行政区域”很难把中华一统志、专业志、山湖志、其他特色志、地情数据库纳入地方志工作（2004年8月16—19日在新疆乌鲁木齐召开全国地方志学术年会期间，中国地方志指导小组办公室利用晚上时间，召集与会部分专家讨论编纂“一统志”），能够纳入的工作只能是编纂综合性地方志书和综合性地方年鉴。会议结束后本人赶写了这篇论文，《中国地方志》刊物很快在2005年的第1期刊发。本文在2004年乌鲁木齐全国年会论文基础上，进一步强调宽泛的方志性质观和多元的方志体例是当今社会对地方志工作的需要。从古至今，方志性质观的外延，明显地由单一向综合、由狭窄向宽泛发展。“记录地情的综合性文献”的广义性质观的确立，与方志事业立法，与第二轮修志有着重要关系。

为了便于理解和中国地方志指导小组办公室条例稿的方志性质进行比较，本文对自己提出的“记录地情的综合性文献”进行剖析展开。条例稿“特定行政区域内自然、社会和人文的历史、现状”与本人观点中的“地情”是吻合的，前者是后者表述的具体化。“全面系统的记述”与本人观点中的“综合”一词的描述大体相近。破解后，本次文章本人又提出“地方志是记录特定地域自然、社会、人文的历史和现状的文献”；“地方志工作是以地方志书、地方综合年鉴、其他地情书编纂为中心的组织、管理、编纂、整理、研究、利用等活动。”“地方志”是记录地情的文献，是由地方志书、年鉴、其他地情书组成的系列文献。“地方志书”是包涵在“地方志”系列文献中的一种文献。“地方志工作”是围绕“地方志文献”的编纂而进行的活动。可见，本次提法依然是坚持本人新方志方志性质的宽泛性，坚持“记录地情的综合性文献”的方志性质观，回避了中国地方志指导小组办公室条例稿中的“特定行政区域内”，改为“特定地域”；回避了“全面系统”“大型资料性”，为非“全面系统”、非“大型资料性”地情书松绑。

此后，2006年国务院《地方志工作条例》基本是立足《地方志编纂管理条例》稿修订完成，为了避免与其他专业和工作撞车，地方志的性质和工作基本上是立足于“特定行政区内”的综合性地方志书和综合性地方年鉴编纂（可见法规到立法也是有阶段，循序渐进的）。今天，比照中国地方志指导小组近年提出的“十业并举”和“发展地方志事业”（改“工作”为“事业”），筹划提请全国人大常委会立《中华人民共和国地方志事业法》；国务院《地方志条例》明显不够适应地方志事业的发展；而我于2004年关于社会主义新方志性质的宽泛性的提出，以及具体的“记录地情的综合性文献”“地方志是记录特定地域自然、社会、人文的历史和现状的文献”，今天看是符合发展范围和方向的。本人在2004年乌鲁木齐全国地方志年会提出宽泛性方志性质的同时，就提出地方志的性质和体例除了从历史阶段性角度去纵向研究分析外，还要从方志的各种载体、体裁去横向研究，尤其是科学技术手段和文化传播手段多元的今天，必须改变地方志“一本书主义”，而是应该从志书、地方史、年鉴、资料长编、调查报告、地情书的多元体裁，从书版、电子版、数据库角度去研究和开展工作。今天中国地方志指导小组提出的方志事业“十业并举”（志、鉴、库、馆、网、用、会、刊、研、史），本人14年之前的年会论文中已提出了相近的思路。本人社会主义时期宽泛的方志性质、多元的方志体例体裁的研究和论证，对今天方志事业的立法，有一定的理论参考价值。提供了新时期新方志事业“为什么”是“十业并举”的理论依据。

李殿元先生在《中国地方志》2006年第7期上发表《关于方志性质的再探讨》一文，同意本人“内容决定论”（决定性质），但不认可“形式决定性质”；其实李先生这里有些断章取义，我完整的表述是“内容决定形式，形式决定体例，体例决定方志的性质”；也就是内容是决定性质的基础，形式和体例是性质的外在特征。李先生在同一篇文章中也不赞成我的“方志性质不断变化”的观点，他认为“变化只是事物的量，量变超过一定程度才会发生质变”；其实我文章中表述的是与李先生相同的哲学观点。即宋方志定型后，在一千多年的历史长河中，只经历了地理、历史、史地两性、“记录地情的综合性文献”（或“地方志是记录特定地域自然、社会、人文的历史和现状的文献”）四个性质阶段，并没有说“不断变化”。可能李先生没有注意到我在文中强调“社会主义新方志的性质”，也就是民国“史地两性”方志经过不断量变，发生质变后形成今天“记录地情的综合性文献”的新的性质观。

钱大昕方志理论与乾嘉以来方志理论研究的走向

——写在方志学大家钱大昕逝世200周年之际

今年，是清乾嘉时期著名的经学、史学、方志学大家钱大昕逝世 200 周年。钱大昕的方志理论在乾嘉时期并非是主流派，但本文认为，他的理论却代表了后来方志编纂的趋势和走向。

一、钱大昕及他的方志学

钱大昕（1728—1804），字晓征，号辛楣，自署竹汀居士，晚称潜研老人，乾嘉时期江苏省嘉定县望仙桥人（今属上海市嘉定区）。钱为乾隆间进士，历官内阁中书、翰林侍讲学士、詹事府少詹事、广东学政等官职。他乾隆四十年（1775 年）致仕，潜心著述和讲学，历主钟山、娄东、紫阳书院，著述有《廿二史考异》《六史氏族表》《六史艺文志》《十驾斋养新录》《潜研堂诗文集》等。方志学是钱大昕研究的组成部分。钱氏在大清一统志馆时议订书例并先后为《昆山郡志》《玉峰志》《乾道四明图经》《云间志》《会稽志》《凤阳县志》《韩浚嘉定县志》等数十部方志题写序跋，反映其在当时方志界的影响。他还主纂了乾隆《鄞县志》《长兴县志》，遂成后世楷模。

当代学者陈光贻于 1981 年撰文《钱大昕的方志学》，认为：方志学是钱氏学术的重要组成部分，可卓然成家。①朱士嘉先生同年在《谈谈清代学者论述修志的问题》中共推出顾炎武、方苞、章学诚、钱大昕、纪昀五大方志家。可见他把钱大昕的方志理论摆在重要的地位上。他认为，钱氏“所主诸义例，则全为新派开宗之言也。”②对钱大昕方志理论有独到见解的《嘉定县续志（1988—1992）》总编倪所安先生，1989 年发表在《古籍整理》刊物上的《融各家之长 立一家之言——钱大昕方志学说初探》一文，把钱大昕的方志理论概括为六大方面：一是钱大昕折合章学诚和戴震两家之言，认为地方志是“一方之徵信”（见《鄞县志·凡例》），并在《凤阳县志·序》中说：“志之为言，识也”，钱大昕从“志”的本义去探索方志的起源和属性，把方志看成记述一地各方面事物的载体（按：古文“识”通“志”，通“记”）。二是“志无论大小皆道之所在”，讲的是方志内容的义旨，文以载道，“志”以载道之意。三是“博观约取为修志首事”，指钱大昕强调方志要广征资料，入志资料要“辞严事核，质而有文"。（见《鄞县志·凡例》）。四是"纂辑、撰著随其事之宜"。清代"纂辑"和"撰著"两派争论不休，钱大昕同样折合两家之说，参正史之例，以撰著为主，纂辑为辅。五是"据事直书是非自见"，对史家所谓"春秋笔法"不以为然，认为"但使记事从其实，则万世之下，是非自不能掩，奚庸别为褒贬之词"。（见《十驾斋养新录》）。六是"方志立传有褒无贬但不能以黑为白"，强调"史家为例，以立传为主"（《鄞县志局与同事书》[③]

从上可见，钱大昕的方志理论，其中最为核心的是在方志性质上，他认为地方志是"一方之徵信"，也就是一方地情记录的文献即为方志。在基本体例方面认为"纂辑、撰著随其事之宜"。可见，他的观点是有别于同时代的章学诚和戴震，而是折合两家之言的。

二、钱大昕与章学诚、戴震方志观之异同

章学诚是清乾嘉以来，方志界公认的大家，他的理论奠定了传统方志学的形成。他从方志的性质、源流和基本体例方面进行了系统全面的论述，是传统方志学的最大流派。对于方志的性质，该流派认为"志属信史"（章学诚《修志十议》），即方志的性质是历史不是地理，是记载一地历史的文献。他又从方志属史推及方志是成一家之言的著述，所以在体裁方面"志乃史裁"（章学诚《永清县六书例义》、"志乃史体"（章学诚《州县请立志科议》）；具体认为修志应像撰史，遵循"史家法度"，其义例、体例、论断都应以史体来规范，方志要采用《史记》《汉书》的"春秋笔法"。基本体例属"撰著派"，人称"新派"。

与章学诚的"历史派""新派"对立的是戴震为首的"地理派"，又称"考据派""厚古派""旧派"。这一派主张"夫志以考地理，但悉心于地理沿革，则志事已竟，侈言文献，岂所谓急务哉？"他认为方志就是地理沿革的考证，而考证的旧史料来源于旧史籍。戴震的地理派尤其重视旧史料，轻视现实资料，崇古薄今，详古略今，重文采。

根据以上章学诚、戴震、钱大昕三家之观点，我们是不是可以认为，自乾嘉起，在方志界除章学诚的"历史派"和戴震的"地理派"以外，自始至终还有另外一个派别，就是界于章学诚和戴震之间的钱大昕的"折衷派"。钱大昕的"折衷派"是本文首次提出。在章学诚、戴震两派中，学界普遍认为乾嘉以后代表传统方志发展潮流的是章学诚，但本人不这样认为，因为随着社会的不断发展和进步，方志所记述的对象也不断增多，偏重考据和只重视地理沿革的"地理派"必然退出历史舞台。"历史派"也必须不断地充实和更新，才能适应社会发展的需要，尤其是历史体裁形式的虚增层次，对于复杂多重性事物的归类增加了不便。而本来势弱的"折衷派"，其方志为"一方之徵信""纂辑、撰著随其事之宜"的观点，由于其对反映社会的包容性较历史、地理派观点内涵广泛，归属便捷，反而潜在地得到不断发扬。这正验证了梁启超先生说过的一句话："方志发展过程是由单一而多样，由简单到复杂。"（见黄山书社《中国地方志辞典》梁启超条）

三、为适应社会内容的不断丰富，近代以来方志研究进一步推动“折衷派”理论向广延的方志性质和多元的方志载体体例方向发展

钱大昕立于史、地两派之间自成一家之言的“折衷派”，其最大的特点就是性质观的内涵包容较广，体例灵活，潜在地适应了其后方志的编纂。随着社会的需要，“折衷派”这一流派在民国年间得到发扬，其代表人物是黎锦熙。

黎锦熙是我国现代著名的方志学家。他在民国年间主持纂修《城固县志》等多本志书，同时写成著名的方志学专著《方志今议》。他在《方志今议》中提出“地志之历史化”“历史之地志化”，即地方志为“史地两性”的观点，与钱大昕的“乃一方之徵信”观有相承的地方。黎锦熙说：“章氏（学诚）特见，谓为国史之基；时贤（指梁启超、瞿宣颖等）阐明，定作‘地方之史’，则地方志是创修一部历史，但忧时者流重视现状，主张方志仍返图经。自然、人文，略依地理之类同；调查、统计，悉遵科学之准绳，则方志又是创修一部最新的地理志。”对此，黎锦熙认为：“折衷之论，则谓方志之物，史地两性兼而有之；惟是兼而未合，混而未融。”他进而阐述，给方志下定义有两个标准：其一“方志因为‘方域之地志’，必使读者能就演变之实况，推知驱引之总因，是为‘地志之历史化’”；其二“方志固为‘地方之历史’，但史家活剥生吞，方志乃引之，使浅斟细嚼，是为‘历史之地志化’。”④

黎锦熙的论说，反映了民国年间较清代社会内容有了很大的丰富，完全采用章学诚单一的“志属信史”观、单一的撰著体修志，难以展现当时的社会内容和用科学方式研究出的自然内容，反映现状。随新型、科学的地理学从西方的引进，如人文地理、经济地理等，因之，有人提出修新型的地理性质的方志。黎锦熙先生根据史地结合可以丰富方志描述地情的手段，满足当时社会的需要，遂提出方志“史地两性”的观点，并提出“折衷之论”这一概念。钱大昕和黎锦熙所代表的方志“折衷派”，实际上已从乾嘉时期方志编纂和研究的弱势、潜在的派别走上了前台，成为了主流派。

新中国成立后，尤其是20世纪80年代的大规模修志以来，方志性质等方志基本观是在不断地融合前人之长，沿着“史地两性”“编与著结合”的“折衷派”思路继续发展。原因何在？原因就是“折衷派”的观点比单一的“历史派”“地理派”的观点更具有广泛的包容性，因之也最能符合当今社会的需要。80年代新方志编修以来，方志界对方志的性质和方志的体例这两个最核心问题开展过两次论争，第一次是1982年前后，也即大规模的社会主义新方志开编之初，主要是史学、地学等学科的专家学者。第二次是1989年中国地方志协会年会，重点讨论方志的性质，是一次有组织的讨论，参加者除部分专家学者外，多数为新方志编纂的实践者。此外方志的性质、体例的零星讨论，20多年来从未停顿，但至今仍是莫衷一是。

以具体的观点分析。对于方志的性质，20世纪胡乔木同志在呼吁编纂社会主义新方志初就提出地方志是“科学的资料书”。复旦大学历史地理所教授谭其骧于1981年在中国地方史志协会成立大会上认为：章学诚的所谓“志”就是“史”，方志就是一方之史并不可取。事实上自古至今，地方史和地方志是两种著作，一直同

时存在，都是源远流长的。方志学家朱士嘉在此次会议上为方志定义：1935 年（我）在《中国地方志综录·序二》中说："方志者，盖以地方为单位之历史与人文地理也。"（此说颇近黎锦熙的"史、地两性"说）这次会议上他又丰富了自己此前的看法。他说："地方志是以一定体例反映一定行政单位的综合著述。它等于地方百科全书，也是一门边缘学科，涉及范围非常之广。"[⑤]其观点正是发挥了"折衷派"包容性广的特点，与钱大昕的方志乃"一方之徵信"有相通之处。1979 年，复旦大学教授黄苇就发表观点："方志乃一方古今总览"。[⑥]史念海教授 1981 年在《论历史地理学和方志学》一文中分析历史地理学与方志学的历史渊源，认为两者为"孪生兄弟"，方志学今后的发展，应配合利用历史地理学的发展趋势，横包自然与人文结合。[⑦]史念海先生还认为：方志中关系史与志的论争最突出者是乾嘉时期的章学诚和戴震。史氏认为戴氏限于沿革未免狭隘，章氏方志为一方之全史无视志的意义也失之偏颇。他认为唐以前方志以述地为主，元明以后才是述人为主的所谓"史"。相对来说，志是本来面目，史是变态。社会主义新方志，史志问题应与旧志不同，应以史贯串志，纵横交错，才能修出具时代特点的新方志。从中可以看出史先生是认为方志的性质和体例是随着社会发展而变化的。[⑧]方志家董一博先生于 1982 年发表文章认为："中国的地方志是一个地方性的百科资料宝库。"[⑨]同年，浙江大学教授仓修良在《方志的起源和性质》一文中认为："时至今日，地方志尽管具有'亦地亦史'的性质，但它已经既不从属于地理，也不从属于历史。我们不能再抱住章学诚'志属信史'的老观点。"[⑩]1982 年吴天骥在《论方志的性质、体例及编纂》中，对"方志属地理专门""方志为国史羽翼"提出异议。认为方志是以一个地区的整体为调查研究对象的，涉及自然科学和社会科学的多种学科，按照现代科学的分类，方志应属社会学的范畴。[⑪]1983 年，复旦大学历史地理所教授葛剑雄在《编纂地方志应当重视地理》一文中认为：清代以前的学者一般把地方志归入地理类，清代强调方志是历史而不是"地理专门"，但葛认为，古人的"地理"与今天的地理学的概念不完全一致。（同时）今天，历史学者已不可能具有记载研究复杂地理现象的能力了。当今地理学的成果已大大丰富了地方志的内容。[⑫]可见，葛剑雄先生头脑里的地方志应包括科学的地理内容，新方志应为史地两性的。

在方志性质上，除以上的论述外，也还有一些修志者和研究者仍继承了章学诚"志属信史"的观点，但大多对其进行了扩延。中国人民大学的刘光禄、胡惠秋在《方志学讲座·第一讲》中给方志定义："以地区（或叫行政单位）为中心的综合性资料性史书。"他认为，方志是地方史书中的一种，但又有自身的特点，一般史书不如地方志广泛。"志为史之积，史为志之成"。可见刘、胡的方志属史的观点已大大超出了章学诚"志属信史""志乃史裁"的范畴。

以上属方志性质的讨论，在方志的体例方面呢？也同样从单一向综合方向发展。社会主义新方志采用什么体例？董一博先生认为是"史志结合体"，后广为方志界采纳。董认为志早在宋代就出现摆脱地理派和历史派的一种体例。按董的观点，史志结合体还在钱大昕的"折合论"和章学诚的"志属信史"、戴震的"志乃地理专门”之前。董一博先生认为，“史志结合体”的优点能合理地把一方的自然、社会、人文百科的历史和现实组成有机整体。⑬欧阳发、丁剑在《新编方志十二讲》（黄山书社 1986 年版）一书中也赞成这种体例，认为这种体例融合了方志资料性、著述性二者之长。这些观点应该很自然地与钱大昕的志乃“一方之徵信”“纂辑撰著随其事之宜”的观点衔接起来。

以上谈到，社会主义新方志编纂时期关于方志性质的第二次大讨论是在 1989 年。当年的中国地方志学会年会的重点研讨课题是方志的性质。安徽王晖的论文《论方志性质》引起关注。该文将方志性质的各种观点，包括戴震的方志是“地理书”，章学诚的“历史书”、黎锦熙的“史地两性”、董一博“地方百科全书”、于希贤“政书”、黄苇“一方古今总览”、梁滨久“资料性著述”进行了归纳分析，认为这些观点没有揭示方志性质的本质。王晖给方志性质下的定义是：“方志是记述地方古今各个方面或是某一方面情况的科学文献；它既是概括一地自然、经济和社会发展进程的地方史书，也是汇集一方基本知识和系统资料的地方百科全书。”⑭

综观以上，20 世纪 80 年代新方志大规模编纂以来诸家对方志性质的论述，其共同的一点是进一步在广延地方志的功能作用，在广延功能作用的基础上为其作性质的界定。也即地方志内容既有自然性也有社会性，既具历史性也具地理性，更重要的是具备百科的综合性。即便王晖同志在否定各家之说后，也仍然是概括综合了各家之说，其定义中包括“地方情况的科学文献”“地方史书”“地方百科全书”“一方之全史”，也就是把诸家之说综合在了一起。本文此处不在评判以上观点的全面与否，只就乾嘉以来方志性质的各种观点进行比较，看其趋同性和走势，寻求一个外延能囊括各家，又符合时代要求，有利于地方志事业发展的方志性质观和基本体例观。分析最终，我的认识是，社会主义新方志编纂以来关于方志性质的观点、论说，实际上是对钱大昕、黎锦熙“折衷派”观点的光大。

四、乾嘉以来方志基本理论内涵由单一向综合和多元走向的根本原因

我们在为方志性质定义时，不可忽略了马克思主义社会存在决定意识的基本观，不可忽略了马克思主义的历史观。方志作为一种文献，它的内容是社会的反映，它的体例形式又取决于社会的具体内容反映的需要，而方志的内容体例又决定方志的性质。换句话说，随着社会的发展，方志的内容、性质和基本体例在不同的历史阶段是不一样的。而过去我们，总是想确定一个贯通古今并通贯后世的方志性质的定义，必然造成众说纷纭。一般认为方志在南宋定型，如按照发展的观点看方志的性质，我认为元代以前，方志基本上属图经，有少量的历史成分，因此是舆地，即方志为地理属性，体例以纂辑体为主。到了南宋以下，尤其到了清乾嘉时期，随着社会的发展，增加了人事的记载，旧的地理性体裁已难以反映纷繁的社会，因之，“志属信史”、方志性质属史和撰著体的体例取而代之，成为主流。其时戴震与章学诚的论争，从后来的方志发展看，章学诚顺应了历史的潮流。但在方志进入历史性的时候，不能说历史上方志未曾属过地理。另一方面，乾嘉时期的自然、社会内容还并不像后世那样丰富，故钱大昕包容性较强、超前性的方志乃“一方之徵信”“撰著和纂

辑随所记之事为宜”的折衷理论未能得到广泛重视。这说明了理论的超前与当时社会发展的阶段不对应。到了民国年间，由于社会较清代的进步，新的地理学、历史学、统计学、测量学、工程学、城市管理学等现代科学从西方进入我国，原来的方志内容结构和形式体例难以与社会互动和对应，编纂者追求一种与单一的历史性体裁不同的更具包容性的新体例。这样，黎锦熙的“折衷”“立两标”“史地两性”“史志结合”的方志性质、体例观自然而然地产生了。中华人民共和国成立后，社会更加进步，尤其到20世纪80年代社会主义大规模修志，民国年间提出的“史地两性”也不能全面反映自然和社会的变化和进步，遂出现了“百科全书”“古今总览”“资料性著述”“地情书”“地方文献”“历史与现状的百科全书”等外延较广泛的方志定性。在体例上进一步发展为著述和资料辑录相结合的形式。很显然，其目的是适应社会的复杂内容，对应记述对象的广泛性、复杂性。从上可见，方志的性质、体例不是一成不变的，而是随着社会的发展而发展，随着社会的变化而变化的。这样以辩证的观点去看待方志的性质和基本体例，许多到今天还在困惑我们的问题就会看得较为清楚，许多问题也会变得容易理解。

五、新方志性质的新定义——“记录地情的综合性文献”

地方志工作已经进入社会主义第二轮时期，方志的性质又是什么？（这里不笼统提方志的性质，是从以上所谈的方志性质阶段性的观点出发的）我认为是：“记录地情的综合性文献”。这一定义可以涵盖20世纪80年代大规模修志以来各家的方志性质论。定义如此大的包容量是今天的社会要求方志需具有丰富的功能决定的。

从上面新方志性质的定义，我们可再作深一步的分析。作为文献，其范畴是广泛的。文献的种类多样，但综合性、地方性、记录性三者兼具的文献只有地方志。定义中的“综合”有名词和动词两重性。名词性的“综合”指方志的百科性，有别于其他单项和数项的文献。动词性的“综合”指方志工作者对原始资料的整理、加工、辑录、编纂、编研，综合的结果就是成体系成系统，即使是资料也是二次加工后的资料，完全有别于档案一类文献。档案虽是综合性的文献，但属原始性的一次文献。地方志作为文献，属经过系统化编著研而形成的二次文献。这一方志性质观的提出，涵盖了社会主义新方志首轮时期各种方志属性的基本论述，反映了社会主义新方志编纂以来社会对方志工作的需求和方志研究的方向。从胡乔木提出的“科学的资料书”、董一博的“地方百科全书”等等，一直到王晖的复合诸家的方志性质论也好，都统统可以涵盖在这一概念之中。在体例方面，著述体、资料体、编著体也都涵盖在这一概念中。

“记录地情的综合性文献”的地方志性质和“多元体的地方志体例体裁载体”的提出，有利于拓展地方志的研究对象和编研领域，从综合系统的角度研究社会经济、政治、文化现象，从收资、编纂、著述、研究等方面发展方志事业，留存历史资料，为现实服务，促进地方志作为新兴独立的学科早日建立，有利于地方志事业在新的历史时期进一步发展。

以上可见，本文以乾嘉时期方志研究为锲入点，纵向分析了各种方志性质、基本体例观、认为乾嘉以后方志性质和方志基本体例的研究趋势，其理论内涵是由单一向综合，由一元向多元发展。这一趋势是社会发展的必然。钱大昕的方志理论是这一趋势的起点，黎锦熙是中继，而社会主义新方志的理论研究者是光大者。在钱大昕先生逝世200周年之际和社会主义第二轮修志开始之时，写作此文，除表示对先生的敬意外，更重要的是引起大家对钱大昕方志理论以及对方志性质等基础理论研究的重视。

①陈光贻《史学史研究》（1981年第4期）文《钱大昕的方志学》。

②朱士嘉《中国地方志通讯》（1981年第5、6期合刊）文《谈谈清代学者论述修志的问题》。

③倪所安《古籍整理》（1989年第3、4期）文《钱大昕方志学初探》。

④黎锦熙《方志今议》（《方志学两种》岳麓书社1984年1月版）。

⑤朱士嘉《中国地方志通讯》（1981年第2期）文《谈谈地方志中的几个问题》。

⑥黄苇《历史学》（第4期）文《章学诚方志理论研究》。

⑦史念海《中国地方志通讯》（1981年第5、6期）文《论历史地理学和方志学》。

⑧史念海《北京师范大学学报》（社会科学版1982年第5期）文《论方志中的史与志的关系》。

⑨董一博1982年8月23日《人民日报》文《要重视编修新方志》。

⑩仓修良《方志的起源和性质》（《安徽史志通讯》（1982年第4期）。

⑪吴天骥《江海学刊》（1982年第4期）文《论方志的性质、体例及编纂》。

⑫葛剑雄《中国地方志通讯》（1983年第5期）文《编纂地方志应当重视地理》。

⑬黄苇等《中国地方志辞典》（黄山书社1986年版）389页“史志结合体”条。

⑭王晖《中国地方志》1990年第2期文《论方志性质》。

（《中国地方志》2005年第4期，中国地方志指导小组办公室《〈中国地方志〉优秀论文选编》上册435页（中国城市出版社2013年版）

自评：本文是对2004年全国地方志年会本人论文《“折衷派与记录地情的综合性文献”：——也谈方志性质》关于方志性质演变部分的进一步分析，因为年会论文收入《新方志理论与实践二十年》论文集（第71页），到2005年5月才由方志出版社出版，故本文与年会论文部分内容有重叠（但又有细化）。本文重点分析阐述了中国方志体例、性质的演变过程，重点分析了钱大昕、黎锦熙“折衷派”的方志性质观、体例体裁观与章学诚的历史性质观、戴震的地理性质观的不同。强调了“折衷派”“史地两性”理论与社会主义新方志性质、体例的联系和继承关系。认为乾嘉时期的方志流派不是两家，而是三家。历史地分析了方志性质、体例演变的社会背景。本文公平地论证了先生在方志学中与章学诚、戴震鼎立的历史地位，分析了后世对折衷理论的实际继承。钱大昕先生于1804年11月2日逝世，故本文也是一篇纪念他逝世200周年的怀念文章。

如何辩证地认识和处理年鉴的基本内容和特色内容的关系

辩证法告诉我们，事物无不体现着“一般性与特殊性的统一”这样一个对立统一的关系，统一在年鉴内容中的基本内容与特色内容也同样是这样一对关系。

一、年鉴界对年鉴内容一般性与特殊性关系的认识及实践

事物的认识往往有正题、反题、合题几个角度或阶段。对年鉴的基本内容、特色内容、基本内容加特色内容的认识也是这样。因为年鉴内容外在是体现在年鉴的类目、条目的稳定、变化与结构上的。

事实上，年鉴内容结构的认识和编辑实践也表现为正题、反题、合题三种类型。

一种观点认为，年鉴是综合或专项的文献，是经过年鉴编辑者对大量基本定向的一次文献和信息进行搜集、筛选、整理、压缩而成的凝练的二次文献。年鉴是连续性的资料性工具书，同时又具有“史册性”，因此可以提供政府和有关部门决策和其他各界进行社会活动时参考，为研究者提供研究素材。正因为以上原因，这一观点认为，年鉴的内容和类目条目结构要保持基本稳定。“不稳定”，年鉴就失去了整体性、连续性，失去整体性、连续性必然失去事物的可比性。如果年鉴的资料、信息没有连续和可比，如何被社会利用？因为人们认识外界的基本方法就是比较、分析、归纳，而“比较”是其中重要一环。

与第一种观点对立的一种观点认为，年鉴具有多功能性、新闻性、现实性。年鉴出版周期短、反映及时，是与现实联系紧密的工具书，所以有人强调“年鉴姓年”。以此排斥年鉴的史册性。不同意年鉴的整体性、稳定性、（类目）连续性和可比性。这一派尤其强调新闻性，强调对社会事物反映及时，年年更新（第一种观点认为年鉴是次年记述的，2005 年年鉴记的是 2004 年内容，如何成为新闻）。

第三种观点是对一、二两种观点的综合，认为“一般性”与“特殊性”是不应该人为分割开的。年鉴既应该有基本的内容和类目（条目），以保持具有区域、专业、企业基本属性的内容，保持年鉴内容的整体稳定连续和可比，以资提供现实社会利用和存史。但一成不变的年鉴的内容、类目也是不可取和不全面的。应该在基本稳定的内容、类目的基础上增加可变的、反映时代特色、年度特色的内容和类目。只有把二者辩证地结合好，才能编辑出符合区域、专业、企业基本特征，又同时具有时代特点和年度特色的年鉴。

本文作者把以上三种观点分析给大家，最终表明是同意第三种观点的。实际上在各类年鉴的运作中，虽然我们常有激烈的争论，但还是以同意和设施第三种观点的居多。

二、年鉴基本内容和类目框架的形成是有着不断完善的过程，基本内容和类目与特色内容和类目的辩证关系的处理决定年鉴对客观世界的反映的宽度和深度

年鉴基本内容和框架并非一开始就有个固定的模式，而是人们在编辑中不断完善的。大体经过频繁变动—基本稳定—微调补充特色三个阶段。

其补充和完善有三个方面：一是初始对编辑对象认识的不够全面，通过实践不断认识和给予内容框架以补充修订，所以一开始若干年内容与类目框架的变动较为频繁。二是社会在发展和变化，导致原有事物的增减，波及内容和框架的变化（增减、升降、并合）。三是编辑者有意识地较为灵活地选择体现时代、地域（专业）、年度特色的事物予以突出，导致内容结构的丰富和更加全面。

其实，以上年鉴内容和结构框架的一般性的变化发展过程，实际上就是一部部年鉴定位的摸索过程。我们仍可以套用大学问家、大词人王国维被人们常常引用的那首脍炙人口的词所展现的治学三种境界，来说明年鉴定位的三个阶段：

“昨夜西风凋碧树，独上高楼，望尽天涯路。”此第一境也。“衣带渐宽终不悔，为伊消得人憔悴。”此第二境也。“众里寻他千百度，回头蓦见，那人正在，灯火阑珊处。”此第三境也。进入第三境，年鉴的基本内容和基本类目就已经形成和稳定了。

综上所述，年鉴的生命力在内容，但内容又是通过合理的栏目、条目、子目去体现的。年鉴的基本内容和特色内容，外在都是体现在栏目、条目的框架结构上的。

基本内容和栏目（条目）是反映记载区域内稳定的基本的自然、社会内容，或者反映稳定的行业内容、专业基本内容、企业内容。而特色栏目、条目、专题是反映时代特色、地方特色和年度特色的。比如《上海年鉴（2004）》，作为区域综合年鉴，它是以概貌、党委、人大、政府、政协、纪检、国内合作、工业、集团公司·股份公司、私营·个体经济、外商投资企业、农业、建筑业·房地产业、银行、证券·期货、保险、商贸·市场、对外经济贸易、旅游业、会展业、广告业、航运·邮政、信息化、综合经济管理、城市管理、科学技术、社会科学、教育、文化艺术·广播电视、新闻·出版、卫生、体育、节庆、民主党派和工商联、人民团体·社团、军事、治安·司法、外事、侨务与港澳台事务、民族·宗教、民政、社会生活、区·县、人物等，作为稳定的具有连续和可比的基本内容、基本栏目（类目）。而另设浦东开发开放、长江三角洲都市圈、开发区·工业园区、社会调查、新上海人、留学人员在上海、上海人在国外、企事业信息、精神文明创建等作为特色性内容和特色栏目、条目，这些栏目所展现的内容，是一段时期的时代特色，长则十多年，短则数年；加之这些内容难以全面系统，因之无须强调其长期的稳定、连续和可比。再如抗击“非典”，“保先教育”事情重大，影响深远，但“非典”是突发性的，“保先”是政策性的，其必然是年度特色性的栏目或类目。

再如专业年鉴。《上海文化年鉴（2003）》是一种以大文化为记事对象的专业年鉴，包括文化概况、精神文明建设、文化艺术节庆、哲学·社会科学、新闻报业、教育、

出版、广播·电视、电影、文学、舞台艺术、图书馆·档案、博物馆·文化遗产、美术·书法·摄影、体育、旅游、民族·宗教、文化人物等栏目，栏目下再设若干分目，如舞台艺术栏目下设音乐、舞蹈、杂技、戏剧等分目。可见《上海文化年鉴（2003）》是一部以基本栏目、类目为内容的专业年鉴。而下一年，《上海文化年鉴（2004）》就增加了"纪念毛泽东诞辰110周年""纪念邓小平诞辰100周年""抗击非典""长三角文化生活""文化产业"等栏目内容，除"文化产业"是随着时代发展，文化进入市场的新变化增设的未来稳定的基本栏目外，其他都是特色内容和特色栏目、类目。

企业年鉴也是如此。如《上海宝钢年鉴（2004）》设集团公司经营情况、质量与产品、规划与战略研究、科研机构、财务·资产与审计综合管理、人事与机构法律事务、安全·保卫与环保、钢铁企业、非钢企业、共产党组织、民主党派组织、群众团体、教育·文化、人物与表彰等栏目。该年鉴首先以基本栏目展现企业生产、经营、管理、企业文化等内容，同时又采用专记栏记年度特色的事物和信息，如该年度宝钢年鉴专记就记了"宝钢跻身世界500强名列第372位""宝钢防治'非典'纪实""宝钢股份公司'保持共产党员先进性教育活动'纪实"等特色性条目。

通过几例分析可见，各类年鉴稳定的基本内容和基本栏目、分目、条目是占主要的，其分量在80%～90%，而时代特色，如"浦东开发开放""长三角经济圈"；年度特色，如"抗击非典""保先教育""宝钢进入世界500强"等，这些特色内容占10%～20%。特色内容可以在第一层次的栏目中体现，如增设栏目，与其他栏目平列，像《上海年鉴》增设"浦东开发开放""长江三角洲都市圈""开发区·工业园区"等。或在第二层次分目、第三层次条目中增设来体现。如《上海文化年鉴（2003）》在文化概况栏目中就增设了"纪念毛泽东《在延安文艺座谈会上的讲话》发表60周年""中国上海申办世界博览会成功"（概况栏原基本分目有文化设施建设、对外文化交流、文化行业管理和信息化建设、群众文化、区县文化活动）。

以上采用了区域、专业、企业年鉴的实例，解析了年鉴基本内容与基本栏目（一般性）、特色内容与特色栏目（特殊性）在年鉴中的布局和处理特点。

三、把握区域、专业和企业的一般性质特点以形成年鉴的基本内容和类目，保持对时代、区域、专业、年度特色的敏感性寻求年鉴的特色内容和类目，编辑高质量的各类年鉴

年鉴的基本内容和基本类目是什么？我认为应该是国计民生的基本内容，"民生"就是百姓生存所依赖的生产（工业、农业等）、流通（商贸、金融、交通等）、消费（衣、食、住、行、乐等）和社会发展（城市建设、文化、教育、卫生体育等），以及发展生产和流通、消费被称为"第一生产力"的科技。"国计"，就是维护国家生存发展的管理及组织，如政权建设（军队、监狱、公安、司法等），如经济运行的管理（财政、税务、工商管理、物价管理、经济战略与规划等），如上层建筑的政党、人大、政府、政协、社团等。国计民生的内容应该是年鉴的基本内容和基本类目。而围绕国计民生，围绕经济和社会发展而形成的阶段性运动和社会活动的

内容，此外突发性事件，这些应该是特色性内容和特色类目。如“浦东开发开放”，虽在《上海年鉴》中设置多年，但浦东开放开发已扩展到浦西和全上海，随着时间的推移最终将失去独立栏目的意义。再如“长江三角洲都市圈”“精神文明创建”“申博”等，也都是一定时间段的“提倡”和阶段性工作。

国计民生的内容是区域综合年鉴的基本内容和基本类目，而各部门的一般性工作应该不是年鉴的主体内容，最有特点的年度特色工作才可记入年鉴中，但目前年鉴过于关注一般性的部门工作，使得年鉴流于平庸和琐碎。专业年鉴要从专业角度研究专业的项目、内容和要素，以形成基本的内容和类目。比如一部科技年鉴，其基本内容和类目一般包括生命科学、应用物理与基础化学、非线性科学、数学、天文学（以上为基础理论研究）、信息技术、纳米技术、现代生物与医药技术、新材料技术、先进制造技术、航天航空研究、核电设备研究、船舶海洋技术与极地研究（以上为高技术研究）、重点学科建设、科研基地建设（以上为学科和基地建设）、工业科技、农业科技、城市建设科技、医学卫生、生殖健康、体育、文化和商贸科技（以上为科技运用）、科技体制、高新技术园区、成果转化、科技人才、科技成果科技合作、知识产权、科普及社团（以上为科技管理与服务），当然不是每个地方都具有以上全面的科技内容〔以上科技类目参考《上海科技年鉴（2003）》〕。企业年鉴也是把生产和经营作为最基本的内容和类目。总之，确定年鉴的基本内容和基本栏目是对自然和社会、对地情（区域综合年鉴）、对本专业（专业年鉴）、对本企业（企业年鉴）内容和情况的深入研究，并非是随心所欲之作，也不应该是简单地模仿拿来。年鉴的基本内容和类目决定年鉴的定位，最终决定年鉴的基本质量。

而特色内容、特色类目的产生，是出于年鉴编辑者对不断变化的时代的敏感。新生事物的产生是特色内容和特色类目产生的前提。突出特色的目的是反映时代、区域、行业、专业、事业、年度的亮点。发现具有亮点、特点的内容、栏目、分目是为了使年鉴更加贴近时代。反映特色也是有规律的，那就是新事物必然导致年鉴基本内容和栏目的变化调整，但这种变化和调整不可太大，大变不恰当，不变更不当，要渐变，要变在微调中，使年鉴的内容和栏目既保持基本的连续和稳定，同时又不断地跟上时代的步伐。所以，年鉴的编辑者一要研究编辑对象的地情、行业、专业、事业、企业，同时还要研究编辑对象的时代特色和年度特色。年鉴工作者不是简单的“文抄公”和“文汇公”。

四、结论

年鉴的基本内容与特色内容、基本栏目与特色栏目具有一般性与特殊性的辩证统一关系。

对于这对关系，年鉴界有正题、反题、合题三种认识和处理方式。本文作者同意第三种，即一般性与特殊性，基本内容、栏目与特色内容、栏目是统一不可分割的。基本内容栏目是年鉴的基础，以保持记载对象的全面、系统、稳定、连续和可比。同时以特色内容、类目为辅助，以反映时代、地域和年度特色。两者相辅相承。只有处理好年鉴内容的一般性与特殊性的关系，准确为各自的年鉴定位，才能编辑出高质量高品位的年鉴。

（《上海志鉴》2005 年第 5 期）

自评：本文运用马克思主义矛盾普遍性和特殊性相统一的原理，研究了年鉴的基本内容和特色内容，基本栏目和特色栏目的关系。年鉴这种辩证关系的处理决定年鉴对客观世界的反映的宽度和深度。基本内容栏目是记载对象的全面、系统、稳定、连续和可比；特色内容栏目是反映时代、地域和年度特色；两者相辅相成；并指出年鉴界的三种思维，指出本人赞同“二者结合”。本人是长期研究地方志书编纂的，国务院《地方志工作条例》界定地方综合年鉴属于地方志文献范畴。因之有研究年鉴的必要。尤其是二轮地方志书编纂大量运用地方综合年鉴，部分志书类目变成年鉴的年度叠加，成为了类目标题下大大小小的流水账、大事记或大事记加统计局的统计数据表，国计民生内容反映浅薄简单；此外年鉴基本是体制内机构的分目、条目填空，加上出版周期的年度时效性，尤其是市场经济环境体制外内容记载缺乏，为了获奖甚至出版的志书用统计局的“快报数”（国家出版部门下的某年鉴学会，提出的出版时间项的评奖标准是极其不端正的）；最后不但影响年鉴质量，同时影响了地方志书的质量；故方志界有“没有年鉴盼年鉴（以年鉴编纂接志书编纂，“以短接长”保有地方志机构的稳定），有了年鉴害年鉴”（地方志书编纂被年鉴所害，不再认真全方位搜集资料，而是从年鉴顺年叠抄）；因之研究和提高年鉴的质量与提高志书的质量有着紧密的相关。本文研究的出发点在于此。

多元社会结构的多元运作

——谈社会主义第二轮新方志编纂的新特点

时代不同，社会的经济、政治、文化结构不同，运作社会的管理组织结构不同，文献载体传播的对象和内容也应相应不同；因之，社会主义第二轮修志必须要在比较首轮修志的特点，结合对新时期社会主义市场经济体制和社会内容研究的基础上，并以此来确定第二轮修志的宏观运作方式，只有这样，才能编纂出符合时代精神高质量的精品良志。以下就编纂组织、资料渠道、志书的内容和结构三方面谈一谈社会主义第二轮修志的新特点和应采取的新方法。

一、社会主义第二轮修志需构建多元性的编纂组织

社会主义第二轮修志与第一轮修志的时代背景、社会结构已大不相同。首轮修志我们是在计划经济体制下运作，整个社会这部大机器是在党的决策下，由政府单一主持运作的，是大家常讲的“大政府，小社会”。所以首轮修志我们提出了“党

委领导，政府主持”、政府组成部门职能机构和直属部门编写（包括党委部门）、地方志办公室业务指导这样的修志格局。这一格局是符合当时的社会结构的，因此第一轮修志从总体上说，我们取得了成功。具体的组织方式是，省市志由政府首长、各相关政府部门及党委部门领导组成编纂委员会，审批编纂规划，解决重大的修志问题，包括组织协调、经费、重大社会问题尤其是政治问题的记述等。省区市地方志办公室负责起草修志方案，在业务上组织指导各专志承编部门编纂；编审出版志书。

从全国看，首轮在编纂的具体组织上又有所不同，有的省市是在省市地方志办公室和专志编写部门之间建有大口修志指导小组，领导协调本口的修志，如上海市，就建有市经委地方志指导小组、市建委地方志指导小组、市商委地方志指导小组等等，各委下有若干委办局编辑室进行具体修志。另一种“扁平化”一些，如安徽省，省地方志办公室代表省地方志编纂委员会直接指导各有承编任务的部、委、办、厅、局编辑室修志。省（市）级志书由于首轮志书的历史跨度大，修志时间长，绝大多数采取“火车头”式的一步成志的方法，即省（市）志办编写总述卷（人物、社会等无部门承编的也由省市志办承编），同时对整个省（市）志谋篇布局，有关部门撰写专志，合则成为一部省（市）志。地、市、州、县志，在编纂组织上绝大多数采取安徽等省省级志书的同样做法，但由于地市县级志书容量比省级志书小的多，为了进一步加强志书的整体性，绝大多数采取了“两步走”的方式，地方志办公室在部门稿的基础上进行分总纂，解决机械重复等问题。

以上是首轮修志大体的宏观组织形式。第二轮社会主义新方志的编纂能不能完全采取首轮修志的组织形式呢？我认为要好好研究。20 世纪 90 年代起，随着市场经济的初步建立，我们的政府体制也在改革，政府职能进一步放在了宏观调控（因为我们的市场经济是政府调控下的）和为社会服务上，行政权逐步下放，整个的社会要向“小政府，大社会”的方向发展，原来的政府职能部门转变职能，向制定法规和业务指导方向转。如原来的冶金局、轻纺局、煤炭厅、一商局、二商局等，都成了经委内设的行业办公室。此外市场化以后政府管理以外的社会化的东西多了，完全依靠政府部门和部分党委部门修志，很难修出全面反映社会的志书。因此，对第二轮修志的宏观组织体系要在首轮修志的基础上进行丰富。首先“党委领导，政府主持，地方志部门负责设施”的格局不能变，政府的职能虽在转变，但政府还具有社会的宏观治理、经济调控、社会发展重大的行政权，编修地方志是政府的职责，所以第二轮修志由政府主持是不言而喻的。但随着政府职能部门的职能转变，机构的合并，经济部门管理局系统企业变成了控股集团，完全按首轮修志的组织（主要指承编单位）方法是不够完善的。根据志书的大体分类和当今社会的分工，我们可以具体问题具体对待，采取多元的组织结构形式，而不是像首轮修志一元的组织运作模式，采取分别对待的方式。

首先我们可以发现，改革是有阶段性的，20 多年改革的主要方面是经济方面，政治方面也有，但相对经济要滞后一些，力度要小一些。因之，政治部类的专志的编写分工，也就是落实承编单位与首轮修志变化不大，我们可以基本继承。文化部类，包括教育、科学、文化、卫生、体育，有变化，我们可以采取基本不变和适当补充的方式进行组织，比如报业，由报业集团牵头，电影由电影集团承编，广播电视由文广局、文广集团承编，文化娱乐业由市文化稽查办与有关行业协会承编。第二轮修志变化最大的是经济部类，随着市场经济的发展，我国的经济进一步向混合经济和多元化方向前进，经委、国资委（职能是防止国有资产的流失）很难承担整个经济部类的编纂，因经济部类占全志的3/5分量。而原来的经济部门的局多转成了行业的控股集团，如机械局转成机械设备集团公司、建材局转成建材集团总公司、百货组成市百集团等等（“转”，这样表述不完全准确），但这些集团主要是国有资产的集团、公司，他们与民营经济、外资经济是平等竞争的地位，如何去组织编写经济类专志呢？因此，也只有以“多元”对“多元”，即以多元的组织成分应对多元的记述对象。比如，上海的汽车工业，可以由上汽集团总公司牵头，由汽车行业协会协助编写。旅游宾馆业由锦江集团、衡山集团牵头。行业协会已成为第二轮修志重要的力量，当然目前的行业协会还处在初始阶段（中华人民共和国成立前有同业公会，民国年间的一些志书用了不少同业公会的资料），但他们的性质决定他们可以起到协调本行业修志的作用，尽管这种力量目前尚不强大。如果有的行业协会能力很强，也可以委托他们独立承编行业志。当然经济部类也还有与首轮修志变化不大的行业，这些行业基本上是国家垄断行业，如电力、邮政、电信、金融、证券、期货、保险等，另外加上国家宏观经济管理部门财政、税务，这些专志与首轮修志的组织变化也不大，仍可以继承首轮修志的编纂分工方法。至于社会类的专志，无部门承编的可以请研究部门，甚至专家个人参与编写，比如人口、环境、社会生活等。总之，完全按照首轮修志，交给政府（含党委系统）所属部门承编的方法，是很难修出全面系统的新方志。因此，我认为第二轮修志的组织体制仍是“党委领导，政府主持，地方志部门组织设施”，而编纂体制应是“政府（含党委）部门为主，社会其他有关成员参与的多元化编纂体系”。

二、社会主义第二轮修志需寻求多元化的资料渠道

资料是志书的基础，方志的特点是什么？一是地方性，二是资料性。而资料的质量、全面性如何是与我们的资料渠道，与我们的编纂组织系统相关的。第一轮修志是在计划经济时期，也就是社会的基本活动都在政府的支配下进行的。正因为这样，我们通过官方的文档资料和部门下属单位报来的资料，基本能解决志书的资料问题。当然，不能说首轮修志的资料性问题就解决得没有缺陷了，比如忽视资料长编的编纂，书中没有资料的原始出处，志书综合性资料有余而具体的资料不足，影响了志书的社会利用。有人说像油画，只能远看，不能近看，应该工笔画的内容没有工笔画。因此，在市场经济时期修第二轮志书，由于社会结构，主要是经济结构的多元化，资料征集的难度加大。

首先，政府部门，包括档案馆的文档已经不能涵盖志书的所有门类，部门一般性的工作总结、工作情况完全不能替代志书的资料。现在这些问题在年鉴编纂中已经出现。讲到经济的多元化，比如当今的经济成分的构成就包括公有经济、非公有

制经济。公有制经济又包括国有经济、集体经济，而非公有制经济又分出私有经济、港澳台经济、外（国）商经济。随着股份制、公司制改革，公司投资主体和股权结构的多元化，混合所有制经济发展。混合所有制经济又包括国有、集体、个体、私营、外资等等。具体的有国有的控股集团、外资和合资的公司等。如此复杂。首轮修志，主管局一纸红头文件到了企业，资料就报上来了。现在怎么办。甚至还有商业机密。因此我们面对的新情况要认真研究解决，完全靠计划经济时期签订责任状的办法可能解决不了全部的问题。当然，我相信，书是能编出来的，但质量如何呢?

所以，面对多元化的市场经济的社会结构，我们需要寻找、寻求多元化的与首轮修志有所不同的资料征集系统。首先，政府、党委、社会团体的文档仍是我们的主要渠道，包括档案馆、部门档案室、图书馆资料、统计部门、报刊、网上资料。这里补充一点的一定要查阅党委和政府的全宗档案，因为全宗档案有当地经济文化社会发展的宏观决策，是重要的综合材料和事物的背景材料。专业部门的材料只是局部的。首轮修志是凡查了全宗的，志书的整体性和资料性，包括地方性就较强，反之志书的整体性、资料性就弱，反映不出事物发生、发展的原因。党委、政府的全宗材料由谁查呢？地州市县由志办自己查，省（市）志办应组织人力查（志办人手不足）。此外，报刊的资料也要组织收集，首轮修志到处搜集报刊资料的传统，第二轮修志好像弱化了。

今天除通过政府、党委、社团等有关单位收集资料形成资料的主渠道外，第二个渠道是企业、公司的资料。按法企业没有提供修志资料的义务，由谁提供？首先我们寻求立法，但立法有很长的过程，“远水解不了近渴”。这里我们也同样要具体问题寻求不同方法解决，一方面我们可以通过政府要求国有企业提供，另一方面通过行业协会的支持寻求非国有企业的支持。第三个渠道是地方志部门自己组织人力调查征集。对于一些社会内容的资料征集，没有部门、企业提供，如人民生活、物价、各类市场等，可以组织资料采访员收集资料（退休的老修志工作者和相关研究部门的退休专家）。民国年间修志就组织资料员收集资料。可见在政府调控的市场经济体制下，应采取多元化的结构构筑资料征集（收集）系统，以上是主要的三个资料渠道。社会散见的资料采取经济的手段，聘用资料采访员，按资料付给报酬，因此在给政府报批的修志经费中应包括资料征集经费。

三、社会主义第二轮新方志应采用多元的内容结构甚至多元的丛书系统

时代的变化，促使我们修志的方式、手段变化外，还促使我们对志书的内容结构、体例进行调整，以适应对新时代事物的记述。

首轮修志我们的三级志书的内容偏重于事物的概貌记述，对重大的事物和实体往往记述得过粗。虽然有些厂矿企业部门自发地编了一些部门志、企业志，但由于不是全面组织的，故也是不齐的。在三级志书中，县级志书由于县级单位的企业等实体相对较少，所以在志书中以选介的方式也可解决对实体的记述。地州市一级志书企业和其他实体规模大一些，在某一行业后用选介显得分量不足。尤其是省（市）

级的志书，同样采取选介的方式就显得更粗，更不够了。比如北京、上海和各有关省市的高校、中央企业、大的贸易公司、重要科研单位、重要的文化设施，我们只用不到1000字予以简介，如何能反映得清楚。以致首轮志书、尤其是省级志书，包括副省级的计划单列市志书，基本是专业、行业、事业的概况性文字，难怪有人说我们的志书像“油画”，只能粗看，不能细看。此外，首轮修志省（市）级志书分类显得较粗，也是志书内容资料过平的原因，比如商业志、文化志各自只一卷，怎么能写得充实。

第二轮修志，社会的发展更加进步，社会经济、教育、文化、卫生、体育的实体在社会上具有重要的地位和作用，社会正在向着“大社会小政府”的方向发展；因此，第二轮修志应该关注对社会重要实体的记述。仅凭概貌性的记述是不够的。对于首轮省级志书（含副省级城市志），粗分的大类，第二轮可以考虑分得细一些，以体现志书资料性的特点。如文化艺术志可以扩分为文学、电影、戏剧、音乐、舞蹈、美术等多卷，商业可以扩分为商场街市、食品业、烟草业、医药业、家用电器业、珠宝古玩工艺品业等等多卷志，框架扩张了，空间也自然出来了，资料性必然加强了。

还有更为重要的一点，前面已经谈到，市场经济是混合型的、多元型的。经济结构混合，如合资企业、股份制。经营手段是多元、跨行业的。比如上海烟草集团公司，以卷烟生产销售为主，但同时还经营房地产、宾馆酒店、旅游、投资金融等。比如上海文广集团，并非单一的广播电视，主要是开发文化市场，下属各类企业很多。这是与分工明确、生产经营单一的计划经济明显不同的，这才是丰富多彩的市场经济。如果我们还是按照首轮修志单一的按行业划分，“事以类聚”，如何记述好丰富多彩的市场经济。所以说，第二轮修志，加强实体的记述，尤其是大型企业集团、北大、清华、复旦、交大一类高校，社科院、中科院一类研究单位，是反映市场经济，全面反映社会的重要手段。

此外，第二轮修志还需要加强关联事物的记述，从多角度反映丰富的社会。第一轮修志我们过于强调了单一的科学分类，忽略了事物的多元性。比如人口志成了人口的结构和计划生育，缺少人口的收入、消费、就业。农业志变成了农业技术志，忽略了对农村、农民的记述。有工会志无工人志。有妇联志没有妇女志。有共青团志没有青年志（上海首轮修志，专业志有妇女志、青年志资料非常好）。记物价管理没有主要商品的物价。民主党派、统战、对台、华侨、宗教等都有志，缺全面的海外联络志。这样的例子不少，所以第二轮志书要在首轮志书篇目的基础上，打破单一分类的缺陷，进一步创新，形式为内容服务，多角度地反映丰富的社会内容。

如何加强反映市场经济的记述呢？我想，仍需要采取多元的结构方式和记述方式。首先我们在对行业、专业、事业的综合性记述还需要继承首轮修志的方法。但在对实体的记述方面，县级志书可以加强实体选介的记述，与首轮修志比较要加强文字量。地州市级志书，可在书中行业与大型企业并列设专篇，其实首轮修志安徽《马鞍山市志》就是“钢铁工业”与“马鞍山钢铁公司”并列设2个专篇的，前者记钢铁行业，后者记大型钢铁企业马钢。实体的记述按主业与行业篇归类或联排，但记主业的时候也要记实体的其他活动和经营。比如记大学，不仅是记教育，还要记教育科技等其他产业，等等。对于省（市）级志书，因为大型企业集团、著名文化、教育、科研单位较多，我认为要采用丛书的办法予以解决。也就是设一个总志系列，主要记行业、事业。再设几个附属（实体）系列。比如设大型企业集团系列、大型商场系列、著名科研院所系列、著名高校系列、大型文体场所系列等等，直辖市还可以设区县系列（只记经济、历史文化、国计民生基本的内容，与区县志有别）。其实，有些省也有这方面的思考，我看过吉林省志第二轮方案，一套省志的同时，还要编特色志。

第二轮修志面对复杂多元、丰富多彩的市场经济社会，尤其是市场因素深入的大城市修城市志，深感有许多根本的问题要研究。继承首轮修志的经验是必须的，但也要接受首轮修志的教训。发展变化是社会事物的本质，因此要研究市场经济的社会结构和社会内容，万不能停留在首轮修志的经验上“天不变道也不变”。多元的市场经济社会要用多元的手段方式和多元的谋篇布局、多元的内容结构来反映。以上思考很不成熟，提出来请方志界同仁一起来思考。

（《中国地方志》2005 年第 9 期；中指组办公室《〈中国地方志〉优秀论文选编》中册 1846 页，中国城市出版社 2013 年版）

自评：2000 年本人从安徽调到上海，2003 年接到任务开始第二轮上海市级志书编纂方案的研究起草工作。本文是两年后形成的研究论文。当时全国省级志书有几种思考，一种是完全沿袭前志；还有的是认为二轮志书记载时间较首轮的短，改为“一卷多类”体，如安徽省志改首轮的 67 卷为 38 卷（后在编纂中发现有问题，今已调整到 90 多卷）；也有的省采用立军令状，如黑龙江省志。总之，从形式角度考虑得较多。本文依据长期编纂实践中形成的社会内容决定志书内容、体例和编纂方式的观点，对社会主义市场经济社会第二轮地方志书的编纂组织、资料渠道、志书的内容和结构三方面进行剖析，提出第二轮修志的新特点和新方法，应该是多元运作。因为本人参加了首轮安徽省志编纂业务的谋篇设计（最终成书卷目）、宏观指导和具体审稿；后参加了首轮上海市级志书的后期编审工作，故文中比较分析例举的多为安徽、上海两地的志书。本文认为，在多元的市场经济社会环境中，第二轮修志需构建多元性的编纂组织、寻求多元化的资料渠道、采用多元的内容结构甚至丛书系统。完全按照行业划分，“事以类聚”，是记述不全丰富多彩的市场经济社会的。本人设计起草后被批准实施的《上海市级志书的编纂方案》，其编纂组织、资料搜集、篇目结构，以及《上海市志（1978—2010）》和上海市级专志（大型企业集团、重点院校、大型医院、大型研究院等）两大系列，就是出于以上的分析思考。故理论研究和修志实践的交互引领启发是很重要的。方案背后应该是完整的理论体系的支撑。在介绍上海市志和市级专志设计方案时，必须介绍以上的理论体系，方案绝不是随意地拿来和拼凑。

志书质量综论与制定志书质量标准体系的思考

“质量”，一种解释是“产品工作的优劣程度”。[①]“质量指标”，具体的质量标准就是“质量指标”，即“在计划和统计工作中，反映生产效果或工作质量的指标……质量指标的计算和分析对评估各部门、各单位工作中的成绩和发掘内部潜力有重要作用”。而“质量管理”是参照“质量指标”对生产和工作标准的落实，以及对生产和工作成果的检验。“质量管理”也称“质量控制，……狭义是指应用各种科学原理，以保证提高产品质量的管理”。[②]

地方志书是一种精神文化产品，是有益当代，惠及子孙的千秋大业。因之，与物质产品一样，同样要讲质量，要编纂出高品位的志书。方志界常说：质量是志书的生命，因之地方志书的编纂要加强质量管理。配合质量的管理，必须制定便于参照的质量标准体系。社会主义第一轮地方志编纂期间，曾不时有人提出制定志书质量标准体系。2000年，中国地方志协会曾组织方志界同仁在湖南长沙召开过一次志书质量标准体系研讨会。由于种种原因，5年过去了，质量标准体系尚未建立。

近两年，中国地方志指导小组在全力进行地方志工作的法制化建设的同时，又重提志书质量标准体系的建立。中国地方志指导小组组长陈奎元同志在讲话中重点强调了这一问题。这两件事都是全面建设地方志事业的“抓纲”“挈领”之举。加强地方志工作的法制化建设是改善工作的外部环境，取得永久的生存条件和良好的发展空间；而加快志书质量标准体系的建立是方志工作内部建设的基础。没有质量标准体系作为参照的事业，只能说明这项事业还处于初级阶段，而质量标准体系的建立是事业成熟的标志。

一、建立志书质量标准的历史背景

（一）旧方志编纂的时代，中央和地方政权以及编纂者曾不断对志书提出质量要求，但从未建立系统的质量体系

旧方志的质量要求主要出现在序言、凡例和规定之中，主要包括功能、体例与叙事原则、内容门类、资料质量等。

1. 首先是出现在序言中

（1）功能。例如晋常璩《华阳国志序》在指出志书要达到的功能时，提出志书的“五善”，即“达道义，章法戒，通古今，表功勋，而后施贤能”。[③]元代黄溍的《东郡志序》也谈到志书要具有的功能，他说：图志“皆达于朝廷，而关于政令，不特以资学士大夫之泛览而已”“所记人才消长，风俗盛衰，上可以明教化之得失，而裨益乎治道，古今文毕事实沿革之故，下可以俟采录而垂之无穷”[④]。元代黄邻的《诸暨志序》称：“书风俗、城社，以知气习之善良，保障之厄塞；书户口、赋税、土产，

以见民物之羡耗、征敛之重轻”“学校、馆传、仓务、营院、桥梁、坊市以考兴废，古迹、祠庙、亭榭、寺观以备游览”[5]

（2）体例与叙事原则。宋代赵不悔《新安志·序》谈到方志的体例标准和叙述原则时，认为方志记述，事实宜详，必须统合古今，广征博采，据事直书；即“论证得失，皆有依据”。[6]明康海《朝邑志·序》认为志书叙事应该是“繁而能详，简而能要，晦而能白，乱而能理”。[7]民国黄炎培在《川沙县志·导言》中对志书体例提出创新（当时）之见，认为“一般方志，偏于横剖，而缺于纵贯，则因果之效不彰”。所以“编方志，必先列大事表”。又说“本书各志，皆先以概述”（按：实为今天的“小序”），“盖重在简略说明本志内容大要，而不尽阐明义例也”“本书断限，既定民国十五年止，下距脱稿八、九年间，又积成若干重要材料，弃置既觉可惜，戛然中止，又为叙事所不许”“乃赘于每事之末”，命名“赘录”。[8]

（3）内容门类。宋马光祖《景定建康志·序》也谈到当时志书应具备的门类：其所载关于一地之形势、险要、岁月、灾祥、人文、衣冠、礼乐、风俗、忠孝、节义、版籍、兵制、政权，这些门类的功能可以：“表人才也……考民力也……计军实也……察吏治也……垂功鉴也……有补于世也。”[9]

（4）资料。宋罗愿的《新安志·序》强调志书资料必须全面而且系统，要“约敕诸曹，遇咨辄报，且谕属县，网罗金石之文”。[10]

宋杨潜的《云间志·序》认为史料必须准确，他说：“有据则书，有疑则阙，有讹则辨。”[11]民国黄炎培《川沙县志·导言》认为“志乘取材，非可向壁，一部得自调查，而大部录诸档案”。[12]

2. 其次在政府的规定中

隋唐起中央政府就开始组织编纂地方志，至宋、元、明、清各代，乃至民国，政府时有政令规定地方志编纂。《新唐书·百官志·兵部职方》条记载：“职方郎中、员外郎各一人，掌地图、城隍、镇戍、烽堠、坊人、道路之远近及四夷归化之事。凡图经，非州县增废，五年乃修，岁与版籍偕上。”[13]此条还包括唐代造送图经的年限、内容、机构、变例，以及具体颁发告令的时间。《宋史·职官志》记载：“职方郎中、员外郎掌天下图籍……凡土地所产，风俗所尚，俱古今兴废之因，州为之籍，遇闰岁造图以进。”[14]收入《至正金陵新志》卷首的元代集庆路总管府报上级的修志文移称方志：“所以考古今之沿革，所以验风俗之盛衰”，其“恩命之所加，风化之所被，台察之设置，州郡之沿革，名宦之政绩，人才之贤否，山川之变迁，风俗之移易，与夫忠臣孝子，义夫节妇，具有关于政教者甚大。”[15]该文移谈到方志的功能和需要记述的事物。

明永乐十六年（1418 年）纂修志书诏令及纂修志书凡例对官修志书的质量有条文予以规定。《明太宗实录》（卷二〇一）载：永乐十六年六月“诏纂天下郡县志书，……命礼部遣官遍诣郡县，博采事迹及旧志书。”同年颁发《纂修志书凡例》二十二条，对志书中有关建置沿革、分野、疆域、城池、山川、坊郭、镇市、土产、贡赋、风俗、户口、学校、军卫、郡县廨舍、寺观、祠庙、桥梁、古迹、宦迹、人物、仙释、杂志、诗文等编纂，均作了具体规定。有些还规定得比较具体，如："疆域，在郡之上下左右四方，所抵界分若干里，广若干，袤若干。四至，叙邻县界府地名，若干里。八到，叙到邻近府州县治若干里。陆路水路，皆叙其至本府若干，布政司若干，南京若干，北京若干。陆路言几里，水路言几驿。""土产贡赋，田地税粮，课程税钞，自前代至本朝洪武二十四年并永乐十年之数，并悉录之。""形势，论其山川雄险，如诸葛亮钟山龙蟠，石城虎踞之类。""宦迹，自前代开创政绩相传者，有题名者，备录之。见任者，止书事迹，不可谀颂。""人物，俱自前代至本朝贤人、烈士、忠臣、名将、仕宦、孝子顺孙、义夫、节妇、隐逸、儒士、方技，及有能保障乡闾者并录。""杂志，纪其本处古今事迹难入前项条目，如人事风俗，可为劝戒；草木虫兽之妖祥，水火、荒旱、幽怪之类可收者录之，以备观考。""诗文，先以圣朝制诰别汇一卷，所以尊崇也。其次古今名公诗篇纪序之类，其有关于政教风俗、题咏山川者，并收录之。浮文不醇正者，勿录。"俨然一份编纂内容提要。⑯

清康熙二十九年（1690 年）河南巡抚贾汉复通令所属府州县纂辑志书，通饬《修志牌照》，共列二十三门，内容为总图、沿革、天文、四至、建置、河防、乡村、集镇、公署、桥梁、仓库、社学、街巷、坊第、山川、古迹、风俗、土产、陵墓、寺观、赋税、职官、人物、流寓、艺文、灾祥、杂志。并对志书的时间断限、材料取舍、文字详略、史实考订、叙事先后，乃至地图绘制均有详细规定。⑰为保证一地志书的编纂质量，统一颁布志书的基本门类，清道光间广东肇庆府聘请陈澧撰《肇庆府志》，陈代表官方制定《修志章程》十四条，提出"述旧""增新"和"删正"。"述旧"是编底本，"增新"是编长编，"删正"是编成新稿。此外还规定取材仿照司马光修《通鉴》先修长编，体例以《广东通志》为范本。实际是一工作流程和总的条例。⑱

民国 6 年（1917 年）山西省公署颁发《山西各县志书凡例》，就如何编纂县志作了具体规定：方志，要备而精，雅而有用，内容要翔实，资料要丰富。规定采用图、略、传、表、考五种体裁，各体之下分纲目。门类包括方里图、山脉图、河道图、城郭图、疆域略、沟洫略、赋税略、丁役略、礼俗略、生业略、物产略、氏族略、方言略、兵防略、名宦传、名贤传、文儒传、孝义传、士女传、杂传、官事表、选举表、学校表、沿革考、营建考、古迹考、金石考、著述考、旧闻考、丛考等。关于门类的编法，规定方里图要用新的测绘方法绘制。生业略指出应包括士、农、工商等社会阶层，调查宜精确。名宦、名贤、文儒、孝义、士女、杂传应以记善为主，确系大奸大佞不能隐讳。丛考收录本县各类资料和书目，等等。⑲国民政府内政部于 1946 年 10 月 1 日颁布《地方志书纂修办法》。⑳该《办法》规定：志书舆图采用最新科学方法印制，对国界、省界、市县变更沿革应划分清晰，附加说明。志书应绘制行政区域分图，以及山川、交通、地质、物产分布、雨量、气候变差、名胜、街市图，对有价值的名胜古迹、金石拓片、文物要拍摄照片，还要绘制精确的土地、户口、物产、实业、地质、气候、交通、赋税、教育、卫生、人民生活统计表。宜设大事记，艺文志文学与艺术并重，有关文献及民情之诗文词曲歌谣也当采入，对书目略作提要，武术技击别立专门，志书所载不可稍涉迷信。志稿应交内政部核定，印刷完成当送行政院、内政部、国防部、教育部、中央图书馆等备查。[21]

（二）社会主义新方志有关质量的规定和质量标准体系建立的提出

1.1985 年 4 月 19 日中国地方志指导小组全体会议讨论通过的《新编地方志工作暂行规定》（以下简称《规定》）对志书质量的要求

《规定》共分“总则”“志书体例”“组织领导”3 章。

在“第一章总则”中就指导思想、政治立场、编纂观点、维护民族团结、保密等方面提出质量要求：“第二条新方志必须以马克思列宁主义、毛泽东思想为指导”；新方志“必须坚持党的四项基本原则，坚持党的十一届三中全会以来和十二大所确定的路线、方针和政策”“必须以《关于中华人民共和国成立以来党的若干历史问题的决议》和《中共中央关于经济体制改革的决定》为准绳”“在政治上与党中央保持一致。”“第四条新方志应当……贯彻‘存真求实’的方针……使社会主义的新型地方志，做到思想性、科学性和资料性统一。”第五条新方志要充分反映多民族的特点。应当体现民族平等、团结互助和各族人民共同发展繁荣的原则。要尊重少数民族的风俗习惯和宗教信仰……”“第六条新编地方志必须注意保密工作。中共中央和国务院规定的保密条例，必须严格遵守……”

“第二章志书体例”就志书的书名、断限、体裁、篇目与编次、大事记、分类人物、文体、繁简、称谓、资料、篇幅、开本提出了规定：“第九条志书体裁。一般应有记、志、传、图、表、录等，以专志为志书的主体。……图表尽量采用现代化技术编制。”“第十条方志篇目……应从现代社会分工和科学分类的实际出发。采用编（篇）、章、节、目，也可采用其他形式。”“第十一条大事记。……关于中华人民共和国成立以来重大政治事件的记述，要遵守宜粗不宜细的原则。”“第十二条立传人物以原籍（出生地）为主。非本地出生，但长期定居本地并有重要业绩者，也可在本地立传……在世人物不立传……在有关篇章节目之中予以纪录。”“第十三条新志书文体，一律用规范的语体文，文风应严谨、朴实、简洁。……（称谓）依当时当地的历史习惯称呼。历史纪年应注明公元纪年，地理名称注明今地。”“第十四条新方志所依据的资料，包括史实、人名、地名、年代、数据、引文等，务必核实，力求准确无误。”〔按：此前，1984 年 4 月，中国地方志指导小组曾制定《新编地方志工作条例》草案。《新编地方志工作暂行规定》是在《条例（草案）》基础上制定的。《条例（草案）》“第四章工作步骤”中“新编地方志的质量要求：观点正确、体例完善、史料翔实、特点突出、文风端正”成为地方志系统长期以来对志书总体质量的概括要求〕

2.1997 年 5 月 8 日中国地方志指导小组《关于地方志编纂工作的规定》对志书质量的规定

观点包括“总则”“组织领导”“志书编纂”“附则”4 章。其中“总则”和“志书编纂”两章涉及志书质量的有关规定，主要包括指导思想、科学性要求、资料、体例、断限、体裁、突出时代性和地方性、印刷要求等，与 1984 年《条例》中的质量内容有继承关系。

“第一章总则”的“第三条编纂地方志必须以马克思主义、毛泽东思想和邓小平理论为指导，坚持实事求是的思想路线，运用现代科学理论和方法……”“第四条编纂地方志应贯彻存真求实的方针，坚持改革创新，做到思想性、科学性和资料性的统一”。

“第三章志书编纂”“第十一条编纂地方志要加强调查研究，掌握翔实资料，力求观点鲜明正确，材料真实可靠，体例完备严谨，篇目结构合理，内容充实深刻，段落层次清楚……”“第十二条……志书的下限，力求统一”“第十三条地方志的体裁，一般应包含述、记、志、传、图、表、录等，以志为主体。图表采用现代技术编制。人物志坚持生不立传的原则，在世人物的突出事迹以事系人入志。”“第十四条地方志的篇目设置，应合乎科学分类和社会分工实际，突出时代特点和地方特色，做到门类合理，归属得当，层次分明，排列有序……”“第十五条地方志的文体，采用规范的语体文。行文力求朴实、简练、流畅……”“第十六条地方志所采用的资料，包括史料、人名、地名、年代、数据、引文等，务必考订核实，重要的要注明出处。历史纪年，注明公元；古地名，注明今地名。全书要附有索引。”“第十九条各级地方志采用16开本，横排印刷。装帧、版式要力求统一。”

3. 各省市区地方志编纂委员会和办公室制定的志书质量的规定

社会主义第一轮和第二轮新方志的编纂，各省市区地方志编纂委员会和办公室都制定了志书质量的有关规定，共同的一点都是首先在总的原则和要求方面，不同时期分别遵循了1984年4月中国地方志指导小组《新编地方志工作条例（草案）》和1997年5月8日中国地方志指导小组《关于地方志编纂工作的规定》，同时增加了本省市区对志书质量的理解。主要体现在编纂规划、篇目提要、编纂规范和审稿规定等文件规定中。如安徽省地方志办公室（梅森起草）对于编纂第一轮《安徽省志》就曾制定了《安徽省志篇目分工》，实际是篇目提要；《安徽省志编纂规范》，主要包括志书体例、史料、文风文体、断限、体裁、文字规范等；还有《安徽省志版式规定》。再如第二轮《安徽省志〈1986—2005年〉》编纂工作方案（讨论稿），同样包括质量的原则规定。《方案〈讨论稿〉》包括“编纂任务”“指导思想”“编纂原则”“组织领导”“经费”“评议审定”“工作计划”“出版”几部分，其中编纂原则包括断限、质量总要求（观点正确、资料翔实、体例严谨、行文规范、编校精确）、志书基本体例、篇目设置原则、大事收录范围（大事、要事、新事、特事，编年体为主，记事本末体为辅）、人物入志、保密规定、行文规范等，均属统一的质量要求。再如《湖北省第二届省、市、县三级地方志书编纂方案》也就指导思想、统一断限、志书体例结构、突出时代性和地方性、篇目拟订的科学性和行文的纵不断线、装帧印刷等基本质量进行了规定。再如《河北省第二轮市（市、区）志编纂实施方案》（冀志2002第6号）、《河北省第二轮市、县（市、区）志书行文规范》《河北省第二轮市、县（市、区）志书印刷设计方案》（冀志办2002第9号）；以及《山西省新一轮修志工作规划（2001—2015）》《吉林省续修新编市州、县（市、区）志工作规划（2000年7月）》《吉林省续修新编市（州）、县（市、区）志行文规范》《（第二届）黑龙江省志编纂工作方案》《黑龙江省地方志编纂行文通则（黑志委发2003

年8号）》《福建省地方志编纂委员会关于开展第二届三级志书编纂的意见》《〈重庆市志（1986—2005）〉编纂规范》《甘肃省第二轮修志工作规划》《甘肃省志》第二轮编纂方案》等，其余各省、市、区的方案和有关分项规定都对志书的基本质量进行了若干规定。

4. 方志界编纂研究关于质量要求的努力

从第一轮修志开始，有大量的研究论文、研究著作对质量问题进行研究，虽非官方但对志书质量的保证和提高起到一定的作用。民间的研究与官方相比，由于顾虑少，文责自负，因此质量问题的研究触角更细，但属探讨层面。如1988年，我与王亚洲、晁文璧主编的《实用方志编纂学》，就是一本侧重从操作层面意图保证志书质量的书，由黄山书社出版。该书的主要目的是从共性角度解决志书编纂面上指导和评审质量参照的问题。内容主要是志书的门类要素和提要，即志书的门类、具体章节目标题，以及志书断限内条目下事物演进的纵向轨迹。2000年为了对启动初的第二轮修志提供编纂参考，我又编写了具有相同性质的《续志备考》一书（黄山书社2000版），包括"续志编纂构想""20年改革开放基本情况"等16个部分。其中"续志编纂构想"部分就包括续志体裁、内容门类、体例、文体、资料、篇目内容提示。在"续志篇目（建议）"部分用了2.5万的文字提示编写内容和要素。（见该书13—42页）如"第五章信息产业"的"第二节电信"，包括提示要写"电报、传真、无线电台、固定电话（市内电话、长途电话、农村电话）、移动电话、电信寻呼、信息港、信息网、无线电管理、电信资费、其他电信业务、业务量、效益、设施设备"等。《续志备考》与《实用方志编纂学》不同的是，《实用方志编纂学》是在第一轮修志开始6年之后编写的，当时已出版了一批志书，有可供参考综合的对象，因此，不仅开列了横向的门类和内容要素，还拟写了纵向的轨迹。而《续志备考》是在第二轮修志刚启动时编写，没有实际的参考（已成之书），完全是前瞻性的构想，故没有事物的纵向轨迹。但为了弥补这一点，参考了《共和国50年》（学习出版社1999年版）、《国史与国情》（中共中央党校出版社1999年版）、《共和国重大事件纪实》（中共中央党校出版社1998年版），以及改革开放以来的《政府工作报告》，在书中拟写了"20年改革开放基本情况""经济体制改革轨迹""农村与农业改革""城市经济体制改革""对外开放""对外经济贸易""科技与教育改革""文化艺术及文化市场改革""民主与法制建设""人民生活""外事、台湾事务和侨务""改革开放20年分类大事"，从宏观的时代背景角度提供修志参考（《实用方志编纂学》是在每一门类、条目中提示背景和共性轨迹）。

当然，这一类书各省市区后来都有不同程度的编写，其目的就是为了提高志书质量，使具体编纂者在拟订篇目、搜集资料、撰写志稿、审稿定稿时有个参照。

5.2000年中国地方志学会在湖南长沙举办建立志书质量标准体系研讨会首次提出建立"志书质量标准体系"

这次会议我有幸参加。会议提出的讨论题是是否要建立志书的质量标准体系，当时有三种不同意见：一是应该建立；二是志书不是物质产品不必制定统一机械的质量标准；三是建立有积极的意义，但建立的难度大。不同意者，实际上是担心增加了一顶“紧箍咒”，对志书达到高的质量标准有畏难情绪，担心志书卡在质量标准的门槛外边通不过，无法向地方政府交代。这些，是此次会后6年来建立“志书质量标准体系”只停滞在讨论层面没有深入、没有成果的主要原因。

（三）此前“志书质量标准体系”问题的历史概括

1.1400多年前从隋唐图经开始至民国时期的方志

传统的旧方志编纂过程中，中央政府和各级地方政府间断地颁布修志政令，就志书的编纂宗旨、体裁、体例、文体文风、内容门类等方面提出质量要求甚至是规定，但较为笼统，谈不上“质量标准，更谈不上“体系”。实事求是地看，民国的修志政令比起前代要具体得多。此外，民国及以前，志书的“凡例”“例目”“修志办法”中散见有大量的质量要求，但属民间性质，缺乏系统，更非统一权威的质量标准。

2.社会主义新方志自上世纪80年代初开编以来情况

两轮修志，中国地方志指导小组曾于1985年制定了《新编地方志工作暂行规定》，1997年制定了《关于地方志编纂工作的规定》两个重要文件。根据这两个文件，各省市区地方志编纂委员会相应制定了本地的编纂规划、编纂方案、编纂规范及版式规定。这些文件规定在志书质量方面的要求虽比中华人民共和国成立以前传统方志的质量要求要详细得多也系统得多，但基本是总体性、宏观性、原则性的质量标准，仍未形成可参照的稳定的质量标准体系，尤其是在基本门类〈篇目〉和内容基本要素方面。在方志界多年自觉进行的方志编纂学与方志编纂研究当中，尤其是在方志编纂著作中，有较为丰富的内容提要和门类要素的研究和展示，甚至包括横向要素和纵向轨迹。虽然研究得较细，但属民间研究性质，莫衷一是。所以，2000年中国地方志学会提出对制定志书质量标准体系的研究，由于处于首轮修志的后期，当时的方志界基本是“一本书主义”，各地精力在完成地方政府交给的首轮志书编纂任务上，故未能就“质量标准体系”进行深入研究并形成成果。第二轮修志以来，最近，中国地方志指导小组组长陈奎元同志再次强调志书质量标准体系的制定，说明志书质量标准在未来地方志事业发展中的价值和作用。

3.首轮修志由于只有原则性的质量要求缺乏严谨全面系统可参照的质量标准体系，故首轮志书的质量难以进一步提高

首先，由于只有基本门类（篇目）而缺少基本的内容要素进行参照，故虽然提出“横不缺项，纵不断线”（后来又叫“横不缺要项，纵不断主线”），但只能根据各地修志者的素质，自己掌握，收集哪些资料，门类如何设置有随意性，所以首轮修志的质量有些参差不齐。少数志书“该收的资料收的不多，不该收的资料却收了一大堆”，甚至没有达到基本的质量标准。这种情况第二轮开始以来未有彻底改观。最近参加一地志书的评议，当有人提出志书是区域性的而不是行政隶属性的，非地方管辖的企事业内容也应该记；另外志稿门类不齐全。编者回答：第一轮修志求全，第二轮修志求特，不要面面俱到。遇到这样的意见谁来裁定呢？这时就发现我们根本没有可参照的刚性的质量标准体系，而是“见仁见智”加“人治”。这种情况下，如果主持地方志工作的领导是内行，又是负责任的，评稿后会按正确的意见修改补充。如果这位领导根本不把地方志当一回事，头脑中只有地方政府倒计时的修志规划，志书的质量如何保证？其次，除了收资和编纂，审稿验收也应该有可参照的质量标准体系。第一轮修志以来，各地都制定和建立了志书三审制度，也有条文式的《审稿规定》，但唯一没有具体的审稿内容、要素的对照，故审稿也是仁者见仁，智者见智。不少只是审审文字和规范。所以有人认为地方志工作没有什么理论也没有什么学问，谁来都能做。这与我们缺乏质量标准体系不无关系。审稿中由于没有质量标准，甚至会出现人情审稿的不好现象。再者，志书评奖无质量标准体系，也导致评奖的公正性缺乏，有人说："志书评价只有后人说才公正。"

二、建立志书质量标准体系的作用与现实价值

近些年来，在中国地方志指导小组的引导下，在20多年修志实践的积累之后，方志界上上下下形成了一个最有价值的思想共识，就是抛弃了"一本书主义"，而把地方志当成一项事业去发展去建设，因之制定志书质量标准体系有了共同的思想基础。

（一）志书质量标准体系的作用

1. **志书质量标准体系是全面记录反映社会的参照系统**，是对原则性地方志规定的具体化，是地方志书内容体系的参照基础。地方志是全方位记载自然和社会的载体，全面系统是地方志这一文献的基本特点。因此，建立志书质量标准体系首先有利于全面反映自然、社会内容，有利于保证志书内容的基本质量。

2. **社会主义新方志与旧志不同，需要社会各方面的通力合作**，是一项社会性的大型文化工程，制定志书质量标准体系有利于统一运作，全面地分环节地保证志书质量。

3. **志书质量标准体系是各地制定篇目的参考基础**。标准体系是共性的基本门类和基本要素，解决志书基本内容后各地在篇目中再体现地方特色内容。质量标准体系的建立，不至使"志书具有可读、可信、可用"成为空话。

4. **志书标准体系是地方志办公室业务指导的依据**，可以约束指导工作的各个环节，贴近指导，及时纠偏，保证志书的编纂不致偏离质量体系。

5. **志书质量标准体系是志书审稿验收参照衡量的基本标尺**，是保证志书质量的最后一道卡尺。

6. **志书质量标准体系是方志批评的参考和依据。**

7. **志书质量标准体系是志书评奖中保持公正避免主观甚至徇私的统一标准。**

8. **志书质量标准体系的建立有利于地方志稳定的资料库的建设**，有利于全面系统地常年地征集资料。

9. **统一规范的志书质量标准体系有利于利用电脑建立方志和地情数据库**，有利于地情信息化的系统建设，有利于地方志事业的进一步社会化，有利于全社会的广泛应用。

（二）志书质量标准体系制定的现实价值

1. 志书质量标准体系的建立有利于地方志事业的学科建设和长远发展。任何一个学科的建设发展都应该有一个评判衡量的标准，志书质量标准体系是方志学科体系的组成部分，如果没有，就难以形成建设学科的合力。中国地方志指导小组和各省市区地方志办公室现正在进行立法建设，于此同时，如果能配套地建立志书质量标准体系，就从具体角度体现了方志立法的根本目的，对方志事业的发展具有全局性的意义。

2. 志书质量标准体系的建立，对于保证第二轮志书的质量具有基础性的作用。现在社会主义第二轮修志多数刚刚启动，还有尚未启动的，现在制定质量标准体系还不为迟；因之，制定志书质量标准体系具有重要的现实价值。

三、志书质量标准体系的构成

志书质量标准体系应包括原则性的标准和可参照的具体标准，分内容和形式两方面。具体包括政治标准、资料标准、体例标准、门类标准、要素标准、行文标准、检索标准、出版印刷标准、实事求是标准等。

（一）原则性标准

1. 志书内容的质量标准

（1）政治质量标准为志书内容质量的第一标准。是否以马克思主义为指导，是否以断限内马克思主义中国化的理论为指导。社会主义第二轮修的志书是否以邓小平理论、“三个代表”重要思想、科学发展观为指导，是否实事求是地记述社会发展的实际，是否实事求是地对待历史问题，在记述改革开放伟大成就的同时，也客观地记述当地的社会问题。

（2）志书内容全面系统是志书内容质量的第二标准。共性的基本门类、内容、要素全面系统，“纵不断线，横不缺项”；地方特色的个性内容反映到位。全志横能涵盖各业或某业的各方面，纵能反映事物发生、发展、演进的沿革。

（3）资料翔实是检验志书内容质量的第三标准。资料“真实、全面、系统、实用”。“概括性资料、典型性资料、背景资料、统计资料”具备。资料来源全面。

2. 志书形式的质量标准

（1）志书的框架结构能体现断限时期的社会特征，也就是社会主义第二轮修志要能反映市场经济的特征，比如多元经营（如完全用首轮修志严格的分行业、分事业立目，能否反映市场多元性、企业多元经营？不少人在文章中大谈“与时俱进”，其实这才是第二轮修志最需要与时俱进的地方）

（2）志书分类要具有科学性，统属得当，排列有序，横分恰当，既不肢解事物的整体性，也有利于网罗资料，完全体现方志横分门类、纵述史实的基本特征。标题简明，涵盖内容准确。

（3）志书体裁。“述、记、志、传、图、表、录”是否综合运用，专题、纪略等新体裁运用是否得当。

（4）文体。要用语体文，记述体。

（5）志书的编辑出版要符合国家对图书的要求，统一规范。

（二）具体的可参照的质量标准

1. 行文规范

包括：（1）文风文体。（2）称谓规范。（3）数字规范。（4）计量单位规范。（5）时间表述规范。（6）引文注释规范。（7）图表照规范（地图、专题图，彩照、串文照，表的表题、表格、单位要素）。参照国家语委、出版等有关部门的统一规定结合地方志特点制定。

2. 出版印刷版式规范

包括（1）开本。（2）封面。（3）用纸。（4）图表。（5）志书署名、序言、凡例、目录、正文、补遗订正、索引、编纂始末、版权页的版式（排版位置与字号等）。（6）差错率。（7）编次。

3. 具体的基本类目和内容要素

具体的基本类目和内容要素原在官方的编纂条例和规定中是没有的（官方的篇目一般是到章节，也即第二、第三层次），类目提要和内容要素基本在个人的研究专著中。作为志书的质量标准体系，具体可参照的志书门类和编写要素对于保证志书基本质量是最具操作性的。

内容要素可分为两种，一是横向要素，二是纵向要素。

横向门类和要素，如工业部类，第一层次是工业体制、工业门类、企业管理等，第二层次工业门类（建材工业、化学工业等）下分概况、企业、生产经营、产品、效益，第三层次企业下是企业沿革，重点企业选介；产品介绍是名称、产量、销售范围、销售量，占效益的份额等，重点产品选介及产品表。第四层次，“产品表”要素包括“产品名称、产品生产时间、产地、销售地、销售量、商标、获奖”等。每一事类均列出这些可参照的类目及要素。

纵向要素是否列，值得讨论。如对外贸易，纵向要素为：1979—1987 年改革开放探索阶段，外贸系统首先改革高度集中的经营体制，包括增设对外贸易口岸，下放外贸经营权；二是改革单一的指令性计划管理体制，实行指令性、指导性计划和市场调节相结合；三是完善外贸管理，重新实行进出口许可证制度，建立外贸经营权审批制度；四是探索工贸、农贸结合的途径；五是采取鼓励出口的政策实行外贸减亏增盈分成制度和地区差别的外汇分成制度，对出口商品实行退税。外贸体制中的统负盈亏、政企不分未解决。1988—l990 年，外贸体制在全行业实行承包经营责任制。建立若干外汇调剂市场，企业自有外汇可随时进入市场，自由调剂。国家开始用价格、汇率、利率、退税、出口信贷调控外贸。1991—1993 年，主要取消外贸出口的财政补贴，外贸企业自负盈亏。实行以大类商品区分的全国统一外汇留成比例办法。行政部门不得用行政手段干预外汇资金的横向流通。增加企业支配使用的外汇。l994—2000 年，按照中共十四大的统一政策，放开经营，平等竞争、自负盈亏、工贸结合，推行代理制。实行单一的浮动汇率制，取消外汇留成。设立出口商品发展基金，取消承包制改为赋税制，对国有外贸企业实行股份制试点。推动企业开展“一主多辅”经营，走实业化、集团化、国际化、多元化的路子。降低进口关税。给有条件的外贸企业以外贸经营权。实行人民币在经常项目下的可自由兑换。扩大利用外资试点。建立保税区等等。

制定志书的横向要素和纵向要素是衡量志书全面性的重要指标。

四、如何制定志书质量标准体系

（一）必须由中国地方志指导小组予以制定才具有权威性

在原《规定》基础上增加可参照性的质量标准，尤其是内容门类要素，把社会主义新方志的编纂纳入科学系统的轨道，是中国数千年方志编纂所没有的，这是中国地方志指导小组的责任。也就是说，只有中国地方志指导小组制定的志书质量标准才具权威性。

（二）制定方法由中国地方志指导小组办公室牵头，组织专家拟订

权威性除行政性外，从本质上是建立在科学性基础上的。质量标准体系既然是由中国地方志指导小组制定的权威性文件，因此须吸收专家参与制定，当成课题完成。这里的专家，我认为一是非地方志系统相关学科的专家，二是地方志的专家。

相关学科专家对具体专业、行业、事业往往研究较深较专项，同时不了解方志的体例，往往会从单一的本专业的角度出发，如第一轮修志地理学家从单一的地理学角度建议方志按地理书结构编纂，历史学专家要把地方志按传统的史学观点纳入史学资料的范畴进行编纂。而地方志专家较了解方志的体例，最大的特点是从经济、政治、文化、社会各个方面去看志书的内容结构，但缺点是对各专业了解不深。因之，制定志书的质量体系中的门类要素要相关学科专家与地方志专家相结合。

根据两类专家的特点，应由地方志专家先列纲目要素，再由各有关学科专家参加意见并修订补充。

（三）内容要素制定的商榷

志书内容要素制定须商榷的问题包括两方面，一是在横向要素制定的同时是否拟订纵向要素。二是制定各志种统一的内容要素还是分志种制定内容要素。

1. 是否制定纵向要素

纵向要素的制定往往在一轮志书启动 2~3 年之后，现在中国地方志指导小组办公室确定的试点单位已经编纂了多年，全国也有近百部志书出版，因之在拟订横向要素的同时拟订纵向要素是有条件的。我认为还是“横纵”都开列为好（下一轮修志在上一轮标准体系基础上“增减并留”与时俱进，形成新的一轮质量标准“体系”）。

2. 是制定统一的内容要素还是分主要志种制定要素

如果只制定省（市、区）、市（区地州）、县（市）志统一的纵横向要素，质量标准体系难免失之粗（因为县级志书门类相对粗），同时也反映不出各类志种所要体现不同区域的规模特点。如城市志与县志的基础设施建设的类目粗细肯定不同，前者类目就细得多，层次也深入得多。此外在市县志列一两个平行类目的内容，在省、直辖市志中往往多卷出版。因之，我认为省志、副省级以上的城市志，以及中等城市及区县志要分列 3~4 种志书门类的横纵要素；因之，要分 3~4 个课题组分别拟订，

然后再统编合成。

由于考虑修志工作正在进行的现实，可先制定“草案”先执行，今后再修订为正式文件。

（《上海志鉴》2006年第3期；文章压缩修改后，以《志书质量标准体系的建立是地方志事业成熟的标志》为题在《中国地方志》2007年第4期刊发）

---

①《辞海》缩印本305页，上海辞书出版社1989年版。

②《辞海》缩印本306页，上海辞书出版社1989年版。

③黄苇主编《中国地方志辞典》616页，黄山书社1986年11月版。

④黄苇主编《中国地方志辞典》629页，黄山书社1986年11月版。

⑤黄苇主编《中国地方志辞典》630页，黄山书社1986年11月版。

⑥黄苇主编《中国地方志辞典》622页，黄山书社1986年11月版。

⑦黄苇主编《中国地方志辞典》635页，黄山书社1986年11月版。

⑧黄苇主编《中国地方志辞典》658页，黄山书社1986年11月版。

⑨黄苇主编《中国地方志辞典》624~625页，黄山书社1986年11月。

⑩黄苇主编《中国地方志辞典》622~623页，黄山书社1986年11月版。

⑪黄苇主编《中国地方志辞典》623页，黄山书社1986年11月版。

⑫黄苇主编《中国地方志辞典》657页，黄山书社1986年11月版。

⑬黄苇主编《中国地方志辞典》674页，黄山书社1986年11月版。

⑭黄苇主编《中国地方志辞典》675页，黄山书社1986年11月版。

⑮黄苇主编《中国地方志辞典》676页，黄山书社1986年11月版。

⑯黄苇主编《中国地方志辞典》676-677页，黄山书社1986年11月版。

⑰黄苇主编《中国地方志辞典》677页，黄山书社1986年11月版。

⑱黄苇主编《中国地方志辞典》679页，黄山书社1986年11月版。

⑲黄苇主编《中国地方志辞典》683页，黄山书社1986年11月版。

⑳《中华民国政府公报》第二六六六号。

㉑黄苇主编《中国地方志辞典》689页，黄山书社1986年11月版。

自评：2001年，国家标准化管理委员会成立前，国家已开始了标准化建设。同期，首轮地方志书编纂完成或接近完成，方志界部分同仁开始进行志书质量标准体系的研究。2000年，中国地方志协会组织在湖南长沙召开第一次志书质量标准体系研讨会（本人参加了会议，并提交了《必须建立全方位检验志书质量的指标体系》的论文，后发表在《中国地方志》2000年第5期）。2005年前后，中国地方志指导小组组长陈奎元要求开展志书质量标准体系的制定工作。2006年4月13—14日，由

中国地方志指导小组办公室主办、桂林市地方志办公室协办的志书质量标准体系研讨会在桂林召开，共邀请专家12人与会讨论，我受邀其中。会议期间，不同意见主要是要不要把质量管理体系写进去，多数专家认为管理体系当时写进去很难通过，时机不成熟，加之二轮修志已经大范围开始，不可久拖不决。故后来只写进了总则、观点、体例、内容、记述、资料、行文、出版、附则等规定。此后，本人参与了中国地方志指导小组《地方志书质量规定》的起草、修订工作。2008年9月16日《地方志书质量规定》印发执行。本文就是在2000年长沙会议论文基础上，加之后来的认识写的文章。转眼间12年过去，从地方志法治建设的角度，今天地方志书质量规定补充质量管理体制机制的时机早已成熟。我们首先应该从法的角度界定地方志办公室主任与志书主编（总纂）的关系与职责，即处理好行政与业务学术二者之间的关系，包括三级规划内志书省市县三级地方志办公室的职责职权以及评审志书的职权范围。据本人所见，种种原因，各级地方志办公室领导不懂、不在意地方志业务的不在少数。首轮志书，地方志办公室领导多为老同志，他们绝大多数尊重知识，尊重业务人员，管理侧重政治观点、保密和编纂组织编纂进度，具体的方志业务依靠具有方志实践经验的修志专家，让他们有业务的话语权。二轮修志，新提拔的有知识高校毕业的同志较多，组织部门也认为有点文化就可以修志；不知道“隔行如隔山”“术有专攻”“方志专家是杂家需要长期积累”。有的地方志领导到岗后，对方志不学习、不参加培训，信口胡言。一位省级市志办分管市志的副主任，根本不去了解市志的内容布局。居然在公开的会议上，要承编单位把一位地方志专家修改的文稿全部改回去。原因是这位专家把政府卷中党的外事内容删了。这位领导理直气壮地在政府志的会议上说：党的外事多重要，谁删去的！什么专家，给我全部改回来。其根本不知一部市志，外事卷、中共卷、政府卷，以及经济、政治、文化、社会各卷都涉及外事，是需要宏观布局的；党的外事内容当然写在中国共产党卷中啦。这样自以为是又没有工作方法的人领导市志编纂，怎不让人揪心！我们的质量规定对志办的管理权限界定不够，也导致质量的平庸，导致方志编纂难以“百花齐放”，变得千篇一律。《地方志工作条例》颁布后，一些省级志办“管志不修志”，业务人员修志能力退化，在志书的形式上，不分志种、地域，设置同样的结构模式，有的评审没有把志书质量提高了，反而降低了。有的评审稿件只看看目录，就按自己的一定之规进行评稿。按道理志书重在评审内容，形式结构只要自成体系即可。但有的地方不是。我曾参加一部由省志办主持的县志稿终评会。原来县志稿的乡镇简介是在全志殿后的（因为是政治、经济、文化各方面的简况和特色，考虑县志先讲县，最后再辅设乡镇），国土资源是放在城乡建设部分的（因为国土资源不仅仅用在经济，还用在社会建设和城镇建设方面），石油天然气原放在工业前面（因为当地核心产业是石油工业，此外一地既有中石化，还有省市县石油开采；按产业顺序采掘业也应该居前，特点升格予以前置），城乡建设编是放在工交之后的（考录是县志不是城市志，因为县城建设主要在中华人民共和国成立后），原政法部分按照公检法司执法顺序排列，等等。最后省志办总体上审定通过，但要编纂者必须进行结构调整：乡镇简况调至卷首与建置区划并为一编；国土资源管理调入综合经济管理编；石油天然气编放工业编后（理由工业概念大于石油天然气）；城乡建设编调到交通邮电编前；政法部分的法院调至检察院前（理由是两会排名，法院在前）；要求把“补遗”这一、二轮修志要求的体裁取消，补遗中的“文化大革命”等政治运动并入专记。此外，该志续写采用勾连历史的方法，大多历史内容是简括在编下序中的，终审认为，省内其他县志编下序文字没有这样长（人家自然断限，不勾连历史自然文字短）。编纂者向省志办的领导、处长解释多次，答复是全省都是按我们（省志办）这样搞的，问“有文件规定吗”，没有。但不改就不给出版批文。懂地方志的同仁很容易看出，原来该县志稿本来是自成体系的，按省志办的意见改肯定是乱了原来的结构体系，降低了质量。但国务院《地方志工作条例》规定：“县级以上地方人民政府负责地方志工作的机构主管本行政区域的地方志工作”“组织、指导、督促和检查地方志工作”“组织编纂地方志书、地方综合年鉴”；但如何“组织、指导、督促和检查”就不可能有详细的规定了。这就需要中国地方志指导小组在《地方志书质量规定》中明确。现在志书的评审和管理，以越权的行政方式暗暗替换了“组织指导”；业务上把指导变成行政管理，再把行政代替了业务学术。这些原因是《地方志书质量规定》长期未予界定，深层次影响了志书的质量。此外，《地方志书质量规定》内容规定过于粗泛，甚至不及明永乐十一年（1413年）《纂修志书凡例》、清康熙二十九年（1690年）河南巡抚通令的《修志牌照》，以及民国政府内政部的《地方志书纂修办法》具体。故近年地方志评审，过多侧重篇目形式，而忽视内容的质量。

中国地方志指导小组《地方志书质量规定（2008）》，共9章50条，主要偏重形式规范，对统一全国地方志书形式起到重要作用。但第四章内容部分只有两大条。内容章原稿是本人起草的，后来中指办征求部分省市区地方志办公室的意见，最终压缩为干干的7小条。明眼人一看便知，形式规范质量提高易，内容质量提高难，尤其有具体的内容条款的约束，如同孙悟空带上了“紧箍咒”；改后的条款被空泛化了。以下附印发的文件内容章和我当时起草的质量规定文稿，可作比较研究。

附1：中国地方志指导小组2008年印发的《地方志书质量规定》第四章内容

第十三条　内容反映本行政区域内自然、政治、经济、文化、社会的历史和现状。根据各地实际分类，记述内容大致涵盖以下方面：

（一）建置、自然环境、资源、人口等；

（二）城乡建设、环境保护、交通、邮电信息、公用事业等；

（三）农业、工业、建筑业、服务业、经济管理等；

（四）中国共产党、人民代表大会、人民政府、政治协商会议、民主党派、群众组织、公安司法、军事等；

（五）教育、科学技术、文化艺术、新闻出版、广播影视、卫生和计划生育、体育等；

（六）人民生活、人事和劳动社会保障、民政、民族、宗教、风俗、方言等；

（七）人物。

第十四条　内容完整，横不缺要项，纵不断主线；详略得当，重点突出；反映事物基本特征，记述有深度。

附 2. 梅森于 2006 年起草的《地方志书质量规定》第四章原内容草稿

志书内容质量

1. 卷首质量要求（卷首包括序、凡例、概述、大事记）

序。志书序文包括自序和他序，原则上采取他序。序文对该志的评价客观，实事求是，文字实而有质，无虚文和溢美之词，不言过其实、文过饰非。文字主要包括当地特点、当地修志情况、方志价值看法、方志编纂组织与方法等，不强求面面俱到。

凡例。能够阐发全志要旨，揭示全书通例，使读者较方便地了解本书的编著形式和对内容所作的规定。凡例总则包括志书编纂的指导思想、框架结构、门类划分、文体、语体、体裁、断限、行文规范要则、保密原则、本志的特殊规定等。

概述。能够统揽全志，概全貌，概轨迹，概特点。概全貌，即概一地的大势大略、物产资源、经济特点、国计民生、重大事件、著名人物、古迹名胜、特种工艺、文化特点、新生事物、优良风尚等；概轨迹，即概一地的历史与现状的兴衰起伏，阶段特点，长短优劣，经验教训；概特点，即概一地的时代特点与地方特色。能够抓住社会发展的轨迹突出重点，抓住特点反映优势，叙论结合言之有物，着眼总体反映全局。

大事记。能够合理地运用“编年体”和“纪事本末体”，以“编年体”为主。所记均为大事、要事、新事、特事，每一事条背景、时间、地点、人物、活动、结果“六要素”齐全。全面收录当代的大事，包括属于在国内外、省（市、区）内外有影响的大事或党和国家重大决策在本地的执行；行政区划变化和重要机构调整人事变动；对国计民生影响重大的突出成就、发明创造、灾害事故及新旧事物的更替；重要正反面人物的重要活动和逝世；重要会议、重要政令、重要文告以及政治机关重要的职能活动；重要军政活动；重要经济和科教文卫体活动与成果等。

2. 地理、人口部类的质量要求（建置区划、自然环境、人口）

地理部分。能够正疆界、叙沿革、明环境，以明全志记述范围，可以通观全境以见一地之貌，掌握一地自然资源。能够以区域地理为基础，记述地理环境及其各要素的基本情况，包括建置沿革、区划变迁内容和自然地理诸要素。建置沿革部分能够系统表述境域位置、建置沿革、行政区划、城镇乡村、地名等，自然环境部分能够系统表述地质、地貌、气候、水文、土壤、植被、动物、自然资源、自然灾害等。能动态地反映社会活动造成断限内的环境变化。能把国土资源、气候资源、水资源、生物资源、矿物资源、旅游资源存有及使用作为重要内容记述。能反映能源消费及环境情况。

人口部分。能够全面反映一地总人口、人口构成、家庭婚姻生育、户籍姓氏等情况，包括变动的原因。兼记人口控制、人口预测、人口普查、人口管理情况。能够反映一地人口的性别、年龄、经济、文化教育、民族、地区与城乡的构成，反映劳动人口、被抚养人口（社会负担系数）、民族人口及分布、配偶未婚丧偶离婚早婚晚婚育龄比例，户籍变化、外来人口、流动人口情况等（第二轮志书地理部分可设专类，也可在总述、概述中反映，但内容要素要全）。

3. 经济部类的质量要求

能够通过综述性篇章或综述性文字，选择好国民经济综合指标，宏观记述一地经济发展的全过程，综述一地经济的兴衰起伏，体现社会经济发展规律，包括经济发展速度（经济总量、国内生产总值、产业发展速度）、经济结构（产业结构、产品结构、所有制结构、劳力结构、产业链）和综合经济效益（国民收入、财政收入、城乡居民收入），以及对外开放程度、物价水平的变化。能够以行业为中心，以生产经营为主线，通过各专志或专门篇章展现影响发展的诸因素，突出记经济活动，包括生产、分配、交换和消费的过程，具体包括工业结构调整、发展第三产业、加快基础设施建设、搞好生态环境保护和建设、发展当地特色产业。能够反映生产力（劳动者和劳动资料）发展的状况，生产关系和管理体制的变更情况，反映生产关系适应生产力发展状况的情况，计划经济向市场经济转型中各经济部门的改革情况。在记述中能够体现一地的经济特点，包括产业、行业、经济部门、生产经营、内外贸易、投融资等。能够反映一地的消费水平和消费在经济中的作用，反映经济发展与环境的关系。能够通过农村经济体制改革、企业制度改革、流通体制改革、宏观调控体制改革（价格体制、财税体制、金融体制、投资体制等）等部分全面反映当地的经济体制改革。

4. 基础设施建设部类的质量要求

能够全面反映基础建设相关部门的行业管理体制、经济体制的改革，反映投融资渠道和效益，反映基础设施的功能布局。能够反映基础设施建设与经济社会发展的关系以及尚需配套的规划。能够通过对基础设施的宏观记述，包括道路、管路、线路、站点等网点布局，政治、商务、文教、工业、农业等功能分区，反映一地基础设施的总貌。能够对城乡建设规划、公用事业（自来水、煤气、电、城市公交）、园林绿化、环境保护、建筑业、房地产业、交通运输业、邮政业、电信业、信息网络业分行业（分门类）的中观记述，反映基础设施相关行业的建设速度、发展情况。能够通过对一地具体的重点工程、特色工程建设的记述，反映一地的技术进步、社会综合实力和吸引外资人才的能力。能够重视环境保护的记述，客观反映发展过程中不同阶段出现的环境污染问题和治理情况。能够反映一地城市建设、小城镇建设、农村建设的真实面貌，即三者的差距和城乡一体化情况。

5. 政治部类的质量要求

能够全面反映地方党政机关及组织发挥自身在改革开放，在社会主义物质文明、精神文明、政治文明建设中的核心地位和领导作用，记述好贯彻党的路线、方针政策，进行自身建设。记述好党委、政府重大的决策、举措、决定，出台的各项改革的综合性实施方案。记好人大制定的重要地方法律、法规，其他政权机关为改革开放、贯彻决定、发展地方经济和加强文明建设进行的重大活动。政治体制改革方面。能够记述好不断完善人民代表大会制度，进行地方行政体制、公务员制度、人事制度、公安司法制度等改革。记好坚持和完善中国共产党领导下的多党合作和政治协商制度。记好基层政权的选举制度改革，党务、政务、村务公开。能重点记好当地独特的改革和创新。

政党、群团方面。能够加强对中国共产党的记述，重点记好党的组织建设、干部队伍建设和对一地经济建设社会发展的重大决策和重大活动，重大决策贯彻落实情况及经济与社会效果。纪律检查委员会的反腐倡廉工作，廉洁自律的正反两方面典型在志书中有充分和具体的反映。能够反映民主党派围绕经济建设这个中心开展的活动，包括论证考察经济发展战略，协助引进资金、技术、人才，帮助开展对外经济交往，此外在政协会议上参政议政等。群众团体部分能够记好自身建设和奉献社会的活动，包括做的下岗再就业、保障妇女儿童合法权益、社会志愿者、支持老少边穷地区、希望工程、保障残疾人的合法权益等工作和活动。

政权、政协方面。人大方面，能够重点记述好选举的改革与管理、地方立法权行使，为改革开放和当地建设作出的重要决定、决议及制定的法规，专门委员会如何开展活动和依法监督的。地方政府方面，能够重点记述政府推进经济体制改革，扩大对外开放，转变职能，依法行政，在宏观上实施对综合经济、对农业、工业和建筑业、商务、基础设施建设、人口、外事、侨务、对台、港澳事务、文化事业等方面的管理和重要施政活动。政协方面，能够全面记述民主监督，实施参政议政的活动，专门委员会的重要调研、提案活动及社会效果。

政法方面（政法委员会工作、公安、检察、审判、司法行政、综合治理）。能够记述好在改革、发展中为稳定而进行的重大活动：包括政法部门指导、协调和维护社会稳定，加强“社会治安综合治理”；公安部门为改革保驾护航，为整顿社会秩序进行的”严打”“扫黄打非”“打击车匪路霸”、打击严重刑事犯罪等专项活动；检察院、法院、司法部门打击经济犯罪、反腐倡廉、稳定社会秩序、保护国家财产和人民群众合法权益、保护当事人权益不受侵害，进行民事调解、法律服务等工作。

军事人防方面。能够记述好兵役、军队建设、民兵、预备役、国防教育、拥政爱民、现代人防等工作与活动，记述好军队为地方建设开展的活动，包括抢险救灾，参加大型工程建设等。注意保密，内容符合中央军委对地方军事志的要求。

6. 文化部类的质量要求

能够全面记述改革开放以来，当地教育、科技、文化、卫生、体育事业管理体制的改革及产生的效果。

科技方面。能够全面反映一地自然科学研究、哲学社会科学研究、科技运用推广服务和科普。能反映计划经济体制向市场经济体制转型的科技发展轨迹，反映市场机制在科技资源配置和科技运行中的基础作用，科研机构、科技人员致力于科技成果转化和高新技术产业产品的建设情况，科技系统结构调整、人才分流，产学研一体化等方面情况。能够通过研究开放经费占当地生产总值的比重，每10万人专利申请数、新型工业化水平、现代农业水平、高新技术产业产品等情况，通过当地科技投入的总量、科研成果情况，科技为农业、工业及其他社会发展服务情况，通过科研成果和科技进步对当地经济结构调整的推动作用反映科技的基本情况。哲学社会科学研究队伍、研究方向、研究成果情况。

教育方面。能够反映教育拨乱反正恢复教育秩序所做的工作。反映办学体制、教育管理体制、招生与就业制度、学校内人事与分配制度的改革。反映恢复高考制度，恢复研究生招收后教育质量的提高，以及教材建设、尊师重教、尊重知识、尊重人才的提倡对教育的推动。反映调整教育结构，实施九年制义务教育、普教与职业教育并举、高等院校自主联合办学，建立学位制度，鼓励社会力量办学（“民办公助”“国有民办”、中外合作办学），高等院校扩招、继续教育、职业教育、成人教育、远程教育对当地教育的作用和影响。客观记述教育发展中出现的新问题，包括学费、毕业就业、教学质量等问题。能够反映当地基本普及九年义务教育和基本扫盲（“双基”），小学学龄儿童入学率、初中阶段毛入学率、高中及高等教育阶段毛入学率、学前教育、师范教育与教师队伍建设、中等职业教育、成人教育、高等教育（含“211工程”）发展情况，人才培养、素质教育情况和“希望工程”、实施科教兴国战略情况。

文化方面。通过对当地文学、艺术、文物、图书、博物、新闻、出版、广播、电视、电影等文化事业和活动的记述，全面反映当地文化体制改革、群众文化生活、文化事业、文化市场、文化产业、文化遗产保护、对外文化交流、文化队伍、文化设施等情况。能够反映文艺团体管理体制、文艺生产机制及人事制度、社会保障的改革，市场经济环境下文化馆站、艺术馆、博物馆、图书馆、影视中心、电影厂、出版社、剧院剧团的改革。能够反映思想内容与艺术形式、生活实践与表演技巧、普及与提高、改革与发展、通俗文化与高雅文化、社会效益与经济效益、主旋律与多样化、民族文化与外来文化的碰撞对当地文艺的影响。反映群众文化网络、文化阵地情况。能够反映行业文化、社区文化、集镇文化、企业文化、军营文化、校园文化、广场文化、家庭文化、节庆文化、娱乐文化（俱乐部文化）的情况。能够突出时代特点，反映文化与经济的融合、文化产业化进程，包括文化娱乐市场、音像市场、书报刊市场、美术市场、电影市场、演出市场、文艺培训市场、文物市场、文化中介、文化搭台（文化艺术节）、文化市场管理、知识产权保护等情况。能够注意反映对少数民族地区的文化设施建设、文艺人才培养、文化交流与文物保护情况。

医疗卫生体育方面。通过对当地医疗卫生、卫生防疫、体育的机构、队伍、设施、水平、事业与活动的记述，全面反映当地医疗卫生、体育体制的改革和事业的发展。医疗卫生方面，能够反映医疗卫生系统对卫生工作全行业管理、建立新的医疗机构分类管理制度、建立健全社区卫生服务组织和综合医院与专科医院合理分工的医疗服务体系、卫生资源配置宏观管理、改革预防保健体系、转变公立医疗机构运行机制、实行医药分开核算分别管理、规范财政补助范围方式、调整医疗服务价格、调整药品生产结构、推进药品流通体制、加强药品执法监督管理、调整药品价格等方面的改革。具体的，医疗方面能够反映医疗卫生事业单位院所布局、千人拥有医生数、科室、设备、中医从业人员及医疗水平、西医从业人员及医疗水平、中西医结合医疗水平。卫生防疫方面，能够反映公共卫生、食品卫生、环境卫生、预防接种、传染病防治、地方病防治、妇幼保健、医药管理情况，以及医药市场情况。

体育方面，能够反映当地的体育运动设施、传统体育、群众体育、学校体育、竞技体育、体育比赛与交流、体育健身市场等情况。体育改革方面，能够反映从单纯的体育锻炼、竞技比赛向竞赛表演、健身娱乐、技术培训、体育彩票转变，国家培养向自费训练成才方向发展。

7. 社会部类的质量要求

能够全面记述社会部类社会组织、民族宗教、社会事务、劳动人事、社会保障、社会风俗、方言词汇、人民生活、社会阶层、社会问题、精神文明创建等方面的内容。

社会组织（社团）部分，能够反映老年团体、宗教团体、工商团体、学术团体、公益团体的组织情况与活动。

社会事务即民政管理，能反映一地基层政权建设、勘定行政区域界线、社团管理、地名管理、救灾救济、社会福利、拥军优抚、军人安置、烈士褒扬、收容遣送（流浪人口救助）、婚姻登记、殡葬改革等内容。能重点反映我国民主政治体制改革的开端，即农村的“村民自治”和城市社区居委会选举。记述改革开放中民政工作在维系社会稳定方面的作用。

边疆和少数民族地区，民族内容能够放在重要记述位置，其他地区也能够认真记述。

能够充分尊重少数民族的习惯，充分体现党的民族平等，民族团结、合作互助，共同发展繁荣的民族政策。能够反映佛教、道教、伊斯兰教、天主教、基督教“五大宗教”当地流传简况和断限内沿革，宗教管理、宗教团体活动、宗教政策落实情况（共性的宗教仪式不属记述范围，民间俗教，以及邪教，一律不入宗教志）。对涉及宗教内部事务的人和事的记述，能够严格遵循党和国家的宗教政策。

劳动人事部分。能够通过机构编制、干部管理、干部考核、干部工资福利、人才交流与人才市场、人事制度改革，反映一地人事制度变化对一地经济社会发展的作用。通过就业与再就业、劳动保障福利及劳动保护、劳动力市场、劳动力管理、外来劳动力、安全生产、工人工资福利等，反映改革开放以来劳动力市场的形成，劳动场所的多元、劳动工资的多元，反映体制改革所形成的新生事物。

社会保障。能够全面记述一地社会保障制度，即养老体制的变化与改革、公费医疗制度的变化与改革、住房制度的变化与改革、失业保险制度的改革，具体主要包括养老保险、失业保险、医疗保险、女职工生育保险、最低生活保障、下岗安置、住房制度改革、社会救助、社区服务、离退休职工活动等方面内容。体现正确处理发展与稳定的关系，反映解决社会民生问题，建设和谐社会的举措、政策、工作与活动。

民风民俗方言。能够通过宗教习俗、生产习俗、行业习俗、婚丧习俗、节假习俗、喜庆习俗等反映断限内民俗的变化。通过对爱情、理想、生活、学习、政治、家庭、金钱、经商、出国、留学、消费等观念变化的记述，对行业风气变化的记述，对文明新风树立的记述，反映一地民风的变化。方言方面，能收录断限内有意义的新词新语、新民谣，重点记载文明向上有益健康的词语民谣，也能注意收集部分反映社会问题以作劝戒的词汇民谣。（新词虽不属方言，但从连带性归类角度可以放在方言志中，但需作说明）

人民生活。能够通过衣、食、住、行、游，即食品、用品、住房、医疗卫生、养老保险就业面、社会保障面、城乡居民就业水平、城镇居民收入水平、收入差距、人口贫富情况、工农业主要产品的人口消费、消费结构、消费环境、节日消费（黄金周）、饮食结构、出行条件、境内外旅游情况、社区环境、文化体育设施分布、预期寿命的变化，反映当地人民的物质生活，能够通过居民食品支出占生活消费支出的比重、每人每天食物热质、蛋白质含量、食物脂肪含量等科学指标予以反映。通过文化娱乐健身活动的参加、广播电视的收听收视、上网、手机短讯、杂志报刊的订阅、教育费用的支出、旅游费用支出、小学入学率、中学入学率、大学入学率等反映当地人民的精神文化生活。能够反映各阶层、年龄段人群的家庭生活和生活水平。反映当地温饱、小康建设。

社会阶层。能反映当地社会分层情况，包括农民、工人、流动民工、私有企业主、知识分子、官员、外企白领、有害群体，反映他们的政治、经济、文化、生活状况。

社会问题。能够客观反映一地发展中暂时出现的社会问题，包括结构性社会问题（贫富差距、下岗失业、腐败问题、应试教育、农村与城市社会保障问题等），变迁性社会问题（二元社会结构问题、“三农问题”、人口老龄化问题、流动人口问题、水资源问题、耕地问题、交通问题、城市乞丐问题、环境污染问题、动拆迁问题、城市垃圾问题等），越轨性问题（一般性越轨，如卖淫嫖娼、赌博、吸毒、自杀、拐卖妇女儿童、封建迷信；严重越轨，如社会犯罪，包括未成年人犯罪、黑社会犯罪、经济犯罪等）。能够反映社会问题的状况、危害、成因、治理对策。

精神文明创建。能够全面反映一地精神文明创建活动，体现改革开放与民族振兴的时代风貌。包括文明创建活动的机构，城市、村镇、行业、社区、家庭文明建设，思想道德文明建设，厂校、军民、警民、街企文明共建，破处陋习、取缔邪教等。

8. 人物部类的质量要求

能够正确把握人物收录的范围和标准，坚持“生不立传”“生可入志”的原则，以记正面人物为主，兼记有警示作用的反面人物。能够以人民大众为主，注意收录与时代特色、地方特色相关联的典型人物。入传人物姓名、籍贯、生卒年月、民族、学历、经历、事迹要素齐全。人物记述符合实际，不拔高溢美，不为尊者讳亲者讳，不因人废事，也不因事废人。

（2006 年起草的该文稿本人认为是有价值的，6 年后以《区域性志书质量的细化》为题，刊发在《上海地方志》2012 年第 5 期，本人认为志书质量规定在内容上应该具体化，试想，无内容标准作参照，如何保证志书质量）

从历代中央政府的修志命令看国务院《地方志工作条例》的继承与创新

提要：作者用比较方法对2000多年来我国中央政府的修志命令，包括封建社会的诏令，民国政府的“训令”“概要”“办法”，中华人民共和国成立后21世纪50年代至首轮修志国务院的《通知》、中国地方志指导小组的《规定》，再至新近由国务院公布的《地方志工作条例》进行分析，认为相互间具有继承与创新的关系，这种继承创新包括文化传承与社会管理两个方面。认为封建社会中央政府的修志命令开创了官修的先河，确立了方志在中国历史文化中的地位，初步建立了中央政府对地方修志较为松散的管理。民国年间中央政府的修志命令，使地方志管理进一步系统和规范，增加了方志的科学性和实用性。中华人民共和国成立后，20世纪50年代至90年代的国务院《通知》和中指组《规定》，仍属行政命令和准行政命令组织修志，结合“党委领导，政府主持，地方志机构实施”的格局，使首轮社会主义大规模修志取得辉煌成就，但自90年代后期开始已逐渐难以适应市场经济的社会机制。这一时期的修志文件，为《地方志工作条例》的诞生打下了理论与实践的基础。作者认为《地方志工作条例》是方志编纂里程碑式的文件，中华民族2000多年的修志活动以此为分水岭，由原来的依靠行政命令组织修志转入“依法修志”的历史新阶段。本文系统地分析了修志命令、《条例》间的异同关系，并对在未来工作中贯彻落实《条例》谈了自己个人的看法。

主题词：历代中央政府修志命令、《地方志工作条例》、继承创新、“依法修志”。

地方志是中华民族传统文化的重要组成部分。如果以周、春秋诸侯国史为起源，方志至今已有2800多年的历史。如果以秦统一中国后郡县地方编纂地记为起源，至今有2200多年历史。如果以隋唐图经的编纂为起源，至今有1400年历史。如果从方志定型的宋代为起源，至今也有1000余年的历史。数千年来，由于地方志在便利中央政府和地方政府了解各地或当地自然资源、经济物产、行业产业、政治社会、文化文风、民俗民情并以此辅佐治理方面具有不可替代的作用，因之历来受到中央和地方政府的重视，为此历代中央政府发布了许多修志的命令。分析比较历史上，封建朝廷35份，民国11份，中华人民共和国成立后9份（包括《地方志工作条例》），共55份修志命令，看看其中的共同和差异，寻找历史的继承与创新，站在历史的层面上去学习刚刚颁布的国务院《地方志工作条例》，我想，对《条例》会有更加深一层次的认识和理解。下面寻迹历史的线索予以分析：

一、封建社会中央政府的修志命令开创了官修志书的先河，确立了

地方志在中国历史上的政治、文化地位，并初步建立和形成了中央对地方修志的监督管理和质量要求

今天可见的史籍旁证，由中央政府发布最早的与修志有关的命令应该在西汉。《隋书·经籍志》载：汉“武帝时，计书既上太史，郡国地志，固亦在焉。”[①]而由皇帝直接诏令编地记应该是在东汉，《隋志·杂传》记载：“后汉光武始诏南阳撰作风俗，……郡国之书，由是而作。”[②]隋统一后实行加强中央集权的政治措施，为了打击魏晋南北朝的门阀制度和世家大族，严禁世家豪强以地记来为自己树碑立传。据《隋书·高祖记》记载，隋文帝开皇十三年（593 年）“五月癸亥，诏人间有撰集国史，臧否人物者，皆令禁绝”。[③]方志史研究称，严格意义上的官修志书在隋代。《隋书·经籍志》记载：“隋大业中，普诏天下诸郡，条其风俗物产地图，上于尚书。”《隋书·崔赜传》记：大业“五年（609 年），受诏与诸儒撰《区宇志》二百五十卷”。据章宗源《隋书经籍志考证》卷六称：隋炀帝大业五年（609 年），命令内史舍人撰《区域图志》五百余卷。不满意，又命令秘书学士十八人修十郡志。再认为内容单薄，要求重修，成一千二百卷。[④]该志是我国第一部官修总志。

盛唐时期，统治阶级重视图经的编纂，并规定了几年一造图经。据《玉海》卷十五记载，唐太宗于贞观十二年（638 年）诏令自己的第四子魏王李泰组织编纂总志性质的《括地志》，十六年（642 年）成书，诏藏秘阁。唐太宗诏曰：“博采方志，得于旧闻，旁求故老，考于传信，内殚九服，外极八荒，简而能周，博而尤要，度越前载，垂之不朽。”评价很高。[⑤]唐代全国性总志的代表是元和八年（813 年）成书的《元和郡县图志》。以上均只是中央政府对具体志书编纂的单项命令，还不属政令的范畴。据考证，今天有典可稽的中央政府的修志法令出于唐德宗之手，据《唐会要》卷五十九记载：唐德宗建中元年（780 年）一月二十九日颁布造送图经的规定，主要规定为：“州图每三年一送职方，今改至五年一造送。如州县有创造及山河改移，即不在五年之限。后复故。”《新唐书》卷四十六《百官志》在记载“兵部职方”的职责时说：“职方郎中、员外郎各一人，掌地图、城隍、镇戍、烽堠、坊人、道路之远近及四夷归化之事。凡图经，非州县增废，五年乃修，岁与版籍偕上。”[⑥]五代战火频仍，但中央政府仍有普修图经的命令。据《五代会要》卷十五“兵部职方”条记载，后唐天成三年（928 年）闰八月明宗敕：“诸道州府，每于闰年合送图经、地图，今后权罢。”长兴三年（932 年）五月二十三日，吏部侍郎奏请布置呈送图经。明宗批复：“宜令诸道州府，据所管州县，先各进图经一本，并须点勘文字，无令差误。所有装写工价，并以州县杂罚钱充，不得配率人户。其间或者有古今事迹、地理山川、土地所置、风俗所尚，皆须备载，不得遗漏，限至年终进纳。其画图候纸到，图经别敕处分。”这份修志政令除包括修志时间外，同时增加了修志的经费出处、图经内容要类、工作步骤、纸张材料、质量要求等规定，尤其是“不得配率人户”更是强调修志的官责，经费官出，不得增加百性负担。[⑦]

地方志发展到宋代即到了方志基本定型时期。宋政权建立之初，建隆间（960—962 年），宋太祖即诏令：“凡土地所产，风俗所尚，古今兴废之因，州县之籍，

遇闰岁造图以进。”[8]《玉海》卷十四的《祥符州县图经》条记载，宋真宗“景德四年（1007年）庚辰，真宗因览西京图经，有所未备，诏诸路州府军监，以图经校勘，编入古迹。选文学之官，纂修校正，补其阙略来上。”[9]尤其是据黄鼎《乾道四明图经·序》称：徽宗大观元年（1107年）“朝廷创置九域图志局，命所在州郡，编纂图经”。[10]这是中国历史上最早的中央一级的地方志机构。有关宋代的文献，涉及中央政府有关修志的规定，文字最长的在《宋史》卷一百六十《职官志》中。该文献记载：“职方郎中、员外郎，掌天下图籍，以周知方域之广袤，及郡邑镇寨道里之远近。凡土地所产，风俗所尚，具古今兴废之因，州为之籍，遇闰岁造图以进。四夷归附，则分隶诸州，度田屋钱粮之数以给之。……国初，令天下每年造图纳仪鸾司。淳化四年（993年），令再闰一造；咸平四年（1001年），令上职方。转运画本路诸州图，十年一上。”[11]

元代建立初，至元二十三年（1286年）据集贤大学士札马拉鼎的建议，元世祖下令编纂元《大一统志》。大德七年（1303年），元成宗下令重修，成《大元一统志》一千三百卷。元一统志出，开创了明清两代创修大一统志的先河。

宋代方志定型后，到了明代编修地方志逐渐形成制度。明清两朝中央政府的修志命令大都散见历朝实录之中，据《明史·艺文志》记载，明太祖于洪武三年（1370年）即下令“编类天下州郡地理形势、降附始末”。《明太祖实录》卷五十九载当年十二月“辛酉，《大明志书》成”。洪武十一年（1378年）朝廷下令天下纂修图志。洪武二十七年（1394年）太祖诏修《寰宇通衢书》。再据《明太宗实录》卷二Ｏ一载，明成祖夺取皇权后于：“永乐十六年六月，……乙酉，诏纂修天下郡县志书。……仍命礼部遣官，遍诣郡县，博采事迹及旧志书。”同年，成祖还颁布《纂修志书条例》二十一条[12]。其原因成祖认为太祖下令编纂的《大明志书》太简，故先统一要求先编郡县志，再编一统志。由于成祖去世，书未成。但其去世30年后，景泰五年(1454年)代宗诏令编修天下郡县志书。次年，诏令继续编纂《大明志书》。次年五月乙亥书成，名《寰宇通志》。两年后，英宗复位，认为《寰宇通志》去取失当，繁简失宜，再下令重修。据《明英宗实录》卷三二七载：天顺五年(1461年)四月成书九十卷，命名《大明一统志》。英宗在该书的序文中说：“名曰《大明一统志》，著其实也……”。[13]除诏令修志外，明朝廷还数次下令征集各地志书，如“弘治十一年（1498年）朝廷征集天下郡县志书”，“正德十五年（1520年），朝廷诏征天下郡县志书”，“嘉靖三年（1524年），诏修郡国志书进史局”，“嘉靖十八年，朝廷令顾璘主修《承天大志》二十四卷”。[14]明永乐十六年（1418年）的《纂修志书凡例》，主要是对“志书中有关建置沿革、分野、疆域、城池、山川、坊郭、镇市、土产、贡赋、风俗、户口、学校、军卫、郡县廨舍、寺观、祠庙、桥梁、古迹、宦迹、人物、仙释、杂志、诗文”“二十二条”门类大体编纂内容的规定：“（如）疆域，在郡之上下左右四方，所抵界分若干里，广若干里，袤若干里。四至，叙邻县界府地名，若干里。八到，叙到邻近府州县治若干里。陆路水路，皆叙其至本府若干里，布政司若干，南京若干，北京若干。陆路言几里，水路言几驿。”“土产贡赋，田地税粮，课程税钞自前代至本朝洪武二十四年（1391年）并永乐十年（1412年）之数，并悉录之。”“形势，论其山川雄险，如诸葛亮钟山龙蟠，石城虎踞之类。”“宦迹，自前代开创政绩相传者，有题名者，备录之。至本朝某人有政绩，悉录之。见任者，止书事迹，不可谀颂。”“人物，俱自前代至今本朝贤人、烈士、忠臣、名将、仕宦、孝子顺孙、义夫、节妇、隐逸、儒士、方技，及有能保障乡闾者并录。”“杂志，纪其本处古今事迹难入前项条目，如人事风俗，可为劝诫，草木虫兽之妖祥，水火、荒旱、幽怪之类可收者录之，以备观考。”“诗文，先以圣朝制诰别汇一卷，所以尊崇也。其次古今名公诗篇纪序之类，其有关于政教风俗、题咏山川者，并收录之。浮文不醇正者，勿录。”[15]这一诏令，对编纂方志的内容及体例，全国上下皆有统一规定，起到质量标准要求的作用，在方志发展史上应该是一标志。

清代是我国封建社会方志编纂的全盛时期，中央政府尤为重视方志编纂。为了编修一统志，曾于康熙、乾隆、嘉庆三朝分别三次下令组织编纂《大清一统志》。在每次编修一统志之前，先都要发布行政命令要各地编纂地方志书。康熙十一年（1672年）七月，保和殿大学士卫周祚进奏各省修通志，以供纂修《大清一统志》之用。康熙诏令同意，并令“直省各督抚聘集夙儒名贤，接古续今，纂辑通志”。以贾汉复《河南通志》“颁诸天下以为式”。康熙二十二年（1683年），礼部奉旨檄催天下各省设局纂修通志，并限期完成。[16]封建时代中央政府的修志命令最详细具体的要算载于《清实录·世宗实录》中的雍正修志上谕，共400多字。雍正六年（1728年）十一月二十八日，雍正诏谕各省，圣旨前部分引蒋廷锡奏折的意见，后部分为自己的批示，即：据“一统志总裁官大学士蒋廷锡等奏称，本朝名宦人物，各省志书既多缺略，即有采录，又不无冒滥，必得详查确核……请敕谕各该督抚，降本省名宦、乡贤、孝子、节妇一应事实，详细查核，无阙无滥，务于一年之内保送到馆”，为修一统志提供资料。圣意“得旨：朕惟志书与史传相表里，其登载一代名宦人物，较之山川风土尤为紧要，必详细确查，慎重采录，至公至当，使伟绩懿行逾久弥光，乃称不朽盛事。今若以一年为期，恐时间太促，或不免草率从事。……著各省督抚，将本省通志，重加修葺，务期考据详明，采摭精当，既无阙略，亦无冒滥，以成完善之书。如一年未能竣事，或宽至二三年内，纂成具奏。如所纂之书，果能精详公当，而又速成，著将督抚等官，俱交部议叙。倘时日既延，而所纂之书又草率滥略，……亦即从重处分。至于书中各项分类条目，仍照例排纂，其本朝人物一项，著明所请，将各省所有名宦、乡贤、孝子、节妇一应事完，即详查确实，先行汇送一统志馆，以便增辑成书。钦此。”[17]雍正的修志上谕，内容大体包括地方志书与一统志相依从的关系，志书内容有统一要求，质量不可马虎，志书中人物内容尤为重要，志书质量好坏上级要给予奖惩。雍正七年（1729年）又定各州县志书每六十年一修之例。除关于编修一统志而颁布的有关诏令外，清代中央政府还有过其他具体的修志诏令。如“乾隆九年（1744年），诏重修《盛京通志》”，“乾隆三十一年（1766年），朝廷严禁私修志书，令学臣对志书严加查核。”“乾隆三十七年（1772年），乾隆审阅《一统志》，诏谕人物传要本末昭然。”“光绪十年（1884年），朝廷成立《会典》馆，谕旨征集天下志书。”“宣统三年（1911年），教育部咨文征集新旧志书，内务部通饬各省县续修志书”等。[18]

从西汉到清末2000年左右，中央政府时有命令下达关乎修志事宜，相比此后，相对而言，这些诏令还是比较单一或简单的，当然由于封建社会较低生产力水平和相对较简单的社会内涵的原因。正如梁启超先生说过的一句话：“方志发展过程是由单一而多样，由简单到复杂。”从封建社会历代中央政府的修志命令中也可以看到这一点。据以上不完全统计，从数量看，西汉修志诏令1份，东汉1份，隋2份，唐2份，五代后唐2份，宋4份，元2份，明11份，清10份，明清最多。从内容看，修志诏命的内容包括五个方面：其一是命令地方报送计书、地记、地志、图经、图志、志书；其二是诏令修总志、一统志；其三为一统志提供资料，下令各地编纂地方志；其四是规定报送地方志和编纂地方志的年限；其五是确定志书收集保管部门和成立修志机构，方志不得私修。据本人愚见，以上封建时代35份朝廷关于地方志的诏命，有7份是极有历史价值的。首先，“隋大业中，普诏天下诸郡，条其风俗物产地图，上于尚书”，这一诏令在中国历史上第一次确立了志书的官修性质，从而保证地方志传统文化的绵延发展。第二份重要的诏令是唐德宗建中元年颁布的“造送图经”的规定，包括五年一修图经，以及报送的年限、方式和中央执掌图经的部门和职官。此份诏令在于中央对地方修志的统一管理。第三份诏令是五代后唐长兴三年明宗关于报送图经的诏令。该诏令第一次涉及图经内容的主要门类，包括绘图使用统一的材料，对于质量的强调，尤其是修志不得平调老百姓的钱款，第一次提出修志经费列入地方财政开支。第四份重要的诏令是宋大观元年朝廷决定成立“九域图志局”，这是中国历史上第一次下令设立中央一级的地方志机构。第五份诏令是明永乐十六年（1418年）的《纂修志书凡例》的诏令，通过22条“门类”，对志书内容门类和编纂要点以及体例进行了规定，是中国历史上第一次由中央政府为地方志建立质量标准。第六份是清《雍正修志上谕》，包括志与史的关系，人物志在志书中的重要性，时间服从质量。是中国历史上，封建时代一份文字最长的修志诏令，更重要的是该诏令第一次提出对修志人员根据志书质量进行奖惩。第七份诏令虽然不长，但也很重要，就是乾隆三十一年（1766年）朝廷严禁私修志书的诏令，与隋大业诏令相呼应，从反面角度再次强调地方志的官修性质。

二、民国时期由于战乱和统治时间不长，修志实绩不佳，但客观地说，中央政府有关部门的修志命令，使中央对地方修志管理进一步系统化，特别是建立通志馆或文献委员会确定了较为稳定的修志机构和地方资料文献征集机构，并把志书的科学性和实用性要求写进修志命令的具体要求中，这是此期较封建时代进步的地方

民国时期，虽然战乱不断，但为了维护自身政权的需要，中央政府还是较重视编纂地方志的，并数次以中央政府相关部门出面颁发了若干政令。民国6年（1917年），北洋政府统治时期，还在军阀割据，“内政部、教育部通饬续修省县志书。教育部训令各县征集最近修刻志书送部”。[19]南京国民政府建立初，民国18年（1929年）

12 月，国民政府内政部颁布《修志事例概要》二十二条。《概要》分三部分：第一部分一至四条，主要是各省成立通志馆，包括通志馆的人员、经费、职责 。第二部分五至十九条是《概要》的主体，为方志编纂注意事项。第三部分二十至二十二条，为《概要》的设施办法。《概要》重视经济，规定土地、户口、物产、实业、赋税、交通、人民生活等各种社会经济状况“均应分年精确调查”，而且要制成统计比较表。地图用科学方法绘制，订专册以裨实用。清除迷信，发现“异状”据实编入，“不得稍涉迷信”。对《概要》的执行，各地根据“地方情形，斟酌损益之”。强调用科学方法，并由政府行文要求是当时社会发展阶段的体现。[20]

民国 33 年（1944 年）5 月，国民政府内政部颁布《地方志书纂修办法》。民国 35 年（1946 年）10 月 1 日又重新颁布，其中修改了修志机构的表述，要求各省市县没有成立通志馆者成立文献委员会负责收集地方文献以便将来编修地方志。同年 5 月，内政部还公布了《市县文献委员会组织规程》共 12 条，其中第八条规定：“文献委员会征集保存之各种材料，于本市县着手兴修志书时，应全部移送修志机关甄采。”[21]《地方志书纂修办法》载于《中华民国国民政府公报》第二六六六号，共 9 条：在方志编纂组织方面规定地方志书分省志、市志、县志三种，省志 30 年一修，市志和县志 15 年一修。事宜由各省市县的文献委员会负责办理。志书编纂完成志稿交内政部核定。印刷完成后分送行政院、内政部、国防部、教育部、中央图书馆备查。在修志程序中规定先拟定凡例、纲目及编纂期限。同时，规定了图照、表格的种类和科学制作，规定大事记、艺文、文献等门类的内容要点等。[22]民国期间，内政部除规定《概要》和《办法》外，该部与其他中央部门还曾下达有关修志的文件：民国 7 年（1918 年）“内政部通饬各省催送志书”；次年，“内政部通咨诸省省长，指令各县续修志书”；民国 15 年（1926 年）4 月“内政部通咨各省政府征集新旧志书”；民国 16 年（1927 年）“十二月，南京国民政府训令各县一律修志。南京国民政府军政部军需署咨请各县搜集志书以资参考”；民国 18 年（1929 年）“五月，国民政府内政部通咨各省政府转饬属县送县志”，“将省县志书凡例送部审核”；同年“十二月，行政院训令各省县一律呈送新旧志书”；民国 20 年（1931 年）“二月，国民政府行政院公布诸省县呈送志书清单”等。

民国年间，中央政府关于修志的命令主要是由内政部颁布。这一时期由于战乱，虽然修志成果不及清代（当然，清代有 267 年，民国只有 38 年也是重要原因），但中央对地方修志命令的系统性、科学性上要强于前代，主要体现在《修志事例概要》和《地方志书纂修办法》两件修志政令上。《概要》和《办法》除发布地方修志的政令外，主要规定成立省级修志机构通志馆和未成立通志馆的地方成立文献委员会，第一次在确定建立修志机构的同时，还确定建立平时征集资料文献的机构，衔接了两者的关系。两文件强调志书的实用性和重点反映国计民生的内容，对此，封建时代的诏令虽有体现，但没有具体的要求。此外还有每轮修志的间断时间，志稿的审定要求，重要门类内容要点，志书报呈备查，尤其是强调以现代科学方法和手段修志，更是社会相对进步的反映。民国年间的修志效果不管如何，但客观地看，就这两份修志政令而言，比较封建社会的诏命应该是大大前进了。据以上不完全统计，民国年间中央政府有关部门的训令、“概要”“办法”“规程”共11份，数量上与明朝、清朝大体相当。

三、中华人民共和国成立到2006年国务院《地方志工作条例》颁布之前，主要第一轮修志阶段，中央的修志文件，其内涵同样是对隋唐以来官修地方志依靠政令规范修志的继承，除社会本质属性导致修志目的、志书内容观点不同外，在依靠自上而下的行政命令实施修志上还是基本相同的，因为这同样符合社会主义计划经济社会的特征，因此我们是通过行政命令的方式，采用“党委领导，政府主持，地方志机构实施”的组织格局，取得社会主义第一轮新方志编纂的基本完成。此期国务院的修志《通知》和中指组《规定》，为后来的《条例》公布奠定了理论与实践的基础

中华人民共和国成立后，党和国家对地方志工作尤为重视，原因除继承中华民族优良文化传统外，更是认为地方志在经济社会发展中具有不可替代的作用。后来共和国的历史证明了这一点，党和国家两代领导核心毛泽东、周恩来、江泽民同志等对地方志工作均有重要讲话和意见，陈云为9部社会主义新编地方志书和《中国地方志》杂志题写书刊名。胡锦涛、温家宝等新的中央领导集体对地方志工作也非常关心和重视。由于党和国家的重视，随着20世纪80年代以来大规模的地方志编纂取得了举世瞩目的成就，地方志工作的制度建设也不断加强和完善，经过了一个从行政指导到政府法规建设的发展历程。

1957年，国务院科学规划委员会把编写新的地方志列为《十二年哲学社会科学规划方案（草案）》的12个重点项目之一。至“文化大革命”停止工作前，中国地方志小组先后于1958、1961、1963年共制定了3份文件，即：1958年10月20日，国务院科学规划委员会地方志小组制定了《关于新修方志的几点意见》（实为一部《新修方志体例草案》），对新方志的体例、记述的重点、应遵循的原则、方法及种类等问题都作了规定。1961年3月，地方志小组制定了《关于新修方志提纲（草案）》……提出新编地方志除了前言、概况之外，其主要部分应当包括政治斗争（革命斗争）、经济建设、文化教育、政法工作、民情风俗习惯、宗教、名胜古迹、人物等八个门类。1963年8月16日，中宣部转发了由中国科学院哲学社会科学部和国家档案局共同向其呈报的《关于编修地方志工作的几点意见》，提出要建立审阅制度，控制出版发行；有计划有步骤地进行编写；加强组织领导，发挥档案馆的作用等。

“文化大革命”结束后，国家进入了改革开放的伟大时代，“盛世修志”，中断的地方志工作得以恢复。1983年9月27日，中共中央宣传部批发中宣发〔1983〕43号文件，通知各省、市、县党委宣传部应加强对地方志工作的领导。1985年4月19日，经国务院同意，国务院办公厅转发国办发〔1985〕33号文件。……表明地方志工作正式纳入了各级政府的工作议程。……7月中国地方志指导小组颁发《新编地方志工作暂行规定》，确定第一轮修志的重要原则”。《规定》包括指导思想、政治观点、组织指导、志书体例、体裁与文体文风、大事记和人物传的编写原则等。1995 年经国务院领导同志的同意，中国地方志指导小组仍由国务院委托中国社会科学院代管，并对中国地方志指导小组进行调整，中共中央政治局委员、国务委员李铁映同志担任组长。1995 年 5 月召开全国地方志工作第二次会议，总理李鹏作重要指示，李铁映代表党中央、国务院提出“一纳入”“五到位”的工作要求。1996 年 11 月 9 日，国务院办公厅以国办发〔1996〕47 号文件发出《关于进一步加强地方志编纂工作的通知》，通知包括五点：其一是修志的指导思想、理论方法，强调志书要“全面真实”。其二强调（政府编纂的）是省、市、县三级志书，每 20 年左右续修一次。其三是建立高素质的修志队伍，专兼职结合。修志队伍要倡导“求实、创新、协作、奉献”的敬业精神。四是地方各级政府要重视地方志编纂工作，切实加强领导。各地应把地方志编纂工作列入政府的议事日程，明确一位领导同志负责，要为修志机构提供必要的工作条件和经费。其五是中国地方志指导小组要加强对全国地方志编纂的指导。1997 年 5 月 8 日，根据国务院办公厅的《通知》精神，中国地方志指导小组通过《关于地方志编纂工作的规定》,包括”总则”“组织领导”“志书编纂”“附则”4 章，主要包括指导思想、科学性要求、资料、体例、断限、体裁、突出时代性和地方性、印刷要求等， 与 l985 年《暂行规定》有继承关系并予以了进一步完善。

从以上粗略的材料，可以大致看出，中华人民共和国成立后至 2006 年 5 月 18 日国务院《地方志工作条例》出台之前，中央对地方的修志管理包括组织和政令两个方面，虽在方志的社会本质上与民国及民国以前不同，但形式上看还是继承得较多。由于我国是个幅员辽阔的国家，各地经济社会发展并不平衡，因此中央对地方修志采取的是比行政命令稍弱的“指导”性体制，间断性地采用国务院文件的形式对地方各级政府的修志提出要求，但各地修志单位急切需要中央和地方政府对修志进行不间断的行政领导，这是中国国情所决定的。中央的地方志指导小组办公室一直由国务院委托中国社会科学院代管（一度国家档案局协管），通过调研和组织有关学术活动，提请国务院出台具有行政命令性质的通知和自己发出只具有指导性质的“意见”，组织全国修志。从以上情况可以看出，中华人民共和国成立 50 多年来中央有关修志的文件、政令共 8 份，其中“文化大革命”前中国地方志指导小组的修志文件、规定有 3 份，中宣部 1 份，共 4 份。“文化大革命”结束后，第一轮社会主义大规模修志期间也有 4 份，文件中中央关于修志政令方面的文件有 3 份（次），党委系统的文件 1 份：第一个文件是 1985 年国务院办公厅文，第一次要求“地方志工作纳入各级政府的工作议程”；第二是 10 年后，1995 年李铁映代表党中央、国务院提出地方各级政府对地方志工作要“一纳入”“五到位”；第三个文是 1996 年国务院办公厅发出《关于进一步加强地方志编纂工作的通知》。党委系统方面的文件，即 1983 年中宣部通知全国各地党委宣传部加强对地方志工作的领导的文件。需要注意的是国务院、中宣部、中国地方志指导小组 8 份关于地方志工作的文件，只有中指组在得到国务院同意或根据国务院的通知精神于 1985 年、1997 年发出的 2

份文件用“规定”外，其余6份文件均采用“意见”“通知”的文件形式。

20世纪80年代开始大规模修志后，各地逐渐形成“党委领导，政府主持，地方志系统负责实施”的修志格局，这样的格局基本符合社会主义市场经济的特点。全国动员数万人的专兼职队伍，花了近1/4世纪的时间，共编纂第一轮省市县三级志书5000余种，是一项前无古人的文化伟业。撇开志书的规模、质量不说，就国务院《地方志工作条例》以前的新中国中央的修志政令与民国，与封建王朝的政令相比较。首先，规格上与封建社会持平，封建社会是帝王颁发修志诏令；比国民党时期规格高，国民政府由其内政部颁发《组织规程》《修志概要》和《纂修办法》（仅1次由行政院发征集志书的训令）；中华人民共和国成立后是国务院发文。在修志的规范条文方面，由中国地方志指导小组制定的《规定》，除增加了指导思想等党和国家性质的内容和贴近时代的内容外，在共性的规范方面也比民国政府内政部的政令要详细，比封建社会中央政府的诏令更加详细。

四、国务院《地方志工作条例》的公布，在中国方志编纂史上具有里程碑式的意义。

《条例》同样从先前传统的行政命令中继承和发展而来，但已发生了本质的转变，新中国的地方志事业经过数万人的努力，已步入了“依法修志”的新阶段，这是由计划经济转型为社会主义市场经济社会修志的必然，是中央“加强文化法制建设”和“哲学社会科学领域立法”的组成部分，是社会主义新方志对传统方志的根本性转变，是对传统方志管理形态的划时代创新。《地方志工作条例》的公布，规定了地方志的工作空间和地方志编纂管理的职责义务，根本性地保障了地方志工作长远性的健康发展，保证了地方志这一传统文化的更好传承。

虽然，2006年国务院《地方志工作条例》（以下简称《条例》）公布之前，我们的具有不同行政程度的有关地方志工作的文件已经产生了重大的影响和作用，也取得了第一轮修志的巨大成就。但随着向社会主义市场经济社会的转型，原来的修志组织形式和中央的文件已难以完全适应新的社会主义市场经济的社会情况，正如国务院法制办负责人就《地方志工作条例》答记者问所说：“一是，地方志工作涉及社会生活各个方面，在社会主义市场经济条件下，仍靠过去的行政命令方式组织编纂地方志，已难以适应形势的需要；二是，由于没有全国性的法律法规可以遵循，修志工作随意性大、主观性强，各地发展不平衡等问题突出，迫切需要通过立法加以规范。”㉓

中华人民共和国法包括《国家宪法》、法律和政府行政法规。《辞海》解释，“条例”：“国家机关制定或批准的规范性文件的名称之一。在我国，有些只规定某一类事项的法律称为‘条例’，如《中华人民共和国治安管理处罚条例》；国务院规定的行政法规对某一方面行政工作作比较全面、系统规定的，称‘条例’……国务院各部门和地方人民政府制定的规章不得称‘条例’。”㉔可见由国务院总理温家宝签署，2006年5月18日公布的《地方志工作条例》（中华人民共和国国务院令第467号）属于国务院规定的行政法规。

《条例》共22条，内容总体上包括地方志的工作保障、地方志质量的制度保证两大方面。《条例》与封建社会的修志诏令和民国时期的“训令”“概要”“办法”在内容形式上有一定的继承关系：如诏令中的报送方志、多少年一修、建立修志机构、民间不得私修方志（隋文帝、乾隆诏令）等；民国政令的志书科学性，修志机构（通志馆）修志与平时地方文献机构（文献委员会）征集资料的结合，志书审定等条文内容，均可以看到相衔接的历史印记。

现实中，《条例》22条与此前国务院修志《通知》和中国地方志指导小组修志《规定》的条款更是典型的继承创新关系。从具体条文看，有基本继承、部分保留和增新、全新三种类型。其中第四条地方志工作的政府领导和地方财政预算、第六条地方志质量的原则要求、第七条省一级政府要制定地方志编纂和总体工作的规划、第九条专家参与和地方志编纂的人员素质、第十条地方志编修两轮间隔时间及两轮间编年鉴收集资料、第十二条志书审查验收6条是从原“通知”和原“规定”中继承过来。另外还有6条是每一条款中保留部分原“通知”和原“规定”内容，增加部分新内容，即第一条《条例》制定的目的中，方志编纂是老内容，开发利用地方志是新增内容。第二条《条例》适用范围中，地方志组织编纂是老内容，地方志的管理和开发利用是新增内容。第三条省、市、县“三级志书”的界定是老内容，“地方志”包括地方志书和地方综合年鉴的新界定、新概念是新增内容。第五条国家地方志工作指导机构和县级以上地方人民政府负责地方志工作的机构职责，其内容最突出的是赋予了地方志机构的行政管理权。县级以上地方人民政府负责地方志工作的机构职责共5项，在原“通知”“规定”内容基础上增加了“组织、指导、督促和检查修志工作”，明确了组织编纂“地方综合年鉴”“组织开发利用地方志资源”等职能。第八条继承了县级以上行政区域冠名的地方志书由地方志机构组织编纂，同时增加了地方综合年鉴由地方志机构组织编纂，并明确其他组织和个人不得编纂。第十一条地方志资料征集是老内容，但社会有关方面有义务、责任提供真实资料是新增加内容，解决了市场经济时期资料征集这一修志的基础问题。第十四条中的修志完成后的资料保管存档是老内容，但资料的依法移交，以及志书出版后上报备案制度是新增内容。完全是新内容的有8条，分别是第十三条地方志综合年鉴的批准出版；第十五条地方志书和地方综合年鉴属职务著作；第十六条的社会利用；第十七条表彰和奖励；第十八条违规查处；第十九条未按程序出版纠正和依法追究刑事责任；第二十条对损毁资料，私自占有资料等的违规处分；第二十一条军事志编纂和国务院部门志书编纂的规定。

全面地比较分析《条例》和中华人民共和国成立前中央的有关地方志文件规定，发现《条例》从法规的角度突出了其条文性、准确性、规范性、对社会相关行业事业的兼顾性、原则性和高瞻远瞩的特点，具有长远和稳定的特征。首先其舍弃了此前地方志文件有关“方志编纂”的规定要求，转由地方（主要省一级）其他的修志文件承担，增加和加强了行政管理的内容。并且对过去修志文件中修志的对象、范围进行了符合实际的调整。这些地方均是建立在社会和方志事业发展基础上的重大创新。比如，国务院法制办负责同志答记者问谈到："根据我国首轮新编地方志工作的实践，地方志的外延已有所扩展，既包括传统意义上的地方志书，又包括地方综合年鉴。地方综合年鉴，是每20年左右新一轮地方志书续修的平时资料积累。地方志工作的内涵也发生了变化，既包括地方志的规划、编纂、审查验收，也包括地方志出版后的开发利用。"对此"该《条例》均有明确规定"[25]在此需要强调的是，虽然《地方志工作条例》与原国务院《通知》、中国地方志指导小组《规定》等在内容上有继承和发展关系，但二者也有不同质的区别，条例是行政法规，而《通知》《决定》只是文件，是行政命令或准命令。前者是社会或每个公民必须服从的，而后者要看地方政府行政长官的个人意志，所以第一轮修志动辄就讲"领导重视是关键"。不是地方志部门按照政府领导的要求去修志，而是宣传领导，"求"得领导关心修志。《条例》从法的角度，从行文的形式上更注意站在中立性、全社会的立场上。比如在第六条强调编纂地方志"应当做到存真求实，……全面、客观"，没有像以前的《规定》具体地写进了指导思想，使《条例》更具有法规性质和地方志自身性质特征（指导思想可写进"修志方案"中）。

五、本文结论

通过以上修志诏令、政令与《地方志工作条例》的轨迹性的比较分析，认为：（一）封建社会的修志诏令、民国政府内政部等部门的修志"训令""概要""办法"，中华人民共和国成立后有关修志的国务院《通知》和中指组《规定》等与国务院新近公布的《地方志工作条例》之间既有继承又有创新的关系。创新的核心在增加地方志机构行政管理职能和志书质量的保障系统方面，根据时代特点，对"地方志"概念从政府角度进行新的定位，在资料征集、志书编纂审定出版方面融注了社会主义市场经济社会的性质特点。（二）国务院《地方志工作条例》公布之前，我国近2000年的地方志编纂基本是依靠行政命令的，《条例》公布后，地方志编纂进入"依法修志"的历史阶段。以行政命令的方式修志在封建社会、半封建半殖民地社会、社会主义计划经济时期是可行的，但在社会主义市场经济时期需要市场手段依法治国，依法办事，行政命令在行政范围以外的地方逐渐难以通行，所以，《条例》是里程碑式的行政法规性文件，在中华民族2000年方志编纂史上具有划时代意义。（三）《地方志工作条例》是"依法修志"，但与"党委领导，政府主持，地方志机构实施"的修志格局并不矛盾，在当前各地县级以上修志机构归属并没有完全是"地方人民政府负责地方志的机构"的情况下，更需要处理好《条例》与"修志格局"的关系。以《条例》为修志根本，以"格局"为工作阶梯，更好地做好地方志工作。（四）《地方志工作条例》为法规性的，比较原则，各地应该在《条例》的原则基础上，出台《实施细则》或其他文件。

2006年，这个让地方志工作者永远不能忘怀的年份，因为在这一年我们为之奋斗了1/4个世纪的事业终于有了自己的法规，地方志事业有了全新的美好的前程。

①来新夏 主编《方志学概论》福建人民出版社 1983 年版 46 页。

②来新夏 主编《方志学概论》福建人民出版社 1983 年版 48 页。

③仓修良 著《方志学通论》方志出版社 2003 年版 175 页。

④来新夏 主编《方志学概论》福建人民出版社 1983 年版 54—55 页。

⑤来新夏 主编《方志学概论》福建人民出版社 1983 年版 57 页。

⑥黄苇 主编《中国地方志辞典·修志文献》“唐代造送图经规定”黄山书社 1986 年版 674 页。

⑦黄苇 主编《中国地方志辞典·修志文献》“五代造送图经规定”黄山书社 1986 年版 675 页。

⑧黄苇 等 著《方志学》“地方志大事记”复旦大学出版社 1993 年版 855 页。

⑨仓修良 著《方志学通论》方志出版社 2003 年版 249 页。

⑩仓修良 著《方志学通论》方志出版社 2003 年版 249 页。

⑪黄苇 主编《中国地方志辞典·修志文献》“宋代造送图经规定”黄山书社 1986 年版 675 页。

⑫按：黄苇《方志学》858 页为“永乐十年，朝廷颁降《修志凡例》十六则，包括规定志书内容、体例和编纂方法，是迄今发现最早的由国家颁布的修志规定。”永乐十六年又颁《修志凡例》二十三则”。黄苇主编《中国地方志辞典》677 页为“颁发了《纂修志书凡例》。凡例可分二十二条”。来新夏《方志学概论》72 页为“为了统一规格体例，永乐朝曾两次颁降修志条例，确定志书内容应包括建置沿革、分野疆域、城池、山川、坊郭、镇市、土产、贡赋、风俗、户口、学校、军卫、郡县廨舍、寺观、祠庙、桥梁、古迹、宦迹、人物、仙释、杂志、诗文二十一类。”（数为二十二类）

⑬仓修良 著《方志学通论》方志出版社 2003 年版 307 页。

⑭黄苇 等著《方志学》“地方志大事记”复旦大学出版社 1993 年版 859—860 页。

⑮黄苇 主编《中国地方志辞典·修志文献》“明永乐十六年纂修志书诏令及纂修志书凡例”黄山书社 1986 年版 677 页。

⑯仓修良 著《方志学通论》方志出版社 2003 年版 336 页。

⑰黄苇 主编《中国地方志辞典·修志文献》“雍正修志上谕”黄山书社 1986 年版 677—678 页。

⑱黄苇 等 著《方志学》“地方志大事记”复旦大学出版社 1993 年版 864—870 页。

⑲黄苇 等 著《方志学》“地方志大事记”复旦大学出版社 1993 年版 871 页。

⑳黄苇 主编《中国地方志辞典·修志文献》“雍正修志上谕”黄山书社 1986 年版 684—685 页。

㉑仓修良 著《方志学通论》方志出版社 2003 年版 363 页。

㉒黄苇 主编《中国地方志辞典·修志文献》国民政府内政部“地方志书纂修办法”黄山书社 1986 年版 686 页。

㉓人民日报记者吴兢《依法编纂 确保地方志质量——国务院法制办负责人就〈地方志工作条例〉》（《人民日报》2006 年 5 月 31 日第十六版）。

㉔《辞海》（缩印本 1989 年版）上海辞书出版社 第 943 页

㉕人民日报记者吴兢《依法编纂 确保地方志质量—国务院法制办负责人就〈地方志工作条例〉》（《人民日报》2006 年 5 月 31 日第十六版）。

（《中国地方志》2006 年第 9 期）

自评：2006年5月18日，国务院《地方志工作条例》颁布，是中华民族方志史上划时代意义的事。此前官方地方志编纂，虽有律令、文件，但机构是临时性的，所以方志编纂时断时续。国务院《地方志工作条例》颁布，标明新中国地方志事业进入依法修志的历史阶段；文章认为“中华民族2000多年的修志活动以此为分水岭，由原来的依靠行政命令组织修志转入‘依法修志’的历史新阶段。”。即使还位于“地方志工作”和“国务院法规”阶段；但使得地方志编纂进入机构稳定、工作永续阶段。条例颁布后地方志工作经过十多年发展，已由“工作”发展到“地方志事业”，条例中的部分规定成为新的约束（如条例是“一业”，中国地方志指导小组提出“十业”）。近年，方志界开始呼吁地方志全国人大立法。记得2006年4月14日，志书质量标准体系研讨会在桂林召开期间，国务院法制办三位同志到会最后一次向我们几位方志界专家征求意见，得知“条例”即将颁发，大家非常兴奋，至今难忘。“条例”出台后，我撰写了本文，对历史地理解国务院《地方志工作条例》具有一定参考价值。文章资料从大量文献和他人研究成果中梳扒，具有专项系统性特点。

应该采用什么样的哲学原理去思考方志性质

——与梁滨久先生商榷

方志性质是方志学基础理论的核心。近年来借助全国方志界推动方志工作立法的契机，以2004年8月在乌鲁木齐召开的中国地方志学会2004年度学术年会和2005年10月由中国地方志指导小组办公室在广州召开的方志性质研讨会为标志，形成了一波研究方志性质的热潮，发表了一批质量较高的论文。

两次会议以后，自在《广东史志视窗》2005年第3期发表《不能从学科属性来判断方志的性质》一文后，梁滨久先生又陆续在《中国地方志》2005年第6期上发表《小议王晖方志性质定义的逻辑方法》(《中国地方志》2005年第9期，王晖作《方志定义的逻辑方法及其他》以答)，在《中国地方志》2006年第2期发表《方志性质定义与性质判断》，在《上海志鉴》2006年第2期发表《也谈用发展的观点看待地方志的性质》，在《广东史志视窗》2006年第2期发表《方志性质研究要厘清一些基本概念》。时间不长，仅一年多的时间，梁滨久先生就方志性质，以上边所讲的两次会议的方志性质文章为主要对象，运用形式逻辑，以驳论的方式对部分主要文章的观点进行质疑，共发表文章5篇。对梁滨久先生执着的治学精神我非常敬重与佩服，但对其文中有关观点，尤其是单一运用形式逻辑研究和质疑方志性质的方法，尤其对本人用发展的观点看待方志性质的驳论有不同看法，特提出来求教于梁滨久先生。

有幸，除《小议王晖方志性质定义的逻辑方法》一文外，梁滨久先生的其余4篇文章均对本人的方志性质观进行质疑和驳论，拜读之后，发现梁先生对本人的观点的看法及驳论也是在演变的。

首先，在与梁滨久先生商榷之前，有必要将本人发在《中国地方志》（2005年第1期）上《方志性质宽泛性和学科间交融性的发展趋势浅议》等文章中的主要观点复述一下。本人认为：方志是随着社会的发展水平、社会的内容不断丰富，不断由简单到复杂的。方志的体例、方志的性质随之演变。汉代主要是编地记，以便中央了解各地风俗、物产，当时的《南阳风俗传》《越绝书》《陈留风俗记》大体起这样的作用。隋唐时方志是图经的形式，……可以说图经属地理范畴，因为是地图为主。一直到北宋，图经体例已经能够反映当时的社会了。这一时期方志的性质属地理，体例为纂辑体。到了南宋，社会内容比隋唐丰富，只用图经解决不了问题，志书内容增加了人事的记述，包括时、地、人、事四项内容。为此借助了《史记》《汉书》的历史体裁，包括年表、传等。由于体例越来越向历史靠拢，方志性质转为历史，体例为“撰著体。”随着社会进一步发展，清代乾嘉时期产生了戴震为首的地理派与章学诚为首的历史派的论争，其间还有钱大昕的“折衷派”。为了更加全面地反映社会，民国时期出现黎锦熙的“史地两性”，而“社会主义新方志的性质是记录地情的综合性文献”。[①]

梁先生在《不能从学科属性来判断方志的性质》一文中对仓修良、胡巧利、王晖、曹建英和本人的方志性质观发表了自己的看法，并把我和曹建英的观点归为一类。他说：“曹建英将地方志的性质定为‘特殊的史书’。梅森虽然没有说是按照学科属性论证方志的性质，但其逻辑思维是一样的。”接着，梁滨久先生予以结论：“依据学科属性和内容归类来分析判断方志性质，是有重大缺陷的：一、违背了方志性质定义的逻辑方法原则。给方志性质下定义，是揭示方志概念的内涵，指明方志的根本属性，特有本质，而不是确定方志归到哪一类著作里，属于哪一个学科。按学科属性和内容归类来判定方志的性质，实际上不能说是方志的性质，而仅是归类而已。……二、按照方志所记述内容不同将方志的性质看作是变动的，……这就是没有了作为方志的质的规定性，是不科学的。……三、按学科属性和内容归类去确定方志性质，只能确定一类书的性质，而抹煞方志的独特属性和特质。说方志是地理书或历史书，就看不出志书与地理书和历史书的区别，揭示不出方志的独特性。说方志是‘综合性文献’，那么，综合性文献不唯方志，还有很多，如地方史、地方地理、乡土教材、地情书等都是综合性文献。……我们应摒弃按学科属性来分析研究方志性质的思路和办法。”[②]

我认为，梁先生的驳论有几点需质疑之处。首先，把我的文章确定为“按照学科属性论证方志性质”，我想只要读过我这篇文章的同志绝大多数不会认为我是在谈学科问题。文章中所提到的“地理”“历史”明显是说当时的方志具有“地理”的属性或“历史”的属性。至于“学科”，我认为是近现代“西学东渐”后的事。我根本不会去谈什么隋唐就有“地理学科”，南宋就有“历史学科”。再早点，先秦文史哲经是不分的这是常识，可能梁先生一时疏忽了。再者，我觉得梁先生的驳论是有些辩论技巧的（包括以下还要提到的辩例），也就是先断定你的大前提就是错的，然后再进行批驳，应该属于辩论学的“归谬反驳”法[③]。其二，梁先生认为，按方志内容归类去确定方志性质抹煞了方志的独特性和特质。我深觉奇怪。任何事物都有内容和形式两方面，内容是本质，而形式是外壳，研究事物首先应该从本质入手，形式当然也是一个方面，但是是次要方面。怎么能说，研究内容、研究本质就抹煞事物的独特性和特质了呢？其三，关键问题是梁先生认为将方志的性质看作是变动的就失去了方志的质的规定性。此点梁先生在后来的文章中还有进一步的阐发，下面本人再予回答。其四，本人所称的“综合性文献”还有“记录地情”的限定，对“综合”一词文章中更有具体的解释，包含系统性和将一次性文献加工成二次性文献等。梁先生似有“断章取义”之嫌。

前文发表不久，梁滨久先生又在《方志性质定义与性质判断》[④]一文对包括我在内的方志性质观若干提出者以“匿名”的方式进行新的质疑和批驳，比如我的代称是“有人”（见该文倒9行）。此次梁先生没有把我归入错误地“以研究方志学科的方法研究方志性质”了，而主要根据金岳霖主编的《形式逻辑》（人民出版社1979年版）的逻辑方法进行论证。认为，方志性质定义是揭示方志根本属性（本质属性）的逻辑方法，方志性质判断是断定方志具有（或不具有）某性质的判断，前者有三点要求和特点，后者有四点要求和特点。相关我观点的质疑，在方志性质的定义方面主要是，梁先生认为，从古至今的方志应该抽出“共同的本质属性”（与我的观点正好相反），所以梁先生在该文中对我的观点进行批驳，他说：“有人说方志的内容越来越丰富，内容决定形式，形式决定性质，因而方志的定义应该宽泛，新方志的性质应重新定义。这也是没有把方志的性质定义与性质判断区分清楚。……但不管内容如何丰富，毕竟是方志，是方志就不能重新定义。如西方一些国家产生了‘新人类’‘新新人类’，这些人肯定有一些新的属性（性质），但毕竟还是人，人的定义并不由此而宽泛，也是不能改变的。”（见该文倒2自然段7—11行，该期第10页）这里，梁先生好像没有完全准确地转达我的观点，我的意见是社会是由简单到复杂，社会内容越来越丰富，方志内容、形式也随之变化，因之今天的方志性质的定义应该是宽泛的，并没有笼统说古今“方志的定义应该宽泛”“新方志的性质应重新定义”。但梁先生几篇文章以方志性质静态观批判本人的方志性质动态观是一以贯之的。

《方志性质定义与性质判断》一文发表不久，梁先生又撰《也谈用发展的观点看待地方志的性质》[⑤]（以下简称《也》文）一文，前面几篇文章如果是梁先生综合地对当代方志界几乎各种方志性质观进行商榷的话，那么这篇文章应该就是专门对本人的方志性质观的质疑与驳论。此篇文章梁先生的观点又有了新变化。他从古今方志具“共同的本质属性”，“将方志的性质看作是变动的……这就是没有了作为方志的质的规定性，不科学”的观点作一定后退。在《也》文中他说：“指出方志性质会发生变化是正确的，符合方志发展的实际（按：注意，在这里梁先生好像改变了前文的观点，但并非如此，接着他又对‘性质’概念进行新的创造性表述），但是，要深入一步，全面、辩证地看待和研究方志性质，还需要考虑方志的本质属性相对稳定的一面，方志的性质是不可能发生根本转变的，方志的本质属性如果变了那就不是方志，而成为另外一种形式的著作了。”（见《也》文第3自然段）该文接着查示了《现代汉语词典》（第1528页、1267页）、《辞海》（第1076页）关于“性质”“属性”的四种释义。据释义，梁先生认为“似乎性质既指属性，又指特性，还指本质属性”，“必须把方志性质概念看作是一个由属性、特性和本质属性三个层次构成的系统。问题由此可以迎刃而解。”真的可以迎刃而解吗？我看未必。如此简单化地把辞书中不同地方不同的概念合成在一起形成自己认为的“性质的三个层次系统”，妥当吗？有无“偷换概念”之嫌？明明释义认为“性质”即“根本属性”，然而梁先生却把“性质”创造为“属性”“特性”“本质属性”三个构成部分。梁先生还通过“圈型图”把他理解创造的“性质”概念描绘了出来：属性外延最大包括特性、本质属性，特性外延居中包括本质属性，本质属性居内圈的核心地位。三者的关系，梁先生认为：“属性包括特性，特性是属性中能够把方志和其他著作区分开来的那部分属性。特性包括本质属性，本质属性是特性中能够把方志和其他著作的本质区分开来的那部分特性。方志性质是由方志属性、特性和本质属性组成的系统。”梁先生还认为：“和本质属性相对应的是非本质属性，非本质属性是由没纳入特性的属性和没纳入本质属性的特性组成的。”“方志的非本质属性，是方志性质的外围，是不稳定的，随方志的内容和体例的变化而变化，也因不同时期、类型、载体的方志而变化。方志本质属性相对稳定不变，使方志无论发生什么变化都能保证是方志而不是别的什么著作。”到这里可以看出，梁滨久先生同意用发展的观点看待地方志的性质是有前提的，即发展变化的“方志性质”是被梁先生的3个圈圈在“属性”“特性”的范畴，也就是圈在非本质属性的范畴内。你要说方志性质是发展变化的，那你的方志性质只能是梁先生所称的“方志性质的非本质属性部分”。不知不觉中，梁先生又把发展的方志性质圈在一个实质上不发展的“圈套”中。也就是说，梁先生设计了一个方志性质的新层次来说明方志性质的根本仍是“古今一样”，静止不变的。梁先生设计的这个方志性质的新层面，即方志的“本质属性”，与他前几篇文章提出的“方志性质”一样是“稳定不变”的。也就是说，梁先生的方志性质观从本质上看前后是没有区别的。

几乎在《也》文发表的同时，梁滨久先生再次在《广东史志视窗》发表《方志性质研究要厘清一些基本概念》一文⑥（以下简称《厘清》）。《厘清》一文依然开列中国地方志协会2004年度学术年会和2005年10月中国地方志指导小组办公室主办的方志性质研讨会上的发言和论文观点，认为“众说纷纭，是正常现象，反映了方志界思想的活跃”，但“首先要厘清一些基本概念”，“笔者之所以强调厘清一些基本概念，也是有感于在方志性质研究中存在着概念含糊不清的问题”。全文以主要篇幅，根据黑格尔的《小逻辑》、金岳霖的《形式逻辑》《辞海》《现代汉语词典》等对“事物的质、本质、属性、特征、固有属性、根本属性（本质属性）、特征、本质特征、基本特征、主要特征、性质、定义、性质定义、语词定义等”进行释名。梁先生认为我们大家只要理解了概念“就会减少认识的混乱和词语的错误使用”。文章最后再次对本人的观点进行驳论：“有人认为，方志曾属地理、历史、史地两性，而方志的内容越来越丰富，内容决定形式，形式决定性质，因而方志的定义应该宽泛，新方志的性质应重新定义。这是把地理书说、历史书说、史地两性说当成了方志定义。内容变化了，属性也随之变化，但方志的根本属性（本质属性）是相对稳定的、不变的。如果本质属性变了，那就不是方志了。”这里除继续重申“本质属性”不变的观点外，同时判断本人的文章和观点是错误地把“地理书说、历史书说、史地两性说当成了方志定义”，即把揭示方志性质的过程当成了性质这一结果了。所以梁先生认为“方志的性质定义，是揭示方志这一类事物本质属性的逻辑方法，性质只是定义的种差，种差加属性概念才是定义，所以还不能把性质与定义等同起来”。“方志一些基本概念的含混，影响了对方志性质的深入研究”。我想在这里梁先生是不是又在运用他以上文章中曾采用过的“归谬反驳”法呢？有兴趣者可重读一下本人的那篇拙作就大体可知了。

拜读了梁先生 4 篇有关方志性质的讨论文章，尤其读了他对本人方志性质观的驳论部分，除有所收获外，更有几点不同意见，尤其是采用什么样的哲学理论和哲学思考方式研究方志性质值得商榷。

我们所见，梁滨久先生在质疑、驳论和阐述自己观点的过程中，大量运用的是逻辑学的概念，包括运用了黑格尔《小逻辑》和金岳霖的《形式逻辑》。运用逻辑学方法分析界定方志性质本身是没有错的，甚至是好的手段和方法。方志界不仅是梁先生，还有王晖先生等，也是运用形式逻辑分析研究方志性质的。但为什么都是采用形式逻辑方法，而对方志性质又得出的是不同的看法呢？⑦

我想大概属下面的原因。首先形式逻辑理论本身也是有差异的，也是在发展的，也是分原始唯物主义逻辑学、唯心主义逻辑学和辩证逻辑学的。逻辑学作为思辨的理论方法，产生于公元前 5—公元前 4 世纪的古希腊，留给后世重要理论成果的学者和学派有德谟克利特（约公元前 460—前 370）、苏格拉底（约公元前 469—前 399）、柏拉图（约公元前 427—前 347）、亚里士多德（公元前 384—前 322）、斯多葛学派、约翰·罗色林（1050—1122）、威廉·奥康（1300—1349）、邓斯·司各脱（1265—1308）、安瑟伦（1033—1109）、弗兰西斯·培根（1561—1626）、黑格尔（1770—1831）等。但在马克思主义诞生之前，形式逻辑与科学辩证法虽有联系，但形式逻辑的对象，同在研究思维方面当作认识工具来看的辩证法的对象是完全不同的。形式逻辑对于辩证法具有方法论的意义。但辩证法的方法论功能的适用范围比形式逻辑的方法论功能的应用范围要广。前苏联学者楚巴欣和布洛德斯基在主编的《形式逻辑》一书导言中开宗明义即说：“形式逻辑是研究思维的，研究思维的还有其他一些科学，如哲学，心理学，高级神经活动生理学，控制论，通常称作认识论的那一部分哲学，阐述有关思维及其在认识中的作用的一般原理，研究形式逻辑问题的成效，在很多方面要取决于对这些原理的掌握程度。”⑧也就是说，研究和探索事物完全单一地运用形式逻辑是不全面的，研究的结果还要取决于对哲学及相关理论的“掌握程度”。方志性质的研究难道不也正是这样吗？逻辑学是思辨的方法，一般意义上是工具，像走路一样，如果方向错了，技巧越高，交通工具越先进，只会达到“南辕北辙”的结果。因之，我们在研究方志性质时，除要运用正确的形式逻辑理论作为辅助方法外，更重要的是遵循正确的哲学原理。否则难以得出正确的结论，同样使用形式逻辑进行方志性质研究，得出不同甚至相左的结论也就不足为怪了。

综观梁滨久先生对本人方志性质发展观的驳论，4 篇文章中有关观点和方法虽然有变化的过程，即从批判本人错误地从学科角度研究方志性质开始，到批判本人提出的方志性质是发展变化的，再到认为方志性质是发展的但方志性质的本质属性是不变的。但我要说，梁先生与我的分歧核心主要在是否用发展的观点看待方志的性质或用真正发展的观点看待方志的性质（前文已谈到梁先生认为方志性质的非本质属性是发展变化的），这一点丝毫没有改变。梁先生认为自古至今的方志具有的是“共同的本质属性”，故梁先生在文章中提出了西方“新人类”“新新人类”毕竟还是人，人的定义并不能改变。虽然我觉得梁先生举的例子与方志性质相距甚远，但我不得不作出类似的回答。梁先生肯定知道，进化论认为地球上陆地生物是由海洋生物进化的。正好手头有份报纸刊登一份新研究资料称：人类与黑猩猩“分家”过程超过 400 万年。[⑨]该项由美国科学家进行的研究认为：人类与黑猩猩是在 1000 万年前分裂的。接着，人类和黑猩猩在朝不同方向进化了 400 万年后，又走到一起并开始了一段“浪漫情”。这段“浪漫情”诞生了一个新的、兼有人类和黑猩猩特征的“杂交群体”。杂交群体的基因组合产生了两个不同的分支，一支产生了（现代）人类，而另一支产生了（现代）黑猩猩。梁先生看到这则新闻后还会说人的定义不能改变吗？除这项尚处研究阶段的观点外，人类生命教科书向来告知，人类前身是类人猿。而今天人类的未来如何？即人类生命科学的探索仍在进行中，谁能说人的定义是永远不变的。

马克思主义辩证法主张世界是物质的，并且是运动发展的。恩格斯曾论述“物质的存在方式”，他把时空界定为物质“存在的基本形式”[⑩]，认为物质、运动与时空三者是不能分割的；没有运动的物质和没有物质的运动是不可想象的。在谈到运动时，则强调了它的绝对性和相对性的统一。可见，本人在方志性质的研究中，首先谈到的是客观自然和社会决定方志的内容体例、内容体例决定方志性质的观点，实际上是依据马克思主义辩证法，即物质世界是第一性的，精神是第二性的观点。同时，随着社会的发展变化，方志在变，方志的性质也在变。马克思主义辩证法认为，任何事物都是运动的、变化的，不变只是相对一段历史时期而言。从数千年方志的演变看，方志的本质属性也在演变。梁滨久先生认为自古至今方志具有共同的性质或方志性质的本质属性是稳定不变的出自哪一理论？梁先生文中一直未见交代（据我所知，梁先生认为方志的性质是“资料性著述”，古今方志的确均具有资料性著述的特征，这样的确古今方志的性质“不变”了，但梁先生所谈的方志的特殊性又在哪里呢？资料性著述大概不仅是地方志）。恩格斯在论述辩证法时，从事物运动、变化、生命和彼此相互作用方面阐述。马克思主义辩证法的组成主要是“联系”与“发展”两大核心，“量变质变律”“否定之否定律”“对立统一律”三大规律，“规律与本质”“必然与偶然”“原因与结果”“可能与现实”四对范畴。恩格斯认为：质的变化只有通过物质或运动的量的增加或减少才能发生。“量变是事物数量的增减或场所的变更，体现了事物的连续性。质变是事物由一种质态向另一种质态的飞跃，是事物根本性质的变化。量变一般不显著，速度缓慢，质变则变化显著、迅速。事物变化是否超越量变的范围是区分量变和质变的根本标志。”⑪隋唐以地图为主的图经，到南宋，600 多年间社会发展，经济、人文范畴变大，相关内容不断增多，也就是“人事”的量不断增加，增到极端，达到“超越量变的范围”，到南宋方志性质发生质变，转变为属历史性质的方志。关于否定之否定，恩格斯认为“它是自然、历史和思维的一个极其普遍的，因而极其广泛地起作用的、重要的发展规律。”⑫本人在谈方志性质演变的过程时，除谈客观社会原因外，重点谈了方志内容形式乃至性质变化量变到质变、否定之否定的关系。如南宋历史性质的方志，对隋唐的图经就是否定，民国的“史地两性”就是量变不断增加后对南宋以后历史性的方志性质的否定。“史地两性”的折中，其本身也反映方志性质的矛盾、对立又统一。今天我所提出“记录地情的综合性文献”的方志性质观，是对民国“史地两性”方志性质的再次否定。实际上今天由地方志书、地情书、年鉴、地情数据库、地情研究为编研对象的地方志（已不是“一本书”）已形成基本独立的与地理、历史学科不同的新学科（从记录地情，资料性、著述性、综合性二次文献综合看，与其他学科有差别）。而方志性质由地理性质到历史性质，到“史地两性”，到“记录地情的综合性文献”，从隋唐到南宋，到民国，到今天，方志性质的“质态”（图经、历史性方志、史地两性方志、记录地情的综合性文献方志）就是 4 个“标志”，其间 1500 多年方志的发展到性质的 4 次“飞跃”完全是量变到质变的否定之否定的运动过程。4 个质态的方志又是相互依次承继连续而不间断的。4 个方志性质的质态是对立的，但又统一在地方志这一文化现象中，使方志成为纵贯古今的整体。

梁滨久先生在他的文章中不只一次地提到关于方志的演变，不少学者此前已有阐述，所以这里我要解释清楚的是，本人方志性质发展观的产生是建立在前人研究基础上的研究，文章中均有交代，比如史念海先生的观点，林衍经先生的观点。但还需说明的，前面学者说出的是“是什么”，而我正是运用马克思主义辩证法道出了为什么方志性质是发展的，而不是像梁滨久先生说的古今不变的“为什么”。

恩格斯在阐明辩证法理论的本质时，特别指出它不是一种单纯的证明工具，而是一种科学的世界观和方法论。恩格斯还指出“甚至形式逻辑也首先是探寻新结果的方法，由已知进到未知的方法；辩证法也是这样，只不过是更高超罢了；而且，因为辩证法突破了形式逻辑的狭隘界限，所以它包含着更广的世界观萌芽”。⑬在对方志性质的探讨上，梁滨久先生与本人采用了不同的哲学理论，包括不同的方法论，因之我们的研究结论相左是很必然的。

结尾时我想用一个提问结束本文的辩论与反质疑，那就是，我们倒底应该采用什么样的哲学原理进行方志性质这样一类方志学基础理论核心问题的研究?

①全文和整个论述参阅《中国地方志》（2005年第1期）梅森文《方志性质宽泛性和学科间交融性的发展趋势浅议》；《中国地方志》（2005年第4期）梅森文《钱大昕方志理论与乾嘉以来方志理论研究的走向》；《新方志理论与实践二十年》（方志出版社2005年版）梅森文《“折衷派”与“记录地情的综合性文献”：也谈方志性质》。

②《广东史志视窗》2005年第3期第7—8页。

③袁方《跟我学：辩论口才》中国经济出版社2006年第1版。

④《中国地方志》2006年第2期第8—10页。

⑤《上海志鉴》2006年第2期第38—39页。

⑥《广东史志视窗》2006年第2期第20—23页。

⑦参见本文相关的梁滨久先生4篇文章中有关对王晖观点的质疑。

⑧《形式逻辑》楚巴欣、布洛德斯基主编，宋文坚等译，上海人民出版社1981年版第1页第1自然段。

⑨《人类与黑猩猩有过“浪漫史”？》载《解放日报》2006年5月19日第3版。

⑩恩格斯：《反杜林论》（1876年9月—1878年6月），《马克思恩格斯选集》第3卷，人民出版社1995年版，第399页。

⑪《马克思列宁主义基本问题》，人民出版社2002年5月版，第43页。

⑫参见岳华亭：《马克思主义哲学讲义》。

⑬恩格斯：《反杜林论》（1876年9月—1878年6月），《马克思恩格斯选集》第3卷，人民出版社1995年版，第484页。

（《中国地方志》2006年第12期）

自评：“我们到底应该采用什么样的哲学原理进行方志性质这样一类方志学基础理论核心问题的研究？”是统一方志性质观点的最为重要的命题。梁滨久先生和本人一样，都是20世纪80年代初最早从事地方志工作，并执着地把心血交付给这项事业的人。梁先生一直从事地方志理论刊物的编研工作，侧重基础理论研究；本人一直从事方志编纂的实务，主要进行方志编纂研究兼及基础理论。我曾经在《方志学简论》一书中认为，当代从事方志学理论研究的有三类人群，一是学院的专家教授，利用本人某专门研究的同时，通过掌握的传统方志的序跋和民国方志研究理论，客串当代方志学研究，主要时段在20世纪80年代；二是地方志编纂的实践者的研究；三是方志刊物的主编、编辑，通过来稿进行方志学研究。由于研究立足点不同，观点必然不完全相同。国务院《地方志工作条例》确定的地方志是什么，本人的方志性质观大体与之相近；尤其是“条例”颁布前，本人进一步梳理自己在

2004年全国地方志学术年会和广州方志性质研讨会的文章观点，于《中国地方志》2005年第1期发表了《方志性质宽泛性和学科间交融性的发展趋势浅议》一文。因为，我认为理论不仅仅要交代“是什么”，同时要阐述“为什么”。因之2006年、2007年，有多篇文章对我的观点进行商榷，有分量的文章主要出自梁滨久先生。方志界大多数研究方志性质观点是静态的，研究方法、批判方法采用形式逻辑法居多，一般是否定他人方志性质概念，提出自己的方志性质概念；然而自己观点的理论体系的支撑——也即“为什么”，缺乏理论的论证和阐述。结果方志性质的文章多为“不是什么”+自己的“是什么”，不见“为什么”。而我的研究来自编纂实践，是研究方志内容形式变化形成的观点，是从社会动态发展导致方志及其性质动态发展的观点出发，运用辩证方法阐明“为什么”。我认为，只有这样，方志与方志性质才有新生命（可参见我2004年起就反对“一本书”主义，并提出地方志的多项业务，大多接近今天的“十业并举”；当然我认为“十业”中核心的两业是地方志书和年鉴的编纂，不可过度的铺“摊子”）梁先生等同仁认为从古至今的方志应该抽出“共同的本质属性”，与我的动态观点正好相反。但是只有动态的观点，才能形成《地方志工作条例》“地方志书，是指全面系统地记述本行政区域自然、政治、经济、文化和社会的历史与现状的资料性文献”的观点。可见，梁先生与我的分歧核心是用静态还是动态的观点看待方志的性质。故后来有人认为，《地方志工作条例》“地方志书”的概念是工作概念。还有人认为既然《条例》已经有概念，梅森的概念与条例的概念基本相同，就没有提出的必要。这位先生没有厘清事物的先后，更何况条例的一个概念不可能取代理论的分析研究，尤其是形成理论体系的研究。至于观点正确与否，当代与后世还可进一步探讨。当代社会迅速发展变化，方志及其性质变与不变，看今天的现实即可，几乎无需论证，看今天地方志事业“十业并举”即是。

地方志在当代反腐倡廉中应该担纲一份责任

——安徽滁州市征集罪犯资料入志引发社会争论有感

2007年2月28日滁州市地方志办公室在当地张贴了《关于征集〈皖东人物〉资料的公告》，并将当代“社会影响较大的犯罪分子”列入征集范围。3月2日，该省重要报纸《新安晚报》报道了这一消息，一时间引起社会各界的广泛关注和争论，并随之波及全国。短短20多天，全国数十家网站和新闻媒体，包括安徽新闻网、腾讯网、嘉兴在线网、精品网、百度网、古城热线网、余杭热线网、郑州广播在线网、新华网·安徽频道、3C娱乐·新闻网、金华新闻网、中国经济信息网、中安网、宜良之窗网、搜狐·新闻网、中国优秀企业网、大洋·新闻中心网、新浪网、中国网、东亚网、网易·国内新闻、中华网、中国普法网、《深圳晚报》《南京晨报》《安徽商报》《嘉兴日报》《半岛都市报》《现代快讯》《北京周报》《报刊文摘》等都予以了报道转载和评述，形成中华人民共和国成立后，尤其是20世纪80年代大规模的社会主义新型地方志编纂以来群众自发关心地方志的热潮，同时也形成一个当代“编史修志”不大不小的风波，并引起了学术界包括法制界的思考。有的群众甚至用2006年5月18日刚刚公布的《地方志工作条例》的条款参加辩论，说明长期“冷门”的地方志工作渐为普通群众所了解，地方志在当今社会生活中可以起到它应该起到的作用。

此次论争的焦点主要围绕影响较大的犯罪分子应该不应该入志。反对的一方认为，如果犯罪分子一旦被列入永久保存的地方志人物志中，不仅罪犯一辈子抬不起头，而且会影响其后代子孙。编纂地方志主要是弘扬积极向上的精神，将“犯罪分子”列入不妥。有人说，自古以来人物皆为“一郡之柱础，乡邦之光耀”，怎能把罪犯与革命烈士、劳动模范、重要领导人并列在一起？还有人认为，如果将犯罪分子收入志书、年鉴，是侵犯了犯罪人员的隐私权。中国普法网（2007·3·13）转载绍兴文理学院元培学院王晓杰的观点，他认为，中国人对人生终极意义的追求是“名留青史”，谁也不愿遗臭万年。地方志收录某些影响较大的犯罪分子，将侵犯他们的隐私权。按照我国刑法的规定，犯罪分子因其犯罪而被剥夺的宪法基本权利只能是政治权利，即使被依法定罪处罚的犯罪分子也有隐私权。作为国家机关的地方志机构不能以公共利益的名义进行违法侵权。有的媒体评论认为，把罪犯收入地方志，与《地方志工作条例》精神背道而驰，势必给罪犯第二次惩罚，而且往往是“永久性的”，更为重要的是将造成对其家属的过度伤害。载入地方志，在当地必然人人知晓，对其亲属的生活带来许多麻烦。

拥护将“社会影响较大的犯罪分子”入志的一方认为，地方志这样做并没有违反法律，既然法律已经定性的“犯罪分子”，他的某些权利必然被剥夺和限制，记载“犯罪分子”惩恶扬善是社会公共利益的需要。有人认为，地方人物，就有“好人”，也有“坏人”，有社会精英也有社会败类，“犯罪分子”入志是理所当然的。中国普法网（2007·3·13）转载海南大学法学院王琳的观点，他认为：“盛世修史，明时修志”，“修志”已经成为各地一项日常工作，好多县市都设立有专门的地方志办公室，基本功能是记当地的历史。记录就应该客观反映事实，而不是拣好的说。反对将犯罪分子入志者主要怕影响其亲属和后人，但在一个日益强调个人权利的社会，先祖的罪恶又能给后人带来何种影响呢？如果今天还有人歧视“坏人”的家属的话，那么这个歧视者更应该被社会所歧视。历史不仅仅是好人的历史，将对社会影响较大的犯罪分子收入修志范围，是尊重历史、尊重事实的科学态度。从法律上看，我国的刑事诉讼法规定，所有判决一律公开，为什么法律不怕影响犯罪分子的家属呢？因为只有公开才能公正。历史也应该与法律一样，只记事实，不加评价，更不会歧视他人。每日甘肃网·时评（2007年3月5日）转载江苏检察官程东宁、吴必蔚的观点：“志”既然有“鉴”的重要作用，就应该客观、真实、全面，达到教育意义。但是长期以来，人们形成了说好不说坏、报喜不报忧的坏习惯，我们如果打开一些地方志书来阅看，本该真实反映历史的志书大多都是颂歌高唱，而很少见到有记取教训的方面，这在很大程度上削弱了志书让人提高思想情操、分清荣辱是非的功能。因此将犯罪分子收入地方志不必大惊小怪。

以上是社会各方对犯罪分子应该不应该入志的主要观点。至于此事直接办理单位和上级管理单位的观点又是怎样的呢？争论发生后，新闻媒体对有关负责人进行了采访。安徽新闻网（2007·3·2）转《安徽商报》报道，滁州市地方志办公室主任张祥林答记者问说：之所以将“犯罪分子”纳入地方志是本着“客观、全面”等原则，据其介绍，在之前的多部地方志书中，都有相关章节提及“犯罪分子”之类的负面人物，但都是一笔带过。可人物在作为地方志中最鲜活最吸引人的部分应当尽可能地囊括曾对社会发展产生过影响的人物，不管是正面的还是反面的，据此，对社会产生过较大影响的犯罪分子也应该被收入。收入犯罪分子能起到对社会的警示作用。安徽省地方志办公室副主任王宜斌表示：地方志应本着秉笔直书、客观公正的态度，对本地社会、经济、人物等各方面进行客观记录。人物志是地方志的一部分，收录人物，包括正面人物，也包括反面人物。收录反面人物，主要目的还是警示后人。但收录必须把握两个标准，即“一是人物要有较大的社会影响，另一个是记录时要客观公正”，《地方志工作条例》规定，任何单位和个人不得要求方志编纂人员在地方志中作虚假记述。滁州市此次在人物志部分纳入“犯罪分子”的做法开我省先河，有进步意义。中国经济信息网（2007·3·28）转载：安徽省十届人大常委会29次会议审议通过了《安徽省地方志工作条例》。省人大常委会法工委副主任吴斌对犯罪分子“载入史册”引发的社会各界争议认为，条例规定，地方志书包括人物志的编纂，必须遵循“客观公正、据事直书、忠于史实”的原则，“对社会影响较大的负面人物的记述，可以让人以史为鉴，供后人从中吸取教训”。

滁州市将社会影响较大的犯罪分子入志引发的争论是一件非常有意义的事，尤其是去年5月18日国务院总理温家宝签署颁布《地方志工作条例》后，证明地方志编纂工作及地方志的作用价值已引起了广大人民群众的关注。此次论争，既是一次《地方志工作条例》的普法宣传，也是扩大地方志工作的影响、寻求最广大人民群众都来支持地方志编纂工作的一次自发宣传。此次争论，更是把地方志的记载与当今的政治、经济、社会生活，与社会人的行为联系在一起，这是人们在物质生活提高后开始追求精神生活的体现。有人甚至将其与震慑腐败犯罪、反腐倡廉联系在一起，赋予了地方志工作的时代使命。

我国是个具有悠久的编史修志传统的国家，向称史志大国，这种悠久代代相传和规模宏大，在全世界各国中是绝无仅有的。传统的历史是记载全国的历史，而方志是记载“郡国”（地方行政区）的历史，百年治史，当代修志，上下结合，远近结合，完整地把中华民族的历史代代地传承下去。史有史的法度，志有志的通则。中国历史上的史官遵循的是史家法度，即“秉笔直书”，因此南宋爱国政治家和诗人文天祥在他的《正气歌》里，将“在齐太史简，在晋董狐笔”作为天地间正气的表现之一。这里隐寓了两则春秋时期史官誓死捍卫直书实录的编史传统的故事，无不高扬一种正气和高尚的精神。中国古代的史官制度，讲究对权贵“不虚美，不隐恶”。这种直书实录的传统，不但保证了我国有着一以贯之的真实记录史实的大量著作，同时，这类志书客观上使得国君、大臣、王公贵族的行为有所顾忌，担心所做坏事被载入史册，从而遗臭万年。故《孟子·滕文公下》说：“孔子成《春秋》而乱臣贼子惧”。可见，这种制度甚至对皇权也具有一定的制约力量。但是，说起来简单做起来难，“秉笔直书”在古代也不是较容易就做到的。仍以上面两则掌故为例，赵盾无可奈何最终良史董狐在史书上记上“赵盾弑君”（见《左传·宣公二年》），而齐太史却因客观记事而被崔抒所杀（见《左传·襄公二十五年》）。虽然如此，但古代正直的史官还是把“秉笔直书”当成自己追求的理想。

地方志是记录地方历史的文献，许多方志家又同时是史学家，秉笔直书等史家法度也同时进入修志的实践中，许多志书基本能记历史的真实。前边讲过当代修志，意指修志的时间下限往往到修志者搁笔，不像编史是隔代。传统历史记载的地域范围是全国，方志记载的范围是“当地”，并由当地政府主持编修，因之秉笔直书的难度我认为比编史更大。故传统方志在此点上还有另一种说法。“过去的旧方志，‘笔法’上基本倾向是有褒无贬，或者'说是以褒扬为主，当时的志书编者和地方官绅，认为志书‘记善不记恶，职褒不职贬’，（见康熙《太平府志·序》）其实在‘扬善’。仅少数的志书，如康海的《武功县志》等学用‘史家法度’，有褒有贬，深得后人称赞，但这种笔法未得到广泛流传”（见刘光禄著《中国方志学概要》第9页1983年6月版）。1981年后，第一轮大规模社会主义新方志编纂以来，提出地方志编纂要遵循实事求是的思想路线。中国地方志协会1982年《关于新编地方志工作条例的建议（征求意见稿）》提出，修志要“坚持实事求是的工作作风”。“凡对本地社会历史发展具有推进或阻碍作用的已故人物，均可立传入志”。中国地方志指导小组二届三次会议讨论通过的《关于地方志编纂工作的规定》要求，地方志要“全面真实地反映当地自然和社会的历史与现状”，“编纂地方志应继承我国历代修志优良传统，贯彻存真求实的方针”。2006年5月18日由国务院公布实行的《地方志工作条例》规定“编纂地方志应当做到存真求实，确保质量，全面、客观地记述本行政区域自然、政治、经济、文化和社会的历史与现状”。根据这些规定，新方志对反面人物立传有新的拓展，但修志中也有不同意见，“有人认为，新志要为人民立传，传主应是革命烈士、英雄模范、爱国者及一切对社会发展有贡献的人物，不能为帝王将相立传，为新军阀立传，不能为反动分子、反面人物立传。有的认为，凡对历史起过推动和阻碍作用的均可立传，但以正面人物为主，做到表扬好的，让他们流芳百世；批评恶的，让他们遗臭万年，……对于新志人物立传的范围标准，中国地方志协会成立初（注：1981年8月成立）起草的《关于新编地方志工作条例的建议》（征求意见稿）作了原则规定：“……对立传人物的记述，要实事求是，资料务必真实可靠，寓褒贬于叙事之中，不发空论。”（见欧阳发、丁剑编著黄山书社1986年8月版《新编方志十二讲》117—118页）有些著作专门强调了为反面人物立传，观点是“除了为上述（正面）人物立传外，也应该为反面人物立传。旧志大多‘隐恶扬善’，不为反面人物立传。其结果是使部分人物的史料湮灭无闻。我们今天编纂新方志，应该尽量做到善恶并存，对那些劣迹昭著、恶贯满盈的反面人物，也应该列传谴责，使后人引以为戒。当然，应该坚持以正面人物为主、反面人物为辅的原则，正面人物应多于反面人物。总之，凡是曾推动或阻碍历史发展，促进或延缓社会进步，有过重大影响和作用的已故人物，都应考虑为之立传，次要的人物可列入人物表。”（见陕西省地方志编纂委员会编《方志问答》106 页陕新出批 1992 年字第 340 号）以上材料外，我们也可从实例中看到，社会主义第一轮新方志对犯罪分子也进行了记述，主要在人物部分和政法部分。如滁州市下辖的全椒县编纂的《全椒县志》（黄山书社 1988 年版），其人物传 44 人，人物表 110 人，共 154 人中，恶贯满盈的罪犯 3 人，分别是对新中国新生政权进行颠覆的“中国反共陆军警备司令部”所谓司令戚南谱，镇压共产党人和抗日民众制造“皖东大屠杀”（又叫“古河血案”）的国民党皖东十纵队支队长柏承君，杀害共产党和人民群众 100 余人的十纵队特工大队长余德霈（均被镇压）记入人物志人物传中。此外，政法部分，以事系人的有 1949 年执行枪决的反革命分子金贞木、王德安，1971 年因抢劫银行判处死刑的刘万斗、陆元生，1984 年枪决的流氓团伙首犯赵恩友、童万兵、傅友坤、郑群，共 9 人。可见，首轮新志对罪犯记述，尤其放在人物志记述的并不多，所记的基本是死刑的，也即传统史志所称的对一生“盖棺定论”者。

社会主义第二轮修志，不少方面都有创新，对人物也是一样。因为，第二轮修志主要记改革开放以来 20 多年的历史，如果仅记已故人物、死去人物，那么志书中人物必然较少，人物是社会运动的主体之一，没有人物，志书内容必然不够全面。因之，第二轮志书要增加对在世人物的记述，其实首轮修志已采取了已故人物入人物传，健在人物、在世人物入人物表。这一方法在第二轮修志中将继续继承。

改革开放以来由于社会的转型，企业的转制，国有资产的重组，多种经济成分共存，加之在经济生活中权利部门拥有的相关权力，以至一段时间反腐倡廉任务不断加大。对于腐败案件如何记述，重大腐败分子是否记入人物志，是否在相关的政法部分、纪律检查部分、监察反贪部分以事系人，成为一个新问题。因此，此次滁州市将当代“社会影响较大的犯罪分子”列入人物志征集范围引起社会的震动和争议，这可能是其中一个重要原因。比如讨论中，有人就认为，如果按照滁州市地方志办公室张贴的《关于征集〈皖东；人物〉资料的公告》，去年该市因受贿 1000 万元已经被判为无期徒刑的原定远县委书记陈兆丰极有可能被收入志书中。推而广之，全国近 20 多年的重大腐败案件涉案主犯，如厦门远华走私案赖昌星，江西巨大索贿案胡长青，安徽巨额贿赂案王怀忠、王昭耀，云南巨额贿赂案李嘉廷，沈阳“慕马案”慕绥新、马向东，上海社保基金案张荣坤、祝均一、秦裕、邱晓华，等等，是否都应该记入第二轮社会主义新方志，包括记入人物志。我们根据国际惯例，现在越来越少判处死刑，最高往往判处死缓，因之，地方志在罪犯入志问题上要有新的具体规定，明确哪类罪犯可以入人物传，哪类入人物表，哪类在相关部分以事系人，哪些直具姓名，哪些采用张某某、李某某。政府地方志机构应根据《地方志工作条例》精神，邀请人大法工委、政府法制局、党委纪律检查委员会、法院、检察院、监察厅、反贪局等部门会商这一问题。

在当前反腐倡廉工作任务越来越重的情况下，地方志应该发挥自身特有的作用，在新闻媒体舆论监督、纪律检查部门党内监督、监察部门行政监督、审计部门技术监督、法律部门依法打击的同时，通过地方志，将重大腐败分子、犯罪分子载入志书实行“历史监督”，让他们“遗臭万年”，惩戒他人和后人，让犯罪分子、腐败分子的犯罪腐败付出更加沉重的代价，以形成多重合力抑制腐败犯罪，使社会向着更加公平公正的方向发展。地方志近年提出开展“读志用志”工作，实际上“读志用志”的根本是修志要坚持实事求是的思想路线，要像《地方志工作条例》规定的“编纂地方志应当做到存真求实”，拿出“真实的时代记录”。

地方志工作在当代反腐倡廉中应该担纲一份责任，将重大案件、恶贯满盈的犯罪分子以及重大的腐败分子载入志书，使“乱臣贼子惧”，起到强大的震慑作用。据此，滁州市修人物志引发的争论应该是很有意义的。

（《上海志鉴》2007 年第 3 期，《黑龙江史志》2007 年第 6 期转载）

自评：本文不属于理论性文章，但是一篇社会性文章，是一篇与当代社会现实紧密结合的文章。中国古代的史官制度，讲究对权贵“不虚美，不隐恶”，“孔子成《春秋》而乱臣贼子惧”，但实行不易；尤其是地方志书。原因是历史书记全国人物，方志记本地人物；历史书较为超脱，而地方志记本地超脱不易。故清康熙《太平府志·序》公开说地方志“记善不记恶，职褒不职贬”；故旧志“扬善”者多。社会主义新方志提出“实事求是”，但做到不易。尤其是人物志，由于国有成分占主流，故记人更难。往往是对有重大贡献清廉干部搞平衡，不记述；犯罪分子也遮遮掩掩不记或略记。2007 年中共十七大前后提出“反腐倡廉”，滁州修志记入犯罪分子、腐败官员引发社会史志界、法律界的争论。本人在文章中提出“地方志在当代反腐倡廉中应该担纲一份责任”，也就是把腐败分子钉在历史的耻辱柱上。并提出由有关方面研究出如何记述。但截至今天又 10 年过去，地方志关于“腐败官员”的记述仍然没有进步。中共十八大以来的“落马官员”，包括“红通人员”的记述是基本回避的，对其倒台之前的重大活动是回避的，只有在组织机构内容中不得不出现职务、姓名，但在事物记述时，不得不出现人物时，用“省（市）委主要负责人”“省（市）政府主要负责人”代之。有的甚至在照片上对”腐败官员“实施切除手术。未来大大增加了史志学家考证的工作量。从人物记述就可以看出，完全实事求是难，尤其是地方志，由于时近、地近、人近，再加上政治政策阶段需要，结果一个字“难”！所以，我一直建议保留纪实的电子稿放在地情资料数据库中，政策限制期结束再拿出来。我在职的时候，曾为此事请示文宣部门，提出为什么林彪元帅的事迹今天可以具“林彪”之名，回答是林彪事件（1971 年）已经很远了。电话请示时大概 2005

年，事件过去35年吧。所以我们留下记实本电子版未来再修订出版未尝不可，千万不要一删了之。

第二轮上海市级志书编纂的理论思考

编纂方法以操作性为主，谈不上多少理论，但它需要理论的支撑。用“理论思考”为本文命题主要目的是强调本文是个人行为，因为组织行为要谨慎得多、稳健得多，故这里的文字只是抛砖引玉，引起人们的关心，当然也就文责自负了。但又不能不说明，自2004年上海市地方志办公室把第二轮上海市级志书编纂方案的起草工作交给我处（市地方志办公室方志编纂处，又名委办联络处，时任该处处长），至今已经3年多的调研论证，“思考”中局部含有集体的意见，这里需要说明。去年首轮的《上海通志》出版发行，标志上海第一轮社会主义新方志编纂任务的完成，2007年第二轮上海市级志书的启动准备工作应该到了关键阶段。

每轮修志的编纂方案，包括篇目及分工，并非是前志框架篇目的简单衔接（“一对一”），也不是机械地照搬他学科的分类。地方志的结构设计、篇目安排，我认为是关涉自然、经济、政治、文化、社会各方面的综合分类，而社会是在发展的，时代是在进步的，地情也是在变化的，因此每轮编纂方案的准备是对时代和地情基本情况的大体研究。

最近我研究了传统方志和社会主义第一轮新方志的篇目分类，得出这样的结论，即好的篇目的拟定要处理好基本门类、时代特点门类、地域特点门类、专业门类（专业特点与现代社会分工结合）、志种五大因素。对于上海市第二轮新的市级志书编纂方案和篇目的拟订：“基本门类”，就是需要从首轮上海市级志书《上海通志》《上海市专志系列丛刊》中分析出稳定的不变的门类；“时代特点门类”，因为首轮修志内容主要是封建社会、半封建半殖民地社会、社会主义计划经济社会的形态内容，第二轮修志是社会主义市场经济社会的形态内容，因此要提炼出反映市场经济时代特征的门类；“地域特点”，首轮修志主要记述的是中国特大型城市上海的地域特点，而第二轮修志是记述国际大都市的上海的地域特点，如首轮修志的经济部类以第二产业和商贸内容为主，而第二轮修志经济部类重点是“退二进三”，重点记述“四个中心”（经济中心、经贸中心、金融中心、航运中心），所以在门类设置上要反映这些特点；“专业门类”，主要是在门类设置上系统科学地反映各专业的类目；“志种”因素，主要考虑《上海市志》这一省级志书的资料容量大大大于中等城市和区县志，以及出版方式等原因，还有城市志与省志反映的重点并不一致，故上海市志要从“省级”和国际性、都市性“城市”角度去谋篇布局。除志书的篇目门类外，随着社会的转型，与首轮修志比较，第二轮上海市级志书编纂的组织方式、资料渠道也会有不小的变化。上海市第二轮市级志书应该在首轮市级志书的基础上编纂，应该要继承首轮市级志书的经验，但也应该有新的符合时代特点的创新，而其创新最关键的是要体现在编纂的宏观组织、内容的宏观结构的宏观策划上。

民国年间，20世纪30年代柳亚子先生曾主编过《上海通志（稿）》，拟25编，成初稿11编，因抗战爆发，终未编竣，也未出版，文稿现藏上海历史博物馆。

上海首轮社会主义市级志书编纂是一次全社会大规模的社会调查，成书两个系列：一是《上海通志》，是宏观统率型的大型志书，共1种、10册、46卷、247章、1076节、10836万字，由上海市地方志办公室组织编纂。上限根据事物作历史追溯，下限1995年。该著1994年启动编纂，2005年一次各册集中出版，获上海市第八届哲学社会科学优秀成果著作类一等奖。二是《上海市专志系列丛刊》，共110种（部）、1亿字左右，目前尚有4种（部）未出版（2部已进入印刷，2部待评审），志书上限作历史上溯，下限大多数是1990年或1995年（即“七五”或“八五”最后一年）。专志系列为相关部门单位企业承编，“一步成志”，又分别独立成书、陆续出版的编纂方式。专志既是独立的系列，又是《上海通志》的主要资料基础。而《上海通志》是在《上海市专志系列丛刊》以及10部郊县志、12部区志的基础上提炼，“两步成志”的。上海市第二轮市级志书又要在这样的基础上编修。

以下将上海市第二轮市级志书的编纂方案的思考开列于下，以期引起大家的关心讨论：

一、第二轮市级志书仍设计为两个系列——《上海市志》系列、《上海实体志》系列

既然首轮市级志书为两个系列，第二轮市级志书也有继续设两个系列的必要。首轮修志在计划经济时期，两个系列主要考虑的是“统率”型和专业“分类”型两个记述角度。《上海通志》属于宏观统辖型内容，偏重于市情的“高屋建瓴”（起码是中观性的）；而《上海市专志系列丛刊》偏重于专业、事业等的分类记述，从中微观上体现志书的基本功能——科学的资料性文献，但由于编纂专志丛刊的目的是为《上海通志》打资料基础，所以专志系列中也留有一些非专业（门）的部门内容，方志界称其为“部门志痕迹”。

第二轮上海市级志书编纂的时间对象是社会主义市场经济时期，市场经济的主体是关乎国计民生的企业和事业单位，这些“主体”在市场经济的活动中往往是“一主多辅”或是“跨地域、跨行业、跨所有制、跨国别”（而不像计划经济时期分工明确，做工的不经商，经商的不做工）。以专业（门）分类为系统的志书反映了社会统计调查者、志书编纂者对客观事物的系统综合分类，对于分门别类地了解自然、社会具有自身的科学性。但人为地组合资料后，不足的是社会主义市场经济多元性就反映不出来了；与全国比较，作为市场经济发育最完全的上海更是如此。因此，第二轮上海市级志书应该有两个系列，一是摒弃部门志痕迹的纯专（门）志系列组成的《上海市志》，另一个系列由大型企业集团、重要高等院校、科研院所、大型医院等志书组成的上海实体志系列（后《上海市地方志工作“十一五”规划》改称为上海市

级专志系列)。前者是从行业、专业、事业、政治活动、社会生活等角度出发编写,后者是从市场主体角度编写,写“主体”的多元性。两者结合,以期较全面地反映社会主义市场经济时期自然、经济、政治、文化、社会的特点和全貌。

第二轮修志,省级志书编纂计划超过一个系列的还有山西、吉林、安徽等省市,如山西除省志外,规划方案中还有《山西重点工程志系列》《山西重点乡镇村志系列》《山西省重点企业志系列》《山西省重点院校志系列》等(见中国地方志指导小组编:《全国第二轮修志工作文件及志书篇目汇编》第15页,方志出版社2004年版)。

二、第二轮上海市级志书的时间断限——1978—2005年

按照国务院办公厅1996年《关于进一步加强地方志编纂工作的通知》的要求:地方志“每20年左右续修一次”。2006年颁布的国务院《地方志工作条例》以法规的形式规定:“地方志书每20年左右编修一次。”当前,全国各级志书,续修的形式有三种:一是自然断限,即从上轮志书下限的第二年开始续修。第二种为了完整地反映改革开放的历史时代,从1978年十一届三中全会开始续修。第三种是重修,原因是首轮志书过简或有不少差错。第三种较少。主要是第一种和第二种。主张自然断限的同志认为,如果从十一届三中全会写,大量内容与首轮志书重复,另外重新写是不是否定首轮修志。从改革开放初开始写主要从完整反映改革开放的时代出发。首轮志书虽记述了断限内的改革开放的内容,但当时总体篇目是计划经济体系的,对市场经济的记述受到束缚。此外,当时对市场经济发展过程中的新事物认识得并不很清楚,记述的深度还待提高。否定首轮修志的看法是多余的:首先社会主义第一轮大规模新方志是贯通古今的,并没有人说否定了传统的地方志。另外,有不少的第二轮省级志书是从改革开放的源头开始写,如河北省志、山西省志、安徽省志、福建省志、湖北省志、湖南省志、广东省志、贵州省志、云南省志均是以1978(1979)年为上限。此外,根据“20年左右一修”的规定,如果根据《上海通志》下限1995年,从1996年写起,到2007年为12年。如果参照《上海市专志系列丛刊》,下限不都一致,最早的1990年下限自然续修为18年,而大量1995年和1995年以后的均在10年左右。根据以上原因,第二轮上海市级志书的上限还是以改革开放标志性的起点年份1978年为宜。至于下限,应该以国民经济五年计划(规划)为选择因素,便于阶段性资料的运用,选择“十五”结束的2005年为宜。如果放到“十一五”结束的2010年,现在启动第二轮市级志书编纂早了3年。所以,第二轮上海市级志书的时间断限为1978～2005年。但对于首轮修志缺载的内容,可贯通古今,也可1978年以前的内容在志书后“补遗”,需专门研究确定。对于1978年以前,为了便于阅读和事物的“有始”性,可在全志的总述、分志的概述、专门篇章的无题导言中用一定的文字对历史情况进行概述和勾连(按:2010年启动编纂时二轮上海市志和市级专志的下限改为2010年)。

对第二轮上海市级志书为何称《上海市志》而不再称《上海通志》,主要因为首轮的《上海通志》是通纪体,贯通古今,而第二轮是断代志;此外,根据国务院颁布的《地方志工作条例》规定“以县级以上行政区域名称冠名的地方志书”(指

地方政府主持编纂的，见《条例》第十五条），其名称不应缺少政区的级别、性质，故“市”是不能少的，所以应定名为《上海市志（1978—2010）》。

三、第二轮上海市级志书需体现资料性文献的基本特征，采用“小篇分志（卷）平列体”结构

全国第一轮省级志书的总体结构构想曾有过“大篇统辖体”“中篇体”“小篇分志平列体”三种。大篇体强调统辖和著述特征，一般采用“两步成志”的方法，全书集中出版，成书时间相对较长。此外如单一采取此体式，较难分解任务给承编单位，跨部类的事物也不好归属（不好一类事分拆两、三个部类，肢解了事物的整体性）。尤其是政治部类与社会部类，如人口、民族是放卷首（建置自然环境人口）还是放社会部类；民政、宗教、民族是放政治部类还是放社会部类？中篇体30 ~ 40卷左右，与区县志设置大体相同，省级志书采纳，会造成畸轻畸重，如商贸都市的商贸作为1卷出，难以反映其商业全貌（受1卷本文字量的限制），往往一完整的志书系列又不得不出现上、中、下卷的分册做法；此外商贸与物价管理、工商管理、民政等并列，文字分量失衡。而采用“小篇分志平列体”易分工，归属较好处理，陆续出版，不断有成果面世。所以首轮修志除极少省市区采取中篇体式外，绝大多数采用“小篇分志平列体”结构，只有湖北是46卷，安徽69卷，其余大多在80 ~ 100卷左右，大篇体只是在20世纪80年代省级志书开编初提出过，最终无人采用。

可见，省级志书内容分量大大大于中等城市和区县志，因此绝大多数是一个专志出版一卷（一部书），故采取“小篇分志平列体”。“小篇分志平列体”体现了志书资料性文献的基本特征，较符合科学分类与现代社会分工的实际。《地方志工作条例》规定：“地方志书，是指全面系统地记述本行政区自然、政治、经济、文化和社会的历史与现状的资料性文献。”“大篇统辖体”“中篇体”表面上看形式科学，但由于分类较粗层次较高，束缚了部分多角度门类内容资料的置放。而“小篇分志平列体”多开资料“仓库”，能够不受过多束缚地安排资料，体现志书“资料性文献”的基本特征。第一轮全国省级志书采用“小篇平列体”的大多数都在100多个分志，第二轮《上海市志》系列当也在100多个分志。

四、第二轮《上海市志》各分志、《上海实体志》各分志尽可能由相关单位、部门独立承编，采取“一步成志”，陆续出版，科学编排，合成系列的出版方式

第二轮上海市级志书采用“小篇分志平列体”有利于由单位、部门独立成志，调动单位、部门的修志积极性。由方志指导部门与承编部门、单位共同商定分志的具体类目，以从全系列保证志书内容的宏观布局和科学性，分志与分志之间的编排科学性、逻辑性。由承编部门、单位编写成书，“一步成志”。这样也可以不断有成果，鼓励士气，先进推动后进。

黎锦熙在《方志今议》一书中谈他在20世纪30年代为《城固县志》拟定篇目，认为开始的篇目会在编纂实践中根据实际有所变动。对于“两步成志”的志书，这

不存在问题。但对“一步成志”的志书就会产生编次（卷号）的问题。因此，《上海市志》《上海实体志》各分志（卷）在分别印制时先不编卷号，先行发行，留下光盘。待全系列编纂完成后，再编卷号重新印制，编序号的系列志书主要藏于各大图书馆、重要部门单位或个人收藏。这样，虽采取“一步成志”分别出版，但也不会影响科学编排；从首轮修志的经验，修志过程中根据编纂实际，分志的数量也会有所增减调整。如首轮《安徽省志》初设想是中篇体式排列，初为47卷，但中期拆为57卷，终再拆为69卷。《上海通志》初设想是宏观轻型，成书为1000万字，前后用时18年才能见书。可见，“小篇分志平列体”的陆续出版最后总成，为编纂过程中的局部调整提供了方便，也为志书的陆续出版提供了方便；更为主要的是符合资料性文献的基本特征。

为了突出时代性和上海新时期的地方特点，第二轮《上海市志》应打破机械的形式逻辑分类，采用形式服从内容实质的科学分类。

以上谈过，《上海市志》围绕的特点应该是改革开放的时代特点、“退二进三”“四个中心建设”的产业特点、向国际大都市迈进的大规模城市基础设施建设特点、融入国际的科技文化发展特点等等。如果，我们追求形式上的科学，就很难通过“资料分项库”（分志）的开启，充实特点资料。比如，我们仍然把农业与商贸平列一个层次，就无法反映上海国际商贸中心的特点。因此，除了在排列的横向关系上强调总体的科学性（关联性）外，分志的设立完全不考虑承编部门单位的行政级别，不完全考虑普通的常规的一般性分类，部分需反映清楚、需重点反映的事物，级别可以提升，方志界叫“特点拔类”，俗话说“儿子”与“老子”平列。这些在省级志书中是常有的做法，如首轮《山东省志》中的《海洋志》就与《自然地理志》并列，《诸子名家志》与《人物志》并列。第二轮上海市志如何突出特点呢？我设想：

为了突出中国共产党的领导，《上海市志》系列设《中国共产党领导决策志》《中共组织志》《中共宣传志》《中共统战志》《中共纪律检查志》《中共党校教育志》《中共党史研究志》7部（首轮为1部《中共上海党志》）；

为了从宏观上反映改革开放，设《经济综述》《经济体制改革志》《国民经济图表志》《上海改革开放纪略》《精神文明创建纪略》《资产与投资志》《开发区志》《民营经济志》《外资经济志》《合资经济志》10部（首轮有《上海通志·经济综述卷》）；

为了突出上海建设国际性的商贸城市，设《商业街市志》《日用百货业志》《食品业志》《烟草业志》《粮油蔬菜商业志》《果品土特产业志》《药品医疗器械业志》《纺织品服装鞋帽业志》《五金交电日用化工业志》《首饰工艺美术品业志》《文化体育用品业志》《再生物资回收业志》《日用杂品业志》《建材装饰材料家具业志》《生产资料商业志》《仓储物流业志》《服务业志》《餐饮业志》《住宿宾馆业志》《休闲文化娱乐业志》《旅游业志》《会展业志》《对外经济贸易志》23部（首轮上海专志系列为《上海粮食志》《上海副食品商业志》《上海日用工业品志》《上海物资志》《上海饮食服务业志》《上海对外贸易志》6部）；

为了突出上海金融中心地位，设《银行业志》《证券业志》《保险业志》《金融市场志》（外汇市场、全国银行同业拆借市场、期货市场、投资者债券市场、黄金市场、钻石市场等）4 部（首轮为《上海金融志》1 部）；

为了突出上海的航运中心地位，设《船舶业志》《长江内河运输业志》《海洋运输业志》《港口志》《海事救捞业志》5 部（与首轮专志系列相仿）；

为了突出上海国际都市的基础设施和城市及城郊建设，设《城市规划志》《城市基础设施志》《城市公用事业志》《园林绿地志》《城市环保志》《航空运输业志》《铁路运输业志》《公路运输业志》（航运，此处不重述）、《城市公共交通志》《邮政业志》《电信业志》《信息网络志》《房地产志》《建筑业志》14 部（首轮《上海公路运输志》《上海环境保护志》《上海市政工程志》《上海城市规划志》《上海铁路志》《上海内河海洋志》《上海沿海航运志》《上海港志》《上海邮电志》9 部）；

为了突出文化艺术，设《哲学社会科学志》《报业志》《出版业志》《广播电视志》《文学志》《电影志》《戏剧曲艺志》《音乐志》《舞蹈杂技志》《美术摄影志》《图书馆业志》《文博志》《档案志》《方志志》14 部（首轮为《上海图书馆事业志》《上海文物博物馆志》《上海电影志》《上海广播电视志》《上海文化艺术志》《上海档案志》6 部）；

为了增强社会类志书内容，增加首轮未设的分志，设《工人志》《妇女志》《青年志》《社会生活志》《农村农民志》《社区居民志》《风俗民情志》《方言志》8 部（其中首轮专志系列有《上海妇女志》《上海青年志》2 部）。此外，非特点共性的内容，设《建置区划志》《自然环境志》《人口志》《农业志》《水利志》《纺织业志》《电业志》《化工业志》《钢铁业志》《有色金属业志》《建材业志》《机械业志》《仪表电子业志》《汽车业志》《航空航天业志》《财政志》《税务志》《工商管理志》《质量技术监督志》《物价管理志》《审计志》《海关志》《出入境商品检验检疫志》《劳动志》《人事志》《社会保障志》《人民代表大会志》《人民政府志》《政治协商会议志》《民主党派与工商联志》《群众团体志》《社会团体志》《公安志》《检察志》《审判志》《司法行政志》《监察志》《监狱志》《民政志》《军事志》《武警志》《民防与防灾减灾志》《外事志》《港澳台侨胞海外华人联谊志》《华侨事务志》《港澳台事务志》《驻京驻外省市区事务志》《科学技术志》《基础教育志》《高等教育志》《继续教育志》《医疗卫生志》《体育志》《民族志》《宗教志》55 部（其中，绝大多数第一轮上海专志系列都设置过）。

根据社会主义市场经济的特点，工贸一体化，大部分制造业专志以“业”命名，如首轮叫《上海钢铁工业志》，第二轮叫《上海钢铁业志》，钢铁业的科工贸进出口集中在该分志中编写。

考虑第二轮上海市级志书设计为“一步成志”，可使各专卷“子系统”相对独立，即行业产品、商品的价格，行业的科技、教育均在专卷中记述，专门的物价志记物价指数和物价管理，专门的教育志记普通教育与高等教育，专门的科技志记宏观重大的科研和技术推广。

五、第二轮上海市级志书《实体志》的结构

市场经济的主体是企业和事业单位，抽象讲就是经济实体、教育实体、科技实体、文化实体、医疗卫生实体等，这些实体在市场经济环境下往往是农工商、科工贸、产学研等一体化，一个企业既从事国内贸易也从事国际贸易，既经营主业也多行业经营，同时进行各感兴趣行业的投资，故从重要的实体角度，更能清楚地反映市场经济的实际状况。《实体志》下辖：《大型企业集团志（系列）》，如《宝钢集团志》《百联集团志》等；《重要高等院校志（系列）》，如《复旦大学志》《上海交通大学志》《同济大学志》等；《重要研究院所志（系列）》，如《中科院上海分院志》《上海社会科学院志》等；《主要医疗卫生单位志（系列）》，如《华东医院志》《华山医院志》《瑞金医院志》等。

六、第二轮上海市级志书编纂组织

根据《地方志工作条例》第四条“县级以上地方人民政府应当加强对本行政区域地方志工作的领导”，第五条“县级以上地方人民政府负责地方志工作的机构主管本行政区域的地方志工作”的规定，应该成立以政府为主管系统的第二轮上海市级志书编纂组织。具体是，成立上海市级志书编纂委员会，与上海市地方志编纂委员会两块牌子一套班子，实行职务自然更替制度，领导组织协调《上海市志》和《上海实体志》的编纂。编委会主任由市长担任为宜，相关市级领导担任编委会副职。各承编单位成立相关分志（卷）编纂委员会和分志编辑室，具体承担相关分志的编纂。市地方志办公室成立市级志书总编室，从业务上指导相关部门、单位的修志。

从编纂组织看，与首轮志书相比，政治部类志书编纂单位、编纂组织方式变化不大，依然是依靠相关党政群团社团的委办局去组织编写。文化部类除文化市场、文化产业内容，其余变化也不大，二轮主要由主管局，其次由文化企业集团组织编纂。与首轮修志变化最大的是经济部类，原来的行业主管局基本成为企业集团，加上行业的权属复杂，资本所属复杂，比如上海电业，按子行业有电力设计、电力生产、输配电、供电等，按权属有中央企业、上海地方企业、厂属自备电厂，还有民办的“垃圾”发电，具体企业有的属上电、有的属华能、有的属申能、有的属华东电网等。所以经济部类的综合经济管理（工商、税务、财政、质量技术监督、物价等）仍由政府部门编纂外，其他制造业、商贸业、服务业可由相关行业协会牵头组织编纂。考虑行业协会历史不长，由会长单位领导担任分志编纂委员会主任，相关行业单位领导共同组成编纂委员会，协调全行业进行资料征集和编纂分工。分志编辑室以放在会长单位为宜。社会部类以相关研究所、社会调查单位、专家个人承包项目方式组织编写。

七、采取多元的方式收集资料，将第二轮修志当成又一次大规模的社会调查

市场经济社会是多元性社会，如果仍然按照首轮修志，单一由主管局编纂和收集资料，资料的征集范围和深度难免不足。上海是国际性的都市，这里不但有市属企事业，还有外省市、外国在沪投资经营的企事业，从所有制结构看，更是国企、

民企、外资、合资、合作均有，因此要采取多元多种方式征集收集资料。

首先，财政不但要提供志书出版经费，同时还要提供资料费。市地方志办公室需要组织人力（如假期文史专业的大学生）对《解放日报》《文汇报》《新民晚报》，市委、政府全宗档案资料进行收集、摘要，输入上海地情数据库。其二，各承编单位，要清理收集本单位的文档和市档案馆相关专业的文档，摘要输入电脑。其三，市地方志办公室对无主管单位的商业内容、社会生活情况，编制调查表，进行社会调查。其四，市统计部门、市农调队、城调队提供的统计资料和社会调查资料。其五，通过工商、税务等综合管理部门和街道、商联会、重点企业设表发函收集外资、合资、民企的资料。

首轮修志，被称为一次大规模的社会调查，第二轮修志应该是改革开放以来又一次全面的社会调查。为了提供社会利用，第二轮修志要强调资料出处，所以应该先编资料长编，再编志书。资料长编（每条资料均有资料来源）同时输入市地方志办公室的地情资料数据库。上海市地情资料数据库的建设，是通过第二轮志书编纂所进行的上海市地方志事业的一项重要的基础建设。

（上海志鉴》2007 年第 4 期）

自评：我一生起草的地方志编纂方案，主要有安徽省志编纂方案（67 卷本，即成书本）、上海二轮市志编纂方案、汶川特大地震抗震救灾志编纂方案、上海世界博览会志编纂方案，以及中国抗日战争志编纂方案讨论稿、中华一统志编纂方案讨论稿等等。2004 年，工作岗位所系，我开始了上海市地方志办公室交给的第二轮上海市级志书编纂方案的起草工作，调研、研讨加起草，整整 3 年时间。2007 年完成。由于领导更替，直到 2010 年才启动编纂工作（故上海市二轮市志下限调整为 2010 年）。本文实际上是市志编纂培训教材解读第二轮上海市志编纂方案的部分内容。价值在于了解方案研究思考所包括的方面，与时代、市情、志种、社会分工、前志衔接的关系；此文如果与我同期撰写的论文《地方志书篇目分类述论》互读更容易理解。一个是综合的理论，另一个是理论的具体实践。

中国人有句俗话：内行看门道，外行看热闹。一位复旦大学历史地理专家，坦率地说地方志不要研究什么篇目分类，搞资料就可以了。看来术有专攻，离地方志最近的学科专家讲这样的话，有点“不知魏晋”的味道了。我认为，每轮志书方案的制定，并非与上轮的简单衔接，因为时代在发展变化；也不是其他志书的篇目拿来，因为地情不同、志种不同。有些省志与首轮比较缩小规模，搞什么“一卷多志”，实际上是对时代的发展规模缺乏研究，对地方志根本的属性缺乏遵守。有个省志续修规划二三十部（认为二轮断限时间较首轮短），编纂后因改革开放事物较首轮记述的事物多得多，不得不变为八九十部。我一直认为地方志是关涉自然、经济、政治、文化、社会各方面的综合分类，而社会是在发展的，时代是在进步的，地情也是在变化的，行业总体是由粗变细的；因此每轮编纂方案的准备是对时代和地情基本情况的大体研究，尤其是大规模志书方案的研究，既需要社会学和时代学的研究，也需要方志学理论的支撑，更需要较为深厚的理论和实践的积累。本文最有价值的是市场经济环境下国际大都市志如何编纂；设计的二轮上海市级志书，一个系列按照行业、事业分类，一个系列以典型实体反映市场经济的多元；为何要用“小篇分志（卷）平列体”结构；如何采取多元的方式收集资料；为何“小篇分志平列体”体现了当代志书资料性文献的基本特征；为何提出 打破机械的形式逻辑分类，采用形式服从内容实质的科学分类； 修志与资料长编、地情资料数据库的运行体系；这些研究都值得探讨和留存。如果每部志书都留下类似的编纂方案和篇目及分工，那是多少个黎锦熙的《方志今议》（《城固县志续修工作方案》），志书编纂实施方案应该是当代方志编纂学研究的重要成果，但几乎很少有人重视。

地方志书篇目分类述论

——兼论志书分类标准制定的需要与原则

【摘要】 本文从传统地方志分类的做法、首轮新方志篇目分类的历程与基本特征入手，对第二轮地方志书篇目的分类标准进行研究。地方志分类标准是地方志独有的，它不能从某个单一角度出发，而应从自然与社会的综合角度拟定，相关部门应尽快制定由国家标准部门同意实施的《地方志分类标准》。

【关键词】 志书篇目分类标准 新方志基本特征 科学性 资料性 地方特点 志种差异

结构设计、篇目拟订是地方志书编纂中尤为重要的工作，历来受到编纂者的重视，也是编纂方法研究中较多的一项研究。故民国方志学家瞿宣颖说：“凡志之佳恶，不待烦言，但阅其门目，便知有无鉴裁之力。大抵工于鉴裁者，合则极包罗之象，分则尽剖析之能。非然，则如市中之杂货肆，欲取何物，先自茫然。故欲精志例，先求分目以允。但各地方情状万殊，极不能强为齐一。”[①]经过近 1/4 个世纪大规模的社会主义新方志的编纂实践，在志书篇目拟订、分类设计方面，应该说有不成文但约定俗成的方式方法，但近观一些方志编纂研究，发现并非完全如此，过去在第一轮修志中逐渐被舍弃的一些做法现今又被重提出来。想也难怪，猜度原因有三：一是参加首轮修志的同仁今已在岗无几，现在岗者对以前的研究做法了解甚少；二是首轮修志的研究是自发的并未经方志管理部门形成稳定的编纂原则；三是第二轮志书记载的改革开放以来的社会内容较首轮丰富复杂得多。故出现以上的情况也就很自然了。所以，本文想就传统地方志书、社会主义首轮志书篇目分类的实践和论争；我们到底应该遵循什么样的原则参考哪些因素来拟订篇目；在篇目拟定中又如何对待他学科的分类；地方志是否应该有个自己的“分类标准”等几方面谈谈自己的看法。

一、传统地方志书篇目分类的做法

我国传统地方志书的篇目大体可以分为纪传体、门目体、“三宝体”、编年体、纪事本末体、类书体诸种。纪传体模仿正史，把门目归属于图、表、纪、志、传、录等类，类以下分细目。目以类归，层次相对清晰，传统志书大都采用此体。门目体是有目无纲，平列门目，无所统辖，清代中期以后渐被淘汰。“三宝体”根据《孟子》“诸侯之宝三：土地、人民、政事”而来，分志书为土地、人民、政事三类，有的加文献共四类。过于简概，统摄复杂的事物困难，嘉庆后不多见。编年体无篇目，事物按年代编入，类地方史，乾隆后不多见。纪事本末体以事为篇，详叙其始终，只有康海《武功县志》、韩邦靖《朝邑县志》少数志书属此结构。类书体主要是按类辑录资料，并注明资料出处，附书目，在保存地方文献方面较有价值。[②]

传统志书结构还有“平列分目体”与“两级分目体”的称法。“平列分目体”实际上就是门目体，将全书分为若干门目平行排列，典型的是南宋范成大的《吴郡志》，全书50卷，39门。《吴郡志》被后代方志家认为是名志。“两级分目体”是先分大类，下分细目。如明嘉靖《鄢陵志》分地理志、建置志、田赋志、官师志、人物志、人品志、杂志、文章志等8卷。志下分目，认为便于反映事物的统辖关系。[③]清代方志家李兆洛于嘉庆十九年（1814年）纂修的《凤台县志》是典型的“两级分目体”，被誉为体例完善的佳志。全书分为舆地、食货、营建、沟洫、官师、选举、艺文、人物、列女、古迹、图说、附录12大门类。大类下辖小门类，如舆地下辖沿革、疆域、坊保、山川、形胜、分野6小类。[④]

民国年间，虽逢战乱，由于西方科学自近代开始传入，到民国已成气候，志书的编纂研究有许多新成果。民国方志家黎锦熙主持编纂《城固县志》就是很好的例子。他在《方志今议·十总结全文》中说：“时贤方志拟目，酌古准今，实多凭臆悬拟，闭户造车；今则图实践于一邑，征众证而引端，所拟篇目，似可权作定论矣。然而不能也！……今者全国一千九百余县，……各有特征，正宜量体裁衣，岂容削足适履？故预拟篇目，皆属假定，纂著之际，删并增析，一随当地材料多寡轻重之宜。”可见，当时就认为篇目拟订是有阶段性的，同时也强调篇目要体现地方特点。[⑤]黎锦熙在“先明三术”中所列“创”的门类，均是社会发展而出现的新兴学科：“事类新增者，例如地质、气候、公路、卫生等。”[⑥]黎锦熙总体上如何拟目的呢？从他的《方志今议·七、县志拟目》可见：“凡五部门，共三十篇，附两种，篇分子目，标以甲乙；目复分项，标以子丑。……然此间之自然、经济、政治、文化，重要现况，略举例中。”以上黎锦熙70多年前的文字，证明民国年间的志书分类已考虑时代特点、地方特点和大体按自然、经济、政治、文化、社会五大部分来对篇目门类系统化了。其30篇分别是“疆域总图”“大事年表”“建置沿革志”（以上3篇黎锦熙称之为“全志总纲”）、地质志、气候志、地形志、水文志、土壤志、生物志、人口志、农矿志、工商志、交通志、水利志、合作志、吏治志、财政志、军警志、自治保甲志、党务志、卫生志、司法志、宗教祠祀志、古迹古物志、氏族志、风俗志、方言风谣志、人物志、艺文志、附本县丛录。（本文作者按：1938年黎锦熙为组织编纂陕西《城固县志》拟）一专志为1篇，篇以下为“子目”，子目下是“项”，可见比前边介绍的清代《凤台县志》一类的两级分目体增加了一层，是社会事物复杂了的原因。如“吏治志”辖“县政府组织沿革考”“职官表”“行政纪略”3个子目。“财政志”辖“省税”“地方税”“金融货币”“度量衡（附）”3个子目，“省税”下列“田赋”“契税”“牙税”“畜屠斗税捐”“烟酒牌照税”“其他”6项。当时把金融、度量衡放在财政志中，证明当时的社会分工比今天要粗，是所处生产力水平的原因。⑦

二、社会主义新型地方志书篇目分类的历程特征与受他学科分类的影响

（一）第一轮地方志书篇目分类的历程与基本特征

社会主义新方志编纂者从辩证唯物主义和历史唯物主义的观点出发，认为志书篇目的确定和取舍，应从科学性和现代分工的实际出发，对旧志的优良传统形式予以继承，但同时又有创新。也就是保留社会发展稳定的类目，删去社会发展中消亡的门类，合并社会发展中弱化的门类，增益社会发展中出现的新门类。可见，篇目的增删并留，主要体现的是时代特点和地域特点。篇目的结构，力避重叠或繁简失当。

为了容纳大量资料，志书选择了与史书相反的横分门类，在一定程度上割裂了事物的联系。故为了解决志书记述的相关客体间联系的问题，提倡在志书的篇目上要体现事物内在结构的逻辑性，加强志书门类篇目的整体性（包括“概与专”“源与流”“近与邻”“统与分”“点与片”的“五交叉”处理）。社会主义新方志为了资料的全面性，由各相关部门参与编写，志书出现了志书分类专门性与部门分工的矛盾，认为在分设专志时，不能机械地按部门、按行业设志，而是应考虑到分类的科学和适中。省级以下志书往往采取“两步走”的方法，先由各承编部门编写部门志或带部门志痕迹的专志，再由地方志办公室根据门类的科学性重新编排加工，编纂出科学性、整体性较强的志书。而省级志书由于内容宏富，采取“一步成志”分卷出版的方法，在整体结构上尽量体现科学性，但专卷之间交叉处有一定程度的重复。志书是资料性文献，省志强调资料性文献的同时，兼顾最大可能的科学性是符合客观实际的，也是遵循了“从科学性和现代分工的实际出发”。可见社会主义新方志的志种不同，篇目结构包括操作方法也是不同的。

任何事物的认识都有一个过程，首轮大规模社会主义新方志的编纂也是这样。初期对志书篇目结构的思考：一是参考传统志书尤其是时代较近的民国时期志书的分类；二是参考工具书，包括《辞海》关于专业名词的解释，以及相关专业书籍中的专业分类；三是接受史学专家的指导。首轮志书的编纂发动是“自下而上”的。1980年4月中国史学会成立，胡乔木同志在会上发表“大声疾呼，予以提倡”（编纂社会主义新方志）的讲话。次年中国地方史志协会成立，主要成员是史学界的领导和专家（新方志此时实为初创），在成立大会上讨论了《关于新省志编修方案的建议（草案）》《关于新市志编修方案的建议（草案）》《关于新县志编修方案的建议（草案》）。省志建议篇目结构为：总述（或概述，为省志之纲）、大事记（为

省志之经）、若干专志（按事类分类，类为一志，为省志之纬）。县志列十大篇（见以下刘纬毅文），后来被称为“大编体”，从中看到当时的史学界设计者已经考虑到志种的不同，志书的体式也应不同——县志为大篇体而省志为“若干专志”体。当时深入基层参与修志实践的中国人民大学刘光禄、胡惠秋先生在“方志学讲座”中给方志定义。他们认为，方志是“以地区（或叫行政单位）为中心的综合性资料史书”，（方志的性质是）“志书可以说是属于史书的范畴，方志是地方史书中的一种”“志为史之积，史为志之成”。[⑧]所以，初期志书不少受国家、省市高校、社会科学院的史学专家指导，县志多设大篇统辖，历史体裁的特征较为明显。如1980年出版的《呼玛县志》设7编41章，除首编是“全县概貌”、尾编是“杂记”外，其余5编是按年代（清末、民国、伪满、“九三”“中华人民共和国成立后”）分编记述，为典型的编年体。1981年修成的《台安县志》采用的是概况、政治、经济、文化、人物、杂记六大篇。

1982年开始，各省市区陆续成立省地县三级修志机构。1983年4月经中共中央书记处批准，中国地方志指导小组成立。地方志从组织上与历史学科分离，地方志形成自身系统并独立实践地方志编纂研究的时期开始。1984年6月，中国地方史志协会和《中国地方志通讯》编辑部在北京召开新编呼玛、台安、万年、如东、本溪5县县志学术研讨会，评论了5志关于“以类系事”与“以时系事”的问题。认为《呼玛县志》用5个分期分五大编之弊是：专志不专，门类不清，割裂了各项专志发展变化的体系；一事多见，各处均不完整；分时期断开，冲淡了本地特有事物。说它是地方志也可，地方史也可，有些不伦不类。并非志书完全不可分期，但不是历史的、政治的分期，而是具体情况的分期。[⑨]这次会议是地方志系统欲分清志书门类结构与史书分期结构的一次重要会议。会后，《中国地方志通讯》（今《中国地方志》杂志前身）1984年第4、5期合刊刊登了会上几篇文章。刘纬毅《志书、断限、纪年及篇目顺序》认为：《新编县志基本篇目》安排的顺序——历史大事记述、概述、自然志、经济志、政治志、军事志、文化志、社会志、人物志、附录（即“十大篇”），体现了先综合、后局部，先自然、后社会，先经济基础、后上层建筑的原则，反映了客观规律。该文谈的是结构顺序，而并非要求设自然、经济、政治、文化、社会等大篇进行统辖。随着编纂实践，人们越来越发现，由于事物的关联性，以及部门的现代分工的原因，统辖的层次过高过粗，会导致多重性事物归类的困难：如先总后分，人口应置前，但人口控制内容（计划生育）与医疗卫生相关；民族、宗教有社会的内容，也有政府工作内容，如何处理？民政的社会福利、优抚、救济属政治部类还是社会部类？造成归属的困难。所以，初期只有部分志书采用“五大篇”“十大篇”统辖外，后来绝大多数改为了平列式。县志一般在30个专志（或称卷，或称章，或称篇，或称编，或称志）左右，中等城市志大体与县志情况相同，市志内容侧重工贸、城市基础设施、文化教育科技、蔬菜副食品等，农业内容较县志弱，设40个专志左右。可见，从表面形式的科学性出发，用“大篇”统辖似乎很科学，但在覆盖一地各业的地方志面前，解决不了全志各主要内容的全面归属，才是被迫改为平列式的根本原因。但在操作中，编纂者尽可能地讲究平列式门类间的内在逻辑的科学性，只是去掉“自然、经济、政治、文化、社会”篇名的虚设层次。例如，1982年开编的《全椒县志》（黄山书社，1988年版）在安徽首创“平行章节体”，即全志平列概述、大事记、地理、人口、农业、林业、水利、畜牧渔业、多种经营、工业、交通、邮电、电业、城乡建设、商业、对外贸易、粮油、工商管理、税收、财政、金融、党政社团、政法、民政、劳动人事、军事、文化艺术、教育、医药卫生、体育、宗教、风俗、方言、人物34章（章节为编次，各章之间按先全局，后局部，自然、经济、政治、文化、社会各部门次第排列），建置区划入地理，人口、民政、宗教单立，民族人口归人口章，解决了以上讲的归属问题。此后安徽绝大多数地市县志书均采用这种体式。1988年，黄山书社出版的《实用方志编纂学》，其“志书内容提要”就是按这种体式编排的，发行后得到全国方志界的肯定，与其他同类书籍一起，对推行“小篇平列”体起到一定作用。据调查，全国第一轮修志的地市县志书篇目绝大多数采用平列式。这里体现的是形式的科学性要服务于内容的科学性和可操作性的问题。1984年欧阳发先生在武汉市修志人员会议上的发言对初期市县志篇目分类的看法是历史的一个记录。他说：“许多同志认为，经过四年多的修志实践，县志基本篇目应该大体确定下来。……现在流行的县志篇目，大体有两种：一种叫二级设志，即篇下设志；一种叫一级设志，即平头设志。篇下设志，一般设：概述、大事记、地理、政治、军事、经济、文化、社会、人物、附录等十篇。平头设志，少者二十多卷，多者已达三十，有人赞成前者，有人赞成后者……，采用什么样形式，……不作硬性规定。”[⑩]但随着修志的实践，越来越多的市县志还是采用了灵活机动便于归属的“平头设志”。

在市县志编纂的同时，省志约在20世纪80年代中期开始启动，其篇目结构的做法几乎也走过市县志的运行之路，形成相似的轨迹。

1984年11月，中国地方志指导小组和中国地方史志协会委托湖南省地方志编纂委员会筹办的全国省志稿评议会，对省志篇目：“按照‘以类系事，事以类从，类为一志’的原则设志，即按事业分类设志，不宜机械地按组织机构设志；还应注意类次相当，篇幅相宜，不宜分解过细，设志过多。[⑪]此次会议尤其强调不宜分解过细，设志过多。省志分类设志一时间引起热烈争论。1986年在南宁召开的全国省（区）志体例篇目座谈会上，争论的焦点之一就是省志采用“大志多篇体”还是“多志平列体”。[⑫]会上有人认为：目前省志都是一级平列结构，建议改为统率型的“大志多编结构”。这样，“整体性较强”“系统性较强”。1987年5月18日，湖南省地方志编纂委员会提出大篇体的《〈湖南省志〉编纂方案》，设28卷（近似市县志篇目）。诸葛计先生在《中国方志五十年史事录》一书相关的按语中说：（《湖南省志》）“后来在实践中变为91个分志，没有采取这种大篇体式，而是采用了小篇体式。坚持大篇体式做法的全国只有《湖北省志》一家，该志设32卷41分册。”[⑬]同年11月，中国地方志指导小组在南京召开全国省志篇目讨论会，选择湖北、贵州、陕西等大、中、小篇各一种体式的篇目下发，并明确“既不是树典型，也不是立靶子”，[14]可见当时争论之激烈。《安徽省志》也曾经历过与《湖南省志》同样的经历，20世纪80年代初拟订的篇目是47卷（曹贵森设计），80年代中期改为57卷（欧阳发设计），1991年改为后来定型的67卷（梅森设计，属省志的中篇设志，加目录、卷尾共69卷）。有人当时写文章说：“张书记来挖沟，李书记来填塘”（前后三任省志处处长）。其实并非如此，例如57卷中有1卷“经济综合管理志”，包括计划、统计、物资、物价、标准计量等多个综合经济管理部门内容，造成1卷本文字量（最多150万字）难以承担，加上分交多个部门承编，谁都没有积极性，所以才把该卷拆为多卷。1991年，刘柏修先生对所见的21个省志篇目进行分析：“在大、中、小、细的四种体式中，按大篇体式（10篇左右）设篇的一个省也没有；中篇体式（30篇左右）的有3部，即湖北、湖南、吉林；小篇体式（60篇左右）的14部，就是山东、山西、内蒙古、辽宁、云南、贵州、青海、甘肃、安徽、广西、广东、新疆、浙江、黑龙江；细篇体式（90部左右）有4部，即陕西、河南、福建、江苏，其中篇目最少的是湖北，只有27目，最多的是福建，约100卷，82志。”[15]（本文作者按：此为刘当时的统计，四分法是刘氏的分法，实际上省志一般被分为大、中、小三体式，小篇100多卷、中篇50～70卷左右、大篇40卷以下）。可见，90年代开始，经过实践，省志还是以平列的小篇体居多。1992年，王复兴主编的《省志编纂学》认为：分志是省志篇目的第一层次，由于认识不同分志设置多少不等。实践证明，单纯以部门立志、以学科立志都是行不通的。如果不从现行体制出发，单纯强调综合，以学科“一刀切”，从篇目形式看比较完美，但落实编写困难。所以既要考虑科学分类也要考虑现行管理体制。初期有几个省志篇目的第一个层次是自然、经济、政治、文化、社会等大编，第二层次才是分志。后来考虑省志是分卷出版，大编这个层次是虚设，便删去了。省志不虚设统辖层次，但在编排上还是遵循内在逻辑顺序的。[16]同年，本文作者在《史志文萃》上撰文，就“省志与市县志等志总目之区别”“当今省志总目三种类型分析”，对省志篇目结构谈了自己的看法。文章认为：省志大篇结构与县志大体相似，30多个专志，是按照事物属性分类。但市县志可以“两步走”（先编部门志，再由志办分总纂成书），而省志内容宏富，从时间、人力上难以实践；此外，分30卷印刷也是不可能担负省志的所有文字量的（按：如《安徽省志》成书5500万字，如果用30卷平分，卷均达183万字，如何装订）。其次，中小篇结合结构，一般50～60个专志，以小篇为主，同时列有政务、经济综合管理等中篇专志。政务（当时）包括人大、政府、政协、外事、侨务、档案、人事等内容，经济综合管理包括计划、劳动、工商管理、物价、外资、统计、标准计量等内容，此外还有财政税务、民俗方言、政党群团等大篇幅复合型专志。缺点是中篇复合内容的专志，用一卷（一本书）难以承担须反映的事物，被迫限制各方面的内容，就会使志书资料性特点失去。如《安徽省志》设57卷时，“经济综合管理”分志就只给物价部分9万字，只能抄物价政策，而具体的物价指数、主要商品的价格就无法反映，这样的物价志有什么价值？改为67卷后，物价分志写了100多万字。文章认为，小篇设目70～100个专志左右，便于操作，独立修志调动了部门的积极性，是既可行又较为科学的做法。平列门类多，便于容纳资料，符合志书资料性著述的基本特征。但省志设卷越多，独立栏界也就越多，所以编写组织中要在总述、概述、小序中解决志书宏观、综合性的问题，解决跨部门、跨行业内容容易缺漏或重复记述的问题，解决交叉内容各专志史料统一问题，解决分志“子系统独立”全国共性内容易在相关分志重复的问题。[17]此期，肖先治、张桂江先生也发出相似的声音，在贵州人民出版社1992年版的《论新方志编修》一书的“省志篇目的科学性与整体性”中，主张：“以专志为省志之基本构成单元，采用暗分大类的平头列志体例。……一部专志反映的对象，可能是一种事业，也可能是一种行业。”到了20世纪90年代，省级志书的篇目结构基本上是小篇平列体了，理论上也得到相对的共识。

志书篇目分类，除时代不同、志种不同有显著不同之外，地域、地方不同，志书的篇目分类也有所不同，这是地方志书地方性特点所决定的。地方特色内容，首轮志书除正常在相关门类类目中加重记述外，重要的、有分量够篇幅的，往往采取特点拔类的“升格方法”。“升与不升”这一问题，20世纪80年代中期就开始论争，如1987年王小宏先生的文章《县志篇目“升格”“降格”之我见》，他认为“升（降）格”的做法，破坏了篇目的整体性、系统性、层次性，导致科学体系上的混乱。[18]紧接着王先生就接到了商榷，邓撰相和杨晓容先生分别在1987年《中国地方志》第6期撰文，均主张可以“升格”，理由是传统方志早有先例（本文作者按：宋范成大《吴郡志》将“虎丘”与“园亭”“古迹”并列，历史上被人指摘为“类目统属失序”，实际上“虎丘”单立正是该志被后人称为“名志”的关键因素之一，是一种大胆创新的举措），理论上认为，形式是为内容服务的，形式的变化、取舍取决于内容的变化，如果形式不能反映特点，就不是好的形式。[19]虽然这种争论在新方志发展史上不断，但很多的志书都采用了“升格”的做法：如《马鞍山市志》的马钢公司与钢铁业并列；《萧山县志》围垦与农业平行；《户县志》《萧县志》《金山县志》农民画与文化艺术平列；《广东省志》单设《孙中山志》与《人物志》并列；《山东省志》的《诸子百家志》与《人物志》并列；《厦门市志》单设“厦台关系”“厦港关系”等专篇等等。“特点事物升格”在首轮修志中已成较为普遍的现象，这应该是志书突出地方特点实践的具体体现。

从上可见，在首轮修志的篇目分类过程中，形式为内容服务，篇目分类既要具有科学性同时要考虑到现行社会分工的思路逐渐占居上风。在具体的篇目分类中，实际上讲究逻辑编排、内在科学、易于分工的小篇平列体战胜了表面形式科学的大篇统辖体。此外，在篇目分类设计中大多数志书均考虑了时代特点事物、地方特点事物的突出。这是“实践是检验真理唯一标准”在首轮修志中的具体体现。

（二）第一轮地方志书篇目分类受他学科影响的评析

社会主义新型地方志书在1/4个世纪大规模编纂中，曾吸收了自然科学、社会科学相关学科的大量营养，主要是哲学、经济学、史学、地学、社会学以及各相关专业的营养，使志书的内容更加具有科学性、专业性；在编纂中也受益于他学科专家的指导，尤其在社会主义大规模修志的草创阶段，许多史学家、历史地理学家、档案学家、社会学家付出了许多心血，起到了积极影响。他们对于社会主义新方志的编纂功不可没。此外，许多方志工作者也主动掌握相关学科的专业知识，对志书质量的提高起到重要作用。但事物是两方面的，在编纂实践中，也有机械地运用他学科分类，从单一学科角度考虑志书的篇目，或在方志篇目分类上有贴其他学科标签之嫌，导致在志书编纂中产生过一些负面影响。有些专家从本学科的单一角度出发，说志书的篇目分类缺乏科学性，其言也有失偏颇。较大几次的影响分述于下：

1. 史学理论的影响

社会主义大规模修志之初，对当时修志影响最大的史学界认为“方志应当是史料汇集，是史学的一个分支”。[20]大篇统属体与少数志书分期编年记述是受史学的影响。

2. 行政管理学理论的影响

1985 年，北京大学于希贤教授在刊物上撰文，认为地方志是“辅治之书”，是“为行政管理服务”的，是“行政管理科学的书”。地方志要引用政区有关的历史学、地理学、社会学、经济学、民族民俗学的研究成果来为行政管理服务。[21]这是后来被称之为方志“行政管理科学”派的最早主张。这一主张对志书的篇目分类起到一定影响，但影响并不普遍。

3. 地学理论的影响

同一时期，一些地学专家认为地方志书设的地理志，内容不全，应该按地理学的分类写，即志书需设自然地理、经济地理、历史地理、人文地理门类。但 1985 年 8 月，黑龙江省志办举办地方志地理志研讨会，中国科学院地理所、北京大学地理系专家与会。会议客观地认为志书地理志必须吸收现代地理学的研究成果，用地理学科的思想观点和研究方法指导地理志的编写。须注意地理志与地理学、区域地理是有区别的，拟订志书篇目应从当地地理环境出发，绝不能按照地理学系统去生搬硬套。两种观点，地方志的地理志能不能按照历史地理、自然地理、经济地理或自然地理、人文地理来设篇目？一时争论不下。修志之初，主要讨论史与志的关系，“而今的讨论已经深入到各学科领域，如地理学与地理志，人口学与人口志，社会学与社会志，经济学与经济志等。”[22]

关于地理志与地理学分类的关系，此后仍有争论。1988 年 3 月，在北京召开了有多学科专家参加的《玉山县志》《渭南县志》《萧山县志》研讨会。会上，有专家认为，地学与地质学是两种不同的学科，志书统称地理志，把地质当成地理志的一章不妥。而且，地理学包括自然地理和人文地理，人文地理有广泛的内涵。建议将“地理志”改“自然环境志”。次年，历史地理学家陈桥驿教授撰文，指出：新志书以“地理”作为篇、卷的标题，但内容仅涉及自然地理学的若干方面，置人文地理于不顾；有的又加入地质的章节。地质学是研究地壳组成物质的科学，它与地理学是研究对象不同的两门学科，置于自然地理之下是不适当的。[23]据此，本文作者撰文商榷，观点：一是专家强调地学的专业分支，脱离方志的编纂实际。将志书硬套地学分类，“贴地学标签”，写地理志就要写自然地理、经济地理、文化地理、政治地理，实际上是将中国地方志协会初期提出的篇目地理、经济、政治、文化、人物五大篇改贴地学的标签，也就是把地方志纳入地学的范畴。试想，如果人类学、环境学、城市学、经济学、人文学等学科都来强调按他们的学科、专业分类，方志很难成为独立学科，甚至无可适从。二是地学与地质学过去统为地理，地方志只是沿用早期的粗分类，将建置沿革和地质地貌等合为地理志，是地方志分类（沿革地理分类）的传统。三是如改“自然环境志”，建置沿革内容如何归属，省级志书篇幅大，可以两者均独立成卷（分志，另外还有地质矿产志），而中等城市以下志书“建置沿革”独立成志（篇章）分量就显不足（后来省志不少改设自然环境志，地市县志维持地理志的较多）。[24]

以上地理志的讨论，表明他学科的专家大多数是从自身单一学科角度出发，而不是从整部志书谋篇布局出发，一段时间有意无意地影响了志书的整体把握。

4.“新三论”的影响

改革开放以后，不少方志工作者把从国外新进的科学知识和普查分类引入方志编纂中，开阔了思路，用现代科学方法分析资料系统、把握专业行业要素起到了积极的作用；但这种“引入”往往有些勉强和牵强，对志书的篇目分类也起到了一定的影响。

1985 年，“一些方志工作者开始将‘新三论’引入方志研究中。仅年内就有刘伯伦先生在《方志与信息》一文中提出：地方志是地方的‘信息全书’，方志学‘应理直气壮地从历史学的附庸地位中解放出来，成为一门独立的学科——地方信息学’。（《山西地方志》1985 年第 4 期）。李汝舟先生在《方志学与信息学》一文中提出，志书是信息储存的一种形式，方志学的中心课题是研究信息的运动规律，即信息收集、信息整理、信息储存、信息反馈。（《湖北方志》1985 年第 3 期）傅能华先生在《方志信息与四化建设》一文中认为，“地方志是具有综合性、系统性和连续性的信息储存总库。一部好的地方志就是一个地区系统的、全面的、长期的信息载体”。（《史志文萃》1986 年第 1 期）于是又在方志界引发了一场讨论。[25]除论争外，也有具体在篇目设计中运用的，如肖先治、张桂江先生在谈“方志的篇目设计”中认为：应“注意不同篇目级别所反映事物的完整性。从‘系统论’的观点解释，完整的事物下属各种因子本身也有相对独立的完整性。因此，设计篇目时，力求不割裂这些相对独立的因子。”[26]再如齐红深先生就根据系统论方法提出教育志的篇目应分“教育思想”“教育管理”“教育结构”“教育内容”“教育途径”“教师”“学生”“教育经费”“教育设施”等。[27]

5. 工业普查代码的影响

1985 年，国家开展第二次工业普查，并下发了行业代码。有些方志工作者提出用代码法分类标准对志书进行篇目分类。表面上看，工业代码很现代、很科学，但与历史上工业的分类差别太大，与统计部门的历史上统计分类差别也大。如果志书工业部类按代码法划分，必然与编纂实际脱离，会造成历史上的工业数据无法对应“代码门类”。安徽省蚌埠市市志工业部分一度想用代码法分类，一时间争论不休，延误了很长时间，最后放弃了这种不切实际的分类，并较好地利用了此次普查的资料，提高了志书质量。此例说明，对他学科的东西应该如何借鉴，不应该照搬照套，而是要吸纳真正对己有用的东西。

6. “新三宝体”的影响

20 世纪 80 年代末 90 年代初，还有人用现代科学，如环境学、人口学、民族学等知识对方志传统的“三宝体”进行改造，提出“新三宝体”：席星加先生 1985 年在《中国地方志》当年第 2 期提出“世界以自然、人、社会三大要素组成，三者相互作用，人是主体”，志书各专志应“分为自然、人、社会三大类”。1987 年，梁滨久先生在当年《广东方志》第 2 期、魏钢强先生在《中国地方志》1988 年第 5 期提出类似看法。梁滨久认为：“地方上的客观事物，可以归纳为自然、社会和人三大要素”。魏钢强主张对专志内容的物（环境）、事、人三类，从状物、叙事、记人出发，专志的写法有状、叙、记三种。1989 年刘柏修先生在《江西方志》当年第 2 期提出设“居民部类”，把地情概括为自然、人类、社会，把单个的人扩大为群体的“人类（居民）”。罗来兴先生在《内蒙古地方志》1990 年第 2、3 期合刊提出：省志主要内容应放在自然环境、居住人群、人群的活动三者的关系上。认为此前的志书只记人的个体（人物志），不记群体。平江县志办提出志书设“人生篇”的设想。而正式提出“新三宝体”概念的是韩章训先生。他发表在《方志研究》1989 年第 5 期的文章标题就是《新“三宝体”方志的构想》，认为该体具体为环境、居民、经济、政治、文化五大篇。他提出居民篇包括：人口、民族姓氏、婚姻家庭、组织管理、人物传、人物表、人名录、劳动、生活、宗教、习俗、语言 12 章。在编纂实践中设居民篇的有《开化县志》《青州县志》《武清县志》《泰和县志》《来宾县志》《峡县志》《冀县志》《东阳县志》《农七师志》《文成县志》《黑河地区志》《白沙志》《大足县志》。其中《东阳县志》分“环境”“居民”“基础设施”“社会”四大部类，“基础设施”包括土地、水利、交通、邮电、能源、城乡建设。[28]可见“新三宝体”强调的是加强社会内容的记述，而在形式结构上只是第一轮大规模修志之初“自然、经济、政治、文化、人物”五大篇的重新组合。实写的行业、事业无大变化，好像一种七巧板搭配的翻新。但“新三宝体”对方志记述对象新角度的分析研究，对要重视“国计民生”、重视人群等社会内容的记述起到一定的积极作用，但对于志书篇目结构设计本身似乎变化不大，因之也只是一时间部分地方采纳，不失为一种尝试。

（三）第二轮地方志书篇目分类研究及评析

据研究，首轮修志关于篇目结构的研讨到了 20 世纪 90 年代中期基本结束，多数方志工作者认为首轮志书篇目结构设计的形式特点当时已基本稳定。由于多数市县首轮修志完成，1996 年 11 月 9 日国务院办公厅《关于进一步加强地方志编纂工作的通知》下发，提出“每 20 年左右续修一次”之后，方志界转而进行第二轮志书编纂的研究，俗称“续修”的研究。研究范围主要包括续志名称、指导思想、续志断限、续志体裁、续志记述地域、续志内容门类、续志体例、续志文体、续志资料征集、续志编纂组织、续志经费等等，续志篇目分类是其中重要的研究内容。

近年，对第二轮志书篇目分类的研究主要集中在“增、减、并、留”四个字上，即首轮修志中哪些门类应保留不动，哪些应减去，哪些因续修断限时间短内容分量不足可归并为复合门类，哪些是改革开放的新生事物需增设新门类。[29]另外，还有两个新的研究：一是采用“志鉴结合体”创志书新的篇目体式结构；二是主张采用《国民经济行业分类与代码》，即“三次产业”的分类形式来对第二轮新方志进行分类。“志鉴结合体”即采用地方志书的综合性叙事，加上年鉴的条目，每门类先是概括性综述，其下灵活运用条目记特色性、有影响的事物。这种篇目体式有创新，但缺点是条目设置易产生随意，如果综述反映事物的兴衰起伏不够，会导致志书“资料性文献”的基本特征丢失，效果如何，有待进一步实践。我认为此体式关键在于千万不要违背志书资料性文献的基本特征。

根据首轮修志的成功经验，参考现代科学的专业分类和综合分类，并将其类目要素吸收并有机地融入志书是非常必要的，但任何学科分类都只是从单一角度出发，而区域志书是覆盖自然、社会各个方面；正因为如此，地方志书的篇目分类是融合各相关学科知识的综合性分类，故对他学科分类不可“生搬硬套”。近年有人提出根据《国民经济行业分类与代码》，即按照“三次产业”进行分类，理由是，这是当今最为科学的、最与国际接轨的分类标准，另外不按这一分类，就难以收集统计资料。能否照搬到志书篇目的设计中？也有分析的必要：

《国民经济行业分类》是国家标准，1984年首次发布，1994年第一次修订，2002年第二次修订。1984年，根据国家计委、国家经委、国家统计局和国家标准局联合颁发的国家标准《国民经济行业分类和代码》，并参照国外做法，国家统计局对第一、二、三次产业作划分：第一产业农业，包括林业、牧业、渔业等。第二产业工业，含采掘业、制造业、自来水、电力、蒸气、热水、煤气。第三产业分流通、服务两大部分，具体分四个层次：第一层次为流通部门，包括交通运输业、邮电通讯业、商业饮食业、物资供销和仓储业；第二层次为生产和生活服务的部门，包括金融、保险业、地质普查业、房地产业、公共事业、居民服务业、旅游业、咨询信息服务业和各类技术服务业等；第三层次为提高科学文化水平和居民素质服务的部门，包括教育、文化、广播电视事业、科学研究事业、卫生体育和社会福利事业等；第四层次为社会公共需要服务的部门，包括国家机关、政党机关、社会团体，以及军队和警察。[30]

2002年为适应我国加入WTO需要，参照联合国统计署制定的全部经济活动的国际标准产业分类，按市场化国家制定的产业分类，打破我国的部门管理界线，根据经济活动的性质，将相同的分为同一行业，但又考虑我国国情，修订后的标准实际是与国际标准兼容性的“国标”。明确适用范围为统计、计划、财务、工商、税务管理等领域。国家统计局修订，同年10月国家质量监督检验检疫总局批准《国民经济行业分类与代码》（GS/T4754 - 2002）实施。该“分类”共设20个门类、95个大类、396个中类、913个小类，具体为：A农林牧渔业（含农林牧渔服务业）；

B 采掘业（含煤炭、石油天然气、黑色金属、有色金属、非金属、其他采矿业）；C 制造业（含农副食品加工业、食品制造业、饮料制造业、烟草制造业、纺织业、纺织服装鞋帽制造业、皮革毛皮羽毛（绒）制造业、木材加工及木竹藤棕制品业、家具制造业、印刷业和记录媒介的复制、文教体育用品制造业、石油加工炼焦及核燃料加工业、化学原料及化学制品制造业、医药制造业、化学纤维制造业、橡胶制品业、塑料制品业、非金属矿物制品业、黑色金属冶炼及压延加工业、有色金属冶炼及压延加工业、金属制品业、通用设备制造业、专业设备制造业、交通运输设备制造业、电气机械及器材制造业、通信设备计算机及其他电子设备制造业、工艺品及其他制造业、废弃资源和废旧材料回收加工业）；D 电力燃气及水的生产和供应业（含电力、热力的生产和供应业、燃气生产和供应业、水的生产和供应业）；E 建筑业（房屋和土木工程建筑业、建筑安装业、建筑装饰业、其他建筑业）；F 交通运输、仓储和邮政业（含铁路运输业、道路运输业、城市公共交通业、水上运输业、航空运输业、管道运输业、装卸搬运和其他运输服务业、仓储业、邮政业）；G 信息传输计算机服务和软件业（含电信和其他信息传输服务业、计算机服务业、软件业）；H 批发和零售业（含批发业、零售业）；I 住宿和餐饮业（含住宿业、餐饮业）；J 金融业（含银行业、证券业、保险业、其他金融活动）；K 房地产业；L 租赁和商务服务业（租赁业、商务服务业）；M 科学研究、技术服务和地质勘查业（研究与试验发展、专业技术服务业、记述交流和推广服务业、地质勘探业）；N 水利、环境和公共设施管理业（水利管理业、环境管理、公共设施服务业）；O 居民服务和其他服务业（居民服务业、其他服务业）；P 教育；Q 卫生、社会保障和社会福利业（卫生、社会保障业、社会福利业）；R 文化、体育和娱乐业（新闻出版业、广播电视电影和音像业、文化艺术业、体育）；S 公共管理和社会组织（中国共产党机关、国家机构、人民政协和民主党派、群众团体、社会团体和宗教组织、基层群众自治组织）；T 国际组织。[31]

2002 年《国民经济行业分类与代码》不再明分第一、第二、第三三次产业，而是按照三次产业的逻辑排列，即 A 门类为第一产业，B – E4 个门类为第二产业，F – T15 个门类为第三产业。从中可见，这一划分完全是从统计角度出发，把社会经济、政治、文化、社会等各项产业、事业、专业、政治组织公共管理均划入三次产业中（从志书角度看就是覆盖全书内容的各方面，除自然环境、建置沿革）。这一划分，我认为可以为我们修志研究记述对象，检查实写的类目是否完整全面（当然还得看当地是有还是无，比如畜牧业在内蒙古是重要的分志，在沿海城市却无法单独设志）提供一个角度的参照，但无法在志书中照搬照套此分类。因为《国民经济行业分类与代码》是从经济从统计报表的角度，所以经济部类分得比较细。而地方志书，尤其是中等城市志和县志，主要采用粗线条分类。如“机械设备制造业”在省级志书中也只是一个分志（更不要说中等城市、区县级志书了），而《国民经济行业分类与代码》中却细分为“通用设备制造业”“专业设备制造业”“交通运输设备制造业”“电气机械及器材制造业”“通信设备计算机及其他电子设备制造业”5 类。

此外，该分类与代码是从经济统计单一角度，故把政治、文化、社会部类的内容也从经济角度放在第三产业中，并且分得较粗，难道我们可以在志书中取消政治部类、文化部类、社会部类（暗排也是有逻辑部类的），把党、政府、政协、人大、群团、科学技术、教育、文化艺术、卫生、体育等用第三产业表示吗？今天我国的科技、教育、文化、卫生、体育固然有市场经济的成分，但仍与西方市场经济有本质的不同，主要成分仍是社会公益性质。以上可见，《国民经济行业分类与代码》是为了“入世”的需要，也明确了它的运用范围，而作为传统文化的地方志书也需要超前地与世界经济接轨吗？所以，第二轮志书全书以三次产业的性质归类，还是仍设科技、教育、文化艺术、体育等专志（篇章）更合适？只要分析思考一下是非常清楚的。此外，大型城市第一产业，甚至第二产业都在向第三产业大量转移，如果按三次产业分类，志书门类内容必然畸轻畸重。再如商贸，主要是写各商贸行业，而该分类与代码只有“批发业和零售业”，既无生活资料（百货业等）销售，又无生产资料销售。外贸在“分类代码”中是分散各小类中的，根据该分类也难以集中反映外贸内容。所以，《国民经济行业分类与代码》如同首轮修志的各类普查统计，其分类都是从单一角度，纯经济统计角度，而不是综合地从自然、经济、政治、文化、社会、人物各方面出发，故在第二轮社会主义新方志编纂中，也只能给我们提供参考或参照，而不是照搬。可见，“三次产业”一类篇目分类问题早在首轮修志中就有前车之鉴了，我们用不着“重蹈覆辙”。此外，统计部门的资料历来只是地方志资料的一个渠道，而不是全部。

除以上两点外，近年由于第二轮志书断限时间短，具体的单独门类与贯通古今的首轮志书同门类比较，文字量相对较小，故在志书篇目分类上有些地方再提大篇统辖体，如一部省级志书或市县志书设自然环境（地理）、经济、政治、文化、社会五大篇或几大篇。本文作者认为，大篇体放在今天，依然不利于志书资料性的体现和门类合理布局。好的办法，如果单一门类文字量不足，可以采用复合门类设立分志（或篇章），如设《XXX 志 · 公安司法志》，把公安、审判、检察、司法行政并为 1 个分志或篇章处理（省级志书为 1 卷，省级以下志书为 1 个篇章），较为妥当。第二轮志书断限时间固然短，但改革开放时期经济和社会内容复杂，这方面的文字量也是需要在谋篇布局中考虑的（按：实践证明，由于改革开放社会发展、事物内容不断丰富，缩小二轮志书规模，脱离了时代的实际，有个省二轮省志初设 30 多卷，命名为“一卷多志”作为经验向全国介绍，结果编纂中被迫改为 90 多卷。原因就是二轮记述断限时间是比首轮短了，但社会内容和事业、行业却大大增加了。可见，志书方案的设计，时代性是非常重要的）。

三、地方志书篇目分类实践与研究的结论及分类标准的制定

地方志书记载的对象是自然和社会，随着社会的不断发展社会内容的不断增加，志书的内容和结构也由简单到复杂。志书是资料性文献，为此，志书的篇目分类的目的是为资料的容纳提供“合身”的框架，即书版资料库。

从以上传统地方志书、社会主义新志书的篇目分类的实践和研究看，志书的资

料性文献属性决定了志书的篇目分类，由于首轮修志曾出现过加强志书著述性的观点，因此一度出现过“统辖型的大篇体”结构的志书，但大篇往往是虚设，影响志书资料的有机分布，因此这种志书体式始终未成为方志编纂的主流。不论是封建社会的志书、民国年间的志书，还是社会主义新方志，志书的篇目体式基本是平列式小篇设志居多，原因是便于容纳资料，这是志书资料性特征所决定的；此外，社会分工与志书编纂分工能够较好地结合也是其中一个原因。本文作者认为，志书表面的形式科学，应该让位于内容资料有机编排的本质科学。志书篇目结构设计的基本原则就是——满足“资料性文献”的原则，有利于这一原则的体现就是好的篇目分类，反之就是差的篇目分类。所以说“资料性文献”是地方志篇目分类设计的“一大原则”。

从以上新旧两个时代，尤其是大规模社会主义新方志编纂以来的实践，根据以上经验和教训进行总结，本文作者认为，志书篇目结构的设计除坚持以上的“一大原则”外，还应考虑“五个因素”：（1）稳定的基本类目因素，也就是参考前志，选择稳定的自然、社会的类目，如水利、农业、商贸、交通、文化、教育等数代不变的类目；（2）时代类目因素，即根据志书断限时间内时代内容与前志比较，对前志篇目进行“增减并留”，增加时代性的门类，如第二轮修志，各地增加的“经济体制改革”“社会保障”“开发区”“文化娱乐业”等类目；（3）地方特点类目因素，为反映地方特色事物，违反一般分类逻辑，“特点拔类”，如“围垦”与“农业”并列；（4）行业、专业类目因素，根据本地的行业、专业，以及行业、专业下一层次的内容设置篇目，如工业包括机械工业、冶金工业等工业部门门类，诸工业部门门类下辖行业沿革、设备、员工、生产、产品、经营、企业、经济成分等分目；（5）志种类目因素，省级志书与中等城市、区县级志书，省志与直辖市志，由于层次不同，地域特点不同，志书的篇目分类不同，层次越高分类越细，层次越低分类越粗，这是由内容多寡决定的。城市志偏重第三产业，或二、三产业并重，所以在城市志中二三产业的下一层次的具体部门往往与第一产业农业并列（俗称“老子与儿子”平列）。省志、县志分类较为平衡，但第二产业门类数相对较多。

地方志书内容事涉百科，因此在志书编纂、尤其是分类方面，必然要参考工具书和相关学科的分类标准，统计分类是参考最多的，统计数据也是采用较多的。根据首轮修志的经验教训，包括受到的历史学科、地学学科、系统论、信息论、控制论、工业普查代码、《国民经济行业分类与代码》《中国图书馆分类法》等的影响，对志书编纂质量的提高产生重要作用，但也出现过因“生搬硬套”而产生的负面影响。这些影响虽未成为主流，但在当今的编纂中仍然要引起重视。对于他学科的科学分类，方志编纂者正确的态度是参照其中的分类要素，看看我们志书门类及要素与之相比缺少什么，应该放在志书篇目的哪里。如前面例举的《国民经济行业分类与代码》中的“通用设备制造业”“专业设备制造业”“交通运输设备制造业”“电气机械及器材制造业”“通信设备计算机及其他电子设备制造业”五业，可能我们志书只统设“机械设备制造业”一个门类，甚至还不到一个门类，但我们可以利用《分类与代码》，根据地方情况，看看细目上有无缺漏。

本文作者认为，地方志书就是地方志的分类而不是其他，它与他学科不同的是覆盖自然、经济、政治、文化、社会、人物各方面的综合性分类（而不是其他学科单一角度分类）。当代地方志书篇目分类的实质层次不是第一层次（统辖性虚设层次），甚至不是第二层次，而是第三层次及以下的那些实写类目。因此“五大篇”“十大篇”划分也好，“三次产业”划分也好，均是虚设层次，故不应作为篇目分类研究的重点。志书本质的内容是实写类目，因此我们研究的视觉应该在这里。此外，一地志书篇目的拟订与编方志编纂教材是不同的两回事，教材分类可以将志书内容分自然、经济、政治、文化、社会几大篇，或“三次产业”，每次产业或每一大篇为一讲，是为了便于教学分工。教材的目的是研讨和启发，而不是对各地拟订篇目的“越俎代庖”。也就是各地具体的志书篇目应该从以上讲的“五种因素”角度考虑，而不应该“人云亦云”，这样全国的志书才可以“百花齐放”而不是“千志一面”。地方志书篇目拟订需要把握和参考的，就是以上所归纳的：“一大原则”“五个因素”。

长期以来，地方志书有着自己的分类方式，主流看，从未按某一单一学科的分类去分类，哪怕它是“国家标准”。正因为地方志书的篇目分类不符合任何一个学科的分类标准，故有人站在本学科的角度说地方志书分类不科学，这其实是一种偏见。地方志书也的确是分解到相关单位部门（社会实体），请其参与编写，但分类并不是按部门的管理范围，而是按行业、专业、事业、政治活动等“事以类从”的。有人认为地方志书既不是其他学科分类，是交部门编写，那么应该称为“部门分类”，这也是不妥的。还有人认为，志书如果不按他学科的分类，写出来的就是“部门志”，更是不妥。但这些意见提醒了我们，他学科有自己的分类标准，其行为符合标准就被称为“科学”，地方志书没有自己的分类标准，难免被人诟病为“不科学”；所以，地方志到了该制定《地方志书分类标准》的时侯了。每轮修志都是一次大规模的社会调查。《地方志工作条例》颁布后，地方志成为一项事业、一门专业，当然更应该有符合自身特点的分类标准，甚至应该有国家标准部门同意实施的《地方志书分类标准》，像其他学科的国家标准一样，每轮修志对其进行一次修订，但制定分类标准的落脚点是在实写类目上，目的仍是为各地拟订篇目和审稿提供参照。

《地方志书分类标准》应该是怎样的呢？《地方志书分类标准》不是任何学科和专业的，它是地方志独有的，它的独特在于它不是从某单一角度出发，而是从自然和社会的综合角度拟定，全面考虑社会经济、政治、文化的诸方面，这是地方志记述对象的全面性决定的，因此，这样的分类标准与其他学科和专业的分类标准一样，同样是科学的。

---

①瞿宣颖：《志例丛话・杂例》。

②③陕西省地方志编纂委员会：《方志问答》第 13 页、22 页，陕新出批（1992 年）字第 340 号。

④欧阳发：《方志研究》第 97 页，内部刊印。

⑤⑥⑦黎锦熙：《方志今议》，岳麓书社 1983 年版《方志学两种》（黎锦熙《方志今议》、

甘鹏云《方志商》）第131页、20页、28—128页。

⑧刘光禄、胡惠秋：《方志学讲座》第1、2讲，《中国地方史志通讯》第7、8期合刊。

⑨诸葛计：《中国方志五十年史事录》第128页，方志出版社2002年版。

⑩欧阳发：《方志研究》第120页，内部刊印。

⑪⑫⑬⑭⑮诸葛计：《中国方志五十年史事录》第140页、189页、214页、230页、375页，方志出版社2002年版。

⑯王复兴主编：《省志编纂学》第24—25页，齐鲁书社1992年版。

⑰梅森：《省志总目权衡谈》，《史志文萃》1992年第3期第3页。

⑱王小宏：《县志篇目“升格”“降格”之我见》，《中国地方志》1987年第3期。

⑲⑳诸葛计：《中国方志五十年史事录》第236页、149页，方志出版社2002年版。

㉑于希贤：《试论中国方志学的一些基本理论》，《云南地方志通讯》1985年第1期。

㉒诸葛计：《中国方志五十年史事录》第160页，方志出版社2002年版。

㉓陈桥驿：《地理学与地方志》，《中国地方志》1989年第2期。

㉔梅森：《小议地理志改自然环境志》，《志苑》1988年第3期。

㉕诸葛计：《中国方志五十年史事录》第170页，方志出版社2002年版。

㉖肖先治、张桂江：《论新方志编修》第57页，贵州人民出版社1992年版。

㉗齐红深：《运用系统论方法设计教育志篇目初探》，《四川地方志通讯》1987年第5期。

㉘诸葛计：《中国方志五十年史事录》第485~488页，方志出版社2002年版。

㉙梅森：《续志备考》第3—5页，黄山书社2000年版。

㉚《国家统计局关于建立第三产业统计的报告》（1985年3月19日）。

㉛国家统计局修订，国家质量监督检验检疫总局2002年10月批准实施的《国民经济行业分类与代码》（GB/T4754—2002）。

（《中国地方志》2007年第10期；中国地方志指导小组办公室主编的《〈中国地方志〉优秀论文选编》中册1955页，中国城市出版社2013年版；本文选入的是《上海地方志》2007年第六期刊发的同名文章”（二）第一轮地方志书篇目分类受他学科影响的评析”部分《中国地方志》受字数限制，删去较多，故用原文）

自评：这是一篇全面系统地研究地方志书篇目结构的论文。内容综合了新旧方志研究的各时代观点和做法。它与单独站在县志、市志、省志角度研究志书的篇目结构不同；与单一总结传统志书的篇目结构或单一研究新方志的篇目结构不同；与一些完全比照其他学科的分类来研究地方志书的篇目结构更不同。本文的研究：纵向，历史阶段之同异；横向，各类志种篇目结构之同异；相邻，学科之间分类之关系；全面涉猎。故论文名称叫“志书分类述论”；价值在全面综合与分析，称“综论”好像更好；此外本文还兼论了志书分类标准制定的需要与原则。可见本文与地方志书质量规定、质量标准研究是一个体系的细化。作为地方志实际编纂者的研究特征在这篇论文中有深刻的体现。本文公然提出”地方志分类标准是地方志独有的，它

不能从某个单一（专科、专业）角度出发，而应从自然与社会的综合角度拟定。文章建议地方志相关部门应尽快制订由国家标准部门同意实施的《地方志分类标准》。我们到底应该遵循什么样的原则针对哪些因素来拟订篇目；在篇目拟定中又如何对待他学科的分类；地方志是否应该有个自己的“分类标准”等提出自己的观点。认为，地方志书的篇目分类是融合各相关学科知识的综合性分类，故对他学科分类不可机械地“生搬硬套”。不论是封建社会的志书、民国年间的志书，还是社会主义新方志，篇目体式基本是平列式小篇（门目体）设志居多，原因是便于容纳资料，便于解决部分志书篇章具有多重性的问题。这是志书资料性特征所决定的。本文还提出：志书篇目结构的设计除坚持资料文献“一大原则”外，还应考虑稳定的基本类目因素、时代类目因素、地方特点类目因素、行业专业类目因素、志种类目因素“五大因素”（其实还包括篇幅的协调性，比如内容层级应该在章一层面，但内容篇幅只能放在节的层面，往往复合成一章，从内容看就降低了一个层级）。本文抽象出的结论对各种方志篇目的设计应该是具有覆盖性的。几十年过去了，有些专家还要设计统一模式化的篇目框架，原因是这些专家偏重理论研究，而很少实际修志；有一些专家完全是对着志书门类，参看各行各业的工具书评审志稿；而当今这样的所谓“专家”越来越多，来自编纂实践的专家越来越少。

板块集结、类目位移的利弊比较

——对近年部分二轮志书类目结构设计倾向的辨析

提要：本文通过对首轮志书与部分二轮志书篇目的比较，认为近年部分二轮志书篇目采取“板块集结”“类目位移”的新做法，主要是集中加强环境、人、改革开放、“三次产业”、党委决策、政府管理、社区等板块，以形成规模效应；将特色事物、基础设施、综合管理、精神文明创建、重要产业前置以达到强调其重要性的效果，打破了首轮志书按照自然与社会，人类社会进程，经济基础与上层建筑，与文化之间，产业结构自身之间，人与社会之间等逻辑关系安排类目，只将少数特点事物升格处理的做法。文章认为新的做法可以尝试，但必须看到“板块”部分得到加强充实的同时，削弱了产业、行业、事业这些社会本体内容的记述，造成门类分量的畸轻畸重或“志中志”。过多地用前置的方式强调事物的重要，也削弱了志书的整体性和逻辑性。结论认为，就门类设置而言，要进行首轮篇目结构与该新篇目结构的利弊比较，应该在继承的基础上进行创新，只有保持志书基本门类的相对稳定，保持志书门类与社会的长远发展衔接，才有利于方志学科的建设。

关键词：志书门类　板块集结　位置移动　权衡比较　继承创新。

“板块”本来是地质学的概念。[①]因为板块讲的是构造，与分类接近，故当今“板块”一词被他学科甚至人们在经济文化生活中高频率使用。像在证券市场中，将属于同一行业、同一特性、同一区域或同一投资主题的股票称为一种板块，比如钢铁板块、周期性行业板块、川渝板块、奥运板块等等。近年来，在二轮志书分类研究、在制订地方志书编纂规划、在一些志书的凡例中也移植了“板块”一词。“位移”是本文作者给对首轮篇目结构位置移动的拟称。

为什么志书分类出现板块论和追求对首轮志书类目的位移呢？首先是想体现一种新的系统性，一种大集中的系统性；更重要的是体现一种形式上的创新，体现一种“与时俱进”的追求。本人评稿、审稿，一直的观点是，只要分类（篇目）在逻辑上自成体系，评审者就不必强调非得按照某种分类形式，而评稿的重点是在实写的类目上，而并非在虚设的高位层次上。[②]板块也好，位移也好，抽象地说这种做法总体上是没有问题的，但主要在不可走向一种极端，也不可非得造出一种新的模式，也就是有个度，更不可与首轮志书类目失去了基本的传承关系。所以，本文想就首轮志书分类的大体构架与以上所谈的二轮部分志书新分类倾向进行比较，以供参考。本文作者的观点是：这里不存在对与错，按照《地方志书质量规定（征求意见稿）》（中指办函 2008-5 号），也不是合格与不合格的问题，而是“两利取其大，两弊取其小”的问题，是哪样更合适的问题。

一、首轮修志类目（篇目）的基本逻辑关系

首轮修志首先列的是“地理”类，为什么列地理，因为是地方志，“志”地方，首先要界定记事的范围，记事范围靠什么界定，靠行政区划，故在地理类中把建置、区划等历史地理类目放在自然环境（自然地理）之前，此后再写自然环境。有了区域的范围、自然环境的“舞台”，接下来是“人口”类，因为人是社会进步和改造自然的主体，加之人既有自然性又有社会性，放在自然地理内容之后去衔接社会门类最为合适。地理、人口之后，是人类的经济、政治、文化、社会（小社会概念）的活动及产生的社会发展与进步。按照马克思主义政治经济学的观点，生产力决定生产关系，经济基础决定上层建筑，故经济类置政治类、文化类、社会类之前。在经济类中，又根据社会经济行业发展的先后，列农业（本来应该畜牧业在前，因为远古时期人类先是狩猎，在狩猎基础上形成畜牧业，后农耕成为封建社会经济的首业，故农业置前，但内蒙古等畜牧为主的地区畜牧业首轮是置前的）、林业、水利、畜牧渔业；工业（商、周时期，城市中有了铸铜、制陶等手工业作坊，近代工业是蒸汽机出现之后）；交通、邮电（古代的烽火报警到今天的卫星通信，我国古代交通初具规模在3000多年前的商朝）、电业等；有了产业和交通，形成商贸交易场所（市镇、都邑、城市），立门类曰“城乡建设”（或“城市建设”）；再下是商品的流通和对生产流通的管理，有商业（内贸）、外贸、金融、工商管理、税收和财政等。经济类之后是政治类（首轮修志有的为了突出政治的主导地位，把政治放在经济类之前，但不是主流）。政治类先为党派，接着是上层的政权政体（人民代表大会、政府、政协）和人民团体，再接着是政权的司法和部分政府的司法行政，包括公安

司法、检察、审判、司法行政和监狱管理。再是政府的民政、劳动人事等管理。政治类最后是军事，因为军事是政治的延伸。政治结束是文化（大文化），文化置此是因为文化要经济提供物质条件，政治对文化要约束和统帅。文化包括文化艺术（主要有民间艺术、戏剧、电影、广播、电视、报刊、图书、文学艺术创作、文物、遗址胜迹等）、教育、医疗卫生、体育、科技等，科技放在大文化最后，是因为各类产业各类文化都有科技或人文的研究，首轮也有部分志书在邓小平同志 1988 年 9 月与捷克斯洛伐克总统胡萨克会见时，提出“科学技术是第一生产力”的重要论断后，把科技放在文化类的最前边。③社会类放各大类的最后，顺序为宗教（放本类最前是因为宗教既有社会内涵又有文化内涵，可以承前启后）、风俗、人民生活、方言等；最后是人物类，因为各行各业都有推动或阻碍社会发展的有影响的人物，故放在经济、政治、文化、社会的最后。可见首轮修志的门类逻辑是与自然和社会的关系，经济与政治文化的关系，与人类物质文明发展阶段（经历了原始狩猎阶段、畜牧阶段、农耕阶段、手工业商业阶段和近现代的大工业阶段）大体相符合相一致的。这种分类我认为应该是地方志书各轮分类的基础，体现着社会事物基本的逻辑关系（隶属关系和连带关系）。

二、二轮修志的“板块”集结与对首轮志书门类的位移

（一）主要的七大板块集结

（1）环境板块。

近年，随着改革开放的深入，2005 年党的十六届五中全会提出构建发展与环境的新型关系，成为建设和谐社会的主要关注方面之一。④部分二轮志书的设计者，提出大环境的概念，即在首轮志书自然环境（地理环境）的基础上，增加了人工环境，即基础设施内容。基础设施是一地生存和发展所必须具备的工程性基础设施和社会性基础设施的总称。工程性基础设施一般指能源系统、给排水系统、交通系统、通信系统、环境系统、防灾系统等工程设施。我国一般讲城市基础设施多指工程性基础设施。具体的 能源设施：包括电力、煤气、天然气、液化石油气和暖气等设施；供、排水设施：包括水资源保护、自来水厂、供水管网、排水和污水处理设施；交通设施：分为对外交通设施和对内交通设施。前者包括航空、铁路、航运、长途汽车和高速公路设施；后者包括道路、桥梁、隧道、地铁、轻轨高架、公共交通、出租汽车、停车场、轮渡等设施；邮电通信设施：如邮政、电报、固定电话、移动电话、互联网、广播电视等设施；环保设施：如园林绿化、垃圾收集与处理、污染治理等设施；防灾设施：如消防、防汛、防震、防台风、防风沙、防地面沉降、防空等设施。但有的篇目设计者的环境板块还包括社会性基础设施，指服务于居民的各种设施，包括商业和饮食、服务业、金融保险业、住宅和公用事业、公共交通、运输和通信业、教育和保健事业、文化和体育的设施等；制度保障机构，如公安、政法和城市建设规划与管理部门的设施等。

（2）人口民族、人物、人民生活板块。

2003 年 10 月，十六届三中全会⑤审议通过的《中共中央关于完善社会主义市场

经济体制若干问题的决定》，要求全党“坚持以人为本，树立全面、协调、可持续的发展观，促进经济社会和人的全面发展”。[⑥]方志界部分人提出，并在部分志书中实践，把人口民族、人物、人民生活类目集结在一起，以体现“以人为本”的思想。

（3）改革开放板块。

二轮志书主要是记述1978年以来改革开放的伟大历史，有些志书为了突出改革开放，将改革开放的内容大集结、大集中，形成大型板块，把农村经济体制改革、工业经济体制改革、商业经济体制改革、宏观经济体制改革、对外贸易改革、医疗卫生体制改革、科技与教育体制改革、文化艺术及文化市场改革、社会保障体制建立、政治体制改革、对外开放等集中记述。

（4）“三次产业”板块。

我国对三次产业的划分始于1985年。2003年制定公布新的《三次产业划分规定》。划分是：第一产业为农业，包括农、林、牧、渔各业；第二产业为工业，包括采掘、制造、自来水、电力、蒸气、热水、煤气和建筑各业；第三产业分流通和服务两部分，共有流通部门、为生产和生活服务的部门、为提高科学文化水平和居民素质服务的部门、为社会公共需要服务的部门4个层次。三次产业分类法的新公布，正是二轮修志的初期，有些地方为了利用统计资料方便，和主张与国际接轨（中国加入世界贸易组织是与国际接轨的大背景），在二轮志书篇目中经济部类按照三次产业为板块集结，类目标题为第一产业、第二产业、第三产业。其中第三产业不包括为提高科学文化水平和居民素质服务的部门（教育、文化、广播、电视、科学研究、卫生、体育和社会福利等业）和为社会公共需要服务的部门（国家机关、政党机关、社会团体以及军队和警察等）。

（5）地方党委决策板块。

为了体现党的作用，首轮志书大多设有地方党委的重要决策类目。二轮修志中一些志书对此块内容进行加强，改变首轮“要项”性的决策，即根据地方情况，如设“产业结构调整决策”“城市功能调整决策”“重大民生问题决策”“重大工程立项批准决策”等，即是对当地有重大影响的决策。而二轮修志对该类目内容进行外延拓展，改“要项”性决策为“方面性”决策。如设“总体目标和功能定位的决策”“社区建设决策”“经济发展与城市建设决策”“解放思想转变观念决策”“政治体制改革决策”“改革开放搞活经济决策”“加强三农工作决策”“加强精神文明建设决策”“加强党的建设决策”等，几乎是全方位的决策。

（6）地方政府管理板块。

为了反映政府施政的全面性，二轮部分志书对首轮政府类目“要项”性的“重大施政纪略”“施政纪要”（有的就叫“重大实事”）进行拓展，改为方面性的施政管理内容：一设“综合经济管理”；二设“综合工业和建筑业管理”；三设“综合商务管理”；四设“基础设施建设综合管理”；五设“综合政务管理”；六设“人口与计划生育管理”；七设“外事工作管理”；八设“侨务工作管理”；九设“对台工作管理”；十设“港澳事务管理”；十一设“综合文化管理”（包括科教兴国战略、教育管理、文化艺术管理、医疗卫生管理、体育管理等）；另外还有“施政辑要”。

（7）社区板块。

社区在当今城市生活中发挥了重要作用，有些城市采取两级政府三级管理，即市政府、区政府、街道（镇）三级管理。为了加强社区的记述，二轮志书，主要是城市志、城市区志把社区集中起来形成板块，每个街道（镇）均列八九个相同子目，如“境域 建置”“街道党建”“社区稳定和治安防范”“社区服务和社会保障”“社区环境与管理”“精神文明建设”“街道经济”“社会发展”“居委会建设”等。

（二）类目的主要位移

二轮志书类目的位移与为了突出彰显某些事物，或为了组成板块有关。

（1）为形成以人为中心的板块：如该板块前置，人物、人民生活就前移至地理之后；如该板块后置，人口、民族就移到卷尾与人民生活、人物合拢。

（2）特色事物类目前移。认为置前才突出，才显得重要，不随相关事类连带平列，而是放到地理、人口之后，或地理、人口、基础设施之后。如某地改革开放以来认为最有成绩的代表是“不夜城”“海港新城”“都市商业中心”，为突出该成绩，就置于整个经济门类之前，甚至是地理类之后就放置这样的类目。其余各门类也有下一层次的前置。而首轮志书，事物总的逻辑关系是不予随便打破的，只是在本门类后连带性地进行特点内容升格（还是尽量控制的）。如首轮《马鞍山市志》“马鞍山钢铁公司”类目是放在“钢铁工业”类目之后的，《萧县志》的“萧县农民画”类目是放在“文化艺术”类目之后的。

（3）基础设施前移。以上所说（板块部分），从大环境角度考虑，把首轮放在产业以后的基础设施内容（城乡建设类）放在卷首部分，也就是产业、行业还未涉及，产业与行业的设施都集中在前编写了。

（4）综合经济管理位移。有人从先宏观、先管理，后产业、后制造、后流通的角度出发，把“综合经济管理”类目，即计划、统计、物价、劳动、财政、税务、国有资产、审计、工商行政、质量技术监督、食品药品监督、海关、出入境、边境口岸等管理前置，即尚未触及生产、流通，先写对生产、流通的管理。客观上是强调上层建筑在经济生活中的作用，经济基础与上层建筑的关系前后颠倒。

（5）政治部类位移。在首轮志书中，政治部类放在经济部类之前的不多，现在有人认为《地方志工作条例》规定：“地方志书，是指全面系统地记述本行政区域自然、政治、经济、文化和社会的历史与现状的资料性文献。”⑦所以，政治部类要列在经济部类之前。然而《条例》并没有强调排列问题。其实“三个文明”提法（物质文明、精神文明、政治文明）也好，党代会报告也好，政府工作报告也好，都是经济内容置前。

（6）“精神文明创建”放在教育、科技、文化、医疗卫生、体育之前。教育、科技、文化、医疗卫生、体育是社会稳定的代代相传的事业（现在部分产业化），而“精神文明创建”只是一个历史阶段的政治文化活动，如创建文明城市、文明卫生城市、文明单位、文明行业、文明社区、文明窗口等等。有人把“精神文明创建”当成“精神文明”，随之放在与物质文明、政治文明并列的地位而置于大文化之前，其实“精神文明创建”只是时代特征的工作活动，置大文化之后最为恰当。

（7）三次产业按照当地国民经济的比重或产业结构调整方向排列先后。经济发达地区是三、二，次发达地区是二、三或二、三、一，欠发达地区是一、二、三。根据经济比重排列的结果是，造成有些志书生产性质的一、二产业未见，先写流通性质的第三产业（当然城市中心区无第一产业，甚至无第二产业的除外）。

（三）为什么二轮志书形成“板块集结”和对首轮志书基本结构进行位置移动原因

分析起来原因大体有四方面：

（1）二轮志书的编纂者有些对首轮修志的门类结构的布局和基本门类的系统性了解不够，有匆忙创新的倾向。而创新最方便的是形式结构的变化。

（2）希望在志书中充分彰显中央的方针政策和地方的决策措施，如“以人为本”就来个把人相关的内容集中；环境和谐就把自然与人工环境合起来编写；地方提出建设什么“城”，就设个什么“城”，提出“发展ＸＸ业”，就把ＸＸ产业、ＸＸ行业大集中，并把其前置。

（3）被动遵从地方领导或部门领导的意见，片面认为“集中”就是加强。地方领导对地方志的业务了解不可能很细，对地方志书的基本功能（科学的资料性文献）不完全了解，对地方志书的基本结构更不了解，他们希望把地方的政绩在志书中能集中反映，能综合反映（而不是分类体现），而改革开放、基础设施、政府施政、社会治安综合治理、规模经济、社会进步等最能直观体现政绩的这样一些内容要集中起来写才能形成规模效应。修志人员不加解释地执行，以致形成诸多规模性板块（当然，有的也并非领导直接具体的要求，而是修志者自己的感悟和揣摩）。

（4）片面理解“前置”的作用，认为“前置”就是突出，在继续沿用首轮志书“特点升格”的同时，又增加了“前置”（难道殿后就不重要了？）的形式手段，以突出党、政府的宏观领导，突出地方的特色事物。

（5）未能合理地引进他学科的分类和理论研究，而是机械地照搬。他学科的分类和研究均是从本学科的角度出发，而志书要从自然、社会的全方位，以及地情、行业分工的实际出发去安排篇目结构，因此有自身的系统性。比如国民经济分类代码完全是从统计角度出发。城市基础设施的研究是单一从设施角度，而无需考虑建筑业、水利水务、交通、邮政电信、电业等行业的经营。城市管理学只是从管理角度，无需从具体经济建设、社会发展的角度；然而志书就不行，必须考虑内容门类的总体布局。

（四）“板块集结”和“位移”的效果

毫无疑问，通过“板块集结”和“位置前移”，这些要反映的内容确实产生了规模效应和加强的效果，孤立地看没有问题。然而就全志看，此长彼消，“板块”部分加强了，但是产业、事业这些社会的基础内容被削弱了，并且必然造成板块集结门类与其他门类内容分量的畸轻畸重，也即板块部分往往过于庞大，部分板块还形成了“志中志”的问题，而行业、事业部分必然较平较空，只剩下综合性材料、统计数据，缺实体性的典型材料（否则就是机械重复）。此外，过多地位置移动也削弱了志书结构的逻辑性、整体性和稳定性。

（1）环境板块集结和基础设施的前置效果。造成能源系统、给排水系统、交通系统、通信系统、环境系统、防灾系统等工程设施，商业和饮食、服务业、金融保险业、住宅和公用事业、公共交通、运输和通信业、教育和保健事业、文化和体育的设施等；制度保障机构，如公安、政法和城市建设规划与管理部门的设施的大集中，而具体的经济社会发展的行业只能写经营、写活动，比如交通不能写机场、桥梁、隧道、高架、海港（统统放基础设施中前置），而只能写营运。本人曾在2001年写过一篇文章，叫《续修城市志：写好基础设施建设》[⑧]，文中提出过具体的写法，也就是在“城市建设”门类中增加“基础设施”类目，主要是从宏观上从工程性基础设施范围记述基础设施的功能布局、分布与作用，重要工程只点名称。具体工程设施仍然放在相关行业中介绍。如具体的机场、桥梁、隧道、高架、海港仍放在交通门类中记述，大剧院、音乐厅仍放在文化艺术门类中记述，消防指挥中心大楼当然在公安门类中记述，实际上是设计了基础设施宏观（本地基础设施总况）、中观（本行业基础设施情况）、微观（行业、事业内具体建筑物，选介、表格）类目结构的整体布局。基础设施的前置也造成经济建设社会发展的具体行业、事业未见，其独立的工程建筑倒先出现了，逻辑不顺。

（2）以人为中心的板块集结的效果。人的板块集结，会造成全志的逻辑结构问题。如果前置，未见整体的“生产斗争、阶级斗争、科学实验”这人类社会的三大实践活动，就出现了个体人的活动（人物传：精英或败类）的记述，而人类的精英或败类是在“三大实践活动”中产生的。而后置，人口未出现，就写人类的“三大实践活动”，人的社会主体地位未能得到体现。

（3）改革开放板块集结的效果。二轮志书写改革开放，好的做法是集中与分散相结合，也就是集中写经济体制改革，其他的教育、医疗、文化、社保体制改革，外贸体制改革，政府改革，公检法司改革采取分散记述。板块结构是把改革开放大集中，造成该板块内容过于庞大，同时也削弱了对产业、行业、事业的记述，使具体经济建设和社会发展失去了改革开放这一最大的背景，导致因果不彰。

（4）“三次产业”板块集结的效果。“三次产业”分类，会导致归属困难、归属勉强，当今社会已经农工商一体化、科工贸一体化、讲学研一体化，企业经营多元化，很难按三次产业分大类编写，比如烟草业，其烟叶种植是第一产业，卷烟生产是第二产业，卷烟专卖是第三产业，如何归类。特别是第三产业分流通和服务两部分，下含流通部门、为生产和生活服务的部门、为提高科学文化水平和居民素质服务的部门、为社会公共需要服务的部门，共四个部门。按当今一些志书的做法，第三（文化教育等）、第四部门（政权、政体、社团等）不纳入其内（仍按首轮志书分类方法），但第二部门中现代服务业中的技术服务、咨询服务就不好处理，如为农服务是放在第一产业中还是放在第三产业中，律师法律咨询服务是放在政治类的司法行政类目呢？还是放在第三产业中？这样双重性的事物很多。此外，有些城市，尤其是中心城区根本就没有第一产业，也没有多少第二产业，如何按三次产业归类？

（5）地方党委决策板块集结的效果。改首轮志书党委要项性决策为全方位决策，内容大量与政府施政内容机械重复，有些志书把贯彻全国党的会议精神也称为决策是不妥当的。

（6）地方政府管理板块集结的效果。改首轮志书政府要项性的“重大施政纪略”为全方位的政府管理，一是与党委决策、与各专门类目内容机械重复，同时切掉行业事业的管理内容集中到政府管理内容中，政府门类形成“志中志”。二是有些志书把大量经济建设社会发展常规性管理写进政府管理，反倒看不到政府改革的成果；因为政治体制改革，是向“小政府，大社会”方向改，而管理内容向政府集结，看不到政府体制改革的一点进步，政府这个“婆婆”比计划经济时期管得还宽，权力更集中。

（7）社区板块集结的效果。社区是一地的次级地域，第二轮志书记社区是应该的，尤其是城市区志，改革开放以来社区具有重要作用。但如果全方位地分门类记社区，必然文字量增大形成“志中志”，也就是全地域分门别类记，社区也分门别类记（全志30个门类；社区往往近10个门类，10个门类是对全志30个门类的归并）。另外，社区与社区记的内容一般是数据不同，但情况大体相同，造成重复记述，曾见一部志稿“社区”部分就有近30万文字。二轮志书记社区还是采用首轮志书记街道、乡镇的方法，也就是不分门类，记概况，记各社区（街道、镇）的特点为宜。

（8）“位移”的效果。对首轮修志的门类结构进行形式上的位移，主要是通过“前置”来强调重要，必然损害了事物一般性、普遍性的逻辑关系，影响了志书的整体性。个别的突出是可以的，如果突出前移的过多，必然伤害了志书的科学性。这一问题，以上已作具体分析，这里不再赘言。

三、结论。

首轮志书是在计划经济时期编纂的，是贯通古代、近代、现代、当代（至20世纪90年代前后）历史的志书，而第二轮志书是记述改革开放历史时期的志书。社会内容的变化必然导致志书内容结构的变化，因此二轮志书内容结构上的创新和“与时俱进”是必须的。但是社会改变主要是在体制上，而除经济政治体制，以及具体的政治活动、社会活动、文化活动外，产业、行业、事业是社会发展的基础和不断发展的社会本体。如果我们用削弱历代基础内容、本体内容的方式去加强特色内容记述，实际上是没有处理好创新与继承的关系，更是使每轮志书的分类变得摇摆不定，使志书整体上失去了稳定性、连贯性、继承性，对地方志的学科建设是不利的。创新应该在继承的基础上进行创新，创新也不仅仅着力在结构形式的“七巧板”式的拼接上，而是从具体社会内容的深度来研究来进行创新。创新要建立在首轮志书的基础上，扬弃其不适合新时代特点的分类部分，切忌盲目跟风，盲目标新立异，不可续志一出，首轮志书好的东西，应该传承的东西也被罢止了。朱佳木同志多次强调要重视对首轮志书的研究总结，我想其目的就在于此。

志书是科学的传之后世的资料性文献，不是一个时期性阶段性政策和地方举措的宣传性著作，不需要在类目结构上进行政治、政策的图解，更不需要通过大的综合集中加强或前置来规模性地反映政绩，而是应该以分门别类的方式纂录资料，以客观的内容资料从全书整体上来体现改革开放的成果，体现党的决策、政府施政，体现地方的政绩。

作者客观地认为“板块集结”“门类位移”是一种新的做法，但希望尚未开编的地方，在采纳此法之前首先要了解一下首轮的篇目分类方法，研究一下首轮志书门类设置的逻辑关系，其科学性和整体性的体现到底在什么地方，对此我们需要继承什么？扬弃什么？在此基础上，再研究一下“板块集结”“类目位移”的科学性和逻辑关系，进行一个认真的比较，然后再予以定夺。以上只是一管之见，供方志界同仁参考。

---

①《辞海.缩印本》上海辞书出版社 1989 年版 1438 页“板块构造说”条。

②梅森《志书篇目分类述论》（《中国地方志》2007 年第 10 期）。

③《中国共产党 80 年大事记. 1988 年》 人民网 www.people.com.cn。

④《解读十六届五中全会：构建发展与环境新型关系》（《中国青年报》2005 年 10 月 30 日）。

⑤《百度百科.浏览词条》：“城市基础设施”。

⑥见十六届三中全会通过的《中共中央关于完善社会主义市场经济体制若干问题的决定》第一部分“（3）深化经济体制改革的指导思想和原则”。

⑦《地方志工作条例》（2006 年 5 月 18 日《中华人民共和国国务院令（第 467 号）》）第三条。

⑧梅森《续修城市志：写好基础设施建设》（《上海志鉴》2001 年第 5 期）。

（《中国地方志》2008 年第 9 期）

自评：文献的加强与突出，根本在内容，但 2005 年前后起，有人将其放在了形式改造上，我归纳名其“集结、位移”，集结是目的，位移是手段。中央一时期提出什么，志书就位移加强什么。少数篇章的地情篇章升格或前置，是可行的，但不是多个篇章政治概念下的位移、前置、集结。必然打破了志书记述对象自然与社会，人类社会进程先后，经济基础与上层建筑，与文化之间，产业结构自身之间，人与社会之间正常科学的逻辑关系；甚至形成志中志。本人评稿、审稿，一直的观点是，只要分类（篇目）在逻辑上自成体系，评审者就不必强调非得按照自己认可的某种分类形式，而评稿的重点是在实写的类目上、内容上，而并非在虚设的高位层次上。

这一点非常重要。有些人并不认为如此，不以为然，志书越评编者越不知所从，志稿越改反倒越差。

地方志是法定的若干年续修一次，不是“一次性”编纂，应该遵循科学的历朝历代稳定的类目。相对的稳定，前后志书才具有稳定的纵横分析比较的价值。这种大的集结位移，还有一个主要原因，就是行政管理修志，业务缺乏继承，方志机构的领导很少是方志业务出身，故不重视学术性、业务性，而是注重宣传性、影响力、领导兴趣，故大面积地集中强化宣传就不奇怪了。这样的志书科学性必然大受影响。

《〈上海市志（1978—2010）〉编纂实施方案》的辨析与备考

地方志书编纂实施方案是一轮志书编纂的总纲，是蓝图、规划目标、工作原则和组织原则。地方志书编纂实施方案小概念仅指“实施方案”本身，大概念包括其他围绕方案实施而制定的一系列配套文件。第二轮《上海市志》大概念的实施方案就包括：《〈上海市志（1978—2010）〉编纂实施方案》《〈上海市志（1978—2010）〉卷目及分工》《〈上海市志（1978—2010）〉行文规范》《上海市地方志书评审验收规定》《上海市志评审专家库入选标准》《〈上海市志（1978—2010）〉编纂经费预算》《〈上海市志（1978—2010）〉出版印刷版式规定》等等（见2010年11月上海市地方志办公室编、梅森起草内部印刷的黄皮本《上海市第二轮市级志书编纂手册》、上海通网站市志编纂培训栏）。本文仅从小概念的《〈上海市志（1978—2010）〉编纂实施方案》（含卷目分工）本身谈些在起草形成过程中的论证和心得。

地方志书编纂实施方案（以下简称：实施方案）是一轮志书编纂的“作战方案”，它的制定及产生过程，是对前轮修志经验的总结借鉴，对本轮志书记载对象（地情、时代特点）的研究，是总体思路下的融汇思想协调各方的产物。正因为实施方案不仅具有实践性，同时具有理论内涵，所以把方案设计、讨论（争论）的主要问题、思考辩析记录留存下来有三大作用：一是可成为方志学科建设的重要内容，可备下轮修志参考；二是各地互相交流取长补短；三是留给接任者了解前任的思考，以便更好地领会，以保持正确意见的稳定延续（当然不当的也需修正），保证志书质量，“铁打的营盘流水的兵”是耶。根据以上目的，本人作为方案的主要设计人，有责任进行以下留存。

一、《〈上海市志（1978—2010）〉编纂实施方案》的形成过程

据本人掌握的材料，第二轮《〈上海市志（1978—2010）〉编纂实施方案》在

全国二轮修志以来，是形成时间最长的一个方案，自2003年12月开始调研论证，2005年春节期间写出第一稿，至2008年底基本定稿，前后调研、起草、论证、修订了整整5年的时间。

其间，一是于2004—2006年四次分别至黑龙江省、吉林省、北京市、河北省、重庆市、湖北省、四川省、安徽省、云南省、湖南省等省市地方志办公室，对先行的省市第二轮省市志编纂方案，包括组织、总体规划、如何与首轮修志衔接进行调研。二是2003年12月至2008年3月，在市内围绕如何记述好改革开放以来上海的市情，如何处理好第二轮市级志书与首轮上海市级志书的衔接，志书断限，志书的总体结构与市场经济社会环境下如何收集资料、组织编纂，尤其是卷目分工设置，进行调研、座谈、发函征求意见。三是同期就上海市志的卷目与分工征求史学界、方志界、其他相关专业专家学者的意见。5年间为征求专家学者的意见，召开大的专家论证会50人左右的5次，小型座谈会20多场，总计700余人次。参加的学术单位有上海社会科学院、复旦大学、华东师范大学、上海大学、上海师范大学、市委党校、上海图书馆、上海档案馆、上海商业经济研究所等；参加的著名学者、领导有复旦大学原党委书记、上海市地方志编纂委员会副主任林克，教授、中国地方志指导小组成员邹逸麟，教授周振鹤、巴兆祥，华东师范大学教授王家范，上海师范大学教授苏智良，上海社会科学院副院长、历史所所长、研究员熊月之，上海图书馆原党委书记、安徽省地方志办公室原主任、安徽社会科学院历史所原所长、研究员王鹤鸣，市档案局高级馆员马长林等。重大的会议，主要是2003年12月在闵行区诺宝会议中心召开的专家论证会，2006年10月在浦东新区召开的委办局志办、区县志办主任业务骨干论证会，2007年7月12日、17日在上海市社联召开的两次专家论证会，2008年4月在上海社会科学院召开的专家论证会。四是就卷目与分工、新的市场经济环境下如何组织志书的编纂到有关部门单位调研。2005年就市场经济环境下如何组织市级志书编纂，市场经济环境下资料渠道状况，对市政协办公厅、宝钢集团公司、上海电力集团公司进行调研，宝钢党委书记刘国胜等领导同志亲自接谈。2006—2007年对市委党史研究室、经委、农委、统战口、政务口、建委（交建委）、宣传口、发改委、财政局发函（市级志书编纂方案和篇目分工征求意见函），征求意见。其中：党史研究室、农委、统战口、宣传口、发改委、商联会上门（或接谈），以座谈会形式收集了意见。其余均提交了文字意见，并签章。自2004年起，还利用上海市地方史志学会的年会和学会专业理论委员会会议5次研讨上海市志的编纂。2008年3月市地方志编纂委员会主任会议研究讨论了《上海市志卷目及分工（讨论稿）》，中共上海市委副书记、市地方志编纂委员会主任殷一璀，市委常委、宣传部部长、市地方志编纂委员会副主任王仲伟，副市长沈晓明等都提出了很好的意见。根据编委会主任会议意见，除再次召开专家论证外，又发公函至政法委、信访局、教委、卫生局、知识产权局、信息化委员会、经委、司法局8家单位征求了相关意见。2008年10月上海机构大部制改革后，对卷目分工作了最后修订。2009年11月将下限由2005年调整为2010年，计划用两个五年计划时间，至2020年完成编纂任务。

二、回顾上海首轮市级志书的编纂特点

上海首轮市级志书包括两个系列，一是《上海通志》系列，二是上海专志系列丛刊。

上海首轮社会主义市级志书编纂是一次全社会大规模的社会调查，成书的两个系列：《上海通志》为宏观统率型的大型志书，共10册、46卷、1083.6万字。上限根据事物作历史追溯，下限1995年。该著1994年启动编纂，2005年一次各册集中出版，获上海市第八届哲学社会科学优秀成果著作类一等奖。《上海市专志系列丛刊》，共110种（部）、1亿字左右，上限根据各行业特点作历史追溯，下限大多数是1990年或1995年（即“七五”或“八五”最后一年）。专志系列为相关部门单位企业承编，“一步成志”，又分别独立成书、陆续出版的编纂方式，有专业内容为主，部门内容为辅混合型特征。专志既是独立的系列，又是作为《上海通志》的主要资料来源。就是说《上海通志》是在“上海市专志系列丛刊”的基础上提炼，“两步成志”的。

上海市第二轮市级志书要在这样的基础上编修，面临的有三个方面的选择：一是编纂方法，是否“萧规曹随”照搬首轮模式，先编“专志系列”，再在“专志系列”资料基础上浓缩加工成“上海通志”“两步走”？二是自然断限，也就是是否以上海首轮志书的下限为标志，以1990年或1995年的次年为二轮上海市志的上限，与首轮志书不作任何重复，编《上海通志》的续志？三是结构问题，是否仍然采用“中篇体”，设46卷？

三、二轮上海市级志书记述的城市特点和时代特点

二轮市级志书最终规划也是两个系列，一是《上海市志》，二是上海市级专志（设计初称“上海实体志”）。《上海市志》编纂围绕的特点是改革开放进程中上海的城市特点和时代特点。总体上说，就是邓小平同志南方谈话后浦东开发开放以来，上海积极探索并逐步形成的具有中国特色、体现时代特征、符合上海特大城市特点的发展新路，即走城市功能塑造、国有企业改革、城市环境建设、促进地区间联动发展的道路。具体是产业“退二进三”特点、向国际大都市迈进的大规模城市基础设施建设特点、融入国际的科技文化发展特点等。具体是推进“四个率先”，建设“四个中心”，即加快建设国际经济、金融、贸易、航运中心和社会主义现代化国际大都市。经济社会持续发展中，既先试先行，又认真贯彻落实中央宏观调控决策，加快转变经济发展方式，促进速度与结构、效益相协调。浦东开发开放取得巨大成功，二轮综合配套改革试点有序展开。重点领域改革包括国有资产管理体制改革、国有企业改制重组、上市公司股权分置改革、改善民营企业发展环境等。城市经济结构中外向型经济比重不断增大。城市建设和管理方面，包括枢纽型、功能性、网络化基础设施体系的建设，具体是上海国际航运中心建设，上海航空枢纽建设，上海铁路枢纽建设，市域高速公路网、中心城区快速路网系统和一批黄浦江越江通道等重要交通设施建设。此外，信息基础设施综合服务功能建设，环境保护和生态建设，国家园林城市建设等。选择科教兴市战略，积极推进科技创新。不断推进教育综合

改革，不断改善义务教育办学条件，扩大高中优质教育资源，完成高校布局结构调整，完善职业教育、终身教育体系，使得新增劳动力平均受教育年限不断增长。不断推进公共卫生体系、健康城市建设，进行社区卫生服务综合改革，不断提高城乡医疗卫生条件、市民健康水平，增加市民平均期望寿命。人民生活方面，城市和农村居民家庭人均可支配收入、拥有财产性收入不断提高，居民消费结构升级不断加快，物质文化生活日益丰富。城镇登记失业率下降，困难群众的就业问题得到解决。不断推进“城保”“镇保”“农保”“综保”等基本社会保险制度建设，推进和谐社会建设。

改革开放中，上海同样面临如何处理发展与稳定、发展与环境、发展与以人为本的问题。如大规模国际大都市建设中动拆迁问题，20 世纪五六七十年代城镇人口支边支内插队回城安置问题，高速发展后成本提高影响进一步招商引资的问题，高科技产业培育期间新的经济增长问题，产业结构调整企业制度改制中下岗及再就业问题，分配公平问题，大规模的人口流动与城市治安问题等，上海能在 100 万职工转岗就业，100 万市民动迁安置这样大规模的变革中，始终保持整个城市的有序发展是非常了不起的成就。

以上大体是我们今后在《上海市志》编纂中需要体现的城市特点和时代特点。

四、二轮上海市级志书编纂模式的选择及其要点

（一）改“两步成志”为“一步成志”，改“中篇结构集中出版”为“小篇平列结构分别出版”

《上海通志》是首轮全国唯一采用“两步成志”的省级志书，用了 11 年时间，如果没有《上海专志系列丛刊》的资料，《上海通志》就成为无源之水、无本之木，是无法编纂的。而《上海专志系列丛刊》是 1987 年稍后启动，至 2005 年《上海通志》完成，共用去 18 年。所以，再使用“两步走”，耗时太长，长时间不见社会效益，影响领导与编纂人员的积极性，更不利于社会的及时利用，不符合高速发展的时代特征（实际上“两步成志”一般只适用于中等城市志和县志，因为其规模比省级志书小）。2003 年 12 月 22 日，在闵行区诸宝会议中心第一次《上海市志》编纂论证会上，就发生争论，部分主要参加《上海通志》编纂工作的同志认为第二轮应该是《上海通志》的续志，应该仿照上海首轮做法“两步成志”；但多数同志，尤其是参加首轮《上海专志系列丛刊》编纂的同志，也有既参加通志、也参加专志编纂的同志表示反对。一位在上海修志界很有影响的同志发表的意见较有代表性，他认为：“‘一步走’、‘两步走’，通过通志这么多年经验教训，还是‘一步走’为好。《上海通志》1993 年启动，到今天还没有完成。”后来又经过多次讨论，加上方案设计者（按：梅森）意见与多数讨论者意见大体一致，所以，《上海市志》最终采用“总体设计，分解到部门，一步成志”的方法。其间，还有人提出，分解到部门就是编纂部门志，对此观点又进行了说明解释，也就是市志是按照行业、事业、政权政体及社会团体活动分类，内容兼顾市属市境，分解到部门只是承编任务的落实。还有人搞不清部门志的“部门”与“经济部门”（产业、行业）的“部门”的区别，实际上部门志

是指记部门管辖内容，部门管辖的行业、党政工团内容。

由于采用“一步成志”，成一部出版一部，必然不可能再采用《上海通志》的中篇设置，而改为小篇平列体。初，设计 145 个互不统辖平列的专志，每专志独立出版印刷，但专志之间板块、排列关系是符合严谨的逻辑关系的。采用此种平列结构更重要原因是因为市场经济社会农工商、科工贸、产学研、城乡一体化，多元性，设置政治、经济、社会、工业、商业等大门类难于归属，如“绿化园林”“水利水务”是归属农业还是城乡建设？工业是否只能写工业生产不可写市场商贸？旅游业、金融业是否统属服务业？农业、科技等服务业如何处理？人力资源社会保障是放在政治类还是社会类？烟草业包括一、二、三产如何处理？等等。如果我们只强调各专志的内在逻辑，无需太看重虚设“经济”“政治”“文化”“社会”“工业”“商业”的大门类领属，以上问题就可以迎刃而解。2007 年江苏省志办省志处江龙波等三位同志来沪交流，本文作者向其介绍了《上海市志》小篇平列体的构思，并提供了卷目分工和方案（当时告知只是个人意见，因为未定稿）。江龙波、雷卫群在《中国地方志》(2008 年第 9 期)发表文章:《第二轮省级志书编修方式的探讨》(23–25 页)，认为“《上海市志》是目前全国第二轮省、自治区、直辖市所有小篇体中分类最细、规模最为宏大的。……（小篇体）有利于资料的收集、分类。……操作性比较强。不足之处是卷数较多，志书规模较大，容易出现交叉重复等。……（当前省级志书）采用小篇体的占 54%……中篇体的占 20%……大篇体占 17%……丛书加简志的 9%”。（其实“丛书加简志”，福建、新疆，其丛书也是小篇体）至于是否小篇就文字量过大，要看对《地方志工作条例》所讲的“地方资料性文献”的理解了。至于，小篇体是否容易交叉重复，要看总纂者、总体设计者的水平和业务指导是否扎实。大篇设置、中篇设置过粗，由于版本问题，文字必然偏简，既难编写，也容易失去志书的资料性特征。另外，大篇、中篇体归属困难，不便反映市场经济的多元化，更容易机械重复。所以，关键的是“小篇分志分卷平列体”体现了志书资料性文献的基本特征，较符合科学分类与现代社会分工的实际。《地方志工作条例》规定：“地方志书，是指全面系统地记述本行政区自然、政治、经济、文化和社会的历史与现状的资料性文献。”“大篇统辖体”“中篇体”表面上看形式科学，但由于分类较粗层次较高，束缚了部分多重性事物门类内容的置放。而“小篇专志平列体”多开资料“仓库”，能够不受过多束缚地安排资料，体现志书“资料性文献”的基本特征。

由于与江龙波等同志的意见相近，上海的一些专家也提出整体性问题，的确有些同志看不出小篇平列的内在逻辑，加上部分同志认为要与《上海通志》结构大体衔接。为了协调各方、统一思想，2007 年 7 月 12 日在淮海中路市社联《上海市志》编纂方案专家论证会后，在小篇平列体（专志平列）内核不变的情况下，改形式为分志、分卷平列结构，即增加了分志的虚设层次，册数总体不变，一个分志可以单独一册出版，如“绿化园林分志”，也可分数册出版，如《工业分志 · 工业综述卷》《工业分志 · 纺织业卷》等。2008 年 3 月，《上海市志》卷目及分工在市地方志编纂委员会主任会后基本定稿，最终包括 58 个分志（部分，总述、大事记称“部分”）、

122 个分卷、155 册（部分分志下无分卷，部分分志下辖若干分卷），详见《〈上海市志〉卷目及分工》表。虽然设了 58 个分志这一中间层次，但属于虚设层次，与原设计无本质的区别。

第二轮《上海市志》采用“小篇分志分卷平列体”有利于由单位、部门独立成志，调动单位、部门的修志积极性。由方志指导部门与承编部门、单位共同商定分志的具体类目，从而从全系列保证志书内容的宏观布局和科学性，分志、分卷间的编排科学性、逻辑性，由承编部门、单位编写成书，“一步成志”。这样也可以不断有成果，鼓励士气，先进推动后进。

（二）第二轮市级志书仍设计为两个系列——《上海市志》系列和上海市级专志系列（实体志系列），但与首轮有重大的区别

上海首轮市级志书是两个系列。《上海通志》属于宏观统率型内容，偏重于中观市情的“高屋建瓴”；而《上海市专志系列丛刊》偏重于专业、事业分类记述，从中微观上体现志书的基本功能——资料性文献，但由于编纂专志丛刊的目的是为《上海通志》打资料基础，所以专志系列中也留有一些非专业（门）的部门内容，方志界称其为“部门志痕迹”。

第二轮上海市级志书编纂的时间对象是社会主义市场经济时期，市场经济的主体是关乎国计民生的企业和事业单位。这些“主体”在市场经济的活动中往往是“一主多辅”或是“跨地域、跨行业、跨所有制、跨国别”（而不像计划经济时期分工明确，做工的不经商，经商的不做工）。以专业（门）分类为系统的志书反映了社会统计调查者、志书编纂者对客观事物的系统综合分类，对于分门别类地了解自然、社会具有自身的科学性。但人为地组合资料后，不足的是社会主义市场经济多元性就反映不出来；与全国比较，作为市场经济发育最深入的上海更是如此。因此，第二轮上海市级志书规划了与首轮不同的两个系列，一是《上海市志》系列，另一个系列是上海实体志系列（《上海市地方志工作“十一五”规划》称上海市级专志系列）。前者是从行业、专业、事业、政治活动、社会生活等角度出发编写，后者是从市场主体角度写“主体”的多元性。两者结合，以期全面地反映社会主义市场经济时期自然、经济、政治、文化、社会的特点和全貌。规划市级专志（实体志）66 种，大型企业集团志系列包括《宝钢集团志》《百联集团志》等，重要高等院校志系列包括《复旦大学志》《上海交通大学志》《同济大学志》等，重要研究院所志系列包括《中科院上海分院志》《上海社会科学院志》等，主要医疗卫生单位志系列包括《华东医院志》《华山医院志》《瑞金医院志》等。

需要备存的是，《上海市志》系列与上海市级专志系列的关系是主辅关系，前者主，后者辅（补充），两者的组织编纂要全面科学协调进行，正确的是集中人力在编纂市志的同时自然而然地编纂实体志，不可同时出击、互不相干、各自为政，不然，势必在人力、时间、业务等方面发生冲突，两系列志书整体性上出现问题，另外造成编纂单位无所适从，使整个市级志书的编纂造成混乱。

对第二轮为何称《上海市志》而不再称《上海通志》，此点也使原通志的编纂者有不少的意见，认为应该作为通志的续修，不应该另起炉灶。改变的原因是首轮的《上海通志》是通纪体，贯通古今，而第二轮是断代志；此外，根据国务院《地方志工作条例》规定“以县级以上行政区域名称冠名的地方志书”（见《条例》第十五条），其名称不应缺少政区的级别、性质，故“市”是不能少的，再称“通志“不合适，所以定名为《上海市志（1978—2010）》。

（三）第二轮上海市级志书记事时间断限 1978—2010 年

2006 年国务院《地方志工作条例》规定：“地方志书每 20 年左右编修一次。”当前，全国各级志书，续修的形式有三种：一是自然断限，即从上轮志书下限的第二年开始续修。第二种为了完整地反映改革开放的历史时代，从 1978 年十一届三中全会开始续修。第三种是重修，原因是首轮志书过简或有不少差错。第三种较少。主要是第一种和第二种。主张自然断限的同志认为，如果从 1978 年十一届三中全会写，大量内容与首轮志书重复，另外重新写是不是否定首轮修志？从改革开放初开始写主要从完整反映改革开放的时代出发。首轮志书虽记述了断限内的改革开放的内容，但当时总体篇目是计划经济体系的，对市场经济的记述有束缚。此外，当时对市场经济发展过程中的新事物认识得并不很清楚，记述的深度还待提高。否定首轮修志的看法是多余的：首先社会主义第一轮大规模新方志是贯通古今的，并没有人说否定了传统的地方志（旧志）。另外，不少的第二轮省级志书是从改革开放的源头开始写，如河北省志、山西省志、福建省志、湖北省志、湖南省志、广东省志、贵州省志、云南省志均是以 1978（1979）年为上限。还有个技术问题，根据“20 年左右一修”的规定，如果根据《上海通志》下限 1995 年，从 1996 年写起，到 2010 年为 15 年。如果参照《上海市专志系列丛刊》，下限不都一致，最早的 1990 年下限自然续修为 18 年，而大量 1995 年和 1995 年以后的均在 10 年左右。不足 20 年，难以马上启动编写。根据以上原因，第二轮上海市级志书的上限还是以改革开放标志性的起点年份 1978 年为宜。至于下限，以国民经济五年计划（规划）为选择因素，便于阶段性资料的运用，选择“十一五”结束的 2010 年为下限。所以，第二轮上海市级志书的时间断限为 1978—2010 年。与首轮志书的衔接与详略处理，实施方案中规定：为了记述的连续性、完整性，同时处理好与首轮上海市级志书（《上海通志》《上海专志系列丛刊》）的关系：1978 年以前内容作承前勾连（上限据情上溯，第一轮未修的志书从事物源头写起）；1978—1990 年浦东开发开放前简明记述；1990 年浦东开发开放至志书下限的 2010 年详记。中国共产党、人民代表大会、人民政府、政治协商会议、民主党派与人民团体等分志以换届为时间下限，即分别以 2012 年或 2013 年为下限。2010 年为下限，还可以完整地记述世博会（世博会为 2010 年召开）。

（四）为了突出时代性和上海新时期的地方特点，《上海市志》形式服从内容适当打破传统的逻辑分类

以上谈过，《上海市志》围绕的特点应该是改革开放的时代特点、“退二进三”“四个中心建设”的产业特点、向国际大都市迈进的大规模城市基础设施建设特点、融入国际的科技文化发展特点等。如果我们追求形式上的科学，就很难通过“资料分项库”（分志、分卷）的开启，充实特点资料。比如，我们仍然把农业与商贸平列一个层次，就无法反映上海国际商贸中心的特点。因此，除了在排列的横向关系上强调总体的科学性（关联性）外，分志的设立完全不考虑承编部门单位的行政级别，不完全考虑普通的常规的一般性分类，部分需反映清楚、需重点反映的事物“特点拔类”，“儿子”与“老子”平列。

为了从宏观上反映改革开放，设《经济综述分志》《经济体制改革分志》《国民经济社会发展图表》《浦东开发开放分志》《国有资产管理分志》《开发区分志》《私营经济分志》《外资经济分志》8部分志（首轮有《上海通志·经济综述卷》）。

为了突出上海建设国际性的商贸城市，设《商贸分志·商业街市卷》《商贸分志·百货业卷》《商贸分志·副食品业卷》《商贸分志·糖酒茶乳品业卷》《商贸分志·粮油盐业卷》《商贸分志·果品土特产业卷》《商贸分志·药品医疗器械业卷》《商贸分志·纺织品服装鞋帽业卷》《商贸分志·五金交家电化工业卷》《商贸分志·金银珠宝工艺品业卷》《商贸分志·文化体育用品业卷》《商贸分志·家具业卷》《商贸分志·生产资料业卷》《服务业分志·仓储物流业卷》《服务业分志·居民服务业卷》《服务业分志·租赁和商务服务业卷》《服务业分志·餐饮业卷》《服务业分志·宾馆业卷》《服务业分志·文化娱乐业卷》《服务业分志·会展业卷》《旅游业分志》《对外经济贸易分志》《工业分志·烟草业卷》23部（首轮上海专志系列为《上海粮食志》《上海副食品商业志》《上海日用工业品志》《上海物资志》《上海饮食服务业志》《上海对外贸易志》6部）。

为了突出上海金融中心地位，设《金融分志·金融综述卷》（含金融市场外汇市场，包括全国银行同业拆借市场、期货市场、投资者债券市场、黄金市场、钻石市场等）、《金融分志·银行业卷》《金融分志·证券期货业卷》《金融分志·保险业卷》4部（首轮上海专志系列为《上海金融志》1部）。

为了突出上海的航运中心地位，设《交通运输分志·船舶业卷》《交通运输分志·内河运输业卷》《交通运输分志·海洋运输业卷》《交通运输分志·港口卷》《交通运输分志·海事救助打捞业卷》《工业分志·船舶业卷》6部（与首轮专志系列相仿）；

为了突出上海国际都市的基础设施和城市及城郊建设，设《城乡建设分志·城市规划卷》《城乡建设分志·城市基础设施卷》《城乡建设分志·城市环保卷》《城乡建设分志·城市公共交通卷》《城乡建设分志·房地产卷》《交通运输分志·航空运输业卷》《交通运输分志·铁路运输业卷》《交通运输分志·公路运输业卷》（航运，见”突出航运中心地位”）、《邮政通信分志·邮政业卷》《邮政通信分志·电信业卷》《工业分志·航空航天业卷》《工业分志·电业卷》《信息化分志》《建筑业分志》《园林绿化分志》《水利水务分志》16部（首轮专志系列《上海公路运输志》《上海环境保护志》《上海市政工程志》《上海城市规划志》《上海铁路志》《上海内河海洋志》《上海沿海航运志》《上海港志》《上海邮电志》《上海航天工业志》《上海航空工业志》11部）。

为了突出科学教育文化艺术，设《科学分志·科学技术卷》《科学分志·人文社会科学卷》《教育分志·学前教育与特殊教育卷》《教育分志·普通教育卷》《教育分志·高等教育卷》《教育分志·职业教育卷》《教育分志·成人教育卷》《新闻出版分志·报业卷》《新闻出版分志·出版业卷》《新闻出版分志·广播卷》《新闻出版分志·电视卷》《文学艺术分志·文学卷》《文学艺术分志·电影卷》《文学艺术分志·戏剧卷》《文学艺术分志·音乐舞蹈卷》《文学艺术分志·曲艺杂技卷》《文学艺术分志·美术书法摄影卷》《图书文博分志·图书馆事业卷》《图书文博分志·文博卷》《档案方志分志·档案卷》《档案方志分志·方志卷》《文化产业分志》22部（首轮为《上海科技志》《上海社会科学志》《上海普通教育志》《上海高等教育志》《上海成人教育志》《上海职业教育志》《上海图书馆事业志》《上海文物博物馆志》《上海电影志》《上海广播电视志》《上海文化艺术志》《上海档案志》12部）。

为了增强社会类志书反映"以人为本"内容，设《民主党派与群众团体分志·工会卷》（含职工状况）、《民主党派与群众团体分志·妇联卷》（含妇女状况）、《民主党派与群众团体分志·共青团卷》（含青年状况）、《人力资源社会保障分志·人事卷》《人力资源社会保障分志·劳动卷》《人力资源社会保障分志·社会保障卷》《民政民生分志·民政卷》《民政民生分志·社会生活卷》《民政民生分志·农村农民卷》《民政民生分志·社区居民卷》《风俗方言分志·风俗卷》《风俗方言分志·方言卷》12部（首轮专志系列有《上海妇女志》《上海青年志》《上海工会志》《上海人事志》《上海劳动志》5部）。

其余分志、分卷设置大体同首轮志书。（详见本书方案部分《上海市志卷目及分工》表）另外，根据社会主义市场经济的特点，工贸一体化，大部分制造业专志以"业"命名，如首轮"上海专志系列丛刊"称《上海钢铁工业志》，第二轮《上海市志》系列称《上海市志·工业分志·钢铁业卷》，"钢铁业"就可以科工贸进出口集中编写，而首轮只能写工业内容。

考虑第二轮《上海市志》为"小篇平列体，一步成志"，设计各分志、分卷"子系统"相对独立，即行业产品、商品的价格，行业的科技、教育均在分志、分卷中集中记述，专门的《上海市志·综合经济管理分志·物价管理卷》主要记物价指数和物价波动与调整及物价管理，专门的教育分志记普通教育、高等教育、职业教育、成人教育，专门的科学技术分志·科技卷记宏观重大的科学技术研究。

（五）第二轮上海市级志书编纂组织、资料渠道与地情资料数据库建设

1. 编纂组织

经过多年调研，认为与首轮志书编纂相比，政治部类志书编纂单位、编纂组织方式变化不大，依然是依靠相关党政群团社团的委办局团体去组织编写。文化部类除文化市场、文化产业内容，其余变化也不太大，二轮主要由主管局，其次由文化企业集团组织编纂。与首轮修志比较变化最大的是经济部类，原来的行业主管局基本成为企业集团，加上行业的权属复杂，股权复杂，比如上海电业，按子行业有电力设计、电力生产、输配电、供电等，按权属有中央企业、上海地方企业、厂属自备电厂，还有民办的“垃圾”发电，具体企业有的属上电、有的属华能、有的属申能、有的属华东电网等。所以经济部类的综合经济管理（工商、税务、财政、质量技术监督、物价等）仍由政府部门编纂外，其他制造业、商贸业、服务业可由相关行业协会牵头组织编纂。考虑行业协会历史不长，由会长单位领导担任分志编纂委员会主任，相关行业单位领导共同组成编纂委员会，协调全行业进行资料征集和编纂分工。分志编辑室以放在会长单位为宜。社会部类以相关研究所、社会调查单位、专家个人承包项目方式组织编写。商业贸易门类原来最为棘手，协商市商联会组织相关行业协会编纂，大部制改革后，市商务委员会恢复，基本解决了该大口修志的领导问题。

2. 采取多元的方式收集资料，并通过二轮修志建立上海地情资料数据库

将第二轮修志当成又一次大规模的社会调查。市场经济社会是多元性社会，如果仍然按照首轮修志，单一由主管局编纂和收集资料，资料的征集范围和深度难免不足，很可能写的是工作情况。上海是国际性的都市，这里不但有市属企事业，还有外省市、外国在沪投资经营的企事业，从所有制结构看，更是国企、民企、外资、合资、合作均有，因此要采取多元多种方式征集收集资料。

首先，市财政不但要提供志书出版经费，同时还要提供资料费。市地方志办公室需要采取社会购买的方式组织人力，对《解放日报》《文汇报》《新民晚报》，上海人民广播电台、上海东方广播电台、上海交通台、东方电视台、上海电视台、上海教育电视台，市委、政府全宗档案资料进行收集、摘要，输入上海地情资料数据库。其二，各承编单位，要清理收集本单位的文档和市档案馆相关专业的文档，摘要输入电脑。其三，市办公室对无主管单位的商业内容、社会生活情况，编制调查表，进行社会调查，甚至可以委托调查公司进行若干专题调查。其四，市统计部门、市农调队、城调队提供统计资料和社会调查资料。其五，通过工商、税务等综合管理部门和街道、商联会、重点企业制表发函收集外资、合资、民企的资料。

为了提供社会利用，根据规划，上海第二轮修志重大的一个转变，是通过二轮修志为平台，建立上海地情资料数据库。承编单位先编资料长编，再编志书。这也是中国地方志指导小组《地方志书质量规定》所要求的。根据上海市志编纂方案，资料长编（每条资料均有资料来源）同时输入上海市地方志办公室的地情资料数据库。上海市地情资料数据库的建设，是通过第二轮志书编纂为平台所进行的上海市地方志事业的一项重要的基础建设。未来上海地方志工作包括：平时编纂年鉴、建立地方志资料年报制度、编纂志书、多渠道资料征集，形成资料数据库。未来地方志地情数据库的价值要大大超过文本志书的作用（当今各地建立的数据库普遍做法是把已经出版的志书、年鉴、地情书转为电子版输入数据库，因具体的资料基本不注资料来源，故其作用价值要大打折扣）。

五、《上海市志编纂实施方案》（含卷目与分工）的求同存异及未来编纂实施中需要注意的问题

地方志是官修而不是私修，编纂方案不可能是哪一人说了算。除起草人的意见

外，还要征求各级领导、专家学者、承编单位、社会其他有关方面的意见，故需要总揽全局、协调各方，包括《上海市志编纂实施方案》（含卷目与分工）的制定，只有保证方案基本科学并且适合社会分工的情况下，吸收多方意见，融合这些意见，才能够顺利付诸实施。任何一个体系均有利与弊，但必须利大于弊，也就是总体上要科学合理便于操作。《上海市志编纂实施方案》（含卷目与分工）同样有此类情况，有些问题需要备存，以便今后编纂中注意，因为《上海市志》的完成预计 10 ~ 15 年。具体需了解和注意的问题有：

（1）《上海市志》卷目总结构原设计为自然、经济、政治、文化、社会，取经济基础决定上层建筑，政府工作报告也是经济在前，政治在后。后按有关意见，根据条例："地方志书，是指全面系统地记述本行政区域自然、政治、经济、文化和社会的历史与现状的资料性文献。"改为政治在前，经济在后。原设计"档案""地方志"放在文化部类，根据有关意见调入政治部类政府部分。

（2）小篇平列体（排列专志）改用分志虚设中篇平列，向首轮《上海通志》靠近，形式上整体性增强，但一是导致内容归属问题，如烟草业，烟叶种植属农业，卷烟生产属工业，专卖属商贸，只能勉强放在"工业分志"中，称"随主业归属"。虽然设工业分志、商贸分志，但为了反映市场经济的工商一体化等，其实在编写上不受"工业""商业"分类的束缚，卷目及分工表下我们明确说明：原一轻、二轻工业内容归相关工商行业，即工业或商贸业中编写；根据改革开放以来上海工商业的发展融合与变化，编写中有些制造业内容放在商贸行业中以商带工；工业行业生产、经营、内贸、外贸、产品价格、科教一体化，"子系统独立"，反映行业全貌。可见"工业"分志"商业"分志大类基本虚设。二是分志与分志不够平衡，有的一个分志 1 册，有的一个分志 10 多卷，每卷 1 册。三是增加内容记述的难度，工业分志、商贸分志等设大类（分志）后必然要增加工业综述、商业综述等，原小篇排列全志靠总述、经济综述分志两块已可以解决经济总况的叙述，改为中篇分志领属增加了工业综述、商业综述后，今后全志谋篇布局一定要处理好经济综合性内容的机械重复问题。四是小篇平列，每册均称志，承编单位乐于接受，改中篇分志统辖后，从科学领属出发，如《上海市志·水利水务分志》《上海市志·绿化园林分志》只能独立，成为一部分志，而《上海市志·公安司法分志·公安卷》《上海市志·经济综合管理分志·工商管理卷》，只能是分志下的 1 卷，此类问题今后需要很好地解释。虽然，标目形式向《上海通志》靠近，但实质上依然是小篇排列分册出版，分志多为虚设层次而已。

（3）原设计中国共产党内容为一个专志一册出版，根据有关意见为了突出中国共产党的领导，《上海市志·中国共产党分志》设《中国共产党领导决策卷》《中共组织卷》《中共宣传卷》《中共统战卷》《中共纪律检查卷》《中共党校教育卷》《中共党史研究卷》7 卷分 7 册出版。今后编写中注意侧重写重要的党务活动，不要过多写一般常规的党务工作。

（4）信访内容考虑到近年续志只写信访量、信访工作，不反映各时期信访的内容，反映社会内容，设计时先置后取消，根据有关领导意见（下同）复设，注意反映信访反映的问题，否则设此志无价值。

（5）据有关意见，认为原设计的“信息网络”志名称不科学，改名为“信息化分志”，今后需注意与电子工业、电信等分志、分卷很好交叉处理，否则机械重复。

（6）据有关意见增设《知识产权分志》，今后注意与出版业卷、工商管理卷很好交叉处理。

（7）据有关意见增设《社会治安综合治理卷》，需注意与公安、审判、检察、司法交叉处理，避免写成“志中志”。

（8）据有关意见将广播电视一部志，改为广播、电视两部志，注意广播、电视公用器材的记述处理，如微波接受设备、海底电缆等。

（9）据有关意见将民主党派·工商联分志分为两志，今后注意工商联与私营经济等志的交叉处理。

（10）《上海市志》各实写分志和各卷小篇平列，分册出版，会造成书脊无编号，最好各册印完后加编号增印，或采取印刷手段烫到书脊上。

（《上海地方志》2009 年第 6 期）

自评：本文与前边《第二轮上海市级志书编纂的理论思考》(2007 年《上海志鉴》)是姊妹篇，是同一问题的两次阐述。前者是在上海市志实施方案和篇目起草期间的论证，而本文是 2009 年 11 月市志、市级专志方案、篇目完成后的剖析说明，因为已在进行 2010 年 1 月份编纂启动大会的筹备工作。本人的退休年龄就是 2010 年的 12 月。自知“铁打的营盘流水的兵”“兔子尾巴长不了”，故留下此文，以作存照和备考。根据本人数十年的的修志经验，即使你是通过政府通知发下去的方案、篇目，后人也是会修改的，原因不外乎是实施有难度、部门志意识、自卸担子、新领导意见、无须认清前人为何如此设计，赶进度，等等原因，当然可能还有其他原因。本文主要阐述了上海市志的篇目框架，为什么是这样不是那样。告知后人，就是希望后人修改篇目时，需要阐明自己的理由，阐述改易的原因；因为表面上看篇目框架就是一两万文字，但是本人 7 年研究设计的心血，大批专家、领导的论证。果不其然，6 年后，2016 年 3 月 18 日，市地方志办公室以编纂委员会的名义印发《关于下发调整后的〈上海市志（1978—2010）〉卷目和市级专志志目及编纂分工的通知》，将原方案《上海市志》卷目 155 卷（分志）调整为 148 卷（分志）；原《上海市级专志》篇目 65 部（专志）调整为 70 部（专志）。因为启动五六年了，故无法调整太大。但其合理性如何，见后附录的 2010 年 2 月 12 日上海市人民政府办公厅关于印发的《上海市第二轮新编地方志编纂规划的通知》的卷目及分工，在该处我将结合市地方志编纂委员会的调整，谈谈看法。行政修志就是这样，既然原方案卷目设计人还健在，调整之前听听意见又能如何？但我只是后来无意中看到调整的文件。所以板桥先生的“难得糊涂”学不会了，还是勉强再认真一下。根据编委会的新调整，我再谈谈认识，

留给后人比较分析，从实践角度以丰富地方志的编纂理论。经验教训都是财富。意见见后边方案部分。2008 年，市级志书又作第二次调整压减。地方志中途调整篇目，重点看是否造成要项的缺漏、逻辑的紊乱和专业志内容压缩成部门志内容。

二轮城乡建设部类志编纂的再思考

提　要：志书城乡建设类内容涉及经济与社会发展硬件建设的诸方面，应该从经济部类中升格出来进行研究。“城乡建设”与“基础设施建设”的概念及在志书中的运用。城市化进程加快导致愈来愈多的志书设置“基础设施建设”专类。作者认为设置城乡建设专类、基础设施建设专类或是分散排列为若干专类需结合地情和志种考虑，不可跟风。建设类的内容与基本类目。二轮志书建设类内容的质量要求。

关键词：城乡建设　基础设施 地情与志种　内容与类目　质量要求

按照地理、经济、政治、文化、社会五大部类，城乡建设类一直是粗分在经济部类中的，其实建设类不仅涉及经济，同时涉及文化、社会发展的“硬件建设”，本人觉得应该从经济部类的概念中独立出来。

城乡建设部类编纂思考，首先要明确“城乡建设”与“基础设施建设”的概念，以及二者的联系与区别。

一、城乡建设与基础设施建设的概念之区别及在志书结构中的运用

（一）城乡建设的概念

城乡建设顾名思义是对城市、城镇、集镇、乡村的人类生活环境的建设，具体包括市政、公用事业、住房、绿化、给排水、城市客运、市政设施、园林、风景名胜区、市容、环卫、集镇乡村等方面的规划与建设。城乡建设从管理上说，包括规范住房和城乡建设管理秩序、建立科学规范的工程建设标准、规范房地产市场、监管建筑市场、规范村镇建设、监管建筑工程质量。

城乡建设门类是地方志书集中记述城市、城镇、农村基础设施等方面建设的门类，在志书内容中，主要包括城乡建设规划、城市建设、村镇建设、住房建设、工程性设施建设，以及与之相联系的建筑业、房地产市场、建筑市场、城乡建设的管理等内容。

（二）基础设施建设的概念

按照《辞海（缩印本）》（1989 年版第 608 页）对“城市基础设施”的解释：“城市基础设施亦称‘城市公用设施’，城镇生产、生活及各种社会活动所需要的公共设施的统称。包括：社会基础设施和工程基础设施两部分，前者指文化教育、医疗保健、娱乐体育、商业服务、园林绿化等设施。后者指道路桥梁、交通运输、供水、

排水、电力、电信、煤气、热力、消防、环境卫生、防洪排涝等设施。”

《百度百科·浏览词条》“城市基础设施”条：“基础设施是一地生存和发展所必须具备的工程性基础设施和社会性基础设施的总称。工程性基础设施一般指能源系统、给排水系统、交通系统、通信系统、环境系统、防灾系统等工程设施。我国一般讲城市基础设施多指工程性基础设施。

具体的能源设施包括电力、煤气、天然气、液化石油气和暖气等设施；供、排水设施包括水资源保护、自来水厂、供水管网、排水和污水处理设施；交通设施分为对外交通设施和对内交通设施，前者包括航空、铁路、航运、长途汽车和高速公路设施，后者包括道路、桥梁、隧道、地铁、轻轨高架、公共交通、出租汽车、停车场、轮渡等设施；邮电通信设施包括邮政、电报、固定电话、移动电话、互联网、广播电视等设施；环保设施包括园林绿化、垃圾收集与处理、污染治理等设施；防灾设施包括消防、防汛、防震、防台风、防风沙、防地面沉降、防空等设施。”

（三）“城乡建设”与“基础设施建设”概念在地方志书结构中的运用

从以上概念，基础设施建设是针对城市建设而言，但地方志书是覆盖社会城乡各个方面（除城市中心城区志外），“城乡建设”的概念大于“基础设施建设”的概念，既涵盖城，也涵盖乡，因此，首轮三级规划内志书（省、市、县）一般设城乡建设专志（卷）、专篇、专章，用“基础设施”名称设门类不多（除城市区志中的中心城区的区志外）。改革开放以来，城市化进程加快，设“基础设施建设”门类明显增多，但总体看二轮省级志书（包括直辖市志）、县志基本仍设“城乡建设”门类，而市志、城市区志不少设“基础设施建设”门类。

在记述内容方面，大多数工程性基础设施、社会性基础设施仍放在相关专志、专篇、专章分述（如学校教学设施仍然放在教育门类中记述，铁路工程放在交通门类记述）；也有部分集中工程性基础设施设“基础设施建设”门类的；还有极少数志书集中工程性基础设施和社会性基础设施内容设“基础设施建设”门类的。

二、二轮志书城乡建设内容的布局

首轮修志大多把基础设施的内容分解到交通、邮电、城建、市政建设、环保等分志（卷、篇、章）中去写，好处是行业基础设施建设与营运、经营一起记述，保证了行业的独立性与完整性，也便于组织编写。缺点是“只见树木不见森林”，难看出一地（尤其是城市志）交通（海运、空运、陆路、公交、轨道交通、大型桥梁、港口）、电信、广场、绿地、园林、公共设施的宏观布局和总情况。

二轮修志，城市化程度高的地区的城市志设基础设施志（卷、篇、章），把工程类基础设施集中起来编写，甚至把社会事业类基础设施一并记述，而行业只记述经营。如交通、电信、公安志不再记道路、桥梁、机场、港口、传输线路、卫星接收设施、城市消防指挥中心的建设，只记交通的营运、电信业的经营、公安的灭火消防。优点是可以看到一地基础设施的总情况，缺点是行业的完整性失去，有被架空的感觉。

本人认为，二轮修志建设类谋篇布局方面应该根据地情设计。城市化发达与欠发达地区应该有所不同，直辖市、副省级城市志与省志应该有所不同，另外省志、市志（中小城市）、地州志、县志也不一定相同。

城市化欠发达地区无需集中设基础设施志（篇章），主要指地州县志和城市化程度不高的中小市志，因为这些地方有大片的农村，只写城市的建设，不写乡村建设是不符合中国国情的。省志记述，幅员辽阔，既涉及城市地区也涉及农村地区，加上内容文字量过大，往往是平列交通、电业、电信等若干分志（卷）编写，一部城乡建设志或一部基础设施建设志拿不下来，故也不一定要把基础设施集中记述。直辖市城市化程度高，但也有城郊型区县，如上海18个区县，就有宝山、闵行、嘉定、金山、松江、青浦、奉贤7个区，崇明1个县属城市郊区，仍然有部分的农村、农业、农民，如果从1978年改革开放记起，农村建设的内容就更多。加上直辖市基础设施建设内容分量大，一部基础设施（100万字以内）很难解决特大型城市的基础设施硬件建设的记述（即使只记工程类设施），故直辖市志大多采用小篇平列结构出版，基础设施建设内容可考虑采用集中与分散相结合的方法处理。中等城市志（属县另外设志，如合肥市志只记庐阳、蜀山、瑶海等市辖区，而不记肥东、肥西、长丰等属县）、城市区志（原郊区的区城市化发展程度高也包括）可以设基础设施志（只包括工程类设施），营运、经营部分可考虑复合门类，如交通与电信合，市政公用事业合（公交、供电、供水、供气等）。副省级城市（属县另设志书），文字量大，多卷本出版的可以参考直辖市志的方式；文字量一般，册数不多的可以参考中等城市志的方法。综上分析，分别是：

（1）城市化欠发达地区仍然沿用首轮志书的结构安排设建筑业、交通、邮政、电信、城乡建设等篇章。（2）城市化程度较高的中等城市志和城市区志设基础设施卷（篇章），从总体上反映一地基础设施建设情况；然后，再设交通、邮政、电信、市政、环保等卷（篇章）侧重记营运、经营。（3）特大城市城市化程度高，但基础设施文字量大，考虑采用宏观概貌与分行业记述相结合的方式记述。如《上海市志》先设“基础设施建设概况”卷，只记基础设施的宏观布局、演变、功能分区、网络，再设公路运输卷、水路运输卷、航空运输卷、电信卷、电业卷、水利水务卷、公用事业卷、园林绿化卷、环境保护卷等分别记述，不仅记设施建设（硬件），同时还要记营运、经营。分卷出版的副省级城市也可以采用此法。(4)省志宏观记述一省“基础设施建设”可以尝试，但困难，因为省志基础建设志除要介绍全省的交通管网布局，还需分地、州、市简约介绍立体工程设施的管网布局情况、市政设施情况等，难度较大，要等地州市志完成，时间较长。也可以不集中记基础设施，采用首轮分散平列记述的方式，总之根据本省具体情况安排。

也就是二轮城乡建设、基础设施建设的总体结构，要根据地情，考虑志种，不可跟风，不可人云亦云。

三、二轮志书建设类的大体内容

（一）从行业、地域看所记的基本内容

从事类看要写好“建设规划”（城市志是城市规划）、“基础设施建设”（市

政建设）、“公用事业”三块内容。

地域范围看要记好城市建设、集镇建设、乡村建设:（1)城市建设包括城市规划、市政建设（道路、桥梁、排水防洪、路灯照明）、公用事业（供水、供电、公共交通、民用燃气等）、房地产业（住宅建设、房地产开发等）、环境卫生、园林绿化、建筑业等。其中，大型城市也可分为中心城区建设、城郊建设、郊区建设，再分类记述。（2）集镇、农村建设包括规划布局、建设开发、公共设施、农村住宅、建设管理以及小城镇建设选介、小康村选介等。

（二）基础设施建设的内容重点

“基础设施建设”主要内容包括城乡市政建设（道、桥、水、照等）、能源建设、交通建设、邮政建设、电信建设、信息化建设、减灾防灾建设等。

基础设施建设记述的重点包括重点工程、特色工程；时代特色事物有房地产业、土地招投标、住房建设、新型公用事业、信息网络、地铁交通等。

（三）建设行业开放与改革内容

包括建设行业管理体制改革，基础设施建设各领域对民间资本、外资的开放政策，环保与环境治理、工程质量管理、资金管理等；投资渠道、投资效益，包括建设资金来源、国债资金、银行贷款、民企外资基础设施投资等。

四、二轮志书城乡建设类大体类目

大体包括基础设施概况与建设规划、市政建设与公用事业、房地产业、建筑业、城市环保与减灾应急、交通运输业、邮政电信信息业、集镇与农村建设八大方面。

（一）基础设施概况与建设规划

1.基础设施概况

宏观记述一地基础设施总况，尤其是第二轮志书下限的现状，统领基础设施建设中各专志（卷、篇、章）。围绕一地经济社会的功能分区（商贸区、科教区、工业区、住宅区等），概括介绍一地公路、水路、铁路、桥梁、航空线、网点、港站的吸纳辐射吞吐与通达状况，城市公共交通包括公交车、地铁的通达能力等，供水、电、热、煤气的网络管线与站点，邮政网点、电信网络与信息化网络，大中型经济社会类型建筑物的城市农村布局（绿地、科技馆、图书馆、学校、医院、宾馆酒店、银行、证券市场等）。能够反映基础设施的现有与未来一段时间的承受力，在建与待加强的设施等。

2.建设规划

建设规划包括：（1）总体规划包括城市发展规划、集镇规划、乡村规划、土地使用规划等；（2）专项规划；（3）城市测绘；（4）地名与地名管理（连带排列）。

（二）市政建设与公用事业

1.市政建设

包括道路、城市地铁、城市桥梁渡口、路灯照明及灯饰工程、排水防洪、河道整治、旧区改造与动拆迁、市政工程建设管理。旧区改造与动拆迁是反映民生的重要问题，是二轮志书重要记述内容，包括动拆迁总量、动拆迁管理、市政工程动拆迁、动迁房基地建设、配套商品房建设、赔偿与补贴、产生的社会矛盾问题及解决、动拆迁后新建情况、对城市发展的作用、动拆迁者安排情况。

2. 公用事业

公用事业包括供水、供电、供气、供热、公共交通、出租汽车交通、公用事业改革与管理。

（三）房地产业

房地产业是20世纪90年代后期兴起的新兴产业，关乎国计民生，社会影响大，关注度高，应该花大力气记好。

包括房地产管理、房地产开发企业、房地产布局与总量、新建住宅、新建商务楼、旧住房改造、商品房市场、物业管理。

房地产管理包括土地利用管理、房地产权籍管理、房地产交易管理、住房制度改革、房地产市场管理。

住房制度改革具体内容有住房公积金制度、公有住房出售、公有房屋出租、住房解困 、廉租房制度等。

商品房市场包括新商品房市场、二手房市场、商务楼市场、房屋中介、房交会、房价等等。

（四）建筑业

建筑业是与工业并列的第二产业，但地方志属综合性分类，故把建筑业与建筑成果——工程类基础设施放在一起，一并归为建设类记述是较为合适的。

1. 建筑行业

建筑行业包括土木工程建筑业、线路管道和设备安装业、装修装饰业三类。

土木工程建筑业：包括房屋建筑业，矿山建筑业，铁路、公路、隧道、桥梁建筑业，堤坝、电站、码头建筑业，其他土木工程建筑业。

线路、管道和设备安装业：包括线路、管道安装业，设备安装业。

装修装饰业：包建筑物的内外装修和装饰，车、船、飞机等装饰装潢。

建筑工程质量监管、施工管理、建筑市场监管等。

建筑企业包括企业概况、企业选介、企业一览表。

2. 勘测设计

主要记勘测设计专业机构、人员、构成、设计能力、代表作品等。勘测设计具体包括工程勘察与岩土工程、民用与公共建筑设计、工业建设工程设计、市政交通工程设计、城市建设的勘查业五类。

3. 建筑施工与建筑材料结构

建筑施工按建筑类型分述（参照勘测设计类型）。断限内一地建筑与装修材料类型、建筑结构样式，代表建筑。

（五）城市环保与减灾应急

1. 环境质量与管理

包括降水环境、地表水环境、大气环境、土壤环境、声环境、放射源环境（与自然环境门类交叉处理）的质量。

2．污染治理

包括水污染、大气污染、噪声与工业固体废物和放射性污染的监测与治理、典型污染及治理案例。

3．市容环卫

包括工程渣土与建筑垃圾管理、车辆清洁管理、道路保洁、垃圾收运、粪便清运、公厕管理与服务、水域环境卫生、固体废弃物处理利用、市容环卫监督、景观道路管理、户外广告设置管理、综合治理等。

4．园林绿化

包括园林绿化管理、公园（综合公园、文物古迹公园、纪念性公园、主题公园、动植物公园、森林公园、风景旅游区、陵园，动物园选、植物园选介）、绿化与绿地（道路绿化、单位绿化、居民区绿化、郊区绿化、园林绿化、公共绿地、植树绿化活动、绿地覆盖率、古树名木市花、成活大型树木珍贵花卉移栽等）、园林工程（含涉外园林工程连带记述）、花木花鸟业（园林苗圃花圃、园林花木生产、园林花木花鸟市场等）。

5．减灾应急

包括应急预案、城市应急联动系统、人民防空（有的放在军事门类）、城市减灾防灾。

城市应急联动系统包括通信、计算机、网络、地理信息（GIS）、全球定位（GPS）、图形图像、视频监控、数据库与信息处理形成的指挥系统。

城市减灾应急以地震、火灾、风灾、洪水、地质破坏为现代城市主要灾害源；也可以分为极端气象灾害（暴雨洪涝、雷电、高温热浪、雾害等），生命线系统事故（断水、断电、断气等），高技术事故（含高技术犯罪及信息安全隐患），地下空间致灾隐患（地下商业设施、地下交通、地下公共场所等），恐怖与社会灾害（敌对势力的恐怖袭击、公共场所人员骚乱等）五方面记减灾应急。

（六）交通运输业

1．公路运输业

包括公路建设、 公路运输设施与工具、公路客运业、公路货运业、公路养护、运力运价、公路运输管理、汽车运输企业。

2．水上运输业

主要记船舶、航线、客运、货运、集装箱运输、运力运价、运输管理、企业。

包括远洋运输业、沿海运输业、长江航运、内河内湖航运、水运辅助业（港口装卸、货物贮存、船舶物资供应、港口设施与管理、航道疏浚、救捞业）。

3．民用航空运输业

包括民航机构（航空公司、场站集团）、机场、民用飞机、飞行空服人员、空中航线、客货运输、运力运价、通用航空（工业航空、农业航空、林业航空和特种航空等各种空中作业及游览飞行）、航空运输辅助业（航空机务、飞机检修、航空器材、空中交通管制、通信导航、航空气象、航空客货运输代理、航油供应、售票及旅客服务等）、航空运输行业管理。

4．铁路运输业

包括铁路建设、铁路运输、铁路运输管理。

铁路建设包括境内各铁路干线、支线、专用线的建设，特大桥梁、主要车站建设，本地与铁路枢纽、全国铁路网连接关系。

铁路运输包括旅客运输、货物运输、军事运输、铁路大提速、运输组织、旅客服务等。

5．管道、索道运输业与物流仓储业

管道运输包括通过管道进行的气体、液体、浆体等运输活动，也包括泵站的运行和管道的维护；索道运输业包括风景名胜区索道运输等。

物流仓储业包括物流基地建设、物流经营、仓储业、物流企业、仓储企业；物流业包括运输、仓储、装卸、包装、配送、加工、信息处理等生产经营环节。

（七）邮政电信信息业

1．邮政业

包括邮政业务、邮政网路、邮政设施设备、邮政管理。

邮政业务包括函件、包裹、汇兑、邮政储蓄、报刊发行、快递邮件、邮票发行、集邮、邮政资费、代收水煤电电话费。

邮政网路包括邮政枢纽、营业局所、邮件分发、邮件运输、邮件投递。

邮政设施设备包括营业、分发、运输、投递、储汇、发行等设备，邮政专用工具、营业场所与网点分布、邮政枢纽大楼、邮政重件处理中心等。

2．电信业

包括长途电信、市内固定电话、农村电话、移动电话、无线寻呼与数据通讯、重大通信工程、电信管理、无线电管理。

长途电信包括长途电信业务、长途电信电路、长途电信设备，重大通信工程包括电信枢纽建筑工程、干线微波电路工程、卫星通信地球站工程、海底电缆工程、电缆载波干线工程等。

3. 信息设施

硬件通信平台、信息高速公路、信息系统（办公自动化与专业、专项操作自动化等系统）、网站、网页等（信息网络与电信设施设备内容交叉处理）。

（八）集镇与农村建设

1．集镇建设

包括集镇规划布局、集镇建设开发、集镇市政建设与公共设施、集镇绿化与环境保护、集镇建设管理、集镇城乡一体化建设、小城镇建设选介。

2．农村建设。

包括农村环境与生态、农村规划布局、农村住宅建设、农村公共设施、农村建设管理、“小康村”选介。

五、二轮志书建设部类的总体质量要求

二轮志书建设部类的总体质量要求如何？我认为能够全面反映基础建设相关部门的行业管理体制及改革，反映投融资渠道和效益，反映基础设施的功能布局。能够反映基础设施建设与经济社会发展的关系以及尚需配套的规划。能够通过对基础设施的宏观记述，包括政治、商务、文教、工业、农业等功能分区，道路、管路、线路、站点等网点布局，反映一地基础设施的总貌。能够对城乡建设规划、公用事业（给排水、供气、供电、城市公交）、园林绿化、环境保护、建筑业、房地产业、交通运输业、邮政业、电信业、信息网络业分行业（分门类）的中观记述，反映基础设施相关行业的建设速度、发展情况。能够通过对一地具体的重点工程、特色工程建设的记述，反映一地的技术进步、社会综合实力和吸引外资人才的能力。通过环境保护的记述，客观反映发展过程中不同阶段出现的环境污染问题和治理情况。能够反映一地城市建设、小城镇建设、乡村建设的真实面貌，即三者的差距和城乡一体化情况。达到这样的内容标准，我认为建设部类志书才总体上达到了高质量的要求。

（2009年11月中国地方志指导小组办公室苏州方志论坛会议参会文章）

自评：随着改革开放城市化，本文首次在方志界提出城乡建设应该从原经济部类中独立出来为一大部类的观点；并明确“城乡建设”与“基础设施建设”的概念，以及两者的联系与区别。城乡建设志记述的要点要素和质量要求。以及城市化程度不同、城市规模不同地区，直辖市与省、中等城市、县的志书的不同编纂结构。上海市志城乡建设分志与其他相关分志、分卷的集中分散结合的卷目结构，就是来自此思考（见2010年市政府用通知转发的《上海市志（1978—2010）》卷目）。

二轮志书“城乡建设”“基础设施”“人工环境”板块的辨析

二轮志书记述的时代，是我国城市化进程加快的时代，故志书大多数加强了“建设”类板块内容的记述，总体是好的，但也出现了不顾地情和志种盲目跟风的现象。

方志界对区域性志书宏观结构一般分为地理、经济、政治、文化、社会五大部类，城乡建设类一直是粗分在经济部类中的。随着城乡建设、基础设施、人工环境内容日趋重要，更由于此类内容不仅涉及经济，同时涉及政治、文化、社会发展的“硬件建设”，本人觉得应该从经济部类的概念中独立出来加以研究。也就是志书从大

部类出发进行研究的话，城乡建设、基础设施、人工环境应该独立为“城乡建设”部类（简称“建设部类”）进行研究，全志大部类随之调整为地理（建置与自然环境）、经济、建设、政治、文化、社会六大类。

一、中国城市化进程的加快，促进志书重视建设类内容的记述

中国城市学学者把中华人民共和国成立后的城市发展分为两大阶段，一是1949—1978年的30年，二是1979年至今的30年。改革开放以前，中国的城市发展是走工业化带动城市化的路子。城市建设是“先生产，后生活”，先建工厂后建生活设施，最后进行基础设施建设，除生产、生活最需的基础设施，如能源、交通设施外，一般基础设施，特别是环境保护设施等建设不够，欠下了许多的“债”。

改革开放前10年，也就是20世纪的70年代末至80年代末，城市发展快，重点仍在生产，但由于百业待兴，基础设施并非主要的矛盾，所以基础设施发展仍然滞后。但改革开放的前沿地区，如经济特区、沿海开放城市，一般指的是长江三角洲以上海、南京、杭州为中心的城市群，珠江三角洲以深圳、广州为中心的城市群和北京、天津环渤海湾城市群，在开发开放中，把基础设施建设放在营造投资环境的重要位置上。90年代，由于城市生产和生活迅速发展，基础设施落后成为城市发展的主要障碍和矛盾。因此，各类型城市越来越重视基础设施的建设，尤其是21世纪初以来的城市基础设施、市政设施投资政策、土地批租政策的改变和建立，城市能源建设、交通建设、环境建设都提高到一个新的水平。

因此志书记述好建设类内容是时代的需要，尤其是三大城市群地区、沿海地区和副省级城市、省会城市，城市化发展较快的其他地区编纂的志书。

二、城乡建设、基础设施建设、人工环境概念之区别

（一）城乡建设的概念

城乡建设顾名思义是对城市、城镇、集镇、乡村的人类生活环境的建设，包括市政、公用事业建设，具体有住房、城市客运、市政设施、园林绿化、风景名胜区、市容、环卫、集镇乡村等方面的规划与建设。城乡建设从管理上说，包括规范住房和城乡建设管理秩序、建立科学规范的工程建设标准、规范房地产市场、监管建筑市场、规范村镇建设、监管建筑工程质量。

城乡建设门类是地方志书集中记述城市、城镇、农村基础设施等方面建设的门类，在志书内容中，主要包括城乡建设规划、城市建设、村镇建设、住房建设、工程性设施建设，以及与之相联系的建筑业、房地产市场、建筑市场、城乡建设的管理等内容。

（二）基础设施建设的概念

《百度百科·浏览词条》“城市基础设施”条：“基础设施是一地生存和发展所必须具备的工程性基础设施和社会性基础设施的总称。……我国一般讲城市基础设施多指工程性基础设施。”

按照城市学理论，城市基础设施的内容大体包括六大系统，20多个子系统。六大系统是：①能源系统。②交通运输系统。③邮电通信系统。④供水、排水系统。

⑤生态环境系统。⑥城市防灾系统。

这六大系统按照我国现有的管理体制是分别由城建、交通、信息产业、水务、环保、民政、公安、民防等部门管理，但是在一部城市志中，我们必须把这六大系统作为一个整体去对待。因为城市是一个整体，六大系统、20多个子系统是相互联系和彼此协调的。

城市基础设施包含设施、产品（服务）和产业三种形态。设施既不是产品也不是产业。产业是指把基础设施实体或产品（服务）作为经营对象的产业和行业，如通信产业、自来水经营企业、公共交通企业等类企业，一般称为公用事业。

与首轮社会主义新方志不同，计划经济时代城市基础设施往往不以产业，而是以社会福利性面貌出现，而随着市场经济的发展和完善，越来越多的基础设施、产品和服务向着商品化、市场化发展，基础设施的经营范围越来越大。这样就为覆盖百业，而又以行业为骨架进行记述的综合性志书分类带来了困难。要全面反映基础设施的设施、产品（服务）和产业，必然肢解了行业的记述。

（三）人工环境的概念

中共十六届三中全会提出科学发展观，强调“统筹人与自然和谐发展”“经济发展与人口资源环境相协调”“人与自然和谐相处就是生产发展，生活富裕，生态良好”。为此，近年二轮志书把人工环境与自然环境作为人类生存发展的大环境在志书中进行布局，一般放在全志的志首。人工环境是作为板块理解的，一般不作为标题（而以上的城乡建设、基础设施在志书中是可作为标题的）。

李先庭、石文星《人工环境学》（中国建筑工业出版社出版2006年版）认为：人工环境的含义有广义与狭义两种。广义的人工环境是指为了满足人类的需要，在自然物质的基础上，通过人类长期有意识的社会劳动，加工和改造自然物质，创造物质生产体系，积累物质文化等所形成的环境体系。比如改造自然物质，包括温度、湿度、风速、污染气体、悬浮颗粒物、气体成分与气压等的改造；典型的人工环境对象包括人居环境、动植物的生长发育环境、食品的贮运环境、工业生产与实验检测环境等。

狭义的人工环境，是指由人为设置边界面围合成的空间环境。包括房屋围护结构围合成的民用建筑环境、生产环境和交通运输外壳围合成的交通运输环境（车厢环境、船舱环境、飞行器环境）等。

明显，二轮志书的人工环境同样是关乎对自然改造，对生产环境、生活环境改造的大环境，从地方志书内容分析，这里所指的“人工环境”是要覆盖志书大多数门类的。可见，人工环境又是一个涉及领域广泛的体系。

三、民国间志书、首轮志书“建设”类在志书中的布局

（一）民国间志书的布局

如：黎锦熙《城固县志拟目》（《方志学两种·方志今议》28~128页）：疆域总图、大事年表、建置沿革志、地质志、气候志、地形志、水文志、土壤志、生物志、人口志、农矿志、工商志、交通志（含邮电）、水利志、合作志（含仓储、救济、合作互助）、

吏治志、财政志、军警志、自治保甲志、党务志、卫生志、司法志、教育志、宗教祠祀志、古迹古物志、民族志、风俗志、方言风谣志、人物志、艺文志、征文、丛录。

可见总体布局是按近现代西方科学文化传入后的体系谋篇布局，基本为：建置（定政区以确定记事范围），自然环境（人类生存的外部条件）、人口（百业活动的主体）、农工商经济各业（经济是人类活动的首要）、政治、文化、社会。其中交通、邮电、水利等设施与经营放在经济与政治之间，艺文、征文作为附录性放在社会部类之后。

建设类内容主要是交通志（含邮电）、水利志等，证明当时县一级的基础设施建设很落后。

（二）首轮社会主义新方志建设类内容的布局

首轮志书总体宏观布局为：地理（建置、自然环境、人口）、经济（含城乡建设）、政治、文化、社会。

首轮建设类内容布局为：

省、市（地、州）、县三级志书中：（1）农村为主体的区域志如县志，城乡综合型的志书（既有农村也有城市），如省志、直辖市志、地州志、城市郊区区志，一般设有城乡建设志（篇、章、卷），同时设交通、邮政、电力、环保等志（篇、章、卷）；（2）中等城市志、计划单列市市志、城市中心城区区志，城市特征集中（记市区，不记郊县），一般不设城乡建设志，也大多不集中设基础设施志，而是将城市建设（含基础设施建设）内容采用小篇平列体方式分散记述。21 世纪出版的首轮志书，在内容上没有根本改变，只是在位置上进行了位移，如《厦门市志》。具体示例如下：

1. 首轮城乡综合型或农村为主的区域志书“建设”内容门类

（1）省级志书

如：《吉林省志》设建设志，同时设测绘志、交通志、铁路志、邮电志。《安徽省志》设城乡建设志，同时设交通志、测绘志、邮政志、电力志。《上海通志》设城市建设卷，同时设房地产卷、邮电卷、交通运输卷。

也有：《广东省志》不设城乡建设志，而是设铁路志、邮电志、公路交通志、环境保护志。

（2）县志

如：安徽《肥西县志》设城乡建设与交通、邮电章。安徽《全椒县志》设城乡建设与交通、邮电、电业章。

（3）地、州志

如：《黔东南州志》设城建志与交通志、邮电志。《安顺地区志》设城建志、邮电志、交通志。

（4）城市郊区区志

城市郊区的县与一般县的设置大体相近。

如：上海《松江县志》设建设环保、交通、邮电等卷。上海《嘉定县志》设建筑业、交通邮电、城乡建设卷。北京市《石景山区志》设城市建设编、城市管理编、交通邮电编。

2. 首轮城市型或城市型成份大的志书“建设”内容门类

（1）直辖市志

《北京市志》不设城乡建设志，排列园林绿化志、房地产志、道路交通管理志、公共交通志、道桥志、排水志、环保志、建筑志、供水志、供热志、燃气志、邮政志、电信志。

《上海专志系列丛刊》不设城乡建设志，而设城市规划志、市政工程志、住宅建设志、测绘志、建设工程志、邮电志、房地产志、内河航运志、公路运输志、沿海运输志、长江航运志、上海港志、民用航空志、铁路志、园林志。

（2）副省级城市、中等城市志（不记属县）

如：《广州市志》设城建、交通邮电。

《青岛市志》设海港志、邮电志、交通志、环保志、环卫志、公用事业志、园林绿化志、市政工程志、房产志、城市规划建筑志。

《厦门市志》第一册设土地房产、城市建设、交通、邮电、环境保护（该册还有自然环境、建置、人口），放卷首第一册，与自然环境放一起，取环境（自然、人工环境），与土地、人口放一起取基本国策。该志 2004 年出版，虽是首轮志书，但融入二轮志书的一些新观点。

《长春市志》设城市煤气志、城市热力志、城市供水志、环境保护志、邮电志、公路交通志。

《蚌埠市志》设城建、交通邮电。

《安庆市志》设城市建设、环境保护、交通、邮电。

《马鞍山市志》设城市建设、交通、邮电。

（3）城市中心城区区志

如：上海《黄浦区志》设城市规划、市政建设、房地产、房屋建设、特色建筑、交通邮电等卷。

上海《徐汇区志》设房屋建筑、房地产业、市政基础建设、环境保护、交通邮电等卷。

3. 首轮建设类内容布局小结

从以上分析和示例：

（1）首轮志书记述的时代，城市基础设施建设、城市化进程的程度还不高，另外计划经济环境下城市基础设施还没有作为产品、产业进行经营，其影响和作用相对经济、政治、文化等内容，相对较弱。因此，首轮志书一般设城乡建设、城市建设，同时设交通、邮电、电力（后三项已经是产业）进行记述。城市化程度高一些的城市志、城市区志，往往也只是细分基础设施建设各类进行记述，如《青岛市志》《黄浦区志》。

（2）地方综合性志书覆盖社会城乡各个方面（除城市中心城区志外），因为“城乡建设”的概念大于“基础设施建设”的概念，既涵盖城，也涵盖乡，因此，首轮三级规划内志书（省、市、县）一般设城乡建设专志（卷）、专篇、专章，用“基础设施”名称设门类不多。

（3）内容方面，工程性基础设施、社会性基础设施仍归类所属行业记述，放在相关专志、专篇、专章中，如学校教学设施放在教育门类，空港、铁路、海港、道路、桥梁工程放在交通门类，输电线路放在电力工业，煤气设施、供水排水设施放在市政建设，消防大楼放在公安门类中。几乎没有从基础设施、人工环境角度集中记述的。

四、二轮志书“基础设施建设”“人工环境”内容的集中与以行业事业为骨架的传统布局的矛盾及利弊剖析

（一）二轮志书“基础设施建设”“人工环境”内容的布局

可资分析的主要是规模相对小、单本出版的县级志书、城市区志和中等城市志续志。因为省志、大型城市志等成系列的志书因为规模大，尚未出版。当然，编纂方案、篇目基本出台。

总体看，改革开放以来，城市化进程加快，设“基础设施建设”门类和集中人工环境与自然环境集中放在卷首的志书、篇目设计明显增多，有一种倾向和潮流的趋势。

在基础设施设置中，大多集中工程性基础设施设“基础设施建设”，还有少数志书集中工程性基础设施和社会性基础设施两项内容设“基础设施建设”门类的。

如，安徽省地方志办公室编写的《实用续志编纂100问（2004年内部印刷）》把“人口资源环境与基础设施》部类放在卷首置于经济部类之前（明显根据十六届三中全会提出的“统筹人与自然和谐发展”“经济发展与人口资源环境相协调”设置）。基础设施部分包括市政建设、公用事业（煤气、水电、公交等）、房地产业、建筑业、园林绿化、集镇建设、农村建设、交通、邮政电信、水利，把工程性基础设施和基础设施相关产业一并记述，外延扩大，并导致房地产业、建筑业、交通、邮政电信业等下游产业置于上游产业农业、采掘业、工业、商贸之前。安徽的二轮市、县志基本如此编排。该省《六安市志》（续志）设“基础设施与基本建设”。河南《镇平县志（1986—2000）》的第六至第九章为电力、交通运输、邮电通讯、城乡建设，虽不设基础设施，但作为人工环境板块前移。上海《普陀区志（1991—2003》卷三“城市基础设施”，含道路、立交设施、桥梁渡口、交通运输设施、园林绿化、环境卫生设施、供水排水设施、供电供气设施，卷二十五电力燃气水的供应业。将基础设施与相关产业分开记述，前记设施建设，后记经营。上海《奉贤县续志》与《普陀区志（1991—2003》设置大体相同，但卷四设城乡基本建设，因为“基本建设”外延大于“基础设施”，意图既可以写设施工程，也可以写规划和建设管理，还写了农村建设。

当然，也有不少二轮志书仍然维持首轮的构架，如上海《松江县续志》，仍然把基础设施与相关产业一并记述，卷二十七至三十设规划卷、建设环保卷、交通运输卷、邮政 电信卷。新疆《阿克苏地区志》（2008年版）第十七编城乡建设 环境保护。

（二）新布局与传统布局的不同与利弊

新布局与传统布局不同主要有三点：

1. 是全面考虑城乡建设还是侧重考虑城市的基础设施建设

传统布局是把城乡建设综合考虑，既考虑城市基础设施建设，也考虑了农村村镇建设的记述。而二轮新布局完全从城市基础设施的集中加强考虑。传统布局记述容易全面，便于分工编纂，城乡均能得到反映，但基础设施集中不够，亮点得不到集中突出。新布局集中城市基础设施的亮点，便于宣传和反映改革开放的巨大成就，缺点是农村建设反映不够，对于城市中心城区没有问题，因为没有农村，如《普陀区志（1991—2003》；这就是为什么，《奉贤县续志》（是城市郊区）、《六安市志》（《六安地区志》续志）不叫“基础设施建设”而叫“城乡基本建设”的原因。

但《奉贤县续志》收录的内容叫“基本建设”也较为勉强，基本建设的概念是：“社会主义国民经济中投资进行建筑、购置和安装固定资产以及与此相联系的其他经济活动。”按建设用途分类包括两方面：（1）生产性建设项目，工业建设、水利建设、运输建设等；（2）非生产性建设项目：住宅建设、卫生建设、公用事业建设等。可见工业建设、卫生建设、水利建设均不在《奉贤县续志》的卷四“城乡基本建设”中记述；至于经济活动就更是有独立类目了。

2. 是以行业、事业为构架还是从集中突出出发谋篇布局

传统布局是以行业、事业为记述骨架。而新布局是靠概念性集中归类，如“以人为本”概念把与人有关系的集中，不惜把人物放在卷首；“环境和谐”，把自然环境与人工环境集中卷首；“三次产业与国际接轨”，机械地照搬国民经济代码谋篇；“基础设施”集中，就把工程类设施乃至社会类设施集中卷首作为人工环境。

行业、事业是社会生活的基本构架，此构架虽然随着社会的发展进步会有变化调整，但基本结构变化不大，因此志书传统布局可以保持志书作为严肃性资料文献的结构稳定。基础设施与基础设施相关行业、行业经济集中写，能够保证行业、事业记述的完整。新布局把基础设施建设与相关行业分开写，虽然加强了基础设施，但肢解了行业。

3. 从志书结构的科学性逻辑性看

传统布局是按照自然环境、经济、城乡建设、政治、文化、社会编排，其中经济部类按照一、二、三次产业的逻辑关系排列。而新布局主要考虑加强、集中，必然以特殊性影响了事物的普遍性。比如，基础设施集中，造成上游产业的农工商未出现，下游产业的交通邮电电信跑到前边去了。由于基本从“集中突出”出发，造成其他门类归属的不顺与迁就。如城市规划、旧区改造动拆迁、房地产业、建筑业都要远离基础设施建设门类很远。如果我们设传统的城乡建设，这些问题均不存在。

五、因地、因志种制宜，科学谋篇布局

地情与志种是志书分类的重要依据（另还有行业、时代、修志轮与轮间的稳定可比性）。

综上所论，首轮修志大多把基础设施的内容分解到交通、邮电、城建、市政建设、环保等分志（卷、篇、章）中去写，好处是行业基础设施建设与营运、经营一起记述，保证了行业的独立性与完整性，也便于组织编写。缺点是“只见树木不见森林”，

难看出一地（尤其是城市志）交通（海运、空运、陆路、公交、轨道交通、大型桥梁、港口）、电信、广场、绿地、园林、公共设施的宏观布局和总情况。

二轮修志，城市化程度高的地区的城市志设基础设施志（卷、篇、章），把工程类基础设施集中起来编写，甚至把社会类基础设施一并记述，而行业只记述经营。如交通、电信、公安志不再记道路、桥梁、机场、港口、传输线路、卫星接收设施、城市消防指挥中心的建设，只记交通的营运、电信业的经营、公安的灭火消防。优点是可以看到一地基础设施的总情况，缺点是行业的完整性失去。

本人认为，二轮志书的创新是可贵的，但二轮修志“建设类”谋篇布局方面应该根据地情、志种设计。城市化发达与欠发达地区应该有所不同，直辖市、副省级城市志与省志应该有所不同，另外省志、市志（中小城市）、地州志、县志也不一定相同。具体设计如下：

（一）省（自治区）志

省（自治区）志记述的幅员辽阔，既涉及城市地区也涉及农村地区，加上行业事业齐全，文字量大，大多是平列若干分志（卷）编写，一部城乡建设志或一部基础设施建设志拿不下来众多的内容；另外省内各城市志、交通志、电信志未出，省志写基础设施也不可能，故一般不设基础设施集中编成一部分志。仍然按首轮小篇平列设城乡建设、交通业、邮政业、电信业、信息业，行业产业设施经营一体化编写（当然如果编简志除外，比如一部省志只设计 10 多卷，只写概况，文字量不大）。

（二）地州县志和城市化程度不高的中小城市志

城市化欠发达地区无需集中设基础设施志（篇章），主要指地州县志和城市化程度不高的中小市志，因为这些地方有大片的农村，只写城市的建设，不写乡村建设是不符合中国国情的。建议设城乡建设（含建筑业）、交通、邮政、电信等。

城郊型区县，如上海 18 个区县，就有宝山、闵行、嘉定、金山、松江、青浦、奉贤 7 个区、崇明 1 个县属城市郊区，仍然有部分的农村，如果从 1978 年改革开放记起，农村建设的内容也有很多。所以还是设城乡建设为宜。如果部分需要设基础设施建设，必须将交通、邮政、电信合为一篇（复合门类处理），因为设施“硬件”被抽，只有经营，文字量减少。

（三）直辖市志

直辖市基础设施建设内容分量大，一部基础设施（100 万字以内）很难解决特大型城市的基础设施硬件建设的记述（即使只记工程类设施），故直辖市志大多采用小篇平列结构出版（丛书型），基础设施建设内容可考虑采用集中与分散相结合的方法处理。

如《上海市志》卷目与分工，先设“基础设施建设概况”卷，只记基础设施的宏观布局、演变、功能分区、网络，再设公路运输卷、水路运输卷、航空运输卷、电信卷、电业卷、水利水务卷、公用事业卷、园林绿化卷、环境保护卷等分别记述，各行业志不仅记本行业设施建设（硬件），同时还要记营运、经营。这样设计，既见“树木”，也见“森林”。

（四）大型副省级城市、省会城市志

分卷出版的副省级城市、省会城市志也可以既设“基础设施建设概况”，同时设交通、邮政、电信等业编纂，因为城市规模大。当然概况的文字量小于直辖市，交通邮政等行业适当复合门类。当然也可以不设“基础设施建设概况”，而分解基础设施各行业分卷编纂。

（五）中等城市志、城市中心区志

中等城市志（属县另外设志，如合肥市志只记庐阳、蜀山、瑶海等市辖区，而不记肥东、肥西、长丰等属县）、城市区志（原郊区的区城市化发展程度高也可包括）可以设基础设施（只包括工程类设施），营运、经营部分可考虑复合门类记述。如交通与电信合，市政公用事业合（公交、供电、供水、供气等）。

也就是说，二轮志书城乡建设、基础设施建设的总体结构，要根据地情，考虑志种；集中也好，集中与分散相结合也好，分散也好，前移也好，维持传统也好，创新也好，要操之有度，不可不加思索人云亦云，糊里糊涂依葫芦画瓢。

（《中国地方志》2010 年第 6 期）

自评：本文是2010 年全国地方志学术年会文章，再次提出，志书大部类应该调整为地理（建置与自然环境）、经济、建设、政治、文化、社会六大类。建设部类析出，除改革开放后城市化的原因外，另外是城乡建设本身不只是经济属性，同时又是文化、社会事业属性。文章还剖析了志书“城乡建设”“基础设施”“人工环境”板块在志书中如何布局编纂；提出要根据地域、志种不同，谋篇布局，不要追求形式跟风。介绍了《上海市志》卷目与分工，先设“基础设施建设概况”卷，只记基础设施的宏观布局、演变、功能分区、网络，再设公路运输卷、水路运输卷、航空运输卷、电信卷、电业卷、水利水务卷、公用事业卷、园林绿化卷、环境保护卷等分卷记述，各行业志不仅记本行业设施建设（硬件），同时还要记营运、经营。这样设计，既见“树木”，也见“森林”。2016 年7 月上海市地方志编纂委员会调整卷末，已经取消了上海市志基础设施分志。可惜！

地情数据库是未来地方志事业发展的基石

提要：本文分析了当今方志系统地情资料数据库建设的成绩、特征及需要发展完善的地方，认为应该结合二轮修志编纂资料长编，以电子卡片的形式分门别类建设新型的地情资料数据库。方志系统地情资料数据库必须有自己的定位，即属地情二次性资料文献数据库，资料具有权威性、存史性、使用广泛性。新型资料数据库需建立地方志门类为系统的资料入库系统和编制以门类检索为主的多元性检索系统，并认为要进行地方志门类要素的研究，以提高资料长编从而提高地情资料数据库的质量。认为，地情数据库是未来方志事业发展的基石。

关键词：数据库　定位　构想　基石

2006年颁布的国务院《地方志工作条例》第十六条规定："县级以上地方人民政府负责地方志工作的机构应当积极开拓社会用志途径，可以通过建设资料库、网站等方式，加强地方志工作的信息化建设。公民、法人和其他组织可以利用上述资料库、网站查阅、摘抄地方志。"各地地方志办公室开始积极建立地情资料数据库。2008年11月6日，中国地方志指导小组常务副组长朱佳木在第四次全国地方志工作会议工作报告的"今后五年地方志工作的方针和主要任务"中，要求"加强地方志资源开发利用，努力实现地方志资源数字化、网络化""在信息化技术普及的情况下，把地方志资源数字化、网络化，建成大大小小、多种多样的地情数据库和网站，是开发利用地方志资源最有效的手段"。这些规定和工作要求从根本上明确了地方志工作、地方志事业长远发展的主要方面。地情数据库建设是未来地方志事业发展的基石。

一、当今方志系统地情数据库建设的情况

全国开展地情数据库建设最早的省级志办是山东省地方志办公室，山东为全国方志系统最早启动信息化建设的省份之一。1996年， 山东省省情资料库一期工程顺利完成， 成为全国方志系统第一家省情资料库。1998年创办了山东省情网。多年来， 他们按照"资料数字化、编辑无纸化、传输网络化、办公自动化"的总体方向进行运作。其他各省级、副省级区域志办也先后建立了地情网，具体地情网有"北京市地方志""上海通""黑龙江省情信息网""吉林省情网""广东省情信息网""湖北方志网" "新疆通览" "内蒙古区情网" "安徽地方志" "四川资源网" "浙江通志""福建省情网""陕西省地情网""河南省省情网""贵州方志与地情网""广西地情网"，还有一些地州市级志办也建立了自己的地情网站。

从目前建成的地情数据库看，基本是数据库纳入网站中，如山东省，省情资料库"共建有专题数据库99个、年鉴库19个、其他数据库6个。除山东省省情资料库外，山东省情网还设置近20个一级栏目、100多个二级栏目、4300个页面，共计3亿多字， 形成了纵贯古今、横陈百科、内容丰富、特色鲜明的地情资料网站"。可见，当今所建的地情数据库基本是将首轮志书或其他地情书的文本转为电子版上网。地情资料库进行的"数字化资料的搜集"，"山东省史志办不但规定本系统内出版的志书、年鉴及其地情资料的数字化资料要及时报送省史志办"，同时还与省社会科学院、高校等建立资源共享。从"上海通"网站的栏目也可以看出此点，除"总述""上海360度"是反映工作动态、志鉴研究、上海基本地情（概况）外，主要栏目包括区志、县志、专业志、上海通志、上海年鉴、区县年鉴、特色志，实际是首轮志书、地情书及年鉴的文本转电子版。其他全国各地地方志系统网站大体相同。另外，检

索系统基本是以志种归类，以具体每部志书为资料库单元，以篇章节目为编次检索。

二、方志系统地情数据库的定位

当今，各级地方志机构的地情数据库建设的速度是很快的，成效是巨大的，基本上把首轮修志以来的成果数字化并上网提供社会利用。

但，地方志系统地情资料数据库要有自己的定位，是否就是每轮修志的文本翻为电子本上网？我认为是不够的，这只是我们工作的第一步。因为，地方志是资料性文献，资料性要素最重要的一条就是资料要有原始出处，而文本志书考虑篇幅是不注资料出处的，无资料原始出处的资料学者在研究时是不大敢使用的，即使用了，他学科学者或某某核心期刊那里的评价也要大打折扣。故数据库采用文本地方志转电子版在资料质量上是不够的。另外，成书的地方志与资料的比例幅度很大。1999年6月，广西通志馆冼光位先生重点统计了广西已出版的40部志书，其中《广西通志》专志20部，市、县志20部，从这批志书的《后记》中了解，这40部志书共收集了各种资料42573万字，平均每部志书收集资料1064万字。这40部志书的出版字数共3738万字，平均每部志书93.45万字。每部志书的出版字数只占资料收集数字的8.78%，即平均为每部志书出版提供11.39倍的资料。也就是要编纂出100万字的志书，大致需搜集2000万～3000万字的资料，编纂600万字的资料长编。可见采用文本地方志转电子版建地情数据库在资料的量上也是不高的。当今，地方志系统数据库检索途径手段基本是按志书篇目设计的分类索引，分类检索到某篇目后，要么是阅读该部分全文，要么在该部分采用自己设想的“主题词”（人名、地名、文章名等）进行搜索，分类（篇章节目）索引是精确的，而“主题词”是模糊的，随着数据库资料量的不断增加，检索将越来越困难，如搜索“梅森”会出现大量的“周梅森”（著名作家）词条的链接。所以说，当今地方志系统地情数据库的检索系统还需进一步完善。

地方志系统地情数据库的定位窃以为：属地情二次性文献资料数据库，一是主要收录地情资料（反应地情的大背景资料也可适当收录）；二是资料必须经过筛选加工，为部分全文收录或大多节录的二次资料文献；三是资料具有存史价值。缺此三点必然雷同于其他的综合性网站，特别是一次性文献的档案系统网站。

三、地方志系统地情资料数据库进一步建设的构想

数据库建设除技术手段外，重要的是明确地情数据库的主要资料来源。地方志系统资料的主要来源应该是修志编鉴过程中的资料和成书的资料，而其中最重要的资料来源应该是资料长编。资料长编从哪里来，每个修志的同仁都会知道要从每轮修志的编纂中来。因为每轮修志是组织社会方方面面的地情大调查、资料大汇集。2007年11月中国地方志指导小组出台的《关于第二轮地方志书编纂的若干意见》“五、关于内容记述”中明确要求“编写志稿前，应对入志资料进行系统梳理和研究，编辑好资料长编。”这不仅为提高志书质量，同时为建设地情资料数据库打下坚实的基础。虽然近年有些地方提出地方志资料年报制度的好做法，但毕竟是通过有关部门年报，与大规模的修志的资料征集还是不一样的。年报资料往往是部门管辖的省属、市属、区属，而很难是省境、市境、区境的资料。所以，第二轮修志是建立

一地地情数据库的极佳平台，不可“倒计时”“按换届”抢时间仅满足文本志书的完成。机会一失，又要到20年以后的第三轮修志。

地情资料数据库进一步建设的方法如何呢？

（一）根据一轮修志的篇目分类研究本地地情数据库框架

根据志书基本门类、时代特点、地方特点、行业特点、地域规模设计地情资料数据库框架，并且研究实体资料单元的要素。比如“水环境”包括水系、水况、水汛、水位、水体、河流（主流、支流）、湖泊、海洋环境状况，即水质、矿物质含量、生物状况。“水质”包括水的类型、PH值、总离子含量、矿化度（毫克当量/升）、总硬度（毫克当量/升）、阿列金分类、受污染等级，当地各分区水系不同情况等。使资料收集具有可参照性，最终达到数据库的全面系统科学。

资料长编资料收集系统包括志书承编单位、地方志办公室、社会调查（购买社会服务）三方面。志书承编单位主要收集专业文档和其他本专业文献资料；地方志办公室组织收集报刊资料和综合性档案全宗（如党委全宗、政府全宗）；地方志办公室采用购买社会服务的方式收集社会内容资料。资料长编以电子卡片形成，先按地情数据库框架归类，再按时序排列，合而成为本类库，再各类库汇而成为整个地情资料数据库。综合性资料在每类中独立置前。如，金融业分为银行业、保险业、证券业、期货业等资料子库，那么“金融”市场管理综合资料就设置“金融综合”资料子库处理。

电子卡片除资料本身内容外，主要附加要素与首轮修志的纸质卡片大体相同，包括：①分类号（代码），指数据库分库号，如最高门类第2库、中门类第3库、小门类第1库、子门类第6库代码为2316；②资料文献类别指档案类（D）、报纸类（B）、期刊（Q）、图书（T）、网络（W）4种，括号内填写字母即可；③资料原文标题；④资料内容标题，指摘录资料内容概括的标题；⑤资料内容时间（按此时间排列电子卡片顺序）；⑥资料文献名称指档案卷宗名、报刊名、书刊名、网站名及网址；⑦作者指文件发文单位、著作（文章）作者；⑧资料形成方式指“辑录”或“摘要”（节录，删节处用括号加“……”处理）。

问题是利用第二轮修志建立资料数据库，其电子资料只是第二轮志书断限时间之内的，因此要使地情数据库具有完整性，就必须在第二轮资料的两头进行衔接。首先是组织人力，按照数据库的框架把首轮志书、地情书资料做成电子卡片分类归入。目前的数据库是按书归属的，如《上海通志》《上海专志系列·农业志》《松江县志》等区县志都有农业，新的数据库是按照事类成库的，上海市全市种植业、各区县种植业均集中在一起，只有单体的电子卡片才会看出资料出处是通志、专志还是区县志。二是采用年报制度，由各省市区年鉴编辑部从事此项工作，以地情数据库框架及资料要素为参考，将第二轮志书断限以后的资料一年年地组织年报做下去，永不断章。

（二）建立新型的资料入库和检索系统

（1）建立地方志门类为系统的资料入库系统

即将资料长编的电子卡片按门类库归属，按时间排列，变以志书、地情书为系统的归类上网，为以事物类别为系统的资料长编上网，变志书、地情书篇章节目下模糊性检索为精确性定向检索。

（2）**编制以门类为主的多元性检索系统**

设计以门类为主，多元检索手段结合的检索系统，满足用户分途径的检索要求，包括：

门类（代码）检索系统：编制子库代码表，按表检索，比如经济—农业—种植业—水稻，"水稻"的代码是2111，点击2111，所有水稻种植的资料均在2111的资料库中，如果要想查2000年水稻种植的情况，再点击"2000"就可以找到需要的系列资料。如果，随着各地经济社会发展，数据库分类库局部调整，数据库在设计时设计有电脑自动调整生成装置，代码表也随之变更代码。如"水稻"上边增加其他农作物种植，代码变为"2112"，代码表"水稻"也自动改为"2112"，其他依次自动更改。

门类库分层检索系统：由高向低分层检索，点击顺序如经济→农业→种植业→品种→某某年代→某某年份。

关键词检索系统：从资料数据库资料的标题和内容中抽取具有代表性的关键

人名索引

地名索引

事件索引

自设主题词索引：查找资料者根据要查的资料内容特征自己设计主题词搜索，如同"百度搜索"。（此为无可奈何之举，一般不用此方式）

（3）**数据库资料的利用和锁闭**

资料长编为主形成的资料有公开上网供大众使用、内部使用和保密锁闭三种类型。数据库软件设计时要考虑这些。首先报刊资料本来就是可以上网的，档案资料根据保密规定该上网上网，该锁闭锁闭（解密后再公开上网）。

四、新型地情资料数据库建设的意义作用

新型地情资料数据库建设的最大意义是形成地方志性质特征定位的地情数据库，即与其他资料数据库不同的是资料具有权威性、存史性、精选性，属人工按地方志性质特征筛选提炼的资料（档案是一次文献，地方志资料是二次文献，查二次文献更加省时，并抓住主要历史材料）。新型地情数据库解决了资料出处及定向性输入定向性检索等问题。提高了检索的精度和加快了检索的速度。经过年复一年无穷无尽地补充资料，在为修志、编鉴研究地情服务的同时，并公开提供社会利用，地方志工作的存在价值和社会地位自然而然凸现。当社会方方面面使用资料时首先想到的是地方志系统的地情资料数据库，那么地方志的发展就有了更加深厚的社会土壤。

我个人大胆预言，未来地方志事业的发展，在价值与影响力方面，地情资料数据库要逐渐超过文本志书。作为地方志的核心组合地方志书、地方综合年鉴、地情资料数据库"三位一体"，将来第三轮修志，主要承担地方志资料文献功能的是地情资料数据库，地方志书承担概览性读本作用，地方综合年鉴承担提供年度信息的

功能（无需面面俱到）。

所以说，新型的地情资料数据库既可为修志编鉴研究地情服务，也可为社会其他各界查找资料服务，是未来地方志事业发展的重要基石。

---

①②刘秋增 孙忠华 李 坤：《信息化——地方志事业发展又好又快的助推器》（《中国地方志》2008 年第 5 期）

③冼光位：《续修地方志编纂的基本原则》（“广西地情网”2009 年 4 月 4 日发布）

（《中国地方志》2010 年第 8 期）

自评：为 2010 年 9 月在广州召开的由当代中国研究所、中华人民共和国国史学会、中国地方志协会联合举办的第十届国史学术年会（主题为“中国当代史研究与地方志编纂”）的入选论文。本文从创新角度阐述了地方志地情资料数据库的建设。随着互联网的普及，20 世纪 90 年代中期起，各省地方志机构开始探索信息数据库建设。2006 年国务院《地方志工作条例》发布后，各地进一步加强地情数据库建设。但直至如今，所建的都是志书、年鉴、地情书文本电子化的地情数据库。这与资料性的地情数据库还是有区别的。以资料长编为基础的地情资料数据库，本文是首次提出。我在上海市志编纂研究中，形成的是完整的资料→资料长编→编纂→资料数据库体系。我认为，地方志的地请资料数据库是“地情二次性文献资料数据库”，新型地情数据库解决了资料出处及定向性输入定向性检索等问题。提高了检索的精度和加快了检索的速度，我设计了资料数据库与长编的框架（详见梅森：《地方志书内容要素探微》数字化地情资料库框架设计参考，方志出版社 2009 年 9 月版）。资料长编来源包括每年的年鉴资料、每年的报刊资料、20 年一次地方志书编纂各部门资料长编、各时期图片资料。但上海市地情资料库的建设，由于要借用一个其他性质单位的模板，再加上文本转电子版可立见成效，本人的设计过于考虑事业的基础与未来，故无法实现。即使实现了，以现在的参照公务员体制是不会有人认真去做资料数据库的。所以，《探微》是此期研究的心血，留给后人参考，说不定哪天风气转了，有位在位的掌握权力和资源者感了兴趣呢？

方志学成为独立学科立项准入时机成熟

提要：本文是作者于 2010 年 4 月在中国地方志指导小组办公室组织专家参加的“方志学学科建设规划论证会”上的发言。作者认为，中国地方志方志学目前的学科地位与方志的历史、实践、规模、成就乃至研究状况极不相称，因至今没被列为独立学科，研究部门没有专门的研究所、高校没有专门的方志专业，影响了方志学、方志编纂、方志事业的进一步发展，尤其在人才队伍的培养上更是如此。本文作者从近代以来学科的裂变、方志传统的历史地位、方志学长期的学术积淀、方志广泛运用的社会基础四方面认为，方志学成为独立学科今天应该是水到渠成、顺理成章的。《地方志工作条例》《地方志书质量规定》的出台和国家级历史文献《汶川特大地震抗震救灾志》的组织编纂，应该是方志学成为独立学科的重要标志。

关键词：方志学 独立学科 准入依据 重要标志

学科建设推进学术的进步，促进事业的发展，方志学、方志事业的发展也当如此。

20世纪80年代大规模的社会主义新方志编纂以来，方志学学科的提出，方志学学科框架的探讨，具体的方志基础理论、方志编纂理论，以及方志管理、方志应用的广泛研究；特别是大规模的方志编纂实践及其编纂成果，为新兴的方志学科建设打下了较为厚重的基础。但由于外部环境和内部机制两大方面的原因，在学科建设的诸方面，还处于方志界关着门自言自语、自说自话的状况，尤其是尚未得到学术界和学术管理、教育部门、哲学社会科学研究机构的认可，因此，根据方志界近30年的实践和学术研究成果，应该有信心，迫在眉睫，亟待进行方志学学科成为独立学科的立项准入工作，要尽快寻求有关部门把方志学科成为独立学科建设纳入议程，以全面地推进方志学研究，推动方志事业的科学发展。

以下从四个方面谈方志学成为独立学科的理论与实践依据。

一、近现代以来我国学术和学科的细化裂变必然促使方志学成为独立学科

现代学科诞生之前，中国传统学术归纳为经、史、子、集（经学、史学、诸子学、词章学），被人称为“四部之学”。地方志是中国传统学术“四部之学”中“史部地理类”的学问。到了近现代，由于西学东渐，传统学术第一次裂变。左玉河先生认为：晚清时期，我国初步建立起现代意义上的学术门类，学术从“四部之学”向文、理、法、农、工、商、医“七科之学”转变。具体转型为1913年，中华民国教育部公布的《大学令》《大学规程》，对大学所设置的学科及门类作了原则性的规定……大学取消经科，分为文科、理科、法科、商科、医科、农科、工科7个科。[①]地方志应该属于“文科”。

学科发展到当代，随着经济社会的不断发展，学科不断裂变，学术研究不断细化。原来的二级学科、二级学术升到一级，三级升到二级。学科的划分有多种，1992年国家标准依据学科研究对象、研究特征、研究方法、学科的派生来源、研究目的目标等五个方面分成自然、农业、医药、工程与技术、人文与社会5个科学门类，各门类下设一、二、三级学科，其中共有58个一级学科。[②]我国目前普通高等学校的研究生教育和本科教育的学科划分均为哲学、经济学、法学、教育学、文学、历史学、理学、工学、农学、医学、管理学11个门类。1997年6月颁布的《授予博士、硕

士学位和培养研究生的学科、专业目录》将授予学位的学科划分为12个门类88个一级学科，381种二级学科。该目录是在1990年10月颁发的《原目录》的基础上修订的，与原目录相比，增加了管理学学科门类，一级学科原只有72个。作为一级学科的历史学仍遵照1992年国标《学科分类与代码》，其下包括历史学、史学理论及史学史、考古学及博物馆、历史地理学、历史文献学（含：敦煌学、古文字学）、专门史、中国古代史、中国近代史、世界史9个二级学科，其中未见方志学。[③]近年高校历史系开办方志研究生班，往往归入历史文献学专业、历史地理学专业中，连二级学科都不是，只是个“方向”，与地方志当今的影响、地位极不相称。但从以上我国学科建设的不断裂变，为了学术研究得更加深入，学科越分越细，方志学学科作为独立学科是人文社会学研究和发展的必然。

二、方志的历史地位是方志学成为独立学科的历史基础

地方志是我国独有的文化遗产，我国当今“保存的各种方志有八千五百种左右，共十一万多卷，占我国现存古籍的十分之一左右。……它和谱学一样，都是史学的旁支，并随着史学的发展而产生和形成，乃至最后成为一门独立的学科——方志学。”[④]还有人认为，地方志与国史是中国历史的两翼，是中国的国粹。地方志具有资治、存史、育人的价值，与国史一样，历来受到统治者和文化阶层的重视。2000多年我国中央政府的修志命令，包括封建社会的35份诏令，民国政府的11份“训令”“概要”“办法”，新中国50年代至首轮修志国务院的《通知》、中国地方志指导小组的《规定》等8份文件，共54份中央修志命令。2006年国务院又出台了《地方志工作条例》。[⑤]20世纪50年代以来，中央三代领导人都对地方志发表了指示、讲话或题词，第一代领导人有毛泽东、周恩来、陈云（对方志）、邓小平（对年鉴）等，第二代有江泽民、朱镕基（对方志）等，第三代有胡锦涛（对年鉴）。所以说方志的国家治理和传承中华文明的独特历史地位是方志学成为独立学科的历史基础。

三、方志活动的学术积淀是方志学成为独立学科的学术基础

2000多年来，在中国的历史长河中，不仅连绵不断地编纂地方志，而且有许多著名的学问家研究方志，宋代方志基本定型之后，就有范成大、罗愿、于钦、章学诚、戴震、钱大昕、阮元、方苞、姚鼐、顾炎武、梁启超、吴汝伦、黄炎培、余绍宋、李泰棻、王葆心、黎锦熙、甘鹏云等进行方志功能、体例、编纂方法等方面的研究。由于地方志横呈百科，纵追历史脚步，迫使它必须借鉴融汇，“从历史学，各种专门的史学、史料编纂学、自然地理学、历史地理学，到人文地理学、经济地理学（也可以作为人文地理学一部分）、社会统计学、社会学、民俗学等。”吸收营养。[⑥]

清乾嘉时期，章学诚通过“志属信史”、分立三书（仿纪传正史之体而作志，仿律令典例之体而作掌故，仿文选文苑之体而作文征）、四体（纪、传、考、图表）第一次提出系统的方志理论。梁启超总结清代国学研究时，1924年第一次提出“方志学”的新的学术概念，他说：“方志学之成立，实自实斋始也。”[⑦]民国时期方志理论研究空前活跃，出版了近10部方志理论专著，发表了百余篇方志论文。其中，

以“方志学”或“中国方志学”标名的著作就有多部，如李泰棻《方志学》、王葆心《方志学发微》、傅振伦《中国方志学通论》等。……民国时期的方志理论研究，无论是广度还是深度，都已超出了清代及其以前的水平……到此时也由以前的自发阶段进入比较自觉阶段。[⑧]中华人民共和国时期，尤其20世纪80年代开始的大规模新方志编纂以来，方志学研究进入有群体、成规模时期。《新方志理论著述提要》收集的方志理论著述，出版时间为上限自80年代首轮社会主义新方志编修始，下限至2003年，其中专著66部，个人论文集56部，集体论文集74部，共196部涉及方志发展史、方志学基础理论、方志学编纂理论。”[⑨]“截至2003年年底，共出版通论类专著41部、编纂类专著78部、个人论文集133部、群体论文集177部、方志评论集63部、其他专著85部，总计577部。而论文数量，仅据1999年国家图书馆地方志和家谱文献中心编印的《中国地方志论文索引》（1981–1995）的统计，发表在国内省级以上地方志专业刊物及其他有关地方志论文和备征文献21600余篇。如果加上1995年之后的、市县级地方志刊物上发表的以及论文集中的论文，总数当在10万篇左右。[⑩]2003年距今又7年过去，此间正是我们总结首轮修志、探索二轮修志的重要时期，又有大批的方志学著作和论文问世。据不完全统计，截至2010年，方志学著作约有700部，方志研究论文12万篇左右。

我国20世纪80年代大规模修志以来，高峰时有10万人左右的修志队伍，专职队伍目前也有1万～2万人，其中专职研究人员近万人，数千人评为编审、研究员系列高级职称；另外，还有一些高校、研究部门的专家学者参与方志学研究，就中国地方志协会第五次会员代表大会选出的理事和学术委员会委员构成看，形成了学术阵容。其间，复旦大学、中国人民大学、安徽大学、河北大学、宁波大学、苏州大学等高校间断地开办过方志专业的大专、本科、研究生班，培养了一批方志专业人才。

方志学研究不仅是在中国本土，另外西方汉学家也在进行方志学研究：日本在江户时代享保初年就开始进行方志目录的研究编纂，日本人最早的《府志目录》是1721年编纂完成的。1871年御文库书物奉行等开始研讨如何进行整理编纂《清国地志检目》。近代日本人编纂的方志目录有《中国府县志目录》《东洋文库地方志目录》《中国地方志总合目录》等10多种。日本人研究侧重方志的利用，包括提要方志（从明治后期开始）、探究纂修原委和版本源流，由目录揭示内容，并整理方志中的物产进行汇编；同时，近代以来日本学者长泽规矩、植野武雄对方志的名称、种类与属性，青山定雄、植野武雄、岩井英一等对中国方志发展史进行研究。[⑪]

清乾嘉以来方志学术开始系统性的研究，20世纪大规模社会主义新方志编纂以来学院派、实践派方志学术研究的不断融合推进，成果不亚于其他社会学科，加之方志学不仅是中国人在研究，西方学者、东方学者都有研究，不仅底蕴深厚，同时有与国外进行深入学术交流的基础。如果国外的方志学研究比我们专深，那是不可想象的。因之，方志活动的学术积淀是方志学成为独立学科的学术基础。

四、方志资源的广泛利用是方志学成为独立学科的社会基础

学术是立足于社会的土壤之中，而不是仅仅置身于象牙之塔，因此，学术的社

会价值应该与其存在（生存）有根本的关系。

“中国地方志合旧志与新编约近15000种，其数量之巨，涵盖之广，入藏之遍，当居世界前列。[……]1935年，朱士嘉编撰《中国地方志综录》，[……]收录自宋熙宁间至1933年的5832种方志。1958年该书又经增订，著录截止到1956年，收志7413种，并附台湾稀见方志232种，美国国会图书馆所藏稀见方志80种，为研究者提供极大便利。1985年，北京天文台成[……]《中国地方志联合目录》一书，共收截至1949年除山水寺庙志外之各级通志共8264种[……]。1993年8月，书目文献出版社出版之《中国新方志目录》第一册，收录1949年10月至1992年2月新志，包括较广，以省市县三级志书为主，旁及区、街道、乡、镇、村、山水名胜等专志和部门志达9000余种。”⑫据1996年《中国地方志总目提要》统计，1949年前传统地方志就有8577种。⑬中华人民共和国成立后，首轮纳入国家规划的6000余部省、市、县三级志书，已完成5000多部（截至2010年已经基本完成规划志书的编纂出版），同时编纂了数万种专业志书。⑭

另外，西方汉学方志研究。日本奈良时期就开始编纂风土记，德川幕府时期编纂各种地志2400多种（[日]岩根保重：《德川時代地志の概觀》第14页）。后期地方志编纂是在宽政末年，仿照奈良时代的（日本）风土记和中国方志（府志、通志例），编纂出《御府国风土记稿》《新编武藏风土记稿》《新编相模国风土记稿》。此期，在幕府的命令下，文化间、文政间各藩也编纂了大量的地方志。明治时代，日本才进入地方志与地方史并举的时代。⑮

自古以来，地方志书具有“资治，存史，教化”的功能，被广泛运用。地方志：是我们中华民族历史文化遗产中一个伟大的宝库，蕴藏着各个地区政治、经济、文化、社会、历史、地理、自然等各方面丰富的资料。……许多学者们已经从这个宝库中发掘出许多宝贵的资料。⑯明清以来，许多学问家利用方志资料从事民俗学、历史地理、社会经济、社会文化、社会政治等研究，取得让世人瞩目的成就，如顾炎武利用大量方志资料写出《天下郡国利病书》；中国科学院地震工作委员会历史组依据5600多种旧方志的资料编成了《中国地震资料汇编》；著名物候学家竺可桢根据方志记载的植物分布，研究出名著《中国近五千年来气候变迁的初步研究》；地质学家章鸿钊从方志中编辑出数十万字的《古矿录》；复旦明史专家樊树志征引大量江南乡里小志写出名著《明清江南市镇探微》等，不胜枚举。

在为当代经济社会发展服务中地方志也同样被广泛使用，无论领导了解地情向外宾介绍地方情况，还是招商引资，外事活动，项目决策，学术研究无不如此。如上海市地方志办公室的《上海通网站》，由于有大量的上海新旧地方志资料（1.5亿字），平均每天点击率近万次。在申报联合国文化或自然遗产中，如北京颐和园、天坛，安徽黄山、西递、宏村；江苏太湖；福建武夷山、土楼、“海上丝绸之路”等，无不引用大量的地方志资料编写申遗材料。城市规划和建设维护中，是凡涉及历史文化的，大都参考了解地方志记载的历史资料，如北京平安大街、香山公园、中山公园、颐和园昆明湖；淮安市志办主任根据方志资料提出“三淮一体”（淮阴县、淮安县、淮阴市）的城市发展方案，被国务院批准。青岛市史志办为滨海大道建设提供了有关地情资料。经济建设中，方志资源的利用更加普遍。山西通过方志资料研究，推出平遥古城、祁县古城和乔家等五家大院晋商民俗文化游。安徽全椒修志对古烽燧的考证，提出312国道高速公路（上海—伊宁）的建设建议。《全椒县志》对汉代县令刘平为民与传统风俗的记述，推进形成每年数十万人“正月十六走太平”的民俗，影响皖苏两省。浙江考证旧志资料，恢复了“顾渚紫笋茶”“龙顶茶”“宣莲”“姑嫂饼”。安徽省地方志办公室编写《治皖一叶》提供领导决策参考，受到省政府领导的肯定和表扬。各地还利用地方志资源为弘扬精神文化，进行爱国爱乡服务。上海市杨浦区地方志办公室根据国歌首次在杨浦唱响的历史，建议建成国歌广场。福建编纂寻根指南为港澳同胞、台胞、侨胞“三胞寻根谒祖”服务。近20多年来，各地还通过修志编纂了大量的乡土地情书，如广东香山的《孙中山志》，北京的“西山文化丛书”，上海市志办为世博会编纂的《话说上海》丛书（19本），黑龙江的《可爱的牡丹江》《将军与北大荒》，还有各省的大辞典，如《安徽大辞典》《河南大辞典》等等。可以说，举不胜举。正因为地方志提供了大量中国基层社会的信息，在国外一直受到高度重视。英国学者李约瑟在《中国科学技术史·地学卷》中说：“在中国出现的一系列地方志，无论从它们的广度来看，还是从它们的有系统的全面性方面来看，都是任何国家的同等文献所不能比拟的。”[17]可见对我国的地方志评价极高。正因为如此，我国的地方志也成为西方各国搜集的重点对象，美国、日本、西欧各国与俄国等都搜集了不少我国的地方志。仅在美国国会图书馆就收藏有三千多种，约占我国现存府州县志的三分之一。有人归纳，历史上日本大量收集中国的方志，研究方志，目的包括“慕华与殖产兴业”（贸易、投资）、“学术研究”“侵略与攫取资源”（获取情报、有助军事占领、攫取资源）。[18]加藤繁是最早开发方志史源的学者，他在其名著《中国经济史考证》一书的第三卷中引用中国文献达300余种，其中引用中国地方志有204种，占全部引用文献的60%。学者清水泰次在其有关明代的论文，如《明代的漕运》《明代户口册（黄册）的研究》《明代庄田考》等，以及专著《中国近代社会经济史》中都引用了大量方志史料，考证周详，论述谨严，颇受日本史学界的好评。美国国会图书馆有计划、大规模收藏中国方志，是受一位农林学家施永格的推动，施发现中国方志中有关植物、土壤、气候的记载，在20世纪20年代起就参考闽、粤方志研究福橘、广柑的生产规律，成绩显著，所以向国会建议搜集中国方志。著名汉学家施坚雅主编的中国历史城市名著《中华帝国晚期的城市》一书中，就引用了上百种中国地方志。美国孔飞力（一名孔复礼，Philip A.Kuhn）《中华帝国晚期的叛乱及其敌人——1796–1864年的军事化与社会结构》，此书以大量的地方志和其他中文文献，侧重研究了中国晚清时期的团练、地方武装以及由此引起的社会结构的变化；从中国内部如白莲教起义、太平天国酝酿爆发等事件引起的社会结构的变化来探讨中国近代的开始，将政治军事史研究与社会史研究结合起来，起到了开风气之先的作用。

正因为地方志的作用，方志大量流传海外，日、美、英、法、意、德、比、荷、瑞典、韩、新加坡、澳大利亚等国都收藏有地方志。如，法国Y·赫·渥艾特（Y·Hervouet）《欧洲图书馆藏中国方志目录》（巴黎海耶区莫顿公司1957年）收录9国25个图书馆藏中国方志2500种（不记复本，约1434种），英国安德鲁·莫顿（Andrew Morton）《英国各图书馆所藏中国地方志总目》（伦敦大学东方与非洲研究院1979年）著录英国收藏方志2516种。日本国会图书馆参考书志部《中国地方志总合目录》（1969年）日本收藏中国地方志书2866种，10338部。全世界图书馆收藏志书最多的是美国犹他州家谱协会，共5500种（主要是胶卷本、影印本），其余2500种以上的是美国国会图书馆（3750种）、哈佛大学燕京图书馆（3525种）、芝加哥大学远东图书馆。[19]上世纪80年代规模修志以来，主要东西方国家继续收藏大量的新方志，遗憾尚没有完整的统计。

五、结论

正因为，近现代以来我国学术和学科的细化裂变，方志研究的学术积淀、方志资源的广泛运用，方志学成为独立学科应该是水到渠成，顺理成章的，其重要的标志就是2006年国务院《地方志工作条例》、2008年中国地方志指导小组《地方志书质量规定》的出台和年底国务院批准的《汶川特大地震抗震救灾志》的启动编纂。《地方志工作条例》第五条（四）从政府法规的高度要求“推动方志理论研究”，《地方志书质量规定》从行业标准角度对地方志书的质量提出要求，而《汶川特大地震抗震救灾志》的编纂是把20世纪80年代以来打造的这支修志队伍，这支方志学术研究队伍放在国家的层面，放在国家历史文献的层面进行考量（《汶川特大地震抗震救灾志》是中华人民共和国成立以来第一次由国家出面编纂的历史文献），所以，呼吁中国地方志的首脑机关中国地方志指导小组把方志学成为独立学科、寻求有关部门批准作为今后一个时期的工作重点；呼吁国家教委、中国社会科学院把方志学列为独立学科，成立专门的研究所，在高校开设方志学专业的时机条件均已成熟。

---

①左玉河：《从“四部之学”到“七科之学”——晚清学术分科观念及方案》（《光明日报》2000年8月11日）。

②国家标准GB/T13745-1992《学科分类与代码》于1992年公布实施，分为58个一级学科，其中06历史学。

国务院学位委员会、国家教育委员会1997年颁布《授予博士、硕士学位和培养研究生的学科、专业目录》，该目录“是国务院学位委员会学科评议组审核授予学位的学科、专业范围划分的依据”。

③1990年10月国务院学位委员会和国家教育委员会联合下发《授予博士、硕士学位和培养研究生的学科、专业目录》（原目录）。

④仓修良：《方志学通论·前言》（修订本）第1页，方志出版社，2003年10月版。

⑤梅森：《〈条例〉对历代中央政府修志命令的继承与创新》《中国地方志》，2006年第9期。

⑥胡乔木：《胡乔木同志在全国地方志第一次工作会议闭幕会上的讲话》，《中国地方志研究》（第一辑），浙江人民出版社，1987年出版。

⑦梁启超:《中国近三百年学术史·清代学者整理旧学之总成绩—方志学》(1923年撰写),“总成绩”曾连载发表于1924年的《东方杂志》。主要版本有1929年的上海民智书局本,1932年的中华书局版《饮冰室合集》本,1936年的中华书局单行本。1985年,复旦大学出版社出版朱维铮校注本,以《饮冰室合集》本为底本,进行校勘和注释,与《清代学术概论》合编为《梁启超论清学史二种》,另外东方出版社1996年版。

⑧⑩⑭邱新立:《方志学:它的历史、现状与存在的主要问题》,收入中国地方志协会秘书处编《新方志理论与实践二十年》,方志出版社2005年5月版,145-146页。

⑨秦其明主编:《新方志理论著述提要·凡例》,中国地方志指导小组办公室编,方志出版社2006年10月第1版。

⑪⑮⑯⑲巴兆祥著:《中国地方志流播日本研究》,世纪出版集团2008年2月版,230-252页,267-274页。

⑫来新夏:《中国地方志总目提要·序》(《中国地方志总目提要》上、中、下,主编 金恩辉 胡述兆 汉美图书有限公司印行1996年4月初版,收录时间截至1949年10月)。

⑬邹逸麟:《中国地方志流播日本研究·序》,世纪出版集团2008年2月版,1页。

⑰李约瑟:英文版《中国科学技术史》从1954年开始由英国剑桥大学出版社陆续出版,被认为是20世纪完成的重大学术成果之一,是欧洲人学术研究的最高成就。

(《宁夏史志》2010年第3期)

自评:这是本人参加中国地方志指导小组办公室组织的“方志学学科建设规划论证会”的发言稿,后刊发于《宁夏史志》。建立独立的地方志学科是我们这批毕生献给方志事业的学人们的多年愿望。此文从方志史、方志学、方志编纂和研究的规模、方志的价值、方志编纂研究的成果、方志在国外学术界的影响、方志与其他一二级学科的比较,认为弘扬中华文化传统的地方志,随着近现代学科的不断裂变,应该成为独立的学科;应该在高校有专门的院系,在社科院有专门的研究所。但梁启超于民国间,1924年提出的“方志学”,已经90多年过去,还只是历史地理、文献学等二级学科的研究方向,简直就是对方志研究的弱视,更是对当今最大规模的文献编纂成果的无视;也是地方志系统不能正确处理好行政与业务、行政与学术关系的根本原因之一。

地方志书社会内容的编纂

提要:社会内容是地方志书需要记述的重要内容之一。近年方志界对社会志有许多论述。本文作者认为,共同的探讨首先要有共同的前提,所以对研究中出现的“社会志”“社会部类”“社会内容”需要统一予以界定，否则必然众说纷纭。“社会”概念有广狭之分，地方志书有省级志书、地市级志书、县级志书，大篇体、中篇体、小篇体之别。方志编纂学作为独立方志学科的组成，有自己的结构体系。社会内容在地方志书中，不可能也不应该按照社会学研究的框架去谋篇布局。实际上，社会内容在地方志书中的分散记述，或小集中大分散的记述，体现的是地方志书对自然、社会必须全面（而不是单项社会部分）记述的特征，是从全志出发，整体上反映各方面的社会内容。本文作者具体列示了社会内容在志书各门类的分布。文章结论是：社会内容的记述要从对社会内容时代特征的研究入手，地方志书要站在社会层面、社会发展变化的高度记“百业”，从而从全志的整体上全面记述社会内容。对地方志书社会内容编纂正确的研究应该是，确定基本的符合时代、地情特征的框架后，要从社会变化看时代特征，从时代特征研究社会内容，从社会内容研究其在全书的布局，再对具体布局的社会内容站在整个社会层面去进行记述。不正确的研究方法是先形式再内容，先下载社会学的学科分类框架，然后让方志编纂“削足适履”，让全志按照社会学的分类去编写。地方志要建立自己的学科，就必须有自己的体系，包括志书编纂体系。所以，我们的研究一定要立足编纂实践，不应该是他学科体系的机械移植。

关键词：社会志　社会部类　社会内容　社会内容的编纂

构建社会和谐是当今经济和社会发展的重要问题，也是21世纪初以来中国发展的重要特点之一，所以如何记述好社会发展与进步，如何记述我们在改革开放中不断解决出现的社会问题，是第二轮修志中需要研究和把握的。近年方志界对社会内容在志书中的编纂有诸多论述，但由于研究角度的不同，还需要予以梳理。

一、社会志、社会部类、社会内容的概念及研究大前提的界定

本文题目不提“社会志”“社会部类”，而是提“社会内容”，是因为我们的研究须有一个大前提，我们是在研究一部独立的“社会志”，还是研究区域性综合性志书（通俗讲“三级规划内志书”）中的“社会部类”或综合性志书的“社会内容”？方志界在社会内容编纂的研究时往往忽略了这一点，没有确定统一的讨论点，所以莫衷一是。

王晖先生认为“社会志一直是分类复杂、归属混乱、争议较大的部类。续志普遍主张设立社会志。以社会学的属性作为社会部类立志的基础。”[①]陈泽泓先生是从社会部类入手，但他认为“部类”不同于“篇目”，认为应该从方志分类原则、方志编纂原则界定、确定社会部类范畴及内容。最终结论是“篇目设置不强求一律”。[②]范洪涛先生认为地方志编纂中既采用广义的社会内涵，也使用狭义的社会内涵，似乎让人难于把握。其实他强调的是志书要加强社会内容的记述。[③]陈野女士建议将志书社会内容按大社会、中社会、小社会概念进行区分，在“社会内容的记述上，无论取哪种方式、走哪种途径……是对当地重大社会变革的整体把握。”最终是从全志看效果。[④]温益群女士分析了方志界对社会部类含义的不同理解，认为是研究

角度的不同（大篇体角度、小篇体角度，该文把王晖先生与本人的观点进行比较，认为我是小篇体角度，其实我列举的是志书中的主要社会内容），她说："志书所记的社会不是与自然相对应的大社会。这是由志书百科全书的性质和志书横排门类的体例特点决定的……志书也不能完全用社会学的研究对象，作为社会部类立志的理论依据。……志书中的'社会'内容，应该参考社会事业的门类、借用社会学的理论，根据志书自身的特点，来重新考虑设置。""为了编写和研究，我们就不能仅仅用社会部类志一个概念，来笼而统之地指代志书中社会类的内容，而至少应该有区别地使用社会部类和社会篇这两个概念"。她关于"续志中应该专设社会篇章"的主张仅就县级志书而言。[⑤]

从以上有代表性的文章可见，陈、范、温诸先生、女士主要是从内容角度谈社会内容在志书中如何记述、如何加强，温益群女士虽然认为要设社会篇章，也只是就分类相对较粗的县级志书而言。唯有王晖先生是把社会志、社会部类放在一起加以论述的。如果单一的独立出版的社会志（专志），本人认为这不是我们讨论的对象。比如，你单独编写出版不属规划的三级志书的某地人口专志，你写人口与自然环境、人口与民族是不会有人反对的，如果你是三级区域综合性志书就不可以了。因为，综合性区域志还有专门的自然环境（志，或卷、篇章）、民族（志，或卷、篇章）部分。如果说一、二轮区域性综合志书"归类混乱"，"续志普遍主张设立社会志。以社会学的属性作为社会部类立志的基础"。我认为此言差耶。因为本质上是对分类的认识不一样，以及研究问题的方式不同，并非"混乱"。温益群女士的文章实际已回答了这一问题，即"是由志书百科全书的性质和志书横排门类的体例特点决定的""志书也不能完全用社会学的研究对象，作为社会部类立志的理论依据"。陈泽泓先生实际上也回答了这一问题："部类"不同于"篇目"，"篇目设置不强求一律"。2007年本人在《志书篇目分类述论》一文中，认为地方志是百科的综合分类，是地方志自有的分类，不是其他某某单一学科的分类。研究志书经济部分内容贴经济学分类的标签，研究文化部分内容贴文化研究的分类标签，研究地理内容贴地学分类标签，这不是正确的研究方式。此外，地方志机械地按照他学科分类，教训不少。详细论述见陋作。[⑥]"续志普遍主张设立社会志"似乎是王晖先生把少数人的意见扩大化了。另外，陈泽泓先生关于"从方志分类原则界定社会部类范畴"，枚举了新旧志类目及有关研究和中国地方史志协会《新编县志基本篇目》（1982年）、《新编地方志工作暂行规定》（1985年）、国务院《地方志工作条例》（2006年）等等，但绝大多数是从志书中社会内容而言，"部类"是概括社会内容的代名词。即使谈篇目，往往局限在县级志书这一志种。同时陈先生提出"应按方志编纂原则确定社会部类内容"，实际上该文没有谈及方志的编纂原则，方志编纂原则包括横分门类顺时记事的原则、科学分类原则、生不立传原则、遵守疆界不越境而书原则、述而不论寓观点于记述之中原则，用这些原则看来也很难确定社会部类内容，科学分类原则、事以类聚原则也只是原则要求而已，很难依此"确定社会部类内容"。

从以上代表性的论文看，志书要确定各轮入志的主要社会内容和在不同志种中如何对社会内容进行科学布局和合理的结构安排，没有多少不同意见。关键是“社会志”“社会部类”“社会篇章”概念的界定和包括哪些社会内容及如何进行布局需要讨论。本人认为，“篇章”是编次的概念，讨论意义不大。“部类”一指范围较大的类；二指门类，分门别类，如《隋书·经籍志二》：“晋时，巴西陈寿删集三国之事，唯魏帝为纪，其功臣及吴蜀之主，并皆为传，仍各依其部类相从，谓之《三国志》。”[7]方志界“部类”一种概念与篇目结构分类相关，一种是同类内容的泛指。如大篇体的“社会”部类就是分类，“依其部类相从”；另外，是泛指某类内容，与篇目结构无关，如编纂教材，“经济部类”“政治部类”“社会部类”，往往是同类内容集中讲解，并非要求按此分类设置篇目。陈泽泓先生所言“部类”不同于“篇目”我想也就是从此点出发。这里的“社会部类”实际是泛指志书中的“社会内容”。另外“社会志”不是本文讨论的范畴，因为作为省级志书、地州市志单独设“社会志”由于篇幅，由于社会内容的多门类性等原因是不现实的，县级志书设社会篇章也是较少的，只有首轮初期县志的大篇体（地理、经济、政治、文化、社会）志书是这样处理的。所以，一种（部、系列）区域综合性志书还是应该从全志整体来看社会内容，所以王晖先生从完整的社会学分类来看志书社会内容的小集中大分散处理，当然会得出“归属混乱”的结论。本人认为是有失偏颇的。

所以，以下本人就地方志书的“社会内容”这一大前提谈志书该方面的编写。

二、“社会”有广义、狭义之分，地方志书不可能也不应该按照社会学分类

“社会”有广义、狭义之分，广义的社会是与自然对立的，非自然内容。狭义的社会包括群体组织方面、社会阶层方面、社会管理方面、社会生活方面、社会问题方面等。按照社会学群体组织具体包括家庭、社区、乡村、集镇、城市、部落、民族、团体、文化社团等。社会阶层各时代有衍变，今天的社会阶层包括官员与国企高管、民企业主、外资高级白领、企业管理者、工人（含农民工）、城市边缘阶层（下岗职工、城镇新增就业人员和农村打工无着落者）、农村阶层（乡村企业经营者、家庭作坊经营者、小商贩、企业季节工、自耕农、佃农）。当今社会问题包括就业、民族分裂、犯罪、环境污染、人口、移民、暴力、分配不公、贫困等。社会管理包括民政、劳动、人事、社会保障、人口、民政宗教、侨务管理。社会生活包括人民生活、社会风俗、宗教、方言等。

地方志书不可能按照社会学分类。原因是社会学是从社会整体出发，通过社会关系和社会行为来研究社会的结构、功能、发生、发展规律的综合性学科。……其研究对象包括历史、政治、经济、社会结构、人口变动、民族、城市、乡村、社区、婚姻、家庭与性、信仰与宗教、现代化等领域。[8]具体我们仅从其分支的应用社会学看，其就包括职业社会学、工业社会学、医学社会学、城市社会学、乡村社会学、家庭社会学、环境社会学、青年社会学、老年社会学、犯罪社会学、越轨社会学、妇女问题、种族问题、社会问题、社会群众及分层问题、社区、社会保障、社会工作、微观社会学、政治社会学、宗教社会学、体育社会学、发展社会学、人口社会学等

等。所以地方志书本身也是从社会整体（百科）出发谋篇布局（同时还包括自然），所以不可能按照社会学分类，而只是吸收其合理的符合地方志特征的研究成果。温益群女士所言的“志书也不能完全用社会学的研究对象，作为社会部类立志的理论依据”也是这一意见。

地方志书“社会内容”在理论上一直有两种分类，因为地方志书不可能只设自然、社会两类进行记述，因此志书所记述的社会部类内容是就狭义的社会概念而言。对于狭义的社会内容，方志界历来有两种记述方式，一是集中社会内容设社会部类，二是分散记述。集中的社会部类在首轮修志初曾有这样设计，也就是把一部志书粗分为地理、经济、政治、文化、社会五大类，主要是社会主义大规模修志初（20世纪80年代）的少数县志。但随着编纂的实践，考虑社会部类内容与地理（人口、民族）、经济（人民生活）、政治（社会有关行政管理与意识形态引导）、文化（群众文化、教育、精神生活）的内容交叉重叠，后来绝大多数采取小集中大分散记述的方法。近年，特别是二轮修志，2005年通过的《中共中央关于制定国民经济和社会发展第十一个五年计划的建议》中，把社会建设与经济建设、政治建设、文化建设并列以来，有些方志研究人员重提设社会部类志，这大概是王晖先生所言的“续志普遍主张设立社会志”的由来。但绝大多数还是采用小篇（中篇）排列、部分社会内容相对集中的方式。有的把人口、民族、社团、民政、人事、劳动、社会保障后移与人民生活、宗教、方言、人物靠拢，形成社会板块。本质上看，也只是形式上的位置调整，并没有标题就标明“社会”的独立卷、篇、章。

三、社会内容的分散记述整体反映是地方志书对自然、社会全面记述的特征所决定的，即使局部的板块集中，也只是形式上的位移

方志编纂者应该追求的是在内容上，就全志考虑，全面深刻地反应一地的社会状况，而不是仅仅在形式上集中加强篇目位移。

志书中的社会内容分散在哪些门类（篇章）呢？大致如下33类：

（1）人口门类：人口数量与分布、人口变动（含流动人口、暂住人口）、人口结构、人口控制、婚姻家庭。

（2）环境与资源门类：人居自然环境、人均资源。

（3）农业门类：农业劳动力与就业（农村、农民）。

（4）工业门类：工业劳动力与就业。

（5）城乡建设门类：基础设施、市政建设、公用事业与人居情况（含消费情况，如出行费用，居住环境与消费）；建筑业劳动力与就业。

（6）商贸、旅游与服务业：商贸、旅游与服务业劳动力及就业、商业网点与居民消费、物价指数与物价、居民服务业与人民生活、旅游业与人民生活、娱乐业与人民生活、餐饮业与人民生活。

（7）金融门类：金融网点与人民生活、金融衍生产品与人民生活、金融行业劳动力与就业、居民存款情况、居民保险情况、居民投资情况、居民与股民。

（8）物价门类：物价指数、物价波动与人民生活、主要农副产品价格与支出、

纺织与日用工业品价格与支出、药品和就医价格与支出、教育支出、文化产品消费支出、交通运输和邮电资费支出、公用事业费支出、房地产价格与支出等。

（9）财政门类：城乡建设支出、工交商事业费支出、教科文卫投资支出、农业事业费支出、城市维护支出、教科文卫事业支出、社会福利支出与人民生活的水平。

（10）税务门类：涉及各类有关民生的税收减免。

（11）工商管理门类：对政策支持、帮扶性就业经营的优惠。

（12）食品药品监督管理门类：对涉及居民生命安全的食品药品监督管理。

（13）出入境检验检疫门类：把影响国民民生安全和有可能造成生存环境破坏的物品堵在国门之外。

（14）人民代表大会门类：人民代表履行权力反映民意，与民生有关的议案。

（15）人民政府门类：对各项社会事业的管理与促进发展，对民族、宗教、港澳台侨胞工作的管理与利益维护。

（16）政治协商会议门类：代表社会各界别的参政议政，与民生有关的提案建言。

（17）群众团体门类：工会组织与工人状况、共青团组织与青少年状况、妇联组织与妇女状况。

（18）民间组织门类：（把群团从社团中独立出去是中国特色）学术性社会团体、行业性社会团体、专业性社会团体、联合性社会团体，包括慈善基金会、红十字会的社会捐赠，慈善事业。

（19）公安司法门类：公安类目包括社会治安状况、户政管理、消防管理、交通管理、安全保卫；检察类目包括民事行政检察、申诉；审判类目包括民事审判、陪审员制度；司法行政类目包括人民调解、律师、公证、安置帮教与社区矫正、劳动教养。

（20）军事与民防门类：拥政爱民、减灾防灾、应急行动。

（21）信访门类：群众信访有关的社会、民生问题。

（22）教育门类：教育设施与人口、教改与民生、教育收费、民众教育支出、希望工程、教育结构合理性、扩招职业教育、成人教育、特殊教育、流动人口教育、教育与就业、留学与海外学业就业。

（23）文化门类：民众文化生活与消费（书报、影视、戏剧、美术音乐、文博、文化服务消费）。

（24）医疗卫生门类：就医、疗养、防疫、公共卫生、妇幼卫生、妇幼保健、专病防治、药政管理等。

（25）体育门类：群众性体育设施、群众体育锻炼、体育欣赏、体育彩票。

（26）民族门类：民族族源和人口环境、民族文化、民族习俗。

（27）宗教门类：宗教场所、宗教团体、宗教礼仪、宗教教育、宗教文化、宗教活动等。

（28）民政门类：基层自治、社团管理、拥军优属、转业退伍与安置、烈士陵园与纪念地、社会救助、社会福利、慈善事业、婚姻与收养登记、移民安置。

（29）人力资源与社会保障门类：公务员、机关事业单位工资福利、人才开发、军官转业安置、毕业生就业、劳动就业、职工工资福利、劳动保护、安全生产、劳动争议仲裁、劳动市场、社会保障（养老保险、医疗保险、失业保险、生育与工伤保险、住房公积金）。

（30）人民生活门类：收入与消费、衣食住行游（衣服饰物、饮食、居住、出行、休闲娱乐、健身与旅游）、精神文化生活（教育医疗消费、文化艺术消费、时尚消费）、新的社会群体（股民、彩民、网民、经纪人、中介人、有车族、驴友、打工族、群租族、啃老族、丁克等）。

（31）风俗门类：生活习俗、婚姻习俗、生育寿诞习俗、丧葬习俗、生产习俗、岁时节庆习俗、民风与社会交际。

（32）方言门类：反映社会情况的词语（俚语、歇后语）。

（33）人物门类：人物事迹反映社会。

从社会学和以上开列的门类看，地方志书除地理、自然环境外，以上 33 个门类均涉及社会内容，可以说社会内容涉及“百科”，如何单独在一种地方志书中设社会部类集中编写呢？故陈泽泓先生认为“按照事以类聚和妥善处理全志整体性与分志相对独立性的关系等原则”进行社会内容的安排，有些“放在社会部类”，如风俗、宗教、方言、人民生活，有些根据内容侧重酌定，如民族、氏族、华侨华人、港澳台同胞，内容多归社会部类，内容少归人口。有些从事物主要属性看放入其他部类，精神文明建设放中共，社会保障放政府。二是顾及全书的整体性，人口应该置全志开头。三是顾及收入内容的排他性，并非所有民间事物均放入社会部类，如民间艺术、民间文学，还是放在文化部类。四是社会部类的篇目具有可塑性，如吸毒贩毒可以放入公安，另外同一内容可以独立篇章，也可以成为其他部类的分支内容，各有侧重，如姓氏、民族、家庭、婚姻。所以说，社会内容的篇目“不强求一律”。陈先生的观点我认为是合理的，当然，如果将所言的“部类”改为“门类”就更加准确些。[9]陈野女士也认为，“对就业方式、生活方式、思维方式、行为方式、风俗习惯，以及生态环境、产业结构、乡镇建设、基础设施、公共配套、文化医疗体育等公共服务方面的改变，都是属于涉及多个社会领域的内容，很难只用某个门类中的一个章或节加以全面涵盖，必然会涉及经济、文化、政治甚至自然环境等多个门类，要求志书以新的结构形式和框架体系作出整体性记述。”[10]

本人曾撰文认为，志书要从稳定的基本类目因素（基本门类内容的传承）、从志种（省级、市级、县级各有不同）、从时代性（每轮志书记述的社会内容有变）、从地方性（地情不同，社会内容又有不同）、从专业性行业性五方面出发谋篇布局，设计框架和内容分布；可见，社会内容在地方志书中的结构安排和布局同样概莫能外。[11]至于社会内容的不同安排，首轮初县志的五大篇构架因为不适应志书横呈百科的特征在首轮中已经基本淘汰。第二轮志书加强社会内容记述的方法，基本上是能独立的内容采取小篇平列集中板块的做法，不能独立的其他有关社会内容分散记述，整体体现。具体有把民间组织、民族、宗教、民政、人力资源与社会保障、人民生活、风俗、方言、人物殿后形成社会板块，人口居前，其余社会内容随百业分散记述。

四、社会内容的记述要从对其时代特征的研究入手，地方志书要站在社会层面、社会发展变化的高度记“百业”，从而从全志的整体上记述社会内容

内容与形式，内容是主体，形式为内容服务。既然志书绝大多数门类都涉及到社会内容，就应该明确地方志书的绝大多数相关门类都应该站在社会的层面、社会发展变化的高度进行记述，社会内容才能在整部（系列志）志书中得以全面记述。

丁惠义先生在他的未刊稿《生活的变迁与修志人的责任》一文中谈到以下一些变迁，说明第一线的修志人员已经从鲜活的社会内容变化本身研究社会内容在志书中如何编纂，而不仅仅是本本主义的社会学的机械照搬。丁文说：中华人民共和国成立后60年人民生活发生巨大的变化，从衣食住行，从人们的社会意识都可以看到这些变化。20世纪50年代崇尚劳动光荣，朴素大方，80—90年代衣着款式、花色多样性，随着“文化大革命”后的思想解放，服装追求时尚潮流，从以往的“从众”到“追求个性”。“吃”，改革开放前是凭票限量供应，营养不良，改革开放后，不但逐渐吃饱，还可以吃好。营养均衡，粗细搭配，绿色食品，早上吃得好，中午吃得饱，晚上吃得少，吃出文化、吃出品位。“住”，改革开放后，住宅小区、高层住宅区，复式楼、花园小区代替以往简陋单一的平板房、鱼鳞瓦屋顶的农家屋。“行”，过去出行自行车、公交车，改革开放后不仅有普通公交车，还有豪华大巴、双层巴士、出租车、私家车、地铁、轻轨、高铁、飞机，私家车车型就有本田、现代、丰田、雪佛兰、别克、奥迪、尼桑、宝来、马自达、帕萨特、宝马、奔驰等。还有生活富裕后的业余生活，如娱乐、健身、上网、交友（车友、“驴友”）、志愿者、收藏、旅行、领养宠物、领护林木等。过去把人束缚在各自的“一亩三分地”上，只有少数公务人员才能出县、出省、出国，今天农民也参加旅游团出省出国旅游了。丁先生罗列这些现象当然主要是东部沿海地区和部分中西部发达地区。当然，改革开放也带来了贫富差距拉大，腐朽的意识形态回潮等。主流是社会发展进步，支流是改革具体阶段问题仍然存在，有些还比较严重。所以，表面上记得是衣食住行的社会生活现象，但要从时代特征入手去记述，不但要记是什么，同时要点出为什么。衣食住行的变化，人民生活水平提高，是因为改革开放政策调动了人民群众创造财富的积极性，思想解放、国外文化意识的进入，使老百姓的个性得以张扬。私有资产的鼓励同时导致私欲膨胀，享乐思想，不择手段获得财富意识的抬头。如记人口，记婚姻家庭，为了高额的动拆迁补贴假离婚；记涉外婚姻，时代特征是“外资”“外企”“外汇”“三来一补”，外籍人口入境，中国人口出境（做生意、留学）导致涉外婚姻。记教育，留学生交流带来学生意识观念、生活习惯、文化习俗的交融，等等。我们关心志书社会内容的记述，首先要研究社会内容在志书中的全面布局，研究社会内容的时代变化，研究当前志书社会内容的记述不足，如缺乏精神生活、缺乏社区生活、缺乏时尚消费、缺乏现代收入（股份分红、租赁收入、兼职收入、灰色收入）、缺各阶层生活的比较、缺流动人口生活的记述，缺社会调查资料等等。

所以，对于新一轮志书的记述，要全面地站在社会层面、社会发展变化的高度记“百业”，从而从全志的整体上体现社会内容。这应该是志书社会内容记述方法的正确观点，观点的具体分解，就是从社会变化看时代特征，从时代特征研究社会内容，从社会内容研究其在全志的布局，然后对布局的局部门类包含的社会内容站在整个社会层面的高度去进行记述。根本不应该是另一种思维模式，即先形式再内容，先“本本”再实践，先下载社会学学科的研究框架，然后让志书编纂者“削足适履”，将全志按照社会学的分类去谋篇编纂。地方志应该有自己的学科体系，有自己的编纂体系，社会学所研究的对象、方法、成果只应该是我们进行地方志书社会内容编纂需要吸取的营养。

---

①王晖：《社会部类志的篇目设置与编写要点》（《中国地方志》2002 年第 3 期）

②⑨陈泽泓：《关于志书社会部类的思考》（《中国地方志》2010 年第 3 期）

③范洪涛：《新方志加强社会类内容记述的探讨》（《中国地方志》2006 年第 5 期）

④⑩陈野：《浅谈社会部类内容的不知》（《中国地方志》2010 年第 4 期）

⑤温益群:《关于志书社会部类和社会篇编写若干问题的探讨》(《中国地方志》2010 年第 4 期）

⑥⑪梅森：《志书篇目分类述论》（《中国地方志》2007 年第 10 期）

⑦百度百科·“部类”条

⑧韦伯（德）：《社会学的基本概念》，广西师范大学出版社 2005 年版

（《中国地方志》2011 年第 5 期；中指组办公室《〈中国地方志〉优秀论文选编》中册 2352 页，中国城市出版社 2013 年版）

自评：本文通过方志界几位专家对社会内容在方志中记述观点的评论，阐述了自己的观点，认为社会内容在地方志书中，不可能也不应该按照社会学研究的框架去谋篇布局。这一观点是与本人“地方志是自己的分类”观点的一脉相承。提出要从社会变化看时代特征，从时代特征研究社会内容，从社会内容研究其在全书的布局，再对具体布局的社会内容站在整个社会层面上进行记述。批评了那种先下载社会学的学科分类框架，然后让方志编纂“削足适履”的做法。本文还从志书 33 个门类，列出具体的社会内容。文章再次反对地方志大篇体结构，进一步阐明为何地方志应该是小篇平列体。具体到社会内容，就是小集中大分散的平列体结构。本文的价值在于把自己的《志书篇目分类述论》（《中国地方志》2007 年第 10 期）一文中的方志谋篇布局思想在社会内容方面进行了具体化。

新志种——重大事件志编纂刍议

以2008年9月《汶川特大地震抗震救灾志》编纂工作开始为标志，包括即将定稿付印的《北京奥运会志》，正在启动编纂的《上海世博会志》《广州亚运会志》《深圳世界大学生运动会志》《南京青奥会志》，以及四川省编纂的《四川省汶川特大地震抗震救灾志》，上海、天津、江苏等省市编纂的汶川特大地震对口援助灾后重建志等等，近年，在我国方志园地中，一种新志种诞生。这一新志种我从记述内容的角度，不知深浅将其命名为“重大事件志”，因为只有正式的名称，才能予以有名有实的研究。

以下就“重大事件志”名称概念的界定、编纂兴起缘由、编纂的组织方式、编纂方法、编纂理念五个方面，对重大事件志的编纂作一粗浅探讨，故称“刍议”。

一、“重大事件志”名称概念的界定

《地方志工作条例》（以下简称《条例》）界定：“地方志书，是指全面系统地记述本行政区域自然、政治、经济、文化和社会的历史与现状的资料性文献”，这是综合各类志书的定性。方志界关于志种有多种划分，有按纪年区分的，也有按文体、体例区分的，还有按繁简区分的，而绝大多数是按政区区分的，主要指省志、市志、地州志、县志、乡镇志等。当然，古代还有一种杂志，“多系私人杂述著作，因之是方志园中的旁支……也无统一内容，记地、记事、记人、记物，各有所长。”（朱敏彦、梅森主编《方志编修教程》方志出版社2004年版第11页）就是不从一地完整的政治、经济、文化、社会角度编纂，而是“内容偏而不全……如清张焘撰《津门杂记》、佚名《苏州杂记》等；亦指各类专志，如山志、水志、寺庙志、学校志等。”另外中华人民共和国成立后，也有编纂地震灾害志和抗洪救灾、抗击非典纪实之类的志书或地情书，1982年由广西人民出版社出版的《广西地震志》，同年内江市编史修志委员会编写的《内江市洪灾志》。这些志书一般记述历史上灾害情况与特点，以提供灾害史研究的。即使记事件的，如《安徽91抗洪纪实》，但区域范围和影响相对较小。1976年7月28日发生的里氏7.8级、震中烈度Ⅺ度的唐山大地震是震惊世界的事件，但由于当时种种原因，1999年才由唐山市地方志编纂委员会在《唐山市志》（方志出版社出版）中作为一篇编纂出版。该篇15万字左右，在汶川特大地震灾后重建规划方案制定过程中，提供了很好的参考。

本文界定“重大事件志”，是站在记述的内容而非政区角度，指独立编纂成书，记述重大的具有大范围长久影响的灾害应急、特大型运动会、特大型会议展览或其他重大事件的志书。汶川特大地震抗震救灾、北京奥运会、上海世博会、广州亚运会、深圳世界大学生运动会、南京青奥会，均是近年发生或即将发生在我国重大的具有世界性影响的事件。有人会认为，把运动会、博览会归为“事件”不甚严密。但世界上的事物很少单纯的，一方面社会各界普遍认为以上应急、运动会、会展是发生的“重大事件”，另一方面应该以反映汶川特大地震抗震救灾重大事件的《汶川特大地震抗震救灾志》为标志，所以界定为“重大事件志”。至于重大事件志究其渊源，应该与古代的杂志有关联。

二、近年“重大事件志”编纂兴起的缘由

二轮修志以来，我国优良的修志传统得以很好地继承。2006年《地方志工作条例》出台后，依法修志，修志机构稳定，修志队伍壮大，地方志的影响也逐年增大，不但地方积极修志，包括国家部委也有不少修全国性的行业志。《汶川特大地震抗震救灾志》编纂以来，地方志深入影响到中央层面，一些部委的领导说：不知道地方志是没文化的表现。《条例》第十六条规定“地方志工作应当为地方经济社会的全面发展服务”。所以，不少地方不但编纂规划内志书，同时编纂为地方党政领导决策，为宣传地方服务的志书。这是外在的原因。根本的原因我认为还是通过30多年来的改革开放锐意进取，我国综合国力强大，经济基础雄厚，具有自信开放的胸怀。正因为这样的原因，我们才可以用举国之力抗御了汶川特大地震，并且进行了让世界为之震惊佩服的灾后重建；才能够在2008年大灾之年成功举办北京奥运会，2010年又举办了上海世博会、广州亚运会，2011年举办深圳世界大学生运动会。地方志是记述自然、社会的文献载体。如果没有实力举办没有实力抗御，志书就无从记起。另外，国家羸弱，就不可能有自信和开放的胸怀，对灾害也不会敞开记述。《汶川特大地震抗震救灾志》由国务院组织编纂，是中华人民共和国成立以来第一部由国家层面组织编纂的大型历史文献，更是影响巨大与深远。所以，2008年9月起，至今不到3年时间，包括省一级的抗震救灾志、灾后援建志在内，全国有近20部“重大事件志”在编纂，其中《北京奥运会志》已基本定稿。“重大事件志”编纂兴起的缘由大致可以归纳为：综合国力与经济基础、《条例》与依法修志、方志机构稳定队伍壮大、地方志编纂体系的形成、开放的胸怀、读志用志振奋民族精神、地方志书形式的创新与拓展七点。

三、重大事件志编纂的组织方式

重大事件志编纂基本与其他规划内区域志的编纂组织方式大体相同，即坚持“党委领导，政府主持，地方志办公室实施，社会有关方面参与编纂”的格局。比如《汶川特大地震抗震救灾志》由国务院部署，成立汶川特大地震抗震救灾志编纂委员会，中国地方志指导小组办公室挂牌汶川特大地震抗震救灾志编纂委员会办公室组织实施，国家有关数十个部委，3个受灾省、18个援建省，解放军、武警部队、社会组织参加编纂。《北京奥运会志》由北京市地方志办公室与北京奥组委宣传部联合编纂。上海世博会志成立世博会志编纂委员会，上海世博局、上海市地方志办公室负责实施，有关部委办局、驻沪三军参加编纂。其他重大事件志的编纂组织大体如此。所不同的是，重大救灾抢险应急均有指挥系统（指挥部），大型运动会、大型会展均有组委会和执行委员会，编纂组织和编纂任务的分解落实必须参考这些指挥系统、组织系统和执行系统，这样才可以有效地进行编纂的组织、编纂任务的分解落实。

重大事件志部分纳入规划内编纂的志书，如《北京奥运会志》《上海世博会志》分别属于第二轮北京市志系列、上海市志系列的一部分志（按：2017 年，上海市地方志编纂委员会调整《上海市志》志目，《上海世博会志》单立出书）。另外，大部分事件志由于规划与事件的时间错位，所以为单项大型文化工程运作。

重大事件志编委会与编纂单位的组织体系，比如汶川特大地震抗震救灾志编纂委员会的成员单位，就大体参考了国务院抗震救灾总指挥部的抢险救灾组、群众生活组、卫生防疫组、生产恢复组、宣传组、基础设施保障和灾后重建组、水利组、社会治安组各组的组织系统。汶川特大地震抗震救灾志共设 11 卷，各卷成立编纂委员会，委员会主任单位由指挥部组长单位担任，委员单位由小组成员单位担任，主任单位为承编单位，成员单位与其他编写单位为参编单位。第 9 卷《汶川特大地震抗震救灾志・灾后重建志》，基础设施保障和灾后重建组组长单位国家发改委为承编单位、编委会主任单位，而国土资源部、工信部、商务部、民政部、人力资源社会保障部、住房建设部、交通部、铁道部、卫生部、体育总局、能源局、电监会、旅游局、红十字会等 38 家国家部委单位，还有总参、武警总队，四川、甘肃、陕西 3 个受灾省，18 个对口支援省市为副主任单位或委员单位，参加收集资料和编写初稿。再如《上海世博会志》，编纂委员会组成与编纂单位组织同样参考了上海世博会的管理体系，根据世博执行委员会的架构，如“工程建设篇”由上海市建设交通委担任牵头单位，市规土局、市房管局、浦东新区、黄浦区等为参编单位。宣传推介篇由上海市委宣传部牵头承编，市文广局、市新闻出版局、市新闻办、市文明办参编。

重大事件志编纂启动前需起草编纂实施方案，内容包括编纂指导思想与基本原则、编纂任务与总体设计、组织领导、工作要求与编纂进度安排、执行有关规定与规范等。具体的编纂任务包括所设篇章、文字量、完成时间，总体设计包括记事时间断限、记述地域范围、篇章框架内容。组织领导包括编委会组成、编纂室、编写组织、资料征集与初稿撰写组织，编纂分工。参与编纂的人员应该包括重大事件的参与者和地方志编纂人员，双方均应该有专家参与。重大事件志涉及范围大，甚至事涉国际社会，参编的社会行业、系统多，因此编纂方案中确定记事范围（时间范围，地域范围）很重要。比如，《汶川特大地震抗震救灾志》记述时间断限规定“全志原则上记述时限为 2008 年 5 月 12 日至 2010 年 12 月 31 日，即地震爆发到灾后重建工作基本完成。各分卷视有关工作的情况而定”，记述地域规定“主要地域是汶川特大地震受灾地区（以国家地震局界定的范围为准），大致包括四川、重庆、甘肃、陕西等地；组织抗灾、救灾、赈灾等工作和活动可以记述灾区以外相关地区（含国际社会）”。再如《上海世博会志》规定“记述时限为 1999 年 5 月上海市人民政府作出申办 2010 年上海世博会的决定至 2010 年 10 月 31 日上海世博会闭幕。对中国历史上参加世博会和与世博会有关事物作适当上溯；上海世博会闭幕后召开的中国 2010 年上海世博会总结表彰大会举行等上海世博会重大后续事物作顺延记述”。记述地域为“以上海世博园区为范围核心，以主办城市上海为范围中心，同时记述上海世博会辐射关联的相关国际国内的重大活动与影响”。

四、重大事件志的编纂方法

1. 重大事件志编纂工作进入要早要快，事件发生的过程中就要介入，边收集资料边整理资料，边撰写初稿，边修订补充边定稿

重大事件志的编纂具有时效性，介入要早进入要快。按照地方志“资治、存史、教化”三大功能，事件志的教化（育人）功能更为重要。重大事件发生时间短，指挥、执行组织为临时性的，事件结束后很快撤销，人员解散。因此编纂人员要介入早进入快，如果事件结束后再启动编纂工作，收集资料进行编纂难度无形中增大。用句俗话“黄花菜都凉了”。《北京奥运会志》编纂最为典型，在北京奥运会筹备期间，北京市地方志办公室就派9个编纂人员参加工作，与奥组委宣传部共同收集资料进行编纂，由于进入早、行动快，目前基本定稿。《汶川特大地震抗震救灾志》编纂，也是在抗震救灾中就开始进行编纂工作。2008年5月12日地震爆发，2008年9月下旬在北京“赵家楼宾馆”起草编纂实施方案等文件，同年11月6日成立汶川特大地震抗震救灾志编纂委员会并部署工作。2009年1月13–16日，编纂工作培训班在河北香河举办，来自国务院有关部委局、解放军、武警部队等80个单位的编修人员130余人参加了培训。自此编纂工作全面推开。汶川特大地震爆发到2010年12月31日灾后重建基本结束，共两年半时间。该志11卷，其中地震灾害志卷、抢险救灾志卷、灾区生活志卷、灾区卫生防疫志卷、社会赈灾志卷、英模人物卷记述时间下限是2008年10月14日。但灾后重建志卷下限是2010年12月，有些项目建成到2011年初，审计结束到2011年5月，灾后重建联合表彰由国家发改委、解放军总政治部、人力资源和社会保障部于2011年10月中旬进行。要在重建后不久见书，如何在较短时间建立组织、收集资料、进行编纂，特别是过程情况与过程数据在编纂中如何处理，难度很大。所以灾后重建志的编纂方法，是典型的边收集资料边整理资料，边撰写初稿，边修订边定稿。早介入“事件”，事件过程中收集资料进行编纂，越来越成为编纂此类志书的共识。更为典型的是南京青奥会于2014年举办，2010年南京市地方志办公室已经跟进介入筹备情况的资料收集了。

2. 参考重大事件的指挥执行组织及机构职能，设计志书篇目框架和拟订内容提要，与承编单位共商后再进入资料搜集

地方志书的篇目设计到定型往往包括6个阶段，即启动阶段的目标篇目→编纂分工篇目→资料征集篇目→初稿撰写篇目→分纂篇目→总纂定稿篇目。

启动阶段目标篇目主要是要项不缺。比如，《〈汶川特大地震抗震救灾志〉编纂实施方案》设计的框架为：卷一，《汶川特大地震抗震救灾志·总述》；卷二、《汶川特大地震抗震救灾志·大事记》；卷三、《汶川特大地震抗震救灾志·图志》；卷四、《汶川特大地震抗震救灾志·地震灾害志》；卷五、《汶川特大地震抗震救灾志·抢险救灾志》；卷六，《汶川特大地震抗震救灾志·灾区生活志》；卷七，《汶川特特大地震抗震救灾志·卫生防疫志》；卷八，《汶川特大地震抗震救灾志·社会赈灾志》；卷九，《汶川特大地震抗震救灾志·灾后重建志》；卷十，《汶川特大地震抗震救灾志·英模人物志》；卷十一，《汶川特特大地震抗震救灾志·附录》。

卷以下是该卷的内容提要。具体如“卷五、《汶川特特大地震抗震救灾志.抢险救灾志》”的内容提要，就是根据国务院抗震救灾指挥部抢险救灾组的职能和编纂方案起草时的“悬想”设计的。具体提要：“……（内容）包括抗震救灾指挥部及有关应急组织、组织救援、空投救援人员和物资、搜救被困群众、疏散转移群众、调集抢修救援装备、储备物资与医药调度、抢险应急物资运输供应、地质灾害监测预警（地震监测、河湖水质监测、危险化学品等污染物防控等）、次生灾害防治（灾区水库安全保卫、堰塞湖疏通、变形河道治理、余震防御、泥石流防范）、灾区现场清理。”《上海世博会志》的“世博安保篇”拟订的内容提要是：“安保组织、安保队伍、安保技术设备、园区安保、场馆安保、缓冲区安保、口岸海关安保、安保信息网络、指挥协调等。”

3. 重大事件志资料征集渠道要全，要注意过程资料与结果资料的正确使用

重大事件志进入快，编纂时间一般较紧，所以一开始资料征集的渠道安排要全，征集资料的手段要多。

重大事件志的资料包括文书档案资料、媒体资料、口碑资料、著作类资料、网络资料、图片资料。渠道涉及事件运动的各主要系统方面。比如《上海对口援助都江堰灾后重建志》编纂的资料提供单位，包括上海市有关部委办局，各区县对口交流办公室，但这些资料偏重总结，遂之增加了渠道，市地方志办公室先后派 2 人进驻都江堰的上海对口援建指挥部收集资料 9 个月。方法是用电子邮箱发回文档目录，由在上海的执行总纂勾出需要的文件，电子版发回文档资料上海做资料长编卡片。同时，上海市志办确定专人从网上下载每日的有关上海援建都江堰的新闻报道。

重大事件志的编纂在事件过程中就介入，所以绝大多数是收集过程中资料，当然只有掌握过程才能了解事物发展的历程，写出事物的轨迹。但是，千万不可缺漏结果资料，否则就会把过程资料当成结果写，误纂了历史。比如上海援建都江堰 2009 年公布的还是 112 个项目 82.5 亿元，2011 年审计结果是 117 个项目 82.56 亿元，另外项目获奖也是差距较大，因为申报的建筑施工奖到 2011 年初才评定完。

另外，要处理好国家、政府评估、审计数据与专业行业部门统计数据的关系，发挥编纂说明、数据表格说明的作用。

4. 重大事件志的两种组稿编纂方法

重大事件志编纂时间短，不可能按照一般的规划内省市县志编个七八年、十多年，稳扎稳打，两步成志（先编部门志，再总纂成为规划内志书）。一般有自己的组稿编纂方法。

现在看方法有两种，一是参编单位只提供资料，承编单位组织人员撰稿。另一种是分解篇目内容，由所有参编单位收集资料写出“零部件”，承编单位再组织人员编纂合成（组装式）。前一种方法是运用在单纯、运动时间短的事件事物上，如《汶川特大地震抗震救灾志》的地震灾害志、抢险救灾志、医疗防疫志、赈灾志下限 2008 年 10 月，记的是单一方面系统的内容，断限时间 5 个半月，所以可以采取有关单位报资料，承编单位组织人员撰稿的方式。比如医疗防疫志就是组织全国参加抢险救灾期间医疗救治、灾区防疫的医疗防疫单位提供资料，承编单位卫生部组织人力撰稿。而灾后重建志的下限 2010 年 12 月，实际援建工作到 2011 年初，审计结束到 2011 年 5 月前后，表彰到 2011 年 10 月 14 日。另外灾后重建管理实施条系、条块复杂，比如基础设施重建就涉及公铁水民航、电力、天然气、水利工程等等，部委涉及交通部、铁道部、民航总局、国家电网、水利部等近 10 个部委，另外川、甘、陕 3 个受灾省，京、沪、鲁、粤、苏、浙、鄂、赣、冀、闽、吉、晋、皖、湘、豫、辽、黑、渝 18 个援建省市。重建范围包括 10 大专项，基础设施只是其中一大专项，因此参编成员单位众多，重建志参编的有 50 多个国家部委单位，四川、甘肃、陕西 3 个受灾省，18 个对口援建省，如果采取不断由这些单位报过程中资料，由牵头承编单位（国家发改委）组织人撰稿，是不现实的，因为写的都是不断变化的过程，加上所报资料量有数千万字，少数人短时间是难以撰写的。所以重建志采取与医疗防疫等志不同的编纂方法，就是设计篇目，明确分工，由参编单位边重建 / 边收集资料 / 边做资料长编 / 边撰稿 / 再根据过程资料的变化修订志稿 / 根据结果资料定本部分稿 / 牵头承编单位整合 / 牵头承编单位总纂通稿成书。灾后重建志的内容可以抽象为组织部署（中央的组织部署、部委的组织部署、受灾省的组织部署、援建省市的组织部署）、政策措施（中央的政策措施、部委的政策措施、受灾省的政策措施、援建省市的政策措施）、规划（国家规划、灾区省规划）、重建概况（部委条系重建概况、受灾省重建概况、援建省市援建概况）、重建项目（部委援建的项目、受灾省自力更生重建项目、援建省援建项目），分解任务后，承编单位提供示例稿统一要求，接受任务的参编单位分别收集资料撰写形成“零部件”，最后承编单位组装成书的方式才是符合重建特点切实可行的编纂方式。如何组装呢？比如基础设施重建中的水利设施重建，由水利部站在全国角度、中央高度写出水利重建概况，起到综合概貌作用，再把灾区省自建水利项目（如四川紫坪铺水库等）、援建省援建项目（如江苏援助绵竹的官宋硼水利枢纽工程等）、中央建的水利项目统统集中到水利基础设施重建中作为典型项目选介，再附录面上重建的项目、投资等表格。反过来说，上海援建都江堰报给灾后重建志的内容包括组织部署、十大典型项目、1 个政策措施、援建概况等，最后在灾后重建志“对口援建”板块中，上海只留一“上海援建都江堰概况”，上海的组织部署归入重建志的组织部署板块，1 个“绿色通道”措施归入重建志政策措施板块，十大典型项目（包括学校、医院、水厂、市政项目、公路、安置房等）根据篇目的十大专项重建板块分拆，与其他省市、条块的同类项目组装在一起；最终达到“事以类聚”的目的。

所以说，事件的情况不同，在具体的编纂运作方法上也不同。

5. 重大事件志在遵循志书传统体例的的基础上，表达的形式应该有所创新和形成自身的特点

创新理由。事件志虽属地方志书，但又有自己的特点和侧重点。事件志不但要使其起到存史、资治作用，更要起到教育和鼓舞大众的作用。所以，完全按照志书平实的文风简洁的标题“鼓舞大众”就很难给力，所以说事件志在遵循志书历史真实性原则、资料有据原则的同时，还要考虑事件志的编纂特征是以记述面貌、特点为主，记轨迹为辅（事件志过程时间不长）；事件志在遵循地方志基本体例要求的情况下，加强观点在述体中的呈现，文风适当变通，要有理念的点题与概念的点题，当然可以引用媒体、领导、群众的语言以体现之。目前在标题上有两种做法，一种规划内志书仍然坚持系列志的统一规范。而独立文化项目的事件志，可以采用生动的标题乃至副标题、揭题。标题鲜活。事件志标题在遵循志书文体的同时，可增加副标题鲜明地传达作者的编纂意图与内容的中心思想。比如《上海对口援助都江堰灾后重建志》的标题就在传统志书标题上有创新，吸收文史资料、地情书的标题方法，但原则是题文相符、副标题是正文中的内容，或事件中的目标要求，或领导的讲话，或群众的口碑等。如“援建部署与组织：‘三项原则，一条主线’”“援建历程：上海速度、上海质量、上海规范、上海水平”“‘5·2·1’援建项目体系：科学援建 优质援建 务实援建”“项目援建理念：持久工程 务实工程 民心工程 科学工程”“项目质量管理：‘建成一个、有效运行一个，群众满意一个’”“援建资金监管：阳光援建、高效援建、廉洁援建”“医疗支援：留下一支永不走的上海医疗队”“助推都江堰旅游业复苏与提升：‘拜水都江堰，问道青城山’”“默契融洽 合作重建：这里没有你，没有我，只有我们”“两地友谊：岷江黄浦江水水相融上海都江堰心心相连”。需要说明的，以上副标题本身就是史料，并非编纂者的杜撰，同样遵循了志书的体例原则，但是不是揭示的内容主题更鲜明，更能够震撼读者的心灵。

为鲜明直观地反映事件的过程实景实物，还可以融合图志的表现方法，加大图片量，增大形象性与直观性。

记述方式多样。志书记述历来强调“顺时记事”，不要“穿靴带帽”，就是不要门类前加概况，门类最后加总结。但事件志时间过程不长，每事物不都有清晰的轨迹，主要是记述事件的总情况、方面情况、特点、理念等，综合的、分项的、区域的、特点的各方面情况记述的合成，让读者对事件形成总体的认识。另外事件志涉及面广，所以要综合概括，事件志窃以为不仅要“穿靴带帽”，有时还要“系腰带”（阶段性综合特点）；另外工程项目介绍、场馆介绍还需要用说明文体，那种认为地方志书只用记述体的观点是不全面的（即使是传统志书）。

“事略”运用。事件志编纂时间紧，要吸收运用史体“事略”，它既可保留资料的原生态和提供资料来源，同时对一些不便在分类板块正文中展开的事件、活动得以恰当地在事略中展开。如果事略不作为本志书的组成体裁，但可以作为事件志编纂过程中的辅助手段，因为其有简可以成为大事记，繁可以节选成为正文内容的优点。事略时经通贯，通过它把握事件的纵向轨迹、重大节点、阶段标志性事物。尝试一下“事略”的运用，大有裨益。

6. 事件志要注意过程性交叉处理和整体与局部的交叉处理

事件本身是一次性发生、连贯性的过程，但志书强调横分门类，所以必须处理好过程（历程）的衔接，处理好详略关系侧重点关系，以及整体与局部的关系，否则就松散而互相重复（当然也会缺漏）。比如《汶川特大地震抗震救灾志》要反映灾情、抢险救灾、灾区医疗防疫、灾区生活、赈灾、灾后重建，这本身就是一个过程。但灾情要作为抢险救灾、灾区医疗防疫、灾区生活、灾后重建的背景，所以要做到灾情卷是从整体上、面上记述，其余卷是有针对地反映背景简略点到。另外，抢险救灾的抢通与灾后重建的重建既有联系，又性质不同。抢险期间是临时性的，为物资人员上去，重建是永久性的（项目）。赈灾资金既可以用于抢险救灾、灾区医疗防疫、灾区生活，又可以用到重建中。所以必须把握好记述对象所处的阶段、性质，进行好衔接性的、各有侧重详略处理，才能把汶川特大地震抗震救灾写成完整的整体。再如《北京奥运会志》《上海世博会志》包括申办、场馆建设、比赛（展览）、交通、安保等内容，也是一个过程。场馆建设、比赛（展览）均涉及场馆，交通也包括建设，安保也包括场馆、交通线点的安保，互相覆盖，所以必须把握侧重点进行交叉处理。为了反映事件的宏观把控，必须有宏观的内容板块予以体现。所以《汶川特大地震抗震救灾志》设总述卷以反映抗震救灾总情，以弥补分类肢解事件过程的不足。《北京奥运会志》设“场馆运行”篇，《上海世博会志》设“运行篇”以反应奥运会、世博会的整体运行。《上海对口援助都江堰灾后重建志》设”援建历程：上海速度、上海质量、上海规范、上海水平”，目的就是总体上反映上海援建的过程，给读者以整体的面貌。

五、重大事件志要突出事件发生中产生的理念

志书编纂要有正确的指导思想，作为事件志编纂要有理念，并且要把理念融入记述中。如《汶川特大地抗震救灾志》编纂的目的是“通过抗震救灾的记述，为当前和今后的防震、抗震、救灾、重建工作，以及其他应急事件的处理提供经验；并全面反映在特大灾害面前，中国共产党、人民政府的坚强领导和社会主义制度的优越性；反映灾区人民和全国各族人民战胜任何艰难险阻的决心和意志；反映人民军队与人民群众的血肉深情和关键时刻拉出去打得赢的战斗精神。通过《汶川特大地震抗震救灾志》的编纂，为存史、资政、育人，进一步激发全国各族人民热爱祖国、建设中华的热情，为进一步推进改革开放、发展中国特色社会主义事业起到特有的作用。既提出资政，同时又提出“进一步激发人民”的作用。这是大的理念。《北京奥运会志》应该突出的理念是“同一个世界 同一个梦想”（One World One Dream），集中体现奥林匹克精神的实质和普遍价值观——团结、友谊、进步、和谐、参与和梦想，表达了全世界在奥林匹克精神的感召下，追求人类美好未来的共同愿望。上海编纂《上海世博会志》，要突出“城市让生活更美好”的理念，城市化为人民生活带来了提高，但不正确的城市发展方式带来了许多城市问题。通过 2010 年上海世博会的召开，把全世界优秀的城市发展案例在世博会上介绍，绿色、低碳、环保，这就是我们提出的“科学发展观”和“以人为本”，这就是理念。再如上海援建都江堰重建项目的撰写，我们在“聚源中学”项目强调“中共一大会址元素”，因为该项目资金是全国党员交纳的特殊党费，由上海施工建设的。在“壹街区”项目记述中突出“川西民居与上海石库门风格的融合”“水是都江堰的灵魂”“保留

城市的历史记忆”“沪川壹家亲”等理念。只有理念才能让人感动，才能使所记事物形成有机整体有血有肉，才能成为挺拔民族脊梁的精神源泉。没有理念，就只能是来来往往忙碌不休的人群，冷冷冰冰钢筋混凝土的建筑，松松散散的资料一堆。上海援建志稿在撰写上海援建都江堰任务完成指挥部人员撤回时，突出1万多名都江堰群众自发冒雨送别，“雨水热泪一起流淌”，真正体现了重建精神深入人心，体现了“岷江黄浦江水水相融，上海都江堰心心相连”。在农民安居房援建记述中，突出农民熊泽全用岷江的鹅卵石在刚刚入住的自家房屋的墙上镶嵌下“共产党对老百姓好”，道出了灾区群众的心声。所以作者认为，事件志在资政、存史的同时，还需更加注重感人至深的育人作用。

六、结论

本文认为，重大事件具有巨大的国际影响和重要的历史启示与传承价值，事件中应急、运行有许多经验教训可以资政，所体现出的精神文化层面的东西更值得存史和教育当代国民和后世子孙。重大事件的世界性影响力更是提高了国家形象和发生地、举办地的知名度，因此编纂重大事件志近年越来越受到党政领导的重视并焕发了方志界的巨大热情，成为一个新的志种。以2008年9月《汶川特大地震抗震救灾志》开始编纂为标志，包括《北京奥运志》《上海世博会志》等大型运动会、博览会志的编纂，作者认为中国方志园地一种新型志种——重大事件志诞生。本文界定“重大事件志”，是站在记述的内容而非政区角度，指独立编纂成书，记述重大的具有大范围长久影响的灾害应急、特大型运动会、特大型会议展览或其他重大事件的志书。重大事件志与古代杂志有一定的渊源。综合国力与经济基础、《地方志工作条例》与依法修志、方志机构稳定队伍壮大、地方志编纂体系的形成、开放的胸怀、读志用志振奋民族精神、地方志书在形式上的创新与拓展七点是重大事件志诞生的根源。重大事件志的编纂组织要参考事件的指挥系统、组织系统和执行系统，这样才可以有针对性地组织编纂。重大事件志编纂工作进入要早，事件发生的过程中就要介入，边收集资料边整理资料，边撰写初稿，边修订边定稿。参考重大事件的指挥执行组织及机构职能，设计志书篇目框架和拟订内容提要。重大事件志目前有两种组稿编纂方法，一是参编单位只提供资料，承编单位组织人员撰稿。另一种是分解篇目内容，由所有参编单位收集资料写出“零部件”，再由承编单位编纂合成。重大事件志编纂时间紧，一开始资料征集渠道要全，要注意过程资料与结果资料的正确使用。事件志要注意过程性交叉处理和整体与局部的交叉处理。重大事件志表述对象与区域性志书不同，育人作用明显，其形式要在遵循志书传统体例基础上有所创新，并形成自身特点。重大事件志编纂要突出事件中产生的理念。

对于当今方志界而言，如何组织编纂好重大事件志大有文章可做，大有研究的必要。

（《上海地方志》2011年第5期）

自评：从2008—2019年的10年间，我先后参加了《汶川特大地震抗震救灾志》《上海援助都江堰灾后重建志》《上海世博会志》《中国抗日战争志》的编纂工作，包括实施方案的起草、专家组工作、总纂、主纂、通稿等等工作。根据实践与研究写出本文，在中国方志界首次提出“重大事件志”的新志种概念，就名称进行了学术界定。并就事件志与中国传统杂志的关系、近年重大事件志编纂的社会背景、重大事件志的编纂、重大事件志与区域性志书的异同，等等进行了阐述，形成了重大事件志的概念与编纂体系。根据本文的论述，新华社记者吴宇于2011年11月12日在新华网新华时政上刊发了“重大事件志成为中国方志新物种”的通讯。2012年12月，重大事件志研讨会在上海召开，全国80多名专家与会，提交论文15篇。但会上有一些不同观点发表。有人干脆称此种志书为“专志”。此说法没有注意我的重大事件志定义是从志书内容出发的，与专志体裁没有任何矛盾。如只是“专志”，那就广了，非区域志的绝大多数是专志，大型综合性区域志（省级志书）实际是专志的组合性丛书。2018年4月25—26日，国家社科基金抗日战争研究专项工程《中国抗日战争志》项目暨中国地方抗日战争志工程研讨会在山东枣庄召开，会议定位抗日战争志为重大事件志。2018年5月，上海市哲学社会科学基金项目“重大事件志编纂研究”（编号：2017WFZ001）结题。随着我国经济社会外交以及“一带一路”推进，重大事件志的编纂将会越来越多，“重大事件志”的概念在不断的实践中会被逐渐接受。

重大事件志编纂的实践与思考

——兼谈方志文体的继承与创新

2008年9月，汶川特大地震发生仅仅4个月，举国正在进行抢险救灾工作，根据国务院的部署，中国地方志指导小组迅即开始承担了《汶川特大地震抗震救灾志》的编纂组织工作。我有幸参与了该志编纂的全过程，4年间，同时参与了《上海世博会志》和《上海市对口支援都江堰市灾后重建志》的编纂工作。通过实践，对重大事件志的编纂有一些认识和思考。

2011年《上海地方志》在同年第5期上刊载了我的论文《新志种·重大事件志编纂刍议》。文章包括“重大事件志”名称概念的界定、编纂兴起缘由、编纂的组织方式、编纂方法、编纂理念五个方面。新华社记者吴宇对本人进行采访，11月12日在新华网新华时政上刊发了“重大事件志成为中国方志新物种”的通讯，该通讯报道：无论是汶川地震等重大自然灾害，还是以北京奥运会、上海世博会为标志的国际盛会，目前都正以海量的文字、图片信息独立编纂成书，成为当代中国新的精神遗产。中国古老的方志“家庭”也由此诞生了一个新志种——“重大事件志”。

新事物的诞生，必然要引起争议，这是再正常不过的。正因为是新的志种，其编纂必然有其差异性，因此也引起方志界的不同意见。有的人认为某些事件志“不像志“，甚至出现被记述的对象满意而方志界不满意的情况。究竟何为？关键在于什么叫“志”意见不一，是静态地看待“志”的发展，还是动态地看待志的发展，对于前人的方志成果我们继承什么？随着社会的发展、事物的演变和新生，我们又应该扬弃什么？创新什么？这样一个攸关于地方志这一文化传统发展的重大问题值得深思。

以下就 4 年的重大事件志的编纂实践谈谈本人的认识，通过与方志界同仁的集思广益，以利重大事件志这一新的志种健康成长，以利地方志的健康发展。

主要谈重大事件志与区域志及专志的异同；方志文体的变化和传统方志文体的真貌；重大事件志编纂之经验三个问题。

一、重大事件志与区域志、专志的异同

《地方志工作条例》界定：“地方志书，是指全面系统地记述本行政区域自然、政治、经济、文化和社会的历史与现状的资料性文献”，这是对区域综合性志书的定性。传统的地方志是以区域志为主体，包括古代的一统志（各省志书的精炼汇集）、总志（两省以上）、通志（省志）、州府县志、乡镇志；其次是杂志，即卫所志、书院志、山水志、盐井志、寺庙志等。中华人民共和国成立后的新方志除区域志外，包括专志，即专业志、专门志（部门志、企业志、灾害志）。重大事件志是古代杂志的源流，是中华人民共和国成立后专志的分支增益。这就是继承。

区域志是记述地方的。但重大事件志有其不同，在记述区域上，其可以是国家以下行政区域发生的事件，也可以是举国处置的事件，甚至是具有国际影响的事件。记述重大的具有大范围长久影响的灾害应急、特大型运动会、特大型会议展览或其他重大事件的志书。在功能上，一般志书强调资治、存史、教化的功能，而事件志的教化功能尤为重要。

在体例上，一般性志书要求时空界限明确（地方性）、横排竖写、述而不论（寓观点于记述之中），但事件志往往反映举国体制，所以要打通地域界限。比如汶川特大地震抗震救灾、奥运会、世博会志的记述，均是打破地域界限。即使是以省为主办单位的运动会、会展，也同样具有举国体制的因素；因此，对事件要有大视野，记述的内容要体现大视野。汶川特大地震抗震救灾不仅仅是川、甘、陕三省的抗震救灾，北京奥运会不仅仅是北京市的奥运会，上海世博会不仅仅是上海的世博会，即使是广州亚运会也不仅仅是广州的亚运会。所以重大事件志记述的是具有巨大的国际影响的对象。

一般地方志要求述而不论，但事件志不但要起到存史、资治作用，更要起到教育和鼓舞大众的作用。所以，完全按照述而不论是写不好事件志的，因为事件处置中体现出精神、理念、智慧。我们不彰显它，反而要隐藏它，编纂的事件志其价值就会大打折扣。

既然事件志体现精神、理念，那么完全靠一般志书强调的平实、记述体，是很难体现价值的。所以，事件志在遵循地方志基本体例要求的情况下，加强观点在述

体中的呈现，文风适当变通，要有理念的点题与概念的点睛，当然可以引用媒体、领导、群众的语言以体现之。

一般性志书记述事物的面貌、轨迹、特点，是以记轨迹为主，区域志20年一修，但事件志记述的事件过程时间不长，比如汶川特大地震抗震救灾从抢险到重建三年多，奥运会（2001年7月13日申办成功，2008年举办）、世博会（2002年12月3日申办成功，2010年举办）连申办到举办七八年，重点记述的举办内容1年时间，所以事件志是以概况、特点为重点，轨迹反而为辅。

在具体体裁使用方面，事件志仍然继承的是“记（大事记）、志（事类记述）、传（人物）、图、表、录”。但事件志强调举国体制，所以背景记述尤为重要，内容结构偏重概况，文体文风强调展现思想、理念、精神，这些是与传统区域志不同的，这些就是方志界有不同意见的所在。

所以说事件志在遵循志书历史真实性原则、资料有据原则，志书基本体裁的同时，还要考虑事件志的自身特征，在体例方面有所创新。我认为文以载道，任何体裁只是一种形式，形式是为内容服务的，离开内容谈形式，就难以有统一的标准，莫衷一是也就是必然的了。

二、方志文体的变化和传统方志文体的真貌

方志是于宋代基本定型的，宋代以前，汉代的地记专门记载的是地方的山川风土、物产、人物等，又称“记”“传”“谱”等。它是中国方志早期的主要编纂形式，内容单一，文字简略，也无一定体例。隋唐图经，是中国方志发展过程中的一种编纂形式。图，是指一个行政区划的疆域图、沿革图、山川图、名胜图、寺观图、宫衙图、关隘图、海防图等；经，是对图的文字说明，包括境界、道里、户口、出产、风俗、职官等情况。它由地记发展而来。宋代在地记、图经的基础上增加了人事的内容，并继承正史编年体、纪传体等体裁，方志趋于定型。所以清代乾嘉期间方志学始，章学诚认为“志属信史”，戴震“重沿革”认为“夫志以考地理”。民国年间黎锦熙提出“立两标”“史地两性，兼而有之”，即方志是“地志之历史化”“历史之地志化”。志体的如此演变，其原因是社会进步、分工日细，社会内容变化导致方志内容结构的变化，内容结构的变化导致体例体裁的变化（体裁渐趋多元）。可见方志的体例是在变化的，变化的原因是因为记述的对象在变。天在变，道也在变，没有天不变，道也不变的志书。僵化的修志观必然有违历史的进步，阻碍志书编纂的发展。

近年，方志界对新方志的有关体例观越来越感到束缚手脚，对于新志流水账式的记述和枯燥的语言越来越不满意。读者常批评部分新方志“难于卒读”。“述而不论”成为不知所云。横排竖写成为全志的大大事记、分类的小大事记，事物演变缺乏阶段和特点。文风平实成为文字干瘪倾向不明。有的同仁干脆提出“述而有论”“述而间论”。

其实古代的志书真是如此文风吗？近就此问题读了一些旧志，发现其实不然。比如清郭廷弼主修的《松江府志》，山川之后附录大量的诗词。（宋）施谔《淳祐临安志》卷第五，城府楼观，标题就是“江湖伟观”，文曰：“旧在葛岭寿星寺，

面东小轩，左尽保俶塔，山巍然如断；右见南山，重复奔凑，有所底止；中间城阙迤逦，属于两山，外则大江，内则平湖，一目俱尽，如出几席，烟云渺弥，景色翠蒨，殆不可名貌，游观之伟莫先焉。”再如清末民初陈作霖的金陵《东城志略》：“又东为院门口，旧院之前街也。长桥烟水，清泚弯环，碧杨红芍，参差映带，明时最为歌舞胜处。”

可见，志书的体例文风不是仅仅记述体、寓观点于记述之中、文风平实“老三篇”可以概之的。地方志系百科之书，单一的记述体是无法完成志书记述的。实际上志书以记述体为主，是记述体、议论文体（概述、无题序，正文的“画龙点睛”）、说明文体（静态事物，如科技项目、工程项目、规划计划、基础设施介绍）、文学体（文化、旅游资源）等的综合运用。应该突破地方志记述体的简单化束缚，充分认识各种文体在志书编纂中的作用。

从旧志的理论和实践看，有些事件志因其采用的文体文风被称为“不像志书”是根据不足、失之偏颇的。

三、重大事件志编纂之经验

（一）资料是事件志编纂的基础

重大事件志编纂工作进入要早要快，事件发生的过程中就要介入，以免资料稍纵即逝，《奥运会志》编纂就是这样做的。要边收集资料边整理资料，边撰写初稿，边修订补充边定稿，《汶川特大地震抗震救灾志·灾后重建志》更是这样做的。当然，要处理好过程中资料和结果资料的关系。结果资料必须有。过程中资料要收集过程节点资料和大材料，不可事无巨细。大材料包括新闻发布材料、规划材料、阶段总结材料、方面总结材料、社论材料、新闻媒体述评材料、领导指挥部署材料、重要会议材料等等。典型的项目、工程、场馆、事件材料。全局性的统计材料。主要的领导讲话材料和群众评价材料。事件志的资料来源除文书档案资料、著述资料、统计资料外，新闻媒体网络是资料的重要来源，鲜活的资料往往来源其中。比如新闻媒体报道的四川青川县黄坪乡枣树村 47 岁的残疾村民石光武震后喊出的“有手有脚有条命，天大的困难能战胜”“出自己的力，流自己的汗，自己的事情自己干”，成为感动全国人民的“最动人标语”，成为灾区群众自力更生灾后重建的最强音。都江堰市翠月湖镇清江村的一个普通农民熊泽全，把“共产党对老百姓好”刻在墙上。这些文字都是来自新闻媒体的报道，集中反映了人民群众的心声。有人对事件志运用媒体资料不以为然是不正确的。其实，官方网站刊登有大量的领导讲话、群众评价、新闻公报、审计材料都是事件志的重要资料来源，完全靠文档资料是写不好事件志的，因为文档资料偏重情况数据，偏重总结，文风干巴不够鲜活生动，缺乏典型性。

（二）篇目从实际出发，科学分类要与实际相结合

篇目是志书编纂的蓝图，搜集资料与撰稿离不开这个蓝图，但事件志需结合事件处置的实际，不可概念化，机械地套用学科的分类，要遵循“科学分类与现代社会分工”的设计原则。比如《汶川特大地震抗震救灾志·灾后重建志》，遵循的就是国家灾后恢复重建总体规划和十大专项规划为篇目框架基础，选择了按事类立目

为主，援建主体立目为辅的谋篇布局原则。如果完全套用学科逻辑分类，就没有相应的资料来源。比如十大专项规划其中有基础设施重建规划、住房建设规划和农村重建规划，农村是区域，基础设施、住房建设是事类，逻辑概念是重叠的，但如果完全机械地套用学科分类，即无规划，也无相应重建的统计数据。唯一的方法就是照顾客观实际，同时进行交叉处理。比如在基础设施篇交代农村基础设施见农村建设篇，在住房建设篇与农村建设篇中处理好交叉重复。

（三）事件志内容结构注意综合再综合，基本结构为概况 + 典型 + 图表

事件志内容实际是事件的概况加特点，总体结构基本为“概况 + 典型 + 表格 + 图照”，面上综合和典型事物有机结合起来。概况内容要”概全貌、概轨迹、概特点”，要有综合情况，要有发展过程，要有亮点和重点。对于典型项目，要求有“背景、过程、成果和社会评价”，让每一个项目、场馆不沦为简单的钢筋混凝土堆积，而能鲜活展示成就和精神。表格不是数据罗列，而是包括总量、结构与比重，防止文字的泛数字化，增强志稿的可读性。其中最重要、难度最大的是综合叙述。按照由表及里、由粗及精、由分散到整体的方式进行归纳综合。这样的志书才整体性强，眉清目秀。如果只是分类的时间顺序流水账，必然看不清眉目，一盘散沙。

比如《汶川特大地震抗震救灾志・灾后重建志》在 3000 万字资料长编基础上，首先形成 521 万字汇总稿（为各地、各承编单位资料稿的汇拢，全国 75 家单位）。采用“分、删、并、改、增、调、挪”的办法，2012 年 2 月中旬提交 280 万字分纂稿。3 月针对篇幅仍然较大，内容仍有机械重复，文风不统一，局部不规范等问题，进一步明确全志交叉处理的内容关连点，要求共性内容集中前置，突出个性和特点，确定重建项目选介规模、特点、平衡三个入选标准，统一实施综合性叙述加典型项目加表格的基本记述结构，强调行文要进一步综合概括，抓住事物本质表述，删去一般性工作内容，概括事物精简文字。2012 年 5 月完成 220 万字的初审稿。2012 年 6 月起进入分纂修改和总纂通稿阶段。11 月 18 日形成 114.32 万字、297 幅图照、50 份表格的复审稿（版面 180 万字、上下两卷）。4 个月形成 280 万字分纂稿，再形成 220 万字的初审稿，再形成 110 万字的定稿。方法靠的是不断地处理交叉重复，尤其是进行综合概括。所以概括综合在事件志编纂中尤为重要。

（四）平实标题与鲜活标题结合

事件志标题在遵循一般性志书文体的同时，标题可以适当鲜明。因为事件志重要的是体现精神，此外事件中有些特定概念是难以回避的，尤其一些实体组织的活动名称。有的认为事件志的部分标题不够简洁，是因为其难以用常规名称取代。比如上海援建项目称为“支撑体系”，如教育支撑体系、公共服务支撑体系，如果改为教育项目、公共服务项目就失去了个性。再如《汶川特大地震抗震救灾志・灾后重建志・决策组织》的决策部署章分为“搞好规划”“指示条例制定”“决策对口支援”“强调维护稳定”“引领科学重建”“建设美好新家园”6 节，完全是从领导决策部署的角度列标题。“搞好规划”就是胡锦涛总书记的原话。如果按照志书的篇目要简，改为“规划”，就不是“决策部署”了（该志还有专门的“规划”篇）。

（五）发挥图片形象直观的功能

为鲜明直观地反映事件的过程实景实物，还可以融合图志的表现方法，加大图片量，增大形象性与直观性。

汶川特大地震、奥运会、世博会等事件志，涉及大量的典型场景、项目、场馆，需要大量的图片。《汶川特大地震抗震救灾志》专门设有图志卷，灾后重建志收有200多种重建项目照片，《北京奥运会志》收有大量场馆照片。

四、小结

本文认为，“重大事件志”是站在记述的内容而非政区角度，指独立编纂成书，记述重大的具有大范围长久影响的灾害应急、特大型运动会、特大型会议展览或其他重大事件的志书。重大事件志与古代杂志有一定的渊源。今天属于专志中的一种子项志种。重大事件志的编纂组织要参考事件处置的指挥体系、组织系统和执行系统，这样才可以有效地组织编纂。重大事件志编纂工作进入要早，在事件发生的过程中就要介入，边收集资料边整理资料，边撰写初稿，边修订边定稿。参考重大事件的指挥执行组织及机构职能设计志书篇目框架和拟订内容提要，要与承编单位、参编单位商定内容要点，才不会走弯路、返工。重大事件志教化育人作用明显，其形式要在遵循志书传统体例基础上有所创新。重大事件志编纂要突出事件中产生的精神理念，可用领导、群众、社会各界，包括国际社会的评价反映事件的特征与处置效果。从事件志编纂和传统志书的考量中，作者认为当今志书的文体语言要进一步予以审视，要站在形式服从内容的基点上正确地对待继承与创新的关系。

（《上海地方志》2012年重大事件志研究专刊）

自评：《上海地方志》2012.年重大事件志研究专刊是2012年12月重大事件志研讨会的论文集，本人被收入的就是这篇文章。对于方志系统、史学界对重大事件志的不同看法，尤其是记述对象满意而地方志系统、史学界（多为老学者）不满意的奇特现象进行了分析。例如《上海援助都江堰灾后重建志》都江堰市方面、上海援建指挥部同志都给予较高评价；但参加评审会的复旦大学历史地理学教授、上海市地方志系统的老方志专家教授不满意，认为不像志。重大事件志作为新志种，当然不可能像传统方志，也不大像80年代以后编纂的新区域志。主要表现在横分门类、述而不论、文风三方面。2018年4月在枣庄讨论抗战志编纂的时候，仍然强调不可违背这三点。这样重大的历史题材志书，思想观念均已盖棺定论了，还不允许适度议论，还不允许适当分历史阶段，如何能交代清楚。比如共产党、国民党、日伪三方政权，不给一定的政治界定，如何清楚。难道不加评论地记日本的“大东亚共荣共存”，记汪伪的“和平救国”？不从记述的对象出发，不从内容出发，几十年抱残守缺地方志几条“紧箍咒”（应该不是清代的，也不是民国的，应该是80年代培训教材、研究论文中的，后写进了中国地方志的文件和地方志工作条例），能修好地方志吗？地方志研究者需要在编纂实践中去研究。本文就是针对这些观点与批评

的反批评。本文包括“重大事件志新志种”提出的过程、重大事件志与区域志及专志的异同、方志文体的变化和传统方志文体的真貌、重大事件志编纂之经验几个问题。文中谈的“文以载道，任何体裁只是一种形式，形式是为内容服务的，离开内容谈形式，就难以有统一的标准，莫衷一是也就是必然的了”，6年过去了，这句话想来还是很有道理。本文对于最初的重大事件志概念，补充了“今天属于专志中的一种子项志种”，对认为事件志不是“重大事件志”而是专志观点的补充答复。即，从体例上是专志，从内容上是重大事件志。

地方志，华夏文化的根脉

提要：地方志是中华民族独有的文化现象，自汉代起它就与中华民族的繁衍发展共存。志书中记载着中华民族自然、经济、政治、文化、社会的史事浩瀚如大海，连绵似江河，先人的足迹可以在其中寻觅，中华民族的文明可以从中寻求继承，我们先辈的道德精神可以从中得到崇尚。方志属历史文化范畴，但它在国史、家谱间起衔接作用，使我中华的历史文化成为整体，在世界文明古国中独领风骚、独树一帜。方志还具有促进国家一统，文化总成的功能。地方志是中国传统文化的精华，是民族主流文化的重要组成部分。社会主义时期编纂的地方志贯穿社会主义核心价值体系，是先进文化的重要组成部分。地方志是华夏文化的根，传承中华文明的血脉，必须进一步发扬光大。

关键词：地方志　文化遗产　大一统文化　主流文化　先进文化　华夏文化的根脉

胡锦涛同志在十七大报告中强调：“当今时代，文化越来越成为民族凝聚力和创造力的重要源泉，越来越成为综合国力竞争的重要因素，丰富精神文化生活越来越成为我国人民的热切愿望。”①

文章开头我要引用一句成语，“日月经天，江河行地”。何为日月经天，江河行地？就是像太阳和月亮每天经过天空，江河永远流经大地一样永恒。用此比喻西汉以来绵延至今的一种文化现象——地方志，我认为毫不为过。2500多年来，中华民族虽然历经战乱、天灾、人祸，但总体上看，方志代代编纂从不间断，成为世界上我们华夏文明独有的文化现象。李树俨先生统计：我国图书总汇清代《四库全书》著录和存目经史子集17.8万卷，其中方志是史部的4.41倍。1985年北京天文台主编的《中国地方志联合目录》，收入我国现有旧方志8264种、12.32万卷。它笼天地于形内，揽百业于笔端，记内容的广泛性和记述的多样性，任何典籍不能望其项背。②不论其独有性、传承性、广博性、地域性、海量性，我也认为无文献可比。志书中记载中华民族自然、经济、政治、文化、社会的史事浩瀚如大海，连绵似江河，先人的足迹可以在其中寻觅，中华民族的文明可以从中寻求继承，我们先辈的道德精神可以从中得到崇尚。文化，可以说是一个民族的血脉，越是古老的文化传统，这血脉中的凝聚力才越强大才越向心，才海枯石烂弥久不变，才会对任何外来文化流金铄石融为己有。没有民族深厚的人文情结，继承不了沉甸甸的文化传统。民族文化是一个民族精神情感的载体、民族特征的直接表现、民族凝聚力之所在。一个民族有信仰才有凝聚力，文化是渗透到一个民族骨髓里的根。可见，地方志是中华文明的重要载体，所以，本文称其“华夏文化的根脉”，即“华夏文脉”“民族文化之根”。

一、地方志在与国史、谱牒三者间具有衔接性的重要地位，是中华民族独有的历史文化，是传承华夏文明的重要载体

“编修地方志是我国特有的历史传统，在世界上可以说是独一无二的。”[③]地方志是传承中华文明的载体之一，国有史（二十四史），地方有志，家（族）有谱，三者记载了中华5000年的文明，成为凝结中华民族的精神纽带。方志与史及谱牒相比，数量又大大超出二者，此外，地方志又介于史与谱牒之间，具其冲要。清代史学家、方志学家章学诚说过：“且谱牒之书，藏之于家，易于散乱；尽入国史，又惧繁多。是则方州之志，考定成编，可以领诸家之总，而备国史之要删，亦载笔之不可不知所务者也。”[④]就是说，方志既可以收谱牒之精华，也可以删自身之精要成为编修国史的重要资料来源，它使中华史学文化形成完整的体系。

我国历史悠久，史籍丰富，地方志就是其中的文化宝库，历代保存下来的旧志书仅宋元以来就有9000余种、10多万卷，约占我国现存古籍的十分之一。中华人民共和国成立以来，编纂的省、市、县三级志书就有6000多部，总字数在50亿字以上。另外，西方舶来的年鉴，通过中国传统文化的流金铄石融为己有，把西方的以专门年鉴为主，改造为我们的以区域性综合年鉴为主，增加了中国元素，并纳入地方志的范畴，[⑤]使今天中国的历史文化包含国史、方志、年鉴、谱牒四种。华艺出版社出版的《中国年鉴概览》调查，全国出版的各种年鉴已达2487种，每年定期出版的年鉴超过千种，成为当今世界上出版年鉴种类最多的国家。[⑥]所以，地方志在中国历史文化中越来越具有主体作用。历史只有社会内容，而方志中不但有社会内容，还有大量的气候、自然灾害、矿藏、植被、水文、环境等方面的珍贵资料，自然、经济与社会发展的大量资料，为历代所用。所以，历代均认为地方志具有“资治，存史，教化”的功能。明清以来，许多学问家利用方志资料从事民俗学、历史地理、社会经济、社会文化、社会政治等研究，取得让世人瞩目的成就，如顾炎武利用大量方志资料写出《天下郡国利病书》，中国科学院地震工作委员会编出《中国地震资料汇编》，著名物候学家竺可桢编出《中国近五千年来气候变迁的初步研究》，地质学家章鸿钊编出《古矿录》，复旦大学明史专家樊树志编出《明清江南市镇探微》等等。近20多年来，各地经济社会发展规划，申报联合国遗产（历史遗产、自然遗产、非物质遗产），论证行政区划变更、大型项目立项，宣传介绍地情，建立爱国主义教育基地，为自然科学和社会科学研究提供素材等，提供大量重要资料。20世纪英国近代生物化学家和科学技术史专家李约瑟（Joseph Terence Montgomery Needham）

说："在中国出现的一系列地方志，无论从它们的广度来看，还是从它们的有系统的全面性方面来看，都是任何国家的同等文献所不能比拟的。"[⑦]利用地方志进行社会科学研究也同样引起外国汉学家的重视。进入知识经济信息化时代，世界经济日趋一体化，地方志已经成为全人类的文化资源。陈桥驿先生著文称：不少外国汉学家把中国历史上积累的丰富方志称为"资源"，认为中国自古以来修纂而成的大量方志是一种价值连城的文化资源，是外国汉学家从事汉学研究的重要工具。[⑧]近年随着改革开放的不断深入，地方志还为发展各地旅游事业和繁荣文艺创作提供丰富的材料。著名作家茅盾先生在担任文化部部长时，曾建议从地方志中汇编名胜古迹资料，为发展旅游事业服务。他说："我国地方志书，源远流长，种类繁多，志书搜罗材料之广博，超过正史、野史、前人笔记之所记载，似可组织人力，即以地方志中适合于旅游者之多方面兴趣而引人入胜者，编写导游指南。"[⑨]试问近年各地在编写旅游手册中，有几本没有吸收方志的精华然后进行形象化再创作的？另外，地方志在文学艺术创作，尤其是历史小说、剧本等方面，也发挥了一定的作用。地方志中丰富多彩的地情资料，可以促进文学艺术创作更加贴近生活，更富有感染力。如姚雪垠于1957年动笔创作历时30余年，获得茅盾文学奖和日本文部省、外务省颁发的文化奖的长篇历史小说《李自成》；公刘的长诗改编的电影剧本于1982年获西班牙桑坦德第一届国际音乐最佳舞蹈片奖、中国第一部彩色宽银幕立体声音乐歌舞片《阿诗玛》，都查阅和参考过大量地方志书。望夫云是云南大理地区流传最广的著名神话。大理府志、县志记载的有若干种，民间口头流传的有十余种。徐迟、徐嘉瑞、公刘、鲁凝等作家曾分别以它为素材，创作了各具特色的长诗。白族戏剧家将它改编为滇剧和白剧搬上了舞台。2004年由中国文史出版社出版的青年作家聂浩源（笔名）的长篇小说《峨眉剑雄》，许多内容取材了《峨眉县志》《青神县志》《犍为县志》及《乐山市市中区志》，从中查阅了许多人文地理风土人情等史料，并从乐山市的一批作者所著的地情著述中找到了一些生动形象的描写细节。[⑩]地方志作为中华民族的文化遗产，其价值不胜枚举，无需赘言。人类只有继承历史文化遗产才可以不断进步，地方志就是中华民族必须继承并发扬光大的重要历史文化遗产之一。

二、地域总汇为一国之大统，地方文化总汇为民族文化之总成

元朝，我国多民族国家体制进一步确立、完善，一统志的创立反映了中国人的大一统观念愈来愈鲜明。元朝国土超过汉唐，地方行政部门与今日相似，行省名称的确立就是从元朝开始的。当时有10个行省，为了统治这样庞大的封建帝国，世祖忽必烈采纳了大臣提出的"宜为书明一统"的建议，遂命扎马拉鼎、虞应龙等于至元二十八年（1291年）编成《大一统志》755卷。[⑪]其实，一统志虽是中央组织编纂，但其内容是汇各政区地方志以总成。

正是因为，方志"笼天地于形内，揽百业于笔端"，所以对多民族国家的大一统有着非常重要的价值。古今方志都是组织中央以下地方政权进行编纂，包括省志、府志、州志、县志、乡镇志，内容涵盖自然、经济、政治、文化、社会各方面，

地情无不囊括其中。编纂地方志有利于国家民族的大一统和中华民族地方文化的大集成。

2000多年来我国中央政府颁发许多修志命令，包括封建社会的35份诏令，民国政府的11份“训令”“概要”“办法”，中华人民共和国成立后，20世纪50年代至首轮修志国务院的《通知》、中指组的《规定》等8份文件，共54份中央修志命令。尤其是2006年5月18日国务院颁布了《地方志工作条例》，其前后各省市区人大、政府出台了一批编纂地方志的政策法规。封建社会规定60年一修，国务院《地方志工作条例》规定20年一修。[12]可见地方志反映了中央政权的意志，是一种官方的大一统文化。其目的是国之一统，文化之总成，思想道德之统一。

三、中国的主流文化应该是中国传统文化的精华，地方志是中国主流文化的重要组成部分

主流文化是传统文化的精华。中国文化的精华应当是那些历时几千年，至今仍然闪烁着真理和智慧光芒的东西。地方志历时2500多年，今天仍然在焕发勃勃生机，难道不正是这种主流文化吗？今天有些人一提主流文化，就是新闻媒体、电影电视、网络一类新兴文化，对传统文化现象不大注意。这不免过于急功近利，是不全面的，因为新兴文化比较鲜活，而传统文化更加经得起历史的检验，二者都很重要。

有人解释中国社会主义主流文化是五千年中华民族文化传统与百年中国革命文化传统的结合。“对于当今的我们来说，深厚的民族传统文化、科学的马克思主义指导思想、丰富的革命文化，就是我们文化安身立命的根基”。[13]中华民族五千年传统文化和百年革命文化就是我们主流文化的主要内容，二者的融会贯通，就是我们的主流文化。主流文化从层面上说，它不仅是庙堂的，同时也应该是区域的、民间的。比如敦煌莫高窟的造像、唐宋以来，真正能代表中国文化生命力的彩陶、宗教雕塑，诗经、汉魏六朝民间诗，今天所讲的来自民间的非物质文化遗产，我认为这些同样是主流文化。从古今地方志所记载的民族传统文化内容，近百年革命文化内容和近30年改革开放内容，既有中央政府的政治活动，又有地方的文化内容。这就是地方志，我们应该确定，地方志正是传承主流文化、传承传统文化精华的重要文化载体之一。

世界上有众多的民族，每个民族的文化都是世界文化的有机组成部分。鲁迅先生在“欧洲文化中心论”席卷整个中国文化界的时期，就清醒地指出：“只有民族的，才是世界的。”[14]今天，在我国的社会转型过程中，伴随着经济全球化、政治一体化、科教国际化的进程，社会文化呈现出多元化的特征，我国社会中占主导地位的主流文化被严重消解。随着现代化进程、城市化步伐的加快以及外来文化的冲击，目前我国大批风情独特的古村落、民居、作坊和其他遗址已经遭到破坏，大批珍贵的无形文化遗产因各种原因失去传承。要实现民族真正的复兴，就必须要从自己民族文化里寻求，而不是一味的“拿来主义”！[15]面对各种挑战，正确认识和巩固主流文化已迫在眉睫。所以胡锦涛同志强调“文化越来越成为民族凝聚力和创造力的重要源泉、越来越成为综合国力竞争的重要因素”。地方志是中华民族独有的文化，因

此他又是世界的，在上文阐述的李约瑟与外国众多汉学家对中国地方志的评价，我们就可以深刻地体会到鲁迅先生在70多年前讲这番话的意思。保护与发展地方志就是保护我们的主流文化，保护我们民族的灵魂。

四、社会主义时期的地方志内容贯穿社会主义核心价值观，是先进文化的重要组成部分

胡锦涛同志指出："理想信念，是一个政党治国理政的旗帜，是一个民族奋力前行的向导。""民族精神是我们民族的生命力、凝聚力和创造力的不竭源泉。"[16]他还指出：在五千多年的发展中，中华民族形成了以爱国主义为核心的团结统一、爱好和平、勤劳勇敢、自强不息的伟大民族精神。在改革开放新时期，中华民族又形成了勇于改革、敢于创新的时代精神。这一民族精神和时代精神，包括了天下兴亡、匹夫有责，富贵不淫、贫贱不移、威武不屈，先天下之忧而忧、后天下之乐而乐等民族优良传统；包括了我们党领导人民在长期革命斗争中形成的井冈山精神、长征精神、延安精神、西柏坡精神等优良传统；包括了在社会主义建设时期形成的大庆精神、雷锋精神、"两弹一星"精神等优良传统。[17]

地方志是弘扬民族精神的载体，历朝历代统治阶级都是利用方志来宣传传统文化，宣传中华民族的理想道德，只是社会本质不同，宣传的内容不同，但宣扬传统美德、爱国爱乡、自强不息、守望相助等民族伦理是一以贯之的。只是今天，我们的社会主义核心价值观在传统民族的道德理念中融入了新时代社会主义的理想与情操，建设的是与传统美德相承接的社会主义核心价值观。社会主义核心价值观必须建立于民族优秀文化传统之上，融入民族传统文化之中。可见，地方志这一中华民族优秀文化数千年都在宣扬传统美德，今天又把我们党领导人民在长期革命斗争中形成的精神，在社会主义建设时期形成的精神传统编纂于其中。社会主义新方志是体现彰显社会主义核心价值观的重要历史文献。目前，在市场经济条件下，改革和建设过程中，许多新情况、新问题不可避免地出现，包括拜金主义、享乐主义、个人主义等现象，部分人爱国主义、集体主义观念淡薄；所以，在当今情况下，进一步发挥地方志的功能，开展读志用志，在志书中宣扬中华民族传统道德与社会主义文明相结合的核心价值观内容，是具有重要作用的。地方志是传承社会主义核心价值观的重要文化载体。

五、结论

综上所论，地方志是中华文化的重要载体，他绵远2500多年。存在说明价值。它帮助我们传承历史文明，科学地认识地情，为百业保存文化遗产，为经济发展社会进步的决策提供参考，为教育大众提供爱国爱乡优良传统的教材，是游子包括海外华侨的心理文化之根。地方志从物质与精神的描述中，开发民智，有助民生，和谐民族，纯正民风，是民族与社会进步的重要文献，在中华历史文化中具有重要位置，是中华民族主流文化的组成部分。用今天的意识形态看，地方志又是先进文化的重要组成，是融汇社会主义核心价值观的重要文化载体。统而言之：地方志是华夏文化的根，传承文明的文脉。

①胡锦涛：《十七大报告·七、推动社会主义文化大发展大繁荣》。

②李树俨：《中国传统文化的奇葩——地方志》，来源：百度快照 图书馆 2004-11-18。

③江泽民：1987 年 5 月在上海市地方志编纂委员会成立大会上的讲话（原稿）。

④章学诚：《文史通义·卷六·外篇一·方志立三书议》。

⑤国务院《地方志工作条例》第三条。

⑥李维民 肖东发 主编：《中国年鉴概览》，华艺出版社 2003 年 12 月出版。

⑦李约瑟（Joseph Terence Montgomery Needham）《中国科学技术史》第三卷《数学 天文学 气象学 地学》，1959 年出版。

⑧陈桥驿：《中国方志资源国际普查刍议》（《中国地方志》1996 年第二期）

⑨资料来源：黄建华、李继运《论地方志的功能和应用》济南市情网 2009 面 6 月 1 日。

⑩李有成：《读志用志是繁荣文学艺术创作的良方》来源：乐山市地志办 发布日期：2008-11-27

⑪来源：《江南通志. 有道词典》百度快照 2011.9.1。

⑫梅森：《〈条例〉对历代中央政府修志命令的继承与创新》（《中国地方志》2006 年第 9 期）。

⑬云杉：《文化自觉 文化自信 文化自强》，发表于《红旗文稿》2010 年第 15 期。

⑭鲁迅：《且介亭杂文集·致陈烟桥》，1934 年 4 月 19 日，见《鲁迅全集》第 13 卷第 81 页。

⑮《文化是一个民族的根》，四月青年社区，发表于 2009-1-21 23：51：25。

⑯《六中全会解读：建设社会主义核心价值体系》，资料来源：新华网 2006 年 11 月 13 日 07：28。

⑰《社会主义核心价值观》，资料来源“百度名片”。

（《中国地方志》2012 年第 10 期）

自评：此篇文章是《中国地方志》编辑部的约稿，目的是贯彻宣传中共中央总书记胡锦涛同志在十七大上的报告，弘扬先进文化和核心价值观，阐述传统地方志与先进文化的关系。地方志的功能价值历代均有阐述，我一般不写这方面文章，认为这是客观存在和有些文化常识的人都会知道的，很难写出自己的东西。本文属于学习宣传性文章，故改变长期从事地方志一贯平实的文风，较为渲染煽情；既然是文选，作为自己一篇独特的文章放在本书中也说得过去。

城市化是第二轮志书记述的重要内容

提要：本文标题“重要”内容指志书部分篇章集中重点记述的内容，“背景”指所涉其他行业、事业、社会门类内容发生、演变的原因。文章认为，二轮志书的记述主体时段主要是 20 世纪 90 年代起到 21 世纪的第一个 10 年。这 20 多年是我国改革开放进入攻坚期和成熟期。改革开放是我国此期经济社会转型发展的动原，而城市化是改革开放的重大成果。志书内容深度记述的根本是所记事物应具备的完整性和展现事物发展变化的因果。因此了解我国，尤其分析志书记述事物发生区域的城市化、城镇化的进程及特点非常重要，会对志书内容记述起到提纲挈领的作用。

文章结合城市化与区域性志书内容的关系，按照志书城市化内容向心的远近和关联程度，用同心圆圆心与向心的六大圈环，分析了城市化与区域性志书内容的关联结构。阐述了当前区域志相关记述的不足和原因，最后认为编纂者需要在思想上认识城市化与二轮区域志记述的关系，在记述方法上用城市化来提纲挈领，整体布局，强调重点，用背景兼及关联和结果，提出辩证地反映城市化带来的重大进步和产生的发展阶段问题。认为这样的区域志书才具有整体性和时代性。

关键词：城市化　志书门类　内容结构　现状分析

一、我国的城市化与方志内容门类的关系

城市化也有的学者称之为城镇化、都市化，是由农业为主的传统乡村社会向以工业和服务业为主的现代城市社会逐渐转变的历史过程，具体包括人口职业的转变、产业结构的转变、土地及地域空间的变化。不同的学科从不同的角度对之有不同的解释，就目前来说，国内外学者对城市化的概念分别从人口学、地理学、社会学、经济学等角度予以了阐述。2011 年 12 月，中国社会蓝皮书发布，我国城镇人口占总人口的比重将首次超过 50%，标志着我国城市化率首次突破 50%。[①]国家统计局 17 日发布数据，2011 年末，中国大陆总人口为 134735 万人，城镇人口数量首次超过农村，大陆城镇人口 69079 万人，比上年末增加 2100 万人；乡村人口为 65656 万人，减少 1456 万人；城镇人口占总人口比重达到 51.27%，比上年末提高 1.32 个百分点；2011 年末中国的城镇人口已经达到全国总人口的 51.27% 。[②]

地方志书记述内容包括环境、人口、一二三产业、城乡建设（基础设施、市政建设、公用事业、房地产业、乡镇集镇建设等）、文化教育、医疗卫生、劳动与就业、社会保障、社会团体、社会生活等内容，这些内容直接与间接地与城市化有关联，也就是说城市化影响和改变着传统方志和首轮以计划经济时期为主的志书记述的内涵，所以说，城市化与二轮志书若干门类内容相关联。

中国城市化随着改革开放的阶段布局，各地的城市化的深入程度不同，各区域志书记述的“宽度”“深度”也不尽相同。珠三角、长三角、环渤海及其他东部沿海地区已经形成了城市群，产业已经从退一进二发展到退二进三，金融、劳动力、商贸市场基本成熟，人口流、资金流、货物流非常活跃。中西部发达地区，包括副省级城市、省会城市，交通枢纽城市等等城市化正在加速，尤其是本世纪以来，东南沿海经营就业成本上升，房地产限购后，中西部二三线城市城市化加速。当然，西部还有较大的区域、中部还有部分地区（“老少边穷”地区）城市化城镇化进程较慢。所以各地志书关于城市化内容的记述分量应该是不一致的。

普遍性角度看，志书哪些内容与城市化有关呢？如果用同心圆的结构进行分析，由里向外，圆心就是有关城市化改革的战略决策与政策，第一圈就是产业与市场，第二圈是人口、劳动与就业，第三圈是城乡建设与房地产，第四圈是医疗卫生与文化教育，第五圈是社会保障与社会生活，第六圈是社会组织。也就是说，城市化顾名思义，应该是“城”与“市”的结合，即“城”与“市场”的结合。城市化是市场化的结果和体现，城市化又推动着市场化的不断深入。

圆心：城市化的战略决策。中国是国家宏观调控的市场经济，因此党和政府的改革开放政策决定城市化的进程与前途，比如市场化开发开放政策、招商引资政策、产业结构调整、劳动力市场化政策、商品房政策、户籍政策等决定人口、人才、资金、建筑群的城市化集中。所以说改革开放及其政策及地方的战略决策是城市化的本源。志书需要在中共、政权（人大、政府）、政体（政协）中介绍有关城市化的战略决策。在经济体制改革门类中介绍促进城市化的政策在本地的实施和若干其他门类中把城市化进程作为发展转变的背景，体现因果关系。

第一圈：产业转移与结构调整。一地的城市化首先是从产业结构调整开始，改革开放从农村开始，但是向城市延伸。农业改革初期的积累，导致农村产业向二、三产业的转移，如苏锡常模式、浙江模式、东莞模式。城市建成区的不断扩展，使得农民成为城镇居民，牧歌式的乡村成为熙熙攘攘皆为利往的城镇。所以说，产业的调整转变是城市化城镇化的物质根本。因此，城市化、城镇化地区志书要反映传统农业的缩小甚至在本地区的消失。结果是高科技农业、高效农业、观光农业、农业产业化、城乡一体化在部分地区的出现和城市商贸的繁荣。所以我们的志书要很好的反映当地产业的调整与转移。

产业转移包括一线城市和部分二线城市、工矿城市退二（第二产业）进三，鼓励第二产业（工业）从城市繁华地段退出，合理利用腾出来的厂房，发展商业、服务业尤其是现代服务业，包括发展流通部门的交通运输业、邮电通信业、商业饮食业、物资供销和仓储业；为生产和生活服务的金融业、保险业、公用事业、居民服务业、旅游业、咨询信息服务业和各类技术服务业等。（第三产业的科学文化、公共社会服务行业按照区域志的大体分类，放入以下第四、五圈）也有大量原来的农村城镇化发展工贸旅游，即退一进二。如四川省都江堰市，汶川特大地震后通过 3 年恢复重建，在城乡住房、基础设施、公共服务、产业恢复、城镇体系和生态环境恢复六大方面向前跨越了 20 年，具备在旅游业发展中向更高的目标迈进的条件。在此基础上，都江堰市正式启动国际旅游城市建设，并结合自身实际，推出了《都江堰市国际旅游城市建设规划标准》等一系列高标准、国际化的旅游发展规划。都江堰旅游业、产业园等的建设，进行的是“退一进二进三的嬗变”。都江堰这样的县级市（县），我国从东到西，从北到南，许许多多的也都不同程度在进行着这种“嬗变”。人口的集聚导致市场和商品交易的繁荣，劳动力市场、中介市场的出现。因此二轮志书中商贸与服务业的内容也必然丰富。

第二圈：人口的大流动大迁徙。产业的变化带来的是大量二、三产业的就业岗位，带来人口大量从第一产业转向二、三产业，并向城市、城镇流动乃至定居；另外有些当地的农民成为城镇居民，农村居民点成为城镇社区。

城市化的进程需要人才智力和一般劳动力的支撑，需要充满活力对未来充满幻想的年轻的农村青壮年。2011 年秋天我回到曾经插队的“公社”，一个皖东的乡村。这里已经撤乡建镇，金黄的稻谷一片丰收的景象，但村庄了无炊烟，原来热闹的乡村集市已经不见人影，路上长着青草。唯一的中学 24 个教师只教五六个学生。这里的种植、养殖已经由种粮、养殖大户集约经营，老年人口集中县城居住，原来 3 万人口的县城现在已是 30 万人口，房地产随之如火如荼。年轻人绝大多数带着孩子在长三角等一线城市打工。另一方面，作为上海闵行区，由于地铁一号线的贯通，加之紧靠中心城区，成本与性价比的杠杆作用，使该区成为上海人口最大的导入区。2010 年 11 月 1 日零时第六次全国人口普查，全区常住人口为 2429372 人，而 10 年前 2000 年 11 月 1 日零时第五次全国人口普查该区总人口为 1217309 人，10 年共增加了 1212063 人，增长 99.57%。平均每年增加 121206 人，年平均增长率为 7.15%。全区常住人口中，外省市来该区常住人口为 1203693 人，占 49.55%。同第五次全国人口普查的 412097 人相比，10 年共增加了 791596 人，增长 192.09%。平均每年增加 79160 人，年平均增长率为 11.31%。③主要外来常主人口是安徽、江西、河南打工的农民工和中心城区动拆迁的平民，新上海人，中国港澳台以及外国高新技术人员。这里的房地产如何？交通、社会管理、教育医疗的压力如何？人口文化素质变化如何？可想而知。该区财政收入在上海仅次浦东新区，位列第二，但由于人口的大量导入，人均财政收入位于全市 17 个区县倒数第二。可见，一切均随着人口的变化而发生重大变化。所以二轮志书的人口部类再不是首轮志书那样简单了，外来人口成为重要的记述内容。家庭户人口、年龄构成、民族构成 、各种受教育程度人口、涉外人口与婚姻、婚姻家庭就有了比首轮志书更为丰富的内容可写。反之，人口导出地区的志书需要反向记述人口的输出，以及带回的财富与人才技术。

第三圈：城乡建设与房地产的繁荣与过热。市场的繁荣，人口的爆炸，首先是城市规模的扩大，农村与农业用地缩小，城市面积扩大，基础设施、公用事业设施、房地产业建设施工兴旺。志书城乡建设包括市政建设、能源建设、交通建设、邮政建设、电信建设、水务建设、防灾减灾建设等。市政建设又细分为老区动拆迁、新区建设、广场、道路、桥梁、排水防洪、照明与灯饰工程、环境卫生、园林绿化。房地产建设包括住宅建设、房地产开发。改革开放初期，我国城镇化率约为 18%，城市约为 235 个；到 2010 年，我国城镇化率已达到 49.68%，城市已有 657 个，30 年增长 30% 多。百万人口以上的城市已有八九十个。④以上内容是二轮志书记述的重点，因为城乡建设与房地产发展是城市化的物质依存。

1988 年，国务院召开第一次全国住房制度改革工作会议，推出《关于在全国城镇分期分批推行住房制度改革的实施方案》，自 2003 年起，房改和城市化催生了房地产行业过去的“黄金十年”，既推进了城市化的发展，同时房地产行业的暴利导致市场过热。中国房地产及住宅研究会副会长顾云昌先生总结中国房地产市场的正确方向为“三个两”：一是“两化”，城市化和工业化；二是“两调”，经济结构调整和楼市调控；三是“两型”，资源节约型和环境友好型。[5]清华大学建筑学院教授吴唯佳认为，我国的城镇化规模过大，每年城乡建设竣工量（面积）约20亿平方米，其中城镇约占2/3，即13亿平方米。我国每年新增城镇人口约1000万，每个人所需建筑面积应为60平方米，但目前城镇建设的竣工面积摊到每个新增人口上，达到130平方米，超出一倍。可见，我国每年城镇新增建设面积远远超过新增人口的需要。城市建筑密度过高。一般来说，城市建筑容积率在1.6左右比较合理，但我们有的城市已达到3～4。容积率过高会带来安全隐患（如发生地震、火灾时人群难以疏散）、局部地区的资源供应压力增大、能耗高等问题。[6]房地产推进了城市化的进程，同时带来了以上的问题。2005—2012年，国务院举行了多次房地产调控，2010年年初出台“国十一条”，4月出台《关于坚决遏制部分城市房价过快上涨的通知》（“国十条”）。2011年1月26日国务院新“国八条”出台（“限购”“限价”“限贷”）。2011年12月9日，政治局要求坚持房地产调控政策不动摇。此外，根据国务院的精神，国家发改委、国土资源部、住房和城乡建设部、中国人民银行均分别或联合出台了更多的文件。每次调控都对社会具有很大影响。这些内容难道不是二轮志书需要记述的内容？

第四圈：医疗卫生与文化教育的跟进。城市化与人口的城市向心流动迫使医疗卫生与文化教育的跟进。首先是导致城市医疗卫生与文化教育资源与日益增长的城市规模的不匹配，同时导致部分农村的空心化。在城市，户籍人口拥有卫生、教育、文化资源与农民工、流动人口很难短期内均等化、公平化。教育发展推动城市化进程，城市化为教育的发展提供基础，但一些地方在中小学布局调整过程中出现了“村无小学、乡无初中”的现象，小学向乡镇集中、初中向县城集中、高中向城市集中，甚至有的地方把所有农村中小学生全部集中到城区就读，名曰“教育城市化”[7]。比如前边讲的皖东某农村与上海闵行区的教育，一段时间出现安徽、江西、河南在闵行开办民办农民工子弟学校，教育质量可想而知。近几年农民工子弟可以入读闵行的公办学校，又导致闵行教育资源不足。该区莘庄镇小学一个班40多人，而市中心的静安区，由于动拆迁，中心城区人口向城郊区县导出，每个班只有30多人，资源相对过剩。而在中西部部分地区出现了教育资源的浪费与紧缺不等，20几个教师教几个学生的有之，大批留守儿童缺少教师的有之。医疗卫生同样出现相似问题，在2012年8月17日的中国卫生论坛上，卫生部发布了《“健康中国2020”战略研究报告》，我国人均预期寿命在2005年已经提高到73岁，但东西部省份人均预期寿命相差多达15岁：一些东部城市如北京和上海的人均预期寿命已超过80岁，进入城市老龄化时期，但西部城市人均预期寿命相对较低，如西藏只有不到67岁。城市和农村两者之间人均预期寿命差异，实际上反映的是两地之间的公共卫生供给能力的差异。城市化能够让公共医疗提供更加公平的服务，[8]但短时期内城市公共卫生资源出现紧张。所以，2009年4月6日中共中央、国务院向社会公布了《关于深化医药卫生体制改革的意见》，提出了“有效减轻居民就医费用负担，切实缓解‘看病难、看病贵’”的近期目标，以及“建立健全覆盖城乡居民的基本医疗卫生制度，为群众提供安全、有效、方便、价廉的医疗卫生服务”的长远目标。所以说，二轮修志城市化与医疗卫生与文化教育的关系，是志书内容需要涉及的。

第五圈：社会保障与社会生活。我国的城市化最终需要的是“以人为本”的城市化，而不是西方工业化、城市化初期的“羊吃人”，靠强征土地、消耗资源、污染环境和剥削劳工来发展低水平、低附加值工业的城市化；也就是马克思那句名言：资本来到人间，从头到脚，每个毛孔都流着鲜血和肮脏的东西。我们不要这种城市化，我们在努力发展的是具有社会保障的城市化。所以首先是城市化与失地农民的就业和社会保障，具体是农转居（农转非）人员的原承包土地的流转补偿，各项保障待遇与城镇接轨，但短期内较难接轨。部分地区出现失地农民面临“种田无地、上班无岗、低保无份”的艰难境地。农转居人员享受集体福利同样面临两个突出问题：一是发展不平衡且稳定性差。农村集体福利的水平完全视集体经济实力而定，这就难免造成保障水平和范围的差别。二是集体福利的刚性使集体经济组织不堪重负。集体福利个人无需缴费，全部由集体经济承担。由于老龄化的发展和下岗、失业问题的凸现，致使集体经济日益感到难以承受。[9]此外，城市化中流动人口的社会保障，也是二轮志书需要关注的内容。

志书社会生活（人民生活）部类内容包括居民（含流动人口）的收入与消费、衣食住行游、精神文化生活、社会群体、风俗民情等。随着城市化，人民生活的主体不仅像首轮志书只记户籍人口，同时要记流动人口（包括长期居留的外籍人口），所以人群层次、地域人口是多元的，虽然记述的重点在本籍人口，但记述内容同样需要兼及多元。

第六圈：社会组织的兴起。城市人口迅速膨胀，既促进了社会的发展和进步，也伴随着“城市病”的产生。交通拥挤、住宅紧张、环境污染、社会骚动、失业、贫困、犯罪、信念冲突、市场不规范等许多新的问题层出不穷，政府不可能做到事无巨细样样管好。而以自我管理、局部协调为职能的社团组织的发展，就能够带动自律性社会体系的形成，如评估机构能使自由投资者不冒然行事，律师机构通过自己的工作使各种纠纷依法定程序解决等。因此，社会组织作为一种非政府机构，承担着政府一定的社会性、公益性、事业性的社会管理职能，成为联系政府与社会的重要桥梁。[10]行业协会是社会中介组织，它的产生和发展是社会分工和市场竞争日益加剧的结果，反映了各行业的企业自我服务、自我协调、自我监督、自我保护的意识和要求。其他还有社会公益性、慈善性组织等。这些，都是城市化导致的结果。因此，许多社会组织内容是首轮志书中没有的。

除以上一个圆心，六个内容环圈所谈的志书内容外，志书中还有其他内容与城市化间接发生关系。如公安司法，城市化导致了社会治安综合治理的复杂性。

二、志书记述中要辩证地对待城市化，分清主流与非主流

从以上问题的分析可以看出，城市化内容既是二轮城市建设记述的重要内容，也是其他大部分志书内容记述时需要交代的背景内容。城市地区如此，非城市地区

同样也要记述到城市化的辐射和关联。

城市化是经济发展的必然产物，也是一个地区经济发展的必经阶段。城市化水平的高低是衡量社会经济进步状况的重要标志，也是当代社会经济发展的一个主要趋势。加快城市化进程不但有利于优化产业布局，调整产业结构，提高国民经济整体素质；而且对贫困落后地区实现资源的优化配置，扩大就业空间、实现劳动力就业转移、增加农民收入，实现“脱贫”致富和现代化具有积极的作用和现实意义。城市化与工业化相互促进。城市化对第三产业是有力推动，促进了居民的就业，缩小了城乡的差距。中国城市化最主要有三大考察指标：一是农业经济的商品化、现代化、城乡经济一体化；二是农村基础建设的城市化，即生活在农村的农民也能享受到主要由政府投资的，与城市相同的路、水、电、气、排污、通信等基础设施的便利；三是农民身份的城市化，即农民拥有与城市市民相似的社保和医保待遇及享有医疗等基本公共服务的权利，这一权利的拥有不因为农民在国内的跨区迁徙和户籍差别而有所不同。[11]所以说，城市化带来了中国经济社会的重大进步，这是二轮志书需要着力记述的内容。

当然，事物发展是辩证的，进步的同时需要部分的牺牲，发展的同时会出现新的问题。城市化也必然会带来“城市病”。中国社科院社科文献出版社和上海社科院城市与区域研究中心发布首部国际城市蓝皮书《国际城市发展报告 2012》称：从地方发展情况看，（中国）各大城市发展阶段参差不齐，但是都在步入郊区化、大都市化的关键阶段。大量的人口往中心城市集聚，加速了大型城市的资源压力。城市基础设施承载力严重不足，带来了交通拥堵、环境污染、秩序紊乱、运营低效、行政区划分割等一系列问题，制约着城市的持续发展。城市化区域的农民“上楼”，并不代表着转身便成为市民。朱颖慧在《城市六大病：中国城市发展新挑战》一文中认为：人口无序集聚、能源资源紧张、生态环境恶化、交通拥堵严重、房价居高不下、安全形势严峻。[12]中央农村工作领导小组副组长、办公室主任陈锡文认为：长期以来，我们走的是一条低成本城镇化道路，城镇发展是建立在低成本获得城镇建设用地、廉价使用劳动力、环境承载严重压力基础之上的。尽管城镇化水平得到了快速提高，但大量的矛盾没有化解，遗留的问题很多。近年来，地价房价、资源品价格以及劳动力价格持续较快上涨，今后城镇化的成本将明显提高。“在一定时期内，一个国家或地区城镇化推进的速度，必须与其工业化的进程相适应，与其发展水平和经济实力相匹配，超出了这个能力很可能会出现就业不足、贫困人口增多、两极分化严重等问题，对经济发展、社会稳定、人民生活都会带来严重影响”。[13]城市化还带来“城市空心化”“乡村空心化”的阵痛。“城市空心化”指在一些大都市由于都心地带（相当于中国的特大城市建成区）经济承载量过大而造成的人均基础设施费用过高、人均生活费用过高、商务费用过高、闲暇时间损失过高等弊端，使一部分都心居民、机构和企业逃离都心。城市中的富裕人群和中产阶层中的大量城市居民选择到城市的近郊或远郊居住，从而出现住宅郊区化和城市空心化的现象。如杭州的城西、城北、城东都将发展成为大型居住区，而城中的居民都在慢慢向外围迁徙。[14]乡村“空心化”的问题，60多年前，著名社会学家费孝通出版的《被土地所束缚的中国》一书指出，中国发展的根本出路是将农民从土地的束缚中解放出来。随着改革开放涌现出“民工潮”，农村人口向城镇流动已成为一种常态，出现“即使不赚大钱也要进城”。民工中35岁以下的年轻人占总数的86.3%，且外出人口的整体素质普遍高于未出者。由于农村精英流出太多以致于在家乡务农的人主要是老人、妇女和儿童。外出者从“不离土不离乡”到“离土不离乡”，再到“离土又离乡”。[15]有的学者呼吁，不能以乡村衰败为代价，不能以乡土文化的消亡为代价。

从上可见，城市化带来我国经济社会进步文明的同时，也新生了多种发展中的社会问题，但进步、发展、文明是主流，产生的问题是派生的发展中的问题。作为地方志编纂者要辩证地记述城市化及城市化对相关经济社会内容的影响，加强主流进步的记述，同时要客观真实地记述城市化各时期产生的问题及如何不断完善的。

三、对当前二轮志书城市化内容记述的分析

二轮志书对城市化均有不同程度的记述，尤其是城市志和东部沿海地区的县（市）志。在记述内容中，基础设施、城乡建设、房地产业、城镇建设等内容中有“建设性”的集中记述，人口志也增加了外来人口记述，城市化和城镇发展的战略决策在党委、政府、人大内容中也间有涉及。但受到城市化影响的关联性内容往往记述的比较孤立，与城镇化缺乏关联。如以上讲的第四至第六圈，即医疗卫生、文化教育，社会保障与社会生活、社会组织等，把城市化作为内容大背景，作为志书大部分内容提纲挈领考虑的并不太多。主要原因是对城市化对志书断限内经济社会发展的地位认识得不够清晰，对城市化所关联的篇章事类也较为模糊，对所影响的情况研究更是不多。这是目前志书城市化记述特征不明显的思想认识原因。

改革开放、城市化（有的地方还有工业化）是二轮修志的重要背景，其覆盖区域志的众多门类篇章，只有把握清楚，整个区域志才具有整体性和时代特点，包括延及地方特点。目前志书编纂的组织方法和撰写方法都存在问题。

区域志是规划和篇目设计后，通过政府部署相关部门承编、参编，导致各自为战，最后由地方志办总纂成志。如果方志办不是一开始就跟进指导协调，指出交叉关联，指望最后总纂阶段是不可能体现一部志书的整体性的，所以城市化的提纲挈领是不可能的。这是志书城市化记述特征不明显的编纂组织方面的原因。

志书是资料性文献，所以强调横分门类，以便容纳大量资料，导致事物整体性被割裂，所以城市化在一部志书中不可能完整、集中反映。这是志书城市化记述特征不明显的方志体例结构的客观原因。

二轮志书记述内容普遍在10～20年左右，故发展阶段相对首轮不是非常清晰，加之不少志书资料单一，主要是年鉴、工作总结，写成分类的大事记、流水账，更是缺乏城市化作为事物发展演变背景的记述，所及内容往往缺乏背景原因，属浅层次的记录而非深层次的记述，这是志书城市化记述特征不明显在记述方法上的原因。

当代志书记当代事，地方人记当地事，往往只记成绩少记问题，报喜不报忧，明明知道改革开放是革故鼎新，但仍然少记失误和问题，甚至是发展中必然要出现

的阶段性问题。所以，很少有志书去触及城市化带来的“城市病”，包括“空心化”问题，乡土文化传承问题，资源配置不平衡问题等。

本文作者认为，城市化是改革开放以来中国社会发展之路，是已经客观存在的历史，同时也是未来之路。城市化覆盖志书内容的很大部分，提高二轮区域志的质量，必须把握城市化的历史大背景。在编纂组织、方志体例上从实际出发，从方志本体出发，但编纂者需要在思想上认识城市化与区域志记述的关系，在记述方法上用城市化提纲挈领，整体布局，强调重点，用背景兼及关联社会效应，辩证地反映城市化带来的重大进步和产生的阶段发展中问题。这样的区域志才具有整体性和时代性。

---

①“城市化”：百度百科（baike.baidu.com/view/102584.htm 2012-8-20）

②新华社北京2012年1月17日电，1月17日国家统计局在国务院新闻办公室新闻发布会上发布数据。

③闵行区2010年第六次全国人口普查数据公报。

④⑥《城市建设切勿盲目追求规模》：“中国城市建设网”（2011-8-24 9：58：38）访谈清华大学建筑与城市研究所副所长吴唯佳。

⑤《房地产行业转型：紧跟城市化快车》：王丽平，《河北日报》2011年8月3日。

⑦《教育城市化 一个需要审慎的选题》：夏祖瑞，《中国教育报》2012年6月7日。

⑧《用城市化加强公共卫生供给》：傅蔚冈，（http：//www.sina.com.cn 2012年08月24日23：01）华夏时报。

⑨《城市化与失地农民的就业和社会保障》：中国养老金网社保快讯2010年4月2日。

⑩《城市化进程中行业性社团组织发展模式创新 》——以“中国人居环境与新城镇发展推进工程”为例：亚洲人居环境协会秘书长肖溪，发表于[xiaoxi的blog]28/8/2009 AM 11：17：00。

⑪《广东省城市化发展研究》：卢秀瑜，《暨南大学》2003年硕士论文F299.27。

⑫《农民身份城市化是中国人权事业的重大进步》：胡松，新浪博客，blog.sina.com.cn/s/100cew6.html 2012-2-3百度快照。

⑬《城市六大病：中国城市发展新挑战》：朱颖慧，《今日国土》2011年第02期。2010年11月7日《光明日报》。

⑭陈锡文2011年4月11日接受《人民日报》专访，纵论中国的城镇化问题。2011年4月26日《人民日报》刊文《城镇化率不是越高越好》。

⑮“城市空心化”：百度百科，baike.baidu.com/view/553278.htm 2012-9-6。

（《中国地方志》2013年第6期）

自评：本文为2012年10月16—19日，在江苏南通市召开的第二届中国地方志学术年会上的发言论文，主要阐述城市化是第二轮志书记述的重要内容，其本身的记述和作为事物的背景，充分反映了时代性。并分析了城市化与志书中哪些门

类、内容相关联。本文是自己在上海市志编纂框架的起草和《闵行区志（1992——2011）》编纂中实践经验的理论阐发。二轮城市志的整体性、时代性在哪里，主动脉在哪里？就在于这个历史时期的城市化。文章用同心圆的结构进行分析，认为圆心就是有关城市化改革的战略决策与政策，第一圈就是产业与市场，第二圈是人口、劳动与就业，第三圈是城乡建设与房地产，第四圈是医疗卫生与文化教育，第五圈是社会保障与社会生活，第六圈是社会组织。每圈都在城市化的进程中进行着演变。文章实际告诉地方志的编纂者，要想编纂好志书，首先要对记述对象进行要点、要素、特点、特征、动因、效果诸方面的研究。就已经出版的志书看，用城市化作为背景记事的不多，孤立地编年记事的较多；记城市化成绩的多，记城市化初期派生社会问题的不多。从中可以看出，地方志的编纂离不了对社会的研究把握，新方志不是“纂辑体”的资料分类汇编，而是撰述体的著述。

《上海市志（1978—2010）》“商业大类篇目”调整之驳论

范洪涛先生在《中国地方志》2014 年第 1 期上刊发文章《商业经济巨变是志书篇目制订的依据》，副标题“对《上海市志（1978—2010）》商业大类篇目的调整建议”（以下简称“范文”）。范文提出六点调整理由，并指出目前上海二轮市志商贸各志编纂进度不理想的原因是篇目方案设计造成的；潜在的意思就是《上海市志（1978—2010）》“商业大类篇目”没有依据“商业经济巨变”的客观对象而制订（按：“商业大类篇目”是范文自己的概念，不是上海市志方案和卷目本身的概念，故全文均加引号）。

范洪涛先生是位令我尊敬的修志同仁，2000 年我调到上海方志系统工作直至“归田”，其间经常一起商定年度方志理论研究的课题。市志编纂启动后范被聘任商委修志编纂室工作。但交情归交情，争辩归争辩，对范先生的这篇文章，不客气地说，除了标题“商业经济巨变是志书篇目制订的依据”我深表认同外，文中所陈观点建议均难以苟同，尤其在辩论方法。我已退休三载有余（范先生大概也退休 20 余载），本人为何“多事”对范文一驳，原因是上海市二轮市级志书编纂方案（含卷目分工）的研究起草者就是本人，责任所系，不得不站出来予以澄清。个人的对错荣辱并不重要，重要的是影响上海市志商业类分志、分卷编纂事大。

常识，否定他人观点体系行破立之为，必先客观地介绍人家的观点体系；然而范文近 7000 字根本没有对上海市志方案明白陈述，就迫不及待地予以否定；采用的论辩方法无外乎断章取义、臆造批判对象、机械套用他学科分类作依据等，在辩论中游移判断标准，搞诡辩法一套技巧。范洪涛先生参加过上海市志培训，他完全了解市志的编纂体系。

本文就上海市志的编纂体系和"商业大类"的关系、剖析批驳范先生的六点理由、范先生与上海市志方案及纲目分歧之所在、澄清上海市志商贸大类进度不理想的原因、结论与多余的话展开驳论。

一、上海市志编纂体系与商贸大类的设计

上海市志编纂体系，感兴趣者可以上"上海通网站·综述·市志培训·上海市级志书编纂实施方案解读"，也可以参看本人刊发在2009年第六期《上海地方志》杂志的文章《〈上海市志（1978—2010）〉编纂实施方案的辨析与备考》（"上海通网站·综合·《上海地方志》"可以检索）；为何要留下备考？这是本人30多年的修志经验告诉我的，今天不就用上了：可见，"人无远虑必有近忧"是一点不错的。

《上海市志（1978—2010）》（以下简称"上海市志"）编纂方案和篇目历经7年的调研起草准备，不可谓不认真细致，总结了上海首轮市级志书的编纂经验得失、学习调研、征求专家意见，归纳二轮市志内容的时代特点和市情特色；其间召开专家论证会50人左右的5次，小型座谈会20多场，总计700余人次，范洪涛先生也曾受邀其列（当然当时他没有提出今天的意见）。《方案》于2008年经市地方志编纂委员会批准，2010年2月市政府办公厅下发通知，同意将《编纂规划》（含方案、纲目）印发组织实施。2010年上半年启动编纂工作，现在编纂工作进行了3年多，总体良好。

上海是国际性的大都市，改革开放以来举市进行国际经济中心、国际金融中心、国际航运中心、国际贸易中心的建设，成就卓著，因此《上海市志》方案围绕的内容重点是：改革开放的时代特点，"退二进三""四个中心建设"、向国际大都市迈进等等。因此"国际商贸中心建设"等需翔实地展开记述，故上海市志编纂结构采用分志、分卷平列式，实写分志和各卷子系统独立分别成书（每部80万～100万字）。共设58个分志（有实写分志，有虚设分志，虚设体现分类关系）、122个分卷，分155册出版。

为了从宏观上反映改革开放，设《经济综述分志》《经济体制改革分志》《国民经济社会发展图表》《浦东开发开放分志》《国有资产管理分志》《开发区分志》《私营经济分志》《外资经济分志》8部分志。

为了突出上海建设国际性的商贸城市，商贸分志设《商贸综述卷》《商场街市卷》《粮油盐业卷》《副食品业卷》《糖酒茶乳品业卷》《果品土特产业卷》《纺织品服装鞋帽业卷》《百货业卷》《药品医疗器械业卷》《五金交家电化工业卷》《金银珠宝工艺品业卷》《家具业卷》《生产资料业卷》《文化体育用品业卷》，服务业分志设《餐饮业卷》《宾馆业卷》《文化娱乐业卷》《会展业卷》《仓储物流业卷》《居民服务业卷》《租赁和商务服务业卷》，另外还有《旅游业分志》《对外经济贸易分志》，共23部。商贸大类的平列拉开，完全从上海国际商贸大都市的特点和地方志资料性文献特征出发，没有大的框架就难以装得下国际商贸大都市的丰富内容。

关于上海市志实写分志、分卷子系统独立，即分别记述本专业的运营外，还记述本专业的专业教育、专业科研、商品价格等等，而覆盖面大的科技分志、价格分志从更高层面写科研、价格，教育各分卷主要记述普通教育、高等教育；可见各有分工，否则单靠一部科技分志是写不全科研和技术推广的，单靠一部价格分卷只能写价格管理，国计民生重要的商品价格就无从记起。

上海市为中国市场化程度最为深入的地区，二轮修志还单一依靠计划经济时期各职能部门修志的老做法早已行不通了。经过大量的调研论证，上海市志方案最终选择分类型组织编纂的方式，市场化深入的行业，选择行业协会牵头组织，实际由会长单位（多为上海当地的国有控股集团，过去的主管局和公司改制）实施，因为行业协会有合法的覆盖当地全行业的身份（其他组织、单位牵头均不合法），可见，修志已经到了政府红头文件的前提下部分需利用社会组织的历史时期了。

市场经济情况下，早已打破计划经济时期做工不经商，经商不做工，已是“跨地域、跨行业、跨所有制、跨国度”，“工商一体化”“科工贸一体化”“产学研一体化”，故上海市志编纂方案要求“原轻工业内容归入相关工商行业中编写，编写中有些制造业内容（产业结构调整后，地方零星的制造业）放在商贸行业中以商带工；工业行业的生产、经营、内贸、外贸、产品价格、科教一体化，行业记述采用‘子系统独立’以反映全貌。”工商打通了写还有一个原因，上海市志最初方案完全小篇平列设155个专志（无工商的界定区别，具体是烟草业志、钢铁业志、百货业志、汽车业志，而不是烟草工业志、钢铁工业志等），有的专家认为总体结构缺乏体现（习惯过去的工商分家），故虚设工业分志、商贸分志等若干分志进行领属，将小篇平列体（排列专志）改用分志虚设中篇平列，形式上整体性增强，但也导致内容归属问题。以烟草业为例，烟叶种植属农业，卷烟制造属工业，专卖属商贸，只能勉强放在“工业分志”中，称“随主业归属”。

以上这些依据改革开放新情况制定的具体方案，都是范文集中诟病的；然而，我不禁要问，上海市志的方案、卷目设计不正是体现范洪涛先生文章标题所说的“商业经济巨变是志书篇目制订的依据”吗？以上上海市志方案意图大体清楚后以下可进入辨伪了。

二、驳范文调整上海市志“商业大类”篇目的六点理由

范文调整上海市志方案的理由六点：一是增设商业综述卷；二是明确批发业、零售业和商品市场的记述方式；三是给综合经营新业态以应有的地位；四是“前店后厂”和“以工带商”问题；五是商业街市卷不应该包括市场、超市和名店；六是行业分志分卷分类不能过细也不能过粗。

（一）驳“增设商业综述卷”

范先生文章批评：上海市志篇目设了农业综述卷、工业综述卷，没有设“商业大类”的商业综述卷，只在国内贸易性质的商贸分志设了商贸综述卷。其认为商业综述内容缺漏服务业、外贸业的综述。文章摘抄了近千字写上海改革32年巨大变化，给人以深入研究之态势，但实在离题万里，先生不就问的是为何商贸综述卷不整体

包括服务业和外贸综述吗？何必掉书袋（文中多处掉书袋）。

以上我在介绍上海市志方案时已介绍了市志的编纂体系。上海市志是小篇平列体，这种结构便于编纂成书；所以设计的商贸分志下实写商贸综述、商业街市、百货业等14卷，与商贸分志平列的是服务业分志、旅游业分志和对外贸易分志。这些，参加过市志培训的范先生应该明明白白（我讲课时重点解读过）。而所谓的“商业大类”是范先生提出的，此处特别说明。

此外，历史上服务业的确归入商业，因为当时只有传统服务业；今天的服务业概念在理论界尚有争议，但大多认为服务业视同为第三产业。也就是服务业的概念今天已大于商业，包括商业、旅游业、现代服务业、传统服务业（即不包括工业、农业）。既然如此，如何按范先生的意见把服务业及其综述归入商业和商业综述呢？这不是“老子儿子辈分搞不清么”？此外既然上海退二进三，尤其第一产业已经处于次要地位，上海市志工业、农业各设1个综述，而第三产业设国内贸易1个综述，其余用分志、分卷的概述（概述也是述，而且是一部著作前边的综合叙述）处理，是对商贸、服务业、外贸业综合叙述的加强，因为给予比工业、农业门类更多的空间，是加强不是缺漏。上海市志卷目体现的商贸、服务业、外贸业综述内容见下图。

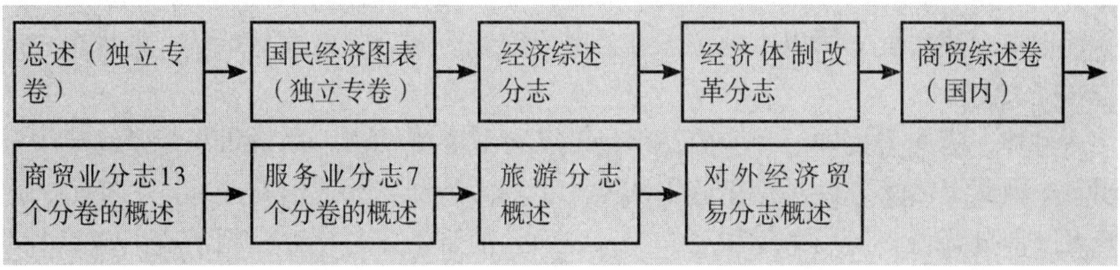

上海市志商贸业、旅游业、服务业、外贸业等综述内容关系图

以上，我运用系统图介绍方案（卷目）如何在上海市志的宏观经济、中观经济、微观经济体系中安排大商贸和第三产业综述性内容，以及诸综述、概述（未包括一、二产业）的关联体系的；图中9个方块，说明上海市志要多门类、多角度呈现范洪涛先生的“商业综述”（当然需要进行互相间记述角度和详略的处理）。范洪涛先生自己设计个“大商业”的分类，又忽视了方案（卷目）中与商贸分志平行同级的服务业分志、外贸业分志本身就有概述内容，然后批评”缺漏”。问题出在，范文在讨论别人的东西合理与否时，不是放在别人已经存在的体系中，而是放在自己虚拟的体系中，不知是有意还是无意地在“偷换概念”。

既然上海市志原编纂系统覆盖范洪涛先生提出的全部“商业综述”内容，只是布局与范先生有所不同，请问有何必要按范先生的意见”增设商业综述卷”呢？

（二）驳批发业、零售业和商品市场的设计问题

第二部分（范文“二”），范先生就批发业和零售业等对上海市志方案卷目进行批评。批评方案将“专业商品市场从各行业卷中抽出另设市场街市卷集中记述”；认为“应先分行业，再分批发、零售记述比较合理”。“批发业与专业商品市场很难分开，而且目前的商品流通领域早已形成批中有零、零中有批的格局……因此上海市志商场街市卷中的专业市场必须回归相应的行业卷”。

范文关于批发零售业的分类，构思来源自己强调的《国民经济行业分类》国家标准；然后说地方志普遍先分商业行业再记述批发、零售。批评“上海市志也是先分行业，但在实施方案中并没有强调每个行业必须记批发业、零售业”。

以上批评看，范先生有些罔顾事实了，因为方案只是卷目，并没有涉及包不包括批发业、零售业问题。与上个问题（范文“一”）一样，范文均设假靶子自己攻击（假靶子：“没有强调每个行业必须记批发业、零售业”）；并将攻击作为调整上海市志“商业大类篇目”的理由。上海市志方案不是篇目，只是卷目，包括在分志、分卷名称栏作简要提示，短的三五字，长的 20 ~ 30 个字；按方案规定，篇目是培训后承编单位与市地方志办公室共商的。有地方志编纂常识的人都会知道，“批发业、零售业”属于篇目和内容要点，不属于卷目设计阶段考虑的问题。卷目中“没有强调”不等于今后篇目设计中没有。范文辩论技巧实在匪夷所思。

既然范先生提出“批发业、零售业”内容安排问题，我可以顺便告之我的看法。上海市志宏观的批发、零售业情况和数据结构，应该在经济综述分志、私营经济分志、外资经济分志、商贸综述卷记述，而各行业的批发、零售在各商业行业卷中记述，分别把握记述角度（所以市地方志办公室要宏观协调全志的篇目结构，处理全志的关联交叉）。

另外，范先生批评“专业商品市场从各行业卷中抽出，另设市场街市卷集中记述……因此上海市志商场街市卷中的专业市场必须回归相应的行业卷”。在范文第“五”部分又说“设街市卷很有必要”，简直前言不搭后语，自相矛盾。其实上海市志设“商场街市卷”并非将专业市场从各商业行业中抽出，市志方案卷目中有此说法吗？又是范先生的自说自话，设置假靶子。其实上海市志中专业市场、专营商店是在各行业分卷中记述（包括该行业的批发零售及其他），例如上海吴中路汽车一条街，当然应该放在“汽车业卷”中记述。而综合性的多元的商业中心、副中心、商贸城、大型超市是放在“商场街市卷”记述，以街市、商业中心为分类板块，采用综合、典型加表格的方式记述，专业性商店、中等卖场商城也只是点出分布特征与业态名称，典型介绍的是具有时代、地方特征与规模影响的综合性业态。有“商场街市卷”和各商业行业卷的结合，才可以解决范先生提出的“批发业与专业商品市场很难分开”“批中有零、零中有批的格局”，上海市志“商业大类”这方面的设计有问题吗？我看没有。

（三）驳“没有给予综合经营新业态以应有的地位”

好像上海市志编纂方案、卷目中没有给“综合经营新业态”以记述空间，没有看过以上我对“上海市志编纂体系与商贸大类的设计”的解读，可能会认为我们是按照传统行业分类设计的，其实我们设计的“商场街市”卷就是为了解决“综合经营新业态”记述问题。各行业商品在一个商场中经营，从商场角度可“综合”地记经营的各行业类商品；而商业行业卷从各综合业态中剥离出单一行业的商品进行记述。专业性业态当然在所属商业行业中记述。所以上海市志“商场街市”卷完全能够承担范先生所提醒的“综合经营新业态”空间问题。

范文在理由（“三”）中顺带提出新兴的经营流通方式问题，我也顺便谈一下本人的看法。范开列的新渠道方式包括连锁经济、物流配送、电子商务、特许经营等等内容，我的意见：新兴的经营流通方式总体情况应该放在“商贸综述卷”中记述，最先、最有创造的典型可以随行业诸卷、“商场街市卷”连带记述。

可见，上海市志方案卷目没有给“综合经营新业态”留下记述空间是子虚乌有，范先生即便是提醒也是杞人忧天了。

（四）驳“正确对待‘以商代工’的问题”

认为上海市志的卷目没有正确对待“以工带商”“以商代工”的问题。以上上海市志方案解读，我国市场经济情况下早已经是工商一体化，所以上海市志设的是汽车业卷、船舶业卷、粮油业卷……，本来没有分“工业分志”“商业分志”的，由于征求专家意见时，多数专家依然习惯按照统计的经济部门分类，故虚设了工业分志和商业分志；但又担心引起误解造成漏记，故在市志的卷目分工表脚加了“以工带商”“以商代工”的说明。比如“汽车业”既记述上海大众、上海通用公司等的汽车制造业生产，也记述大众、通用各车系在上海的销售及4S店营销。至于“以商代工”，主要是上海退二进三后，原来上海地方一轻、二轻工业的内容，有的已经消亡，但又在断限内，分量不多，工业分志中列不进的，可以随商业连带记述。

范反对的理由包括：国家经济部门不是这样统计的、国家管理部门是严格把工业和商业分开的、不符合上海现行体制（作者没有明说）三点。这时候范先生又忘记了他的文章标题“商业经济巨变是志书篇目制订的依据”了，既然改革开放的时代已经是工商一体化了，为何我们还要因为“统计分类”“管理体系”“上海现行体制”（大部制改革时上海已经撤销商委，保留管理工业和商业的经委，几年后又复设商委），将“一体化的东西”拆成工业、商业两部分。此外，统计分类是统计需要，修志应该是根据地方志的分类体系有机地利用统计资料，而不是不加思考地照搬他学科、他部门的分类。所以说，范文一时唱着“巨变是依据”的高调，一时又不能从现实传统的分类管理体系中自拔；这是范文逻辑矛盾的根由。范洪涛先生说“拟不出工商混合的篇目”，为何拟不出？不但二、三产业可以放在一起打通写，连农工商三次产业都可以放在一起打通写，比如上海市志中的“烟草业卷”，内容就包括烟草种植（农业，云南有上海卷烟的烟叶基地），卷烟制造（工业）、卷烟专卖销售（商业）。此点范洪涛先生在市志编纂培训时听过我的解读，“烟草业”是最为典型的例子。只是范洪涛先生大脑中还是计划经济时期工商割裂的分类，加之区县志的分类习惯（比如范洪涛先生编纂过的黄浦区志，烟草业只有商贸，本来就没有烟叶基地和卷烟制造）。看来范洪涛先生的“巨变是依据”看来只是喊喊罢了。

（五）驳“设街市卷很有必要，但不应包括市场、超市和名店”

这是范洪涛先生全文唯一半句同意上海市志“商业大类”（实际是“卷目”）设计的话——“设街市卷很有必要”，但紧接着又批评——“但不应包括市场、超市和名店”。商业街市不包括市场、超市和名店是什么商业街市？我认为关键是如何“包括”，也就是如何与行业各卷内容交叉处理的问题，这需要篇目共商时由上海市地方志办公室谋划布局的。我提请读者，此点驳论请参考“（三）”范先生批评没有给综合经营新业态以应有的地位一起分析。“商场街市”卷中综合性的市场、超市和名店，这是给综合经营新业态的记述预留的空间。按范洪涛先生的观点，“商场街市”不写市场、超市和名店，那么“综合性“的业态在哪里记述（因为各商业行业卷只能记本行业业态）？可见范先生文章中的第三点理由和第五点理由，实际是“以己之矛攻己之盾”。

（六）驳上海市志“商业大类”分类过细及调整

范文给上海市志定出个“商业大类”的概念，他实际把市志方案卷目中的商贸业（国内贸易）、服务业、外贸业（境外贸易）拼合成他所谓的”商业大类”，目的就是自己先设定一个大前提，然后在他的前提基础上讨论问题。但前文我已经分析，商业不覆盖服务业，服务业倒是覆盖商业；用范先生分的“商业大类”，认为市志卷目该大类共 23 个分卷、分志，认为分类过细。当然，范文表面说的是“不要过粗，也不要过细”，是一句放之四海而皆准的“真理”，也是等于没说的废话。我理解范文要说的是上海市志“商业大类”分类过细了。

市志方案商业行业各卷大多由行业协会承编。范认为行业协会权威不高（就是承担不了），政府主管部门已经不抓具体业务，过细的很难落实。关于行业协会，我在前文已经解释，其是合法的组织形式，本轮市场化程度高的事类，编纂除靠政府文件、财政支持，更重要靠会长单位组织和热情企业会员的出力。行业协会只是以合法身份出面。

范先生说任务很难落实。我要试问为何经委口（13 部）、建交委口（15 部）任务落实就好得多呢？市工业经济联合会也属行业协会、社会组织，为何较难写的《工业综述》卷人家较好地编纂着呢？

综上所见，我已经对范先生六点调整理由逐一批驳了，以下再逐点对其六点调整建议阐明本人的看法：

（1）范先生建议将商贸分志和服务业分志合并为商业分志，将商贸分志中的商业综述卷改为商业综合卷。我认为这一建议是“公说公有理，婆说婆有理”问题，更何况把服务业归入商业，本身就是归属错误（见前分析）。

（2）范先生建议增设综合零售卷，不知何意？估计范的体系是设批发业卷（文中不明确）、零售业卷，估计在下一层次就是各商业行业，实际商业行业以下还是批发、零售的数据。而我认为批发、零售作为数据体系介绍是可以的，通过商业经济结构中的批发业、零售业结构及批发零售数据反映（包括 2004 年、2008 年全国经济普查中获取的批发、零售数据）。如同传统志书介绍行商、坐商情况、数据一样。难道上海市志方案不单设“零售业卷”就错了（是否可以在商贸综述卷商贸经济结构章记述批发、零售业结构，其余行业中分散记述）？放在哪一层面别人有别人的体系，只要记述了就行，不必强求一律。

（3）范先生建议上海市志方案中“商业街市卷”（注：范一直把名称搞错了，应该是“商场街市卷”）改为“商业中心和特色街市卷”，这种换汤不换药的名称有改的必要吗？尤其是改为“特色街市”，难道上规模的街市就不记述了，还有上海有多少商业街市总情况在何处交代？“商场街市”是比“商业中心和特色街市”外延更宽的标题，对需要记述的商场、商业街市都可以记述，为何外延内涵吻合的标题要换一个外延不周的标题？建议不可取。

（4）范先生建议“外资经济分志回归商业大类，改为外国和港澳台地区投资分志。文化娱乐业卷应该回归文化大类。”首先上海市志的整体是小篇平列互相联系的体系，从本质上不是区县志书的工业、商贸、文化、教育的中篇设置。范洪涛先生眼中没有市志全局只有鼻尖下自己的的所谓“商业大类”。上海市志中国有资产、私营经济、外资经济是与商贸、工业平行的三个分志。根据地方志共性前置的方法，外资经济放在工商各业前，因为外资经济包括对工业、商业和其他第三行业的投资，集中放一个分志是这样考虑的。为何要拆回归入范先生所谓的大商业？范先生提出把“外国和港澳台地区投资分志”，工业外资投资放在所谓“大商业”中不是很荒唐吗？！范文还是从过去外贸部门管外经贸投资角度，首轮就是这样的。志书是写部门志吗？如果这样做，市志此处体系破坏了，不仅仅是这里，整个市志的经济部类的体系都会被搅乱，可谓牵一发而动全身。此外所谓“文化娱乐业卷应该回归文化大类”，其上已经介绍，上海市志商贸分志与服务业分志是平列的，文化娱乐业是现代服务业的组成部分，故放入服务业分志作为一卷，为什么必须放入所谓的“文化大类”？那是首轮志书分类或区县志分类，因为作为一个区县没有多少文化娱乐业，故归文化大类。而国际大都市的上海，文化娱乐业已经成为产业，其中仅仅上海动漫产业一项 2011 年产值约为 63 亿元。上海市志服务业分志设文化娱乐业，难道不正是范先生所说的“商业经济巨变是志书篇目制订的依据”吗？怎么一到具体篇目研究时又忘了呢？

（4）范先生认为原分卷过细，建议将原商贸、服务业共 19 个行业卷并为 12 个行业卷，没有讲具体如何并（谁跟谁并），主要理由细了不好编写。其实搞文字的都明白，如果同样从质量出发，分类粗和细的编纂难易都一样，都要打资料基础；修志不是仅仅找些政府工作报告、五年计划、普查资料、统计数据抄抄就完的。以单位、行业协会、大型国有企业集团出面编纂，原方案 19 个分卷分别成立 19 个编纂班子，各编各的，有什么粗不粗、细不细，难编不难编的问题？原 19 个分卷均有承编的单位，具体见上海市志卷目分工表“承编单位”栏。各编各的，19 卷就不好编，12 卷就好编了。根据我 30 多年的方志编纂经验，越是多头组卷越发难编，把 19 卷改为 12 卷，意味涉及多个行业复合，牵涉越多单位，组织编纂就越困难。上海市志政府红头文件已确定了承编单位，为什么要翻烧饼推翻重来，犯“志家之大忌”。范文的建议明明就是个“馊主意”。

（5）范先生建议每一个商业行业都要明确记述批发、零售、市场三个方面。关于商业的主要内容真正是什么，我在以下商业大类的核心内容到底是什么中再谈看法。

（6）范先生建议撤销“以商带工”的安排。我认为，市志从市场经济的特点设计，工业分志各分卷编纂者没有意见，编纂中都在带“商”，有些工业分志写不到的商业内容，商业相关行业分卷不带就会造成严重缺漏；按照范先生撤销“以商带工”，那工业分志各卷必然撤销“以工带商”，回到范先生习惯的工商分开的方式；如家具制造，就回到工业分志设家具制造工业卷，商贸分志设家具商贸业卷，而不是上海市志现在设计的“家具业”卷。请问这是真实的市场经济吗？只是简单化的套用统计分类而已。

三、争论的分歧在哪里？“商业大类”的核心内容到底是什么？

（一）范洪涛先生认为“如何安排批发业、零售业和专业商品市场的记述方式是设置商业大类篇目首先要明确的重大问题”“批发业、零售业和商品市场是商品流通中三个相互依存、互相连接的领域。各行业都存在”。

而作为上海市志方案、卷目的设计者，我认为批发、零售只是统计分类，数据情况在志书中当然需要有机运用，作为省级志书，尤其是大型商贸都市志，不可以用批发、零售业粗分类；而是要按照商业行业分类才可以展开记述。即使先分商业行业（不是虚设），其下也不可以只设“批发业”“零售业”。商业除业态、商业改革外，剩下内容也不仅仅是批发业、零售业（还包括什么见下）。

（二）范先生通篇文章中，不时出现《国民经济行业分类》标准，国民经济统计分类，政府行政管理序列；按照范先生的分类，最终写的就是批发零售的结构和数据（统计年鉴、经济普查数据现成的，一抄了之）；实际是“就汤下面”。而我一直认为各学科的分类（包括国民经济行业分类），作为地方志均可以参考、融合，而不是照搬照套。方志的分类是地方志自身分类，至于分类的粗细如何，地域不同、志种不同也是有所不同的。（观点详见参见梅森《地方志书篇目分类述论——兼论志书分类标准制定的需要与原则》，载《中国地方志》2007 年第 10 期）

（三）范先生认为批发业、零售业、专业商品市场、业态是商业记述的基本内容，我认为范文意见中的业态的确是重要内容，因为是商业行为的主体；但其他重要的并非是批发零售、专业市场，而是商业诸行业中的商品和商品的流通渠道；概括言之，商业的核心是经营主体（业态）、商品、流通渠道（不是范先生的“批发业、零售业和商品市场”），三者结合才是完整的商业市场，离开商品谈何市场，批发、零售只是经营方式，即同行业、同类商品的流通方式和上下游关系。所以上海市志顶层设计首先按照商业行业平行分类，然后侧重写各行业经营业态（专营店业态进行选介、综合卖场点出经营网点的分布及名称），大的商业中心、综合型商场放在“商场街市卷”撰写，各商业行业卷从行业角度，商场街市卷从综合多元角度，既覆盖全面，又进行了交叉分布的处理。关键在商品（包括品牌，不仅仅是数据）和流通渠道是时代的符号，而业态是地方的符号和名片。与范先生观点相悖，我认为业态（经营市场与实体）、商品、流通渠道才真正是“商业大类篇目首先要明确的重大问题”。

四、结论与多余的话

范洪涛先生的文章提醒了我们很多，文章总得有个小结；实施后的方案属行政性质的，从退休身份定自己说话位置，故以“多余的话”界定较为妥当：

（一）方志研究应该有热情，但学术研究一定要界定清是工作原则还是学术讨论的范畴。《上海市志（1978—2010）》的方案和卷目分工是市地方志编纂委员会研究通过，由市政府办公厅行文通知部署的，没有重大的原则问题和重大的缺漏就无需轻言调整。其实在方案《卷目及分工》说明中已有规定：“根据编纂实际，卷册可能会在编纂中适当调整”，但调整不可伤筋动骨，必须论证走程序，不是谁想调就调的。

（二）《上海市志（1978—2010）》的方案规定各部委大口领导组只进行行政组织督促，进行修志“一纳入，五到位”的保障，不进行修志业务指导；各分志、分卷篇目由承编单位与市地方志办公室共商（制度），目的是不要各行其是修成部门志，管什么修什么，不管的内容不修，社会化、体制外内容无人过问。一些具有修志经验的老修志人员，当然可以参与编写，提出修志建议，但一旦方案确定，大家都要“令行禁止”，如果政府通知部署的方案没有“执行力”“各唱各的调，各吹各的号”，必然“一盘散沙”，“时间虚度”，规划的修志任务如何得以完成。范洪涛先生认为上海市志“商业大类”大部分分卷没有启动的原因是篇目（不是篇目是卷目）设计的问题；我认为不竟然，部分原因还是有些修志同仁“老法师”过于热心宣传自己那套修志理论帮了倒忙。据市志办市志处统计，截至 2014 年初上海市志编纂情况：155 部志书，共有 102 家承编单位落实“一纳入、五到位”，启动编纂工作（即成立编纂委员会、编纂办公室）的志书 129 部，共占 83.2%；已进入资料收集阶段（即制作电子卡片、编辑资料长编）的志书 89 部，占 57.4%；已进入初稿撰写阶段的志书 45 部，占 29%；已进入市级评审阶段的志书 1 部。前后实际启动编纂三年多，有首轮地方志修志经验的同志知道，这样的进度已经相当不错了（上海市志方案要求各实写分志、分卷一旦启动五年编纂完成，整个市志编纂完成到 2020 年）。

（三）地方志书的方案纲目研究，首先需要搞清研究对象的体系，不是主观主义地将自己习惯的体系强加于人，希望对别人的东西不要作断章取义地分析，不作臆想性莫须有的延伸分析，更不可以自说自话扰乱视听。

（四）《上海市志（1978–2010）》的方案是领导、专家以及各方面研究的结果，一定要注意稳定推进，扎实编纂，把精力放在具体的编纂工作中；不是整天讨论，会来会去议而不决。某地向上海介绍的“每年调整一次篇目”的经验是不可取的（证明他的方案篇目没有很好论证科学设计）；地方志的领导本来就变动频繁，希望更不要“张主任来挖塘，李主任来挖沟”，把人心搞乱了。30 多年来方志战线这样的教训还少吗？

综上所论，我认为范洪涛先生对《上海市志（1978—2010）》“商业大类篇目”提出的六点调整理由和六点调整建议，并没有遵循其倡导的“商业经济巨变是志书篇目制订的依据”，脱离改革开放时期上海大商贸的实际，多停留在计划经济时期和首轮志书的思维定式上，论据不充分，论点不成立；站在整个上海市志的编纂角度，从工作实际出发，六点调整建议我个人认为也是毫无现实价值的。

（《上海市地方志》2014 年第 2 期）

自评：《中国地方志》2014 年第 1 期上刊发了范洪涛先生的文章《商业经济巨变是志书篇目制订的依据》，提出对上海市地方志编委会发文（本人起草）、市政府通知转发的《上海市志（1978-2010）》实施方案商业大类篇目的调整建议。让人难于理解的是该文发表在上海市志编纂启动后的第三年，讨论和征求意见时干什么去了？。我本人就是《中国地方志》杂志聘请的社外审稿专家，此稿并没有因为我是上海的，了解情况，让我复审，而是给了另外一位搞省志的社外专家，这样这篇文章就发表了。我看到后及时与刊物总编联系，总编要求我回复一篇商榷文章。但考虑主要受到影响的是上海市志的编纂，故很快写了这篇文章，只在《上海地方志》刊物上发表。这里需要说明的是，上海市志是 2010 年初启动编纂的，市志框架经过七八年的论证起草，审定批准。启动 3 年后，突然有人提出调整，应该是有充分理由的。但范文并没有对市志的设计原则原理进行任何分析。其实关于上海市志编纂框架设计原理我在几年前的《第二轮上海市级志书编纂的理论思考》和《〈上海市志（1978—2010）〉编纂实施方案》的辨析与备考》中已经阐述的非常清楚（两文本书同时收入）。这些观点，本文在批驳范先生的六点理由”中也有阐述，这里不再赘言。关键是范洪涛先生文章标题所提倡的“时代巨变是篇目设计的依据”，但文章实际是站首轮志书计划经济的体制下，主张由市商委用行政手段来修志。2017 年上海市地方志办公室果真按照范先生和市商委修志编辑室的意见，在《关于下发调整后的〈上海市志（1978—2010）〉卷目和市级专志志目及编纂分工的通知》中调整了商业框架，除按照计划经济的首轮志书合并了一些志目，废去了一些志目，改变以商带工设计外，关键是改由市商贸委依靠行政手段来修志，市地方志办公室也改原扁平化直接对行业协会业务指导为市志办、市商委修志编纂室双层业务指导。在市商委行政职权已经不可能完全覆盖上海这座国际大都市商贸的情况下，仍然用行政渠道一元化编纂。这样，市商贸委体现了权力，上海市地方志办公室轻松了活儿，但由市商贸委组织编纂的上海二轮商贸志能够立足市场覆盖上海市所属商业、外资商业、外省商业、个私商业吗（尤其体制外商贸实体）？能够记述好综合多元的业态吗？拭目以待，后人评述！地方志的框架在编纂中可以适度调整，上海市志编纂方案中本有此点说明，但绝不是改变根本的调整，如果把调整的目的放在拢权力、抓进度、图省事上，志书的科学性、系统性、全面性会无从谈起。但愿二轮市志能编好国际大都市上海的商贸内容，而不是批发、零售数据的流水账。范洪涛先生与当初商委修志编纂室的几位老先生与本人一样，早已回家养老赋闲了，但到了 2019 年当下，上海市志商贸部分各卷进度最慢，原因何在？不外乎没有依方案一以贯之的沉下心来编纂，而是“张书记挖塘，李书记挖沟”吗？2014 年，市志编纂启动第四年了，这个商贸大类编纂还在讨论任务框架，编写进度的锅由谁背，后人自有公论。

莫把相对当绝对

——论当代志书文体语言认知窄化的弊端

提要：本文认为，当代地方志书的文体语言出现了认知窄化的意识倾向，绝对地而非相对地理解方志文体语言的有关规定，削弱了地方志书的表现手段和功能，影响了地方志书编纂的健康发展。作者就方志的文体是历代进化融合的产物，方志不仅是记述体而且是诸体并用，门类和志种不同其文体文风有别，窄化思维的根源与应有的方志文体观等四个方面进行分析和阐述。结论是应该相对地而非绝对地对待地方志书的文体文风，拓展地方志书的表现空间，增强地方志书的可读性。

关键词：地方志书　文体语言　认知窄化　相对绝对　弊端矫正

认知窄化是心理学的词汇。所谓窄化，就是人们对事物的认知、情感或思维意识向某一方面或某一方向高度集中，使其所及的范围越来越狭窄，越来越收缩，越来越局限的过程。窄化过程同时表现为对窄化对象的感受性增加、敏感程度增强。①

志书的体裁是方志的形式，但文体语言是方志的本体。因为任何形式的地方志书，其内容要靠文体语言来表现。孔子《论语·雍也》说，“质胜文则野，文胜质则史”。唐代史学评论家刘知幾曾说“言之不文，行之不远”②，“史之为务，必藉于文”。③ 中国自古就有“良史莫不工文”的史学传统。当代志书的编纂，规模之大，产出之多，就时段而言，任何过往时代只能望其项背。社会主义新方志的编纂形成了大量的方法论的研究和若干体系的编纂规定。形成了“一律用规范的语体文、文风应严谨、朴实、简洁”④；“地方志的文体，采用规范的语体文。行文力求朴实、简洁、流畅”⑤；“坚持述而不论的原则，寓观点于记述之中。在述体中的必要议论，要把握好适度性”“行文严谨朴实、简洁流畅”；⑥“寓观点于记述之中，述体中的必要议论适度”“使用现代语体文记述。行文严谨、朴实、简洁、流畅”。⑦以上为中国地方志指导小组从1985—2008年对地方志书文体语言的有关规定，我认为，正确地理解，应该属于相对性有别与其他文献的规定，对地方志的良性发展具有正能量的作用。但随着二轮志书编纂，实践者对志书文体语言产生了窄化思维定式，认为志书是单一的记述体，志书的记述必须完全坚持”述而不论”、文风平实两大原则，不可越“雷池一步”；加之对统计数据和年鉴的依赖，把“记述体”曲解为流水账、数据化，把“平实”搞成为枯燥，把“寓观点于记述之中”实践为无观点的罗列。编纂中以不费脑筋为需，即使《地方志书质量规定》中有“在述体中的必要议论，要把握好适度性”也很少有志书在述体中有论；即使《关于地方志书编纂的若干意见》中有“加强记述深度，避免流水账、平面式、观点加例证式的记述方式”，[8]但流水账式记述（门类大事记式）的志书有增无减；可见，对于地方志书文体文风的规定也只是各取所需罢了。方志界对志书的评审，也随之出现不太注意内容和文字，而注意形式和框架的倾向，并且为志书设置所谓的”记述体”“文风平实”“述而不论”三大“底线”，一旦有违就被指责“不像志”！以致方志的文体文风变得“秋风落叶”“一片萧杀”，“枯燥的让人难于卒读”。这种方志文体文风的窄化，是一种较为危险的思维定式。我认为，任何规定都不是绝对的，尤其是社会科学。世界上万事万物，只有相对才为真，绝对实为假。我们应该相对地认识有关规定，辩证地，在不同内容，不同记述对象，甚至不同志种中，合理地选择恰当的文体文风，才能“要简、要严、要核、要雅”[9]地编纂出好的志书。反之，如果我们对志书文体、语言认知窄化，认知的范围越来越收缩，越来越局限，越来越过敏的话；地方志的空间必然越来越狭小，形式越来越机械，结构越来越雷同，我们就很难较好地继承创新中华民族这样优秀的传统文化。下边就方志的文体是历代进化融合的产物；方志不仅记述体而是诸体并用；门类和志种不同允许文体文风有别；窄化思维的根源与应有的方志文体观等四个方面进行分析阐述。

一、方志的文体文风自古以来是演变融合的，“记述体”“平实”并非方志唯一的文体文风，部分志种、门类内容同样有“文”与“雅”的追求

“方志是随着社会的发展水平、社会的内容不断丰富，不断由简单到复杂的。方志的体例、方志的性质随之演变。”[10]此进化论的观点如果成立，那么，方志文体文风同样是演变的，并非记述体、述而不论和“平实”自古至今一以贯之。

“中国古代是文史不分，史学家就是文学家”，故章学诚说“六经皆史”，可见古代文献并没有今天分得这么细，文体文风语言也是参杂运用的，所以鲁迅先生在《汉文学史纲要》中称赞《史记》是“史家之绝唱，无韵之离骚”。至于地方志，宋以前并不定型。其发展是融汇《史记》《汉书》等正史，同时融合汉代的地记、隋唐的图经的体裁和形式方法，直至宋代才基本定型。中国传统正史是纪传体，纪传体史书的突出特点是以人物传记为中心，记言、记事，被地方志吸纳为志中的人物传门类。正史的书志，主要是是关于典章制度和有关自然、社会各方面的历史，被地方志文献辑存和各事类门类所吸收。史表，有世表、年表、月表、世系表、人物表等多种名称，同样被方志表格所吸收。而史论，在民国及民国前的传统志书中也不少见。志书还吸收了中国早期编年体史书，如《春秋》以时间为中心，按年、月、日编排史实的方法，作大事记。至于东汉和魏晋南北朝时期（隋、唐、宋时期时有出现）的地记，被公认为方志的源头，专门记载地方的山川风土、物产、人物等，又称“记”“传”“谱”等。可见，除“谱”被后来的谱牒学继承外，“记”“传”均为方志所继承。地记一般不附图，隋、唐时期，它与地图合为一体后形成图经。宋代定型的方志，主要建立于地记、图经的基础上（又融合了图）。尤其南宋的方志，横列门类、纵叙史实、统贯古今，普遍采用序、图、考、志、传、录，体裁逐渐完备。框架结构，包括有纲有目者，无纲多目者，还有称为“四谱”体（年谱、地谱、名

谱、人谱）的。记事分为繁简两派。潜说友《咸淳临安志》多至100卷，以详赡取胜，可谓征材宏富，辩论精赅，朱彝尊称之为宋代志乘中最详者。陈耆卿《嘉定赤城志》则笔法精严，简而不陋，是简志的代表。但力求简繁适中，是当时大多数南宋编纂者所追求的。以上可见，即使南宋方志定型后，因为志书由历史上的多种文献融合，形成的仍是百花齐放一派春色。多彩的体例，必然形成多姿的文体文风。明末清初学问家朱彝尊评价潜说友的《咸淳临安志》“辩论精赅”，可见当时的志书像正史一样，是允许发表议论的。清代史学家、方志学奠基人章学诚对于志书应不应该有所议论，举其编纂的《湖北通志·食货考田赋》为例，认为：“《通志》食货考田赋一门，余取《赋役全书·布政使司》总汇之册，登其款数，而采用明人及本朝人所著财赋利病奏议详揭及士大夫私门论撰，联络为篇。为文不过四五千言，而读者于十一府州数百年间财赋沿革弊利洞如观火。盖有布政司以总大数，又有议论以明得失，故文简而事理明也。旧志尽取各府州县赋役全书，挨次排纂，书盈五六百纸……阅者连篇累卷。但见赋税钱谷之数，而数百年利病得失则茫然无可求。”文中章氏对“排纂”（实际为今天所说的罗列）进行了批评，对“有议论以明得失，故文简而事理明”进行了肯定。（章学诚《方志辨体·湖北通志义例》）

除议论外，古代志书在部分门类也是经常状物修辞，并常常采用诗词引用的方法，形成具象与抽象并重。潜说友的《咸淳临安志》是最早的典范，对后代影响很大，明田汝成《西湖游览志》、清郭廷弼主修的《松江府志》等，都继承了这一方法。下举唐至民国数例，可见一斑：

【唐李吉甫《元和郡县图志·京兆府上》】：“据张衡《西京赋》云‘终南、太一，隆崛崔崒’。潘岳《西征赋》云‘九嵕巀嶭，太一巃嵸，面终南而背云阳，跨平原而连嶓冢’。”（介绍终南山时，引用张衡和潘岳的赋）

“王仲宣诗曰‘南登霸陵岸，回首望长安’，即此也。”（介绍白鹿原时，引用王仲宣诗）。

【宋施谔《淳祐临安志·卷第五城府》】：“尝慨然求所谓柳浦者，已不可考，而依山所筑，则今之凤凰山也。前治武林山，后治凤凰山，两山之间，昔水今陆，岂非天所以启神明之隩乎？厥今商邑翼翼，四方之极，巍巍煌煌，不可尚已。”（间有描写和议论）

【《淳祐临安志·卷第六城府，楼观，江湖伟观》】：“旧在葛岭寿星寺，面东小轩，左尽保俶塔，山嶷然如断；右见南山，重复奔凑，有所底止；中间城阙迤逦，属于两山，外则大江，内则平湖，一目俱尽，如出几席，烟云渺弥，景色翠蒨，殆不可名貌，游观之伟莫先焉。”（描写与评价，采用揭题式标题：“江湖伟观”进行渲染）

【明田汝成《西湖游览志·孤山》】（浙江人民出版社1980年第一版）：“孤山，岿介湖中，碧波环绕，胜色诸山。唐宋间，楼阁参差，弥布椒麓。唐张祜诗：‘楼台耸碧岑，一径入湖心。不雨山长润，无云水自阴。断桥荒藓合，空院落花深。”（《西湖游览志》23卷，体例大体相同。先介绍景点胜迹、历史掌故、奇闻逸事。然后引

入与景点有关的文学作品）

【明田汝成《西湖游览志余》卷三（记灯品材料）】：“灯品苏，福为冠，新安晚出，精妙绝伦，有无骨灯，用绢囊贮粟为胎烧之，及成去粟，则浑然玻璃球也，景物奇巧无比。又为大屏灌水转机，百物皆动。”（采用状物比喻的记述方法，具有生动的生活情趣。这段内容几乎完全转的是宋周密的《武林旧事·灯品》）

【《西湖游览志余》卷二十（写四季游湖）】：“西湖夏夜，观荷最宜，风麓舒凉，清香徐细，傍花浅酌，如对美人浅笑款语也。”“西湖观月，秋爽最宜，烟波镜净，上下一色。渔灯依岸，城角传风，山树霏微，万籁阒寂。”“西湖赏雪，初霁最宜（略）”。（四时观湖文字，田汝成实际引用了宋苏轼《题〈西湖诗卷〉三、四、五》，个别文字有出入）

【明《嘉靖宁夏新志》卷之一〔三〕形胜】：“背名山而面洪流，左河津而右重塞。左距丰胜，右带兰会，黄河绕其东，贺兰耸其西。西北以山为固，东南以河为险。黄河襟带东南，贺兰蹲踌西北。背山面河，四塞险固。西据贺兰之雄，东据黄河之险。”（修辞手法，拟人有“背”“面”“蹲踌”；比喻有“襟”“带”）

【清陈榭德《安亭志·卷三 田赋》】：“田赋之法不一则民巧生，王者任土事而正经界，其首务也。然尤不可不因其肥瘠高下以定陞科，所谓赋役必均，而后法可久也。”（“所谓”两字之后的内容就是议论道出观点）

【清陈作霖《东城志略·志街道》】：“镇淮桥东，沿南城根转为豆腐巷，……又东为院门口，旧院之前街也。长桥烟水，清泚弯环，碧杨红药，参差映带，明时最为歌舞胜处。”（描写手法）

【民国陈汉章《象山县志·卷十三实业考 十、商业》】：“宁波人类自别于象山人，虽鄞县、镇海、慈溪县人，皆自称阿郎宁波人，竟出象山人于宁波府之外。嘻，象山人之见轻于人，商务非其一端哉！虽然，近亦有数大店铺，为象山人所独开，宁波人转仰食于其中。［……］投其所好，供给于求，科学明而制造精，将以国货夺舶来之席，何至他人笑我拙也！”（象山县位于象山港与三门湾之间，宁波市区东南，今属宁波市。该志评价民国期间象山人与宁波人在商业观念的不同与差距）

以上所例，可见传统方志在文体语言文风方面是多元的，大量运用引用、比喻、拟人、描写的手法，间有志者的议论。民国时期地方志是新旧转换的历史阶段，由于社会的发展，行业事业的增多，要求对旧志的体例还要进行革新，包括对清章学诚提出的“三书四体”（“三书”指“志”“文征”“掌故”，“四体”指“记”“谱”“考”“传”），代表者是语言学、方志学家黎锦熙，在其著作《方志今议》（1941年交商务印书馆出版）中提出破除“四障”“类不关文”“文不拘体”；实际提出了形式、文体为所记述的内容服务，否则就成为方志编纂的障碍。

首轮社会主义新方志在遵守中国地方志指导小组有关规定的同时，也部分继承了传统方志议论和修辞的方法。尤其在述体（概述、导言）中，均有适当的议论和渲染，如《松江县志》（1991年版）的《概述》，使用了“松江县历史悠久，自古经济发达，文化兴盛，人才荟萃”“悠久的历史，遗留下大量的文物古迹”“本县商业历来繁盛”“本县文化教育素称昌盛”“松江人民有着光荣的革命传统和爱国主义精神”。另外，《松江县志》(1991年版)继承了旧志山川遗址与诗文结合的编纂传统，“卷二十六 九峰三泖”（松江当地的山水被称为九峰三泖）“第一章峰泖胜迹”“第二章 峰泖诗文”。首轮志书除提倡概述中要有策论外，同时允许门类正文“画龙点睛”，有恰当的议论和修辞。如《徐汇区志》(1997年版)第594页(商业卷，拟人)“1979年后，美心酒家的著名粤菜、乔家栅食府的特色点心、天鹅阁的意大利西菜等又纷纷登台亮相。”（798页文化，渲染）“徐汇区历史上文人众多，文化兴盛。以其中西文化的交流和发达的文化科技设施形成了独特的人文特色”。(第818页文化，渲染)“上海是中国电影业的发祥地，徐汇区则是上海电影业较集中的地区”。(第839页龙华寺、龙华塔，描写加评价)曲柱重金，飞檐高翘，檐下悬有铜铃，姿态雄伟美观。”“在龙华镇，江南名刹之一。……百年牡丹与沪城八景之一的龙华晚钟，堪称龙华胜景。”（第844页百部桥，引用）“桥如龙如虹，翼然浦面，为邑之巨观耶。”（第932页龙华英烈，抒情）“烈士们的鲜血染红了龙华大地，殉难的年代距今虽已超过半个世纪，但时间的推移磨灭不了烈士的碧血丹心为人民的革命精神。”

二、方志并非只是记述(叙)体，而是以记述体为主诸体并用

方志是记述历史的文献当然要以记述体为主，但“使用现代语体文记述”不等于只用记述体。

地方志事涉百科，对不同的记述对象应该有不同的相宜的记述方法，政治、经济部类与文化部类记述应该有别，旅游、艺文、山水与其他门类应该不同，能够充分反映内容的文体形式才是最好的形式，套用一句话，“适用自己的才是最好的”，为何要把方志的表现形式“囧”在记述体一隅，既不现实，也令人难以思议：我们是从何时给自己设下这条所谓的“底线”的，一时还真难以穷究。只要细读一下区域志，我们就会发现，中国文章体裁分为记叙文、说明文、议论文、应用文，方志是诸体并用的，只不过是以记述体为主罢了。记叙文是以记人、叙事、写景或状物为主要内容，以叙述、描写为主要表达方式的一种文体。当今的方志文体又窄化了一下，就是一味强调记人、叙事“文风平实”而拒绝写景状物描写，如何能把事物的历史记述全面，概念清楚，让读者印象深刻，流水账、数据化只能是其归宿。说明文是以说明为主要表达方式来解说事物、阐明事理而给人知识的文章体裁。一般介绍事物的形状、构造、类别、关系、功能，解释事物的原理、含义、特点、演变等。的确，方志不是工具书和教科书，不需要解释原理。但我们对工程项目、科技项目、良种、器具、文化遗产、规划计划、改革政策、美食菜肴、园林、港口机场车站、宾馆、机构组织、学校、运动场馆、文化场馆等的介绍，除部分历史沿革的记述外，主要使用的是说明文体，以介绍其形状、构造、类别、关系、功能。议论文是对某个问题或某件事进行分析、评论，表明自己的观点、立场、态度、看法和主张的一种文体。有人曲解了方志的“寓观点于记述之中”“述而不论”，其实有些事物不议论是很难点出所寓的观点的。所以在若干规定中，已经明确“在述体中的必要议论，要把握好适度性”，首轮修志普遍使用“画龙点睛”的方法进行适当的议论。比如国民政府时期的治安、征兵、民众生活与中华人民共和国成立后的治安、征兵、人民生活，没有适当的议论和“画龙点睛”，读者是难于明白所寓观点的。可见，议论文同样是方志的文体之一。应用文分类有四分法和一分法之争，此与本文无关。四分法包括记写事实类、阐述观点类、解说知识类、经办事务类。一分法认为，只有经办事务类才算应用文体。可见记写事实类与记述体是重复的，另外文献辑存中收录有应用文的文献。至于文学体裁，其状物描写的修辞手法，记述体、说明体也是使用的。特别志书艺文内容，原本就是文学体裁的文学作品。可见，方志文体是以记述文为主，说明文比重不小，文学文体、应用文体局部有之的。

记述体的记述方法包括顺叙、倒叙和插叙。但一些研究者和方志评审者，又窄化到一律均要“顺时记事”，发端、过程、现状顺着记。更有甚者形象地提出不能“穿靴带帽”，“穿靴带帽”违反了“顺时记事”，种种约束造成方志的记述形式越来越狭隘单调。比如先总提面上情况，特点特征，再分子方面和阶段分述，被扣上“带帽”的问题。如果先分说，最后再总括，又被扣上“穿靴”的问题。有总情有分述，有全面，有特点再有具体，事物记述得才全面系统。“穿靴带帽”有何不好，只要不是写空话，就是好的“帽子”和“靴子”。我的观点，发展诸阶段还应该归纳情况特点“系腰带”为宜。“顺时记事”对于记行业、事业发展总的看没有问题，但对于使用说明文体记述单体事物（项目、场馆等）就费难了，因为此类事物主要是介绍面貌、特点、特征的，沿革内容很少，如何“顺时记事”？历史是时间发展的产物，当然方志是以顺时记事为主，但不完全绝对地“顺时记事”。

三、杂志、特色志、重大事件志与常规的区域志有别，在文体运用上有较大区别

《地方志工作条例》出台后，人们似乎把“全面系统地记述本行政区自然、政治、经济、文化和社会的历史与现状的资料性文献”仅仅理解为规划内的区域性综合性志书。似乎把其他地情类志书窄化到地方志志书的范畴之外。我认为，法定编纂的地方志书只是地方志书的主要部分。

针对此问题，我们应该借鉴一下历史学。历史学认为，“正史外的诸史种类繁多，有编年史、纪事本末，及通典、通考等。这些书，或以事系年，通诸代而为史；或标事为题，列诸事以名篇；或以事为类，分部类以成书。”[11]翦伯赞先生归之为“史流杂著”，认为正史（二十四史）出来之前，即已有之，如《山海经》《楚汉春秋》之类。刘知幾《史通·内篇·杂述》归为10类，即偏纪、小录、逸事、琐言、郡书、家史、别传、杂记、地理书、都邑簿。[12]可见，历史学不仅仅是二十四史，“史流杂著”“杂述”也属历史学。既然历史学如此，为何地方志书要拒绝杂志、特色志、重大事件志为其组成部分呢？如果承认它们属于地方志书，那么必然要承认此类志书的文体文风是与区域志有一定区别的。

前所言，文体文风是与记述的对象有直接关系。比如重大事件志不但要使其起到存史、资治作用，更要起到教育和鼓舞大众的作用。“事件志在遵循地方志基本

体例要求的情况下，加强观点在述体中的呈现，文风适当变通，要有理念的点题与概念的点题，当然可以引用媒体、领导、群众的语言以体现之。”[13]“特色志”是首轮修志以来各地常编的一类志书，包括“名街志、名镇志、名园（苑）志、名川志、名城志、名产志……等等”，“是在资料翔实的基础上追求文体的活泼可亲，追求可读性”[14]，不但发挥记述体记人、叙事的方法，同时较多地使用记述体写景状物的方法。此类志书常常会引用诗词、散文的章句，引用新闻媒体的报道及名人对当地事物的评价，必然使志书中有浪漫、渲染和主观性的文字。窄化思维认为超出了志书文体的“底线”，但他们忘记了这是引文，引文同样是志书叙事的手法，不见民国以前的志书都是这样做的吗？（见宋潜说友的《咸淳临安志》等例）。其实在历史学科也有同样的不同意见。翦伯赞先生认为：“史部以外的群书中，其行文记事，也夹杂着主观的意识，……但是在这一类书籍中所表现的主观意识之本身，就是客观现实之反映；因而他不但不破坏史料的真实，反而可以从侧面反映出更真实的史料。”[15]明白了这一点，窄化思维者是否就会对重大事件志，如汶川特大地震系列志书中，引用新闻媒体、名人关于伟大的抗震救灾精神、灾后重建的理念和灾区民众情感的报道、评价就可以接受了吧？此类志书不记这些，难道只记人和物的数据，只记灾后重建的钢筋混凝土建筑物吗？所以说，就志种而言，鲜活的文体、文风，此类志书比综合性区域志运用得要多。

关于文体和可读性，不仅方志界，史学界也进行了长期的论争。在过去的一、两个世纪中，追求”科学化”一直是中外史学的主流。近代史学的科学化是以兰克史学为标志的。德国著名史学大师兰克（1795—1886）认为，历史学家最高的任务就是“如实直书”，写出“无色彩的”“中立的”“不偏不倚的”以及“不加臧否”、不作“判断”的历史。到了实证主义史学那里就更加极端，竟然完全仿依物理学、化学和生物学的科学理论和方法来进行历史研究。跨入20世纪，史学的科学化倾向进一步加强。宣称“我们是中国的兰克学派”的傅斯年先生（1896—1950），就高调倡言“史学只是史料学”，要把“历史学建设得和生物学、地质学同样”，“与自然科学同列”。他说：“历史本是一个破罐子，缺边掉底，折把残嘴，果真由我们一整齐，便有我们主观的分数加进了。”在这种治史理念下，历史叙事是不可能找到一点存活的缝隙的。虽然史学科学化提升了人们认识世界的能力。但是，以自然科学和社会科学为工具治史，渐渐程式化为历史“祛魅”[16]的过程。当历史学爬上高高的科学殿堂向下张望时，发现早已空无一人，使得普通民众对历史彻底失去了兴趣。近20多年来史学界一直在呼喊“史学危机”，一直在探讨史学危机何在。无力再参与国家和民族历史记忆的建构，才是历史学所面临的最深刻的危机。最不堪者，是为了适理论之履而削历史之足。科学化史学是对中华民族“良史莫不工文”史学传统的背弃。叙事是中国史学的根蒂所在，为数众多的成语来自于《史记》《左传》《吕氏春秋》《战国策》等历史书籍。近代以来，强调历史必须好看者，梁启超算是一个代表。他在《中国历史研究法补编》中曾经对史笔的“飞动”做了非常精彩的论述。要像电影一样活动自然，字字活跃在纸上，并使人感动，这就是梁启超为历史写作所立的标杆。近二三十年间世界学术方向发生了一个重大转变，人文研究开始摆脱科学典范的笼罩，逐步恢复其独立地位。回归叙事已成为当今历史写作的世界性潮流。长期以来我们习惯于“去叙事化”的历史，对于历史的“好看”写法心存疑虑，认为历史学者不应该牺牲学院派的专业规范来迎合大众的欣赏口味，大众化的历史写作是历史学自降其格，将会丧失历史著作的品位。其实，这更多是历史学家的先入之见，因为历史著作的学术水准并不必然与“好看”相排斥，专业的历史学家也可以把历史写得非常“好看”。[17]

史学是方志学的主要母胎，其以上历史学世界性的争论和回归，难道不是对方志窄化者的醍醐灌顶，医治其窄化思维的一剂良药吗？

四、地方志书窄化思维的根源和应该相对地而非绝对地对待地方志书的文体文风

方志窄化意识产生的原因，最主要是没有正确地对待地方志书有关文体文风的规定，把规定绝对化。其二是急于形成与历史学不同的独立学科，一定要在行文上与其截然不同，没有搞清各种历史文献的编纂方法既是区别的又是融合的，方志本身就是融合诸体而生。文章除文学体外，不外乎记叙文、说明文、议论文、应用文四体，局限于记述一体必然使地方志书的功能弱化。其三是历史学界的影响，历史学的专家或多或少希望方志学永远局限在史料学的范畴，成为历史学的附庸，所以要求越原始越好。其四是编纂者的简单化工作，认为地方志唯一的文体是记述体，述而不论，顺时记事，文风平实，就是罗列资料，行文数据化。历史学一度存在的问题，正好也成为今天方志学的病魔：当方志学爬上高高的政府殿堂（政府修志、参公）向下张望时，是否终有一天也会“发现早已空无一人”？但愿这是我的耸人听闻。近年有些批评新方志文风枯燥难于卒读的言论，难道还不让我们警醒吗？

文章到此应该有个结论了：作者认为，地方志历史上就是融合各种史学、地理学、杂记文献的体裁方法而产生的。方志是以记述体为主说明文、议论文诸体并用的文献。因当代人记当代事，地方志主要是客观记述寓观点于记述之中，但正确的、社会广泛认同的观点、立场、态度、看法和主张又是完全可以在述体中大胆记述的。其他正文部分，可以采取“画龙点睛”和引用他文他论的方法呈现观点。至于文风，“平实”不等于是流水账、数据化，记述体本身就包括写景状物的修辞手法。在文风鲜活方面，区域性志书内部各门类要区别对待，文化、旅游、地貌、风俗、社会生活部类，其他部类包含文化的内容，可以适度使用形象化的修辞方法。此外，区域志外的其他杂志，文体文风可适当放开。人为设置“底线”（目前人自为标准），把志书文体语言认知窄化，资治、存史、教化的文字“味同嚼蜡”，只会越来越削弱方志文化的感染力和感召力，缩小读者群，传承方志文明，方志的传承创新必然成为空话。总之，方志界要正确认识地方志书文体文风的有关规定，莫把相对当绝对，适当拓展地方志书的表现空间，增强地方志书的可读性，这才是我们的正途。

①认知窄化：百度百科“窄化”条。

②刘知幾《史通》内篇言语第二十。

③刘知幾《史通》内篇叙事第二十二。

④中国地方志指导小组《新编地方志暂行规定》第十三条（1985年）。

⑤中国地方志指导小组《关于地方志编纂工作的规定》第十五条（1998年）。

⑥中国地方志指导小组《关于地方志书编纂的若干意见》第二条（五）、第五条（十五）（2007年）。

⑦中国地方志指导小组《地方志书质量规定》第十七条、第二十六条（2008年）。

⑧中国地方志指导小组《关于地方志书编纂的若干意见》第五条（十六）（2007年）。

⑨章学诚：《修志十议·呈天门胡明府》。

⑩观点见：梅森《中国地方志》（2005年第1期）《方志性质宽泛性和学科间交融性的发展趋势浅议》；《中国地方志》（2006年第12期）《应该采用什么样的哲学原理去思考方志性质——与梁滨久先生商榷》。

⑪翦伯赞《史料与史学》，北京出版社2005年版，第16页。

⑫翦伯赞《史料与史学》，北京出版社2005年版，第36页。

⑬梅森《新志种——重大事件志编纂刍议》，《上海地方志》2011年第5期。

⑭梅森《特色志编写之我见》，《上海地方志》2002年第5期。

⑮翦伯赞《史料与史学》，北京出版社2005年版，第22页。

⑯“祛魅”是指对于科学和知识的神秘性、神圣性、魅惑力的消解，引申之，也可以指主体在文化态度上对于崇高、典范、儒雅、宏大叙事、元话语的能指疑虑或表征确认。

⑰郭震旦《让历史更好看》，《中华读书报》，2011年6月29日第15版。

（《中国地方志》2013年第10期）

自评：这是20世纪80年代大规模社会主义新方志编纂以后，直至21世纪前20年间，第一篇历史地对地方志所谓“平实文风”“述而不论”、单一文体（记述体）大胆提出质疑的文章。因为这是我40年一线修志的深切铭心的体会。当今的方志，在行政主导编纂的体制下，大多的编纂领导并不修志，故乐意避开志书事涉百科的审读，而窄化志书的编纂形式；分解部门分别编写再合成的方志编纂需要简单化地完成任务。当今编纂的志书，所谓记述体，就是“述材料述数据而不述事”；专业修志者在参公的“温室”里变得仰仗其他部门而自己越来越不会修志了。首轮修志一线磨炼出的修志行家，在这种氛围中变得越来越“讨人嫌”（越专越懂越讨人嫌），退的退休的休；以至于“述而不论”“平实”“顺时记事”一些不知哪个时代冒出来的“三字经”成了“底线”；把“窄化”观点写进了规定，成了“紧箍咒”。在这些方志“绝对化”的大棒下，地方志变得搞不清内容与形式谁主谁从了；一些只有行政位置而无修志实践的“专家”，甚至各方官员，祭起这简单的戒律，迫使编纂者“用自定的方志形式之履（去）削方志内容之足”，把地方志变成了无

“意”无“味”的“蜡”。本文套用史学危机的名句用在方志危机上，即当方志学（还没被承认为“学”）爬上高高的政府殿堂（政府修志、参公）向下张望时，是否终有一天也会“发现早已空无一人”？这句话是个警句，留给方志后人去思考。

整体把握新编地方志书政治部类编纂的实践与思考

——兼及二轮地方志书政治体制改革门类专设的反观

提要：政治部类是地方志书五大部类之一，并处于“政治统帅”的地位，所以政治部类又关及环境、经济、城乡建设、文化、社会各门类，写粗了容易务虚，写细了容易与其他门类机械重复，是相对难以编纂的部类。从整体上把握分支构成与整体的联系，把握所记述事物的性质角度，详略呼应关联，是系统、全面、科学地编纂新编志书政治部类的重要方法。

我国的政治体制改革为举国体制，共性大于各地的个性，而地方志书是以记述地方历史现状的资料性文献，仿照经济体制改革集中记述政治体制改革，忽略了我国目前的政治体制改革深入程度滞后经济体制改革，涉猎范围又大于经济体制改革，单设专篇的结果是叠床架屋，或造成空泛，或掏空其他门类，或互相机械重复，这是中国政治体制改革所处的阶段决定的，故二轮地方志书不宜单设政治体制改革专篇，政治体制改革的内容以分散记述为宜。

关键词：政治部类　结构关联　系统处理　政体改革　专篇反观

整体是指由事物的各内在要素相互联系构成的有机统一体及其发展的全过程。部分是指组成有机统一体的各个方面、要素及其发展全过程的某一个阶段。整体记述，就是从整体上把握事物的联系，把握部类的分支构成与整体的联系，是整体、系统、全面、科学地编纂新编地方志书政治部类的重要方法。

一、政治部类在地方志书内容整体中的位置与政治部类的内在结构

（一）政治在五大部类中的位置及关联

政治是在社会活动中利用各种手段规范社会的管理，此外对自然环境进行有组织的保护或破坏。从综合区域性志书看，根据客观的记述对象，全部内容包括自然环境（地理）、政治、经济、文化、社会五大部类。马克思主义哲学认为，“政治是经济的最集中的表现”，经济基础决定上层建筑，政治上层建筑反作用于经济基础。政治是民意的最集中的表现，“政治就是参与国家事务，给国家定方向，确定国家活动的形式、任务和内容”，政治是一种社会的利益关系，是对社会价值的权威性分配。政治（统治阶级）又通过社会舆论引导文化的方向，通过国家机器规范

文化的走向。可见，政治部类在志书中并非孤立的，而是与自然环境（地理）、经济、文化、社会相互联系形成整体的；故政治部类的记述要站在环境、社会的整体上研究政治的作用和产生的效果，即环境、经济、文化、社会内容中有政治，政治部类中有环境、经济、城乡建设、文化和社会。

（二）政治部类内部诸门类的结构与关联

政治部类的结构。政治包括政党、立法、政协、行政、司法、社会团体及其管理与活动。政党本质上是特定阶级利益的集中代表者，是特定阶级政治力量中的领导力量，是由各阶级的政治中坚分子为了夺取或巩固国家政治权力而组成的政治组织。我国实行的是中国共产党领导下的多党合作制度，执政党中共与八大民主党派参政。[①]执政党对社会各政治实体进行协调与平衡。立法就是议会，在中国是人大，制定法律，监督执行。政协是我国特有的政治制度，是爱国统一战线组织，是中国共产党领导的多党合作和政治协商的重要机构，是中国政治生活中发扬社会主义民主的一种重要形式。司法就是法院，维护立法者也就是统治阶级的利益。行政是政府，依法进行施政的机构。社团是社会组织的一种，独立于政府和市场的第三方组织，包括工会、共青团、妇联 3 个政治地位特殊的群众团体，还有中国文联、中国科协等 17 个社会团体。综合性区域志政治部类子门类包括政党（中国共产党地方组织与八大民主党派地方组织）、地方人大、地方政府（经济与社会发展施政及政府政治性职能工作，即外事、侨务、对台事务、港澳事务、公安、司法行政、民政等）、地方政协、人民团体（包括工商联）、审判、检察、地方军事。

政治部类的关联。中国共产党的决策通过在人大、政府、政协、人民团体、司法机关中建立党组实施领导，并通过统一战线对民主党派、社会团体实施领导，党委书记在地方军事组织中担任第一政委实施对军事的政治保证。人大立法并监督社会依法规范行为，尤其监督政府的依法行政。政府按照党委决策，依照人大法律，落实政协提案进行施政。政协参政议政。人民团体围绕党的决策、中心工作和政府施政开展工作活动。地方军事组织根据党委决策，服务中心工作和政府施政，维稳。

二、政治部类关联记述与系统交叉处理

（一）关联性记述

整体性记述决定着志书的质量，整体性记述的核心在于关联（呼应）。整体记述就是站在一地历史的纵深和横向事物的关联方面进行记述，把握事物的整体而不是孤立地就单一门类进行“老死不相往来”的记述。中共地方组织除记述党员与党的重要会议、党的地方组织机构与基层组织的建设，干部队伍建设以及组织、宣传、统战、政法工作。这些工作与地方党组织各时期的改革、经济建设、社会发展的决策紧密相通。党的纪律检查工作与党的建设密不可分，同时案件涉及经济社会领域。中共地方组织与政治部类其他部分，以及与环境建设、政治、经济、文化、社会建设发展的关系，是主脑于执行的关系。决策包括一地发展的总体目标和功能定位、经济发展、城乡建设、文化发展、社会事业、民生民政、精神文明建设等等。所以中共部分的记述不是孤立的。

八大民主党派除记述自身的建设外，还需记述在人大、政协的界别、代表的参政议政，记述参与的经济建设和参与的社会公益事业。

人民代表大会，除记述自身的代表选举、代表大会、常务委员会、专门委员会外，关联记述的内容主要是行使人大权力，对地方政府施政、法院审判、检察院代表国家公诉的监督，行使地方立法权，行使官员人事任免、述职评议、财政预算调整权，组织视察走访、参政议政。所涉内容必然包括环境、经济、文化、社会的各个领域，以及政治部类的其他分支领域。

人民政府是直接涉及一地环境、经济、城乡、文化、社会建设的政治实体，该部分内容除记述政府领导与机构（组成部门、直属机构）、政府会议、政府自身政务（外事、港澳事务、台湾事务、合作交流等）外，其重大施政纪要涉及环境、经济、文化、社会建设发展的各个领域。

人民政协记述本身的会议、组织机构、团结联谊、文史工作外，主要记述民主监督、参政议政，由于政协涉及30多个界别，所记述的提案建议涉及政治、经济、文化、社会各个领域。

工商联与人民团体。工商联是各级工商界联合会的简称，是中国共产党领导的多党合作和政治协商的单位，是具有统战性、经济性、民间性的社会群众团体组织。[②]其内容涉及为工商界人士搭建政企桥梁，涉及工商内容。群众团体、人民团体除自身的组织机构、会议、本职工作外，主要的关联在团体的活动方面，主要参与党和政府关乎环境、经济、文化、社会建设发展所举行的活动，如工人先锋号、希望工程、“巾帼建功”活动，以及配合地方党委政府的中心工作开展的活动。这些活动必然关联环境、政治、经济、文化、社会领域、地方创建。

公检法司民政。主要职责是公平正义和维护社会稳定，其权利行使同样涉及环境、经济、文化、社会各个领域。

地方军事组织在和平时期的行为内容主要是维稳和参与地方经济建设和社会发展，参与应急抢险等。

可见任何事物内部的各个部分、要素、环节都是相互联系的；任何事物都与周围的其他事物相互联系着；整个世界是一个相互联系的统一整体。[③]政治部类各分支除了在本部类互相关联外，同时与环境、经济、文化、社会相依存，没有环境、经济、文化、社会的生存与发展，就无需政治这一在社会活动中利用各种手段规范社会的管理。政治虽然是统帅，但又依附于环境、经济、文化、社会而存在，故没有环境、经济、文化、社会也就没有了政治，所以政治部类的记述必然是与其他四大部类记述相关联的。

（二）交叉处理系统化记述

系统，指“同类事物按一定的关系组成的整体”或“有条理的”。[④]地方志书系统性、整体性的实现，难度非常大，涉及对记述事物关联性的了解和合理的布局与衔接，其次还有对地方志书体例的把握运用。“忠实地描绘和再现历史时，必然要反映事物的现象之间及其内部诸要素之间的互相联系，而这种联系在方志界被习惯地称为

‘交叉’”，[5]而科学整体地处理被称为“交叉处理”。

政治部类容易造成机械重复的点主要分布在：（1）覆盖面广的事物与覆盖面广的事物重复记述，如中国共产党地方组织的“决策”与政府的“施政纪略”互相重叠；（2）覆盖面广的事物与单一性事物重复记述，如中国共产党地方组织的“决策”、政府的“施政纪略”与政治、经济、文化、社会的具体分支事物；全局性的社会治理、创建与各行各业参与，等等，如老年工作涉及9个部门，社会综合治理涉及数十个部门；（3）单一事物与单一事物门类重复记述，如提案议案、参政议政，同一个提案议案可以关联民主党派、社会界别、人大、政协、政府等等。以上三大类型，重复记述，志书各部分“各自为政”的编写，必然冗长而失去整体性。

如何处理，基本方法有两点，一是根据标题把握记述单元内容的性质侧重点，二是记述中单元与单元之间要详略有别。如中国共产党地方组织的决策与地方政府施政纪略。地方政府施政纪略要写政府施政的方式与效果，不是重复其他门类介绍一地政治、经济、文化的发展情况，另外不可以把党委的决策写到施政中，如产业结构重大调整，如某某发展战略，这些放入地方党委决策中较为妥帖。有的志书政府施政纪略类目设履行政府职能（加强经济调节、加强社会管理、强化公共服务、依法行政）、推动经济发展（调整和优化产业结构、改善投资环境、以外向型经济为突破口）、落实三农政策与农业产业化、推进城乡建设（城市规划、城市基础设施建设、住宅建设、生态环境建设、旧城改造和城中村改建）、实事工程。这样的结构虽然文字高屋建瓴一些，但其面面俱到必然与党委的重大决策，与农工商经济各部门、外资经济、城乡建设、公共服务事业（教科文卫与环保）、经济综述等类目机械重复。如果改大而全的面上综合性记述为历史阶段（或五年计划时期）施政概况＋典型要项结合的方式，就会在结构上避免重叠。方法是概括施政阶段情况，典型介绍重大施政，不展开方面，而是展开要项。此外党委重大决策写总体目标和功能定位、经济发展决策（党委会会议决策）、城市建设和管理（历次党代会、党委会的相关决策）、精神文明及社会事业建设决策（历次党代会、党委会的相关决策）、民主法制建设决策（历次党代会、党委会的相关决策）、党建决策就能够解决机械重复问题（历次党代会、党委会的相关决策），即饱满了党的会议，把写虚改为写实，同时站得更高，避免了与政府施政纪略的机械重复。同一事物，各自把握角度，如产业结构调整，党委从会议决策，人大从通过政府的有关报告，政协有关产业结构调整的建议案，政府具体调整的变化内涵、经济综述从产业结构调整与一地阶段经济发展的情况、各产业部门以产业结构调整为本部门的发展背景，虽然都涉及产业结构调整，但记述的角度完全不同，必然不会造成机械重复。本人称之为交叉处理系统化记述。科学的交叉处理建立在对政治部类整体结构和个体特征的了解上。

三、二轮志书政治体制改革专篇设置的反观

“反观”指“反过来看，从相反角度观察”。[6]方志界有些同仁提出政治部类中要单设政治体制改革专篇，仿照经济体制改革集中与分散相结合的处理方法，有的在文章中说：“新出版的志书很少有这方面（政治体制改革）的记述，即使有也

是相当零碎的、分散的、不系统的、远远跟不上时代与形势的发展。提出写好政治部类要设置政治体制改革专编，从宏观上加强记述政治体制改革内容；在中国共产党和政府编中要加强根据地方的地情特点而作出的创造性的决策决定，以推动本地区经济和社会发展的内容记述；在中国共产党编中要重视记好全局性的政治活动；设专编强化反腐倡廉建设的记述。”[⑦]关于单独立篇，该文章还说：“主要从宏观上、总体上记述地方党政组织如何根据中央有关政治体制改革的战略方针、政策规定、实施步骤结合地情特点予以贯彻……怎样从局部性机构、职能、规章、人员等局部改革发展到制度性、体制性的全局性改革，怎样把各方面政治改革进行相互配套特别是与经济体制改革的深化相配套，保持大局稳定，……哪些综合性的成就，存在什么问题，引发哪些矛盾等等。这些带有全局性、宏观性、综合性的内容分解到政治部类的具体编章中去是无法完成的。至于非常具体的机构改革、职能转变、人员编制调整、上下分工关系调整、具体制度改革以及政法系统的司法改革等内容以分散记述为宜”[⑧]，等等。

客观地说，我国的政治体制改革长期滞后于经济体制改革。1986年小平同志提出政治体制改革。20世纪80年代末至90年代初的“苏东剧变”后，我国的政治体制改革有所调整。1992年10月召开的中共十四大提出政治体制改革的目标，是以精简机构，加强法制建设，完善人民代表大会制度、共产党领导的多党合作和政治协商制度为主要内容。2000年十五届五中全会增加了推进决策的科学化和民主化，扩大公民有序的政治参与。2012年11月十八大提出“更加注重改进党的领导方式和执政方式”“更加注重健全民主制度、丰富民主形式，保证人民依法实行民主选举、民主决策、民主管理、民主监督”“更加注重发挥法治在国家治理和社会管理中的重要作用”。归纳之，26年，政治体制改革相对深入的是行政体制改革，政治体制改革主要有八大方面：（1）坚持和完善社会主义民主制度；（2）扩大基层民主；（3）加强社会主义法制建设；（4）改革和完善党的领导方式和执政方式；（5）改革和完善决策机制，防止决策的随意性；（6）深化干部人事制度改革；（7）加强对权力的制约和监督，建立结构合理、配置科学、程序严密、制约有效的权力运行机制；（8）以改革的精神，全面推进党的建设。[⑨]由于我国的政治体制是举国体制，共性大于个性，加之政治统帅经济、文化、社会各方面，涉及内容尤为广泛，不像经济体制改革提倡创新、先试先行，个性很多；而地方志主要记地方情况，故政治体制改革单独成篇，会造成叠床架屋，容易内容大而空，志书内容趋同，如果写具体又与政治部类其他部分乃至经济、文化、社会部类重叠，要不互相重复，要不掏空其他类目。如以上文章所言的“政治体制改革”专篇与相关类目的结构处理，一是说在中共篇、政府篇中要“加强”某某记述，“政治体制改革篇从宏观上、总体上记述某某”，不知如何记述，明显是“政治体制改革”设后自己也无法厘清相互的纠葛。所以绝大多数区域志不设政治体制改革专篇，而是把政治体制改革的内容分别记述：机构改革放入各相关机构沿革中，基层居村委会直选放入民政，科学决策、科学施政放入党委决策、人大、政府、政协、统一战线的施政、参政议政中，法制建设放在人大的立法和政府依法行政、信息公开及司法改革中；改革和完善党的领导方式和执政方式放在中共党建中，深化干部人事制度改革放在组织人事中，加强对权力的制约和监督放在纪检、监察、审计、信访中，这样的分散处理是根据政治体制截今发展阶段和地方志地域性的特征所做的实事求是的选择。所以说，地方志书编纂要从实际出发，不要搞本本主义，有什么重要提法就提出设志设专篇。提的人没有什么，苦了具体编纂者，重大问题的提出还是客观谨慎的好。“即使有也是相当零碎的、分散的、不系统的”批评不是很全面的。

其实，政治体制改革单独设篇从另一个角度看，也同样属于忽略了政治部类内容的整体性和志书五大部类内容的整体关系，是对志书整体性、关联性研究不够，而是孤立地脱离实际的概念化地研究使然。

四、整体性编纂的方法

以上可见，整体性编纂的立足点在于科学系统的交叉处理方法的运用。地方志书在多年的编纂中形成了交叉处理的基本方法有两点，一是把握记述单元的侧重点，二是详略处理，但这两点是建立在整体编纂组织的体系上，总编（总纂）对记述纷繁的外部世界事物性质特点的了解和把握上，而这种外部世界全面的了解不是短时间之功。现代的方志编纂涉猎范围太广，涉猎事物专深，故采取各行业、事业、政体有关部门、单位、机构、实体与方志专门机构的相结合。绝大多数采用两步成志法。也就是部门单位编纂出初稿，再由地方志专门部门分总纂成为地方志书。由于部门编纂的初稿，很难脱离部门工作的束缚，难于站在全局、关联、社会的角度进行交叉处理，即使地方志专门部门进行系统化再加工，但由于不了解其他行业，加之报来的初稿基本木已成舟，故志书的整体性很难达到：不是内容互相机械重复，就是互有缺漏或缺少关联呼应。所以，地方志书的编纂需要既了解地方志又了解各主要行业情况的领军人物，采用“一步半”的方式。总编（总纂）不做“甩手掌柜”，从一开始就谋篇布局起草篇目框架，与承编单位共商内容要点，修改试写稿，步步修订具体稿件，交代交叉详略关系，不断完善。“一步半”后再由主编（总纂）做最后的整体化处理，通稿编竣（最后的主编总纂整体处理与修订实为“半步”）。只有总纂对承编、参编的专业部门“倒逼式”的编纂方法，才可以修出整体性强的志书，因为它是不断的相互沟通，不断完善的。当然，如果地方志机构参公后只管志不修志，参公人员缺乏修志的实践和积累，方志业务的领军人物如何产生？又有谁去采取“倒逼式”方法修志？故具有整体性、科学性的政治部类志书很难编纂出来，其他部类大体也是如此。

---

①“政党”：王浦劬《政治学基础》，北京大学出版社，2005年版。

②工商联：百科名片（百度）。

③成人高考专升本政治（哲学部分）第一部分马克思主义哲学原理第三章事物的联系发展及规律。

④ 系统：中国社会科学院语言研究所辞典编辑室《现代汉语辞典》，商务印书馆 2006 年版第 1462 页。

⑤王亚洲 晁文璧 梅森：《实用方志编纂学》第一编编纂形式和方法“交叉处理”（第 33 页）黄山书社 1988 年版。

⑥反观：《现代汉语词典》第 377 页，商务印书馆 2006 年版。

⑦⑧范洪涛:《志书政治部类编写如何适应新形势的几点思考》(《中国地方志》2010 年第 1 期)。

⑨怀超文：《中国政治体制改革 24 年》，《中国经济时报》2003 年 05 月 14 日。

（《中国地方志》2014 年第 4 期）

自评：21 世纪初，在地方志志书“经济体制改革”门类（独立）编纂的基础上，方志界又有人提出增加“政治体制改革”门类独立编写。本文主要论证了不可设置此门类的原因；根本是我国的政治体制改革长期滞后经济体制改革，如设此门类，结果是内容空泛或叠床架屋、移花接木（把其他经济、文化、社会内容作为政治体制改革的成果，一事多说）；讲出这样的观点也是需要一定勇气的。为了解释如何体现政治改革内容，本文分析了政治部类的内涵与关联，以及内容的交叉点与编纂处理。此外，本文首次提出地方志新的“一步半编纂法”，主张总纂“倒逼”，全志采取流水式“无纸化”编纂。

志书无纸化编纂的实践

提要：信息化、互联网的出现为方志编纂无纸化这一系统工程提供了技术路径和支撑，地方志管理部门统一规范为无纸化编纂提供了行政保障；志书编纂逐渐进入无纸化编纂的时代。无纸化编纂又使得“倒逼式”编纂方式和改原来的“两步成志”为“一步半成志”成为可能；既提高了志书质量，同时节省了成稿时间和经费开支，为开门修志、市场化修志提供了便利。

方志无纸化操作系统工程包括：篇目共商、统一资料长编制作与储存系统、规范资料长编到初稿的流程与方式、上下游文稿修改与分总纂流程等。

关键词：志书 编纂 无纸化 流程 方式

近年我在志书编纂与编纂指导中，基本采用无纸化操作的方式。无纸化操作优点是方便资料的搜集、归类、撰稿、改稿、上下游编纂者流水编纂、志稿与资料备份、志稿与注引结合、查找资料出处、通过网络工具核对资料等。编纂者分散各地但可以通过互联网输送资料、文稿，流水作业，节省时间、费用，使编纂更加科学化、系统化。

“‘无纸化’是信息化进程的一个理想目标，其涉及无纸化交易、无纸化办公、无纸化阅读、无纸化考试，甚至无纸化社会等等。”[①]方志编纂的无纸化运作和操作是一项系统工程，信息化、互联网的出现为方志编纂无纸化这一系统工程提供了技术路径和支撑。有人认为，个人通过电脑收集、储存资料，进行编纂，或上下游编纂者互相发送志书各阶段材料就属于无纸化编纂，其实这只是初级阶段，是单个人的行为。其缺乏统一、规范，各行其是，也会带来后期制作的费事、费时。真正的无纸化编纂的运作、操作，必须是所有参加者遵循统一的制度、模式，形成格式规范统一的版式文档；在版式、版面、字体、字号等方面与最终纸质文件保持完全一致；由电子手段收资、编纂、发送、传输、接收、储存，形成志书的数据电文。

以下把本人近四五年的有关实践形成文字，与方志界同仁一起商讨。

一、志书编纂流程及“倒逼式”编纂法

志书编纂大致分为六个阶段，具体过程是：方案与篇目→资料与资料长编→试写稿与初稿→分纂与总纂→通稿与评审→修订与出版。

新方志编纂以来，30 多年逐渐形成“两步成志“的编纂方法，即方案与篇目→资料与资料长编→试写稿与初稿阶段（第一步）由承编单位完成，分纂与总纂→通稿与评审→修订与出版（第二步）由地方志办公室完成（省级志书，各分志第一步由分志参编单位完成，第二步由承编单位完成，最后地方志办公室组织修订统一文风）。但这种方式，总纂、主编到后期才进入，如果第一阶段志稿质量不高，第二阶段由于“木已成舟”也很难使质量有较大提高。有人说我们可以通过业务指导解决，其实脱离具体实践的指导与重复培训教材没有不同，总是有“隔靴搔痒”的问题。近年我在有关志书编纂中采用总纂一开始就介入，采用“倒逼式”的编纂方式，在一开始就把地方志的要求和志书记述相关专业有机结合，循序渐进，不断提高质量。具体是总纂一开始就与承编单位共同商定编纂方案和篇目、确定各编纂单元的内容要点，使得资料收集目标明确，减少时间和人力的浪费。然后编辑、总纂人员不断为承编单位、参编单位修改稿件，对内容进行补充删节、交叉处理，流水进行、反复修改，不断修改文字、规范，不断完善形成对内容的共识直至定稿。“倒逼式”需要地方志系统的工作人员成为杂家，对所负责的分志、分卷内容涉及的专业、行业、事业要了解和研究，唯有在大量稿件和专业书籍的阅读中才会形成；而不是仅仅是了解方志体例编纂方法的指导者，更不是仅仅只是“管志”者。作为总纂，更应该全面了解记述对象和对象间的关联，所以说，又懂方志，又了解自然、社会各专业的区域志总纂可谓“一将难求”。“倒逼式”是就总纂与编纂人员说的，对于地方志办公室编纂工作，实际是改“两步成志”方法为“一步半成志”方法。因为地方志办公室总纂人员（或省级志书分志总纂）在第一步已经进入编纂，包括改稿，总体的交叉处理、文体文风初步解决，已经把原来第二步的工作做了一半，所以原来地方志办公室（或省级志书分志总纂室）的总纂通稿还剩下一半的工作量，所以我为这种方法起了个名字叫“一步半成志”法。该方法总纂者早期介入，减少后期

的不同意见和返工，节省了时间，加快了编纂进度并提高了志书的质量。

二、如何进行无纸化编纂

无纸化就是志书编纂六个阶段均通过互联网、局域网实现。

志书是各门类、类目内容的结合与融合。把各门类、条目当成"构件"（实写单元），各单元编纂完成就可以组装成志书；而述体（总述、综述、概述、无题述）是"构件"形成整体的粘合剂。撰写"实写单元"，整合成为合成稿，再通过分、总纂形成初稿，再通过评审修订打磨最终定稿。分工篇目形成后即进入编纂的无纸化阶段，不同地点通过电脑邮箱邮件往来，编纂人员分别在电脑中建立资料长编文件和文稿文件库。

具体操作：

共商篇目和内容要点。承编单位根据一地一轮志书实施方案和本专业情况起草承编志书的方案和篇目，通过电子邮箱发给地方志办公室，地方志办公室从全志谋篇布局出发修改后发还承编单位；如有不同意见再面商。形成的方案、篇目由承编单位领导同意后实施。紧接着尽可能细化篇目，形成类目的内容要点（写什么），由电子邮箱传输，不同意见会商，并双方签字，形成电子文件双方备案。根据以上设计的篇目形成具有代码的搜资篇目。上海市地方志办公室为规范上海市级志书篇目的拟订，制定了《上海市级志书编纂实施方案备案的通知》（又称"篇目共商制度"，梅森起草）。[②]

统一资料长编制作与储存系统。地方志办公室设计统一规范的资料长编收集、管理、备份规定，形成资料长编卡片模板（电子版）。资料长编是资料与初稿的桥梁。可以用物理反应与化学反应进行比喻。如矿石（资料）→（通过物理反应）精矿沙（长编）→（通过化学反应）钢铁（志稿）。资料长编需要形成格式规范统一的版式文档，是无纸化系统工程的组成部分。为此我（梅森）为上海市二轮市级志书搜资和资料长编整理设计了"三种资料整理方式"和"六种资料来源电子模板"。三种资料整理方式分别称作"汇辑型""纂辑型""撰述型"，也就是规范何种资料采取何种整理方式。六种资料来源电子模板是规范著作、文书档案、报刊、网络、口碑、图片六种资料来源的卡片来源要素，如引用著作资料，卡片要素包括作者、书名、出版地、出版单位、出版日期、版次、卷（册）号、页码；如引用文书档案资料，卡片要素包括发文单位、文种、文号、密级、文件标题、发文日期。更主要的是资料长编的每一张卡片均需填写：资料代码，如3.8.4（志书篇目第三篇第八章第四节）；资料内容时间；关键词（资料内容关键词）；资料内容标题（资料整理者根据志书类别和资料节录的内容命名标题）；资料来源；资料整理者；资料整理时间；资料报送单位；资料正文。上海市地方志办公室为规范市级志书修志单位资料长编的制作下发了《关于编辑上海市级志书资料长编的若干要求》，资料长编做法详见梅森设计的《上海市级志书资料长编类型及电子卡片模板》。[③]资料长编实际上是以实写单元（或一目，或一节，章不可为实写单元）为长编单位，按照志书篇目形成的代码，在电脑word上根据搜集的资料，筛选、剪裁，或部分撰写粘合，或零碎资料的撰写，形成的若干卡片，按照时间顺序纵向编排，形成的就是该单元的资料长编；

若干实写单元形成节的资料长编，若干节的资料长编组合成章的资料长编，类推，最终形成全志的电子版资料长编。志书编纂除长编外，还需制作大资料汇编，因为一些综合性的大材料，按照志书分类必须肢解制作若干单元、章节的长编卡片，事物的整体性今后在编纂过程中难于把握，故需要把大材料制成电子版，集中编辑目录和内容要点，在电脑中形成独立文件，以便今后编纂中调阅使用。资料电子卡片制作中，原资料文件为电子文件的好办，是文本的必须用扫描仪制成电子文件，但扫描仪是认字形的，容易出错，比如把“园林”扫成“国林”，故需要认真校对。

统一规范长编到初稿的无纸化编纂流程和方式。（1）选择资料基础较好的实写单元的资料长编（实写单元电子卡片组）→ 2. 选材（资料长编写进志书的资料往往 1/6 ~ 1/10，故要选材）→ 3. 根据选入的资料进行分析，分析阶段特点、面上情况、分支面上情况、典型人和事，拟出撰写的要点提纲→ 4. 按提纲组织文字（撰稿）→ 5. 概括、综合原材料（总提分说法、略同述异法、承前省略法、情况概括法、把握阶段法）尽可能符合志书文体压缩文字（若干次修改，一稿、二稿、三稿……，每稿均要在电脑上备份）。→ 6. 根据规范要求修订文字→ 7. 形成分支上报稿（上游向下游）。每一实写单元上报文稿是一个独立文件，总体包括：代码、文稿、尾注、单元资料长编。

具体操作流程（全部在电脑 word 进行，每一实写单元形成一个文件；最终把所有文稿文件按照志书篇目系统化成为志书），步骤：（1）在 word 上复制实写单元的资料长编；（2）从长编里选材，不要的长编卡片删去，留下的连缀成实写事略（保留资料来源，用括号括起来，从长编卡片资料来源中复制）；（3）研究实写条目事略的内容形成撰写提纲；（4）根据提纲围绕事物轨迹、阶段节点、特点特征结构撰稿（经济等数据要先形成表格，把表格数据的特征分析出结构、增长率等文字，写进正文中）；（5）整理修订文字规范化处理形成初稿；（6）利用括在正文中的资料来源做好实写单元初稿的尾注（电脑文件菜单“插入”或“审阅”→引用→尾注）与正文资料来源处对应；（7）删去原来正文括号中的资料来源文字，定稿。做法详见上海市志培训：操作流程选例 1（梅森）、操作流程选例 2（梅森）；或世博会志培训操作流程选例 1（梅森）、操作流程选例 2（梅森）、电子版上报稿范例（梅森）。④

如果编纂中对具体实写单元的资料感到不足，担心归入其他单元资料长编了，也可以利用电脑菜单中的“编辑”→“查找”，通过关键词的输入，可以增补有关资料，或调度有关资料，因为资料长编的每张卡片均有“关键词”栏。

统一文稿修改流程和方式。编纂中上游编纂者电子版文稿发下游编纂者，承编者发总纂，对电子文稿反复修改。每次修改后均为稿件编序号（一稿、二稿……）、注明成文或修改时间，在电脑 F 盘中建立文稿库按系统储存文稿；为防止丢失，备份入移动硬盘。定稿的实写单元按篇目变成章节文稿，增加述体内容整合形成章节文稿。章节形成篇，篇形成大部类。总纂者最后整合再修订全稿。最后出书版文稿进入评审，梳理评审意见，再修订电子文稿。再出验收稿文本，上级方志管理部门验收合格后，全志文稿电子版发出版社、印刷厂出版印刷。为统一文稿的修订，上海市地方志办公室为市级志书编纂制定了《上海市志（1978–2010）编纂行文规范》《上海市志出版印刷版式规定》（均为梅森起草），从一开始予以统一，使得无纸化操作从开始就有统一的规范要求，这是无纸化系统工程所必须的。

下游对上游电子文稿修订，注意既要有具体的修订又要有总体意见的提出：提出补充什么；删去什么（直接删去）、行文准确、规范处理；每稿在稿头上留下总体意见；这样上下游通过邮箱来回、反复修改、补充、打磨，志稿质量必然“节节高”。

修订志稿要善于利用“百度”，通过百度搜索可以补充背景资料、补充文件发文主体、事物发生时间，核对有疑惑或表述不清的文字，进行注释（英文省略语、地方性缩略语等），总之“百度”的鉴别、补充作用非常大。当然，百度搜集的资料也会源头出错，所以文稿即使下游哪怕是总纂修改了，承编单位也还需要核实。例如，原稿“SCT 有装卸机械 224 台”，通过百度搜索出 SCT 为“上海集装箱码头有限公司”；再如，文稿“2.5~4.0kn”，通过百度搜索，修改为“2.5~4.0kn（千牛）”；“3 艘为国内仅有的 VOITH 拖轮”，通过百度搜出 VOITH 为福伊特发展史福伊特公司。“上海一城九镇”，通过百度搜索，我们就可以给文稿加上脚注让读者读得更明白：上海“十五”期间规划的“一城九镇”，即松江新城和安亭、罗店、朱家角、枫泾、浦江、高桥、周浦、奉城、堡镇 9 个镇。总之，百度是我们修改志稿编纂志稿的最好助手。这就是我们可以不进图书馆，不到办公室，在家里就可以修改、编纂志稿的原因。二轮修志聘用了一些老同志，无需要人家挤公交，路上晃晃悠悠一两个小时，不如到时交稿，无纸化操作带来了无纸化办公，家庭办公，社会化办公，聘用单位也可以省掉一些开销。需要联系、交换意见通过电话、微信视频聊天，重要的需要集中研究的再到办公室会商。2010 年年底我退休以后，打工的方志编纂项目基本采用在家异地无纸化操作。比如我有个项目在浦东（《上海世博会志》主纂），我住所在上海西南的闵行，往返要转 1、4、7 三条地铁，中间衔接 2 条公交，一天来回需要 5 ~ 6 个小时在路上，把这些时间用在项目编纂上，可以多做好多事，聘与受聘方双赢。我受聘承担的《汶川特大地震灾后重建志》《闵行区志》《吴起县志》《上海市政府志》《上海市普教志》《上海市公安志》《江苏省政府志》《浙江钱塘江志》《浙江运河志》《浙江财政志》等志书的编纂任务都是异地在家里完成的。所以说方志编纂可以部分仿照社科院研究人员的管理方式，社科院研究员的成果大多也是在家里完成的。

电子版无纸化文字修订，必须要使用电脑中的一样工具，那就是“工具”栏（或“审阅”栏）的“修订”，通过这一工具对志稿修改，“显示标记的最终状态”在志稿中留下修改的记录，如果定稿可以点击“最终状态”，所有修改痕迹均没有了，形成干净的定稿文字。如果局部定稿就点击“接受”，如认为改得不对就点击“拒绝”。此外，通过工具栏中的“批注”，特殊的地方说明修改的理由。

无纸化、电子化编纂志稿，一定要注意，文字稿与插图照分两步进行。图照电子文件同样按照篇目归类用电脑文件夹装起来，每张照片均编上代码，注意数码照片的分辨率在 500 像素以上。图照过早编入文稿中，影响修改时的移动（造成“卡”，注意不断保存）和调度（文字会盖在图照上）；上下游发送图片多容量大的不方便（只有用 QQ）。照片文件按规范撰写说明文字，如果不知照片的拍摄时间，可以鼠标点击在照片文件上，一般会显示出拍摄时间（当然还需就内容考证，比如与大事记核对）。文字稿定稿后再插图照。注意不是真把图照插进去，而是把图片代码敲入相关内容位置，代码用菜单“字体颜色”染上红色，以示与正文区别，如文中“照35”与图库中的“照 35”是对应的。文本电子文件与图照电子文件发印刷厂后（图照通过 QQ、文稿通过压缩包发送，也可以一并拷入移动硬盘送交），印刷厂录排人员根据图照代码的指示，把图照电子文件（图库）中的同一代码图照插入文本的相关位置。插定校对后，由录排人员将 word 文本转为电子印刷排版系统（如：北大方正印刷排版系统）后，图照位置是固定的就很难挪位，故所有电子文稿的定位均要在 word 文件阶段进行并确定。电子印刷排版系统完成从文稿、图表的录入、编辑、修改、组版后，编纂者、出版社责任编辑需进行校对，无误后再开机印刷。

最后要特别说明的是，重要保密部门的志稿不可以用互联网发送，需要总纂修改加工的，总纂者可以直接到涉密部门参与修改。定稿后经过该部门保密委员会商定后，才可以用互联网或 U 盘转交下游总纂单位。

此外，无纸化编纂是就总体而言，在二轮修志阶段，也还有一些老同志不善于操作电脑，此外评稿、审稿也还要出一些纸质文本。估计到第三轮修志就完全可以全面无纸化操作，到 30 年后，应该所有参加修志者均会熟练地使用电脑了。

资料长编无纸化储存。志书中有人分析只用 1/6 的资料长编，而且出版的志书，因为文字控制的原因，除特殊的内容交代资料来源外，大多数内容均不注明资料来源。故志书出版后所有资料长编应该进入一地的地情资料数据库，逐步提供社会利用。地情资料数据库的构想研究，见本人的《地方志书内容要素探微・中国地情资料数据库软件设计案》和论文《地情资料数据库是未来方志发展的基石》，这里不再赘言。⑤

---

①无纸化：百度搜索“无纸化”条。

②《实施方案备案的通知》：见《上海市第二轮市级志书编纂手册》第 116 页。

③上网：百度→上海市地方志办公室→上海地方志→综述→市志培训→《上海市级志书资料长编类型及电子卡片模板》（梅森起草）。

④上网：百度→上海市地方志办公室→上海地方志→综述→市志培训（或世博会志培训，梅森起草制作）。

⑤梅森编著《地方志书内容要素探微》：方志出版社 2009 年版，“中国地情资料数据库软件设计案”见该书第 287—310 页。《地情资料数据库是未来方志发展的基石》一文：梅森《中国地方志》期刊 2010 年第 8 期。

（《安徽地方志》2014 年第 3 期，《宁夏史志》2014 年第 4 期）

自评：这是方志编纂研究中第一篇系统的“无纸化”编纂的研究文章。此编纂方法是在本人对《汶川特大地震志·灾后重建卷》《汶川特大地震志·灾害卷》《上海世博会志》《闵行区志》《浙江省志·财政志》《上海市志·人民政府志》《江苏省志·人民政府志（文化社会两篇）》《上海市志·普通教育志》《吴起县志》等志稿总纂（主纂）实践中形成，在《上海市志编纂方案》设计中思考产生的。通过第一线、第一手的实践，总结归纳出的编纂方法，具有探索性。其中对上海《闵行区志（1992—2011》，署名顾问，实际承担初稿形成阶段的总纂工作（编纂始末交代“参与总纂”），首度在此部志书采用了新创的“一步半成志”和“倒逼式”改稿，直接倒逼部门把部门资料稿总纂成志稿，以上文章中的思考，大多产生于这部书编纂培训和总纂中；而陕西《吴起县志》是方法成熟阶段的运用。方志研究不可脱离实际，尤其是方志编纂理论、方志编纂方法研究更是如此。

方志性质之争抑或编纂方法之论

——戴震与章学诚宁波道署论争辨析与方志学派存在与否之质疑

提要：当今方志界将戴震与章学诚作为方志地理学派与历史学派的代表，其重要的标志就是章学诚《记与戴东原论修志》中关于章学诚本人与戴震乾隆癸巳夏宁波道署的论争，部分方志工具书将其作为方志性质之争的标志性事件。本文就争论的是方志性质还是方志编纂方法，争论代表的是方志学派还是个人观点，争论时有没有形成方志地理学派和方志历史学派进行了探讨，并提出质疑。

文章分析了论争的时代背景、争论双方的学术与社会地位、修志境遇和心态，扼要地介绍了论争的过程和主要观点。作者从论争观点、双方编纂的代表性志书的内容进行比较分析，认为，戴震与章学诚唯一的论争只是修志方法的辩论，属方法论的范畴，将其当成方志性质的论争是没有丝毫根据的。双方编纂的代表性志书更无法体现地理性或历史性；并认为两者的争论是文化转型期的清中期，经世致用的非主流文化向仍然如日中天的经学主流文化的挑战在修志领域的反应。

作者由此引申开，认为方志从宋代定型后，吸收了正史、地记、图经、家谱、杂记等多种文献的体裁与方法，属于多元、宽泛、独立的边缘学科。把方志性质窄化与其他学科趋同，对方志的发展是不利的。由此，由宁波道署争论引出的方志地理属性与方志地理学派、方志历史属性与方志历史学派，乃至方志性质本身应该进一步深入研究，对当今和未来的地方志发展意义重大。

关键词：戴震　章学诚　宁波道署　论争实质　方志属性

戴震（1723—1777）和章学诚（1738—1801）是封建时代后期经学、史学的两大“高峰”，也是乾嘉时期著名的方志大家。章学诚更是公认的方志学奠基人。当代不少方志学研究者将方志性质归纳为“三说”：即“地学说”（地理学派），代表人物是戴震；“史学说”（历史学派），代表人物是章学诚；“史地两性说”（代表人物是钱大昕、黎锦熙）。戴震与章学诚所谓方志“地学说”与“史学说”，地理学派与历史学派的区分，除二人的学术观点外，重要的标志是戴震与章学诚乾隆癸巳夏宁波道署[①]的论争，不少研究者将此次论争作为方志学地理学派与历史学派区分的标志性事件。《中国地方志辞典·地方志大事记》：“乾隆三十八年，章学诚与戴震在宁波道署，就方志属性问题进行辩论。”[②]“戴氏为当时方志学界地理学派之主要代表。”[③]在此次论争中，戴震与章学诚争论的是方志性质还是编纂方法，是学派之争还是方法之论，本文想就此予以探讨，并评点“一点论”治学观的偏颇。下边就论争的背景、论争的观点、辩论双方纂修志书的内容比较及论争的实质与学派的质疑四方面进行阐发。

一、宁波道署论争的背景

清《高宗实录》记载：乾隆三十八年二月清廷开馆纂修《四库全书》。闰三月十一日（1773年5月2日），任命书馆正副总裁及一应纂修官员，并由民间征调学者来京修书。戴震以能考订古书原委，亦在指名征调之列。此由大学士刘统勋等奏请，高宗允行。调令下颁时，戴震（安徽休宁隆阜，今屯溪区人）正客游浙东，主持金华书院讲席。闻讯中断教学，临行至宁波，在宁波道署与会稽道墟人（今绍兴市上虞区道墟镇）章学诚不期而遇。章学诚当时刚被聘用编修安徽《和州志》。戴、章二人竟因纂修方志主张不一不欢而散。此即方志界所称的方志学地理学派与历史学派的重大论争，认为是方志学发展史上的重大事件。论争的背景怎样呢?

清康熙、雍正、乾隆三代，被称作“康乾盛世”。此期社会稳定，经济快速发展，人口增长迅速，疆域辽阔，为文化的繁荣发展奠定了基础条件。方志自南宋定型后，“到了清代，已进入全盛时期，无论是数量之巨、种类之多、体例之完备、内容之广泛，都出现了前所没有的新局面。特别值得注意的是，对于方志的性质、内容、体例以及如何编纂，许多学者还从理论上进行了论争和阐述。”[④]除方志的发展和社会经济的繁荣外，为维护统治，清代文字狱自顺治开始，中经康熙、雍正、乾隆三朝历时140余年。康乾时期文字狱就有140多起，故许多文人学者转以参加修志，为清代中期方志编纂提供了许多杰出的人才。除章学诚、戴震外，还有全祖望、杭世骏、俞正燮、毕沅、谢启昆、钱大昕、纪昀、洪亮吉、姚鼐、孙星衍、李兆洛、龚自珍、阮元等。据《中国地方志联合目录》，康乾两朝121年间全国共编纂地方志书2551种。

清代三修一统志，康熙、雍正都诏令各省修志，乾隆帝还亲自审阅志稿。长成于乾嘉时期的戴震、章学诚，正值朝廷修一统志通令全国编纂省、府、州、县志，为编纂方志的热潮时期，方志研究和争鸣风气蔚然。

宁波道署论争发生在乾隆癸巳夏，即乾隆三十八年（1773年）夏天，戴震比章学诚大15岁，其时戴震51岁，章学诚36岁。论争前，戴震20岁开始治学，至33

岁已经颇有著述。33 岁入京师（今北京），纪昀、王鸣盛、钱大昕、王昶，朱筠“观其书，莫不击节叹赏，于是声重京师。名公卿争相交焉”[⑤]。戴震所长在天算、语言、地理、名物等专门之学，不擅诗赋，故科举不甚得意（后世将其归入语言文字学家、哲学家、思想家）。乾隆二十七年（1762 年）中举后，六次会试不第。乾隆三十四年（1769 年）第三次会试不第，在山西布政使署为幕宾，参与编纂（审校）了《汾州府志》和《汾阳县志》；后至浙东主持金华书院讲席。乾隆三十八年（1773 年）由纪昀等推荐，朝廷特召，入四库全书馆纂校古书，奉命赴殿试，赐同进士出身，授翰林院庶吉士。虽位卑资浅，但馆阁中论经学，莫不推东原为首，甚至“愿衽为弟子”。考据学“惠栋殁，吴材衰，学者皆拥树戴氏为大师”。[⑥]

今天章学诚被当代学者尊崇为史学评论家、历史学家、文学家。其《文史通义·外篇》为我国方志学奠基（外篇四至六辑的是章氏的方志论文）。章氏虽长于史学，但从未得到清廷的重用；因此把自己的史学理论用于修志实践中。梁启超把他誉为我国“方志之祖”“方志之圣”。但在乾隆三十八年（1773 年）夏与戴震论争前，章 23 岁（1761 年）前七次应顺天乡试不第，入国子监读书受冷遇。26 岁（1763 年）帮助其父章镳编修湖北《天门县志》。甲申年（1764 年）冬末，天门胡明府商议编修县志，章学诚作《修志十议》（议职掌、议考证、议征信、议征文、议传列、议书法、议援引、议裁制、议标题、议外编）[⑦]。志局监领嫉贤妒能，颠倒是非，排挤和打击真才实学，于是愤然离开；为此，年 29 岁（1766 年）章学诚决心着手撰写《文史通义》：”尝以二十一家义例不纯，体要多舛，故欲遍察其中得失利病，约为科律，作为数篇，讨论笔削大旨。”[⑧]在给朱春浦的信中，章学诚又道：“出都以来，作为《文史通义》。”动笔时间在他出都后次年，应当是乾隆三十七年（1772 年），章学诚时年 35 岁开始撰写《文史通义》。同年主纂《和州志》，第一次将自己修志理论付诸实践。

综上比较，可见道署论争时，戴震 51 岁正值中年后期，而章学诚 36 岁正当青壮。此时两人均仕途不顺，故把文章当成“经国之大业，不朽之盛事”；但此时戴震经学研究已经著作等身，主持金华书院讲席，参纂了《汾州府志》和《汾阳县志》，其才学识声重京师，名公卿争相与之交，尤其是刚刚接到征调赴京参与四库全书编纂的通知，学术地位已经得到朝廷的认可，正值“春风得意马蹄疾”“天下何人不识君”之时。而此时的章学诚虽然在文史、方志领域有很多思想，但得不到赏识，在国子监受冷遇，在志局受排挤，只有《修志十议》问世，后在史学界产生重大影响的《文史通义》则刚刚动笔[⑨]。乾隆三十八年（1773 年）初在安徽督学朱筠的推荐下，应和州知州刘长城之聘编修《和州志》，也是其平生第一次独立用自己的方志理论开展修志实践。与戴震见面时，《和州志》也刚刚启动，所以章学诚拿给戴震的是《和州志例》（后朱筠调任四库全书行走，章学诚只完成了《志隅》20 篇，《和州志》却没有完稿和流布。（后人把其子为其刻印的《文史通义》中的和州志《志隅》误作乾隆《和州志》）。可见道署论争时，章学诚正是“满怀抱负无以展，满怀经纶少人听”之际。章、戴两人的身份地位反差何其大矣！

今天，我以常人之心度君子，这样的得意者与失意者的境遇反差，在气度上、情感上不可能对这场辩论不产生一定的影响，所以章学诚《记与戴东原论修志》一文中出现一点过激言辞就不难理解了；后有人就此种种苛责章氏的性格是肤浅的。

二、宁波道署论争的主要观点

戴震与章学诚宁波道署论争的观点完全来自章学诚的《文史通义·记与戴东原论修志》一文。也就是我们只是就争辩一方的文字来探讨此次论争，而戴震的著作中对本次论争没留下只言片语。然，章学诚是非常重视此次论争的，事后把论争成文，后人编入《文史通义》。“论修志”一文对戴震的观点不仅仅有不同意见，字里行间流露出不小的情绪：“戴君经术淹贯，名久著于公卿间，而不解史学；闻余言史事，辄盛气凌之。”（首日）“戴拂袖而去”。当次日戴震将自己编纂的《汾州府志》出示给章学诚说：“余于沿革之外，非无别裁卓见者也。”介绍自己改变旧志的做法，名僧不入人物传而放入《古迹·古寺》中。章学诚尖锐地批评：“‘僧不可以为人。’则彼血肉之躯，非木石，毕竟是何物邪？……无其识，而强作解事，固不如庸俗之犹免于怪妄也。”[⑩]论辩情况与观点如下：

首日，在道署中戴震见章学诚“和州志例”，根据《文史通义》外篇看，该志例包括皇言纪、官师表、选举表、氏族表、舆地图、田赋书、艺文书、政略、和州文征、列传的序例，序例指编纂形式和原则。

戴震：“此于体例则甚古雅，然修志不贵古雅。余撰汾州诸志，皆从世俗，绝不异人，亦无一定义例，惟所便尔。夫志以考地理，但悉心于地理沿革，则志事已竟。侈言文献，岂所谓急务哉？”

章学诚：“方志如古国史，本非地理专门，如云：‘但重沿革，而文献非其所急。’则但作沿革考一篇足矣。”“若夫一方文献，及时不予搜罗，编次不得其法，去取或失其宜，则他日将有放失难稽，湮没无闻者矣。”“考古固宜详慎；不得已而势不两全，无宁重文献而轻沿革耳。”

戴震：“沿革苟误，而通部之书皆误矣。名为此府若州之志，实非此府若州也而可乎？”

章学诚：“所谓沿革误，而通部之书皆误者，亦止能误入载籍可稽之古事尔。古事误入，亦可凭古书而正之，事与沿革等耳。至若三数百年之内，遗文逸献之散见旁出……断无误于沿革之失考，而不切合于此府若州者也。”

争论当时，由于受清代考证风气的影响，厚古派在方志编纂中占据主流，认为方志应该重地理沿革，而轻地方文献，原因上古之时，史地不分，很难分出两者孰轻孰重。而章学诚出自其“六经皆史”的观点，所以重视文献的运用。

分析以上辩论，戴震其实坚持当时学术主流思想，强调地理沿革而轻视文献。而章学诚多年的修志新思想刚刚能够在和州志中得以实践，拿出的还是原则方案，戴震之言好似当头一棒，章不免情急，答：“而文献非其所急，则但作沿革一篇足矣”，“考古固宜详慎；不得已而势不两全，无宁重文献而轻沿革耳”；章为强调文献的重要，实际上偷换了戴震的概念，戴震并没有说修志只修地理沿革即可。（以下分析戴震

编纂的邠州志可知）

戴震继续强调地理沿革和考证的重要，“沿革苟误，是通部之书皆误矣”，因为历代山川不变而区划变更（按：志书必须坚持以现行行政区划为记述范围，厘清地理沿革，才可以记述，这就是志书开篇列地理门类建置沿革的原因，此例至今不变）。章学诚答曰：“古事误入，亦可凭古书而正之”，继续强调修志靠文献即可，文献错了，可以用其他文献考证之。“史部之书，详近略远，……但考沿革，……州县可无庸修志矣。”认为过于进行考证，则编纂旷日持久很难进行。

可见以上戴震与章学诚的观点都有道理，但又都是极端的一点论；其实乾嘉时期修志的折衷派代表钱大昕等，他们既倡导重视考订地理沿革，也倡导重视地方文献。从以上辩论的观点中，我们似乎很难得出所谓的方志性质之争和所谓的方志学地理学派与历史学派的概念；看到的仅仅是方法论范畴的编纂方法之争。我们不能超越历史，根据章学诚后来在文史和地方志的成就，就武断地说，宁波道署论争时，就形成所谓的方志历史学派；据以上的史实分析，章学诚当时还没有这样的成就和地位。朱士嘉先生在按章学诚《记与戴东原（震）论修志》一文时说：“戴震和章学诚争论的焦点是：地理沿革和地方文献，孰重孰轻。”⑪我认为，朱先生的按语是非常准确精当的。

三、从论争双方编纂的志书看所谓的方志学派

后来的学者，根据戴震“悉心于地理沿革，则志事已竟”一句话就将其定为方志地理学派的代表，根据章学诚提出的“志属信史”就将章学诚定为方志历史学派的代表，清代中期是否有这样的学派，我认为还需作深入的探讨。既然认为戴震、章学诚分别代表的是地理派和历史派，其修志理论必然体现在自己主持编纂的志书中。从戴震、章学诚所修志书内容来分析属性更为妥当，根据几句言论定性难免断章取义。

（一）从戴震《汾州府志例言》看所谓的方志地理学派

《汾州府志》是戴震于乾隆三十四年（1769 年）编纂，在与章学诚论争前。戴震在《汾州府志例言》中并非只谈地理沿革，不及其余，《例言》自然地理和社会涉猎全面（节录）：志之首沿革也，沿革定而上考往古乃始无惑：疆域次沿革、星野之后，疆域辨而山川乃可得而纪。山川次乎疆域，其奠也，本天地之自然，而形势在焉，风气系焉，农政水利兴焉。今以水辨山川之脉络，因而偏及泽泊、堤堰、井泉，兴水利，除水患，务求切于民用。（山川后）城池、官署、仓廒、学校、关隘、营防、驿铺、户口、田赋、盐税凡十有一者，官事也，民事也；政之大体于是乎在；民之利病，于是乎在。（再后）职官、名宦、食封、流寓四者，人物、义行、科目、仕实、烈女五者。职官、食封，不可勿存也。（再后）古迹、冢墓、祠庙、事考四者。风俗、物产，……著之杂识之首。艺文系之志末，与列于前者互相参证也。而生平所有奏疏、论著于地无关者，例不当录。地图及沿革表，志开卷第一事也。

以水系辨山脉，以山川形势考察郡县建置和地理沿革，然后再展开农政水利、官事、民事等分类记之，并强调民之利病的记述。这是戴震编纂地方志实践经验的

总结。从《汾州府志例言》中，能说戴震修志只是“悉心于地理沿革，则志事已竟”不及其余吗？《汾州府志》记述的除地理内容外，主要门类均是社会各方面的史事。《汾州府志》与方志地理性有何关系呢？没有地方文献，只有地理沿革考如何写得《汾州府志》？故梁启超说：章实斋有与先生（按：戴震）论修志书，而先生集中未有出来论此者。“汾之志例言，亟宜录出单行也。”[12]民国王葆心论：“戴氏修志，注重沿革山川，考核明塙，叙述井然，故此例称沿革定而上考往古，乃始无惑；疆域辨而山川乃可得而纪。而章氏力驳之，载其说于《文史通义》外编。余谓此乃戴氏一家之学说；存其义，深有益于方志。[13]

（二）从章学诚《永清县志序例》看所谓的方志历史学派

章学诚一生参与或亲自撰修地方志 11 种 ，多残缺不全[14]。《天门县志》作《修志十议》后愤然离开。《和州志》没有编纂到底，形成的20篇文稿辑成《志隅》。《湖北通志》有序、凡例、目录、叙例、序传、传论、诗文论、辩例等，但该志已被篡改。《亳州志》仅存“人物表例议”“掌故例议”共6篇 。《大名府志》《石首县志》只有序和目录各2篇。常德府志有序与3份目录。《荆州府志》只有序。《麻城县志》有凡例、目录、文征序例、掌故序例各一。《广济县志》留《报广济黄大尹论修志书》。唯乾隆四十二年至四十四年 （1777— 1779 年 ）编纂的《永清县志》保存完好。

《永清县志篇目》：纪（皇言纪 1、恩泽纪 2）；表（职官表 1、选举表 2、士族表 3）；考志书（舆地图 1、建置图 2、工书 6、户书 2、礼书 3、水道图 3、吏书 1、兵书 4、刑书 5）；列传（阙访 9、前志 10、义门 7、列女 8）；文征（奏议 1、征实 2、论说 3、诗赋 4、金石 5）；掌故（吏户、礼刑、兵工、六书、不名掌故）[15]

章学诚为以上篇目编写均拟定了编纂原则与形式——序例，包括各类纪的序例、表的序例、图的序例、书的例议、略的序例、传的序例、文征的序例、诗赋等叙录等。

所见《永清县志篇目》比《汾州府志例言》分类要多一个层次，但书类以下判断依然应该记述城池、官署、仓廒、学校、关隘、营防、驿铺、户口、田赋、盐税等内容，否则实事内容偏少。从两志内容看，看不出哪是地理性质的志书，哪是历史性质的志书，均既有地理也有历史。

四、论争的定性与学派的质疑

从以上材料的分析，戴震与章学诚宁波道署的论争，判其实质，充其量属于地方志书编纂方法的论争，用朱士嘉先生之说，讨论的只是志书中“地理沿革和地方文献孰重孰轻”的问题。把这样一次争论说成方志性质之争，史、地属性之争，学派之争的重大事件，其实是做学问的功利心理起作用：学问要有体系，以致妄贴标签。

其实宁波道署的论争是清代中期主流文化与非主流文化间论争的一个小小插曲。从戴震与章学诚分别对这次争论的态度、重视的程度就可以看出，戴震代表的是主流文化，章学诚代表的是新兴的非主流文化；即戴震的经学、考据学、厚古之学与章学诚“六经皆史”“地方文献”观在方志编纂方法方面的论争。从修志的角度体现了清代中期学界思想的流变消长，以考据学为底蕴而矗立起的中国古代学术的主体——经学[16]，在其如日中天的康乾之际，已开始遇到经世致用学术的有力挑战，尽管这种挑战还是“青涩”的。乾隆癸巳的那个夏天，戴震与章学诚两位中国传统文化的巨人，关于方志编纂方法的论争，关于两人当时的学术成就和学术地位，从一个侧面正鲜明地体现了这一点。

地方志的性质长期争论，观点莫衷一是，常常拿一些学者的只言片语来界定方志的性质和学术流派，难免会断章取义、望文生义。地方志的性质应该回到地方志书内容和编纂体例本身来研究；即地方志内容、编纂方法与地理学、历史学及其他社会学的异同来研究。说章学诚是方志历史学派，还可以用他提出的”志乃史体”“志乃史裁”“志属信史”“方志为国史要删”“方志乃一方全史”等主张来作证（其实他在《修志十议》中第二议就议考证；在《方志立三书议》中只是说“仿正史之体而作志”，在《永清县志篇目》中也设舆地图、建置图、水道图）。今人根据章学诚文论中称戴言“悉心于地理沿革，则志事已竟”就说戴震主张方志是地理专门，不免片面武断。从戴震、章学诚双方编纂的志书看，完全看不出，哪部属于地理性的志书，哪部属于历史性的志书；比较戴震的《汾州府志例言》和章学诚《永清县志序例》（还有章学诚的其他序例），反觉得厚古派的戴震更重视实际调查和民生，志书结构逻辑线索和事物关联阐释得非常清楚。而章学诚的《永清县志序例》看重皇言纪、恩泽纪、奏议、论说、诗赋、金石一类非民生的文献内容。

其实，中国古代文史哲是分不开的，地理与历史也是不分的，我中有你，你中有我，只是到近代西风东渐后，仿西方之学学科才分细。后人非要超越历史非黑即白，非东即西地分出什么方志历史学派、地理学派是违反历史唯物主义精神的。志书在宋代定型后，方志的体例、内容门类逐渐趋同，尤其是元、明、清三朝均编纂一统志，对各地所呈志书都有要求。宋代以后定型的地方志，其实已经融合了正史（史记、汉书等，编年体史书、纪传体史书）、地记、图经、谱牒、杂记等各种文献的体裁、体例和记述方法。所以，与戴震、章学诚同时代的纪昀（1724–1805）曾经说：“故修地志者，以史为根柢，而不能全用史；与史相出入，而又不能离乎史”。[17]今人仓修良先生说：“关于方志的性质，它既不是地理著作，也不是单纯的历史著作，实际上是界于史地之间的一种边缘学科，……故自宋以来，许多学者既不把它看作地理著作，也不把它看作历史之书……从清代开始，已经形成了一门独立的学科”。[18]本人2004年也曾在中国地方志协会年会论文和《中国地方志》2005年第1期论文中，认为社会演变决定方志内容，方志内容决定方志的体例形式，方志的体例形式决定方志的性质；方志是全面记述一地多元内容，采用多元的体裁形式，选择和融合多元文献形式方法的纪实性的地方性文献。[19]今人牛润珍先生早在1988年就围绕方志性质“地学说”“史学说”“史、地两性说”（后有百科全书说），即“三性说”提出批评，指出“三性说”观点的代表人物，“前两者多是地理学家及长期从事历史地理的考据派和史学家，后者多是学术界近代学者。……各派学者多年从事本专业研究，往往会形成嗜本、自重、清高的门户心理和习惯思维，表现为学术偏见……把一些本来与自己从事的学科不同性质的边缘学科硬扯到一起。……如果按照‘地学说’‘史学说’的主张来编写方志，编纂出来的书籍是区域地理或地方史”“各家的分析只注意方志与地理书、史书和百科全书的共性，忽视了对方志本身所具有的个性特征的探索。只见树木不见森林与只见森林不见树木同样都是认识论上的‘一点论’”。[20]

把戴震、章学诚宁波道署关于方志编纂方法的论争界定为方志性质的论争，把戴震、章学诚界定为方志学地理学派和历史学派的代表人物，其研究方法难道不正是非历史唯物主义和“一点论”吗？把多元性的方志非要界定为某种一元性的方志，宽泛性的方志非要界定为窄化的方志，必然束缚了方志的编纂；此外单一强调文献和单一强调考据调查都是不全面的，今天很多地方无文书档案有的门类就修不了不正说明这一问题吗？以至新编志书写人口没有外来人口，写交通没有社会车辆，写商业没有行业商品和流通渠道，写服务业无具体网点，写物价没有主要商品的价格，写旅游业没有外省市、国外旅游，写房地产没有中介企业……，请其补充，答曰：没有文书档案、工作总结、统计数据，无法写；可见，单一立足文献，不重视社会调查和只重视写部门工作而不从社会层面去修志，不重视口碑资料是修不出良志的。所以说，光听戴震的不对，光听章学诚的也不行，只有二者的结合才是全面正确的。这正是宁波道署论争和当代相关研究带给我的一点启示。

---

①说明：全称“宁绍台兵备道署”，署址宁波。章学诚《记与戴东原论修志》一文用“宁波道署”，本文全部简称为“宁波道署”。

②黄苇 主编《中国地方志辞典》第736页。（黄山书社1986年11月版）

③黄苇 主编《中国地方志辞典》第278-279页戴震条。（黄山书社1986年11月版）

④仓修良 著《方志学通论》第335页（方志出版社2003年10月版）。

⑤国际儒学网·儒学人物·戴震（2010年12月12日挂网）

⑥章炳麟《检论·清儒》。

⑦章学诚《文史通义·卷八·外篇三修志十议》。

⑧章学诚《与族孙汝南论学书》。

⑨章氏绝大多数方志学奠基性理论宁绍台兵备道道署论争此时还没有完全形成，后1832年《文史通义》大梁本刊印后才得以广泛流传，其奠基性理论均收于《文史通义·外篇》中。

⑩《记与戴东原论修志》：摘自《章实斋方志论文集》（山东省地方志办公室1983年重印本第33-34页）。

六经：《诗经》《尚书》《礼记》《易经》《乐经》《春秋》。

⑪《记与戴东原（震）论修志》编者按（见朱士嘉编著《中国旧志名家论选》第36页，《史志文萃》编辑部1986年版）。

⑫梁启超《戴东原著述纂校书目考》（《饮冰室文集》（卷六十五）。

⑬王葆心《方志学发微》（武汉：湖北省地方志编纂委员会办公室，1984年）。

⑭见《章实斋方志论文集》（山东省地方志编纂委员会办公室重印本）目录第2-6页。

⑮见《章实斋方志论文集》（山东省地方志编纂委员会办公室重印本）篇目表第326页。

⑯经学：特指研究儒家经典，解释其字面意义、阐明其蕴含义理的学问。经学是中国古代学术的主体，保存了大量珍贵的史料，是儒家学说的核心组成部分。（维基百科·经学）

⑰《纪文达公遗集》卷八《安阳县志序》。

⑱仓修良：《方志学通论》（方志出版社 2003 年 10 月版）第 61–65 页节录。

⑲参见梅森：《“折衷派”与“记录地情的综合性文献”：也谈方志性质》（中国地方志协会编：《新方志理论与实践二十年》，方志出版社版 2005 年版）；梅森《方志性质宽泛性和学科间交融性的发展趋势浅议》（《中国地方志》2005 年第 1 期）。

⑳牛润珍：《地方志属性新解》（《中国地方志争鸣》，黄山书社 1988 年 10 月版，第 66–76 页）

（《中国地方志》2014 年第 9 期）

自评：本文对方志界一贯把戴震推举为方志地理学派，把章学诚举为方志历史学派的代表，把章、戴宁波道署论争判断为两学派重要论争及方志学史上的重大事件提出质疑。本文采用历史分析法分析章、戴宁波道署论争的时代背景、争论时双方的学术与社会地位、修志境遇和心态，此外再就论争的过程和主要观点，以及双方的修志实践、编纂的志书内容进行分析；摒弃简单的就观点谈观点的分析论证法。认为宁波道署论争充其量只是修志方法的争论。本文认为地方志既不是历史，也不是地理，一直是多元文化的融合与发展。地方志在南宋定型后，就是一门新学问——方志学。方志界内部长期对方志性质予以争论，观点莫衷一是，常常拿一些学者的只言片语来界定方志的性质和学术流派，难免会断章取义、望文生义。为了把地方志纳入历史或历史地理学科范畴，甚至把一天志没修过的历史地理专家教授当成现代方志专家，是滞后历史现实的可悲行为：今天的地方志绝对不是历史地理，也绝对不是写沿革地理。宁波道署的论争应该从更深的层面去研究，从独立学科层面去研究，无需打他学科的“旗幡”。

中国地方志简史新解

世界四大文明古国——古代中国、巴比伦、埃及、印度，唯有中国历史文献连绵传承：在国有史，地方有志，家有谱，人有传。史、志、谱、传是中国特有的优秀文化，数千年积淀，具有丰富的文化底蕴，包含着中华文明的精髓。四大古代文明，唯有中华文明能够详明地传承至今，主要归功于中华民族具有代代编修国史、编纂方志的优良传统。

地方志是中国历史文化重要的一翼。中国保留着自春秋战国时代至今的地方志书多达 8000 余部、10 万余卷，占中国现存古籍数的十分之一。历史、方志、谱牒、人物传记，在产生、发展的历史长河中，四者既有自身的个性，又往往有同一的源头，混杂相兼，体例体裁互为利用，先秦及以前，中国文化还处于文史哲经不分的历史阶段。

方志起源有多种说法，早的认为起源可上溯到春秋战国时期，距今2500多年前；就宋代方志定型看，也有1000多年的历史。方志起源说法不一，正说明古代历史阶段文化的粗放性。

一、方志起源

地方志书古代简称“方志”“志”，是记载一定地区（行政或自然区划）自然和社会各个方面的历史与现状的综合性著述。

从方志发展研究看，方志的起源有一源说和多源说。一源说分别认为源于《周官》，源于《禹贡》《山海经》，源于《越绝书》《吴越春秋》《华阳国志》；多源说汇一源各说，认为源于诸侯国史、舆地和其他文献。根据文献的大致类型，又分为源于历史、源于地理、源于文献诸说。方志起源的不同说之产生，除因为方志自身内容、体裁的多元性质外，也来源于研究者的学术站位。历史学者把方志作为地方史，必然将诸侯国史作为方志的起源。历史地理学者把方志作为区域地理，必然把《禹贡》《山海经》作为方志的起源。其实，方志在宋代定型以前，与历史、地理等文献均非分类清楚，属于相容相兼，同源共生的。

（一）源于历史

西周设立六官制“世卿世禄”，在中央和诸侯国都设立岗位，职掌记事、记言。《周礼·春官》记载，“外史，掌四方之志”。《周礼·地官》载：“诵训，掌道方志，以诏观事。”方志是记载诸侯国历史的典籍。宋司马光《河南志·序》认为，周官中的职方、诵训、土训与后世的方志有相似之处。与司马光同时代的史学家、目录学家郑樵在《通志·总序》中称“古者记事之史谓之志”。清代方志学家章学诚从“志为史体”角度出发，认为春秋战国时期记载诸侯国史应是最早的方志。后代许多学者也认为这些史书，类似后来的地方志，具有地方志的雏形，应称为方志之源。中国近代思想家梁启超说：“最古之史，实为方志，如孟子所称晋《乘》、楚《寿杌》、鲁《春秋》，庄子所称‘百二十国宝书’比附今著，则一府州县志而已。”

故持起源史观点的学者，认为方志起源于《周官》（又名《周礼》）。

（二）源于地理

后代学者参照后世（尤其隋唐）方志的分类与上古的《禹贡》《山海经》相近，故认为方志源于舆地（地理）。

《禹贡》为《尚书》中的一篇，近代多数学者认为该著作约产生于战国。该书用自然分区方法，把全国分为九州（冀、衮、青、徐、扬、荆、豫、梁、雍），假托为夏禹治水后的政区，记载了战国以前黄河、长江两大流域的山脉、河流、薮泽、土壤、物产等情况，被认为是中国最早的地理志。《山海经》，共18篇，由《山经》《海经》《大荒经》三部分组成，近代学者多认为不是出于一时一人之手，其中14篇是战国作品。《海经》内4篇则为西汉初作品。内容为民间地理传说，内容包括山川、道里、民族、物产、药物、祭祀、巫医等，保存了远古的神话传说。从体裁到内容，这两部地理书对方志的形成和发展影响很大，致使历代地方志多与地理书“混杂相兼相容”。

（三）源于地记（地方文献）

后代部分学者认为方志的体例和内容更近似东汉的地记，认为方志的鼻祖是东汉袁康的《越绝书》、东汉赵晔的《吴越春秋》、晋常璩的《华阳国志》等地方文献。

《越绝书》记春秋战国时期越国（今江苏、浙江部分地区）的历史沿革、市镇建设、山川、生产情况、风俗和人物。清代阳湖（今常州）方志学家洪亮吉在《澄城县志·序》中说：“一方之志，始于《越绝》。”《吴越春秋》记吴越两国（今江、浙地区）的兴亡始末，该书只记人物，不记地理及都邑。《华阳国志》记巴、蜀、汉中、南中为中心的西南地区的地理沿革和历史变迁，记的蜀汉事迹和蜀中晋代史事比正史《三国志》更详备。当代史学家范文澜认为：“东汉会稽郡人赵晔著《吴越春秋》，又由无名氏著《越绝书》，两书专记本地掌故，开方志的先例。”（范不认为是袁康著《越绝书》）

（四）多源说

后世还有部分学者根据志书体例、内容的多元性，认为方志并非起自一源，而是多源（以上诸源汇流）。清代乾嘉时期方志学家钱大昕折衷史、地，认为地方志是“一方之徵信”。尤其民国年间，黎锦熙等为代表的方志学家认为，“志兼史地”，“折衷之论，则谓方志为物，史地两性，兼而有之”。“两标”说实际认为方志应为多源。当代学者黄苇阐明方志多源说的观点，认为：“方志源头较多，不仅有《周官》《禹贡》和《山海经》，还有《九丘》之书和古舆图等等。……方志并非起自一源，而是多源。”

二、中华人民共和国成立前的方志发展史

地方是与中央对应的概念，地方志是记载地方历史与现状的文献。梁启超认为春秋“‘百二十国宝书’比附今著，则一府州县志而已”。但其毕竟不是历史地看待问题，因为春秋时期的诸侯国是受王朝册封的，效忠于王朝的内部小国，既有自主独立性，也有依附性。从方志性质看，具有独立国家性质的诸侯国不是中央政权下的地方行政区划。故诸侯国史可以说是方志的源头，但不是真正的方志。

从较为完整的地方历史文献看，东汉至宋代以前为地方志兴起初发阶段，编纂的地方志为初级形态；宋代及以后为地方志定型阶段。民国年间方志学家张国淦指出：“方志之书，至赵宋而体例始备。举凡舆图、疆域、山川、名胜、建置、职官、赋税、物产、乡里、风俗、人物、方伎、金石、艺文、灾异，无不汇于一编。”

中国地方志的发展具体分六大时期，即：（1）起于汉唐；（2）定型于两宋；（3）成规模于元明；（4）隆盛于清；（5）过渡于民国；（6）光大于新中国。

（一）东汉到隋之前的地方志

秦统一后实行郡县制，华夏真正有了以地方行政区划为单元修志的可能。两汉时，中央设史官编修国史，《史记》的纪传体、编年体、纪事本末体结合的通史编纂方法，以及《汉书》纪、表、志、列传的体例，对后来地方志编纂具有重要影响。

东汉和帝时，宦官蔡伦造纸，书写材料由纸张代替了简帛，轻便和成本相对低廉，使区域性修志和较大范围传播成为可能。另外，魏晋南北朝时期史学著作范晔的《后汉书》、陈寿的《三国志》，地理学著作郦道元的《水经注》对地方志的体例、方法较有影响。

东汉时期的地记，是最早的初级形态的方志。地记的编纂源于门阀制度，该制度形成于东汉，盛行于魏晋南北朝，延伸结束于隋科举制度。门阀制度下，“著姓世族”世代为官，操纵地方政权，如颍州陈氏、清河崔氏，“关中亦号‘郡姓’，韦、裴、柳、薛、杨、杜首之”，地方大族控制一方，经济雄厚，为光耀乡邦氏族，私修史志有了社会和经济的基础。地记为专门记载地方山川风土、物产、人物等情况的著作，初期包括地理志、郡书、都邑志三类：（1）地理志主要记“风土”，包括疆界、区域、山川、道里、户口、民情、风俗等。（2）郡书主要记人物，记乡邦先贤、“耆旧”（年高有声望之人）。（3）都邑志，记城池、宫殿、观阁、陵庙等。

东汉《越绝书》问世前，地记分以上三种类型，而《越绝书》则兼具以上地理、都邑、人物三方面内容，故《越绝书》被后人称为“地方志鼻祖”。清代史学家洪亮吉在《澄城县志序》中说：“一方之志，始于《越绝》。”《越绝书》《华阳国志》《吴越春秋》《三吴郡国志》《娄地记》等为地记时期地方志的代表。《华阳国志》地理志、编年史、人物传三结合，记述中国西南地区政区沿革、风土人情、物产资源、山水土质、世家大姓等，内容丰富翔实，为后世称道。

（二）隋唐时期的地方志

隋唐时期实现了一统和繁荣，唐是世界上最繁荣的国家，盛世修志遂形成风气。

隋统一后，结束了东汉末起200多年的大分裂，为了加强中央集权，发展经济文化，朝廷急需了解各地情况，同时打击地方门阀。大业三年（607年）开始实行科举制度，大业间（605—618年）“普诏天下诸郡，条其风俗、物产、地图，上于尚书”。方志从私修转为官修。官修规模大、成书快，促进了地方志的发展。

隋唐时期地方志主要是图经，仍属于初级形态的方志。图经以图为主或图文并重记述地方情况，又称“图志”“图记”。图，是指一个行政区划的疆域图、沿革图、山川图、名胜图、寺观图、宫衙图、关隘图、海防图等；经，是对图的文字说明，包括境界、道里、户口、出产、风俗、职官等情况。隋代编出了131卷的《诸郡物产土俗记》、129卷的《区宇图记》、100卷的《诸州图经集》，为后世历代封建王朝修志创立了官修格局。

唐代盛世，编史修志。唐太宗时国家正式开馆修史，由宰相监修。唐初史馆奉诏所修正史有《晋书》《梁书》《陈书》《北齐书》《周书》《隋书》。正史的编修，反过来促进了地方志的编修，两者相辅相成。建中元年（780年），朝廷将原规定各州郡每三年编修一次图经报尚书省兵部职方的制度改为五年一修报，并要求遇州县增废、山河改移等情况，则随时报送。报兵部职方是因为图经主要用于军事。故内容要求备载古今事迹、地理山川、土地所宜、风俗所尚。编修经费，规定从州县杂罚钱中支出。由于朝廷重视修志，一些边远地区也开始编修图经，如在敦煌发现的《沙州图经》《沙州都督府图经》和《西州图经》。《沙州图经》是我国现存最早的图经，修于开元年间（712—741 年），距今 1200 多年。

唐代代表作是全国性总志。第一部地理总志是唐太宗第四子魏王李泰历时 5 年主修的《括地志》（550 卷）。太宗评价“简而能周，博而尤要，度越前载，垂之不朽”。该书以唐贞观十三年（639 年）行政区划为纲，记录了当时 10 道 358 州的建置沿革、山川形势、风俗物产、古迹故实。作为地理学范畴的总志，分类及内容，对地方志的编纂具有一定影响。两任宰相李吉甫主编的《元和郡县图志》“详略得中，记叙有法”。清初编写的《四库全书总目提要》称赞《元和郡县图志》：“舆地图经，隋唐志所著录者，率散佚无存；其传于今者，惟此书为最古，其体例亦为最善，后来虽递相损益，无能出其范围。”《元和郡县图志》以郡县为记述对象，完全属于地方志的范畴。

唐代图经由图为主向“经”（文字）为主不断转化：一是记州县的原书名“图经”“图记”“地记”开始转称“图志”或“志”，图的地位渐小。二是由地理为主，转为地理、政事并重。

唐代刘知幾的史学理论专著《史通》，关于史书体例与编撰方法的评论，体裁体例、史料采集、表述要点和作史原则等，对于后世持“志属信史”观点的方志研究和编纂者具有重要影响。

（三）宋代的地方志

宋代是中国地方志发展史上承前启后、继往开来的重要阶段，基本要素逐步形成并相对固定，方志的编纂组织、体例、内容均由初级阶段转为定型阶段。无论从修志的普遍程度，还是成书的数量，都超过前代。志书的内容日益充实，体例日趋完备，图经逐渐被“志”替代，并出现了影响后世方志编纂的名志。北宋庆历间（1041—1048 年）毕昇发明的泥活字印刷术（隋代发明雕版印刷术），推动了书籍文献的广泛传播。活字印刷术是地方志广泛编纂，并将图经简略的以图为主改为以大量文字叙事为主的“志”提供了可能和便利。

唐后五代动乱，国家典籍散佚。宋统一后承袭唐“三年一造图经”的制度；规定“凡土地所产，风俗所尚，具古今兴废之因，州县之籍，遇闰岁造图以进”。并于大观元年（1107 年）朝廷设置专门的中央修志机构九域图志局，这是我国历史上首次在中央政府设立专门的修志机构，开国家设局修志之先河。不仅如此，太祖、真宗、神宗、徽宗均诏修志书。由于多次诏修，一般州郡大县都数次修志，临安府（治所今杭州市）南宋间先后修了《乾道临安志》《淳佑临安志》《咸淳临安志》，被称为“临安三志”，皆为名志。

宋代方志在组织方面沿着两个方向发展：一是继承《元和郡县图志》做法，修全国性的区域志，突出“一统”。二是在地记、图经的基础上创修州、郡志。修志的特点归纳为三个方面：一是较前代数量多，600 种（800 种、1000 种，说法不一）。二是体例内容完备，如北宋乐史的《太平寰宇记》在地理方面增加了姓氏、人物、风俗，在人物方面增加了官爵，此外还增加了诗词艺文。三是由图经、图志改称为“志”，如南宋绍兴九年（1139 年）编纂的《严州图经》，后刻本改名《新定志》（新定今属浙江淳安）。

宋代著名的志书，总志方面有乐史的《太平寰宇记》（200 卷）、王存的《元丰九域志》（10 卷）、王象之的《舆地纪胜》（200 卷）。区域志除“临安三志”外，还有宋敏求的《长安志》、罗愿的《新安志》（徽州）、梁克家《三山志》（福州）、陈耆卿的《赤城志》（台州）、杨潜的绍熙《云间志》（上海松江）、范成大的《吴郡志》（苏州）、施武予的《会稽志》（绍兴）等都是名志。南宋起中国政治经济文化中心南移，修志总的特点，从修志数量看南宋多于北宋，从地域看南方多于北方。宋代志书志名不署政区名，而是用当地古郡名或山水名替代，如云间、三山、赤城等。宋代现存志书不超过 30 种。

（四）元明时期的地方志

元代，在我国历史上首开编修真正的一统志。至元二十三年（1286 年）大学士扎马拉鼎奏称：“方今尺地一民，尽入版籍，宜为书以明一统。”元世祖让扎马拉鼎等用职方上交的版图 5 年纂辑成 1300 卷的《大元大一统志》。一统志以“路”“省”所辖的府、州为一级纲目，其下按事分二级及以下类目（建置、乡镇、山川、土产等门）；可见，一统志虽然由国家编纂，但是按照府州为记述对象分类，同样属于地方志范畴。至正三年（1343 年）编纂辽、金、宋三史，出现了谁为“正统”的争论，中书右丞相、三史都总裁脱脱独断：“三国各与正统，各系其年号。”元政权包容的史志观，对中华民族史志的传承发展意义重大。元代修志主要成就是一统志，州县志编纂不多，见于著录者约 160 种，今存 10 种，多为善志，具体有于钦《齐乘》、徐硕《嘉禾志》、冯福京和郭荐《昌国州图志》、袁桷《四明志》、王厚孙《四明续志》、俞希鲁《镇江志》、卢镇《重修琴川志》等。

明朝官修、民修的史学著作很多，官修的主要有《元史》《明实录》《明会典》，私修著名的是谈迁的《国榷》；此外，郑和下西洋航海图，罗洪先绘《广舆图》是我国现存最早的地图集。《徐霞客游记》对中国河道地理，山川地貌实地考察进行记录。明代，历史的编修、地形考察、地图绘制，对地方志的编纂起到重要借鉴作用。明代是中国历史上修志体系臻于成熟和修志制度正式形成的阶段，成果较多。据《中国地方志综录》记载，明代地方志 770 种、10087 卷。

明代修志的特点：一是官方重视。开国洪武三年（1370 年）就下诏修《大明志书》。永乐间两次颁修志的条例，明确志书的基本门类（21 类）。二是重视重镇雄关修志。因为明朝与蒙古交恶，北部边防极重，故反映边关防务的图志之多远远超越前代。如郑晓的《九边图志》，刘效祖的《四镇三关志》（蓟、昌、辽、保四镇，居庸、紫荆、山海三关）。三是地方修志普遍，万历张邦政在《满城县志・序》中说：“今天下自国史外，郡邑莫不有志。”但“明代事不师古（传统），修志者多炫异（追求与众不同）居功，或蹈袭前人而攘善掠美”“载籍（典籍）而轻改妄删，由是新志甫成，旧志遂费”。四是开始探求方志的性质、功能，总结历代经验提出见解，但很少，散见志书的序言中。如嘉靖《直隶池州府志・序》：“志者记也，所以记事之实也，即四方之史也。”认为方志属史。山西《曲沃县志》主修刘鲁生认为好志的标准是“其载欲悉，其事欲核，其书欲直”“必广询博采，而后无遗迹：循名责实，而后无讹传；义正词确，而后无赘语；类序伦分，而后无乱章”。明代不少志书已有凡例，凡例的出现使志书体例和编纂趋于统一规范。

明代主要成果是《大明一统志》，是我国继《大元大一统志》后的第二部官修一统志。该书质量远逊于《大元大一统志》，篇幅少，内容粗糙多舛。明代方志最大贡献是大行政区的省志形成体系，十三布政司无不有方志，曰图经、书、志、总志、通志，名称不一，称通志的相对较多。

（五）清代的地方志

清代是我国封建时代地方志发展的鼎盛时期，也是传统方志编纂和方志理论研究的鼎盛时期，是封建时代的修志高峰。主要是在明代方志广泛编纂的基础上量质齐飞，尤其是方志学的形成。

清代方志鼎盛的基础是中国社会、文化发展到了又一轮喷发时期。康雍乾时期经过与外部侵略势力与内部分裂割据势力的一系列斗争，建立起一个空前统一的帝国，幅员辽阔，经济文化繁荣。为记录帝国的文治武功和辽阔一统，雍正、乾隆重视编史修志超越前代。清代官修史书主要有《明史》《清实录》《清会典》《清三通》等。雍正修志上谕竟有400多字。乾隆亲自过目，对一统志提出修改意见。此外清政权为满族人统治，康雍乾三朝文网严密，学者不敢私撰历史，文人学者修志遂成风气。章学诚《文史通义》主张史学要经世致用，提出“六经皆史”。康熙时期通过全国性的大地实测绘制的《皇舆全图》《皇舆全览图》，顾祖禹《读史方舆纪要》记述各省府州县建制沿革、疆域变迁，侧重山川险要，攻守异势。清代的史学、地理学和经学考据思想，对地方志编纂具有直接的影响。清代编纂的《古今图书集成·方舆》《四库全书·史部地理类》收录了大量地方志书的书目提要和书评。

清代地方志鼎盛表现在四个方面：

一是三次大修《大清一统志》，始修康熙二十五年（1686年），首次成书于乾隆八年（1743年），再次成书于乾隆四十九年（1784年），第三次成书于道光二十二年（1842年）；大致50年一修。《大清一统志》的大类，首列京师（北京），次置盛京（今沈阳），再列各省，而后列蒙古藩部及朝贡各国。各省先列图、表，后为总叙，再次以为府、直隶厅、州分卷，卷下领州、县；各府、直隶厅、州下设子目二十七：即表图、疆域、分野、建置、沿革、形势、风俗、域地、学校、户口、田赋、税课、职官、山川、古迹、关隘、津梁、堤堰、陵墓、祠庙、寺观、名宦、人物、流寓、列女、仙释、土产等。雍正皇帝于清雍正六年（1728年）对各省志书采录人物事迹事宜，在上谕作了详明的论述：“朕惟志书与史传相表里，其登载一代名宦人物，较之山川风土尤为紧要。必详细确查，慎要采录，至公至当。”“著各省督抚，将本省通志重加修辑，务期考据详明，采摭精当，既之阙略，亦无冒滥，以成完善之书。”因为一统志是在各府、直隶厅、州志基础上编纂，所以，宋代方志总体定型后，清代一统志的设目，实际对各地地方志书的基本纲目进行了自上而下的规定，使方志的基本门类得以稳定和统一。

二是修志比前朝更加普及，志种广泛，数量最多。清顺治十八年（1661年），清廷就命令河南巡抚贾汉复督修方志。康熙十一年（1672年）康熙诏令各地设局修志，并将贾汉复主修的《河南通志》颁发全国，统一格式，对地方志纂修提出既严厉且明确的要求。雍正六年（1728年）诏令各省重修通志，并于二三年内成书，上于史馆。不久又令各州、县志每60年一修，成立志局，省学正督促检查。因明代省志曰“通志”者最多，清代沿袭，省志概名“通志”。清代除行政区域志外，还编山水、古迹、寺观、盐井、土司等专志。我国现存的8300多种旧志，清代5700多种，占80%以上。

三是学者参与修志，方志质量普遍提高。著名的学者有史学家章学诚、纪昀、全祖望、毕沅，经学、训诂考据学家戴震、钱大昕、洪亮吉、段玉裁，散文家方苞、姚鼐、李兆洛，还有藏书家、目录学家孙星衍，诗人、书法家、经学家阮元等人都参加了修志，其中戴震、钱大昕、纪昀、阮元均是乾嘉学派的代表人物。除戴震为赐进士出身、段玉裁为举人外，其余均是进士，其中孙星衍是榜眼，毕沅是状元。

四是清代乾嘉时期是我国方志学的奠基时期，其中乾嘉时期无论是研究者的学术地位和成果都是方志学的高峰。乾隆时期的章学诚、戴震、钱大昕，嘉庆时期的孙星衍、洪亮吉、李兆洛等在清初顾炎武探讨的基础上，对修志方法进行了概括。研究者中章学诚最为著名，影响和成就也最大，其《文史通义》（章氏去世后，后人刊刻）外篇3卷，专论方志理论。章氏方志理论认为“志为史体”，提出编纂方志应乘“二便”、立“三书”、定“四体”、克“五难”、除“八忌”、达“四要”，修志“当观史法”的主张。故清末民初思想家、史学家梁启超说：“能认识方志之真价值，说明其真意义者，则莫如章实斋（章学诚）”，“方志学之成立，实自实斋始也。”

晚清“西风东渐”，志书的体例、体裁成为中国先进知识分子介绍和传播外国史地知识和变法图强、关心民生有效的载体。第一次鸦片战争（1839—1842年）前后，西方列强的入侵，产生了当时的经世派，代表人物有陶澍、林则徐、龚自珍、姚莹、何秋涛、张穆、徐继畲等。经世派关心国计民生相关的漕运、盐政、农事、河工、兵制、刑律、吏治、科举、边疆地理，所以必然关心乃至领导参与地方志的编纂。林则徐编《四洲志》，魏源撰《海国图志》，徐继畲《瀛环志略》，采用传统地方志书的体例介绍西洋各国的历史、地理、物产、人文、社会制度和器物等，中学为体，西学为用。陶澍修《道光安徽通志》、林则徐修《道光湖北通志》，龚自珍纂《蒙古图志》，姚莹修纂《东槎纪略》《康辅纪行》，何秋涛作《朔方备乘》，张穆撰《蒙古游牧记》均是此类成果。

19世纪60年代后，随着洋务运动的开展和报刊、学堂、出版机构的增多，同文馆、江南制造局附设的翻译馆，来华传教士创立的益智会、广学会等机构以及热心文化事业的中外人士，译编了几十部西方和日本学者的历史著作，对中国史学包括方志学的发展具有一定影响。比如从西方传过来的历史形式章节体，就是近代新史学流派推翻中国历史传统在中国史学界流行起来，后来又成为方志主要的编纂形式。

清代名志有戴震的《汾州县志》，章学诚的《永清县志》，李兆洛的《凤台县志》，姚鼐的《庐州府志》，孙星衍《邠州志》，陆陇其《灵寿县志》，王昶《太仓州志》，缪荃孙《顺天府志》，段玉裁的《富顺县志》，洪亮吉的《泾县志》等。

（六）民国时期的地方志

民国时期由于战乱，修志不多，约268种，5629卷，主要是在20世纪20年代至抗战前。但民国地方志编纂是我国传统旧方志向新方志转型的重要历史阶段。鸦片战争后五口通商，开埠，洋务运动，西方文化逐渐传入中国，加之“五四”后的新文化运动，逐渐把西方近现代科学引进地方志编纂中，科学性、实用性有很大进步；在修志宗旨、编辑体例、章法、内容上都有不同程度的创新。民国志书内容注意产业、企业资料，增加统计数据和图表。此外，继晚清政府倡令全国编纂乡土志之后，民国3年（1914年），教育部督促各县编修乡土志，作为各地学校的乡土教材。据统计，民国乡土志有124种，以江、浙、川、沪、两湖编纂较多。是传统区域志的重要补充，尤其乡里小志禁锢较少，保存了大量清末民初社会下层民生珍贵的珍贵史料。

清代的方志学研究主要散见于志书编纂前的义例和成书后的凡例、序跋中，但由于方志学研究的收入和现代出版业的发展，民国年间独立的方志学专著不断产生，方志学研究进入新的系统的历史阶段。著名的方志家有近代思想家、国学、历史学家梁启超，藏书家甘鹏云，红学家索引派代表寿鹏飞，北洋军阀代理总长、教授、浙江通志馆长、书画家余绍宋，第一部《中华民国宪法史》作者吴宗慈，著名南社诗人柳亚子，北洋政府教育总长、学者张国淦，职业教育创始人、民盟、民建创始人黄炎培，语言文学家、教育家黎锦熙，史学家李泰棻，史学家、湖北大学图书馆馆长朱士嘉，现代档案学家傅振伦等。

著名学术成果有梁启超《清代学者整理旧学之总成绩——方志学》《说方志》；专著有甘鹏云的《方志商》，寿鹏飞的《方志通义》，张国淦的《中国地方志考》，黎锦熙的《方志今议》，李泰棻的《方志学》，王葆心的《方志学发微》，朱士嘉的《中国地方志综录》，傅振伦的《中国方志学》。论方志性质，梁启超、寿鹏飞等人基本祖述章学诚“史志同义”的观点。论方志功用，民国学者一方面赞同前代志家强调的“资鉴”“垂训”作用，另一方面又指出方志在保存地方资料上的重要作用。民国志家对于新方志编纂应增加有关国计民生的内容有着比较一致的意见。黎锦熙《方志今议》提出”终破四障”反映了当时人们为革除旧志“规矩”，认为章学诚的三书四体是以文章体裁分类，给修志带来不便，应首破此障。黄炎培《川沙县志》在各志（卷）之首均设有“概述”，全志之首有“导言”，这是改变传统地方志做法，吸收西学注意综述的创新。柳亚子等20世纪30年代初编纂的民国《上海市通志》稿，第一编为《上海历史（上）——沿革》，第二编《上海历史（中）——第一特区公共租界》，第三编《上海历史（下）——第二特区法租界》。今出版发行的第一编《上海历史（上）——沿革》采用的是史学研究内容结合史话表述的方式。标题包括总说、上海溯源、上海的兴起、上海的展开、上海的倭寇、上海的蜕变、上海的繁华、上海的开埠、上海在前期太平天国时代、上海在后期太平天国时代、上海的近代化、革命前后的上海、上海在北洋军阀时代、青天白日的上海、上海一·二八之战、大上海核心的完成、结论、上海年表。民国方志学研究，“既有全盘西式的新学之作，亦有乾嘉考据的遗迹，甚至在同一著作中，也常存在新旧杂糅的情形”，正反映了民国年间的地方志编纂正处于传统方志和新方志的过渡阶段。

民国年间的名志有黄炎培的《川沙县志》、余绍宋《龙游县志》、缪荃孙《江阴县续志》、黎锦熙《洛川县志》、李泰棻《阳泉县志》等。

三、中华人民共和国时期的地方志

中华人民共和国时期的地方志又被称为新方志，主要在于编纂的指导思想与传统方志有本质的区别；新方志指导思想为中国化的马克思主义，为历史唯物主义、辩证唯物主义。

老一辈无产阶级革命家、国家领导人毛泽东、周恩来、邓小平等十分关心和重视地方志。中华人民共和国尚未成立前，早在1941年，中共中央发布《关于调查研究的决定》，就明确规定要“收集县志、府志、省志、家谱，加以研究”，把搜集和研究地方志作为了解中国国情和地情的重要途径之一提出来。

中华人民共和国成立后，1956年国家成立中国地方志小组。1957年，国务院科学规划委员会制定的《十二年哲学社会科学规划方案》（《1956—1967年哲学社会科学规划纲要》）中，提出了编写新的地方志的任务，并将其列为12个重点项目之一，“要求全国各县、市（包括少数民族地区）能够迅速编写出新编地方志”。1958年毛泽东主席在成都会议上专门调阅《四川通志》《华阳国志》等志书，并选辑其中部分内容转发给到会的领导同志，提倡利用方志，提高领导水平。他倡议：全国各地要编修地方志。4月29日，国务院总理周恩来在招待60岁以上全国政协委员的茶话会上说：“过去编的府志、县志，保留了许多有用的史料。收集旧社会的典型事迹也很有价值，如近百年来有代表性的人物、家庭和家族的情况就很值得研究，看看他们是如何产生、发展和衰亡的。”8月9日，周总理指示：“要系统整理县志，把关于各地地方志中的经济建设、科学技术资料整理出来，做到古为今用。”10月20日，国务院科学规划委员会地方志小组起草了《关于新修方志的几点意见》，发到各地征求意见。该《意见》对新方志的体例、记述的重点、应遵循的原则、方法及种类等问题都作了规定。20世纪50年代后期至60年代初部分地方修了不少的志书书稿，多为油印本。当时统计，到1960年，全国已有20多个省、区、市的530多个县开展了修志，其中有250多个县编写出了初稿。“文化大革命”爆发后，修志被强加上“为老家伙树碑立传”“歪曲篡改历史”“泄露党和国家机密”等种种罪名被迫中断。

中共十一届三中全会后盛世修志，新一代党和国家主要领导人继续重视关心地方志的编纂。1979年10月邓小平在与中国大百科全书出版社负责人谈话中说：“编辑出版年鉴，很有必要，这是国家的需要，四化建设的需要。”江泽民同志在上海工作时指出：“编纂社会主义新方志是两个文明建设的组成部分，是社会主义文化建设的系统工程，是承上启下，继往开来，服务当代，有益后世的千秋大业。”2006年5月18日，国务院总理温家宝签发国务院第467号令，颁布实施《地方志工作条例》。

2014年2月25日，国家主席习近平在首都博物馆参观北京历史文化展览，指出“高度重视修史修志，让文物说话、把历史智慧告诉人们，激发我们的民族自豪感和自信心，坚定全体人民振兴中华、实现中国梦的信心和决心。”同年第五次全国地方志工作会议召开，国务院总理李克强批示：“地方志是传承中华文明、发掘历史智慧的重要载体，存史、育人、资政，做好编修工作十分重要。……修志问道，以启未来”。

1980年胡乔木提出：“我们国家有这个修地方志的历史传统。……我们要用新的观点、新的材料、新的方法和体例去编写地方志。可是，目前我国这方面还处于停顿状态，我们要大声疾呼，予以提倡。”20世纪80年代初，十几个省、市、自治区和许多县都建立了编史修志机构。1983年国家恢复成立中国地方志指导小组，随之各省（自治区、直辖市）、市（地、州、盟）、县（市、区、旗）成立地方志工作机构，全国普遍开展修志工作。国务院办公厅先后于1985年4月、1996年11月发布关于加强地方志工作的文件，对地方志的编纂原则、组织实施作出具体规定，为此形成各级政府主持、各省（自治区、直辖市）地方志编纂委员会及其办公室组织实施的修志格局。全国第一轮规划修志省、市地、县三级6319部，到2002年年底出版5014部。1996年国务院办公厅文件下发，“20年左右续修一次”之后，全国各省市区绝大多数开展第二轮方志的编纂。2006年以前的地方志编纂依靠地方党委、政府文件。2006年国务院《地方志工作条例》颁布实施后，全国地方志工作进入有法可依的崭新历史阶段。中国地方志指导小组是国务院委托中国社会科学院代管的独立机构，是国家地方志工作指导机构，负责统筹规划、组织协调、督促指导全国地方志工作。1983年中国地方志指导小组恢复成立，至2013年12月开始，历经5届。其间，建立完善了省、市、县三级地方志机构、全军、武警、兵团修志机构和港澳特别行政区的修志机构。

截至2014年年初，全国编纂出版“7000多部新编省市县三级志书，20000余部行业志、部门志、山水寺庙志、专题志、乡镇村志，1700多种、数万卷的地方综合年鉴，还有种类多样的地情资料文献”。2013年第四届、第五届中国地方志指导小组换届，宣布首轮修志任务全面完成，全国累计出版首轮规划内省、市、县三级地方志书5900多部。截至2012年年底，各级地方志机构共整理出版各类旧志2000余种。中华人民共和国成立后第一次由国务院交付编纂的国家层面的1500万字的《汶川特大地震抗震救灾志》即将出版。社会主义新方志大规模编纂以来，地方志基础理论、编纂理论、方志批评等成果丰硕。个人研究与修志机构组织研究相辅相成，截至2013年底，全国地方志系统共发表论文约10万余篇，出版专著、教材、论文集1000余部。全国有省级以上公开出版的方志刊物9种，内部出版的省级方志期刊21种，省级以下内刊200多种。《方志百科全书》（稿）收录的20世纪80年代以来出版的方志学通论，就有《方志学概论》《中国方志学史》《方志学》《方志学史》《方志学简论》《当代方志学概论》《方志学综论》等共22部，此外收入方志编纂学著作13部、专题研究性著作15部、论文集25部、方志名录研究专著10部。

社会主义新方志编纂时期的方志学专著比较民国时期要多得多。2009年开始，以《中国地方志》为平台，举办方志论坛，专题研究方志理论的焦点问题。2011年开始，中国地方志学会正式建立学术年会制度，定期召开年会，引领全国的方志理论研究。

全国建成有国家方志馆和北京、上海、江苏、江西、湖北、湖南、四川、广西、山东、陕西等方志馆。截至2014年，已建成国家方志馆1个、省级方志馆13个、市级57个、县级198个，共计269个。各级地方志机构均建立规模容量不等的地方志网站和地情数据库，至2012年底，全国开通省级地情网站25家、市级189家、县级548家，共计762家。方志文化海内外交流广泛，2010年中央电视台第四频道黄金时间连续播出十集大型电视纪录片《方志·中国》，扩大了方志文化的社会影响。

传统方志和中华人民共和国成立后编纂的新方志收到国外的重视。国外主要有日本和美国两大收藏中心。英、法、意、比、荷、瑞典、韩、新加坡、澳大利亚等也收有数量不等的珍本和善本。日本和美国收藏我国明代孤本40余种，主要分布在日本国立图书馆中文馆、东洋文库、静嘉堂文库、内阁文库、上野图书馆等。美国国会图书馆1917年就开始收藏中国地方志。犹他州家谱学会为巨，共收藏5500种。哥伦比亚大学、芝加哥大学、耶鲁大学、密歇根大学的图书馆均有中国地方志的收藏。国内各级方志机构不同程度开展与境外方志收藏、研究机构的合作交流，与澳大利亚、美国等国家和我国台湾地区建立了业务合作关系。

改革开放以来，随着我国各项事业的快速发展，方志事业迎来“盛世修”的大好局面。特别是2006年《地方志工作条例》的颁布实施，地方志工作由制度化进入法制化轨道，开创了依法修志的新时期。地方志编修工作已经形成志（三级志书）、库（数据库）、馆（方志馆）、鉴（年鉴）、用（服务开发）、刊（方志期刊）、网（地情网站）、会（地方志学会）、研（理论研究）九业并举的一项蓬勃发展的社会主义文化事业。

（《上海地方志》2014年第5期）

自评：本文是受中国地方志指导小组办公室《方志蓝皮书》编写之约而作，后有改变，才发表在《上海地方志》杂志上。本文最大的特点是简明通俗，只用了1.3万字，道出2000年的方志史。“新解”是在方志的流变和他人的观点中融入了自己的新观点，即方志、方志学与其他学科是相融相兼，同源共生的。用实际表述体现自己方志史研究必须结合社会经济、文化、科技、生产力水平，放在与其他文化交流的大背景下进行；然后赓续21世纪方志的演变发展。

闵行区的市镇变迁与城市化

作者按：地方志强于横分，弱于通贯。门类之间往往“鸡犬之声相闻，老死不相往来”。新方志为弥补这一不足，提出在城乡建设、商贸等易于松散的部类设置综合性类目，并加强综合性叙述，以体现演变轨迹和阶段整体情况。但，此项内容可以说基本没有现成材料，也就是，地方志书的编纂不仅仅是编，更重要的还有撰写。经常听到一些方志同仁说“无法写”。所以我就闵行城市化进程为课题，按方志文体写了这篇稿子。方法是将新旧志和新志市政建设、经济、社会事业、镇街道简介等各方面具体资料，根据中国城市化的特征，分时间阶段、事物方面，进行熔铸撰写。方志基础理论、编纂方法文章不少，研讨不少，但撰写内容的稿件讨论不多，只有全面的研究才能促进方志编纂健康发展。在这些讨论中，稿件的讨论示范更加直观，起到相长的作用。本篇陋作，用以“抛砖引玉”。

今闵行区境内，历史上先属江苏省和上海城区的西南近郊，后为上海的近郊区。1992年经国务院批准，原闵行区与上海县合并建置。黄浦江像三角尺的直角边，在闵行区南端由西向东，再由南向北流经和穿过，将区境分为浦西和浦东两大部分。浦西部分北端为吴淞江，中为淀浦河，南端为黄浦江，靠近吴淞江为北部地区，靠近淀浦河为中部地区，靠近黄浦江为南部地区。闵行区境内黄浦江以东的浦东地区，由北向南，习惯分为陈行、杜行、鲁汇三个地区，三个地区的位置相当于浦西地区的中南部。闵行区境内的村镇、集市、城镇发展和城市化就发生在这些区域内。

一、市镇变迁

作为历史上的江南鱼米之乡，今闵行区境内，历史上的集市、村镇由农耕、手工、商贸、流通而兴。

据《上海县志》（1993年版）、《闵行区志》（2003年版）资料分析归纳，历史上今闵行区境内分布的大小市镇（市为集市，下同）主要有29个。其中境内浦西地区分布的主要市镇有20个：北部地区有纪王镇（偏西）、诸翟镇（偏西）、华漕镇（偏西）、吴家巷（偏西）、小闸镇（偏东北）、七宝镇（偏西）、程家桥（居中）、虹桥镇（偏东）8个市镇；中部地区有莘庄镇（偏西）、梅陇镇（居中）、朱行镇（居中）、曹行镇（偏西南）4个市镇；南部地区有颛桥镇（偏西北）、北桥镇（居中）、吴泾镇（偏东）、塘湾镇（偏东南）、马桥镇（偏西南）、紫藤棚镇（偏西）、吴会镇（偏西）、老闵行镇（今江川路街道，南端）8个市镇。闵行区浦东地区历史上主要市镇有9个，北部陈行地区历史上分布的主要市镇有陈行镇（偏西）、题桥镇（居中）、塘口镇（偏西南）、苏民镇（偏东北）、中河镇（偏东北）5个；中部杜行地区分布的市镇有杜行镇（偏西）、召楼镇（偏东）2个；南部鲁汇地区分布的市镇有鲁汇镇（居中）、闸港镇（偏西）2个。

按照时代分，29个市镇，兴于明代的11个市镇，分别是吴会镇（弘治兴起，“兴起”两字下略）、华漕镇（弘治）、虹桥镇（正德）、七宝镇（嘉靖、万历间）、莘庄镇（嘉靖、万历间）、召楼镇（嘉靖、万历间）、诸翟镇（万历）、陈行镇（万历）、颛桥镇（明代）、北桥镇（明代）和题桥镇（明清间）。兴于清代的12个市镇，分别是马桥镇（清初）、曹行镇（清初）、杜行（清初）、鲁汇镇（雍正）、闸港镇（雍正）、朱行镇（乾隆）、中河镇（乾隆）、吴家巷（清中期）、苏民镇（清中期）、梅陇镇（嘉庆）、小闸镇（咸丰）、塘口镇（清末民初）。兴于民国年间的有3个市镇，分别是塘湾镇、老闵行镇（今江川路街道）、程家桥镇（其他3个市镇兴起时代未见记载）。

古农耕时代，江南一带，河流沿岸地势平坦利于城建、河滩土地肥沃利于农业、江河流经水运便利，河流宽阔有利城防，紧靠江河利于饮用水与卫生（洗浆）；故古代市镇多位于河口、河流汇合处和沿河地带。闵行境内历史上主要市镇的兴起，大多与水有关。七宝镇兴起主要原因是位于横沥港和蒲汇塘交汇处；莘庄镇莘溪河（后填为今莘建路）穿镇而走；纪王镇“跨盐仓浦两岸”；诸翟镇西临蟠龙塘；华漕镇华漕港贯镇而过；虹桥镇沿蒲汇塘北岸，面河比户而列；梅陇镇梅陇港横贯镇中；曹行镇沿马屯泾，分东、西、中三街；颛桥镇有横泾、跨六磊塘；北桥镇俞塘横越镇南，与横泾交会于东街；塘湾镇位于樱桃河、俞塘合流处西岸；马桥镇位于沙港、俞塘汇合处；陈行镇南临周浦塘，陈中港流经镇东；杜行镇西距黄浦江1公里许，与外交通通过王家浜、黄浦江；鲁汇镇闸港、肇沥港、小闸港三水汇集于此；紫藤棚镇毗陵黄浦江、街临沙港两岸；吴会镇地近黄浦口，清水汇流，称吴汇；题桥镇位于周浦塘支流；塘口镇处周浦塘出黄浦江口；苏民镇位于周浦塘；中河镇距黄浦江1公里许；召楼镇老王家浜贯穿镇中；闸港镇位于闸港河黄浦江出口，距黄浦江仅半公里；吴泾镇东滨黄浦江；朱行镇北临淀浦河，南傍老春申港；程家桥镇位于新泾港东；小闸镇蒲汇塘穿越镇区；老闵行镇南濒黄浦江。以上29个市镇，几乎个个靠河流而生。

因河流，邻江河而建的市镇，多通水运，因水运而人气凝聚，农产品交换形成墟集（草市）、港集、路集，规模大了转为市镇，乃有工商、文教，甚至建置政治商务机构。

诸翟镇兴起靠的就是蟠龙港水运；华漕镇因地处华亭县漕运要津，明弘治时“多夷贾贸易”，形成市集。闸港镇于清光绪三十年（1904年）班轮通航，商市愈盛，遂成水陆码头。塘口镇清末民初，黄浦江和周浦塘航船在此候潮；闸港镇也因走黄浦江船只泊此候潮而兴；小闸镇，清咸丰九年（1859年）筑堰堵港，以阻浑潮，过往船只在此装卸货物，渐成集镇。纪王镇明、清布、靛业兴盛，市况以盐仓浦、吴淞江水道通滞为盛衰。民国8年（1919年）吴淞江疏浚通航，航船顺水而下，不再泊停，市况渐逊。

市镇以商品交换而产生。闵行境内历史上29个市镇，1949年统计，商户超过100户的有七宝镇（213户）、马桥镇（161户）、莘庄镇（152户）、颛桥镇（149

户）；50 ~ 90余户的有鲁汇镇（97户）、杜行镇（79户）、召楼（78户）、塘湾镇（65户）、闸港镇（59户）、北桥镇（55户）、曹行镇（52户）、梅陇镇（50户）；20 ~ 40余户的有朱行镇（45户）、程家桥镇（37户）、题桥镇（38户）、陈行镇（34户）、小闸港镇（28户）、塘口镇（28户）；其余20户以下的有中河镇（18户）、吴家巷（16户）、紫藤棚镇（11户）。市镇再小，至少有豆腐、烟什、粮食、茶馆、理发等店摊。大的如七宝镇，1949年，七宝镇南北大街有213家商店，从业人员528人，其中烟什店23家，南北什货店21家，米店19家，茶馆17家，豆腐店13家，鲜咸肉庄9家，油酱店8家，饭店、点心店和日用杂品店各6家，药店4家。中等的市镇，如北桥镇，1949年有55家商店，从业人员106人，包括烟什店、南什货店、茶馆、鲜咸肉庄、鲜咸鱼店、饭店。小的市镇如紫藤棚镇，1949年有11家商店，从业人员13人，其中烟什店4家，南北什货、鲜咸肉庄和茶馆各1家。中河镇历史上盛产木机手织土布，质细而密，为“三林塘标布”中上品，1949年有18家商店，从业人员30人。

江南历史上手工织布业发达，其他粮油加工业也集中于市镇中，上海开埠后，四郊农村市镇也渐有简单的机器加工厂，大多为轧花厂、碾米厂、榨油坊、饴糖坊。1949年，在29个市镇中，加工制造业统计的市镇有七宝镇、塘湾镇、莘庄镇、程家桥镇、朱行镇、纪王镇、颛桥镇、马桥镇、陈行镇、杜行镇、紫藤棚镇、题桥镇、塘口镇、中河镇、召楼镇、闸港镇16个；其余13个镇，或无统计，或没有加工制造业。

今闵行区域内，1949年统计的加工业厂坊，有轧花厂的有塘湾镇7家、七宝镇5家，莘庄镇、朱行镇各4家，陈行镇3家，颛桥镇、召楼镇、马桥镇、杜行镇各1家；碾米厂，莘庄镇、纪王镇各3家，颛桥镇、紫藤棚镇、题桥镇各2家，塘湾镇、程家桥镇、召楼镇马桥镇、陈行镇各1家；榨油厂（坊）塘湾镇3家，七宝镇、莘庄镇、闸港镇各2家，召楼镇、马桥镇、杜行镇各1家；饴糖坊闸港镇3家，七宝镇、杜行镇各2家，召楼镇、塘口镇各1家；另外，七宝镇还有制香厂（为香客、寺庙生产贡香，佛香等）1家，朱行镇有石棉厂2家。加工业厂坊从业人员，有统计的市镇，50人以上的有七宝镇69人、召楼镇53人、陈行镇50人；15 ~ 20多人的，有杜行镇27人，闸港镇23人，莘庄镇18人，题桥镇15人；此外，朱行镇只有8人，紫藤棚镇只有4人，塘口镇只有2人。29个市镇的住户人口，有记载的七宝镇，1949年常住人口2007户、5002人；颛桥镇1950年有居民499户、2244人；其余未见调查。

境内历史上，少数市镇的兴旺还与行政治所、工商税务机构建置有关。诸翟镇清康熙年间商贾骈集，乾隆三十年（1765年）设巡检司。北桥镇宋、元置北桥务，后务迁新场（今属浦东新区），始中落；20世纪20—30年代上海县治迁入，商业复盛。民国31年（1942年）日伪“清乡”期间，小贩偷越“请乡”封锁线，从青浦、松江贩米至程家桥出售，王满泗（水）桥、老程家桥商店20余家陆续迁程家桥，形成小镇。老闵行镇，民国34—37年（1945—1948年）为上海县治，一度市政有所建设。近现代机器工业发展，机动车与公路、铁路、航空交通出现，导致依靠水运的市镇衰落，诸翟镇就是因为沪宁（1908年）、沪杭铁路（1909年）开通，市面渐衰。民国13年（1924年）上南路通小火车，并设天花庵车站，题桥成为陈行诸村至上海市区的交通要道，题桥镇变得兴旺。1978年，开挖大治河，闸港填没，鲁汇镇迁至大治河北新址。五六十年代虹桥飞机场扩建，吴家巷镇市面冷落。1987年虹桥路拓宽改建，程家桥镇房屋全部拆除。

历史上，境内市镇交通、经贸的发展，带来教育文化场所的出现。显耀民居为市镇的标志。七宝镇宋、元代建七宝教寺、东岳庙、南七宝寺，明代建蒲溪道院、迎敕寺，清代建清真寺及天主堂。吴会镇西有净土寺，东有仁济道院，中有石牌楼。召楼镇有建于清乾隆五十八年（1793年）的奚氏礼耕堂，奚、谈、沈三姓望族世居。陈行镇望族陈、秦、孔、胡诸家世居镇上，人才辈出，人称该镇为“穿靴戴顶之乡”，镇内有节苦桥、刘家厅、崇训堂、逍遥楼、关帝庙等。

市镇的建筑布局与形式。历史上境内市镇大多沿河而建，用石桥、木桥衔接交通，石桥居多；路多为石板铺就。市镇除七宝、莘庄少数规模较大外，多数不太大，街区为“十”字形、“工”字形、“丁”字形布局，间有弄堂住宅。小镇平房居多，大镇平房中夹有大户人家的两层楼房和私家花园。七宝镇多石桥，以蒲汇塘桥为中心，南北大街为轴，南、北横列十数个弄堂，深宅大院隐然其间，多为平房和二层楼房；临河民居，前街后水，下有水桥，用作洗濯或船只装卸货物；茶肆、酒馆枕河而设。小闸镇街道呈“丁”字形，街宽不足3米，旧为石块街面，小闸桥为镇中心，南北跨港，街两旁大多平房，屋宇低矮。纪王镇跨盐仓浦两岸建，街道石板铺，弯曲狭窄，街面房屋多为平房和两层楼。曹行镇沿马屯泾，分东、西、中三街，呈“工”字形，街道狭小，平房、两层楼房错杂。塘湾镇为“丁”字形街道。杜行镇街成曲尺形。中河镇沿河建屋，中心河上架设木桥、石桥5座，镇处北岸。闸港镇跨闸港南北两岸，街呈“工”字形。

以上人口、工商业等情况，可大致了解闵行境内市镇变迁及至1949年解放初的规模与结构特点。

二、城镇建设

中华人民共和国成立后至1992年新闵行区成立前，境内历史上遗留下来的市镇通过20世纪50年代的工商业对私改造和工业基地、交通、文化、市政的建设，人口的“农转非”（农业人口转为非农业人口）、“农转工”，就具体的市镇而言，有盛有衰，但总体上市镇开始向成规模的城镇建设方向发展。

1953—1956年对私改造，多数市镇私营店铺、厂坊歇业归并转公，市面冷清。朱行镇20世纪50年代中期商店减至8家。莘庄镇商店1956年比1949年少了45家。颛桥镇1956年仅剩商店27家。1958年大办工业，在境内老闵行镇地区、吴泾地区兴办上海的工业基地，新的工厂区和配套的基础设施、工人新村、商店餐饮店、学校、工人文化宫兴建，新型工业化导致新型城镇兴起。

南邻黄浦江的老闵行，1956年被上海市定为以电站设备工业为特色的卫星城镇，域内有上海电机厂、上海重型机器厂、上海汽轮机厂。由于工业卫星城的集聚效应，1958年老闵行镇人口猛增至8万人。1959年建设“闵行一条街”解决职工住所和商贸等生活服务。“闵行一条街”即沿一号路（今江川路的沪闵路至兰坪路段）两侧建多层（5层）临街住宅楼，底层集中辟设百货、食品、银行、图书、服装、照相等商店。1万平方米、主楼6层的闵行饭店四季花卉，被誉为“花园饭店”。“闵行一条街”1959年4月动工，78天建成，被列入“1949—1989年上海市十大建筑”。1959—1968年，老闵行地区共建新村住宅65.73万平方米。1982年起，老闵行重点发展住宅小区建设，建成5个住宅群，到1992年新建住宅120万平方米；在建设住宅的同时，配建学校、商店、医院、影院等一批公共设施。1992年，境内有沪闵路、剑川路、江川路等主干道及浦江、新安、新闵、东川路等道路。闵马、闵东、闵吴、松闵、徐闵、闵红等公交线设有起迄站。水路横沥港南入黄浦江，设有上海市轮渡公司西闵线通往奉贤县西渡，连贯沪杭公路。

东邻黄浦江的吴泾地区，1958年起为塘湾、曹行公社地块。境内有上海氯碱总厂、上海吴泾化工总厂、上海焦化总厂、吴泾热电厂、上海第七粮库等企业。通过工业基地建设，1960—1990年，境内绿化30万平方米，先后建有吴泾体育场、文化馆、儿童乐园，有中学1所、小学5所、幼儿园3所、居委托儿所9所，中专、技校6所，里弄卫生站5所，医院1所。街区设有菜场3个，集贸市场3所。

除工业区城镇建设外，原历史上留下的市镇总体上也不断进行城镇化建设，尤其20世纪60年代市属企业迁入，70年代乡镇企业发展和80年代开始改革开放，城镇建设加快，不少改造旧镇，辟建新街市。1960年，上海县政府迁址莘庄镇。70年代后期莘庄拆除南北街旧房，在镇北、镇西兴建5～6层的居民住宅楼。至1984年建成6个新村，住宅面积7.8万平方米。并建成东西向、南北向骨干道路，莘浜路为商业街；莘建路有中共上海县委、县政府及县级机构、莘庄乡政府；莘松路有县医院、体育馆、文化馆、工人俱乐部。七宝镇于70年代末在镇北辟建新街区、新道路。程家桥镇，60年代虹桥飞机场扩建为国际航空港，市政设施日益完善，商业更为兴旺，有商店、公司近20家，分布在老程家桥路和虹桥路、哈密路；1984年有居民300多户、1000余人。1987年虹桥路拓宽改建，程家桥镇全镇房屋拆除。60年代起，上海艺术雕刻厂等10余家市属工厂相继迁入朱行镇，市面渐有起色；1970年起在镇北、镇西建新工房近万平方米，镇东新建上海显像管玻璃厂、永新彩色电视机显像管厂。1984年朱行镇有商店19家，大多移至朱莘路、老朱行路，老街破落。纪王镇60年代起陆续开办工厂，1984年有上海县铁链厂、纪王乡农机厂、制帽厂等企业13家。1984年，诸翟镇有乡办农机厂、粮食加工厂、电镀厂、钢模板厂、玩具厂等及市属镜厂、照相器材厂和塑料机械厂。虹桥镇80年代初起，建新镇区于镇北，虹梅北路、吴中路交会处，有十数家商店和乡影剧院；镇北新建专供旅沪外国人居住的虹桥高级别墅，镇东有天马宾馆。1984年，梅陇镇有乡办梅陇工艺品厂、农业机械厂和玻璃纤维厂，19家商店，商店从业人员200余人。1984年，曹行镇有乡办农业机械厂、碳黑厂、织布厂等6家，建有银行、邮局及商店、文化站、影剧院。1976年，颛桥镇填没六磊塘，改辟为混凝土路面的颛建路，两侧建20幢4～5层楼，渐成商业中心。1984年，颛桥镇有近1300户约3500人，90%以上为非农业户。北桥镇70年代社办企业发展，市面渐盛，1984年有商店14家、个体商贩38家，建2000平方米面积的百货商场，形成新镇区。1970年，马桥镇修筑南北向新街，在中街路口形成集市贸易市场；70年代末居民住宅、商业楼、文化中心、影院、办公楼相继落成。1984年，陈行镇有乡办衬衫厂、绣衣厂、冷冻设备厂、炼油厂；东西街和南北街相交处十字街口为镇中心，政府机关，百货、五金交电、医药、食品中心店和集市贸易市场均坐落于此。1984年，杜行镇有五金厂和乡办自来水厂，居民4000余人，农业人口居半。1978年，开挖大治河，闸港填没，镇迁至大治河北新址，仅剩51户居民、2家商店、2家厂于大治河南。1984年，鲁汇镇设有百货店、食品店、饭店、茶馆等20家，另有乡办针织、饮料厂。房屋全部新建，大多二三层平顶楼，公房多建于镇东南，居民私房在镇西北；居民约300户、近700人。召楼镇于60年代在镇侧建召楼酒厂，80年代扩为江南啤酒厂，所产召楼大曲为上海名酒，1984年有商店25家，居民3100余人。

由于交通等基础设施建设原因，少数历史市镇式微。1984年，塘口镇只有酱酒烟什、点心、理发店各1家。苏民镇有粮店、烟糖什货、茶馆、点心等商店四五家，砖瓦厂、服装厂、皮鞋厂乡村企业各1家。1978年，大治河开挖，闸港河废，中河镇全镇迁大治河西水闸畔；闸南为住宅区，闸北为商业区，1984年只有5家商店。1984年，塘口镇、苏民镇、中河镇、中河镇4镇居民多为农户。

城镇建设包括市政公用设施的建设。1956年前后，境内上海县兴筑七莘路、上泗路等一批机耕路。1958年，为适应闵行、吴泾工业区的开发建设，修筑沪闵、龙吴等市级干道，此外还有闵东线、徐闵线，上海县近10条公交线路开通。1964年前后又开辟乡镇支路。20世纪70—80年代，增加周鲁线、莘吴线、莘龙线等9条公交线路，拓宽、改建闵行浦东地区的三鲁路等公路。1984年，5条公交于小闸港镇附近设站。程家桥镇有3条公交线通莘庄等镇。朱行镇公交通莘庄镇和徐家汇、龙华镇。纪王镇公交通北新泾镇（今属长宁区）和莘庄镇。颛桥镇公交通徐家汇、闵行和莘庄镇。北桥镇有公交通闵行、莘庄、塘湾、马桥等镇。到1992年，北松路、七莘路、吴宝路拓宽工程全线通车。水运方面，为了衔接境内黄浦江对江市镇的联系，除闵行镇、吴泾镇工业区黄浦江对江轮渡外，开辟了杜行镇至吴泾镇的杜吴线、塘口镇至吴泾车沟的塘车线轮渡。

20世纪50年代，境内第一条35千伏输电线路、第一座35千伏闵行变电站投入运营。颛桥镇1957年通电。1992年新闵行区成立前，境内共投运110千伏变电站1座、35千伏变电站12座，境内架空线总长1020公里。七宝镇60年代建有自来水厂。梅陇镇1964年用上自来水。颛桥1968年用自来水。1984年杜行镇有乡办自来水厂。90年代初，上海县建成自来水厂、污水处理厂。上海县自来水厂下设莘庄、七宝、马桥、杜行、纪王镇5个净水厂。60—70年代，境内上海焦化厂产生的煤气少量供应该厂所在的老闵行镇地区；1967年梅陇镇通煤气。1986年虹桥镇部分地区通煤气。1992年，境内有人工煤气管道168公里、液化石油气管道5.4公里，液化气灌装站工程竣工使用，管道煤气输配形成网络。当年人工煤气用户29350户，液化气居民用户31183户，民用煤气（含液化气）普及率82.2%。

三、城市化发展

城市化（又称城镇化）是由农业为主的传统乡村社会向以工业和服务业、高新技术产业和信息产业为主的现代城市社会转变的过程。

1993年3月，新闵行区在上海县、原闵行区的基础上成立。政区沿袭原上海县的莘庄、七宝、颛桥3个镇和陈行、杜行、鲁汇、塘湾、马桥、北桥、莘庄、曹行、梅陇、虹桥、华漕、诸翟、纪王13个乡（三林乡划入浦东新区），同时沿袭原闵行区的昆阳路、碧江路、华坪路、吴泾4个街道。3个镇、4个街道属城镇地区，而13个乡为农村地区。1993年4—9月，市同意撤销莘庄乡、莘庄镇建立新的莘庄镇，撤销虹桥、塘湾、梅陇、纪王、北桥、陈行、马桥、杜行、曹行、鲁汇、诸翟、华漕12个乡分别建立区属镇；乡改镇，标志闵行区大规模城市化的序幕拉开。

城市化又是农村农业人口向城镇集中为非农业人口的过程，市场化改革又是外来人口进入城市和工业化地区的过程。2011年12月，《中国社会蓝皮书》发布，"中国城镇人口占总人口的比重首次超过50%，标志着中国城市化首次突破50%"。

闵行区境内通过50年代老闵行、吴泾地区上海工业基地的建设，60—80年代央企和市属企业迁入，上海县县属工商业和农村乡镇企业的发展，改革开放初期个体工商业户的出现和外资企业的进入，非农业人口与非农业区域不断增加。1990年"四普"（全国第四次人口普查），境内有常住人口53.83万人，非农业人口22.02万人、农业人口31.47万人。此期农业人口仍大于非农业人口，非农业人口占总人口的41%，而农业人口占58%还多。境内仍属于农业为主的地区。此外，境内户籍常住人口49.59万人，外省市到闵行区常住人口只有3.9万人，境内仍属本籍人口为主的地区。2003年，七宝全镇耕地面积只剩28.5公顷，农业生产停止，2004年全镇养殖业（场）全部关闭。

1993年闵行区成立后，通过深化改革，产业结构由"一、二、三"产业转为"二三一"产业，再转为"三二一"产业，外资经济不断进入闵行，产业园、科技园、工业区规模不断扩大，闵行区的农业人口不断向城镇集聚，上海市中心城区城市发展动拆迁人口迁入闵行，外地大量流动人口进入闵行务工就业，农业土地不断减少，工商、文化、市政用地不断增多，城市化步伐加快。2000年"五普"闵行区常住人口121.73万人，其中非农业常住人口63.81万人、农业常住人口56.87万人。非农常住人口占总常住人口的52.4%，农业常住人口不到47%，标志着2000年的闵行城市化率已超过50%。另外，户籍常住人口58.54万人，占48%；外省市、上海市其他区县到闵行区常住人口62.15万人，占51%。

工业化是城市化发展的重要动力之一。1992年以前，境内上海县沿袭乡镇工业起步阶段的"一乡一点或两点，相对集中"型布局；原闵行区工业企业分布在老闵行地区（今江川路街道）和吴泾地区（今吴泾镇）。1993年新闵行区成立后，当年有工业企业2158户。1994年，闵行区闵东、闵南、闵吴、闵北4个区级工业区的市政设施建设加快，36个工业小区建设顺利。1998年，伊藤忠、大宇、东棉、罗纳普朗克等13户世界500强企业，在闵行投资。2003—2006年，镇属工业高速发展。2011年，全区规模以上镇属工业企业数量为1850户；三资企业工业总产值达2771.4亿元，占全区工业总产值的69.28%；私营工业企业年末从业65879人，私营工业企业销售产值超过20亿元的有华漕、梅陇、颛桥、马桥、浦江5个镇，以及江川路街道和莘庄工业区。截至2011年，闵行区在南部、中部、东部三大组团基础上，形成大紫竹、大虹桥、大浦江三大功能区，工业向园区集中。年底，市级以上经济园区，国家级有闵行经济技术开发区、漕河泾开发区浦江高科技园、上海紫竹高新技术产业开发区3个，市级有莘庄工业区、闵北工业园、向阳工业区3个。工业区的配套建设，促进了闵行区的城市化组团式发展。

交通，尤其地铁，推进了闵行的城市化。1996年底地铁1号线延长至莘庄和2003年5号轻轨线的运营，市区与闵行、莘庄与老闵行地区（江川路）的相对距离缩短，作为靠近中心城区最近的郊区，到中心城区上班，闵行居住成为可能。闵行地区生活性价比相对较高，促使进入闵行的外省市务工就业的"新上海人"、中心城区与外省市在闵行购买商品房的人口迅速增加。人口的聚集，促进了闵行的房地产业、工商、教育文化、市政交通的不断发展，城市化进一步加快升级。2010年"六普"，闵行区常住人口增至242.94万人，其中非农业常住人口141.22万人，占58.13%；农业常住人口100.55万人，占42%。户籍常住人口90.03万人，外省市及上海市其他区、县到闵行区的常住人口分别为120.37万人、31.37万人；外省市到闵行的常住人口占常住总人口的49%，超过闵行户籍常住人口的37%。非农与农业、外来人口与本地人口的比，说明了闵行区城市化的规模继续提高。

上海市城市建设发展的规划，同样推进了闵行区的城市化进程。1993年，形成的《闵行区总体规划方案（1993—2020年）》，其中城镇体系结构布局分为集中城市化地区、城镇地区、中心村和一般村宅。集中城市化地区分成莘庄、七宝、虹古、梅陇、颛北、闵行、吴泾7个分区。2000年出台的《上海"十五"规划》，其中包括闵行浦江镇在内的"一城九镇"。当年10月18日，陈行、杜行、鲁汇三镇合并成立浦江镇。浦江镇在整个空间结构上分为中心镇区、东部漕河泾新兴技术开发区浦江高科技园及南部沿江带高级休闲居住区。而上海六大动迁保障性住房基地中占地面积最大的一块就位于浦江镇中心城镇，总建筑面积约218万平方米，规划总人口7.32万人。2006年，上海市第十一个五年规划纲要提出"1966"城乡规划体系，"9"即包括闵行新城在内的"9个新城"建设。据此，2006年闵行区制定《闵行区区域总体规划实施方案（2006—2020年）》，区域城乡规划体系由1个新城、2个新市镇、23个中心村组成。闵行新城以莘庄为中心，以沪闵路、七莘路为轴线，组团式发展，由新城主城区、颛桥、马桥旗忠（国际体育中心）、梅陇、吴泾紫竹（科教研发）、江川6个组团组成，2个新市镇包括浦江镇和华漕镇。浦江镇规划形成特色风貌区、生态休闲区和航天、微电子产业基地。华漕镇规划形成以综合交通、现代服务业、国际教育为主的服务功能区和现代居住社区。

城市化建设行为主要包括住宅建设、旧区及旧住宅改造、城中村治理、土地开发、商品房建设、市政设施建设等。20 世纪 90 年代，上海市中心旧区改造加快，闵行区成为中心城区动迁居民迁入的重要区县。静安新城就是在闵行区七宝镇安置静安区的动迁居民，浦江世博家园就是在闵行浦江镇安置黄浦区、卢湾区世博动迁居民的大型住宅区。1993—2011 年，闵行区结合区域实际，以服务于上海市中心城区重大工程建设、旧区改造动迁、莘庄与虹桥等交通枢纽的建设、外来流动人口的大批导入为契机，促进房地产商品化，培育发展房地产市场，建成区的规模和体量越来越大。

1993 年新闵行区成立当年，境内住宅竣工面积 199 万平方米，至 1997 年累计竣工 981.9 万平方米。2009 年起，住宅开发以商品房为主转变为商品房和保障房建设并举。截至 2011 年底，闵行区累计住宅竣工面积达 5072.7 万平方米；开发类型上，由动迁安置房逐步扩展到普通商品房、高档公寓房、别墅小区以及各类保障性住房。1994—2011 年，闵行区经批准建设的商务办公楼项目，体量超过 5000 平方米的商务办公楼 32 个，主要集中在莘庄镇、虹桥镇、梅陇镇和七宝镇。

住宅配套建设。1993 年，闵行区按“先地下，后地上”的程序，推进市政公用配套设施与住宅同步建设、同步交付使用。2001—2010 年，区累计投资 24.78 亿元，建成疏影路、虹莘路、宝铭路、中谊路、金光路、申滨路、永德路等居住区市政道路 184 条，总长 147.9 公里；建成金丰路、虹莘路、幸乐路、田园都市等雨水泵站。区住宅配套费投资建设的教育公建配套项目（含九年一贯制学校、中小学、幼儿园等）累计 161 个，总投资 19.86 亿元。

闵行的旧区旧宅改造始于 1993 年的老闵行老街改造，1996 年起开始对旧住宅小区进行改造。1999 年开始进行沪闵路和七莘路沿线的“一线”，闵行、颛桥、莘庄、七宝镇“四点”的建设改造。随着外地人口大量导入，形成一些“城中村”，基础设施、环境卫生、社会治安存在大量问题。2002 年，闵行区启动集中城市化地区的旧村宅按规划实施动迁改造，决定 4 年内改造七宝、虹桥、梅陇、莘庄 4 个镇和古美、龙柏 2 个街道范围 73 平方公里集中城市化地区的“城中村”农村宅基地，位于浦江、梅陇、华漕、颛桥、吴泾、马桥、七宝、莘庄等镇和莘庄工业区经区认定的 73 个区属动迁安置房（配套商品房）项目动工建设。其中，七宝镇累计投入资金近 2 亿元，改造近百万平米的旧小区。江川路街道对非成套的老公房进行改造。至 2011 年底，闵行区投资累计达 20.07 亿元，完成各类旧住房综合改造项目 327 个，涉及房屋 6319 幢，改造总面积 1750.63 万平方米。闵行区城中村共动迁农户 6600 多户，腾地 113 块。七宝华夏名苑、碧林湾花园、莘庄凯德龙之梦广场等项目相继建成，闵行区城区环境得到改善。2003—2011 年，闵行区还先后启动三轮大型居住社区的建设，具体包括浦江“四高”小区、颛桥君莲、浦江鲁汇、浦江谈家港、梅陇上广电等，浦江“四高”小区住宅区面积 163 万平方米。

截至 2011 年年底，闵行区道路密度每平方公里 2.92 公里，有桥梁 685 座，跨越黄浦江的大型桥梁有闵浦大桥、闵浦二桥。地铁 1 号、2 号、8 号、9 号、10 号线闵行段和轻轨 5 号线，境内轨道交通总里程 61 公里。区内天然气管网达到 3725 公里，居民家庭气化率为100%。自来水供水总能力达到290万立方米/日。污水处理率达到85%。邮政投递邮路520条、汽车邮路50条，总长1124公里，邮政共有电子化支局系统406台。路灯总数6.65万盏，容量17.55兆瓦，长度1765.41公里。通信基站361座，莘闵电信局FTTH建设累计覆盖户数超48.5万户，覆盖小区592个，区域内覆盖小区数超过50%。区信息化公务网建设覆盖全区76个处级部门。

1993—2011年，闵行区房地产开发布局为中心城、新城区、新市镇三大层次，共计22个板块。中心城包括闵行境内外环线以内部分，分为虹桥、古美、梅陇城3个板块。新城区包括七宝、莘庄、春申、梅陇、都市路、颛桥、森林体育城、马桥、江川、新江川、曹行、吴泾、紫竹13个板块。新市镇包括诸翟国际社区、华漕、浦江中心镇、谈家港社区、鲁汇社区、浦江生态区等6个板块。中心城区和新城区共16个，这一地区为完全城市化地区；新市镇6个板块，此类地区为城镇与少数生态旅游类型的城郊农业结合地区。

此期，各镇、街道不断进行深度城市化的发展，每个镇、街道都建有数量不等的学校、医院、邮局、银行支行、保险公司、商场、大卖场、餐饮酒店、菜场、公交站点。大型的教育、医疗、体育、金融设施得到配套建设，上海交大七宝校区设于七宝镇。上海交通大学闵行校区、华东师范大学闵行校区均建于江川路街道地区。上海瑞金医院集团闵行区中心医院建于莘庄镇。旗忠网球中心建于马桥镇。闵行体育公园建于七宝镇。等等。

截至2011年，闵行区境内3个街道、9个镇、1个莘庄工业区，总面积100平方公里的有浦江镇1个（102.1平方公里），30～40平方公里的有吴泾镇（37.15）、马桥镇（33.2）、颛桥镇（32.29）、江川街道（30.27）4个，20余平方公里的有梅陇镇（28.47）、华漕镇（28.2）2个，10～20平方公里的有七宝镇（19.62）、莘庄镇（19.53）、虹桥镇（11.08）、新虹街道（19.26）、莘庄工业区（17.88）5个。10平方公里以下古美街道（6.51）1个（本自然段以上括号内均为“平方公里”）。市政商业街最多的是莘庄镇，有80条，大的商场有仲盛和龙之梦；其次七宝镇有61条商业、市政街，著名的有七宝老街和九星大型批发市场。吴泾镇有30条，浦江镇的陈行、杜行、鲁汇共18条，颛桥镇11条，江川街道12条市政商业街。虹桥镇吴中路形成以汽车销售、家居零售、大型卖场、餐饮住宿为特色，以盛世莲花广场、金虹桥广场、吴中路万源路为商业聚集点的商业街区。“老外街101”，把十几个国家的风味餐馆浓缩到一条街上，被评为“中国特色商业街”。2011年，七宝镇建商业商务设施共计116万平方米，有商户1.3万余家。

城市化形成密集的交通网，13个街道、镇、工业区有6个通地铁，莘庄镇为地铁1号、5号线起（讫）点，七宝镇有9号、10号、12号地铁经过，共设5座地铁站。虹桥镇9号、10号线经过，共设3座地铁站。浦江镇8号线通过，设5座地铁站。5号线经过颛桥镇和莘庄工业区，分别设6个和2个地铁站。13个镇、街道、工业区巴士公交便利，莘庄镇、梅陇镇有50多条公交线路。2011年，马桥镇常住人口10.99万人，其中外来常住人口7.36万人；七宝镇常住人口28.34万人，其中外来常住人口 13.24 万人；莘庄工业区常住人口 61317 人，其中外来常住人口 41512 人；虹桥镇户籍人口 69481 人，境外人士 1.85 万人，是闵行区外籍人口最多的街镇。各城市化和接近城市化地区，外来常住人口大多超过闵行籍常住人口和沪籍常住人口。人口压力增大，社会教育、卫生等资源的压力也随之增大。

在大规模城市化建设中，闵行区兼顾了对历史建筑的保护，中国第一台万吨水压机车间旧址、上海重型机器厂旧址、七一人民公社旧址、中医学家秦伯未故居宅院、胡氏三寿堂宅院、庞家诵德堂、彭家花园洋房、南洋模范中学七宝新校旧址等均进行了保护，七宝老街修旧如旧与商贸旅游历史文化遗存保护相结合。闵行的城市化进程中，同时伴随出现“城中村”和环境污染问题，通过关停江河沿岸的养殖场，进行黄浦江母亲河保护，建设地下接管排污，城区绿化，进行卫生城市创建等，闵行的城市环境和人均状况总体较好。1999—2007 年，闵行区先后获得“国家环境保护模范城区”“中国人居环境范例奖”“（国际）人居环境迪拜奖”。

（《上海地方志》2015 年第 2 期）

自评：在参与《闵行区志（1992—2011）》编纂（顾问，实际是培训启动至初稿完成阶段的总纂；初评后由该志主编总纂）阶段主动撰写的该志卷十七城乡建设的一个章节，目的是从宏观上写出闵行城乡建设的演变与功能分区，因主编持不同意见，故只在卷下无题导言中留了点痕迹。因为总纂通贯全稿，本人才可以熟悉闵行关联城乡建设的背景、区位、行业与兴建，写出这篇稿子；大多志书城乡建设只是散状地写城乡的市政、公用设施建设，不见演变的过程与特点。闵行首轮志书（原闵行区志、上海县志）也没有写城乡建设的演变与功能分区，故客观地说：要想了解闵行城市化的发展过程，还需读一读本文。因未载入《闵行区志（1992—2011）》，故发表在《上海地方志》杂志上。本文的价值有无，后人可以参照《闵行区志（1992—2011）》（上海人民出版社 2018 年版）探讨之。

商业要写商品与流通渠道

作者按：本人一直坚持商业要写商品、流通渠道、商业行业、业态和商业街市，但由于无现成的文档和社会调查，现代志书往往写的只是批发、零售的统计数据和主要业态（商场、商店）的选介。故我在担任《闵行区志（1992—2011）》顾问时，通过社会调查和旧志资料、网络资料及部门上报资料结合（具体商品及渠道都是本人带笔记本在市场一笔笔记下来的），写了该志商业卷的蔬菜副食品、烟酒糖茶、餐饮业，以指导该志其他商贸行业的撰写（都说无资料写）。通过社会调查写出的内容鲜活而接地气，可作为商业内容编纂的直观参考（看了我的样稿后，该志其他商业行业也相继写了出来）。旅游业绝大多数志书只写在本地的旅游资源、旅游线路与旅游效益。我在修改中搜集资料增加了对外的旅游服务与旅游情况，统统是搜集资料撰写，所以地方志要总纂倒逼，直接修改充实才能提高志书质量；完全依赖部门报的总结、年鉴资料稿，大多是流水账。以下内容只是节选，详细内容见《闵行区志（1992—2011）》卷三十商业服务业旅游业；当然也可以与同时期同类型志书商贸、旅游部分内容进行比较，长短了然。

【蔬菜副食品业】……90年代初起，上海的“菜篮子工程”不断完善，区内菜场恢复自行采购，批发商到外省组织菜源（后通过互联网），入区后批发给菜场、超市零售，江苏、浙江、安徽乃至山东的农户直接包重型卡车夜间行车，凌晨进入闵行批发市场批发给零售。货源充足，花色品种齐全。菜场出租摊位，安徽、苏北、江西的流动人口租后零售蔬菜，以妇女卖菜居多，但也有“夫妻档”的，生意好的全家上阵；超市有散装蔬菜和蔬菜小包装。除上海本帮的蔬菜外，主要是外地蔬菜，叶菜类有美芹、生菜、紫角叶、韭菜、香菜、金花菜、白花菜、甘蓝菜、大叶茼蒿、红米苋、青菜、菠菜、马兰头、豆苗、山东大葱、鸡毛菜等，根菜有丕蓝、水果丕蓝、白萝卜、青皮萝卜、红皮洋葱、红薯、胡萝卜、茭白、竹笋等等，菇类有猴头菇、金针菇、杏鲍菇等等，瓜果类蔬菜有番茄、圣女果、黄瓜、丝瓜、佛手瓜、南瓜、冬瓜、苦瓜、瓠子、西兰花、茄子等。

水果南来北至，甚至来自海外东南亚和新西兰、美国。上海本土水果有南汇8424西瓜、南汇水蜜桃、嘉定马陆葡萄、郊区草莓、小香瓜等。国内其他省区市的水果有赣南脐橙、南丰贡橘、桂林金橘、新疆糖心富士苹果、陕西洛川苹果、陕西香梨、新疆香梨、新疆水晶梨、安徽砀山梨、海南火龙果、海南柚王、海南麒麟西瓜、琯溪蜜柚、福建枇杷、台湾西柚等，还有皇冠梨、冬枣、猕猴桃、山楂、石榴、菠萝、芦柑、提子、黄蕉苹果等。境外进口水果有美国蛇果、车厘子、加州樱桃、新奇士橙、新奇士柠檬、新西兰奇异果、新西兰加丽果、日本红富士苹果、智利蜜梨、秘鲁红石榴、泰国榴莲等。

由于南来北往畅通的流通渠道，互联网信息沟通网上订货，高铁动车与空运，加之大棚保温，时令蔬菜、错时水果四季有售。

20世纪90年代初凭票定量供应取消后，猪蛋禽、水产品市场供应越来越丰富，猪牛羊肉和鸡鸭鹅、鸽子、鹌鹑、鸡蛋上市供应有余。猪肉品牌有上食、爱森、雨润、家佳康等。超市分类零售或小包装销售，有大排、肋排、里脊肉、五花肉、肉丝、猪肝、猪心、猪腰等等。牛肉分为牛腩、牛肚、牛腿、里脊肉，山羊分前腿、后腿销售，有崇明滩羊肉、山东羊肉、澳大利亚草饲羊肉、新西兰草饲羊肉。鸡有洋鸡、杂交鸡、土鸡、草鸡、乌鸡，鸭有麻鸭、鸳鸯鸭、北京鸭等，菜场为活禽宰杀，超市冷冻出售。市场淡、海水产品兼有，淡水水产品有白水鱼、秋刀鱼、回鱼、鳊鱼、松江鲈鱼、鳜鱼、黑鱼、昂刺鱼、千岛湖鲫鱼、太湖河鲫鱼、草虾、黄鳝、泥鳅、中华鳖等，主要来自长三角洲及周边的太湖、长江、千岛湖等水域，阳澄湖大闸蟹是市民重阳前后购买品尝的主要水产品。海产品有鲳鱼、黄鱼、梭子蟹、乌参、石斑鱼、对虾、南美白对虾、红膏蟹、东海大带鱼、鸦片鱼、三文鱼（鲑鱼）、多宝鱼、鱿鱼、北极贝、蛤蜊、海瓜子、海带、海蜇皮等等，来自市内崇明、浙江舟山港、江苏启东吕四港、辽宁大连等海港。居民膳食结构中荤菜比重不断上升，从计划经济时期凭票供应，一周难有一次荤腥，到90年代后的荤菜过多，以至部分人肥胖、“三高”（高血糖、高血脂、高血压），不得不素食减肥。

……豆制品传统品种有豆腐、油条子、素鸡、豆腐衣、豆浆、粉皮等。21世纪豆制品除在菜场销售外，还在超市销售。豆制品品牌有清美、祖名，品种在传统基础上，增加很多，有烤麸、油方、小油豆腐、千张、素火腿、东北干豆腐、油面筋、香干等。

境内开业早的杂货店先后有清同治九年（1870年）梅陇镇朱合兴南什货店、光绪七年（1881年）颛桥镇张永源南北货店、光绪十七年（1891年）纪王镇新泰森南北货店，光绪二十三年（1897年）杜行镇王恒和南货店。中华人民共和国成立初，境内有南北什货店100多家，大点的有闵行镇郭天发南什货店、马桥镇万康南货店，对私改造后，有南北货店100余家。21世纪初，除菜场销售干货外，干货主要在超市大卖场销售，品种繁多，有黄花菜、大枣、红黑枣、桂圆、核桃、荔枝干、莲心、粉丝等干果干菜，咸干货有精制肉皮、精华火腿、辣香鸡、广式香肠、蚬子干、舟山小开洋、虾米虾皮、辽海烤紫菜、鳗鲞、辽海鳗鱼、章鱼片、干贝、鱼翅、海参、海苔、龙鱼片、鸭司令咸鸭蛋、五香咸鸭蛋、松花皮蛋等。超市还销售中外乳制品，牛奶有纯牛奶、酸牛奶、果味牛奶，进口主要是新西兰牛奶，国内品牌有光明、蒙牛、天源生态、维维、旺仔、奥利奥等品牌序列。

21世纪农家乐旅游业发展，农庄有盒装有机蔬菜、大米、草鸡蛋供应。

……副食品商业不断发展，社会上还出现为企业、学校、机关食堂配送蔬菜副食品的配送公司，由地头到灶头，区内配送公司有上海翔发贸易有限公司、上海正义园艺有限公司、上海科配副食品配送有限公司、上海健净副食品配送有限公司、上海龙神餐饮有限公司、上海绿捷快餐有限公司、上海仪翔餐饮管理有限公司、上海龙厨食品有限公司、上海颛龙餐饮管理有限公司等。至2011年，区内有华联、乐购、麦德龙、大润发、家乐福、易买得、乐购、吉买盛、易初莲花等21家大型超市，481家连锁超市、便利店均有副食品销售。

【烟酒糖饮料及茶叶行业】……改革开放后，茶源丰富，种类繁多，包装考究，绿茶有龙井、碧螺春、黄山毛峰、庐山云雾、信阳毛尖；红茶有祁门红茶、荔枝红茶、大吉岭红茶、锡兰高地、滇红工夫；白茶有银针白毫、白牡丹、安吉白茶、南山寿眉；黄茶有蒙顶黄芽、霍山黄芽、黄山毛尖、君山银针、北港毛尖、温州黄汤；青茶有铁观音、冻顶乌龙茶、大红袍、武夷岩茶；黑茶有普洱茶、湘尖、四川边茶；花茶有茉莉花茶、菊花茶、花果茶；加工茶有保健茶、速溶茶等。闵行区专卖茶叶店有报春路杭州西坞茶叶公司、九星综合市场铁观音专卖店、云南普洱茶专卖店（莘朱路、安宁路、报春路、航北路、红松路）、申北路旺福茶叶店等。

【住宿和餐饮业】据《上海县志》（1993年版）记载，境内餐饮业开办较早的有清光绪二十六年（1900年）莘庄镇的施正裕菜馆。民国时期有七宝镇潘福兴菜馆、四如春饭店、纪王镇协和饭店。20世纪80年代中期，境内大点的饭店有七宝天香楼饭店、莘庄饭店、颛桥饭店、梅陇饭店，中等的有虹桥、纪王、塘湾、鲁汇、马桥、陈行、北桥等饭店。饭店就地现收鱼、鳝、虾、蟹等鲜活水产烹调应市。80年代后期天香楼和老正兴饭店传入“杭州帮”和“苏锡帮”菜肴。

老字号茶馆有清咸丰元年（1851年）开设的朱行镇沈复兴茶园、同治十年（1871年）的沈复顺茶园、光绪十五年（1889年）纪王镇王玉记茶园、光绪十六年（1890年）杜行镇四景园茶馆和徐大生茶园、宣统二年（1910年）聚仙茶园和召楼镇长升茶园。民国年间境内有梅陇镇义兴茶园、莘庄镇一品茶园等。20世纪30年代七宝镇有茶馆19家之多。解放初，上海县有94家茶园。对私改造后，茶馆业停业。改革开放后1979年起茶馆（室）恢复，七宝、龙华、莘庄、颛桥等镇茶馆扩建，均有300个茶座，诸翟、纪王、虹桥、陈行、鲁汇、梅陇、北桥、杜行等镇茶馆可容茶客50 ~ 100人。

20世纪90年代以前，闵行餐饮业主要以本帮（上海本地）菜、维扬菜、杭帮菜为主，90年代中期起，外来人口越来越多，加之商务洽谈不少在餐桌上交易，故全国各地的菜肴不断进入闵行丰富了当地餐饮业的食谱，加之大厨互相竞争，菜品层出不穷，海鲜大酒楼也不断出现，区内上规模档次的大酒店有数百家，一般的酒店近千家，竞争激烈。菜系最受欢迎的除杭帮菜，就是川菜、粤菜，部分重辣、重油的菜系，为迎合江浙人口味，改良成为新概念菜后参与竞争，如徽菜；还有一些饭店用“土菜”取胜。酒店业经营激烈，站得住的有之，此开彼歇的也有之：21世纪初起，闵行区杭帮菜馆先后开业的有南方商城金时代大酒店、仲盛世界商城外婆家分店、中谊路阿英煲、古美路古梅苑、七宝镇北大街天香楼、沁春路象山小海鲜、龙茗路旺鑫阁等等；川菜馆先后开业的有东川路三人行川菜馆、南方商城多利川菜馆、塘浦路天府川菜馆、仲盛广场的麻辣香锅、新龙路重庆鸡公煲、报春路重庆烤鱼等；粤菜馆先后有莘庄百家味仲盛店、虹许路唐宫壹号天禧店、万源路国际会馆、莲花路山水茶楼、中谊路宝燕壹号七宝店、东川路天禧大酒楼闵行店、仲盛世界商城尚一汤、吴中路一品粤珍和海港城酒店、浦星路玉满城粤菜馆、锦江乐园阳江渔市、都市路海燕精菜馆、春申路恒隆会所酒店、金汇南路添彩酒楼、金平路瑞丽坊等等；湘菜馆先后开业的有都市路望湘园、漕宝路望湘园、七宝镇望湘园、莲花国际广场的湘乐汇、地铁莘庄南广场的映山红湘菜馆、古美路大不同湘菜馆等；徽菜因为重油重色，食材又需山珍野味，闵行区虽然安徽外来人口最多，但徽菜馆却不多，虹莘路有一家徽味楼土菜馆、龙茗路有一家徽珍源；鲁菜、闽菜在闵行开业更少。

一般大型商城都有餐饮业，旅游地小吃兴盛。莘庄镇莘松路上的凯德龙之梦于2011年开业，先后入驻的餐厅有望湘园、霖上海味道、斗牛士、肯德基、小巴辣子川湘菜厅、丰收日、南翔小笼、西贝西北菜、洋葱餐厅、屈臣氏美食、点心师、兴旺茶餐厅、荔餐厅、鲜芋仙、新辣道鱼火锅、赤坂亭、拉味道梭边鱼、和记小菜、元利香辣蟹、箸味三样菜、家有好面、西贝莜面村、和绿回转寿司，等等。购物者不出商城可以进中晚餐，品尝各地风味的小吃餐饮。辣不怕的消费者，区内还有许多四川、湖南风味的火锅提供品尝。七宝镇小吃街有桂花糕、凉皮、红烧猪手、小龙虾、粽叶肘子、汤团、油炸臭豆腐、串烤里脊肉、鸭脖子、牛杂、叫花鸡、竹筒鸭、素鸭、蟹黄汤包、荠菜糯米团，还有蒲汇塘桥头七宝饭店的鱼头汤、七宝白切羊肉等等；蒲汇塘沿河有茶庄，可以喝到全国各地上好的龙井、铁观音、普洱、毛峰。

21世纪前10年，开业的海鲜楼不少，区内先后开业的有漕宝路沪华海鲜大酒店、红松路鸿星海鲜酒家、莘松路今明珠海鲜大酒店、沁春路珍豪海鲜大酒店、古美路原味海鲜馆、颛兴路宁波海鲜馆和启东海鲜人家、莲花路海天大酒楼、紫藤路吕四人家、吴中路九哥深海大石斑、程家桥路豪皇鲍翅海鲜大酒楼、七莘路粤豪海鲜大酒楼等等。海鲜酒楼一般在大堂置有成排的玻璃缸和冰块保鲜箱，清水中游的、冰块中保鲜的有石斑鱼、野生大明虾、野生鲳鱼、东海墨鱼、梭子蟹、美国大龙虾、大黄鱼、进口三文鱼、智利帝王蟹、阿根廷红虾等，现过称现烹饪现上桌，香味四溢。闵行区内还有素餐店，包括都市路597素餐厅、莲花南路禅茶素、吴中路乐活家园、航中路真轩小菜。在七莘路、龙茗路、程家桥路、召稼楼古镇兴东街、知新小吃广场、漕宝路、吴北路、古方路、虹井路、区梅陇西路、古北南路等都有很好的小吃简餐，如召稼楼古镇兴东街的苏记咸蹄、知新小吃广场的胖子川味小炒、虹井路的韩滋源黑牛碳烤、梅陇西路的七里香迷踪蟹、水清路的灶台土鸡等。主要街道还分布着美国商人投资的跨国连锁快餐店，在南方商城、七宝、都市路、莲花路、龙茗路、漕宝路、春申路、吴中路、莘松路、罗秀路、江川路、江文路、水清南路、颛兴路上均有肯德基、必胜客、麦当劳；节假日吸引家长带着孩子前往品尝。台湾商人投资的永和豆浆新镇路店、万源路店、古美路店、莘庄镇建设路店等，油条、豆浆、馄饨是吸引上班族的可口早点。莘庄地铁站二楼提供行人各色简易小吃，有烤香肠、煮玉米、电烤山芋、肉菜包子、鸡蛋饼、卤鸡蛋、青团等。

各餐饮场所均有烟酒消费，20世纪90年代以前，主要消费的是黄酒、红酒和啤酒，随着城市化人口的集中融合，白酒在上海消费增多，高档的有茅台、五粮液、剑兰春、国窖1573、泸州老窖、古井贡和水井坊，中档的有口子窖、沱牌、金种子、洋河大曲等。黄酒主要有绍兴黄酒和上海的“石库门”黄酒，红酒主要是干红、干白，国产的长城葡萄酒或张裕葡萄酒，也有国外进口的葡萄酒。香烟上海地方主要消费中华、双喜等，也有少数消费苏烟、云烟等，随着文明程度的提高，公共餐饮场所抽烟越来越少。

20世纪90年代中期，企业职工下岗分流，加之流动人口猛增，部分下岗职工与外来人口自寻就业，在热闹的街市和工地旁，夜晚支起帐篷，摆上轻便的塑料桌凳，在居民家引出电源悬挂个灯泡（有的在路灯电线杆下）做起大排档，为过路者和工地工人服务，供应的主要有炒牛粉、扬州炒饭、荷包蛋、咸菜肉丝面、小馄饨等。后由于下岗职工再就业和社会保障的解决，加之城市卫生管理，大排档退出历史舞台。另外，为没有食堂的机关、工厂、超市、学校提供正餐快餐的服务业依然较为普遍。

近20年，餐饮业红火的主要时节是春节年终务虚会团拜、家宴年夜饭，以及其他长假，5月、10月婚宴最多，餐饮企业这个时候一般会赚得盆满钵满。

截至2011年，闵行区餐饮业发展日趋成熟，具有一定知名度的酒店主要有上海帝璟丽致大酒店（虹莘路3988号）、上海悦隆酒店（七宝镇）、上海绿城玫瑰园度假酒店（元江路6600号）、上海虹桥金古源豪生大酒店（华翔路1989号）、金燕大厦（春申路3800号）、紫藤宾馆（东川路3050号）、上海莘城宾馆（凯城路199号）、上海雍和宾馆（顾戴路85号）、上海闵行饭店（兰坪路202号）、上海南亚宾馆（沪闵路280）、上海九宇宾馆（莘西路299号）等。

上海帝璟丽致大酒店。该店 是一家位于闵行韩国社区的高级商务型酒店。距离虹桥机场15分钟车程，距离上海展览馆10分钟车程，附近有徐家汇商圈、虹桥与漕河泾经济开发区、上海国际展览中心等商办地点，邻近则有虹桥高尔夫、上海动物园、七宝古镇等休闲旅游景点。酒店的客房皆有中央空调系统、独立浴室、吹风机、高级浴袍、高级室内拖鞋、卫星电视、高速宽带上网、国内/国际长途直拨、语音留言信箱、迷你吧、咖啡冲泡机、保险柜等。

上海绿城玫瑰园度假酒店。地处闵行开发区，处于旗忠豪宅区核心，元江路与曙光路交会处，闹中取静，旅游交通便利。酒店四面环水，一面迎宾，两河交汇处百亩水域围合出一座3公顷岛屿，岛屿上营造优雅私密的社交环境。

上海虹桥金古源豪生大酒店。为豪生国际管理集团（中国）旗下的旗舰店。该酒店坐落于虹桥机场2号航站楼和上海虹桥火车站附近，处于虹桥交通枢纽、虹桥商务区中心地带。酒店欧洲古堡外形，以经营粤菜为主。池畔大堂吧可容纳120人。其间金古源海鲜中餐厅及22个豪华包房由香港名厨主理。房间面积32~260平方米，超大内景中厅，露天外景阳台，欧式塔尖书房，其中套房87间。

【区外旅游服务】20世纪90年代后期开始，境内旅行社组织国内外游客到上海旅游的同时，还组织上海的游客到外省市及国外进行旅游。21世纪初开始进一步开拓国际旅游市场，组织社会组织和富裕起来的居民，组团到新马泰、日本、俄罗斯、澳新、美国和加拿大、欧洲、非洲旅行考察；此外通过社区，组织退休老人到长三角、市内其他区县一日游。

区内旅行社组团国内旅游线路。内地，北京游包括天安门、圆明园、八达岭长城、故宫、北海、定陵、龙庆峡、颐和园、恭王府；海南线路有天涯海角、海口、三亚、亚龙湾；云南线路有泸沽湖、香格里拉、丽江、大理、玉龙雪山；长三角周边有乌镇、南京、无锡、雁荡山、安吉、千岛湖、杭州、扬州、苏州；福建线路有鼓浪屿、泉州、永定土楼、武夷山、曾厝垵；广西线路有桂林、漓江、北海、涠洲岛、阳朔；湖南线路有衡山、桃花源、张家界、凤凰古城、洞庭湖岳阳楼；河南线路有少林寺、龙门石窟、云台山、洛阳；安徽线路有黄山、古徽州、九华山、齐云山；陕西线路有西安、秦始皇兵马俑、黄河壶口瀑布、华山、汉中；江西线路有三清山、南昌滕王阁、庐山、景德镇、婺源；贵州线路有南江大峡谷、黄果树瀑布、镇远古城、遵义；湖北线路有武当山、古荆州、武汉黄鹤楼、神龙架、长江三峡；新疆线路有天池、喀什、吐鲁番、喀纳斯湖、伊犁；西藏线路有珠峰大本营、日喀则、阿里、纳木措、林芝、拉萨、可可西里；四川线路有青城山、都江堰、成都、乐山、峨眉山、稻城亚丁、九寨沟；东北线路有扎龙、镜泊湖、长白山、沈阳、吉林、长春、哈尔滨、大连；山东线路有蓬莱、青岛、威海、济南；西北线路有青海湖、嘉峪关、敦煌、西宁、兰州；内蒙线路有满洲里、呼伦贝尔、呼和浩特；山西线路有云冈石窟、悬空寺、乔家大院、五台山、太原、平遥古城；等等。

港澳游和台湾游，是闵行区主要组团线路。香港、澳门线路主要有港澳两地＋海洋公园＋迪士尼乐园；台湾线路有台北故宫博物院、日月潭、阿里山、淡水老街、城隍庙、金山等。

区内旅行社组团国外旅游线路。早期居民到新马泰、越南、柬埔寨、韩国、尼泊尔等亚洲周边国家旅游的较多，后来逐渐扩大到欧洲、美国、加拿大、澳洲、非洲乃至南美洲。主要旅游线路有：至马尔代夫、吉隆坡10日游；巴厘岛5晚7日游；以色列、约旦9日圣景之旅；肯尼亚9日动物大迁徙之旅；土耳其10日品质游；柬埔寨吴哥5天4晚游；泰国清迈5日游；日本北海道5日游；首尔、济州岛5日游；英国伦敦、爱尔兰游10日游；法国、瑞士、意大利、德国、奥地利五国12日游；芬兰、荷兰、比利时、卢森堡、法国、意大利、奥地利、德国12日游；埃及、土耳其10日游；芬兰、瑞典、冰岛8日游；美国西海岸8日游；美国东海岸9日游；澳大利亚、新西兰、凯恩斯12日游；悉尼、布里斯班、黄金海岸、堪培拉、阿德莱德、墨尔本12日游；哥伦比亚、委内瑞拉、秘鲁10日游；巴西、乌拉圭、阿根廷10日游；等等。

（以上文字参见《闵行区志（1992—2011）》卷三十商业服务业旅游业）

自评：方志编纂研究不应该只是坐而论道，而是研究者深入一线编纂中的研究。文稿编纂示例，应该是方志编纂学研究的重要对象，但现代方志界却很少做这方面的工作。本篇内容节选的意义在此，与收入本书的《上海地方志》刊发的《闵行城乡建设与城市化》的文章，目的是相同的。因为市场化、社会化、体制外偏多的商贸，以及城市基础设施、功能分区；商品、渠道网店，都是较分散而难于综合撰写的内容，读起来往往数据化甚至“一盘散沙”。不管写出的水平质量如何，本篇文字传递的是不完全依靠文书档案资料也照样可以撰写志书；而且这样的内容才有人气和接地气，才更具有生命力。我一个新上海人能写出来，那些本地土生土长的修志者，更应该能写出来，并且更具乡土气息。

中国方志史的研究方法及思路

——关联、背景与节点是开启方志史科学研究的钥匙

内容提要：本文认为，成熟的发展史是方志学的基础之一。把握关联、背景与节点的研究方法是打开方志史科学研究的钥匙。具体是，方志史研究要用关联法看方志起源，看与相邻学科的"共源交融"，要结合相邻学科的发展和与其的相互影响研究方志发展史；用符合方志自身特征科学地确定方志的发展阶段节点与标志；通过各阶段的时代、社会特征研究方志发展演变的原因。文章认为，推动方志发展的动能不仅仅是方志文化自身，还有经济、政治、社会、文化、科技各个方面；所以，方志发展史研究不是孤立的研究，而应该是开放的关联的研究。文章围绕学科关联、社会背景与发展节点进行阐述，提出作者认为的研究思路。

关键词：方志史 研究 思路

当今，我国方志界正在进行方志学学科体系的建设。作为一个完整体系的学科，必须具备四大基础：一是有比较成熟的概论，可反映学科的研究对象、方向、内容、方法，能够阐述出与其他学科的关系；二是有比较充分成熟的发展史研究；三是有与概论、发展史相匹配的方志文论；四是培养出一批有影响力的学者。四大基础，我认为发展史的研究具有杠杆作用，它最能够体现在各历史阶段与相邻学科的关系，各时期本学科的研究对象、时代背景、内容、方法，最终有机发展地反映出学科概论所应综合的理论观点：可见发展史研究的重要意义。在发展史研究中，关联、背景与节点研究方法又是科学研究的钥匙，中国方志史研究概莫能外。

清乾嘉时期开始，我国就开始了较系统的方志学研究。民国出现一批方志学研究专著。20 世纪 80 年代社会主义新方志编纂以来，方志史研究著作论文数量丰硕，研究对象包括方志起源、方志发展阶段、方志体例形态、编修组织、流派与代表人代表作、时代特点特征等。但其中除少量的学院派专家学者采用历史背景研究方志发展的动因和特征外，多数著作、论文较为孤立地研究方志发展史，更为严峻的是很少有人从与相邻学科关联交融互动中研究中国方志史，形成不了与他学科共同的学术共识、产生学术共鸣。一个说不清楚与其他学科关系的学科，一个在基础理论重大问题上形成不了共识的学科，永远成不了一个成熟的学科；这是当前方志学学科建设中亟需重视的问题。

本文想从关联、背景、节点方面，谈谈中国方志史研究的思路和所需要把握的关键点。

一、用关联法看方志起源和与相邻学科的共源关系

（一）用关联法看方志起源

方志界在方志发展源流方面主要有一源说和多源说两种。一源说是研究某单一文献是地方志的起源，也就是有些一源说者不一定排除多源说观点，因为他们并没有否定其他文献也是地方志的起源。一源说分别认为方志源于《周官》，或源于《禹贡》《山海经》，或源于《越绝书》《吴越春秋》《华阳国志》；多源说汇一源各说（或部分说），认为汇源于诸侯国史、舆地和其他文献。

1. 一源说

方志自身内容、体裁的多元性，导致研究者的不同学术站位。历史学者把方志作为地方史，必然将诸侯国史作为方志的起源。地理学者把方志作为区域地理，必然把《禹贡》《山海经》作为起源。[①]

源于历史说。宋司马光《河南志・序》认为，周官中的职方、诵训、土训与后世的方志有相似之处。同为宋代的史学家、目录学家郑樵在《通志・总序》中称“古者记事之史谓之志”。清章学诚认为“六经皆史”“志为史体”。中国近代思想家梁启超说：“最古之史，实为方志，如孟子所称晋《乘》、楚《寿杌》、鲁《春秋》，庄子所称‘百二十国宝书’比附今著，则一府州县志而已。”[②]

源于地理说。后代学者参照后世（尤其隋唐图经）方志的分类与上古的《禹贡》《山海经》相近，故认为方志源于舆地（地理）。

源于地记（地方文献）说。后代部分学者认为方志的体例和内容更近似东汉的地记，认为方志的鼻祖是东汉袁康的《越绝书》、东汉赵晔的《吴越春秋》、晋常璩的《华阳国志》等地方文献。

2. 多源说

后世还有部分学者根据志书体例、内容的多元性，认为方志并非起自一源，而是多源（以上诸源汇流）。清代乾嘉时期方志学家钱大昕折衷史、地，认为地方志是“一方之徵信”。[③]尤其民国年间，黎锦熙等为代表的方志学家认为，“志兼史地”“折衷之论，则谓方志为物，史地两性，兼而有之”。[④]“两标”说实际认为方志应为多源。当代学者黄苇阐明方志多源说的观点，认为：“方志源头较多，不仅有《周官》《禹贡》和《山海经》，还有《九丘》之书和古舆图等等。……方志并非起自一源，而是多源。”[⑤]

（二）方志与相邻文献共源交融

本文提出“方志与相邻文献共源交融”的观点。理由，学术界认为先秦及以前文化呈现一种综合的形态，“文史哲不分”，先秦有些文学作品是史学或哲学著作，史学和哲学著作也富有文学意味。如《老子》既是文学作品又是哲学著作，《左传》《战国策》《国语》都是文学和史学作品。以上，我们认为《吴越春秋》是最早的方志，但当今学术界对其体裁也是长期争论，一种认为是“杂史“，一种认为是“小说”。章学诚“六经皆史”[⑥]正说明这一问题。

以上论述实际是说，先秦以前，起码是秦代郡县制没有建立前，地方志是与历史、地理、文学、哲学共源交融的。中国古代诸多文献既是历史、地理、文学、哲学之源，也是方志之源。这样的源流观点，应该是当代各相邻学科均可以接受的，也是符合中国文化发展历史阶段的。

方志源头不等于方志。

源流是拿自然现象对学术发展的比喻。“源”是源头，“流”才是正流、河流。

比如长江源由正源沱沱河、南源当曲、北源楚玛尔河组成。中间沿途汇流又形成通天河、金沙江，当金沙江流到四川宜宾市与岷江汇合后才称为长江。也就是宜宾以上的沱沱河、金沙江、岷江等是长江的源流而不是长江。

故本文认为，秦朝郡县制建立前，春秋战国时期的方国为“高于部落以上的、稳定的、独立的政治实体”“即早期城邦式的原始国家”；[7]秦朝以前分封制下的诸侯国是“效忠于王朝的内部小国，带有自主独立性，但有依附性”，不是王朝的行政区，尤其是战国七雄。（汉朝郡县制与诸侯国并存，其诸侯国才是中央以下的行政区划）而梁启超认为“‘百二十国宝书’比附今著，则一府州县志而已”。只是一种“比附”，故其“最古之史，实为方志”并非严谨的科学论断；因为梁启超先生所称“比附”一词，本身的概念就是“拿不能相比的东西来勉强相比”[8]。

根据地方志重要性质之一，即与中央相对应的地方区域性，也就是方志的地方性来鉴别，秦代郡县制出现前，先秦诸侯国史只是历史学和方志学等文献的源头，而不是真正的地方志。方志界有人根据梁启超用“百二十国宝书”比附“府州县志”，“最古之史，实为方志”，即认为”方志与地志是历史与地理之母”[9]，主要原因是把“源头”当成了“正流”，共源当成唯一属于方志的一家之源。

如同长江的源头不是长江一样，先秦的诸侯国史和《禹贡》均只是方志的源头（也可以说是历史、地理的源头），而不是真正意义上的方志。而真正的方志开始于秦郡县制地方政区实行后，以东汉的地记为代表。如果此观点成立，中国方志史的历史阶段时间，大致起源春秋有2500多年历史，而初级方志从东汉开始迄今有近2000年历史，宋代中期方志定型迄今有近1000年历史。

二、用历史节点与背景法研究方志发展史

背景、节点法是史学研究的必要方法。节点就是历史阶段，大多学院派学者研究中国方志发展史都进行节点与背景的研究。如仓修良先生认为方志发展经历了魏晋南北朝地记、隋唐五代图经，定型于宋代方志、明代方志迅速发展、全盛的清代方志、民国方志和新中国方志七大节点阶段。同时分析了各阶段节点发展变化的原因，如“魏晋南北朝地记发达的原因”“唐五代图经发达的原因”，等等。[10]本文认识与仓先生小有区别，即方志发展分为六个阶段节点更为恰当：（1）初起方志于汉唐；（2）定型于两宋（北宋中期以后）；（3）成规模于元明；（4）隆盛于清；（5）过渡于民国；（6）光大于中华人民共和国时期。

（一）东汉到唐代的地方志发展背景与特点

秦统一后实行郡县制，华夏真正有了以地方行政区划为单元修志的可能。

东汉蔡伦造纸，书写材料由纸张代替简帛，轻便和成本相对低廉，使区域性修志和较大范围传播成为可能。

东汉时期的地记，是最早的初级形态的方志。东汉、魏晋南北朝实行门阀制度，私修史志有了社会和经济的基础。地记为专门记载地方山川风土、物产、人物等情

况的著作，《越绝书》问世前地记有地理志、郡书、都邑志三类；而《越绝书》则兼具以上地理、都邑、人物三方面内容，故被后人称为“地方志鼻祖”。清代方志学家洪亮吉在《澄城县志》序中说：“一方之志，始于《越绝》。”地记是最早的初级形态的方志，具有记地方地理、人物这一方志必备的特征。

为加强中央集权，打击门阀势力，实行科举制，隋大业间（605—616 年）“普诏天下诸郡，条其风俗、物产、地图，上于尚书”[11]。为后世历代封建王朝修志创立了官修格局，方志从私修为主转为官修为主。隋代发明雕版印刷术对图经印刷有一定帮助。

隋唐时期地方志主要是图经，仍属于初级形态的方志。唐建中元年（780 年），朝廷将原规定各州郡每三年编修一次图经报尚书省兵部职方改为五年一修报兵部职方，当时图经主要用于军事。

唐代图经由图为主向“经”（文字）为主不断转化：一是记州县的”图经”“图记”“地记”转称“图志”或“志”，图的地位渐小。二是由地理为主，转为地理、政事并重。

秦统一郡县制、东汉造纸、魏晋南北朝门阀制度、《地记》出现、《越绝书》、私修地记转为官修图经、图经以图为主向记事渐变，是此期方志发展的重要原因背景和节点。

（二）宋代的地方志发展背景与特点

宋代是中国地方志发展史上继往开来的重要阶段，志书基本要素逐步形成并相对固定，方志的编纂组织、体例、内容均由初级阶段转为定型阶段。

宋统一全国后，于大观元年（1107 年）设置专门的中央修志机构九域图志局开国家设局修志之先河。不仅如此，太祖、真宗、神宗、徽宗均诏修图经。宋代方志在组织方面沿着两个方向发展：一是继承《元和郡县图志》做法，修全国性的地理志，突出“一统”。二是在地记、图经的基础上创修州、郡志。图经、图志逐渐改称”志”。

北宋庆历间（1041—1048 年）毕昇发明的泥活字印刷术，推动了书籍文献的广泛传播。活字印刷术是地方志广泛编纂，并将图经简略的以图为主改为以大量文字叙事为主的“志”提供了可能和便利。

中央修志机构九域图志局、泥活字印刷术、图经图志改称“志”，志将记人述地叙事完整结合，是宋代方志发展的重要原因背景和节点。

（三）元明时期的地方志发展背景与特点

元代，在我国历史上首开编修一统志的先河。《大元大一统志》以“路”“省”所辖的府、州为一级纲目，其下按事分二级及以下类目（建置、乡镇、山川、土产等门）；可见，一统志虽然由国家编纂，但是按照府州为记述对象分类，同样属于地方志范畴。谭其骧先生认为：“凡是记载全国的，就在总志里头；记载一个地方的，就在方志里头，把各省的通志、府、州、县志叫作方志，这是很正确的，也是很科学的。……把总志与方志混为一谈，这是很不应该的。……总志包括廿四史里的各个地理志，以及唐、宋以来的各种总志，因为都是讲全国的。”[12]作为历史地理学家的谭先生站在地理总志的角度，忽略了大一统志实际是进一步整理中央以下地方志书的内容，仍然按照府、州分类记述地方（并非站在全国角度打破地域范畴，按照事类记述）。

明代修志一是官方重视。开国洪武三年（1370 年）诏修《大明志书》。永乐间（1403—1424 年）两次颁布修志条例，明确志书的基本门类（21 类）。二是重视重镇雄关修志。三是地方修志普遍，万历张邦政在《满城县志·序》中说："今天下自国史外，郡邑莫不有志。"四是开始探求方志的性质、功能，总结历代经验提出见解，散见志书的序言中。明代不少志书已有凡例，凡例的出现使志书体例和编纂趋于统一规范。

元明时期一统志编纂、大行政区的省志形成体系（称通志的相对较多）、国家颁布修志条例、明确志书的基本门类、修志普遍、凡例出现、性质功能研究产生，是元明方志发展的重要背景和节点。

（四）清代的地方志发展背景与特点

清代是我国封建时代地方志发展的鼎盛时期，也是传统方志编纂和方志理论研究的鼎盛时期，是封建时代的修志高峰，尤其是方志学的开始形成。

清代方志鼎盛的基础是中国社会、文化发展到了又一轮喷发时期。康雍乾时期经过与外部侵略势力与内部分裂割据势力的一系列斗争，建立起一个空前统一的帝国，幅员辽阔，经济文化繁荣。为记录帝国的文治武功和辽阔一统，雍正、乾隆重视编史修志超越前代。雍正修志上谕竟有 400 多字。乾隆亲自过目，对一统志提出修改意见。此外清政权为满族人统治，康雍乾三朝文网严密，学者不敢私撰历史，文人学者修志遂成风气。清代地方志鼎盛表现在四个方面：

清代三次大修《大清一统志》。雍正皇帝于清雍正六年（1728 年）对各省志书采录人物事迹事宜，上谕批示："著各省督抚，将本省通志重加修辑，务期考据详明，采摭精当，既之阙略，亦无冒滥，以成完善之书"[13]。宋代方志总体定型后，清代一统志的设目，实际对各地地方志书的基本纲目进行了自上而下的规定，使方志的基本门类得以稳定和大致统一。

康熙十一年（1672 年）诏令各地设局修志，统一修志格式。雍正六年（1728 年）诏令各省重修通志。不久又令各州、县志，每 60 年一修，成立志局。省志概名"通志"。清代大量学者参与修志，方志质量提高。乾嘉时期是我国方志学的奠基时期，该期无论是研究者的学术地位和成果都是方志学的高峰。乾隆时期的章学诚、戴震、钱大昕，嘉庆时期的孙星衍、洪亮吉、李兆洛等对修志方法进行了概括。章学诚《文史通义》外篇 3 卷专论方志理论（章氏去世后，后人刊刻《文史通义》大梁本于道光十二年）。故清末民初思想家、史学家梁启超说："能认识方志之真价值，说明其真意义者，则莫如章实斋（章学诚）""方志学之成立，实自实斋始也。"[14]

晚清"西风东渐"，志书的体例、体裁成为中国先进知识分子介绍和传播外国史地知识和变法图强、关心民生的载体之一。第一次鸦片战争（1839—1842 年）前后，西方列强的入侵，产生了当时的经世派，代表人物有陶澍、林则徐、龚自珍、姚莹、何秋涛、张穆、徐继畬等。经世派关心国计民生相关的漕运、盐政、农事、河工、兵制、刑律、吏治、科举、边疆地理，所以必然关心乃至领导参与地方志的编纂。林则徐编《四洲志》，魏源撰《海国图志》，徐继畬《瀛环志略》，采用传统地方志书的体例介绍西洋各国的历史、地理、物产、人文、社会制度和器物等，中学为体，西学为用。陶澍主修的《道光安徽通志》、林则徐主修的《道光湖北通志》，龚自珍纂《蒙古图志》，姚莹修纂《东槎纪略》《康辅纪行》，何秋涛《朔方备乘》，张穆《蒙古游牧记》均是此类成果。光绪二十九年，实行癸卯学制，教育改革，乡土志成为清末小学教育的乡土史地教材，朝廷编定《乡土志例目》作为范式推广。[15]

康乾盛世大一统、“文字狱”知识分子另辟蹊径热衷修志、三次大修《大清一统志》、诏令各地设局统一修志格式、方志学的奠基、“西风东渐”，是清代方志发展的重要背景和节点。

（五）民国时期地方志发展背景与特点

民国时期战乱，修志命令为内政部颁布的《修志事例概要》和《地方志书纂修办法》。此期修志虽然不多，但属我国传统旧方志向新方志转型的重要历史阶段。鸦片战争后五口通商，开埠，洋务运动，西方文化逐渐传入中国，加之“五四”后的新文化运动，民国时期逐渐把西方近现代科学引进地方志编纂中，地方志的科学性、实用性有很大进步；在修志宗旨、编纂体例、章法、内容上都有不同程度的创新。民国志书内容注意产业、企业资料，增加统计数据和图表。此外，继晚清政府倡令全国编纂乡土志之后，民国3年（1914年），教育部督促各县编修乡土志，作为各地学校的乡土教材。民国政府注重编写乡土志教科书，在小学开展乡土教育，增强儿童爱国、爱乡，树立自强精神。[16]此外，同期编纂的乡里小志禁锢较少，保存了大量清末民初社会下层珍贵的民生史料。

清代的方志学研究主要散见于志书编纂前的义例和成书后的凡例、序跋中，但由于方志学研究的深入和现代出版业的发展，民国年间独立的方志学专著不断诞生，方志学研究进入新的系统的历史阶段。著名学术成果有梁启超《清代学者整理旧学之总成绩——方志学》《说方志》；专著有甘鹏云的《方志商》，寿鹏飞的《方志通义》，张国淦的《中国地方志考》，黎锦熙的《方志今议》，李泰棻的《方志学》，王葆心的《方志学发微》，朱士嘉的《中国地方志综录》，傅振伦的《中国方志学》。黎锦熙《方志今议》认为章学诚的三书四体是以文章体裁分类，给修志带来不便，应首破此障。民国方志学研究，“既有全盘西式的新学之作，亦有乾嘉考据的遗迹，甚至在同一著作中，也常存在新旧杂糅的情形”[17]，反映了民国年间的地方志编纂正处于传统方志向新方志的过渡阶段。

现代学者参与修志与方志学研究、西方科学文化进一步传入、系统的方志学专著的出现、新学旧学在方志编纂中杂糅、现代出版业的形成，是民国时期方志发展的重要背景和特点。

（六）中华人民共和国成立后的地方志发展背景与特点

中华人民共和国时期的地方志又被称为新方志，主要在于编纂的指导思想与传统方志有本质的区别；新方志指导思想为中国化的马克思主义，哲学核心是历史唯物主义和辩证唯物主义。

1956年，中国地方志小组成立。1958年毛泽东主席在成都会议上提倡利用方志。到1960年，全国530多个县开展修志，其中250多个县编写出初稿。“文化大革命”爆发后，修志中断。[18]

中共十一届三中全会后盛世修志。1979年10月邓小平在与中国大百科全书出版社负责人谈话中说：“编辑出版年鉴，很有必要，这是国家的需要，四化建设的需要。”1987年5月26日，江泽民在上海地方志编纂委员会成立大会上讲话时指出：“编纂社会主义新方志是两个文明建设的组成部分，是社会主义文化建设的系统工程，是承上启下，继往开来，服务当代，有益后世的千秋大业。”2006年5月18日，国务院颁布实施《地方志工作条例》。2014年2月25日，国家主席习近平在首都博物馆参观北京历史文化展览时，指出“高度重视修史修志，让文物说话、把历史智慧告诉人们，激发我们的民族自豪感和自信心，坚定全体人民振兴中华、实现中国梦的信心和决心。”[19]同年4月19日第五次全国地方志工作会议召开，国务院总理李克强批示：“地方志是传承中华文明、发掘历史智慧的重要载体，存史、育人、资政，做好编修工作十分重要。……修志问道，以启未来”[20]。

“文化大革命”结束后，1983年国家恢复成立中国地方志指导小组，随之各省市县成立地方志工作机构。国务院办公厅先后于1985年、1996年发布加强地方志工作的文件，为此形成政府主持、各省（区、市）地方志编纂委员会及其办公室组织实施的修志格局。1996年国务院办公厅下发”20年左右续修一次”文件后，全国第二轮修志开始。2006年国务院《地方志工作条例》颁布，全国地方志工作进入有法可依的历史阶段。1983年中国地方志指导小组恢复成立至2013年12月，历经5届。其间，建立完善了省市县三级地方志机构和全军、武警、兵团修志机构，港澳特别行政区也分别成立了修志机构。

截至2013年年底，全国首轮省市县三级志书，省级志书规划2263部，出版2223部；市（地）级志书规划911部，出版867部；县级志书规划2653部，出版2653部。全国第二轮省市县三级志书规划5932部，累计出版1614部，其中省级志书出版241部，市级志书133部，县级志书1240部。此外，行业志、部门志、专业志出版22277部，乡镇村志、街道志出版4090部，山水名胜古迹志出版479部，地情书出版9239部，教材理论著作工具书出版1021部，历代方志整理出版2270部。[21]

社会主义新方志大规模编纂以来，地方志基础理论、编纂理论、方志批评等成果丰硕。个人研究与修志机构组织研究相辅相成。据《方志大百科》稿收录，截至2013年底，全国地方志系统共发表论文约10万余篇，出版专著、教材、论文集1000余部。全国有省级以上公开出版的方志刊物9种，内部出版的省级方志期刊21种。20世纪80年代以来出版的方志学通论，就有《方志学概论》《中国方志学史》《方志学》《方志学史》《方志学简论》《当代方志学概论》《方志学综论》等共22部，此外收入方志编纂学著作13部、专题研究性著作15部、论文集25部。社会主义新方志编纂时期的方志编研成果，是此前任何时代不可比拟的。

此外，从完整的方志事业体系看，全国还建有国家方志馆和北京、上海、江苏、江西、湖北、湖南、四川、广西、山东、陕西等方志馆。截至2013年，已建成国家方志馆1个、省级方志馆14个、市级72个、县级238个。至2013年底，全国开通省级地情网站27家、市级206家、县级638家。地方志编修工作已经形成志（三级志书）、库（数据库）、馆（方志馆）、鉴（年鉴）、用（服务开发）、刊（方志期刊）、网（地情网站）、会（地方志学会）、研（理论研究）“九业并举”的一项蓬勃发展的社会主义文化事业。[22]

党和国家领导人对地方志的重视、50—60年代地方志编纂、党委领导政府主持修志部门实施的修志格局、一二轮修志、地方志工作条例、志鉴库馆网现代方志编研利用体系逐渐形成、5届中国地方志指导小组届期工作、修志成果学术成果超越前代，修志参与社会面最广，是新中国地方志重要的发展背景与特点。

三、用关联法看学科交融促进地方志的不断发展

只要能够形成学科，就必然有其特殊性，但学科间在发展演变的各个阶段有其多少不同的共性和方法上的互相借鉴，材料上的互相利用。所以先秦以后，随着社会的发展进步，中华民族综合性的文化渐渐变为多元分类的学科，而且越分越细，但学科间的交融互进一直存在；这一观点应该是各相邻学科研究者均能接受的；方志学与历史学、地理学的发展关系也是如此。

两汉时，中央设史官编修国史，《史记》的纪传体、编年体、纪事本末体结合的通史编纂方法，以及《汉书》纪、表、志、列传的体例，对后来地方志编纂具有重要影响。

魏晋南北朝时期史学著作范晔的《后汉书》、陈寿的《三国志》，尤其地理学著作郦道元的《水经注》，其自然地理和经济地理的记述对地方志的体例、方法有较大影响。

唐代太宗时国家正式开馆修史，奉诏所修正史有《晋书》《梁书》《陈书》《北齐书》《周书》《隋书》[23]。正史的编修，反过来促进了地方志图经的编修，两者相辅相成。唐刘知幾的史学理论专著《史通》，关于史书体例与编撰方法的评论，体裁体例、史料采集、表述要点和编史原则等，对于后世持“志属信史”观点的方志研究和编纂者具有重要影响。如，后代章学诚就在刘知幾提出的“才、学、识”史家三长说基础上，增加了“史德”。此外，唐代作为地理学范畴的全国性地理总志《括地志》，分类及内容，对地方志的编纂具有一定影响。

宋代地理学范畴的全国性地理总志乐史的《太平寰宇记》、王存的《元丰九域志》、王象之的《舆地纪胜》，如《太平寰宇记》体例上仿唐代总志，又有所创新，增风俗、姓氏、人物等门，按十三道分述各州府之沿革、领县、州府境、四至八到、户口、风俗、姓氏、人物、土产及所属各县之概况、山川湖泽、古迹要塞等，对宋代定型的方志其内容、体例不可能没有影响。

元代编纂《大元大一统志》。至正三年（1343年）编纂辽、金、宋三史出现谁为“正

统”的争论，中书右丞相、三史都总裁脱脱独断：“三国各与正统，各系其年号。”元政权的做法，不管主观原因是什么，但客观上对中华民族史志的传承发展意义重大。明朝官修、民修的史学著作很多，官修的主要有《元史》《明实录》《明会典》，私修著名的是谈迁的《国榷》；此外，郑和下西洋航海图，罗洪先绘《广舆图》是我国现存最早的地图集。《徐霞客游记》对中国河道地理、山川地貌实地考察进行记录。明代，历史的编修、地形考察、地图绘制，对地方志的编纂起到重要借鉴作用。清代官修史书《明史》《清实录》等，如《明史》的行文雅洁、叙事简括，《清实录》作为官修史料汇编的史料整理方法对地方志编纂均有一定影响。章学诚《文史通义》主张史学要经世致用，提出“六经皆史”。康熙时期通过全国性的大地实测绘制的《皇舆全图》《皇舆全览图》，顾祖禹《读史方舆纪要》记述各省府州县建置沿革、疆域变迁，侧重山川险要，攻守异势。清代的史学、地理学和经学考据思想，对地方志编纂具有直接的影响。清代编纂的《古今图书集成·方舆》《四库全书·史部地理类》收录了大量地方志书的书目提要和书评。多学科学者参与修志，方志质量普遍提高。著名的学者有章学诚、纪昀、全祖望、毕沅，戴震、钱大昕、洪亮吉、段玉裁、方苞、姚鼐、李兆洛、孙星衍、阮元等都参加了修志，其中有史学家、经学训诂考据学家、散文家、藏书家、目录学家。戴震、钱大昕、纪昀、阮元均是乾嘉学派的代表人物。

19世纪60年代后，随着洋务运动的开展和报刊、学堂、出版机构的增多，同文馆、江南制造局附设的翻译馆，来华传教士创立的益智会、广学会等机构以及热心文化事业的中外人士，译编了几十部西方和日本学者的历史著作，对中国史学包括方志学的发展具有一定影响。比如从西方传过来的历史形式章节体，就是近代新史学流派推翻中国历史传统先在中国史学界流行起来，后来又成为方志主要的编纂形式。

民国是方志学研究由古代的松散（散见于序跋、义例中）过渡为系统著作的历史阶段，梁启超、甘鹏云、余绍宋、吴宗慈、柳亚子、张国淦、黄炎培、黎锦熙、李泰棻、朱士嘉、傅振伦等大家或参与方志编纂，或进行方志学研究，或编纂研究兼而为之。其中有思想家、国学大师、历史学家、藏书家、教育家、语言文学家、档案学家、诗人、红学家，等等。

新中国的方志编纂和研究，得到了一大批高校和社会科学院专家学者的参与，包括历史学家、文献学家、历史地理学家、社会学家等，把其他学科的学术方法带入了新方志的编纂研究中，并出版了一批方志学专著。新方志作为重要的地方资料性文献，也为各相邻社会学学科提供了大量珍贵的研究资料，充分体现了学科间的交融互进。

四、小结

中国方志史是方志学学科体系中的重要内容。综上所论，科学的方志史研究方法是立足社会发展的进程，以社会发展的有关原因作为方志发展的背景，切准方志发展的历史阶段和发展节点，以及明确代表性事件。

在中国文化长河中，地方志的发展不是孤立的，所以，我们需要结合相邻学科的发展和与方志学科的相互影响研究方志史。

方志史研究首先要解决源流问题。先秦文化综合性“文史哲”不分，所以现代各社会科学的源头都追溯到先秦。源头不是正流，不能简单地把各学科共源的文献简单说成是方志；方志源于先秦“文史哲”不分的时代，故方志必然是多源的。

方志的地方性、人事物记述的综合性是方志界定的重要方面，所以秦代郡县制产生与中央对应的行政区是地方志形成的重要分水岭；东汉地记、隋唐图经是初级形态的方志；宋代中期方志体例内容基本定型；明代开始有散见的方志理论研究（宋代较为零星）；清代是传统方志编纂和理论研究的高峰；民国是传统方志编纂研究与现代以来新方志编纂研究的过渡时期；中华人民共和国时期进入社会主义新方志的编纂研究时期。

历史长河中，不仅仅是政治制度、文化的发展是方志发展的推动力，科学技术，如造纸术、印刷术、互联网、地情资料数据库均是方志发展的强大动力。近代西方文化，也对方志内容、体例、编纂形式有着一定影响。

所以说，方志史科学的研究方法和思路是形成科学的中国方志史的基点，封闭的、孤芳自赏的、自我夸大的研究是产生不了科学的中国方志史的。

本文围绕学科关联、社会背景与发展节点进行阐述，主要是提出自认为较科学的研究方法和研究思路，文章仍处于研究方向的研究阶段，论点论据新提出的概念可能不甚准确，恭请指正。

---

①朱敏彦、梅森：《方志编修教程》第15页，方志出版社，2004年版。

②梁启超：《中国近三百年学术史·清代学者整理旧学之总成绩——方志学》。

③钱大昕：乾隆《鄞县志·凡例》。

④黎锦熙：《方志今议·次立两标》（见《方志学两种》第21页 岳麓书社，1983年版）。

⑤黄苇：《方志渊源考辨》（载于《方志论集》浙江人民出版社，1983年，第1—20页）。

⑥章学诚：《文史通义·内篇·易教上》。

⑦苏秉琦：”古国—方国—帝国式的演进框架”，《中国文明起源新探》2000年三联书社出版。

⑧《现代汉语词典》商务印书馆2010年版，第69页，“比附”解释。

⑨王晖：《方志与地志是历史与地理之母》，《中国地方志》2008年第12期。

⑩仓修良：《方志学通论·目录》（方志出版社2003年版）

⑪见《隋书·经籍志》。

⑫谭其骧：《地方志与总志及历代地方行政区划》（《燕赵水利春秋》1986年第4期）

⑬《清世宗实录》卷七十五。

⑭梁启超：《饮冰室文集·清代学者整理旧学之成绩——方志学》。

⑮⑯王兴亮：《清末江苏乡土志的编纂与乡土史地教育》（《历史教育》2003年第9期）

⑰黄燕生 ：《中国历代地方志概述》；来新夏主编《中国地方志综览（1949—1987）》，黄山书社1988年版。

⑱邱新立、王芳：《中国五六十年代地方志的编修始末及成果概述》（《中国地方志》2000年第1期）。

⑲《习近平在北京考察工作时强调：立足优势 深化改革 勇于开拓 在建设首善之区上不断取得新成绩》，《人民日报》2014年4月27日第1版。

⑳《李克强总理重要批示》，《中国地方志》2014年第五期。

㉑中国地方志指导小组办公室2014年5月19日印发：《中国地方志通讯》（2014年第19期）"2013年度全国地方志系统工作进展情况统计"。

㉒于伟平《盛世修志传文明》（《人民日报》：2012-05-24）。

㉓许海山主编：《中国历史》第190页（线装书局2006年出版）。

（《中国地方志》2015年第6期）

自评：本文价值在于提出"方志与相邻文献共源交融"的观点，认为在研究方志史时要界定"源"与"流"的关系。方志史研究，不少人采用"一点论"观点，用界定的方志性质来推导方志发展史，没有分析参照社会发展与对方志的影响。方志史是方志学科研究的重要方面，但至今仍然是首轮志书编纂期间学院派对民国方志学者研究的综合。本文是2015年（在杭州召开）第四届全国地方志学术年会的参会论文。3年过去了，随着整日埋头于具体的方志编纂，这样大的课题虽有研究思路，但难于付诸实践。

自然环境志编纂之历史演变

提要：西方历史学、地理学、地质学引进之前，我国客观上的史、地分类是粗放的，地理文献中有历史，历史文献中有地理；以地域为取事范围的地方志，又既包含历史又包含地理。所以，传统方志中，自然环境（自然地理）与人文地理内容是混合在一起的，其门类或称为地理，或称之为舆地。随着近代西风东渐，西方的历史、地理学逐渐影响中国的传统地方志的编纂，自然环境是其中影响较大的门类。地方志自然环境内容记述的演变，从学科影响角度，大致经历了：中国传统地理（舆地）观占统治地位时期、西方地理学影响传统方志地理观时期、传统方志地理观向新的科学地理观转变的过渡时期、新的地学理论指导下向自然环境分类转变时期。从内容角度，传统地理内容向自然环境的近千年的演变，又可分为人文地理与自然地理混合时期、人文地理与自然地理分离时期、地理与地质混称"地理"（或"自然地理"）时期、地理与地质合称自然环境时期。

传统地方志与当代新方志，自然环境部类的存史、教化作用相对其他部类小得多，其编纂的根本目的就是资治、民本和致用。所以当代地方志尤其要重视自然资源和灾害规律的记述，同时要根据本地地情选择自然要素系统记述，编纂为民，编纂为用。

关键词：地方志书 自然环境 分期演变 重在致用

一、地方志自然环境内容的演变

（一）中国传统地理（舆地）观占统治地位时期（源头——清中后期）

中国传统地理(舆地)是粗放的人文地理与自然地理混合体。“方志以地为主”“地志以疆域为主”，这是传统方志地理志编纂根深蒂固的概念。宋代以前，方志的主要形式是地记与图经。汉代地记就有地理内容，如汉《三秦记》有山川一类的地理故事，蜀国谯周《三巴记》就记载疆域沿革、山川地理。[①]隋唐由于军事原因，重视图经编纂，以图为主或图文并重记述地方情况，有疆域图、沿革图、山川图等。唐代《沙州图经》有天象、池水、渠、泽、堰。宋代方志舆地、史事、人物结合，体例定型，地理是必记内容。南宋乾道《临安志》卷二设有历代沿革、星度分野、州境、四至八到、去两京地里、陆路、水路等类目。[②]明代，官方首对方志门类设置提出要求。永乐十六年（1418 年）朝廷颁发《纂修志书凡例》，规定郡县志地理类目包括建置沿革、分野、疆域、山川等，还规定水火、荒旱入杂志。正德《松江府志》设沿革、分野、水、土产、户口。嘉靖《宁波府志》卷四至卷六为疆域志，包括分野、形胜、风俗、山川等。万历《广东通志》设舆图、分野、沿革、气候。

清代三次编纂大清一统志。每省以府、直隶厅、州分卷，然后分类目，地理方面分设疆域、分野、建置沿革、属县、城池、户口等。清康熙命令督抚修志，规定以贾汉复、沈荃合纂的顺治《河南通志》成式为准，雍正重申此令。此志为清代志书门目体的代表，各省、府、州、县志多予以模仿。[③]而顺治《河南通志》的类目就包括舆图、沿革、星野、疆域、山川、城池、河防、水利、户口。李兆洛嘉庆十九年（1814 年）纂修的《凤台县志》被誉为体例完善的佳志。全书分为 12 大门类，舆地大门类下辖沿革、疆域、坊保、山川、形胜、分野 6 小类。

方志界不少人把清代方志学者分为地理学派和历史学派，即以戴震、钱大昕、孙星衍、洪亮吉等为主要代表的地理学派和以章学诚为主要代表的历史学派。[④]戴震是不是地理学派姑且不论。但他认为：“志之首沿革也，沿革定而上考往古，乃始无惑；疆域次沿革、星野之后，疆域辨而山川乃可得而纪。山川次乎疆域，其奠也，本天地之自然，而形势在焉，风气系焉，农政水利兴焉。”[⑤]故戴震修订的乾隆《汾州府志》卷一沿革，卷二星野、疆域，卷三至卷四为山川。

从上可见，清末以前，在西方地理学知识没有传入前，传统方志基本是以地理（舆地）概念粗分，人文地理与自然地理混合编排，没有严格界限。其建置沿革、城池、河防、户口、坊保、水利为人文地理内容，而疆域、星野（分野）、山川、天象、水道、气候为自然地理内容，形胜又属自然地理与人文地理的融合。鸦片战争后，西方地理学传入，开始对传统方志地理部分编纂渐予影响。

（二）西方地理学开始影响传统方志地理编纂时期（晚清）

晚清西方地理学作为西学的组成传入我国，并很快与中国传统地理（舆地）观发生碰撞、融合，最后形成了新的科学的中国地理学。作为区域性历史、地理的载体，正如戴震所说，地方志的记载首先要解决记述的区域范围，故地方志地理门类首先接受到新兴地理学的影响和改良。

清道光、咸丰年间，大约1821—1860年期间，西方自然地理学知识初步传入。澳门土生葡萄牙人汉学家玛吉士（Marques）《新释地理备考》（1847年刊发）是鸦片战争后第一部由外人撰写的汉语西方地理学著作。其中一卷介绍有经纬线与时间的关系，另一卷介绍了气、云、雨、风、雷电、流星、虹、光环、日月蚀、极光、雪、雹、露、霜、冰、潮、泉、河、地震、火山等自然地理现象及其成因。咸丰三年至四年（1853—1854年），英国基督教伦敦会传教士慕维廉（William Muirhead）的《地理全志》由上海墨海书馆出版。慕维廉用汉语介绍了西方的自然地理学知识，在《地势论》中介绍了地球上的水陆比例、洲岛、山谷、高原、平野、地洞、地裂、冰山、火山、地震等现象及其成因。在《气论》中介绍了云、雾、雨、雪、雹、露、霜及气温等知识；在《光论》中介绍了虹、光环、雾影、日月蚀等知识；在《草木总论》《生物总论》和《人类总论》中分别介绍了世界上植物、动物和人种的地理分布状况；在《地文论》中则介绍了地球的形体、面积，宇宙中诸星体和昼夜、四时、年月日、暑寒道、赤道及经纬线等知识；最后，他在《地图论》中介绍了地球仪及其制作方法。

清同治、光绪年间（1862—1908年），西方汉学家对西方地理学进行系统介绍，尤其上海办的报刊，如《东方杂志》《万国公报》《中西杂志》《格致汇编》等。《中西闻见录》曾连载英国传教士包尔腾（John Shaw Burdon）撰写的《地学指略》、艾约瑟（Joseph Edkins）撰写的《泰西河防》等。《万国公报》曾连载英国伦敦会士韦廉臣（Alexander Williamson）撰写的《万国地图说略》，郭嵩焘的《使西纪程》，李圭的《环游地球新录》，艾约瑟的《支那纪游》《东游纪略》等。《格致汇编》则连载了傅兰雅（John Fryer）译介的《格致略论》等，其中地理学知识占相当部分。同治光绪年间（1862—1908年），随着民族的觉醒，中国人自己开办译书馆和学堂，向西方各国派出留学生。江南制造总局翻译馆刊印的地理学著作有8种，地图及海道图27张。清末新政中去日本留学的范迪吉等人，于光绪二十九年（1903年）翻译并出版的《普通百科全书》100册，其中地学方面有《地质学》《万国新地理》《万国地理学新书》《地理学新书》《矿务学问答》《矿务学新书》《地文学新书》等。[⑥]

西方新地理学的传入开始影响中国传统方志的编纂，但这种影响在清末只是开始。清光绪二十三年（1897年）上海开办的南洋公学教授地理，是中国在中小学设置正规地理课程之始[⑦]。光绪二十四年（1898年）变法，中国政府正式规定在高等学校设置地理课程。光绪二十八年（1902年）《钦定学堂章程》（“壬寅学制”）、光绪三十年（1904年）《奏定学堂章程》（“癸卯学制”），规定地理课是除文科地理专业外的其他学科的必修课。光绪三十一年（1905年）清学部通令各地纂修乡土志，作为初等小学堂课本，并颁布了《乡土志例目》。但新兴的西学地理人才的培养，是要有 20 ~ 30 年以上的时间。故“西学东渐”，新兴地理学与传统方志地理观虽然局部开始碰撞，但新的科学地理学在传统方志地理类的编纂中运用较少。

清光绪三十四年（1908 年）新疆《轮台县乡土志》，大体按照清学部《乡土志例目》，分为历史、地理两类，地理类包括疆域（附祠庙、市镇、学堂、古迹）、山、水、道路、物产（天然动物、天然植物、天然矿物、动物制造、植物制造、矿物制造），可见即使有新地理学的分类，但方志地理门类仍然是各类地理混合的粗分法。清宣统三年（1911 年）江苏上海县《彭浦里志》，其卷二疆里志下，就记有水利、干河、支河、治迹；说明新地理学在强大的传统方志地理观的排斥下，非常式微。此外同治光绪年间虽然洋务运动变法图强，但其时清政府极度衰败，修志较少，只是在以“救亡图存和国民性改造”为目的的乡土志的编纂中，才有局部新地理学内容的闪光；但由于县级地域地理内容偏少，此类志书仍然是自然地理与人文地理的混合。

（三）传统方志地理观向新的科学地理观转变的过渡时期（民国时期）

清宣统元年（1909 年），成立中国地学会和禹贡学会，积极推介西方新的地理学。中国地学会主办的《地学杂志》（1910—1937 年），说明“地学”这一概念清末民初就已经出现，其打破了我国传统的沿革地理学的模式，吸收西方科学的”地学”彻底破除舆地学的框框。进入民国后，地理教育内容较清末更为丰富，从当时的课程设置看，与人文地理相关的有政治地理、商业地理、交涉（外交）地理、历史地理以及地理学研究法中讲习的气候与地理、财政与地理、海路交通与地理、文化与地理、军事与地理、风俗与地理及工业与地理，以上这些课程的开设为日后人文地理学各分支学科的发展奠定了基础。[⑧]

民国时期 1929 年、1946 年国民政府内政部先后下发《修志事例概要》和《地方志书纂修办法》，两次的举国修志布置，对运用新兴学科知识进行修志产生重要作用。《修志事例概要》特别强调要尽量采用新技术：“舆图应由专门人员以最新科学方法制绘精印，订列专册，以裨实用”。《地方志书纂修办法》规定志书需记载：山川、地质、雨量、气候变差、名胜（土地表）。这些已经是新地理学地理要素和有关专业要求。1929 年蒋梦麟《续修浙江省志提案》：地理类包括省市县图、疆域沿革、面积、行政区划、山脉、河流、气候、地质、矿物及动植物概论。[⑨]自此，传统地方志“星分翼轸，地接衡庐”的“星野”（分野）概念，虽然表征着地方的方舆空间位置，也是地方政区认同的表达。但这种传统的表达太过宽泛，不科学，已从志书地理门类中逐渐淡出。民国 10 年（1921 年）吴恭亨开始主纂《慈利县志》，提出“详地略天”。他说：“详地略天者，所以矫旧志斤斤于星野之非也。”[⑩]所以说，新的科学地理学概念真正进入地方志的编纂是在民国时期，民国地方志是我国传统方志向现代新方志转变的过渡时期。

民国志书出现了清末志书还没有出现的新地理学的内容，如：民国 9 年（1920 年）《桂平县志》出现“气候”门类；民国 24 年（1935 年）《首都志》出现“水道、气候概论、气候分论（气压、温度、雨量、湿度、风、云、天气之变动）”；民国 25 年（1936 年）《宁国县志》出现“经纬度”；民国 37 年（1948 年）开始编纂的

《台湾省通志》，卷一土地志包括“疆域、地理、气候、胜迹、动物、植物”6篇。民国38年印成的《新纂云南通志》包括“天文、气象、地理”。方志中新的地图开始出现。傅振伦在他的著作中说：“至若面积、地势、地质、气候、物产之调查测绘，则应委以专家。”[11]

民国晚期志书主要是地理内容，少有地质内容。抽样《中国地方志集成》安徽府县志辑（江苏古籍出版社1998年版），包括民国怀远、芜湖、全椒、当涂、南陵、宁国、石埭、歙县等县志，未见“地质”门类。原因是，中国地质学相对新的西方地理学引进稍迟。民国11年（1922年）中国地质学会在北京成立。民国13年（1924年）翁文灏发表《近十年中国地质学之进步》，民国26年（1937年）章鸿钊著《中国地质学发展小史》出版[12]；证明地质学在中国开始于20世纪初，即民国初年，所以清末、民国初期志书少有地质内容。但在20世纪30年代后期，思想敏锐的知识分子，其编纂的志书出现了地质内容。民国27年（1938年），黎锦熙在西南联大时起草的《县志拟目（以城固县志为例）》30篇，自然方面6篇，包括地质志、气候志、地形志（附图，山脉略说）、水文志（附图、水道略说）、土壤志、生物志（植物、动物）。[13]黎锦熙编纂的《洛川县志》（1944年版）就包括气候志、地质志。黎当时提出续、补、创三点方针，“创”，就是指要编写新事物，如地质、气候。同时代，金毓黻为新志拟定20条大纲，其中第三纲就是“地质与气象”。

（四）在新的地学理论指导下向自然环境分类转变时期（中华人民共和国成立后）

方志地域的局限和综合性的内容特征，决定中华民国以后的方志地理部类仍然是粗分门类，仍然是自然地理与人文地理融合，地质内容与地理内容的融合。

中华人民共和国成立以后，我国开始大规模的经济建设，国家尤其重视矿产资源的勘探。50年代党和国家领导人重视地方志，也与从方志中寻找矿藏资料有一定的关系。当时为我国大规模地质勘探的第一阶段，也称“快速增长阶段”。地质勘查费占国家财政支出比例逐年大幅度上升，由1950年的0.01%上升到1957年的1.90%。[14]50年代开始的修志，自然而然把地质内容引入志书的编纂中。50年代志书地理门类继承了民国后期志书出现的地理、土壤、气候及雨量、水文气象、地理概貌等类目。1959年《清源县志》第一篇自然概况，包括地理、土壤、气候及雨量。也有部分地方的志书设置了“地质”门类，因为一个县级地域地质内容不是太多，设置的多为子目。如1959年《孟县人民县志》第一章地理概况的自然地理下有地质目；1960年《奉新县志》第一编总述第四章自然地理第三节为地质；1963年《陵川县志》（未定稿）第二章地理五为地质目。

地学指地质学和地理学的统称，分为地质学、地理学、海洋学、大气物理、古生物学等学科[15]。80年代开始的首轮大规模的新方志编纂，地方志中自然地理的要素普遍较为全面系统。绝大多数志书已经将自然地理与历史地理的内容分拆成为两部分；但地质部分仍然放在自然地理或地理中。如1988年出版的《全椒县志》，第一章地理、第一节历史地理、第二节 自然地理（地质、地貌、山脉、河流、气候、物候、灾害天气、土壤、森林植被、矿藏），可见，由于县的区域小，加之对地质学和地理学的界定并不是很清楚，故篇目安排为：地理下辖历史地理和自然地理，自然地理下辖地质与地理的内容。

由于，地方志的粗分法（省级以下志书），把地质放在自然地理或地理门类中；但从科学的地学概念，地质与地理是两个不同学科。地质指地球的物质组成、结构、构造、发育历史等，包括地球的圈层分异、物理性质、化学性质、岩石性质、矿物成分、岩层和岩体的产出状态及矿产资源等。而地理是地球表面的地理环境中各种自然现象和人文现象。地理环境中的自然现象称为自然地理，人文现象称为人文地理。再因为地方志地理部类以外均是人文内容，故地理部类只有“建置沿革”“政区”“治所”“乡镇”等内容。将地质部分混入地理或自然地理部分，将建置沿革等人文地理与自然地理内容混合在一类，受到了地学专家的批评。

1988 年 3 月，在北京召开了有多学科专家参加的《玉山县志》《渭南县志》《萧山县志》研讨会。会上，有专家认为，地理学与地质学是两种不同的学科，志书统称地理志，把地质当成地理志的一章不妥。而且，地理学包括自然地理和人文地理，人文地理有广泛的内涵。建议将“地理志”改“自然环境志”。自然环境是泛概念，故自然地理和地质都可以涵盖其中。专家从理论层面说容易，但从编纂的操作层面难。改地理为“自然环境志”，人文地理的建置沿革归属存在问题：省级志书篇幅大，可以分别平行独立成卷（建置沿革分志、自然环境分志、地质矿产分志），而中等城市以下（包括县志）志书的“建置沿革”单立篇章分量就显不足。1985 年 8 月，黑龙江省志办举办地方志地理志研讨会，中国科学院地理所、北京大学地理系专家与会。会议客观地认为志书地理志必须吸收现代地理学的研究成果，用地理学科的思想观点和研究方法指导地理志的编写。但须注意地理志与地理学、区域地理是有区别的，拟订志书篇目应从当地地理环境出发，绝不能按照地理学系统去生搬硬套。

可见地学界专家从方志角度考虑，也认为“志书地理内容与地理学、区域地理是有区别的”。此后，省级志书不少改设自然环境志（涵盖地质、自然地理），地市县志维持地理志或自然地理志的较多，也有少数改设自然环境志的。如 1992 年王复兴主编的《省志编纂学》第三章自然部类、第一节地理志、第二节建置志、第三节 地质矿产志、第四节地震志、第五节江河志、第六节湖泊志。首轮《安徽省志》平行 67 卷，其中也是平行设自然环境志、气象志和地质矿产志。

省级志书以下，查阅了“安徽地方志网”和“上海通网”，分析自然环境门类设置的情况。新方志，安徽省淮河以北，归纳 1989—1995 年出版的 15 部县级志书地理与自然环境部类设置情况，其中《涡阳县志》（1989）、《怀远县志》（1990）、《泗县志》（1990）、《灵璧县志》（1991）、《固镇县志》（1992）、《阜阳市志》（1993）、《临泉县志》（1994）、《砀山县志》（1996）8 部均仍然设地理门类；《萧县志》（1989）、《蒙城县志》（1994）2 部设自然地理门类；《五河县志》（1992）、《太和县志》（1993）、《界首县志》（1995）、《利辛县志》（1995）4 部设自然环境门类。1987—1993 年上海市出版的 10 部县志，其中《奉贤县志》（1987）、

《崇明县志》（1989）、《川沙县志》（1990）、《金山县志》（1990）、《青浦县志》（1990）、《松江县志》（1991）、《嘉定县志》（1992）、《上海县志》（1993）8部志书均独立设置自然地理门类，下辖地质地貌；只有《南汇县志》（1992）设地理，下辖地质、地貌；《宝山县志》直接在第一个层级设地质地貌；10部县志无1部改设“自然环境”门类。

21世纪以后，我国全面进入第二轮新方志编纂时期，出现的新方志编纂指导性教材基本上均改地理门类为自然环境门类，尤其2007年中国共产党第十七次全国代表大会提出建设资源节约型、环境友好型社会，发展与人口资源环境相协调后。方志出版社2009年出版的《地方志书内容要素探微》（梅森编著）、2010年出版的《当代志书编纂教程》（中国地方志指导小组办公室编），均设置自然环境部类而不是地理部类。《探微》“四、自然环境与资源”包括自然环境、自然资源、自然灾害三个部分。⑯“教程”列出一、自然环境，二、自然资源，三、自然灾害。⑰两部书的思考基本一致。但由于续修对于原自然环境（地理部类）有两种不同的处理方式，一种认为首轮已经记述，自然物变化不大，二轮无需再予记述；另一种认为重要的内容要勾连历史和复载，自然环境城市化、工业化中有许多次生变化，自然环境是人类赖以生存的，应该记述。所以各地做法不完全一致。上海二轮续修的区县志，只有《松江县续志》卷一第五节设了“资源”，其余已出版的各志基本没有自然环境内容（有的只有其中“土地”类目）。但也有不少地方对自然环境的记述较为重视，《安庆市志（1978—2000）》卷一就是“自然资源”。广东市县续志，所见的《增城市志（1994—2005）》《南海市志（1979—2002）》《高明市志（1981—2002）》均设自然环境门类；《从化市志（1979—2004）》《南澳县志（1979—2000）》均设环境资源人口门类。

二、地方志科学的自然环境要素与“次生环境”亟待引入方志编纂

“自然环境是环绕人们周围的各种自然因素的总和，如大气、水、植物、动物、土壤、岩石矿物、太阳辐射等。这些是人类赖以生存的物质基础。通常把这些因素划分为大气圈、水圈、生物圈、土壤圈、岩石圈五个自然圈。人类是自然的产物，而人类的活动又影响着自然环境。”⑱（自然人和社会人的双重性，决定“人口”部类放在自然环境与经济或政治部类之间）

自然环境与资源包括：自然环境、自然资源和自然灾害。20世纪末开始强调修志为用，出现了“自然资源”的门类。由于自然环境与自然资源记述的对象多为一个，比如水环境与水资源，故多数把自然资源随着自然环境的相关子目编纂。1998年出版的县级《滁州市志》是最早将自然环境与自然资源并列设置的，当时反对的不少，但写出来效果不错，关键是处理交叉重复有难度。当代综合性志书的自然环境与资源内容如下：

自然环境包括地质地貌、大气（气候）环境、水环境、声环境、土地与土壤环境、生态环境。具体内容要素，比如水环境又包括水系、水况、水汛、水位、水体、河流（主流、支流）、湖泊、海洋环境状况，即水质、矿物质含量、生物状况。“水质”包

括水的类型、pH 值、总离子含量、矿化度（毫克当量/升）、总硬度（毫克当量/升）、阿列金分类、受污染等级，当地各分区水系不同情况。各地志书根据本地地情，分为河流、湖泊（濒海的加上近海）等类介绍。

自然资源各地不同，总体包括国土资源、气候资源、水资源、生物资源、矿物资源、旅游资源等。旅游资源有自然景观也有人文景观。人文景观不属自然资源，但作为旅游资源又不可拆分，故在环境资源部类作连带性排列。以水资源为例，可分为地表水、地下水、土壤水、水力、矿泉水资源。具体的地表水资源包括年降水量、年径流量、人均水量、亩均水量、河流水、湖泊水、利用情况与利用量。地下水资源包括地下水资源总量、降水入渗补给量、可开采量、利用情况利用量。土壤水资源包括吸湿水、膜状水、毛管水、重力水。水力资源包括理论蕴藏量、已开发量、利用范围对象。矿泉水资源包括分布、蕴藏量、开发利用。

自然灾害包括气象灾害、海洋灾害、洪水灾害、地质灾害、农作物生物灾害、森林生物灾害等。如地质灾害又包括泥石流、滑坡、崩塌、地面沉降、土地沙漠化、地震等。

二轮修志不少地方，认为自然环境 20 多年变化不大，取消了这方面内容的编写。但近二三十年，一些城市化、工业化地区，环境的变化非常之巨，比如江河两岸，湖泊周边的污染和重新治理，怎能说自然环境变化不大。还有一些城市中心区的区志，只有气候、土地两项自然要素的记述，其余的水（河流哪怕流经本区）、土壤、植被、动植物均不予记述，认为城市已经是非自然状态，中心城区只有钢筋混凝土、高楼林立、高架飞跃，哪有自然可言。试问自然环境的变化难道不是志书记述的范围？与时俱进不能成为空喊的口号。“次生环境”[19]的概念亟需引入方志编纂中。何谓次生环境呢？人类活动作用于周围的环境引起的人为环境问题，叫次生环境问题，也叫第二环境问题。如耕地、种植园、鱼塘、人工湖、牧场、工业区、城市、集镇等，是原生环境演变成的一种人工生态环境。昔日夕阳下的炊烟牧歌，现在成为城市、工厂、地铁高架，这里的环境——小气候、植被、动植物难道没有变化。有变化作为地方志当然要记录。次生环境问题又分成生态环境破坏和环境污染与干扰两个类型。所以说，作为城市志、城市区志、工业区志尤其要注意生态环境破坏和环境污染与干扰的记述，同时要注意环境友好型创建的记述；“城市让生活更美好”不是一句简单的口号。当然，这部分记述需要与环境保护门类做好交叉处理。

三、志书自然环境内容的记述重在“致用”

明清之际思想家顾炎武提出“经世致用”的思想。所谓“经世致用”，就是关注社会现实，面对社会矛盾，并用所学解决社会问题，以求达到国治民安的实效。[20]清乾嘉时期，乾嘉学派一批具有经世致用思想的学问家参加了志书的编纂以及方志理论的研究。“亭林（顾炎武）之学，经世之学也，以经世为体，以经史为用。东原（戴震）、竹汀（钱大昕）之学，经世之学也，以经史为体，而其所得，往往裨以经世。”[21]志书编纂的总体目的是“资治、存史、教化”，但自然环境志（传统地方志的“地理”“舆地”）与志书其他四大部类有所不同：自然世界的变化（除灾害外）相对社会世界的变化显得缓慢，故志书此方面存史的目的相对弱一些；自然环境对教化作用相对不是太直接；所以，自然环境内容记述的主要目的就是“资治”“致用”，今天讲的“修志为用”。乾嘉时期，以戴震、钱大昕为代表的经世致用的“实学”学派，把“经世致用”思想带入了地方志的编纂。戴震在他参纂的《汾州府志》《汾阳县志》中体现了这一思想。戴震采用以水统川的办法，遍及泽泊、堤堰、井泉，并详录自古以来引渠灌溉之法、筑防疏通之事，集形势、风气、农政、水利于一体，“府境虽广，山川虽繁，按文而稽，各归条贯，务求切于民用”（《汾州府志·例言》），完全以民生利病为旨归。……在修志中，戴震还详载赋税，因为在他看来，这是“政之大体，民之利病所系，胥役豪右，其滋弊不可穷诘也。知民之所苦及旱潦之不常，以达其情，尤亲民之吏宜务图者矣。”（《汾阳县志·例言》）修志资治经世、体察民本、切于民用的思想表露无遗。

当代，我们在新方志自然环境部类的编纂中，要继承传统方志“资治”“经世致用”“切于民用”的传统，并用地质、地理科学升华这种“致用”。今天的自然环境部类尤其要重视自然资源与自然灾害规律的记载，注意资源与民生、与经济生活有关变化与特征的记述，具体记什么：土地资源要记述各类土地的利用，所剩土地资源的面积与发布，可用等级，适用什么，人口与土地关系。气候资源，注意风能、太阳热能、水能、地表、地下、冰川水的蕴藏与开发量、用水量，优质水、矿泉水的开发与蕴藏；湖泊与河流的可开发产业、何水域可以进行何种养殖（包括近海养殖）；人为环境作用导致资源损失与如何治理开发。动植物资源（因为志书不记微生物，故不用“生物资源”），其中植物分为野生与人工培育，重点介绍能够改善环境、产生经济价值的植物，培育推广情况；珍稀植物分布于保护。动物资源，包括经济动物、珍稀保护与利用。林区志书可以分林区介绍森林资源。濒海地区可以分海域介绍海洋资源。城市志注意记述工程地质，记载不宜建设的地区及标准。旅游资源包括自然旅游资源，名山、大川、观赏型地貌、观赏性动植物（人文旅游资源可连带记述）。自然灾害部分，分当地主要灾害类型，分析记载近100年或50年发生频次和规律，各类灾害主要发生在境内的地区，在何气候状态下易发灾害等。

归根结底修志为用，编纂自然环境内容“重在致用”。

---

①黄苇主编《中国地方志辞典》（黄山书社1986年版）第1页、第7页。

②黄苇主编《中国地方志辞典》（黄山书社1986年版）第37页。

③ 黄苇主编《中国地方志辞典》（黄山书社1986年版）第102页。

④天津市地方志网（http：//www.tjdfz.org.cn）《地方志源流》。

⑤ 戴震：《乾隆汾州府志例言》。

⑥ 西方地理学传入情况参考邹振环《晚晴西方地理学在中国》（上海古籍出版社2000年4月版）。

⑦张景秋《1900—1970年中国人文地理学的发展与回顾》（《人文地理》1998年第1期）。

⑧张景秋《1900—1970年中国人文地理学的发展与回顾》（《人文地理》1998年第1期）。

⑨《语言历史研究所周刊》1929年第7期81号。

⑩瞿宣颖：《志例丛化》（《东方杂志》1934年第31卷第1期）。

⑪傅振伦：《中国方志学通论》117页。

⑫于洸：《中国地质学史研究三十年》。

⑬黎锦熙《方志今议》；见岳麓书社《方志学两种》1984年版

⑭钟自然《关于1950-2000年我国地质勘查费投入情况初步分析报告》（2002年12月13日）。

⑮百度：百科——地学（baike.baidu.com/ 2014-07-19）

⑯梅森：《地方志书内容要素探微》第4-11页。

⑰中国地方志指导小组办公室:《当代志书编纂教程》第205-230页（地理部类: 王永太起草）。

⑱百度百科“自然环境”词条（baike.baidu.com/ 2014-07-18）。

⑲百度百科“次生环境”词条（baike.baidu.com/ 2014-03-03）。

⑳顾炎武：《亭林文集·与人书八》。

㉑袁英光、刘寅生：《王国维年谱长编》（天津人民出版社1996年版275页）

（《中国地方志》2015年第8期；《2014年新方志论坛论文集》方志出版社2016年5月）

自评：本文较为系统地研究了地方志书自然环境部类的形成过程与编纂方法理论，提出大致经历了四个时期。是一篇在自己方志史研究观点方法基础上，以社会、文化的演变为背景研究局部方志门类演变过程及演变原因的论文。本文可以结合上文《中国方志史的研究方法及思路》，一是研究方法，一是具体研究；可一并阅读。

方志理论研究与修志实践的良性互动

方志理论研究是方志研究者主动寻求原因与依据，用其解释或校正方志编纂行为、校正已存在的方志理论，并将方志理论置入修志实际进行检验的活动。修志实践是方志认识的基础、来源、动力，是检验方志理论正确性的主要标准。方志的认识、理论对方志实践具有反作用。

“互动”指事物之间相互关联、互为依托、组成一个循环联动关系。方志理论研究与修志实践良性互动，指方志理论研究与修志实践之间形成良性的互相促进的不断向上的关系。

有修志就有方志的研究与修志实践的互动。在传统方志的研究与修志实践的互动中，互动推进了方志文化和方志学的进步，反过来又不断推进方志的编纂规模和志书质量的提高。

宋明时期是传统方志理论研究与修志实践互动的初级阶段。而清代，尤其乾嘉时期，是良好互动期，诞生了封建时代中国传统地方志编纂的大繁荣。民国时期是传统方志向新方志过渡期，加之期刊、出版业的兴起，掌握近现代社会学知识的学者参与修志和方志学研究，是互动的思想火花迸发剧烈的时期。中华人民共和国成立后，尤其是改革开放后，大规模的社会主义新方志的编纂和方志学研究是此前任何时代不可比拟的，参与编纂、研究的人数，修志成果与研究成果数量，以及研究的深度，都超越前代；并逐渐形成全国与地方，方志界与其他社会学界，以及学会、论坛、刊物互动的平台与氛围。方志理论研究与修志实践的互动，初步进入良性期。

但新方志理论研究与修志实践总体向前发展的情况下，互动在机制和行为上仍然存在着问题。归纳起来，未来方志理论研究与修志实践的良性互动的路径，主要是完善人才培养机制，完善修志行政与业务关联机制，完善志书编纂实践质量机制，建设学术成果数据库系统体系，加强学科建设，形成独立科学的地方志编纂体系与方志学学科体系，客观地说，仍然是“成就巨大，任重道远”。

一、传统方志的研究与修志实践的互动

宋以前方志为地记、图经，研究不多见。宋代方志内容和体例趋于定型，形成规模，加之宋代学术空气很浓，故开始了我国方志理论的研究。宋代方志研究分散于志书序文中，这种传统一直延续到清代，因为即使章学诚《文史通义・外编》中的方志理论，后人整理刊印前也主要分散在修志义例、凡例和学者之间来往的信札中；方志学专著到民国年间才出现。可以说，后世方志研究的成果，基本上导源于宋代的初步探讨。

（一）宋代的方志研究与修志实践的互动

宋代的方志研究，用今天的分类，大致有性质、源流、功能、编纂方法、内容要点等。首先是研究方志的功能，由“便观览而资问答”“资谈麈”向“备顾问”、资政考有益于政事和风教转变。[①]司马光《河南志序》是“便观览”的代表，其言：“未尝至洛（阳）者，得之（志书）如游处已熟……身逢目睹。”后，利政事和观风教者逐渐成为主流。宋元祐间（1086—1093 年）郑兴裔《广陵志.序》说：“郡之有志，犹国之有史，所以察民风，验土俗，……表彰先哲，利赖兆民。”马祖光在《景定健康志序》中提出，志书作用“岂徒辨其山林川泽都鄙之名物而已”，认为：“忠孝节义，表人才也；版籍登耗，考民力也；甲兵坚瑕，讨军实也；政教修废，察吏治也；古今是非得失之迹，垂劝鉴也。”宋室南渡后，广大人民和仁人志士关注着国家的命运，“光复故土，还我河山”，志书成为激发爱国爱乡的载体，故南宋志书尤重山川形势。南宋地方官认为修志是他们的官责：“名邦掌故，终令沦亡，殊非守土牧民之责？”[②]

方志编纂研究，南宋张栻提出“削去怪妄，订正事实，崇厚风俗，表章人才”。（《景定建康志修志本末》引）罗愿在《新安志》序中说，“是皆有微旨者，必使涉于学者纂之。”周应合《景定建康志修志本末》将志书编修分为四个步骤：一曰定凡例；

二曰分事任；三曰广搜访；四曰详参订。

两宋方志编纂和内容形式的定型，推动了方志研究，分散在志书序言中的经验总结形成初步性的方志研究，反作用于宋代图经转型和方志内容结构、编纂规模上。图经编纂主要在北宋，而南宋方志成为编纂的主流。两宋编纂图经、方志共492种。[③]南宋志书，从体例看，可分为平列门目、纲目体和史志体三种类型。其中，出现范成大《吴郡志》、罗愿《新安志》、梁克家《三山志》、陈耆卿《嘉定赤诚志》、周应合《景定建康志》、周淙《乾道临安志》、陈仁玉《淳祐临安志》、潜说友《咸淳临安志》等名志。《四库全书总目提要》）评价：《吴郡志》“征引浩博，而叙述简核”“往往于夹注之中，又有夹注……著书之创体矣”。《新安志》“叙述简括，引据亦极典核。”“物产一门，乃愿（罗愿）专门之学，征引尤为该备。”。《三山志》“主纪录掌故，而不在夸耀乡贤、侈陈名胜，固亦核实之道，自成志乘之一体，未可以常例绳之。”《淳祐临安志》“区画明晰，体例井然，可为都城（注：城市志）纪载之法。”《景定建康志》最大特点是采用纪传体编纂，分为录、图、表、志、传、拾遗六类。名志在结构安排和材料处理上均有独到之处，对方志研究提供了素材，对其他志书的编纂起到好的影响。

（二）元明方志研究与修志实践的互动

元代开创”一统志”编修的先例。元统治90多年中，后人粗统计，知名志书170多种。元代大一统，志书编纂最大特点是遍布全国，改变了南宋——由于偏安江南，其编纂集中今江浙、两湖、川赣闽的局面。[④]元代方志体例特点主要继承宋，有特点的是“以《至元嘉禾志》为代表的平列门目体，以《至正金陵新志》为代表的正史体，以《延祐四明志》为代表的书典体和以《至正昆山郡志》为代表的简志体。”“元代方志在体例形式上不拘旧规多有创新改易，在资料考证和叙述上比宋志注重纪实，较少文人意趣。”[⑤]

从元志序跋看，不少志者认为史志同义。《至正昆山郡志》杨维桢序“图经，一郡之史也。”其次，认为方志多源。杨升云《瑞阳志》序把志书视为舆图、史书的综括。《至正金陵新志修志文移》提出，《史记》《国风》之作，是因为“古者诸侯置史以纪国政，采诗以观民风。”“后世州郡各为志书，亦此之遗意。”此见解与清章学诚《湖北通志序言》“方志义本百国春秋，掌故义本三百官礼，文征义本十五国风”相近。修志实践中，元代方志编纂有许多研究。张铉《<至正金陵新志>修志文移》9则，首章叙述修志缘起和著述要旨，指出所修志书用史书体例。一反修志“隐恶扬善”的传统，提出志书应实录“是非善恶”“巨细兼该，善恶毕著”。对于续修，主张采用“前志所详，今志皆略，前志已书，今则不录的方法”。元代志家对方志理论的广泛研讨，对后世方志流派的形成和方志学理论研究的深入产生了积极的影响。[⑥]

明代修志实践中最为重要的是，明成祖朱棣两次颁发《纂修志书凡例》，对类目内容、取材、书写方式均作规定。朝廷颁定凡例，对于各府、州县志书编纂的兴盛和内容的完备起了积极的作用。“终明一代，所修方志当在1600种以上”。明代除总志和府、州、县、镇志外，还创修了通志和关卫志。明人修志不泥于旧例成规，体例门目，与前人多所改易，出现了土地、人民、政事设置类目的“三宝体”。随着编纂实践，和方志记述的社会内容的丰富，明方志采用纲目式二级分类或三级分目的日益增多；像宋元单列门目的志书渐次减少。明代修志也出现“炫奇之作”，列目琐碎，引文繁多等问题。清阮元《仪征志》序批评：“明代事不师古，修志者多炫异居功，或蹈袭前人而攘善掠美，或弁髦载籍而轻改妄删。”为矫正此弊，明代一些志家追循宋《剡录》、元《至正昆山郡志》之法，撰述简志体方志。可见，明志在编纂、研究中不断寻求变和对宋元的突破。

明代志家普遍将志书与史书列为同类，多方面、多角度地辨析史志关系。张冕《嘉靖孝义县志》序云：“野有记，器有铭，人有传，家有乘，郁郁乎文盛矣。……古者列国皆有史官，今郡县有志皆史也。”在阐述方志性质时，都不出史志同义的原则，如《嘉靖思南府志》序：“志也者，识也，郡之史也。”明代学者普遍将文直事核，义严词工作为善志标准。《万历彰德府志》序要求志书“纪载欲实，实则信；去取则直，直则公；闻见欲博，博则赅；文词欲工，工则传”。可见，明代志家通过大量方志的编纂和深入地研究，既在本朝修志中不断求变，同时，为后人留下了许多可资借鉴的修志经验，方志理论研究影响了清代方志学流派的形成。[7]

（三）清代方志研究与修志实践的互动

清代，传统方志编纂进入全盛时期。三修《大清一统志》，朝廷数次诏令各政区编纂方志以进呈，如沈荃《河南通志》序文称：“（河南）八郡十二州九十五县之志，渐次报竣。”清代志书为内容基本完备，不但规定编纂的基本门类，并要求遵照《河南通志》程式编纂。除一统志、省、府、州、县、镇志以外，清朝末年，还出现了大量为各地学校作教材用的乡土志。

由于最高统治者的提倡，乾嘉时期大量学者名人参与修志，形成修志的文化高峰。经学与历史文献学者的参与，广泛的社会修志，不但清代修志数量最巨，“特别值得注意的是，对于方志的性质、内容、体例以及如何编纂，许多学者还从理论上进行了论争和阐述。经过大家的共同努力，从而使得方志这种地方性综合著作的编纂和研究发展成为一门新的学问——方志学。在这方面贡献最大的自然首推章学诚”。[8]

后世研究，不少学者认为清代修志“逐渐形成意见不同的两个派别：即考据派与文献派……考据派亦称厚古派、地理派或旧派。……代表人物为戴震、洪亮吉、孙星衍等。……文献派亦称详今派、历史派或新派。这派主要以章学诚为代表”。[9]

清代方志体例，仍普遍采用门目体和纪传体，只是在具体设置篇目时，互见异同。清中叶章学诚对纪传体方志进行了较大改造，创立了三书体（志、掌故、文征）并提出《修志十议》（议职掌、议考证、议征信、议征文、议传列、议书法、议援引、议裁制、议标题、议外编）。“三书体”仿纪传正史之体而作志，仿律令典例之体而作掌故，仿文选文苑之体而作文征，是章氏针对修志当时修志偏重汇纂资料，全失撰述之意而提出来的；是将正史纪传体的志与政书会要体的掌故及专录文词的文征分开单列，强调体裁形式的区别而轻视叙事内容的类分，目的是体现撰述与记注的差异。梁启超在其《清代学者整理旧学之总成绩——方志学》称：“……实斋三书之法，其通志一部分纯为‘词尚体要’、‘成一家言’之著述，掌故、文征两部分，则专以保存著述所需之资料。”《修志十议》提出了方志编纂的基本方法和要求。

清代方志理论研究，继续了宋元明志家对方志性质、渊源、功用的讨论辨析，但更加重视编纂方法的系统探究。洪亮吉与谢启昆赞赏史志体，洪认为“一方之志，苟简不可，滥收亦不可”“盖撰方志之法，贵因不贵创，信载籍而不信传闻，博考旁稽，义归一是。”（洪亮吉《嘉庆泾县志》序）其看法，反映了对明以来志书好标新立异的批评。李文藻主张用图、纪、考、表、录、传六体，采用纪传体的方志在清代已渐为主流。吴寅邦《道光安顺府志》跋综述史志异同，称：“史主文，志主实；史尚略，志尚详；史陈论断，志尚沿袭。”

清代学者对方志的研讨，已不限于在志书序跋中申述意见，还出现了相当多的专论，如陆陇其《灵寿志论二十条》，朱鹤龄《复沈留侯论修志书》，章学诚《修志十议》《方志辨体》《州县请立志科议》《方志分立三书议》，戴震《与段若膺论县志》，程廷祚《修一统志议》，刘光谟《县志分篇议》，王棻《与戴鳌峰论修志书》，等等。其中，章学诚去世 30 年后，其子华绂在开封刻印了他的著作《文史通义》，外编全为方志论文，从而成为方志史上第一部理论专著。

清代，朝廷诏令，官府支持，一统志与郡县志并修，文人参与，修志数量巨大、官修与私修并存，理论研究深入，是我国传统方志理论研究与修志实践的最好的互动时代。据《中国地方志联合目录》统计，现存 5701 种清代方志，占现存全国各朝代传统地方志总数 8200 余种的 70%。一批由学术名家纂修的名志对我国方志实践质量的提高起到了标杆示范作用，具体有方苞总裁《一统志》、施闰章主修《康熙袁州府志》、全祖望参修《乾隆宁波府志》、戴震参修《乾隆汾州府志》、钱大昕纂修《乾隆鄞县志》、谢启昆主修《乾隆广西通志》、孙星衍主纂《乾隆松江府志》、章学诚纂《乾隆永清县志》、段玉裁纂《乾隆富顺县志》、洪亮吉编《嘉庆泾县志》、李兆洛纂修《嘉庆凤台县志》、林则徐主修《道光湖北通志》、阮元纂修《嘉庆浙江通志》，缪荃孙纂修《光绪顺天府志》等等。[10]

（四）民国时期方志研究与修志实践的互动

民国时期是我国传统方志向新方志编纂和研究的过渡时期。由于清末的西风东渐，以西方地理学、历史学为代表的西方社会科学传入中国，对中国传统方志的编纂、研究产生重大影响。民国的 38 年间战乱不断，但民国 6 年（1917 年）、民国 18 年（1929 年）、民国 33 年（1944 年），国民政府内政部分别下发修志的《通知》《修志事例概要》《地方志书纂修办法》，共编纂志书 1500 余种（《台湾公藏地方志联合目录》1255 种），其中省志 45 种、市志 12 种、县志 1074 种、乡镇志 54 种。[11]名志有黄炎培主纂的《川沙县志》、余绍宋编纂的《龙游县志》、王焕镳纂的《首都志》、王重民纂的《无极县志》、傅振伦纂的《新河县志》、李泰棻纂的《阳原县志》、杨家骆、顾颉刚、傅振伦主纂的《北碚志》（《北碚九志》），黎锦熙参与编纂的洛川、同官、黄陵、宜川等县志也均为名志。

民国时期，方志研究与修志实践的互动激烈，直接融入修志实践的学者将经验和实践思考，不断升华为方志理论。

许多具有现代科学知识的学者参加了修志和方志研究，如梁启超、黄炎培、吴宗慈、余绍宋、黎锦熙、瞿宣颖、王重民、李泰棻、朱士嘉、傅振伦等。民国出版业和报刊业兴起，《东方杂志》《禹贡》《地学杂志》等期刊登载不少方志研究论文，王中明编制的《中国地方志论文索引 1911—1949》统计，此期发表的综论 107 篇、分论 277 篇，合计 384 篇。梁启超的《清代学者整理旧学之总成绩——方志学》首次提出“方志学”学科名称，就是载发于《东方杂志》21 卷 18 期上的。从研究内容看，民国时期进入对清乾嘉以来方志理论研究的综合归纳检讨期，同时，融入近代社会学和自然科学的知识和要素。

民国时期的方志学成果，主要还体现在众多的论著之中，这是前代不可比拟的。20 世纪 30 年代起，一批方志学专著陆续问世，绝大多数是修志实践与研究的产物，如：李泰棻《方志学》（最早以“方志学”命名的专著）、王葆心《方志学发微》、黎锦熙《方志今议》、甘鹏云《方志商》、傅振伦《中国方志学通论》、寿鹏飞《方志通义》。民国间方志学理论研究的特点，黄燕生先生总结：一是对地方志的科学价值予以高度重视和重新评估；二是对历代方志理论进行了系统总结，尤其是对章学诚的方志学予以较高评价。民国时期的方志学家虽然多以章学诚的理论为方志研究的出发点，但并未拘泥于章氏观点，既肯定章氏学说的进步性，也指出其历史的局限性。论方志性质，梁启超、寿鹏飞等人基本认同章学诚“史志同义”的观点。但傅振伦主张“方志为记述一域地理及史事之书”。[12]黎锦熙提出：“史地两性，兼而有之”“方志者：（一）地志之历史化；（二）历史之地理化”[13]。对于章氏的“三书”“四体”持不同观点的更多。认为章学诚的三书四体是以文章体裁分类，给修志带来不便，黎锦熙《方志今议》提出“终破四障”，反映为革除旧志“规矩”所进行的努力。对传统方志弊端傅振伦总结了十条，寿鹏飞总结了十一方面。[14]民国间对章学诚方志学的评价，既能看到章氏学说在封建时代的进步性，又能指出其历史的局限性。民国志家对于增加国计民生内容意见比较一致。方志多源论的提出和方志与古地图因承关系的明确，反映了民国间对方志渊源认识的深入。民国时期方志目录学的最大成绩是朱士嘉编制的《中国地方志综录》。

民国年间方志学专著、论文出版、发表集中，学者参与修志并深入进行方志学研究，所以说，民国年间是方志研究与修志实践互动较此前更为激烈的时期，推动了方志研究和编纂的重大发展。“民国期间各类方志学论著的大量出现，标志着近代方志学的开端，……方志理论研究也有不均衡的现象。其间既有全盘西式的新学之作，亦有乾嘉考据的遗迹，……表现了时代的局限性。”[15]

二、新方志的研究与修志实践的互动

中华人民共和国的成立，新的社会性质标志我国新方志编纂的开始。“20 世纪 50—60 年代，我国 20 多个省区市的 530 多个县开展新编地方志，250 多个县写出初稿，正式出版近30部，还编有一大批专业志。”[16]后修志中断，一是由于“三年困难时期”，二是由于“文化大革命”。

20世纪80年代初，我国正式开始首轮大规模的社会主义新方志的编纂。1997年中国地方志指导小组《关于地方志编纂工作的规定》标志我国二轮社会主义新方志编纂的开始。截至2014年4月全国地方志第五次工作会议召开：首轮修志任务全面完成。全国累计出版规划内（首轮）省、市、县三级志书5800多部；累计出版二轮规划志书1400多部；一、二轮部门志、行业志、专题志累计出版2万多部，乡镇志、村志累计出版4000多部；受国务院委托编纂的《汶川特大地震抗震救灾志》（1500万字）编纂完成；旧志累计整理2000多种。[17]新中国的修志规模之巨大，是过往历朝历代不可比拟的。一二轮出版的新方志累计3.12万部，是《中国地方志联合目录》统计的“现存全国各朝代传统地方志总数8200余种”的3.8倍。修志的规模决定投入的人力，全国各省区市县均建立了地方志编纂机构，专职1万多人，兼职10多万人，每轮修志均动员了相关行业、方志、历史、社会科学的专家学者参与，特别是与高等院校、社科院、图书馆、档案馆、博物馆的联系尤为紧密。长期以来，形成中央地方之间、行业之间、方志行业与其他行业、方志机构与高校、与社科研究部门上下左右互动。新方志的质量是方志界尤为关心的，所以新方志的研究与修志实践的互动也是比前代更为深入；建立了全国与省区市的地方志学会，不断召开学术年会研究地方志基础理论和编纂方法；以《中国地方志》期刊为纽带，联合各省区市的方志期刊，举办主题论坛，发挥理论阵地的引领作用，发表了大量的方志研究文章。此外，国务院2006年出台《地方志工作条例》，部分省市出台的法律法规，以及中国地方志指导小组通过组织多种研讨和下发各种形式的文件，继承与创新并重规范方志编纂，确定了新方志编纂“存真求实”“横分纵述”“述而不论”“越境不书”“生不立传”“详今略古”“执简驭繁”等编纂原则，同时确定了述、记、志、传、图、表、录、索引、专记、特载等编纂体裁。

20世纪80年代开始，与大规模方志编纂的互动，方志理论研究领域不断拓宽、深入，从初期高等院校学者对方志源流、性质、功能等基础理论的探讨，发展到修志一线方志专家的诞生，全面对体例、结构、篇目、文体、文风、志种编纂、资料搜集考订等方志编纂理论的总结与研究，及对志书质量标准、方志学学科体系等问题的讨论，并延伸到方志学术性、文献性、著述性、整体性研究，对记述对象的学科研究，地方志信息化与网络化研究、方志管理与应用研究、方志批评研究等多个方面。随着二轮修志工作的开展，续修方志理论研究兴起，包括续修方志的体式、与前志的关系、续修方志的指导思想、篇目设计、断限、对前志内容的处理、现代技术手段的运用等。几十年间，发表数万篇论文，出版数百部专著，既直接服务于修志实践，也推动了方志理论研究的不断深入。[18]

随着新方志编纂，方志学研究在于编纂实践的互动中逐步深入。首轮修志初，20世纪80年代中期至90年代前期主要是高校历史、地理专业的教授编辑的培训教材，以及归纳民国学者的方志研究，撰写升华的方志史、性质功能的文章和著作。

80年代后期，从修志实践中走出一批方志专家，总结实践经验，撰写的方志编纂学的教材、各类志书编纂方法，包括记述对象、记述方法、体例、原则、文体、图表等研究。90年代末开始，部分从实践中产生的方志专家不再满足方志编纂方法的研究，开始进行方志基础理论的研究，并与自己的实践理论相校正。方志研究学院派与实践派研究者的比重大概是1/100。从一、二轮方志编纂时期的方志理论研究的成果分析，总体上方法论研究大大多于基础理论研究；模糊性估计，基础基础理论研究文章、论著（含论文汇编、培训教材）与方法研究的比重在1/500。就中国地方志指导小组办公室、中国地方志学会、中国地方志期刊处组织的学术活动，以及编辑整理的著作提要和论文集，以及组织的学术年会进行分析：

学术会议方面。2004年在乌鲁木齐召开的中国地方志协会年会，提交论文130多篇，其中基础理论与学科建设20多篇，首轮修志经验总结50余篇、新方志问题研究60篇。基础理论论文主要包括新方志学学科建设、指导思想、方志性质、方志功能和方志的基本体例。首轮修志理论的总结反思主要包括组织、体例等方面。第二轮修志的研究主要包括诸方面综合性论述、组织管理、内容体例、新专志新内容的设置等。2011年8月在宁波召开的第一届中国地方志学会年会，围绕地方志文献的传播与运用进行讨论。2012年10月在南通召开的第二届中国地方志学会学术年会，重点研究"第二轮市县志编纂及理论问题"，讨论方志学科建设、方志功能、市县志编纂组织、主编与总纂、方志编纂体例、方志资料、方志篇目设置、方志记述内容、方志编纂原则、志稿编写方法、志书篇幅等。2013年在东莞召开的第三届中国地方志学会学术年会围绕"方志文献编修与研究"主题，研讨内容涉及方志基本理论、修志模式、志书体例、方志文献资料搜集与整理、方志地图编制与使用、修志实践经验、乡镇村志编修、旧志文献的考证评介、方志文献整理出版与开发利用、专志编纂、方志应用、方志人物及其编纂思想、方志比较等诸多方面。2014年10月在杭州举办的第四届中国地方志学术年会，议题为历代方志整理与社会主义核心价值观研究、历代方志整理与社会主义文化强国建设研究、方志发展史研究、历代方志比较研究、历代方志收藏与整理研究、历代方志开发利用与发掘历史智慧研究、方志学家及其方志思想研究等。中国地方志指导小组办公室期刊处从2009年开始，针对编纂实际，结合《中国地方志》刊物组稿，组织一线方志专家和人民大学、复旦大学、南开大学、宁波大学的学者，先后在苏州、南昌、衡山、武汉等地就建设、文化、经济、社会、自然等志书门类进行研讨。这些针对性的研讨，对于地方志编纂实际的影响具有重要价值。各省区市也不间断地举行类似的学术活动，研究本地的修志与方志理论。

从编纂的著作、论文提要看。2006年中国地方志指导小组办公室主编的《新方志理论著述提要》，包括专著提要、个人论文集提要、集体论文集提要三大部分，其中论文集130部，专著66部。专著中基础理论性13部，其余50余部为编纂方法方面专著。中国地方志指导小组办公室组织编纂的《方志百科全书》（2013年8月稿），方志研究门类，收录方志学通论专著20多部，方志编纂研究和论文集100多部（提要）。通论部分专著研究者有两类专家学者，一类来自高校，一类来自修志一线。来自高校、研究部门的专家有来新夏、仓修良、林衍经、胡惠秋、刘光禄、张革非、吕志毅、巴兆祥等，来自修志一线的专家有王春瑜、李明、王复兴、刘纬毅、梅森、刘柏修、刘斌、韩章训、诸葛计等。通论研究，包括方志学概论、方志学基础、方志学史、方志学纲要、通论综论等等。2010—2012 年中国地方志办公室组织全国方志专家，对 1982 年以来《中国地方志》期刊发表的 1197 篇论文进行评审，共有 659 篇优秀论文入选《〈中国地方志〉优秀论文选编》，其中发展史 17 篇、基础理论 73 篇、新方志编纂理论与实践 380 篇、方志管理 9 篇、方志评论 59 篇、旧志整理 118 篇。30 年《中国地方志》期刊优秀论文选出的文章情况，反映出新方志学术研究的重点是新方志编纂理论与实践，占 56.7%，其次基础理论研究占 11%。

新中国新方志编纂实践与方志理论研究的大规模互动，推动了方志事业的发展和促进方志学学科体系的逐渐形成。

三、未来方志理论研究与修志实践良性互动的路径

社会主义新方志编纂时期，是方志发展史上方志理论研究与修志实践互动规模最大，最为广泛和深入的时期；但从科学与良性互动要求，在编纂队伍与研究队伍的建设、编纂与研究的行为方法、编纂与研究的体制机制、编纂与理论研究的结合、方志学科体系建设等方面仍然有需要完善和提高的地方。

“路径”，指到达目的地的路线，比喻办事的办法。未来方志事业的发展，重点之一，是通过深入的实践总结和理论研究，建设雄厚的方志理论，寻求丰富的方志理论成果并向实践转化。今天，方志界需要寻求未来方志理论研究与修志实践良性互动的路径。未来互动的路线图是什么样的？我认为：

首先，人是互动的主体，全国方志界均要“强基固本，打造理论研究与修志实践相结合的队伍”，稳固老专家，培养年轻专家。首轮修志以来，产生的方志学专家已经所剩不多，一定要珍惜他们在经验与学术总结和传帮带方面的作用。二轮修志以来新的地方志编纂人员学历高但实践经验少，关门搞“方志管理”是产生不出方志专家的，“良相出于州部，猛将起于卒伍”，要到修志一线中去锻炼方志编纂和科研队伍。

方志编纂涉及百科，各级志办要有宽阔的胸怀，开门组织修志，开门进行方志学研究。除编纂、研究职能单位的人员外，要拓展方志理论研究的队伍，利用高校、社科院以及地方志办公室退休人员，将部分方志编纂、方志理论研究项目化、社会化，以加快编纂进度和质量，加深理论研究深度，促进学院派专家接触修志实践，促进修志一线人员进一步加深理论修养；地方志编纂管理部门与教学研究部门结合，培养出既有深厚理论功底，又融入实践具有真知灼见的方志专家队伍，促进地方志与相关文化、专业交流，提高地方志队伍的学术水平、理论水平和竞争水平。

进一步完善修志实践与理论研究互动的机制。首轮修志，地方志编纂管理部门多为事业单位，修志成果和学术研究与行政职务和技术职称评定有关，对方志人才的培养、成长有较好的促进作用，培养了一大批高、中职称的专业人才乃至专家队伍。

二轮修志，地方志办公室绝大多数参照公务员管理，一些修志单位提出“管志不修志”，地方志机构学术空气渐淡，职称不评，行政职务与学术研究没有关系，互动机制最关键点需要完善。

完善人才培养机制。未来，方志事业的发展和良性互动的根基在人才，人才成长的根基在有个良好的机制：一是建立良好的人才培养机制，鼓励到修志实践中成长，鼓励进行方志学理论研究。把实践和研究两方面的成绩作为行政职务任免的重要依据，将编纂成果、理论研究与可胜任的业务领导岗位挂钩。二是学术刊物注意提携、培养具有新思想、新观点、来源实践的年轻方志人才。对在重要学术刊物发表的文章，地方志单位应该作为年终奖励的项目之一。三是推进学院培训与地方志岗位培训，培养人才。四是采取重要研究项目等级管理与建立中国地方志专家库和年轻梯队专家库相结合（年轻专家由所在单位和知名方志专家推荐）；建立地方志科研奖励机制；以课题项目研究不断推进，产生中国地方志学术研究的领军人物。

完善编纂实践质量体系。2008年中国地方志指导小组印发《地方志书质量规定》，该规定是经专家研究起草与广泛征求各地地方志办公室意见的情况下制定的。主要就观点、体例、内容、记述、资料、行文、出版等方面进行规定。在当时急于需要遵循具体质量要求时，没有制定地方志志书的质量管理体系的规定，管理体系应该包括编纂组织体系、编纂责任机制、评审体系、评审对象范围、评审程序、评审专家库，建立跨省市的专家互联网无纸化评审，改变当前一些地方一定程度评审主体、范围、标准的随意性现象。

学科建设机制。作为一个完整体系的学科，必须具备四大学术基础：一是有比较成熟的概论，可体现学科的研究对象、方向、内容、方法，能够阐述出与其他学科的关系。二是有比较充分成熟的发展史研究；三是有与概论、发展史相匹配的方志文论；四是培养出一批有影响力的学者。近年，中国地方志指导小组办公室、中国地方志学会与各地方志机构、学会，共同努力，希望“整合研究力量，建立一支高水平的方志学研究队伍，产生一批重要的方志理论研究成果，……基本形成包括方志学基础理论、方志编纂学、方志管理学、方志应用学、方志学史等分支学科在内的独立、完整、严谨、科学的方志学学科体系”。[19]

配合学科建设，建立中国地方志编纂成果和学术研究成果数据库，整理过往研究成果，进一步梳理，反思、总结、提炼、升华方志理论。处理好既有理论和开拓研究领域的关系；编纂基本方志学教材，对历史上莫衷一是的理论观点，在教材上需要予以统一，否则必然导致编纂实践的混乱。比如章学诚“三书”体，强调方志体裁的重要，但黎锦熙却认为形式为内容服务，“类不关文”“文不拘体”，此类相左的观点在方志研究中很多。过多的莫衷一是，以及与相邻学科界限的模糊不明、领域重叠，导致与相邻学科学术交流的困难，因此需要从对方的学科角度进一步研究方志学的源流和发展，研究与他学科的关联与区别。这是一个独立的科学权威的学科必须要做到的。

正确处理好地方志编纂研究的行政领导与业务学术的关系，明确职责，调动专家学者的积极性与责任心，明确志书编纂行政负责、后勤保障、政治政策把关的职责，以及主编编审、总纂谋篇统稿、专家评审的业务学术负责制，推进编纂质量和理论研究水平的不断提高。

未来，方志理论研究与修志实践的良性互动，关键在于以修志实践促进理论研究，以理论研究促进修志实践。互动良性的根本是建立良性的互动机制，良性互动的关键又在能够产生优秀的方志编纂与理论研究的人才。方志理论研究与修志实践的良性互动，是方志编纂、方志理论研究追求的目的和最高境界。

---

①③郑利锋：《宋代地方志南北修撰异同论》，《史学史研究》2009年第2期。

②张国淦：《中国古方志考》第236页。

④仓修良：《方志学通论》，方志出版社2003年版第296页。

⑤⑥黄燕生：《中国历代方志概述·元代》（网上）删节改写。

⑦黄燕生：《中国历代方志概述·明代》（网上）删节改写。

⑧仓修良：《方志学通论》，方志出版社2003年版第335页。

⑨仓修良：《方志学通论》，方志出版社2003年版第347-355页。

⑩黄燕生：《中国历代方志概述·清代》（网上）删节改写。

⑪黄燕生：《中国历代方志概述·民国》（网上）。

⑫林正秋：《中国地方志名家传》黄山书社1990年版第294页倒10-9行。

⑬黎锦熙：《方志今议》。

⑭傅振伦《中国方志学通论》；寿鹏飞《国学丛刊》十四集。

⑮黄燕生：《中国历代方志概述·民国》（网上）。

⑯仓修良：《方志学通论》（方志出版社2003年版）第397页。

⑰中国地方志指导小组[2014]6号《关于学习贯彻第五次全国地方志工作会议精神的通知》第2-4页。

⑱《方志百科全书（稿）》“方志总论.方志理论研究条”部分提炼。

⑲中国地方志学会：《方志学学科建设规划（2013—2020）》（征求意见稿）。

（《中国方志发展报告（2015）》（蓝皮书）方志出版社2015年12月版第260—275页）

自评：本文是《中国方志发展报告（2015）》（文论集）》命题约稿论文（原编纂方案称《中国地方志蓝皮书》第一辑）。阐述了历史上方志编纂实践与研究的互动四大阶段与互动关系；尤其对当今互动的良性与否进行分析，并提出建立良性互动必备的体制机制。指出当今的互动总体比历史上是进步的，但不可不看到，90年代后期起，由于地方志办公室参照公务员管理后，行政取代了业务，行政管理取代学术研究，不再评业务职称。虽然大批高学历人才的涌进（高到博士后），但地

方志办公室，特别是省级地方志办公室修志转为“管志”，其他承担修志的有关部门，为临时任务性的。以致地方志系统真正的修志人才与方志理论研究人才锐减。当今的研究趋向活动宣传性质，往往以论坛、纪念性、配合中心工作居多，请高校、社科院等机构的“用志不修志”的专家教授为自己站台居多。“话语权”属方志官员，而真正的方志专家逐渐被“挤出”，墙内不用墙外用现象普遍，少数还能发挥点余热的退休专家大多在外省、外地、外单位“行走”；编纂与研究被不断割断与弱化，地方志的学术处于无位置的地位（社会行政地位最低，学术地位自我挤出）。互动的良性与否自在那儿摆着！新一轮“猴子扳苞米”又开始了。故需要方志界退休专家自发保护传承好自己的研究成果。

1500多个日日夜夜：尽方志人的责任书家国情怀铸国家典籍

——追忆参与编纂《汶川特大地震抗震救灾志》的时光

2016年4月中旬，正是莺飞草长、鲜花盛开的季节。我有幸接到中国地方志指导小组办公室邀请参加在人民大会堂召开的《汶川特大地震抗震救灾志》出版座谈会的函。微信联系当年参加《汶川特大地震抗震救灾志》编纂的同仁，大家均兴奋不已、感慨不已、庆幸不已、唏嘘不已。《汶川特大地震抗震救灾志》，这部在国务院关怀要求下编纂的国家级历史文献，终于在我辈方志人的手上编纂出版了。这对中国方志事业而言是一个高峰，对我们这些参加编纂的人而言：不枉此生！

一、气壮山河的抗震救灾对方志工作者是心灵的震撼灵魂的洗礼

2008年5月12日14时28分04秒，发生了以四川汶川为中心震惊世界的里氏8.0级特大地震。地震波及川、甘、陕等10个省区市417个县（市、区）、4667个乡（镇）、48810个村庄。灾区总面积50万平方公里，受灾群众4625万人。川、甘、陕三省直接经济损失8451.36亿元，严重受灾的51个县（市、区）直接经济损失6503.4亿元。截至2008年10月8日，地震造成69227人遇难、17923人失踪。面对空前惨烈的灾难，在党中央、国务院和中央军委的坚强领导下，全党全军全国各族人民展开了中国历史上救援速度最快、动员范围最广、投入力量最大的气壮山河的抗震救灾斗争。

抗震救灾的关键时刻，生命黄金72小时，救灾一线聚集14万名解放军、武警官兵和2万名消防队员、公安特警，7万名民兵预备役人员，14万名医疗卫生人员，以及20多万名志愿者。在举国体制下，上下贯通、军地协调、全民动员，汇成气壮山河的救援行动。“一方有难，八方支援”“风雨同舟，生死与共”，这是当时家喻户晓的行动口号。全国各族人民心系灾区，纷纷捐款捐物。在地方党委、政府的领导下紧急组织救援队伍、筹集运输救灾物资支援灾区。抢险救灾的同时，震后第五天，中央就“及早谋划恢复生产、灾后重建”。2008年6月3日，国务院召开

会议部署灾后重建。今天看，汶川特大地震灾后重建目标的实现全世界为之瞩目和震惊！环四海看去，当今除中国的社会制度、举国体制，其他国家在大灾大难来临时很难做到。日本2011年“3·11”大地震福岛核电站发生核泄漏事故至今还遗留很多问题。汶川地震发生后的3年间，在13万平方公里重灾区的国土上完成城镇、乡村的再造，为近2000万的灾区民众重建了家园，让地震造成的破碎山河重现勃勃生机。

“5·12”地震爆发当天起，无数的灾区抢险救灾、医疗救人、受灾群众生活，全国各地的赈灾捐助、志愿者、中央领导指挥现场的媒体镜头、文字，废墟、鲜血、生命、军绿、白衣天使、一车车一列列一架架次的药品和生活物资、重建的公路铁路机场民居学校医院市政公用设施，每天都有消息冲击振奋着人们，为从废墟中救出奄奄一息的伤员群众而欢呼，为在抗战救灾中牺牲的烈士和涌现的英模而感佩。为灾区人民不等不靠重建家园的精神所崇敬。在汽笛哀鸣中高举国旗聚集在城市乡镇的广场和地震废墟上，举国一心，拧成一股绳。今天，那无数的镜头还经常在我们的脑海中闪回。“任何困难都难不倒中国人民”“万众一心，众志成城，不畏艰险，百折不挠，以人为本，尊重科学”“一方有难，八方支援”“风雨同舟，生死与共”“共克时艰，守望相助”“从废墟上崛起，在重建中超越”“共产党对老百姓好”“多难兴邦”“一个善于从自然灾害中总结和汲取经验教育的民族，必定是日益坚强和不可战胜的”。这些伟大的抗震救灾精神融汇的口号、警句、哲言，是中华民族的精神和脊梁，是伟大的精神长城，是净化民族心灵的甘泉。中华民族后世子孙必将代代传承。

气壮山河的抗震救灾斗争对全国人民的心灵是巨大的震撼和洗礼，更是对把“资治、存史、育人”奉为圭臬的方志工作者的心灵的震撼和灵魂的洗礼。《汶川特大地震抗震救灾志》的编纂正是深深扎根在这样的土壤上的。

二、尽方志工作者责任，铸国家级历史典籍

2008年“5·12”地震发生时，我刚好在上海徐家汇一座历史建筑里评审《徐汇区志》。14时46分，徐汇区、静安区等多个中心城区大楼持续摇晃5分钟。14时50分起，中央电视台新闻频道滚动播报地震消息，并推出“抗震救灾，众志成城”直播报道和特别节目。15时0分，解放军总参签署抢险救灾第一份出兵命令。16时40分，地震发生刚2小时，中共中央、国务院迅即决策紧急部署调集医疗人员赶赴灾区，同时成立国务院抗震救灾指挥部。当日晚，政治局常委会部署抢险救灾。灾情重大，中华人民共和国成立后前所没有。举国已经行动起来了。我是个1982年就从事地方志工作的老修志工作者，出于职业的敏感，次日上午我打了个电话给当时还是中国地方志指导小组办公室研究室主任的邱新立同志，询问中指组办公室有无编纂抗震救灾志的意图。邱主任有同样的预见。当时方志界很多同志被拨动了这根神经，引起了编纂抗震救灾志的创作冲动。后来了解到，四川灾区75岁的乐山志办原副编审王水上书中央，建言地震入志。“只有志书才是记录事件最系统与最全面的形式与载体”。并大胆建言：“……如此建议可取，请转呈温家宝总理，以国

务院抗震救灾总指挥部名义进行编撰……”

9月7日，我根据中国地方志指导小组办公室的电话通知，到北京参加汶川地震抗震救灾志编纂规划的制订工作。从2005年开始我一直在研究起草上海市第二轮市志编纂方案，20世纪90年代初也起草修订过安徽省志的编纂调整方案。功夫不负有心人，地震发生后我已经在搜集报刊、网络上的抗震救灾资料，国务院抗震救灾指挥部发出的文告。带上手提电脑，乘机赴京。讨论、起草工作在五四运动发生地之一——赵家楼，现在是一家招待所（这里立有爱国主义教育基地的碑，与我们此行的任务非常契合），由中国地方志指导小组秘书长田嘉、中指办研究室主任邱新立主持。研究室工作人员刘永强、程方勇参加。记得我是中午到的，上午到的专家有江西省志办周慧、广州市志办陈泽泓。下午会议，告知温家宝总理已经在王水的“上书”上批了意见。编纂抗震救灾志的任务交给了中国地方志指导小组办公室。邱主任分工：周慧、陈泽泓起草接下来召开的编纂启动大会有关材料。我起草《汶川特大地震抗震救灾志》编纂工作实施方案。刘永强起草《汶川特大地震抗震救灾志》行文规范。程方勇起草凡例。方志编纂方案的制定实际是编纂者对编纂对象的研究，拿出任务分解和落实完成的谋划，具有高屋建瓴，统辖各方，要求明确的特点。当时灾区生产建设正在恢复，灾后重建在进行中。对整个汶川地震抗震救灾的完整指挥体系我并不了解。田嘉同志要求我们用抗震救灾的精神做好方案起草等工作。采取边起草边讨论修改的工作方式。实际是晚上起草，白天讨论。幸好邱新立主任把一份《关于国务院抗震救灾总指挥部工作组组成的通知 》（二〇〇八年五月十八日）交给我，再三叮嘱保密。我根据文件中的抢险救灾组、群众生活组、地震监测组、卫生防疫组、宣传组、生产恢复组、基础设施保障和灾后重建组、水利组、社会治安组九个组，结合编纂的可行性和地方志的体例，设计了现在出版的《汶川特大地震抗震救灾志》11卷的构架。11个分卷是总述卷、大事记、图志、地震灾害志、抢险救灾志、灾区生活志、灾区医疗防疫志、社会赈灾志、灾后重建志、英模人物、附录。整个编纂方案包括编纂指导思想与基本原则、编纂目的意义、编纂任务与总体设计、组织领导、工作要求与进度安排、卷目和编纂分工、质量要求、资料征集与资料长编、经费保障九大部分、1.13万字。其中编纂任务与总体设计、卷目和编纂分工是编纂业务的核心部分。（见《中国地方志》2009年第2期）在举国抗震救灾灾后重建的氛围中，我们每个人都不顾身体，连夜工作。现在回想起来还是吃惊，当时我已58岁，接近退休年龄，但责任感召着我们，当晚赶到凌晨，把方案起草好，次日讨论，再开个夜车完成了修订。14日方案起草工作完成后，大家又研究准备其他编纂筹备期工作。由于太辛苦，最后一晚安排刘永强陪周慧、陈泽泓和我到水立方看了残奥会的游泳比赛。30日各自返回。后来邱新立告诉我，方案报上去，国务院领导基本没有修改就批准实施了。这是我一直引以为荣的。此后，仅仅过去1个月，11月3日，国务院办公厅下发《关于成立汶川特大地震抗震救灾志编纂委员会的通知》。11月6日，编纂委员会成立大会暨第一次全体会议在京召开，国务委员马凯作“存史资鉴　认真编纂汶川特大地震抗震救灾志”的讲话。地震志编纂工作全面启动。地方志工作，如此雷厉风行，在中国方志史上前所未有。

我参加的汶川特大地震抗震救灾志专家组，分前后两批。前者是志书编纂阶段的专家，主要参与制定编纂规划、规定、细化篇目、培训编纂人员、分工分卷指导编纂、修改分卷稿件、参与评审等。后者是终审完成后编辑阶段的专家。我是前阶段专家组的专家之一。故我还参加了《关于编辑〈汶川特大地震抗震救灾志〉资料长编的若干要求》的起草。编纂工作正式启动后，2009 年 1 月，汶川特大地震抗震救灾志编委会办公室（以下简称“全志办”）组织在河北香河办班培训，我担任篇目拟订课题的讲解。后来我负责灾后重建志指导工作后，培训量更大，承编单位国家发改委前后在北京昌平、四川成都、北京香山等地组织大规模的培训 6 次，我其中讲课 5 次，每次有国家部委和 3 个灾区省 75 个单位 150 人左右参加培训。作为本卷专家，每次我都做好课件和实例稿，教授了资料收集与长编、初稿撰写的基本要求和办法、概述撰写等。

篇目是志书的蓝图。实施方案是宏观的，篇目是对方案的体现和细化。2009 年 6 月，全志办在成都召开汶川地震志篇目研讨会，作为专家组成员，我除参加 11 卷篇目的讨论，重点是与该卷编纂办公室的刘通、吕兰英（国家发改委工作人员）一起，研究《灾后重建志》分卷的篇目。根据实际，采取了以国家对灾后重建的总体规划和 10 个专项规划为篇目框架基础，以事类立目为主，以援建主体立目为辅的谋篇布局原则。今天看，这样的设计既总体上具有科学性，同时具有可行性。集大家的智慧，会后合拢形成《汶川特大地震抗震救灾志》篇目（草案）。抗震救灾志各分卷的编纂工作真正开始实施是从成都篇目会议开始，因为有了施工的蓝图。

2008 年 9 月到 2011 年，我几乎每月要飞北京参加地震志专家组的工作，后期有关卷成稿后，甚至在京一住半个月纂改稿件。当时，我担任上海地方志办公室市志处处长，市志刚刚启动，要讲课培训，酌定各志篇目；同时《上海市对口支援都江堰市灾后重建志》的编纂由我来组织实施。稍后又参与《上海世博会志》的方案起草和编纂工作。当时上海地方志办公室的李丽主任、刘建主任，只要是汶川地震志的事，从来都是一路绿灯，处室的同仁也主动分担工作。在一开始地震志编纂经费未下来时，我还在职，交通费等均是由上海市志办承担。目的就是支持国家志大局，支持中国方志事业的大局。国家把这样重大的事交给地方志系统，中华人民共和国成立后没有先例，重大的事件用地方志载体编纂也前无古人，一定要做好；这是全体中国当代方志人的共同责任。

根据全志总纂田嘉、邱新立的安排，以及国家发改委编纂室的聘任，11 卷编纂中，我主要担任全志编纂指导专家，担任《总述》卷初审、复审；《大事记》复审；《地震灾害志》统稿、复审；《抢险救灾志》初审；《医疗防疫志》初审；《社会赈灾志》初审；《灾后重建志》执行总纂、撰稿、初审和复审；《附录》复审。这些工作中，《地震灾害志》统稿和《灾后重建志》编纂投入精力最大。地震志编纂后期，我已过花甲。但为了这部重大历史文献的编纂，从不知疲倦，只是觉得 30 多年的方志工作积累，退休前能参加国家重大文献的编纂工作，不虚此生，非常幸运。

2011年12月，全志办邱新立常务副主任要我给《地震灾害志》的初稿进行统稿，并提出按计划月底完成。说句实话，这部分卷联系指导专家本不是我。我二话没说，和中国地震局的王玉秀、马文乔两位地震老专家，以及中指办刚考进的国家公务员、博士曾荣成立个小小的团队，在北京展览馆没日没夜整整干了19天，往往凌晨4点才睡几个小时。为了按时完成任务，全部使用电脑无纸化操作，流水作业。先由王玉秀、马文乔先生先根据书稿初评意见核改史实、专业词汇、补充史料；然后由我进行统稿修改，调整结构；完成后再由王玉秀、马文乔核稿从专业角度把关；再发曾荣保存备份。有时表格不规范，由曾荣重新制作。其中，"重灾县（市、区）简况一览表"原稿是没有的，让小曾临时在网络搜资料结合51个县（市、区）的行政地理简况编纂的。手提电脑非常伤眼，除曾荣外，其他三人都是退休人员。有人劝我们悠着点，不要视网膜脱落就麻烦了。但大家还是坚持到完成。回上海已是2012年新的一年来临。

2012年，我的重点工作是完成《灾后重建志》的总纂和该志对口支援部分的撰稿工作。因为灾后重建与抢险救灾、社会赈灾、医疗防疫、英模表彰等不同，都是2008年地震当年就结束或完成的。所以，2012年除《总述》《大事记》《灾后重建志》外都编纂完成，并经过评稿正在进一步修改。前边讲过，灾后重建开始与2008年6月，完成于2011年10月（以汶川地震灾后恢复重建总结表彰大会在京召开为完成标志）。从一开始，灾后重建志编纂方案只能根据灾后重建的实际设计，编纂既不可超越实际，也不可拖全志的后腿。采取（前方）边恢复重建、（后方）边收集资料、边整理资料长编、边编写初稿、边修改完善、边分纂总纂成书的编纂模式。概括称之为"五边工作法"。上下左右全部采用电脑无纸化操作。同时，按照资料长编要求，重建志编纂办与北京华艺世纪缘科技发展有限公司创造性设计了长编数据库软件，将归类的分类卡片稿（资料长编）拉出来发给有关编纂者，进行具体篇章的编纂。我就是在上海改稿编纂，一直与灾后重建志办通过邮箱联系。需要集中编纂，我再到北京与大家会合。这应该是最早的"互联网 + 方志编纂"吧。

作为指导专家，灾后重建志编纂委员会办公室在本卷编纂始末中评价："全志专家组成员梅森从本卷一开始就融入其中，提出了编纂思路和各阶段的编纂建议，从篇目制定、业务培训、初稿编纂、志稿总纂通稿，全程给予编纂指导。5次授课，提供自己编选、撰写的资料长编、条目初稿和概况初稿的样稿进行示范，并对承编单位提供的试写稿进行评点；同时承担第15篇（恢复重建对口支援）、第16篇（恢复重建社会支持）的编写任务，将两篇从100多万字的资料稿改写成为29万字左右的书稿；担任本卷志书的执行总纂，4次对全卷进行总纂统稿，承担初审、复审专家组组长工作，为本志编纂竭尽心力。"2011年10月灾后重建完成当月，随着各单位不断地收资撰写。灾后重建志办按照本卷的总体框架，对3个灾区省重建稿、50多家部委参与重建稿、19个援建省市援建稿和国家发改委自身重建规划稿合拢，合成为521万字的条目汇总稿。为了迎头赶上兄弟卷，仅仅1年时间，进行4次大规模的总纂，2012年形成114万字的《灾后重建志》评审稿（最终出版的志书基本如此）。2012年11月27日复审会，与会专家、评审人员对复审稿给予高度评价。国家发改委西部司司长、灾后重建志编纂委员会办公室主任费志荣在复审会总结时说：谢谢全志办给我们派来了这么优秀的专家。此时，我心中一块石头才算落地。通过努力，最终没有辜负全志办的委托、国家发改委领导同志的信任，更主要在时间如此紧迫的情况下没有拖全志的后腿。2012年12月，我作为编纂阶段的全志专家工作基本结束。自2008年9月到2012年12月，前后51个月、1500多天（前后长度，中间回单位做本职工作）。

方志人，包括国家部委临时参加编纂工作的方志人，在汶川地震志编纂的大旗下聚拢，大家忘我地献身，完成了国务院交给的任务，同时大家也结下了友谊，终生难忘。当时全志编纂会议和外地来京专家住宿地方都是政府采购的宾馆，包括香山饭店、友谊宾馆、北京展览馆，国家发改委是安排在国宏宾馆。在香山饭店时累了偶尔爬爬香山，欣赏秋风中的香山红叶，在香山公园、双清别墅，边散步边商讨抗震救灾志的编纂。在北京展览馆给《地震灾害志》通稿的19天，与王玉秀、马文才、曾荣结下了友谊，清晨，大家步着薄薄的积雪，在展览馆后湖的"皇帝船码头"散步。王玉秀为我们表演"老北京打花棍"（据说今天北京也没多少人会玩），花棍在全身蹦跳。我回上海时，老王还专门做了一根漂亮的花棍送我，可惜我没有他那样灵活的身段，只能作为纪念品珍藏。记得老马每天早上要赶回家喂他的宠物狗。我回上海时他让老伴割了一大截自家灌的香肠送我，还再三给我分析南北方香肠的不同口味和制作方法。后来他还专门为我刻了一方印章送我。自然科学专家参加地方志编纂的一丝不苟的精神，与地方志编纂者存真求实的态度完全合拍，不同的行业共同的态度和语言让我们通稿时非常默契。

与国家发改委《灾后重建志》编纂室的同志，4年间大家从初期的熟悉到最后的非常和谐，后期《灾后重建志》编纂的紧张，大家可谓"同呼吸共命运"。大家为援建和灾区自力更生、不等不靠的事迹，为在高寒地区援建献出年青生命，为父母去世、儿女高考仍然坚持在援建第一线而感动流泪。许多文稿是流着泪写成的。灾后重建志办的徐平、刘通、吕兰英、陈俊生、张先禄、赵凡、武凤翔、刘闯、种冲，一个个同志如今还常常回到我的记忆中。编纂室主任徐平，一位在部队当过兵精明强干的司局级女同志，统计出版社社长，在最后总纂合拢阶段，在徐的安排指挥下，我们集中在木樨地北里（《灾后重建志》编纂室，在这里统计出版社有间大房间，电脑、复印机一应俱全（我被安排住在同座建筑的国宏宾馆）。她还利用手中的人脉资源为重建志服务，将出版社的美术编辑、照排公司的录排能手组合进来，形成总纂合成到插图排版流水作业的编纂工作链：召开总纂会统一思想—分纂人员分纂本篇—通过邮箱发我进行文字总纂—再发徐平组织插图总纂编排—发照排公司形成打印的评审稿。副主任刘通，国家发改委宏观经济研究院的博士，一位性格忠厚、学问深厚、做事勤奋的年轻专家，全身心地扑在编纂工作上。承担了最难啃的概述，还有政策措施、城镇体系建设、产业重建3篇的撰稿工作。4年间，我们不时探讨具体的编纂方法和具体篇章的编纂，框架的调整，最后还协助我做总纂工作；细心认真的态度至今难忘。吕兰英副主任与武凤翔同志，除做好办公室后勤事务工作外，吕还撰写了城乡居民住房建设篇；每次我到灾后重建志办公室，武凤翔都会早早等在国宏宾馆，安排得井井有条。陈俊生是一位正团自主择业军转干部，开玩笑自己是体制外人士。他曾在部队修过志，编纂重建志时有自己编纂的思考，但军人服从的良好素质，最终服从大局；完成了规划编制与调整、农村建设2篇的撰稿工作。张先禄是解放军军事科学院一位已退休少将级的研究人员，做事雷厉风行，文字简洁如其作风；完成了决策组织、防灾减灾体系建设2篇的撰稿工作。陈俊生、张先禄还对上报来的5篇初稿进行了分纂。在合成志稿时，撰稿人手不足，临时约请全志专家组专家、江西省地方志办公室副主任周慧，上海世博会志编纂办公室刘雪芹博士、翟辉硕士，山西省委党史办公室研究员王卫香参加撰稿，虽然时间紧迫、困难大，但他们均放开手头工作，抓紧完成。原因简单：编纂国家志，全力以赴！周慧撰写了基本保障、生态修复和环境整治2篇；刘雪芹撰写了精神家园建设篇；翟辉撰写了公共服务设施建设篇；王卫香撰写了基础设施建设、市场服务体系建设2篇。赵凡兢兢业业做好全国各地汇集的资料长编的系统化和管理工作，《灾后重建志》编纂告竣后，除电子版外，1000多万字的灾后重建志资料长编文字版存放在国家方志馆（书稿10倍的资料），一大摞30几大本。据我所知，这是截至当今方志编纂中最为完整系统的方志资料长编。是参加灾后重建志编纂近百家单位，数百人的劳动成果；其中有赵凡的一份功劳。刘闯作为技术编辑，认真整理、补充照片，精心布局安插，尽可能使志书图文并茂。种（chong）冲，一个与计划出版社有业务关系的照排公司的小姑娘，总纂合拢期间，每天从海淀区坐地铁过来到西城区木樨地，很晚返回，总是笑眯眯的，把总纂后的文稿编排好，照片一一插好。

在北京国宏宾馆总纂的日子，可以套一句话——“累并快乐着”。这里没早晚，没星期天，工作量超大，但大家自觉自愿，很快乐。早晚我经常一个人，中午我们在中粮集团餐厅午餐的刘通、陈俊生、张先禄，常常从国宏宾馆门前，过桥沿着昆玉河，从复兴路木樨地到白云路再过桥返回。有时还走到三里河或白云观放松放松。中午，60多岁，非常结实的张先禄还到玉渊潭冬泳。大家非常充实，留下美好的回忆。直至今天，电话联系起来还回味无穷。这是一种力量和精神的凝聚，在汶川特大地震抗震救灾精神的感召下，在国家志编纂的大旗下，原来不曾相识的人，为了共同的目标走到了一起，留下了社会和个人宝贵的精神财富。

三、社会主义新方志编纂中里程碑式的巨制

《汶川特大地震抗震救灾志》的编纂是社会主义新方志编纂里程碑式的巨制。历史上国家层面编纂的方志，只有唐《括地志》《元和郡县志》，北宋《太平寰宇记》《元丰九域志》，元《大元大一统志》，明《大明一统志》，清康熙《大清一统志》、乾隆《大清一统志》、嘉庆《重修大清一统志》等几部巨制。中华人民共和国成立后，一、二轮累计编纂志书7200多部（截至2014年4月全国地方志第五次工作会议），均为地方政府组织编纂，只有《汶川特大地震抗震救灾志》是国家层面（国务院）组织编纂的大型志书；所以，是里程碑式的。

过去只是地方修志，通过《抗震救灾志》的编纂扩大了地方志和地方志事业的影响。100多家国家部委、群众团体的参编，许多部长担任地震志编委会的领导职务，了解了方志的历史和它的价值功能。有的部长说，不知道地方志是无文化的表现。《汶川特大地震抗震救灾志》的编纂探索了新时代国家层面编纂国家志的组织体系，如何中央与地方结合，如何建立全国性整体的编纂体制机制，留下许多可资借鉴的经验。许多部委的专家、人员亲身参加《汶川特大地震抗震救灾志》的编纂，为未来编纂国家志留下了种子，打下了基础。《汶川特大地震抗震救灾志》编纂任务完成后，有些国家部委开始编纂相关的国家专志，如中华人民共和国海关志、中华人民共和国海事救捞志、中华人民共和国铁道志、中华人民共和国文物志，等等。《汶川特大地震抗震救灾志》的编纂是“开展编修一统志的可行性研究”的重要素材（见2015年8月25日《国务院办公厅关于印发全国地方志事业发展规划纲要（2015—2020年）的通知》”总体目标与主要任务”的的第5条）。

《汶川特大地震抗震救灾志》与政区综合性地方志不同，在志书种类上是专志，在内容上是重大事件志。我在2011年第5期《上海地方志》上发表的文章《新志种·重大事件志编纂刍议》认为：重大事件，可以是国家以下行政区域发生的事件，也可以是举国处置的事件，甚至是具有国际影响的事件。11月12日，新华网新华时政刊发了“重大事件志成为中国方志新物种”的通讯。重大事件志追溯的话，大致属中国的传统方志的杂志（卫所志、书院志、山水志、盐井志、寺庙志等）；但是大规模的事件志，历史上从没有编纂过。《汶川特大地震抗震救灾志》不但完成了自己的编纂，还引领了一批事件志的编纂出版，就抗震救灾志还有四川省汶川特大地震抗震救灾志、陕西省抗震救灾志、青海玉树抗震救灾志、上海援助都江堰灾后重建志、辽宁省援建志、汶川特大地震南京援建志等等，其他的会展性的重大事件志还有《北京奥运会志》《上海世博会志》《广州亚运会志》《南京世界青运会志》《青岛奥帆赛志》，等等。所以，《汶川特大地震抗震救灾志》是新方志编纂中里程碑式的巨制。

《汶川特大地震抗震救灾志》的编纂开阔了方志编纂的视野，其编纂方法是对方志编纂理论的丰富。区域志的编纂原则是横分门类纵述史实。而重大事件志往往是按照事件发生的时序先分类，然后再在大类下分事类撰写。《汶川特大地震抗震救灾志》第一层类别是从地震灾害、抢险救灾开始，最后是灾后重建，即按事件的时序，同时又是事物类别，回避了历史分期。《汶川特大地震抗震救灾志》在编纂过程中创新了一些区域志没有的编纂方法。比如我参与编纂的《灾后重建志》，不可能等到重建结束才开始收集资料，也不可能按照区域志采取的“两步成志”方法，而是采取与事件开始就介入，动态编纂的“五边工作法”（《北京奥运会》志也是提前进入，边办会边收集资料编写）。此外，《灾后重建志》编纂过程中逐渐形成的、与重建实际对应的“化整为零、众手成志，前点后面、前分后总，选好专家、加强培训，推出实例、突出重点，狠抓要素，重视资料，坚信长编、建立软件，加强沟通、统一思想，整体推进、循序渐进”的倒逼式编纂方法，对其他类型的地方志编纂也有很好的参考价值。尤其《灾后重建志》编纂办公室与海淀区世纪缘科技公司设计的灾后重建志资料长编系统化与编纂调阅软件，加快了编纂进度。据我所知，在全国方志资料数据库软件中当时是超前的，现在仍然是领先的。编纂人员之间网上无纸化编纂和倒逼式编纂方式，在今天方志编纂中都是创新性的。近年我在《上海世博会志》和参与的其他志书编纂中均是采取这种“无纸化”和“倒逼式”编纂和指导的。

2012 年 12 月，我的汶川特大地震志编纂工作基本完成。虽然我此生编纂志书数十部，参与编审志书数百部，但我一直认为《汶川特大地震抗震救灾志》是我参与编纂的最值得骄傲的志书。4 年编纂，1500 多个日日夜夜，我和所有参与者一道，度过人生一段最重要的时光，翻过了人生最有价值的一页。在《汶川特大地震抗震救灾志》出版座谈会在人民大会堂召开的日子，追思这段历史，以飨方志后人。

（2016 年 5 月 12 日上午，在汶川特大地震发生八周年之际，在人民大会堂召开《汶川特大地震抗震救灾志》出版座谈会，国务委员王勇出席座谈会并讲话。会前中国地方志指导小组办公室要求与会的该志专家组成员，撰写一篇回忆录，合成文集，但至今未见出版）

自评：《汶川特大地震抗震救灾志》的编纂探索了新时代国家层面编纂国家志的组织体系，如何建立全国性整体的编纂体制机制，为未来编纂中华大一统志留下许多可资借鉴的经验。本文的价值来源于直接参与人的思考总结。本人重大事件志的提出和研究，就起源于这种实践、思考、总结。

“修志问道”的蠡测与思考

提要：国务院总理李克强批示：“修志问道，以启未来”。本文作者理解是从党和国家领导人治国理政角度向全国地方志工作者提出的修志要求。“道”，为极致的宇宙观世界观、规律规则，中华民族的最高智慧的集中体现，是5000年中华哲学、史学、文学等各种文化的共同追求；也是历代方志编修者的不懈追求。宋代方志定型后，如何通过志书“问道”“载道”“闻道”“悟道”，有很多的论述和修志实践。社会主义新方志，要从方志内容中寻求切入点，在“问道”的基础上，立于基层，接地气、接民生和接历史文脉，站在社会的层面，“为党立言、为国存史、为民修志”“得失褒贬，深切著明”，编纂出可资“问道”的精品良志。

关键词：修志问道　蠡测　思考

2014年4月19日，第五次全国地方志工作会议在京召开。中共中央政治局常委、国务院总理李克强批示："修志问道，以启未来"。蠡测思考总理批示，是就治理国家的需要向全国地方志工作者提出的要求，也是发扬中华智慧，推进国家文明进步的需要。诚然，总理提出这样的要求，与我国当前重视对历史文化的弘扬传承，及他的家学渊源不无关系；[①]"修志问道，以启未来"是其家学渊源对方志的认识。"问道""载道""闻道"是5000年中华文化的优良传统。"以启未来"是修志的终极目标，"修志问道"是修志工作的目的和最高标准。总理第一次把修志工作提到了前所未有的高度。

一、"道"是我国传统文化追求的宇宙观和最高智慧

道，为极致的宇宙观世界观、规律规则。道在中国文化中为中华民族的最高智慧，是中华文化的精髓。中国传统的道家、儒家学派都对"道"有自己的阐释，但他们都以"闻道"为目的（求道的方法有所不同），提出知道、识道、悟道、得道的观点。

老子说："道可道，非恒道。名可名，非恒名"[②]；"道生一，一生二，二生三，三生万物"[③]；大道泛兮，其可左右。万物恃之以生而不辞，功成而不有。"[④]"上士闻道，勤而行之。中士闻道，若存若亡。下士闻道，大笑之。不笑 不足以为道。"[⑤]以道佐人主者，不以兵强天下。"[⑥]庄子借寓言说："南伯子葵问乎女偊曰：'子之年长矣，而色若孺子，何也？'曰：'吾闻道矣'"。[⑦]孔子说："志于道"[⑧]朝闻道，夕死可矣。""吾道一以贯之"[⑨]，从中可以看出孔子对"道"的重视。孟子更有"得道多助，失道寡助"的名言。[⑩]儒家与道家追求"道"的行为并不一致。儒家认为要通过博学来求道。道家则把"道"与"学"对立起来。老子云："为学日益，为道日损，损之又损，以至于无为。"[⑪]《庄子·外篇·知北游》更宣称"无思无虑始知道"。道家认为这"无思无虑"的"知"才是最高的智慧。

先秦以后，历朝历代的精英，包括统治者，哲学、史学、文学大家，都在前赴后继地悟道、载道、问道、闻道、传道。三国时期，政治家、文学家曹丕在《典论·论文》中提出"文以载道"。唐代大诗人杜甫诗曰："闻道长安似弈棋，百年世事不胜悲。"[⑫]韩愈《师说》言："闻道有先后，术业有专攻。"明代杰出的思想家、泰州学派的宗师李贽称："吾父子傥亦闻道於此，虽万里可也。"[⑬]另一位泰州学派的代表人物王艮认为"百姓日用是道"，即使僮仆的视听言动，也体现有至道。饥食渴饮，夏单冬棉，孝顺父母，友爱兄弟，都是至道[⑭]。这里的"道"蕴含的是民本思想——民之所想即为道。

二、"道"同样是传统方志文化的精髓和志家的不懈追求

地方志是中国传统文化的组成部分，历史上志书编纂者既有罗愿、顾炎武、章学诚、戴震、钱大昕、洪亮吉、李兆洛、阮元、缪荃孙、吴宗慈、黄炎培、黎锦熙等一流大家，也有普通的文化人。"悟道""问道""得道"是中国文人的共同追求，必然也是历代修志者在修志中的不懈追求。

历代史志追求"治天下以史为鉴，治郡国者以志为鉴"。[⑮]历代修志追求资治、存史、教化。细析之，实际上"资治"者，乃在修志中寻求郡国治理之道；"存史"

者，乃在修志中传承文明之道；“育人”者，乃在修志中彰显树人育人之道。

南宋罗愿《新安志》注重民生物产，“其物产一门……，征引尤为赅备”，“提高了方志经世致用之价值”。清代，第一次鸦片战争（1839—1842 年）前后，西方列强的入侵，产生的经世派参与修志。林则徐编《四洲志》和《道光湖北通志》，魏源撰《海国图志》，徐继畬撰《瀛环志略》，陶澍主修《道光安徽通志》，龚自珍纂《蒙古图志》，姚莹修纂《东槎纪略》《康輶纪行》，何秋涛编《朔方备乘》，张穆编纂《蒙古游牧记》，用他们的“实言”“实行”践行着“通经致用、安邦定国”的重任。光绪二十九年（1903 年）《癸卯学制》教育改革，乡土志成为清末小学爱国始于爱乡教育的乡土史地教材。

民国年间有见识的方志家同样关注社会、民生、实业，主张志书应增加国计民生内容，尤其是李泰棻、寿鹏飞对此有很好的论述。

1928 年，历史学家、方志学家傅振伦先生刊发于《新河县志》卷首的《新志述略》说：“志者，社会之写真也”，主张《新河县志》增社会制度、农村经济、普通心理、平民文艺、语言与文字、宗教与信仰、美术诸目，并增加艺文、金石、习俗、典礼、轶文故事、村镇概述。[16] 1931 年，傅又在《编纂北平志蠡测》[17]一文中强调：编辑方志宜特加详于社会方面记载，宜加详于人文地理，侧重物质方面记述，宜广增科目门类，注重科学技术。

1929 年，国立浙江大学校长蒋梦麟向省政府提出方志新体例，分编年鉴、各门调查、省史三书，年鉴第 16 门目为民生，民生以下子目有生活程度、职业分配、物价工资、财产之调查或估计及其与人口之比例、救济等。

1931 年古钱币研究专家陈铁卿参与河北省志编纂，撰写《重修河北省志事例之商榷》一文认为：“征文考献之专书；抑亦为利国福民之利器”。志书所载，应以适时实用为主，要“物产实业，关系民生，记载应极详备”。[18]

纂辑《章实斋方志论文集》的张树棻，在其《章实斋之方志学说》一文中强调志书的教化育人之道：“史志之书有裨风教者，原因传述忠孝节义，凛凛冽冽，有声有色，使百世而下，怯者勇生，贪者廉立。”[19]

历史学、方志学家，《庐山志》主编吴宗慈认为：方志内容汇集社会休戚，“凡此所述，皆荦荦大端，有系于全国大计，而不容小视夫方志者也”。[20]

《方志通义》作者、方志学家寿鹏飞认为：“读良方志，可以觇国俗，知理乱，识兴衰”，志书要能够“正人心，敦风尚，明正谊，垂治规，究兴衰之由，陈利弊之要，补救时政之缺失，研求民生之荣枯”，成为“治理之龟鉴”；“方志立言，当作平民立场，乃得痛陈疾苦。”[21]

《方志商》作者甘鹏云，1938 年引用《尚书》言“民为邦本”，孟子曰“民事不可缓也。”认为民国修志“应于民事加强，民主国，民为重也”，注重社会经济考察、研究，合“文献、政治、社会”为一书。[22]

以上数例，可见我国方志自宋代定型后，方志编纂的脊梁实际是追求法自然还是胜天、治国平天下、经国致用、社会昌明、民本民生的“荦荦大端”之道；方志中汇集的“利国福民”“社会休戚”“作平民立场”“陈利弊之要”“社会民生”“爱国爱乡”等等，均为传统方志文化追求的正“道”。

三、新方志编纂者须在“问道”的基础上编纂可资“问道”的良志

“以己昏昏，使人昭昭”，用自己模模糊糊的认识，想要使别人明白是不可能的，也就是模模糊糊的编纂者是编纂不出可资问道的志书的。

首先，方志编纂者应该又是高素质的国情地情的研究者和“问道”者，不应该只是一个“文抄公”；而是在不断搜集资料的基础上在国家大背景下研究地情，并用研究的正确思想、观点得出事物演变的轨迹、过程、节点、特点、原因、结果，然后用悟出的“道”去统帅志书资料的选用、充实，把自己形成的思想，通过方志的体裁有机地寓入编纂的内容中。这样的内容才可以提供“问道”之需，提供治国理政之策。我们千万不要忘记，地方志的优长真真切切在于贴近基层，贴近地气，贴近人气，贴近民生。人民总理为什么向全国地方志工作者提出“修志问道”的要求，实际上是从治国理政的目的出发，需要了解基层的历史传承、真实的发展和真实的民生，从中归纳出治理国家的方略。老子《道德经》第六十章说：“治大国，若烹小鲜。”讲的就是这个道理。不了解基层情况，不了解基层发展的瓶颈和民生困难，也就是不了解基层之“道”，掌握不好“治大国”的“火候”，油盐酱醋料没有恰到好处，翻来覆去，再鲜美的小鱼也会烹饪得味道索然，翻碎了型。

以资“问道”首先要明确方志的内容主要写什么？问道主要问在志书的内容里。实际上民国时期方志学家就重视探讨和阐述过这一问题。比如黎锦熙的《方志今议》专门研究了县志内容拟目；李泰棻《方志学》第六章专门研究了方志内容。民国方志学家寿鹏飞在他的《方志通义》中就提出：“不当于治道者不录”“凡不属于民生休戚地方利病者，无宁从略也”“有关民生实用，疾苦利弊，虽小必志”。他还提出：好的志书“得失褒贬，深切著明”“条兴革之所宜”“其体勿染官气，勿尚时趋，勿导游观，无贡谀佞，勿孱新奇学说，勿蹈文人习气”。[23]近现代学术大师梁启超在他的《清代学者整理旧学之总成绩》一文中，谈到志局时曾说过：官修资料丰富，但需要注意“位置冗员，钞撮陈案，殊不足以语于著作之林”[24]。

社会主义新方志从20世纪80年代开始编纂以来，已经进入第二轮，沿着前人的学术脚步，关于新方志内容、篇目研究的著作、论文“汗牛充栋”，成绩卓然；但也不能不看到我们仍然存在的问题，切切就在“问道”两字上。编纂者编纂中很少问“道”，其编纂不是熔铸资料而是排纂资料。编纂出的志书达到可以“问道”层面的实事求是地说不多。

我们编纂的志书不少看重的是机关工作、领导活动、工作管理，分类流水账式的罗列，公文的汇合，数据化的文字，看不出事物演变的规律、特点。地方特色不是突出在各类内容中，而是追求形式的变异。志书采集的多为死资料，轻视活资料，重视体制内资料，轻视体制外资料，很少作社会调查；对当地的改革创新提炼不够；对改革的进步与产生的问题记述的全面性不够；对社会、民生记述不够；对部分弱势群体的困难重视不够。站在社会的层面，站在“问道”的高度，反思、检讨我们

编纂的志书内容，有以下需要进一步完善的地方。

二轮自然断限的志书不少，自然断限的志书明显缺乏历史的纵深和演进的轨迹和规律，在反映规律、彰显地域文化方面较为苍白。如果历史文化、国计民生等重要内容作历史勾连，就可以更好地以史鉴今、启迪后人。

自然环境门类缺少环境演变和生态环境变化的原因，与环保门类一起，只看到生态环境的治理和环境质量的转好，看不到二次环境的记述，更看不到工业化、城市化导致的环境质量下降，看不到当地的污染源，看不到资源包括土地资源的迅速减少。

缺少地名门类，无法通过地名反映时代的思想观念和民风。

人口门类缺少外地常住人口、外来流动人口分布和变动、境外人员分布，涉外婚姻等。

公安、检察、审判门类缺少境外人口管理、人口出入境、涉外案件、“黑车”与交通问题；贪污贿赂、腐败案件记载过少过略，遮遮掩掩，难以达到“不敢腐”，促“贪者廉立”的效果；流动人口带来发案率上升；利益冲突和民事问题的特点特征反映不够。

城乡建设门类分裂地写市政建设（道路、桥梁、路灯、排水系统、地铁）和公用事业（水、电、煤气），没有城市化的整体发展和带来城市发展中人口膨胀、交通拥堵、城中村等问题。农村看不到空巢和传统文化渐失乡土的根脉，留守老人、儿童问题。

房地产业门类看不到政策和利益的博弈，看不到迅速攀升的房价下，城市居民尤其是流动人口的沉重压力和无奈。看不到政策性的离婚现象成为较为常见的现象。学区房成为炒房的筹码。看不到大量的违章搭建和动拆迁、二手房市场的问题。

交通邮电通信门类缺少与人口流动、长假、旅游的因果关联；缺少对春节农民工返乡潮的记述。

经济体制改革门类，只写改革的成绩，看不到改革必然的阶段性和各时期产生的新问题。比如初期农村改革带来了集中农田水利整修问题，劳动力市场放开后带来用工质量下降和生产安全问题；乡镇工业、私营企业大发展带来环境污染问题。

综合经济管理门类（物价管理、工商行政管理、审计监督、质量技术监督、食品药品监督管理、国有资产与管理 、工商行政管理、海关监管）。物价门类只写物价管理没有国计民生主要商品的价格；没有食品问题、药品问题、假冒伪劣商品的记述，看到的只是管理工作和整顿活动；审计缺乏对小金库、不合理开支的记述。

财税门类缺少政府融资的记述和重大项目财政支出情况；税收缺少重点税源与税收大户的记述，缺少偷漏税和对外资企业减免的记述。

农业门类的一产退出，农民产业转移，农转非，农业用地的去向，农民承包土地流转中的利益保护记述不够。

工业门类，工业建设与能源消耗，与环境生态的矛盾；外企、私企中劳资矛盾记述不够。

商业、服务业、旅游业门类。商业只写商业改革、批发零售、业态选介，缺少商业的根本——商品和流通渠道，使得商业缺乏时代性。服务业缺少宰客情况的记述。旅游业只记本地的旅游，缺少本地人口到外省市、境外的旅游。缺少旅游业的零团费等问题的记述。

金融业门类。没有把银行的信贷与地方重要建设项目勾连起来，与创业购房勾连起来；保险没有与地方重要赔付、灾害保险赔付结合起来。股市缺乏股民（心态）的记述。

教科文卫体门类。部分志书缺乏对历史文化传承的赓续。教育门类农民工子女教育、追求升学率、扩招、高学费、民办教育记述不够。卫生医疗门类中医保、医闹、医患关系、看病贵看病难记述不够。

民政门类，养老问题、救助问题、社会流动人口乞讨问题、婚姻中介问题、离婚率攀升、殡葬行业高收费、活人墓葬占用土地问题等记述不够。

人事劳动门类。记工人工资，少记干部、职员工资，或只记职务职级工资，不记绩效工资，福利津贴少见记述。劳动用工（如童工）、安全生产的问题记述不够，如矿难频发的原因记述较少。

人民生活门类，只记富裕祥和，缺少对弱势群体、困难人群生活的记述，缺少贫困线以下人口数量、分布；缺少对流动人口生活的记述。

以上所举，并非新方志全部存在，但存在的并不在少。我认为，大量从文书档案、工作大事中抄录“陈案”，从统计部门汇集数据，完全立足部门修志，很难成为真实全面反映地情、民情以资“问道”的良志。要想达到李克强总理提出的“修志问道 以启未来”的高度，修志者首先要“问道”，修志中应该像王伟光同志提出的：要“提高对地方志工作的重视程度，真正认识到地方志工作的‘三为’作用，即‘为党立言、为国存史、为民修志’”。[25]“三为”不是只为机关部门，为部门领导，而要站在党、国家和人民的高度，立足社会的层面，而不是组织、机关工作活动的层面修志，既写出成就经验，也写出失误和教训，既写出民间的丰衣足食、欢乐祥和、蒸蒸日上，也写出民生疾苦和百姓所求。这样的“修志”才能够修出堪以“问道”“以启未来”的良志。

①李克强总理的父亲李奉三同志生前担任过中共安徽省委文史办公室主任、安徽省地方志办公室副主任。

②老子：《道德经·第一章》。

③老子：《道德经·第四十二章》

④老子：《道德经·第三十四章》。

⑤老子：《道德经·第四十一章》。

⑥老子：《道德经·第三十章》。

⑦庄子：《庄子·大宗师》。

⑧孔子：《论语·述而》。

⑨孔子：《论语·里仁第四》。

⑩《孟子·公孙丑下》。

⑪老子：《道德经第四十八章》。

⑫杜甫：《秋兴》诗八首之四。

⑬李贽：《卓吾论略》。

⑭王艮《王心斋先生遗集》。

⑮〔明〕杨宗气：嘉靖《山西通志·序》。

⑯黄苇主编：《中国地方志辞典》（黄山书社 1986 年版）546 页。

⑰傅振伦：《编纂北平志蠡测》（刊发于《地学杂志》1931 年第一至二期）。

⑱陈铁卿：《重修河北省志事例之商榷》（发表于《禹贡》半月刊第五卷第十期于鹤年《纂修河北通志闻见录》一文中，第 37–48 页，1936 年）。

⑲张树棻：《章实斋之方志学说》（1935 年刊于《禹贡》半月刊第二卷第九期第 24–28 页）。

⑳吴宗慈：1940 年 10 月文章《论今日之方志学》。引文摘自黄苇《中国地方志辞典》第 511 页，黄山书社 1986 年版）。

㉑寿鹏飞：1941 年铅印《方志通义》，引文摘自黄苇《中国地方志辞典》511 页，黄山书社 1986 年版）。

㉒甘鹏云：《方志学两种·方志商》第 159 页（岳麓书社 1984 年版）。

㉓寿鹏飞：《方志通义》，摘引自《中国地方志辞典》（黄山书社 1986 年版）324 页。

㉔梁启超：《清代学者整理旧学之总成绩》（刊于《东方杂志》1924 年第 21 卷第 18 期）。

㉕中国社会科学院院长、中国地方志指导小组组长王伟光同志在江苏调研地方志工作时的讲话。（江苏省地方志动态 2014 年 5 月 19 日发布）

（《2015 年新方志论坛论文集》方志出版社 2016 年 12 月版；《上海地方志》2016 年第 3 期）

自评：全国地方志 2015 年新方志论坛在上海举行，讨论的论文就是李克强总理提出的“修志问道”。本文为论坛发言文章，重点梳理了历代修志问道的有关观点，侧重今天新方志如何问道、载道；认为地方志的“地”要贴地气，写好民生、民想、民愿。本文价值在于指出载道的层次上，当今地方志书在哪些地方内容是缺漏的，需要进一步完善。认为写出民生疾苦和百姓所求，才是真正的载道。

章学诚《文史通义》及其修志境遇之杂谈

摘要：章学诚的《文史通义》是史学理论的高峰，其本人被推崇为中国方志学的奠基人。究其一生，章学诚智慧地把短期的方志编纂与中长期的史学研究有机结合，从修志讲学卖文中获取学术研究的营养和学术研究的物质保障。中华民族少了一个胥官小吏而诞生了一位伟大的史学家和方志学家。封建时代的地方志编纂具有强烈的人身依附性，章学诚一生修志十修九无善终的根源就在于此；有的专家将之归结于章学诚的性格原因，实际上这只是较小的因素。生前落魄，生后辉煌，正是封建时代文化名人的通例，也正是文人学者依附性的必然。作者认为，章学诚方志学理论研究的成就大大高于其修志成绩。章学诚《文史通义》断续研究和身后成书的过程，以及颠沛流离投入幕府又很难实现修志抱负的惨淡人生，令人唏嘘。但去世120年后终被推崇，披开沙尘始见金玉，堪为中华民族文化的幸运。告诉世人，浮云中，学问才是久远的。章学诚做学问的独特智慧可能无法学到，但其始终不忘的学术初心，权宜忍耐坚持永不屈服的精神是每个真心做学问的人可以学习到一二的。

关键词：章学诚 文史通义 修志实践 境遇感悟

章学诚（1738—1801），字实斋，号少岩，其《文史通义》与唐代刘知幾的《史通》并称为我国封建时代史学理论的双璧。在史学流派方面，章学诚被称为黄宗羲开创的浙东史学学派乾嘉时期的代表。黄氏故后，章学诚不仅继承了浙东学派注重史学研究的传统，而且在史学领域创立了自己的尚意史学理论，因而后世称他为浙东史学的殿军（最后的领军人物）。在方志学方面，因其《文史通义》外篇中较前系统全面的古代方志学研究，一生参与编纂的方志甚多，故章学诚又被称为中国方志学的奠基者。

一、章学诚生平

章学诚在世为乾隆三年至嘉庆六年（1738—1801年）。其一生所著绝大部分生前未刊，散佚颇多，代表作《文史通义》和《校雠通义》。被中国近代思想家、史学家梁启超誉为“清代唯一之史家”。梁还指出：“千年以来研治史家义法能心知其意者，唐刘子玄、宋郑渔仲与清之章实斋三人而已。”①

章氏家族在清代是会稽的巨姓望族，远祖从福建迁至浙江，祖籍在今绍兴市上虞区道墟镇。章学诚的祖父是一位候选经历（职掌出纳文书），家藏不少书籍，且对历史有研究。父亲章镳勤于治学，于史学、古文辞以及书法等均有造诣。章学诚自幼对经学和史学理论有浓厚的兴趣，所发议论常令长者吃惊，显示出良好的资质。

康熙中期，章镳把家从道墟迁至绍兴府城南门内善法弄。章学诚即出生于此。章学诚晚年所构筑的居所，位于今绍兴市区辛弄1号（今“章学诚故居”），系清代建筑，坐北朝南，三开间屋面。为绍兴市级文物保护单位（另外绍兴市上虞区道墟镇有一章学诚祖屋）。

十五六岁时，章学诚随父亲到湖北应城（章镳出任知县）。章学诚厌倦科举，抄录春秋内外传及东周、战国时的子、史书籍，重新组合，编纂成纪、表、志、传体裁的史书共100多卷。可见他在青少年主要经历就用在历史编纂方面。后被“馆师发觉，呵责中废”。可见，仿纪传体的体裁方式章学诚年幼时就尝试过。

乾隆二十一年（1756年），其父罢官，贫不能归浙，侨居应城。父亲先后主天门、应城讲席（儒师教授）。由于父亲罢官，章学诚也“稍知人世艰难，反顾其业，未有可以应世用者”②，故他不得不走科举考试这条读书人的进身之路。

乾隆二十五年（1760年），23岁的章学诚第一次赴北京参加顺天府乡试，结果没有中举。他一生七应乡试，直至乾隆四十二年（1777年）秋得登举人第，第二年又中进士第，这一年章学诚已是41岁。觉得自己“登第在四十外，则命使然”，无心作官，依旧靠笔墨为生。“自以迂疏，不敢入仕”③而不曾得官。

乾隆二十九年（1764年），章镳主纂《天门县志》，27岁的章学诚参与并作《修志十议》，其对于修志一事的主张开后来之先路。“十议”包括议职掌、议考证、议征信、议征文、议传例、议书法、议援引、议裁制、议标题和议外编。

乾隆三十一年（1766年），章学诚29岁萌生撰写史学理论著作的想法，立下为学并非为浮名的誓愿。他说“卓然自立以不愧古人，正须不羡轻隽之浮名，不揣世俗之毁誉”。对前人的历史编纂“尝以二十一家义例不纯，体要多舛”，故他要“约为科律”编著历史学理论；促使他撰写《文史通义》。④此前，章学诚虽屡试不第，却在京城幸遇内阁学士朱筠（清著名文献学家、藏书家、学者，后任安徽学政、《四库全书》纂修官），并以师事之。朱筠很赞赏他的才华，特请他到家中设馆。朱筠家中藏书极多，章学诚因而遍览群书。朱筠每每提携他，章学诚开始了未仕没有田产，靠充当幕僚、主讲书院、编书修志卖文的一生（堪称古代的“北漂”文化人）。

乾隆三十二年（1767年），29岁通过朱筠举荐，以国子生预修《国子监志》。这样，章学诚进入太学（古代的国立大学）志局，参与《国子监志》的编修，但他觉得处处受牵制，难以施展自己的才干，尤其志局监领嫉贤妒能，排挤真才实学之士。数年之后，章学诚愤然离开志局。乾隆四十一年（1776年），中举前一年，任国子监典籍（国子监下属四厅之一，保管国子监书籍和乾隆御笔册等）；并主讲定州（今河北定州市，古中山国国都）定武书院。此后，为生计所逼，先后执教肥乡（今属邯郸市）清漳、永平敬胜（永平府知府治所卢龙县城内的“敬胜书院”改为“永平府立中学堂”，后李大钊读书的学校）、保定莲池诸书院。乾隆三十八年（1773年）清廷开馆纂修《四库全书》。同年，章学诚在安徽学政朱筠举荐下，应和州知州刘长城之聘纂修《和州志》；稍后应河北省永清（今廊坊市）知县周震荣之邀总裁《永清县志》；应亳州知州裴振之邀请纂修《亳州志》。

乾隆四十六年（1781 年）朱筠逝世后，乾隆五十二年（1787 年）章学诚入河南巡抚毕沅幕府，并借其力在开封设局主编《史籍考》，且主讲归德文正书院。《史籍考》为毕沅的弟子周震荣牵线于乾隆五十三年（1788 年）开局编纂，背景是四库全书成书。“排日编辑《史考》，检阅《明史》及《四库》子部目录”[5]，半年多后，毕沅升调湖广总督，章学诚失去支持，《史籍考》中辍。无奈章学诚再投毕沅的湖广总督幕中，帮助毕沅编《续资治通鉴》《湖北通志》。嘉庆二年（1797 年）六月，毕沅病逝于湖南辰州军营；去世后因和珅案牵连，被嘉庆皇帝下令剥夺世职，抄家。章学诚被迫离开湖北，辗转江淮，入安徽巡抚朱珪、扬州盐运使曾燠幕府为幕客。晚年贫病交加，双目失明，然著述未断。嘉庆六年十一月（1801 年 12 月 6 日—1802 年 1 月 3 日）病卒，年六十四。次年（1801 年）与其妻妾合葬山阴芳坞（今绍兴市柯桥区福全镇方坞村章家田头，可惜 20 世纪 60 年代被当地村民平毁）。[6]

二、撰写《文史通义》的目的和义旨

离开国子监志局后不久，他给器重他的朱春浦（朱珪，曾任顺天乡试考官）写信，陈述离开志局的原因和今后的打算。他说：“（我，章学诚）是以出都以来斟酌艺林，作为《文史通义》，书虽未成，大旨已见。”[7]章学诚在这里通过叙述唐刘知幾在仕途、史馆的遭遇，包括任九品获嘉县主簿十九年没有升迁，担任六品史官“著作佐郎”，馆内互相排挤，“凿枘相违，龃龉难入”，凿枘，即木结构建筑的“卯榫”；后“三为史臣，再入东观”，并没有给刘知幾的功名追求带来多少帮助。故长安二年（702 年），刘知幾开始私撰《史通》，后成伟著；不仅暗示了自己离开国子监志局的原因，同时表达了自己撰写《文史通义》的原因和志向。

此后，在艰难的条件下，章学诚始终治学不辍。他曾说过：“学问之事，……坎坷潦倒之中，几无生人之趣，然退而求其所好（治学），则觉饥之可以为食，寒之可以为衣，……所由以生，不啻鱼之于水、虎豹之于幽也。”[8]刘知幾的《史通》，在中国史学批评史上树立了第一个高峰，后人若要赶上或超过他，就必须寻找突破口，创立自己的理论体系。《史通》主要评论史书体例与编撰方法，以及论述史籍源流与前人修史之得失，提出修史需“才、学、识”三长（所谓良史必有三长：才，学，识。才者，文笔之精妙也；识者，选材之精当也；学者，史料之精熟也）。

伟人自有个性，特立独行，古今亦然。章学诚青年时在史学理论方面就崭露头角，人们把他与刘知幾相比，他不同意，分辩：“截然两途，不相入也。”[9]故章学诚在《文史通义》一书中大力倡导“史意”，言刘知幾所未言，才得以在中国史学理论上树立起第二座高峰。

“史意”是章学诚理论体系中核心内容。中国传统中，“意”有“意义”和“意味”之分（如“忘记过去意味着背叛”）。章学诚将“史意”范畴引入“意味”的新境界，呈现了中国传统史学认识论中未被充分注意的一面。（延伸的一面）。[10]章学诚在《文史通义》中，不仅批判了过去的文学和史学，也提出了编写文史的主张。他对编纂史书的具体做法（三书、四体），又表现在他所修的诸种地方志之中。《文史通义》卷六外篇一“方志立三书议”集中阐述之。

在《文史通义》中章学诚提出了“经世致用”“六经皆史”“做史贵知其意”和“史德”等历史观，建立了自己的史学理论体系；在总结前人修志经验的基础上，提出了“志属信史”“三书”（志、文征、掌故）、“四体”（仿正史纪传体，设记、谱、考、传）、“方志辨体”（志属信史）和建议州县“特立志科”等重要观点，创立了方志学，从而奠定了章学诚在史学与方志学中的重要地位。

章学诚撰写《文史通义》的第二个目的，是为著作之林校雠得失。他所谓的“校雠”，并不局限于厘正错误，更主要的是辨学术、考源流。他说：“思敛精神为校雠之学，上探班、刘，溯源《官礼》，下该《雕龙》《史通》，甄别名实，品藻流别，为《文史通义》一书。”[11]“班”，东汉班固《汉书》；“刘”，西汉的史学、文学家刘向，著有《战国策》；“《雕龙》”，南朝梁刘勰的《文心雕龙》。

章学诚校雠得失理论主要围绕史学著作。据此，许多学者认为《文史通义》是一部中国史学批评史或史学理论著作，但从严格意义上来说，《文史通义》一书也包括对文学，尤其是历史、文学的品评和校雠。[12]

三、《文史通义》写作出版与内容结构

章学诚未曾明确说过，后人只能通过他的行迹和言谈推测其《文史通义》的写作和刊刻。

《文史通义》一书的动笔时间，应当在他出都后不久（也就是退出《国子监志》编纂出都，离开北京）。出都的次年写的《文史通义》。《文史通义》的动笔时间应当是乾隆三十七年（1772 年），章学诚 35 岁时。

章脱离仕途，一生贫穷。为了生计常常要投靠掌握史志编纂资源的当权者，纯属依附性，不得不四处奔波，不可能安稳坐下来从事学术研究，故《文史通义》写作断续，艰难缓慢（先修志、整理史籍吃饭，后进行《方志通义》学术研究）。章学诚逝世前一年，因为积劳成疾，已经双目失明，即使这样，仍笔耕不辍。但天不假年，他早已列入计划的《圆通》（佛教“一切众生本有之心源”）、《春秋》等篇还未及动笔，便遗憾地过世了。可见，《文史通义》一书的写作，自章学诚 35 岁起，至他 64 岁逝世时止，共历时 29 年。但严格说来，仍没有写完。

《文史通义》的价值和学术地位，章学诚在世时是很难被普遍赏识推崇的。他自己也曾说过：两百年后才会被世人所识。民国 9 年（1920 年），梁启超在《清代学术概论》中说：“会稽有章学诚，著《文史通义》，学识在刘知幾、郑樵上。”[13]（郑樵，宋代史学家、目录学家）；梁启超《清代学者整理旧学之总成绩——方志学》（简称《方志学》）认为：“方志学自实斋起”。此文、此语刊载在 1924 年上海商务印书馆《东方杂志》上，距嘉庆六年（1801 年）章学诚去世共 120 余年；没有章学诚说的 200 年那么久，可谓天道酬勤，学道酬苦。

历史上章学诚《文史通义》的版本有：（1）《章学诚自刻本》数十页，为章氏次子章华绂手抄蒐集，现藏于中国国家图书馆；（2）道光十二年（1832 年）章华绂首刊于开封，称为大梁本；（3）咸丰元年（1851 年）《粤雅堂刻本》（翻刻本）；（4）光绪四年（1878 年）刻本《文史通义》；（5）光绪十九年（1893 年）刻本《文

史通义》；（6）光绪二十八年（1902年）湖南劝学书舍刻本《文史通义》；（7）民国11年（1922年）吴兴嘉业堂刊本，又称《章氏遗书》；（8）民国13年（1924年）广益书局石印《张实斋文史通义》；（9）民国34年（1945年）上海中华书局四部备要本《文史通义（校准通义）》；（10）1956年北京古籍出版社标点本《文史通义》；（11）中华书局1984年出版仓修良《文史通义校注本》；（12）1997年贵州人民出版社《文史通义全译（上下）》；（13）2012年中华书局铅印本《文史通义（上下册）》（罗炳良注译本）；（14）2012年中州古籍出版社《文史通义》（钱茂伟等注译本）。可见，章学诚生前因为生计、经济相对拮据，加之文稿未竣等原因没有版梓，而是去世后由子女编印行世。

《文史通义》内容结构。共8卷，包括内篇和外篇两部分。内篇5卷，外篇3卷。内篇5卷主要是史学、其次文学，涉及哲学、社会学等领域；外篇为方志文论和编纂实践的序、序例及来往探讨方志的书信。

内篇5卷：内篇卷一（易教、书教、经解上、中、下）；内篇卷二（原道、原学、博约、言公上、中、下）；内篇卷三（史德、史释、史注、传记、习固、朱陆、文德、文理、篇卷、天喻、师说、假年、感遇、辨似）；内篇卷四（说林、知难、释通、横通、繁称、匡谬、质性、黠陋、俗嫌、针名、砭异、砭俗）；内篇卷五（申郑、答客问上中下、答问、古文赋、古文十弊、浙东学术、妇学、妇学篇后、诗话）。

外篇3卷（主要谈方志）：卷六外篇一，包括方志立三书议、州县请立志科议、地志统部（与洪亮吉）、和州志皇言纪序例（序例：形式与性质）、和州志官师表序例、和州志氏族表序例上中下、和州志舆地图序例、和州志田赋书序例、和州志艺文书序例、和州志政略序例、和州志列传总论、和州志前志列传序例上中下、和州志文徵序例等16篇；卷七外篇二，包括永清县志皇言纪序例、永清县志恩泽纪序例、永清县志职官表序例、永清县志选举表序例、永清县志士族表序例、永清县志舆地图序例、永清县志建置图序例、永清县志水道图序例、永清县志六书例议、永清县志政略序例、永清县志列传序例、永清县志列女列传序例、永清县志阙访列传序例、永清县志前志列传序例、永清县志文徵序例等，共21篇；此外有亳州志人物表例议上中下、亳州志掌故例议上中下）。卷八外篇三，包括答甄秀才论修志第一书、答甄秀才论修志第二书、与甄秀才论文选义例书；此外是修志十议（呈天门胡明府，即胡知府）、天门县志艺文考序（艺文论附）、天门县志五行考序、天门县志学校考序、与石首王明府论志例、记与戴东原论修志（乾隆三十八年癸巳1773年夏宁波道署）、报广济黄大尹论修志书、覆崔荆州书、为张吉甫司马撰大名县志序、为毕秋帆（毕沅，太仓人，学者型官员）制府（巡抚）撰常德府志序、为毕秋帆制府撰荆州府志序、为毕秋帆制府撰石首县志序、书武功志后、书朝邑志后、书吴郡志后、书姑苏志后、书滦志后、书灵寿县志后等22篇。后附《文史通义》序跋。

章氏在《文史通义》中的观点主要包括：六经皆史论。六经，《诗》《书》《礼》《易》《乐》《春秋》的合称，记有古代的典章制度，“皆史观”体现其学术必须切合时事的思想。认为史所贵者义也，而所具者事也，所凭者文也。”义”指历史观点，“事”指历史事实，“文”则是表达的文笔。无论史还是志，全面囊括之。并在唐刘知几的才、学、识“三长”外增加“史德”，指出史德是良史的基本素质，心术不正者不可治史修志。章氏把史书就其性质分为撰述和记注两大类（或称为著述与比类、著述与纂辑），是古代第一个严格区别史著与史料的史学家。他把方志学上升到史学研究的高度，认为方志乃史体，与地理不同，地理之学自有专门[14]，从性质上给方志与历史地理（沿革地理）予区别。在体例上，主张方志立三书（志、文征、掌故），即记载大事记和人物的通志、记载典章制度的掌故、记载文献诗文的文征，以及作为附录的丛谈。为了常态化征集文献资料，便于编修方志，提出各州县建立志科（机构）。章学诚的方志观集中在《文史通义》外篇 3 卷中。

四、章学诚的修志实践

受各种社会因素的影响，加之本人不愿屈服时俗和不善处理人际关系，尤其是所处时代学术对官方，尤其对官员个人的依附性，章学诚的修志实践与修志理论比较，前者不及后者。所修志书全终者少。

章学诚一生参修地方志 11 种，分别是乾隆时期的天门县志、和州志、永清县志、大名县志、亳州志、麻城县志、石首县志、常德府志、荆州府志、湖北通志、广济县志（1 部通志、2 部府志、2 部州志、6 部县志）。其中和州、永清、亳州、湖北 4 部志书任主纂（纂）；天门、常德、大名、荆州、石首、麻城、广济 7 部志书参与编纂（麻城为裁定）；和州志、亳州志、荆州志、湖北通志 4 部没有版梓。（以下没有出版的志书均不加书名号）。

乾隆三十年（1765 年）本《天门县志》，胡翼主修，章镳（章学诚父亲）主纂。章学诚参与编纂留下珍贵的《修志十议》，后与主管意见不合愤然离开。乾隆三十八年（1773 年）、三十九年（1774 年）编纂的和州志，章学诚平生第一次独立用自己的方志理论开展修志实践，但却没有完稿，仅部分稿流播。朱筠、刘长城调走离职后，新知州要在其中增加含山县内容。和州为直隶州，州治和县，辖含山一县，章学诚与知州意见不合，携带文稿离开，后被其子辑成《志隅》20 篇编入《文史通义外篇一》。可见今天一些方志辞典把章学诚乾隆《和州志》称为名志，实则捕风捉影、以讹传讹；或明知《志隅》20 篇就是章学诚的和州志门类要点构思稿，还要用《乾隆和州志》渲染名人，实乃违背史实。

乾隆五十五年（1790 年）张维祺修、李棠纂的《大名县志》，乾隆六十年（1795 年）王维屏主修、徐古彦纂的《石首县志》，乾隆五十八年应先烈主修、陈楷礼纂的《常德府志》，三志章学诚各只编写了序和目录。乾隆五十六年黄书绅修、章学诚裁定的《麻城县志》，章学诚作有凡例、目录、文征序例、掌故序例各一。乾隆五十八年（1793 年）崔龙见修的荆州府志，章学诚只作有序。乾隆五十八年（1793 年）黄恺主修、陈诗主纂的《广济县志》，章学诚只留下《报广济黄大尹论修志书》。

乾隆五十四年（1789 年）编纂的《亳州志》，由裴振主修，章学诚纂，被方志学界认为：最能体现章学诚“三书”“四体”编纂理论的一部志书，“掌故”与“人物表”的设立，是章学诚“方志立三书”迈入成熟的标志。但亳州志佚失得更为干净，仅有人物表例议和掌故例议各3篇，每篇不过千余字，幸后人编入《方志通义》卷七外篇二中。

乾隆五十年（1785年）毕沅主修、章学诚主纂的《湖北通志》。毕沅在任时，章学诚可以“别裁独断”用自己一套理论组织编纂，一旦毕沅去职，反对者蜂拥而上，横加指责，章学诚被迫离开。后人编辑的《湖北通志稿（乾隆）》，又名《湖北通志检存稿》《湖北通志未成稿》，收章学诚《为毕制府撰湖北通志序》《通志凡例》《总目》及纪、表、考、略、传、掌故、文征等义例与部分志书正文，并附有《湖北通志辨例》，主要是章学诚作为总纂起草的编纂原则方案和篇目框架。章氏临终嘱萧山王宗炎整理遗稿，编次汇订为《检存稿》4卷、《未成稿》1卷，至民国11年（1922年）始由浙江吴兴刘承干分别收入《章氏遗书》卷二十四至卷二十七及卷三十三中，得刊行于世（可见乾隆湖北通志与和州志命运相同，并未刊梓）。

唯乾隆四十四年（1779年）本周震荣修、章学诚任主纂的《永清县志》保存完好，是章学诚一生唯一担任总纂完成的一部志书。章学诚为各门类均拟定了编写原则与形式要求——序例（具体的部分的编纂实施方案），包括各类纪的序例、表的序例、图的序例、书的例议、略的序例、传的序例、文征的序例、诗赋等叙录等。但该志也并没有完全实现章学诚的“三书”“四体”的理想。没有将掌故专列一门，而是按照当时常规的吏、户、礼、兵、刑、工“六书”形式编纂。章学诚本人也说：“永清全志颇恨芜杂。”[15]一个“恨”字，充分体现章学诚即使担任总纂，也不可以按自己的想法修志的痛苦和遗憾。这大概就是官修志书、众手成志的特点。[16]

五、章学诚《文史通义》研究与对其修志人生的感悟

对章学诚学术思想的研究，最早在民国初，主要有梁启超、胡适、姚名达、何炳松等。梁启超在《中国近三百年学术史》对章学诚学术思想有总体评价，胡适、姚名达、何炳松等均编撰、增补《章实斋年谱》。之后，有王大曼著《章学诚先生评传》、苏渊雷著《章学诚新传》等传世。当代仓修良先生点校出版了章学诚《文史通义》（含《校雠通义》），还著有《章学诚评传》。国内外对章学诚学术思想研究十分活跃，研究范围颇为广泛。国外主要是日本，从20世纪初开始介绍章学诚的著作及学术思想，著名的学者有内藤虎次郎、室贺信夫、井贯军二、冈崎文夫、宫崎市定、高桥武雄定，韩国、美国、法国等国学者研究章学诚多在20世纪80年代以后，包括韩国曹秉汉、崔秉洙、金甲均等，法国的保尔·戴密微，美国的倪德卫等。倪德卫有专著《章学诚生平与思想（1738—1801）》出版。章学诚《文史通义》与唐代刘知幾的《史通》并称为两大史学理论代表作，分别代表了中国传统史学发展的两大阶段性最高成果。民国梁启超推崇章学诚为中国方志学的奠基人、开创者。社会主义新方志研究者普遍肯定章学诚在地方志传承中的重要地位和他的方志思想。

章学诚的一生“鄙人职业文墨，碌碌依人”[17]“三十年来，苦饥谋食，辄笔墨为生，往往为人撰述志谱牒”[18]；他因进士及第后决然放弃仕途，一生靠充当幕僚、主讲书院、编书修志卖文，从事《文史通义》研究度过一生。其生前落魄，生后辉煌，正是封

建时代文人学者依附性的写照。章学诚一生卖文做学问，必然一生颠沛流离，“撰著于车尘马足之间”，晚年贫病交加，双目失明，然著述未断。可庆幸的是中国历史上少了一位无闻的碌碌小吏，多了一位历史学伟人。这是章学诚本人之幸，也是我中华民族文化与文明之幸。可见人生道路选择的重要，一旦选择矢志不渝，才有人生抱负的最终实现，哪怕逝去200年后才有人识得。章学诚为学术献身的精神值得学习推崇，感悟章学诚颠沛流离的一生，其中华民族标杆性的学术成就，充分说明人生道路绝对不止仕途一条。

当然，我们也要实事求是咀嚼章学诚的一生，即使弃官从文，但也有诸多无奈。其一生把《文史通义》的学术研究与修志作为两根支柱，相互相成。从修志实践中获取研究《文史通义》的营养，同时又把文史通义的理论运用于修志实践，“修志十议”“三书”“四体”就是典型代表。此外，研究是个人行为，修志是官方行为，古代学术研究不能拿来吃饭、穿衣生存，故修志、讲学又成为获取报酬养家糊口的根本，将《文史通义》研究下去的物质依靠。章学诚是把长期的研究与短期修志出成果结合最好的封建文人之一。其互为支撑、互为依靠、远近结合、个人与社会结合、研究与实践结合、应用理论与基础理论研究结合的方法值得学人仿效。

封建社会是人身依附关系。《文史通义》研究是个人行为，故章学诚可以把自己的学术思想不加顾忌地写进去，甚至把与世人不同的见解写进去，文以载道，留存后世，如与戴震、洪亮吉的论争。但修志是官方行为，是长官意志，谁主宰修志的权力和资源，谁就是主人，作为学者只处于人身依附的地位，故“良禽择木而栖”，选择知己的学者型官员，入其幕府，参与修志，实践自己的方志编纂理论并完成学术研究的最高目标，最终完成著述之大业。封建时代，地方主官任主修，代表官府的修志负责人担任监修，具体的学者担任总纂，一般性的文人担任分纂。章学诚一生依附过赏识他的朱筠、刘长城、毕沅、周震荣、裴振、朱珪、曾燠等。封建时代，没有社会关系也很难修志。有人把章学诚参修的志书绝大多数未能完成的原因归结于章学诚的性格，我认为，实际更多的在于封建依附关系。因为，章学诚参修的志书绝大多数中散分手的原因是人事变动，支持章学诚的“靠山”离职调走。还有志书署名问题，前任调离，后任另起炉灶。这从根本上影响了封建时代志书的质量。当然，封建时代也有极少的地方官与学者兼于一身修志的成功范例，据我所知最具代表性的就是地理学家、藏书家、方志学家李兆洛纂修的嘉庆《凤台县志》。李兆洛既是时任凤台知县，同时亲自担任嘉庆《凤台县志》纂修，主修与总纂一人兼之，所以就没有章学诚修志的苦恼。但嘉庆《凤台县志》的编纂在古代实为特例。

章学诚《文史通义》外篇中的方志理论，主要是方志性质功能、立志科，对此后世学者绝大多数是赞同的，但对其编纂理论有不同的看法。故章学诚修志大多难于终了的另一个原因，就是左右对“三书”“四体”有不同意见。毕沅离职后，群起诟病的就在于此。可见，章学诚的按体类归类的编纂方法本身存在形式化，硬要模仿纪传史体的形式主义问题。章学诚任总裁编纂的乾隆《永清县志》，也并没有实现他的“三书”“四体”的理想。可见，任何科学的文献都应该形式服从内容，章学诚同时代的戴震，以及民国现代方志理论和实践者李泰棻、黎锦熙、傅振伦对章学诚的“三书”“四体”叠床架屋均有不同程度的批评。李泰棻认为“志分多体之不必”[19]。在编修体例和方法上，黎锦熙提出“破四障”，认为志书编修要“类不关文”“文不拘体”[20]，不要太多的形式桎梏。寿鹏飞则批评章学诚的志例“谨严之余”“似已过拘于例矣”。

---

①梁启超：《中国近三百年学术史》（十五）。

②《章氏遗书》（嘉业堂本，下同）卷二十二《与族孙汝楠论学书》。

③《章氏遗书》卷十七《柯先生传》。

④《章氏遗书》卷二十二《与族孙汝楠论学书》

⑤乾隆五十三年（1788 年）三月初一日《章学诚致书洪亮吉》。

⑥章学诚先生生平参考范耕研《章实斋先生年谱》（文史哲出版社 1979 年版）。

⑦章学诚《候国子司业朱春浦先生书》。

⑧章学诚《与史余村论学书》《章学诚遗书》卷九第 82 页，文物出版社 1985 年版。

⑨《章学诚遗书》卷九第 92 页《家书二》，文物出版社，1985 年版。

⑩章益国《章学诚的“史意”说》（《学术月刊》2015 年第 4 期）。

⑪《章氏遗书》卷二十九《与严冬友侍读》。

⑫百度《文史通义》词条。

⑬郑樵，宋代史学家、目录学家。

⑭章学诚《跋湖北通志检存稿》。

⑮《章氏遗书》卷二十二《清漳书院会课策问》。

⑯章学诚参编志书情况，参见《张实斋参修诸志书目表》《章实斋参修诸志篇目表》（张树棻纂辑《张实斋方志论文集》第 325—326 页，山东省地方志编纂委员会办公室 1983 年重印）

⑰《章氏遗书·上毕抚台书》。

⑱《章氏遗书·与宗族论撰节愍公家传书》。

⑲李泰棻《方志学》商务印书馆 1935 年出版。

⑳黎锦熙《方志今议》中国展望出版社 1982 年 10 月出版。

㉑寿鹏飞《方志通义》，1941 年刊印本。

（《上海地方志》2017 年第 3 期，《安徽地方志》2016 年第 4 期）

自评：本文原是在编纂《上海市志·人民政府分志》时，应约的交流发言，后修订后发表。文章简要地介绍了章学诚献身史学、方志学研究和颠沛流离的修志一生。实事求是地评价了章学诚在方志学理论的开创性地位，同时也客观地考证了章学诚的修志实践。对前人高度评价的章学诚的修志实践进行了客观评价。认为在章学诚参与的 11 部志书编纂中，只有《永清县志》1 部是其总纂的志书。即使是这部

志书也并未符合章学诚的编纂思想。理论研究与修志实践的分离，说明了官修志书的人身依附，很难发挥学者的创造性。文中核心是“谁主宰修志的权力和资源，谁就是主人，作为学者只处于人身依附的地位”。今天地方志编纂依然有这样的问题，处理好行政与业务的关系是保证志书质量的最重要之处；故方志学研究需要“章学诚”，然而修志实践却需要“李兆洛”。今日方志编纂行政化，更不可能出现李兆洛，也难出现章学诚。

金陵新志　传世名著

——评《至正金陵新志》

一

南京向称“六朝古都”“十朝都会”。因其濒江近海、虎踞龙盘、物阜民丰、商贾繁盛，在漫长的历史长河中，圣贤在这块钟灵毓秀之地创造了瞩目的六朝文化、南唐文化、明文化和民国文化。自古以来，南京就是一座崇文重教的都市，又有“天下文枢”“东南第一学”的美誉，所出典籍如江流不绝。著有《金陵古迹名胜影集》的历史学家、经济学家朱偰先生，在比较了长安、洛阳、金陵、燕京四大古都后，认为“此四都之中，文学之昌盛，人物之俊彦，山川之灵秀，气象之宏伟，以及与民族患难相共，休戚相关之密切，尤以金陵为最”。①

在中华民族文化典籍的创造传承中，相对而言，元代，由于蒙古族统治，汉文化特征的文献相对于宋、明、清就少很多。据张国淦《中国古方志考》统计，元代所修方志约 160 种。由于战乱散佚，清乾隆间修《四库全书》仅收元志 7 种。今所能见到的元代方志共 15 种。②南京的《至正金陵新志》③是我国现存的 15 种元代地方志书之一，也是南京元代编纂的唯一一部方志，可见其珍贵。学者共识：欲了解元代南京的历史文化，需研读金陵新志；也就是说，南京的元代文化集中记载在《至正金陵新志》中。

严格地讲，元朝政权是在军事暴力无情征服的基础上强行建立起来的。元朝建立后，政权内部长期有附会“汉法”与抵制“汉法”之争。蒙古中统元年（1260 年），世祖忽必烈确立了以中原王朝的传统制度为主干的中央集权体制，推行汉法，立年号、置省部、定都邑，至元十六年（1279 年）立国号“大元”。至元二十三年（1286 年），为宣告天下一统，集贤大学士札马拉鼎奏请纂修《大一统志》，至元二十八年（1291 年）成书。各路州县受《一统志》的影响，陆续编纂了一些地方志书。至元十一年（1274 年），元调集数十万军队统一江南。十二年二月进入建康（今南京）。至元十三年（1276 年）正月，元军攻入南宋首都临安（今杭州）。宋朝廷退入福建、广东沿海地区。至元十六年（1279年）初，南宋亡，版图全为元所有。忽必烈在一举摧毁了南宋王朝之后，疆域北逾阴山，西极流沙，东尽辽东，南越海南，成为中国历史上也是世界历史上版图面积最为辽阔、人口最多、物产最为丰富的大帝国。

元朝对江南的征服，不可避免地伴随着杀戮破坏；但临安降附以后，南宋下诏各地归附，“庶几生民免遭荼毒”，江南的社会经济基本上维持在南宋原有水平。蒙古人入主中原之后，受中国先进政治文明的直接影响，也全面推行传统的中央集权管理模式，元朝的行省经过至元二十七年（1290年）的调整，定型中书省和行省以下的行政区划，为路、府、州、县；分全国居民为蒙古、色目、汉人、南人四等，对江南的南人实行歧视性统治。权臣伯颜秉政期间，加强民族压迫，排斥汉人、南人，废除科举、排挤儒学。金陵的夫子庙江南贡院是古代可科考的地方，而在伯颜主政时期，变为管理丝织工匠的东织染局。后至元六年（1340年），妥懽帖睦尔（惠宗、元顺帝））扳倒伯颜，任用脱脱等人进行改革，史称“至正新政”。新政主要参考汉法，恢复科举取士，置宣文阁开经筵遴选儒臣进讲，恢复太庙四时祭祀，修撰辽金宋三史（“三史”各与正统、各系年号），设备皇帝咨询的奎章阁学士院，编撰《经世大典》。脱脱去任后，妥欢贴睦尔推行《至正条格》（新律），定荐举手令法，举逸隐士沙汰僧尼。

二

圣上大兴修史，上行下效之下，江南诸道行御史台决定增修金陵新志，此时，距上一部南宋周应合编纂成书的《景定建康志》已有80余年。《至正金陵新志》是在至正新政附会“汉制”期间，续补宋《景定建康志》，记述今南京地区的又一部志书。其时，元集庆路学曾于天历年间（1328—1330年）修《集庆路续志》，但未加详审。至正新政间，转由张铉编纂。张铉（生卒年不详），字用鼎，陕西人。[④] 长期任教集庆路学，为路学古书院山长，博学多识。他在集庆任职时间较长，对当地历史沿革、风土人情相当熟悉，加上有《景定建康志》参考，遂于至正三年五月初十（1343年6月2日）入局，至同年十月望（“望”农历十五，即公历11月2日），仅用了5个月时间就撰成此书。后由集庆路学、明道书院、溧水州学、溧阳州学分卷刊印，于至正四年（1344年）刻印成书。至正四年本今又称“集庆路刻本”。今存版本除元代集庆路刻本外，还有明正德十五年（1520年）补刻本，清《四库全书》本（两江总督采进本），民国《南京文献》本，明初、清代、民国3种抄本（皆藏中国国家图书馆），1983年台湾成文出版社出版《中国方志丛书》本，1990年5月中华书局出《宋元方志丛刊》影印本，南京市地方志办公室、南京出版社1991年再版本，1991年12月南京出版社田崇点校本。南京大学杜厦图书馆古籍阅览室存有《至正金陵新志》，是南大馆藏方志中最早的刻本。

南京钟山在春秋时称金陵山，金陵邑是南京历史上年代仅次于越城的第二座古城。当时的“金陵邑”只是个具有军事意义的小城，貌似小城堡；但从性质讲，已和越城迥然不同。它是一座具有行政区治所性质的古城，标志着南京设置行政区划的开始，也是南京称为金陵的发端。故《至正金陵新志》不用当时的政区“集庆路”作为书名，而用“金陵”代称，原因一，是继承南宋部分志书用古地名命名的传统，如南宋范成大的《吴郡志》（今苏州一带）、梁克家《淳熙三山志》（今福州一带）、杨潜《绍熙云间志》（今上海松江一带）、陈耆卿《嘉定赤城志》（今台州一带）。用金陵为志名还有一个原因。元代初期，南京还沿用“建康府”，不久改称“建康路”，直到元文宗图帖睦尔登基后，元文宗二年（1329 年）才诏令改建康路为集庆路。南京是文宗龙兴之地，之前图帖睦尔（文宗）被贬为怀王，在建康怀王府（今大香炉东张府园一带）4 年时间（1325—1328 年），他与江南著名书画家柯久思、儒学教育家程端孔、保宁禅寺禅宗大师古林清茂、玄妙观道士陈宝琳交往，并捐资修建江南名刹钟山太平兴国寺。登基后，元文宗遂将建康改名集庆。建康名废，集庆名初用，这也是志名“金陵”的重要原因。又因前人编写过一本《金陵志》（已佚失），因此张铉把自己的书叫做《金陵新志》。

三

《至正金陵新志》为一部传世名著，记述地域以集庆路为范围。元代，“路”为行省以下最高的行政区划，领府、州；府、州领县。集庆路，为全国 185 路之一，治所在上元县、江宁县（均在今南京市区），领上元县、江宁县、句容县、溧水州、溧阳州，相当于南宋建康路（南京）原辖境。⑤

《至正金陵新志》共分 15 卷，约 80 万字。体例和篇目大体沿袭《景定建康志》。中国方志随着社会与历史文化的变迁，随着记事范围的不断扩大，记事由简单到繁复，体例在不断变化。虽方志作为一种文献到南宋基本定型，但传统方志由于地域不同、编者文化欣赏不同，在编纂体例和体裁运用上仍呈现百花齐放的多元特征。南宋志书，从体例看，可分为平列门目、纲目体和史志体三种类型。南宋周应合纂修的《景定建康志》，是古代地方志文献中的经典名志，清《四库全书总目》称此志“授据总洽，条理详明，凡所考辨，俱见典核”。而同地域编纂的元《至正金陵新志》就是仿照《景定建康志》纪传体的体例接续编纂，以纪、表、志、传进行记述，考、录、略、谱等为大类，然后按事物立纲分目编排，分门别类，史实丰富。

从框架结构中，我们可以看出元《至正金陵新志》所记述的内容，看到元代政治、经济、文化、社会的时代特征。全志 15 卷，具体门目为：

卷一地理图，包括金陵山川封域总图、南台按治三省十道图、行台察院公署图、旧建康府城形势图、集庆路治图、益都路万户府镇守地界图、江宁县图、上元县图、句容县图、溧水州图、溧阳州图、集庆路学图、台城古迹图、冶城古迹图、蒋山图、大龙翔集庆寺图、曹南王祠堂图。

卷二金陵通纪。

卷三金陵表，金陵表一包括周、秦、西汉、东汉、吴、晋，金陵表二包括宋、齐，金陵表三包括梁、陈，金陵表四包括隋唐五代，金陵表五、表六为宋一、宋二，表七为元。

卷四疆域志，志一包括历代沿革、地为都、地为治所、地所属国名、地所属州名、地所属郡名、地所置侨郡名、地所置府号、地所统县名州名、历代废县名 地所接四境、鎮市 ，疆域志二包括街巷、坊里、铺驿及馆舍附、道路、桥梁、在城录事司及上元县境、江宁县境、句容县境、溧水县境、溧阳州境 、津渡、堰埭、圩岸。

卷五山川志，志一包括山阜，含江宁上元县界、句容县界、溧水州界、溧阳州界 ，山川志二冈岭含垄岘坡墩墅、江湖及淮附、溪涧、河港、沟渎、池塘、井泉、诸水、岩洞、洲浦及矶汀夹沙并附。

卷六官守志，官守志一历代官制包括唐虞、夏商、周、春秋战国、秦、西汉、东汉、吴、晋、东晋、宋齐梁陈、隋、唐、杨吴、南唐、宋、 本朝统属官制，官守志二包括题名、行御史台含御史大夫、御史中丞、侍御史、治书侍御史，经历包括都事、照磨承发司管勾兼狱、架阁库管勾、监察御史 ，建康路总管府含达噜噶齐、总管、同知、治中、府判官、推官、经历、知事、提控案牍兼照磨承发架阁 、溧阳州、溧阳县、溧水州、江宁县、上元县、句容县、录事司 。

卷七田赋志，包括历代沿革、田土、贡赋、物产 。

卷八民俗志包括户口、风俗 。

卷九学校志包括历代学制沿革、置经籍、增学计、立义庄、设官、建书院、置县学、祀先贤、历代贡士、贡额、贡院 、崇学校、路学、建设书院、州县学校 、科第进士、儒籍。

卷十兵防志包括形势、攻守、江防、营寨教场、尺籍、军器、战舰、本朝兵戍大略。

卷十一祠祀志，祠祀志一含古郊庙、社稷及诸坛附、祠庙、宫观，祠祀志二为寺院。

卷十二古迹志，志一含城阙官署，古迹志二含第宅、陵墓、碑碣。

卷十三人物志，人物志一周至宋世谱 13 朝帝王姓氏，人物志二列传孝悌王祥等 10 人、节义 9 人，人物志三列传忠勋范蠡等 6 人，人物志四列传治行程颢等 9 人、儒林贺循等 4 人、隐逸严光等 4 人、耆旧王安石等 45 人，人物志五列传仙释葛洪等 19 人，方伎郭璞等 11 人，列女王僧辩母魏氏等 16 人。

卷十四摭遗。

卷十五论辨，包括诸国论、奏议、辨考。

从门类标题中就可以看出，《至正金陵新志》虽是南宋周应合《景定建康志》的续志，但又是通纪体的志书。除卷一图基本为当代政区图外，也收了南宋及前的旧建康府城形势图、台城古迹图、冶城古迹图。历代事件用金陵通纪从“周元王十年、鲁哀公二十三年[⑥]越勾践灭吴、命范蠡城（南京历史上曾称“越城”）而居之，称伯江淮”记起。卷三金陵表从周秦记建置沿革一直到元，通贯各代。卷四疆域志包括帝都、治所、属国、属州、属郡等，历代贯之。卷六官守志从唐虞夏商至元代“本朝统属官制”。卷七田赋志包括历代沿革。卷八民俗志，户口从“西汉（丹阳郡）户拾万柒仟伍佰肆拾壹口”记起，至元二十七年（1290 年）止。风俗，罗列隋代志书关于丹阳（南京旧属丹阳郡）旧籍、唐代杜佑《通典》、宋《祥符图经》中关于金陵地域的民俗。卷九学校志辑录前代志书学制沿革（汉代开始），历代兴学思想，如东晋王导给晋元帝的上书“夫风化之本在于正人伦，人伦正存乎设痒序，痒序设五教明，德礼治通，彝伦攸叙，而有耻且格”。增学计从北宋天圣七年（1029年）记起，立义庄从创始的南宋淳祐间（1241—1252年）记起，书院从南宋淳熙年间（1174—1189年）记起，，历代贡士从晋元帝扬州岁贡记起（扬州为今南京地域）。卷十兵防志，形势从诸葛亮曰：“钟阜龙蟠，石城虎踞”说起。江防记述各代兵家对金陵长江防线的看法。卷十一祠祀志，古郊庙从东晋大兴三年（320年）建南郊祭坛记起。卷十二古迹志，城关官署从春秋吴国筑固城、越范蠡筑越城官署记起。第宅从吴张昭宅、诸葛恪宅，晋陆机宅、王导宅、谢安宅记起。卷十三人物志更是记载了历代在金陵生活活动的中华民族历史上重要人物，记述范围不仅仅是本籍（丹阳、丹阳秣陵、句容、建康、金陵）人，也有寓居、官守者。记本地名人，如纪瞻（253—324），丹阳秣陵（今江苏南京）人东晋初年名士、重臣，江南士族代表之一。客寓有北宋王安石（1021—1086），今江西抚州市临川区人，北宋著名的思想家、政治家、文学家、改革家。保守派得势后，新法皆废，郁然病逝于钟山（今江苏南京）。卷十四摭遗，为前志未记事物，从《魏书》《吴录》《实录》《晋书》《图经》《皇朝遗苑》《许彦周挥尘土录》《夷坚志》《翰林名谈》《建康实录》《南唐近事》中采摭的史籍、碑碣、方志，涉及楚怀王、孙策、孙权、曹操、孙峻、诸葛恪、司马昭、苏峻、干宝、桓温、晋武帝、晋元帝等。卷十五论辨的诸国论从晋代陆机二论辑起。

《至正金陵新志》对于南京，留存大量的历史记忆和人文情怀。大量的历史地名与今天连绵不断，大量的人文活动是南京文化的根脉，大量决定中国命运的事件是南京人的惆怅和骄傲。南京人与金陵新志记载的历史永远割裂不断，这就是文化在一个民族衍生中，在一地民众对家乡的系怀中的重要价值。

《至正金陵新志》出现的元及前那些地名，如志书中出现的江宁、句容、溧水、溧阳今天还在使用，有的地名融入地域文化中。如：“古固城”位于今南京高淳县固城镇；“台城”，台城是东晋和南朝的朝廷禁省和皇宫的所在地，位于都城建康城内，遗址在今南京市玄武区。“金陵邑城”，楚威王五年（前333年）熊商欲借长江天堑为屏障以图谋天下，在峭立江边的“石头”建城，置金陵邑。“石头城”，三国时孙吴就南京市西清凉山上石壁筑城戍守，称“石头城”。唐刘禹锡诗《石头城》：“山围故国周遭在，潮打空城寂寞回。淮水东边旧时月，夜深还过女墙来。”宋代刘翰有诗《石头城》：“离离芳草满吴宫，绿到台城旧苑东。一夜空江烟水冷，石头明月雁声中。”“建康古城”，建康是南京在六朝时期的名称，建康城范围东西南北各40里，有宫墙三重，南拥秦淮、北倚后湖、钟山龙蟠、石城虎踞，苑囿主要分布于都城东北处，宫城北有华林园，覆舟山有乐游苑，华林园、天渊池等宫苑点缀其中。西南有石头城、西州城，东南有东府城、丹阳郡城，宣阳门至朱雀门间五里御道两侧布置官署府寺，居住里巷主要分布在御道两侧和秦淮河畔，城内外遍布佛寺，有大小寺庙五百余所。《至正金陵新志》中更有许多人文名称，如东吴大帝孙权陵、梁昭明太子陵萧统（联想到《昭明文选》）、东晋政权的奠基人王导墓（联想其政治主张侨置州郡，书法《省示帖》《改朔帖》）；南北朝时期杰出的诗人谢灵运墓（联想其开创的山水诗派）；南齐武帝宅；梁武帝宅；南朝史学家文学家沈约宅（联想到“江东之豪，莫强周、沈”，想到《宋书》《晋书》《齐纪》《高祖纪》）；南唐韩熙载宅（联想到南唐顾闳中绘画名作《韩熙载夜宴图》）；南宋爱国词人张孝祥宅（联想其为“豪放派”词人代表作家，仅仅在世38岁，不仅仅有政绩，还有《于湖居士文集》《于湖词》传世）。

《至正金陵新志》卷七田赋志物产，用“谷之品”“帛之品”“药之品”“香之品”“果之品”“菜之品”“禽之品”“鱼之品”“兽之品”分目，记载了当时的金陵土特名产（包括”雨华台石”）。其引用李白《寄韦南陵冰余江上乘兴访之遇寻颜尚书笑有此赠》一诗中的名句“堂上三千珠履客，瓮中百斛金陵春”，并说，唐代人喜欢以“春”来给酒命名，当时南京有名的地产酒还有“绣春”“堂都春”“留春”等品种，但名气最大的还是“金陵春”。

《至正金陵新志》往往一段文字，可以追寻今天的南京某处，平日平淡的地名就会灿烂生辉。《至正金陵新志》记载了朝天宫地域十八古寺，其中大龙翔集庆寺在城正北隅闪驾桥（今秦淮区朝桐光街道鸽子桥）北。

卷十二上古迹志记述的东篱门园只有185个字，文约事丰，出词典雅，出现8处古迹、10位历史人物、1个成语出典。原文：

东篱门园 在东府篱门内与西州分界处后即乌榜村南史何点与谢瀹张融孔德璋为莫逆友点门世信佛从弟遁以东篱门圆居之德璋为筑室焉豫章王嶷命驾造门点从后门逃去竟陵王子良间之曰豫章王尚望尘不及吾当望岫息心后点在法轮寺子良就见之点角巾登席子良欣悦无已遗点嵇叔夜酒杯徐景山酒鎗园有卞忠贞家点植花冢侧每饮必举酒酹之今祠堂疑是其所若东篱门在古肇建市东车马通衢非隐士所居之地矣以郭文举台类推之可见。

东篱门园为六朝金陵名园，约在今南京市朝天宫西卞壶墓碣位置；西州，即西州城，古扬州城、蒋州城，约在今朝天宫西街变电站位置；乌榜村，约在今朝天宫西莫愁路文津桥北位置；卞忠贞冢，即卞壶墓碣，在今朝天宫西；郭文举读书台在今朝天宫大殿址；法轮寺在覆舟山下，即今南京九华山，宋司徒何尚之所造：古肇建市，疑在东府城位置，即今东府门附近。何点，南朝齐著名隐士，隐居在今朝天宫西，卞壶墓侧；谢瀹，南朝齐大臣、吏部尚书、文学家；张融南朝齐著名文学家、书法家；孔德璋南朝齐著名骈文家；豫章王，南朝齐萧嶷；竟陵王，指南朝齐萧子良；嵇康：字叔夜，魏晋时期人，曾任中散大夫，堪称“竹林七贤”的领袖人物；徐邈，字景山，三国时曹魏重臣，其人性嗜酒；卞壶，字望之，东晋初著名政治家、军事家、书法家；郭文举，东晋著名隐士。景山鎗，古酒具，相传为徐邈所有，属温酒器。望岫息心：成语多指遁世隐居，亦喻知难而止息，同“望峰息心”。

《至正金陵新志》记载的典故、文章，给人以人生的启迪和历史的回味。每卷开始均有作者一番议论，给读者以思考，并呼应本卷内容（今天方志“述而不论”值得考证）。《至正金陵新志》疆域志一导言：（疆域）“有分野之殊，而地有山川之限，民生其间，异禀殊俗，于是俾胙，土命世者，守之以藩王，国大小相维，上下相持，以为长久。秦分天下为三十六郡，郡设守尉而县邑各有所隶。”

掌故。永昌里改名凤凰里（今南京城南花露岗一带）。《至正金陵新志》载，在刘宋元嘉十六年（439年），有状如孔雀的三只美丽的大鸟飞到秣陵永昌里王恺家的花园中，鸣叫不已。人们就认为，这三只鸟就是百鸟之王——凤凰。被认为是太平盛世的象征，扬州刺史、彭城王刘义康就将百鸟翔集的永昌里改名为凤凰里。

唐刘禹锡抚今吊古的诗《乌衣巷》描绘了六朝有名的乌衣巷时过境迁的萧瑟：“朱雀桥边野草花，乌衣巷口夕阳斜。旧时王谢堂前燕，飞入寻常百姓家。”《至正金陵新志》引南朝地志《丹阳记》的文：“乌衣之起，吴时乌衣营处所也。”

长干里是南京古代著名的地名，遗址在今内秦淮河以南至雨花台以北。成语“青梅竹马”“两小无猜”，就出于唐朝诗人李白的《长干行》。唐朝诗人崔颢也有一首《长干行》，内有“同是长干人，自小不相识。”《至正金陵新志》说，“长干里，在秦淮南，越范蠡筑城长干。”

元末明初的小说家罗贯中的《三国演义》有著名的篇章“诸葛亮草船借箭”，而较罗贯中时代稍前的元至正时期编纂的《至正金陵新志》卷十四摭遗引用，北齐魏收的《魏书》，不同说法：“孙权与曹操相持于濡须（长江边今安徽裕溪口），权乘大船来观曹公军，曹公使弓弩乱发，箭着其船，偏重将覆，乃回船复以一面受箭，箭匀船平乃回。”

卷十五奏议收《宋李纲奏幸建康在立志以成中兴之功》《宋汪藻奏分张俊军策应建康》。南宋初立，群臣皆议以建康为都以显匡复中原之图，惜宋高宗无意北伐而定行在于临安（今杭州），但迫于舆论仍定金陵为行都。宋靖康元年（1126年）金兵入侵汴京时，李刚任京城四壁守御使，团结军民，击退金兵。但不久即被投降派所排斥。宋高宗即位初，一度起用为相，曾力图革新内政，仅77天即遭罢免。《奏幸建康在立志以成中兴之功》：（奏赵构）亲统六师以临江表，舍去吴越而幸建康，渐为北伐之计。凡可以致中兴之治者无不为，凡可以害中兴之功者无不去……则中兴不难致矣”。陈述了李纲收复中原的志向，读之可歌可泣。

张铉还在《至正金陵新志》中记录了苏轼与王安石的故事。王安石的学生吕惠卿嫉妒苏轼才华，常在王安石身边说苏轼坏话。另一个学生李定从苏轼的诗文中断章取义，诬告苏轼谤讪时政，反对变法，将苏轼入监，制造了著名的“乌台诗案”。宋元丰七年（1084年），被贬后的苏轼奉诏赴汝州任职。途经南京时还是去拜访了王安石。此时王安石已因变法被罢相，蛰居南京8年。《至正金陵新志》记载，苏轼对王安石说：“大兴兵事、大兴牢狱，这是汉唐灭亡的征兆。大宋以仁厚治理天下，就是要革新弊政。而现在，朝廷在西部对西夏用兵，在东南部大兴牢狱之灾。您怎么可以不说一句话，不去制止？”王安石说：“大兴兵事和大兴牢狱都是吕惠卿做的，我已不在朝廷中枢，怎么好乱说？”苏轼说：“您说得对！在朝廷中枢，理当进言尽责，不在则不需进言，这是忠诚于朝廷的通行做法。但朝廷以非常的礼遇对待您，您怎么可以只以一般的忠诚对待朝廷呢？”王安石心中的英雄气蓬勃而出，大声说道：“我一定会进言！”《至正金陵新志》称这一番对谈，为苏轼“经行金陵事迹之最伟者也”。

四

《至正金陵新志》是中国古代方志的精品，也是元代方志的代表。元代方志多是对宋代方志的续修，体例多因袭宋志。从体例看，《至元嘉禾志》是平列门目体的代表，《延祐四明志》为书典体的代表，《至正昆山郡志》是简志体的代表，而《至正金陵新志》是正史纪传体志书的代表。《至正金陵新志》尤其是丰富的元代南京地方史料最为珍贵。该志本末明晰，考订较精，是一部对研究元代南京地区历史地理具有重要参考价值的文献。

《至正金陵新志》是对南宋《景定建康志》的续修，为通贯体续志，记事有详略，书中辑录各种历史文献，但在列目中对建康志有不少损益，尤对景定志所列10志作了较多变化。如至正志删去建康志田赋志的营租、沙租、圩租、斸赋、杂录等目，将其内容并入历代沿革中。对景定志所列10传，至正志也做了一些改易，如去正学、直臣2目，增列迁释、方技等。《至正金陵新志》还新设“论辨”1门，下分诸图论、奏议、辨考3目。总体看，至正志对旧志门目设置的改易，更加强调了前后代事迹分述的原则，反映了作者对方志续修方法的探索。

方志编研者绝大多数知道，元代方志在体例形式上不拘旧规，多有创新改易。元代志家不少将方志纳入史书行列。《至正金陵新志修志文移》提出，《史记》《国风》之作，是因为“古者诸侯置史以纪国政，采诗以观民风”。并认为“后世州郡各为志书，亦此之遗意”。这个见解与清人章学诚《湖北通志序言》所说“方志义本百国春秋，掌故义本三百官礼，文征义本十五国风”（载《章氏遗书》卷二十四）是很相近的。可见，在章学诚之前，提出“志属信史”同样观点的大有人在。张铉对方志学问的研究体现在《至正金陵新志修志文移》中，在元代方志研究中，其阐述最为全面。他指出：所修志书用史书体例，“首为图考，以著山川郡邑，形势所存；次述通纪，以见历代因革，古今大要；中为表、志、谱、传，所以极天人之际，究典章文物之归；终以摭遗论辨，所以综言得失之微，备一书之旨。”张铉将司马迁著《史记》“究天人之际，通古今之变，成一家之言”的思想引以为撰志宗旨。张铉提出人物志要“巨细兼该，善恶毕著。”这也是将方志修为信史的一种尝试。对于续修方志的取材，张铉采用前志所详，今志皆略，前志已书，今则不录的方法。⑦《四库全书》评：“然其（张铉）学问博雅，故荟萃损益本末灿然，无后来地志家附会丛杂之病。”（《四库全书总目》卷六十八）

①《名人传记》2014 年第 8 期，《潮打空城寂寞回——朱偰的人生和石头城》。

②黄燕生：《元代的地方志》（《史学史研究》1987（03）：38–48）。

③清《四库全书提要》史部二十四地理类误为《至大金陵新志》。

④南京大学教授陈得芝在将南京展现给世界的作品之《至正金陵新志》推荐词（凤凰网江苏）中称："作者：张铉（生卒年不详），字用鼎，光州（今河南潢川）人。"

⑤ 元集庆路政区范围与今南京市政区范围多数重叠，也有不合，总体上讲集庆路为今南京地区是合理的。集庆路的句容县区域今属镇江市。今南京市属于元集庆路范围的主要是今玄武区、秦淮区、鼓楼区、建邺区、雨花区、江宁区、溧水区、高淳区（旧溧阳县地）全部，栖霞区部分地域（非句容县区域）。

⑥方诗铭《中国历史纪年表（修订本）》（上海人民出版社 2007 年版）周元王只有 8 年，鲁哀公只有 18 年。

"古固城""台城""金陵邑城""吴石头城""建康古城"摘自"百度"词条。

⑦黄燕生：《元代的地方志》（《史学史研究》1987（03）：38–48）。

（《品读南京丛书》是由中共南京市委宣传部为宣传南京，宣传家国天下，故园情怀，组织编纂。南京名志品读由南京市地方志办公室编《品读南京丛书·南京历代名志》南京出版社 2017 年 6 月第 1 版，本篇为约梅森所撰之文）

自评：《至正金陵新志》是我国传统地方志中的名志，加之元代志书较少，传世更少，因此极为珍贵。南京市宣传部门希望通过珍贵典籍的整理，宣传"六朝古都"的历史文明、历史文化。由南京市地方志办公室约我写一篇赏析和一篇推介性的文章，分册出版；向南京市民推介。创意很好，我无理由推脱。这是其中的一篇。除理出志中的文化外，重点站在方志编纂史角度推介了该志的体例方法，尤其续修的勾连概括衔接方法，今天修志仍然应该继承。深入从内容角度，赏析推介的方式对待传统方志，业内不是太多。这是本文的价值所在。南京市对传统府、州、县志和杂志，组织专家评点，值得各地效仿。

二轮城市志的经典之作

——评中国地方志书精品工程志《常州市志（1986—2010）》

提要：评论引导方志编纂，是方志批评学研究的重要方面。2017 年 6 月《常州市志（1986—2010）》被中国地方志指导小组办公室和方志出版社评为精品工程志书。本评论者静读该志，认为其产生源于地方党政领导的重视，记述的地情闻名遐迩，历史上有编纂精品良志的传统，有一支兢兢业业献身方志事业的队伍和才学识兼长的主编，有海纳百川开门修志的胸怀。该精品志书优长之处，主要是全面与重点、经济与人文、时代性与地方性并重，城市化都市化特点明显；全志遵循续修断限原则，同时在人文卷章勾连历史，发掘传播历史智慧；运用史略通贯历史，弥补续修断代之不足；风景名胜、艺文、旅游资源打破方志绝对平实的文风，文随事出，部分卷章回归中国传统志书倚重文字文风的特点。

关键词：方志评论 精品工程 二轮常州市志

2017年6月，又一个金色的麦收季节，得知《常州市志（1986—2010）》（以下简称《常州市志》）被评为中国地方志书的精品工程志，可喜可贺！沉下心阅读该志，其优长之处力透纸背，其内容结构、特点特色、体例把握、锻文琢句，堪称城市志的经典。我一直认为，佳志良志、精品志书，必须具有四大条件：一是记述对象具有可供彰显的内容；其二必须有卓见和统帅全志能力的主编（总纂），以及一支静得下心、兢兢业业修志的队伍；其三，必须具有科学并符合地方志特点的编纂方法；其四尤为重要，是地方党政领导的重视和社会各方面的支持。通读该志及其编纂始末，再次验证了以上四点。志评是方志学研究的组成部分，精品工程志的评论，对修志的引领和方志学的建设更有价值，故拜读后写下这篇文字。

一、优越的市情和优秀的修志传统，是这部精品志书诞生的背景和根源

一谈到江苏，总要谈到“苏锡常”。常州有3200多年历史，南朝齐梁故里，“中吴要辅”；是长江文明和吴文化的发源地之一，是中国近代民族工业的发祥地之一，是长江三角洲地区中心城市之一；先进制造业和历史文化旅游闻名遐迩，大运河常州段入选世界遗产名录；改革开放后为苏南模式的重要组成城市，声名贯耳。

常州境内风景名胜和历史古迹众多，人文荟萃：自然风景区有春秋淹城、中华恐龙园、嬉戏谷等主题公园和天目湖、南山、太湖湾、滆湖等；名胜古迹有圩墩村新石器遗址、春秋淹城遗址、天宁寺、红梅阁、文笔塔、北宋藤花旧馆、苏东坡舣舟亭、太平天国护王府遗址、瞿秋白纪念馆、溧阳天目湖旅游度假区、金坛茅山风景区、东方盐湖城等；历史名人有吴公子季札，《昭明文选》作者萧统，抗倭英雄唐荆川，“南田三绝”恽格（号南田），“常州三杰”（瞿秋白、张太雷、恽代英），数学家华罗庚，实业家盛宣怀、刘国钧，书画家刘海粟、谢稚柳等；特产丰富，有萝卜干、大麻糕、芝麻糖、天目湖鱼头、溧阳风鹅、野山笋、溧阳水芹、南山板栗、长荡湖螃蟹、常州梳篦、砖刻屏、景泰蓝掐丝工艺画、乱针绣、中国彩绒画、留青竹刻、金坛刻纸。可见悠久的历史，丰富的物产，杰出深厚的人文，城市化的不断进步，改革中的不断创新，为《常州市志》提供了有价值堪供记述的精品内容。

常州又是著名的“方志之乡”，自南朝编《毗陵记》（地记）起，至清光绪十四年（1888年）编《武阳志馀》，先后修过26部郡（府）县志和6部专志。其中，《咸淳毗陵志》（30卷），距今有七百三十余年，为今人所能见到的现存最早的志书之一，

是全国仅存的十余种宋修府志之一。再截至社会主义首轮修志，常州共出版各类志书500多部，并形成3亿字的第一手文献资料，是修志成果最为丰硕的大城市。

清朝“阳湖文派”[①]参与修志，更是方志学必须研究的课题。清乾嘉年间（1736—1820年）的阳湖（今常州），经济繁荣，文化发达，被誉为中吴要辅，八邑名都，人心向学，教育普及，科第兴盛，其学风尤独领风骚[②]。阳湖派创始人之一，清乾隆间（1736—1795年）阳湖人恽敬曾惊叹“吾州多异才”（《前翰林院编修洪君遗事述》）。“阳湖文派”中的方志名家有李兆洛、洪亮吉、孙星衍和段玉裁，被所有方志史研究者认为均是清代著名的方志学家。四大家修志多并精品迭出；洪亮吉修志主要在陕西、河南，手撰的名作有安徽的《泾县志》、陕西《澄城县志》、陕西《淳化县志》、陕西《长武县志》、河南《登封县志》、河南《固始县志》、河南《怀庆府志》，共7部。孙星衍编纂了广东《三水县志》、陕西《礼泉县志》、江苏《松江府志》、河南《偃师县志》、安徽《庐州府志》、陕西《直隶邠州志》，共6部。李兆洛任安徽凤台知县时，修纂了《凤台县志》，此外还编纂了安徽《东流县志》《怀远县志》。段玉裁修纂四川《富顺县志》。其中，洪亮吉纂的《泾县志》，孙星衍纂的《三水县志》《偃师县志》《庐州府志》，李兆洛修纂的《凤台县志》均被收入《中国地方志辞典·著名方志》[③]中。从其历代修志可见，追求精品良志的编纂是历代常州人地域文化的传统。所以，我要说优越的市情和优秀的修志传统，是这部精品志书诞生的背景和根源之一。

二、全面与重点、经济与人文、时代性与地方性并重，是这部精品志书内容的鲜明特征

方志编纂，内容为要，内容决定形式。方志学家傅振伦在1931年提出：“编辑方志宜特加详于社会方面记载，宜加详于人文地理，侧重物质方面记述，宜广增科目门类，注重科学技术，应广增图谱、表格。要据事直书，不尚文辞。”[④]《常州市志》编纂提出4条修志原则（也是具体的编纂思想）。即“突出改革开放的主旋律，突出高效发展和显著成就，突出信息容量与质量，突出人文的发展与传承”。常州历史上就崇文重教，儒风蔚然，名士辈出，常州倡导的“争先、务实、礼心、致用”传统，弘扬了鲜明的人文传统。该志在谋篇布局上紧抓三条：一是“体现全貌、横不缺项、繁简适当”的原则，作为大城市，选择了中编体结构。二是按照“要项覆盖、重点紧扣、特色升格”的原则，总揽卷章节目。三是坚持“统一规范，科学合理，集散结合”原则，处理关联事物交叉与重复，集中与分散的难题。[⑤]内容上，寻求选题、用材、视角、笔法相融合的综合创新。比如在“乡镇企业 民营经济”，创造了“宏观、中观、微观”三结合，“全貌、脉络、典型”的记述笔法。

纵观《常州市志》，其内容，一是经济和文化并重，二是改革开放特征明显，三是地方特色鲜明，四是文化气息厚重，五是信息含量大。该志凡例明确，全志按科学性、专业性、与当代社会分工及突出地方特色与时代特色相结合的原则分类设目。所以寿鹏飞说，“随时地为转移”“因义生例”，编出的志书便不会“人云亦云，东涂西抹，不知取舍，不务剪裁”，成为“陈烂账册，杂碎字篰”[⑥]。甘鹏云

称，义例不定，“如裘无领，如网无纲”⑦，将义例提到“纲”的位置。《常州市志》精品就在于先立“义”，后生“例”，有自己的思想，不是人云亦云。从全面性看，全志总体结构按地理环境、经济、政治、文化、社会和人物六大部类暗系逻辑。全志除卷首设序、凡例、史略、总述、大事记，卷尾设专记、索引外。主体分设50卷，306章，共530万字，时间断限1986—2010年，全面系统。各卷具体是：政区设置、自然环境、人口、风景名胜、土地资源管理、城乡建设和管理、公用事业、水利 水务、交通邮电 信息化、环境保护、经济综述、经济体制改革、对外经贸 开发园区、农业、工业、乡镇企业 民营经济、建筑业、房地产与住房保障、商贸服务业、旅游业、金融业、财政 税务 、经济综合管理、出入境管理、中国共产党、人政府、政治协商会议、民主党派、人民团体、政法、武装、科学技术 社会科学、教育、常州科教城、文化 艺术、大众传媒、艺文 著作、文化遗产、医疗卫生、体育、精神文明建设、劳动 人事 人才、民政、社会生活、民族宗教、方言、风俗、县（市）概况、人物等。

全志为突出改革开放反映时代特点，专设“经济体制改革”“对外经贸 开发园区”“劳动人事人才”“精神文明建设”；同时设“常州科教城”、装备制造、花木业、多种经济组织等亮点特点事物；为凸显苏南模式，升格了“乡镇企业 民营经济”；为凸显江南人文，强化了“艺文 著作”“文化遗产”“方言”“风俗”。为体现以上内容的突出，在结构方面进行创新布局，如在突出城市特点方面，将风景名胜作为第四卷前置；土地资源城乡建设和基础设施建各卷置于经济部类各卷前，体现城市志志种的特点。此外，总述改变常规的“概览＋横写”的写法，采用按历史时期纵写。

三、从记述的具体特点和亮点中鉴赏这部精品志书

断代续修是传统的难题。二轮修志在处理续志与前志的关系时主要有自然断限法和勾连历史法。经过几年修志一线的编纂实践，我认为选择性的勾连为续修的最佳方案。习近平总书记2014年2月在首都博物馆考察时讲：“把历史智慧告诉人们，激发我们的民族自豪感和自信心，坚定全体人民振兴中华、实现中国梦的信心和决心。”同年4月，李克强总理批示：“地方志是传承中华文明、发掘历史智慧的重要载体，……修志问道，以启未来。”发掘历史智慧，告诉人们历史智慧是史志工作者的重要任务。续修志书发掘历史智慧就要对一地国计民生和人文历史精华进行勾连，特别重要的需要进一步彰显。彰显历史人文是《常州市志》的一大特点。第一卷第一章建置沿革分市区和各区县进行历史勾连，上溯到5000年前的新石器时期。行政区从周、秦记起。该卷第三章地名，其中历史地名彰显了人文底蕴，进行了历史文化的追溯。如路名“龙城大道”，借用乾嘉洪亮吉《云溪竞渡词》“自古兰陵号龙城”，光绪《武阳志余》“吾郡古号龙城”释地名之由来。“中吴大道”用了毛泽东“云横九派浮黄鹤，浪下三吴起白烟”予以释名。“晋陵路”勾连历史上曾存在过900多年的“晋陵县”和存在过200多年的“晋陵郡”。这样的路名既增添知识与智慧，更能勾起乡愁。第四卷第二章古迹，通过遗址、遗迹、遗留文物勾连历史，不受1986年上限的限制，如淹城遗址、圩墩遗址分别从1958年、1960年发

掘写起。名人故居随人物溯起，如孙慎行、孙星衍故居从明万历交代，洪亮吉故居追溯到乾隆四十八年（1783年）。第三十四卷第一章基础教育，其学校选介均由创办写起，如常州市第二十四中学、前黄高级中学、常州市第一中学、华罗庚中学、溧阳中学都是从民国年间创办记起。第三十八卷艺术 著作第一章古代典籍，分经、史、子、集、诗词、记传谱，选介了东晋徐邈《五经音训》、南朝萧子显的《南齐书》、萧统的《昭明文选》等。表格设书名、编著者、刻印出版年份、卷数，收罗古代典籍255种。此外，艺术著作部分，还收录中华人民共和国成立以前的诗词集34种，长篇小说18种，中短篇小说2种，散文集17种，文学艺术文艺理论集13种，音乐作品集2种，书法作品集4种，戏曲曲艺集19种，美术作品3种。历史地理历史研究18种，地理6种，年谱、行状10种。其他还有中华人民共和国成立前哲学、政治法律、经济、教育体育、语言、文化、心理、医药等著作。第二章志书，收了郡州府志，选介了宋咸淳《毗陵志》、明永乐《常州府志》等6种；县志明代1种，清代7种。尤其第六章诗文常州，收录了客籍游旅常州吟咏当地风景名胜的诗词歌赋，以及常州籍文人歌吟家乡的诗文。客籍有唐代大诗人杜牧、白居易、李绅、杜审言、张祜等，宋代文豪有司马光、王安石、苏轼、杨万里、文天祥，明代有戏剧家汤显祖，清代有袁枚、龚自珍。常州本地文人有孙星衍、洪亮吉的诗文。第七章文与常州，收有唐李白的序文，南宋陆游的游记。第三十九卷文化遗产，物质文化遗产（文物）部分1986年上限以前命名收藏的，有全国文保单位4个、国家一级文物43件、二级240件。第四十六卷民族宗教第二章宗教，其中天宁禅寺、清凉禅寺、九华禅寺、宝林禅师、万佛禅寺，道教的乾元观，伊斯兰教金坛清真寺，均属追溯历史性记述。第四十八卷风俗主要是历史风俗，在历史风俗的基础上记述变化和新风。第五十卷人物注重突出常州“儒风蔚然，为东南冠”（陆游《修后河碑记》句）；反映“地以人贵，人以地传”“天下名士有部落，东南无与常匹俦”（龚自珍《常州高材篇送丁若士（履恒）》）。第一章人物录从1893—1986年，即该书上限以前去世者，均有收录。第二章人物简介中华人民共和国成立以前收了8人。人物补遗补入著名民国报人史量才等11人。

经济部类是二轮志书的重点部类，《常州市志》有机地利用综述与典型、结构与趋势、文与图表照、轨迹与特点等方法，做到面貌清楚，阶段鲜明，实体（业态）彰显。第十九卷商业把握商品流通的要素和环节，记述商品交易市场，包括市场体系、生产资料、农副产品和食品、花木交易、日用工业品、纺织品服装等八大类市场，在市场基础上再记商业街市和业态，具体包括南大街、莱蒙都会、花园街、通江路等商业街；再分各类商业行业写销售。既有结构和情况，同时又有典型的具象，全面反映了一地商贸的地方特点和时代特点。经济部类各志，大体是采用写全貌、写轨迹、写因果、写发展的方法。第十五卷工业第一章工业综述写的就是全貌和总的发展轨迹，具体包括行业结构、产业规模、企业发展、技术进步。综述章后，再分工业行业记述。

改革开放时代又是工业化和城市化的时代。二轮志书另外一个重点内容就是城市化，对城市志尤其如此。《常州市志》第六卷城乡建设和管理、第七卷公用事业、第九卷交通邮电信息化建设、第十七卷建筑业、第十八卷房地产业和住房保障、第二十卷旅游业中得到重点反映。内容包括规划分区、生态环境、文化名城保护、综合防灾五大规划。基础建设包括市政工程，具体是城市道路、桥梁、广场地道、园林绿化、供排水、污水处理工程、电网与供电、燃气工程与供气、公共交通、快速公交、出租车、城市照明、流域治理（长江流域、太湖流域）、防洪工程、机场空运、铁路、公路、水路、物流、邮政、电信、信息化等等。第十七卷建筑业第八章标志性建筑，用典型记述方法，记述常州奥体中心及国际会展中心等公共建筑14座、常州大酒店等商务办公建筑7座。第二十卷旅游业第二章关于天目湖、环球恐龙城、春秋淹城、武进太湖湾、南大街等旅游景区景点建设和众多宾馆酒店建设，也是城市化发展的重要内容。

事物是具有双重性的，部分志书对待经济建设和社会发展，只记成就，有意回避前进中的问题，导致志书总体的失真失实。《常州市志》在记述改革开放以来巨大成就的同时，也通过管理、稽查、执法、严打、综合治理等门类内容，记述了社会问题。在土地资源管理中，记述了违规违法用地、土地非法转让和批租、土地非法占用；矿山开采中乱采乱挖破坏环境、无证开采、地灾隐患、废弃矿山、地面沉降、地裂等等。在党的纪律检查中，反映了党员干部的经济案件、赌博案件、腐化堕落和道德败坏案件，此外监察中记述了行业不正之风。第十卷环境保护第二章污染治理，记述了各时期的污染源，包括煤烟型污染、二氧化硫污染、机动车排气污染、废水污染、噪音污染、土壤污染、固体废料污染等。生产流通管理，记述了合同违法、合同欺诈、假冒商标标识、假冒伪劣商品、无标生产、缺斤少两、工伤事故、伪劣食品药品等。

精品志书除有时代性和地方性事物的谋篇布局、结构安排外，应该有其他一些创新做法。《常州市志》还有的创新，一是文风上，二是体裁上。该志除继承述、记、志、传、图、表、录、专记、索引等体裁外，同时增加了史略。史略为阶段历史的概况，共包括马家浜、崧泽、良渚、湖熟与马桥诸史前文化，商末至春秋的延陵开邑，秦以后毗陵建郡，隋以后江东望州，明清八邑名都，民国以后现代名城，共六大历史阶段，打通了全志的历史纵深，弥补续志上限1986年通贯不足的遗憾。史略是史体，故《常州市志》用之是一大创新。此外，作为史体的史略，体例上，其著述的史籍之后一定加有相关的注解、考证、注音、版本、字句校勘，最早的《史略》出自南宋高似孙之手。《常州市志》改造了史略，并未采取注解、考证等，而是只取己所需，达历史通贯之目的即可，做法甚妥。首轮修志以来，屡屡强调志书的语言平实，其实传统方志并非完全如此，我曾发表文章批评了当代志书文体语言认知的窄化机械，认为“绝对地而非相对地理解方志文体语言的有关规定，削弱了地方志书的表现手段和功能”，[8]并列举了风景名胜、艺文、建筑等应该适当地状物描写，还可以借用他人诗词歌赋予以抒情表达。适当的状物写景可增加文字的可视性、可读性，增加读者的向往，故人的思乡之情。《常州市志》第四卷第一章山水胜迹，与本人的主张暗合。如第一节名山写“茅山”：人工水库星罗棋布，湖光山色融为一体，“春见山容，夏见山气，秋见山情，冬见山骨”，是其独特的自然美景。溧阳“瓦屋山”条引用了唐李白吟诵该山的诗句：“朝登北湖亭，遥望瓦屋山。天清白露下，视觉秋风还。”“顾龙山”条，引用明嘉靖进士金坛人张祥鸢《春晓泛舟顾龙山》诗：“一春今日好，与客泛新晴。野水绿于染，青山近若迎。岩花娇送酒，谷鸟巧呼名。归线渔舟晚，吉扉敞月明。”第二节秀水“天目湖”，写道：“湖区群山环抱，岗峦叠翠，湖岸蜿蜒曲折，古树名木众多”，此类描写甚多。全志多数卷章平实简洁，部分章节状物描写，述体适当评点，为这部精品志书增色许多。

四、科学的编纂方法和海纳百川的用人思维是这部志书成为精品的又一原因

地方志内容涉猎百科，故需要广征资料，广纳人才。民国方志学家王葆心认为：宋人言地志取材之博者，可以证古而传久者。宋室中兴后，士大夫纂志之风甚盛，而为之亦至慎。尤见宋人修志之预备，既得人，又多考书，不厌求详。宋人修志取材勤笃如此！（故）周应合之《景定志》等遂为古今名作。[9]故今创造精品而不只是完成工作，而是从事一项事业，为此，就必须要在资料和人才上下大功夫，尤其是市场经济多元化修志的时期。该志凡例告诉大家，《常州市志》资料来自于《常州年鉴》、谱牒、报刊文章、调查报告、地情书、著作论文等多种渠道。2005年，我在文章中谈到市场经济社会，要立足于多元资料渠道才能为编纂高质量的二轮志书打下基础；否则仅仅依赖年鉴和工作总结，做“少米无盐之炊”，只能修出流水账汇编似的平庸的所谓“方志”。精品《常州市志》产生的基础，源于立足“多元资料”。[10]

在编纂组织和人才运用方面，通过《常州市志》第三任总编李亚雄先生撰写的《编纂始末》，可知该志的编纂，既出精品又出经验。首先地方志工作被纳入市委、市政府议事日程和考核目标，实施常州有史以来第一次依法治志。同时在修志人员中继续发扬古代“青灯、黄卷、长夜”“咽的下青菜根，坐得住冷板凳”传统的修志治学精神；认为只有“冷”才能“静得下心”修得好志。该志的编纂共分为五个阶段：2006—2008年为启动探索阶段；2008—2011年为全面推进阶段；2011—2013年为编辑分纂阶段；2014—2015年为总纂攻坚阶段；2016—2017年为冲刺精品阶段。“十年磨一剑”，五个阶段都有经验，启动探索阶段为收集资料和积累编纂经验，编纂了《常州市改革开放丛书》。全面推进阶段，即全面撰稿阶段，采取“全员参与，分卷到人，逐月考核，责任明晰”的编纂工作机制，每月召开进度督查会。编辑分纂阶段，围绕“凸显改革主题，彰显江南人文，再显常州特色”的定位和思路，对篇目进行了第一轮优化提升，对重要卷章进行了升格和扩写。总纂攻坚阶段，“调整、补充、提升、总纂、复审、统稿、打磨、终审”于一体；并在此基础上更新理念、改进方法、创新流程，推进“项目化管理、工程化推进、学术化编纂”，并采用同步、交叉、分流等立体化的推进方式。该志编纂者认为：“中国志书精品工程，不仅是荣誉，更是严肃标准；常州修志，不仅是任务，更是责任和担当；基于这样的认识，常州把争创精品工程作为新的攀高目标。在近一年的时间里，常州以更高标准和更严要求，重审了篇目，重改了要卷，重炼了特色，重磨了全稿，重优了装帧。常州的定位是：给精品一个严谨交代，给时代一个尽责答卷。”[11]

《常州市志》编纂中正确对待行政权力和学术智慧的关系，寻求行政力推动与学术化编纂相结合的创新做法，发挥专家作用。他们认为：“专家所拥有的专业眼光、敬业精神和史学功底会大幅提高志书的专业性、权威性、著述性，也最终提升志书自身的利用和历史价值。”通过编纂始末可以看到，该志编纂过程是由千人到百人，由百人到二十人，由二十人到八人，由八人到五人、二人、一人的过程；由“人海战术”到“行家主笔”“专家主导，内外结合”；在江苏省内聘请 3 位专家，动员市内外各方面专家和学者（包括全国和高校专家），“借用关键的外智来提升质量”，重视省内外专家的借用、参与和咨询。市内摄影专家为志书提供 500 张珍贵的城市经济建设社会发展的珍贵了照片。可见，科学的编纂方法和海纳百川的用人思维以及多元资料是这部志书成为精品的又一原因。

《常州市志》之长还有许多，但金无足赤；常州是中国近代民族工商业的发祥地之一，经济部类在历史勾连中如适当地加强数笔就会让人感到更加完整一些。

---

①辞海编辑委员会：《辞海》，上海辞书出版社，2010 年，第 2204 页。“阳湖派”条：清文流派之一，形成于乾隆、嘉庆年间，以恽敬、张惠言、李兆洛为代表，文风较为恣肆。

②季全保：《中吴要辅 八邑名都》，武进日报，2012.02.09，副刊淹城 A10。

③黄苇主编：《中国地方志辞典》，黄山书社，1986 年，“著名方志条”，第 146 页。

④傅振伦：《编辑北平志蠡测》，《地学杂志》19 卷 1、2 期；引文见黄苇主编《中国地方志辞典》第 553 页。

⑤常州市地方志编纂委员会：《常州市志（1986—2010）》编纂始末。

⑥林正秋主编：《中国地方志名家传》，黄山书社，1990 年，第 259 页，“寿鹏飞”。

⑦甘鹏云：《方志商·湖北通志义例商榷书》（1938 年）；，岳麓书社，《方志学两种》（与黎锦熙《方志今议》合刊）1984 年，第 159 页。

⑧梅森：《莫把相对当绝对——论当代志书文体语言认知窄化的弊端》，《中国地方志》（北京）2013 年第 10 期。

⑨王葆心：《方志学发微》（1936 年），湖北省方志办内部（重新）刊印本，1984 年，第 3—14 页。

⑩梅森：《多元社会结构的多元运作——谈社会主义第二轮新方志编纂的新特点》，《中国地方志》（北京）2005 年第 9 期。

⑪常州市地方志编纂委员会：《常州市志（1986—2010）》，2017 年，第 3021 页，《十年心血 千手成志——〈常州市志（1986—2010）〉》编纂始末。

（《中国地方志》2018 年第二期）

复旦大学历史专业方志方向研究生班方志编纂学教案

教案绪论

地方志的学科体系建设方向主要包括方志基础学、方志编纂学、方志管理学、方志应用学、方志史五大分支。总体看，五大分支具体包括：地方志发生发展的规律，方志的性质、功能和特征，方志编纂的原则和方法，方志的馆藏与利用，地方志资源的开发，方志学研究的历史，方志人才培养的方式方法，方志编纂与其方法手段研究（如何利用微机进行修志、资料储存、为社会提供服务），方志学科与其他学科的关联与异同等。

方志编纂学属“应用科学”的范畴，与基础理论科学相对应。应用理论直接服务于生产或其他社会实践，包括应用理论和应用技术。应用科学以基础科学成果为理论基础，同时也为基础科学提供新的研究课题和研究手段。(《辞海·缩印本》(1989年版959页)

方志编纂学的研究对象是方志编纂的原则和方法，是对方志编纂的实务研究，是方志学科建设的重要方面。具体研究对象有：方志编纂的主体特征及建设（机构队伍）；方志编纂的组织与流程（编纂、修改、评审、出版）；方志的体例（凡例、体裁、结构、章法）；篇目设计；资料征集与整理；方志撰写的技巧与方法（横排竖写、交叉处理等）；志种的特征与运用；志书内容的时代性、地方性、科学性、系统性；志书的质量标准等。

中国地方志指导小组办公室主任、中国地方志杂志主编诸葛计先生，在他的《中国方志五十年史事录》（方志出版社2002年版677页）中评价：梅森著《方志学简论》与刘柏修、刘斌主编的《当代方志学概论》有三个共同特点：一是方志学基础理论的论述占有相当份量，有一定的学术品味；二是重在方志编纂，有指导修志实践的意义；三是重视了方志批评问题的探讨论述。标志着我国方志学研究已由“学院式”转移，走进了修志者登上方志学学术殿堂的新阶段。梅氏此书有自己的个性特点：第一，善于综合归纳，条理有致；第二，能够慎思善辨，深刻探讨；第三，注意一分为二，论理辩证；第四，勇于开拓创新，敢破敢立。故以下采用这两部著作中方志编纂理论的有关阐述来给教案开篇。

（一）

刘柏修、刘斌主编的《当代方志学概论》（方志出版社1997年8月版）“第三章 方志学学科体系 第三节方志编纂学”（第116—122页）认为：“方志编纂学主要研究方志编纂的基本原理和理论，研究方志编纂活动的特殊运动规律。是对方志形成整个过程的一种动态研究。”

方志编纂学是研究方志编纂技术的理论，它分成综合编纂技术和分科编纂技术两大研究内容。综合编纂技术是对方志编纂技术的整体研究，它包括编纂原则、方志资料、方志设计、方志写作、方志审稿、方志出版等的研究。方志编纂原则即方志编纂应遵循的基本原则，包括方志著述性与整体性的统一，述而不论，详今明古，横排竖写，突出地方特色、时代特色等原则的研究。方志资料，研究志书资料的征集、整理、汇编、考订、使用等。方志编纂方案的设计，包括篇目设计和编纂程序设计。篇目设计研究方志的篇目结构、层次和门类相互之间的逻辑关系，包括方志的篇目类型、体式、结构原则、组合方式、门类的划分、设计原理和方法等。编纂程序设计研究各种编纂程序模式及其步骤、模式和程序的优化等。综合性的研究，如一步成志、两步成志、简志形式、丛书形式以及众手修志、专家修志等编纂程序设计等。单一性的研究，如任何一部志书的最佳编纂程序和方法、步骤的优劣长短，以及每一个步骤中应该注意的问题和应做的事务等。

方志撰稿，研究方志文体、方志分纂（撰）、方志总纂、方志修改等的具体写作。方志文体，即志书的规格体式，它包括志书的表现形式、章法结构和语言风格等要素。就志书的群体而言，要研究志书的各种表现形式，如序言、凡例、概述、大事记、专记、志、人物传、人物简介、图、表、考、注、录、后记（编纂始末）等的功能、体式、特征，研究各种表现形式的辩证关系，主体表现形式和辅助表现形式的关系及其写作方法与技巧。志书作为记述体为主的著述，研究其文体就必须着重研究它的主要表达形式——“寓观点于记述之中”的写作技巧，包括详略侧重记述法、背景因果记述法、综合概括记述法、突出特点记述法、引用叙事法、画龙点睛记述法、定性定量分析法、实体对象说明性记述法、描写性记述法、数据结构图表显示法、人物记述法等。方志语言主要研究其风格、基本体例要求，以及古今风格的流变。志书的章法结构，实际上已经包含在方志设计和篇目设计的研究之中，由于地方志多为鸿篇巨制，篇目设计在修志实践和理论研究中都占有相当重要的位置。

方志分纂（撰），是指志书的分头撰写与分部分编纂。首轮、二轮修志，都是众手成志，一部志书由数人或数十人分头编纂，然后总纂合成。方志分纂（撰）的研究，一是本部分篇目、文体、资料、内容的研究；二是对条目竖写的研究；三是撰写编纂出志书初稿。志书 10 余种表现形式，其文体特征和写作皆不相同，序言多用说明语体或议论语体，凡例用说明文体，概述、大事记、人物传、志（分志、专门篇章）皆为记述文体，而概述有述有议还有论，人物传可偶有形象描写，图、表、照、后记、注释均用说明文体，附录称纂辑体。方志分纂应研究这些文体的具体写作。任何一部志书，无论是章节体还是条目体，一般都是以条目为实体，作为记述的基本单元（有时也以节或子目作基本单元）。同一种表现形式中不同的条目，其竖写是不相同的。如志文中的动植物资源、行政区划、科技成果、文艺团体、产品、产量、销售、效益等章、节、目，属说明、描写、记述的都有，按时序记述，或分头记述的都有。因此，方志分纂（撰）的研究重点是如何进行条目的竖写。要研究条目竖写的类型、方法、要素、要点以及科学的标准。

方志总纂，即志书的汇总成书。汇总成志，并不是部门志稿、分志稿的简单拼凑。总纂者必须保证对地情的全面了解和志书内容结构的完整把握。总纂研究包括研究总成志书的步骤、总纂班子的组成和总纂人选的确定，总纂与主编的工作关系等。当今，志书主编绝大多数是行政官员或业务领导，志书的合拢、交叉处理、文字通稿、规范统一，基本上是志书的总纂所为；故研究明确主编、总纂的职责尤为重要。其中对职务著作的概念要正确认识，许多志书把单位法人的著作权误作为主编署名权；这些需要进一步依法明确。

方志评审。总纂稿形成到定稿，需要经过评审。故志稿评审也是方志编纂学研究的方面，具体包括质量标准、评审者的结构、意见听取、评审步骤、编纂者对意见的答复、修改方案、审查验收，都属方志编纂的研究范畴。近年修志行政化成分越来越重，编纂者答复评审意见逐渐消亡，评审追求志书形式模式化忽略内容的现象抬头，需要注意，否则质量必定下降。

方志出版。研究与出版部门的衔接，要研究各种志书的版式设计，包括目录、插页、图、照、标题、字型、字号、页码、书眉等的设计。志书的装帧，研究志书的封面、扉页、护封的设计与印制以及志书的用纸和装订等；研究志书的校对程序、方式、勘误和修改等。地方志的内容体例有自身特点，有自己的质量要求和规定；在国家出版物规范以外，地方志书有全国统一的规范要求和形式的统一；故与出版社的衔接尤为重要。

方志志种和内容门类研究。志种包括对综合政区志、专志的研究。具体包括一统志、省志（通志）、市志、地区志、县志、区志、乡镇志、村志编纂理论的研究。专志包括专业志、专物志、专事志、部门志、企业志、重大事件志的编纂研究；按时期还可以分为古代志书编纂、民国志书编纂和中华人民共和国期间志书编纂的研究。（对刘柏修、刘斌原著有节录和局部补充修订）

（二）

本次复旦大学历史专业方志方向研究生班教案，本人在自己的《方志学简论》（黄山书社 1997 年 11 月版）“中编 方志编纂学”基础上编写。在该书无题导言（第 47—54 页）中认为：“方志编纂学主要指方志著作的编写方法。方志研究是编写方志著作的前提。编写方志著作是对一地自然、社会或一专业发展研究的结果和表现，是对省情、地情、市情、县情调查研究的结果和表现。没有方志研究，就难以编写方志著作；没有方志著作，区域、专业研究的成果也不能采取方志这种独特的学术形式表现出来（当然还可以编写其他类型的著作）。高质量的方志著作主要表现在三方面：一是翔实的资料，这是方志著作的基础；二是正确的观点（哲学观、世界观、历史观等），这是方志著作的灵魂；三是完美的著作形式，这是方志著作伟岸的躯体。所以，编写一部成功的方志著作，首先要全面地、系统地搜集和占有资料，然后在正确的哲学观点和方志学观点的指导下分析事物的内在联系和规律，另外还有重要的一点就是要学习方志编纂学，掌握方志著作的写作方法。方志编纂方法是方志学著作编写经验的总结，它把方志著作编写中，那些行之有效的方法从具体上升到一般理论原则，反过来再指导方志著作的编写。

这些编纂方法包括组织管理方法、志书的总体设计、编纂要则、概述、大事记、地理、政治、经济、文化、社会、人物等部类的写作特点和方法；按照志书的种类还可以分成省志、城市志、地区志、县志、山湖志、厂矿部门志的编写方法。另外志书内容的“升格”“交叉处理”“以事系人”“顺时记事”“标题和行文”“图表制作”，甚至版式等都可以属于方志编纂学研究的范围。

在中国古代方志编纂史上，许多方志家对方志编纂都有着重要的研究，他们的学术观点大多分散在志书的序言和书信中。清代乾隆年间（1736—1795 年）的章学诚、钱大昕，嘉庆间（1796—1820）的孙星衍、洪亮吉、李兆洛等都有建树。特别是一代方志学宗师章学诚，他除了亲自从事修志实践外，对修志的方法进行了概括，方志学自他开始从史学分离，形成了独立的方志编纂学。中华人民共和国成立后，80 年代至 20 世纪末的大规模修志，形成了丰富的实践经验，这一时期由经验向方志编纂学转移的著作很多，较早的有《实用方志编纂学》《新编方志十二讲》《方志编纂概要》等。每省区都编了一些这方面的著作，同时在各省方志学刊物上也有大量的方志经验和理论文章。这是新型的社会主义方志编纂学研究的一座蕴藏丰富的金矿。

方志著作的内容和形式是辩证统一的关系。方志著作横分门类、纵述史实的形式是由方志著作所承载的内容决定的。形式对内容的表现具有反作用，所以又有其独立性。方志著作内容是方志学家、方志编纂者对自然环境、对社会、对人、对历史、对现实的认识。而方志著作的形式就是把作者所分析研究的外部事物的运动通过适当的体例和内容结构叙述出来，也就是用方志的体裁（记、志、传、图、表、录）、结构（大篇、中篇、小篇，条目体，平行章节体，卷章节体，章节条目体等）和语言文字把研究的成果反映出来。方志著作的形式是作者对外部世界认识的外在表现。方志著作的内容和形式相互依存。内容必须通过一定的形式来表现，形式必须依赖一定的内容而存在，两者紧密相连不可分割。

内容决定形式。自然环境的千变万化，社会不断进步，生产力发展，文化繁荣，新的行业专业事业的产生，从而决定方志编写形式包括内容结构的不断创新。

内容决定形式，但方志著作的形式并不是消极被动的，它对方志的内容有一定的反作用。当方志著作的形式适合于内容时，就能很好地表现内容，反之就影响甚至损害内容的表现。一部体例不完备、结构混乱、叙述零散、语言粗糙的方志著作，不管作者对自然、社会总体认识的水平有多高，但这些认识却无法通过资料在志书中体现出来。方志著作的内容和形式构成了方志编纂学的基本内涵。在方志编写过程中，只注意内容而忽略形式，或者只重视形式而忽略内容的倾向都是不正确的。编纂方志著作，需坚持内容和形式的有机统一。

随着方志学的不断进步和发展，方志著作的编纂形式逐渐演变发展。清代章学诚提出“三书”“四体”。“三书”分为志、文征（资料汇编）、掌故（典章制度），“四体”是“志”的四个门类，包括外纪（皇恩庆典录为“外纪”，仿《史记》帝王本纪）、年谱（记官师铨除，即百官表）、考（记典籍法规制度）、传（记人物，仿《史记》的列传）。另外，旧志还有“总纲系目体”，先分天地人物等总纲，而后系以细目。孟子言：“诸侯之宝三，土地、人民、政事”，分“土地志、政事志、人民志”，又称“三宝体”。宋代还有编年体志书。民国年间“新三书体”，浙江大学校长蒋梦麟于民国18年（1929年）提出的新体例，即省史、年鉴和社会调查，其年鉴分16类，“民生”类包括生活程度、职业分配、物价、工资、财产调查、人口比例、救济等。中华人民共和国成立后新的方志，一般分为卷首、专记（志）和卷尾。卷首包括概述、大事记等，专记有地理、政治、经济、文化、社会等部类和人物，卷尾是附录、编纂始末等。省志与地市县志大体相同，设目上有所不同。首轮修志，方志一度有史志交融的现象，注意加大对事物规律进行综述的文字量，增强方志的著述性。概述、篇下序的增设和加强就是这方面的反映。2006年国务院《地方志工作条例》颁布后，志书稳固了资料性文献的特征。20世纪80年代末起，地方志除书版外，正向电子版、音像领域拓展。

方志编纂学还包括方志所载事物的表述方法。方志事物的表述是地方志著作形式的重要方面，主要由时间、 地点、人物和事件四要素组成。时间是物质运动的形式之一。地方志是严格按照时间顺序来研究外部世界，揭示自然、社会的进程规律。方志中的时间概念可以提供事物的时代背景，所以方志中的时间因素不是简单的顺序标志，而是具有时代特征、社会性的概念。1937年至1945年中国人民全面反抗日本法西斯的8年，是20世纪中华民族反侵略的伟大胜利，这8年就具有这样厚重的历史内涵。1991年邓小平“南方谈话”，浦东开发开放拉开序幕，1991年是新一轮上海市志记述标志性的一年。方志研究要求把每一件事件放到具体的时代条件下进行研究。与研究相适应，方志的表述同样要求通过时间因素来揭示事物的时代背景。另外，时间因素也是方志研究者、编纂者组织材料、揭示事物兴衰起伏、发展规律的主线。在方志表述时，我们如果仅仅把材料自然主义地按时间顺序罗列出来，并不能说揭示了事物的运动规律。

方志著作编写中的断限问题也和时间因素有关。时间上的断限，实际上是方志学者所认识的一个具体的矛盾运动全过程在时间上的反映。因之，时间上的断限应是相对的，而不是绝对的。在方志表述中，为了溯源，或者出版时某事物已有结果，常常在局部事物上突破全书的总断限。从总体上看，为了事物完整的概念，局部地突破断限往往是需要的。不过，在方志实际编写中，有不少志书教条主义地对待断限，肢解了事物的整体性。当然不是说可以全面地导致断限参差不齐。有些时候断限又往往受到编纂者主观因素的多种影响，一部省志数十种（卷），分别由许多部门完成，完成时间前后相差数年，所以下限也不可能一致，只能保证一种（卷）省志专业志有自己的统一下限就可以了，以方便下次续修志书。

方志表述除具有时间因素外，还具有空间上的要求。地理环境是社会物质生活的必要条件，在叙述事物之前应该对事物发生变化的自然地理进行叙述，所以省志、市志、地区志、县志等区域志，首设的就是“地理志”或称“自然环境志”。这是从地理环境的宏观角度说的，另外每个事物，每件事情，都发生在一定的空间位置，地理位置也具有丰富的内容。比如江淮之间，历史上一向是南北政权分疆之地，争战之地，江淮之间的区位就有丰富的政治军事历史内涵。在方志著作对地理环境的表述中，地理环境包括自然环境，即地貌、气候、动植物、土地、经济布局、人口分布等；另外是建置沿革和行政区划等。

历史是人创造的，人是社会活动的主体，人类社会的全部历史就是无数人及其组成的活动所构成的。任何专业、任何事业的发展，也都是人的活动推动的结果。如果方志在表述中只强调时空因素，而忽略人的因素，这样的方志著作就无多少价值可言了。因此，方志著作要单设人物志和强调篇章中“以事系人”。人的社会活动具有客观性，也具有阶级、阶层的属性；所以，方志表述中对人的处理具有编写者的政治观和历史观。作为不同时代，不同阶级编写的志书，官修志书在人的处理上具有鲜明的阶级性。比如清代同治以后的州府县志把太平天国人物称作“长毛”“发匪”，而中华人民共和国时期的地方志把太平军、捻军称作革命武装，把陈玉成、张乐行当作英雄来记述。

另外一点，旧的地方志往往片面强调个别英雄人物对历史的推动或阻碍作用，忽视广大人民群众的历史作用。社会主义新方志强调人民群众的作用，如治淮等大型水利工程，突出普通群众，救灾突出解放军战士和民兵。但由于中华人民共和国成立后强调党政集体领导，新志记述中往往又忽视了个人的主观能动作用。新旧志在人的表述中均存在令人不够满意的地方。但旧志与新志在人的处理上本质的区别是，前者强调英雄、权贵创造历史（如“皇恩浩荡”“皇言”是每部旧志必发之词），后者是人民创造历史（实践中不完全做到）。一部上乘之作，在人的处理上，应该正确处理好写个人和写群体的关系，既要写个人的传记，也要写群体的事迹（如可以通过事件的“纪略”反映）；既要写劳动群众，又要写各行各业的代表性人物。在人物表述时，要把人物和一定的历史时代相联系，力图通过具体的人来展现他生存时代的社会面貌。一个人物，或代表一个阶层、一种学问人、一种艺术家、一种……这样的人物虽是具体的，更重要的是抽象后的具体。另一点，写好一个人物不但是具有抽象的时代、阶级、阶层、行业、事业、专业的共性，还要写出他的个性。写不出人物的共性就不能揭示人生存的时代性，写不出人物的个性，也就不可能揭示社会和历史的多样性。

方志著作需要借助语言来表述，语言是思想的传媒、是材料的传媒，语言是方志载体的重要因素。方志的语言需要准确、平实。“准确”是从材料价值出发，是方志的基本要求。“平实”是出于准确而形成的一种风格，方志除概述、序文（无题导言）外，不加史论，因之强调“平实”二字；但“平实”中富涵观点和编者认定的规律。方志语言还强调简明，胡乔木提出“像打电报”一样，强调惜墨如金。当然这是一种形容，方志内容也要起承转合，文气贯通，如像电报稿不免过于干巴。

但领会的核心就是“简”而“明”，志书反对空话和渲染性、释名性文字，强调言之有物，用词恰当，句子严谨，判断准确合乎事理，推理要合逻辑，除旅游、文艺等少数专志外，不用夸张、比喻等修辞手法。还有，尽量避免用难词，要尽量地在不违背科学性的前提下，使专门术语通俗化，以扩大方志的读者范围。引文尽量少，引用古典句子更要短而少。方志著作要在坚持科学性的前提下讲究语言艺术。

以上，以首轮大规模修志以来，两部由修志第一线的作者撰著的方志学著作中有关方志编纂学的认识，作为教案的绪论，以起到提纲挈领、带动以下各讲的作用。

（三）

本教案共分九讲，分别是：

第一讲　方志性质的探讨与论争。因为授课人自己关于方志性质的观点体现在整过编纂思想之中，故虽然是基础理论，不属编纂学，也有讲授的必要。内容包括“方志性质”研究在方志学科建设和方志编纂指导中的作用；清代的方志性质观与“地理派”“历史派”的论争；方志折衷派的理论内涵；民国年间“史地两性”方志观的内涵；当代方志性质观的百花齐放；方志性质逻辑研究派；方志性质哲学研究派；哲学研究派与逻辑研究派的论争；哲学研究派发展的方志性质观；“综合性系统的地方文献”观与二轮新方志编纂的关系；《地方志条例》与方志性质关系等。

第二讲　方志机构与编纂组织。内容包括中央政府的修志命令与法规；地方志工作机构及编纂者；地方志书编纂组织及组织方法；第二轮续修编纂组织的继承与创新等。

第三讲　志书编纂方案的制定。内容包括：地方志书编纂实施方案的内容构成与示例。

第四讲　志书的编纂体例。内容包括方志体例诸论；方志体例解析；志书凡例要则；志书体裁构成；志书结构探讨；志书章法原则等。

第五讲　志书篇目的拟订。内容包括传统志书篇目分类方法；社会主义第一轮新方志篇目分类的回顾与剖析；第二轮志书篇目分类的创新及利弊；志书篇目设置的原则。

第六讲　志书资料征集与资料长编编纂。内容包括资料在地方志书编纂中的地位和作用；历代著述者把资料摆在什么位置，资料的质量要求；资料的存在形式，搜集资料的方式方法，资料鉴别考证与选用标准；资料长编的特点作用类型与制作方法；修志资料工作如何使用电脑手段，如何将资料工作尤其是资料长编工作与建设地情资料数据库结合起来等。

第七讲　志书撰稿。内容包括志书竖写（撰稿）的基本要求，志书侧重记述的内容方面，竖写的方式和方法，志书编纂中的交叉处理，图表制作，志书的文体语言，志书撰稿易出现的问题等。

第八讲　志书主要体裁的运用。采用阐释和选例结合的方法，内容包括“总述（概述）、导言（小序）的运用”“小序（导言）的运用”“大事记的运用”“专记的运用”“人物传（传略、简介）的运用”“序跋、凡例、附录、索引的运用”六方面。

第九讲　志书总纂。包括“总纂的概念与职能”“总纂工作的流程”“总纂的主要业务”“志书总纂多余的话”四方面讲解总纂注意的问题和操作性流程等。

以上九讲是方志编纂学的基础方面，也是方志编纂实务的基础。当然方志编纂学基础再扩大研究，还可以包括区域性志种的编纂研究（省志、市志、县志、区志、乡镇志、村志等），内容分类性志书的编纂研究（政治类志书、经济类志书、文化类志书、社会类志书，甚至科技志、方言志等），旧志与新志与续志的编纂研究、记述对象框架要素研究等，因为教时所限，不在本次教学之内。

方志编纂者不是专家，但必须是杂家。方志编纂看似简单实属不易，首先是正确的方法要从编纂实际中不断提炼，况且时代发展，旧有方法要不断继承更新，要一代代人的不懈努力。而方志编纂学不仅仅是研究编纂方法，难的是结合编纂对象进行研究，人无通才，但方志编纂者要不断拓宽的知识面，并与志书编纂结合起来形成学问，这是难之又难的；所以志书又不是少数人可以完成的，而需要大家的研究和努力。在中国地方志指导小组支持下，复旦大学举办地方志专业研究生班，其目的就在于此。

梅森草就于“积痴书屋”

2009.3.30

复旦大学历史专业方志方向研究生班学员表

姓名	工作单位	姓名	工作单位
李建军	北京卫戍区军事志办公室	张永翠	中共海南省委党史研究室（海南省地方志办公室）
鲍秋芬	河北省地方志办公室	归　然	贵州省地方志办公室
高　岩	吉林省地方志编纂委员会	李正江	贵州省兴义市史志办公室
史桂霞	黑龙江省农垦总局史志办公室	李　峰	陕西省地方志办公室
冯谷兰	上海市虹口区档案局（虹口区地方志办公室）	李　军	陕西省地方志办公室
马莉苑	上海市奉贤区地方志办公室	陈乐一	甘肃省地方史志办公室
吴　韵	上海市地方志办公室	吴晓红	宁夏社会科学院地方志办公室
叶　萍	上海市地方志办公室	霍丽娜	宁夏社会科学院地方志办公室
杨军益	上海市地方志办公室	吴佩昀	新疆维吾尔自治区地方志编委会
徐秋明	江苏省昆山市档案局（昆山市地方志办公室）	周　霞	新疆维吾尔自治区地方志编委会

说明：在读期间 2008—2010 年

第一讲　方志性质的探讨与论争

“方志性质”是方志学科建设的基础，是方志编纂的基础，它对方志的内容、体例、结构、特征与功能有其抽象的确定，是方志理论的立足点和出发点，所以也是方志编纂学研究的基础。本方志编纂学的教学是在认同的方志性质观基点上进行的，虽然方志性质属于基础理论的范畴，但方志编纂学第一讲仍然不能不讲方志性质。

“方志学”的概念是民国中期由梁启超先生提出的。作为方志学的研究，基本开始于清代乾嘉年间，代表人物有章学诚、钱大昕、洪亮吉等人，直至当今，断续进行。以下分时期介绍方志性质的讨论与主要观点。

一、清代的方志性质观

（一）清代方志“地理派”与“历史派”的争鸣

地理派乾嘉以前是主流派，乾嘉时期是个转折，逐渐让位于历史派。地理派的代表人物是考据学家戴震。地理派与方志的源头、源流有关，一种观点认为方志源于《禹贡》《山海经》等地理书。有人认为后来历代全国性的总志都是地理书。《汉书》第一次出现“地理志”的名称。南陈《舆地志》是集汉魏以来240家地理书的集大成。隋《诸州图经集》、唐《元和郡县图志》、宋《元丰九域志》、元《大元一统志》、明《大明一统志》、清《大清一统志》都属地理总志。因为全国的人文之事量太大，加上又有二十四史等国史去记人文史事，所以全国性的地理总志被归入地理书。总志对于各地地方志书有很大影响。以上原因，方志地理派的产生是自然而然的了。被后世方志界推举的地理派代表、考据学家戴震认为：“地志者，志九州之土也。”“夫志以考地理，但悉心于地理沿革，则志事已竟。侈言文献，岂所谓急务哉！”（引自章学诚《记与戴东原论修志》）故纪晓岚在总纂《四库全书》时也是把方志列于地理门下。方志地理派重视地理沿革及考证，史事简略，重视旧资料，轻视现状资料，到乾嘉时期被修志者逐渐否定。

与此同时产生了主流的方志历史派，代表人物是章学诚。章学诚认为：“戴君经术淹贯，名久著于公卿间，而不解史学。……方志为古国史，本非地理专门。”章学诚主张历史根据有两点：一是认为方志源于“古国史”，二是乾嘉时代方志内容已经不仅是地理内容了。故提出志书是“一方之全史”。直至民国，历史派都居于主流地位。（这里是方志界的一般观点，教案编者的观点见本书文论部分关于方志性质的论述）

（二）钱大昕的方志折衷派

朱士嘉先生于1981年在《谈谈清代学者论述修志的问题》（《中国地方志通讯》

1981年第5、6期合刊）中共推出顾炎武、方苞、章学诚、钱大昕、纪昀五大方志家。认为，钱氏“所主诸义例，则全为新派开宗之言也”。钱大昕的理论既不同于章学诚，也不同于戴震，而是“自成一家”。他折合章学诚和戴震两家之言，认为地方志是“一方之徵信”（见清《鄞县志·凡例》），并在清《凤阳县志·序》中说：“志之为言，识也”，钱大昕从“志”的本义去探索方志的起源和属性，把方志看成记述一地各方面事物的载体（按：古文“识”通“志”，通“记”）。他还认为“纂辑、撰著随其事之宜”。清代“纂辑”和“撰著”两派争论不休，钱大昕同样折合两家之说，参正史之例，以撰著为主，纂辑为辅。（见《十驾斋养新录》）梅森所命名的“折衷派”方志流派名称，取名于民国黎锦熙的方志观。所以说，钱大昕的折衷观点是黎锦熙“史志两性“的源头。这一点过去研究者均忽略了。实际上，乾嘉时期不仅有戴震的地理派、章学诚为首的历史派，还有钱大昕的折衷派。（有关“折衷派”的论证见梅森《“折衷派”与“记录地情的综合性文献”：也谈方志性质》中国地方志协会秘书处编 中国地方志协会2004年度学术年会论文集《新方志理论与实践二十年》第71－79页 方志出版社2005年5月版）

二、民国时期方志性质观

首先是“历史派”在民国年间的继承。梁启超认为：“方志学之成立，实自实斋（章学诚）始也。”（梁启超：《清代学者整理旧学之总成绩——方志学》载（1924年）《东方杂志》第20卷，第18期）甘鹏云《方志商》：“文献、政治、社会”为一书，“据事直书，方为信史。”寿鹏飞《方志通义》：“志乘，为郡邑正史。”历史派在民国间影响还是大的。

民国间，另一派是“史地两性”派，以黎锦熙为代表，继承了钱大昕的观点。因为历史派完全不顾志书中地理内容，也是片面的。傅振伦先生在民国24年（1935年）版《中国方志学通论》中认为：“方志为记述一域地理及史事之书。”1938年黎锦熙在《方志今议》中提出“立两标”的观点，认为方志者：一是地志之历史化；二是历史之地理化。表明方志的多源，既源于史，也源于地理，互相“兼容”。

三、当代方志性质观

（一）大规模修志之初纷繁的方志性质观

20世纪80年代首轮大规模社会主义新方志编纂以来，多数学院专家学者继承了历史派、史地两性派的观点，而整个方志界又不满足于以上两说，提出一些新的观点。王晖在《中国地方志》1990年第1期撰文《论方志性质》对诸多新说进行归纳，认为包括“地方百科全书说、资料书说、政书说、地情（大全）书说”，加上“历史说、地理说、史地两性说”，共七种主张。此外，还有将“方志”与“方志学”的概念混淆，提出“史料学说”“地方信息学说”“综合科学说”“交叉学科说”“历史科学的边缘学科说”“行政管理学分支说”。这些新观点往往从某个角度提出，较为直观，缺乏辩证的观点为指导。

梅森在《“折衷派”与“记录地情的综合性文献”：也谈方志性质》一文中也列出当代具体的方志性质的讨论：（1）上世纪胡乔木同志在呼吁编纂社会主义新

方志初就提出地方志是“科学的资料书”。（2）复旦大学历史地理所教授谭其骧于 1981 年在中国地方史志协会成立大会暨首届地方史志学术讨论会上认为：章学诚的所谓“志”就是“史”，方志就是一方之史并不可取。事实上自古至今，地方史和地方志是两种著作，一直同时存在，都是源远流长的。（3）方志学家朱士嘉在此次会议上为方志定义：1935 年（我）在《中国地方志综录·序二》中说：“方志者，盖以地方为单位之历史与人文地理也。”（此说颇近黎锦熙的“史、地两性”说）这次会议上他又丰富了自己在民国年间的提法。他说：“地方志是以一定体例反映一定行政单位的综合著述。它等于地方百科全书，也是一门边缘学科，涉及范围非常之广。（《中国地方志通讯》1981 年第 2 期《谈谈地方志中的几个问题》）（4）1979 年，复旦大学教授黄苇发表观点：“方志乃一方古今总览”，并否定章学诚的周官一源说为《周官》《禹贡》《山海经》等多源说。（《历史学》第 4 期上的文章《章学诚方志理论研究》）。（5）史念海教授 1981 年在《论历史地理学和方志学》一文中分析历史地理学与方志学的历史渊源，认为两者为“孪生兄弟”，方志学今后的发展，应配合利用历史地理学的发展趋势，横包自然与人文结合。（《中国地方志通讯》1981 年第 5、6 期文章《论历史地理学和方志学》）史念海先生还认为：方志中关系史与志的论争最突出者是乾嘉时期的章学诚和戴震。史氏认为戴氏限于沿革未免狭隘，章氏方志为一方之全史无视志的意义也失之偏颇。他认为唐以前方志以述地为主，元明以后才是述人为主的所谓“史”。相对来说，志是本来面目，史是变态。社会主义新方志，史志问题应与旧志不同，应以史贯串志，纵横交错，才能修出具时代特点的新方志。从中可以看出史先生是认为方志的性质和体例是随着社会发展而变化的。（《北京师范大学学报》社会科学版 1982 年第 5 期上的文章《论方志中的史与志的关系》）。（6）董一博先生 1982 年发表文章认为：“中国的地方志是一个地方性的百科资料宝库。”（1982 年 8 月 23 日《人民日报》文章《要重视编修新方志》）（7）浙江大学教授仓修良在《方志的起源和性质》一文中认为：“时至今日，地方志已经有了自己完整的理论和体系，并已独立成为一门学科——方志学。因此，它尽管具有‘亦地亦史’的性质，但它已经既不从属于地理，也不从属于历史。我们不能再抱住章学诚‘志属信史’的老观点。”（《安徽史志通讯》1982 年第 4 期）（8）粟冠昌 1982 年撰文《修志小议》认为：“志并不是史。史和志有明显的区别”。地方志将一地各种原始资料提供给读者，以便读者研究各种问题时应用。志所包括的内容比史广。所以，地方志除了与史学工作者研究外，还应广泛征求其他领域科学工作者的意见。（《学术论坛》（1982 年第 1 期）上的文章《修志小议》）。

在方志性质上，除以上的论述外，也还有一些修志者和研究者仍继承了章学诚“志属信史”的观点，但大多对其进行了扩延。（9）中国人民大学的刘光禄、胡惠秋在他们的“方志学讲座·第一讲”中给方志下了定义：“以地区（或叫行政单位）为中心的综合性资料性史书。”他认为，方志是地方史书中的一种，但又有自身的特点，一般史书不如地方志广泛。“志为史之积，史为志之成”。可见刘、胡的方志属史的观点已大大超出了章学诚“志属信史”“志乃史裁”的范畴。（10）1982年吴天骥在《论方志的性质、体例及编纂》中，对“方志属地理专门”“方志为国史羽翼”提出异议。认为方志是以一个地区的整体为调查研究对象的，涉及自然科学和社会科学的多种学科，按照现代科学的分类，方志应属社会学的范畴。（《江海学刊》1982年第4期上的文章《论方志的性质、体例及编纂》）（11）1983年，复旦大学历史地理所教授葛剑雄在《编纂地方志应当重视地理》一文中认为：“目前”学术界和地方史志的编纂人员对地方史志的性质、定义和相互关系看法不尽相同。有人过于强调地方志的历史学属性，只重视社会现象的调查和记录，不重视自然现象的调查和记录。他认为，清代以前的学者一般把地方志归入地理类，清代强调方志是历史而不是“地理专门”，但葛认为，古人的“地理”与今天的地理学的概念不完全一致。（同时）今天，历史学者已不可能具有记载研究复杂地理现象的能力了。当今地理学的成果已大大丰富了地方志的内容。（《中国地方志通信》1983年第5期文章《编纂地方志应当重视地理》）。可见，葛剑雄先生头脑里的地方志应包括科学的地理内容，新方志应为史地两性的。

（二）方志性质逻辑学研究派观点

方志性质逻辑研究派的代表是王晖、梁滨久，主要以逻辑的方式对首轮大规模修志以来的方志性质观运用逻辑学“性质判断”“全称判断”“特称判断”、定义的主谓项“相应相称”“定义不能用比喻”“种差＋属”的定义法进行批判，批判有些观点的“以偏概全”“游离本体”“模糊折衷”，并提出自己的方志性质观。

社会主义新方志编纂时期关于方志性质的第二次大讨论是在1989年。当年的中国地方志学会年会的重点研讨课题是方志的性质。安徽《岳西县志》主编王晖的论文《论方志性质》引起较大的关注。该文将方志性质的各种观点加以归纳，认为在思辩方式上有三种类型：一是运用比喻方式给方志下现象性定义，如戴震认为方志是“地理书”，章学诚认为是“历史书”，黎锦熙概括方志两源为“史地两性”。社会主义第一轮修志，董一博认为方志是“地方百科全书”，于希贤认为是“政书”，黄苇认为是“一方古今总览”，梁滨久是“资料性著述”。王晖认为这些观点既没有揭示方志的本质定义，同时违背了“定义不能用比喻来代替”，所以以上为不规范的方志定义。二是将“方志”与“方志学”属性相混淆，把方志性质定为“史料学”“行政管理学”“地方信息学”“地情学”“地方区域学”等等。三是将“性质”与“定义”割裂，大致表述是“记载特定地区特定时期的自然与社会、历史与现状的综合性著述”，其后再讲方志性质是“地理书”“历史书”“史地两性”。王晖先生在基本否定了以上诸家之说后，为方志性质所下的定义是：“方志是记述地方古今各个方面或是某一方面情况的科学文献；它既是概括一地自然、经济和社会发展进程的地方史书，也是汇集一方基本知识和系统资料的地方百科全书。”2004年，王晖对原有的方志性质定义作了进一步的修订和新的概括，即：“方志是记述地方古今各个方面或某一方面情况的科学文献；它既是纵述历史的地方史书，又是横陈现状的地方百科全书，故有一方之全史之称。”（源自王晖的安徽有关市县续志理论培

训班讲稿）

（三）方志性质哲学研究派观点

1. 方志性质哲学研究派观点的提出与逻辑派的论争

方志性质哲学研究派的代表是梅森，虽然持此观点的人不多，但在2004年中国地方志协会年会、2004年10月中国地方志指导小组广州方志性质研讨会上阐发后，对《地方志工作条例》中“地方志”的概念具有一定的理论支持。此后，本观点作者与梁滨久先生进行论争（梁先生连续刊发4篇文章），前者用哲学观点，后者用逻辑学观点进行辩论，参见梅森《应该采用什么样的哲学原理去思考方志性质——与梁滨久先生商榷》（《中国地方志》2006年第12期）和梁滨久先生《分歧何在？——答梅森先生》（《上海地方志》2007年第4期）。梁先生对该文的结论是：“我觉得和梅森先生的争论，不是用哲学原理还是用形式逻辑方法看待方志性质的问题，而只是如何看待方志的共性和个性问题。方志的共性即所有方志的共同属性，它是不是能和非方志书从根本上区分开来的本质属性？方志的个性是本质属性还是非本质属性（对全部方志而言）？方志的共性和个性是什么关系？不同时期方志个性的变化能否使方志的性质定义改变？构成方志本质属性的几个属性的变化会引起本质属性的什么变化？只有弄清这些问题，才能解答方志性质变与不变的问题。我以前强调方志共性的相对稳定，忽略个性的灵活多变，并以其共性理论驳论个性变化理论，是不对的。但只讲不同时期方志个性的活跃多变，而不讲地方志书相对稳定的共性，恐怕也不妥当。正确的做法是兼顾两方面，这才是辩证方法。”

2. 方志性质哲学研究派的具体观点

梅森观点认为，20世纪80年代新方志编纂以来诸家对方志性质的论述，其共同的一点是进一步在广延地方志的功能作用，在广延功能作用的基础上为其作性质的界定。也即地方志内容既有自然性也有社会性，既具历史性也具地理性，更重要的是具备百科的综合性。即便王晖先生在否定各家之说之后，也仍然是概括综合了各家之说，其定义中包括“地方情况的科学文献”“地方史书”“地方百科全书”“一方之全史”，也就是把诸家之说综合在一起。联系乾嘉以来方志性质的各种观点进行比较，最终的结论是，社会主义新方志编纂以来关于方志性质的观点、论说，实际上是对钱大昕、黎锦熙的“折衷派”观点的光大。

该观点还认为，在讨论方志的性质和基本体例，并为性质作定义界定时，不可忽略了马克思主义最基本原理，即历史唯物主义和社会存在决定人们意识的最基本观点，更不可忽略了马克思主义历史观。我们看待事物要看事物的主要特征。也就是方志作为一种文献，它的内容是社会的反映，它的体例形式又取决于社会的具体内容，而方志的内容又决定方志的性质。也就是说，随着社会的发展，方志的内容、性质和基本体例在不同的历史阶段是不一致的。而我们的学者，总是想确定一个贯通古今并通贯后世的方志性质的定义，必然会以偏概全，或难免不够准确。一般认为方志在南宋定型，如按照发展的观点看方志的性质，我认为元代以前，方志基本上属图经，有少量的历史成分，因此是舆地，即方志为地理属性，体例以纂辑体为主。

到了南宋以下，尤其到了清乾嘉时期，随着社会的发展，旧的地理学已难以反映纷繁的社会，因之，“志属信史”、方志性质属史和撰著体的体例取而代之，成为主流。其时戴震与章学诚的论争，从后来的方志发展看，章学诚顺应了历史的潮流，而戴震没有顺时顺事而动。但在方志进入历史性的时候，不能说历史上方志未曾属过地理。另一方面，乾嘉时期的自然、社会内容还并不像后世那样丰富，故钱大昕包容性较强、超前性的方志乃“一方之徵信”“撰著和纂辑随所记之事为宜”的折衷理论未能得到广泛重视。这说明了理论的超前与当时社会发展的阶段不对应。到了民国年间，由于社会较清代的进步，新的地理学、历史学、统计学、测量学、工程学、城市管理学等现代科学从西方进入我国，原来的方志内容结构和形式体例难以与社会互动和对应，编纂者追求一种除单一的历史以外的更具包容性的新体例。这样，黎锦熙的“折衷”“立两标”“史地两性”“史志结合”的方志性质、体例观自然而然地产生了。中华人民共和国成立后，社会更加进步，尤其到20世纪80年代，民国年间修志提出的“史地两性”也不能全面反映自然和社会的变化和进步，遂出现了“百科全书”“古今总览”“资料性著述”“地情书”“地方文献”“历史与现状的百科全书”等外延较广泛的方志定性。在体例上进一步发展为著述和资料辑录相结合的形式。很显然，其目的是适应社会的复杂内容，对应记述对象的广泛性、复杂性。从上可见，方志的性质、体例不是一成不变的，而是随着社会的发展而发展，随着社会的变化而变化的。这样以辩证的观点去看待方志的性质和体例，许多到今天还在困惑我们的问题就会看的较为清楚，许多问题也会变得容易解决。

今天再让我阐明社会主义新方志的性质是什么？（这里不笼统提方志的性质，是从以上所谈的方志性质阶段性的观点出发的）我认为：新方志是“综合性系统的地方文献”（《地方志工作条例》：“地方志书，是指全面系统地记述本行政区域自然、政治、经济、文化和社会的历史与现状的资料性文献”）。这一定义可以包涵上世纪80年代大规模修志以来各家的方志性质论。定义如此大的包容量是今天的社会要求方志需具有丰富的功能决定的。

从上面新方志性质的定义，我们可再作深一步的分析。作为文献，其范畴是广泛的。文献的种类多样，但综合性、地方性、系统性三者兼具的文献只有地方志。定义中的“综合”有名词和动词两重性。名词性的“综合”指方志的百科性，有别于其他单项和数项的文献。动词性的“综合”指方志工作者对原始资料的整理、加工、辑录、编纂、编研，综合的结果就是成体系成系统，即使是资料也是二次加工后的资料，完全有别于档案一类文献。档案虽是综合性的文献，但是是原始性的文献、一次性文献。

四、哲学方法研究方志性质观的小结

通过以上对方志性质纵向、横向的解读，尤其对章学诚、戴震、钱大昕方志学说的分析，以及钱大昕、黎锦熙的方志折衷派的观点与社会主义新方志编修提出的“方志是一地的百科全书”等观点的继承关系的分析，教案作者提出了地方志的性质是“综合性系统的地方文献”。论点如下：

（1）教案认为，在对地方志性质的界定时需要用马克思主义认识论的观点认识地方志，认识方志的性质。首先，根据历史唯物主义观点，精神产品是受历史阶段的经济、物质条件影响的，是社会需求所决定的；此外，事物的性质是由量变到质变的，是有阶段性的。本文与以往静态地研究方志性质的做法不同，采取与社会发展相结合，动态地研究的方式，所以，认为方志的性质不是千古不变的，而是有时代性和阶段性的。

隋唐以前本文不予讨论，隋唐至南宋方志所谓“定型”前（本文观点认为不存在“定型”与否，只不过是事物发展的阶段），在当时的生产力水平下，社会内容相对不太复杂，地方志以图经的面貌出现，因之，方志的性质属地理。南宋以后，尤其到了清乾嘉时期，随着社会经济的发展，社会内容较前丰富，原来的旧的舆地性地理记载方式已不能满足社会的需要，为此方志融合了史体和史裁来加强对社会事物的记述。加之一大批经学家、著作家参与修志。因之，章学诚的“志属信史”派、“史著派”成为主流。但是，本教案认为，乾嘉时期，在章学诚的历史派和戴震的地理派之间还有一个弱势的派别，即钱大昕的“折衷派”。“折衷派”的性质特征是“一方之徵信”，它在记述的对象方面具有广泛性和包容性。民国后，“折衷派”的观点得以发扬光大。方志到了民国年间，社会科学新的思潮、新的社会内容、自然科学新的研究成果，已不是单一的地理派体例或单一的历史派体例所能反映的，为此出现了兼顾两家的黎锦熙的“史地两性”，实际是钱大昕理论的拓展。这时的“折衷派”合乎了社会的需要，在民国时期得到发扬。社会主义新方志虽在本质上与旧的传统方志不同，但在形式上继承了“折衷派”包容自然、社会内容广的特点，提出了“方志是一地百科全书”等关于方志性质的观点。本教案作者概括当代各家之言，认为社会主义新时期地方志的性质是“综合性系统的地方文献”。这样的性质定义，为解脱方志从属于史学或其他学科的地位，免受到其他体裁的束缚，建立新兴的学科体系，拓展编研领域开辟了全新道路。

本教案还认为，方志的内容是由自然、社会决定的，方志的性质是由方志的内容决定的，方志的体例是由方志的性质决定的。既然方志的性质是随着社会发展的阶段而有不同和差异，从而由方志的性质影响到方志体例的变化和发展。社会内容是由简单向复杂发展，导致方志的性质由单一向复杂发展。社会由简单向丰富发展，为了能全面反映社会、自然，志书的体例、体裁、载体也必然由单一向多元发展。社会的进步，科技的发展也为多元载体提供了物质条件。

用发展观看问题，方志性质、性质流派、方志体例的发展阶段，过程如下：

①方志的性质：地理性（隋唐至南宋）→历史性（南宋至清代，高峰为乾嘉时期）→史、地两性（民国时期）→综合性系统的地方文献（大规模的社会主义新方志编纂时期）。

②方志性质流派：地理派（隋唐至南宋，延至清乾嘉，代表人物戴震）→历史派（南宋起至民国，代表人物章学诚）→折衷派（源于乾嘉，盛于民国，代表人物乾嘉钱大昕、民国黎锦熙）→综合性系统的地方文献派（折合了历史派、地理派、折衷派各家学

说观点，尤其是折衷派观点，为大规模的新方志编纂时期的派别）。

③方志体例：考据纂辑（南宋以前主流，乾嘉时开始衰落，理论代表人物清乾嘉戴震、洪亮吉等）→撰著体（南宋以后，代表人物章学诚）→著辑兼具，以著为主体（社会主义第一轮修志中提出，代表人物李明）→多元性方志体（梅森提出，指运用书版、电子版、志书、年鉴、地方史、地情书、专题调研、资料长编、数据库，著述体和资料体等多种材料、多种载体、多种体例创编“综合性系统的地方文献”。社会主义第二轮修志中提出）

根据马克思主义认识论，“综合性系统的地方文献”的方志性质和“多元性方志体例体裁载体”是当今时代发展阶段对地方志的需求。

（2）教案认为，清乾嘉时期是我国传统方志理论的发展高峰，过去对传统的方志学研究认为，当时方志学的主要流派为章学诚、戴震两派，但本观点认为是章学诚、戴震、钱大昕三派，即章学诚的历史派、戴震的地理派和钱大昕志乃“一方之徵信”的折衷派。还认为，钱大昕的理论观“一方之徵信”到民国发展成为黎锦熙的“史地两性”，到了大规模的社会主义新方志编纂时期成为包容广泛的“地方性百科全书”“综合性系统的地方文献”。钱大昕的方志理论在乾嘉时期属于弱式派别，但其对后世地方志的发展意义重大，对他的方志理论值得重新认真地予以研究。

（3）教案认为，地方志的性质和体例除了从历史阶段性角度去纵向研究分析外，还要从方志的各种载体、体裁去横向研究，尤其是科学技术手段和文化传播手段多元的今天，必须改变过去单一从书版孤立地认识方志性质的做法，而是应该从志书、地方史、年鉴、资料长编、调查报告、地情书的多元体裁，从书版、电子版、数据库等多种载体去综合地研究方志的性质、体例，去研究地方志最基础的理论。今天的地方志也应是“一方之徵信”，通过各种体例、体裁、载体去“识”、去“志”、去“记”地方各方面的情况。这样，我们就不会再担心各地的地方志千篇一律、千志一面了。

（4）教案认为，“综合性系统的地方文献”的地方志性质和“多元体的地方志体例体裁载体”的提出，有利于拓展地方志的研究对象和编研领域，从综合系统的角度研究社会经济、政治、文化现象，从收资、编纂、著述、研究等方面发展方志事业，留存历史资料，为现实服务，促进地方志从他学科的藩篱中解放出来，作为新兴独立的学科早日建立。本教案编者认为，正确的符合当今社会发展阶段的地方志性质的确定，有利于地方志事业在新的历史时期进一步发展。

五、“综合性系统的地方文献”的方志性质定位的历史价值

教案认为，“综合性系统的地方文献”的方志性质定位与第二轮社会主义新方志编修的关系非常重要，是基础理论研究与方志编纂实践的结合。

“综合性系统的地方文献”的方志性质观的提出，涵盖了社会主义新方志首轮时期各种方志属性的基本论述，反映了社会主义新方志编纂以来社会对方志工作的需求和方志研究的方向。从胡乔木提出的“科学的资料书”、董一博的“地方百科全书”等，一直到王晖的复合诸家的方志性质论也好，都可以涵盖在“综合性系统

的地方文献”的概念之中。在体例方面，第一轮修志中，包括方志是纂辑体，方志是撰著体，方志是撰著、纂辑结合体三者也可以统统涵盖在“综合性系统的地方文献”中。

首轮社会主义新方志的编纂中，由于我们的方志性质的诸“性”并争等原因，在地方志工作和地方志编修、地方志书和地情书编纂取得巨大成就的同时，我们的志书今天使用起来还觉得有些不足，尤其是在方志资料性和著述性的定位方面，由于我们过于强调方志的历史性和著述性，导致方志资料性的基本特征受到影响。陈桥驿先生指出了第一轮新方志的资料性和资料出处的问题（见《中国地方志》2003年第二期），仓修良先生关于对新方志缺少艺文志的批评，实际反映了在首轮修志中由于对方志性质和基本体例界定的不够统一，或者说是界定过狭，导致方志的价值功能受到影响。

在首轮修志中，我们都是就一部部书版方志来研究方志的性质，而不是就所有的方志编纂过程中的各阶段产品和各种载体的方志成果来抽象方志的属性。这必然在我们过多提倡著述体方志，提高方志的学术品位的情况下自然而然产生的问题。在当代极其丰富的自然变化和社会内容面前，什么人具有这样的能耐，可以在一部书中，既要它具有覆盖一地百科的资料性，又要它具有阐述一地百科进程和运动轨迹的著述性，显然是不可能的。仓修良先生批评新方志缺少艺文志，显然是不错的，但仓先生至今尚未拿出解决的办法。现代以来，诗歌、小说（长、中、短篇）、散文、金石、书法等等，是爆炸性的扩量发表，已不是旧方志艺文的古诗文、金石谱、疏谏等文字量可比的，如何来记“艺文志”？陈桥驿先生在提出新方志缺资料出处，学者不便不敢利用的问题。但新方志本身就是资料性为主的文献，如何为资料加注，如加，岂不是文一半，注一半。这些都是难题。当然，历史学家、历史地理学家及其他相关学科的学者，他们研究方志一般是研究方志发展史，方志的源流、性质、功能，通常指基础理论，间忽对新方志进行批评。他们并没有参加新方志的编纂实践，他们提出的问题，自己也不知如何处理。这些，还要方志编纂的实践家、编纂者去研究解决。社会主义第一轮修志存在的问题，往往是我们“一本书主义”（当然，“一本书主义”也是受当时的经济和技术条件的限制）和单一的用志书界定方志的性质所造成的。由于，性质概念的模糊，单一的志书操作的局限，使得志书的著述性、资料性两不落实，影响了方志的质量和价值。

第二轮社会主义新方志编修在全国各地已不同程度地推开，我们在方志的载体上比第一轮修志更加丰富，不但有书版方志、电子版方志、地情数据库、年鉴、地情书、专题调研、地方史等。这些载体有的是著述性的，如地方史；有的是著述与资料结合性的，如地方志书、地情书；有的是资料性的信息性的，如年鉴、数据库；有的是研究性的，如专题调研材料。难道我们在续修中还继续用单一的资料性、著述性去给方志定性吗？另外，山东省志办提出的把山东地方志系统建设成“地方文献中心”“地情资料中心”“区域研究课题咨询中心”，这一工作方针提出得很好，但它的理论依据是什么呢？再如，地方志只是一部资料性著述，最多只能立一个地方性的工作规定，无从谈起立一国家专门的法规。因之，社会主义第二轮修志的质量如何？未来的方志工作的走向如何？与我们给地方志一个合适的定性有很大的关系。首先，新的历史时期的方志不仅只是一部志书，还包括其他的载体。对这些载体分开看，有的承担资料性功能，有的承担著述性功能，有的资料著述兼而有之。各地可以根据自身情况处置之。假如让我来设想，第二轮修志我们可以出一部资料著述性的书版志书，同时再出一部多卷本的资料长编，也可以把资料长编及书版内容做个光盘插在志书中一并推向社会。这样解决了陈桥驿先生提出的资料出处问题，也可解决仓修良先生提出的艺文志的问题。（如考虑书版志书的发行，光盘可以只刻录资料长编）把“志书”和“长编”合看，可解决第一轮修志方志的著述性和资料性难以兼顾和统一的矛盾。更重要的是，地方志是“综合性系统的地方文献”性质的提出，有利于我们拓展地方志的工作领域，符合时代的要求，改变了首轮修志“一本书主义”，我们既可以详现状写志书，也可以研究过去写地方史，还可以年年出年鉴，出其他地情书，搞采风搞调研搞专题为现实服务。尤其是综合系统的地情资料数据库的建立，更是其他行业不能比拟的。这样，方志工作的空间会变得很大，一方面总结历史写一地的过去，另一方面研究现状为现实服务，还有就是常规性地利用数据库积累资料服务编史修志、服务社会现实。这么广泛的地方志，用什么概念来定性呢？我看只有用“综合性系统的地方文献”来界定。方志是“综合性系统的地方文献”这一性质，其广泛性和包容性，可为山东省提出的创建“三个中心”，甚至为人大立《地方文献法》找到了理论根据。再一点，“综合性系统的地方文献”的性质确定，更便于我们为地方史志鉴的关系进行定位（《地方志工作条例》：“本条例所称地方志，包括地方志书、地方综合年鉴。”（参考梅森发表在《上海志鉴》2003 年第 4 期上的文章《方志系统史志鉴应准确定位》）。

据此，我们根据地方志的性质确定我们的工作内容，进行事业和队伍的建设，因之我们的人才不仅仅是文史类的，还要吸纳经济、社会学有关方面的人才，按编研型对方志机构的诸部门进行重新创建，形成资料征集、史志鉴编纂、地情研究等分类的一条龙部门工作系统，设立经济编辑室（处）、政治编辑室（处）、文化社会编辑室（处）等。（梅森发表在《上海志鉴》（《上海志鉴 2004 年第 1 期上的文章《论新时期方志事业管理体制的新创建》）。因之，我认为新的历史时期，方志系统对基础理论之一的地方志性质的研究尤为重要，这一研究与第二轮修志的成败如何，与地方志为现实服务，与地方志事业在全社会的地位，与方志事业未来的发展方向和长远发展有重要的关连作用。

“综合性系统的地方文献”的地方志性质和“多元体的地方志体例体裁载体”的观点，与后来 2006 年国务院颁布的《地方志工作条例》第三条地方志概念的界定总体上是一致的。（教案中《地方志条例》与方志性质关系内容编辑本书被删节）

[参考论著]

①梅森《“折衷派”与“记录地情的综合性文献”：也谈方志性质》 中国地方志协会秘书处编 中国地方志协会2004年度学术年会论文集《新方志理论与实践二十年》第71－79页（方志出版社2005年5月版）。

②梅森《方志性质宽泛性和学科间交融性的发展趋势浅议》《中国地方志》2005年第1期。

③梅森《钱大昕方志理论与乾嘉以来方志理论研究的走向》《中国地方志》2005年第4期。

④梅森《应该采用什么样的哲学原理去思考方志性质——与梁滨久先生商榷》《中国地方志》2006年第12期。

⑤王晖《方志论文选》论文《论方志性质》《再论方志性质》（岳西县地方志办公室 编 2001年6月印刷。

⑥梁滨久《不能从学科属性来判断方志的性质》（《广东史志视窗》2005年第3期）

⑦梁滨久《小议王晖方志性质定义的逻辑方法》《中国地方志》2005年第6期）

⑧王晖 《方志定义的逻辑方法及其他》（《中国地方志》2005年第9期）

⑨梁滨久《方志性质定义与性质判断》（《中国地方志》2006年第2期）

⑩梁滨久《也谈用发展的观点看待地方志的性质》（《上海志鉴》2006年第2期）

⑪梁滨久《方志性质研究要厘清一些基本概念》（《广东史志视窗》2006年第2期）

⑫颜小忠《关于提高地方综合年鉴质量的思考》（《上海地方志》2008年第5期）

⑬梅森 《从地方综合年鉴与地方志书的关联与碰撞中认识地方志工作条例的相关规定》（《上海地方志》2008年第6期）

[思考题]

①方志性质是古今不变的还是根据记载对象的变化而发生变化的？

②方志性质的主要论证及观点的理论依据？你倾向于哪种观点？

③方志性质与方志编纂学之间的关系？对方志编纂而言，方志性质是可有可无的吗？

④《地方志条例》关于地方志、地方志书、地方综合年鉴三者关系的界定，从方志性质的角度，你如何理解三者的关系？

⑤正确的方志性质观与地方志事业科学发展的关系？

第二讲　方志机构与编纂组织

一、中央政府的修志命令与法规

（一）中央政府的修志命令

地方志书历来受到统治阶级的重视，官方组织编纂为主。2006年教案编者在国务院出台《地方志工作条例》（以下简称《条例》）时，曾对历代中央政府的修志命令进行研究，详见2006年《上海地方志》第4期、《中国地方志》第9期。

截至2008年年底，2000多年间我国中央政府发布的修志命令56件，包括封建社会的35份诏令，民国政府的11份“训令”“概要”“办法”，新中国上世纪50年代至首轮大规模修志国务院的《通知》、中国地方志指导小组的《规定》等10份文件。

1. 封建王朝的地方志诏令

帝王诏令35份，其中西汉修志诏令1份，东汉1份，隋2份，唐2份，五代后唐2份，宋4份，元2份，明11份，清10份，明清居多。从内容看，修志诏令的内容包括六个方面：其一是命令地方报送计书、地记、地志、图经、图志、志书；其二是诏令修总志、一统志；其三是要求为一统志提供资料，下令各地编纂地方志；其四是规定报送地方志和编纂地方志的年限；其五是确定志书收集保管部门和成立修志机构，不得私修（隋文帝、乾隆）；其六是简单的质量要求。从这些诏令看，封建社会中央政府开创了官修志书的先河，确立了初期修志的组织方式。在35份诏令中，有7份极有历史价值。清《雍正修志上谕》第一次提出对修志人员根据志书质量进行奖惩。乾隆诏令强调地方志的官修性质。

2. 民国的地方志政令

民国年间，中央政府关于修志的命令主要是由内政部颁布。

民国年间中央政府有关部门的修志“训令”“概要”“办法”“规程”共11份，最为重要的有国民政府内政部1929年的《修志事例概要》和1946年的《地方志书纂修办法》：

（1）《概要》：一是重视经济内容，二是采用新科学手段，三是清除封建迷信糟粕，四是因地制宜不强求一律；并指出“各省兴修志书时，得体察地方情形，斟酌损益之”。

（2）《办法》：规定地方志书分省志、市志、县志三种，省志30年一修，市志和县志15年一修，志书纂修事宜由各省、市、县文献委员会负责办理。“志书完成后，应将志稿交内政部核定，志书印刷完成后，当分送行政院、内政部、国防部、教育部、中央图书馆等备查。”

3. 中华人民共和国时期的地方志文件

中华人民共和国成立50多年来中央有关修志的文件、政令共10份：

（1）1958年10月，国务院科学规划委员会地方志小组《关于新编地方志的几点意见》，指出志书记载内容的范围和断限，以及志种分为省、市、县、社（人民公社）4种。

（2）1961年3月，中国科学院地方志小组和国家档案局发布《新编地方志提纲》（草案），提出新方志内容包括政治斗争、经济建设、文化教育、政治工作、民情风俗习惯、宗教、名胜古迹、人物8个门类。

（3）1963年7月23日，中国科学院哲学社会科学部和国家档案局向中共中央宣传部提出《关于修改地方志工作的几点意见》，包括：审阅制度、出版发行；有计划有步骤编修；组织领导，发挥档案馆作用。

（4）1983年中宣部通知全国各地党委宣传部加强对地方志工作的领导的文件。

（5）1985年4月19日，国务院办公厅转发《中国社会科学院关于加强全国地方志编纂工作领导的报告》，包括加强领导、经费、编制、工资、职称落实等问题。

（6）1985年4月19日中国地方志指导小组发出《新编地方志工作暂行规定》，内容包括指导思想编纂原则、志书体例、组织领导等问题。

（7）1996年国务院办公厅发出《关于进一步加强地方志编纂工作的通知》。提出地方志工作要“一纳入”“五到位”（纳入当地国民经济规划，领导到位、机构到位、经费到位、队伍到位、工作条件到位）。

（8）1997年5月8日中国地方志指导小组发出《关于地方志编纂工作的规定》，要求坚持“党委领导，政府主持”的修志体制，地方志办公室负责组织本地区的修志工作。一是三级志书要有常设的修志机构，机构经费列入当地财政预算。二是地方志机构任务。三是队伍建设。四是地方政府要加强地方志工作的领导。志书编纂规定，如地方志的篇目设置，应合乎科学分类和社会分工实际，突出时代特点和地方特色，做到门类合理，归属得当，层次分明、排列有序，形式上不强求一律。

（9）2007年11月中国地方志指导小组印发《关于第二轮地方志书编纂的若干意见》，对修志的指导思想、基本原则、编纂方式、体例篇目、内容记述、志书名称、出版印刷提出要求。

（10）2008年9月中国地方志指导小组印发《地方志书质量规定》，对志书的观点和体例、记述的内容和方法、资料的运用和行文规范，以及版式和封面等给出了具体标准。

4. 修志政令小结

体现了各时代官修志书关于统治阶级的意志。采用诏令是封建帝王的时代产物，采用《组织规程》《修志概要》和《纂修办法》是国民政府的特征，采用《通知》《意见》《规定》是社会主义计划经济的时代产物。

（二）依法修志的法规——国务院《地方志工作条例》

2006年5月18日，国务院《地方志工作条例》的公布，在中国方志编纂史上具有里程碑式的意义。新中国的地方志事业经过数万人的努力，自此步入了“依法修志”的新阶段，是社会主义新方志对传统方志的根本性转变。

《地方志工作条例》的公布，规定了地方志的工作空间和地方志编纂管理的职责义务，根本性地保障了地方志工作长远性的健康发展，保证了地方志这一传统文化的更好传承。《条例》共 24 条，包括立法目的、适用范围、方志定义、领导组织和保障、地方志工作主管部门、工作职责、编纂质量、编纂主体和编纂时间、地方志队伍、规划要求、资料规定、审查验收出版、著作权、资料馆藏、地方志资源开发利用、奖励等。

国务院法制办负责人答记者问谈道：“地方志的外延已有所扩展，既包括传统意义上的地方志书，又包括地方综合年鉴。地方志工作既包括地方志的规划、编纂、审查验收，也包括地方志出版后的开发利用。”发展到21世纪第二个10年，地方志（工作）已发展为志书、年鉴、地方史和资料数据库、其他地情书。

《地方志工作条例》为法规性的，比较原则，各地在《条例》的原则基础上，出台本省区市的《实施法规和细则》。截至 2008 年年底，全国有四川、山东、安徽、北京、广西、湖南、陕西、重庆、内蒙、宁夏、江苏、江西、新疆、贵州等 14 个省市自治区颁布了《地方志工作条例》的实施办法、细则或通知。其中四川在《条例》出台前即由省人大立法（注：上海市政府于 2011 年 5 月 18 日发布上海市实施《地方志工作条例》办法）。

二、地方志工作机构及编纂者

（一）封建社会的修志机构与方志编纂者

1. 封建社会的修志机构与修志职位

隋朝开启了官修志书的先河。唐代尚书省兵部职方是最早的收集管理志书的机构。最早的修志机构是宋徽宗大观元年（1107 年）设的九域图志局（黄鼎：《乾道四明图经·序》）。九域图志局是封建时代，中央唯一成立的主管全国修志的机构。

封建时代，主要建立的是临时性的修志机构，或确定监修责任人。著名学者参加修志，都是应官方（或官员个人）所聘，通志由总督、巡抚领衔，府州县志由知府、知州、知县领衔。修成后要报上一级审查。清代章学诚提出“特立志科”，设“采访员”，搜集遗文佚事呈报志科。修志的职位方面，道光咸丰间人王棻主张应该有纂修人、采访人、总理人、缮写人、校雠人、校刻人。他在《重修台州府志议》中强调，修志人员应该选择愿意献身方志的地方行政长官和编修人员组成（黄苇主编《中国地方志辞典》黄山书社 1986 年版）。

2. 封建社会的方志编纂者

历代著名的方志及其编纂者有：

晋，参军、历史学家常璩作《华阳国志》（记事范围，四川、重庆等西南地区）。

唐代，魏王李泰历时 5 年主修的《括地志》（全国）。唐宪宗时期的宰相李吉甫主编《元和郡县图志》（全国）。

北宋，太常博士、文学家、地理学家乐史撰《太平寰宇记》（全国）。龙图阁直学士宋敏求撰《河南志》《长安志》。史馆检讨王存纂《元丰九域志》（全国）。枢密院编修朱长文撰《吴郡图经续记》（苏州）。

南宋资政殿大学士范成大撰《吴郡志》（苏州）。端明殿学士梁克家撰《三山志》（福州）。鄂州知州罗愿撰《新安志》（徽州，今黄山市）。国子司业陈耆卿编《赤城志》（台州）。临安知府周淙纂修《乾道临安志》（杭州）。户部尚书潜说友主修《咸淳临安志》（杭州）。衢州知州、兵部侍郎陈仁玉撰《淳祐临安志》（杭州）。实录院修撰周应合编《景定健康志》（南京）。

元代，兵部侍郎于钦编修《齐乘》（山东东西道辖地）。河南行省平章政事李好问撰《长安图志》（今西安一带）。

明代，翰林院编修康海编纂《武功县志》（陕西武功）。工部员外郎韩邦靖编纂《朝邑县志》（陕西大荔县）。文渊阁大学士王鏊编纂《姑苏志》（苏州）。

清代（含明末清初），思想家、史学家、文学家黄宗羲辑《四明山志》（四明山范围嵊州、上虞、余姚、鄞州、奉化五市区）。著名思想家、学者顾炎武编纂《山东通志》。思想家王夫之作《莲峰志》（南岳衡山的一座山峰）。方志学家、史学家章学诚参编了《天门县志》（湖北天门县）、《和州志》（安徽马鞍山市和县）、《永清县志》（今属河北廊坊市）、《亳州志》（安徽亳州市）、《麻城县志》（湖北麻城市）、《湖北通志》《常德府志》（湖南常德市）、《荆州府志》（湖荆州市）、《石首县志》（湖北石首市）。经学大师戴震主纂《汾阳县志》（山西汾阳市）、《汾州府志》（山西）。经学家、内阁中书钱大昕纂《鄞县志》（宁波鄞州区）、《长兴县志》（浙江湖州市长兴县）。桐城文派代表人物姚鼐纂修《江宁府志》（南京）。经学家、文字训诂学家段玉裁纂修《富顺县志》（四川省自贡市富顺县）。状元、《续资治通鉴》作者毕沅编纂《关中胜迹图志》（陕西潼关、散关、武关、萧关之内）。训诂学、文学家洪亮吉纂修《延安府志》（陕西延安市）、《淳化县志》（陕西省咸阳市淳化县）、《长武县志》（陕西省咸阳市长武县）、《固始县志》（河南信阳市固始县）、《登封县志》（河南涿州市登封县）等8部县志。著名考据学家、藏书家、目录学家、山东督粮道孙星衍纂修《礼泉县志》（陕西）、《直隶邠州志》（陕西）、《三水县志》（陕西）、《咸宁县志》（陕西）、《松江府志》（上海），与洪亮吉合修《澄城县志》（陕西），与张祥云合纂《庐州府志》（合肥）。经学家、训诂学家阮元主修了《广东通志》《云南通志》。地理学家、散文家李兆洛纂修《凤台县志》（安徽蚌埠市凤台县）、《东流县志》（今安徽东至县一部）、《怀远县志》（安徽蚌埠市怀远县）。方志家王棻先后编纂《九峰志》（浙江黄岩境内）、《黄岩县志》（浙江台州市黄岩区）、《青田县志》（浙江丽水市青田县）、《太平县续志》（安徽黄山市太平区），参纂《杭州府志》，与孙诒让合纂《永嘉县志》（浙江温州市永嘉县），与李仲昭合纂《仙居县志》（浙江台州市仙居县）。

封建时代的修志者，尤其是名志的主要编纂者，大多数是学问家或某一学科的专家，并且通才居多。从清代乾嘉时期参与修志的名家看，有不少是当代的大学问家，如戴震、钱大昕、纪昀、阮元均是乾嘉学派的著名代表人物。修志名家中，不少是进士及第后，先做官，致仕后再修志，如范成大之于《吴郡志》、罗愿之于《新安志》、陈耆卿之于《赤城志》；有些是在任时主持修志，如宰相李吉甫之于《元和郡县图志》、太常侍卿王存之于《元丰九域图志》、福州知府梁克家之于《三山志》、两浙转运副使兼临安知府潜说友之于《咸淳临安府志》，等等；少数是修志后再走科举入仕的道路，如孙星衍。除戴震等少数人为赐进士出身外，其余多是进士，其中孙星衍是榜眼，毕沅是状元。他们对方志有不同程度的研究。其中章学诚最为著名，影响和成就也最大。当然还有人一生未入仕途，但为著名的学问大家，如黄宗羲、顾炎武、王夫之。他们从治学角度研究方志、编纂方志，如顾炎武编写《天下郡国利病书》，单查阅地方志中的奏疏文集就达 1.2 万余卷。绝大多数志书的主编者均把修志看成“著述之大业”，网罗人才以成之。在这些修志名家中，有些在一轮修志来临时，由于种种原因，包括地位影响、学问，几乎成为专业的修志人——写手，如洪亮吉一生修了 8 部志书、孙星衍 7 部、王棻 7 部。阳湖（武进，今常州）学派同一时期一地出了洪亮吉、孙星衍、李兆洛三位修志实践家、理论家。但也有一个奇特的现象，就是绝大多数名家都不是担纲家乡的修志者，最明显的方志高产的阳湖派大家们，无一参加武进（常州）甚至江苏的修志。章学诚未参加浙江的修志。戴震也没参加徽州的修志。此现象是否与古代的回避制度有关，值得方志编纂学予以研究。

封建社会参加修志者，笼统地用今人说的“修志不得志，得志不修志”来评价，是不够全面的。当然，人生的价值完全用做不做官来衡量的话，封建社会的修志者中，的确有许多是不得志的。如，著名方志学家章学诚 23 岁后七次应顺天乡试不第。入国子监读书“不合时好”受到冷遇，与诸学官不合辞职。乾隆四十三年（1778 年）41 岁中进士后，“自以迂疏，不敢入仕”，一生未曾得官，毕生献给史学、方志学，成为史学大师。

封建时代多数是普通的修志者，地位在士大夫中较低，但多为地方的才俊。章学诚在《记与戴东原论修志》中谈封建社会的修志，一般动用人力较少，但质量较高，志书编纂组织方式，主要是“二三同志阖邑师儒”“集中启馆”（“志馆”），修竣馆撤。在修志中，绝大多数还是充当采访、缮写、校雠的，但他们在传承中华文明的事业中做出不可或缺的贡献。

事物是两方面的，也有地方官例行公事，滥竽充数、敷衍了事的。章学诚在《答甄秀才论修志第一书》（《文史通义新编》外编四）中批评：“今之所谓修志，令长徒务空名，作者又鲜学识；上不过图注勤事考诚，下不过苟资谷禄利。甚而邑绅因之以启奔竞，文士得之于舞曲笔；主宾各挟成见，同局或起抵牾。则其于修志事，虽不为亦可也。”（“奔竞”，追逐名利；“令长”，地方官；“主宾”“主”为修志的聘用方，“宾”为被聘用的编纂者；“曲笔”，为当权者隐瞒、曲折历史的真相，与“秉笔直书”相悖）。

（二）民国年间的修志机构、方志编纂者和研究者

1. 民国年间的修志机构

民国期间，省级修志机构有通志馆和文献委员。

国民政府内政部民国18年（1929年）、民国35年（1946年）要求省成立通志馆。35年同时要求各省市县设立文献委员会，征集、保管及编纂文献资料。文献委员会7～15人，同时可以聘请顾问，雇佣雇员。委员会下设编纂组编纂省市县志及各种文献专刊，采集组负责设计、调查、征集、访询、通讯事宜，整理组负责登记、编目、绘图、鉴定、收藏、陈列，总务组负责文书、会计、出纳、庶务、出版。文献委员会征集资料包括旧志书、地图、诗文、著述、金石、拓片、礼典器乐、民俗歌谣、古迹名胜照片、刊物、乡贤名宦事迹、私家谱牒，还要调查机关团体设施、物品产额、工资物价、宗教信仰、经济状况、人口出生与死亡，另将调查结果制成统计比较表。

民国期间，成立省级修志机构最早的是浙江。民国3年（1914年）该省设立通志局。民国6年（1917年），北洋军阀的国民政府内务部会同教育部通知各地修志，因军阀混战而各行其是。民国10年（1921年）河南省设河南通志局。民国16年（1927年）成立有奉天通志馆（“奉天”今辽宁）。

民国18年（1929年）12月，国民政府内政部颁布的《修志事例概要》第一条就明确修志机构：“各省应于各省会所在地，设立省通志馆，由省政府聘请馆长一人，编纂若干人组织之。”民国21年（1932年）7月成立上海通志馆，柳亚子任馆长。26年（1937年）日军占领上海关闭。民国34年（1945年）抗战胜利恢复至1949年，胡朴安任馆长。民国22年（1933年）河北通志馆成立，瞿宣颖任馆长。民国23年（1934年）湖北通志馆成立。民国30年（1941年）江西通志馆成立。民国32年（1943年）成立浙江省通志馆，余绍宋任馆长。该馆至民国38年（1949年）3月停办。

另外，从《中国地方志联合目录》中可见青海省成立有通志委员会、安徽有通志馆、河南通志馆、湖南省文献委员会、广东通志馆、四川通志局，其余河北、奉天、黑龙江、绥远（省会归绥，今呼和浩特市）、甘肃、朔方（宁夏）、江苏、江西、福建、台湾、湖北、广西、贵州、云南、西藏均修有通志或通志稿，是否建有省级修志机构，没有交代（见仓修良《方志学通论》第373—374页）。

民国时间省市以下设立修志局编纂县志，“1929年12月，国民政府内政部通令各省、县编纂志书，吉林省永吉县设局编修县志”。

2. 民国时期的方志编纂者和编纂研究者

鸦片战争以后，不少沿海城市开埠，西方的科学知识传入。“五四”以后，随着科学的进一步提倡，志书增加了自然科学和现代产业的经济门类，参与编纂者除了精通文史的“师儒”外，吸收了其他专业的人才参与修志。民国27年（1938年）黎锦熙在他的《方志今议序》中说：“……编委则大抵（西北）联大教授及本邑学界人士。……专门技术员大抵联大学生为之……。”主要通过通志馆、文献委员会及临时修志机构网罗人才修志。

民国年间著名的方志编纂者有黄炎培、余绍宋、李泰棻、缪荃孙等。中国图书馆学的奠基人缪荃孙清末参加总纂了《顺天府志》（北京）、重修了《湖北通志》，民国间总纂《江阴县续志》，撰《江苏通志·金石志》。民国初年“学部尚书”、史学家沈曾植总纂民国《浙江续通志稿》。《清史稿》总纂吴廷燮总纂了民国《奉天通志》，纂成《北京市志稿》《江苏备志稿》，撰有《新疆大事记补编》。中华职业教育社创始人黄炎培主纂《川沙县志》（今属上海浦东新区）。国民政府司法部次长、浙江省通志馆馆长余绍宋编修《龙游县志》（浙江衢州市龙游县），主持《重修浙江通志稿》。清末新疆署理布政使清使馆总纂王树枏纂修了《新疆图志》《冀县志》《奉天通志》，参修《新城县志》《法源寺志》（寺位于北京宣武门外教子胡同），合纂《河北通志》。语言文字学家黎锦熙民国27—33年（1938—1944年）主纂了陕西的《城固县志》《洛川县志》《同官县志》《黄陵县志》《宜川县志》。历史地理学家李泰棻参加总纂《绥远通志》，整理出版《阳原县志》（河北）。民国众议院议员、江西通志馆馆长吴宗慈两度编纂《庐山志》，主修了《江西通志》。京师大学堂总教习吴汝纶撰写了《深州风土记》（河北衡水深州市）。方志学家寿鹏飞参与编纂了《奉天新志略》，编纂《易县志》（河北保定市易县）。

可见，民国时期的修志者除具有旧学功底外，同时聘请具有现代科学知识的人参加修志，如黄炎培流亡过日本、余绍宋留日。王重民20世纪30年代曾赴法国国家图书馆、美国国会图书馆工作，作为著名历史学家陈垣的高足，“河北三雄”之一，曾分纂《永吉县志》（吉林）、主纂《无极县志》（河北），致信对新修《河北通志》提出建议。修志机构的“掌门”，均为具有政治、文化地位的人物。这一时期除了有一批学者参与方志的编纂实践外，还有一些学者参加了对方志的研究与指导，民国时期出现了专门的方志学著作。如中国近现代重要学者梁启超著有《清代学者整理旧学之总成绩——方志学》《说方志》《龙游县志序》等文，提出“方志学”的概念和方志随着时代发展而发展的“多源论”。河北通志馆筹备处副主任甘鹏云撰写了《方志商》。湖北通志馆总纂王葆心撰专著《方志学发微》。山东盐运使、平政院（行政诉讼法院）首席书记官寿鹏飞著《方志通义》、《方志本义管窥》。北洋政府教育总长、司法总长、国家图书馆馆长张国淦著《中国古方志考》《永乐大典方志辑本》等。黎锦熙写出著名的方志学著作《方志今议》。考据学、版本学家瞿宣颖著《志例丛话》。李泰棻著有《方志学》。方志目录学家朱士嘉在《禹贡》半月刊、《地学杂志》上发表有《宋元方志考》《方志之名称与种类》《怎样编写新式县志》，编著了第一部全国性地方志目录《中国地方志综录》，并在美国编著出版《美国国会图书馆藏中国地方志目录》（1986年集体编成的《中国地方志联合目录》是在《中国地方志综录》的基础上形成的）。

（三）中华人民共和国时期的修志机构、方志编纂者与研究者

1. 中华人民共和国期间的修志机构

（1）中华人民共和国成立后国家修志指导机构（1958—1962）

①国务院科学规划委员会地方志小组

②中国地方志小组（1962—1966）

中国地方志小组14人，除3人未查清身份外，其余分别属历史、历史地理、经济、文物、档案等学科的资深专家，其中6人来自中科院相关研究所，剩下的是党和国家文化、研究机构的领导，兼有官员、学者双重身份。

③第一届中国地方志指导小组（1983—1995）

1983 年 4 月 8 日中国地方志指导小组在北京成立，共 11 人。主要为学者，只有曾三、梁寒冰、韩毓虎为历史档案部门及相关研究社团的领导，成员只有陈元方、李志敏来自地方，其余大多出自国家文化研究机构。学者多数是退休、退居二线者。

1985 年末 4 月 18—19 日，指导小组举行第五次会议，宣布了调整后的中国地方志指导小组成员和在京常务成员名单，任命了指导小组秘书长和副秘书长，中国地方志指导小组成员兼秘书长、中国地方志协会副会长，方志出版社社长任秘书长，一副秘书长兼办公室主任。1985 年，经中宣部批准，指导小组正式成立办公室作为指导小组的办事机构，并挂靠于中国社会科学院历史研究所，行政和党的组织关系由历史所代管。劳动人事部批给事业编制 10 人，办公室经费由中国社会科学院拨给。办公室设编辑部，承担指导小组机关刊物《中国地方志》双月刊的编辑工作；设资料室，收藏全国各地的新志书。

④第二届中国地方志指导小组（1995—2001）

1995 年 7 月 25 日，国务院领导同意调整后的第二届中国地方志指导小组成员名单，组长李铁映（中共中央政治局委员、国务委员），常务副组长郁文（中国社会科学院原党组书记、副院长）。第二届指导小组成员 28 名，主要由中共中央办公厅、国务院、中国社会科学院、新闻出版署、国家民委、国务院宗教事务管理局、解放军、六大地区等部门、地方或省市地方志编委会有关领导和中国社会科学院、中国科学院、部分高校（北京大学、复旦大学）的有关学者组成。其中组长、副组长 4 人、成员 24 人，60 岁以上 21 人，70 岁以上 12 人（见邱新立 2002 年《中国地方志》杂志刊登《中国地方志指导小组沿革（中）》）。

1996 年 6 月 21 日，中国社会科学院向中央机构编制委员会办公室请示中国地方志指导小组办公室的机构、编制问题，提出：（1）指导小组办公室作为局级单位，由中国社会科学院代管。（2）为适应全国地方志工作发展的需要，人员编制要有所增加，指导小组办公室编制拟定为 40 人。指导小组办公室内设综合处、调研室、《中国地方志》编辑部 3 个部门。

⑤第三届中国地方志指导小组（2001—2008）

2001 年 12 月 19 日，第三届中国地方志指导小组经国务院批准成立。

组长李铁映（中共中央政治局委员、中国社科院院长）；常务副组长朱佳木（中国社科院副院长）。第三届指导组成员 38 人，其中党政军领导 22 人，高校、社会科学院有关研究所领导 16 人。2003 年 12 月，国务院对中国地方志指导小组进行调整，由全国政协副主席、中国社会科学院院长陈奎元担任组长。

2002 年，中国社科院党组发出《关于中国地方志指导小组所属机构及领导体制变动的通知》，决定：（1）指导小组办公室对内按研究所管理，加强方志理论研究、政策研究、志书评论和编纂技术问题研究；对外仍为指导小组的办事机构，负责落实指导小组交办的工作，处理日常事务。（2）指导小组的正副秘书长与指导小组办公室的正副主任互相兼任。办公室调研室改称年鉴处，同时也称《中国地方志年鉴》

编辑部，编辑出版《中国地方志年鉴》；增设联络处，负责对国内外地方志和地方年鉴编纂、研究、使用者（包括机关、团体、学者）的联络，掌握学术动态，组织和管理国内外学术交流工作，编辑内部《简报》和《中国方志通讯》；方志理论研究室不动，职责任务不变（见邱新立发表在《中国地方志》杂志上的《中国的地方志指导小组沿革（下）》）。

⑥第四届中国地方志指导小组（2008— ）

2008 年 12 月 11 日第四届中国地方志指导小组经国务院批准成立。组长陈奎元（全国政协副主席、中国社科院院长）；副组长：朱佳木（中国社科院副院长、中国地方志指导小组常务副组长）。组成人员 32 人，其中国务院部委及军队领导 23 人，专家学者 9 人，专家学者分布于历史、近代史、历史地理、考古、经济学、社会学等学科，其中 4 人为中国社会科学院学部委员，另外北京大学、复旦大学教授各 1 人。

（教案延伸：2015 年 10 月 23 日，中央宣传部同意并报国务院批准，第五届中国地方志指导小组组成，中国社会科学院院长王伟光任组长，副院长李培林等任副组长，组长和成员共 32 人，其中党政军部门领导 23 人，专家学者 9 人）

⑦中国地方志指导小组及机构小结

“文化大革命”以前，国务院科学规划委员会地方志小组、中国地方志小组的性质偏重于规划、研究性质，无内设部门。组成人员主要是中央档案、社会科学研究部门，行政人员较少，主要偏重学者。这样的机构、人员，对于地方志这种既需学术、业务，也要靠行政支持的特殊文化事业，尤其是具体编纂在地方的情况，这样的“准机构”，无丝毫行政权，“上不通天，下不接地”的状况，显然是难于运行的。特别是后来的“文化大革命”，两个“地方志小组”基本上是有其名无其实。

“文化大革命”结束后，前后 4 届中国地方志指导小组的职能、领导成员队伍逐渐加强，指导小组办公室的内设机构和职能在艰难不懈的争取下也不断健全，尤其在李铁映同志担任领导小组组长，李铁肤的身份是政治局委员、国务委员，强调“一纳入，五到位”，其小组阵容达到了历史以来的最高点。陈奎元同志继承李铁映同志的愿望，加强方志法制化建设，在国务院的支持下《地方志工作条例》出台，并且以指导小组名义下发《地方志书的质量规定》，地方志工作进入一个较为稳定的生长期。

第一届指导组进一步加强专家学者阵容的同时，也考虑地方志的特点，增添省市区的修志领导陈元方、邵文杰、陆天虹为指导组成员。指导组还成立由中国社会科学院历史所代管的办公室（级别不明确），终于有人办事了，但一个无级别的寄人篱下的单位，在“官本位”的社会环境下办事是艰难的。1983—1995 年 12 年期间，第一届地方志指导小组通过《1983—1990 年中国地方志事业发展规划及设想（草案）》（1983.4）、《中国旧方志整理规划设施方案》（1983.4）国务院办公厅〔1985〕33 号文转发《中国社会科学院关于加强全国地方志编纂工作领导的报告》（1985.4.19）、颁发《新编地方志暂行规定》（1985. 7.15）、《中国地方志通讯》改为《中国地方志》，由中国地方志指导小组主办（1985.12.25）、召开了全国第一次地方志工作会议（1986.12.22—24，政治局委员、副总理万里接见代表），制定《全国新编地方志优秀成果首次评奖办法》并进行了评奖（1993.9），在首轮大规模修志，即20世纪70年代末至1993年上半年出版的1379部志书中，评出一等奖164部、二等奖247部、三等奖129部。由于经费、人员力量问题，中国地方志指导小组采用委托的方式，组织开展全国省志、城市志、县志的研讨，比如，委托湖南在长沙召开省志座谈会（1983.4），委托安徽在泾县举办全国县志座谈会（1983.5），委托黑龙江举办全国北片十三省市“县志稿评会”（1983.7），委托上海、武汉在太原举办全国城市史和城市志座谈会（1983.7），委托广西在桂林举办全国南片县志稿评会，等等。

第二届指导小组，成员构成是至今级别最高的，中共中央政治局委员、国务委员李铁映担任组长，中央办公厅、国务院、中国社会科学院、新闻出版署、国家民委、国务院宗教事务管理局、解放军等部门和省市地方志编委会有关领导和中国社会科学院、中国科学院、部分高校的学者担任成员，一改此前学术成分过大，行政力量薄弱的特点，学者专家基本上从退休退职改为一线研究人员，此外地方的修志领导也有所增加（由第一届2人增加到7人）。指导组办公室实际上内设了综合处、调研室、《中国地方志》编辑部3个部门。第二届指导小组期间召开了全国第二次地方志工作会议（1996.5.4—7），李铁映在会上强调修志坚持“一纳入”“五到位”，坚持“官职”“官责”，“修志为用”。国务院总理李鹏在中南海会见会议代表（5.6下午）。国务院办公厅以国办发〔1996〕47号文件发出《关于进一步加强地方志编纂工作的通知》（1996.11.9），通知核心内容包括“每20年续修一次”“设置相应的常设机构”“常设机构作为事业单位”“工作列入政府议事日程”“地方志办公室应是地方政府直属的具有行政职能的一级单位”。在山东威海和北京，组织全国志书第二次评奖（1997.7.7—8.1），在1993年7月1日—1996年出版的1718部规划内志书中，评出一等奖51部，二等奖127部。在北京举办全国新编地方志成果展览（1999.10.18—23），参展三级志书4000种，加上其他志书，共上万种。此期，召开了全国城市志西北地区研讨会（1995.8）、国家各部委修志工作座谈会（1995.12.15）、全国志书质量研讨会（2000.5.16.17）等多种会议以提高志书质量，还在北京召开了专家座谈会研讨续志问题（2000.10.20）。第二届指导小组期间，完成规划内志书70%以上。2000年9月30日，中国地方志指导小组办公室发出统计，三级志书规划5881部（卷），已经出版4287部。

第三届、四届期间，中国地方志指导小组基本按照第二届的格局与构成进行。2003年12月指导组成员调整，加强了行政力量，在职的力量。尤其是2006年5月18日国务院颁布《地方志条例》出台，我国进入依法修志的时代。地方志系统全面展开第二轮修志工作，初步建立质量标准体系，将地方综合年鉴纳入地方志范畴，多方开发地方志资源，不断深化理论研究，开展修志人员的业务培训和境外的学术交流。2006年4月1日，中华人民共和国人事部和中国地方志指导小组在北京人民大会堂召开全国地方志系统表彰先进会议，授予“全国地方志系统先进集体”及“全国地方志系统先进工作者”荣誉称号。获得“全国地方志系统先进工作者”称号的个人将享受省部级劳动模范和先进工作者待遇。

（2）中华人民共和国成立后地方修志机构

① 20 世纪 50 年代的地方修志机构和修志

据诸葛计《中国方志五十年史事录》（方志出版社 2002 年 12 月版）记载：自 1956 年开始各地建立一些修志机构开始修志，尤其是 1958 年成都会议毛泽东主席提倡后，许多地方纷纷成立修志机构，或挂靠在相应文化单位，名称不尽相同。编纂委员会有称编辑委员会、编史修志委员会、领导小组的。编纂机构有独立的县志办公室、市志编纂室、党史县志编辑办公室、通志馆、编写组等，也有县委、档案局、文教局、文化馆、图书馆修志。编纂人员，称主笔、主编、主修的都有，很不统一。仓修良《方志学通论》（方志出版社 2003 年版）称："据国家档案馆 1960 年的统计，当时就有 20 多个省、市、自治区的 530 个县，开展了新编地方志工作，其中约有 250 多个县写出了县志初稿，正式出版的有近 30 部，还有一大批专业志。"

1956 年 3 月，湖北省以文史资料研究馆为主成立省方志编纂委员会，这是中华人民共和国成立后建立机构最早的省份。1957 年 2 月，黑龙江省延寿县成立办公室，5 月组成县志编委会。

1958 年 6 月，湖南省志编纂委员会成立，省长程潜任主任。12 月，中共北京市委决定成立由邓拓、蒋南翔、廖沐沙等组成的领导小组。《北京志》编写组编成志稿 40 部。

1959 年 3 月甘肃新志编纂委员会成立，省委第一书记张促良为主任。8 月广西壮族自治区通志馆（正厅级）成立（1963 年修纂人员 36 人）。同年，安徽省哲学社会科学所历史研究室承担编写安徽省志的任务（社科院系统与中国地方志小组的归属一致），该室撰写出《六安县新志提纲》作为范例。整个五六十年代，安徽有 29 个县编县志，其中修出 18 部，受到国家档案局的表扬。

1960 年 4 月 19 日河北省志编纂委员会成立。5 月 31 日，四川省志编辑委员会成立。四川省省长兼省志编辑委员会主任，副省长、统战部部长兼副主任，编委会下设办公室、近百年大事记述组，编制 40 人。办公室下设秘书组、调查研究组和 15 个分志编辑小组；从四川大学、西南师范学院、西南政法学院、西南农学院、四川财经学院、中国人民大学、复旦大学、四川师范学院、南充师范学院调 30 名学生，从省委工农干校调部分干部、教员，专兼职 300 人参加编纂。

1958—1965 年，编印的志书、志稿（油印居多），据诸葛计《中国方志五十年史事录》（方志出版社 2002 年 12 月版）记载，有志书名称的 174 部，其中安徽最多，18 部，在 10 部以上的还有云南、吉林、江西、广西、福建。具体是：

北京 6 部，分别是《北京鱼类志》《北京果树志》《北京动物志》《北京植物志》《北京鸟类志》《北京气候志》；天津 1 部《武清县志》；湖南 8 部，分别是《沅陵县志》《大庸县概况》《大庸近代革命史》《火箭公社史》《江永解放十周年志》《湘乡县志》《津市简志》《湖南省志·地理志》；湖北 9 部，分别是《咸宁县志》《应城县志》《应山县志》《浠水简志》《黄陂县志》《黄梅简志》《石首县志》

《汉阳县志》《洪湖县志》；云南10部，分别是《昆明市志资料长编》《鹤庆县志》《云龙县志》《巍山新县志》《大理市志》《永平县志》《漾濞县志初稿》《祥云县志初稿》《剑川县志》《永胜历史资料汇集》；河北2部，分别是《怀来县志》《昌黎方言志》；四川7部，分别是《乐至县志续编》《武胜县地方志略》《南川县志》《彭水县志初稿》《永川县志》《大足县新县志》《四川省志·农林水利志》；吉林12部，分别是《辽源市地方志》《海龙县志》《蛟河县志》《集安县志》《延边自治州志》《临江县志》《通化县志》《柳河县志》《抚松县志》《辉南县志》《双阳县志》《通化县乡土志》；辽宁7部，分别是《沈阳十年简志》《清源县志》《营口市志（1949—1959）》《辽河、大小凌河水灾资料要辑》《辽宁矿藏录》《辽宁农业历史资料辑录》《辽宁省兵要地志》；江西（14部，分别是《德安县志》《于都县志》《大余县志》《奉新县志》《峡山县志》《瑞昌县志》《抚州市志》《资溪县志》《南丰县志》《南城县志》《崇仁县志》《乐安县志》《安福县志》《永新县志稿》；福建10部，分别是《永安新县志》《莆田县志》《光泽县志》《漳浦新县志》《诏安县志》《福清新志》《德化县志》《闽清县志》《集美志》《晋江新志》（为厦门大学历史系庄为矶私人编纂）；黑龙江8部，分别是《穆棱县志》《绥化县志》《宾县县志》《木兰县志》《龙江县志》《宝清县志》《兰西新县志》《巴彦县志》；陕西7部，分别是《新西安志提纲》《西安沿革》《旬阳县志续编》《神木县志》《长安新志》《石泉县志》《凤翔县志》；山西6部，分别是《盂县人民志》《晋城县志》《闻喜县志》《祁县志》《阳城县志》《陵川县志》；甘肃5部，分别是《甘肃新志·工业志》《甘肃新志·文化艺术志》《甘肃新志·机械工业志》《甘肃新志·铁路科学技术志》《甘肃气候志》；广西10部，分别是《忻城县志》《都安县志》《大瑶山自治县志》《灌阳县志》《桂平县志》《临桂县志》《忠王李秀成自述核补本》《太平天国革命在广西调查资料汇编》《中法战争调查资料实录》《广西近百年大事纪要》；江苏5部，分别是《沛县志》《宿迁县志资料》《吴县新志》《淮安县志》《泗阳县志》（江苏至1964年共征集资料640种、1800余件）；安徽18部，分别是《庐江县志》《六安县志》《寿县志》《舒城县志》《金寨县志》《凤阳县志》《全椒县志》《定远县志》《怀远县志》《颍上新县志稿》《阜阳县志》《亳县新志》《涡阳县新志》《临泉县志》《濉溪县志》《凤台县志》《宁国新志》《歙县志》；内蒙古1部《清水河简志》；上海市3部，分别是（《浦东县志》《大场里志》《上海地方志物产资料汇编》；山东4部，分别是《益都县志》《安丘县志》《邹县新志》《招远县志》；贵州3部，分别是《镇宁新志》《桐梓十年巨变》《绿色的锦屏》；广东7部，分别是《广州市志（1949—1959）初稿》《惠阳县志》《南澳简志》《广东温泉志》《广东地质矿产参考目录》《广东水利资料参考目录》《广东自然灾害史料》；宁夏回族自治区3部，分别是《盐池县志》《惠农县志》《吴忠县志》；重庆市1部《大宁县志摘要》；新疆维吾尔自治区7部，分别是《新疆维吾尔族简史简志合编》《新疆哈萨克族简史简志合编》《新疆柯尔克孜族简史简志合编》《新疆塔吉克族简史简志合编》《新疆锡伯族简史简志合编》《新疆乌孜别克族简史简志合编》《新疆达达尔族简史简志合编》。

20世纪50年代的志书，是在“大跃进”年代编纂，不免留下”左”的印记，不少志书内容类同革命史、阶级斗争史，由于成书快，史实上问题不少。多属初稿或内部参考的油印品，公开出版者尚属少数。一般都记载当地的自然、政治、历史、经济、文化、名胜、风俗、人物等内容，着重反映当地人民在共产党领导下进行革命斗争和解放后的政治、经济和文化建设的基本情况。志书较为粗糙，史志混淆，体例不精，文风不一，宣传色彩较浓。当然，“那种对五六十年代修志一骂到底、一笔抹杀的看法，是难以令人信服的”。（20世纪50—60年代修志成果见邱新立、王芳 www.difangzhiorg）

1966年“文化大革命”开始，各地省市县修志机构停止，有些成为破“四旧“的对象。诸葛计《中国方志五十年史事录》（方志出版社2002年12月版）46页记载：四川省省志编委会机关和总卷组开始“文化大革命”，图书资料、稿本被抄没，编纂人员下放到五七干校，只留有10人保管资料，部分资料移交档案部门。广西通志馆12月撤销，资料散失，人员下放基层。

② 20世纪80年代以来的地方修志机构及国家部委修志机构

1978年中共十一届三中全会以后，我们国家进入了以经济建设为中心的历史新时期。1979年5月，山西临汾市李百玉以《县志应续订重修》为题，投书中宣部和《光明日报》，建议在全国开展修志工作。6月18日至7月1日五届全国人大二次会议开始后，他又将原文改题为《建议续修县志》再次投寄大会秘书处。7月9日，中共中央总书记胡耀邦在李百玉建议修志的信上批示：“大力支持在全国开展修志工作。”8月，中共湖南省委决定率先恢复省志编纂委员会，重新修《湖南省志》。

1980年1月，黑龙江省《呼玛县志》内部印行，是80年代所修的第一部新县志。2月，国务院指示各地“编史修志，为历史研究服务”。4月中国史学会成立大会上，胡乔木代表中共中央书记处到会讲话，指出：“要用新的观点，新的材料，新的方法去编写方志……，我们要大声疾呼，予以提倡”。同年，中国地方史研究会筹备小组成立，湖北、山西、上海、贵州等省市相继成立了史志编委会或省志编写筹备组。1981年，黑龙江、云南、广西、四川、河南、安徽、河北等省和太原、贵阳、济南、郑州、哈尔滨等省会城市相继成立修志机构。

1981年7月25日至8月1日，中国地方史志协会成立大会暨首届地方史志学术讨论会在太原召开。会议通过了《给党中央、国务院的建议书》，原则通过了《关于新省志、新市志、新县志编纂方案的建议（草案）》等文件，这是有史以来的首次全国方志学术会议。

诸葛计在他的《中国方志五十年史事录》中记载了这一时期有关省市区地方志机构建立的情况：1980年5月10日山西省地方志编纂委员会成立；1981年8月17日云南省地方志编审委员会成立；9月广西通志馆恢复；10月23日，四川省地方志编纂委员会成立；10月31日，河北省地方志编纂委员会成立，省政协主席尹哲任主任；11月2日安徽省地方志编纂委员会成立，省委副书记张恺帆任主任；11月

16—18日河南省地方志编纂委员会成立，省委书记、代省长戴苏理任主任；同年，山东省地方志编纂委员会成立，主任省委常委、副省长王众音。1982年1月7日，黑龙江省志编审委员会成立，省委副书记、省长陈雷任主任；2月，湖北省地方志编纂委员会成立，省人大常委会主任韩宁夫任主任；6月2日，陕西省地方志编纂委员会成立，省委书记陈元方任主任；9月9日，内蒙古自治区地方志编纂委员会成立，自治区党委常务书记王铎任主任。至1983年初，全国已有15个省（区）、44个地区、53个市、1003个县建立了修志机构，开展修志工作。

1983年4月5日，新疆维吾尔自治区史志编纂委员会成立，自治区政协副主席富文任主任；8月27日，吉林省地方志编纂委员会成立，省人大常委会主任于克任主任；11月22日，贵州省地方志编纂委员会成立，原副省长秦天真任主任；12月30日，江西省地方志编纂委员会成立，省人大常委会主任马继孔任主任。1984年1月21日，福建省地方志编纂委员会成立。1984年2月底，全国建立修志机构的有20个省建立省级修志机构，占30个省级单位的2/3，80个地级单位，占209个地区的1/3，104个市级单位，占313个市的1/3，1094个县级单位，占2137个县的1/2。

1984年3月17日广东省地方志编纂委员会成立，省委书记谢非任主任；3月，浙江省地方志编纂室成立，负责指导全省修志；5月2日，河北省地方志编纂委员会成立，主任王东宁；5月9日，辽宁省地方志编纂委员会成立，省委书记、省长全树仁任主任；5月18日，天津市地方史志编修委员会成立，市顾问委员会主任张淮三任主任。

1985年1月，宁夏回族自治区地方志编审委员会成立；1986年1月15日，江苏省地方志编纂委员会成立，主任省长顾秀莲； 1987年5月26日上海市地方志编纂委员会成立，主任市委副书记钟民；1989年1月，海南省地方志编纂委员会成立，主任省长梁湘；1989年3月11日，北京市地方志编纂委员会成立，主任为市长陈希同；1991年11月4日，浙江省地方志编纂委员会成立，主任为省长葛洪升；1996年6月20日，西藏自治区地方志编纂委员会成立，自治区主席江村罗布任主任，这是大陆最晚成立省级地方志编纂委员会的省市区。

与此同时，国务院各部委局有些成立相应的修志机构或史志机构。水电部于1984年在中央各部委中率先成立“中国江河水利志研究会”，同时成立了长江、黄河、珠江、淮河、海河等志的编纂委员会。1983年1月，文化部、国家民族事务委员会、中国戏剧家协会也联合行文发出《关于编辑出版中国戏曲志的通知》。其他如交通部系统开展了中国交通史志的编写，科委、科协系统成立“中国科技史学会地方科技史志研究会”，教育系统成立了“全国地方教育史志研究会”，分别组织和指导全国各地的科技史志和教育史志的编写工作。1997年以后，又陆续有《中国煤炭志》《中国科技志》《中国海洋石油公司志》《中国烟草通志》《国家质量监督检验检疫局志》《中国海关志》《中国救捞志》等全国性的部门行业志编修和出版（见中国地方志指导小组办公室张英聘于2005年12月13日在江河水利志培训班的教材——《关于方志编纂的几个基本问题》）。2008年年底，在国务院的领导下开始《汶川特大地震抗震救灾志》的编纂工作，编纂委员会主任由中国地方志志指导小组组长陈奎元担任，编纂委员会办公室放在中国地方志指导小组办公室，动员中央部委和各省市自治区参加编写，这是中华人民共和国成立以来编纂的唯一的国家级历史文献。2008年11月6日，政治局委员、国务委员刘延东在全国第四次地方志工作会议上的讲话中说："近日，经国务院批准，成立了《汶川特大地震抗震救灾志》编纂委员会，并将编委会办公室设在中国地方志指导小组，这是对指导小组的信任和肯定。希望同志们再接再厉，在继续做好第二轮修志的同时，完成好这项光荣的任务。"

经过20余年的辛勤努力，新编地方志事业取得了丰硕的成果，有着鲜明的特点。中国地方志指导小组组长陈奎元在第四次全国地方志工作会议上的讲话中说："当前，第一轮修志工作基本完成（作者注：截至2008年底安徽、湖北、河南、四川、天津、辽宁、吉林、黑龙江、江苏、山东、湖南、广东、重庆、云南、上海15个省市区完成首轮三级志书的编纂任务），第二轮修志全面开展，全国出版第一轮省市县三级志书5800余部……，编纂部门志、专业志、行业志、山水名胜古迹志16000余部，乡镇志2000余部，地情书6000余部，编纂年鉴2000余种，整理历代方志200余部。（《中国地方志》2008年第11期8页）中国地方志指导小组常务副组长朱佳木同志在第四次全国地方志工作会议上的工作报告中说："第三次全国工作会（2001年）后，除西藏自治区把首轮和二轮修志合并进行外，其他30个省市自治区和新疆建设兵团，以及解放军、武警部队，都已陆续发文并召开动员大会，启动并全面开展了二轮修志。"（《中国地方志》2008年第11期11页）

③当前地方修志机构的特点及存在问题

事物是两方面的，经过近30年的大规模社会主义新方志的编纂，各省市自治区（包括新疆建设兵团）均建立了省、市、县三级负责地方志工作的机构，承担当地的修志编鉴工作，成绩很大，但也存在一些问题：

一是机构级别、隶属关系很不统一。朱佳木同志在第四次全国地方志工作会议上的工作报告中说："有的县级以上政府中至今没有设地方志工作机构，有的虽然与其他机构合署办公，但实际上无人负责；有的机构设置不尽合理，关系没有完全理顺。"（《中国地方志》2008年第11期16页），中国地方志指导小组办公室是司局级机构，而有些省级地方志工作机构也是厅局级机构。更严重的是各省市自治区志办的级别也不一样，有正厅（局）、副厅、正处三种级别，其中正厅（局）16家，副厅11家，正处4家。归属更不相同，其中归属省市区政府的25家（其中1家归属政府办公厅），归属省委的3家，归属宣传部的1家，归属社会科学院的2家。

省以下，地方志机构和隶属关系更是"五花八门"，难以卒叙。有些副省级城市的地方志办公室是副局级单位。如广东省志办、广州市志办都是副厅（局）级单位。河北省地方志办公室与秦皇岛市地方志办公室均是处级单位。从工作来说，有的是与党史合一，有的是与档案合一，有的是三家合一。举上海一地为例，区县志办"两合一”有之，“三合一”有之，只闵行一家是独立的地方志办公室，奉贤、松江、杨浦、青浦、南汇区、浦东新区是地方志与党史合一，宝山、卢湾、长宁、嘉定、徐汇、普陀、闸北、虹口、金山是地方志与档案合一，静安区是地方志、党史、档案、中共二大馆四合一，黄浦区是归与区府办等等。如此种种增加了业务管理的难度。

2008 年全国省市区地方志办公室情况一览表

序号	机构名称	机构隶属	机构性质	定编（人）	在编（人）	级别
1	北京市地方志编纂委员会办公室	市政府	参公管理	35	35	正厅局
2	山西省史志研究院	省委（史志合一）	参公管理	110	110	
3	吉林省地方志编纂委员会	省政府	参公管理	61	46	
4	黑龙江省地方志办公室	省政府	参公管理	40	38	
5	上海市地方志编纂委员会办公室	市委宣传部	参公管理	73	46	
6	安徽省地方志办公室	省政府	参公管理	32	31	
7	福建省地方志编纂委员会	省政府	参公管理	39	34	
8	湖南省地方志编纂委员会	省政府	参公管理	50	44	
9	广西壮族自治区地方志编纂委员会办公室	省政府	参公管理	37	37	
10	海南省史志工作办公室	省委（史志合一）	参公管理	35	34	
11	重庆市地方志办公室	市政府	参公管理	25	27	
12	四川省地方志编纂委员会	省政府	参公管理	33	33	
13	陕西省地方志办公室	省政府	参公管理	37	31	
14	甘肃省地方史志办公室	省政府	参公管理	34	30	
15	青海省地方志编纂委员会办公室	省政府	参公管理	17	18	
16	新疆维吾尔自治区地方志编纂委员会	自治区政府	参公管理	48	41	
17	天津市地方志编纂委员会办公室	市政府	参公管理	24	22	副厅
18	辽宁省人民政府地方志办公室	省政府	参公管理	20	20	
19	江苏省地方志编纂委员会办公室	省政府	参公管理	50	37	
20	浙江省地方志编纂委员会办公室	省社科院代管	事业单位	8	8	
21	江西省地方志办公室	省政府	参公管理	41	40	
22	山东省地方史志办公室	省政府	参公管理	56	85	
23	河南省地方史志办公室	省政府	参公管理	44	40	
24	湖北省地方志办公室	省政府	参公管理	32	30	
25	广东省地方史志办公室	省政府	参公管理	34	33	
26	贵州省地方志编纂委员会办公室	省政府	参公管理	20	20	
27	西藏自治区党史地方志工作委员会	自治区委（史志）	参公管理	25	17	
28	河北省地方志编纂委员会办公室	省政府	参公管理	31	31	正处
29	内蒙古自治区地方志编纂委员会办公室	自治区政府办公厅	参公管理	50	50	
30	云南省地方志编纂委员会办公室	省政府	参公管理	24	21	
31	宁夏自治区地方志编审委员会办公室	省社科院代管	事业单位	15	11	

说明：本表以行政区划顺序排序，定编数不全是参公数，如上海市地方志办公室表中定编数包括上海通志馆、上海当代所两个二级事业单位人数，实际参公定编 35 人

二是行政干部偏多，业务干部力量不足。各地的地方志办公室首轮修志时人员主要来源政府机关、高校毕业生、教育部门转行。市场经济初期，人们对历史有传统的敬畏感，工作认真，出了不少的修志人才。市场经济社会的不断发展，在思想形态上对地方志工作有一定冲击，不少修志人才流失到热门、待遇好、易升迁行业，即使不走，认真程度也大打折扣。不少组织部门对地方志工作认识不足，认为懂点文墨的人都可以从事此项工作。往往把地方志当做安排富裕人员的地方，解决领导干部回城、退居二线，有“毛病”干部安插的地方。以致行政干部愈来愈多，业务干部越来越少，安心此项工作的又是少之又少。地方志办公室厅（局）级干部基本从外边派进，偶然提点还是从秘书处这样的行政人员中去提。近30年了，从业务岗位提到省志办副主任（副厅局）的，据本人了解，只有上海的姚金祥、陕西的董健桥、新疆的刘星、安徽的吴静、山西的刘益龄、北京的谭烈飞，凤毛麟角，少数几人。领导不断派进，可以说真正的“铁打的营盘，流水的兵（领导）”，来的领导出自各部门，又大体接近退休，不是他们适应地方志特征，而是地方志人员要不断适应新领导。“流水不腐，户枢不蠹”，地方志干部长期阻塞在一起，难于提拔，矛盾也愈来愈多，如何进行地方志业务的继承，学科建设？

三是《地方志工作条例》出台解决了依照法规修志的问题，但由于《公务员条例》的未全面落实，影响业务人员的进取。《地方志工作条例》于2006年5月18日出台，解决了地方志从依靠红头文件修志转为依法修志，机构从事业单位转为参照公务员管理的问题，解决了地方志机构长期不稳定的问题。1982—2003年政府5次机构改革，每次地方志机构均战战兢兢。2008年由于参公了，第六次机构改革（大部制），谁也不慌了。但任何东西都有相反的一面。参照公务员管理，《国务院条例》明确规定，公务员队伍包括执法类、管理类、专业技术类，现在专业技术类尚未实行。事业单位管理时是实行职称的。参公后职称不实行，业务人员积极性没有了。还有稿费等问题，都使业务人员失去钻研业务的积极性。“管志、修志、用志”，都去管志了，谁修志呢？“以己昏昏，使人昭昭”，如何又去管志。这些问题不研究解决，若干年后，首轮修志以来积累的一点修志力量要消耗光了。堪忧！

四是省级地方志机构不适宜业务的专深发展。省以下地方志机构人手少，又直接进行修志、编鉴，有业务提高的环境。而省级志办，设省志、市县、年鉴、研究室等处室，不直接修志只满足于业务指导，业务很难提高。另外，本来人手少，如此各管一摊，必然浪费人力。如果按照：总编室统管地方志书、综合年鉴编纂，下设环境、经济、政治、文化、社会等处室，在总编室协调下，常年编年鉴，20年修一次地方志，业务人员可以专深发展，对事业长远有利。详细观点见梅森发表在《上海志鉴》2004年第一期《论新时期方志事业管理体制的新创建》。

2. 中华人民共和国时期的方志编纂者和研究者

中华人民共和国成立后地方志书有影响的编纂者、研究者主要产生于20世纪80年代开始大规模的社会主义新方志编纂以后。以下根据邵长兴主编的《当代中国志坛群星集》（中州古籍出版社1995年12月版）、《当代中国志坛群星集·第二集（上、下）》（中州古籍出版社 1998 年 12 月版），中国地方志指导小组办公室编《新方志理论论著提要》（方志出版社 2006 年 10 月版）进行归纳（可能有遗漏）。截至《新方志理论论著提要》收录的下限 2003 年，全国出版（包括内部）方志理论研究专著 578 部，其中通论类专著 41 部，编纂类专著 79 部，个人论文集 133 部，群体论文集 177 部，志书评论集 63 部，其他专著 85 部。仅据国家图书馆地方志和家谱文献中心编印的《中国地方志论文索引（1981—1995）》的统计，发表在国内省、直辖市一级地方志刊物上的论文即达 2.16 万篇。如果加上 1995 年之后的论文，再加上市、县级地方志刊物上发表的论文，以及论文集辑入的论文，总数当在 10 万篇左右。（参见《中国新编地方志二十多年辉煌成就》社会科学院网・社科界动态）

《新方志理论论著提要》等收录个人公开出版的专著、论文集：地方志工作组织与管理者的方志学专著 7 部，论文集 14 部，共 21 部；学院派专著 18 部（含与修志实践者合作的，如黄苇主编的《中国地方志辞典》）、论文集 5 部，共 23 部；实践派专著 62 部，论文集 52 部，共 114 部。管理者的专著、文集研究内容偏向指导思想、宏观管理、地方志书的性质特征，思想性、科学性等，文论居多。学院派的研究偏向传统方志知识、方志史、方志批评、方志通论，专著多为论文集。实践派除少量通论研究外，重点是方志编纂理论研究。在 114 部公开出版的专著、文集中，书名直呼“编修”“编纂”的就有 30 多部，当然 114 部著作大多数是方志编纂研究的。三者中，实践派研究成果最多，是组织管理派的 5 倍强，是学院派的 5 倍弱。学院派的研究成果 1990 年前与 1990 年后比较，大约各占 50%。而实践派 1990 年以前只有 23 部，其余 89 部均出版于 1990 年及以后。可见，地方志理论的研究随着修志的实践，人才与理论都在不断积累，以致实践派渐渐成为地方志书编纂和地方志理论研究的主体。但要看到，学院派的融汇式的理论高度和旁观式的清醒冷静的批评，是实践派主观、客观上一时间难以企及的，如仓修良先生与他的《方志学通论》（尤其 2003 年 10 月的修订本）是一部方志工作者的必读之书。。

（1）组织管理派

大规模的社会主义新方志编纂以来，产生了一批活跃在方志战线上的组织者和研究者，对地方志事业的草创发展起到了重要作用。

主要有中共中央政治局委员、中国社会科学院院长、理论家胡乔木，国家档案局原局长、中国地方志指导小组组长曾三，马克思主义历史学家梁寒冰，新方志学理论奠基人之一董一博，著名民族问题专家、中国新方志领导者之一牙含章，著名方志学家朱士嘉，中国地方史志协会学术顾问、研究员傅振伦，中国地方志指导组成员、河南省地方史志编纂委员会主任邵文杰，中国地方志指导组成员、城市志指导组组长陆天虹，城市志指导组成员、研究员曹子西，浙江省地方志学会会长、省地方志编纂委员会办公室主任、编审魏桥，中国地方志协会学术委员、编审刘纬毅，中国地方志协会常务理事、编审杨静琦，中国地方志协会副秘书长、吉林省地方志编纂委员会副主任孙宝君，中国地方志协会理事、广东省地方志办公室主任、研究员黄勋拔，中国地方志协会常务理事、辽宁省地方志办公室主任、编审苏长春，中国地方志协会副秘书长、华夏地方志研究所副所长、安徽省地方志办公室省志处处长欧阳发，中国地方志协会副秘书长、学术委员、编审赵庚奇，中国民族志指导组成员、中国地方志协会理事、研究员吴忠礼，城市志指导组成员、天津市地方志办公室主任、编审郭凤岐等。

《新方志理论著述提要》等介绍的中国地方志编纂组织者公开出版的专著与论文集：

①主要方志学专著（7部）

欧阳发（与丁剑合著）：《新编方志十二讲》13万字（黄山书社1986年8月版）。

魏 桥：《浙江方志源流》（浙江人民出版社1988年8月版）。

杨静琦、于希贤：《地方志与现代科学》（河南大学出版社1989年5月版）。

郭凤岐：《地方志基础知识选编》（天津社会科学院出版社1990年12月版）

刘纬毅：《中国地方志》（新华出版社1991年12月版，1993年再版）。

欧阳发：《方志编纂概要》18万字（黄山书社1993年3月版，1998年修改后再版）。

黄勋拔：《方志编纂学论纲》（广东人民出版社2000年7月版）。

②主要论文集（14部）

邵文杰：《社会主义方志谈》（河南人民出版社1986年5月版）。

傅振伦：《中国史志论丛》（浙江人民出版社1986年7月版）。

董一博：《董一博方志论文集》（河南大学出版社1987年7月版）。

梁寒冰：《新编地方志研究》（河南人民出版社1988年2月版）。

傅振伦：《傅振伦方志文存》（黄山书社1988年10月版）。

陈元方：《陈元方方志文选》（广西人民出版社1989年9月版）。

邵文杰：《续方志谈》（河南人民出版社1990年12月版）。

张向凌：《史志文集》（黑龙江人民出版社1991年版）。

傅振伦：《傅振伦方志论著选》（浙江人民出版社1992年4月版）。

朱士嘉：《朱士嘉方志文集》（李泽主编，北京燕山出版社1993年版）。

杨静琦：《志苑十五年》（中州古籍出版社1994年12月版）。

魏 桥：《志苑十二年》（浙江人民出版社1995年3月版）。

欧阳发：《方志研究与评论》（方志出版社1995年12月版）。

苏长春：《新编方志文论》（辽宁科学技术出版社1996年6月版）。

赵庚奇：《赵庚奇志鉴论稿》（北京出版社2003年7月版）。

（2）学院派

20世纪80年代初期主要是史学界的专家学者，他们为大规模修志之初的方志知识培训，方志史的研究做了大量工作，后来在方志批评方面进行了大量研究（其中中国人民大学刘光禄、安徽大学林衍经还直接参与修志实践的指导）。著名专家学者有：中国科学院地学学部委员、复旦大学历史系主任、教授谭其骧，陕西师范大学历史地理研究所所长、教授史念海，中国地方志协会学术委员、杭州大学教授陈桥驿，中国地方志协会学术委员、北京大学教授于希贤，复旦大学历史系教授黄苇，中国地方志协会理事、南开大学教授来新夏，中国地方志学会常务理事、学术委员、安徽大学历史系副教授林衍经，杭州大学教授仓修良等。

①主要方志学著作（18部，有些与修志实践者合作）

南开大学教授、中国近现代史史料学会名誉会长来新夏（4部）：《方志学概论》（福建人民出版社1983年8月版），参加该书编写的有周春元、傅贵久、陆振岳、林衍经、邸富生、吴奈夫、陈树田、陈明猷、林正秋；《中国地方志综览》（黄山书社1988年10月版）；《中国地方志》（台湾“商务印书馆”1995年9月版）；《中日地方史志比较研究》，与日本私立独协大学教授齐藤主编（南开大学出版社1996年1月版）。

中国人民大学档案系讲师刘光禄2部：《中国方志学概要》（中国展望出版社1983年6月版）；《方志学引论》（与胡惠秋合著，北京燕山出版社1989年2月版）。

安徽大学历史系教授林衍经4部:《方志史话》(中州书画社1983年9月出版);《方志学综论》（华东师范大学出版社1988年版）；《中国地方志》（上海古籍出版社1996年11月版）；《方志编纂系论》（安徽大学出版社2001年版）；论文集1部，《方志求是集》。

贵州大学历史学教授张新民1部：《贵州地方志论纲》（“贵州地方志参考丛书”）1985年7月印刷。

复旦大学历史系教授黄苇2部：主编《中国地方志辞典》89.8万字，参加撰稿为复旦大学历史系与杭州师范学院政史系方志学专修班30位老师、学生共同编纂(黄山书社1986年11月出版)。黄苇、巴兆祥、孙平、姚金祥、褚赣生著《方志学》（复旦大学出版社1993年6月版）。

杭州大学历史系教授仓修良2部：《方志学通论》（齐鲁书社1990年出版；方志出版社2003年修订本）；《仓修良探方志》（华东师范大学出版社2005年出版）。

苏州大学地方志研究室主任吴奈夫：《新方志编纂学》（江苏科技出版社1991年版）。

河北大学人文学院教授吕志毅:《方志学史》(河北大学出版社1993年10月版)。

扬州大学社会发展学院教授许卫平：《中国近代方志学》（江苏古籍出版社2002年版）。

②主要论文集（5部）

黄苇：《方志论集》（浙江人民出版社1983年11月版）。

史念海、曹尔琴：《方志刍议》（浙江人民出版社1986年3月）。

林衍经：《方志求是集》（广西人民出版社1989年9月版）。

来新夏：《志域探步》（南开大学出版社1993年9月版）。

仓修良：《史家·史籍·史学》（山东教育出版社2000年3月出版）。

（3）实践派

20世纪80年代大规模修志以来从修志实践中产生了一大批方志专家，对方志理论，尤其是方志编纂理论进行了较为全面的研究。《中国方志五十年史事录》（诸葛计著方志出版社 2002 年 12 月版）第 677 页评论："梅森著《方志学简论》由黄山书社出版。评论者认为，其与刘柏修、刘斌主编的《当代方志学概论》有三个共同点……。这两部书连同张松斌的《实用中国方志学》（海潮出版社 1997 年 12 月出版），都出自方志编纂实践者之手，标志我国方志学研究已由'学院式'转移，走进了修志者等上方志学学术殿堂的新阶段。"

实践派的代表有：山西省地方志学会副会长、秘书长曹振武，贵州省地方志编委会顾问、《史志林》副主编张桂江，安徽省地方志学科带头人、省地方志学会常务副会长、上海市地方史志学会秘书长、《志苑》杂志总编、《上海地方志》常务副主编、安徽省三级志书审稿组成员、上海市三级志书审稿组成员、编审梅森，安徽省地方志学会副秘书长、《马鞍山市志》主编、编审李昌志，陕西省地方志编纂委员会副编审解师曾，成都市地方志协会副会长张伯龄，广州市地方志研究所所长饶展雄，广西通志馆副编审、华夏地方志研究所特约研究员童健飞，贵州仁怀县志主编蒲宗亮，河南省地方志办公室副主任、编审鲁德政，中国地方志协会理事、首轮首部县志《如东县志》主编、江苏省地方志学会秘书长李明，山东省《青州市志》主编、华夏地方志研究所特约研究员张景孔，江西省地方志学会副会长、副编审金达迈，《江西省志》总纂室主任、副编审刘柏修，《山东省志》副总纂、编审王复兴，黑龙江省地方志学会副会长、《黑龙江史志》杂志主编、编审梁滨久，华夏地方志研究所特约研究员、《当代中国志坛群星集》主编邵长兴，河南省地方志协会秘书长、《河南史志》主编于平天，《吉林省志》副总纂、编审苑广才，上海市地方志办公室副主任、研究员姚金祥，浙江省地方志办公室副主任、省地方志学会副会长、副研究员俞佐萍，湖南省志副总纂、编审洪期钧，广州市地方志学会会长、研究员甄炳昌，《中国地方志综览》常务副主编郑正西，陕西省地方志办公室副主任、省地方史志协会副会长、编审董健桥，《吉林省志》总纂室主任、副编审严寒，云南省志办副主任、副编审宋永平，上海市地方史志学会理事、黄浦区史志办公室主任范洪涛，扬州市《广陵区志》主编杨杏芝，河北《辛集市志》主编、副编审王登普，山西《阳城县志》主编、编审刘伯伦，安徽省地方志学科带头人、华夏地方志研究所特约研究员、副编审王晖，贵州地方志协会副会长、教授史继忠，陕西渭南地区地方志办公室主任、副编审杨树民等。许多实践派专家都是亲自参加具体修志的，如李明为首轮首部出版的县志《如东县志》的主编。梅森参与主编了《全椒县志》，1991—1997 年主持了《安徽省志》的编纂业务，参与了《上海专志系列》的编辑审稿工作。姚金祥担任过《奉贤县志》的主编，参加了《上海通志》的总纂工作。李昌志为《马鞍山市志》主编。张伯龄是《崇庆县志》主编。张景孔是《青州市志》主编。金达迈是《丰城县志》主编。杨树民是《渭南县志》主编。实践派的理论来源与实践。

①专著（62 部）

刘光禄、李明、杨向东、陈有清：《县志编修探微》（安徽人民出版社 1983 年 5 月版）。

薛虹：《中国方志学概论》（黑龙江人民出版社1984年4月版）。

唐睢目：《方志学常识》（重庆出版社1986年2月版）。

林如雨：《新方志编纂问答》（海天出版社1986年2月版）。

齐红深：《学校志概论》（辽宁人民出版社1986年7月版）。

王复兴：《方志学基础》（山东大学出版社1987年版）。

王春瑜、李明、杨向东：《新地方史志学简编》（四川社会科学院出版社1986年3月）。

王晓岩：《历代名人论方志》（辽宁大学出版社1986年12月版）。

曾星翔、李秀国：《中国方志百家言论集萃》（四川社会科学院出版社1988年6月版）。

王亚洲、晁文璧、梅森：《实用方志编纂学》（黄山书社1988年10月版）。

李明：《新方志编纂实践》（上海人民出版社1988年10月出版）。

张伯龄、郑正西：《方志记事技巧》（黄山书社1988年10月出版）。

周永光、郑正西：《新编方志点评》（黄山书社1988年10月版）。

雷秀武、王胜先：《民族志概论》（贵州人民出版社1988年12月版）。

齐红深、王克勤：《教育志学》（辽宁大学出版社1988年12月版）。

朱祥清：《新编方志体例比较与思考》（上海社会科学院出版社1989年5月版）。

王晓岩：《方志体例古今谈》（巴蜀书社1989年8月版）。

李明、徐瑞清：《实用方志编纂研究》（沈阳出版社1989年9月版）。

王复兴：《方志编纂学》（济南出版社1989年8月版）。

张伯龄：《志稿修改与总纂》（广西人民出版社1989年11月版）。

罗来兴：《中国城市方志学概论》（北京燕山出版社1990年1月版）。

邸富生：《中国方志学史》（大连海运学院出版社1990年4月版）。

吕武进：《省市志编纂实用手册》（江苏人民出版社1990年7月版）。

彭静中：《中国方志简史》（四川大学出版社1990年8月）。

王景玉：《新方志编纂探论》（学苑出版社1990年版）。

狄树之、蒋永才：《方志实用编纂问答》（南京出版社1991年1月版）

金达迈：《方志文体研究》（上海人民出版社1991年8月版）。

路遇：《人口志编纂学》（中国广播电视出版社1991年8月版）。

禹舜、洪期钧：《方志编纂学》（中国文史出版社1991年9月版）。

李明、薛兴祥：《方志管理学》（江苏科学技术出版社1991年11月版）。

祁明、李承：《新方志编纂200问》（山西人民出版社1991年11月版）。

王田有：《方志政治性研究》（新华出版社1991年版）。

蒲宗亮：《县志编纂实践丛谈》（贵州人民出版社1992年7月版）。

肖先治、张桂江：《论新方志编修》（贵州人民出版社1992年10月版）。

王复兴：《省志编纂学》（齐鲁书社 1992年版）。

魏琦：《甘肃省志编纂纲要》（甘肃人民出版社1992年版）。

白俊山、常江：《实用新方志学》（辽宁大学出版社 1993 年 5 月版）。

蒲宗亮：《县志编修管理谈》（贵州人民出版社 1993 年 7 月版）。

蒲宗亮：《县志主编素质谈》（贵州人民出版社 1993 年 7 月版）。

张松斌：《实用方志学》（澳门人文出版社 1994 年 2 月版）。

姚金祥、何惠明：《简明方志编纂学》（南海出版公司 1994 年 12 月版）

梁耀武：《方志学举要》（云南人民出版社 1995 年 11 月版）。

姜自立：《中国史志之最》（宁夏人民出版社 1996 年 1 月版）。

毛东武：《方志编纂学》（黄山书社 1996 年 8 月版）。

俞红飞、程慧：《中国当代方志编纂学研究》（方志出版社 1996 年 12 月版）。

刘柏修、刘斌：《当代方志学概论》（方志出版社 1997 年 8 月版）。

梅森：《方志学简论》（黄山书社 1997 年 11 月版）。

龚立新：《县志编修求实说》（方志出版社 1997 年 11 月版）。

张松斌：《实用中国方志学》（海潮出版社 1997 年 12 月版）。

张文桂、荣竹林：《方志编纂学概论》（内蒙古人民出版社 1998 年出版）。

杨军昌：《中国方志学概论》（贵州人民出版社 1999 年 11 月版）。

韩章训：《普通方志学》（方志出版社 1999 年版）。

张桂江：《地方志编纂与续修》（香港天马图书有限公司 2000 年 3 月版）。

梅森：《续志备考》（黄山书社 2000 年版）。

王景玉：《方志学新探》（香港天马图书有限公司 2000 年版）。

王卫明：《经济志点评》（方志出版社 2001 年版）。

古飞鸣：《志稿通病研究》（香港天马图书有限公司 2001 年 9 月版）。

李在营：《方志编纂学概论》（德宏民族出版社 2001 年 11 月版）。

许还平、陈守强等：《省志编纂概论》（中州古籍出版社 2001 年版）。

姜自力：《新编史志概论》（宁夏人民出版社 2002 年 3 月版）。

甄人：《一代志坛——马克思主义方志学理论与实践》35 万字（方志出版社 2002 年 12 月版）。

程慧：《续志编纂要览》（广州出版社 2003 年 3 月版）。

梅森：《地方志书内容要素探微》（方志出版社 2009 年 9 月版）

②论文集（52 部）

史继忠：《方志丛谈》（贵州人民出版社 1985 年 2 月版）。

苑广才：《论方志写作》（吉林人民出版社 1988 年 8 月版）。

梁滨久：《方志学新论集》（广西人民出版社 1989 年 9 月版）。

张仲荧：《当代方志学探论》（巴蜀书社 1990 年 1 月版）。

饶展雄：《史志文稿》（广东人民出版社 1990 年 6 月版）。

杨树民：《方志新论》（陕西人民出版社 1990 年 12 月版）。

解师曾：《方志记述论丛》（陕西人民出版社 1991 年 5 月版）。

宫栾鼎：《方志文集》（科学普及出版社 1991 年 5 月版）。

张其卓：《志海求艺》（辽宁人民出版社 1991 年 7 月版）。
张景孔：《志苑文论集》（青岛出版社 1991 年 9 月版）。
刘乾昌：《刘乾昌方志论文集》（山东人民出版社 1991 年 12 月版）。
张天弓：《新志探微》（海洋出版社 1992 年 5 月版）。
张伯龄：《方志务实论集》（四川人民出版社 1992 年 10 月版）。
刘宗泽：《地方史志编纂新论》（齐鲁书社 1992 年 12 月版）。
周光烈：《方志编审文集》（中国广播电视出版社 1992 年 12 月版）。
任勋禄：《修志文稿》（山西人民出版社 1992 年 12 月版）。
张东民：《新方志理论与编纂》（海潮摄影艺术出版社 1993 年 3 月版）。
甄人：《新方志概说》（广东人民出版社 1993 年 3 月版）。
負创生：《新方志编纂研究与实践》（山西人民出版社 1993 年 5 月版）。
徐新荣：《方志求索录》（陕西人民教育出版社 1993 年 9 月版）。
王万涛：《志海探微》（大连出版社 1993 年 12 月版）。
殷蔚然：《城市志研究》（沈阳出版社 1993 年 12 月版）。
周如汉：《霜林集》（上海科技文献出版社 1994 年 1 月版）。
杨鸿儒：《杨鸿儒方志文存》（四川科学技术出版社 1994 年 7 月版）。
刘伯伦：《方志新议》（海潮出版社 1994 年 12 月版）。
鲁德政：《新方志文集》（中州古籍出版社 1994 年 12 月版）。
于平天：《方志杂论集》（中州古籍出版社 1994 年 12 月版）。
祁同新：《方志新论》（湖北科学技术出版社 1994 年 12 月版）。
李广星：《方志探索与实践》（中州古籍出版社 1994 年 12 月版）。
张景孔：《志评》（中州古籍出版社 1994 年 12 月版）。
唐志敬：《史志浅探》（广西人民出版社 1994 年版）。
李荣高：《史志探索》（云南大学出版社 1995 年 11 月版）。
周志公：《论苑隅踪》（青岛海洋大学出版社 1995 年 11 月版）。
王晖：《方志性质辩论》（黄山书社 1995 年 12 月版）。
吴仲炎：《史志改革纵横谈》（武汉大学出版社 1995 年版）。
李景煜：《志说》（云南民族出版社 1995 年 12 月版）。
宋永平：《方志学的理论与实践》（中州古籍出版社 1995 年版）。
柳成栋：《长铗归来斋文稿》（哈尔滨工业大学出版社 1996 年 12 月版）。
俞佐萍：《俞佐萍方志论集》（中国书籍出版社 1996 年版）。
张松斌：《方志学探微》（海潮出版社 1997 年 2 月版）。
王青野（王登普）：《新方志编研论稿》（中国书籍出版社 1997 年 12 月版）。
卢振川：《卢振川方志文集》（方志出版社 1999 年 2 月版）。
冼光位：《血思集》（广西人民出版社 1999 年 3 月版）。
梁滨久：《梁滨久方志文集（上下册）》（香港天马图书有限公司 1999 年 6 月版）。
张东民：《志海耕耘》（北京广播学院出版社 1999 年 12 月版）。

罗解三：《小草集》（香港天马图书有限公司2000年8月版）。
张桂江：《百部志书点评》（香港天马图书有限公司2000年12月版）。
马国顺：《史·志·鉴探论》（吉林人民出版社2000年12月版）。
王万涛：《史苑撷英》（中国社会出版社2001年2月版）。
谈汗人：《志坛耕耘录》（华艺出版社2001年3月版）。
邵长兴：《邵长兴方志文存》80万字（河南大学出版社2001年版）。
黄继澍：《鳄渚志谭》（方志出版社2003年4月版）。

第三讲　地方志书编纂的原则和要求

一、体例要求

志书体例包括结构、体裁与章法。它涉及到志书的类型和名称、时间断限、体裁、篇目结构（框架）、记事、立传、文体、叙事等方面的要求。

体例是编纂志书的准则，是体现志书特征的关键。体例要通过凡例（编纂凡例、读者凡例）、编纂说明（系列志书中，总凡例以外，各组成志书不同的要求说明）、编纂规范去约束。

（一）坚持志体

横排门类，纵述史实。除总述卷、分志（分卷）概述、篇章节无题导言外，其他正文一般坚持述而不论（概念含糊时可“适当画龙点睛”）。

体例科学、规范、严谨，适合本分志、分卷内容记述的要求。

地方志体例有五个基本特征：①时空界限明确；②事以类从，类为一志；③横排竖写，以横为主，宜横则横，宜纵则纵；④综合性资料文献为特征，门类齐全，内容全面；⑤述而不论。

坚持这五个基本特征就是坚持了志书体例。

（二）体裁运用得当

述、记、志、传、图、表、录体裁运用得当，以志为主。

1、总述、概述、无题导言（述体）

概全貌、概轨迹、概特点；人物志定范围明取舍。

用概括性语言对事物作全面深入、简洁精当的综述。注意选择概括性事实、概括性（含结构性）数据，形成概括性的语言风格。

以述为主，以论为辅，议论力避空泛。夹叙夹议，论从事出，不空喊口号不唱高调。各个方面（板块）的记述，分别遵循顺时记事的原则。举要综述，把握重点要点节点和标志性事物及精华事物，不面面俱到。

注意反映事件活动的阶段，阐明事物间的内在联系，彰明因果。恰当评说利弊得失。源于高于各分志、卷内容或本分志、卷篇章内容。行文言简意赅、文约事丰，语言流畅，凝练意深。

总述卷对全志内容进行概述，分志（卷）概述对本卷内容进行概述，篇章节导言对本篇章节进行概括提要。无题导言据实际需要，一般篇层次高，必须有导言。章下一般设导言，但各节本来就是综合性的，整体性也较强，可不设导言。节下无子目的不设无题导言。不搞模式化、形式主义、叠床架屋、机械重复。

2. 大事记、专记、编纂始末（记体）

（1）大事记

大事记卷选录大事要得当，要事不漏，既要突出重点，纵不断主线，又要覆盖全面，横不缺要项（从事条组合后整体看）。

事条时间、地点、人物（单位）、结果等要素齐备（结果，从整个大事记看）。

采用编年体为主，适当结合纪事本末体，分年、月、日记述大事、要事，对于其中在时间上有一定跨度、又是连续性的重大事件，则采用适当集中记述始末的方式。

按时间顺序，一事一条。从本区域、行业、事业整体高度选取事关全局的事件，避免写成部门（行业）的大事记。

选择举国大事扼要作为本地演变发展的背景事条。

大事记核对篇章内容，表述一致。

（2）专记

专记设置因事制宜，选题严格，数量适度。记述跨门类，影响全局，对本区域、行业、事业起决定作用和未来有借鉴作用的重大事件，一事件一专题，用纪事本末体方式详记始末。可专设集中的专记门类，也可随有关篇章设专记。篇幅小的、原门类可以涵盖、事件性的可设“附记”，事物性的设“附录”。

（3）编纂始末（编后记）

编纂始末重点反映修志始末，包括修志起因、组织领导、方法步骤、内容编排、编纂方法、创新做法、修志体会等。古代的修志研究往往在义例、序跋中，今天志书往往不注意继承这个好传统，与方志编纂行政化，压缩学术业务空间有很大关系。

3. 志（志体）

各分志（卷）门类（篇、章、节、目）设置合理。纵述史实，把握事物的发端、变化和现状，不缺失主要事物、事物的主要方面和事物发展的重要阶段，重大事物、地方特点事物有背景、有因果，有比重结构。志是内容主体，注意各分志的关联布局与详略角度、逻辑关系。

4. 传（传记体）

人物卷（篇）包括人物传（传略）、人物简介、人物表、人物录四种体裁。人物传（传略）记已故人物，主要是正面人物，也有少数对社会起阻碍作用的反面人物。人物简介主要记健在人物，但少数已故人物材料太少也可放在简介中（也有的志书传记、传略记述已故人物，简介记述健在人物）。英雄集体和模范、高级知识分子等可入表。

入人物简介、表、录的级别可根据本地区、本行业、事业的情况，但也要考虑各分志、分卷的平衡。人物传记和人物简介要写出人物的个性。英雄群体，要写群体人物的事迹，不能见事不见人。相关联的人物也可合传。

传记人物内容，包括履历和事迹，重点记好在本地、所从事行业、事业的事迹；人物简介略记履历，主要对本地、本行业、事业的活动简要记述；英雄群体，要写群体人物的事迹。

所记人物包括本籍人物（在本地工作、外地工作均记）和客籍人物（还有如“新北京人”“新上海人”）。本籍人物记其一生，不论活动地区。外（客）籍（包括外地，外国籍人）人物，简单记述履历外，主要记在本地期间的活动内容、重要贡献和影响。

5. 图、照

图、照同样是历史文献。其拍摄、绘制、选用、编排，要做到典型性、资料性、专业性、综合性、条理性、精确性、艺术性的统一，从不同角度反映情况。卷首的图、照能够统辖本志、本分志、本分卷内容。串文图、照与所在部分文字要吻合。图照说明文字精炼、准确、明白。时间、地点、事物、人物要素全面。如有物无事，需要括注拍摄时间。涉及著作权的要交代拍摄者或提供单位。卷首照片尤为重要，前置宏观全局有重大影响的图照，其后根据本志分类逻辑顺序编排。按 16 的倍数确定卷首页数，图照一般采用内在逻辑编排，不设标题。

6. 表

表格包括统计表（数据表）和一览表（事表、文字表）。表格紧随相关正文之后。内容准确，不与正文简单重复或自相矛盾。不以表废文，应文显轨迹、阶段、结构、比重、特点，而表的数据、文字详细具体。统计表敞开式，一览表封闭式，左右均无“墙线”。注意原始表格要改造，志书表格用“附注”“说明”，不用“备注”（备注是发表格时预留栏，志书表格空栏已填，不再“备注”）。表格包括表头、表题、表序、表栏、表列、说明。统计表不允许空格。统计为零，用“0”表示；有统计暂未找到数据用符号“—”表示。统计表数据为了对齐，同一列统一小数点后保留几位数字（一般保留 2 位小数）。

7. 录

收录与所记政治活动、行业、事业、实体有关的，历史上起过重要作用，未来还有参考价值，有重大社会、文献价值的法规、文件、报道、艺文等原始文献。还可包括补遗考订等资料。

附录辑录的是其他各卷难以归类，或篇幅较大的复制件，就单项看可具有比各分志、卷的有关内容更为详尽的资料信息，是对各卷有益的补充。

附录设若干类别，每一件附录件另面编排。

选、辑的文献必须保证文献的真实和尽可能的原始状态。具体方法两种，一是全文辑录保持文献的原貌，二是删去非本质核心内容予以节录。节录必须保存原文核心部分（句词不动），删节处用删节号[……]表示，文献标题下标明“（节录）”。

8. 索引

全志除人物卷外，各分志、分卷均编制索引，设置于编纂始末之前。

索引分类标准统一，名称概念清楚，提炼的标引词符合主题原意，附缀正文页码准确。

9. 分清志种，区域志、专志不可写成部门志

规划的志书为综合性区域志，见国务院《地方志工作条例》。区域志是以行业、专业、专门志的内容综合而成；专志就是专门的志书。记事范围是从区域，专业、专门事物角度。不是部门志。

省志、市志、区县志不可写成行业、专业主管部门工作的内容的综合，而是行业、专业的综合。是区域范围事物，而不只是管辖内或所管事物。

实体志是部门志、企业志、事业单位志，是选择有代表性的经济、事业实体进行记述。一般不列入规划，极少数也有列入规划的，如上海市二轮志书的市级专志。

此外，不列入政府编纂规划的还有“特色志”，即书名“名”字打头的志书，如名城志、名镇志、名村志、名校志、名山志、名水志、名园志、名街志、名肴志、名点志、名酒志、名茶志、名果志，等等。（详见梅森：《特色志编写之我见》上海志鉴 2002 年第 5 期）

二、篇目与内容要求

篇目设置符合“事以类聚”“类为一志”的基本要求，横不缺要项，科学分类与现代具体分工、全志整体性与分志（卷）相对独立性、体例的统一规范与突出特点的关系处理得当。

整体布局合理，结构严谨，归属妥当，层次分明，排列有序，逻辑清楚。突出时代与地方特点，类目的升格或降格使用适度。

标题简明准确，题文相符，同一门类各级标题不重复。

内容完整，横不缺要项，纵不断主线；详略得当，重点突出；反映事物基本特征，记述有深度。内容能够全面、客观、系统地反映断限内本行业、事业、本实体发展的全过程。

要研究本记述门类、类目的内容和要素，做到内容全面系统；内容完整呈现阶段、规律、特点特征，摈弃流水账，不知所云。反对照抄工作总结和年鉴。

（一）横分门类纵向记述

志体与史体不同，在编纂形式上，史体是以时系事，志体是以类系事。史书以年代为经、以事件为纬，著撰往事，侧重于从纵的方面反映历史的连续性；而志体却要求分门别类地记述一方之历史与现状，“事以类从，类为一志”。它的特点是打破总的时间概念，注意按事物分类横排。

志书在横排门类过程中，一定要严格区分各类事物的性质和遵从科学分类原则，在纵向记述上，应注意：

（1）纵述不宜溯源过远，而应侧重志书时间断限以内，需上溯的则上溯，适当勾连历史梗概，保有事物的完整，尤其是续志；可对经济、文化、社会内容作选择性勾连，不宜“自然断限”式衔接前志；

（2）切忌纵列文件、常规工作、一般情况，而应纵述事实，反映事物的变化发展；

（3）不要面面俱到，眉毛胡子一把抓，而应抓住主线，突出主要；

（4）不要逐年记述，搞流水账，而应纵述演变，写好事物的量变、质变和盛衰起伏，切忌流水账似的逐年资料罗列。

横分纵述的方法在认识与反映事物本来面目方面有其独到之处，即能较科学地反映同一门类事物的内在联系，揭示同一门类事物间具有规律性的发展变化。此原则充分体现了地方志的编纂个性，以及别具一格的编纂风格。

横分门类、纵向记述是志书编纂应遵循的一项基本原则。但由于方志所记述的事物具有复杂性和特殊性，所以在记述一些具有特殊性的事物时，应灵活掌握这一原则，做到宜横则横，宜纵则纵，以横为主，纵中有横，横中有纵，纵横结合，使篇目既符合志体，又便于把内容写清楚。避免过分强调横分门类，纵向记述，而导致记述事物的整体性较差或交叉处机械重复等现象。

（二）横不缺项，纵不断线

新编地方志要求横陈“百科”、纵述历史，历史主线不可割裂，即所谓横不缺项，纵不断线。有的称”横不缺要项，纵不断主线”。

横不缺项是拟订篇目要遵循的一项重要原则。方志最基本的特征之一，就是一个“全”字。所以称它为一方之全史。它所记载的是一地、一行业之全貌，举凡一地自然、经济、政治、文化、社会、人物等，无一不在方志记述范围之内。特别是随着发展，当今社会分工越来越细，行业越来越多，社会结构越来越复杂。我们在拟订篇目时务必深入研究，熟知地情，做到尽其所有，无所不包，广辟类目，注重科学，也就是务必做到横不缺项。

纵不断线是编纂地方志需要遵循的另一重要原则。地方志为“一方之全书”，又是“一方之全史”。横向看，方志反映一方之全貌；纵向看，方志反映断限内一方包括各行各业的兴衰起伏和历史发展脉络。因此，断线与缺项一样都会影响志书的质量。

（三）突出时代、地方、专业特点特色

一部志书是否优劣和有无价值，关键之一是看其有无特色。地方志的特色包括时代特色、地方特色及专业特色三个方面。

地方志是时代的产物，具有强列的时代感，时代性是地方志在时间方面的重要特征。不同时期编修的地方志无不体现着时代的气息。如首轮志书中都体现了由传统农业走向现代农业，由传统工业走向现代工业。二轮志书反映工业化、城市化进程，反映改革开放、经济发展、精神文明建设、多元发展，全面走向世界。

地方志要保持旺盛的生命力，还必须具有鲜明的地方特色。我国幅员广阔，地区性差异很大。编写地方志时，应注意挖掘本地事物及其发展规律与外地的不同之处，予以详细记述。同时又要很好地突出一个地方的整体特色，地方上特有、特多、特好的事物必须加强记述。

专志必须突出专业特色。当地优势行业、优势事业。如上海的经济、金融、航运、商贸等。

反映事物特点、特色，融个性特征于记述事物的内容之中。特色的事物或事件“浓墨重彩”详细记述，对少数极具特色的事物或事件，允许“单独立志”“升格”或“前置”处理（注意适度）。

（四）生不立传，生可入志，以事系人

地方志的记述内容是一个行政区域内的天、地、事、物、人，以此反映一地自然环境和社会面貌的历史和现状。人是社会活动的主体，历史是由人的活动构成的，编修地方志不能离开对人的反映。以事系人，生不立传就是在方志中如何体现人的活动应遵循的原则。

传记是记载本地已故重要人物一生事迹的文字。盖棺论定，不为生人立传，是修志的传统原则，历来为志家遵循。一是因为志属信史，立传人物，其事迹都要详加验实，以昭征信，特别要经得起历史的检验，方能使志书达到“求实存真”的目的。二是因为生人发展趋势难作定论。尤其是那些炙手可热的风云人物，在生之时往往身披无数美丽虚幻的光环，只有待其身后浮光渐渐消退，现出“真人”后，才能对其一生作出较为切合实际的评价。三是因为为活人立传，社会上各种社会关系容易介人，常有私人请托而干扰人物传的编写，影响修志工作的正常进行。生不立传，便可“远迎合之嫌，杜是非之议耳”。

1998年2月10日中国地方志指导小组颁发的《关于地方志编纂工作的规定》也就此作了明确规定和强调，“在世人物不立传，凡在世人物确有可记述的事迹，应在有关篇章节目之中予以记录。人物志要坚持生不立传的原则，在世人物的突出事迹以事系人入志”。由于首轮修志已故人物的记录，二轮修志已故需列入人物传的人物不多，故多采用健在人物简介处理。

以事系人，亦称因事系人，即因记述某一方面或某一事情的兴衰始末时涉及到有直接或间接关系的各类人物。它是编修地方志书，处理人、事入志，特别是在世人物入志的基本原则。要求记人时只记述与此事有关的一些内容，而不是评价该人的全部历史（这是人物传的内容）。以事系人不是事事系人，人人都系，它只能系对历史发展有重大影响的历史人物和在两个文明建设中有突出成绩的在世人物和其他人物，而且是以起过积极影响的杰出人物为主。具体地说，主要系12种人：创始人；主要领导人；起重大作用的关键人物；杰出的理论家、科学家；行业名人；能工巧匠；创造、发明的研制者；各种重大奖励的获得者；先进模范人物；具有高尚道德的好人好事；已定案的有重大影响的反面人物；有助于说明事物原委、全貌的当事人等。以事系人常用的方法是水乳交融法，就是把人与事、人与物糅在一块记述，人随事出，人随物出。也可以采用其他方法，如大处着墨法、典型记述法、条目系人法等。还有人归纳为“点系”“直系”“附系”“专系”4个方法：①“点系”，点到即止，如某工程有谁投资兴建，某某设计，某某主持施工；②“直系”，记事中直接联系人物某突出事迹，如介绍某项科研情况的时候，直系重大项目主持者获奖者与该项目有关的事迹；③“附系”，用注释的方法点出人名、事迹。如《台湾通志稿·水产篇》“吴郭鱼”的注，介绍“吴郭鱼”原产非洲，40多年前台湾技术人员吴振辉、郭启彰自新加坡带回16尾回台，大量繁殖，为纪念二人，命名“吴郭鱼”。④“专系”，如《台湾通志稿·经济志·商业篇》专设一节：“刘铭传在台湾对外国贸易上之治绩”。

人物卷（篇）编排，如果记载的人物较多，可以先分体裁（传、传略、简介、表），再分类型，如军政、经济、文化等编排。人物少的志分体裁不分类型。按照生年或卒年顺序编排（续志人物简介等主要记健在者，导致人物卷、篇按照出生时间排序）。

记述人物准确、客观、公允。人物传记（传略）记传主的生卒年月、籍贯（户籍地、出生地）、主要经历、典型事迹、个性特征、社会评价等。人物简介略记人物履历及主要事迹，不面面俱到。

三、记述原则和要求

（一）遵守疆界，不越境而书

自古及今都把确定疆域范围作为志书的首要基础，所记事物控制于区域范围内，不得随意超越。“沿革定而上考往古，乃始无惑；疆域辨而山川乃可得而纪”。（戴震乾隆《汾州府志例言》）志书都是依据行政区域为范围，记载一方自然和社会的历史和现状的，不能任情伸缩，信马由缰，喧宾夺主，越境而书。

为了交代背景或为了比较差异，或为反映本地的经济、文化辐射力和与外地的联系，并不排除有针对性地引用外地的资料。但这种引用必须有量的限制，选材要精当，记述要简明，在总体上做到不越界，不过境，使所修志书真正成为“一方之实录”。

具体地说：区域志、专业志记本区域（行政区划）内容，同时要记本地事物与外地的辐射与关联，外地事物在本地的活动与影响。实体志，记本实体管理、活动地域，同时记辐射关联，外实体与本实体的关联活动（外省、外国辐射、关联均记）。

（二）时间界限明确（越时不书）

不随意突破志书的上限和下限，严格控制上溯或下延。

主体内容注意在断限时间内。

自然断限志书，注意勾连历史，简单勾连可以突破上限。勾连是为主体内容记述打底，保有所记事物的完整。。

重大工程项目在志书没有印刷之前竣工，可以突破下限，把工程写完整。

（三）顺时记事，熔铸资料综合性记述

按照时间顺序叙事，不倒叙，不插叙，故不用“以来”“曾经”一类时间副词。

不是资料罗列性的记述。“综合”——一是指熔铸志书综合区域自然、经济、政治、文化、社会各方面而成“一炉”；二是指对资料的综合熔铸，把松散的原始资料变成系统的分类历史情况的“娓娓道来”。

（四）述而不论，寓观点于记述之中

这一原则是指志书记述要忠于事实，不加分析评论，不直接作褒贬之说。虽不直接阐明观点，但要寓观点于资料的记述之中，用翔实的资料来说话，用反映客观

事物发展规律的资料来体现正确的观点。这一原则，是由志书的资料性、真实性、著述性所决定的。

述而不论，主要是针对志书的主体部分，即“记”“志”“传”三体裁而言的。这一部分的任务是把一方的自然、社会等各方面情况的历史和现状客观地、真实地记载下来。它与“撰述之书”“无一言不出于己”是不同的，编纂者鲜明的观点是寓于对客观事物记述的资料之中。

其方法：一是要求编纂者正确使用判断和表述事物的形状、数量、性质的语言，正确表述事物；二是在资料上巧用排比法（即选择最能表达观点的资料予以科学排列）；三是比较法（包括纵比、横比、兼比、联比、正反比等）；四是彰明因果法（通过对因果的记述体现政策是否正确，措施是否有力，方法是否科学等）；五是数据说话法等去隐、现观点。

就志书整体而言，议论是其必不可少的有机组成部分。主要体现在序言、概述、无题导言、编纂始末（编后记），甚至篇前、篇中、篇后也有出现。志书的议论是为了总结事之成败，评论人之善恶，反映编修者的见解等，它是主观的；而志书的史事内容是客观的，议论是以客观记述史事为基础的，在志书中客观的记述和主观的议论要严格分开，不宜采取夹叙夹议的手法。但又要与所述的史事紧密相连，切忌离开所记史事而空发议论。志书的议论要精当简明，只能据事而断，作画龙点睛的点评性议论，决不作推理性的长篇大论；否则，就会失去志书的特点。

述体中的必要议论适度，不空泛。不是没有观点，这是修志与编史的区别。但在事物观点不表述会导致政治界限模糊时，也可恰当表露观点。

（五）事物记述基本阶段基本要素要完整

记述事件，时间、地点、参与人或群体、事件起因、发展变化、事件结果要素齐全；记述事物，根据各事物具体特征，构成该事物的基本要素齐全。

事物记述要阶段完整，即发生的原因、过程、结果。如“政策措施”，包括政策措施出台的原因，参与政策措施出台的单位及作用，主要条款，条款调整，实施的典型活动，效果，评价等。

（六）典型运用

挖掘典型资料，通过个体、群体典型资料的运用，使事物的发生、发展和变化更加鲜明。典型性资料选取慎重，能够经得起历史检验。有些志书记述中只注重统计资料和情况，缺少典型资料，导致志书的地方性、时代性不强，甚至换换数据就成为其他地方的志书。

（七）表述统一

同一区域志、分志（卷）中同一名称、事实、数据、时间、度量衡、术语的表述，前后一致。

（八）交叉处理，不机械重复

内容记述不机械重复。交叉记述的事物，可以采用不同角度、不同层面、不同详略、不同侧重、不同环节、注引互见等多种方式处理。内容详略关系，主体事物或事件宜详，从属事物或事件宜略；同一事物或事件，作为主体时宜详，作为背景时宜略；在微观层次记述上宜详，在宏观层次记述时宜略。

（九）图、照制作规范

规范，要素齐全，包括必要的图题、图例和注记。

照片主题明确，图像清晰，注明时间、地点、事物，需要说明的人物的位置及时任职务等。

图包括地图和专题图、示意图等。地图采用国家测绘部门和有关部门绘制或者审定的（有审图号），重要地理信息数据采用测绘部门公布的法定数据。地图注明比例尺。图的标题、图序、图注要素不缺。专题图、示意图根据内容恰当选用扇型图、曲线图、柱型图等。

照片说明文字中时间、地点、事件、人物要素齐全，具有提示和延伸照片内容的作用。照片无广告色彩，不收人物标准像。

图、照紧随相关正文之后，图、照与正文内容一致，图文并茂。

（十）表格制作合体

表设计合理，标题（表题）、纵列、横栏、栏线、数字或文字、说明等六要素齐全。

形式规范，统计表为开敞式（三线表），事表（一览表）为封闭式（无墙线）。

表的标题包括时间、地域（或行业、单位）、事项三部分，标题与表的内容相吻合。单项计量，统计表计量单位置表右上角，多项计量统计表计量单位分别置于相关项目栏中。根据表格内容多少设计单栏、双栏或三栏，合理安排篇幅。表中数据核对无误，与正文数据，合计数与分项数相吻合，数位上下对齐。全书表格样式、编号统一。尽可能不用 8 开表（宜折断并增加书的麪度），可以采用栏目拆分、续表方式改为 16 开表。

（十一）索引制作方便检索

本志各卷据情独立设置主题索引、人物索引、图表索引。主题索引涵盖序、凡例以外所有篇章节目。

从标题或正文中提炼主题词作索引，称作主题索引编制方法，具体包括标题法、关键词法两种。地名、单位名、专业科技名、事件名的提炼与编制属此方法。主题索引按主题词首字汉语拼音字母顺序排列。主题词索引须专人和熟悉志书内容的编纂人员共同完成。人物索引按人名首字笔画顺序排列。主题词和人名后的阿拉伯数字为所在页码。

图表索引参照主题索引方法制作。

索引中单位名称一般采用规范简称。每条索引除篇目外均为单一主题。主题词的选择根据标题或内容，按习惯的通用词汇提取，如有多种提法时，多种提法并用。

索引应该由各分纂从承编部分内容中分析出索引词，总纂汇总成为全志索引。而简单地用软件制作索引是不全的，因为软件只能识别词汇，不可能理解内容含义。

四、资料原则和要求

（一）资料真实、准确

资料经过鉴别、考证、核实，时间、地点、人物（单位）、事实、数据等准确。有歧义但不可或缺的资料，多说并存。

（二）资料全面、系统

反映事物发生、发展过程的资料连贯、系统。人、事、物，时间、地点、事件经过等资料要素齐全。背景资料、综合资料、典型资料、统计资料齐备（“四材运用”，见梅森《谈志书的竖写》中国地方志通讯 1985 年第 2 期）。

（三）资料具有代表性、权威性

注重使用原始的第一手资料，包括党、政府、军队、民主党派、社会团体的文档资料，党报党刊及其他官方媒体资料，政府网页资料，单位部门总结资料、严肃的统计调查和社会调查资料和口碑（口述史）资料等。当代志书只重视文书档案、工作总结，忽视社会调查、口碑资料、口述史，急功近利，是志书质量下降的重要原因。尤其是体制外社会化、民营、民间、贴民气、贴地气、贴市场化的资料，完全靠行政方法、体制内的组织机构是很难编出良志的。

（四）资料长编成为资料与志稿的桥梁

先编资料长编，以长编为基础编纂志书。因为志书正文一般不交代资料来源，但引用文献的原文，制作的统计表格需注明资料来源。资料长编主要用篇目作为归纳资料长编电子卡片的框架，用篇目代码检索调动资料，确定资料卡片的存放位置。此外，在互联网时代，以资料长编为桥梁的地方志系统地情资料数据库，是方志事业发展的主要方向（详见梅森《地方志书内容要素探微》——数据化地情资料库框架设计参考，方志出版社 2009 年版；参见《汶川特大地震抗震救灾志.灾后重建志资料长编》），馆藏于北京市朝阳区潘家园东里 9 号国家方志馆）

五、行文规范与要求

（一）行文统一

全志各卷行文书写格式、文体语言、称谓名称、时间表述、数字运用与书写、量和单位、图表照片、引文注释与索引，统一执行下发的《行文规范》。

（二）把握志书文体

使用规范的现代语体文记述，基本不用总结报告、新闻报道、文学作品、教科书、论文等写法。不多种文体混合记述，原始的工作总结、工作报告、文件和工作信息、通讯报道，纪实文学、工艺流程或产品项目介绍等文体的资料，编纂使用时注意转换成规范的志书文体。事物是复杂的，地方志书又不仅仅使用记述文体，如旅游文艺部类有一定的文学性语言（尽可能用引文），对实体的介绍往往用说明文，述体局部采用议论文文体；但主体还是现代汉语记述文为主体。

（三）行文严谨、朴实、简洁、流畅

行文严谨、朴实、简洁、流畅。除引文和特殊情况外，站在第三人称角度记述，不用第一人称，所以不用“我市”“本市”等（有人说“不用第一人称”“用第三人称”叙述的表述不够准确。站在第三人称角度是表明记事的客观性）

（四）字词语法规范

使用规范汉字，用词概念准确，符合现代汉语语法规范。使用口语、方言、土语、俗语适当（为体现事物和地方某特征）；不滥用时态助词（着、了、过）；慎用评价词语；不用模糊、空泛词句（目前、今后）。时间、空间概念表述准确具体，指代明确。

现代志书中由于资料渠道不一，志书通稿不够，主编或总纂实际是“甩手掌柜”，导致一些常见的词语问题和前后不统一问题：（1）定名改称加不加引号混用，如改名为××局，应该统一为改名为“××局”（授予何称号同）。（2）江河只称“北岸”“南岸”不称“左岸”“右岸”，应该结合用。（3）法规、政策、文件用描写形容词“出台”，不用颁发、印发、下发规范用语；缺发文主体，用政区名含糊其词；如某某省发某某文。（4）是年、翌年、嗣后等非现代汉语词还有使用。（5）用多义简化字改写古代人名，如“黄光昇”改为“黄光升”。（6）其他、其它混用，实际“其它”已废止不用了。（7）序数中罗马数字、汉字数字、阿拉伯数字混用，如Ⅱ类、Ⅴ类、Ⅸ类，二类、五类、九类，2类、5类、9类混用。（8）立方米秒、m^3/秒与立方米/秒混用；1000米、千米混用；五分之一与1/5混用。（9）至、截至、截止混淆使用，不少把截至概念用“至”表达。（10）用模糊时间和倒述时间词表述，如曾、曾经、目前、今后、时任等。（11）同一词汇，不同数字形式书写，混用，如“百年一遇”与“100年一遇”。（12）尾数多“0”没有用万、亿为单位。（13）“到”与“至”混用，志书书面语用“至”为宜。（14）年底、月底表述不完整，如正确的表述是“2000年年底”。（15）书名号、引号间多加了顿号，如《》、《》，“”、“”，正确的应该是《》《》与“”“”。（16）滥用阿拉伯数字，无数量单位的用阿拉伯数字，三山六湖、七十二湖，写成“3山6湖”“72湖”。（17）“期间”“其间”混用，前者是名词，后者是代词+名词（那个期间）。（18）正文仿照表格大量保留小数点后的“0”，表格为数据对齐，正文不需要，如正文写成5.00千米、34.55千米、389.00千米。（19）连号~前后数量与度量衡单位画蛇添足，近年出版部门为避免混淆，要求原来“5～8万吨”应该书写为“5万～8万吨”，其后志书干脆写成“5万吨~8万吨”，甚至把无数量单位混淆情况的也连号前加度量衡，如把原“3～5吨”写成“3吨~5吨”，本来用连号承前省略的搞得非常烦琐。（20）外文、专业缩略语与地方性政策、规划缩略语不加注释。

以上是本文选作者修改志稿时积累发现的志书出现频率最高的不规范统一问题。

（五）概念准确

无知识性和常识性错误。不乱改科学定律、理论概念、政治术语、历史典籍、名家名言的提法和内涵等。

（六）称谓名称使用严谨

各种组织、机构、法律法规、文件、会议等专有名称首次使用全称。使用简称的，在适当地方括注于全称之后。简称概念准确规范，不产生歧义。不同时期的国家、团体、机构、职务等名称，均用当时名称。历史朝代名称使用规范的通称，以新版《现代汉语词典》附录的中国历代纪年表为准。今地名使用各级政府审定的标准地名。历史地名使用当时名称，括注志书下限时名称。涉及其他行政区域地名的，其行政隶属关系明确。生物、矿物名称，使用学名。记述自然资源涉及本地生物名称的，首次出现时采用二名法（拉丁语学名），括注当地俗名（如银杏树 GinkgobilobaL.白果树）。人物直书姓名，不冠褒贬词语，不在姓名后加身份词；必须说明身份的，首次出现时在姓名前冠以职务（职称）。译名准确。外国国名和常见的地名、人名、党派、政府机构、报刊等译名，以新华通讯社译名为准。新华通讯社没有译名的，首次使用译名时括注外文全称。跨区域的山脉、河流、湖泊、水库、公路、铁路、航线、文物、名胜古迹、重大事件等，其名称和数据以国家有关部门公布的为准。

（七）数据准确

统计数据的使用，符合国家统计法律、法规的有关规定，数据的定义、含义、统计口径和计算方法等清楚、准确，不错用、滥用。

统计数据以国家统计部门公布的法定数据为准。统计部门没有统计的，采用业务主管部门的统计数据或社会调查数据。不使用统计年鉴或其他文献的统计快报数，须使用“确定数”。不变价数据比较，要换算成统一不变价（或当年现行价）再比较。

统计资料是志书编纂最为棘手的问题。资料渠道不一，导致统计资料的统计主体、统计范围、统计时段、统计口径、统计标准的不一致，注意核对使用数据；数据表表脚必须交代数据出处。内容慎重进行比较，避免不同值比较和简单比较。如产值进行不同不变价阶段数据的比较；不考虑币值的历史长跨度的比较。一种数据，因为出处多元，导致志书内容数据的互相矛盾。只有第一步资料长编留有数据出处，第二步编纂中认真核对选择数据资料，第三步核对志稿数据资料，才能保证数据资料的系统统一，不互相矛盾。那种简单地在文、表中擅自改动数据资料，实际是一种造假行为。地方志编纂者的志德要求是依据史料编纂，而不是“创造改动”资料。

（八）注释引文符合著录要求

注释符合学术规范，便于查找原文。注释形式本志统一。 引文和重要统计表注明资料来源。数字、量和单位、标点符号的使用规范、统一，符合国家有关标准的规定。

如 报纸”×××（作者）：《清宫首席御医薛福辰》，载《文汇读书周报》2009 年 9 月 18 日，第 15 版。

第四讲　志书的编纂体例

一、方志的名称

方志的名称常用“记”“书”“典”“录”“考”“鉴”“览”“闻”“识”“乘”代替“志”字，如晋《湘中记》、清《黔书》、清《蜀典》、东晋《会稽典录》、晚唐《敦煌录》、清《滇考》、南宋《方舆胜览》、清《宁志余闻》、清《豫乘小识》、民国《盐乘》。

起名类别可分：

（一）据志书内涵起名

1. 偏重地理者常以“地记”“地理”“沿革”“图经”“图说”“图志”等名之

如：三国吴《娄地记》、晋《吴录地理志》、东汉《三辅黄图》（长安）、隋《隋州郡图经》、唐李吉甫《元和郡县图志》、清《广东图说》、清《天津政俗沿革记》

2. 偏重掌故（典章制度原始记录）的常以“典”“故”“掌故”等名之

3. 偏重文征（文献、诗文）常以“文献略考”“文献征略”“文献撮要”“备征志”等名之

4. 偏重丛谈（“三书”过后，弃之可惜的，如稗野说部、歌谣谚语、街谈巷议、故老传闻、人物轶事，喜闻乐见之事）常以“丛载”“拾遗”“琐志”“外篇”“余编”“琐记”等名之

5. 内容简略的方志常以“要”“略”“概览”等名之

如：唐《诸道山河地名要略》、清《龙沙纪略》、清《岱览》

（二）以时间概念起名

为了区别不同时限所修的志书，又出现多种方志名称和标法：

1. 冠以纂修者的姓名

2. 标名纂修的朝代和年号

3. 以纂修的次序和联系标注

如①首次修名中有“鼎修”“创修”“初志”等字样。

②重修、续纂加“重修”“重纂”“续修”“续志”等字样（元《至正四明续志》），再次修纂加“再续”“重续”等字，相对于前志、后志加“后”字，相对于旧志则加“新修”“新”字。

4. 以政区的别称或用古地名标明

如苏州别名为姑苏，又旧为吴郡，所以有《姑苏志》《吴郡志》，扬州称广陵而有《广陵通典》等。

二、方志体例（体裁、结构、章法）

（一）“体例”的含义

1.《辞海》解释

体例是指著作的体裁、凡例。

体裁是指文章的结构剪裁。

凡例是指说明著作内容和编纂体例的文字。

2，当代刘光禄方志体例概念

刘光禄认为：当代方志界对体例有不同的解释，方志的体例是志书组织和归纳材料的形式（见刘光禄：《关于方志的体例》《中国地方志通讯》1984 年第 4 期），是方志与其他文献不同的外在形式。

3. 当代欧阳发、丁剑志书体例概念

欧阳发、丁剑认为：“志书的体例，就是志书独特的编纂形式”，它是由三方面构成，一是体裁，二是结构，三是章法（见《新编方志十二讲》黄山书社 1986 年版第 33 页）。

4. 《新编地方志工作暂行规定》志书体例概念

1985 年 4 月公布的《新编地方志工作暂行规定》：志书体例包括志书的类型和名称、年代断限、体裁、结构与篇目、大事记的编写要求、人物立传标准、文体文风、字数篇幅和开本版式等十大方面。

5.2008 年中国地方志指导小组《地方志书质量规定》志书体例概念

“第三章 体例”，内涵大体包括体裁、结构、叙事原则（纵述史实，述而不论）。

（二）历代学者重视体例在著述中的作用

1. 唐刘知幾

唐代著名史学评论家刘知幾在《史通》一书的“序例篇”中指出：“夫史之有例，犹国之有法。国无法，则上下靡定；史无例，则是非莫准。”

2. 宋代郑樵

宋代史学家、校雠学家郑樵在《校雠略》中说：“欲明书者在于明类例”“类例既分学术自明”。

3. 宋代周应合

宋代学者周应合在《景定建康志》“修志本末”中说：修好志书需要做好四件事：“定凡例，分事任，广搜集，详参订”，其中首事是定凡例。

4. 民国傅振伦

民国方志学家傅振伦认为“修志之道，先严体例，义不先立，例无由起，故志家必以凡例贯之。”（见《中国方志学通论》商务印书馆 民国 24 年版第 110 页）。

（三）志书体裁结构类型及对史学营养的吸收

方志的结构是指方志各部分的构成，即志书的篇目编排形式，可分为以下几种类型：

1. 平列诸目体

或称为“平分列目体”“无纲并列体”，简称为“平目体”。这种结构形式是将志书内容分为若干类，各类目独立，平行排列，无所统属（与今天的小篇排列相近）。

2. 纲目体

这种体式的篇目结构，是先设置总纲（亦称“大类”），各纲之下再细分若干小目，目以纲聚，以纲统目，故称之为“纲目体”，又称“门目体”“分纲列目体”（近今天的五大部类以下分产业、行业、事业类）。

3. 纪传体

又称“史志体”，系仿正史纪传体史书而成。纪传体是以人物为中心线索来编写的史书体裁。

纪传体西汉太史公司马迁所创。《史记》我国第一部纪传体通史。原名《太史公书》，东汉以后始称《史记》，西汉司马迁撰。全书一百三十篇，计十二本纪、十表、八书、三十世家、七十列传，记载自黄帝至汉武帝时期共约三千年的历史。该书取材颇富，作者曾广泛查阅并实地调查了大量史料和史事。文笔优美生动，结构严谨，被奉为封建时代历史著作的典范，在我国史学史和文学史上都有极重要的地位。作者所创的纪传体例为历代著正史者所遵循取法。也被地方志书所吸纳。

（1）“十二本纪”“三十世家”“七十列传”（记人物）

“十二本纪”是除项羽之外，记黄帝至汉武帝等历朝历代的最高统治者。“三十世家”，除《孔子世家》《陈涉世家》外，记先秦及汉代割据世袭的诸侯王。“七十列传”，除《匈奴列传》《大宛列传》《西南夷列传》等外，其余记得是大小官僚、政治家、军事家、思想家、文学家、经学教授、策士隐士、刺客游侠、医士商人等不同阶层、不同类型人物，可见《史记》是记社会各阶层的历史。

（2）“十表”（立“十表”以通史事脉络）

表是按历史时期系统化的记简单大事记。“十表”又分世表、年表、月表三种，一目了然地简要纪事。《史记》十表，其中，三个表记先秦，一个表记秦楚之际，六个表记汉代。

（3）“八书”（记制度沿革）

“八书”：是经济、文化等类叙事的补充，包括叙述礼仪（礼书）、音乐（乐书）、刑罚（律书）、历法（历书）、星象（天官书）、宗教（封禅书）、水利（河渠书）、经济（平准书）等。

（4）志书吸收纪传体形成自己体裁

以纪、表、志、传记、述、考、录、略、谱等为大类，然后再立纲分目编排志书内容。

4. 政书体

这种体式是采用典章制度的史书体例编修志书。政书体志书的篇目结构，借鉴和运用史书这一体例，注重实用，多记载地方政事典章，分纲列目，分类记述。

5. 三宝体

这种体式的篇目设置是以《孟子》所云：“诸侯之宝三：土地、人民、政事”

来作为分类依据的，是先设置土地、人民、政事三大类，各门类之下再设子目，又称总纲系目体。

6. 编年体

是仿照《春秋》《竹书纪年》《资治通鉴》等编年体史书，按年月日先后顺序来记述史实的史书体裁，纵向记述一地历史与现实的篇目体式。

7. 纪事本末体

是以历史事件为中心线索来编写的史书体裁。这种体裁在南宋时才出现，如《通鉴纪事本末》《宋史纪事本末》。2008 年年底国务院启动，中国地方志指导小组组织编纂的《汶川特大地震抗震救灾志》属此体。

8. 经纬体

又称“两部体”，是指先将志书分为两大部类，部类之下再设各志的体式。明代〔嘉靖〕《广平府志》，首创此体式。

9. 三书体

这种体式的倡导者是清代方志学家章学诚，他主张方志立“三书”，即志、掌故、文征。其中“志”是撰著体，“掌故”和“文征”为辑录体。

10. 章节体

是指以章节为层次编排内容的篇目结构形式，主要是受西方著作体裁的影响，在长期的修志实践中，逐渐发展而成，大致产生的年代为清末民初。

其篇目层次一般在三级及三级以上，新方志由于社会内容较旧志丰富，门类分得较细，有的层次可达六七级。根据划分层次的多少，章节体又分为以下两种形式：

（1）一是章节（目）式，多风行于民国；

（2）二是编章节目式，民国时期即有采用，新方志大多采用；

（3）根据篇目设置结构层次，章节体又可分为大编式、中编式、小编式。

（四）志家关于志书体裁结构的观点

1. 傅振伦

傅振伦先生在《中国方志学》（福建省地方志办公室编印）一书中分析认为宋代以后，地方志书有 6 种体例裁结构：

（1）分纲列目体，代表清李兆洛《凤台县志》；

（2）无纲多目体，代表宋范成大的《吴郡志》，清顺治十八年（1661 年）《河南通志》，康熙曾诏令全国参考，清代此体志书较多；

（3）总纲系目体，主要指“三宝体”，这种体例的纲目虽然简明，但难于反映一地自然和社会的复杂内容；

（4）“三书四体”，章学诚创立。（见下林衍经观点）；

（5）编年体；

（6）纪事本末体，每事为一篇，排比次第，详叙始末。如明代康海的《武功志》、韩邦靖的《朝邑志》、清代冯甦的《滇考》。

2. 谭其骧

方志体例经过千年的发展融合吸收，尤其是吸收了史学和地学的载体方法，即融汇了史体的编年、纪传、纪事本末三体，兼地学的地图。

复旦大学著名地理学家谭其骧先生称其为“书志体”，认为是古代史书的第四大载体（《地方史志不可偏废，旧志资料不可轻信》《中国地方志通讯》1981 年第 5、6 期）。

3. 林衍经

林衍经先生在他的《方志编纂系论》（安徽大学出版社 2001 年版第 6 页）一书中谈了志书古今体例，侧重从志书的结构门类角度出发，间谈一些体裁。他认为：历史上编纂的地方志书有多种不同的体例，大致分为五种，即：

（1）纲目体，有纲有目，以纲系目，即先将全书分为若干门类，各类下再设细目。优点是以纲统目层次清晰。清李兆洛的《凤台县志》为代表。

（2）门目体，各类并列，无纲统目。南宋范成大《吴郡志》设 50 卷，平列 39 门。此体例，结构松散，难见统属关系，清代起逐渐少见（此语与傅振伦先生相左，其实新方志省志的小篇排列体即类同无纲体）。

（3）纪传体，采用纪、志、传、图、表、录等体。最早使用此体例的是《景定健康志》。

（4）三书体，按照问题设总纲，下再设细目，有三种类型，即：

①三宝体，按孟子所说“诸侯之宝三，土地、人民、政事”，将志书分为三大类记述；②清章学诚的三书体，由志、掌故、文征三种体裁；志，由纪、表、考、传组成，为著述体；掌故，为政府档案汇编；文征，为艺文辑录。③民国 18 年（1929 年）蒋梦麟提出“三书体”，主张解散旧体，分别编写省史、年鉴、专门调查三书。省史专门写历史，年鉴内容为分事类记述，专门调查包括全省地图、地质、气象、民族、经济、教育等。此体提出当时无人响应，但是确属方志体例的重要创新。75 年后，本教材作者于 2004 年提出地方志包括地方志书、地方年鉴、地方史、地情书、地情数据库（见梅森：《“折衷派”与“记录地情的综合性文献”：也谈方志性质》中国地方志协会 2004 年度学术年会论文集《新方志理论与实践二十年》第 71 – 79 页，方志出版社 2005 年 5 月版）。2006 年《地方志条例》界定：地方志包括地方志书和地方综合年鉴。

（5）编年体，以年为纲，按年代顺序记述地方史事，如明代万历间马文炜《安邱县志》、清代乾隆间汪中的《广陵通典》。

（五）对中华人民共和国成立后志书体裁结构运用的归纳

1. 首轮结构体式

（1）首轮体裁运用

中华人民共和国成立后 20 世纪 60 年代出版的志书有通纪体、简志体、史书体、文学作品体、续志体。

20 世纪 80 年代出版的大都是贯通古今、略古详今（后改为明古详今）的通纪体，还有简志体。90 年代多为通纪体，具体有按历史时期记述，如《呼玛县志》；纵横交错记述，如《台安县志》；多数、主流为横排门类，以类记事，横排竖写。

（2）首轮体式结构

①大篇、中篇、小篇体。

a. 大篇如江苏《如东县志》，分设地理、经济、政治、军事、文化、社会、人物七大篇。

b. 中篇如江西《乐平县志》，设 23 篇。

c. 小篇体，如黑龙江《呼兰县志》，33 编。

②平行章节体

平行章节体，为安徽《全椒县志》首创。体式类于小篇，节下设目，但比小篇更自由灵便，如目一层次相当小篇体的节，有的内容少的事物设节太单薄，在章节体的目一层次记便无此虞，较得体（此结构编次随着 1988 年王亚洲、晁文璧、梅森主编的《实用方志编纂学》出版推向全国，主要是县级志书采用较多）。

③百科年鉴式，也称条目式

如上海《青浦县志》是分类设篇，安徽《黟县志》是列类为志，篇或志下列条目。

（3）首轮体式的发展与扬弃

①被淘汰的体式

实践是检验历史的标准，多年实践后，按历史时期划分的“史志结合体”、纵横交叉的“分类竖写，条块结合”体已被淘汰。

另外，大篇体、百科年鉴式（条目体）由于“大肚突出”（经济部类）或“分解过细”受到冷落（也有少数被认为处理好的志书，如《青浦县志》《石首县志》）。

②稳定发展的体式

横排门类为主，以类系事，横排竖写，用篇章节、章节目标次的体式被广为采用。

2. 二轮结构体式

（1）章节条目体

二轮修志，河南省创出章节条目体，以章节统辖，条目（实写内容）设置自由。优点是便于撰写，缺点处理不好会失去志书内容的完整性。

（2）板块集中，亮点前移体

河北省李殿元等人提出，优点集中宣传成绩，被领导看重，近年被不少地方采用，但科学性分类被削弱，宣传性加强。

（六）体例形式应该立足志书本体

方志编纂体例在结构、体裁、表述章法三方面所表现的特殊性，共同构成了方志体例的基本特征。

方志体例结构的继承和创新必须把握其本体，即横分门类，横排竖写，能够成为资料性文献的基本要求。刘柏修、刘斌在《当代方志学概论》中认为方志的体例有五个基本特征，即：时空界限明确；事以类从，类为一志；横排竖写，以横为主，宜横则横，宜纵则纵；内容广泛，门类齐全；述而不论（叙而不议）。（方志出版社 1997 年 8 月版）

而任何有悖本体的继承和创新都不可能是正确的继承和创新，因为这类做法绝不可能体现志书的基本特征。

1. 记述方法而言

方志编纂在记载方法上一般都采用历史著述的三体，即以时间为叙述线索的编年体，以人物为叙述中心的纪传体，以事件为叙述中心的记事本末体，视所载内容不同，分别运用。

2. 体裁形式而言

在体裁形式方面有记、志、传、图、表、录等多种，当代编纂中创造了概述体裁。

3. 章法运用而言

方志的表述有自己的章法，主要特点是重在记述，述而不论，寓褒贬于记述之中。

三、方志体例的理解与判断

方志的体例包括两大方面，一是志书编纂的“大法”，二是志书编纂的形式的规定，两者又互相交织。

“大法”就是“凡例”。

“形式规定”包括体裁、结构、章法。

（一）方志界对新方志的结构和体裁有广狭不同的理解

“结构”有时指一部完整志书的整体结构，有时专指志书的篇目结构，初称“框架”。

“体裁”，有时指记载方法、记载形式两方面，有时专指记载形式。

一般而言，我们这里所指的结构，是一部志书的整体结构，所说的体裁是志书的记载形式。

（二）当代志书一般总体结构

当代方志的序列大致分三部分，即：

卷首，包括图片、序、凡例、概述、大事记，读者可以未读全书而先得总貌；

各专志（篇、章、节）包括各类分志和人物部分，是全书的主体；

卷末，包括附录、索引、编纂始末等。

（三）结论与正确观点

方志体例经过长期实践的检验证明，只有运用综合性体裁和多种编纂形式，才能有效地记述一地自然、社会的历史和现状。故历史上主要采用的是分纲列目体和无纲多目体，前者多运用于府、州、县志，后者多运用于通志。

所以说，社会主义首轮新方志地市县志采用中篇统辖体，省级志书（省志、自治区志、直辖市志）采用小篇不统辖的平列体是很自然的事了，也可以说有继承关系）。

《新编地方志工作暂行规定》称：编纂新方志“既要继承旧志的优良传统形式，更应有所创新和增益”是很有道理的。

胡乔木先生在大规模社会主义新方志编纂之初提出的创新，就是采用新的观点、新的材料、新的方法和体例修志，这就是根本的创新。

而第二轮修志，一些地方大搞板块集结、“亮点”事物大集中，用“特殊性”

去淹没事物的普遍性，违背志书的基本体例搞章节框架与年鉴的条目结合，这似乎不是志书体例的根本创新。

真正的创新是从反映事物的特征出发，扬弃过时的门类，增加新事物门类，在篇目中突出时代性并适度加强地方性，在内容中突出地方性，加强志书的整体性，注意结构的严谨，类目中体现逻辑关系，同时保持一代代志书基本类目的稳定。这，才是真正的体例创新。

四、方志体例的解析

（一）志书凡例

1. 志书的凡例是什么？

朱士嘉在他的《地方志浅说》一文中说："凡例是对于编纂目的、方法和内容结构的纲领性说明。对全书有指导意义。"（见《文献》1979 年第一辑）

2. 志书凡例作用

有二：一是对编纂者在编纂工作中的规定，起指导和规范的作用；二是帮助读者了解和掌握全书的编纂构思、采用的编纂形式和方法，以及内容结构，起导读作用。志书的凡例一般包括修志的目的、志书的指导思想、志书的编纂原则、志书取事的时空范围、志书的体裁和内容结构、人物立传的原则及排列顺序、志书文体、历史纪年及各类称谓、数字用法及统计数据出处。

3. 凡例内涵与制定方法

①制定方法

制定志书篇目之前，需要制定凡例，即"发凡起例"，以便编者有章可循（当然有的地方在志书编纂实施方案、志书行文规范等规定中已经包括有凡例内容，也可以编纂结束后根据编纂实际起草凡例）。凡例文字应该言简意赅，语义准确。

②凡例内涵

2008 年中国地方志指导小组《地方志书质量规定》指出：凡例包括通例、分例（专例）、特例。凡例用来规定志书的编纂指导思想、编写原则、志书名称、时空范围、体裁、结构、章法、立传标准、资料来源、文体文风、特殊问题的处理说明等，要求凡例作出的规定必须完备科学，合乎规范。

（二）志书的体裁

体裁有述、记、志、传、图、表、录等，以志为主（第一轮修志后期、第二轮修志又增添了纪略、专题、特载，本教材作者认为，"特载"是年鉴的体裁，志书以不用为好，无需在"专题"方面五花八门）。综合运用。

1. 述。总述、概述、导言。总述置于志书之首，概述置于部类或板块之首，无题导言述置于类目之首。述体起到总揽概貌、展现特点、揭示联系、彰明因果、总结经验教训等作用。

2. 记。大事记（第二轮修志有的采用大事纪略与年表结合）、专记（纪略、附记、增记、杂记、补记等）、编后记等。

大事记采用编年体或纪事本末体，要素齐备，事条与志文记述一致。记述大事也可采用大事纪略、大事年表。专记选题严格，数量适度，内容有一定深度，并处理好与正文的关系。编后记是对编修志书全过程的追述，置于志书的末尾。

3. **志**。志书的主体。一部志书中的“专志”，或分成若干专卷、篇、章等，如“建置”“自然环境”“人口”“农业”“工业”“商业”“教育”“文化”等（省志叫专志，市县区志叫篇、编、章）。

4. **传**。人物传、人物传略、人物简介、人物表、人物名录。

5. **图**。地图包括卫星影像图、行政区划图、区位图，地形图、城区图等。示意图包括曲线图、柱形图、扇形图，以及反映人物或事物的白描图等。

图照选用符合国家的有关规定，注重典型性、资料性、艺术性的统一。除立传人物，地方领导人和志书编纂人员的标准像不入志。

6. **表**。包括文字表（一览表）和统计表（数据表）。

表的制作规范精当。统计表的数据准确无误。较少使用事类表，注意用文字记述相关的内容。表随文走，文表内容不重复不矛盾。

表格内容一表一个主题。全书表格统一编号，方便查阅。

7. **录**。目录、附录（文献节录等）、事录、名录。

名录和事录用在正文之中，并严格掌握名录的收录范围。

目录包括外文目录，置于正文之前。目录题文一致，页码标注准确。

附录包括文中附录（置于编章节之后）与卷后附录（置于全志之后）。收录的重要原始文献精当，以存史价值为采辑标准。

8. **序与跋**。序（自序、他序）、跋。

序置于卷首，包括自序和他序；跋置于卷末。序文和跋文对本志的评价客观，无虚文，未言过其实、文过饰非。

9. **索引**。包括综合索引和分类索引，分图表、人名、地名、主题词、条目等专题。

索引的制作符合国际通行的标准，按音序或笔画编排，索引规模、采用类型、代码形式、标引深度，规范实用，排序准确，和正文页码一致。

（三）志书的结构

志书结构安排是一个系统工程。系统工程的原理认为，事物和过程都不是杂乱无章的偶然堆积，而是一个合乎规律的、由各要素组成的有机体。

志书的结构有形式结构和内容结构两个方面。

1. 形式结构

形式结构主要讲志书文字内容与图表的布局，大小门类的编次。省级、副省级志书分卷出版，卷内编次分篇章节目；而市县志书一般一部出版，编次有篇章节目、编章节目、卷章节目、章节目等。志书最主要的形式特征就是“横排竖写”。“横排”即横分门类，侧重从横的方面来体现事物的广泛性和全面性，要求分门别类记述一地各类事物的历史和现状。“事以类从，类为一志”。强调横排，适当地纵横结合，以横为主。志体的结构像一个自然和社会的横切面。合理的志书结构有利于对一地自然、社会全面科学的记述。

2. 内容结构

志书的内容结构主要是对记述内容的结构性安排。首轮新方志大体结构是先自然、再社会，首列地理（或建置、自然环境），次列人口，再列经济（含城乡建设）、政治、文化、社会、人物。经济门类按生产、流通、消费为序。产业按一、二、三产顺序排列。基本是遵循人类社会发展的进程和事物间的逻辑关系，同时地方特点事物有选择较控制地打破一般性逻辑分类，采用特殊性的升格的方法。首轮修志过程中。刘柏修、刘斌提出或总结了一些探索，如根据人类生态学观点设置志书内容结构的有之，城市生态系统设置城市志内容结构的有之，产业结构设置志书内容结构的有之，政治性为依托设计志书内容结构有之，人类社会发展动态平衡理论为依据设置志书内容结构有之，运用多点采类法设置志书内容结构的有之，以地情三要素（自然、居民、社会）设置志书内容的结构有之。（参见刘柏修、刘斌《当代方志学概论》第 167—176 页）本教材编者认为，方志界的实践，总体体现了志书的结构是自己独有的，要想成为一个独立的学科，必须有自己的结构形式，参考他学科是可以的，但不可照搬。

3. 二轮修志一些做法

二轮修志，部分志书继承首轮修志的结构和逻辑关系，但不少开始不按普遍规律的逻辑关系安排内容结构，而是采用“人工环境”等板块大集中，按地方亮点前移各类事物，如产业排位二、三、一，三二一，综合经济管理排于生产经营之前等，同时门类安排不按时序，如现代农业排在传统农业之前，外贸排在国内贸易之前等等，被认为是创新。是不是创新有待历史检验，本人认为是自乱体例。事物的特殊性应该从属事物的普遍性，如果一味强调突出、加强、前排，必然使志书成为宣传性书籍，志书的结构必然失去稳定性，代代传承必然是个问题（具体观点参见本教案“志书篇目拟订”一讲）。

（四）志书的章法（含原则）

志书编纂的章法，是撰写地方志书的一般要求，自古受到志家的重视。

1. 章法

（1）“横排竖写”

是志书编纂的主要特征之一。横分是讲志书分类“事以类聚，类为一志”，先分大类，大类下再分小类，小类下设条目。事物、事项复杂，内容较多、层次较多的，还可能分到子目。一般来说，要横分到事物不宜再分为止，但不可肢解事物的整体，然后竖写。“竖写”，指纵叙事物发展变化的过程。横排竖写要恰当，横分过早转入竖写，就会使记述内容因为不同类相杂而显得杂乱；过迟转入竖写，就会使记述对象显得不完整。掌握横排转入竖写的转折点，是志书编纂的关键。

（2）“叙事取实”

秉笔直书是史家法度。晋代常璩在《华阳国志·后贤志·序》中说：“善志者述而不作，序事者实而不华。”明嘉靖《曲沃县志》主编刘鲁生认为方志书写的标准是“其载欲细，其事欲核，其书欲直。”认为志书的编纂原则是：“必广询博采，而后无遗迹；循名责实，而无讹传；义正辞严，而无赘语；类序伦分，而后无乱章。”

（3）“不越界而书”

方志最显著的特点是地方性和资料性。“不越境而书”要求记述范围不越过本地行政区范围，但记一地对外的“辐射和关联”是可以的，所记内容必须与本志主体有真接关系。

（4）“述而不论”“寓观点于记述之中”

“述而不论”出自孔子的《论语·述而》：“述而不作，信而好古。”朱熹注：“述，传旧而已，作则创始也，孔子删《诗》《书》，定《礼》《乐》，赞《周易》，修《春秋》，皆传先王之旧而未尝有所作也。”后世修志者，奉行此法，本意是说只据史料予以记述，而不直接阐明自己的观点。后来又演化为在选择史料的基础上据事直书，不加发挥，不作评议，意在体现志书的资料性。当然，这种述而不作并非修志者没有观点，而是将观点、立场、历史经验通过记述，通过选用的史实正确地予以反映。首轮志书中为了弥补横排竖写的不足，强化记述的整体性而普遍使用了述体，就是一种夹叙夹议的体裁。述体中的评议，主要点出事物发展变化的特点、勾勒变化的脉络，是“画龙点睛”，点到为止，这就不是不论，而要求慎论。至于志书志的主体，严格遵循“述而不论”的原则。

（5）“文风平实”

文风精当、平实，行文准确、严谨、清晰、朴实、简洁、流畅。方志语言采用一般性修辞，又称消极修辞。地方志的生动性，主要表现不在语言、修辞方面，而在于所记事实本身的活力和感染力，以及文字资料、篇章结构的组织与图、表、照片的选择、制作、配置上；要严格控制篇幅，力戒虚话、套话、空话、含混不清的话、重复的话、画蛇添足的话以及不属于志书记述的话。

全志绝大多数内容文风平实，但山湖志、旅游志、文化志也可适当描述、状物。

（6）“生不立传”“以事系人”

“生不立传”是传统史学非常明确的人物传编写原则，被用于方志编纂中。清章学诚《修志十议·议传例》强调：“史传之作，例取盖棺论定，不为生人列传。”“邑志列传，全用史例，凡现存之人例不入传。”新方志继承了这一原则。原因是，首先志为信史，立传人物的事迹必须经过历史的沉淀；其次生人还没有完成人生历程，其成就、品行一时难以定论；其三如果为活人立传，请托必然频出，使修志受到干扰，腐败产生。新方志，尤其是二轮修志（过世的有成就者往往在首轮修志中记载了，生不入志难于反映人作为社会的主体）对于不能入传的生人，采用人物简介的方式。人物简介与人物传的记述要求不同，人物传要求对传主的生卒年月、籍贯（出生地）、主要经历、典型事迹、个性特征、社会评价等都作记述，而人物简介则要求只略记人物履历及主要事迹。除人物简介还有人物表，包括劳动模范、专家学者等表。如英雄模范人物表，仅列出英雄模范人物姓名、性别、任职单位、职务（职称）、受表彰时间等栏目。人物表以下还有人物录一层次，如全国“三八红旗手”名录。此外，志书对人物的记载，还采取“以事系人，人随事出”的方法。人物入志，是一项严肃的事。即使以事系人，其表述也要求准确、恰当，不讳过，不夸饰，更不可以无中生有。

（7）“交叉处理”

志书门类互相关联，交叉处理求得志书内容结构的合理安排，无机械性重复。交叉处理最能表现编纂者对记述对象的整体理解和把握，反映总纂驾驭全志的能力。

（8）“顺时记事”

历史是纵向演进的，故志书要求顺时记事，体现沿革轨迹和阶段特征。

2. 志书编纂原则

（1）来新夏主编的《方志学概论》四项：突出时代特征、反映地方特色、坚持详今略古、有利民族团结。

（2）王复兴的《方志学基础》五项：地方特点、时代特点、思想性、科学性、详今略远。

（3）欧阳发的《方志编纂概要》四点“方志编纂的基本要则”：遵守疆界，确立时限；横排门类，条目编写；重在记述，执简驭繁；详今略古，实事求是。

[参考论著]

①林衍经：《方志编纂系论》（安徽大学出版社2001年版）。

②吴奈夫：《新方志编纂学》（江苏科学技术出版社1991年版）。

③朱敏彦、梅森主编：《方志编修教程》（方志出版社2004年版）。

④梅森：《方志学简论》（黄山书社1997年版）。

⑤王宜斌主编《实用续志编纂100问》安徽省地方志办公室2004年12月内部印刷。

[思考题]

①志书体例应该包括哪些方面？其核心是什么？

②方志的体例是发展变化的吗？

③二轮修志中体例有哪些变化？哪些是合理的？哪些是违背志书体例基本原则的？

第五讲　志书的篇目拟订

地方志书与其他文献最大的不同点，就是在体例上要求“横排竖写”；内容上最大特点是突出时代性与地方性，尤其是地方性。

“横排”是分门别类，“竖写”是纵述史实。有人说：“非横排无以求全貌，非纵述难以求条达。”“横排”与“竖写”相辅相成。没有科学的“横排竖写”，即使有再好的资料，也会杂乱无章，将志书编成“杂货铺”。

“横排”实际上就是拟订篇目。

方志编纂包括11个阶段：①下达编纂任务→②起草实施方案→③筹建编纂委员会、编纂室和培训编纂人员→④拟订篇目（像工程的蓝图）→⑤收集（征集）资料→⑥编纂资料长编→⑦撰写初稿→⑧分纂志稿→⑨总纂通稿→⑩评议审定→⑪印制出版。

拟订篇目是修志工作重要的关键的环节，好像是设计工程的蓝图，具有“纲举目张”的作用，因此要十分重视。

民国时期方志学家李泰棻在《方志学》一书中说：“纂志之道固多，而门类标题则为首要。”瞿宣颖说：“凡志之佳恶，不待烦言，但阅其门目便知其有无鉴裁能力。”

一、拟订篇目从研究记载对象入手

拟订篇目并非只是对同类型文献篇目的参考乃至照搬，而是对记载对象认真研究的体现。

研究所记载的对象，是为了正确地了解认识对象，根据对象的特征内涵去拟订篇目，篇目才能全面系统，重大的内容、根本的内容不缺漏，才能起到事半功倍的结果；否则，如果篇目起草随意，就会导致篇目残缺，编纂中失去方向，导致志书编纂的返工，浪费了人力、物力、时间。

（一）篇目的总体设计是对记述对象的初步研究

通过对记述对象的研究，然后谋篇布局。包括地方志办公室（总纂）对篇目结构的总体研究和设计，以及各具体承编、参编单位对编写部分的篇目研究和设计。

1. 宏观记述对象研究

建置区划与自然环境、经济、城乡建设、政治、文化、社会。

2. 中观记述对象研究

比如：城乡建设分卷（篇章），经研究，大体内容包括基础设施概况、建设规划、市政建设、公用事业、房地产业、建筑业、市容环卫、城乡环境保护、园林绿化、乡镇建设、农村建设、交通运输业、邮政与电信业、电业、水利水务业。

3. 微观记述对象研究

如房地产业，包括房地产管理、房地产开发企业、房地产布局与总量、新建住宅、新建商务楼、旧房旧区改造、动拆迁、房地产市场、物业管理。

再下一层次，如新建商务楼，包括分布、标准、特点、价位、选介。

（实体志，如学校，包括组织机构、教职工、学生、教育教学、学科建设、科研、对外交流与合作、社会服务、德育体育与校园文化、公共服务单位与设施、资产财务、后勤与治安、院系研究所概况、附属学校、人物等）

4. 记述对象的时代与社会特点研究

如人口门类与首轮不同，增加了流动人口、外籍人口内容。农业过去主要记传统农业，二轮志书增记现代农业、高效农业。

要从社会发展对行业的影响方面研究本行业的记述内容（不要单一从部门

角度）。

5. 记述对象的地方特点研究

如上海杨浦区打造知识杨浦，松江区是大学城，浦东新区的陆家嘴金融区与两港（航空港、洋山港）

（二）拟订与完善篇目大体六个阶段

对记载对象的认识不是一次可以完成的，所以篇目也不是一次拟订就可完全确定下来，并非一蹴而就，篇目在编纂过程中是不断完善的，大体经过六个阶段：①总编室规划的基本篇目；②参编单位编纂分工篇目；③征集资料篇目；④总纂室分纂篇目；⑤总纂室总纂篇目；⑥总纂室定稿篇目。

1. 规划性的基本篇目

这是一个预见性的篇目，因为是在资料征集之前，故有主观性，有时有不符合客观情况的设计，但这是必不可少的基础性过程。

2. 分工篇目

把规划性的基本篇目保存。然后在基本篇目的基础上做分工篇目，把承编任务分解到相关参编的部门单位。

如：（1）《〈上海市志〉卷目与分工》

（2）“公用事业”门类

①供水、排水与防台防汛（市自来水公司、市污水处理厂、防台防汛办公室，城市供水管道公司等）

②供电（市输配电公司、供电线路维修公司等）

（略）

3. 征集资料篇目

征集资料、搜集资料需要分门别类，才可便于编辑资料长编，而后在长编基础上分析归纳。收集来的资料按事先设计的篇目归类，每类目编有代码，便于检索，如6是《上海市志·人口分志》的代码号（第六册），其概述是6G，大事记6D，图照是6T，编纂说明6S，附录6F，第一篇6–1，第一篇第一章6–1–1；以此类推。具体如下：

《上海市志·人口分志》篇目（人口为该志第六个分志）

6T 图照

序

目录（中文、英文）

6S 编纂说明 6G 概述 6D 大事记

6-1 第一篇 人口变迁 6-1-1 第一章 人口总量 6-1-2 第二章 人口控制与自然变动

6-1-3 第三章 人口迁移

6-1-3-1 第一节 人口迁移 6-1-3-2 第二节 流动人口

6-1-4 第四章人口分布与密度

6-2 第二篇 人口特征

6-3 第三篇 人口统计

6-4 第四篇 人口管理

6-5 第五篇 宣传教育与人口研究

6-6 第六篇 人口机构与组织

6-7 第七篇 人物

（略）

6F 附录

索引

编纂始末

4. 分纂篇目

资料工作完成后，要分析、归纳资料，在编纂中根据实际修订篇目：

①过于集中，资料量大的，原篇目可以分拆。

示例《赈灾志》如下：

原为：第五篇 企业赈灾与捐赠

第一章 国有大中型企业赈灾与捐赠 第二章 民营企业赈灾与捐赠

第三章 其他地方企业赈灾与捐赠

改为：第五篇 企业赈灾与捐赠

第一章 国有大中型企业赈灾与捐赠 第二章 民营企业赈灾与捐赠

第三章 外资企业赈灾与捐赠 第四章 其他地方企业赈灾与捐赠

②考虑资料量小的可以归并

第五篇 企业赈灾与捐赠

第一章 国有大中型企业赈灾与捐赠 第二章 民营企业赈灾与捐赠

第三章 其他地方企业赈灾与捐赠

如民营企业赈灾与捐赠没有那么多内容改为：

第五篇 企业赈灾与捐赠

第一章 国有大中型企业赈灾与捐赠 第二章 其他地方企业赈灾与捐赠（原两章变一章）

③不符合实际的可以删除，或用导言处理

原设计：第一篇 赈灾捐赠管理

第一章 领导管理系统与组织

第一节 领导管理系统 第二节 领导管理机构

第三节 领导管理组织

第二章 领导与管理

改为：第一篇 赈灾捐赠管理

无题导言介绍管理系统，或用管理示意图表示。

第一章 管理机构与组织

第一节 管理机构 第二节 管理组织（三节变为两节）

第二章 领导与管理

一般而言，由分工承编篇目进入编纂篇目，归并的多，因为分工篇目要把内容分拆到各相关的承编单位，便于收集资料和编写。

5. 总纂篇目

总纂阶段是总纂者对各分纂的志稿进行通稿统筹，处理交叉重复，使得整部志书的总体性更强。实际上也是对篇目局部调整。

如："第六篇 省市区、企业对口支援"

如考虑内容以重建为多（如临时居住房为抢险救灾期间，而永久性住房重建，属灾后重建）也可以统筹后并入"重建"卷。内容调走了，篇目自然而然要变化。

6. 定稿修订的篇目

总纂以后，志稿还需经过评审、文字打磨，在篇目上是局部调整，尤其是对各级标题的精确修订，精雕细琢，以致更准确，标题与正文吻合，文字简练。

二、方志篇目的要求及结构关系

地方志是科学的资料性文献，因之科学的分类和编排实际上就是设置科学的篇目。

（一）合格的篇目具备四点要求

1. 门类完备，特点鲜明

合格的志书，要项不可缺，地方特点、行业特点在篇目上反映鲜明，"要项不漏"。比如，写工业缺重点企业选、名特优产品；写商贸无商场商店、商业街市、重要商品；写科技无科研、科普，就是门类不完备。

2. 布局合理，主体突出

志书篇目排列讲究条理，注意突出主体内容。如："自然环境"的主体内容是地质地貌、大气、水、声、土地土壤环境，国土、气候、生物、矿物等资源，以及自然灾害。

3. 层次清楚，领属得当，逻辑清楚

横排门类是志书体例的主要特征，志书的横排讲的是事物的分类，"事以类聚，类为一志"，先分大类，大类下辖小类，小类下辖条目；所以志书篇目的"横排纵列"讲究逻辑性，注重有序性，属概念、种概念不混淆，领属得体，统属得当。从逻辑学的角度看，就是子项之间不互相包容，子项之和不大于母项，否则体现在篇目上就是层次不清，统属不当。逻辑关系举例：

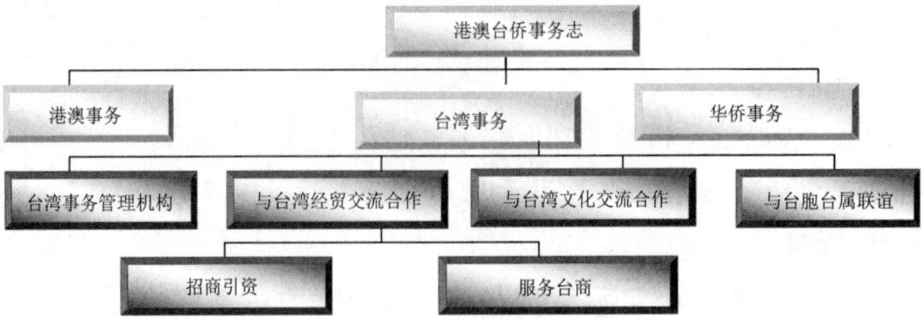

4. 标题简洁、明晰准确，与统辖的内容吻合

吻合，如：《××区志（稿）》，“经济 贸易”卷目，其内容是工业和国内商业、服务业及民营经济等，标题“经济 贸易”概念太大，不太符合本卷内容，改为“工业 商贸”更妥。

5. 篇目质量较差的表现

主要表现在结构缺乏逻辑性，主次不明，层次混乱，领属失当，标题繁简不一，轻重不分，看不出事物内在联系，整个篇目缺乏整体性。

（二）中国地方志指导小组《地方志书质量规定》对志书篇目的要求

1. 篇目要处理好三大关系

处理好科学分类和现行管理体制（参见市志“分工卷目”）；全志的整体性和各类分志（分卷）相对独立性；体例的统一规范（分类、排列的科学）和突出特点之间（特色性事物“特点拔类”）的关系（处理好三者的关系）。

2. 不违背基本要求

没有违背志书“事以类从”“要项齐备”的基本要求（事以类聚的基本要求）。

3. 结构严谨，符合逻辑

结构严谨，归属得当，层次分明，排列有序，反映各门类和层次之间的逻辑关系（严谨的逻辑关系）。

4. 标题简明扼要，准确规范，题文相符，各级标题不重复

5. 类目的升格和降格，使用适度，符合社会和本地的实际

（三）方志篇目的结构关系

1. 体现篇目的横向关系

志书“横排”的目的是展开门类，以包容资料。撰写中的横排其层次比篇目要深（篇章节目），因此撰写人要掌握横排立目的规律。

即分类掌握事物的母项、子项和标准。门类上下级是领属关系，同级是平行关系。另外，平行类目排列的先后也有科学性，六种情况：一是按“因果时序”，二是“先总后分”，三是“按照事物的规范或习惯性排序”，四是“先实体后活动”，五是“先主后辅”，六是“先内后外”。

（1）“因果时序”

如《科技志》，先列“科研机构”，再排“科研活动”，再排“科研成果”（前因后果）。

再如，按照上游、下游产业，比如先采掘，再冶炼、再铸造、再制造。

（2）“先总后分”

如，基础设施概况、道路设施、供水设施、供电设施、供气设施。

（3）“按照事物规范或习惯性顺序”

如《文学志》，诗歌、散文、小说。

军事如果记驻军，按照陆、海、空。

（4）“先实体后活动”

如学校志，机构组织、教师、学生、本科生教育、专科生教育、留学生教育。

（5）”先主后辅”

如：企业选介，应该是先国企再民企，国企还需按习惯性排法，是否是中石油、中移动、中石化、中国电信、中海油、宝钢、中远集团世界500强顺位排。

（6）”先内后外”

如赈灾：国内赈灾捐赠在前，国际赈灾捐赠在后。

2. 体现篇目的纵向关系

纵列篇目，重点是研究事物的领属。比如水利业，第一层领属水利环境、水利用与水资源保护、江河治理、农田水利、水利工程、水土保持、防汛抗旱等；第二层，水利工程领属蓄水工程、引水工程、提水工程、防洪排涝工程。

3. 特殊内容升格处理

特殊的、局部的内容采用“特点拔类”，也可叫“升格处理”，也就是“老子”与“儿子”平列。有时是强调特点事物，有的是“考虑文字量的大体平衡”。

如：《上海市志》的浦东开发开放分志、上海世博会分志、黄浦江分志、苏州河分志均属“特点拔类”（加强地方特点记述）。

如：民主党派工商联卷、群众团体卷，考虑篇幅平衡，设民主党派卷、工商联卷、工会卷、共青团卷、妇联卷（文字量平衡）。

如财政卷，主要内容是财政支出，按道理设财政收入、财政支出两篇，但为了文字平衡，设财政收入篇与固定资产投资支出篇、经济适事业拨款支出篇、城市维护支出篇、教科文卫事业支出篇、行政管理支出篇、社会福利支出篇并列。

4. 谋篇立目不可过碎

篇目设置层次过多、过碎会影响事物记述的整体性。

如：“引水工程”，以下按照自流灌溉工程、提水灌溉工程设，基本是到底了，不可再设水源、装机、扬程、流量、灌溉农田条目（实际是记述要素），设得太碎就肢解了事物的整体性。

三、志书篇目标题的拟订

篇目标题主要作用是揭示本类目内容的主题，起到概括内容、目录索引、提示读者的作用。标题的外延要与内容吻合，不要“帽子大，下边人头小”，也不要“帽子小，下边人头大”。

1.“帽子大，下边人头小”

如：“卫生防疫”，下边内容只有“食品卫生”“学校卫生”，没有防疫的内容，就是“帽子大，下边人头小”。

2.“帽子小，下边人头大”

如：中共××市委，内涵“中共××市纪律检查委员会”，就是“帽子小，下边人头大”，因为市纪委不是市委的组成机构。

3. 标题文字简洁得像打电报。

4. 地方志书标题的词性一般要求为中性词

不得把政治观点显露于外。如“伟大的人民、伟大的抗震救灾”。要选择长期稳定的词，不追求时髦的词。

（一）志书篇目标题类型

志书不是史书，不设置“初期、发展、结局”之类的过程阶段性标题。志书是分类记事的，标题是按事类确定名称，大体有8种类型：

1. 自然实体条目

如《自然环境志》中的“山脉”“河流”。

2. 社会实体条目

文联、侨联、法院。

3. 职能工作条目

救灾、审判、审计。

4. 大事活动条目

抢险救灾纪实、“文化大革命”纪实。

5. 科技术语条目

传染源、石灰岩地貌、丹霞地貌。

6. 建筑实体条目

公路名称、机场名称、桥梁名称、大型企业名称、学校名称。

7. 工具、物产条目

农作机具、黄岩蜜橘、南汇8424西瓜。

8. 人物事迹条目

具体人物姓名，如“黄炎培”。

（二）标题拟订

1. 标题词语结构

标题是用来揭示篇、章、节、目的内涵，层层相辖，条目统帅材料，限制外延，直标内涵，显事隐时（即在标题上尽可能不出现时间，如果非出现时应该跟上事物名称，如文学志，设古代文学、近代文学、现代文学、当代文学；金融志，设解放前金融机构、解放后金融机构、解放前钱庄，不可只有时间概念）。

（1）标题用词绝大多数是名词，少数结合有动词

只有职能工作、大事活动类型的条目是名词和动词的组合（公路条，下设“公路建设”“公路营运”；产权制度改革条，下设“职工下岗分流”“企业资产重组”）

（2）标题词组结构多用主谓或动宾词组

“伤员康复”“灾区现场清理”“次生灾害防治”（主谓结构）；“治理堰塞湖”“救护伤员”“恢复生产”“稳定物价”（动宾结构）。

（3）标题一事一目，尽量不用联合词组，如用是篇幅过小，采用“复合门类”。

如学术交流与科普活动，如果篇幅够，尽量分拆为“学术交流”“科普活动”；如果文字量小（一般县级志书），改为“学术交流与科普活动”。

（4）不用介词结构

如“对灾区学生高考实行延期”“对泥石流的防治”，正确的就是“灾区学生高考”“泥石流防治”。

2. 标题坚持“五要”“九不用”

标题必须直书文意，不要修饰，一修饰就会出现问题，甚至相互之间矛盾。

（1）“五要”

①一要简短精练不多一字，中心词前不作修饰。

②二要鲜明醒目概念准确。

③三要内容涵盖恰当。

④四要朴实无华（文艺、旅游、山水志、特殊专题除外）。

⑤五要一次立目，目不重现。

即大小标题不重复，指在一个纵列系统内“目不重现”，如“植树造林”下辖标题中再列“植树造林”就是标目重现。

志书中往往管理设门类较多，应该交代是何管理，如质量技术管理、文化市场管理、卫生防疫管理，不可因为上一级标题有质量技术监督，就简单地承前省略只标“管理”，今后不便标索引。

（2）“九不用”

①不用史体标题。如“明清时期松江的棉纺织业”。

②不用文艺文史性标题。如“秀丽的淀山湖”“黄山脚下的上海插队知青”“上海滩大家闺秀——严筱舫的孙女严莲韵”。

③不用新闻报道性标题，如“全力以赴做好世博公路水路交通安保”。

④不用工作总结标题，如“消防工作的成绩和需要努力的地方”。

⑤不用宣传口号式标题，如“严防死守，争分夺秒，开挖通道，以防堰塞湖成灾”。

⑥不用教科书式标题，如“青浦何以被称为上海之源”。

⑦不用广告式标题，“名扬中外的西湖龙井”。

⑧不用论文标题，如“‘绿色通道’在对口支援中的性质和作用”。

⑨不用年鉴标题，如“举办2008网球‘大师杯’赛”（年鉴追求标题的动态化）。

文体	标题	志体
史体	明清时期松江的棉纺织业	松江棉纺织业
文艺	秀丽的淀山湖	淀山湖
工作总结	消防工作的成绩和需要努力的地方	消防
宣传口号	严防死守，争分夺秒，开挖通道，以防堰塞湖成灾	堰塞湖治理
教科书	青浦何以被称为“上海之源”	福泉山遗址
新闻报道	全力以赴做好世博公路水路交通安保	世博公路水路交通
论文	“绿色通道”在对口支援中的性质和作用	“绿色通道”
年鉴	举办2008网球“大师杯”赛	2008网球 “大师杯”赛
广告	名扬中外的西湖龙井	西湖龙井

四、篇目的交叉处理

世界上事物之间是关联的互通的，往往你中有我，我中有你。而地方志是横分门类纵述历史，避免门类间相关内容的重复就是一个重要的棘手问题。

如何在门类、篇目之间处理好全志的整体性和各卷的独立性，避免机械重复很重要，方志编纂方法称其为“交叉处理”，而篇目的拟订是交叉处理的第一步（其后还有各分纂互相看稿、总纂通稿调整布局等都属交叉处理）。

我们首先要在篇目中明确各卷、篇、章、节的记述侧重点，详略关系，才能避免后期编纂、通稿大量劳动。

交叉处理的方法有二：一是详略处理，二是侧重点处理。

我们处理交叉的目的是处理机械重复（就是两处或若干处内容完全一样，或几乎一样），交叉是允许的，但简单机械的重复是要避免的。

（一）地方志易重复的四大方面

1. 志书整体结构方面

志书整体结构上纵横关系而形成的线与面的交叉，如总述（概述）、大事记、人物传的内容与各分志（卷）的交叉。

2. 同源性交叉

有的事物同源，后来又分为几个支流，各自都追溯历史，便形成交叉。比如教育，各院系都追述同一源头，各院系均把源头重复记述。如《安徽高等教育志》，安徽大学、合肥师范学院、安徽师范大学的源头都可追溯到民国初的国立安徽大学。如果都详记源头，必然机械重复。

3. 覆盖面大的分志（卷）与单一性强的分志（卷）的交叉。

如《物价志》与其他分志、分卷的产品、商品价格。

《科技志》与其他分志、分卷的科研。

《信息化志》与各分志、分卷的信息化建设、网络建设。

覆盖面大的分志内容需要综合概括高屋建瓴，写重大内容项目、重大的事。再如省级志书政府志，不是经济、社会各业志的“压缩饼干”，而是要站在“行政决策”“施政”的角度立在政府的高度。内容是“橄榄形”的，决策施政的原因背景、决策施政的效果是橄榄的两头，而具体的施政是橄榄的中腹，是记述的重点。

4. 共有性交叉

有的事物各系统均涉及，导致各分志均涉及。如经济体制改革，各经济分志的各行业大体均有改革。

（二）交叉处理六法

1. 事前协调

在总体篇目确定后主编单位立即召开各分纂单位（分志）的篇目交叉协调会，研究交叉点重复的处理问题。分纂篇目拟定时，注意交叉处理，分别各自侧重点后再分纂。

2. 详略互见

分清事物的主要归属，为主的详，为辅的略，分清主次，详略互见。比如人口，户籍人口的特征是人口志的重点，户籍人口的管理是公安志的重点。

3. **提炼加工，升华内容**

总述与各分志内容的交叉，不能机械地从各分志移植内容，而是在分志的基础上升华（不是把各分志的概述拼合，就成为全志的总述了）。

4. **把握记述角度**

比如基础设施建设与交通、邮电、电业、水煤气等行业的城市公用设施的记述。分纂时，相关的章节作者互相阅读稿件，商定谁详、谁略及撰文角度。最好基础设施建设写概况、布局、功能分区、作用与效果。城市具体设施硬件建设还是分行业记述。《上海市志编纂实施方案》就是这样设计的。

5. **注引互见**

采用注引互见，提示读者。注引范围，大的不出本志书，小的示篇目而定。尽可能避免重复交叉。需要完全重复记述的事物，必须使用互见法处理。即“具体参见第 × 篇第 × 章 × 第 × 节……”。

6. **总纂、分纂通稿处理交叉**

（三）交叉处理的内容侧重点

综合性志书主要是详细记述当地主要的、独特的事物，简略记述当地次要的、全国共性的事物。综合性志书交叉处理在内容上的侧重大体七个方面：

1. 志书详史之略，重视资料性，略陈观点。
2. 就空间而言详独略同（详本区域内容）。
3. 就行业而言，详本行业略关联行业。
4. 就专志与篇章而言，应详此略彼，不机械重复。
5. 略共性、全国性的政策。
6. 背景资料点出事物原因即可。
7. 收录文献是地方性的，通典不录。

第六讲　资料征集与资料长编

资料是志书编纂的基础。占有大量、全面、翔实的资料是编纂地方志的先决条件，修志队伍基本组成、方志篇目基本拟定之后，资料工作就成为一段时期里的中心任务。

搜集资料和编辑资料长编是修志工作的两个重要环节。所谓搜集资料就是到处寻找并使之聚集在一起，不仅强调主动地寻找，而且要求分门别类地聚集起来。

所以，编纂好一部志书不仅要广泛搜集资料，而且要认真编辑资料长编。

一、资料的地位作用

（一）资料的概念及其地位

什么叫资料？资料是对客观事物各种现象的记录，是为某种需要而搜集或编写的材料，是客观情况的具体体现。通常指出版或未出版的图书、日记、回忆录、口述史、报纸、期刊、简讯、汇编、图表、账册、图纸等。

志书资料是指为反映志书记述对象而搜集的材料。从时空上说，就是反映特定区域或某一类事物（或某一事件）在一定时间段内历史与现状的各种材料；从资料存在的形态说，志书反映特定区域或某一类事物（或某一事件）在一定时间段内历史与现状所需的资料，包括文字资料（即文献资料）、口碑资料（口述史）、实物资料和图表四种（包括各种图、照片、数据表与文字情况表等）类型。

（二）资料是志书的基础

志书的价值就在于资料，其生命力也在于资料。没有资料就没有志书，资料是志书的基础，也是志书的生命。《地方志工作条例》明确指出："地方志书，是指全面系统地记述本行政区域自然、政治、经济、文化和社会的历史与现状的资料性文献。"因此，资料性是志书的本质属性，是志书最本质的特征。

史书与志书同样以资料为基础，但史重论述，志重记述。志书"述而不作"就是靠资料记述表达事物原委。志书称"编纂"而不叫"编写"，"编"与"纂"都是古代用来串联书简的带子，"编纂"就是把资料串联起来。

那么，志书的文字量与资料的文字量大体是什么关系呢？大致的比率为20 ~ 30:1，而资料长编与志书之比为6:1。也就是说，要编纂出100万字的志书，大致需搜集2000万 ~ 3000万字的资料，编纂600万字的资料长编。

广西通志馆曾对广西首轮40部志书作过统计，共搜集资料4.26亿字，出版字数为0.37亿字，出版字数只占资料字数的8.78 %，平均100万字的志书，要有1139万字的资料支撑。

二、历代著述者包括修志者把资料摆在什么地位，以及资料的质量要求

（一）著述者包括修志者把资料摆在什么地位

古人说："无征而不信。"如果不首先做好修志资料的收集、鉴别和整理工作，修志仅是一句空话。如果没有大量新资料，就不可能写出一部合格的新志书；如果没有大量、全面、准确、典型的新资料，就很难写成一部高水准的新志书。古代著作家对于治学，讲究"论贵是""事尚然""实事求是"。

资料首先要真实，要"实事求是"，班固《汉书·河间献王传》说"实学好古，实事求是"。东汉王充："论贵是而不务华，事尚然而不高合。"（《论衡·自纪篇》），意思：言论最重要的是正确，符合事实，不要勉强去追求辞句的华丽；记事要记真实自然，不要去迎合时髦。王充在《论衡·艺增篇》中说："世俗所患，患言事增其实，著文垂辞，辞出溢其真，称美过其善，进恶没其罪。"说的是：老百姓就怕言过其实，说话超出真实的情况，说好就好得不得了，说坏就坏透了，罪恶滔天。

清代方志学家章学诚说："志属信史。"民国方志学家寿鹏飞说："方志所忌，志政治，类报告书；志艺文，类文选；志名胜，类游记，类导游指南。"（《方志本义管窥》）国学大师、训诂学家黄侃认为："学问之道五：一曰不欺人，二曰不知者不道，三曰不背所本，四曰为后世负责，五曰不窃。"

胡乔木说："地方志的价值，在于它提供科学的资料。"

方志的价值，在于提供科学的资料，资料性是方志最本质的特征。

方志以资料见长，其编纂目的，不是像史书那样直接探索社会发展规律，而是以丰富的可信的资料全面反映一个地区自然和社会的历史和现状，为各门学科和社会各部门所用。1991 年，中国地方志《暂行规定》强调地方志是严谨、朴实、科学的资料性著述。

2006 年《地方志工作条例》："地方志书，是指全面系统地记述本行政区域自然、政治、经济、文化和社会的历史与现状的资料性文献。"

（二）资料的质量要求

在志书质量中，资料的质量是最基础的质量，也是最重要、最根本的质量，离开了资料或者资料单薄，甚至不准确或错误，志书的质量和价值就无从谈起。

1. 总体要求

中国地方志指导小组 2008 年下发的《地方志书质量规定》，第一章"总则"第三条规定"志书质量的总体要求：观点正确，体例严谨，内容全面，特色鲜明，记述准确，资料翔实，表达通顺，文风端正，印制规范"。这个要求是就志书整体质量而言的，其中包括了对志书资料质量的要求，即"资料翔实"。"翔"通"详"，所谓"翔实"就是指资料"详尽而确实"（真实）。

2. 具体要求

⑴《地方志书质量规定》第六章"资料"专门用一章的篇幅对资料质量进行了规定，包括以下三个方面内容：

①第二十三条规定："资料真实、准确。资料经过鉴别、考证、核实、时间、地点、人物（单位）、事实、数据等准确。有歧义但不可或缺的资料，多说并存。"这一条是强调资料的真实性、准确性。

②第二十四条规定"资料全面、系统。自然、政治、经济、文化、社会、人物等方面的资料齐全。反映事物发生、发展过程的资料连贯、系统。人、事、物、时间、地点、事件经过等要素齐备。"这一条强调资料的全面性、系统性。

③第二十五条规定"资料具有代表性、权威性。注重使用原始资料。"这一条强调资料的代表性、权威性。

以上规定概括起来就是志书资料具有真实性、准确性、全面性、系统性、代表性和权威性的特征。

（三）资料工作

1. 资料工作地位作用

资料在志书中的基础地位决定了资料工作在编纂志书中地位和作用，即资料工作是修志工作的基础工作，贯穿于志书编纂的始末，决定着修志工作的成败。编纂志书所需的资料不是一次可以收齐的，也不是在一个单位或一个地方可以完成的。它是在整个修志过程中不断丰富翔实的，大体要经过八个阶段，即：

广泛搜集资料→考证鉴别资料→整理资料→资料长编系统化资料→审改资料长编→编纂志书初稿补充资料→审改志稿补充资料→志书定稿改定资料。

当然，随着编纂工作的不断推进，补充搜集、核实资料的工作量会越来越少。

一位参加数部志书编纂工作的老修志工作者说："根据我的经验，搜集资料的时间连前带后将占整个修志工作时间的70%左右，审稿改稿时，还在补充资料，特别是有价值的资料。"

2. 资料工作的要求

中国地方志指导小组2008年9月下发的《关于第二轮地方志书编纂的若干意见》第五部分"关于内容记述"第十二条对资料工作提出了明确要求，即"加强对资料收集的力度，积极拓展资料收集的范围。应重视社会调查，注意收集口述、音像等资料。做好资料的鉴别、筛选工作，避免失实、欠缺和选材不当等问题，保证资料的可靠性与完整性。对重要资料来源注明出处，对具有时代特征和地方特点的词汇作准确、简明、规范的注释。编写志稿前，应对入志资料进行系统梳理和研究，编辑好资料长编。"这个要求一方面说明资料工作的重要意义，另一方面也表明资料对于志书的重要性。

3. 资料工作的任务与特点

志书资料的特征决定了资料工作的任务和特点：

（1）资料工作的任务：一是按照志书篇目要求，最大范围地收集各种类形的资料；二是考证鉴别资料；三是整理资料；四是编写资料长编；五是依法保管资料。

（2）资料工作的特点：一是量大面广；二是考证鉴别难度大；三是持续时间长，事关修志全局。志书收集的是一地权威史料，资料收集、使用、保管工作有自身的特殊要求，既要真实、准确，又要特别注意做好保密工作。

三、资料的搜集

志书编纂的过程，实际上也是资料搜集并消化吸收的过程。因此，资料的搜集至关重要。在搜集资料时，要尽可能多地占有资料，凡是和志书内容相关的资料都要详加收集，博采精取。

（一）资料的存在形式

1. 文字资料

志书资料主要来源于文字资料，而文字资料又主要来源于档案资料、报刊资料和图书资料。文字资料以其数量大、内容丰富而成为编纂志书的重要资料。主要包括档案、报刊、图书、谱牒、文件、法规、会议记录、章程、总结、论文、调查报告、简报等文字记录。

2. 图像网络资料

音像网络资料内容生动丰富广泛，具有较强的感官效果，可与其他资料互证，包括照片、地图、光盘、录音带、录像带、网络资料等，但提取要慎重，因为网络中有一些不真实的资料，注意从权威网站政府网站搜集资料。包括：①中央电视台、中央广播电台和各省市以及灾区市县电视台与广播电台的音像资料。②出版部门以及有关单位出版的图片、光盘、音像资料。③电影电视剧制作单位制作的新闻记录片类型作品。④中央政府门户网站、各部委网站、各省市政府和灾区市县政府网站以及有重要影响的新闻网站。⑤新闻图片社拍摄的照片。⑥百度资料，需要同一资料的比证。编纂中可以使用“百度”对志书资料进行核定、补充、考证。

3、实物资料

实物资料是指那些具有历史价值的实物，包括重要遗址、遗迹、遗物、纪念设施、基础设施、文物、地图、照片、书信、日记、奖状、证章、票据等。尤其重视实地勘察，包括 一是没有准确、可靠、完整资料的重要遗址、遗迹、遗物、设施；二是没有准确、可靠、完整资料或有疑问（包括图文一致性）的见证物。两种主要实物资料来源于遗迹、遗址；各种文物。

4、口碑资料（口述史资料）

口碑资料又称”活”资料，包括回忆录、历史见闻、民歌、民谣、谚语、方言、曲艺、民间故事、逸闻轶事、口传文字与艺术等。

另一方面，有些事情可能的经过情况不见记载，或者记述不清，或记录简略，或保管失当，这就需要找当事人或知情者进行了解。他们的回忆有助于廓清史实，理清始末。但要注意的是由于当事人或知情者回忆本身存在客观和主观原因，口碑资料需考证鉴别后采用。

口述史亦称口碑史学，在国际上是一门专门学科，即以搜集和使用口头史料来研究历史的一种方法，或由此形成的一种历史研究方法学科分支。与中国史志编纂的口碑资料有共同的目的。西方口述史的做法在地方志口碑资料采访中值得吸收。其操作方法是：借文献找线索，确定访谈目的，考虑访谈双方的情况，制订访谈计划，把握访谈环境，整理访谈记录（笔记、录音、摄像）

（二）资料搜集的组织方法

1. 建立资料搜集队伍

志书内容的广泛性决定了资料搜集的繁复，要从繁复的资料中搜集到志书编纂所需的资料，就要求编纂人员具有较高的素质。既要有理论修养，又要知识面广；既要有关专业知识，又要有方志专业知识；但更要有吃苦耐劳的奉献精神。《隋书·经籍志》云：“夫史官者，必求博闻强识，疏通知远之士，使居其位。”

由于搜集资料任务繁重，承编单位要广泛发动，本单位各个职能部门（含直属单位）、本系统内部都要视工作量大小确定数额不等的资料员，负责搜集本部门的资料，形成一个资料搜集网络。**图示如下：**

省级志书分志编纂室

（由各承编单位组成）

↙ ↘

承编牵头单位　　有关承编单位

↙ ↘　　↙ ↘

内设机构　直属单位　内设机构　直属单位

↓　↓　↓　↓

下属处室　内设机构　下属处室　内设机构

↘ ↙　　↘ ↙

每处室若干名资料员　每处室若干名资料员

↘ ↙

组成分卷资料搜集队伍

↓

搜集的资料

2. 制定搜集资料篇目框架

每一部志书编纂之初，都会拟订篇目。这个篇目既是志书编纂的蓝图，又是志书所要记述的大体内容，同时又是资料搜集的提纲。但作为搜集资料的篇目，还要标注搜集资料的责任单位和所要搜集的代码。

3. 搜集资料遵循“三先三后”的原则

①“先内后外”，先收集本部门、本系统的有关资料，采访本部门、本系统的当事人或知情人，然后再搜集其他单位、其他地区的资料。②“先急后缓”：先收集口碑资料，主要考虑年龄大或工作即将变动的当事人或知情者的口碑资料，以免错过时机。③“先远后近”：先搜集时间较远的资料，再搜集现今资料。即先搜集志书上限时的资料，后搜集上限之后至下限时的资料。以时为序，便于尽可能多地保存时间较早的资料，确保资料的系统性。

（三）搜集资料的时空范围

1. 时间范围

编纂志书搜集资料的时间范围就是指志书的上限和下限时间。

关于断限时间，志书有一个特许原则：即考虑到事物记述的完整性，对一些有必要突破上限或下限时间记述的事物也允许将记述时间适当上溯或下延。

2. 空间范围

编纂志书搜集资料的空间范围就是指志书记述的地域范围，如省（自治区、直辖市）志就是记述一省（自治区、直辖市）行政区域范围内的各种事物，市志就是记述一市行政区域范围内的各种事物，县志就是记述一县行政区域范围内的各种事物，搜集资料也就限于搜集一省、一市、一县地域范围内的各种资料。《钱塘江志》就是以钱塘江流域为记事范围。

3. 内容范围

编纂志书搜集资料的内容范围就是指志书记述对象的范围，不论是省志、市志、县志等行政区域志，还是专志（包括记述专业、历史事件的志书），搜集资料的内容范围主要是依据志书篇目而定。但在搜集资料前拟定的篇目主观性强一些，其章节目的设置不一定切合志书所要记述对象的实际，所以篇目往往会在资料搜集过程中或完成后，根据资料的多寡进行调整，甚至在志稿编纂或修改时还要修改。这种调整修改，多半会涉及到资料的补充搜集与核实。

4. 全局范围

搜集资料要特别注意两点：一是站在志书记述对象全局的角度和高度搜集资料和审视资料；二是由于职能交叉，承编单位要打破部门界限搜集与自己承编志书相关的资料，不能只搜集本部门职能范围内的资料。有关承编单位要配合支持，帮助搜集别的部门所需要的资料。

（四）资料收集方法与途径

志书资料搜集的方法与途径较多，主要有以下几种：

1. 内部搜集渠道

内部搜集是搜集资料的捷径，主要是广泛发动本部门各个内设机构和直属单位搜集资料。本部门各个内设机构和直属单位是各项工作的直接组织者和参与者，他们掌握大量的业务资料。因此，要广泛发动全单位人员搜集资料。

2. 查阅档案渠道

档案是志书搜集资料的主要渠道之一。可分两步进行：第一步，查阅本单位档案室的文书档案。这一步可将查阅档案和清理档案结合起来，弄清本单位自有资料的数量、类型、涉及的范围、各类资料的情况、欠缺的资料等。第二步，查阅档案馆馆藏档案。到档案馆查阅资料要遵循“先近后远”（即本地后外地）的原则，利用档案馆案卷目录、重要文件目录、专业目录、全宗介绍、专题介绍、专题卡片等检索工具。

3. 查阅媒体渠道

媒体是搜集资料的主要途径之一，尤其是中央级和面向本地区、本部门、本系统、本行业、本专业情况的媒体，其资料较为真实、可靠。可分两种方法进行：第一种是有目标性的明查。即要先了解哪些媒体中可能存在所需资料，然后列出目录，直接到图书馆或资料所在机构查阅。当然，这是主要方法。第二种是无目标性的盲查。即在可能拥有相关资料的媒体中寻找线索，不放过任何可能。所谓搜集资料要“广征博采、巨细皆收”，讲的就是这个道理。

4. 社会调查渠道（口碑资料、口述史资料）

社会调查可以获得生动而具体的第一手资料，是搜集资料的主要途径之一。文字资料不可能记载所有事物，这就影响了志书资料的全面性和系统性，弥补的办法就是开展社会调查。

社会调查主要是针对哪些应记述而资料又缺乏的重要内容进行的，事前要做好充分的准备。确定调查的地点、内容、方法等。

（1）当事人采访：主要访问当事人、知情者或见证人。搜集口碑资料有三种方式：①请进来，即通过举行座谈会邀请有关人士参加座谈，了解当时的情况。②走出去，即登门拜访当事人、知情者或见证人。此法不受时空限制，能更多地回忆当时情况，家人也能帮助回忆。③约稿，即约请有关当事人、知情者或见证人撰写回忆文章。

采访要注意两点：一是确定人选时要注意把握“三亲”原则，即是对事件亲知、亲闻、亲历的人进行采访，非此不访。传闻资料可信度较低，不是万不得已不用。二是口碑资料由于时间较长或口述人记忆的偏差，所述史实或多或少与史实有些出入，因此必须加以考证后才能备用。

（2）实地调查：实地调查就是到所要记述的事物、事件发生地进行调查，除实地勘查和访问当地有关当事人、知情者或见证人外，还可以借助照相、绘图、录像等现代科技手段配合搜集有关资料，使资料的类型更加丰富，表现力更强，也便于保存。

（3）口碑、口述史资料具有口述人的主观性，故注意互证。

5. 行文征集渠道

行文征集资料主要是有关原始资料，如文物、照片、音像、报刊、图书、日记等。有两种形式：①以信函的形式寄给有关单位、当事人或知情人及有关人士搜集资料。②在有关媒体（如报刊、电视、广播、网络、广告栏等）上发布征集资料公告，把散佚在社会上的各类相关资料搜集起来。

6. 查阅外文渠道

许多国外记者对本地的新闻报道、评论和图片。首先通过新闻管理部门了解时间断限内有哪些国外媒体派记者到本地采访过，然后再查阅有关媒体资料。

（五）资料收集的具体方法

一是查阅档案，组织力量进行抄录查阅，写成资料卡片，以备编写。二是调查访问，做好记录、录音和录像。三是发函索取。四是行文征集，把散佚在社会上的文物、图书、手稿、报刊收集起来。五是创办刊物或通讯，或资料丛刊，发动群众撰稿，多方面提供线索，首轮修志江苏如东县提出征集资料要做到“三个结合”：即“广征”与“特约”结合；查档与走访结合；条条编史与块块修志结合，层层发动，众手取材。实践证明，这种走群众路线的方法，确实行之有效，用他们的话来说，“使编史修志办公室由独臂将军变成千手观音”。

首轮武汉市地方志编委会提出收集资料工作主要抓三个环节：（1）事先与各有关单位沟通，互相提供资料目录索引，彼此合作，提高工效；（2）收集资料时注意先远后近，先内后外和先活后死这三条关于轻重缓急的规律；（3）收集资料后，及时进行科学管理和提供利用，做到统一规划，互通有无。

老同志健在的时候，将他们熟知的史实记录下来，立足于“抢”。

具体收集方法：

1. 全文复制

对于一些具有重要价值的而又难以分类的综合性资料，或者是非主体资料，准备作为参考和旁证使用的，可以全文复制（复印、扫描、下载、拍照）。

2. 撰辑与辑录式收资

资料收集有两种形式，一种叫撰辑式，一种叫辑录式。

①撰辑式（摘要）：要求在不违背原意的基础上对资料进行归纳改写加工，即用抄录者的语言对要点进行概括，一般是事物或事件史实，又称“摘要”，优点是减少了志书撰稿的工作量，缺点是改变了资料的原始性质，甚至导致内容偏差。

②辑录式（摘录）：指的是对原文进行整句、整段摘抄，包括重要文件条款、重要观点、数据、史实等，也对原始资料进行删节（删去无存史价值的内容），删去部分采用删节号“（……）”表示，但辑录的资料是原始状态的。

既然是资料，本教材编写者认为还是选择“辑录式（摘录）”收集资料较为正确。

③“一事一卡”：搜集资料要按照“一事一卡”的原则，将资料原文摘录或摘要抄录在资料卡片上。所谓“一事一卡”，指的是将某一类事物、事件或某一类事物、事件中的一个具体事项抄录在同一张资料卡上（一张不够再用续页接着抄录）。资料卡上要记清分类号、资料类别、资料标题、名称、年月日卷（期、版）页码、作者、摘录人、摘录时间等。

资料卡图示如下：

《xxxx志》资料摘录卡

共　　页

分类号　　　　　　　　资料类别

资料标题

名　称　　　　　　　　年　月　日　卷（期、版）第　　页

作　者　　　　　　　　藏　所

摘录方式　　　　　　摘录人　　　　　　摘录时间

说明：①分类号指志书卷篇章节，如卷2第3篇第3章第1节第一目可写成23311；②资料类别指档案类（D）、报纸类（B）、期刊（Q）、图书（T）、网络（W）5种，表中填写括号内代码即可；③资料标题指摘录资料标题，可用原文标题，也可自拟；④名称指档案卷宗名、报刊名、书刊名、网站名及网址；⑤作者指文件发文单位、著作（文章）作者；⑥摘录方式指“摘录”或“摘要”。

“一事一卡”可能抄录不下“一事”，可印制续页，即在前图示基础上保留卡名，左上角打上“续 页”，右上角“第 页”改为“共 页”，同时删掉表头5行内容以及表下方“说明”内容即可。

资料抄录资料卡是一项非常细致的工作，根据各地经验，要求做到“五要”“四不”“三注意”。

①“五要”：即取舍要合理，意思要完整，抄写要标准，字迹要清楚，要用钢笔填写。

②“四不”：即不改变原文，不涂改，不漏抄，不滥用简化字（指原文为繁体字的资料）。

③“三注意”：即注意断节摘抄用省略号，注意不把一个完整的记述摘抄得支离破碎，注意抄后校对原文。

④第二轮修志已经转为电子版收集资料，扫描仪、录音机作为辅助工具。扫描仪是按照字形扫描，有一定的差错率，注意校对。尤其是不熟悉的地名，更需注意。如浙江湖州的“苕溪运河”错为“苔溪运河”；“南浔”错为“南得”；“荻塘”错为“获塘”，均是由于扫描产生的错误没被揪出来。

3. 社会调查记录

①采访记录：搜集口碑资料时，无论是召开座谈会还是单独采访都要进行记录，同时录音或者录像。采访结束后再根据录音整理成文字，但要忠于讲述者原义。条件许可，最好请讲述者审阅签字认可。

②讲述者自己形成文字材料：这样在写作的过程还可以帮助讲述者回忆，使材料更加准确和丰富，效果会更好。

③采访要素：在采访时，要在采访记录单上记清分类号、资料类别、采访主题、被采访人姓名、性别、年龄、学历、职务（职业）、单位、住址、采访人、采访时间和地点等，采访完毕后请被采访人签名。

记录单图示如下：

《xxxx 志》口碑资料采访记录单

共　　页

被采访人签名　　　　采访人　　　　采访时间　　　　采访地点

分类号　　　　　　　　　　　　资料类别

采访主题

被采访人　　　　　性别　　年龄　　学历　　　　职务（职业）

被采访人单位　　　　　　　　　　　　住址

说明：①分类号指志书卷篇章节，如卷2第3篇第3章第1节第一目可写成23311；②资料类别指采访当事人、知情者或见证人（C）、实地调查两种（S），表中填写括号内代码即可；③登记流水号指收集到的资料顺序编号＋分类号，如收集到”2331”的第1份资料，其号即为2331-1。

社会调查尽可能做到“一事一卡”。“一卡”可能记录不下“一事”，可印制续页，印制方式与资料卡相同。

②实地调查记录：调查历史遗址遗迹，或寻查新的资料，或印证文字及图像资料，往往需要带着问题进行实地调查。通过亲历、亲访，了解事情原委，辨明事情真假，并随时将调查所得的情况和测量的数据记录下来，必要时可进行拍照、摄影和测绘，确保资料的真实、准确。

实地调查所得资料要注明调查人、调查时间；照片、摄像、绘图都要注明详细地点、拍摄（绘制）人、拍摄（绘制）时间等。记录单可参照以上图示制作。

4. 搜集资料分工合作

①志书编纂室在搜集资料过程中起组织和指导作用。各承编单位的编纂人员即为本单位搜集资料的负责人，具体指导本单位的搜集资料工作，同时参与资料的搜集工作。这样既可以确保资料的质量，又能对资料做到心中有数。

②资料搜集人员同时在不同的地方搜集资料，应在搜集自己分工范围内资料的同时，遇有别人分工搜集的资料也要一并搜集，防止遗漏。

（六）搜集五种资料

编纂志书是一项巨大的系统工程，所设卷、篇、章、节、目是它的子系统。

篇目中所有的“子目”都得有内容，因而必须搜集资料进行编纂，才能“横不缺项”。

每一“子目”在志书断限时间内从事物的开端到事物的发展变化的资料都要尽可能收齐，这叫“纵不断线”。

以上两点做不到，志书的系统性、整体性、完整性就不可能达到。

就搜集资料的基本单位“子目”来说，需要哪些资料呢？主要有综合性资料（有人称“主体资料”）、典型资料、背景资料、统计资料和考证资料五种基本类型：

1. 综合性（主体性）资料

综合性（主体性）资料，即志书概述、正文各层次综合宏观性的资料，即反映事物本身的资料，可直接入志的资料。这是搜集资料的重点。

志书对任何一个事物的记述，其基本要素都应齐全。因此，主体资料必须把反映事物基本要素的资料收集齐全，主要包括时间、地点、人物、事物、经过五个要素：①时间，事物发生、发展、变化的时间范围；②地点，事物发生、发展、变化的空间范围；③事物，事物的概念和定性必须准确；④人物，人物是事物发生、发展、变化的主体，应注重记述典型人物在历史进程中的作用；⑤经过，用事实资料记述事物发生、发展、变化以及结果或阶段性结果的发展变化情况，注重选用典型资料记述。

2. 典型资料

典型资料，即反映事物或人物的具有代表性的资料。在编纂行政区划志中，有人总结了一句话：记工业不能不记企业，记教育不能不记学校，记医疗卫生不能不记医院。这里所说的“企业”“学校”“医院”，指的就是当地的若干个重点企业、学校、医院。这样既有主体资料，又有典型资料，再加上背景资料，记述事物非常完整，不会出现只见森林不见树木的现象。

3. 背景资料

背景资料即反映主体资料的时空背景、对事物的发生发展、变化的历史条件或现实环境的资料。把主题资料置于相关的背景之中，就不会出现只见树木不见森林的现象。这种资料入志越简洁越好，起到彰明因果就好。

4. 统计资料

统计资料要权威，一般为国家统计部门资料，统计部门缺用专业部门资料，再缺用典型调查数据反映。统计资料虽然遵循以上原则，但本教材编写者认为，仍需要坚持实事求是的原则。

5. 考证资料

考证资料又称旁证资料，即说明主体资料是否真实准确的资料，主要用于对某些有争议的或不明确的事物或人物的考证，包括直接证明的资料、可作旁证的资料、可作反证的资料。这些资料有些入志，有些只作参考。如对一些原本模糊不清的重大问题经考证清楚得出结论的资料可入志，而对经考证仍争执不下结论的资料，可“多说并存”地入志。

这里需要强调的是，在收集资料时，不论哪一种资料都要应尽可能多地占有资料，不仅要收集正面资料，也要收集反面资料，对同一事物、同一事件、同一人物的不同记载都应全部收集，以保证资料的全面性和系统性。

怎样的情况才算资料征集基本完成呢？首轮武汉市提出了八点要求：

从方法上看：（1）该查阅的资料，尽可能查阅了；（2）该抄录的档案，尽可能抄录了；（3）该访问的口碑，尽可能访问了；（4）该实地勘查的地方尽可能勘查了。

从内容上看：（1）纵不断线；（2）横不缺项；（3）考证翔实；（4）具备特点。

（七）资料考证鉴别

收集资料的目的在于运用，由于资料来源广、种类多、数量大、时间长，往往会有一事异载、一题多说、真伪相间、正误互见等问题存在。这就需要在资料运用之前，对资料的真伪、正误进行考证、鉴别。

1. 考证鉴别原则

资料鉴别的基本原则是：无证不信、言必有据。入志的资料一定真实、准确。要弄清、弄准一件史实，必须充分掌握有关证据，否则不能轻信。有人在编辑《江西年鉴》（2002年创刊号）时就遇到同一年同一事物数据，由于来源不同就各不相同：①2001年的移动用户，统计局的数字全年不到200万户，通信局的数字在当年10

月就达到了 200 万户，还开了庆功会。② 2001 年江西体育或全国奖牌数，统计局数字少一枚，体育局数字多一枚，这两个数字都是体育局报出的。

同一时间同一事物数据不统一原因：一是出处不同，统计口径不同，如水利部门、交通部门对河流长度统计不一；二是统计过程中的人为差错。前者要在志书中说明，后者要考证准确。

2. 保持资料原貌

考证鉴别资料应保持资料原貌，注意以下几点：

（1）不要在原始资料上任意涂改。（2）对于不完整的资料，如资料内容缺漏或引文不全，导致意思上不完整，在确知其史实的情况下可进行增补，增补的部分可用 [ ] 括号，以示区别。（3）考证过程中遇到疑难问题，不要轻易下结论，可先搁置一边，注明存疑，待进一步考证，切忌随意下结论。（4）遇到外文或少数民族文字，要准确引用。一般要译成汉文，特别是名称，要用新华社公布的名称，新华社没有公布的用社会惯用的名称表示。

3. 考证鉴别的方法

（1）书证：即把有关同一事物的不同记载进行对照比较，以文字资料印证鉴别文字资料，以求得准确或接近准确的结论。

（2）物证：即以通过出土文物或其他实物资料来验正文字资料或口述史资料。

（3）人证：即以口述资料或当事人、知情者（包括熟悉本行业或本事件的专家、学者和领导干部）或见证人来考证、鉴别文字资料。

（4）理证：以个人学识和逻辑推理的方法辨别资料的真伪，一般在缺乏佐证的情况下使用。

（5）排比对证：即对有关同一事物的各种资料进行相互对照比较，发现矛盾，深入研究，本着实事求是的原则，多方求取确证，在占有丰富资料的基础上，将记载同一时间、同一地点的同一事物的各种资料集中在一起相互分析研究，辨别真伪，不可人云亦云。清代学者纪晓岚在主编《四库全书》时说：“参互考校，求唐宋之志不甚谬，至明而谬始极；当代通都大邑之志不甚谬，至僻邑而谬益甚；其体例谨严，考证详确者，千百之一二耳。”

对口碑资料更要严谨。各种回忆录有重要参考价值，但一是因为时代久远 ，记忆难以准确；二是由于所处的角度不同，对自己往往免不了有溢美之词。口碑材料要反复比较核对。

（6）矛盾资料六条处理原则：①图书资料和档案资料有矛盾时，应以档案资料为准。②内部资料和外部宣传报道有矛盾时，应以内部资料为准。③亲身经历者的口述资料和旁证者的资料有矛盾时，应以亲历者资料为准。④当事人的资料和参与者的资料有矛盾时，应以当事人的资料为准。⑤距历史事件时间、地点近者资料与远者资料有矛盾时，应以近者为准（章学诚：“地近则易核，时近则迹真。”）。⑥法定的统计资料或政府授权发布的统计资料与其他渠道获得的统计资料有矛盾时，应以法定的统计资料或政府授权发布的统计资料为准。

暂时无法印证的，宁肯存疑，留待以后查证，也不要主观臆断，“可以一说为主，多说并存”。“孤证不立”并非绝对不能用，但用时要注意：①与其他有关的可靠史料没有矛盾；②内容合乎情理；③使用时，在提法上要留些余地。

4. 不同类型资料的鉴别

资料考证鉴别工作要做到“七忌”：一忌认为档案记载的都是可信的，不再推敲；二忌认为主管部门提供的都是准确的，不加分析；三忌认为当事人提供的都是对的，偏听偏信；四忌认为人们共知的都是真的，不加核对；五忌认为权威讲的都是正确的，照抄照搬；六忌认为报刊图书记载的都是可靠的，深信不疑；七忌网络上的记载的都是真实的，照搬使用。

（1）档案资料鉴别：档案资料虽然可以作为第一手资料，但是档案中也会有虚假记录或因档案记录者的失误造成的差错，所以对档案资料也要经过认真考证。档案资料考证方法：

①每一份档案资料，一般都有制成文件、机关、时间、收发文件时间、领导签署时间、领导者签名、机关印信等要素，通过对这些方面的鉴定，来判断其文件内容是否可靠。

②每份档案都有其生效时间，除了档案原件上标明的时间外，我们还可以从档案内容中加以判断，两者对照以辨真伪，因为在生效时间之后发生的事件及影响就决不可能在文件内容中出现。

③寻找其他文字资料或寻访当事人、知情者加以核实，这样能及时发现问题，订正错误。

（2）媒体资料：鉴别媒体资料往往对事件经过、人物情况的报道、介绍比较详细，但这种资料又是一种倾向性明显的资料。各报刊、出版社及网站的宗旨、风格等各异，有些事件往往众说纷纭，莫衷一是，令读者无所适从。具体考证方法：

①要了解每种报刊、出版社及网站的宗旨、性质、功能等，这些决定了他们所具有的倾向性，这就能够帮助判断内容是否真实，有无夸张或回避的地方。

②媒体能够提供比较具体的资料线索，通过线索可以再求证其他资料或寻访到当事人、知情者，从而找到真相，还事实以本来面貌。

（3）口碑资料：口碑资料来自个人口述，由于口述者记忆不清楚、认识片面或有意回避掩饰等现象，会造成口述失实，可利用多种资料加以印证。

（4）图照音像资料：图照音像资料形象逼真地再现了历史事件的情景，收集时要弄清资料来源，尤其是资料的说明文字或标签容易散失或错位，不能张冠李戴，闹出笑话，损害资料的真实性。

首轮如东县修志写成《考据歌》一首：要资料，尚易寻；考真伪，最要紧；谣与传，不可信；摘消息，须佐证；取结论，看起因；逢数字，究其准；遇年月，阴阳分；用原件，细辨认；内容杂，需理清；若怀疑，再问人；有苗头，穷追根；去假象，求其真；根稍不清勿轻用，要对人民负责任。（刘光禄 李明等编《县志编修初探》安徽人民出版社 1983 年版）

四、资料长编的概念与编辑方法

（一）资料长编的概念与种类

1. 什么是资料长编

资料长编又直称长编。2002年版《辞海》是这样解释的：资料长编是“历史资料的编排汇集，准备删订成书者”。史学家白寿彝在《史学概论》（宁夏人民出版社1983年版）中说，“长编是积累材料的较高级的形式”。资料长编是北宋司马光首创。他在编纂《资治通鉴》时，先辑录有关资料，依次排列，并附考订，成为长编，然后再删订成书。

志书的资料长编是指按志书篇目的要求，把征集、搜集上来的原始资料经过归类、筛选、考证鉴别后，以时间顺序进行编排的一种资料形式。它是全面的、系统的、原始的、准确的资料。编辑资料长编首先要弄清楚资料长编与志稿的区别、资料长编与原始资料的区别、资料长编与资料汇编的区别。

2. 资料长编的种类及与志稿的区别

（1）资料长编可分为汇辑型、纂辑型和撰述型三种。

①汇辑型。它是把原始资料（全文或摘录）有序联缀。一般不加联缀语，资料注出处，明显有误的应注明考证结果。这种类型多适用于历史跨度不长，工作较为单一，原始资料不多的情况。

②纂辑型。它是把原始资料加以整理、筛选、取舍、归并组合，进行系统处理，使之成为完整、系统、准确、可靠的资料。因为它适用于时间跨度大，工作繁杂，资料多的情况，所以要较多地加编者语来进行联缀，资料要注出处。

③撰述型。它是在把握丰富资料的基础上，经过综合、消化、加工，采取撰述的方法编写，文后注资料出处。这种长编要求编者有较强的概括能力，熟知事物情况。

三种类型各具特点，要根据实际情况采取相应的编写形式，本教材编写者认为，志书资料长编还是以纂辑型、汇辑型为宜。

（2）资料长编与原始资料的区别：资料长编不是原始资料的堆砌，它是按志书的篇、章、节、目，把通过考证后所选用的资料，按时序串连起来，它是资料向志书初稿过渡的桥梁。古人认为这是编史修志不可缺少的环节。具体区别：①资料长编虽是资料，但已不是原始资料，而是系统化了的资料；②资料长编可以有考证资料，而且是用编者的语言进行表述，而原始资料则纯粹是摘录的资料；③资料长编是按志书的编目层次和撰写顺序进行编排，原始资料则是以资料卡等形式出现。

（3）资料长编与资料汇编的区别：资料长编不等于资料汇编。它们的主要区别是：资料汇编是同类原始资料的汇集，它主要是“汇”；资料长编是按编写提纲对汇编的资料进行条理化处理。通过整理后的资料长编，已经显现出了事情的始末，它重在“编”，这是原始资料和加工资料的分界线。资料汇编通常是以原始资料的原貌汇集在一起，一般是以一篇文章为单位，不分栏目，或大致分栏；资料长编则是按志书的篇目结构进行系统排列，对原始资料进行加工汇辑而成的。

通过对以上几个方面的对比可以看出，资料长编是在搜集大量原始资料后系统纂辑而形成的志书"中间产品"（或称"半成品"）。它是孕育志稿的"胚胎"，是从原始资料过渡到志书的"桥梁"。它是志书坚实的基础，是保证志书质量的一个重要环节。区别界定：

①资料长编本身仍属资料，保持有资料的原始性，而志稿已经不是原始资料，是按志书体例编纂而成的资料性文献；②资料长编以条目的形式对资料进行排比整理，而志稿则以章节体的结构层次进行编纂；③资料长编的篇幅一般不作限制，以便尽量地把资料保留下来，志稿的篇幅事先都有规定，不宜无限制地扩大。

资料长编一般具备以下六个方面的内容：①主体资料；②背景资料；③佐证资料；④所有资料的出处和参考资料的索引；⑤多说并存及争议鉴别的证明材料；⑥有少许编者简短的语言。

（二）资料长编的特点与作用

1. 资料长编的特点

⑴资料性。⑵可信性。⑶系统性。⑷全面性。

2. 资料长编的作用

（1）有利于进一步熟悉、检查、考证和补充资料

①按照篇目对资料进行系统地归类、分档、排比、取舍、消化，深层次了解和掌握资料。

②编写资料长编的过程就是消化资料的过程，对有疑问的资料进行考证、鉴别。

③对所搜集到的资料查漏补缺，发现资料是否缺项断线；反映事物本质的深层资料是否齐全；反映地情特点和本行业特点的资料是否完备。

（2）有利于志书篇目的修改完善

①哪些内容可以记或详记，哪些内容不能记或略记。

②哪些资料翔实，可以独立成章或成节或成目。

③哪些资料单薄，不能形成记述单元，应归并到相关的章节目之中，从而使修改完善出来的志书篇目就会更加科学合理、符合实际。

（3）有利于志稿的编纂

①能够进一步理清志书记述对象的全面情况和发展脉络，明确编纂内容的轨迹。

②编辑资料长编的过程就是去粗取精、去伪存真的过程，可以挤掉原始资料中的水分，筛选出大量的能够反映事物本质的具有存史价值的深层次资料。

③能够有效避免因人员变动而影响志书编辑进度和质量。

（4）有利于志稿的审查修改，通过长编标注的资料出处快速查核

（5）有利于保存更多的史料。志书与长编资料往往是1:10的关系；以供社会利用

（6）有利于提供资料出处

志书如果所有资料都要在书版中注明出处，起码1/3的文字是注文。如果有资料长编存入地情数据库或制作长编光盘放在书版志书中，资料出处的问题就解决了。

（三）资料长编的编纂步骤

1. 长编提纲

资料长编的编辑提纲基本是志书的编纂篇目。编辑的基本单元就是“目”，即以“目题”为资料长编编辑的起始主题。如：

卷 八 社会赈灾志 [一级主题]

第二篇 中央部委赈灾与捐赠 [二级主题]

第六章 国家社会团体赈灾与捐赠 [三级主题]

第一节 全国总工会机关赈灾与捐赠 [四级主题]

一、捐赠钱款[五级主题]；二、捐赠物资[五级主题]；三、捐赠临时住房 [五级主题]

如少数“目”下设有子目的，子目则为资料长编的“六级主题”，一般而言，“目”尽可能不要再设子目，以保持志书结构的均衡。

2. 以类辑入，以时为序编排

五、首轮修志资料工作的经验教训与二轮地方志资料数据库工作的创新

（一）首轮修志资料工作的得与失

首轮修志是在计划经济时期，通过官方的文档资料和部门下属单位报来的资料，大体能解决志书的资料问题。但资料长编的编纂并不普遍，为了赶进度，只有少数修志单位做了资料长编。上海真正拿出资料长编的只有《上海粮食志》《上海财政税务志》《上海救捞志》《上海公用事业志》。不少地方志办公室自已不查档案资料，政府和地方党委的全宗缺查，一地事物的大背景搞不清。

（二）二轮志书编修如何进行资料工作

1. 市场经济社会多元性特征造成资料征集的难度

社会大环境由计划经济转变为市场经济；经济结构和社会管理结构向多元化方向发展；

所有制向多元化发展（资本的多元化）；企业经营向多元化方向发展；计划经济时期的主管局修志形式已不再完全管用；社会化、体制外资料收集难。

2. 社会主义第二轮修志需寻求多元化的资料渠道

（1）市场经济的多元环境政府（有关局）档案已不能完全解决修志的资料问题

（2）市场经济修志要寻求多元的资料渠道

①政府资料系统（第一元）。

②企业资料系统（第二元）。

③市场手段获取资料系统（第三元）。

第三个渠道是地方志部门自己组织人力调查征集。对于一些社会内容的资料征集，没有部门、企业提供，如人民生活、具体物价、各类市场（如《上海市志》设的“商场街市”，分交各区县志办编写；“社区”，综合情况材料由中国社科院社会学所、城市调查队、农村调查队完成，具体社区由区县志办完成，包括进行一些专题调研等。

特殊的社会资料，可以组织资料采访员收集资料（退休的老修志工作者和相关

研究部门的退休专家）。民国年间修志就组织资料员收集资料。社会散见的资料采取经济的手段，聘用资料采访员，按资料付给报酬，因此在给政府报批的修志经费中应包括资料征集经费。

（3）二轮修志体制外资料，费孝通的《江村经济》调查可资学习

20 世纪 30 年代，一批有识之士投身到救世济民的乡村建设运动中，费孝通就是其中的一位代表人物。

费孝通从燕京大学社会学系毕业后，考入清华大学社会学及人类学系，应梁漱溟先生的邀请，到山东邹平县参加乡村建设运动，受到了很大的启发。1936 年暑期在出国留学前，携妻子赴广西大瑶山进行农村社会调查，因路途历险爱妻不幸身亡，而自己疗伤转到家乡太湖之滨的吴江开弦弓村（学名：江村，今苏州吴江市七都镇开弦弓村）进行为期 1 个多月的细致调查。此后，在英国整理发表了博士论文《中国农民的生活——长江流域农村生活的实地调查》（译成中文改名“江村经济”）。在江村实地调查中，中国农村的真正问题是人民的饥饿问题。他指出，中国人多地少，农业为主，工业停留在手工业状态，只能靠恢复乡村工业，农工相辅扩大农民收入来源解决中国农民之贫困。

乡村工业的崛起，打破了我国长期以来城乡二元经济结构格局。农村社会的分工带来乡村工业的勃兴和农村经济的进一步发展，但同时给乡村的集镇建设提出了一个新的课题。费孝通在多次江村调查中意识到小城镇建设的重要性与乡村工业的关联性。于是，提出了“小城镇大问题”的观点，他认为，小城镇作为农村政治、经济、文化、交通、信息、金融、流通等中心，是联结城乡之纽带，是城乡经济协作互补的结合点，小城镇的地位及作用愈来愈重要。

费孝通教授注重实地调查与研究，他坚持做“田野”工作，深入农村社区，26 次走进江村、走进农家。他以毕生精力对江村进行跟踪调查研究，调查不止、思考不息、笔耕不辍，对农村经济和社会发展有着深刻的观察与思考。他走出江村陆续发表了《重访江村》《重访江村（其二）》《三访江村》《小城镇大问题》《小城镇 再探索》《小城镇 新开拓》《江村五十年》《吴江行》《江村农民生活及其变迁》等一篇篇调研文章。梁漱溟、晏阳初、费孝通等先贤们在 20 世纪 30 年代的乡村建设运动给了我们启迪和动力。给二轮地方志编纂者是历史的启迪。

3. 采用微机形成资料的流程

首轮修志用的是纸笔、卡片，第二轮修志绝大多数采用电脑（有少数老同志仍然采用纸笔）。资料收集、资料长编以及专题资料编写，志稿的编撰，都可以通过电脑完成（网上平台，主要是局域网；资料传输通过互联网）。

具体方法：要注意，对于原始资料、资料长编和专志文稿而言，每一步骤都要注意存盘备份（存盘是下一步修改的前提）。整个资料形成步骤即：（1）分类目扫描资料、节录资料，记录资料的原始出处，标明原件还是摘要，存盘。→（2）（复制前步资料）分类加工原始资料，主要是删繁就简，补充事物背景及原来残缺不完整的资料，存盘。→（3）（复制前步资料）按规范要求修改撰写各类目资料稿，

也就是从书写格式、语言文体、条目标题、名称表述、时间表述、数字用法、标点使用、计量名称、图片表格（在搜资时发现的图照应随时扫入电脑，表格要按地方志的数据要素用微机的 EXCEL 制作），存盘→（4）（复制前步资料）对分类修改好的资料稿进行纵横的比较后，再进行交叉处理，做最后的资料补充修订，存盘→（5）（复制前步资料）把最后的资料稿打印成纸质文本，单位领导审阅签字，单位盖章；把每次的存盘拷在一起（从（1）到（4）步骤）与纸质文本一并送资料数据库。资料可以用 Email 发送。

4. 借助二轮修志的平台建立地情资料数据库为方志事业插上腾飞的翅膀

从长远的地方志事业的建设出发，应该通过地情资料数据库建设从根本上进行方志工作的创新。二轮修志不要急急忙忙地出书，应该把修志与资料库建设结合，失去此次机会，又要等到 10 多年之后，所以有些地方没有看到《地方志工作条例》出台后修志工作形式的变化，一味迎合地方一些领导，搞“倒计时”“立军令状”，按“换届时间成书”，按照自己的退休年限加紧出书，眼光短浅，或实用主义。全国各省区市规划的二轮志书断限大多数是 1978—2010 年。根据《地方志工作条例》，地方志书 20 年一修，第三轮志书的断限应该是 2011—2030 年，那么第三轮志书于 2025 年启动应该是合理的（即每轮规划志书下限前 5 年启动，10 ~ 15 年编竣）。所以二轮志书要上规矩、统一进度，抓好志书质量，建立完善地情资料数据库。也就是地方志事业进入了更贴近社会、更为重要的地情数据库时代。

地方志系统的地情资料数据库要建出自己的特点，要有地方志的准确定位。需要发展的地情数据库，不完全是当前方志界普遍建的那种网站性质，即把首轮、二轮的志书及其他地方文献，加工成电子版输进电脑；也不完全是把各种资料不经加工输入电脑进行主题词检索。这样的数据库数据（资料）量越大，搜索资料越难。搞这样大而全的“海库”，怎么能与新浪、雅虎、东方网那些大网站相匹呢？正确的是通过二轮修志，把经过加工系统的资料长编（全部注有资料来源），即二次性历史资料文献输入资料库，利用代码、资料目录、主题词进行综合性的准确搜索（三种方法灵活运用），因为长编的分类代码是人工系统化的，故检索是定位的，而不是“海网”那样模糊性搜索。这样的工作不通过一轮修志如何完成。此外，如果通过二轮修志能够为地情数据库打下基础，未来两轮修志之间再通过资料年报制度征集社会资料，地方志办公室组织人力收集媒体、档案、图书等方面的资料，这种资料的补充是无休无止、源源不断的。到那时，地方志在社会上的地位就可以显现了。社会各界，查找权威资料首先想到地方志办公室的地情资料数据库，地方志工作才真正自立于各学科之林。

教材编者 2004 年起一直在呼吁这种地情数据库的建设，并将其归入多元社会的多元运作之中（见梅森《“折衷派”与“记录地情的综合性文献”：也谈方志性质》中国地方志协会秘书处编 中国地方志协会 2004 年度学术年会论文集《新方志理论与实践二十年》第 71—79 页 方志出版社 2005 年 5 月版），并进行《中国地情资料数据库》框架的设计，但至今未遇“识玉之人”。资料库在未来比地方志书更具有价值是显而易见的。每轮修志均应该是动员社会一次全面的地情资料的大调查，通过大调查收集资料、编长编、建资料数据库。平时，建成地方志数据年报制度。把修志、编鉴与地情数据库建设结合起来，把平时资料收集与20年一次修志结合起来。地情资料数据库是现代化方志事业腾飞的翅膀。（观点与方法详见梅森：《地方志书内容要素探微——数字化地情资料库框架设计参考》）方志出版社2009年9月版）

[资料涉及著作权，政府规划内志书属于公务活动，可执行2010年人大常委会修订通过的《中华人民共和国著作权法》第二十二条（七）公务使用款，以及2013年国务院修订的实施条例。即“使用可以不经著作权人许可的已经发表的作品”，不需付酬，但必须在本书中注引参考文献。此内容为编书时后补]

[参考论著]

①朱敏彦、梅森 主编：《方志编修教程》（方志出版社2004年版）

②梅森：在宁波大学、山东全省方志培训班（潍坊）的讲稿《资料是志书质量的基础》。

③周慧：《搜集资料与编辑资料长编》（汶川特大地震抗震救灾志编纂委员会办公室编《〈汶川特大地震抗震救灾志〉编纂工作培训讲义》2009年1月编）

[思考题]

①资料工作在志书编纂中的意义，主要的资料工作环节有哪些，你对待资料长编工作的衔接作用如何认识？

②当前二轮志书资料有无问题？资料价值与志书资料量的关系，你认为当前志书资料量如何？为何不到10年断限志书文字200多万字，其资料从存史角度看如何？有哪些类型的资料是不该入志的？哪些该入的没入？

③二轮修志资料如何征集，你那里修志如何征集资料？

④地情资料数据库在未来地方志事业中的地位如何？地情资料数据库与志书、年鉴的关系。地方志地情资料数据库应该如何定位？

⑤利用你所掌握的电脑知识，为二轮修志利用微机收集资料编纂志书构思一个工作程序。

第七讲　志书撰稿

地方志书框架篇目总体上确定、资料长编形成之后，就应该按照篇目门类（篇章节目），根据长编研究各类事物的规律，即发生、发展、消亡的原因，分门别类地进行分述（撰稿）。

“横排”是分门别类，“竖写”是纵述史实。有人说：“非横排无以求全貌，非纵述难以求条达。”横排需研究事物的横向关系，竖写需研究事物的时代进程。志书撰稿，行业术语被称为“竖写”。

一、竖写

（一）竖写的基本要求

做到记事要完整，能够反映事物的完整性。也就是首轮修志总结的写好“三部曲”“三段式”，即写出事物的发端、转折和结果（或现状）。事物记述要有头有尾有过程。

1. 写好发端

任何事物在当地都有其发端，撰稿时要抓住第一次出现的资料，才能反映事物初始的面貌。交代了“来龙”才有“去脉”，“来龙”是记述事物的铺垫。近年编纂续志，不少地方采取“自然断限”，也就是直接从上轮志书的下限写起，事物没有“来龙”。不少人对此提出批评，认为续志上限之前要有“历史的勾连”“概括性的纵深”，用总述、概述或无题导言铺垫历史的面貌。

2. 写好转折

转折一般有若干次，因为事物的发展都有自身的阶段性，既有全国共性的阶段性，也有本地特殊的阶段性。事物发展中，有高潮，有低潮阶段，有的是波浪起伏，有的是螺旋式上升，有的是一蹶不振。事物阶段情况，都是从资料长编的分析中得到的（当然，也可以从经历者参加的座谈会中获得）。续志当前最大问题是不作事物的阶段性分析，自然主义地排列年鉴资料、文件和部门工作总结，导致不仅文字量很大，同时很难看清事物的来龙去脉。

志书横排门类，竖写中分事物发展的阶段，绝大多数是“暗分”不是“明分”。少数明分阶段的，如”中华人民共和国成立前的社会治安”“中华人民共和国成立后的社会治安”。明分过多，就成了史书的“以时系事”而不是志书的“以类系事”。但涉及政治性质模糊不清的除外。

“暗分”是按照事物本身的发展规律，抓住事物兴衰起伏的转折点，确定起关键作用的年份，确定关键年份的标志性事物，用客观的、综合性的资料，包括数据，撰写阶段面上情况，把事物发展到这个阶段的特征和水平的因果写出来。阶段与阶段之间体现出事物发展变化的连贯性。比如“利用外资”，从 1979 年《中华人民共和国中外合资经营企业法》出台，我国吸引外资经过 1979—1986 年的起步阶段，1987—1991 年持续发展阶段，1992 年以后的快速发展阶段。

3. 写好结果或现状

写好事物的结果或写好现状（下限时期的情况）是竖写的最后环节。对已经消亡的事物，包括断限之前就消亡的事物，需要把结果交代清楚。延续发展到志书下限时间的，要写好事物的现状。写现状所以要以下限为标志，写好下限前三年（经济部类跨度长的以下限前最后一个五年计划为现状）内容，现状内容的记述必须全面系统。

4. 把握专业的主体进行记述

专业的主体实际是专业的主功能、存在的根本，应该围绕主功能进行记述。教育的主功能是学校教育和社会教育，法院的主功能是审判。如果不是围绕主功能进行记述，就违反了志书“专志贵专”的原则。主功能以外的常规性工作活动、一般性的管理记多了，就是“喧宾夺主”，成了“部门志”。志书每个门类的记述，均要围绕主功能、围绕该事物的主体进行记述；对于那些抵消、冲淡主体内容的材料要坚决剪裁掉。二轮修志中，断限时间不长，动辄 200 万 ~ 300 万字，原因是大量的非主体、非主功能的资料拥挤在志书中。读后不得要领。

（二）条目是志书撰写的基石

条目是志书竖写的最基本单元。但由于条目所反映的内容不尽相同，所以往往表现不同的撰写形式。

刘柏修、刘斌主编的《当代方志学概论》（方志出版社 1997 年版）认为条目竖写的表述形式有六种形式（见该书第 188—190 页），即要素分析式、对比记述式、选录式、纪略式、专题式、编年式等。

要记述好条目，首先要分析出该条目事物的要素组成。事物组成要素有不同分法，包括历史脉络要素、有机组成要素、综合要素三种。①历史脉络要素记述方法，就是按照事物发展的时间顺序，写明起点、转折点、终点，这样记述主线分明。②有机组成要素撰写法，就是按照事物组成的诸方面记述，如写地震灾害，按发生时间、危害范围、危害程度（人员伤亡、建筑物倒塌、文物损害、生产停止等）；写商场，按业态、商品、贸易额、商场规模、经营特点记述；③多方位要素撰写法，从条目事物的诸方面记述。

条目记述诸要素不用标题明分，而是暗分于段落与层次中。

（三）竖写的方式方法

1. 竖写的基本特征是顺时记事

我国的文体很多，对事物的记述有许多形式：顺叙、倒叙、详叙、略叙、插叙、补叙、总叙、分叙、平叙、间叙等。志书记述按照程序，用顺叙而不用倒叙；按记述内容，详叙、略叙都用；按整体结构，用总叙、分叙，少用补叙，不用插叙；按叙述的头绪，多用平行记述（平叙），不用交叉记述（间叙）。

志书的“顺时记事”实际就是“竖写”，也称“纵写”，这是志书撰稿的基本体例。纵述史实必须把握住事物的发端。演变和现状（或者结果），反映出事物发展变化的基本情况。不能缺失当地的主要事物、事物的主要方面和事物重要的发展阶段，不得以流水账式、平面式、拼盘式等方式记述。

第二轮修志除概括断限以前的历史外，从志书本轮上限开始详记（概括历史等于建房先打地基）。由远及近纵向记述。

2. 竖写抓住的实质

本教材编者梅森将志书的记述对象抽象为“实体”“活动”“效应”三个方面。①自然实体活动与效应。山脉、河流、森林（实体），自然变化和人类环保或

破坏（活动），变化的结果是效应（环境质量、绿化覆盖率、水质、空气净化程度等）

②社会实体活动与效应。如工厂（实体）、生产（活动）、利润和上缴税收、职工工资收入、产品占有市场、产品品牌（效应）。

再如学校（实体）、教学（活动）、成才（效应）。

3. 志书的“四材”运用。

本教材编者将志书中资料概括为四材”，即综合性材料、背景性材料、典型性材料、统计性材料（参见梅森《谈志书的竖写》中国地方志通讯 1985 年第 2 期）。记述中要把握背景材料与全国大历史背景是否相吻合，综合性材料综合概括的是否准确，典型性材料是否反映规律说明问题，统计性材料是否准确无误。

①综合性材料。指总述、概述、无题导言、门类的纵向沿革性叙述材料。

②典型材料。指说明规律反映特点具有标志性特征的具体尤其是实体材料。

③背景资料。指反映事物发生、发展、结果原因的材料。背景材料运用的原因是，志书分类后“独立栏界，互无关系”。黄炎培《川沙县志·导言》说：“一般方志偏于横剖，而缺于纵贯，则因果之效不彰。”如城市与农村改革前为二元经济。农村改革，农村剩余劳力进入城市，繁荣了城市经济，也引起一些社会问题。如果我们记城市经济，应点到这些背景，否则就是“独立栏界”。

④统计资料。与综合性资料相辅相成，反映事物的量变。

4. 竖写的技巧方法

（1）先编资料长编，把握事物发展进程撰写

（2）依时分层撰写法

依时分层法又称顺时分层法。方法是分析资料长篇，把握所撰类目事物发展的沿革和特点，分事物自有的发展阶段撰写，“纵中显横”。依时记事还有特殊的一种，就是编年式大事记。另外多数表格也是编年式的。

（3）分事物排叙法

主要记静态事物，一次性发展即消亡，独立事件。可以按照发生时间先后为顺序排列，如地震、沙尘暴、展览、演出等。

分事物排叙法可包括“选录法”，即附文和附录，主要记载文献、文件、文选、书目、原始资料，特点是原文照录，保存其原始性。选录式是就整部书而言，如文化门类中的诗文选，社会门类的民歌、民谣等。

（4）多角度分层撰写法

要从几个不同角度才能反映全貌和历史的记述方法。如“环保”，首先用文字铺垫上限时一地的环境状况。包括空气、水、植被、土壤、噪声质量及形成的原因；再写治理，包括”三废”治理、“企业整改”、环境质量的改变（如太湖、巢湖治理后水体和富营养情况）。

再如“人民生活”，可以分成衣、食、住、行、游、收支结构，多角度反映。

其中内容量大复杂的可以列标题记述，内容量小简单的可以分自然段记述。

（5）综述与典型结合撰写式

志书内容包涵“线”“面”“点”。

“线”形象地指事物纵向脉络，将分散事物概括成规律性文字。“点”（重大有影响的事物和亮点）先行文作整体铺垫（面），对突出的个别事物或能反映规律的典型事物着重写（点），如同电影蒙太奇的特写镜头。如“港口”，先记一地港口装卸能力、停泊吨位、港口设施、货物吞吐量，然后拿一两个港口重点写。

（6）对比撰写方法

对比撰写方法是表述事物的程度、状态、水平和发展进程的记述方法。对比可以扩大读者思维空间，找准事物在某一时间阶段、节点上所处的位置。志书所用的对比有横向对比、纵向对比、分类对比、宏观对比、微观对比等。分类对比实际是结构分析法，运用于志书可以使得志书内容即可见到“树木”，也可见到“森林”。分类对比法可分为正反对比，不同层次对比、整体与局部对比等。纵向对比用来说明前进、发展和变化。横向对比用来说明当地在全国、全省市区所处的地位。纵向对比、横向对比的撰写方法，把事物动态的变化和静态的状况都表现了出来。以纵向比较为主，横向比较为辅。

比较，志书常常运用数据，综合性数据反映事物总水平、中观水平，如 GDP（国内生产总值）、GNP（国民生产总值）。财政收入和主要分项收入。收入与人民可支配消费水平，与消费指数的比较等。

①在自身历史的纵向发展中，找出事物发展的转折点和阶段性。

②在与全国共性背景的比较中找出本地事物的不同性。

③比较中需要注意的问题

比较时注意可比性，要同质比较，比如比较时要换算出统一不变价，如 1980 年、1990 年不变价（全志凡例交代）。比较要相对指标和绝对指标综合用。如工业产值“二五”比“一五”增长 200%。“六五”比“七五”增长 10%。其实前者 200% 只相当于后者的 1%。如果讲绝对值，前者增长 × 亿元，后者增长 × × 亿元。

此外，讲增长率一定要讲基数（注意志书文表结合，不要以文代表）。

（7）纪略、专题法

纪略。主要用于独立事件的记述，如抗震救灾纪略、大案要案、重大战事等。

专题。二轮修志叫专记，用于跨门类综合事物，将重大、地方性、有影响、综合性、跨门类的事件展开写。以弥补专志、专篇章难以归属，弥补大事记不便过于展开的事件的记述。专记放置：一是连带放于某专篇中，一种全志设“专记”与专志平列。如“招商引资专记”等。

二、志书内容的交叉处理

（一）详略角度

志书编纂要求详略处理得当。详细与简略是辩证统一体。详，记述的是重点、独特内容；略，记述的是一般的共性内容。胡乔木先生在全国地方志第一次工作会议上指出：“地方志应做到详细，同时应做到简略。”志书记述忌平铺而无所侧重。一般而言，志书详略：从时间讲，详今略古，详转折略过程；从资料讲，详本地特殊的，略全国共性的，各地大体相同的；从内容讲，详专业事业，略机构，管理，详典型，略一般；从写法讲，详主干，略枝节，详重点，略铺垫（详见梅森《浅谈志书的交叉处理》安徽史志通讯 1986 年第 2 期）。

就一部志书而言，如何处理内容布局的合理，详略处理有以下需把握的角度：

1. 就体裁而言志书详史之略，重视资料性，略陈述观点。

2. 就空间而言详本地，略外地。如区志，详区属略“在区”（央企、市企）

3. 就行业而言，详本行业略关联行业。如财政分志收入门类的税收与税务分志的税收门类。财政分志详支出，略税收收入。

4. 就专志与篇章而言，详此略彼，不机械重复。

5. 就共性个性而言详独略同。略共性、全国性的政策。背景资料点出事物原因即可。收录文献是地方性的（通典不录）。

（二）交叉处理方法

事物之间是关联的，比如防汛可涉及水利、农村、军队、交通等。如不作处理会造成农业志、水利志、军事志、交通志机械重复；专志与专志、专志与总述、大事记重复；需要靠分、总纂分级解决。

1. 各门类撰稿进行交叉处理

具体门类的编写要设计好与全志的关系（篇目就开始进行交叉处理）。

具体卷章写好本部分内容外，还要写好钩玄提要性资料稿提供给总述，作为撰写总述的素材。各部分还需提供全志的大事记、人物及图片，交给相关的承编者。

2. 分纂注意处理机械重复

分纂篇目拟定注意交叉处理，分别各自侧重。比如，财政志与税务志，工商税收总额作为财政收入入财政志。具体的税种、税率、税额入税务志。农业研究入科技志，农技推广入农业志。

分纂时，相关的章节作者互相阅读稿件，商定谁详、谁略及撰文的角度。

3. 总纂通稿处理交叉

尽可能避免机械重复。需要交叉记述的事物，必须从不同角度记述。需要完全重复记述的事物，必须使用互见法处理。

交叉处理时不能受部门志内容限制（因为在撰稿过程中，有部门撰稿的过程）。

处理方法：就是专志、专篇只记本专业主体，突出专业本质属性内容和地方特色。每个部门的辅助性工作，如党政军民学由部门志写。

市场经济打破行政隶属和行业、专业分工，形成大社会、大市场。可以采取多元的方式，用“专题”作连带性归类的方式记述，或相关实体选介（大型企业集团多元性经营）的方式在记述本专业的同时连带记述多元内容（如在钢铁企业选介中，主体记述企业钢铁生产经营、钢铁科技教育，同时记该企业从事的旅游、餐饮、物流生产经济情况）。

三、图表制作与引文附录

（一）图照设制

包括照片、地图、结构示意图。图的形式包括饼形图、曲线图、柱形图、挂线图等。图片选择要具有历史性、地方性、专业性、时代性特点。随文插入的图、照片，位置不要超前，可略拖后，但不能超越本节范围。图的序号同表的序号，一般按章编排。有的志书按全志编排，序码非常冗长，不便阅读。首轮志书照片不编序号，二轮有人突发奇想，把“照片”归入“图”一并流水编序号，更是繁杂不堪。

1. 地图

包括行政区划图、区域专业图（分布图），具体有行政区划图、人口密度图、交通图、水利图、农林牧渔特产分布图、商贸集市分布图、文物胜迹分布图、规划图、基础设施分布图、城市功能分区图等。

2. 结构图

包括组织机构、隶属关系、工艺流程、建筑结构及非表格性的统计图、数量结构图，如产值构成图、产业构成图、人口结构图等。结构图从数据分析而来，但不是精确的数据，只在于进行事物的结构性比较，取得直观的效果。电脑下载个“亿图软件”，可直接把统计表数据转换为结构图。

3. 制图要求

地域分布图的图名是“地名”加“内容”，如“某市行政区划图”，必须有比例尺；必须有基本要素，如经纬度、主要地名等。如果是数量分析图，必须有纵坐标和横坐标。有不同绘法的线或不同颜色的线、框，以代表不同的量和项，必须有图例。

地图注意规范科学（测绘部门审）。地图采用测绘部门绘制或者审定的地图，按照《测绘成果管理条例》规定执行。重要地理信息数据采用测绘部门公布的法定数据。

4. 照片

照片包括彩照和黑白照，彩照以当代照片居多，黑白照以历史照片居多。照片与正文要相得益彰。选题具有存史价值，断限之内，与正文紧密相关，具有本地特色，覆盖全志事物的主要方面。拍摄主体突出，文字说明简明扼要，注明地点、事件、人物方位、拍摄时间，置于照片下方或侧面。领导人物视察、考察照片注有具体时间、人物位次及当时职务。当代志书照片收录有一定不足，往往不是随着文字资料收集开始一并收集，而是书稿基本完成了再组织人员收集、拍摄照片。形成当代照片多，历史照片少；高楼大厦多，人文活动少；领导出场多，人民群众少的“三多三少”现象，需要在志书编纂中纠正。近年志书转纪念宣传画册、展览的二手、三手照片较多，这些照片不少缺乏历史文献的严谨性，方志编纂者要注意对说明文字进行补充修改核对矫正。

（二）表格制作

表的制作主要包括三部分，一是“表题”，也就是表的名称，用简明的语言涵盖表的内容，揭示表的主题（标题三要素，包括时间、范围、主体内容，时间不要滥用“历年”）；二是“项目栏”，即表中所要收入的主要内容，可横排分栏，也可以竖列分栏，项目栏一般不超过两个层次；三是参数，即表格中与各栏相对应的数据。一份表格中，计量单位一般是相同的，如果不同，须将计量单位名称书写在各栏参数的下方或右方。表格少用横排的通栏表（导致横过来看）。

1. 志书表格类型

反映整体面貌。主要有一览表和统计表两种。一览表侧重反映情况而不是数据统计，志书中包括：行政区划一览表、历史沿革表、土壤成分一览表、人物表，可见是以文字为主的表格。

2. 统计表制作

数据性表格，有总量和分量，也要比例度。表格制作要规范，要素要全，文表数据吻合，分项数、总数要吻合。表题准确涵盖，简明扼要。纵向、横向栏目概念准确。用附注不用备注，需要说明情况的设附注栏，或在表脚加说明。原始表格要改造。用开敞式（开口式）表（即统计表不用横栏线和墙线，一览性文字情况表不用墙线）。

一般是先排表序、表题，然后排表头。表序一般由章节顺序和表格顺序组成；表题一般由时间、范围和主体内容组成；表头有横竖两种，必要时可以互换。续表要有表头，不重复表题，在表左上角加“续表”两字。

（三）引文、附录

1. 引文

要忠于原著，校对准确，不得改动。收录的重要原始文献精当，以存史价值为收录标准。主要是收录地方文献，或上级对本地的批文，或其他地方与本地有关的文献。“通典不录”。

2. 附录

附录的原始文献、奇闻轶事、补遗考订等资料应具有重要存史价值。

三、志书文体语言

（一）文体特征及与其他文体的区别

1. 志书文体的特征

地方志书采用现代汉语语体文书面语记述体，不“半文半白”。书面语，就是行文不使用口语、方言（方言志例外）、土语、俗语；无欧化语句和生造字。总体上不用总结报告、新闻报道、文学作品、教科书、论文等文体方法。

方志的记述具有客观、稳定的特点，一般不作描写和铺陈，避免使用可能引起失实的修辞手段，无论叙事、记物，多采用直白的语言，作用于读者是直接的，而不是含蓄的、朦胧的。

2. 志书与其他文体的区别

（1）与文学作品的区别

文学作品是作家对所记对象的描述，注重形象的刻画、场景的描写、气氛的渲染，用形象作为传递创作思想的中介，运用大量的形容词，“因情造文”。而志书与文学作品截然相反，是寓观点、感情于记述之中，除山水旅游内容外，几乎不用形容词，文风讲究平实。

（2）与政论文、总结报告文体的区别

政论文、总结报告文体是站在第一人称角度，为主观判断、概括、归纳、夹叙夹议等文体方式。政论文运用典型示例，以说明问题为主，不记述具体过程和情况。而地方志书是站在第三人称角度撰稿，避免主观判断，表现一种客观性，虽也概括归纳事物（如总述、概述、总述）适当议论、画龙点睛，但同样带有记述特征。志书只有在总述、概述中有些夹叙夹议。

（3）与新闻报道的区别

新闻报道文体讲究标题“夺眼球”，往往采用动态性标题，用渲染性修辞方法。新闻报道内容显现很强的时效性和对事物的强调和渲染，注重时髦性，在“中心工作”情况下有许多特定时期的大话、空话、套话。而志书标题是静态标题，力避渲染，讲究经得起历史检验，追求语言内容的历史稳定性。

（二）行文与文风

1. 行文

志书行文严谨、朴实、简洁、流畅，用字用词规范。

（1）严谨。就是行文语言准确，具有周密的逻辑性、客观性、科学性，不虚妄、不荒诞。

（2）朴实。采用实实在在的平实语言记述事物，尤其杜绝宣传性的政治化渲染，从实而书，不作形式上的雕饰，不作空洞的议论，杜绝空话大话套话虚话。如写天气，写成“乌云密布”“雷雨交加”“狂风怒号”“波浪翻滚”，就不是志书语言，在志书中，就会显得华而不实。而志书是用降雨量、水位、基础设施中断损坏、生产损失来反映。如写山水，可用一定的修饰，但不可文过其实，如：“山间青峰秀峦，千寻翡翠，俊伟诡特，崖峭耸立，怪石嶙峋，造型奇特，云海飞瀑、蔚为壮观”。

地方志讲朴实，不等于不讲文采，其实质朴本身也是一种文采，古人云：“言之无文，行而不远”。“杏花春雨江南”是一种美，“骏马秋风冀北”是另一种美。志书的概述、地理、旅游、艺文、杂记、风俗、社会生活、物产等门类，可以采用适当的修辞手法，增加生动性、可读性，贴近地气、人气。

（3）简洁。文字精练，言简意赅，文约事丰，不拖泥带水，不重复繁冗，不讲废话。通俗易懂，不故弄玄虚。

（4）流畅。就是语言连贯，符合现代汉语语法，通俗，不用晦涩艰深的词语，不生造词汇（如“喀斯特地貌”不如写为“石灰岩地貌）。

2. 用字用词用语

（1）志书语言的特征

①多用特定性、确切性语言，少用概念化、模糊性语言。如“工作积极”“埋头苦干”“任劳任怨”“公而忘私”就属于概念化语言。

②多用确切含义的名词和数量词。

③涉及具体事物和实质内容时，不用模糊语言和大概数据。如“原则同意”“基本可行”“尽快解决”属官样文章词汇，非志书语言。尽可能不用的词汇，如“有的”“从

前”“以后”“某些”“许多”“左右”“几乎”“附近”“大约”“较为”等等；慎用的词组：“上千”“近万”“几个”“前不久”“有些问题”“适当时候”“近期”“目前”“今后”“时任”等。

（2）志书语言的具体要求

志书行文站在第三人称角度体现客观记述，不使用第一人称，不出现“我国”“我省”“我市”“我县”等类似称谓。各种组织、机构、文件、会议等名称必须使用全称，如名称过长，可在第一次出现时使用全称，并括注规范或约定俗成的简称，之后使用简称。也可在全志后边附一份“全志机构单位全称简称对照表”，全志正文所涉机构单位统用规范的简称。

记述人名时一律直书其名，不加“同志”“先生”“老师”之类的称呼，不冠以褒贬之词；因记述需要，可在姓名前冠以职衔。

外国国名和常见的地名、人名、党派、政府机构、报刊等译名，均以新华社译名为准。

动植物、矿物名称，使用标准学名，括注斜体拉丁文学名（二名法），并记俗名。

时间、空间表述准确具体，不使用“很久”“最近”“以前”“当前”“近年来”“以来”“到目前为止”“附近”“周围”等模糊词句。

无不必要的连词、副词、介词、语气助词；不滥用“着、了、过”时态助词；慎用“极大”“巨大”“重大”“发展迅速”“首次”“之最”“第一”，特别是“全国第一”“世界之最”“填补世界空白”等评价之词和位次用语。不滥用“多数人认为”“群众反映”等泛指用语。

用字用词按照2001年1月1日起施行的《中华人民共和国国家通用语言文字法》、国家语言文字工作委员1986年10月公布的《简化字总表》，国家语言文字工作委员会、国家新闻出版署1988年联合发布的《现代汉语通用字表》、教育部、国家语言文字工作委员会2002年3月发布的《第一批异形词整理表》规定执行。

数字、度量衡、标点符号所遵守的规定

分别按照国家技术监督局1995年12月13日发布的中华人民共和国国家标准《出版物上数字用法的规定》、1993年国家技术监督局发布的中华人民共和国国家标准《量和单位》、国家出版总署1995年12月13日发布的中华人民共和国国家标准（GB/T15834–1995）《标点符号用法》执行。

统计数据采用统计部门公布的法定数据。没有法定数据的可采用业务部门统计数据。

四、志书撰稿易出现的的问题

（一）综合性类目易出现的问题

综合性条目的撰写以概括为主，把握事物发展的沿革，以时为序，直书其事，突出特点，着重宏观、中观。问题包括：

1. 总结报告写法

穿靴戴帽搞个结论。然后再切几块分述。没有把事物当成整体记述。

2. 论述写法

一是教科书式释名或概括一段抽象的东西。人为评价。二是人为地评述成起步、发展、辉煌几个阶段。三是不记事或少记事，只用评语、论述、套话、空话、虚词，缺事实和数据为内容骨干。

3. 主线记述不清

志书只能依时记述，搞成倒叙插叙，时间颠倒，重复，形不成整体。由于资料不全和节录原始的工作总结内容造成的。

4. 流水账

对掌握的资料不加分析、不分重要与否，不加概括的罗列。内容细碎，每个节、目都像一篇小的大事记。只有写出“兴衰起伏”才可能有存史、资治、教化的作用，尽写的是“某年某月做什么”，有这样的功能吗？近年续志出现很多流水账体，主要原因过于依赖年鉴。其次用行政区划变更作志书断限（撤县建市、撤县建区），上下限时间短，难于归纳事物的发展脉络。

5. 记述内容不全面

只是采用典型事情说明结论，而不是记述纵向沿革和横向有关内容。只是工作情况加数据，内容立意不高。也是受年鉴影响。大跨度、跳越性记述，也可以叫“纵已断线”。

6. 只记情况，缺典型材料、典型调查，地方特点不突出

换数据也可以是其他地方的地方志。

（二）单项性、实体性内容记述常见问题

1. 虚写条目

总结性，“W”五要素（时间、地点、人物、事件、结果）不全，其中时间、地点、事件不可缺。条目内容空泛。

2. 切块多，记述细碎

大一二三，小 1.2.3，再①②③影响了事物整体。有的记不反映事物本质的枝节事物。

3. 详略失当

全国共性内容详，本地内容略。一般性工作情况详，反映阶段特征的事物略。管理内容详，国计民生本质内容略。

（三）类目形式逻辑出现问题及志书整体性问题（不包括特点拔类）

1. 类目领属逻辑问题

2. 标目重现

3. 交叉处机械重复

某分志与科技、教育、人事、外事、党政群团、人物的交叉重复。文与表重。

（四）“政治化”问题

志书是官修，坚持正确的政治方向是正确的，但不可使志书内容政治化，志书政治化倾向常见的有：①以政治分期代替事业分期（特殊的政治性质区别不开的除外）。②以政治结论代替事业发展。③回避事业发展的曲折与反复。④不适当地溢美歌颂。⑤使用鼓动性宣传语言。⑥过多的高层领导活动照片。⑦人物志偏重政界领导。⑧过度强调政治逻辑，违反事物演变的历史逻辑。⑧违背历史，用所谓的政治逻辑代替历史逻辑，用今天编纂时的政治、法律、政策偷换历史上发生存在的概念，实际篡改了历史。

（五）文字问题

1. 水分多，背景资料多，名词解释多，形容词多、议论评价多

2. 语言不规范。如“我国”“我市”“同志”“现在”“目前”

3. 标题不规范、不简明。论文式、宣传报道式，加许多修饰词

4. 年鉴式动态式标题

5. 缺要素。时间、地点、职务、计量单位

6. 失真、失实、失常

（1）失真：无中生有、弄虚作假、添油加醋、妄加议论。多数从弄虚作假的“工作总结”“调查报告”等应时公文上摘抄的。其中有浮夸，以偏概全，以少报多；有片面的，突出现状，否定昨天；有不顾事实，突出个人，忽视群众；有随心所欲，把计划当成现实，编造“十大优势”“十大建设”；什么“消灭了贫困”“全部小康”“全部网络化智能化”等。奖项、授奖单位含糊其辞。编纂者擅自造假平衡文中数据，表中的分项数和总数。

（2）失实：①文字表述失实。往往用“在……下”“在……中”“在……上”开头，用“一致好评”“效果显著”“正在继续前进”结尾。②写事无准确的时间概念，“某某年以前”“某某年以后”“不久”等等。③写人物千人一面，抄悼词，虚加评论：“工作积极”“埋头苦干”“任劳任怨”“公而忘私”，难令人信服。④写集体活动，“一致认为”“共同体会到”“无不表示”，让人半信半疑。

（3）失常：生造异常、夺眼球的惊人之语，或直接把新闻媒体的宣传性语言搬入志书，如“国际领先水平”“拳头产品”“率先在全国……”“国际金奖”“填补空白”等。

（六）志书撰写的质量口诀

口诀八点：①横排竖写，纵横结合（但以横为主）。②门类齐全，不缺要项。③归属得当，合乎逻辑。④点面结合，“三观”相辅。⑤时代地情，特色鲜明。⑥诸体活用，整体结合。⑦删繁就简，文字简明。⑧文体文风，统一规范。⑨好用好读，方有价值。

[参考论著]

①梅森著：《方志学简论》（黄山书社 1997 年版）。

②朱敏彦、梅森 主编：《方志编修教程》（方志出版社 2004 年版）。

③刘柏修、刘斌 主编：《当代方志学概论》（方志出版社 1997 年版）。

④肖先治、张桂江 著：《论新方志编修》（贵州人民出版社 1992 年版）。

⑤金达迈 著：《方志文体研究》（上海人民出版社 1991 年版）。

［思考题］

①志书撰稿主要采用的形式方法和原则有哪些，与其他文体有什么不同？

②志书编撰方法中必须继承的形式方法有哪些？

③二轮志书在撰稿中有哪些创新，效果如何？当前志书编纂在记述方面存在的主要问题有哪些？

第八讲　志书体裁的运用

“志”为地方志书的主要体裁，序、凡例、总述（概述）、大事记、专记、小序（导言、引言）、人物志、附录、编后记（跋）、索引是志书的辅助体裁，均有自身的功能。志书中如何运用，有各自的方法形式。

一、总述（概述）、导言（小序）的运用

总述、概述、导言在志书资料类型中均属于综合性资料，是用来反映一地、一业、一事面上情况的；体裁上统称“述体”。

（一）总述（概述）的撰写

1. 总述（概述）的功能和大体内容

总述（概述）的作用，有人认为一可立体鸟瞰全志；二可打破园囿；三是因果相生揭示规律；四是申大势述大略。另些人认为可概述全志大要，使读者把握全书；突出地方优势，激发“爱乡之情”；揭示事物规律。

（1）董一博认为：概述写六个方面内容：一是从本地或国家角度出发写当地的大势大略，阐述锦绣河山，今昔地位之要；二是畅谈本地长短优劣之势，兴衰治乱之由，总结经验教训，探讨客观规律，以申昔日喻今者，论现实以开拓未来之意；三是摄取主要物产资源、水利交通之便，论工农业的发展状态及其趋势，兼及金融财贸、名产特产之盛；四是在省内外有重大影响的重大事件，以志不忘，以作鉴戒之资；五是列著名的历史人物、现实名人、闻人以激千秋爱憎；六是重要的古迹名胜、特种工艺、新生事物、优良风尚或陋俗，以启思古之幽情，而发建设之壮志。

（2）上海方志界首轮对总述（概述）的研究，认为其功能主要是“概全貌、概轨迹、概特点”。

2. 总述（概述）在全志中的结构关系

（1）总述（概述）的作用是什么？是弥补志书横排门类后缺乏宏观记述，以及事类之间互相联系缺乏的不足。志书的宏观记述和反映事物之间的联系是有结构层次的。总述是宏观综合性内容的最高层次。

（2）全志宏观综合性结构缺乏系统安排会使内容机械重复。有的志书的分志概述、篇章小序采用“钩玄提要”（唐·韩愈《进学解》：“记事者必提其要，纂言者必钩其玄。”），总述采用各“钩玄提要”的拼盘，这就必然地导致概述、小序与总述内容的重复，因为它们采用了同一体裁结构（钩玄提要）。

因之，同一体裁在小序、概述和总述中不可同时运用，小序、概述采用“钩玄提要”，总述最好采用史体的分历史阶段的综述。以此类推，小序、导言采用“钩玄提要”，概述最好采用史体综述。

3. 不同志种总述、概述的安排

（1）县志概述：县志门类多而全，但政区范围小，内容与省、市志比较分量少，宏观综合性内容结构层次要少。史体综述难度大，首轮县志概述多采用“钩玄提要”。各专志（篇章）不设小序，必要的内容采取无题导言处理。在一部县志中追求概述、综述、小序“大而全”的，其结果反会造成志书臃肿、内容庞杂、互相重复。县志概述分大历史阶段综述写得好，也很好。

（2）省市区志总述：省、区（自治区）、市（直辖市、副省级城市）志卷帙浩繁、内容宏富，非同县志，多为分系列丛书式出版，采取梯级结构去表现宏观内容。各专志（分志、分卷）设“钩玄提要”式概述，大事类前加小序采用史体纵横捭阖。总述是“纲”，概述、小序、正文是“目”，层层勾连，“纲举目张”。

（3）地、州、市志概述：地、州、市志介于省（市）志与县志之间，可根据内容分量酌情取舍，可同省（市）志，也可同县志，也可两者有选择地兼而取之。

4. 志体总述（概述）与史体总述（概述）之同异

1987年梅森《概述商》（《中国地方志》1987年第四期））一文认为：从志书体裁分析方志的总述或概述只有两种，一是“钩玄提要”式的志体；二是“综述”式的史体。

（1）“钩玄提要”总述（概述）：志体总述（概述）采用“钩玄提要”的方式，将各专志、专篇的精髓凝炼出来，实际上是勾勒各专志行业事业兴衰发展的脉络。

首轮志书“钩玄提要”体总述内容：包括地理、经济、文化、重大政治军事事件、风俗民情内容。篇末用精练的文字收拢全文、略点出当地自然、经济、文化的优劣态势，并对未来给予展望。续志总述主要突出改革开放促进了经济的发展，社会的进步和人民生活水平的提高。

“钩玄提要”是社会的主体内容、本质内容；而综合经济管理、文化社会管理、公检法司等经济、文化发展辅助性内容不写入。“钩玄提要”勾勒主体事物的兴衰起伏。

（2）史体总述（概述）：史体总述（概述）——综述，其内容和文体与志体总述（概述）不同。首轮志书的史体总述一般先对自然环境作简明的介绍，然后采用分期（而不似“钩玄提要”采取分类）结构，一般按照我国历史的普遍进程和本地特点分成若干历史时期，如首轮志书包括1840年前的封建社会，1840年后的半封建半殖民地社会，1949年后的社会主义社会，重点是民国年间和新中国成立后；或古代、近代、现代、当代等。各期间可根据当地实际分成若干于历史段落（阶段）。

（3）梅森二轮《上海市志》总述构想（编写提纲）：先勾连上海历史脉络与精华，再分为五大时期写。分期后按经济、城市建设、文化等大类反映改革开放成果与阶段存在的具体问题：

① 1979—1984 年为农村改革时期，上海受传统计划经济的束缚严重，维持老的财政体制，资金、原材料供应紧张，经济发展缓慢。

② 1985—1991 年为第二个时期，全国改革的重心转入城市，但上海比起广东等地，继续处在全国改革开放的“后卫”，在新旧两种体制的碰撞中，计划缩小，市场扩大，引发一系列矛盾。1984 年制定上海发展战略。1985—1991 年这一战略的实施，使得上海的汽车、冶金、家电、石化、电话设备、通信六大支柱产业重整上海雄风。1986 年国务院“国函〔1986〕94 号”文批准上海自借自还扩大利用外资，以加强城市基础设施建设，加快工业技术改造，增强出口创汇能力，发展第三产业和旅游业。（后称“94 专项”资金）自此，1985—1991 年这一时期打破封闭，引进内资、外资，城市化改造拉开序幕，还历史上住房等欠账，改变长期忽视城市建设的问题。扩大金融权限，扩大外贸，搞活金融、外汇、证券市场。

③ 1990 年，国务院宣布浦东开放。1992—1994 年为第三个时期，小平同志讲，把上海的发展作为全国改革开放的龙头。这样，上海从全国改革开放的“后卫”成为“前锋”。浦东的开发开放带动了长江三角洲地区（后称“长三角”地区、“泛长三角地区”）经济的发展。这一时期产业发展方向作了重大调整，改原来的二、三、一为三、二、一（三次产业）。投融资方面，运用国内外两种资源、两种市场，加快国企改革和现代企业制度改革。上海成为全国的金融中心和贸易中心。城市功能得到加强。

④ 1997 年至 21 世纪初为上海发展的第四个时期。此期战胜了东南亚经济危机。危机中上海经济 1998 年、1999 年、2000 年迅速发展，与全国不同步。全国消费疲软时，上海仍持续高出全国的消费水平。基础设施的建设，从 1999 年年底起又带动了新一轮的房地产业的发展。城市的基础设施，跨黄浦江桥梁、地铁、轻轨、高架、绿地建设，规模越来越大。此外，还发展了文广集团、报业集团为主的文化市场经济。

⑤第五个时期，也就是 2007 年中共十七大以后，上海贯彻落实科学发展观。此期，从上海自身看，面临着一系列有利条件，也存在着一些发展瓶颈。十七大以前，胡锦涛同志对上海未来发展提出了“四个率先”（胡锦涛于 2006 年针对上海提出：率先转变经济增长方式、率先提高自主创新能力、率先推进改革开放、率先构建社会主义和谐社会）和“四个着力”（胡锦涛于 2007 年 10 月 4 日考察上海时提出上海发展要抓好“四个着力”。上海经济总量突破 1 万亿元，奠定了新的起点。筹办 2010 年世博会，进一步推进浦东综合配套改革试点，加快长三角区域联动发展，则为上海的经济发展注入了新的动力）。

存在的主要瓶颈和障碍，主要是人口资源环境压力增大，人口数量持续增加，人口老龄化、高龄化问题突出，污染减排形势严峻，土地资源供应紧张。一些深层次体制机制障碍尚未突破，服务业“短腿”，非公有制经济发展不够充分，社会管理和公共服务需要进一步加强，来沪人口管理压力较大，劳动力就业压力较大，高端专业人才比较缺乏。上海的奋斗目标是：形成国际经济、金融、贸易、航运中心基本框架，实现“四个中心”，办好一届成功、精彩、难忘的世博会，努力建设现代化国际大都市。2009 年 3 月 25 日，国务院总理温家宝主持召开国务院常务会议，审议并原则通过关于推进上海加快发展现代服务业和先进制造业、建设国际金融中心和国际航运中心的意见。5 月初南汇并入浦东新区，建设真正金融、航运中心的“大浦东”。

以上五个时期转变，可以看出，上海从计划经济时期全国经济的“老大”，到改革开放初期受传统体制束缚，经济到了低潮。小平同志南方谈话后，转而奋起，并创造了一系列上海的政策、理念和方针，成为全国“转型经济的成功典范”的历程。同时，2007 年以来，上海新一轮发展遇到了一些瓶颈和挑战。上海正开始从长三角联动、“四个率先”“四个着力”，以及“两个中心”、先进制造业、现代服务业和国际大都市的高度，进行新一轮浦东改革和创新。

综述是史体，故可以有叙有论，有因果有得失，如同范文澜的《中国通史简编》每章后边的“简短的结论”。但叙和论必须通过概况性、典型性、统计性材料说话，要论之有据。事涉当代有争议的问题可不论。

记述中，一地发展的不同点注意反映，如东南亚经济危机中，全国消费水平严重下降，但上海的消费水平仍然很高。此外，历史发展阶段的标志性事物要在总述中强调出来，如小平南方谈话、浦东开发开放、建设“四个中心”、筹办世博会等。

在志书结构中，总述后置一地经济与社会发展的总表，可起到宏观内容文表结合的作用。

（4）二轮续志总述（概述）编写的一些新方法。

①续志总述“钩玄提要”居多。

②续志断代志总述“简史体”为宜：梅森《续志备考》（黄山书社 2006 年版）一书认为：续志的总述（概述）以史略为骨干，首先介绍行政区划、自然资源等基本情况，然后分历史阶段介绍地情，揭示经济社会发展的规律，各时期内容涉及经济、政治、文化、社会等方面。

③续志总述创新两种做法：一是政府报告式，以自然断限内为主要记述范围，前区划、建置沿革，后根据历年政府工作报告内容连缀而成，有大事记和渲染之嫌。二是特点亮点式：还有的不记面上情况和历史的轨迹，只将当地的特点事物、亮点事物分类辑录，是志书总述的一种变体。如《建德市志（1978–2005）稿》总述编分为 4 章，第一章市情综述，第二章名人踪迹（党和国家领导人视察、外国元首来访、历代名人与建德踪迹、历代名人绘新安），第三章名景胜迹，第四章名优特产（“一综三名”，即市情综述加名人踪迹、名山胜水、名优土特产）。

（二）小序（导言）的类型与用法

志书在门类之首设置小序开始于南宋罗愿的《新安志》、陈耆卿的《赤城志》、施谔的《淳祐临安志》等。

1. 小序（导言）的类型

小序是以少量的文字引出丰富的内容，必须言简意赅。首轮小序，有的冠以“小序”名称，有的采用无题引言形式，大致分五种用途：（1）纵述沿革，横呈现状。适用于完整记述一项事业或一个方面的专志与篇章，如“工业”“商贸”。（2）概述整体，展现形势。适用于缺乏整体联系的事物，如“民间歌谣”。（3）面中有点，提示特色。适用在全国、全省，甚至国外有影响的事类，如“黄山旅游”“金山农民画”。（4）前后对比，反映变化。适用反映事物历史时期历史阶段间的变化，如浦东开发开放前后的对比。（5）略述源流，承上启下。适用历史悠久但又有新变化的事物。二轮续志各篇章为了勾连历史，照顾事物的完整，常采用此法。

2. 小序（导言）的用法

林衍经先生分析出江西《乐平县志》小序有四种用法：一是用来进行交待说明；二是作为概括导引，通过说明导入志文；三是简介史迹；四是借无题引言稍加议论。

以上已经交代，不标”小序”“序”字样的小序，方志界称其为“无题导言”“无标题引言”。首轮新编《安徽省志》共67卷，每卷若干篇，每篇之首即为无题导言，概括全篇内容，为读者起导读作用。

有的人自己不修志，不知究理，搞模式化，篇章下有无导言要搞形式统一。其实志书篇一层次因为覆盖面大，必须都要有篇下无题导言。但章下分类具体，事类单一的，沿革内容多的可以章下单立概况沿革性的节，章下自然无需重复用导言；但沿革不长的完全可以设导言。另外是章考虑篇幅，用复合门类，如“民族 宗教”章，民族的导言就放在了民族节、宗教的导言就放在宗教节，章下自然就不设导言。据内容的实际安排，格物究理，为何要搞千篇一律？有些人所谓评稿审稿，不想细看内容，看看形式统一，不费劲领取审稿费。但愿不都是这一原因。

二、大事记的运用

志书大事记，是按时序简要记事。司马迁《史记》创立编年的“十表”，是各个历史时期的大事记，是全书叙事的联络和补充；志书大事记是效仿“十表”的。

首轮新方志有大事记前置、后置之议，放在志首普遍。续志创新，不少把大事记放在全志之末；或改为大事年表。这就是所谓的“创新”？

（一）大事记的作用

志书横分门类，缺少史一样的纵贯，事类间的关联和前因后果难以表述，有松散之感。大事记可弥补这一缺陷，使内容形成整体。另外，重大事件在门类中很难查找，有了大事记，每一历史时期发生的大事就容易看出。不看全志看了大事记就能对这一地区古今的发展概况有个大致的了解。再阅读各分志，便于抓住全志的重点。大事记还具有索引的作用，能较快地查明某年内本地发生过哪些大事。

（二）大事记的内容与大事的筛选

1. 何为大事

北宋司马光编撰《资治通鉴》提出大事的两条标准，一是与国计民生关系密切，二是能起到惩恶扬善作用的。同时代政和殿学士徐无党主张："大事则书，变古则书，非常则书，意有所示则书，后有所因则书，非此五者则否。"（《新五代史·梁本纪第二》徐无党注）宋欧阳修撰《新五代史》，交徐无党加以注解，旨在解释《春秋》笔法。

方志是一地的"百科全书"，大事记应该包括自然、地理、政治、经济、军事、文化、教育、卫生、体育、科技、风俗等方面 。而当今续志大事记大量记会议、领导人视察是不妥当的。另外，大事记除重点记正面的外，对反面的大事也要适当收入。大事记对全国性有重大影响的事作为本志背景也要略记。

2. 大事记收录标准

（1）大事记时空标准 ：①就事物的社会影响范围来说，基本上涉及到（本）全政区 ；②就事物的时间影响而言，在全政区比较久远，具有一定的持续性；③凡是在本政区范围内第一次出现的新事物。

（2）大事记内容标准：①主要机构设置、体制和行政区划及隶属关系的变化；②重要会议 ；③重要的地方法规制度；④重大事件和活动；⑤重大建设工程、市政建设、重点企业的开工投产、重大实事项目的实施；⑥重大成就；⑦对本地产生重大影响的著名人物的重要活动。

3. 大事记取事注意问题

（1）关于例行事件的记载：国庆节、五一劳动节、八一建军节、征兵、高考等，几乎每年都有，原则一是记最早的；二是记有新内容的；三是记特别重要的。

（2）关于奇异自然现象和自然灾害的记载：只记影响重大或有重要科研价值的奇异自然现象和重大灾害，或在抗灾中有重要意义的；其他自然灾害及不明飞行物、星雨、陨石、地震、奇热、奇冷等，记入有关专业分志中。特大事故应记入大事记。

（3）统一大事收录标准：选取大事时，同类的事必须执行同一标准。选取大事前必须拟订《标准》，比如上海市中央领导来的很多，标准只能收到政治局委员、国务院副总理、全国人大副委员长、全国政协副主席，同时具有实质性工作活动内容，政治局常委来沪一律收入。中央部委领导来沪参与对上海经济社会发展有重大影响的工作。志种不同，政区不同，大事标准也不同。

4. 大事记类型

（1）按内容分：有综合性（省、市、县志区域综合大事记）和专门性（如自然灾害大事记、工业大事记）两种。

（2）按形式分：有事条式和表格式（主要是大事年表）两种。

（3）按繁简分：则有大事记述、大事记、大事年表三种：①"大事年表"是以表格的形式来记述大事，限于在时间之下列出简明事题；②"大事记"为事条式，所记载的大事，较大事年表略详；③"大事记述"除了具有大事记的特点外，还有不同于大事记的自身特点，即：为了不使某一具有连续性的事件被机械地按年代岁月分成数条，便概括较长时间作综合性记述（实际是下文所说的纪事本末体）。

5. 大事记体裁

（1）“编年体”：以时系事，一事一条。即完全按照事件发生的时间，逐年、逐月、逐日记载，即在前面系以月、日，然后把事件、人物、地点简明扼要地予以记述。

（2）“纪事本末体”：即以事件为中心，标立题目，然后按时间顺序作有系统的叙述。

（3）“编年和记事本末结合体”：即以编年体为主，对部分事件不是按发生的时间分别记入大事记的适当位置，集中于一处完整地记其始末。它在大事记的位置，可放在事件的开始时间记，也可放在事件结束的时间记。

总体上看，志书大事记是“编年体与纪事本末体相结合”。

（三）事条的排列和写法

1. 事条排列

首轮志书的事条排列，先按朝代、民国、中华人民共和国居中标断，然后再按年代先后排列，年度中无确切月、日的放在全年事条最后。一月中无具体时日的，放在该月最后。无确切时间的，用“是年”“本年”表示。二轮续志仅20多年断限，按时间先后排列事条即可。大事记的断限与整个志书的时间断限一致外，其上限也可推至本行政区划设置时，或上溯至事物发端的更古时候写起，下限可记到搁笔时为止，以便全面介绍当地古今的历史轮廓。

2. 大事记写法

用简明扼要的提纲式写法，严守“记其纲要不述过程”的编写原则。

在事件要素（背景、时间、地点、人物、活动、结果）齐全的前提下，文字力求简朴、准确、通俗、易懂，要素交代清楚即可。

坚持一事一条，不能数事混杂在一条中记述。

成文前，采用“卡片排列法”，将大事、要事、首事一事一卡抄在卡片上，注明出处，按时间顺序排列起来。这样做，增补修订很灵便，只要将增补的事目卡片按时序插入，取消的事目卡片抽掉便可。定型后，把排列好的卡片整理成文稿。

现在可采取电脑操作，把收录的大事按顺序输入电脑，选定编辑加工即成为大事记稿。

3. 大事记写作程序

（1）结合篇目的拟订和资料的征集先编大事记；

（2）组织专门班子和专业分志同时写；

（3）各分志写完后再写大事记，或由分志编写者提供，与专门班子的大事记合成；

（4）初稿写成后与分志（篇章）对照，看有无遗漏。如市志大事记，应参考市志各分志及各区、县志的大事记，将其中有全市意义的大事加进去。省（市）志亦然。因此，大事记可组织人早写，但不能先定稿，初稿写成后应广泛征求意见，反复修改，使之更趋完善。这样做，时间会长一些，但有利于提高质量。

三、专记的运用

（一）何为专记

“专记”属于志书七大体裁中的“记”体，是纪事本末体在志书中的运用。从内容看，专记打破志书分类的束缚，勾连一个事件相关联的各门类、各部分。

旧志有”略”“纪略”“纪要”“述要”等，民国以前是全志的总名称，不是今天意义上的专记。专记大体出现在民国间，民国方志已偶有将纪略内容列入专志下的，如民国《庐山志》中附有“抗战斗争史实”。

有的志书不称“专记”，但仍为专记体裁，如山西《平顺县志》设《杂志》一卷，首章为《要记》，记述“明嘉靖初年陈卿起义”“毛泽东三次接见全国劳动模范李顺达”“申纪兰参加1953年在丹麦哥本哈根召开的世界妇女大会”等《要记》，实际是专记。

（二）首轮修志以来专记（纪略）的运用

名称看，“纪略”出现早，往往归入“附”“附录”“杂记”“杂志”中，而专记名称大多出现在20世纪90年代中期以后。专记（纪略）由于是记事件，故政治方面设置较多，而经济、文化方面相对少些。如《全椒县志》《渭南县志》《尤溪县志》《户县志》设“兵事纪略”。河北《三河县志》和新疆《哈密县志》是新志中纪略运用较多的志书。

（三）专记解决志书记述的哪些问题

就内容而言：一可弥补门类横排后，综合性、多部门协同性事件（如社会主义大协作）反映不够的缺陷，从一个新角度增强志书的资料性。二可填补大事记与专志之间的内容断层，使重大事件得以充分展示。三可以对社会的观念形态和社会主义精神文明创建活动等进行较充分的反映。四是使政党、政 府、人大、政协、群团的性质和作用得以集中反映，增强志书的资治功能。五可以使人的活动在志书中得以进一步展现。六是事件展开，人的活动增强了志书的可读性。

（四）专记选题与编写要求

1. 专记选题

（1）要能立得起来，有确切内涵，有地方特色，有特殊影响。

（2）要因事制宜。

2. 专记要求

（1）注意处理专记局部与志书整体的关系：专记写什么、不写什么应服从于志书总体设计。切忌把可在分志中记述的事情人为地抽出来写“专记”。

（2）专记坚持纪事本末体写法。

四、人物传（传略、简介）的运用

（一）古今地方志人物编纂情况

1. 旧史志记人物

旧志重视人文，人物志类目较多，有名宦、乡贤、文苑、艺术、流寓、方外、列女、孝悌、寿耋等，故有“古来方志半人物”之说。

清代方志学家章学诚称：“邑志尤重人物。”因为归根结底，历史就是一定时空中人类的活动，人是历史演变的主体。

司马迁作《史记》以人物为主的本纪、世家、列传几乎占全书的7/10。影响所及，之后的正史中人物均占有相当的篇幅。据统计，二十四史共3200多卷，其中2100多卷是人物传记。作为“一方之全史”的方志也不例外。作为雏形阶段方志的地记，其重要组成部分就是地方人物的传记，那些世家大族为巩固其在政治、经济上的地位与特权，便撰写各类乡贤耆旧的传记，以表明自己郡望的优越。

后来的方志虽然不断在变化发展，但人物的内容总是占有相当的比重。如，明清两代十余种松江府志、县志中，仅列传人物就达2600余人，可见一斑。

2. 新方志记人物

新方志人物集中于人物编（卷），下设人物传（传略）、简介（事略）、表（录）。

人物传（传略）记述对本地区或本行业有重要影响的已故人物；人物简介（事略）记述不够立传标准但又有一定影响的人物，可收录健在人物；人物表（录）分类，如高级职务职称人员表（录）、全国（或省级）劳动模范表（录）、“三八红旗手”表（录）、革命烈士表（录），有些名录可放在志书的其他编（卷），如党政领导名录可归组织机构部分，外事名人可归外事部分。

除人物编外，另采用以事系人的方式将人物记入有关篇章，如在教育篇章记述著名教师、教育世家；卫生篇章记述知名医务工作者、名医世家；文化篇章记述作家、艺术家以及著名文化经纪人等。专业篇章以事系人，属于“点叙”，即点到为止。

（二）人物的收录标准、范围和原则

1. 收入与籍贯

人物籍贯类型包括：本籍、出生地、本籍兼出生地、客籍，我国籍贯填写不限定是祖籍还是父籍，也不限定几代，有人籍贯虽然属某地，甚至一天未在那里生活；因此，写人物交代出生地很重要。

另外，改革开放后，人口流动，如上海，有户籍人口、常住人口、蓝印户口、居住证人口，很复杂。

应该坚持立传原则，按籍贯入志坚持原籍（交代出生地），客籍立传入简介坚持在当地有影响有成就有一定居住时间（教材编者认为五年以上）。当然，也可以用寓居名人表反映寓居时间短的名人的短期重要活动。

中国地方志指导小组1985年4月《新编地方志工作暂行规定》指出：收入立传人物以原籍（出生地）为主，非本地出生，但长期定居本地并有重要业绩者，也可本地立传，包括华侨、华裔、外籍人士。作为都市的城市志，外来人口多，外籍长期定居者入传是城市志的特点。外籍人物立传，本地以外地方活动应简介（履历式），重点记在本地的活动。本籍人物记述贯其一生，在外地有影响的事迹也要记述，当然在本籍的活动应该记事更详。

但寓居人物定居时间和事迹主要产生地要有界定，否则会产生各地志书抢记名人的不好做法。

如：王国维（略，见教案）。其人生主要涉及：出生地浙江海宁，活动地上海、南通、北京，是否四地志书都用人物传来记王国维呢？（“以事系人”另当别论）首先，家乡、出生地海宁是必记无疑。而上海、南通、北京三地需要就流寓时间、在当地的成就影响而定。

分析：王国维在上海 2 次共 8 年，2 年报馆校对，6 年仓圣明智大学。所谓仓圣明智大学，是哈同办在其私家园林“哈园”（爱俪园）中，以达到其“附庸风雅、欺世盗名”之目的。王国维在入校当天的日记里略记观感说：“大学尚未开办，仅有中小学而已”。虽然王国维在其间写了《经学概论》。这样短的经历，无甚影响尚且滑稽的学校教学生活，王国维应该记入上海的人物志或上海文学志的人物部分吗？

再看南通，只是 4 年在南通任教，也是无需单列人物志的。

而北京，王国维生活了 10 年，但主要任教京师大学堂、北京大学、清华大学著名学府，并被称为“清华五大导师”之一。其重要著作大都在北京创作，去世在北京。因此北京的人物志应该收入王国维。

也就是海宁志书、北京志书人物志可收王国维，上海志书、南通志书只能以事系人记到王国维，无需争抢名人，把与本地无关之事写入本地（如《人间词话》与上海何干？）。

2. 收入与范围

凡对地方和行业有重要影响、对社会发展起过正、反两方面作用的各行各业、各方面、各阶层已故代表人物均可入传。

人物表（录）确定收录级别，如省部级高官、高管，正高级职称，省部级以上先进、洲际以上冠军。

注意人民群众（小人物）的收入。如能工巧匠、希望工程热心、慈善收养者、志愿者代表、民营企业家等等。

注意一部志书人物收录的全面性、典型性。涵盖社会的主要方面，尤其是人物表（录）要注意。

志书以正面人物收录为主，但反面人物，有重大影响的必须收入。

人物表（录）须确定收录级别，如劳动模范、先进人物收国家级还是部省级要根据本地人物数量决定；人物越多，收入层次越高。

旧志、首轮志书已记的人物传，续志须精选若干入志，彰显地方人文底蕴，起倡导学风之效。

3. 生不立传

生不立传并非生不入志，由于续志编纂，故人在首轮志书记了，许多对社会起重大影响的人不记，志书严重缺少人物，因此主张生人也可以在人物简介、表（录）中记入。

4. 人物内容

《地方志书质量规定》第二十一条：人物传记述传主的生卒年月、籍贯（出生地）、主要经历、典型事迹、个性特征、社会评价等。人物简介略记人物履历及主要事迹，不面面俱到。人物表要素不缺。

写人物要据实直书，善恶自现。要用历史主义的观点看待人物，客观记述，寓观点于记述之中。不苛求，不讳过，不溢美。

人物表栏目以收录对象而定，要素要完整全面。

5. 人物行文

本教材编者主张先综后纵，便于读者把握。行文可以直录，也可以白描，层次要清楚。按时序记传主经历。切忌写成流水账、履历表、悼词。新志照抄悼词较多，是一病。人物应该有一定的文字控制，人物传 2000 ~ 3000 字，特殊略增。人物简介 500 ~ 1000 字。

6. 人物分类与排序

（1）人物分类：人物分类历来有争议，主张分类的主要考虑的是系统便于阅读。不主张者考虑兼界人物不便归类，如陈毅、李岚清，既在政界有地位，在文化界也有影响。

任何处理根据收录人物的多少，比如区、县一级志书人物篇无需分类。省级、副省级志书收录人物多，可以考虑分类。因为兼界有影响的人物不是太多，另外即使是兼界，也是有一界为主的，陈毅、李岚清毕竟是以政界为主，归入政界，兼记其文化艺术活动。

人物分类一般较粗，主要是军政、经济、科技文化三大类。

（2）人物排序：首轮志书主要收录的是已故人物，故按照传统做法以卒年排序。续志人物简介主要是记健在人物，故只能按照出生年月排序。正因为简介按出生年月排序，故整个人物传、人物传略、人物简介、人物表整体都以出生年月排序。

五、序跋、凡例、附录、索引的运用

（一）序跋的运用

1. 序的运用

汉代孔安国说：“序者，所以叙作者之意也。”（朱师辙《清史述闻》引）宋代王应麟《辞学指南》：“序者，序典籍之所以作。”“序”，就是在著作写成后，对其写作原因、内容、体例和目次等加以说明，以及对作品进行评论和引发有关研究的观点等。南宋志书“序”就被运用，如南宋罗愿《新安志》自序就是名作。随后元明清三代，几乎所有方志都有序文，不同的是前序增多，后跋减少。

序可分为三类：一是自序，即作者或编者自撰；二是他序，即上司或其他人撰写；三是代序，即用一篇有关的文章代序。自序、他序，首轮方志中较多。或地方、单位行政领导，或专家；或个人，或集体；序言数量有一篇的，也有数篇的。因新方志序多由时任领导作，而时任领导多为该志编纂委员会主任，故可看作为自序。

序的行文要精炼典雅、言之有物，反对空话、套话，烦琐拉杂。要做到这些，就必须明确范围、提炼内容。

2. 序文内容十个方面

（1）追溯方志源流，论及史志关系。如清安徽《含山县志》林搏云《序》。

（2）评述方志优劣，阐明修志理论。如新编《松江县志》谭其骧序。一些方志大家都偏重于此法，名为序，实兼论方志观点，若把这些序言汇辑到一起，分门别类，应是研究方志学的重要观点材料来源 。

（3）比较修志得失，探讨方志体例。如《上海旧政权建置志》唐振常序。

（4）论述方志功能，说明史志重要。如李冷所写《川沙县志·序文二》。

（5）议论修志人员的德才标准。如清《济南府志·序》：从才、学、识三点出发，说明了志书质量与修志人员素质的关系。

（6）谈记述资料的来源，强调取舍考订的重要。民国《宜川县志》序："新修方志，资料当先。来源有三：一曰实地调查，二曰档案整理，三曰群书秉录。"

（7）介绍前志版本、内容情况。如清代谢永泰撰《黟县三志序》。

（8）概述一地建置、地方之特色或行业特点。如新编《上海县志》郭祖光序

（9）简介修纂者生平。如民国《川沙县志》4个序文，介绍修纂者生平，寄情怀友。

综上所例，可见设序一二为宜，序文择其两三点，高度概括，兼用记叙文、议论文，有评有论，有褒有贬，语言典雅。

2. 跋的运用

跋，一般是写在书后、文后的说明文字或议论文字。方志的跋历史较早，南宋《临安两志》卷第三目，就有他跋，为杭世骏跋、厉樊榭跋。明清方志用跋也很普遍。

今日修志，"跋"依然可用，但不能多用，用时要防止与"志余""编后记"等内容重复，所以新志很少有跋与编后记同用的。前人有时有多篇跋，今天看来大可不必，不要狗尾续貂。

（二）凡例的运用

1. 凡例的作用

"凡例"一词出于西晋学者杜预《春秋左氏传·序》："其发凡以言例，皆经国之常制，周公之垂法，史书之旧章。"凡例历史上亦称"例言""发凡""总例""叙例""略例"等。可见发凡、例言、凡例等皆引申"其发凡以言例"。

发凡者，就是对著作形式、内容所作的具体条文式的规定和说明。用民国方志学家朱士嘉的话来说，凡例不但"对于编修目的、方法和内容结构"要作"纲领性说明"，且"对全书有指导意义"。宋代周应合的《景定建康志·修志本末》认为：修志过程中必须做到四件事，而把"定凡例"列为首要。清代章学诚的"修志有三长"："识足以断凡例，明足以决去取，公足以绝请托。"不能明断凡例，修志就等于失去了准绳。

凡例很重要，有了可以明体达义，书成之后有了阅读指南。具体作用：

（1）彰主旨、拟目的。新编志书凡例中第一条都是阐明指导思想，确立以实事求是为志书编纂原则等内容。

（2）数版本、溯志源。如明《徽州府志·凡例》载：本府唐宋无考，唯宋罗愿著《新安志》、李申著《新安续志》、元洪焱祖著《新安后续志》，明朱同总纂府志，如此等等。

今旧志版本情况入《文化志》或附录，不需再入凡例。

（3）标时间、立断限。新编《嘉定县续志》凡例第三条："本志的上限按《前

志》的下限一 1987 年，下限至国务院批准嘉定撤县建区的 1992 年”。

（4）分门类、作规定。一般有规定本书体裁的，有规定各门类细则的，这是凡例的重点。当然对于一些次要问题，如旧序的选用，诗文的载录，资料疑缺，传说考辨，特殊内容的增删，注脚的运用等，也可一一指明。

2. 凡例的内容

（1）“通例”。内容包括全书的纲领，如编纂目的和指导思想；各个分志及编纂人员应共同遵守的条例，如断限、体裁、结构、纵横关系、图表处理及其他必须整齐划一的重要问题。续志的断限，对与前志的衔接作必要说明。

（2）“分例”。包括分门别类地说明各种体裁（述、记、志、传、图、表、录）和各个分志的设立依据、辑录重点、记述方法等编纂体例问题。

鉴于省志和部分大城市志所设专志较多，而各个专志（分志）或分卷一般有自己的“编纂（辑）说明”或“本卷说明”，故其“分例”宜按大部类分述，重点阐明设志之由、分类之法，不必逐志逐条详述原则、记述方法。续志“分例”还包括对前志“续、补、纠、创”的做法说明。

（3）“特例”。内容主要是与他志不同做法的条文。参见《奉贤县志》（上海人民出版社 1987 年版）凡例、《嘉定县续志》（上海交通大学出版社 1999 年版）凡例示例。

3. 文件对凡例的要求

中国地方志指导小组《地方志书质量规定》（2008 年）第三章体例 第九条：“凡例关于编纂志书的指导思想、原则、时空范围、体裁、人物收录标准、资料来源、行文规范、特殊问题处理等要求，清楚明确。”

（三）杂志（记）、附录、编纂始末、索引的运用

1. 杂志的运用

“杂记”是无类可归，集札为编。古人将以“记”名篇的文章称为“杂记”。杂记的内容是很复杂的。从广义说，它包括了一切记事记物之文。“杂记”不是史书志书的主要部分，但历来也有它一席之地。章学诚《方志立三书议》：“弃之则可惜，故附稗野说部作丛谈。或称余编，或称杂志。附于其后，故无伤也。”

“杂记”内容：（1）纪事：或称“遗事”“补遗”“拾遗”。（2）祥异。（3）轶事：古今趣话。（4）异闻：古今奇闻。（5）辑文：诗词歌赋等。（6）辨说：考辨、校舛。

2. 附录的运用

附录是从旧史志继承的。“附录详正志之略，补正志之缺”。附录对于原始资料而言，有全录、节录、选录诸形式，包括 8 方面内容：

（1）地方性重要文告、代表性乡规民约；（2）党和政府、党和国家领导人有关本地、本专业的重要函电；（3）珍闻逸事；（4）反映本地、本业的诗文；（5）正文已有记述但不便展开，文后附录详录；（6）超下限尤为珍贵重要资料；（7）调查报告、社会调查；（8）对上轮志书拾遗补正。

3. 编纂始末（编后记）的运用

编纂始末、编后记类似于旧志书中的后记、跋、题跋、跋文，是对志书编纂工作从开始到完成的整个过程的概括和总结，是研究方志的重要辅助史料。新志往往主编是“甩手掌柜”，故实际主编或总纂在编纂中的经验方法就无法写入，可惜了“始末”这块方志编纂研究的大好园地。编纂始末包括内容：

（1）修志始末。简要记述修志的缘起，人员选配，方法步骤，组织领导方面的成功经验，党政机关和领导成员关心修志的典型事例，为志书做出重大贡献的采辑人员，修志过程中重大起伏及其原因。便于读者了解当时情况 ，分析时代背景，结合当时政治、经济情况。要有过程、有步骤，切忌空言虚辞。

（2）对编修过程中有关问题的说明：各地区、各部门的情况不尽一致，在内容取舍、体例的编排及年代断限上有别于全志统一规定的，可在编纂始末（编后记）中作出相关的说明。

（3）修志过程中的经验教训。

（4）修志过程中的体会和感受：不宜过多发挥，寥寥数语点睛即可。

4. 索引的运用

索引是检索工具，弥补志书目录较粗的不足，帮助读者检索志书中的资料。首轮志书运用者不多。据《新编地方志书续修手册》（方志出版社 2001 年版）129 页：首轮《淮阴市志》有人名索引。二轮修志以来，索引运用较为普遍。中国地方志指导小组《地方志书质量规定（2008 年）》第三章体例 第十一条（八）索引要求：“分类标准统一，名称概念清楚，提炼的标目符合主题原意，附缀正文页码准确。”索引制作：

（1）明确所需标引的体裁范围：志书体裁有述、记、志、传、图、表、录诸体，索引标引以大事记、专志、人物为主，尤以专志章节中实写的条目、子目内容为主要标引范围。表格、图照、附录一般不做标引。

（2）内容标引范围：①目与子目索引。志书目录一般到节，子目、细目是实际撰写层次，索引做到此一层次，有利检索。②大事（事件）索引。应该将志书中的大事、事件（尤其是大事记中，大事是按照时间排列）归纳出名称，进行标引。③人名、地名索引。照片、表格索引。经济部类志书可以编此类索引，其余志书采取“参见法”。④其他类索引。可根据志书内容标引，如物产、旅游点等。

（3）索引编制方法：①分类索引。以事物属性或特征为依据，把事物分类编制，分类索引包括地名、人名、物产、名胜、机关团体等索引。以志书中原名为标引词，按照一定的检索方法排列即可。②形式索引。以志书体裁分类编制，可分为图照、表格等索引，按先后顺序检索。③主题索引。是从志书内容主题属性出发，通过提炼有价值资料，用一个主题词（关键词）按一定规律排列而成，包括标题法、关键词法等类型。

（4）“目与子目索引”就是以标题作为信源编码的主题索引；此外，还可以用于大事、事件、掌故、事典等索引的编制，他们是提取文中的一个关键词作为标引词的。因此需要人工，最好是本部分内容编纂者编制，因为他们对志书内容熟悉。

有些地方采用软件检索同类词汇，编制主题词索引的方法不可取。如同百度的主题词搜索，正确、定向方面不够精细，增加检索的时间。如“梅森”输入，会大量的“周梅森”出现。

志书文字量相对数据库，文字量很小，应该消化志书内容，归纳出主题词及主题词对应的内容。这样做出的索引才能真正为读者提供方便。所以，标引所用的主题词并不一定是原文中的名词、名词性词组和动词词组，而要人工提炼。索引不可出现语句标引。

（5）检索方法。索引检索要简便适用。目前有部首、笔画、拼音字母、四角号码四种检索方法，以笔画、拼音字母检索较为通行。采用电脑排序。

[思考题]

①随着社会的发展志书传统体裁的继承如何？为何体裁形式越来越多，各种体裁解决志书内容记述的哪些问题？

②二轮修志中体裁有哪些创新，你认为哪些是合理的，哪些是多余的，哪些是形而上学的？创新中如何处理好形式与内容的关系，志书基本体裁继承与创新的关系？

第九讲　志书总纂与无纸化编纂

一、总纂的概念与职能

（一）总纂的概念

“总纂”一词有两个概念：一是名词概念，就是志书编纂工作中的一种职务，如同主修、监修、主编、编辑、校对、编务，都是职务名称。

二是动词，即志书编纂过程中最终工作环节的工作行为的名称，志书大多众手成志，因此需要对全部志稿进行谋篇设计、通纂合成，加工修改与进一步规范。

由于古代的主修、监修，当代的主编、方志办主任，不少是行政官员，负责组织。著作权法志书属于职务著作，有人把著作权混淆于署名权；志书编纂单位正职以法人身份享有“主编”之职与署名，副职享有副主编职名。故“总纂”实践上往往是志书真正的总其成者。少数志书主编也审定志稿。一部志书只有主编，不设总纂的就具体问题具体分析了。当然，也有受聘做总纂之实者获取劳务费而被聘方不予署名的（旧时称“枪手”）。古代，像李兆洛那样，既是凤台知县，又亲自动手编纂〔清〕《嘉庆凤台县志》的人少之又少。没有好的总纂如何有好的志书。一个无权、无名的总纂又如何能全身心投入修志。以法治志，总纂等修志职责与署名要在地方志法规中有具体规定。

民国方志学家瞿宣颖在他的《志例丛话》中说："众手修书，自古难之，古人官修之志所以能佳者，全在一学识超卓、精力弥满之人一手鉴裁。"可见，专业志书的"总纂"一般应该是该行业的专家并综合能力与文字功力较强者。一地综合性志书，内容涉及政治、经济、文化、社会各方面，总纂应该是多年从事地方志编纂，对各行业与社会各方面都有了解，并具备较深的方志知识、文字功力，是"博采各家之说见长"的杂家。专门的地方志编纂机构应该配专门的业务领导——主编（总纂），与一些经济、建设、文化传媒、大型企业一样设总工程师、总经济师、总编辑、总会计师一样。否则，地方志专门机构的领导是安排、过度性质，退休前预备着陆性质，还有其他的性质，领导像"走马灯"一样，地方志的业务、学术还会有继承吗？所以说，地方志机构的学术业务要靠专门的主编（总纂）、编辑继承延续。

（二）总纂、副总纂的职能

1. 总纂的能力

首轮修志归纳合格的总纂要具有"德、才、学、识"四长，做到五点：

（1）识大体顾大局，胸襟宽广，业务上不主观臆断，善于接纳和甄别意见；（2）善于独立思考，实事求是，对历史负责；（3）具有组织协调能力；（4）有较强的理论水平和方志编纂业务能力；（5）很强的文字功力。省级志书的总纂最好有编纂过志书的成功经验。

2. 总纂的职能

（1）总纂主持全志具体的编纂业务，包括拟订志书的编纂方案和编纂主要阶段的工作方案。（2）起草和修订志书的篇目和一系列相关规定，包括志书凡例、行文规范、版式规定、评审验收志稿的规定、编纂经费的预算等。（3）组织人力收集资料。（4）选定编纂人员分工各个篇、章的编写任务（省级志书选择大的门类的"分纂"人员）。（5）指导各大类各篇章的编写，解决编纂中遇到的疑难问题。重要的是指导分纂者对分工门类的分纂。（6）总纂工作阶段，总纂职能包括：①核实资料并统一记述口径（统一不了，一说为主，多说并存）；②笔削文辞统一全志风格；③撰写总述或概述（分纂者撰写门类、篇章的小序或无题导言）；（7）志稿总纂之后还要通审全部稿件，组织所有编纂人员，对资料尤其是数字资料进行校对，全面把好政治、资料、体例、语言和保密等关口。总纂对各门类、篇章有权增删、签发和否定。

3. 副总纂的职能

副总纂是总纂的助手，主要职能为：①副总纂在总纂的指导下，依照拟定的志书篇目和总体设计，负责完成自己所承担部分志稿的编纂任务，包括承担与自己分工对口的部门撰写人员的业务指导和编审志稿等工作；②副总纂在志书编纂工作中遇到问题，要及时与总纂沟通，并提出可操作性的意见和建议。如果没有特殊情况，副总纂分工的任务一般应一包到底，直至定稿。

二、总纂工作的流程

（一）起草编纂方案与谋篇布局

1. 总纂要起草编纂实施方案

参见本书收录的作者起草的《安徽省志》《上海市志》《汶川特大地震抗震救灾志》《上海世博会志》等编纂实施方案。

2. 总纂要协商完善篇目

编纂实施方案包括《卷目与分工》，此期各门类篇章的篇目尚未具体化。

（1）市县志：一般市县志两步成志，第一步是由承编单位编写部门稿，第二步才是地方志机构分、总纂，所以地方志机构一开始要与承编单位商定篇目。

（2）省级志书：省级志书一步成志，分数十部、上百部陆续出版，总纂对全志总体的内容布局在未启动前就应该做有“功课”，启动后主要与承编单位商定篇目，编纂中完善篇目。总纂对全志进行宏观布局，决定交叉部类志书的详略处理，内容角度，详略关系。

（二）总纂制定编纂规则进行业务分工

志书的编纂总体规则是《凡例》和《行文规则》，均需总纂制定。总纂要按照篇目设计的要求，将篇目进行分解，并明确分工，落实到人。

1. 明确副总纂与编纂人员的分工

总纂要明确副总纂与编纂人员的分工，明确总纂、副总纂、编纂人员的责任，要求编纂人员按照分工负责到底。分工不明确，责任就不能落实到人；负责不到底，就会影响志书整体的编纂进度。

2. 明确总纂与行政领导的职责与分工

由于总纂是在地方志机构行政领导下工作，要明确总纂与行政领导（有时行政领导就是总编）的职责与分工，由于当今体制，这方面的分工明确往往很难，行政领导应该在人员组织、经费上给予保障，把业务权真正放给总纂。总纂与行政领导分工不明，或总纂无业务主导权，志书质量很难保证。当然，有李兆洛那样的“主任 / 主编，主任 / 总纂”一肩挑的更好。

（三）总纂要组织编纂人员培训

1. 培训目的

地方志书有自身的体例特征，承编志书的部门涉及各个单位、系统，他们对本专业的知识是掌握的，但大多数人对地方志并不了解，因此总纂要在志书编纂启动后（志书编纂启动大会），组织对各单位编纂人员进行地方志基本知识和志书实施方案及构架的培训。

2. 培训内容

培训的内容主要包括：方志的性质功能和种类、方志发展史、实施方案与结构的解读、方志的体例和篇目的拟订、方志资料的征集与整理、资料长编编辑、横排竖写与交叉处理、总述大事记无题序（导语）的编写、经济部类志编修、政治部类志编修、专记的编写、人物的撰写、图表的编制和索引的编制、行文规范、参编某类志书所涉行业专业断限内发展概况等培训。

3. 组织业务交流

在编纂过程中，总纂还要组织有针对性的业务交流活动，让相关编纂单位、编纂人员及时交流编纂业务上的经验和教训，汇总梳理，统一编纂思路和编纂方法。

同时组织协调对所涉及专业内容的座谈（相关部门的老领导、老专家参加），使编纂者了解专业、行业总体发展演变情况，便于对所编纂门类篇章的进一步把握。

（四）总纂组织收集资料编辑资料长编

总纂要根据所编志书的篇目内容，组织拟订资料收集计划。征集来的资料，要确定有关人员用科学的方法进行管理。包括组建科学合理的资料管理制度；编制便于编纂中调阅的检索系统（如何利用微机进行此项工作）。

总纂在组织编纂人员将资料收集工作基本完成以后，要组织指导编写资料长编（长编编纂方法参见“第六讲 资料征集与资料长编”）

资料长编是按照志书的篇目纂辑而成，因此不是一般的资料汇编。资料长编在志书的编纂中具有举足轻重的作用，是必须完成的一个重要环节，总纂一定要抓好这一环节，因为它是试写志稿的前提和修好志书的基础。

（五）总纂要组织志稿撰写

长编基本完成后，总纂要组织承编人员进行志稿的试写。市县地方志机构因为人员较少，总纂可直接对试写稿的编写进行指导；省级志书由分工联系人对承编单位承编人员进行指导，指导意见由总纂阅示，最终试写稿合格与否，由总纂确定。试写稿完成后，承编者方可参照试写稿推开编写。

凡有编写任务的人员都要先进行试写。这样做有利于参编者练笔。试写的内容，不宜以整篇或整章来进行，一般试写 1 ~ 2 个基本的记述单元（目或子目）为宜。通过试写，如果编写者能力不及，总纂有权提请调整更换。

由于初次编纂地方志，试写稿难免文体不一。总纂可将若干试写稿集中，进行讲评，还可以组织互读，让编写者自己找问题，寻不足，看优点，加深印象。

（六）总纂组织分纂对志稿进行加工

1. 省级志书组织

省级志书往往按照大的门类设分纂，如设地理人口类、经济类、政治类、文化类、政治类等分纂，由总纂组织指导分纂者对相关类分志（卷）进行分纂。

2. 市县志书组织

市县志书，一般由地方志机构（门类）分工联系人对志稿进行分纂。分纂主要是调整结构、交叉处理、删改文字，规范化。分纂结束后本部类文风必须统一，符合凡例和规范。分纂水平不达者，总纂有权更换。

3. 总纂与分纂的关系

分纂应该在总纂的指导下进行，分纂是总纂阶段之前最关键的编纂过程。其责任：

（1）抓住分纂的每一记述单元力求内容丰满；（2）最大限度删削背景资料、

共性资料、规章制度资料、工作方法和工作过程资料；（3）效果表明即可，删去漫无边际的展开推演；（4）处理表与文的关系，控制表的使用；（5）归纳记述单元内容，解决“小大事记”问题（流水账）；（6）解决与其他分纂部分内容的机械重复；（7）改稿三遍，通校标点数据；（8）核对数据，总与分的数据，文与表的数据；（9）修改要从整体开始统筹，避免说什么改什么越改越乱。

（七）总纂通稿

分纂工作结束后，转入由总纂者亲自担纲的志书总纂阶段。

1. 总纂主要解决五个方面问题

（1）决定重要资料以及一些章节甚至篇的调整、去取和分合；（2）删节机械重复的资料；（3）检查资料可靠性，抓重大资料、有争议资料，判明真伪，同时抓常识性错误；（4）检查政治与保密；（5）统筹全志，门类大体平衡，对过于庞大又必要的内容可适当调整分拆，以免全志结构“畸轻畸重”。

2. 一支笔通稿

总纂阶段要贯彻“总纂一支笔”的原则，志稿的总纂不是将各篇章记述文字的简单拼凑和组合，而是一种复杂的再创造过程。虽然志书大的门类经过分纂，但仍然存在层次、文风的差异，甚至参差不齐，包括出现思想性、政治性、内容失实等问题。

3. 总纂五通

总纂者在总纂工作中要做到“五通”，即通读、通审、通纂、通改、通校。

只有经过志书编纂的最后一道程序总纂，进行统一的审（审读）、改（修改）、削（笔削文辞），才能使志书成为达到质量标准的资料性文献。

一般整部志稿，总纂者总纂后需要通稿三次。

4. 组织校核

此外，为了稳妥起见，避免总纂工作中的差误，总纂之后定稿之前，总纂者还要组织所有编纂人员对总纂了的各自起草、编纂、分纂的部分进行校核，对资料尤其是数字资料进行校对，全面把好政治、资料、体例、语言和保密等关口。

（1）组织自查自检

第一阶段依靠全体编纂人员的力量，组织自检自查自验，同时打破原来的编纂分工人人通读，查找问题，包括人名、地名、年代、数据、错别字、脱漏字、文句不通等，数据要请统计部门专业人员审核。

发现问题在志稿上批注（如用电脑，文稿通过邮箱来往，进行批注）。重大不便修改者，总纂组织集体讨论修订，不行提请编委会领导决定。分头修订后，才由总纂者通审通改。

（2）内容相关部门审读

第二阶段是把第一阶段完成的志稿相关篇章分发给相关部门审读，收回意见后，梳理好再进行修改。

虽然初稿一开始出自部门，但由于经过地方志机构的分纂、总纂的修改，由于修改者专业知识的局限，所以改后的志稿必须发给志书内容相关部门审定。

（八）听取评审意见组织修改志稿

志稿编纂完成后要由上一级政府地方志机构组织“一评、二审、三验收”。

1. 听取评审意见

志书在定稿之前，一般都要召开有各类人员（专家学者，含史志专家和相关学科专家；编委会领导、地方志机构领导和相关部门单位领导）参加的志稿评审会。一部志稿总纂合成以后还会存在篇目不尽合理、内容详略不够精当、体例不合要求、行文表述不准确等诸多的问题。志稿再次深加工，评审会是一个重要环节。评审会意见提的越多，对志稿的修改越有帮助。

2. 对待评审意见的态度，评审中要把握六点

作为志书的总纂要有心胸和气度，广开言路，博采众长，听取和吸收评审会上的各种意见和建议，力争把志书的缺点和问题纠正在出版之前。

评审中要把握六点:（1)提出的好的结构调整意见一定要采纳;（2)提出的硬伤、差错一定要消灭，特别是错误的观点、失实的史料、错误的数据、病句、错别字等要认真处理；（3）提出所缺的重要史料一定要补充，对没有现成文字资料而又非补不可的重要资料采取社会调查方法解决;（4)文字文风不足之处一定要完善;（5）对待提出的创新做法，没有把握的不可采用，特别对一些形式上的创新要慎重;（6）原来正确的一定要坚持，不要人云亦云。

评审会应该有评有议，总纂对重大意见的思考应该告知做法的原因，不应该假虚心，评审会结束，原样不动。评审会评审者与被评审者不互动，也会导致正确的做法被否定，错误的意见被推行。首轮修志评审会往往在郊外静下来开一周，二轮修志评审会越开越短，有的一天，有的半天结束。有的评稿人走后一看稿本一个字没有，评审费发了，没留下一点点有价值意见。评审会走过场，难道不也是一种“不作为”？

三、总纂的主要业务

（一）把握资料，勾勒大事

总纂工作包括熟悉资料，组织编写好分卷的大事记（同时也是全志大事来源，保证全志大事与分志分卷内容的吻合）。

大事记是全志之纲，通过分志、分卷大事记首先可以检查其内容资料的全面性如何（资料收集占有如何），是否可以达到“纵不断线、“横不缺项”，检查资料收集渠道是否完全，同时“以纲带目”进一步分析分志分卷的内容。

（二）控制容量，确定记述单元

如一部志书规划100万字左右，但编出来近300万字。内容记述无度，文字膨胀，总纂难辞其咎。

作为总纂，虽然篇目中没有给具体基本记述单元确定文字量，但总纂应该了解哪些内容是志书的本体内容，哪些是某某分志、分卷的记述主体，哪些是国计民生必须记述的内容，哪些内容具有存史价值。你编的是什么志种的志书，是省级志书还是市县一级志书，各分志、分卷最基本的记述单元究竟在哪一层次要把握清楚。否则如何控制文字？我在担任《汶川特大地震抗震救灾志.灾后重建志》总纂工作时，文字前后总纂三次，从500多万字到300多万字再到100多万字。

（三）核要素，精炼记述内容

要素，是反映事物内在构成的基本因素。记述事物的基本要素应齐全，基本能够反映这一事物的发生、发展变化和结果的全过程。（何为要素，参见梅森《地方志书内容要素探微》方志出版社2009年版）。

可以想象，诸多记述要素如果不全，文字量再大，内容记述也是不完整的，影响了志书的使用价值。“信息量大不大”与文字量有关，但又不完全有关；因此，在志书编写的提纲细目确定之后，总纂要指导撰写人员认真考虑每一细目的记述要素。

（四）核时空，避免内容越界而书，离题万里

（五）核发端、过程、现状，避免内容断线，残缺

（六）核人物，避免人文内容单薄

“人文”内容记述方法：一是在事物的记述中，注意“人文”资料入志；二是志书记述中注意人的活动的记述。

（七）核时代特点、地方特色，避免特色事物遗漏

（八）核事物关联交叉点，避免内容机械重复

（九）核图、表是否规范，数据是否吻合，做到图文并茂，文表相符

（十）写好总述或概述，检核总述、大事记与分志、分卷、篇章有无抵牾

（十一）规范文体，精练文字，统一文风，消灭差错

张景孔在《志苑文论集》（青岛出版社1991年版）“志稿行文易错录”中指出，志书容易在纪年、图文、文表、产品型号、仪器名称、引文、数字、计量单位、姓名、形近或音近的字10个方面出差错。

1. 纪年易错

公元、夏历、干支，稍不注意就会出现差错，尤其是农历的年底在公历上是跨年的，容易错。如咸丰五年三月是公元1855年，而咸丰五年十二月是1856年了。

2. 形近或音近的字易错

如臧—减 下—卡（型）；“先时”与“先是”（音近，电脑操作选字选错）、流—硫—琉，（崩）圮（pi）—圯（yi桥的意思）、券—劵、获—荻，等等。

3. 文表易错

主要是表中分项数之和不等于总数，表格中数据与正文数据矛盾。

4. 产品型号易错

如：纺织机械型号B061、LB023、LBC061，其中“0”是零，印刷成“O”（英文字母“O”）

5. 姓名易错（尤其是姓）

如：代—戴、傅—付、童—仝、刘—柳、魏—卫、肖—萧等。

四、志书总纂多余的话（含中等以上城市志总纂）

（一）总纂阶段不正确的态度

一是倒计时，根据领导换届急于求成；另一种认为初稿就以大功告成，松懈情绪抬头，不愿再花精力下大功夫修改，虎头蛇尾。

（二）省级志书新时期如何操作

省级志书总纂责任重大，全志近百部，数千万字，甚至上亿字（要10年左右完成）。全志的总纂不可能全部一人修订文字，要侧重做好总纂的组织工作，搭建总纂班子，或以向社会购买服务的方式聘请若干总纂人员。

一部专志评审结束，由各总纂人员分工纂稿，最终由全志总纂通稿。

首轮修志，有的省设省志总纂室是好经验。当然首轮修志，有些省市地方志办公室把卷目分工下去，就等着评审出版志书，体例不同、文风不同、文字粗糙、机械重复，甚至编次都不相同，就在所难免了。

省级志书、直辖市、副省级城市志多卷本志书不设总纂，要业务处室联络联络，等着收获，是极不负责任的做法；有些政府批准的实施方案要成立总纂室，但志办不予成立，同时又没有调动方志界退休老同志，本办其他处室业务力量及其他社会力量。专门处室几个人，只能是推进进度了。志书质量难以保证，进度结果也必然落后，因为把带有学术业务性质的地方志当成行政工作来做了。

当然，省级、中等城市以上多卷本志书有其特殊性，可以适当采取部分总纂工作前移的方式，前移即把好三关：即总体设计关；政治质量关，加强政治类志书的通读、通纂、通审；总纂统一调度，处理好交叉重复。

（三）“三级总（分）纂法”与“总纂八大忌”

1.“后期官总纂”弊多利少

江苏省地方志办公室编《新编地方志编纂手册》（89页）谈到“三级总（分）纂法”时总结首轮的有一种不好的现象：所谓三级总（分）纂，就是总纂者与分纂者在志书编纂的初期乃至中期都未介入，只是志稿进入总纂阶段才上手，中前期的工作假手于人（包括外聘人员）。这种方法在方志界占有一定比重，大多是“官”兼总纂或分纂，非专职人员所致。

三级总（分）纂法弊多利少，不宜提倡。后期“官”总纂，能了解前期的总体设计如何？地方志体例要求如何？他们长期从事行政工作，文字功力如何？最后阶段的总纂也就是“虚与委蛇”改几个这样也行那样也行的文字而已了。

地方志是职务著作，负责地方志工作的官员或地方官（法人）可以享有著作权，但真正从事实际编纂的人员按照《著作权法》也应该享有署名权。中国地方志指导小组对此应该有个意见，如行政官员在志书中署主编、副主编，如同旧志的主修、副主修；真正修志的用总纂、副总纂、分纂，符合传统方法。传统方志主修是地方官员（巡抚、知府、知县），监修相当于现在的地方志办公室主任，总纂是具体主持编纂的文化界硕彦，有修志经验；分纂是聘用的熟悉有关专业的文化人。

如果官员层次多，是否用“执行”与否区别。实际的总纂称“执行总纂”（首轮修志不少副主编是真正的主编，副总纂是真正的总纂，甚至一些真正的总纂没有署名。有不少的志书，志书还没启动，上级部门就发文任命了主编、副主编，完全把修志行政化了。

2.“总（分）纂八大忌”

“总（分）纂八大忌”有针砭时弊的味道：“一忌挂帅不出征”（与首轮修志批评的“甩手掌柜”意思相同），“二忌滥设总（分）纂”，“三忌中途变更人”，“四忌年迈力衰”，“五忌随意改凡例和编纂方案”，“六忌优柔寡断、骄横武断”，“七忌责任心不强”，“八忌心胸狭窄、听不得不同意见”。

五、志书编纂的无纸化操作

（一）操作流程

志书基本编纂流程六个阶段：方案与篇目→资料与资料长编→试写稿与初稿→分纂与总纂→通稿与评审→修订与出版。

市县志首轮部门与地方志办公室“两步”成志。二轮互联网可以对承编单位“一步半”倒逼式成志。倒逼一步半具体是：总纂一开始进入，与各部门共商篇目→共商内容要点→总纂修改稿件提出补充内容→流水修改直至定稿（按：闵行区续志评议稿前总纂、吴起县续志总纂，梅森均采用倒逼式无纸化宅家改稿方法）。

网络无纸化编纂就是把各门类、条目当成“构件”，组装成志书。述体（总述、综述、概述、无题述）是“构件”的粘合剂。撰写“实写单元”，然后按篇目框架组装成为志书初稿，初稿完成后要整合志稿（分、总纂），再打磨志稿（文字修订）最终成书。除重大问题需统一，其他均可分别操作，电脑传输（按：梅森2008年以后完成的方志，全部为电脑无纸化操作，包括《汶川特大地震志·灾后重建志》《上海世博会志》等）。

（二）资料长编的作用与电子化

1. 资料长编是资料与电子初稿的桥梁

如矿石（资料）→精矿沙（长编）→钢铁（志稿）。

2. 资料长编的“三种整理方式”和“六种资料来源电子模板”

根据搜集资料编有代码的篇目搜集资料整理资料长编。

（1）三种资料整理方式：汇集体、纂辑体、撰述体。

（2）六种卡片电子模板：著作、文书档案、报刊、网络、口碑、图片（媒体、网络资料探讨）。

（3）参见上海市志培训（模板可以下载）

百度（上海市地方志办公室）→综述栏→市志培训→上海市级志书资料长编类型及电子卡片模板（梅森设计）

（三）资料长编到初稿的编纂流程（电脑WORD上操作）

1. 每实写单元的编纂过程

选择资料基础较好的实写单元的资料长编（电子卡片组）→选材（资料长编写进志书的往往1/6 ~ 1/10，故要选材）→根据选入的资料进行分析，分析阶段特点、面上情况、分支面上情况、典型人和事，拟出撰写的要点提纲→按提纲组织文字（撰稿）→概括、综合原材料尽可能符合志书文体压缩文字（若干次修改，一稿、二稿、三稿……每稿均要在电脑上备份）→根据规范要求修订文字→形成分支上报稿。

2. 具体操作流程：

（1）资料长编（长编、大资料汇编）。

（2）实写单元选材连缀成事略（保留资料来源，用括号括起来）。

（3）研究实写条目资料的内容方面形成撰写提纲 。

（4）形成铺陈性稿。

（5）根据提纲围绕事物轨迹、阶段节点、特点特征结构撰稿（经济等数据要先形成表格，把表格数据的特征分析出结构、增长率等文字，写进正文中）。

（6）整理修订文字、规范化处理形成初稿 。

（7）利用括在正文中的资料来源做好实写单元初稿的尾注（电脑文件菜单“插入”→引用→尾注）与正文资料来源处对应，删去正文中原来资料来源的说明文字。

（四）文稿无纸化操作

分工篇目形成后即进入编纂的无纸化阶段（不同地点，电脑，邮箱邮件往来，分别在电脑中建立资料长编文件和文稿文件）。

资料收集、资料长编→拟出实写单元的要点→试写稿→实写单元初稿→承编者与总纂反复修改（每次均编序号、时间备份入自己的文稿库，双方均形成文稿库）→定稿的实写单元按篇目变成章节文稿→增加述体内容整合形成章节文稿（与总纂人反复修改，双方备份）→ 章节形成篇→篇形成大板块、大部类（人员逐渐由多数转为少数，板块分纂与总纂反复修改，双方文件备份）→总纂最后整合修订全稿（备份。此后出书面文稿进入评审，过程中具体参编单位评审也可以出文稿）。

[思考题]

1. 总纂工作在地方志书编纂过程中处于什么地位?

2. 总纂（分纂）的职能与须具备的能力，如何选择总纂?

3. 总纂与总编与主任（行政领导）应该是何种关系?

4. 当今志书编纂体制中，总纂的实际状况如何? 什么样的体制与机制才是真正符合科学发展观的?

梅森历年在宁波大学等方志培训班讲课的讲稿、课件，宁波大学等已印为教材发给学员，主要有《政治部类志编纂》《经济部类志编纂》《城乡建设部类志编纂》《地方志基本知识》《志书编纂体例》《当前修志存在的问题》《资料是志书质量的基础》《方志学科建设》《方志数据库与未来》《志书撰稿》《多元社会地方志编纂》《方志编纂方案制订》《汶川特大地震抗震救灾志灾后重建志培训教材》《汶川特大地震抗震救灾志总述培训教材》《世博会志编写培训》《上海市级志书编纂培训教材》等等，因文字量过大，不再编入本书。

起草的修志方案选

安徽省地方志编纂委员会文件

皖编志字第〔1992〕014号

关于印发《安徽省志总目和编写分工》及《安徽省志编纂规范》的通知

省直有关部委办厅局：

经省地方志编纂委员会第七次会议同意，《安徽省志》由57卷调整为67卷，现将调整后的《安徽省志总目和编写分工》印发给你们。同时印发《安徽省志编纂规范》。请予实施。

安徽省地方志编纂委员会

《安徽省志总目和编写分工》

1992年10月10日

卷次	志名	承编单位和牵头单位（牵头单位有*号）
1	凡例	省地方志办公室
	安徽省行政区域图	省测绘局
	总目	省地方志办公室
	总述	省地方志办公室
2	大事记	省委政策研究室、省政协文史资料委员会、*省地方志办公室、省图书馆
3	建置沿革志	由省地方志办公室委托新闻出版局徐学林同志承编
4	自然环境志	安徽师范大学地理系
5	地质矿产志	省地质矿产局
6	气象志（已出版）	省气象局
7	地震志（已出版）	省地震局
8	人口志	*省统计局、省计划生育委员会
9	政党志	
	中国共产党	*省委办公厅、省顾问委员会办公厅、省纪律检查委员会、省委组织部、省委宣传部、省委统战部、省委保密委员会、省委政法委、省委政研室、省老干部局、省委党史工委、省委党校
	民主党派	*省委统战部、中国国民党革命委员会安徽省委员会、中国民主同盟安徽省委员会、中国民主建国会安徽省委员会、九三学社安徽省委员会、中国农工民主党安徽省委员会、中国民主促进会安徽省委员会、中国致公党安徽省委员会
	其他党派	由省政协陈德辉同志牵头并组织承编

卷次	志名	承编单位和牵头单位（牵头单位有*号）
10	群众团体志	*省总工会、共青团安徽省委员会、省妇联、省工商联等；农民组织部分由省政协方一青同志承编
11	政权志	省人大办公厅、*省人民政府办公厅、省政协办公厅
12	公安志	省公安厅
13	司法志	*省委政法委、省人民检察院、省高级人民法院、省司法厅、省劳改局、省劳教局
14	民政志	省民政厅
15	劳动志	省劳动局
16	人事志	省人事局
17	外事侨务志	省外事办公室、省侨务办公室
18	军事志	*省军区、省人防办公室
19	农业志	*省农牧渔业厅、省农村经济委员会
20	水产志（已出版）	省水产局
21	林业志	省林业厅
22	水利志	省水利厅
23	农垦志	省农垦农工商联合总公司
24	乡镇企业志	省乡镇企业局
25	煤炭工业志	省煤炭工业厅
26	电力工业志	省电力工业局
27	石油化学工业志	省石油化学工业厅
28	冶金工业志	省冶金工业厅
29	机械工业志	*省机械工业厅、省农机局
30	电子工业志	省电子工业局
31	轻工业志	*省轻工业厅、省烟草总公司
32	纺织工业志	省纺织工业厅
33	建材工业志	省建材工业局
34	军事工业志	省国防工办
35	交通志	*省交通厅、省公路局、省航运局、省汽车运输公司、蚌埠铁路分局、铁四局、芜湖铁路办事处、徐州铁路分局、杭州铁路分局、铜陵车辆厂、省民航局
36	邮电志	省邮电管理局
37	测绘志	省测绘局
38	城乡建设志	*省城乡建设环境保护厅、省建筑工程总公司
39	商业志	省商业厅
40	粮食志（已出版）	省粮油食品局
41	供销合作商业志	省供销合作社联合社
42	对外经济贸易志	*省对外经贸委、省商品检验局、芜湖海关
43	旅游志	省旅游局
44	金融志	*省人行、省工商行、省建行、中国银行安徽分行、省农行、省保险公司

卷次	志名	承编单位和牵头单位（牵头单位有*号）
45	财政志	*省财政厅、省税务局、省审计局
46	计划统计志	*省计委、省统计局
47	工商行政管理志	省工商行政管理局
48	物资管理志	省物资局
49	物价志	省物价局
50	标准计量志	省标准计量局
51	科学技术志	*省科委、省科协、省农科院、科学院合肥分院
52	社会科学志	省社科院
53	体育志（已出版）	省体委
54	教育志	省教育委员会
55	文化艺术志	*省文化厅、省文联
56	档案志	省档案局
57	文物志	省文物管理局
58	新闻志	*省委宣传部、省新闻出版局、安徽日报社等
59	广播电视志	省广播电视厅
60	出版志	省出版总社
61	卫生志	省卫生厅
62	医药志	省医药管理局
63	民族宗教志	*省民族事务委员会、省宗教事务处
64	民俗志	省地方志办公室
65	方言志	安徽师范大学中文系孟庆惠同志
66	人物志	省地方志办公室
67	附录	省地方志办公室

《安徽省志编纂规范》略：（一）全书称《安徽省志》，分67卷出版，一专志一卷，一卷一册；个别专志字数较多，可分上下册出版。每卷封面、书脊标全志名称和专志名称；书脊另标卷次。《安徽省志》各专志卷首依次排列本专志编纂委员会、主编和编纂、审稿人员名单，然后是本专态的目录和正文。现任和历任省地方志编纂委员会名单，在《安徽省志》第一卷列出。（二）各专志分篇、章、节、目、子目五个档次。

（1991年，梅森任安徽省地方志办公室省志处副处长，起草了此方案。接任时，《安徽省志》原方案57卷已经出版气象、地震、水产、粮食、体育5卷。57卷方案由前省志处原处长欧阳发起草设计。欧阳发处长调出后，省志处由秘书处处长代管2年）

《汶川特大地震抗震救灾志》编纂工作实施方案

为全面、客观、系统地记述汶川特大地震灾害和抗震救灾工作，科学总结经验，充分展示中国共产党和人民政府的坚强领导与社会主义制度的优越性，保证《汶川特大地震抗震救灾志》的编纂质量，根据国务院领导同志批准的“《汶川特大地震抗震救灾志》编纂工作方案”，结合编纂工作实际，制定本实施方案。

一、编纂指导思想与基本原则

以马克思列宁主义、毛泽东思想、邓小平理论和“三个代表”重要思想为指导，全面贯彻落实科学发展观，坚持辩证唯物主义和历史唯物主义的立场、观点和方法，严格依照国务院《地方志工作条例》的规定，全面真实地记述地震灾害、抗震救灾和灾后恢复重建工作。

二、编纂目的意义

2008 年 5 月 12 日发生的汶川特大地震，是新中国成立以来破坏性最强、波及范围最广、救灾难度最大的一次地震，造成了巨大的生命财产损失。而随即展开的我国历史上救援速度最快、动员范围最广、投入力量最大的抗震救灾斗争，所表现出来的万众一心、众志成城，不畏艰险、百折不挠，以人为本、尊重科学的伟大抗震救灾精神，是党和人民极为宝贵的精神财富，值得永载史册。编纂《汶川特大地震抗震救灾志》，全面、客观地记述地震灾害、抗震救灾和灾后重建的全过程，对于系统总结抗震救灾经验，加强应急管理能力建设，提高防灾减灾工作水平，服务于当前和今后的防震、抗震、救灾、重建工作；对于全面展示社会主义制度的优越性、中华民族的优秀品质、人民军队的政治本色、中国共产党的坚强领导，进一步弘扬伟大抗震救灾精神，激发全国各族人民在党和政府的领导下战胜一切艰难险阻的信心和决心；对于为全世界提供应对突发事件、抗击特大自然灾害的宝贵经验，促使人类更加自觉地去认识和把握自然规律、增强抵御自然灾害能力，进而推动人类文明进步，都具有重大的现实意义和深远的历史意义。

三、编纂任务与总体设计

（一）编纂任务

《汶川特大地震抗震救灾志》共设 11 个分卷，即《汶川特大地震抗震救灾志·总述》《汶川特大地震抗震救灾志·大事记》《汶川特大地震抗震救灾志·图志》《汶川特大地震抗震救灾志·地震灾害志》《汶川特大地震抗震救灾志·抢险救灾志》《汶川特大地震抗震救灾志·灾区生活志》《汶川特大地震抗震救灾志·灾区医疗防疫志》《汶川特大地震抗震救灾志·社会赈灾志》《汶川特大地震抗震救灾志·灾后重建志》《汶川特大地震抗震救灾志·英模人物》《汶川特大地震抗震救灾志·附录》。

全志约 1100 万字。各卷篇幅视内容多寡而定，篇幅大的分卷可分册出版。

（二）总体设计

1. 《汶川特大地震抗震救灾志》记述时间断限

全志原则上记述时限为 2008 年 5 月 12 日至 2010 年 12 月 31 日，即地震爆发到灾后重建工作基本完成。各分卷视有关工作的完成情况而定：

《汶川特大地震抗震救灾志·总述》《汶川特大地震抗震救灾志·大事记》《汶川特大地震抗震救灾志·图志》《汶川特大地震抗震救灾志·灾后重建志》《汶川特大地震抗震救灾志·附录》各卷记述时限为 2008 年 5 月 12 日至 2010 年 12 月 31 日。

《汶川特大地震抗震救灾志·地震灾害志》《汶川特大地震抗震救灾志·抢险救灾志》《汶川特大地震抗震救灾志·灾区生活志》《汶川特大地震抗震救灾志·灾区医疗防疫志》《汶川特大地震抗震救灾志·社会赈灾志》《汶川特大地震抗震救灾志·英模人物》各卷记述时限为 2008 年 5 月 12 日至 2008 年 10 月 14 日。

2. 《汶川特大地震抗震救灾志》记述地域

记述主要地域是汶川特大地震受灾地区（以国家地震局界定的范围为准），大致包括四川、重庆、甘肃、陕西、云南等地；组织抗灾、救灾、赈灾等工作和活动可以记述灾区以外相关地区（含国际社会）。

3. 《汶川特大地震抗震救灾志》总体内容

卷一：《汶川特大地震抗震救灾志·总述》。从总体、全局角度，钩玄提要，对汶川特大地震灾害、抗震救灾和灾后重建进行总括式的记述，包括汶川特大地震地区震前的自然概貌（气候条件、区域地质构造、活动断裂带、历史上地震情况、地貌、自然资源）、人口、经济与社会总情况；地震爆发与严重灾情；党和政府领导抗震救灾的坚强领导、周密组织、科学调度以及党和国家领导人深入灾区组织抢险；灾民自救与组织救援（人民解放军、武警部队、民兵预备役人员、公安民警和医疗卫生人员、新闻工作者、科技工作者、农业工作者等以及各省市区的紧急救援）；防治次生灾害；监测预警；灾民安置与安排灾区生活物资供应；医疗防疫；灾后农业生产恢复；抢修恢复基础设施；恢复学校教育；全国捐款赈灾；国际救援；在抗震救灾重建中涌现的英雄模范和产生的伟大抗灾精神；国际社会对我国此次抗灾行动的高度评价等。

卷二：《汶川特大地震抗震救灾志·大事记》。采用编年体（适当结合纪事本末体），分月、日记述。按时间顺序，一事一条，记载汶川特大地震抗震救灾工作中的大事、要事。

卷三：《汶川特大地震抗震救灾志·图志》。采用图照与文字叙述、文字介绍相结合的形式，直观再现汶川特大地震的巨大破坏和震撼人心的抗震救灾现场，反映党和国家对抗震救灾工作的领导、指挥、部署，再现伟大的抗震救灾精神、英雄不屈的人民、典型感人的事迹，体现社会主义制度的优越性。前置长篇导言，再按专题分类。专题内容大体包括汶川特大地震震前灾区的壮丽河山、人民和谐的生活、主要基础设施、工厂学校、商业集市等（以体现大地震前后的巨大反差和破坏的强烈程度）；震区分布图、震区地震断裂带等相关地质构造图、航空遥感地震灾害监测图像；历史文献记载的该地区地震情况的图照；震灾爆发及巨大破坏；党和国家领导人抗灾决策及深入灾区组织抢险救援（包括抗震救灾指挥部领导工作或会议现场、党和国家领导人与灾区群众在一起）；党和政府发布的重要抗灾救灾命令；人民解放军、武警部队紧急救援、灾民安置和支援地方恢复重建；国家各有关部委配合抢险救灾；抢修基础设施；处置次生灾害及监测预警（堰塞湖、泥石流、滑坡、高温、雷电、暴雨等）；转移安置灾民稳定社会；灾区疫病防治；学校复课（包括推迟高考）；各省市区赈灾和援助；国际社会援助；有关抗震救灾的书画照片等。

卷四：《汶川特大地震抗震救灾志·地震灾害志》。文字记述，配以随文照片。首设概述，然后横排事类。集中记述震区的地质地貌，本次大地震的成因；大地震造成的巨大破坏，包括人员伤亡、自然环境破坏、生活设施毁坏、基础设施毁坏、生产设施毁坏（农田、工厂、商业街区）、文化设施毁坏、村落城镇毁坏、旅游景观毁坏甚至消亡；次生地质灾害（崩塌、滑坡、泥石流）；次生灾害调查与防范；监测预警；科技工作者为防震减灾所作的努力及所取得的科研成果（如航空遥感技术在地震及次生地质灾害救灾中的应用情况与监测内容）等。

卷五：《汶川特大地震抗震救灾志·抢险救灾志》。文字记述，配以随文照片。首设概述，然后横排事类。主要反映广大军民面对极其惨烈的灾难，面对极其严重的困难，临危不惧、奋不顾身、舍生忘死的超人勇气和大无畏精神。包括抗震救灾指挥部及有关应急组织、领导层决策部署，组织救援、救援人员进入灾区（陆路、航空、水路进入，空投救援人员和物资）、进村入户搜救被困群众和游客、疏散转移群众、调集抢修救援装备、启用储备物资与医药调度、抢险应急物资运输供应、灾害监测预警（地震监测、气象监测预警、河湖水质监测、危险化学品等污染物防控等）、次生灾害防治（调查评估及排查与治理、灾区水库安全保卫、堰塞湖疏通、变形河道治理、余震防御、泥石流防范、气象灾害防治）、基础设施抢修、灾区现场清理、安全保卫（包括重要场所警戒）稳定社会。

卷六：《汶川特大地震抗震救灾志·灾区生活志》。文字记述，配以随文照片。首设概述，然后横排事类。主要反映灾区群众的安置工作。包括制定实施受灾群众救助工作方案及相应的资金物质保障措施、配套基础设施保障（如供水、供电）、灾区生活救助供应领导组织机构与系统、灾区群众生存艰难，对受灾群众救助、生活必需品供应、倒房群众安置、灾区市场供应、资金物资保障与管理、社会治安、交通秩序维护等。

卷七：《汶川特大地震抗震救灾志·灾区医疗防疫志》。文字记述，配以随文照片。首设概述，然后横排事类。主要反映灾区医疗救援、卫生防疫、伤员康复、对口支援、医疗卫生机构恢复重建等工作。包括灾区卫生防疫领导组织管理系统，医疗卫生救援队伍工作情况，医疗防疫器械、药品调集及配送，伤员救治和转运（包括转移至外省、自治区、直辖市、军队后方医院治疗），传染病和突发公共卫生事件防控、实现大灾之后无大疫的工作（传染病疫情和突发公共卫生事件监测、报告和防控，免疫接种，食品和饮用水的卫生监督监测，环境消毒，人和动物尸体的处理及消毒，健康教育），心理危机干预，伤员康复，全国卫生系统对口支援，灾区医疗卫生机构恢复重建等。

卷八：《汶川特大地震抗震救灾志·社会赈灾志》。文字记述，配以随文照片。首设概述，然后横排事类。主要反映一方有难、八方支援，举国上下患难与共，前方后方同心协力，海内海外和衷共济等守望相助、倾力支持的情况。包括救灾捐赠领导组织管理系统、中央部委赈灾与捐赠、各省市区赈灾与捐赠、解放军与武警部队赈灾与捐赠、企业赈灾与捐赠、社会民众赈灾与捐赠、港澳台赈灾与捐赠、海外侨胞赈灾与捐赠、国际社会赈灾与捐赠（如灾区少年儿童受邀到国外疗养），以及相关省市、企业对口支援灾区抢险救灾、恢复重建和安置等。

卷九：《汶川特大地震抗震救灾志·灾后重建志》。文字记述，配以随文照片。首设概述，然后横排事类。主要反映恢复生产、重建家园（物质的和精神的）等工作。包括党和国家关于灾后恢复重建的方针政策和工作部署、灾后重建领导组织管理系统、土地利用专项规划、国土资源政策支持、地质安全评估，城乡居民倒塌毁损住房、公共服务设施（教育、卫生、基层政权等）、基础设施抢修与重建（铁路、公路、桥梁、隧道等交通设施，供电、供水、供气、通邮、通信等设施）、气象设施重建和气象保障服务等；组织自救互救（生产自救、核查农工矿商贸损毁情况、指导制定恢复生产的政策措施、落实扶持资金物资、开展恢复生产工作）、军队支援地方恢复重建、劳务输出，重建规划、工商企业恢复生产和重建、农业和林业恢复生产和重建、学校恢复重建、村庄城镇重建、其他基础设施恢复重建等。

卷十：《汶川特大地震抗震救灾志·英模人物》。文字记述，每一人物配一张1寸半身照片。主要记述抗震救灾英雄集体和主要抗震救灾模范。首设概述，概括介绍汶川特大地震抗震救灾英模人物的类型、特点，反映大难面前精神不倒、奋斗不息的自强精神，迎难而上、百折不挠的精神，万众一心、众志成城的精神，一方有难、八方支援的社会主义大协作精神等。概述后以具体人物为记述对象，记录汶川特大地震抗震救灾工作中涌现的英模群体和先进人物的杰出代表（如舍身救人的英雄，在救灾抢险中牺牲的英烈等），表彰他们的先进思想和模范事迹。体裁包括人物传、人物简介和人物表，内容以2008年10月8日中共中央、国务院和中央军委在人民大会堂召开的全国抗震救灾总结表彰大会所表彰的汶川特大地震抗震救灾英雄集体和抗震救灾模范为基础。

卷十一：《汶川特大地震抗震救灾志·附录》。文字记述，可适当配以图照。主要收录与汶川特大地震抗震救灾有关的，有重大社会、文献价值的法规、文件、报道、艺文等原始文献。如党和国家领导人的重要批示、讲话，党和政府颁布的法规、决定，新闻部门发布的重大新闻信息、重要通报和社论，抢险中重要保障措施，国务院批准的重建方案，重要报刊发表的人民群众和国际社会对抗灾救灾的评价等。

除《汶川特大地震抗震救灾志·大事记》《汶川特大地震抗震救灾志·图志》《汶川特大地震抗震救灾志·英模人物》《汶川特大地震抗震救灾志·附录》等卷外，

其余各卷一律按篇、章、节、目分级编次。各分卷的结构层次根据具体情况安排。

凡例、编纂说明、编后记。

总凡例：统领全志，各分卷卷首放总凡例，同时放分卷的编纂说明。总凡例包括编纂志书的指导思想、编纂原则、时空范围、体例、人物收录标准、资料来源、数据使用、行文规范等，规定明确。

分卷的编纂说明：重点说明总凡例中没有涉及，但需要交待清楚的内容以及对特殊问题的处理原则等。

编后记：重点记述编纂始末。各分卷的编后记置于本卷之末，全志的总编后记置于卷十一《汶川特大地震抗震救灾志·附录》之末。

四、组织领导

为确保《汶川特大地震抗震救灾志》的编纂质量，高效率、高水平完成编纂工作，成立《汶川特大地震抗震救灾志》编纂委员会及其他编纂工作机构。

（一）“《汶川特大地震抗震救灾志》编纂委员会”的组成及职能

为便于开展工作，根据国务院领导同志批准的“《汶川特大地震抗震救灾志》编纂工作方案”，成立“《汶川特大地震抗震救灾志》编纂委员会”（简称“全志编委会”），领导《汶川特大地震抗震救灾志》的编纂工作。全志编委会的职责主要是统筹规划，组织协调《汶川特大地震抗震救灾志》编纂工作，研究解决编纂和出版工作中的重大事项。

全国政协副主席、中国社科院院长、中国地方志指导小组组长陈奎元担任全志编委会主任，成员单位由原国务院抗震救灾总指挥部各工作组成员单位、中国地方志指导小组部分成员单位组成，具体包括：中央宣传部、国务院办公厅、外交部、发展改革委、教育部、科技部、工业和信息化部、公安部、民政部、司法部、财政部、人力资源社会保障部、国土资源部、环境保护部、住房城乡建设部、交通运输部、铁道部、水利部、农业部、商务部、卫生部、人民银行、国资委、质检总局、广电总局、安全监管总局、旅游局、港澳办、地震局、气象局、银监会、证监会、保监会、电监会、台办、新闻办、信访局、国防科工局、测绘局、民航局、邮政局、食品药品监管局、国家电网公司、红十字会、总参谋部、总后勤部、武警部队、成都军区，国家民委、文化部、新闻出版总署、宗教局、法制办、社科院、档案局、军事科学院、中国社科院历史研究所、社科院近代史研究所、社科院考古研究所、中国社科院边疆史地研究中心、中国社科院经济研究所、中国社科院社会学研究所、当代中国研究所、北京大学、复旦大学、中国地方志指导小组办公室，以及四川省、甘肃省、陕西省。其中，中央宣传部、国务院办公厅、发展改革委、民政部、人力资源社会保障部、卫生部、社科院、地震局、新闻办、总参谋部、四川省、甘肃省、陕西省等部门和地方为副主任成员单位。编纂工作中的重大问题由主任、副主任签署意见后执行。各成员单位分别指定一名省部级领导干部担任编委会委员，指定一名司（局）级领导干部担任协调员。中国地方志指导小组及其办公室承担全志编委会具体工作。

《汶川特大地震抗震救灾志》设全志主编、总纂各一名，副主编、副总纂若干名，具体负责全志的编纂工作，人选由全志编委会研究决定。

（二）“《汶川特大地震抗震救灾志》编纂委员会办公室”职能

全志编委会下设《汶川特大地震抗震救灾志》编纂委员会办公室。办公室是全志编委会的办事机构，主要职能是：负责统筹规划、组织协调、督促指导、审核把关，以及调研、培训、组织出版等工作。办公室设在中国地方志指导小组，办公室主任由中国地方志指导小组秘书长田嘉兼任。

（三）“《汶川特大地震抗震救灾志》审查验收工作小组”职能

全志编委会内设审查验收工作小组，主要职责是：负责各分卷体例、内容尤其是各分卷提出的关于政策、保密等重大问题的审查，负责各分卷的终审工作。

其组成方式、具体人选及审查验收办法，由全志编委会研究决定。

（四）“《汶川特大地震抗震救灾志》分卷编纂委员会”及分卷编纂室的职能

1. “《汶川特大地震抗震救灾志》分卷编纂委员会”的组成与职能

在综合考虑各分卷内容和部门职责的基础上，确定各分卷的承编牵头单位。各承编牵头单位负责组建分卷编纂委员会，如“《汶川特大地震抗震救灾志·抢险救灾志》编纂委员会”。各分卷编纂委员会原则上由各分卷的承编牵头单位和承编单位联合组成。承编牵头单位的主要领导担任分卷编纂委员会的主任，承编单位主要领导分别担任副主任或委员。具体人选由承编牵头单位与承编单位协商确定。分卷编纂委员会组成人员名单报全志编委会备案。

分卷编纂委员会的职能是：领导本分卷的编纂工作，负责组织调动编纂人员、成立分卷编纂室，协调解决编纂用房和编纂经费，组织拟订篇目，布置资料征集工作，根据全志编委会的规划安排本卷的编纂进度，审查初稿，严把史实、政策、保密关。

各分卷设主编、总纂各一名，副主编、副总纂若干名，具体负责本分卷的编纂工作，人选由分卷编委会研究决定，报全志编委会备案。各分卷实行主编负责制，主编、副主编由分卷编委会主任、副主任担任。主编负责各分卷的编纂业务，副主编协助主编解决编纂中的重要问题（尤其是本承编单位的编纂业务），包括篇目拟定、资料组织、分卷审稿等。总纂、副总纂具体负责分卷的篇目起草、拟订分卷的编纂方案、资料征集方案，指导各承编单位编纂人员进行资料长编的编辑、初稿编纂等工作，并对分卷稿进行分纂、总纂，完成文字通稿等工作。

2. “《汶川特大地震抗震救灾志》分卷编纂室”的工作

由承编牵头单位和各承编单位选派对汶川特大地震抗震救灾工作情况熟、政策水平高、协调能力强、文字功力好的同志组成分卷编纂室。编纂室主任由牵头单位的同志担任，另设副主任和编纂人员若干名。分卷编纂室设在承编牵头单位内。各承编单位安排资料征集、撰稿人员若干名。分卷编纂室具体负责组织资料征集、编辑资料长编和初稿编纂工作，对各承编单位的来稿进行加工、修订、统稿，处理交叉重复等问题，然后报分卷编委会审稿。专业性强的分卷要吸收有关专家、学者参加撰稿、审稿工作。

分卷编纂室主任同时担任分卷总纂、副主任担任副总纂（可视具体工作情况增设）。

（五）编纂业务培训

由全志编委会办公室和分卷编纂室组织编纂人员培训工作。培训分两个层面。第一个层面由全志编委会办公室组织对分卷总纂、副总纂以及分卷编纂室编纂人员进行培训；第二个层面由分卷编纂室组织对本卷各承编单位的编纂人员进行培训。培训内容包括掌握抗震救灾工作的全面情况，学习地方志基本知识和编纂方法，学习与编纂工作有关的各项规定等。

五、卷目和编纂分工

《汶川特大地震抗震救灾志》共设11个分卷，各分卷的承编牵头单位、承编单位及参与单位以2008年5月18日国务院颁发的《关于国务院抗震救灾总指挥部工作组组成的通知》（国阅〔2008〕47号）中确定的各组牵头单位和成员单位为基础。承编牵头单位分别为发展改革委、民政部、人力资源社会保障部、卫生部、地震局、新闻办、总参谋部、中国地方志指导小组及其办公室。承编牵头单位负责组织、协调相关承编单位及参与单位，共同完成《汶川特大地震抗震救灾志》各分卷的编纂任务。

各分卷卷目及大致分工情况见下列《〈汶川特大地震抗震救灾志〉卷目及分工表》

序号	卷名	承编牵头单位
1	《汶川特大地震抗震救灾志·总述》	全志编委会办公室
2	《汶川特大地震抗震救灾志·大事记》	全志编委会办公室
3	《汶川特大地震抗震救灾志·图志》	新闻办
4	《汶川特大地震抗震救灾志·地震灾害志》	地震局
5	《汶川特大地震抗震救灾志·抢险救灾志》	总参谋部
6	《汶川特大地震抗震救灾志·灾区生活志》	民政部
7	《汶川特大地震抗震救灾志·灾区医疗防疫志》	卫生部
8	《汶川特大地震抗震救灾志·社会赈灾志》	民政部
9	《汶川特大地震抗震救灾志·灾后重建志》	发展改革委
10	《汶川特大地震抗震救灾志·英模人物》	人力资源社会保障部
11	《汶川特大地震抗震救灾志·附录》	全志编委会办公室

六、工作要求与进度安排

（一）工作要求

1. 健全工作体制

在国务院领导下，国务院办公厅负责协调、指导，全志编委会、分卷编委会组织全志和分卷编纂工作的实施，各承编单位分工合作、密切配合。工作中的重大问题及时向全志编委会及其办公室汇报请示，需要向国务院汇报请示的，由全志编委会及其办公室归口上报。

2. 充分发挥承编牵头单位的作用

分卷承编牵头单位责任重大，在全志编纂工作中发挥着承上启下、确保一方的作用，在分卷编纂中不仅要完成本单位承担的编纂任务，还要发挥好组织协调作用，保证其他承编单位的编纂工作同步进行。各承编单位要配合、支持牵头单位的工作，不拖后腿，不拉进度，确保按时、保质完成编纂任务。

3. 做好保障工作

各分卷承编牵头单位、承编单位必须认真组织实施，把本志编纂工作纳入本单位工作目标的管理中，做到领导到位、人员到位、经费到位、办公条件到位。业务部门要加大抗震救灾文件、资料的收集整理力度，档案部门要保障抗震救灾档案的有效利用。

4. 执行保密规定

《汶川特大地震抗震救灾志》属国家级权威史料，资料收集、使用、保管工作非常重要。各承编单位保密委员会要对提供的资料进行审查，分卷编纂委员会、《汶川特大地震抗震救灾志》编纂委员会要重点对志稿的保密问题进行审核。要妥善保存在编纂过程中收集形成的材料，并遵守调阅制度。

5. 发扬良好工作作风

全体编纂人员要发扬实事求是、艰苦奋斗、通力合作的工作作风，确保志书质量。

（二）工作进度

全志编纂工作，大致经过成立编纂组织、培训编纂人员、拟订分卷篇目、收集资料和编辑资料长编、志稿撰写和分卷总纂、志稿审查、修订出版等工作阶段。2008 年 9 月下旬启动有关筹备工作，2010 年底基本完成编纂工作，2011 年各分卷全部出版。

编纂工作流程及总体进度安排如下：

1. 2008 年 10 月，报请国务院批准成立“《汶川特大地震抗震救灾志》编纂委员会”及其办公室；商各成员单位有关全志编委会委员和协调员人选名单，落实各分卷承编牵头单位和承编单位，征求各成员单位对“《汶川特大地震抗震救灾志》编纂工作实施方案”的修改意见。

2. 2008 年 11 月初，召开全志编委会成立大会暨第一次全体会议，明确编纂任务，正式启动《汶川特大地震抗震救灾志》的编纂工作。

3. 2008 年 12 月 10 日之前，成立各分卷编纂委员会、确定各分卷承编单位，并报全志编委会备案；适时举办各分卷总纂、副总纂及编纂人员培训班，学习相关文件精神和修志业务知识。

4. 2009 年 1 月，各分卷编纂委员会向全志编委会报送分卷篇目，经全志编委会审定后实施。

5. 2009 年 4 月，各分卷编纂室基本完成各分卷的资料收集工作，编辑资料长编。

6. 2009 年 7 月，各分卷编纂室完成分卷总纂工作；9 月，完成初审稿，交由各分卷编委会审定。

7. 2009年11月，根据分卷编委会的修改意见，完成对初审稿的修改工作，形成送审稿，报全志编委会审定。

8. 2010年2月，根据全志编委会的审核意见，各分卷编纂室完成再次修改工作，报送全志编委会准备出版。具体的报送要求另行规定。

凡实际工作基本完成、编写内容完整的分卷，可以先期完成编纂出版工作。工作尚在进行之中的分卷，如卷九《汶川特大地震抗震救灾志·灾后重建志》，于2011年完成出版工作。

为保证编纂进度和出版质量，出版工作与总纂后期工作同步进行，由专业志书出版社——方志出版社负责出版工作，并提前派编辑介入审校工作。

七、质量要求

全志质量总体要求是，观点正确，体例严谨，内容全面，特色鲜明，记述准确，资料翔实，表达通顺、文风端正，印制规范。

（一）入志资料具有全面性、系统性、权威性

入志资料丰富、真实、准确，全面、系统，能够反映事物发生、发展、演变的过程。人、事、物，时间、地点、事件经过等要素齐全。资料准确。注重选用第一手资料和原始资料。资料不涉及国家秘密、商业秘密和个人隐私。

（二）体例科学、规范，适合内容记述的要求

述、记、志、传、图、表、录等体裁运用得当，以志为主。

1. 述

全志总述、分卷概述能够概述事物发展的全貌和特点。

2. 记

大事记选录大事得当，重要事项不漏，时间、地点、人物（单位）、结果等要素齐备。专记设置因事制宜，选题严格，数量适度。

编后记重点反映修志始末。

3. 志

门类设置合理，纵述史实把握事物的发端、变化和现状，不缺失主要事物、事物的主要方面和事物发展的重要阶段。

4. 传

立传、简介、英模表收入的人物为在汶川特大地震中有重大影响者，包括牺牲的英烈和健在的英模（专指“英模人物”卷）。

5. 图、照

图、照注重典型性、资料性，从不同角度反映汶川特大地震灾害和抗震救灾工作情况。

地图采用国家测绘部门和有关部门绘制或审定的地图。重要地理信息数据采用测绘部门公布的法定数据。

照片无广告色彩。

6. **表**

设计合理，要素齐全，内容准确，不与正文简单重复。

7. **录**

附录卷收录有重要存史价值和社会价值的原始文献。

（三）篇目设置科学合理

1. **篇目设置符合“事以类聚”“类为一志”的基本要求**

科学分类与现实社会分工（如应急管理体制）、全志的整体性与分卷相对独立性的关系处理妥当。

2. **整体布局合理，结构严谨，归属得当，层次分明，排列有序**

没有层次分割过多过细、缺乏整体性和影响深度等弊病。突出特点，类目的升格或降格使用适度。

标题简明准确，题文相符，同一门类各级标题不重复。

（四）记述方法得体

1. **区域界限明确**

以汶川特大地震受灾地区为记述范围，越境不书。交待背景，反映围绕大地震和抗震救灾的决策、援助、赈灾捐赠、接受转移受灾群众等内容，不视为越境而书。

2. **时间界限明确**

全志的时间断限原则上为2008年5月12日至2010年12月31日，不随意突破志书的上限和下限。反映震前的背景可以适当上溯。

3. **述而不论**

记述事物、事件和人物，寓观点于记述之中。述体（总述、概述）中的必要议论适度，不空泛。

4. **名称、事实一致**

志书中同一名称、事实、数据、时间、度量衡、术语的表述，前后一致。

5. **内容记述不机械重复**

交叉的事物，从不同角度记述，或此详彼略，或用互见法。

6. **人物记述准确、客观、公允**

英模人物传记述传主的生卒年月、籍贯（出生地）、主要经历、大地震中的典型事迹、个性特征、社会评价等。人物简介比人物传简约。人物表要素不缺。其他各卷记述人物以事系人，人随事出。

7. **图照规范**

图的制作规范，要素齐全，包括必要的图题、图例和注记，合理使用地形图、震区分布图、地震断裂构造图、水文图、位置图、交通图等。

照片主题明确，图像清晰，注明时间、地点、事物、需要说明的人物位置及时任职务。

8. **数据准确**

引用的数据全面、客观、准确，尽可能使用权威部门提供的数据。

9. **行文规范。**

行文要求按照全志编委会制定的《〈汶川特大地震抗震救灾志〉行文规范》执行。

八、资料征集与资料长编

（一）资料收（征）集

编纂《汶川特大地震抗震救灾志》，资料收（征）集工作按照国务院《地方志工作条例》第十一条之规定执行："县级以上地方人民政府负责地方志工作的机构可以向机关、社会团体、企业事业单位、其他组织以及个人征集有关地方志资料，有关单位和个人应当提供支持。负责地方志工作的机构可以对有关资料进行查阅、摘抄、复制，但涉及国家秘密、商业秘密和个人隐私以及不符合档案开放条件的除外。"有关单位和个人，尤其是收藏有汶川特大地震和抗震救灾资料的各级档案馆、图书馆、新闻媒体及其他单位，必须根据《地方志工作条例》的要求，提供资料支持。

资料收（征）集要全面系统，资料来源包括报纸、期刊、档案、文件、工作总结、技术资料、会议纪要、图书、图片集、文物、口碑、音像、调查报告、实地调查等。

入志资料要真实、准确，经过鉴别、核实，时间、地点、人物（单位）、事实、数据等信息准确。不可或缺但有歧义的资料，多说并存。

（二）资料长编

为了给编纂《汶川特大地震抗震救灾志》打好坚实的资料基础，便于初审、终审时参考，各分卷在编纂初稿之前，必须编辑资料长编。资料长编一事一条，按篇目归类，各条按时间先后顺序编排。每条资料长编主要为节录的资料内容；每条的"说明"包括资料事件发生时间、资料来源，如报纸"说明"有名称、第几版、文章标题、作者姓名等，档案交代馆藏、文档号，文件交代发文单位、文号。每一资料长编的摘录者须署名以示责任。

分卷编纂委员会向全志编委会报送分卷送审稿纸质文本和电子文本的同时，报送分卷资料长编的纸质文本和电子文本。

九、经费保障

《汶川特大地震抗震救灾志》编纂委员会及其办公室所涉及的日常办公、调研、聘请专家、培训修志人员、编辑资料长编、志书出版等方面经费，由国务院应急管理办公室和中国地方志指导小组办公室商财政部解决，列为中国地方志指导小组办公室专项经费，专款专用。

各分卷编纂所涉及的各项经费由各承编牵头单位、承编单位按原财政渠道解决。

（引自《中国地方志》2009年第2期，汶川特大地震抗震救灾志编纂委员会2008年10月印发，梅森2008年9月起草本方案于北京赵家楼宾馆）

《上海市志（1978—2010）》编纂实施方案

根据2006年5月18日国务院颁布的《地方志工作条例》（国务院第467号令）和2010年2月12日上海市人民政府办公厅下发的《上海市第二轮新编地方志书编纂规划》（沪府办发〔2010〕5号）的规定与要求，结合《上海市志（1978—2010）》编纂的实际，特制定本实施方案。

一、基本任务与总体设计

（一）基本任务

编纂《上海市志（1978—2010）》系列，包括58个分志（部分）、122个分卷、155册（部分分志下无分卷，部分分志下辖若干分卷），详见《〈上海市志（1978—2010）〉卷目及编纂分工》。

（二）总体设计

1. 全志设总述（部分）外，按照专业、行业、事业分设若干分志或分卷。分志或分卷独立编写，分别由市地方志办公室统一分册出版。分册独立出版的分志冠名如《上海市志·建筑业分志》，分册独立出版的分卷冠名如《上海市志·工业分志·钢铁业卷》。

2. 分志、分卷由相关单位承编。文字量控制在60万～80万字，最多不超过100万字。

3. 为了全面记述1978年党的十一届三中全会以来上海改革开放和社会主义现代化建设的历程，全面反映改革开放以来上海区域内自然、政治、经济、文化和社会的历史与现状，本系列志书时间断限总体为1978—2010年，即改革开放初至国民经济和社会发展“十一五”规划时期结束。为了记述的连续性、完整性，同时处理好与首轮上海市级志书（《上海通志》、上海专志系列丛刊）的关系，1978年以前内容作承前勾连（上限据情上溯，第一轮未修的志书从事物源头写起）；1978—1990年浦东开发开放前简明记述；1990年浦东开发开放至志书下限的2010年详记。中国共产党、人民代表大会、人民政府、政治协商会议、民主党派与人民团体等分志以接近2010年的政党、政权、政体、团体地方组织的换届为时间下限。

4. 分志、分卷一律按篇、章、节、目、子目、暗目分级，具体的某一分志、分卷据情安排若干层次。

5. 分志、分卷一般设概述；部分大部类分志，如农业、工业、商贸、金融等先设综述卷，其下属部类分卷设概述。篇下设无题导言，章、节下无题导言根据内容需要安排，不强求一律。

6. 分志、分卷既是《上海市志》系列的组成部分，也是独立完整的志书。市志统一设总的《大事记》和《人物分志》。各分志、分卷内设本分志、分卷的“大事记”和“人物”门类，分志或分卷承编者形成本部分符合市志《大事记》和《人物分志》标准的大事稿和人物稿，随分志、分卷稿一并报市地方志办公室，市地方志办公室结合其他综合性全局性资料纂成全志的《大事记》和《人物分志》。具体的本产业行业产品（商品）价格、专业科研、专业教育、专业（企业）文化随相关分志或分卷记述，另由《物价管理卷》记物价指数、大的物价波动、民生重要商品价格和物价管理，《科学分志》《教育分志》及文化艺术体育专类分志、分卷记宏观重大基础的科技、教育、文化、体育内容。

7. 全志设凡例、附录卷（含全市宏观的文献辑存）、编纂始末，各分志、分卷设置本分志、分卷的编辑说明、附录（含专类文献辑存）、编后记。全志的凡例为通例，分志、分卷的编辑说明为特例。每册出版均须同时印有凡例。

8. 各分志、分卷一律设索引置于卷末，索引分类标准统一，选取范围适度，名称概念清楚，提炼标目符合主题原意，附缀正文页码准确，索引标引形式另有规定。

9. 各分志、分卷据情设前志勘误或补遗。

10. 各分志、分卷一律先编资料长编（注明资料出处），后编纂分志、分卷。资料长编存入市地方志办公室地情资料数据库市志库。资料长编电子卡片分别根据志书篇目和市地方志办公室地情资料数据库框架分类，一资两用，按时序排列（长编电子资料卡片制作另有要求）。各分志、分卷编纂委员会向市地方志办公室报送送审的分志、分卷稿的纸质文本和电子文本的同时，还需报送分志、分卷资料长编的纸质文本和电子文本。

二、编纂原则与规定

（一）编纂原则

1. 以马克思列宁主义、毛泽东思想、邓小平理论和“三个代表”重要思想为指导，全面贯彻落实科学发展观，严格按照国务院《地方志工作条例》的各项规定，全面真实地记载党的十一届三中全会以来本市改革开放、经济社会发展进程中的成就和经验，为存史、资政、育人，激发全市人民热爱祖国、建设上海的热情，更好地为改革开放、发展中国特色社会主义事业和建设上海现代化国际大都市服务。

2. 坚持中国共产党在社会主义初级阶段的基本路线、方针和政策；坚持解放思想、实事求是，既要体现社会主义时代精神风貌，全面反映发展中国特色社会主义事业的历程和成绩，也要正确反映历史发展中的曲折和问题；坚持辩证唯物主义和历史唯物主义的立场、观点和方法。

3. 坚持依法修志的原则，严格遵守国家有关法律法规，志书不得含有下列内容：反对宪法确定的基本原则的；危害国家统一、主权和领土完整的；泄露国家秘密、危害国家安全或损害国家荣誉和利益的；煽动民族仇恨、民族歧视，破坏民族团结，或者侵害民族风俗、习惯的；宣扬邪教、迷信、赌博、暴力的；侮辱或者诽谤他人，侵害他人合法权益的；危害社会公德或者民族优秀文化传统的；法律、法规和国家规定禁止的其他内容。

4. 对涉及国家安全、社会稳定等重大问题，法律、法规及政策未作规定的，经有关部门审查把关，正确把握记述尺度。

5. 志书质量的总体要求是观点正确，体例严谨，内容全面，特色鲜明，记述准确，资料翔实，表达通顺，文风端正，印制规范。

（二）编纂规定

1. 资料丰富、多样，真实、准确，全面、系统，具有代表性、权威性。

资料包括文字、口述、图片、实物等各种资料。基本市情和专业情况的阶段性资料连贯，反映事物发生、发展、演变的过程。人、事、物、时间、地点、事件经过等要素齐全。资料经过鉴别、考证、核实，史实、数据准确。有歧义但不可或缺的资料，一说为主，多说并存。资料具有代表性、权威性，注重使用原始资料。资料不涉及国家秘密、商业秘密和个人隐私。

2. 坚持志书体例。横排门类，纵述史实，述而不论。体例科学、规范、严谨，适合内容记述的要求。

述、记、志、传、图、表、录等体裁运用得当，以志为主。

（1）述。总述、综述、概述、无题导言合理设置，概全貌、概轨迹、概特点。

（2）记。大事记选录大事得当，重要事项不漏，时间、地点、人物（单位）、结果等要素齐备。重大的综合性的跨门类的事件可设专记，专记设置选题严格，数量适度。编纂始末重点记修志过程及修志经验等。

（3）志。门类设置合理，纵述史实把握事物发端、变化和现状，反映事物发展变化的基本情况，不缺失主要事物、事物的主要方面和事物发展的重要阶段。

（4）传。坚持生不立传的原则。立传人物为在本市有重大影响者及本籍人物在外地有重大影响者。上海是国际性的城市，除本籍人物入志外，对在上海有重要影响和对事业有重要推动的客籍人物、外籍人物也可入志，但主要记述其在上海的活动。立传人物（人物传、人物传略）记述传主的生卒年月、籍贯（出生地）、主要经历、典型事迹、个性特征、社会评价等。对有重大影响、有突出贡献、有代表性的在世人物可以设人物简介，亦可列入人物表。人物简介略记人物履历及主要事迹，不面面俱到。人物列表要素不缺。非人物门类内容，记述中注意采用“以事系人，人随事出”的方法。记述人物准确、客观、公允。

（5）图、照。图、照注重典型性、资料性，从不同角度反映不同时期的情况。地图、示意图、照片等的选用符合国家有关出版物的规定。地图采用国家测绘部门和有关部门绘制或者审定的地图。重要地理信息数据采用测绘部门公布的法定数据。采用地图作背景的示意图以测绘部门公开的图文为准。图的制作规范，要素齐全，包括必要的图题、图例和注记，注意使用位置图、地形图、政区图、交通图等。照片主题明确，图像清晰，注明时间、地点、事物、需要说明的人物位置及时任职务等。图照无广告色彩，不损害人物形象。人物传、人物传略、人物简介可收1寸半身人物照。

（6）表。设计合理，要素齐全，内容准确，制作规范，不与正文简单重复。

（7）录。附录的原始文献、补遗、考订等资料具有重要存史价值。

（8）凡例与编辑说明。凡例关于编纂志书的指导思想、原则、时空范围、体裁、人物收录标准、资料来源、数据使用、行文规范、特殊问题处理等，规定明确。编辑说明为实写分志、分卷编纂中形成的本分志、分类的特例。

3. 篇目设置科学合理。

符合“事以类聚”“类为一志”的基本要求，处理好科学分类与现实社会分工（现行管理体制）、全系列志书的整体性与分志、分卷相对独立性、体例的统一与突出特色之间的关系。

整体布局合理，结构严谨，归属得当，层次分明，排列有序，没有层次分割过多过细、缺乏整体性和影响深度等弊病。突出特点，类目的升格或降格使用适度，层次合理，不影响志书结构的科学性、整体性。

标题简明准确，题文相符，同一门类各级标题不重复。

4. 记述方法合体。

（1）区域界限明确。以上海行政区域为记述范围，越境不书。交待背景，反映与上海区域以外的横向对比、联系等内容，不视为越境而书。

（2）时间界限明确。不随意突破志书的上限和下限。为反映事物发展全貌、保证记述完整，特殊情况作适当上溯或下延，但要严格控制。注意处理与上限以往事物的衔接，对前志进行拾遗补缺、纠讹正误。

（3）记述事物、事件和人物，寓观点于记述之中。述体中的必要议论要适度，不空泛。

（4）志书中同一名称、数据、时间、度量衡、术语的表述，以及同一事物的基本事实，前后一致。

（5）内容记述不机械重复。交叉记述的事物，从不同角度记述，或此详彼略，或用互见法。

（6）引用数据准确。志书编纂中引用的数据以国家统计部门公布的法定数据为主，国家有关部门为辅，要重视社会调查资料的运用。

5. 其他。

（1）志书卷首可设序言，一律不设前言（出版致辞、发刊辞），不收题词，不放置领导人标准像和生活照。党和国家领导人照片入志，遵照国家新闻出版署规定。

（2）行文执行上海市地方志办公室制定的《〈上海市志（1978—2010）〉编纂行文规范》。

三、组织领导和工作要求

（一）组织领导

1. 成立上海市志编纂委员会，领导《上海市志》的编纂工作，决定市志编纂中的重大问题。《上海市志》为职务作品，其著作权由主管本市地方志工作、组织编纂本市地方志书的上海市地方志办公室享有，参与编纂的人员享有署名权。

2. 上海市地方志办公室是上海市人民政府负责地方志工作的机构，也是上海市地方志编纂委员会的办事机构，具有统筹规划、组织协调、督促指导、检查落实本市相关单位进行《上海市志》编纂的职责，从全系列志书宏观出发，指导《上海市志》各分志、分卷篇目的拟定和具体编写，并完成市地方志编纂委员会委托的市志终审定稿的组织工作。上海市地方志办公室下设上海市志总纂室，负责与各分志、分卷承编单位共同拟定志书篇目，组织对各分志、分卷承编单位报送的志稿进行总纂、通稿，统一全志的体例文风。

3. 分志、分卷编纂任务难以一步到位的，分别成立市宣传系统、市统战系统、市国有资产管理系统、市经济和信息化系统、市城乡建设和交通系统、市金融系统等地方志编纂领导小组，负责本大口《上海市志》编纂的动员组织协调工作（具体任务参见《上海市志（1978—2010）》卷目及编纂分工）。

4. 各独立承编单位分别成立分志或分卷编纂委员会，由单位行政正职和分管副职担任分志或分卷的编纂委员会主任和副主任，相关部门行政主要领导担任委员，领导志书的编写并内审承编的志稿。多部门、多单位合作编纂的分志、分卷由主要承编单位牵头，与其他参编单位合作编纂，并成立编纂委员会。主要承编单位行政领导担任分志、分卷编纂委员会主任，其他参编单位的领导担任副主任，相关参编部门行政领导担任委员。

5. 各独立承编单位和主要承编单位要选配合适的主编和编纂人员，完成分志、分卷编纂任务。要吸收有关专家、学者参加。成立分志、分卷编纂室，编纂人员实行“专兼职相结合”“老中青相结合”。编纂室冠名为“某某志编纂室”，实行主编负责制，并由市地方志办公室组织对分志、分卷的主编、编辑进行业务培训。

6. 主编（或执行主编）、总纂须具备的条件：第一，有较高政治理论水平和政策水平；第二，知识面广，具有专业知识和方志知识，熟悉地情和本专业的情况，具有较高的文字水平，善于思考和解决疑难问题；第三，热爱修志工作，有较强的事业心、责任心和组织能力，能吃苦耐劳，善于集思广益；第四，专职从事修志工作，能承担志书总纂和通稿工作。

7. 在《上海市志》编纂中，需要向有关机关、社会团体、企事业单位、其他组织以及个人征集有关地方志资料，有关单位和个人，尤其是本市各级统计局、档案馆、图书馆和《解放日报》《文汇报》《新民晚报》、上海电视台、东方电视台等新闻媒体应当提供资料支持。地方志资料所有人或者持有人提供有关资料，可以获得适当报酬，但不得故意提供虚假资料。

8. 对在《上海市志》编纂工作中做出突出成绩和贡献的单位、个人，给予表彰和奖励。

（二）工作要求

1. 坚持党委领导、政府主持、地方志机构具体组织实施、各承编单位分工合作的领导体制和工作机制。工作中的重大问题及时向市委、市政府和中国地方志指导小组办公室及相关部门请示汇报。

2. 各分志、分卷编纂单位要做到“一纳入，五到位”，即把修志工作纳入本部门、本单位工作目标管理之中，工作中做到领导到位、机构到位、经费到位、队伍到位、条件到位。

3. 全体编纂人员要发扬实事求是、艰苦奋斗、勇于创新、通力合作的工作作风，做到存真求实，确保质量。

4. 工作步骤。须经过八个步骤：第一，各承编单位根据本方案制定承编分志、分卷志书的编纂方案，包括在市地方志办公室指导下征求有关意见，根据科学性和当代社会分工的原则拟定篇目，报市地方志编纂委员会及其办公室批准后实施。第二，在市地方志办公室的协助下培训修志人员，提高其政治素质和业务能力，掌握基本的方志知识和编纂要求。根据篇目组织编纂力量落实分工。第三，搜集资料，在搜集本单位、本部门档案资料基础上，尽可能从市综合档案、报刊中以及采取社会调查收集资料。第四，根据篇目分类编写资料长编。第五，进行条目试写，掌握方法后推开进行初稿编写。第六，专篇专章编纂（包括分纂）。第七，总纂合成。第八，评议、审稿、验收。完成上述八个工作步骤后，按市地方志办公室统一规定出版。分志、分卷统一版式、装帧（印刷装帧另有规定），每分志、分卷独立书号，独立印刷，合成《上海市志》。

5. 各承编单位实行主编（或执行主编）负责制，实行目标责任管理。

6. 地方志书是系统记述本行政区域自然、政治、经济、文化和社会的历史与现状的资料性文献，涉及多学科、多行业，时间跨度大，为保证质量，要坚持“一评、二审、三验收”的评审验收制度。（先由实写分志、各分卷编委会内评内审并出具评审报告，再由市地方志办公室组织专家组“一评、二审、三验收”）未经批准的分志、分卷一律不得出版。“一评、二审、三验收”过程中，除须签署公章外，相关评稿人、审稿人、验收人须一一签字，其评议、审稿、验收意见存入市地方志办公室档案室列为“上海市志编纂工作”专门档案，每一册分志、分卷志书均立一卷宗。

7. 志书编纂经费。地方志工作所需经费列入本级财政预算。市地方志办公室要组织人力收集宏观资料和社会资料，以充实承编单位的资料，资料征集费列入市地方志办公室部门预算。《上海市志》各分志、分卷评审、验收等所需经费以及市地方志办公室承编的各分志、分卷编纂、出版等所需经费，列入市地方志办公室部门预算。其他各单位承编的《上海市志》各分志、分卷编纂、出版等所需经费，列入各承编单位部门预算。

8.《上海市志》编纂是一次本市地方志编纂工作基础建设的过程，也是改革开放以来一次全面的综合性市情大调查。各承编单位以编纂《上海市志》为平台，通过建设资料库、网站等方式，加强地方志工作的信息化建设，并与市地方志办公室地情资料数据库联网。编纂工作尽可能采取无纸化操作，即资料收集、资料长编编辑、志书编纂、稿件编审等逐步采用计算机网络化操作。

9.《上海市志》编纂过程中收集到的纸质文字资料、电子文档、图表、照片、音像资料、实物等以及形成的地方志稿，集中交上海通志馆保存管理，个人不得据为己有或者出租、出让、转借。

10. 2020 年完成《上海市志（1978—2010）》全部编纂任务。

上海市地方志编纂委员会

2010 年 2 月 22 日

附件一

《上海市志（1978—2010）》卷目及编纂分工表

册序	分志、分卷名称	承编单位
1	**总目**	上海市地方志办公室承编
2	**彩页、政区等全图、序、凡例、总述**（简史体）	上海市地方志办公室承编，地图由市测绘院提供
3	**国民经济社会发展图表**（含重要统计活动与重要统计资料存目）	上海市统计局承编
4	大事记	上海市地方志办公室牵头承编，各分志、分卷编纂者提供本行业大事资料稿
5	**地理分志**（建置区划、自然环境、自然资源）	上海市地方志办公室牵头承编，上海市民政局、上海市规划和国土资源管理局、上海市海洋局、复旦大学中国历史地理研究所等参编（自然环境含气象）
6	**人口分志**（含外来人口、流动人口、外侨人口、港澳台人口）	上海市卫生和计划生育委员会牵头承编，上海市公安局、上海市统计局、上海市妇女联合会等参编
	中国共产党分志	
7	综述·会议·决策卷	中共上海市委办公厅、中共上海市委研究室承编
8	组织卷（含市委至基层的各级组织及老干部工作）	中共上海市委组织部承编，中共上海市委老干部局参编
9	宣传卷	中共上海市委宣传部承编，中共上海对外宣传办公室、上海市精神文明建设委员会办公室参编
10	统战卷	中共上海市委统战部承编
11	纪检监察卷	中共上海市纪律检查委员会、上海市监察委员会承编
12	党校教育卷	中共上海市委党校牵头承编，各级党校参编
13	党史研究卷	中共上海市委党史研究室承编
14	**人民代表大会分志**	上海市人民代表大会常务委员会办公厅承编
15	**人民政府分志**	上海市人民政府办公厅承编
16	**人民政治协商会议分志**	政协上海市委员会办公厅承编

册序	分志、分卷名称	承编单位
	民主党派与群众团体分志	
17	民主党派卷	中共上海市委统战部牵头承编，本市各民主党派参编
18	工商联卷	上海市工商业联合会承编
19	工会卷（含职工状况）	上海市总工会承编
20	共青团卷（含青年状况）	共青团上海市委员会承编
21	妇联卷（含妇女状况）	上海市妇女联合会承编
	公安司法分志	
22	公安卷	上海市公安局承编
23	检察卷	上海市人民检察院承编
24	审判卷	上海市高级人民法院承编
25	司法行政卷	上海市司法局承编
26	监狱卷	上海市监狱管理局承编
27	社会治安综合治理卷	上海市社会治安综合治理委员会办公室承编
28	**军事·武警·民防分志**	中国人民解放军上海警备区牵头承编，中国人民武装警察部队上海市总队、上海市民防办公室参编
	外事·合作交流分志	
29	外事卷（含对外交流）	上海市人民政府外事办公室承编
30	合作交流卷	上海市人民政府合作交流办公室牵头承编，上海市人民政府驻外省（自治区、直辖市）办事处参编
	港澳台侨事务分志	
31	港澳事务卷	上海市人民政府港澳事务办公室承编
32	台湾事务卷	上海市人民政府台湾事务办公室承编
33	华侨事务卷	上海市人民政府侨务办公室承编
34	**信访分志**	上海市委信访办公室、上海市政府信访办公室承编
	档案·方志分志	
35	档案卷	上海市档案局承编
36	方志卷	上海市地方志办公室承编
37	**经济综述分志**（含投融资总情况）	上海市发展和改革委员会承编
38	**经济体制改革分志**	上海市发展和改革委员会承编
39	**国有资产管理分志**	上海市国有资产监督管理委员会承编
40	**私营经济分志**	上海市工商行政管理局牵头承编，上海市工商业联合会等参编

册序	分志、分卷名称	承编单位
41	**外资经济分志**	上海市商务委员会牵头承编，上海市工商行政管理局参编
	农业分志	
42	农业综述卷	上海市农业委员会牵头承编，上海市农业科学院等参编
43	种植业卷	上海市农业委员会牵头承编，市农业科学院等参编
44	畜牧业卷	上海市农业委员会牵头承编，上海市农业科学院等参编
45	渔业卷	上海市农业委员会牵头承编，上海市农业科学院等参编
46	**绿化林业分志**（含园林）	上海市绿化和市容管理局（上海市林业局）承编
47	**水利·水务分志**（含供水）	上海市水务局承编
	工业分志	
48	工业综述卷	上海市经济和信息化委员会承编
49	纺织业卷	上海纺织控股（集团）公司牵头承编
50	电业卷（含供电）	上海市电力公司牵头承编，上海市电力行业协会参编
51	化工业卷（石油化工、化学工业，含塑料制品）	上海华谊（集团）公司牵头承编，上海高桥石油化工公司、上海石油化工股份有限公司等参编
52	钢铁业卷	宝钢集团有限公司承编
53	有色金属业卷	中国铝业公司承编
54	机械业卷（含电气机械等各类机械、电站设备）	上海电气（集团）总公司承编
55	仪表电子·计算机业卷	上海仪电控股（集团）公司牵头承编，上海市计算机行业协会参编
56	汽车业卷（含摩托车）	上海汽车工业（集团）总公司承编，上海市汽车行业协会协调各相关企业参编
57	船舶业卷	上海船舶工业公司牵头承编，上海市船舶工业行业协会参编
58	航空航天业卷	上海市航天局牵头承编，上海航空工业公司参编
59	烟草业卷	上海市烟草专卖局、上海烟草集团公司承编

册序	分志、分卷名称	承编单位
60	**建筑业分志**（含建筑材料工业）	上海市住房和城乡建设管理委员会牵头承编，上海建工（集团）总公司等单位参编
	商贸分志	上海市商务委员会组织协调相关行业协会（61、67、68、71、72、73、78、79、80、82）、上海市国有资产管理委员会组织协调相关国有企业（64、65、70、74）
61	商贸综述卷（企业、体制、管理，经营、流通，市场、批发、零售网点总情况）	上海市商务委员会承编
62	商场街市卷（含商业街、大型超市、商业中心、购物中心、专业市场、名店）	上海市地方志办公室组织编写，上海市商业经济研究中心、各区县地方志办公室参编
63	粮油盐业卷	上海市粮食局承编，上海良友（集团）有限公司、上海市粮油行业协会参编
64	副食品业卷（含蔬菜、肉、禽蛋、水产品、豆制品）	光明（集团）有限公司牵头承编，国盛集团公司、上海水产（集团）总公司、上海市肉类行业协会、上海市蛋品行业协会、上海市水产品行业协会、上海市豆制品行业协会参编
65	糖酒茶乳品业卷（含糖、酒、茶业、酱、调味品、饮料、罐头、糕点、乳品等）	光明（集团）有限公司牵头承编，上海市糖业烟酒（集团）有限公司、上海市光明乳业股份有限公司、上海市食品协会、上海市茶业行业协会、上海市饮料行业协会参编
66	果品土特产业卷（含炒货、南北货）	上海市供销合作社牵头承编，上海市果品行业协会、上海市炒货行业协会、上海市南北货行业协会等参编
67	纺织品服装鞋帽业卷（含皮革制品业）	上海市商务委员会牵头承编，上海市服装鞋帽业行业协会、上海市纺织品商业行业协会参编
68	百货业卷（含日用百货、钟表眼镜、针织品等的销售，连带在沪的制造业）	百联集团有限公司牵头承编，上海市百货商业行业协会参编
69	药品医疗器械业卷（含中西药、医疗器械、试剂、仪器，含医药工业）	上海市食品药品监督管理局牵头承编，上海市医药行业协会、上海医药商业行业协会、上海市中药行业协会、上海市医疗器械行业协会等参编
70	五金交家电化工业卷（含交电、家电、金属制品、照明灯具、缝纫机、自行车等销售，连带制造业）	百联集团有限公司牵头承编，上海市五金商业行业协会、上海市交电家电商业行业协会、上海市化工业行业协会参编

册序	分志、分卷名称	承编单位
71	金银珠宝工艺品业卷（含玩具制造）	上海市商务委员会牵头承编，上海市黄金饰品行业协会、上海市珠宝行业协会、上海市工艺美术行业协会等参编
72	家具业卷（家具制造连带记述）	上海市商务委员会牵头承编，上海市家具业行业协会参编
73	生产资料业卷（含金属材料、石油煤炭燃气、化工轻工原料、建材、木材、机电设备、五金机械、再生资源等）	上海市商务委员会牵头承编，百联集团有限公司及相关行业协会参编
74	文化体育用品业卷（含文具用品、体育用品、图书、报刊、音像及电子出版物零售）	百联集团有限公司牵头承编，上海市文化用品行业协会、上海市新华发行集团等参编
	服务业分志	上海市国有资产管理委员会组织协调（75、76）上海市商务委员会组织协调相关行业协会（79、80）
75	餐饮业卷（正餐服务、快餐服务、饮料及冷饮服务、其他餐饮服务，含酒菜、西餐、点心、茶馆、咖啡馆、酒吧等）	锦江国际（集团）有限公司牵头承编，上海市餐饮行业协会、上海市烹饪行业协会参编
76	宾馆业卷	锦江国际（集团）有限公司承编，上海市住宿餐饮业行业协会参编
77	文化娱乐业卷	上海市文化广播影视管理局牵头承编，上海市文化市场行政执法总队、上海文化娱乐业行业协会和其他有关行业协会参编
78	会展业卷	上海市贸易促进会承编
79	仓储物流业卷	上海市商务委员会承编，上海市仓储物流业行业协会、上海市物资流通行业协会等参编
80	居民服务业卷（含美发美容、沐浴、洗染、照相、打字誊印、印章、旧货回收、寄售）	上海市商务委员会承编
81	租赁和商务服务业卷（含设备租赁、法律服务、咨询与调查、广告业、知识产权服务、拍卖、职业中介服务、保安服务）	上海市商务委员会牵头承编
82	**旅游业分志**（含旅游资源）	上海市旅游局承编
83	**对外经济贸易分志**	上海市商务委员会承编
	城乡建设分志	上海市住房和城乡建设管理委员会组织协调（60、84、85、88）
84	城乡规划卷	上海市城市规划和国土资源管理局承编

册序	分志、分卷名称	承编单位
85	城乡基础设施卷（宏观记述城市功能分区、能源系统、给排水系统、交通系统、信息系统、防护系统登工程总情况）	上海市住房和城乡建设管理委员会承编
86	房地产业卷（含装潢业）	上海市住房和城乡建设管理委员会牵头承编，上海市房地产行业协会等参编
87	城市公共交通卷	上海市交通运输和港口管理局承编，申通公司等各公交公司参编
88	绿化环保卷（含环卫）	上海市环境保护局牵头承编，上海市绿化和市容管理局参编
	交通运输分志	上海市交通运输和港口管理局（89、90、91、92、93、94、95）
89	公路运输卷	上海市交通运输和港口管理局承编
90	铁路运输卷	上海铁路局承编
91	内河运输卷	上海市交通运输和港口管理局承编，上海长江航运公司、上海内河航运公司参编
92	海洋运输卷	上海市交通运输和港口管理局承编，中海集团总公司、中远集装箱运输有限公司、宝钢海运公司等参编
93	港口卷	上海市交通运输和港口管理局承编，各港口管理部门参编
94	海事·救助·打捞卷	上海海事局牵头承编，上海救捞局参编
95	航空运输卷	华东民航管理局牵头承编，中国东方航空公司、上海航空公司、上海机场集团等参编
	邮政通信分志	
96	邮政业卷	上海市邮政管理局牵头承编，上海邮政公司、中国邮政集团公司上海研究院参编
97	电信业卷（含通信装备工业）	上海市通信管理局牵头承编，上海市电信公司、上海移动通信公司、中国联通上海分公司、中国网通上海分公司、中国铁通上海分公司、中国卫通上海分公司、中卫国脉通信股份公司等参编
98	**信息化分志**（含信息基础设施、信息产业、信息技术应用、信息环境）	上海市经济和信息化委员会承编
	金融分志	上海市金融服务办公室组织协调（99、100、101、102）
99	金融综述卷（含金融市场等）	上海市金融服务办公室承编
100	银行业卷（含信托业、典当业、金融租赁、财务公司等）	中国人民银行上海分行、中国银行业监督管理委员会上海监督管理局牵头承编，各大银行上海分行及中国邮政储蓄银行有限责任公司上海分行参编

册序	分志、分卷名称	承编单位
101	证券业 · 期货业卷	中国证券监督管理委员会上海监管局牵头承编，上海证券交易所、上海期货交易所参编
102	保险业卷	中国保险业监督管理委员会上海监督管理局牵头承编，本市各大保险公司参编
	财政 · 税务分志	
103	财政卷	上海市财政局承编
104	税务卷	上海市国家税务局、上海市地方税务局承编
	综合经济管理分志	
105	工商管理卷	上海市工商行政管理局承编
106	食品药品监督管理卷	上海市食品药品监督管理局承编
107	质量技术监督卷	上海市质量技术监督局承编
108	物价管理卷	上海市发展和改革委员会、上海市物价局承编
109	审计卷	上海市审计局承编
110	海关卷（含口岸情况）	上海海关承编，上海市口岸服务办公室参编
111	出入境商品检验检疫卷	上海出入境检验检疫局承编
	科学分志	
112	科学技术卷	上海市科学技术委员会牵头承编，上海市科学技术协会、中国科学院上海分院、上海科学院等参编
113	人文社会科学卷	上海市社会科学界联合会牵头承编，上海社会科学院、上海市哲学社会科学规划办公室参编
	教育分志	
114	学前教育 · 特殊教育卷	上海市教育委员会承编
115	普通教育卷（中小学）	上海市教育委员会承编
116	高等教育卷	上海市教育委员会承编
117	成人教育卷	上海市教育委员会承编
118	职业教育卷	上海市教育委员会承编
	新闻出版分志	中共上海市委宣传部组织协调（77、113、119、120、121、122）
119	报业卷	上海市新闻工作者协会牵头承编，解放日报报业集团、文汇新民联合报业集团、上海市新闻出版局报刊处参编
120	广播卷	上海市文化广播影视管理局牵头，上海文广新闻传媒集团承编
121	电视卷	上海市文化广播影视管理局牵头，上海文广新闻传媒集团承编

册序	分志、分卷名称	承编单位
122	出版卷（含期刊、音像、网络出版、造纸包装印刷）	上海市新闻出版管理局牵头承编，上海世纪出版集团、上海文艺出版集团等参编
	文学·艺术分志	中共上海市委宣传部组织协调（123、124、125、126、127、128、129）
123	文学卷	上海市作家协会牵头承编，上海社会科学院文学研究所参编
124	电影卷	上海市文化广播影视管理局牵头，上海电影集团承编
125	戏剧卷	上海市文学艺术界联合会牵头承编，上海市戏剧家协会等参编，上海市文化广播影视管理局市场处参编演艺市场内容
126	音乐·舞蹈卷	上海市文学艺术界联合会牵头承编，上海市音乐家协会、上海市舞蹈家协会参编，上海市文化广播影视管理局市场处参编演艺市场内容
127	曲艺·杂技卷	上海市文学艺术界联合会牵头承编，上海市曲艺家协会、上海杂技团等参编，上海市文化广播影视管理局市场处参编演艺市场内容
128	美术·书法·摄影卷	上海市文学艺术界联合会牵头承编，上海市美术家协会、上海市书法家协会、上海市摄影家协会参编
129	公共文化·民间艺术卷	上海市文化广播影视管理局牵头承编，上海市群众艺术馆和各区县文化馆等参编
	图书·文博分志	中共上海市委宣传部组织协调（130、131、132）
130	图书馆事业卷	上海图书馆牵头承编，各相关图书馆参编
131	文博卷（含文物、非物质文化遗产保护，博物馆、历史博物馆、各行业博物馆等）	上海市文化广播影视管理局承编
132	文化产业分志（含动漫产业等）	中共上海市委宣传部承编
	卫生·体育分志	
133	医疗卫生卷	上海市卫生局承编
134	体育卷	上海市体育局承编
135	知识产权分志（专利、商标、版权）	上海市知识产权局牵头承编，上海市工商行政管理局、上海市版权局参编
136	**社会团体分志**	上海市社会团体管理局牵头承编，本市各社会团体参编

册序	分志、分卷名称	承编单位
	民族·宗教分志	
137	民族卷	上海市民族和宗教事务委员会承编
138	宗教卷	上海市民族和宗教事务委员会承编
	人力资源和社会保障分志	
139	人事卷（含人才）	上海市人力资源和社会保障局承编
140	劳动卷（含安全生产监督）	上海市人力资源和社会保障局牵头承编，上海市安全生产监督管理局等参编
141	社会保障卷	上海市人力资源和社会保障局牵头承编，上海市医疗保险局参编
	民政·民生分志	
142	民政卷	上海市民政局承编
143	农村·农民卷	上海市农业委员会牵头承编，上海市统计局农村调查队等参编
144	社区·居民卷	上海市民政局牵头承编，上海市统计局城市调查队、上海社会科学院社会学所等参编
145	社会生活卷（衣、食、住、行、乐、休闲旅游、医疗健康、教育等）	上海市地方志办公室组织专家编写
	风俗·方言分志	
146	风俗卷	上海市地方志办公室组织专家编写
147	方言卷（附社会新词汇）	上海市地方志办公室组织专家编写
148	**浦东开发开放分志**	浦东新区人民政府承编
149	**上海世博会分志**	上海世博会事务协调局、上海市地方志办公室承编
150	**开发区分志**	上海市经济和信息化委员会牵头承编，上海市开发区协会参编
151	**黄浦江分志**	上海市地方志办公室组织专家编写
152	**苏州河分志**	上海市地方志办公室组织专家编写
153	**人物分志**	上海市地方志办公室牵头承编，各分志、分卷承编者提供本行业人物资料稿
154	**区县简况**（每区县8万字）	上海市地方志办公室组织各区县地方志办公室编写
155	**附录**（文献辑存）	上海市地方志办公室承编

说明：（1）原一轻、二轻工业内容归相关工商行业，即工业或商贸业中编写；根据改革开放以来上海工商业的发展融合与变化，编写中有些制造业内容放在商贸行业中以商带工；工业行业的生产、经营、内贸、外贸、产品价格、科教一体化，行业记述采取“子系统独立”，以反映全貌。（2）除全志设总述、大事记、人物分志外，实写的分志和各分卷均设概述、大事记

和人物。(3) 每册独立印刷;(4) 根据编纂实际,卷册可能会在编纂中适当调整。(5) 表中括注的内容,不是分志、分卷的类目全部,而是对可能遗漏的内容的提示。

自评: 上海市志的编纂方案、卷目分工与上海市级专志系列实施方案、志目分工是上海第二轮市级志书编纂的完整体系。2003 年由梅森开始起草,最终市地方志编纂委员会主任会议通过,由市政府办公厅通知发文执行,前后共 7 年时间。设计理由详见本书收录的文论:《第二轮上海市级志书编纂的理论思考》《〈上海市志(1978—2010)〉编纂实施方案的辨析与备考》。

《上海市志(1978—2010)》卷目及编纂分工》,其卷目脚注“(4) 根据编纂实际,卷册可能会在编纂中适当调整”,但调整需要论证,如果完全按照承编部门的要求,必然编纂成部门志,损害了原设计的科学性、整体性。2016 年 7 月,上海市地方志编纂委员会印发“关于下发调整后的《〈上海市志(1978—2010)〉卷目和市级专志志目及编纂分工》的通知”,将市志原 155 个卷(分志)调整为 148 个卷(分志)。作为原方案的设计者,就下发的调整类目予以剖析商讨(从上海市地方志办公室政务网“政务公开”上看到调整的文件,读者参看调整文件,可通过上海通网站的“政务公开”):

(1) 从原卷目 5 地理分志(建置区划、自然环境、自然资源)中析出气象设《气象分志》,结果是肢解了自然环境内容。调整后估计气象部门会加入部门工作内容。

(2) 原 9 中国共产党分志宣传卷先取消。2017 年,新部长头脑清楚,党的工作怎能少宣传工作?又予以恢复。这里说明个问题,地方志编纂仅仅有国务院的条例还是不行,还得人大立法,否则,政府条例照理管不到党委系统修志?

(3) 原虚设的“民主党派与群众团体分志”,改为“17. 民主党派分志”“群众团体分志”一个实写分志,一个虚设分志。实写各卷与原来设计相同。但将“18. 工商联卷”归入“群众团体”分志是错误的,因为工商联是双重性的,既是准民主党派,又属人民团体;而群众团体只有工会、共青团、妇联,不包含工商联。

(4) 原 27 社会治安综合治理卷,原设计时就商量市委政法委承编,后交到市社会治安治理委员会办公室承编,因为内容涉及的行为主体包括公安、检察院、法院、司法局以及其他政府机关、社会团体,行动是各方面都参加。当今社会综治越来越重要,尤其是上海这样的特大型城市。此次被调整掉了,导致重大内容缺失。

(5) 原外事 · 合作交流分志、港澳台侨事务分志,改为外事 · 港澳台侨事务分志、合作交流分志,此处调整较为合理。从境外角度把外事与港澳台侨事务放一起,此外外事与港澳台侨事务均属市外办管理。虽然是虚设分志的调整,实写分卷动了点位置,但属于优化的调整。

(6) 原 34 信访分志被调整取消。原方案在设计之初考虑再三而没有设置的,原因是省市志信访是一部书,而县志、中等城市志信访内容只是一个章节,故注意政策保密即可;省市志很难把握。后编委会主任会在审定市志卷目时,编纂委员会主任提出“信访是社会的晴雨表”,不应该缺。据此意见,市地方志办发函,我也电话转达领导意见。当时的市信访办领导认为只要严格把关，可以承编。此次取消，是领导更替了。取消与否？信访志不应该只写信访量，不反映信访反映的社会问题；如果不反映，不如取消。

（7）将原46绿化林业分志（含园林）与原88城市环保（含环卫）的“环保”部分合并，调整为78绿化市容分志（含园林、环卫），原因是编纂过程中承编单位机构调整，设市绿化和市容管理局（上海市林业局）。市环保卷取消“环卫”；调整是合理的。

（8）原53有色金属业卷（中国铝业公司承编）取消。原市志是从行业分类，不是从工业或商业分类，上海虽然没有有色冶炼，但有流通市场，包括期货市场。按照市志编纂的方案，此类志书要寻找到行业协会和会长单位承编。其取消，估计找不到承编单位。导致内容缺失。

（9）调整增加53轻工业卷，由上海市地方志办公室承编，上海市轻工业协会参编；轻工业是以生产生活资料为主的加工工业群体的总称，是制造产业结构中的一大分类，它是部门经济分类管理的产物。代表为服装工业、家具工业、家用电器工业和食品工业。此卷调整完全违背了原来按照产品行业设卷的根本，搞成按轻重工业分类，造成概念混乱，首先市志各卷中无重工业，其次轻工业包含市志中的纺织业卷、化工业卷、烟草业卷、食品业卷等。为何由市地方志办公室承编，更让人费解；而应该由市地方志办公室承编的《方志志》反倒给了上海社会科学院历史所编纂，让人“一头雾水”。

（10）原58航空航天业卷调整为56航空业卷、57航天业卷。原设计是从上海市志下限2010年考虑，当时没有中国商飞。只有运10飞机，也已经写入第一轮上海市级志书中了。故将航空航天并为一卷。但第二轮市志启动后，航天部分很快就完成了。故上海市志工业分志航天业卷先于2015年出版，文字63.6万字；证明原设计的判断是正确的。下一步，调整后单设的市志航空卷如遵循2010年下限，也难以成为一部志书（书脊厚度不够），估计只有破下限，写大商飞了。

（11）取消了原62商场街市卷，原设本卷是承担上海商业风貌的。设计是市地方志办公室组织编写，各区县地方志办公室参加编纂，比如静安区地方志办公室写南京西路商圈，黄埔区地方志办公室写南京东路商圈；徐汇区地方志办公室写徐家汇商圈；当然组织上要费点神。我担任闵行区志顾问时，力主设商业街市。有兴趣者可以看一看《闵行区志（1992—2010）》卷三十商业服务业旅游业第四章市场与商业街第三节特色商业街，包括吴中路商业街、七宝老街、虹梅路休闲街、龙茗路十尚坊。原设计市志本卷的街市要包括大型超市、商业中心、购物中心、零售网点；取消本卷，只有食品业卷、日用消费品业卷，造成综合大型市场缺记，没有商业街市，那还是商贸大都上海吗？

（12）新的调整把原64副食品业卷、65糖酒茶乳品业卷、66果品土特产业卷、67纺织品服装鞋帽业卷、68百货业卷、69药品医疗器械业卷、70五金交电家电化工业卷、71金银珠宝工艺品业卷、72家具业卷、73生产资料业卷、74文化体育用品业卷共11卷，并成62食品业卷、63日用消费品商业卷、64药品医疗器械业卷、65生产资料业卷，只有4卷（4部书）。这样的粗分类第一不是写市场经济，是在写计划经济的商业；其二不是在写国际商贸中心上海的商业，是在写中国中小城市的商业。此外，原设计由行业协会牵头，市地方志办扁平化直接指导，改为商务委志办牵头指导。作为省级志书，尽可能不要多头组卷。此外，行业协会改为商务委，取材往往是工作总结和年鉴；最后写出的商业是体制内的、上海市管的，很难写出完整的市场经济商贸。11卷变成4卷，也就是4本书，对于上海的商贸只有写概况的空间，也就是批发、零售总额（重复统计局统计数据），典型的介绍几家分行业商店，列几张一览表。不可能写出商业的本质，即商品、渠道网点和业态。依照此思维，上海市志也可以规划为1部商贸分志，省事、好完成，但地方志的本质属性是“科学的资料性文献”，这样的调整是在编纂“资料性文献”吗？另外把11卷合成4卷好组织、好编写吗？多头组卷往往无人伸头。

(13) 调整增加服务业分志“综述卷”，改变原来设计，原设计因为全志有2总述卷、37经济综述分志，加上服务业、现代服务业的概念不固定（现代服务业大体相当于现代第三产业），上海二轮市志设计的服务业分志，实际是其他分门别类后的剩余服务业。上海的现代服务业和传统服务业的变革发展原设计是放经济综述分志的。现在改为在服务业分志加“66综述卷”，一会造成与总述、经济综述叠床架屋，二是与服务业分志中剩下服务业内容不吻合，因为总结上海现代服务业材料，资料必然从现代第三产业角度出发，包括商贸、交通、旅游业、基础设施服务业、信息服务业等等。这一辨析我在《上海地方志》2014年底期《〈上海市志（1978—2010）〉“商业大类篇目”调整之驳论》一文中已经与范洪涛先生争辩过。但2016年编委会（实际是办事机构市地方志办公室）修改类目框架，仍然作这样的调整；那今后就把上海市志经济综述分志，与服务业分志放在一起拜读，看以上的分析是否有道理。整个市志，作为文化工程，是一个完整科学的整体，孤立地从完成任务和部门喜好角度调整，会是什么样的结果，大家拭目。

(14) 原76宾馆业卷改称68住宿业卷。只有旅游住宿业、宾馆住宿业，没有“住宿业”的概念。原实施卷目是交给上海市住宿宾馆业行业协会，由会长单位锦江国际集团公司承编，调整给市旅游委承编，因为有旅游业分志，故这里就舍去“旅游”二字，称“住宿业”。住宿宾馆业逻辑上大于“旅游住宿业”，注意改后内容不要写成单单旅游委管理的宾馆了（比如高校、大型企业内部宾馆不要缺漏）。

(15) 原服务业分志的77文化娱乐业卷被调为纯文学艺术分志122文化娱乐业卷。文化娱乐业是现代服务业的组成部分，为何调到写非商业的文学艺术中呢？未见一个有“业”，一个无“业”吗？因为文学艺术分志是市文化局编纂，文化娱乐业源自文化艺术，文化局也参与管理。故调成部门志的归属，哪管放哪？不要忘记，文化娱乐业还受工商、公安、城管、消防管理。既然把现代服务业主要子行业文化娱乐业拿出来，不知服务业分志新增加的综述卷写不写文化娱乐业呢？

(16) 原80居民服务业卷和81租赁和商务服务业卷被调整合并为70商务和居

民服务业卷。卷名概念有问题，“商务”，是内外贸一体化的概念；广义商务，是指一切与买卖商品服务相关的商业事务；狭义的商务概念即指商业或贸易。用“和”把商务、居民服务业并列形成逻辑混乱。商务服务业和居民服务业并为一部书，又要损害志书资料性文献的特征，何况是上海的这两大服务业。商务服务业包括企业管理服务、法律服务、咨询与调查、广告业、职业中介服务等。居民服务括家庭服务、托儿所服务、洗染服务、理发及美容保健服务、婚姻服务、洗浴服务、殡葬服务、摄影扩印服务和其他居民服务。其他服务又包括：修理和维修服务（包括机械、家电及日用品等）、清洁服务（包括建筑物清洁和其他清洁服务）等。

（17）城乡建设分志原设84城乡规划卷、85城乡基础设施卷、86房地产业卷、87城市公共交通卷（含轨道交通）、88城市环保卷（含环卫）；被调整为73综述卷、74城乡规划卷、75城乡道路卷、76房地产业卷、77、城市环卫卷。城市环保卷调整见以上（6）的分析。原实施方案是将城乡建设的综合性叙述放在全志的总述卷，不在城乡建设分志设综述叠床架屋。原方案85城乡基础设施卷实际上是从整体上记述市政、公用等基础设施，不但记设施，还记整体布局。包括“宏观记述城市功能分区；能源系统、给排水系统、交通系统、信息系统、防护系统等工程情况”，改变志书过去分散设公用设施（城市供水设施、城市供热设施、城市燃气设施、城市公共客运交通设施）、市政设施（城市道路、城市桥涵、城市排水设施、城市防洪设施、城市道路照明设施）记述的情况，以体现上海这座国际大都市的特征。调整后，取消了原方案85城乡基础设施卷，不但对城市基础设施缺乏整体记述，连分散记述市政、公用设施也未留下空间，只有新设的75城乡道路卷记述基础设施中“城市道路”一项。另外将属于城市建设的原87城市公共交通卷调到交通运输分志，属于分不清城市志与县志的不同。城市公交属于城市建设，城市志交通记述的是与外界沟通的公铁水等运输。调整，导致城乡建设分志很不完整。调整后，城乡建设的核心内容（基础设施或公用与市政设施）被掏空。城市化、都市化是改革开放上海的最大成就之一，是二轮上海市志记述的重点。但调整后，被大大削弱。

（18）原综合经济管理分志7个卷，调整后增加104出入境边防检查卷，属于补缺。

（19）原新闻出版分志设119报业卷、120广播卷、121电视卷、122出版卷；调整后将广播、电视合为1卷，即113广播电视卷。并有一定道理，因为电视业发展了，广播业弱化了。关键电视业内容多，1卷（1部书）对电视内容会有挤压。

（20）原149上海世博会分志被从市志规划中取消，换上原来没有设的142上海特奥会分志。上海世博会的设立非常难，当时市出版局已经计划出一套世博丛书。市委宣传部迟迟没有批世博会志的立项，导致市志类目方案不能获得批准。市委宣传部召集市地方志办公室与市出版局两家去开会，我们予以说明，编纂上海世博会志是国务院地方志工作条例赋予的法定责任。当时报告中就强调地方志是记录发生在本地域的各种大事要事，如中美上海公报的签订，上海的地方志已经记述。最终市委宣传部同意上海世博会志列入市志序列，然后才上报审批，最终由市政府办公厅发通知，转发上海市志类目的文件。此后，市地方志办公室一直把编纂该志当成对市志编纂的解剖。然而，却在2015年上海世博会志定稿评审时，被一位评审专家提出一个与评审无干的意见，即世博会是国家举办，不应该列入上海市志系列。会后一些误认为不放在市志系列中就可以有更高摆放的人，向市地方志编纂委员会起草报告，最后活生生从上海市志系列中拽了出来。最有意思的这位评审专家是我们某省的地方志办公室主任。事后作为主纂的我向该志总纂解释，地方志虽然被世人看不大起，但是是法定传之后世的文献。拉出来的上海世博会志，若干年后就会成为一般的地情书了。三年过去了，这部想上升为国家志的志书还在上级机关审定呢。（参见以下“世博会志编纂方案”部分的梅森2010年12月2代上海市地方志办公室起草的《将上海世博会志列入上海市志的说明报告》）

（21）原153人物分志取销。认为各分志、分卷均有人物篇，全志就不设人物分志了。其实，其他分志、分卷人物是从专业行业出发设置，人物分志是从全市高度和上海籍人物出发设置的。比如市志人物分志应收录的人物，在其他分志、分卷人物篇中只能记行业的工作事迹。此外，在外省市自治区工作的沪籍人物就无人物志记载了。2018年市志框架又作了一次调整，有兴趣的可以针对：要项不缺、是否调成部门志、是否造成逻辑紊乱三方面去评估衡量。

所以，地方志实施方案一旦政府批准，就沉下心抓紧编纂实施，而不是前松后紧，“瞎折腾”“翻烧饼”！以上文字留给第三轮修志者参考吧。

上海市级专志系列编纂实施方案

根据2006年5月18日国务院颁布的《地方志工作条例》（国务院第467号令）和2010年2月12日上海市人民政府办公厅下发的《上海市第二轮新编地方志书编纂规划》（沪府办发〔2010〕5号）的规定与要求，结合上海市级专志编纂的实际，特制定本实施方案。

一、基本任务与总设计

（一）基本任务

为了反映社会主义市场经济社会的主体，即大型企、事业单位的多元经营、多元运作，体现农工商、科工贸、产学研一体化，弥补《上海市志（1978—2010）》基本按照行业、事业，以及政权政体、社会团体活动分类的不足，把上海市级专志系列（又称“实体志系列”）作为《上海市志》的补充，力求更加全面系统地反映新时期、新阶段上海经济社会的发展变化。

上海市级专志系列记述和编纂主体是能够代表或体现上海行业、事业特点的大型企业集团和重点院校、科研院所、医疗院所、医疗院所等事业单位。企业集团有《宝钢集团公司志》《上海电气（集团）总公司志》等30余部；事业单位有《复旦大学志》《华东医院志》《上海科学院志》等20余部（具体规划详见附表《上海市级专志志目及编纂分工》）。

（二）总体设计

1. 上海市级专志系列是《上海市志（1978—2010）》的辅助性文化工程，是反映经济社会实体的典型性志书。

2. 市级专志各志独立成书，反映不同类型典型实体在社会主义市场经济条件下多元经营、多元运作情况，与《上海市志（1978—2010）》相辅相成，全方位立体式反映上海经济社会的发展。各志独立编写，分别根据市地方志办公室制定的规定要求，统一分册出版。各志冠名如《上海市级专志·××公司志》《上海市级专志·××大学志》《上海市级专志·××医院志》等等。

3. 市级专志文字量一般控制在80万字左右。

4. 市级专志上限追溯源头，下限时间与《上海市志（1978—2010）》大体保持一致。重点反映1978年党的十一届三中全会以来所记企、事业单位的发展历程。

5. 市级专志各志一般按篇、章、节、目、子目、暗目分级，据情安排若干层次。

6. 市级专志各志设概述、大事记和若干分篇；各篇设无题导言，章、节下设不设无题导言根据本志情况自定。

7. 市级专志各志均设人物篇，采用传（传略）、简介、表等体裁，记载对各企、事业单位发展做出重大贡献的人物，兼及负面有重大影响的人物。

8. 市级专志各志设凡例（全系列通例）、编辑说明（本志特例）、附录、文献辑存、编纂始末。

9. 市级专志各类志基本内容。

（1）大型企业集团：①偏重第二产业的企业主要包括企业沿革、企业管理、基本建设、技术设备、生产经营、科研与技术革新、产品销售、资本结构（股权、股份）、多元经营、效益、职工（含职工生活）、对外交流、企业文化（含精神文明创建活动）、环境与环保等；②偏重第三产业的企业主要包括企业沿革、企业管理、经营场所（商场、商店）、商品种类（或经营品种）、流通渠道、销售、资本结构（股权、股份）、效益、职工（含职工生活）、企业文化（含精神文明创建活动）、对外交流，注意反映产销一体化，多元经营等。

（2）重点院校：主要包括学校沿革、机构组织、基本建设（教学设施、生活设施）、专业学科、教学与课程、继续教育、科研及成果转化、学生（含成才与就业）、教师（含教师待遇与生活）、后勤服务（含后勤社会化）、教育经费、对外交流、校办企业、校园文化、学院简况等。

（3）典型医院：主要包括医院沿革、机构组织、基本建设、医疗设施、医疗（含医疗成果）、科研（含成果及转化）、医生护士（含教育培训）、后勤服务、院办产业、医疗卫生经费（含事业经费和自筹经费）、对外交流、职工生活等。

（4）科研院所：主要包括机构沿革、组织与管理、科研场所建设、科研设施设备、科研经费、科研人员、研究方向、科研开发与成果、成果社会运用、研究生教育、科研交流、职工生活等。

10. 市级专志各志一律设索引置于卷末，索引做法参见《上海市志（1978—2010）编纂行文规范》有关规定。

11. 市级专志各志一律先编资料长编（注明资料出处），后编纂志书。资料长编存入上海市地方志办公室地情资料数据库。各志编纂委员会向市地方志办公室报各志送审稿纸质文本和电子文本。

二、组织领导和工作要求

（一）组织领导

1. 成立上海市级专志编纂委员会，主任由市地方志编纂委员会主任委员担任，副主任由市地方志编纂委员会副主任委员担任，成员由市地方志编纂委员会有关委员和承担市级专志编纂任务的单位行政正职组成。领导成员的职务如有变动，由其所在单位的接任领导自然替补。上海市级专志编纂委员会领导上海市级专志的编纂工作，决定编纂中的重大问题。

2. 上海市级专志为职务作品，其著作权由负责地方志工作、组织编纂的上海市地方志办公室享有，参与编纂的人员享有署名权。

3. 各承编单位分别成立本专志编纂委员会，由各单位行政主要领导担任主任，分管领导担任副主任，各有关部门行政主要领导担任委员，领导志书的编纂工作，决定志书编纂的重大问题。

4. 各承编的单位要选配合适的主编和编纂人员，完成专志编纂任务。要吸收本专业专家和相关的专家、学者参加编纂和审稿工作。成立专志编纂室，编纂人员采取“专兼职相结合”“老中青相结合”。编纂室冠名为“某某志编纂室”，实行主编负责制，并由市地方志办公室组织对各专志的主编、总纂、编辑进行业务培训。

5. 主编（或执行主编）、总纂须具备的条件：第一，有较高政治理论水平和政策水平；第二，知识面广，具有本专业知识和一定的方志知识，熟悉本单位的情况，具有较高的文字水平，善于思考和解决疑难问题；第三，热爱修志工作，有较强的事业心、责任心和组织能力，能吃苦耐劳，善于集思广益；第四，能承担志书总纂和全文通稿工作。

6. 各专志实行主编（或执行主编）负责制，实行目标责任管理。

7. 在上海市级专志编纂中需要征集资料，有关单位和个人，尤其是本市各级档案馆、图书馆和新闻媒体，须提供资料支持。

8. 对在上海市级专志编纂工作中做出突出成绩和贡献的单位、个人，给予表彰和奖励。

（二）工作要求

1. 工作步骤

须经过八个步骤：第一，各承编单位根据本方案制定承编专志的编纂方案，包括在市地方志办公室指导下征求有关意见，根据科学性和单位内部分工的原则拟定篇目，报市地方志编纂委员会（具体为编委会办事机构市地方志办公室）批准后实施。第二，在市地方志办公室的组织或协助下培训修志人员，提高其政治素质，掌握基本的方志知识和编纂要求。根据篇目组织编纂力量落实分工。第三，搜集资料，除收集本企、事业单位内部档案资料外，同时从社会有关单位、媒介和个人搜集本志所需资料。第四，根据篇目分类编写资料长编。第五，进行节目试写，掌握方法后推开进行初稿编写。第六，专篇专章编纂（包括分纂）。第七，总纂合成。第八，评议、审定、验收、出版，上海市级专志统一版式、装帧，各专志独立书号，独立印刷，合成上海市级专志系列，按市地方志办公室统一规定出版。

2. 坚持“一评、二审、三验收”的评稿和审定制度。首先由承编单位组织内评内审后报市地方志办公室，由市地方志办公室组织专家进行一评、二审，修订后，进行验收，合格后出版。

3. 经费。地方志工作所需经费列入本级财政预算。市级专志编纂、出版经费，列入各承编单位目标预算。各市级专志评审、验收等所需经费（市地方志办公室组织的“一评二审三验收”），列入市地方志办公室部门预算。

4. 未经批准的市级专志一律不得出版。内审和“一评、二审、三验收”过程中，除须签署公章外，相关评稿人、审稿人、验收人须一一签字，其评议、审定、验收意见存入市地方志办公室档案室列为“上海市级专志编纂工作”专门档案，每一专志均立一卷宗。

5. 上海市级专志编纂过程中收集到的纸质文字资料、图表、照片、音像资料、实物等以及形成的地方志稿，集中交上海通志馆保存管理，个人不得据为己有或者出租、出让、转借。

6. 各专志陆续出版。启动大会后，在《上海市志（1978—2010）》编纂工作的带动下适时收集资料，随着《上海市志（1978—2010）》相关实写分志、分卷编纂的完成，随后完成专志（实体志）的编纂出版任务。专志全系列于2020年完成编纂任务。

三、其他

编纂原则与规定参照《〈上海市志（1978—2010）〉编纂实施方案》，编纂规范参照《〈上海市志（1978—2010）〉编纂行文规范》执行。

附件二

上海市级专志志目及编纂分工表

册序	志名	承编单位
	一、大型企业志	
1	宝钢集团公司志	宝钢集团公司承编
2	东方航空集团公司志	东方航空集团公司承编
3	中国海运集团总公司志	中国海运集团总公司承编
4	交通银行志	交通银行承编

册序	志名	承编单位
5	上海石油化工股份有限公司志	上海石油化工股份有限公司承编
6	中远集装箱运输股份有限公司志	中远集装箱运输股份有限公司承编
7	中国移动通信公司上海分公司志	中国移动通信公司上海分公司承编
8	中国电信公司上海分公司志	中国电信公司上海分公司承编
9	上海汽车工业（集团）总公司志	上海汽车工业（集团）总公司承编
10	上海电气（集团）总公司志	上海电气（集团）总公司承编
11	上海地产（集团）有限公司志	上海地产（集团）有限公司承编
12	上海建工（集团）总公司志	上海建工（集团）总公司承编
13	百联（集团）有限公司志	上海百联（集团）有限公司承编
14	锦江国际（集团）有限公司志	锦江国际（集团）有限公司承编
15	光明（集团）有限公司志	光明（集团）有限公司承编
16	东方国际（集团）有限公司志	东方国际（集团）有限公司承编
17	上海久事公司志	上海久事公司承编
18	申能（集团）有限公司志	申能（集团）有限公司承编
19	上海实业（集团）有限公司志	上海实业（集团）有限公司承编
20	上海申通集团有限公司志	上海申通集团有限公司承编
21	上海广电（集团）有限公司志	上海广电（集团）有限公司承编
22	上海医药（集团）有限公司志	上海医药（集团）有限公司承编
23	解放日报报业集团志	解放日报报业集团承编
24	文汇新民联合报业集团志	文汇新民联合报业集团承编
25	上海文化广播影视集团志	上海文化广播影视集团承编
26	中国工商银行上海分行志	中国工商银行上海分行承编
27	中国建设银行上海分行志	中国建设银行上海分行承编
28	中国农业银行上海分行志	中国农业银行上海分行承编
29	中国银行上海分行志	中国银行上海分行承编
30	上海浦东发展银行志	上海浦东发展银行承编
31	上海银行志	上海银行承编
32	中国人寿保险股份有限公司上海分公司志	中国人寿保险股份有限公司上海分公司承编
33	申银万国证券有限责任公司志	申银万国证券有限责任公司承编
	二、大型事业单位志	
34	复旦大学志	复旦大学承编
35	上海交通大学志	上海交通大学承编
36	同济大学志	同济大学承编
37	华东师范大学志	华东师范大学承编
38	上海财经大学志	上海财经大学承编
39	华东理工大学志	华东理工大学承编

册序	志名	承编单位
40	东华大学志	东华大学承编
41	上海外国语大学志	上海外国语大学承编
42	上海大学志	上海大学承编
43	华东政法大学志	华东政法大学承编
44	上海戏剧学院志	上海戏剧学院承编
45	上海音乐学院志	上海音乐学院承编
46	上海师范大学志	上海师范大学承编
47	上海理工大学志	上海理工大学承编
48	上海海事大学志	上海海事大学承编
49	上海海洋大学志	上海海洋大学承编
50	上海中医药大学志	上海中医药大学编
51	中共上海市委党校志	中共上海市委党校承编
52	上海市社会主义学院志	上海市社会主义学院承编
53	华东医院志	华东医院承编
54	中山医院志	中山医院承编
55	华山医院志	华山医院承编
56	瑞金医院志	瑞金医院承编
57	新华医院志	新华医院承编
58	仁济医院志	仁济医院承编
59	曙光医院志	曙光医院承编
60	上海第一人民医院志	上海第一人民医院承编
61	上海第六人民医院志	上海第六人民医院承编
62	上海第九人民医院志	上海第九人民医院承编
63	中国科学院上海分院志	中国科学院上海分院承编
64	上海科学院志	上海科学院承编
65	上海社会科学院志	上海社会科学院承编

说明：此表所列上海市级专志志目及编纂分工在本市第二轮新编地方志书编纂规划期间内逐步实施，并可根据实际情况作适当调整。

自评：上海市级专志编纂方案是为了弥补《上海市志》分专业、行业、事业设置分志、专志，市场经济多元化（跨部门、跨行业、跨地域、跨国别）难于反映而设计的，通过“实体”的一主多辅来突出市场经济。选择在上海的有国际、国内影响的特大型企业集团公司33家，大型有国际国内影响的事业单位（高等院校、大型

医院、重要科研院所）32 个，共编纂市级专志（开始起草的方案称“实体志”）65 部。列入的标准，一是实体规模，二是国际国内影响。2017 年市地方志编纂委员会下文调整情况：大型企业，增加 19 上海立信会计学院志，增加的位置错了，应该放在二、事业单位高等院校位置。上海立信会计学院志补充是有道理的，上海立信民国年间就是很有影响的会计师摇篮；但增加的 66 上海东浩国际服务贸易（集团）有限公司志、67 城市商业银行资金清算中心志、68 交通银行上海市分行志、69 上海华谊（集团）公司志、70 中国联合网络通信有限公司上海市分公司志都不太符合原定的标准，有的存在时间过短（开办到第二轮市级志书 2010 年规划下限）。交通银行总部在上海，既然原方案已设 4 交通银行（调整后还是 4 交通银行），为何增设 68 交通银行上海市分行志？全国城市商业银行资金清算中心 2002 年才由上海银行牵头成立，到下限 2010 年只有 8 年；此外，原方案本身就有 31 上海银行。70 中国联合网络通信有限公司 2009 年 1 月 6 日在原中国网通和原中国联通的基础上正式合并成立，到 2010 年下限时间更短（网通又是在中国电信公司及其所属北方 10 省区、市电信公司、中国网络通信公司、吉通通信公司基础上组建）；而原编纂方案本有 7. 中国移动通信上海分公司、8. 中国电信公司上海分公司，要增加应该是增加“中国联通上海分公司”。此外，市级专志是丛书性质，需要按类编册。增加的高校立信放到企业中，其他企业又放到事业类后边，在 65 上海社会科学院志后，编号 66—70；需要调整册序（调整文件参看上海通网站调整文件）。

梅森起草设计的二轮上海市市级志书两个方案，同时配套起草的文件规定还有《上海市志（1978—2010）编纂行文规范》《上海市志（1978—2010）卷目及编纂分工》《上海市地方志书评审验收办法》《上海市地方志办公室上海市志出版印刷版式规定（草案）》，于 2010 年印发实施。《汶川特大地震志编纂方案》设计是采用了《上海市志（1978—2010）编纂方案》的基本框架。

《上海市志·上海世博会分志》编纂工作实施方案（草稿代拟）

上海世博会志编纂委员会

为全面、客观、系统地记述上海世博会的举办过程，认真总结上海世博会的经验和世博遗产，弘扬上海世博会精神，努力把上海世博会成果转化为推动科学发展、促进社会和谐的新优势，保证《上海市志·上海世博会分志》（以下简称《上海世博会志》）的编纂质量，根据国务院颁布的《地方志工作条例》（国务院第467号令）和市人民政府批准实施的《上海市第二轮新编地方志书编纂规划》，以及市地方志编纂委员会《〈上海市志（1978—2010）〉编纂实施方案》，结合《上海市志·上海世博会分志》编纂的实际，特制定本实施方案。

一、编纂指导思想与基本原则

以马克思列宁主义、毛泽东思想、邓小平理论和“三个代表”重要思想为指导，全面贯彻科学发展观，坚持辩证唯物主义和历史唯物主义的立场、观点和方法，严格依照国务院《地方志工作条例》的规定，通过全面真实地记述，反映上海世博会所具有的引领未来作用的发展理念，全面协调可持续发展的认识，发展观念的转变、发展方式的创新，举办期间城市管理和运行、群众工作、宣传工作的科学机制；展示世界最新科技成果，世界城市建设和管理的先进理念；达到弘扬上海世博会精神，构建传承中华传统美德、建设社会主义精神文明，建立适应社会主义市场经济的道德和行为规范。发扬上海世博会所形成的相信群众、依靠群众、服务群众的优良作风，弘扬科学办博、勤俭办博、廉洁办博、安全办博理念，倡导志愿精神等目的。以历史的方式，留下珍贵的世博遗产。

二、编纂任务与总体设计

（一）编纂任务

《上海世博会志》共设“序”“凡例”“图照”“概述”“大事记”“世博申办篇”“世博筹办篇”“世博工程篇”“世博场馆篇”“世博环保篇”“世博运行篇”“世博宣传篇”“世博安保篇”“世博交通篇”“世博接待篇”“活动庆典篇”“世博志愿者篇”“世博影响篇”“世博遗产篇”“世博人物篇”“附录”“编纂始末”15篇、7个部分。篇幅300万字左右，分册出版。

（二）总体设计

1.《上海世博会志》记述时间断限

本志原则上记述时限为2001年5月（中国政府通过外交途径向国际展览局递交举办2010年上海世博会的申请函）至2010年10月31日（世博会闭幕）。

2.《上海世博会志》记述地域

以上海世博园为范围核心，以主办城市上海为范围中心，同时记述上海世博会辐射关联的相关国际国内的重大活动与影响。

3.《上海世博会志》框架内容

序

凡例

图照：覆盖15篇相关内容，包括领导人考察世博彩照、世博航摄彩页、场馆分布图、场馆彩样缩图、园区交通图，世博交通图，主要场馆彩页、主要活动彩页、参观者彩页、志愿者彩页、特色照片彩页等（中国参博历史照片用黑白照）。

概述：世博历史（重点中国参博历史）、申办过程、筹备建设、场馆特点、运行、启示与成功经验、社会含国际社会的评价。

大事记：覆盖15篇内容的大事、要事、特事。

世博申办篇：申办缘起、申办组织与机构、申办历程（申办主题、竞选等）、申办成功。

世博筹备篇：筹备组织（上海世博会组织委员会、上海世博会执行委员会、上海世博局）、世博规划、论证调研、研究世博历史借鉴别国经验、确定园区位置等。

世博工程篇：园区工程规划、工程设计、工程项目、工程队伍、工程施工、工程管理等。

世博场馆篇：园区场馆布局、“一轴四馆”、国家馆、主题馆、国际组织馆、企业馆、中国省市馆、城市最佳实践区、世博村等。

世博环保篇：上海大区域世博环保、世博园区环保等，各含大气、水、土壤、动植物等，采用的管理措施及先进理念与技术。

世博运行篇：指挥体系、系统运行、主题演绎、商业开发（包括纪念品等）、参观服务（如世博护照等）、应急预案等

世博宣传篇：论坛（高峰论坛、主题论坛等）、官方宣传、媒体宣传、出版物宣传、社会推介等。

世博安保篇：安保组织、安保队伍、安保技术设备、园区安保、场馆安保、缓冲区安保、口岸海关安保、安保信息网络。

世博交通篇：交通组织、交通预案、交通线路、交通工具、运能运力运量、交通信息网络。

世博接待篇：党和国家领导人、各省市区领导、外国元首内阁成员、国际组织领导人、中外名人等的接待。

世博活动庆典篇：开幕式、闭幕式、馆日、活动周巡游、演出。

世博志愿者篇：招聘与培训、园区志愿者（“小白菜”）、园外志愿者（“蓝莓”），志愿者标记和服饰、志愿者典型事迹等。

世博影响篇：国际影响、国内影响等。

世博遗产篇：低碳节能、先进技术遗产、文明遗产、文化遗产、世博精神世博理念、世博期间城市管理和运行机制等。

世博人物篇：对上海世博会成功举办有重要贡献的人物。

附录：世博政策法规、申博文件等。

编纂始末：编纂组织、编纂过程、编纂经验等。

三、组织领导

为确保《上海世博会志》的编纂质量，高效率、高水平完成编纂工作，成立上海世博会志编纂委员会及其编纂工作机构。编委会组成单位为世博会执委会相关组成单位与志书资料征集、编写直接有关单位。

（一）上海世博会志编纂委员会的组成及职能

上海世博会志编纂委员会（简称“世博志编委会”）领导《上海世博会志》的编纂工作，职责是统筹规划，组织协调全志的编纂工作，研究解决编纂和出版工作

中的重大事项。

市委常委、常务副市长、上海世博会执行委员会副主任，市委常委、宣传部部长任编委会主任；另设若干编委会副主任，市档案局局长等有关单位领导担任副主任；世博局局长、市地方志办公室主任任常务副主任；成员由中共上海市委宣传部、上海市政府办公厅、上海市发展和改革委员会、上海市国有资产监督管理委员会、上海市经济和信息化委员会、上海市教育委员会、上海市科学技术委员会、上海市建设和交通委员会、上海市商务委员会、上海市公安局、上海市安全局、上海市财政局、上海市人力资源和社会保障局、上海市文化广播影视管理局、上海市卫生局、上海市人民政府外事办公室、上海市环境保护局、上海市工商行政管理局、上海市旅游局、上海市知识产权局、上海市城市规划管理局、上海市房屋土地资源管理局、上海市交通运输和港口管理局、上海市金融服务办公室、上海市人民政府新闻办公室、上海市绿化和市容管理局、上海国际贸易促进会、共青团上海市委员会、上海海关、上海出入境检验检疫局、上海世博会事务协调局、市总工会、武警上海总队、上海市人民政府合作交流办公室、上海市精神文明建设委员会办公室、上海市档案局、上海市文物局、解放日报社、文汇报社、新民晚报社等单位的分工领导担任委员。

（二）上海世博志编纂办公室职能

上海世博志编纂办公室是上海世博会志编纂委员会的办事机构，主要职能：起草编纂方案、志书篇目，组织培训编纂队伍、协调有关单位进行资料征集、初稿编写，督促进度，组织志稿的内评内审，进行编纂经费预算等工作。主任由世博局相关部门在职领导兼任。

世博局如撤销，上海世博志编纂办公室转由世博善后机构和上海市地方志办公室接替，继续完成编纂工作。

上海世博志编纂办公室为临时机构，本志出版后撤销。

（三）编写组织

成立上海世博志编纂室，与上海世博志编纂办公室“一套人马两块牌子”，本志出版后撤销。选择曾在世博筹办运行中工作过、比较了解上海世博会情况、有一定文字功力的刚退休或接近退休的人员参加上海世博志的编纂工作，同时招聘部分文史学科毕业善于操作电脑的年轻志愿者参加。

上海世博局如撤销，世博善后机构和上海市地方志办公室接手上海世博志编纂室工作，继续完成编纂任务。

上海世博志编纂室除管理人员外，其余为合同制聘任人员，编纂工作完成后机构撤销。

（四）主编、副主编、总纂、撰稿人

主编由某某担任。

设若干副主编。

执行主编由世博局长、市地方志办公室主任担任。

总纂、主纂、撰稿人、编辑从编纂工作中产生。

（五）资料征集与初稿撰写的组织

1. 资料征集（收集）组织

根据实施方案中的篇目分工，各相关单位组织资料收集，涉及市外资料，由相关单位按照“条线”负责征集（包括中央有关部委、外省市区和国际社会）。市档案局、档案馆已掌握的上海世博会文档资料无保留地提供利用。本市各大媒体提供媒体资料支持。各篇章的初稿首先分解到相关单位撰写，然后由上海世博志编纂室组织分、总纂。初稿形成后先内评内审，后由市地方志办公室组织专家评审。

2. 业务指导与业务培训

《上海世博会志》编纂人员的培训由上海世博志编纂办公室负责组织，上海市地方志办公室负责业务培训，可单独集中培训，或归入上海市级志书统一培训。

四、编纂分工

序

凡例：本志编纂室承担。

图照：市新闻办牵头承编，解放日报社、文汇报社、新民晚报社参编，提供图照。

概述：本志编纂室组织撰稿。

大事记：各篇章承编单位提供，本志编纂室收集并会合删选加工。

世博申办篇：世博局牵头承编，编委会有关成员单位参编，各参编单位组成由牵头承编单位与有关成员单位商定，下同。

世博筹备篇：世博局牵头承编，有关成员单位参编。

世博工程篇：上海市建设和交通委员会牵头承编，有关成员单位参编。

世博场馆篇：上海市建设和交通委员会牵头承编，有关成员单位参编。

世博环保篇：上海市环境保护局牵头承编，有关成员单位参编。

世博运行篇：世博局牵头承编，有关成员单位参编。

世博宣传篇：上海市委宣传部牵头承编，有关成员单位参编。

世博安保篇：上海市公安局牵头承编，安全局、武警上海总队等参编。

世博交通篇：上海市交通运输和港口管理局牵头承编，有关成员单位参编。

世博接待篇：上海市政府办公厅牵头承编，上海市外事办公室等单位参编。

世博活动庆典篇：上海市委宣传部牵头承编，有关成员单位参编。

世博志愿者篇：上海市精神文明建设委员会办公室承编，有关成员单位参编。

世博影响篇：上海世博局（或市委宣传部）牵头承编，有关成员单位参编（包括媒体单位）。

世博遗产篇：上海世博局牵头承编，上海社会科学院等有关成员单位参编。

世博人物篇：上海市人力资源和社会保障局牵头承编，有关成员单位参编。

附录：上海市档案局牵头承编，有关成员单位参编。

编纂始末：本志编纂室撰写。

五、工作要求与进度安排

（一）工作要求

1. 健全工作机制

各牵头承编单位、参编单位要搭建业务班子，以世博精神编纂《上海世博会志》，根据上海世博会志编纂委员会的决定与本实施方案的要求积极认真地完成本部分资料征集与撰稿工作。各承编、参编单位分工合作、密切配合。工作中的重大问题及时向编委会及其编纂室汇报。

2. 充分发挥承编牵头单位的作用

各篇章牵头承编单位责任很重，在本志编纂中发挥着承上启下，确保本编纂任务完成的作用，不仅自己要承担本单位的资料征集、初稿编纂任务，同时还要发挥组织协调作用。各参编单位要配合牵头承编单位的工作，确保按时保质完成编纂任务。

3. 做好保障工作

各篇章承编、参编单位必须认真组织实施，把本单位的编纂工作纳入本单位工作目标管理中，做到领导到位、人员到位、经费到位、办公条件到位。相关业务部门要加大上海世博会文件、资料的整理力度。档案部门要保障上海世博会档案的有效利用。

4. 执行保密规定

各承编、参编单位的保密委员会，要对入志资料进行保密审查，并妥善保存编纂中收集的资料。

5. 发扬良好工作作风

全体编纂人员要发扬实事求是、艰苦奋斗、通力合作的工作作风，确保志书质量。

（二）工作进度

全志编纂工作，大致经过成立编纂组织、培训编纂人员、拟定篇目、收集资料编辑资料长编、初稿撰写、分纂总纂、志稿评审验收、组织出版等阶段，三年完成编纂出版任务，即 2011 年启动，2013 年年底完成编纂任务。具体进度安排：

1.2010 年 12 月至 2011 年 1 月，报请批准，成立上海世博会志编纂委员会及其办公室，商定编委会成员名单，批准经过论证的编纂篇目及具体编纂任务分工。

2.2011 年 2 月召开上海世博会志编纂委员会暨第一次委员全体会议，明确编纂分工，正式启动本志编纂工作。

3.2011 年 3 月举办承编、参编单位编纂人员方志编纂业务培训班，学习相关文件与方志编纂业务。

4.2011 年 4 月，承编单位报送细化的编纂篇目。

5.2011 年 5 月，各承编、参编单位开始收集（征集）资料，并同时按规定编辑资料长编。

6. 各长编、参编单位，根据资料掌握的程度，采取边收集、边整理，相对完整的资料先撰写稿件，同时不断收集充实资料，循序渐进、整体推进，直至完成初稿。初稿完成时间为 2012 年 9 月。

7.2012 年 10 月编委会编纂室开始组织分、总纂，2013 年 3 月完成总纂任务。

8.2013 年 4 月内评内审，修订。

9.2013 年 6 月市地方志办公室组织专家评审验收。

10.2013 年 9 月提交出版社印刷出版。

六、本志编纂执行上海市志编纂的有关规定

本志是一部体例结构有其特殊性，同时又是《上海市志》的有机组成部分，编纂中既要注意突出特点，同时总体上须执行上海市人民政府办公厅关于印发《上海市第二轮新编地方志书编纂规划的通知》；上海市地方志编纂委员会《上海市志（1978—2010）编纂实施方案》；《上海市志（1978—2010）编纂行文规范》；上海市地方志办公室印发《关于编辑上海市级志书资料长编的若干要求》的通知；上海市地方志办公室《关于上海市级志书编纂实施方案备案的通知》；上海市地方志办公室《上海市地方志书评审验收办法》等有关规定与规范。

2011 年　月　日

（梅森 2011 年 7 月受命起草的世博会志编纂方案，发文方案与成书框架有局部调整）

《上海世博会志》编纂组织方式论证

上海市地方志办公室

《上海世博志》编纂有三种不同意见，经论证后，认为《上海世博志》仍应该作为《上海市志》组成部分进行编纂，论证意见如下：

一、与《上海世博志》性质相同与相近志书的编纂组织情况

目前编纂的与《上海世博志》类型相同或相近的志书有《汶川特大地震抗震救灾志》《北京奥运会志》《广州亚运会志》《南京青奥会志》。

（一）《汶川特大地震抗震救灾志》编纂组织情况

由国务院批准编纂，为中华人民共和国成立后由国家层面组织编纂的唯一历史文献。国务院办公厅发了《关于成立汶川特大地震抗震救灾志编纂委员会的通知》(国发办〔2008〕121 号)，国务委员马凯 2008 年 11 月 6 日在汶川特大地震抗震救灾志编纂委员会暨第一次会议上作了重要讲话。

编纂委员会主任由全国政协副主席、中国社科院院长、中国地方志指导小组组长担任；副主任为中宣部副部长、国务院副秘书长、国家发展改革委副主任、民政部副部长、人力资源和社会保障部副部长、卫生部副部长、新闻办副主任等。

编纂委员会办公室设在中国地方志指导小组，承担编委会的日常工作，负责统筹规划、组织协调、督促指导、审核把关，以及调研、培训、组织出版等工作。办

公室主任由中国地方志指导小组秘书长兼任。

全志设11卷，由设在中国地方志指导小组办公室的“全志办公室”进行编纂组织，国家地震局、总参、民政部、卫生部、国家发改委、交通部、外交部等30多个相关部委，以及受灾省、援建省共同编纂。11卷分别有承编单位和参编单位。

编纂工作正在进行中，计划2012年出版。

（二）《北京奥运会志》编纂组织情况

成立北京奥运会志编纂委员会，2004年奥运会还在筹办中就已经开始了此项工作，计划2011年出版。

《北京奥运会志》为第二轮《北京市志》的组成部分。北京市地方志编纂委员会主任是北京市市长，北京奥运会志编纂委员会名誉主任是市委书记、市长；主任是奥组委常务副主席，主编是奥组委执行副主席；副主编是奥组委宣传部长、北京市地方志办公室主任；委员为奥组委各个部副主任。

编纂方法是边筹办奥运会、边通过奥运信息中心收集资料，边撰写初稿，目前已完稿，全志80万字，用时4年。

（三）《广州亚运会志》编纂组织情况

广州市政府批准编纂《广州亚运会志》。由于二轮广州市志已编纂，所以《广州亚运会志》独立编纂。2007年启动此项工作，计划2011年出版。主要通过组成亚组委的广州市有关部门收集资料，由广州市地方志办公室进行编纂。目前编纂工作正在进行中。

（四）《南京青奥会志》编纂组织情况

南京市政府已经批准编纂《南京青奥会志》，青奥会2014年举办，该志前期工作已由南京市地方志办公室开始筹备，随着青奥会的筹办，跟踪收集资料，最终完成编纂。

（五）四部志书基本做法

以上志书除《汶川特大地震抗震救灾志》为国家层面编写外。其余大型运动会志均由市地方志办公室与相关主办、执行委员会及相关委员会组成的政府、社会相关单位结合编纂志书。《北京奥运会志》列入《北京市志》系列中，其余因为批准编纂在市志启动编纂之后，所以均独立编纂。

二、《上海世博会志》三种编纂方式论证

（一）由国务院组织编纂

一种意见认为，上海世博会是由国家举办的，组委会领导是国务院领导，所以，《上海世博会志》应该仿照《汶川特大地震抗震救灾志》的编纂组织，建议由国务院组织，中国地方志指导小组组织全国力量承编，并认为奥运会由北京市举办，所以《奥运会志》由北京奥组委与北京市地方志编纂委员会组织编纂；《亚运会志》由亚组委与广州市地方志编纂委员会组织编纂。世博会是由国家举办的，所以不应该由上海市组织编纂，或者认为上海市编纂级别不够。

论证认为，此建议无可行性：

1. 世博会虽是国家举办，组委会由国务院领导担任，但世博会组织工作国家已经委托上海市执行，上海市承办，执委会由上海市有关部、委、办、局组成，主任由上海市政府领导担任。

2. 汶川特大地震抗震救灾国务院设总指挥部直接指挥，举全国之力，故《汶川特大地震抗震救灾志》由国务院主持，委托中国地方志指导小组组织编纂，参加编纂的包括有关国家部委，受灾省、援建省有关部门单位。国务院直接指挥，分解任务，并没有像世博会那样确定执行机构。

3. 目前，《汶川特大地震抗震救灾志》任务重、时间紧，计划政府换届之前出书（2012 年 8 月以前），无论从时间、力量组织，《上海世博会志》再用同样模式编纂都是不现实的。

本办主任刘建同志于 12 月 7 日拜访中国地方志指导小组，汇报了关于编纂《上海世博会志》的集中设想，田嘉秘书长明确表示应该由地方政府组织编纂，并答应做协调各省市区地方志办公室提供中国省市馆资料工作。

（二）由上海市组织，独立《上海市志》之外独立编纂

把《上海世博会志》从上海市志规划中拿出来，另行成立编委会组织人员编纂。

但《上海世博会志》的层面高，涉及国家有关部门，不应该放在《上海市志》系列中，应该从上海市志系列中拿出来另行成立编纂委员会组织人员编纂。编纂委员会由政府领导任主任。编纂室仿照《上海援助都江堰灾后重建志》放在市地方志办公室。

论证认为，此方案实施有以下困难：

《上海世博会志》已经由市政府办公厅文件列入规划〔见文件四、具体任务（一）《上海市志（1978—2010）》倒 2 行〕，如果改变，要报告请示两方面：

（1）请示上海市地方志编纂委员会领导，也就是原来由市地方志编纂委员会组织编纂的上海市志系列中的《上海世博会志》撤出，改请政府领导另行组织编纂委员会进行编纂，并由市地方志办公室直接担负编纂工作。如果脱离世博局的支持，由市地方志办公室成立专门编纂室，仿照《上海援助都江堰灾后重建志》方式，人力、资料征集与经费都有困难。

（2）请示市政府，批准撤销规划的《上海市志 · 上海世博会志》，政府领导可能还要就此批示。

估计市委、市政府就此需要磋商（当然可能先要征求世博局的意见）。虽然《上海市第二轮新编地方志编纂规划》由市政府办公厅发文，但实际是主管本市地方志工作的市地方志办公室的建议意见（市志办起草），2010 年 2 月 12 日由办公厅发文，年底又请求市政府改变，不妥。

如果一时难以决定，会导致搁置，一旦世博局撤销，就会失去编纂该志的大好时机。

（三）由上海市组织，仍然置于原上海市志编纂规划中编纂

维持原《上海市志（1978—2010）》的编纂规划和实施方案，由世博局牵头承编，组织有关部门参编，世博局一旦撤销，再由世博善后机构和市地方志办公室继续完成编纂任务。

1. 由上海市组织编纂的理由

（1）上海世博会由上海市承办，并成立由市长任主任的执行委员会，并由相关的上海市有关单位为成员单位，上海地方编纂该志，既顺理成章，也有条件。

（2）国务院《地方志工作条例》规定："第三条　地方志书，是指全面系统地记述本行政区域自然、政治、经济、文化和社会的历史与现状的资料性文献。"（本行政区内，上海市6300平方公里上发生的具有存史价值的事，世博会如此重大的事当然要记述）"第四条　县级以上地方人民政府应当加强对本行政区域地方志工作的领导。"（上海市政府应该对此项工作进行领导，市政府已作规划）。"第五条　县级以上地方人民政府负责地方志工作的机构主管本行政区域的地方志工作"。（为市地方志办公室的责任）

（3）地方志记述内容是在本行政区域内发生的，而不仅是本市管辖的。如首轮志书《上海外事志》第五篇第五章第二节记述了1972年《中美上海公报》在上海签订。宝钢、中海、中远、东方航空、交通银行、上海石化等央企，交通部华东航空管理局、海事局、救捞局，上海海关，航天局等国家部属单位均根据《条例》参加地方修志。

（4）市政府已就《上海市志·上海世博会志》进行了规划，由世博局牵头承编。

2. 根据世博局当前存在与善后的实际，设计《上海世博会志》编纂实施方案

（1）由世博局牵头成立编纂委员会，上海世博会志编纂委员会主任建议由某某、某某并任，常务副主任由世博局局长、市地方志办公室主任担任，市档案局局长等有关单位领导担任副主任，执委会有关成员单位领导和资料提供、编纂相关单位领导担任委员。

（2）编委会编纂工作室。由世博局成立上海世博会志编纂委员会编纂工作室，编纂人员考虑该局中年轻同志将有新履，安排即将退休和聘用已经退休的同志组成。编委会成员单位提供资料并参与初稿编纂，上海市地方志办公室提供培训与指导。

（3）国家有关部委、各省市世博资料征集由本志编纂成员单位对口收集，如市公安局对口公安部、浙江、江苏公安厅。

（4）世博局如撤销，编纂室整体由世博局善后机构和市地方志办公室接收，组织剩下编纂工作的完成。

（5）编纂方案（包括篇目）由世博局的编纂室起草，市地方志办公室市志工作处共商。

（6）经费由世博局根据市政府办公厅《上海市第二轮新编地方志书编纂规划》（沪府办发〔2010〕5号）文件按照财政渠道预算。

详见《上海市志·上海世博会分志》编纂工作实施方案（稿）。

2010年12月2日

（梅森代市地方志办公室起草的将《上海世博会志》纳入《上海市志（1978—

2010）》进行编纂的论证；但2015年志稿评审后，因个别专家的意见，认为世博会是由国家举办的，故不可放在《上海市志》中，其实此意见5年前给市委宣传部的专项报告中已经论证；2015年从《上海市志》类目框架中拿出后，该志至今还在上层审稿中。拿出后此书理论上不属市地方志编纂委员会管，此外世博会志编委会已撤销，导致此书出版工作理论上失去主管单位，当然实际上有部门在关心此书的出版，至2019年年底书稿仍在上海人民出版社，无法开机印刷）

《上海市志（1978—2010）》编纂凡例

（梅森退休后起草，被弃用）

一、本志以马克思列宁主义、毛泽东思想、邓小平理论、“三个代表”重要思想和科学发展观为指导，坚持辩证唯物主义和历史唯物主义的立场、观点和方法，力求思想性、科学性和资料性相统一。坚持实事求是、存真求实的原则，全面真实地记述改革开放时期本行政区域内自然、经济、政治、文化、社会等方面的发展与现状。

二、本志记述地域范围。以2010年年底上海行政区划范围为准。上海实体在上海区域内和外省区市、境外的活动均为记述范围，以市内内容为主；外省区市、境外实体在上海区域内的主要经济、社会活动同样记述。

三、本志记述时限。本志为首轮社会主义新方志《上海通志》《上海市级专志丛刊》的续志，为完整记述改革开放开始至“十一五”末经济社会发展，并处理与首轮志书的衔接，根据上海的市情，记事时限为1978—2010年。考虑记事的完整，1978年以前勾连历史，1978—1990年浦东开放开发前简明记述，1990年中共中央宣布浦东开放开发后详细记述。中国共产党、人民代表大会、政治协商会议、政府等分志及其他政体分卷，为保持同一届次记述的完整，下延到2010年后的首个换届年份。

四、本志结构。按自然、政治、经济、文化和社会部类为序设置分志、分卷，事以类从，类为一志，科学分类并兼顾当代社会分工，采用小篇平列体分别编纂陆续出版汇为全志。全志志首包括总目、彩页、政区图、序、凡例、总述、国民经济社会发展图表、大事记；全志主体部分采用“小集中，大分散”结构，除总述外，设经济综述分志，工业综述卷、商贸综述卷、金融综述卷、城乡基础设施卷等，集中加强部类的整体性，并设地理、人口、中国共产党、民主党派与群众团体、公安司法、农业、工业、商贸、服务业、城乡建设、交通运输、邮政通信、金融、财政税务、综合经济管理、科学、教育、新闻出版、文学艺术、图书文博、卫生体育、民族宗教、民政民生风俗方言、人物，以及突出时代、地方特色的浦东开发开放、上海世博会、开发区、黄浦江、苏州河等58个分志；实写分志、分卷共155部（册）。

五、本志分志、分卷。本志部分分志为统辖性虚设层次，部分分志与各分卷为实写单元。实写分志和各分卷采用篇章节目编次，子系统完整，除专业内容外，卷首设概述、大事记，志书主体内容外，还包括专业科技、教育、价格、国内外交流、人物等，附录、索引、前志勘误殿后。实写分志和各分卷均设编纂说明，为本凡例内容以外的特例。

六、本志体裁与文体。坚持志体，横排门类，纵述史实。采用述、记、志、传、图、表、录等体裁，以志为主。文体，以规范的现代汉语语体文书面语记述体为主，兼用说明等文体，行文力求严谨、朴实、简洁、流畅、合乎文法。述体（总述分志、概述、篇章导言）外，作者述而不作（论），观点不明时采用引文他论或“画龙点睛”之法。山水、艺文内容，总体记述平实，适度使用引文状物描述。述体中的必要议论适度，不空泛。

七、本志总述分志、各实写分志、分卷的概述。总述和概述分别是全志和各实写分志、分卷之纲，采取述论结合的方法，概全貌，概轨迹，概特点，总结成败得失，揭示发展规律，彰明事物因果。

八、本志大事记分志。采用编年体和纪事本末体相结合的方法，记述断限时限内上海境域发生的自然、政治、经济、文化、社会等各方面的重大事件。各实写分志、分卷大事记，分别记述相关行业、事业、实体的重大事件。大事记分志选录事件的标准和使用纪事本末体的频次高于实写分志、分卷大事记。

九、本志人物传。对社会具有重大推动、阻碍作用的人物均予收录。遵循“生不立传”“生可入志”的原则，人物排列以生年为序。全志人物分志，各实写分志、分卷人物篇，设人物传（或人物传略）、人物简介、人物表（或人物录）。人物传（人物传略）专记已故人物。先进集体归入人物表（或人物录）。人物收录以上海籍为主，兼收长期在上海工作生活有重大影响的外籍人物。上海籍人物记其一生，上海境内外事迹均予记述。外籍人物主要记述在上海的活动事迹，非上海内容以扼要的履历方式记述。重视重大社会影响的普通群众、先进人物、发明家、民营企业家的收录。军政界人物，全志人物分志以副部省军级实职，各实写分志、分卷人物篇以正司局师实职为收录标准；经济界人物，以有影响的特大型企业董事长、总经理为记述标准；文化界人物，全志人物分志以两院院士、正高职称国务院特殊津贴享有者，国际著名文艺比赛获奖者，国际著名文化机构品牌称号获得者，奥运会、世界锦标赛、杯赛冠军为标准；各实写分志、分卷人物篇以获上海市政府特殊津贴的教授级高级工程师，教授、研究员等正高职称为标准；文艺、体育洲际冠军或重大奖项获得者；其余比照执行。高级知识分子较少的行业，适度变通收录。人物传记述传主的生卒年月、籍贯（出生地）、主要经历、典型事迹、个性特征、社会评价等。人物简介略记人物履历及主要事迹。其他篇章以事系人，人随事出。

十、本志实写分志、分卷对难以适用志书基本体裁和无法归类记述但又需要完整记述的重要事项、事件、事物，采用专记进行专题记述。专记集中成篇或分散记述。篇幅较小，但历史价值高的内容，采用随相关门类设附记的方法记述。

十一、本志附录分志，各实写分志、分卷附录部分。录入文献是上海市的或中央对上海的批示、批复，在全市乃至全国范围内对本行业、事业发展具有重大影响和参考价值，具有重要存史价值的政策性、法规性文献和具有典型意义的其他文献等。补遗考订追求准确精当，注重学术价值。

十二、本志编纂遵循上海市地方志编纂委员会 2010 年 2 月 22 日发布的《上海市志（1978—2010）》编纂行文规范（沪志委 2010 年 1 号）。用字、用词、标点符号、编次形式、称谓、全称简称、译名、时间、数字运用与书写、量和单位、图表照片、引文注释与索引、书写版式全志规范统一。除引文外站在第三人称角度记述。记述国家、朝代、机构、组织、军队、区划、职务职称、单位，称谓一律使用标准的历史称谓（事情发生时名称）。人物身份职务，大事记以年为单位、其他正文以节为单元，首次出现交代职务，其后直书姓名。名称首次出现用全称，其后用简称。实写分志、分卷编后记前附“本志全称简称对照表”。本志凡是不交代币种的货币单位均为人民币。

十三、本志所用的国民经济和社会发展相关数据以统计部门提供的为准，统计部门缺的，采用专业主管部门或主编单位核实后的数据，以及调查数据。各实写分志、分卷编纂说明均交代本分志、分卷的数据运用体系。每一统计表用说明交代表内数据来源。原始数据统计主体、范围、口径不完全一致，数据本身不吻合的，难以考证选择的，遵循数据原状，随文进行说明。

十四、本志资料来源于国家档案馆、上海市档案馆及其他行业、专业档案馆、部门单位档案馆（室），图书馆的著作、杂志，报刊媒体资料，当事人口碑资料、社会普查调查资料，其他历史文献，经考证核实后载入，一般不注明出处。

十五、本志索引。标引主要为实写标题、正文内容、人物、事件和重要图表等信息，按主题词首字汉语拼音编排。

2013 年 6 月

（2011 年 3 月退休后被上海市地方志办公室聘用编纂《上海世博会志》，见有关部门起草的《上海市志凡例》稿过简，没有把《上海市志编纂方案》的规定内容放进去，作为上海市地方志办公室原处长，上海市志编纂方案的起草者，梅森主动起草以上《上海市志凡例》（编纂阶段凡例），于 2013 年 6 月 9 日给官方起草的同志。凡例，尤其编纂阶段凡例，是约束编纂的“大法”，并与整个志书编纂的方案相贯通，每条凡例都有针对性，不是虚设的“幌子”。起草者说已经转交“决定者”了。但本凡例最终并没被有关部门采纳。感兴趣者可与以下有关方面印发的《上海（1978—2010）》凡例作个比较。该有关方面文件批准的凡例已经印入出版的上海市志分志、分卷中）

① 1894 年 9 月甲午海战前后至 1931 年“九一八”日本军国主义在中国各地以侵略为目的的活动；② 1931 年 9 月 18 日持续到 1937 年 7 月 7 日局部抗战时期；③ 1937 年至 1945 年 9 月 3 日全面抗战时期。

（2）资料来源范围

①民国元年（1912 年）至民国 16 年（1927 年）北洋政府时期的 400 多种县志（含清末内容）；

② 1927—1937 年南京国民政府组织编纂的 600 多种县志和通志（含通志稿）；

③ 1937—1945 年国统区大后方编纂的地方志书（如黎锦熙《城固县志》、顾颉刚《北碚志》等）和在沦陷区山区根据地编纂的志书（如余绍宋续修《浙江通志》、吴宗慈续修《江西通志》）；

④ 1945 年以后国民党政权编纂的志书；

⑤清末民国年间乡土志（1905—1949 年）；

⑥日伪政权编纂的志书。“九一八”以后日本侵占东三省后，伪满洲国（1932—1945 年）编纂的志书 159 种（名称“县政概况”“一般状况”“事情”“县势”“县政状况”“一般状况”。《中国方志学概论》统计：伪满洲国编纂的各县志，辽宁志 54 种，吉林志 65 种，黑龙江志 40 种）。此外汪伪政权编纂的志书（吴廷燮为主编的《江苏省通志稿》）；台湾日本占领时期编纂的志书（以上各类，民国时期大约 1500 余种方志）；

⑦社会主义新方志（三级规划内志书和新编乡镇志）；

⑧口述史资料。2005 年抗战胜利 60 周年前后，中央党史研究室组织各省区市进行过抗战口述史征集工作，主要征集抗战人员伤亡和经济损失调查材料。省级地方志办公室派人参与此项工作。地市县党史、地方志、档案三合一、二合一的，从事此项口述史工作的后来出过书或保留有电子版。

2015 年起能够接受口述史采访的抗战史实当事者均在 85 岁以上，还可向其采访。

（3）资料整理方法

扫描、校核、整理，按统一分类归类形成电子版资料长编（Word）。

3、“地方志抗战文献资料专题数据库”资料模板

资料模板由中指组办公室（信息处）设计，全国方志系统统一使用。

（1）以分类资料长编电子卡片为数据库资料基础。包括：按照时序（编年型）；分地域（全国、省区市、县）；分事类三大资料分库。统一模式制作电子资料卡片，软件识别自动归入分类库；自动形成“地方志抗战文献资料专题数据库”。

（2）统一设计的资料卡片子门类

①日本侵略：策划特务活动、挑衅滋事、经济掠夺、日本军队驻屯、扶持日伪政权、文化侵略、奴化教育、大屠杀（暴行）、人体活体试验、细菌战毒气战、大轰炸、“三光”政策、毁灭城镇、强征慰安妇、虐杀劳工；

②抗日战场（正面与敌后战场）：“一·二八”淞沪抗战（1932 年 1 月 28 日—3 月 3 日）、“八一三”淞沪抗战（1937 年 8 月 13 日—11 月 11 日）、平型关战役

（1937 年 9 月）、太原会战（1937 年 9 月 13 日 --11 月）、南京保卫战（1937 年 12 月 1 日 --12 月 13 日）、徐州会战（1938 年 1 月 ---5 月 21 日）、兰封会战（1938 年 5 月 21 日 --6 月）、武汉会战（1938 年 6—10 月）、随枣会战（1939 年 5 月 1--20 日）、第一次长沙会战（1939 年 9 月 14 日 --10 月）、桂南会战（1939 年 11 月 13 日 --1940 年 10 月 30 日）、枣宜会战（1940 年 5 月 1 日 --6 月 18 日）、百团大战（1940 年 8 月—1941 年 1 月间）、豫南会战（1941 年 1 月 25 日 --2 月 7 日）、上高会战（1941 年 3 月 15 日 --4 月 9 日）、中条山（晋南）会战（1941 年 5 月）、第二次长沙会战（1941 年 9 月 --10 月 1 日）、第三次长沙会战（1941 年 12 月 23 日 --1942 年 1 月 6 日）、浙赣会战（1942 年 4 月 --7 月 28 日）、中国远征军滇缅战役（1942 年 2 月—1945 年 1 月 27 日）、鄂西会战（1943 年 5--6 月）、常德会战（1943 年 11 月 2 日 --12 月）、豫中会战（1944 年 4 月 --5 月 25 日）、长（沙）衡（阳）会战（1944 年 5 --8 月）、桂（林）柳（州）会战（1944 年 8 月 --12 月 10 日）、湘西会战（1945 年 4--6 月）；

③抗日根据地（政治、经济、文化、社会、民主民生建设）；

④抗日大后方（政治、经济、文化、社会、大后方建设）；

⑤各方支援抗战：大后方支援、华侨参战支援、盟军支援、国际友好人士支援、国际友好人士参战、日本反战同盟反战；

⑥接受日军投降；

⑦人物（抗战英烈、日酋汉奸）；

（3）文献分类库

志书中的抗战文献；

志书中的抗战艺文；

志书、口述史中的抗战人员伤亡和经济损失调查材料；

志书中日伪的侵略文献。

（4）图照分类库

①图库：军事地图、日本驻屯军分布图、战役态势图等

② 照片库：侵略罪恶照片、人民支持抗战照片、抗战军事照片、大后方生产建设照片、沦陷区照片、根据地照片、盟军参战照片等。

（5）设计数据库资料长编电子卡片统一模板。

（6）在资料数据库建立和资料形成的基础上，先后完成《中国人民抗日战争研究中长期规划任务分工落实方案》的各项目任务。

三、《中长期规划任务分工落实方案》中指组办公室承担任务的具体落实

整个五项任务完成时间？年。

（一）牵头整理编纂《中国地方志抗日战争资料选编》

在以上策划的组织、资料体系和资料数据库的支撑下建成资料库，通过分类电子版资料的整理形成《中国地方志抗日战争资料选编》。印刷成为纸媒图书（不印

刷存在资料数据库中）。

（二）组织编纂《中国抗日战争人物志》

由中指办拟出收录标准，各省区市地方志办公室牵头从新方志和国民党政权编纂的志书中搜集抗战英烈、日酋汉奸人物，编纂《中国抗日战争人物志》，按要求分别编纂，以卒年为序。电子版报中指办“地方志抗战文献资料专题数据库”（成书并存在资料数据库中）。志书大致分类为：抗战名将、抗战英烈、抗战贤达、侵华日酋、卖国汉奸；体裁包括人物传、人物表。

（三）联合党史、公安户籍、各地大屠杀纪念馆等系统编纂《中国抗日战争口述史》

考虑抗战时期健在者的实际，组织对尚健在的老人进行口述史采访录音。结合2005年抗战胜利60周年党史系统（方志系统配合）形成的口述史资料（伤亡、损失）编纂新的《中国抗日战争口述史》。

（四）联合两岸四地编纂《中国抗日战争志》

1. 中指组办公室牵头联合大陆、台湾、香港、澳门的史志专家、方志部门，以及相关研究所进行编纂。

2. 总体结构包括：图照、概述、大事记、志（若干卷）、人物传（因为有《中国抗日战争人物志》，本志收入人物层次更高、更典型）、附录（文献辑存、杂记）。

3. 记事主线：“九一八”前的国际国内环境（甲午海战前后到九一八日本的侵略准备、中国国内的政治派系和对日态度、两国综合实力对比）、1931—1937年日本侵华战争和局部抗战（包括举国抗战的热情）、1937年7月7日至1938年10月战略防御阶段、1938年10月至1943年12月战略相持阶段、1943年12月至1945年9月3日战略反攻阶段、受降。

编纂所寓观点：中国抗战的开端，拉开世界反法西斯战争的帷幕。开辟出世界反法西斯战争的东方主战场。共产党领导的敌后战场和游击战争与国民党主导的正面战场和正规战争相互配合、相互依存，是中国抗战的显著特征，是日军在中国陷入泥沼而无法获胜的根本原因之一。体现国共两党合作为基础，有社会各界、各族人民、各民主党派、抗日团体、社会各阶层爱国人士和海外侨胞广泛参加的全民族抗战，赢得国际社会的广泛同情和支持。反映抗战胜利是中国军民浴血奋战的结果，也是世界人民相互支持、共同战斗的成果。志书能够弘扬抗战精神，激发奋进力量，致力于国家富强、民族复兴。（曲爱国《中国人民抗日战争的回顾和思考》）

4.“志”（记述主干部分）的框架结构与记述体例

（1）框架结构

明确两种结构的其中一种结构。

①先分期后分类结构

按照以上“记事主线”分若干历史阶段设卷，然后在历史阶段下分为抗战的政治、外交、军事、经济、文化、社会编写（注意反映国共双方、国统区、抗日民主根据地、全面抗战与持久战方针、统一战线、大后方建设、民生建设、战时中国经济社会状况、正面战场、中流砥柱、沦陷区与日伪统治）。

特点是事物发展轨迹强，叙事清楚。

②先分类后分期结构

先分为政治、外交、军事、经济、文化、社会门类设卷，再按以上“记事主线”分期竖写。

特点符合地方志“横排竖写”的特征，但割裂事物。

（2）记述体例

《中国抗日战争志》是政治倾向必须明确的志书，记事体例应该为“史志结合体”，在大量资料的基础上，坚持指导思想，进行综合概括，发挥撰述体概述、无题导言的议论功能。

章节正文中，政治概念容易模糊的内容要“画龙点睛”，不可完全“述而不作”。

（五）建立“地方志抗战文献资料专题数据库”

通过以上数据库体系的建设，利用中国地方志网站、各省区市级地方志网站、各市、县地方志网站，联合形成“地方志抗战文献资料专题数据库”。地方志抗日战争专题资料数据库建设方法见《任务完成策划》（二）和本《方案》附。

附：地方志抗日战争专题资料数据库资料长编电子卡片模板

统一设计的专题资料数据库资料长编电子卡片模板栏项包括：数据库归类名称（树状代码）、资料内容时间（含大约时间或春、夏、秋、冬）、资料内容今省区市名（原政区名）、资料内容标题（根据资料内容起标题名）、资料正文、资料来源（志书资料来源要素：编纂单位、志名、出版地点、出版者、出版时间、页码；口述史资料来源要素：口述者、采访者、采访时间、采访地点、整理者。公开出版的口述史文献与出版的地方志书同样方式注引）。

由电脑软件设计公司，设计资料（电子资料卡片）入库和调阅下载的双向使用软件。入库采用分类代码数据 + 资料内容时间数据形成的坐标点在数据库中定位。调阅先在先行设计的分类代码菜单中寻找所需资料门类（先根据以上征集资料的内容项目建立分类菜单），找到菜单资料门类可以打开各类资料库，按时间搜寻到所需资料。也可以用所需资料归纳名称，采取“百度”方式进行词汇方式搜索资料。复制所需资料到 Word 上进一步按需要整理、编辑、编纂。

（2015 年 11 月底，按中国地方志指导小组办公室副主任邱新立的授意，梅森起草本讨论方案，同年底在京讨论一次，中指办领导、中国社科院专家和山东省志办、陕西省志办的领导参加。2017 年，该项目工程启动。同年 .4 月，《国家社科基金抗日战争研究专项工程〈中国抗日战争志〉项目实施方案》正式文件由中国地方志指导小组办公室起草印发，包括指导思想与基本原则、编纂目的与重要意义、编纂任务与总体设计（编纂任务、总体设计、组织领导与编纂机构等，见《中国抗日战争志》编纂工作简报第 4 期》）

《安徽抗日战争志》框架设计

图 片（专人搜集与篇章承编人搜集结合）

凡 例

概 述（1 万字）

（一）抗战的背景（引言性质）

（二）安徽抗战历程

（三）统一战线全民抗战

（四）正面战场与中流砥柱

（五）安徽抗战的特点和作用

大事记（5 万字）

第一篇 政 治

第一章 政 党

第一节 中国共产党（2.5 万字）

一、中央局在皖活动

二、中共安徽省级组织

三、中共安徽抗日民主根据地组织

〔中共淮南抗日民主根据地组织〕〔中共淮北抗日民主根据地组织〕

〔中共皖江抗日民主根据地组织〕

四、中共国统区沦陷区组织

〔中共国统区组织〕〔中共沦陷区组织〕

第二节 中国国民党（1.5 万字）

一、国民党省级组织

二、国民党第三战区境内组织（安徽境内）

三、国民党第五战区境内组织（安徽境内）

第三节 汪伪国民党（0.5 万字）

一、汪伪（或日伪）国民党组织沿革

二、组织系统与党员

三、主要活动

第二章 政 府

第一节 抗日民主政府（2 万字）

一、淮南抗日民主根据地政府

〔建立及机构设置〕〔政府政治建设〕

〔政府经济社会建设〕

二、淮北抗日民主根据地政府

（子目同上）

三、皖江抗日民主根据地政府

（子目同上）

第二节　国民政府（2万字）

一、省国民政府

二、皖南、皖北行政公署

三、行政督察区专员公署及县政府

第三节　日伪政府（1万字）

一、日伪省政府

〔日伪安徽省政府〕〔日伪淮海省政府〕

二、日伪县政府

第三章　社会组织

无题导言扼要介绍抗战时期社会组织的状况

第一节　抗日根据地社会组织（2万字）

一、农救会

二、工抗会

三、妇救会

四、青救会

五、儿童团

六、文化抗敌协会

第二节　国统区社会组织（2万字）

一、抗日动委会

二、工商业组织

三、行业团体

四、慈善团体

五、秘密会社

六、其他党团

七、警察机构与特务组织

八、保甲组织与军事管制

第三节　沦陷区社会组织（1万字）

一、日伪保甲组织

二、日伪警察组织

三、日伪特务组织

四、日伪青年团

五、日伪行业与职业性社团

六、日伪宗教与会道门组织

第二篇 军事力量

第一章 八路军、新四军（3万字）

第一节 八路军驻皖部队

一、八路军苏鲁豫支队

二、八路军苏皖支队

三、八路军陇海南进支队

四、八路军第四纵队

五、八路军第五纵队

第二节 新四军驻皖部队

一、新四军成立

二、新四军军部

三、新四军游击支队与指挥部（注意是“驻皖部队”）

[新四军第三支队] [新四军第四支队][新四军第五支队] [新四军第六支队][新四军江北指挥部]

四、新四军二师

五、新四军四师

六、新四军七师

附：1.某年新四军二、四、七师的兵力分布图（8开，今后书中对开印）

2.抗日战争时期，新四军集中和进军敌后经过图（《安徽省志·军事志》抗日战争战事里有此图）

第二章 国民革命军（3万字）

章下无题导言

第一节 第三战区驻皖部队

一、第三战区长官司令部与前敌指挥部

二、第二十三集团军

[集团军司令部及前线指挥部] [第二十一军][第二十五军] [第二十八军][第五十军] [新编第四军]

三、第三十二集团军

[集团军司令部及前线指挥部][第四十九军] [第七十军]

四、第三战区游击纵队

第二节 第五战区驻皖部队

一、第十一集团军

[集团军司令部] [第某某军]

……

二、第二十一集团军

[集团军司令部] [第七军][第四十八军]

三、第二十七集团军

[集团军司令部][第二十军]

四、第五战区游击纵队

[第十游击纵队][第十一游击纵队][第十二游击纵队][第十三游击纵队][第十四游击纵队]

第三节 第十战区驻皖部队

[战区长官司令部（立煌）][某某集团军]……

第三节 鲁苏豫皖边区驻皖部队

一、总司令部

二、挺近纵队

[第一路挺近纵队][第二路挺近纵队]

三、第二十八集团军

四、第三十一集团军

提要：归鲁苏豫皖边区司令部指挥，集团军驻临泉。

第三章 安徽人民自卫军和省保安团（1万字）

第一节 人民自卫军与县国民兵自卫队

第二节 省保安团。

第四章 日伪军（3万字）

第一节 日 军

一、抗战初期的侵皖日军

二、抗战中后期的侵皖日军

[华中派遣军第十三师团][华中派遣军第六师团坂井支队]

[华中派遣军第十一军波田支队]……

第二节 伪 军

一、伪中央军

汪伪军事委员会直辖警卫第二、三师和独立第十五旅；

汪伪苏豫鲁皖总司令部及所部第十五军；

汪伪方面军

……

二、伪地方武装

第三篇 安徽抗日统一战线（6万字）

第一章 统一战线的形成与壮大

第一节 合作酝酿

第二节 谈判与红军改编

一、岳西谈判红二十八军改编

二、皖南谈判皖浙赣红军改编

第三节 安徽统一战线局面

一、统一战线总局面
二、国共统一战线的局面
第四节 省民众动委会工作活动
第二章 抗战中的摩擦与斗争
第一节“反共高潮”中的摩擦斗争
第二节 半塔保卫战
第三节 “皖南事变”
第四节 其他反顽战事
一、豫皖苏边区自卫战
二、大桥之战
三、淮南津浦铁路西反击战
四、西进之战
第三章 华侨抗战与国际同盟
第一节 华侨支援和参加抗战
第二节 国际人士援助抗战
第三节 安徽军民协助盟军作战
第四节 营救盟军飞行员
第四篇 安徽抗日根据地与游击区
第一章 抗日民主根据地（10万字）
章下无题导言
第一节 淮南抗日民主根据地
节下无题导言
一、皖东抗日游击根据地
二、皖东抗日民主根据地
三、淮南抗日民主根据地形成与建设
第二节 淮北抗日民主根据地
一、豫皖苏抗日民主根据地
（注意整个根据地概貌写完，重点落脚安徽境内）
二、皖东北抗日民主根据地
三、邳睢铜灵抗日民主根据地（内容落在安徽灵璧）
四、淮北抗日民主根据地形成与建设
第三节 皖江抗日民主根据地
一、皖南抗日游击根据地
二、皖中抗日游击根据地
三、巢无抗日民主根据地
四、和含抗日民主根据地
五、沿江抗日民主根据地

六、皖南抗日民主根据地
七、皖江抗日民主根据地形成与建设
第二章　抗日敌后根据地与游击区（5万）
章下无题导言
第一节 豫鄂皖抗日根据地
第二节 皖浙赣抗日根据地
第三节 豫皖边抗日根据地
第四节 五战区第四抗日游击区（皖北）
第五节 安徽长江以南第一抗日游击区
第六节 长江以北淮河以南第二抗日游击区
第七节 淮河以北第三抗日游击区

第五篇 安徽抗日战场

第一章 日军对安徽的入侵和占领（1.5万字）
第一节 入侵
第二节 占领
附：安徽各县沦陷时间一览表
第二章　新四军敌后战场抗日（8万字）
第一节 敌后抗战概况
第二节“皖南事变”前新四军敌后抗战
一、第二支队敌后作战
二、第三支队敌后作战
三、第四支队敌后作战
四、第六支队敌后作战
五、江北指挥部敌后作战
（分部队写作战概况、战例、列战斗表；下第三节写法同）
第三节“皖南事变”后新四军敌后抗战
一、二师敌后作战
二、四师敌后作战
三、七师敌后作战
第三章　国民革命军正面战场抗日（8万字）
第一节 安徽正面战场概况
第二节 广德保卫战
第三节 津浦路南段阻击战
第四节 淮河保卫战
一、淮河阵地的固守
二、津浦路南段的反攻与袭扰
第五节 蒙城保卫战

第六节 含山保卫战
第七节 安庆保卫战
第八节 太湖保卫战
第四章 民间抗日（4万字）
章下无题导言
第一节 抗日救亡
一、抗日宣传
二、毁家纾难
三、送子从军
四、战地宣传
第二节 武装斗争
一、民间武装
二、自发斗争
二、配合作战
第三节 抗战捐献
一、有组织捐献
二、自发捐献
第四节 战时救助
一、难民救助
二、医疗救助
第五章 战略反攻
章下无题导言
第一节 新四军及地方武装全面反攻（3万字）
一、新四军在安徽对日军的局部反攻
[淮北抗日民主根据地军民的局部反攻][淮南抗日民主根据地军民的局部反攻][皖江抗日民主根据地军民的局部反攻]
二、新四军在安徽对日军的战略反攻
[淮北抗日民主根据地军民的全面反攻][淮南抗日民主根据地军民的全面反攻][皖江抗日民主根据地军民的全面反攻]
第二节 国民革命军战略反攻（1万字）
一、阜阳保卫战
二、沦陷区光复（城镇）
附：安徽各县抗战胜利光复（收复）时间一览表
第六章 受降与汉奸审判（1.5万字）
第一节 抗战胜利
一、省会立煌各界庆祝胜利
二、沦陷区省会蚌埠人民庆祝光复

三、全省其他地区庆祝胜利

第二节 国民革命军第十战区蚌埠受降

第三节 安徽区域受降与接收

一、江淮地区的受降与接收

二、江南地区的受降与接收

第四节 汉奸审判

一、中华民国政府审判

二、中华人民共和国政府审判

第六篇 侵华日军对安徽的统治与劫掠（11 万字）

第一章 侵华日军对安徽的经济掠夺

章下无题导言

第一节 侵华日军对矿产资源的掠夺

一、日军对淮南煤矿资源的掠夺和破坏

二、日军对淮北煤矿的掠夺

三、日军对马鞍山铁矿的掠夺

四、日军对铜陵铜矿的掠夺

第二节 侵华日军对农业资源的破坏与掠夺

一、日军对粮食等农产品掠夺

二、日军对安徽茶叶资源的掠夺

三、日军对农田水利的破坏

第三节 侵华日军对工商业的破坏与掠夺

一、日军对工业的破坏

二、日军对商业的破坏

第四节 沦陷区经济状况（1 万字）

一、经济总量（面上经济情况）

二、人民生活

三、沦陷区城镇经济

第二章 侵华日军对文化教育的殖民奴役（3 万字）

第一节 殖民文化

一、汉奸文艺

二、新闻出版殖民化

第二节 殖民教育

一、日伪教育机构与政策

二、日伪的学校奴化教育

三、日伪的社会奴化教育

附：194 X 年沦陷区学校一览表

第三章　侵华日军在安徽的暴行
第一节 日军制造的屠杀惨案
一、牛眠惨案
二、凤阳惨案
三、巢湖温家套惨案
四、广德惨案
五、黄柏郢惨案
……
第二节 日机轰炸
一、芜湖“德和号”惨案
二、阜阳大轰炸
三、其他轰炸
附：日机在安徽城乡轰炸一览表
第三节 摧残妇女儿童
设立慰安所
摧残妇女儿童
附：日军在安徽城乡建立的慰安所一览表
第四章　抗战期间人口伤亡和财产损失
第一节 人口伤亡
一、直接伤亡
二、间接伤亡
第二节 财产损失（直接与间接）
一、农业损失
二、工业损失
三、文化教育损失
四、其他损失

第七篇 抗战经济

第一章　抗日民主根据地经济（5万字）
第一节 民主根据地经济政策
第二节 民主根据地农业
第三节 民主根据地工业（含手工业）
第四节 民主根据地交通
第五节 民主根据地商贸
第六节 民主根据地财政金融
第二章　国统区经济（5万）
第一节 国统区抗战经济政策
第二节 国统区战时农业

第三节 国统区战时工业
第四节 国统区战时交通
第五节 国统区战时商业
第六节 国统区战时财政
第七节 国统区战时金融
第八节 新桂系在安徽的经济活动
第九节 国统区战时商业
一、立煌（流波䃥）战时商业
二、屯溪战时商业
三、界首战时商业

第八篇 抗战文化教育（撰稿：5 万字）
第一章 抗战文化
第一节 抗战文艺
一、抗战文学
二、抗战戏剧
三、抗战美术
四、抗战音乐
第二节 抗战新闻出版
一、抗战新闻
二、抗战图书出版
第二章 抗战教育
章下导言：抗战教育概况
第一节 民主根据地抗战教育
附：194X 年民主根据地学校一览表
第二节 国统区抗战教育
一、教育概况
附：1.某年国统区学校一览表
2.某年国统区图书馆一览表
3.某年安徽省各级民众教育馆统计一览表
……（根据资料决定是否设表）
二、高校内迁与到大后方就读（沿革与教育成果、培养的人才）

第九篇 抗战纪念设施
（包括文物保护单位、纪念建筑单位、爱国主义教育基地等）
第一章 抗战旧址与纪念馆（2 万）
章下无题小序
第一节 全国与省级单位
一、国家级单位（含国家部委命名）

二、省级单位

第二节 市县级单位

一、市级单位

二、县级单位

第二章 烈士陵园与烈士墓（2万字）

章下无题小序

第一节 全国与省级单位

一、国家级单位（含国家部委命名）

二、省级单位

第二节 市县级单位（文字综合+表格）

一、市级单位

二、县级单位

提示：国家级（含国家部委命名）陵园照片，省级适当安排照片。

第十篇 人 物

第一章 抗战人物传略（12万字）

第一节 共产党抗战人物

李克农、孙仲德、梁从学、张震东、刘健挺、滕海清、陶勇、程业棠、林维先、皮定均等（待补）

第二节 国民党抗战人物

方振武、王亚樵、廖磊、张治中、李宗仁、李品仙、李明扬、徐庭瑶、饶国华、周元、张义纯、戴戟、卫立煌、张本禹、孙立人、蔡炳炎、吴继光、卢光伟、方先觉、戴安澜、赵达源、凤台“廖氏三杰”等

第三节 其他抗战人物

第四节 日伪人物

冢田攻、田路朝一、山县业一、藤原武、王揖唐 、倪道烺

第二章 抗日烈士英名录

附 录

一、安徽抗日战争重要文献辑存（省图书馆、党研室、档案馆）

二、安徽抗日战争回忆录要目

三、安徽抗日战争研究成果要目

四、抗日战争家书和日记选

主要参考文献（各位作者报送志稿时分别提供，安徽省志办统一汇总）

索引

编纂始末

说明：编纂中篇目根据资料状况，在遵循地方志体例和本志凡例要求下可

作局部调整。

（梅森在安徽省志办框架与参编同仁汇拢细目基础上构思设计）

2018.8.2

《中华一统志》编修可行性论证报告（讨论稿）

（梅森草拟）

我国地方志编纂，隋唐以降，不仅有区域图经和郡县志，还编纂有全国性的总志和一统志，就国家角度反映全国国情和国家民族的“大一统”。总志包括成书于唐贞观十六年（642 年）的《括地志》，成书于元和年间（806—820 年）的《元和郡县志》，成书于北宋太平兴国年间（976—984 年）的《太平寰宇记》、成书于元丰年间（1078—1085 年）的《元丰九域志》；一统志包括元代的《大元大一统志》，明代的《大明一统志》和清代康熙《大清一统志》、乾隆《大清一统志》、嘉庆《重修大清一统志》。

根据国家建设社会主义文化强国的大政方针，就进一步弘扬我国地方志文化传统和促进社会主义新方志编纂志书种类的完整性，促进国家民族的稳定进步与一统，彰显历史智慧，总结改革开放的经验，根据《全国地方志事业发展规划纲要（2014—2020 年）》，本报告就《中华一统志》编修的可行性予以论证。

一、基本情况

（一）《中华一统志》志名

中国地方志协会 2004 年度学术年会（在新疆乌鲁木齐召开）讨论新方志全国性志书名称以来，加之学术刊物的讨论，共有“中华人民共和国一统志”“中国通志”“中国一统志”“中华一统志”四种冠名。本论证报告考虑新的一统志为中华人民共和国首次编纂，记事时限贯通古今，故志名不宜称”中华人民共和国一统志”；考虑明代以来“通志”为省志的特称，故志名不宜称《中国通志》。在“中国一统志”与“中华一统志”的取舍中，考虑后者比前者外延更大，可以指代中国，还指种族群落，覆盖华夏各历史时期，包括国家尚没有建立前的原始社会时期；更为重要的是书名充分体现我们是统一的多民族国家，体现中华各民族的祖先劳动、生息、繁衍在祖国的这块土地上，共同为中华文明和建立统一的多民族国家贡献着聪明才智。志名明确三个概念，即中华民族、中华民族建立的国家、中华民族与中华民族建立的国家的大一统，强调大一统的政治理念；中华人民共和国编纂的全国性通贯历史的志书，冠名《中华一统志》。

（二）《中华一统志》编纂的背景

1. 历史上一统志编纂的传统

元、明各修一次一统志，清代三修一统志。

元《大元一统志》。元世祖至元十三年（1276年）完成多民族国家的一统。至元二十三年（1286年），集贤大学士扎马拉鼎上奏："方今尺地一民，尽入版籍，宜为书以明一统。"世祖诏命编修《大一统志》。《大元一统志》于大德七年（1303年）编纂完成，内容结构先按行政区划，10个中书省、行省，下设路、州、府，然后再分事类记述，共600册、1300卷。

明《大明一统志》。洪武三年（1370年）按《大元大一统志》体例纂成《大明志书》。永乐十六年（1418年）成祖诏令编修《天下郡县志》；景泰五年（1454年）代宗诏令编修《寰宇通志》。《寰宇通志》成书后经过修订，天顺五年（1461年），英宗仿《大元一统志》改名《大明一统志》，景泰五年（1454年）至天顺五年（1461年）8年时间，成书90卷。

清代三次编修一统志：康熙《大清一统志》、乾隆《大清一统志》、嘉庆《重修大清一统志》。

康熙《大清一统志》。康熙二十四年（1685年）敕修，历康雍乾三朝68年，至乾隆八年（1743年）始成，共356卷。

乾隆《大清一统志》。乾隆二十九年（1764年）敕修，乾隆四十九年（1784年）告峻，历20年，共424卷。

嘉庆《重修大清一统志》。嘉庆十六年（1811年）敕修，道光十六年（1836年）又敕续纂，历31年，道光二十二年（1842年）成书，共560卷。嘉庆志"旁搜博采，确切参稽"，是清三部一统志中最完善的一部，为我国封建时期一统志的总结之作。

2. 历史看，总志与一统志编修须具备的国家条件

总志包括成书于唐贞观十六年（642年）的《括地志》，成书于元和年间（806—820年）的《元和郡县志》，成书于北宋太平兴国年间（976—984年）的《太平寰宇记》、成书于元丰年间（1078—1085年）的《元丰九域志》

（1）唐代总志。《括地志》是唐太宗贞观年间（627— 649年）编纂。贞观23年时间，唐太宗励精图治开疆拓土，成为中国史上著名的明君。他厉行节约，休养生息，文教复兴完善，社会安定；大力平定外患，尊重少数民族风俗，稳固边疆，故史称"贞观之治"。

成书于唐宪宗元和年间（806—820年）的《元和郡县志》，唐宪宗承接了唐玄宗的"开元盛世"（685—762年），距开元末年只有40多年。同时，宪宗励精图治，重用贤良，改革弊政，勤勉政事，取得元和削藩的巨大成功，重振中央政府的威望，史称"元和中兴"。

唐代，统一的多民族国家的发展，包括：统一大漠南北的少数民族（东突厥、回纥和黠戛斯），经略西域龟兹、于阗、疏勒、碎叶等安西四镇和西突厥；与吐蕃和亲；册封南诏；经营辽东等，包括经济、文化繁荣是编修《括地志》《元和郡县志》的必备的国家条件。

元和以后，由于唐后期藩镇割据、宦官专权、朋党之争、唐末战乱，再没有编修过总志。

（2）北宋总志。《太平寰宇记》是北宋太平兴国年间（976—984 年）编修。太平兴国是仁宗的第一个年号。太平兴国年间仁宗继续宋的统一大业，鼓励垦荒，发展农业生产，扩大科举取士规模，编纂大型类书，设考课院、审官院，加强对官员的考察与选拔，进一步限制节度使权力，变武人当政为文官政治，中央政权得以加强，结束了五代十国以来分裂割据的局面。

北宋《元丰九域志》是元丰年间（1078—1085 年）编纂，元丰是宋神宗的年号，1078—1085 年，共 8 年时间。神宗熙宁元年（1068 年）继位后，开始任用王安石为中书门下平章事（位同宰相）推行变法，史称“王安石变法”（又称“熙宁变法”）。元丰期间，神宗从幕后走到前台亲自主持变法。经过他的不断努力，宋朝基本建立起了更有利于君主专制的中央集权制，其基本制度一直实行到宋朝末年没有再进行大的变动。“熙宁变法”使得宋王朝又重新恢复了生机与活力。实行“右文”政策，带来了文化的繁荣兴盛。神宗在治内的同时亲自主持了两次大的军事行动，一次是对交趾的反击战，一次是对西夏的讨伐。交趾国王李乾德奉表投降，此后交趾再也不敢侵扰宋境。

北宋两部总志的编纂，都是宋初期建立一统，加强中央集权，通过改革经济有所发展，文化较繁荣的国家条件下的产物。

由于宋徽宗的腐朽统治和宋江、方腊起义，金政权的建立与强大和攻入中原。靖康之变后，建立了偏安江南的南宋政权，因为半壁江山，缺乏编纂总志的政治条件，故元丰以后，宋代（包括南宋）没有编纂出新的全国性总志。

（3）《大元一统志》。元是中国历史上由蒙古族建立的大一统王朝，疆域空前广阔，东起日本海、西抵天山、北包贝加尔湖、南至暹罗，是中国疆域最辽阔的王朝。立国初期恢复经济、稳定统治秩序、强化中央集权。元世祖诏命编修《大元一统志》是宣告“大一统”，强化中央集权的重要组成部分。加强多民族国家的统一和强化中央集权是编纂《大元一统志》的国家条件。

（4）《大明一统志》。明朝是中国封建时期最后一个由汉族建立的大一统王朝。明朝前期国力强盛，经历洪武之治、永乐盛世、仁宣之治等，国势达到全盛，疆域辽阔。明初，洪武诏令纂修《大明志书》、永乐诏修《天下郡县志》。经正统十四年（1449 年）“土木之变”，英宗被瓦剌部俘获，明朝由盛转衰。景泰五年（1454 年）代宗诏命修《寰宇通志》。景泰八年（1457 年）夺门之变，英宗复位称帝，改元天顺。天顺元年（1457 年）英宗诏令修改《寰宇通志》改名编《大明一统志》。《大明一统志》的成书基础在于明前期的强盛和《大明志书》等编纂的资料积累。但“土木之变”后 8 年间，明政权两次易主，在政局不稳的情况下，草草成书，故《大明一统志》质量前不及《大元一统志》，后不及清代三次编纂的《大清一统志》。因纂修的时间仓促，参加人员多而杂，书中存在着地理错置、张冠李戴、以无说有等弊病。古今学者多有批评。清《四库全书总目提要》称此书“舛错抵牾，疏谬尤甚”。顾炎武在《日知录》中说：“今考其书，舛谬特甚……引古事舛戾最多。”《大明一统志》是在国家条件不完全具备的情况下编纂的一统志，为后人编纂一统志留下了深刻的教训。

（5）清代三次兴修的一统志。清朝是中国历史上第二个由少数民族建立的统一政权。清军入关逐步掌握全国。历经康雍乾三朝，发展至鼎盛。这一时期多民族统一的国家得到巩固，基本上奠定了中国的版图，同时君主专制发展到顶峰。清代三修一统志在康乾、乾嘉时期，也就是封建社会后期最为鼎盛的时期。编纂中，中央建立一统志馆，全国各省府州县设立修志机构——志局。清朝中后期，道光二十年（1840 年）爆发了中英鸦片战争，国家多次遭列强入侵，主权和领土严重丧失。故嘉庆《重修大清一统志》后，就没有再次编纂一统志。

康熙《大清一统志》。康熙是中国统一的多民族国家的捍卫者，他平定三藩、统一台湾、驱逐沙俄、大破准噶尔；经济上采取轻徭薄赋，与民生息的政策；文化上宣布清廷要将治统与道统合一，以儒家学说为治国之本；此外对西方科技采用吸收的态度。统一台湾后开了海禁。奠定了清朝前中期兴盛的根基，开创出康乾盛世的大局面。康熙十一年（1672 年），诏令直省各督抚聘集夙儒名贤、接古续今纂修通志（按：省志），以汇《大清一统志》之用。康熙二十四年（1685 年）敕撰《大清一统志》。乾隆八年（1743 年）志成，历时 58 年，名康熙《大清一统志》。

乾隆《大清一统志》。乾隆在康熙、雍正两朝文治武功的基础上，进一步完成了多民族国家的统一，社会经济文化有了进一步发展。乾隆重视社会的稳定，五次普免天下钱粮，三免八省漕粮，重视水利建设，保护农业生产，使国库日渐充实。在平定边疆地区叛乱方面做出了巨大成绩，维护了国家的统一，拓广了领土，并且完善了对西藏的统治，占领了新疆，正式将新疆纳入中国版图，清朝的版图由此达到了最大化。乾隆二十九年（1764 年），根据雍正时期平定青海罗卜藏丹津之乱、西藏阿尔布巴之乱及乾隆时期国家情况的变化，敕令续修《大清一统志》，历时 20 年，至乾隆四十九年（1784 年）完成。

嘉庆《重修大清一统志》。嘉庆十七年（1812 年），中国国内的情况又有很大的变化，其中包括田地日辟，田赋日增，户口日盛，人物日多，物产渐丰，政区变迁，等等。为了补充乾隆四十九年至嘉庆年间的这些变化，嘉庆十七年（1812 年）诏令重修《大清一统志》。这次重修也经历了 30 年，直至道光二十二年（1842 年）才完成。

（6）中华民国时期没有修一统志。民国 6 年（1917 年），北洋政府内务府会同教育部通咨各地纂修地方志书。民国 18 年（1929 年），国民政府内政部颁布《修志事例概要》。民国 33 年（1944 年），国民政府颁布《地方志书纂修办法》。民国 35 年（1946 年）重新颁布《地方志书纂修办法》，但都是要求编纂省、市、县志。由于民国 38 年（1912—1949 年）间，前期军阀混战，20 世纪 30—40 年代日本侵略，后期解放战争。在国家、民族从来没有真正统一的情况下，民国政府从没有提出过编纂一统志。

（7）历史上编纂总志和一统志所具备的国家条件结论。根据历代总志和一统志编纂的分析，编纂全国性的总志，尤其是编纂一统志，所具备的国家条件是：多民族统一的国家得到巩固、国力强盛、经济文化繁荣、社会昌明、最高统治者文治武功、全国性的编纂体制和机构力量。

（8）中华人民共和国成立以来，尤其是首轮大规模新方志编纂以来，方志界和相关学术界专家、学者提出《中华一统志》编纂的此起彼伏。2004 年在新疆召开全国地方志学术年会，专门讨论了一统志编纂问题。许多学者在刊物上发表论文予以研究。

二、《中华一统志》编修的必要性

（一）编纂《中华一统志》是完整继承中华民族传统的需要

地方志是中华民族的优良传统，在全世界是独一无二的。中国方志传统除编纂郡县志（省、府、州、县志）外，还包括中央组织编纂的一统志，这一传统不可丢失。《大清一统志》以后，一直没有编修过国家层面的一统志，创编十分必要。

（二）编纂《中华一统志》是国家政治的需要

一统志可以进一步彰显我们这个多民族国家的大一统，彰显在党中央的领导下，各民族的向心力和共同建设强大国家的决心。在局部地方出现民族问题、边疆问题、海疆问题时，编纂一统志进一步通过真实的历史增强统一国家和主权的概念意识，促进祖国和平统一事业的实现与完成。

（三）编纂《中华一统志》是治国的需要，吸取历史智慧的需要

地方区域志（省、市、县志）虽是地情的最佳载体，在一定程度上也能够反映国情，但毕竟承担不了全面、系统地记载国情的任务。国情、国事应有一统志记载，一统志是最全面、最翔实的国情资料库。编纂《中华一统志》是大规模的国情调查，为制订国家发展规划，确定国家发展战略，提供全面、系统、科学的基础资料。

（四）编纂《中华一统志》是全面传播宣传中华文明的需要

少年智则国智，少年强则国强，对全国人民，尤其青少年，从国家、民族的层面进行爱国主义和国情教育，从而增强整个民族的凝聚力与自豪感，为建设多民族的统一国家，为中华民族的伟大复兴而奋斗。向世界各国全面系统地宣传华夏五千年的文明，了解当代国情，让他们真正了解中国，有利于我国的外交和对外文化交流，有利于“一路一带”的建设。

三、《中华一统志》编纂的可行性

（一）国力已经具备编修《中华大一统志》的条件

中华人民共和国成立以来，我国社会主义现代化建设取得了伟大成就，特别是实行改革开放的 30 多年以来，国家统一，民族团结，万事俱兴，综合国力增强，国际地位提升。尤其党的十八大以后，深化改革开放推进创新驱动，我国经济建设进入常态化阶段，解决发展中问题把改善民生作为理政的第一要务，加强党建和军队建设确保党对军队的绝对领导，有效防治腐败把反腐引向深入，高举和平发展的旗帜，主动地发展与“一路一带”沿线国家的经济合作伙伴关系，共同打造政治互信、经济融合、文化包容的利益共同体、命运共同体和责任共同体。2010 年，中国成为世界第二大经济体。2014 年，全年国内生产总值 636463 亿元，年末国家外汇储备 38430 亿美元，全年社会消费品零售总额 262394 亿元，货物进出口总额 264334 亿元，

全年全国居民人均可支配收入 20167 元。

中华民族历史上的又一个“盛世”来临。“盛世修志”，编纂一统志的政治、经济、文化的国家条件均已俱备。

（二）指导思想和法制建设为一统志编纂提供了思想和法制的保证

十八大提出的以邓小平理论、“三个代表”重要思想、科学发展观为指导，以及历史唯物主义、辩证唯物主义为编修一统志提供了正确的指导思想。党的十八大以来，习近平总书记发表了一系列重要讲话，提出了许多富有创见性的新思想、新观点、新论断、新要求、新举措。尤其是系列重要讲话中的历史观为编修一统志指明了方向。他讲话中提出应以什么样的态度学习历史和对待历史的问题，应该以什么样的方法观察历史和研究历史的问题，应该以什么样的目的应用历史和把握历史的问题，等等。2006 年《地方志条例》由国务院颁布，为中国历史上自从有了地方志以来第一部有关地方志的全国性法规。它结束了地方志工作无法可依的历史，标志社会主义新编地方志工作从此进入了依法修志的新阶段，对依法编修一统志提供了法律的保障。

（三）社会主义新方志的编纂体制机制建设和省市县三级志书的编纂实践，以及方志事业的基础建设已经具备了编修《中华一统志》的专业条件

（1）修志格局为编修一统志提供了组织保证。四分之一个世纪以来，大规模的社会主义新方志省市县三级志书编纂形成了“党委领导、政府主持、专家修志”的格局。这种符合中国国情的机制，为一统志编纂提供了组织保证。

（2）大规模的三级志书编纂为编纂一统志形成专业力量。全国形成了一支包括 2 万名专职人员、总数达 10 余万人的专兼职编修队伍，并有强大社会科学研究机构和社会科学人才队伍作后盾。截至 2014 年 6 月，全国首轮修志任务全面完成，全国累计出版规划内省、市、县三级地方志书 5800 多部。全国第二轮修志工作深入展开，全国规划内第二轮三级地方志书累计出版 1400 多部；部门志、行业志、专题志编修成果丰硕，累计出版 2 万多部；乡镇志、村志累计出版 4000 多部；为编修《中华一统志》提供了丰富的地方历史与现状的资料。

（3）中央部委、解放军、武警部队的修志编鉴，为一统志全国行业分志分卷的编纂提供了成熟的经验和部分资料。中央部委水利、海关、铁路、民航、气象、煤炭、石油、烟草、文物、救捞等系统的修志工作稳步推进并取得成果。全军第二轮修志任务基本完成，启动《中国军事地理志》《中国边海防志》的编纂工作。武警部队积极推动第二轮武警志编修工作。为编修一统志提供了丰富的全国性专业资料。

（4）国家组织编纂的《汶川特大地震抗震救灾志》是举全国之力编纂一统志的预演。受国务院委托、由中国地方志指导小组牵头组织编纂的《汶川特大地震抗震救灾志》，在党中央国务院的关心支持和全志编委会、各分卷编委会的有力领导下，经过近百个参编单位几千名编纂人员共同努力，完成全部 11 卷约 1500 万字的编纂任务，2015 年即将出版。锻炼了全国地方志工作者编纂国家层面志书的能力。

（5）我国是世界年鉴编纂出版大国。截至 2014 年，全国地方志系统组织编纂的地方综合年鉴达1700余种，还有包括军事年鉴、武警年鉴在内的专业年鉴1200多种，北京、天津、上海、江苏、湖北、广东、海南、四川等省（直辖市）基本实现县级以上地方综合年鉴编纂全面覆盖；是一统志编纂资料的又一资料来源。

（6）截至2104年，全国地方志系统累计整理古籍2000多种。为一统志编纂提供重要的历史资料。

（7）方志理论和方志学学科建设为编修高质量的一统志提供了理论学术条件。以《中国地方志》期刊为纽带，充分发挥方志期刊的理论阵地和引导作用。中国地方志学会学术年会和论坛较好地发挥了学会的学术引领作用。截至2014年的近5年时间，全国地方志系统共发表方志论文6000多篇，出版专著、教材、论文集90余部。这些，为《中华一统志》编纂打下了理论研究的基础。

（8）修志队伍素质不断提高是一统志编纂的质量根本的基础。30多年大规模社会主义新方志的编纂，通过业务培训和修志实践，形成老中青三结合的修志队伍。年轻同志的文化素质越来越高，研究生、博士越来越多。复旦大学、西南民族大学、宁波大学等高校继续招收培养方志学专业的本科生、研究生。在地方志系统、高校和科研机构中，形成一支具有较高理论水平的方志专家队伍。为编纂《中华一统志》提供一批专家型人才。

（9）地方志系统设施设备信息化建设为互联网+《中华一统志》编纂提供了技术数据的支持。倒逼式指导、无纸化编纂、电子传输，不仅仅跨越地域空间，同时加快了一统志的编纂进度与质量。

以上通过《中华一统志》编纂的可行性论证，本报告认为，当今已经形成的国家综合国力、修志的指导思想、法制建设和组织体系，尤其是政治清明、经济社会高质量科学发展，以及30多年社会主义新方志编纂磨练出的业务队伍和形成的较为规范的工作体系；在国家层面的领导下，举全国之力，以地方志系统业务力量为主，组织全国相关部委、各省区市、解放军与武警部队、党派与团体、事业企业单位业务力量一起编纂《中华一统志》的条件与时机已经成熟，启动《中华一统志》编修是可行的。

四、《中华一统志》编纂设计要点

（一）改元、明、清一统志“接古续今纂修通志，以汇《大清一统志》”的方法为新的专业志与地域志结合，以专业记述为主的内容结构

封建时代，由于生产力水平和知识人才的限制，采用先由各省组织编纂一统志稿，以府、州（元一统志以“路”）为记述单位，下设分野、建置沿革等20个左右门类编纂；然后汇于省，省再汇于中央，成为一统志。实际上是府州志的浓缩。府州志难免与一统志重复。而今天专业学科分类繁细，中央部委有关专业部门人才济济，尤其是第一轮社会主义三级志书（省、市、县志）已经编纂完成，第二轮三级志书正在编纂，故采用全国性专志与政区地区简志结合的一统志新结构，是当今方志界遵循创新驱动，突出《中华一统志》的科学性和当今的时代性的新思考。

（二）《中华一统志》全志总体结构包括统部、志部（含附录）两大部分

统部设序、凡例、总目录、总述、大事年表。志部设七大分志，即地理分志、经济分志、建设分志、政治分志、文化分志、社会分志、人物分志；分志按照专业、行业、事业分设若干分卷。根据当今行政区划与特别行政区和台湾地区的不同情况，政区部分设省区市卷和地区卷。省区市卷按照现行行政区（31个）分卷编纂；地区卷设香港特别行政区卷、澳门特别行政区卷和台湾地区卷。人物卷设经济人物卷、政治人物卷、文化人物卷等。卷与分卷在全志统一规划设计、规范要求下独立编写。传统一统志和《中华一统志》的结构详见以下附图。

五、《中华一统志》立项与编修保障

（一）项目立项

《中华一统志》以国家重大文化工程立项。将《中华一统志》编纂纳入国家规划，使其成为国家行为。立项渠道，由中国地方志指导小组向党中央、国务院提出方案论证报告，以求立项；或由指导小组通过政协、人大等途径提出编纂《中华一统志》的议案，以达到立项的目的。项目报告提交前须组织专家论证。

（二）编修保障

《〈中华一统志〉编纂规划方案》由国务院办公厅印发实施通知。《中华一统志》由国务院牵头，组织中共中央有关部门、国务院有关部门、社会团体、人民解放军、武警部队、有关行业协会、大型企业和事业单位、各省区市组成中华一统志编纂委员会，研究决定编纂中的重大问题。编纂委员会办公室暨全志总纂室放在中国地方志指导小组办公室。

编纂人员由地方志系统和相关专业接受地方志业务培训的人员，以及高校、研究机关的专家协同编纂。“老中青”“专兼职”“在职与退休”相结合。

经费保障。国家工程国家财政。各承编单位通过自身财政渠道预算。企业通过国有资产管理委员会财政渠道预算。

各分卷编委会办公室、编纂室及其他工作必需条件由分卷承编单位解决；“多头组卷”编纂的，由卷编委会主任委员单位统筹解决，做到“一纳入，五到位”。

（三）参见材料

《中华一统志》编纂的基本任务、总体设计、指导思想、基本原则、组织领导、工作步骤、工作要求详见《〈中华一统志〉编纂规划方案》；《中华一统志》编纂卷目及分工详见《〈中华一统志〉卷目及编纂分工》。

附：新旧一统志纲目结构比较图

1. 嘉庆《重修大清一统志》内容结构示意图

嘉庆《重修大清一统志》

↓

京师 直隶 盛京 江苏 安徽 山西 山东 河南 江西……

↓

统部（全省总况）分九门，总叙一省大要（图、表、分野、建置、沿革、形势、职官、户口、田赋）

↓

安徽：安庆府 徽州府 宁国府 太平府 庐州府 凤阳府 直隶和州……

↓

列府直隶州所属县表

↓

……安庆府……徽州府…… 宁国府……

↓ ↓ ↓

分野 建置沿革 形势 风俗 城池 学校 户口 田赋 山川 古迹 关隘 津梁 堤堰 陵墓 寺观 名宦 人物 流寓 列女 仙释 土产

（以府及直隶州为单位编纂合为一省内容，诸省合成再与统部总合为大清一统志）

2. 梅森设计的《中华一统志》内容结构示意图

《中华一统志》

总目

总述

大事年表

↓

地理分志

疆域卷 建置区划卷 地质卷 地貌卷……

↓

经济分志

经济发展卷 经济改革卷 农业卷 工业卷 商业卷……

↓

建设分志

古代都邑村社卷 近现代城乡建设卷 当代都市建设卷……房地产卷……铁路运输卷……

↓

政治分志

中国共产党卷 人民代表大会卷 人民政府卷 人民政协卷民主党派卷……

↓

文化分志

科技卷 社会科学卷 教育卷 文化艺术卷……

↓

社会分志

民间组织卷　少数民族卷　宗教卷　民政卷　劳动就业卷　社会保障卷　民俗卷　人物卷

↓

政区地区分志

↓

政区卷

↓

卷一北京市　卷二天津市　卷三河北省……

地区卷

↓

卷一香港特别行政区 卷二澳门特别政区 卷三 台湾地区 附录

↓

编纂始末

《中华一统志》编纂规划方案

（讨论稿）

编纂一统志是中华文化的优良传统，依据《地方志工作条例》（国务院第467号令）、中国地方志指导小组的规定与要求，结合《中华一统志》编纂的实际，特制定本编纂方案。

一、基本任务与总设计

（一）基本任务

编纂《中华一统志》，包括统部和地理分志、经济分志、建设分志、政治分志、文化分志、社会分志、政区地区分志7个大门类100卷及附录、编纂始末。各卷根据内容多寡，分1卷1个分卷分册印刷，也有1卷多个分卷（卷一、卷二……）多册印刷，据本方案设计共260个分卷（分册），加之尚没有设计的分卷（今后承编单位增设调整），估计全志分卷（分册）在300个左右；每分卷（分册）平均按照150万字（国际大开本适合的文字量，含图片文字版本）预算，总文字量约为4.5亿~5亿字（参见《〈中华一统志〉纲目及分工（讨论稿）》。以国务院批准为起始，15年左右编纂完成。每卷志书一旦启动5年左右编纂完成。

（二）总体设计

1. 全志总体结构包括统部、志部两大部分。统部设序、凡例、总目录、总述、大事年表。志部七大门类分志；分志按照专业、行业、事业分设若干分卷，每卷根据内容多寡可1卷，也可多卷（卷一、卷二……）编写，国际大开本分册印刷，每册150万字左右。人物分志设经济人物卷、政治人物卷、文化人物卷等，各人物卷下设传、表、录3个分卷。各卷或分卷在全志规划设计、规范要求下独立编写。全志分两步出版，第一步考虑编纂中局部卷目调整，不编序号，完成1卷出版发行1卷（指卷，不是分卷）；第二步，全志各卷分别出版完成后，再编制全志总目录，确定编序，统一装帧，以中华民族的象征“龙”图案为一统志标识。

分别由《中华一统志》编纂委员会办公室（总纂室）统一组织出版。冠名如：《中华一统志·地理分志·疆域卷》《中华一统志·经济分志·农业卷》《中华一统志·建设分志·公路运输业卷》《中华一统志·政治分志·中国共产党卷》《中华一统志·文化分志·科技卷》《中华一统志·社会分志·社会保障卷》《中华一统志·政区地区分志·北京卷》。

2.《中华一统志》为中华人民共和国首次编纂的一统志，记事时限，上限上溯事物源头，下限为2015年。

3.分卷一律按篇、章、节、目、子目、暗目分级，具体的某一分卷据本卷内容选择层次安排。

4.一统志记事幅员广阔、历史绵长，时代不同、专业众多、情况各异，全志坚持横分门类的方志体例的基本特征外，历史跨度长或专业多的卷据情可以先分期再分类记述，综述全貌和古代、近现代部分，然后当代（中华人民共和国时期）展开分类记述，详近略远，详今明古。

5.各卷子系统独立。卷设编纂说明（全志凡例未涉及的）、概述、大事记（全志设大事年表）、各篇、人物、附录（文献辑存）、索引、编后记（全志设编纂始末）；篇下设无题导言；章、节下无题导言根据内容需要自定。具体的本行业产品（商品）价格、专业科研、专业教育随相关分卷记述，另由《物价卷》记物价指数、大的物价波动和物价管理，《科技卷》《教育卷》记宏观重大基础的科技、教育（学前、普通、高等、职业、成人、特殊教育）内容，全志大事年表、人物卷记国家重大事件和对国家重大作用和影响的人物。

6.各分卷承编单位按要求将本卷符合大事年表和人物分志标准的大事稿和人物稿报一统志总纂室，以编纂全志的大事年表和人物分志。

7.各分卷一律在收集整理时编辑资料长编（注明资料来源），后编纂分卷（交叉工作，不是等长编编纂完成再撰写初稿，而是一个记述单元长编完成编写一个记述单元）。批准出版时，分卷资料长编随文稿（纸质版稿和电子版稿）同时报一统志总纂室，存入中华一统志资料数据库。

二、指导思想与基本原则

（一）指导思想

坚持以马克思列宁主义、毛泽东思想、邓小平理论和“三个代表”重要思想、科学发展观为指导，坚持辩证唯物主义和历史唯物主义，创新思维坚持科学的历史观，按照《地方志工作条例》，全面系统地记述中华民族有史以来自然、政治、经济、文化和社会的历史与现状，为党和政府科学决策提供资料基础和智力支持，为发展中国特色社会主义经济建设、政治建设、文化建设、社会建设服务，为与国外进行文化交流服务，促进国家民族的统一与进步。

（二）基本原则

1.坚持依法修志。严格遵守国家有关法律法规特别是《地方志工作条例》的规定，记述民族、宗教、政法、军事、外事等方面内容要格外审慎；志稿形成后，主动征求有关主管部门的意见，严格履行审查验收程序。

不得含有下列内容：反对宪法确定的基本原则的；危害国家统一、主权和领土完整的；泄露国家秘密、危害国家安全或损害国家荣誉和利益的；煽动民族仇恨和民族歧视，破坏民族团结，或者侵害民族风俗习惯的；宣扬邪教、迷信、淫秽、赌博、暴力或者教唆犯罪的；侮辱或者诽谤他人，侵害他人合法权益的；危害社会公德或者民族优秀文化传统的；法律、行政法规和国家规定禁止的其他内容。

2.坚持实事求是。历史地看待各个时代的成就和失败，客观记述，不溢美，不诿过。挖掘出各历史时期的历史智慧。

3.坚持质量第一。把质量意识、精品意识贯穿于一统志编纂的全过程和各个环节，着力提高志书质量。正确处理质量与进度的关系，进度服从质量。

4.坚持“述而不论”，寓观点于记述之中，但在政治概念含糊、是非含糊时必须阐述明了。“述”体允许适当议论，但议论要适度。

5.坚持“生不立传”。对有重大影响、有突出贡献、有代表性的在世人物，采取以事系人的方式记述。

三、组织领导和工作要求

（一）组织领导

1.由国务院牵头组织各省区市，中央党、政、军有关部门，社会团体、行业协会等成立中华一统志编纂委员会。委员会办公室、全志总纂室（一个机构两块牌子）设在中国地方志指导小组办公室（或办公室并设“中华一统志馆”）。

主修：总书记、国家主席；主编：国务院总理；编纂委员会主任为分管文教的副总理，编纂委员会执行主任为中国地方志指导小组组长，委员为主要承编单位分管负责领导；总纂为中国地方志指导小组办公室领导；副总纂为中国地方志指导小组办公室领导和专家；总纂室主任由中国地方志指导小组办公室分工领导担任。

《中华一统志》编纂组织的领导工作岗位调整变动采取自然更替；机构变动的，编纂任务随原机构实体走；编纂工作不得因各种变动“半途而废”。

2.中华一统志编纂委员会领导《中华一统志》的编纂工作，决定一统志编纂中的重大问题。《中华一统志》为职务作品，其著作权由负责地方志工作、组织编纂的中国地方志指导小组享有，参与编纂的人员享有署名权。

3.一统志编纂委员会办公室（全志总纂室）具有统筹规划、组织协调、督促指导、检查落实分卷承编单位进行分卷编纂的职责。从全系列志宏观出发，指导各分卷篇目的拟定和具体编写，并完成中华一统志编纂委员会委托的终审定稿的组织工作（内部评审由承编单位自己组织）。各分卷篇目要有论证报告，全志办统筹研究后，承编单位予以实施。

4. 各独立承编单位分别成立分卷编纂委员会，由单位行政正职或分管副职担任分卷的编委会主任或副主任，相关部门行政主要领导担任委员，领导志书的编写并内审承编的志稿。多部门合作编纂的分卷由承编单位牵头，与参编单位合作编纂，并成立编纂委员会。承编单位行政领导担任分卷编纂委员会主任，参编单位的领导担任副主任或委员。承编单位根据编纂实际有权增加调整参编单位，需向全志办公室（总纂室）备案。

5. 承编单位要选配合适的分卷主编和编纂人员，完成分卷编纂任务。要吸收方志专家和相关专业的专家、学者参加。成立分卷编纂室，编纂人员采取"专兼职相结合""老中青相结合""在职与社会力量相结合"。编纂室冠名为"中华一统志某某分卷编纂室"，实行主编负责制，并由一统志总纂室组织对分卷的主编、编辑进行业务培训。

6. 分卷主编（或执行主编）、总纂须具备的条件：第一，有较高政治理论水平和政策水平；第二，知识面广，具有历史知识、专业知识和方志知识，熟悉地情和本专业的情况，具有较高的文字水平，善于思考和解决疑难问题；第三，热爱修志工作，有较强的事业心、责任心和组织能力，能吃苦耐劳，善于集思广益；第四，能承担志书总纂和全文通稿工作。

7. 在《中华一统志》编纂中，需要向有关机关、社会团体、企事业单位、其他组织以及个人征集有关地方志资料，有关单位和个人，尤其是全国各级档案馆、图书馆和新闻媒体须按照《地方志工作条例》规定提供资料支持。

8. 对在《中华一统志》编纂工作中做出突出成绩和贡献的单位、个人，给予表彰和奖励。

（二）工作要求

1. 坚持党委领导、政府主持、地方志机构具体组织实施、各承编单位分工合作的领导体制和工作机制。工作中的重大问题及时向党委、政府、中国地方志指导小组及相关部门请示汇报。

2. 各分卷编纂单位要做到"一纳入，五到位"，即把《中华一统志》的编修工作纳入本部门、本单位工作目标管理之中，做到领导到位、机构到位、经费到位、队伍到位、条件到位。

3. 全体编纂人员要发扬实事求是、艰苦奋斗、勇于创新、通力合作的工作作风，做到存真求实，确保质量。

4. 工作步骤。须经过九个步骤：第一步，各承编单位组建分卷编纂的机构队伍，根据本方案制定承编分卷志书的编纂方案，根据科学性和当代社会分工结合的原则拟定篇目。篇目论证报告报中华一统志编纂委员会（一统志总纂室）批准后实施。第二步，在一统志总纂室的协助下培训修志人员，掌握基本的方志知识和编纂要求。根据篇目组织编纂力量落实分工。第三步，搜集资料，除搜集本单位、部门档案资料外，历史资料从国家、专业档案馆和图书馆搜集，近现代资料从报刊中搜集，兼及社会调查，网络资料主要从官方网站搜集。第四步，根据篇目分类，边搜集资料边编写电子资料卡片，按时序编成实写单元的资料长编。第五步，进行实写条目试写，掌握方法后推开进行初稿编写。第六步，专条目、专节、专章的编纂（包括分纂）。第七步，总纂合成，承编单位内评内审。第八步，一统志总纂室（办公室）代表全志编纂委员会组织评议、审稿、验收，编纂委员会审定同意后交方志出版社出版。各分卷由承编单位财政渠道出资印刷。统一版式、装帧，每卷独立书号，独立印刷，不编册序。各分卷印刷软盘妥善保管。第九步，全志各分卷全部编纂完成出齐后，由国家财政统一拨款、统一编序、统一设计装帧印刷发行（分两步印刷主要考虑各分卷出版先后相差时间较长，开始设计的纲目会局部调整）。

5. 各承编单位实行主编（或执行主编）负责制，实行目标责任管理。

6.《中华一统志》涉及多学科、多行业，时间跨度大，为保证质量，要坚持“一评、二审、三验收”的评稿和审定制度。未经批准的分卷一律不得出版。“一评、二审、三验收”过程中，除须签署公章外，相关评稿人、审稿人、验收人须一一签字，其评议、审稿、验收意见存入中华一统志办公室档案室列为“中华一统志编纂工作”专门档案，每一卷志书均立一卷宗。

7. 志书立项与编纂经费。《中华一统志》编修工作首先需作为国家重大文化工程项目立项，所需经费列入财政预算，分年度、分工作阶段划拨。中国地方志指导小组办公室（一统志办公室、总纂室）组织人力收集宏观资料和社会资料，资料征集费用由国家财政拨款。中国地方志指导小组办公室（一统志办公室、总纂室）承编的总述、大事年表、人物卷、附录各卷等所需经费统一由中国地方志指导小组办公室（一统志办公室、总纂室）提出方案，经财政部审核，列入中国地方志指导小组办公室部门预算，包括编纂工作经费、资料费、聘用人员经费、聘用专家稿酬（劳务）等。全志集中统一出版经费，列入中国地方志指导小组办公室部门（渠道）预算。

《中华一统志》各卷编纂所需经费由各承编单位、参编单位按照本部门财政渠道向财政部门预算，由财政部或各省区市财政厅局批准使用；预算包括编纂工作经费、资料费、聘用人员经费、稿酬和分卷出版经费。大型国有企业、事业单位根据各自管理渠道，或向财政，或通过国资委渠道向财政预算；欢迎企业和事业单位用自有资金解决本单位一统志的编纂经费。

8. 以编纂《中华一统志》为平台，通过地方志系统的资料库、网站等平台，加强地方志工作的信息化建设。《中华一统志》编纂是一次全面综合性的国情大调查。编纂总体上采用无纸化操作，即资料收集、资料长编编辑、志书编纂、稿件编审等逐步采用计算机网上运行（保密内容除外）。

附：1.《〈中华一统志〉卷目及编纂分工》

2.《〈中华一统志〉编纂规范》

《中华一统志》卷目及编纂分工

（讨论稿）

序号	分志、分卷名称	承编单位
		统部
1	全志总目	中国地方志指导小组办公室
2	彩页、疆域全图、序、凡例、总述（简史体）	中国地方志指导小组办公室承编,疆域等图由国家测绘局提供
3	大事年表	中国地方志指导小组办公室承编，各分卷承编单位提供事条资料稿
		地理分志
4	疆域卷（含海疆）	中国社会科学院历史研究所
5	建置区划卷	民政部门承编，中国社会科学院历史研究所参编
6	地质卷	国土资源部中国地质调查局
7	地貌卷	中国科学院地理科学与资源研究所
8	大气（气候）环境卷	中国科学院大气物理研究所
9	水环境卷	中国科学院水资源研究中心
10	土地土壤卷	国土资源部
11	气候资源卷	中国科学院地理科学与资源研究所
12	生物资源卷	中国科学院组织有关生物研究所编纂
13	矿物资源卷	国土资源部
14	山岳卷	国土资源部
15	江河卷	国土资源部
16	海洋卷	国土资源部
17	自然灾害卷	民政部（国家减灾委员会）承编，中国气象局、中国地震局、农业部、中国林业局等参编
18	人口卷	国家统计局承编，国家卫计委、公安部参编
19	婚姻家庭卷	全国妇联
		经济分志
20	经济发展卷	国家发展改革委
21	经济改革卷（历代）	国家发展改革委承编，中国人民银行、农业部、国资委、商业部等参编

序号	分志、分卷名称	承编单位
22	农业卷	农业部承编，有关单位参编
	卷一、古代农业	农业部
	卷二、近现代农业	农业部
	卷三、当代农业总况	农业部
	卷四、当代种植业	农业部
	卷五、当代养殖业	农业部
	卷六、当代林业	国家林业局
	卷七、当代农垦	农业部
23	工业卷	工业和信息化部承编，相关古近现代工业经济研究所、当代工业相关行业协会参编
	卷一、古代手工业	
	卷二、近现代工业	
	卷三、当代工业总况	
	卷四、当代工业行业	
	卷五、当代规模工业企业	
24	商业卷	商务部承编，相关古近现代商业经济研究所、当代相关内贸行业协会参编
	卷一、古代商业	
	卷二、近现代商业	
	卷三、当代商业总况	
	卷四、当代商业行业	
	卷五、当代规模业态（商场）	
25	外贸卷	商务部承编，相关古近现代对外贸易研究所、当代相关外贸行业协会参编
	卷一、古代外贸	
	卷二、近现代外贸	
	卷三、当代外贸总况	
	卷四、当代进口贸易	
	卷五、当代出口贸易	
	卷六、技术贸易与劳务输出	
	卷七、劳务输出与技术援助	
	卷八、涉外服务业	
	卷九、外国外商投资	

序号	分志、分卷名称	承编单位
26	服务业卷	商务部承编，相关古近现代传统服务业研究所、现代服务业研究所、当代相关服务业行业协会参编
27	旅游业卷	国家旅游局承编
	卷一、旅游资源	
	卷二、古人旅游探险	
	卷三、近现代旅游业	
	卷四、当代旅游业	
28	银行业卷	中国人民银行承编，古近代现代金融研究所、当代国有银行、股份制银行参编
29	保险业卷	保监会承编，近现代涉及保险的金融研究所、国有各大保险公司参编
30	证券期货业卷	证监会承编，近现代涉及证券的金融研究所、上交所、深交所、各大期货市场等参编
31	物价卷	国家发展改革委（价格司）承编，相关价格研究所参编
32	财政卷	国家财政部承编，相关古、近现代、当代财政研究所参编
33	税收卷	国家税务总局承编，相关古、近现代、当代税务研究所参编
34	工商行政管理卷	国家工商行政管理总局承编，相关古、近现代、当代工商管理研究所参编
35	质量技术监督卷	国家技术监督局承编
36	食品药品监督管理卷	国家食药监局承编
37	海关卷	海关总署承编，国家出入境检验检疫局、国家口岸办参编
38	审计卷	审计总署承编
39	国有资产管理卷	国务院国资委承编
	建设分志	
40	古代都邑村社卷	城乡建设部承编，相关古代都邑研究所参编
41	近现代城乡建设卷（市政、公用建设随城市建设入志，下同）	城乡建设部承编，相关近现代城市、城镇、乡村研究所参编
42	当代城乡建设总况	城乡建设部承编
43	当代都市建设卷	城乡建设部承编，一线城市建设厅局参编
44	当代中小城市建设卷	城乡建设部承编，一线城市建设厅局参编
45	当代乡镇建设卷	城乡建设部承编，一线城市建设厅局参编

序号	分志、分卷名称	承编单位
46	当代新农村建设卷	城乡建设部承编，一线城市建设厅局参编
47	房地产业卷	城乡建设部承编，古近现代房地产研究所、中国房地产协会参编
48	建筑业卷	中国建筑业协会承编
49	公路运输业卷（含建设，下同）	交通部承编
50	水上运输业卷 卷一、江河湖泊运输 卷二、海洋运输（近海、远洋） 卷三、海事救捞卷	交通部承编
51	民用航空运输业卷	国家民航总局承编，各大航空公司参编
52	铁路运输业卷	铁路总公司承编
53	管道与索道运输业	交通部承编，国家能源局、国家旅游局等参编
54	邮政业卷	国家邮政局承编
55	电信业卷	工信部承编，中国电信、移动、联通、铁通、中国无线电管委会等参编
56	电业卷	国务院国资委承编，中国华能集团公司、中国大唐集团公司、中国华电集团公司、中国国电集团公司、中国电力投资集团公司、国投电力、国华电力、华润电力、中广核、国家电网公司、中国南方电网有限责任公司参编
57	水利建设卷	水利部承编
58	环境保护卷	环境保护部承编
	政治分志	
59	中国共产党卷	中央党史研究室承编
60	人民代表大会卷	全国人大常委会办公厅承编
61	人民政府卷	国务院办公厅承编
62	人民政协卷	全国政协办公厅承编
63	民主党派卷	中共中央统战部承编，八大民主党派参编
64	人民团体卷（含工商联）	全国总工会牵头合成，全国总工会、共青团、妇联、科协、侨联、台联、青联、工商联分别编纂
65	中国国民党卷	相关研究机构
66	国民政府卷	相关研究机构
67	旧政党卷	相关研究机构
68	旧社团卷	民政部门承编，中国社科院有关旧社团研究的研究所参编

序号	分志、分卷名称	承编单位
69	公安卷（含旧时代治安）	公安部承编
70	检察卷	最高人民检察院办公厅承编
71	审判卷（含旧时代审判）	最高人民法院办公厅承编
72	司法行政卷	司法部承编
73	军事卷	解放军总参承编
	卷一、古代军事	
	卷二、近现代军事	
	卷三、当代军事	
74	武警卷	武警部队承编
75	外交卷	外交部承编
	卷一、古近代外交	
	卷二、现代外交	
	卷三、当代外交	
76	港澳事务卷	国务院港澳办承编
77	台湾事务	中央台办承编
	文化分志	
78	科技卷	科技部承编，中国科学院、中国工程院参编
	卷一、古代科技	
	卷二、近现代科技	
	卷三、当代科技	
79	社会科学研究卷	中国社会科学院承编
	卷一、古代社会科学研究	
	卷二、近现代社会科学研究	
	卷三、当代哲学研究	
	卷四、当代政治学研究	
	卷五、当代史学研究	
	卷六、当代经济学研究	
	卷七、当代法学研究	
	卷八、当代文学研究	
	卷九、当代国际研究	

序号	分志、分卷名称	承编单位
80	教育卷	教育部承编
	卷一、古代教育	
	卷二、近现代教育	
	卷三、当代学前与小学教育（含学前）	
	卷四、当代中等教育	
	卷五、当代高等教育	
	卷六、当代特殊教育	
	卷八、当代成人教育	
81	文化艺术卷	文化部承编，各有关协会（学会）参编
	卷一、文学	
	卷二、戏剧	
	卷三、电影	
	卷四、音乐	
	卷五、舞蹈	
	卷六、曲艺	
	卷七、杂技	
	卷八、美术	
	卷九、摄影	
	卷十、民间工艺	
	卷十二、群众文化	
	卷十三、非物质文化遗产	
82	报业卷（含通讯社）	中宣部办公厅承编，各大报社、有关近现代新闻研究所参编
83	出版业卷	国家新闻出版广电总局承编
84	广播电视业卷	国家新闻出版广电总局承编
85	图书馆卷	中国图书馆学会、中国国家图书馆牵头承编，全国其他图书馆参编
86	文博卷	国家文物局承编，全国博物馆参编
87	医疗卫生卷	国家卫计委承编
	卷一、中医中药	
	卷二、西医西药	
	卷三、中西医结合	
	卷四、卫生防疫（疾控）	
	卷五、妇幼保健	
	卷六、计划生育	
	卷七、专病防治	

序号	分志、分卷名称	承编单位
88	体育卷	国家体育总局承编
	卷一、传统体育	
	卷二、群众体育	
	卷三、竞技体育	
	卷四、体育场馆	
	卷五、运动会（含竞赛）	
	社会分志	
89	民间组织卷	民政部门承编，有关民间组织研究机构参编
90	少数民族卷	国家民族事务委员会承编
	卷一、族源人口分布	
	卷二、民族经济	
	卷三、民族政治生活	
	卷四、民族文化	
	卷五、民族习俗	
	卷六、民族语言	
91	宗教卷	国家宗教事务委员会承编
	卷一、佛教	
	卷二、道教	
	卷三、伊斯兰教	
	卷四、天主教	
	卷五、基督教	
92	民政卷	民政部承编
	卷一、基层自治	
	卷二、烈士陵园（纪念地）	
	卷三、社会救助卷	
	卷四、社会福利卷	
	卷五、慈善事业卷	
	卷六、婚姻收养登记卷	
	卷七、移民安置卷	
93	人事人才卷	人事部承编
	卷一、干部	
	卷二、公务员	
	卷三、人才开发	
	卷四、专业技术人员	
	卷五、干部工资福利	

序号	分志、分卷名称	承编单位
94	劳动就业卷	人力资源和社会保障部承编
	卷一、劳动力	
	卷二、职工工资福利	
	卷三、劳动保护	
	卷四、安全生产与事故	
	卷五、劳动力市场	
95	社会保障卷	人力资源和社会保障部承编
	卷一、社会保险（养老保险、医疗保险、失业保险、工伤保险、生育保）	
	卷二、社会救济	
	卷三、社会福利	
	卷四、优抚安置	
96	人民生活卷	国家统计局承编
	卷一、收入与消费	
	卷二、衣食住行游	
	卷三、文化娱乐	
	卷四、城市居民消费	
	卷五、农村居民消费	
97	民俗卷	民政部承编，东北、华北、华东、华中、华南、大区各选1所大学民俗学研究所（已有本大区民俗研究系统成果）参编
	卷一、生活习俗	
	卷二、婚姻习俗	
	卷三、生育寿诞习俗	
	卷四、丧葬习俗	
	卷五、生产习俗	
	卷六、岁时节庆习俗	
	卷七、陋俗	
98	方言卷	中国社会科学院语言研究所承编
	卷一、全国方言分区	
	卷二、官话方言	
	卷三、吴方言	
	卷四、客家方言	
	卷五、粤方言	
	卷六、闽方言	
	卷七、赣方言	
	卷八、赣方言	
	卷九、晋语	

序号	分志、分卷名称	承编单位
98	人物卷 卷一、军政人物 卷二、经济人物 卷三、文化人物 卷四、英烈 卷五、劳动模范 卷六、能工巧匠	中国地方志指导小组办公室承编，各省区市地方志办公室参编，领袖人物由由中共中央文献研究室参编
	政区地区分志	
99	政区卷 卷一、北京市 卷二、天津市 卷三、河北省 卷四、山西省 卷五、内蒙古自治区 卷六、辽宁省 卷七、吉林省 卷八、黑龙江省 卷九、上海市 卷十、江苏省 卷十一、浙江省 卷十二、安徽省 卷十三、福建省 卷十四、江西省 卷十五、山东省 卷十六、河南省 卷十七、湖北省 卷十八、湖南省 卷十九、广东省 卷二十、广西壮族自治区 卷二十一、海南省 卷二十二、重庆市 卷二十三、四川省 卷二十四、贵州省 卷二十五、云南省 卷二十六、西藏自治区 卷二十七、陕西省 卷二十八、甘肃省 卷二十九、青海省 卷三十、宁夏回族自治区 卷三十一、新疆维吾尔自治区	各省区市地方志办公室承编，内容主要包括：（1）总情况（建置区划、自然环境人口、经济发展、城乡建设、社会事业、人才人物），篇目框架统一。（2）省区市情特点，特点篇目根据地情自行设置

序号	分志、分卷名称	承编单位
100	特别行政区与地区卷	
	香港特别行政区	香港特别行政区政府或国务院港澳办承编
	澳门特别行政区	澳门特别行政区政府或国务院港澳办承编
	台湾地区	中共中央台湾工作办公室
	附录（10卷）	
	编纂始末	

（完全按行业横分门类，时间跨度长、子行业多的工、商业分类过多，无法组织编写。参看以下示例2）

2.《中华一统志》卷目及编纂分工

序号	分志、分卷名称	承编单位
	统部	
1	全志总目	中国地方志指导小组办公室
2	彩页、疆域全图、序、凡例、总述（简史体）	中国地方志指导小组办公室承编,疆域等图由国家测绘局提供
3	大事年表	中国地方志指导小组办公室承编，各分卷承编单位提供事条资料稿
	地理分志	
4	疆域卷（含海疆）	中国社会科学院历史研究所
5	建置区划卷	民政部门承编，中国社会科学院历史研究所参编
6	地质卷	国土资源部中国地质调查局
7	地貌卷	中国科学院地理科学与资源研究所
8	大气（气候）环境卷	中国科学院大气物理研究所
9	水环境卷	中国科学院水资源研究中心
10	土地土壤卷	国土资源部
11	气候资源卷	中国科学院地理科学与资源研究所
12	生物资源卷	中国科学院组织有关生物研究所编纂

序号	分志、分卷名称	承编单位
13	矿物资源卷	国土资源部
14	山岳卷	国土资源部
15	江河卷	国土资源部
16	海洋卷	国土资源部
17	自然灾害卷	民政部（国家减灾委员会）承编，中国气象局、中国地震局、农业部、中国林业局等参编
18	人口卷	国家统计局承编，国家卫计委、公安部参编
19	婚姻家庭卷	全国妇联
	经济分志	
20	经济发展卷	国家发展改革委
21	经济改革卷（历代）	国家发展改革委承编，中国人民银行、农业部、国资委、商业部等参编
22	种植业卷	农业部
23	养殖业卷	农业部
24	林业卷	国家林业局
25	农垦卷	农业部
26	地质勘探业卷（勘探开采）	国土资源部承编
27	采掘业卷	国土资源部承编，中石油、中石化等涉及矿探开采加工行业协会和央企参编
28	食品加工业卷	农业部承编，国家粮食局等参编
29	食品制造业卷	中国食品工业协会承编，各省区市食品工业协会参编
30	纺织业卷	中国纺织工业联合会承编，各省区市纺织工业协会参编
31	服装制造业卷	中国服装协会承编，各省区市相关协会参编
32	家具制造业卷	中国家具协会承编，各省区市相关协会参编
33	印刷业卷（含媒介复制）	国家新闻出版总署
34	文体用品制造业卷	中国文教体育用品协会承编，中国体育用品业联合会、各省区市相关协会参编
35	石油加工业卷	中国石油和化学工业联合会承编，中石油集团、中海油集团等参编
36	化学品制造业卷	中国石油和化学工业联合会承编，中国塑料加工工业协会、中国橡胶工业协会等参编
37	医疗药品器械制造业卷	中国医疗器械行业协会承编，中国化学制药工业协会、中国中药协会参编

序号	分志、分卷名称	承编单位
38	非金属矿物制品业卷	中国水泥协会承编，中国建筑玻璃与工业玻璃协会、中国砖瓦工业协会、中国陶瓷工业协会参编
39	钢铁工业卷	中国钢铁工业协会承编，宝钢集团、武钢、首钢、包钢、鞍钢、邯钢等参编
40	有色工业卷	中国有色金属工业协会承编，中国有色集团、铜陵有色集团、内蒙古包钢稀土企业、江西钨业集团有限公司等参编
41	机械工业卷（普通机械、电气机械）	中国机械工业联合会承编，相关分支行业协会和大型企业参编
42	铁路运输设备制造业卷	中国铁路总公司承编，中国中车集团等参编
43	汽车摩托车制造业卷	中国汽车工业协会承编，中国摩托车行业协会、相关制造企业参编
44	船舶制造业	中国船舶工业行业协会承编，相关大连、江南等船舶制造企业参编
45	飞机制造业	中国航空工业集团公司承编，相关飞机制造企业集团参编
45	航天器制造业卷	中国航天集团总公司承编
46	军事工业卷	国防科技工业局承编
47	电子通信工业卷	工业和信息化部承编
48	工艺美术品制造业卷	中国工艺美术协会承编，浙江省工艺美术行业协会等省市协会参编

……

说明：因全国人大代表提出的编纂一统志的议案，中国地方志指导小组办公室于2015年8月27—28日在江西南昌召开《中华一统志》编修可行性论证会议，会前按照中指办领导的安排，梅森起草了供会议讨论（会议材料）的编纂方案。具体包括以上《〈中华一统志〉编修可行性论证报告（讨论稿）》《〈中华一统志〉编纂规划方案（讨论稿）》和《〈中华一统志〉卷目及编纂分工（讨论稿）》三份材料。

工作活动著作文论年表

梅森地方志工作活动要事年表

时间	工作活动	情况
1982年8月	大学毕业分配到全椒县人民政府地方志办公室工作	安徽大学中文系（78级、82届）毕业，当年77级、78级分配用同一年的人事指标，故77级绝大多数留在省会合肥的省直机关，而78级基本上哪来哪去，故分回家乡全椒县。恰逢全国地方志编纂开始，全椒县刚将1981年成立的县史志办公室拆分为县党史办公室和地方志办公室。9月进入全椒县人民政府地方志办公室担任编辑、秘书，参加安徽省地方志办公室在滁州市举办的地方志编纂工作培训班（戏称安徽修志的“黄埔一期”），开始4年的《全椒县志》的编纂，担任篇目起草和全志通稿工作。此间，有文章在地方志刊物刊发，加之《全椒县志》是安徽首轮新方志首部完成编纂的志书（1986年9月完成编纂）。省地方志办公室主动联系调该办工作
1986年10月	调入安徽省地方志办公室地市县志处工作	1986年10月至1991年7月，在安徽省地方志办公室地市县志处担任编辑，负责江淮之间40多个地市县志书编纂的业务指导。为解决人少点多的问题，请示领导同意，组织编纂了《实用方志编纂学》
1991年	调入安徽省地方志办公室省志处工作	1989年中国地方志学会副秘书长、省志处处长欧阳发调省经委任《安徽经济报》主编，《安徽省志》出版了气象卷、地震卷、水产卷、粮食卷、体育卷5卷分志；老处长走后，由秘书处处长代管，省志工作基本停滞。1991年提拔青年业务干部解决省志编纂等业务问题，梅森被提拔任省志处副处长，实际主持《安徽省志》编纂业务（因处长为一地区组织部部长调任，故办公室领导明确分工一管行政一管业务）。1997年任省志处正处调研员，兼任《志苑》《上海地方志》两份杂志的主编，同时完成剩下的省志总述卷、省志人物卷的实际主编工作（主编为分管领导署名）。1999年安徽全省志书在全国率先完成，获中国地方志指导小组的表彰。1991—1997年期间承担各次全省地方志工作会议的编纂委员会主任报告（省长、副省长）和会议材料组织起草工作
1991年	调整《安徽省志》的编纂框架，起草新的编纂方案和凡例及编纂规范	《安徽省志》编纂工作于1983年前后启动，框架初由省志处处长曹贵森设计为47卷；后接任处长欧阳发调整为57卷，1991年梅森任省志处副处长（主持业务）修订调整为67卷。主要把原综合经济管理调整为计划、统计、物价、技术监督，把科技卷调整为科技、社科等；小篇平列，既增强了资料性，同时将多头组卷变为专门部门独立编纂。原综合经济管理涉及9家单位，互相观望，分开编纂后编纂进度加快。到1999年编纂完成，省志67卷没变（按梅森意见增加1部目录卷方便检索）

时间	工作活动	情况
1993年9月21日	副高职称资格评审与聘任	安徽省出版系列高评委评选通过“副编审”资格，省地方志办公室发聘任书（5年一聘）。安徽省职称改革领导小组发《专业技术职务资格志书》编号1006695。1996年1月被编入安徽省职政领导小组编、安徽科技出版社出版的《安徽高级专家人名词典》
1997年3月	优秀成果奖	在《中国地方志》杂志发表的论文《论修志事业与社会主义市场经济接轨》获安徽省地方志编纂委员会“安徽省第二届地方志优秀成果一等奖”
1998年	起草《安徽省志》序言	起草《安徽省志序一》（省委书记回良玉序）；起草《安徽省志序二》（省长王太华序）。起草稿局部经省委办公厅、省政府办公厅修改
1998年4月	撰写《安徽省情概览》	接安徽省政府办公厅和省地方志编纂委员会的指令，撰写3万字左右的小册子（包括概况、优势、经济社会发展简况），供省四套班子领导向外统一介绍省情，此前省领导接待来宾时情况介绍不完全统一。7月1日获安徽省职称外语（日语）考试合格证。但因为安徽省地方志办公室1997年参照公务员管理，无法评聘正高
2000 年5月16—17日	参加志书质量标准理论研讨会	全国志书质量标准理论研讨会在长沙市举行，梅森提交的论文为《必须建立全方位的检验志书质量的指标系统》，后刊发在《中国地方志》2000年第5期上
2000年12月	上海人才引进调上海市地方志办公室方志编纂处工作	1999年，安徽省首轮地方志编纂在全国率先完成；但真正勤勤恳恳付出汗水辛劳者并没有得到安排。1997年调整办公室中层班子，省志处原处长一直未提拔，还有几个月退休，故不想最后几个月改为正处调，梅森按照领导谈话意见任正处调研员，等处长退休后马上调整。但紧接着办领导人事调动，原谈话由正处调研员递任处长也无人问津了。一直到2000年初，梅森完成两份杂志编纂任务和最终的《安徽省志人物志》卷的工作后，去意已决。另外原因是夫人是上海插队知青，孩子按照上海政策户口已入沪。年初将函和成果材料发上海市地方志办公室。2000年11月14日上海市人事局向安徽省地方志办公室发出人才引进函（沪人业字[2000第400075号）。12月初正式报道上班，担任上海市地方志办公室方志处负责人，一年后转处长
2001年12月30日	正高职称资格评审与聘任	2001年1月通过考试获上海市职称改革小组办公室上海市专业技术人员统一考试合格证书（职称古汉语高级）。12月，上海市出版系列高级专业技术职务任职资格审定委员会审定，确认编审任职资格。编号01F0020051
2002年	公派考察欧洲	上海市地方志办公室安排，考察芬兰赫尔辛基、荷兰阿姆斯特丹、比利时布鲁塞尔、卢森堡、法国巴黎、里昂、意大利比萨、热那亚、威尼斯、罗马、德国慕尼黑、斯图加特、法兰克福，与当地图书馆、学会进行交流

时间	工作活动	情况
2003年12月—2008年	起草上海第二轮新方志编纂实施方案和规范性文件	2003年12月开始调研论证，2005年春节期间写出第一稿，至2008年年底基本定稿，前后调研、起草、论证、修订了整整5年的时间。起草一系列规范性文件,即市政府办公厅下发的《关于印发<上海市第二轮新编地方志书编纂规划>的通知》，市地方志编纂委员会下发的《<上海市志（1978-2010）>编纂实施方案》《上海市级专志系列编纂实施方案》。市地方志办公室配套下发的《市志、市级专志卷目及编纂分工》《上海市志编纂行文规范》《二轮上海地方志资料长编若干要求》《各分志、分卷、专志实施方案与篇目备案意见》《二轮上海市级志书评审验收办法》《上海市志、市级专志印刷版式规定》等文件，在此基础上归集印发了《上海市第二轮市级志书编纂手册》（上海市新闻出版局内部准印）。以上文件方案均为梅森起草
2004年8月16—19日	参加中国地方志学会2004年度学术年会（第一届）	中国地方志学会2004年度学术年会在新疆乌鲁木齐召开，主要是推进方志理论研究和学科建设。会后形成《新方志理论与实践二十年》于2005年5月由方志出版社出版。梅森的论文《“折衷派”与“记录地情的综合性文献”：也谈方志性质》和《第二轮修志需要探讨的几个问题》分两次作大会发言。晚，与少数专家一起论证了中华一统志编纂的可行性。两篇文章均入选方志出版社出版的年会论文集
2004年10月14—15日	参加中国地方志指导小组方志性质研讨会	中国地方志指导小组办公室主办,广州市地方志办公室承办的方志性质研讨会在广州市方志馆召开，包括梅森在内的上海、浙江、安徽、河北和广东等地的专家共12人参加会议。对多年众说纷纭的方志性质大致达成相近的观点，为2006年国务院《地方志工作条例》的基础条“本条例所称地方志，包括地方志书、地方综合年鉴”打下理论基础，为工作管理，20年修志一次与年年编纂年鉴永不断章打下了理论基础。梅森的观点就是同年8月在中国地方志协会年会上《“折衷派”与“记录地情的综合性文献”：也谈方志性质》的观点
2004年11月28日—12月12日	公派考察澳大利亚	上海市地方志办公室公派，随团考察澳大利亚悉尼、堪培拉、凯恩斯、布里斯班、黄金海岸、阿德莱德、墨尔本，与阿德莱德学院等进行了学术交流
2006年4月13—14日	参加志书质量标准体系研讨会	中国地方志指导小组办公室主办、桂林市地方志办公室协办，志书质量标准体系研讨会在广西桂林市召开。提交论文《志书质量标准体系的建立是地方志事业成熟的标志》刊发在《中国地方志》2007年第4期上

时间	工作活动	情况
2006年9月19日—10月1日	公派考察加拿大、美国	应美国国家档案馆和加拿大国家文化产业部多伦多总部的邀请，随上海市地方志系统考察团参观访问加拿大的温哥华、多伦多、魁北克、蒙特利尔、渥太华和美国的纽约、费城、巴尔的摩、华盛顿、洛杉矶等城市。重点与加拿大多伦多公共图书馆、美国纽约公共图书馆、美国国家档案馆新馆、美国国会图书馆进行了学术交流
2007年	参与起草地方志书质量规定	2007年，参与中国地方志指导小组《地方志书质量规定》的起草工作，该规定于2008年10月27日发布
2008年9月	起草国务院主持编纂的《汶川特大地震抗震救灾志编纂实施方案》	2008年5月18日汶川特大地震发生，9月下旬梅森受中国地方志指导小组办公室委托，在北京赵家楼宾馆起草国务院《汶川特大地震抗震救灾志的编纂实施方案》。国务院总理及分管副总理等领导一次批准此方案。时间紧迫，该方案起草只用2天1夜时间，参考文件只有国家汶川大地震抗震救灾指挥体系一份材料（田嘉、邱新立、周慧、陈泽泓等参加方案的讨论）。起草上海市志编纂实施方案为该地震志方案的起草打下了基础。2009年，又受命起草了《汶川特大地震抗震救灾志资料长编编写要求》《汶川特大地震志编写要求》等文件。该志2015年8月由方志出版社出版，为“十二五”国家重点出版规划项目、中国志书精品工程；梅森为全志指导专家之一；参与地震灾害卷、灾后重建卷的编写，以及总述、大事记、灾害卷、抢险救灾卷、医疗防疫卷、社会赈灾卷、灾后重建卷、附录索引卷的初、复审工作
2008年9月	起草《汶川特大地震上海市对口支援都江堰市灾后重建志编纂工作实施方案（草案）》	2009年8月8—16日，上海市地方志代表团赴川、滇，与四川省办公室领导交流，产生组织编纂上海援建志的想法。9月，国家发改委承编的《汶川特大地震灾后重建志》任务下达。上海前方指挥部接受任务，与上海市地方志办公室联系，形成前方指挥部组织重建，后方由市地方志办公室组织编纂的意向。梅森在黄山参加全国省志工作研讨会、《汶川特大地震志》编纂研讨会期间，晚上起草了《上海市对口支援都江堰市灾后重建志编纂工作实施方案（草案）》，此后在完成国家抗震救灾志、上海对口援建志的同时，还完成了第二轮上海市级志书的编纂方案起草等准备工作；完成了处室的日常管理，包括上海地方志杂志主编和学会管理工作。2011年11月中共上海市委、上海市人民政府授予“上海市对口支援都江堰市灾后重建突出贡献个人”称号，中共上海市委宣传部于2011年6月颁发“上海市宣传系统优秀共产党员”荣誉证书
2009年3月	成果一等奖	领衔编纂的《方志编修教程》获上海市第二届地方志优秀成果（著作类）一等奖（上海市地方志编纂委员会授予荣誉证书）

时间	工作活动	情况
2009年3月—2010年3月	地情资料数据库设计	成果：《地方志书内容框架指南》《地情资料数据库电子资料卡片要素与格式设计》《上海市地情资料数据库框架设计》《地方志书质量要求与志书基本门类要素的参考》
2009年7月8—13日	参加中国地方志协会换届	中国地方志协会第五届会员代表大会暨第五届理事会第一次会议在吉林省长春市召开，担任协会理事；7月，被中共上海市地方志办公室机关总支评选为优秀共产党员
2009年	提出资料长编电子版的电子卡片模本并开始试验，为上海二轮修志建立资料数据库做准备	策划组织上海市志报刊资料征集工作，制作电子资料卡片样条，用市场智力购买的方式，聘请安徽已退休的修志专家（会操作电脑），对《解放日报》（1978—2007年）共30年的资料电子版，按照地方志的认识，节录、整理，形成资料数据库；因为管理渠道问题，此电子资料长编还在市志处，市志各承编单位拷回使用。梅森设计的地情资料数据库在二轮上海市志编纂中并未能实现；但国家发改委在编纂灾后重建志时采用了这一方法，建立1000多万字的长编资料数据库
2009年11月	参加苏州方志论坛	2009年，为了进一步提升方志理论研究水平，解决编纂中出现的重点与难点问题，中国地方志指导小组办公室创办了“新方志论坛”。从该年起，论坛每年举办一次，首届论坛在苏州举办，参加的有方志界、中国社会科学院、复旦大学、南开大学等方面专家12人，此后每届论坛有80人甚至100多人。苏州论坛梅森论文为《二轮志书“城乡建设”、“基础设施”、“人工环境”板块的辨析》，首次提出将地方志五大部类改为六大部类（过去城乡建设是放在经济类），该文刊发在2010年《中国地方志》第6期
2010年1月8日	起草上海市地方志工作会议的领导报告	在上海科学会堂召开2010年上海市地方志工作会议，标志着本市第二轮市级志书编纂工作全面启动。会前梅森起草中共上海市委副书记、市地方志编纂委员会主任殷一璀《在上海市地方志工作会议上的讲话》（市委办公厅局部修改）
2010年7月2—11日	公派考察埃及、土耳其	应埃及埃中文化交流协会、土耳其历史协会的邀请，随上海市地方志系统代表团考察了埃及开罗、亚历山大和土耳其安卡拉等城市。重点考察了埃及国家博物馆、亚历山大图书馆、安娜托利亚文明博物馆、土耳其历史协会、圣索菲亚博物馆，并与亚历山大图书馆、土耳其历史协会进行了交流。考察的城市还有埃及卢克索、阿斯旺，土耳其的伊斯坦布尔
2010—2015年	担任《中国地方志》杂志社外审稿专家	受《中国地方志》刊物编辑部的聘请，从2010年第1期开始至2015年第5期结束，对该杂志50多期文稿进行了社外审稿，提出用稿建议（盲选）

时间	工作活动	情况
2010年9月15—16日	参与《方志百科全书》编委工作	《方志百科全书》编委会成立暨第一次会议于2010年9月15—16日在北京召开，梅森被聘为编委和专家组专家，参与研究了编纂方案，此后至2015年定稿，连续参加专项问题研讨，并对样稿、词条提出修改意见，对各部分进行了审稿，主要通过电子邮箱传输
2010年9月25—26日	参加第十届国史学术年会	由当代中国研究所、中华人民共和国国史学会、中国地方志协会和广东省人民政府地方志办公室联合举办，在广州举行会议主题为“中国当代史研究与地方志编纂”；任分组讨论主持人之一，提交的论文为互联网与地情资料数据库的关系与设计研究
2010年12月	参加第二届“新方志编纂论坛”	由《中国地方志》杂志社与湖南省地方志办公室联合在衡山举办，论文主题为地方志文化与社会部类的编纂；主题发言的论文为《志书社会内容的编纂》，后刊发于《中国地方志》2011年第5期
2010年底—2011年1月	起草《上海世博会志》编纂方案等系列文件	起草《上海市志·上海世博会分志》编纂工作实施方案（草稿代拟）》《关于尽快启动〈上海世博会志〉的请示》（给中共上海市委宣传部）、《〈上海世博会志〉编纂组织方式论证》《上海世博会志编纂凡例》《上海市地方志编纂委员会（第二轮）成立暨《〈上海市志·上海世博会志〉》启动大会召开论证及建议意见》
2011年2月	公务员奖励	中共上海市地方志办公室党组给予梅森“在2010年度工作中成绩突出，给予嘉奖”（公务员奖励证书;13110020001）
2011年3月	退休	正式退休，免去上海市地方志办公室市志处处长职务；上海市地方史志学会秘书长卸任，改任学会副会长。报告中国地方志学会，辞去理事，改任中国地方志学会学术委员会委员
2011年6月	被授予优秀共产党员称号	荣获2011年上海市宣传系统优秀共产党员称号，中共上海市委宣传部特发荣誉证书
2011年11月	被授予突出贡献个人称号	中共上海市委、上海市人民政府授予梅森“上海市对口支援都江堰市灾后重建突出贡献个人”称号
2011年11月	聘为周庄名镇志顾问	被江苏省昆山市周庄镇人民政府聘为《重修周庄镇志》顾问
2012年7月	授予先进工作者	上海市地方志办公室授予梅森“上海市方志系统先进工作者”（虽退休但仍然在参与《上海世博会志》编纂和上海市志编纂业务培训教学工作）

时间	工作活动	情况
2011—2016年	受聘参加《上海世博会志》编纂	2010年12月4日到退休年龄。2011年3月正式退休，受聘担任上海世博会志编纂室副主任，世博大事记、世博组织领导篇、园区指挥篇、世博规划建设篇、迎世博600天行动、园区交通安保篇、园区服务篇、礼宾接待篇、商贸旅游篇、科技环保篇、交通安保篇等篇章的主纂。因报高层审稿，该书2019年年底仍在上海人民出版社等待开印
2011年	受聘担任《闵行区志（1992—2011年）》顾问	实际工作包括修订篇目和实施方案、授课培训，“一步半”方法（总纂修改提前并同步），从部门试写稿一直修改补充通稿到评审稿（反复修改到初稿完成）。用电子邮箱传输稿件。从顾问角度对初、复、审三审意见提出修改建议。初评后，总纂修改由该志执行主编完成（见该志编后记）；此外，46卷各卷无题导言勾连历史部分由梅森撰稿；文化艺术卷、商业旅游服务业卷的商品及渠道、境外旅游，风俗方言卷的新风俗等内容，多为梅森撰写补充。城乡建设卷无题导言因观点不同没有收入，刊入《上海地方志》2015年第2期，标题“闵行区的市镇变迁与城市化”（读者有兴趣可与出版志书中的内容进行比较研究）。该志2007年由上海人民出版社出版
2011年3月	参加《中国地方志》杂志优秀论文的评选	2011年3月参加中国地方杂志社《<中国地方志>优秀论文选编》评选方案》的研讨，提供建设性意见，此后参加论文的筛选工作。优秀论文选入范围，自该刊1981年创刊到2011年发表在该刊上的论文文章。于2013年12月由中国城市出版社出版
2011年8月6日	起草领导地方志工作总结	起草上海市委常委、宣传部长、市地方志编委会副主任杨振武《上海市第二轮市级志书编纂启动以来工作报告》
2011年11月17—21日	参加第三届新方志论坛	中国地方志指导小组办公室、《中国地方志》编辑部举办的“2011年新方志论坛”在广西南宁举行。论坛主题：方志文化·改革开放。来自全国地方志系统与科研院校的55位作者参会。提交论文《地方志,华夏文化的根脉》，后在《中国地方志》2012年第10期刊发
2012年10月16—19日	第二届中国地方志学术年会	中国地方志学会主办，江苏省地方志办公室和南通市地方志办公室承办，在江苏省南通市举行。作大会论文汇报。论文题目为：《城市化是第二轮志书记述的重要内容》；刊发于《中国地方志》2013年第6期

时间	工作活动	情况
2012年12月25—26日	参加由中国地方志指导小组办公室主办的《方志学学科建设三年规划（2014—2016）》研讨会	该研讨会在北京召开，梅森发言为《方志学学科立项准入亟待进行》，观点包括：“方志学学科成为独立学科的可行性”“方志学学科体系”“方志学学科建设”三个方面。提出近现代以来我国学术和学科的细化裂变是方志学成为独立学科的学科基础、方志的历史地位是方志学成为独立学科的历史基础、方志活动的学术积淀是方志学成为独立学科的学术基础、方志资源的广泛利用是方志学成为独立学科的社会基础。2013年5月15日，在京对定稿的规划再次进行讨论
2013年10月21~22日	参加新方志编纂论坛研讨会	新方志理论研讨会（原名“论坛”）在武汉市召开。会议由中国地方志指导小组办公室主办、武汉地方志办公室承办。研讨会的主题是：方志基础理论与新编地方志政治部类的编修理论。梅森大会交流的论文为《整体把握志书政治部类编纂的实践与思考》，后刊发于《中国地方志》2014年第4期
2013年12月15日	收到灾后重建志编纂工作贡献证明和感谢信	因“在《汶川特大地震抗震救灾志·灾后重建志》编纂工作中做出贡献，特发此证”国务院汶川特大地震抗震救灾志·灾后重建志编委会办公室、国家改革委西部开发司（代章）；同时，对梅森所在单位上海市志办表示感谢：“特别是梅森同志，作为全志专家，对《灾后重建志》的编纂给予悉心指导，帮助培训学员，指导各阶段编纂工作，同时承担了繁重的编纂任务和审校工作，其严谨、认真、务实的工作精神与作风令人敬佩”
2014年9月	受聘担任《吴起县志》（续志）总纂	陕西省地方志办公室于2014年8月18—19日在西安举办全省市县地方志办公室主任培训班，受邀讲授《当前市县志编纂方法及若干问题》。会中，吴起县地方志办公室主任乔明邀请担任该县志书的总纂，2014年10月与吴起县档案局（方志办）签订编纂合同。此后采用电子邮件往来的方法修改志稿，从网络搜集资料充实核定志稿。2019年由陕西人民出版社出版
2014年10月14—15日	参加第五届新方志论坛	在四川省成都市召开。2014年新方志论坛的主题是志书的自然部类和地域文化。论坛由中国地方志指导小组办公室主办，四川省地方志编纂委员会承办。梅森大会交流的论文为《自然环境志编纂之历史演变》，后刊发于《中国地方志》2015年第8期

时间	工作活动	情况
2014年12月23—24日	参加中国地方志学会2014年学术年会（第四届年会）	2015,第四届中国地方志学术年会在杭州举行，会议主题为弘扬方志文化,发掘历史智慧——中国历代方志整理与研究，梅森参与了年会论文的盲选，本人提交论文为《中国方志史的研究方法及思路——关联、背景与节点是开启方志史科学研究的钥匙》，主持分组发言并代表小组作大会发言
2015年7月	被聘为上海市地方志书评审专家	被上海市地方志办公室聘请为“上海市地方志书评审专家库专家，聘期为2015—2020年”。说明，至2019年年底，从未受该办邀请，参加任何一部志书的评审。上海市级志书的评审者多为退休的局级以上行政领导和少数高校、社科院的专家教授
2015年8月27—28日	参加中华一统志编修可行性论证会议暨方志学学科建设规划专题研讨会	中华一统志编修可行性论证会议在江西南昌召开，研讨中华一统志编修的必要性、面临的主要问题、解决问题的方法等。会议就一些重要问题达成共识。梅森受中国地方志指导小组办公室理论室的委托，起草三份讨论稿，分别是：《<中华一统志>编修可行性论证报告》《<中华一统志>编纂规划方案（讨论稿）》《<中华一统志>卷目及编纂分工》；随后召开方志学学科建设规划专题研讨会议，对《方志学学科建设规划（2015—2020年）》文本作进一步研讨和修改
2015年10月19—21日	参加第六届新方志论坛	由中国地方志指导小组办公室主办、上海市地方志办公室承办，全国地方志工作机构和学术研究机构的工作者、专家学者120余人出席会议，研讨国务院总理的批示“修志问道”；梅森大会交流的论文为《“修志问道”的蠡测与思考》，后刊发于《上海地方志》2016年第3期
2015年10月	受聘《上海市志·政府志》总纂工作	受上海市人民政府办公厅《政府志》编辑部聘任，参与《上海市志 . 政府志》通稿总纂工作。该志2019年评审通过，交付上海人民出版社出版
2015年11月9—10日	参加中国地方志学会2015年学术年会（第五届年会）	2015年,第五届中国地方志学术年会在福建省厦门市召开，通过对《厦门市志（1996—2005）》《石狮市志（1998—2010）》《北川羌族自治县志（1988—2007）》三部志稿进行研讨,重点研究第二轮市县志编纂存在的共性问题。梅森分工研讨三志的自然环境、文化部类。参与了年会论文的盲选工作，主持分组发言并代表小组作大会发言
2015年12月	参加中国地方志系统抗战史料整理编纂研讨会	响应中央号召，中国地方志指导小组为反馈全国哲学社会科学规划办《中国人民抗日战争研究中长期规划及分工落实方案》的意见建议，制定全国地方志系统《抗日战争研究中长期规划实施方案（建议稿）》，在北京中指办召开论证会。会前，梅森受中国地方志指导小组办公室理论研究室委托，起草了抗日战争志、抗日战争人物志、抗日战争史料汇编的编纂实施方案和内容框架要点

时间	工作活动	情况
2016年5月12日上午	在人民大会堂参加《汶川特大地震抗震救灾志》出版座谈会	《汶川特大地震抗震救灾志》出版座谈会在首都人民大会堂召开，该志共11卷13册、约1400万字。国务委员王勇出席座谈会并讲话。王勇强调，要进一步大力弘扬伟大抗震救灾精神，使之在全社会进一步传播开来、生根发芽。梅森作为编纂专家受邀与会
2016年10月26日—2017年	统稿《浙江通志·财政志》	2016年10月26日，受浙江省财政厅聘请，签订合同，为《浙江通志·财政志》进行统稿（8月开始）。该志于2019年由浙江人民出版社出版
2016年12月30日	受聘特聘专家	受江苏省人民政府办公厅特聘，担任《江苏省志（1978—2008）政府志》特聘专家，培训授课和承担文化、社会两章的主纂。2018年完成本部分工作
2017年4月	受聘学术委员与专家委员会委员	受中国地方志指导小组聘请，担任中国地方抗日战争志工程学术委员、《中国抗日战争志》学术委员；同月，受方志出版社聘请担任方志出版社专家委员会委员，聘期5年。6月2日，在方志出版社参加方志出版社专家委员会委员聘任仪式暨专家座谈会
2017年10月	不再担任学会副会长	上海市地方史志学会换届，因超过65周岁，已连续担任两届副会长，不再担任第五届该学会职务
2017年11月	受聘担任市志公安志的编审	受上海市公安局修志编辑室之聘，担任《上海市志（1978—2010）公安分志》编审，该志2019年通过评审
2018年4月25—26日	抗战志分组讨论第二组召集人	受邀参加国家社科基金抗日战争研究专项工程《中国抗日战争志》项目暨中国地方抗日战争志工程研讨会，主要讨论抗战志的篇目，该会在山东枣庄市召开
2018年5月	参加安徽抗日战争志编纂	受安徽省地方志办公室邀请，担任《安徽抗日战争志》总纂，当月起草了编纂方案、篇目框架等
2019年1月6日	参加中国系列名志文化工程学术委员会会议（珠海）	受聘担任中国名山志文化工程学术委员会委员。会议讨论了中国名山、名水、名街、名酒志丛书篇目，投票表决要求参编的第一批志书的资格。会议在珠海召开
2019年4月3日	参加方志出版社图书质检工作座谈会	北京国家方志馆二楼会议室，方志出版社召开。会前接受方志出版社的“方志出版社图书质检专家”聘书

时间	工作活动	情况
2019年4月4日	参加《军事志学》课题专家审稿会	北京国家方志馆二楼会议室，军事科学院军队政治工作研究院解放军党史军史研究中心召开
2019年7月	担任专家委员会工作	被南京市地方志学会聘任为该会学术委员会成员
2019年10月22日	被推荐参加全国地方志先进典型评选落选	上海市政府办公厅修志编纂室根据中国地方志指导小组《关于推荐全国地方志工作先进典型的通知》向上海市地方志办公室推荐梅森参加“社会力量参与地方志工作先进个人”评选，最终落选。本次社会力量修志典型条件为对方志事业的情怀，侧重修志一线，修志成果。上海请来评选的专家没有地方志系统的领导专家，最终一位市志专志的顾问入选上报。何为“情怀”？何为修志一线？何为修志成果多寡？地方志系统评先进，没有本系统的老领导和方志专家。地方志系统参公管理后，舍弃自身的修为，工作转为“外向型”：修志组织外系统外单位；评审延请外行业学者专家；评学术成果请外专业专家（高校、社科）；今天发展到评工作先进也请外行业专家了。当代人搞不明白的事留给后人研究。

梅森方志学与方志编纂方法授课年表

授课时间	授课内容	听课对象	主办单位	授课地址
1982年9月	方志史与方志编纂方法	参加《全椒县志》稿编纂人员100多人	全椒县地方志编纂委员会	全椒县城
1986年8月	县志经济部类编纂	安徽全省地方志系统120多人	安徽省地方志办公室	舒城县城
2005年6月8—17日	多元社会结构的多元运作——社会主义第二轮新方志编纂	全国第二轮修志试点单位方志理论与编纂研修班60多人	中国地方志指导小组办公室举办	上海市浦东川沙宾馆
2005年10月	经济部类志的编纂	宁波大学广东省第一期方志业务培训班40人	广东省地方志办公室举办	宁波大学
2006年5月	经济部类志的编纂	宁波大学广东省第二期方志业务培训班48人	广东省地方志办公室举办	宁波大学

授课时间	授课内容	听课对象	主办单位	授课地址
2006年7月16—24日	经济、社会发展与经济、社会部类志的编写	全国第二轮新方志编修理论与实务研修班140名代表	中国地方志指导小组办公室举办（全国27个省、区、市）	上海市浦东金桥碧云酒店
2007年9月24—28日	市场经济环境修志与志书内容	新疆维吾尔自治区地方志系统骨干培训班116人	新疆自治区地方志办公室	乌鲁木齐市
2007年4月上旬	经济部类志的编纂	宁波大学哈尔滨市第一期方志业务培训班33人	哈尔滨市地方志办公室	宁波大学
2007年4月中旬	经济部类志的编纂	宁波大学广东省第三期方志业务培训班65人	广东省地方志办公室举办	宁波大学
2007年9月	经济部类志的编纂	宁波大学陕西省第一期第二轮修志业务培训班78人	陕西省地方志办公室	宁波大学
2007年10月	经济部类志的编纂	宁波大学哈尔滨市、大连市第二期方志业务培训班41人	哈尔滨市地方志办公室、大连市地方志办公室	宁波大学
2007年11月27日	多元社会方志编纂的思考与实践	江苏省“全省地方志主编研讨班”	江苏省地方志办公室	南京审计学院国际学术交流中心
2008年4月	经济部类志编纂	宁波大学新疆首期第二轮修志业务骨干培训班98人	新疆维吾尔自治区地方志办公室	宁波大学
2008年10月	经济部类志编纂	宁波大学陕西省第二期第二轮修志业务培训班102人	陕西省地方志办公室	宁波大学
2009年1月13—16日	汶川特大地震抗震救灾志篇目拟订	参加《汶川特大地震抗震救灾志》编纂的国家部委、解放军和有关省市人员120多人	中国地方志指导小组办公室	国家体委河北香河培训基地
2009年2月	经济部类志编纂	宁波大学济南市第一期史志业务培训班40人	济南市地方志办公室	宁波大学
2009年4月9日	《汶川特大地震抗震救灾志医疗卫生志》卷篇目与编纂方法	参加《汶川特大地震抗震救灾志·医疗卫生志》卷编纂人员120余人	卫生部	北京首都机场附近苇沟农家乐

授课时间	授课内容	听课对象	主办单位	授课地址
2009年4月	汶川特大地震抗震救灾志医疗卫生资料收集与编纂方法	汶川特大地震解放军医疗抢险志编纂人员80多人	解放军总后勤部卫生部	北京解放军总后卫生学校（丰台）
2009年5月	经济部类志编纂	宁波大学南京市地方志修志业务培训班45人	南京市地方志办公室	宁波大学
2009年6月	经济部类志编纂	宁波大学海南省第二轮修志编纂业务培训班72人	海南省地方志办公室	宁波大学
2009年7月19—20日	资料长编编辑与志稿编写基本知识	《汶川特大地震志·灾后重建志》全国75个单位94人	国家发改委	北京昌平
2009年9月	经济部类志编纂	宁波大学甘肃省第一期二轮修志培训班67人	甘肃省地方志办公室	宁波大学
2009年10月	方志编纂	宁波大学闽南地区第一期修志干部业务进修班45人	福建省地方志办公室	宁波大学
2009年11月12日	上海对口支援都江堰市灾后重建志编纂程序方法	上海有关支援灾后重建的部委办局、指挥部人员、区县地方志办公室人员100多人	上海市政府办公厅	市政府会议报告厅
2009年12月7日	资料长编制作及初稿编写	《汶川特大地震抗震救灾志·灾后重建志》部属系统编纂人员60多人	人力资源和社会保障部	北京全国人力资源和社会保障培训中心
2009年12月9日	《汶川特大地震抗震救灾志·总述》卷编纂方法	《汶川特大地震抗震救灾志》各分卷述体编纂人员100多人	汶川地震抗震救灾志编纂室	北京
2009年12月17—18日	资料长编与重点重建项目撰稿	《汶川特大地震抗震救灾志·灾后重建志》川、甘、陕三个受灾省、20个对口支援省市，参编者共153人与会	国家发改委	四川成都市
2009年	《汶川特大地震抗震救灾志》编纂方法	民政部灾后重建志编纂人员60多人	民政部	北京民政部培训中心

授课时间	授课内容	听课对象	主办单位	授课地址
2009年	《汶川特大地震抗震救灾志》编纂方法	共青团中央灾后重建志编纂人员50多人	共青团中央	北京共青团中央培训点
2009—2010年（学习期间每周1天授课）	方志学与方志编纂	复旦大学历史系方志学方向研究生班近20人	复旦大学历史系	复旦大学光华楼
2010年10月18—19日	条目撰稿的基本要求和方法	国务院50个部门、3个灾区省、20个支援省市161人	国家发改委	北京首农香山会议中心
2010年11月	经济部类志编纂	宁波大学延安市二轮修志编纂业务培训班104人	延安市地方志办公室	宁波大学
2010—2013年初（平均每月1次60人左右）	《上海市志》编纂实施方案解读、篇目拟订、撰稿方法	上海市志、上海市级专志各分志、分卷编纂人员	上海市地方志办公室	上海市委党校、国家浦东干部学院、昆山市委党校
2011年4月	方志学散论	宁波大学安徽省二轮志书主编高级研修班72人	安徽省地方志办公室	宁波大学
2011年5月17—19日	《灾后重建志》概述、支援概况编写，对15个省市国家部委的试写稿点评	国务院50个部门、3个灾区省、20个支援省市150人	国家发改委	成都市
2011年6月	政治部类志编纂	宁波大学南宁市地方志系统编纂业务培训班94人	广西南宁市地方志办公室	宁波大学
2011年11月10日	《上海世博会志》编纂方法	上海世博会志参编单位人员70多人	上海世博会志编纂办公室	上海市浦东南路上海世博局1号楼
2011年11月21—23日	资料长编与志书撰稿	《浙江通志》第一期编纂业务培训班近100人	浙江省地方志办公室	杭州市
2012年5月12日	志书编纂方法辩证	内蒙古地方志系统赴沪培训班60多人	内蒙古自治区地方志办公室	上海市普陀区光新路宾馆会议室
2013年4月	方志编纂	宁波大学广西地方志办公室主任、主编培训班76人	广西壮族自治区地方志办公室	宁波大学

授课时间	授课内容	听课对象	主办单位	授课地址
2013年9月21日	二轮志书撰稿方法与需注意的问题	江苏省志参编厅局人员100多人	江苏省地方志办公室	南京市
2014年3月	企业志编纂	安徽省企业志编纂人员100多人	安徽省地方志办公室	合肥市经济技术学院
2014年8月18—19日	当前市县志编纂方法及若干问题	陕西市县志办主任培训班130多人	陕西省地方志办公室	西安市
2014年10月9日	方志理论、篇目设置、撰稿	《赤峰市志（1991—2014》）续修启动工作会议100多人	内蒙古赤峰市地方志办公室	赤峰市
2014年12月7—13日	地方志编纂原则与无纸化编纂	第二轮《江西省志》编纂培训班100多人	江西省地方志办公室	九江市星子县庐山脚下宾馆
2014年	方志无纸化编纂	贵阳市方志业务培训班60多人	贵阳市地方志办公室	复旦大学光华楼
2015年5月	志书总纂与《湖南省志（综合本）》编纂	湖南省参加综合本编纂的人员70多人	湖南省地方志办公室	长沙市湖南省政府宾馆
2015年7月14日	地方志编纂撰稿方法	浙江温州市地方志系统培训班80多人	温州市地方志办公室	温州市委党校
2016年5月	地方志编纂撰稿方法	宁波大学无锡、常州市地方志系统编纂业务专题培训班60人	无锡市地方志办公室、常州市地方志办公室	宁波大学
2016年12月15日	省志政府志编纂谈	参加江苏省志政府志编纂的厅局人员100多人	江苏省政府办公厅	华东饭店
2017年8月24日	二轮志书编纂的热点与难点	海南省地方志系统培训	复旦大学继续教育学院	教育学院教室
2017年9月12日	地方志书无纸化编纂	杭州市地方志系统培训	杭州市地方志办公室	杭州市工会宾馆多功能厅
2018年3月7日	地方志政治部类志编纂；地方志经济部类志编纂	福建宁德市地方志系统人才培训班52人	宁波大学	宁波大学留学生公寓多功能厅
2018年12月11日	村志编纂	安徽省乡镇村志编纂培训班150人	安徽省地方志办公室	六安市宾馆

说明：梅森安徽省首轮、上海市二轮一般性地方志工作培训讲课未具体列入

本表。二轮上海市志编纂人员培训，自2010年年底开始至2014年结束，2011年、2012年几乎每月一次，后逐渐减少。撰写二轮上海市志编纂方案的解读、地方志书篇目拟定、资料长编与资料长编卡片整理制作等讲稿，并组织编辑了《上海市第二轮市级志书编纂手册》（2010年11月）。手册内容包括《地方志工作条例》，国务院领导关于地方志的讲话、中国地方志指导小组关于二轮修志的规定，《上海市志》和专志的编纂方案、篇目分工，《上海市志》行文规范、编纂资料长编的要求、审稿验收程序、成书版式规定等等。资料长编与电子版卡片要素，是二轮修志的创新，后来推演到《汶川特大地震抗震救灾志》和浙江等省志书的编纂中

梅森方志著作编辑审稿年表

出版时间	著作名称	职责	文字规模	出版社
1989年3月	《濉溪县志》	审稿（见编纂始末）	113万字	上海社会科学院出版社
1991年1月	《六安市志》（县级）	文字加工（见编后记）	61万字	江西人民出版社
1992年3月	《霍邱县志》	特约责任编辑	140万字	中国广播电视出版社
1992年4月	《金寨县志》	参加评审（见编后记）	119万字	上海人民出版社
1992年5月	《巢湖市志》	参加评审（见修志始末）	86.6万字	黄山书社
1992年12月	《安徽省志·石油化学工业志》	复审	62万字	安徽人民出版社
1993年4月	《安徽省志·邮电志》	复审	63万字	安徽人民出版社
1993年4月	《安徽省志·煤炭工业志》	复审	47万字	安徽人民出版社
1993年4月	《安徽省志·纺织工业志》	复审	53.7万字	安徽人民出版社
1993年4月	《安徽省志·地质矿产志》	复审	55.4万字	安徽人民出版社
1993年11月	《安徽省志·公安志》	复审	120万字	安徽人民出版社
1993年12月	《安徽省志·电力工业志》	复审	45万字	安徽人民出版社
1993年12月	《安徽省志·民政志》	复审	53万字	安徽人民出版社
1995年1月	《安徽省志·商业志》	复审	72万字	安徽人民出版社
1995年1月	《安徽省志·人口志》	复审	50万字	安徽人民出版社
1995年1月	《安徽省志·军事志》	初审	126万字	安徽人民出版社

出版时间	著作名称	职责	文字规模	出版社
1995年9月	《宿县地区志》	指导（见编后记）、评审	80.4万字	中国人民大学出版社
1995年12月	《安徽省志·林业志》	复审	70万字	方志出版社
1995年12月	《和县志》	评审（见编纂始末）	114.6万字	黄山书社
1996年1月	《怀宁县志》	指导（见编纂始末）	151万字	黄山书社
1996年1月	《安徽省志·军事工业志》	复审	42万字	安徽人民出版社
1996年3月	《岳西县志》	审稿（见后记）	84.3万字	黄山书社
1996年7月	《安徽省志·卫生志》	复审	106.9万字	安徽人民出版社
1996年11月	《安徽省志·机械工业志》	复审	68.3万字	安徽人民出版社
1996年11月	《宣城县志》	指导、评审（见编纂始末）	125万字	方志出版社
1996年12月	《安徽省志·建材工业志》	复审	65万字	安徽人民出版社
1997年1月	《安徽省志·司法志》	复审	101万字	安徽人民出版社
1997年1月	《安徽省志·教育志》	复审	137万字	方志出版社
1997年1月	《安徽省志·广播电视志》	复审	51万字	方志出版社
1997年5月	《安徽省志·医药志》	复审	51万字	方志出版社
1997年6月	《安徽省志·供销合作社志》	复审	90万字	方志出版社
1997年8月	《安徽省志·农垦志》	复审	70万字	方志出版社
1997年12月	《安徽省志·科学技术志》	复审	112.1万字	方志出版社
1998年3月	《安徽省志·财政志》	复审	93.9万字	方志出版社
1998年3月	《安徽省志·档案志》	复审	43万字	方志出版社
1998年5月	《安徽省志·劳动志》	复审	58.1万字	安徽人民出版社
1998年5月	《安徽省志·农业志》	复审	125.9万字	方志出版社
1998年5月	《安徽省志·城乡建设志》	复审	104.6万字	方志出版社
1998年5月	《安徽省志·出版志》	复审	51.7万字	方志出版社
1998年6月	《安徽省志·轻工业志》	复审 ·	95.9万字	方志出版社
1998年6月	《枞阳县志》	顾问	125万字	黄山书社

出版时间	著作名称	职责	文字规模	出版社
1998年6月	《安徽省志·烟草志》	复审	76万字	方志出版社
1998年6月	《安徽省志·交通志》	复审	129.4万字	方志出版社
1998年6月	《安徽省志·测绘志》	复审	56.6万字	方志出版社
1998年6月	《安徽省志·对外经济贸易志》	复审	81万字	方志出版社
1998年10月	《安徽省志·计划统计志（统计）》	初审	133万字	方志出版社
1998年10月	《安徽省志·价格志》	复审	184.3万字	方志出版社
1998年10月	《安徽省志·物资志》	初审	67.3万字	方志出版社
1998年10月	《滁州市志》（县级）	参加评审（见后记）	152.5万字	方志出版社
1998年10月	《安徽省志·冶金工业志》	复审	84万字	方志出版社
1999年1月	《安徽省志·自然环境志》	复审	74.8万字	方志出版社
1999年1月	《安徽省志·人大政府政协志》	复审	80.9万字	方志出版社
1999年1月	《安徽省志·外事侨务志》	初审	83.5万字	方志出版社
1999年1月	《安徽省志·建置沿革志》	编纂委员会委员	180万字	方志出版社
1999年9月	《安徽省志·总述卷》	初审、责编、终校	53.4万字	方志出版社
2001年6月	《中共上海党志》	审定验收、责任编辑	132.6万字	上海社会科学院出版社
2001年11月	《上海港志》	审定验收	110万字字	上海社会科学院出版社
2001年11月	《上海租界志》	审定验收、责任编辑	119.7万	上海社会科学院出版社
2001年12月	《上海民防志》	审定验收	73万字	上海社会科学院出版社
2001年4月	《上海青年志》	审定验收、责任编辑	225.3万字	上海社会科学院出版社
2002年4月	《中国福利会志》	审定验收	97.3万字	上海社会科学院出版社
2002年4月	《上海社会科学志》	审定验收	184.7万字	上海社会科学院出版社
2003年1月	《上海审判志》	审定验收	111.2万字	上海社会科学院出版社

出版时间	著作名称	职责	文字规模	出版社
2003年1月	《上海司法行政志》	审定验收、责任编辑	67万字	上海社会科学院出版社
2003年3月	《黄埔区续志》	审定验收	199万字	上海社会科学院出版社
2003年4月	《南市区续志》	审定验收	177.8万字	上海社会科学院出版社
2003年7月	《上海金融志》	审定验收、责任编辑	129万字	上海社会科学院出版社
2003年10月	《上海物资流通志》	审定验收	69.9万字	上海社会科学院出版社
2003年12月	《上海监狱志》	审定验收	156万字	上海社会科学院出版社
2003年12月	《上海质量技术监督志》	审定验收	44.9万字	上海社会科学院出版社
2004年8月	《上海农垦志》	审定验收	120万字	上海社会科学院出版社
2004年11月	《上海人民政府志》	审定验收	167万字	上海社会科学院出版社
2004年11月	《川沙县续志》	评审验收	132万字	上海社会科学院出版社
2005年4月	《上海通志》（志书署名的审稿人员名录为审稿会名单），以正高资格参加市志办具体的审稿	审稿并任经济综述卷责编	1000万字	上海社会科学院出版社
2005年7月	《南汇县续志》	帮助制定纲目，培训人员，审阅样稿，评审	100万字	上海社会科学院出版社
2006年5月	《上海饮食服务业志》	审定验收	44.8万字	上海社会科学院出版社
2007年4月	《上海中华职业教育社志》	审定验收	70万字	上海古籍出版社
2007年5月	《上海成人教育志》	审定验收	91.7万字	上海社会科学院出版社
2007年5月	《松江县续志》	审定	239.3万字	方志出版社
2007年6月	《普陀区志1991—2003》	审定验收	235.2万字	方志出版社
2008年1月	《卢湾区志1994—2003》	审定验收	188.6万字	上海人民出版社

出版时间	著作名称	职责	文字规模	出版社
2009年7月	《北京志·市政卷·房地产志》（北京出版社2000年版）、《北京市石景山区志》（北京出版社2005年版）	评点（志书论坛）	房地产志60万字，石景山区志111万字	中国地方志杂志社、北京地方志杂志社共同举办
2009年9月	《杨浦区志（1991—2003）》	审定	200万字	上海高教电子音像出版社
2009年11月	《山东省志·烟草志（1991—2005）》	评审会评议	80万字	山东人民出版社2009年12月版
2009年11月	《宝山区志（1988—2005）》	审查验收	222.3万字	方志出版社
2009年12月	《秦皇岛市志（1979—2002）》	评审会评审	2007年10月评审会	方志出版社
2010年1月	《虹口区志（1994—2007）》下册	评审会评审	2010年1月评审会	方志出版社2011年12月版
2010年2月	《上海烟草志（1993—2003）》	审定验收	81.3万字	上海社会科学院出版社
2010年3月	《建德市志（1978—2005）》	评稿（见该志“跋”）	296.6万字	浙江人民出版社
2012年10月	《井冈山市志（1991—2010）》	评审	评第十一篇到第十九篇	方志出版社
2011年5月	《徐汇区志（1991—2005）》	审定验收	180万字	上海辞书出版社
2012年3月	《中国救捞志》	上海、北京培训各授课1次，参加在上海举行的审定会	86万字	人民交通出版社
2012年5月25日	《崇明县志（1985—2004）》（稿）	评审	评审总述、大事记、地理、人口土地、地名	崇明县地方志办公室评审会议
2012年6月11日	上海航天志（1991—2010）稿	审定验收	80万字	上海航天局（中国航天集团第八研究院）评审
2012年9月12—13日	北京市首轮志书研读成果交流	评点出版的首轮志书（特邀专家）	几部区志和北京外贸志等	北京市地方志办公室

出版时间	著作名称	职责	文字规模	出版社
2012年12月21日	《江阴市志（1988—2007）》稿	审稿	270万字	方志出版社精品工程评选
2013年11月5日	《池州市志》（续志稿）	审稿	310万字	池州市志办特邀审稿
2013年8月	《上海市志（1978—2010）港口志》	内部审稿	机构、人物、设施设备篇	上海市交港局内部评审
2013年8月	《厦门市集美区志》	特邀评审	140万字	中华书局
2013年11月	《上海市志（1978—2010）港口志》	内部审稿	航道工程、港口工程、船检篇	上海市交港局内部评审
2014年5月	《北京市东城区志（1996.1—2010.6）》（初审稿）	评审	概述、人力资源、民政与文化部类	东城区地方志办公室特邀评审会议
2014年7月	《周庄镇志》（重修）	顾问、评审（顾问，镇政府聘）	200万字	江苏人民出版社
2014年8月25日	《上海市静安区志（1993—2010）》（稿）	评审	内评内审近200万字	上海市静安区地方志办公室
2015年8月	《上海普通教育志》	审定验收	116.8万字	上海社会科学院出版社
2015年8月	《汶川特大地震抗震救灾志·总述》	初审、复审	47.6万字	抗震救灾志编委会、方志出版社
2015年8月	《汶川特大地震抗震救灾志·大事记》	复审	72.1万字	抗震救灾志编委会、方志出版社
2015年8月	《汶川特大地震抗震救灾志·地震灾害志》	复审	156.4万字	抗震救灾志编委会、方志出版社
2015年8月	《汶川特大地震抗震救灾志·抢险救灾志》	初审	146.8万字	抗震救灾志编委会、方志出版社
2015年8月	《汶川特大地震抗震救灾志·灾区卫生防疫志》	初审	129.6万字	抗震救灾志编委会、方志出版社
2015年8月	《汶川特大地震抗震救灾志·社会赈灾志》	初审	153.2万字	抗震救灾志编委会、方志出版社
2015年8月	《汶川特大地震抗震救灾志·灾后重建志》	初审、复审	199.2万字	抗震救灾志编委会、方志出版社

出版时间	著作名称	职责	文字规模	出版社
2015年8月	《汶川特大地震抗震救灾志·附录索引》	复审	124.5万字	抗震救灾志编委会、方志出版社
2015年9月	北川县、石狮市、厦门市志稿	会议评审	地理、文化两部类	地方志学会全国年会（厦门召开）
2015年9月、2016年12月	《宁海县志（1987—2008）》（稿）	初审、复审	250万字	宁海市地方志办公室举办评审会
2015年11月23日	《运城市志稿》	会议评审	政治部类	运城市地方志办公室邀请
2015年12月	《宁波市江北区志》（后记“来自上海的专家学者”指梅森、巴兆祥）	初、复、终三次参加评审	308万字	浙江人民出版社
2016年4月	《北辰区志（1979—2009）》（文稿）	审稿	经济部类	中指办、方志出版社精品工程
2016年4月	《禹城市志（1986—2010年）》（文稿）	审稿	经济部类	中指办、方志出版社精品工程
2016年4月	《威海市志》（ —2007）》（文稿）	审稿	经济部类	中指办、方志出版社精品工程
2016年9月	《嘉峪关市志（1978—2010）》审读	审稿	酒钢、人物、附录	中指办、方志出版社精品工程
2016年11月15日	《上海市志·开发区分志（1978—2010）》稿	年度验收	篇目框架、资料长编与21个开发区简介	上海市经济和信息化委员会主办内评会
2016年11月15日	《上海市志·信息化分志》稿	内部评审	全志	上海市经济和信息化委员会主办内评会
2016年12月22日	《常州市志（1988—2007）》稿	审稿	经济部类	中指办、方志出版社精品工程
2016年12月30日	《姜堰市志（1988—2007）》稿	审稿	经济部类稿	中指办、方志出版社精品工程
2017年1月	《方志百科全书》	编委成员、专家组成员、方案研究与审稿	150万字	方志百科全书编委会、方志出版社
2017年7月	《长兴年鉴（2017）》	复审	全志	方志出版社
2017年7月	《成都司法审判检察志》	复审	全志	方志出版社
2017年7月	《宜兴县志》（旧志整理）	复审	全志	方志出版社

出版时间	著作名称	职责	文字规模	出版社
2017年8月	《常德市金融志》	复审	全志	方志出版社
2017年8月	《杨湾村志》	审稿	全志	中指办、方志出版社评中国名村志
2017年8月	《庙宫村志》	审稿	全志	中指办、方志出版社评中国名村志
2017年8月	《赣州市志（1986—2000）》	审稿	部分	中指办、方志出版社精品工程
2017年8月	《天津市志公安志》	审稿	部分	中指办、方志出版社精品工程
2017年9月	《鼓楼年鉴（2017）》	复审	全志	方志出版社
2017年9月	《北川羌族自治县志（1988—2007）》	质检	卷首	方志出版社
2017年9月	《印江土家族苗族自治县志（1988—2008）》	质检	卷首	方志出版社
2017年9月	《海昌备志（点校本）》	复审	全志	方志出版社
2017年9月	《雷山年鉴（2016）》	复审	全鉴	方志出版社
2017年10月	《宁阳年鉴（2017）》	复审	全鉴	方志出版社
2017年10月	《山西年鉴（2017）》	复审	全鉴	方志出版社
2017年10月	《岱岳区年鉴（2017）》	复审	全鉴	方志出版社
2017年10月	《汕尾市城区年鉴（2017）》	复审	全鉴	方志出版社
2017年11月	《陵水县志（1989—2010）》	复审	全志	方志出版社
2017年11月	《镇海年鉴（2017）》	复审	全鉴	方志出版社
2017年11月	《北京经济技术开发区年鉴（2007）》	复审	全鉴	方志出版社
2017年11月	《通辽年鉴（2017）》	复审	全鉴	方志出版社
2017年11月	《威远年鉴（2017）》	复审	全鉴	方志出版社
2017年12月	《西盟瓦族自治县志》	质检	卷首	方志出版社
2018年11月22—23日；2019年6月26日—27日；12月	《宁波市志（1991—2010）》	初审、复审、终审	初审经济部类、复审政治、文化部类	宁波市地方志办公室

出版时间	著作名称	职责	文字规模	出版社
2019年2月28日、5月31日至6月1日	《中国名酒志文化工程·古井贡酒志》	初审、复审	全志	安徽省地方志办公室、古井酒集团
2019年4月	中国名镇、名村志文化工程：辽宁《孤山镇志》、江苏《塘桥镇志》、江苏《梅李镇志》、山东《棘洪滩街道志》、重庆《来凤街道志》、重庆《黄瓜山村志》、湖北《城畈村（社区）志》、云南《官渡社区志》	质检	8部书，每部抽检10万字，共80万字	方志出版社
2019年7月上旬	《贺兰山史话》	质检	全志25.8万字	方志出版社
2019年9月上旬	《无级县志》	质检	全志100余万字，抽检20万字	方志出版社
2019年12月10日	《容县志》	质检	抽检10万字	方志出版社
2019年12月21日	《浏阳年鉴（2019）》	质检	抽检10万字	方志出版社
2019年12月底	《阳泉市志》经济部类共5编》	审稿	审读30万字	阳泉市地方志办公室

说明：（1）安徽省地市县志书只列审稿单位，不交代具体审稿人员。1986—1997年本人以编辑身份分工指导江淮之间40多部地市县志的编纂，参加大多数志书的评议审稿。本表只选入编纂始末（后记）中交代有本人姓名的志书。（2）1991年，调安徽省志办省志处（先任副处长，后任调研员）。67卷《安徽省志》，除气象、地震、水产、粮食、体育5卷（分志）由前任处长完成外，其余62卷本人均在处级层面对之进行了培训、谋篇布局、审阅修改过程中稿件（办领导明确省志编纂业务具体由梅森负责）。1997年省志基本完成，改任《志苑》《安徽地方志》两杂志总编，不再担任省志剩下志书的复审工作；省志进入少数志书编纂扫尾和部分志书印刷校对阶段。故本表所列安徽省志40多卷均为“复审”“初审”（署有姓名的志书）。

梅森方志文论年表

刊发时间	文论名称	刊发刊物	刊期（或转载）
1983年4月	关于新志中古代人物传的编纂	《中国地方志通讯》	1983年第4期
1983年4月	引用旧资料必须考证	《安徽史志通讯》	1983年第2期
1984年2月	拟定县志篇目应适当变通——拟订《全椒县志篇目》的一点体会	《安徽史志通讯》	1984年第2期
1984年8月	谈谈组织编写专业志的一点体会	《安徽史志通讯》	1984年第4期
1985年2月	谈志书的竖写	《中国地方志通讯》	1985年第2期
1985年6月	县志工业志内容及分类	《安徽史志通讯》	1985年第3期
1986年2月	浅谈志书的交叉处理	《安徽史志通讯》	1986年第2期
1986年4月	认真对待 精心修改——也谈志稿的深加工	《安徽史志通讯》	1986年第4期
1982年8月—1986年10月在全椒县志办，1986年10月调安徽省志办地市县志处			
1987年1月	还谈人物志的编写	《史志文萃》	1987年第1期
1987年2月	从总体上把握经济专志的编写	《史志文萃》	1987年第2期
1987年2月	关于区域问题的商榷	《史志文萃》	1987年第2期
1987年2月	谈深加工	《安徽史志通讯》	1987年第2期
1987年2月	小议“一步到台口”	《安徽史志通讯》	1987年第2期
1987年4月	概述商	《中国地方志》1987年第4期	中指组办《〈中国地方志〉优秀论文选编》上册876页（中国城市出版社2013年版）
1987年4月	商业志内容提要	《方志研究》	1987年第4期
1988年2月	谈志书竖写	《黑龙江史志》	1988年第1期（转载《中国地方志》1985年第2期，同名）
1988年3月	小议地理志改自然环境志	《志苑》	1988年第3期

刊发时间	文论名称	刊发刊物	刊期（或转载）
1988年6月	合理的结构是提高志书质量的重要环节	《史志文萃》	1988年第6期
1988年9月	设经济综述质疑	《广西地方志》）	1988年第5期
1989年3月	地辖市志编纂方法刍议	《志苑》	1989年第3期
1990年1月	出版发行是修志工作的最后冲刺——《濉溪县志》出版发行工作的几点做法	《中国地方志通讯》	1990年第1期（化名“安业森”）；《陕西地方志通讯》1990年第3期转载
1990年2月	历史文化名城志编纂构想	《志苑》	1990年第2期
1991年1月	突出地方个性之作	《志苑》（评萧县志专辑）	1991年第2期
1991年2月	党政群团志的反思和构想	《广东史志》	1991年第2期
1991年3月	地区志应简繁有度	《志苑》	1991年第3期
1991年6月	纪略作为新志体例的探讨	《史志文萃》	1991年第6期
1991年	对志书结构的思考	《方志编纂备考》文集	吉林人民出版社1991年版
1991—1997年安徽省志办省志处主持安徽省志的编纂业务，繁忙，论文撰写几乎中止；1997年省志进入后期出版阶段，兼任《志苑》《安徽地方志》两刊物总编，开始恢复论文写作			
1992年5月	省志中国共产党志编纂构想	《黑龙江史志》	1992年第5期
1992年6月	省志篇目权衡谈	《史志文萃》	1992年第3期
1992年12月	省志邮电志编纂谈	《广西地方志》	1992年第6期
1992年	首先是地方的，然后是人民的	《萧县志评论集》	中国人民大学出版社1992年版
1994年10月7日	我省志书编纂的新收获	《安徽日报》	1994年10月7日第3版
1993年3月	东南邹鲁的一代佳作	《休宁县志文论集》	黄山书社1993年3月版
1993年11月	开拓工矿城市志编纂的力作	《马鞍山市志评论文集》	黄山书社1993年11月版
1995年8月4日	抗日战争中的安徽战场	《安徽日报》当日第三版（与鲁世彬合撰）	1995年8月4日第3版
1996年2月	论修志事业与社会主义市场经济接轨	《中国地方志》	1996年第2期

刊发时间	文论名称	刊发刊物	刊期（或转载）
1996年	城市明珠志坛佳作	《蚌埠市志评论文集》	黄山书社1996年版
1997年4月	一部洋溢民族和革命精神的志坛佳作——评山西《黎城县志》	《沧桑》	1997年第4期
1997年5月	文都桐城	《党员生活》	1997年第5期
1997年	安徽人物人才形成的区域性及历史根源	《奋进中的思考》（安徽建省330周年纪念文集）	安徽人民出版社1997年版
1998年1月	龙兴之地凤阳	《党员生活》	1998年第1期
1998年4月	年鉴：两届志书编纂的中继	《中国地方志》	1998年第4期
1998年4月	钟灵毓秀诗人地　风光如画古宣州	《党员生活》	1996年第4期
1999年1月	一部气势恢宏的军事长卷——评《安徽省志军事志》	《中国军事志（试刊号）》	1999年第1期
1999年5月	读《重修台湾省通志艺文篇》札记	《中国地方志》1999年第5期	中指办《〈中国地方志〉优秀论文选编》上册2639页（中国城市出版社2013年版）
2000年2月	以邓小平理论为指导编纂社会主义第二届新方志	《中国地方志》	2000年第1期
2000年5月	“专题”：方志编纂的逻辑思考	《广西地方志志》	2000年第1期
2000年5月	必须建立全方位检验志书质量的指标体系	《中国地方志》	2000年第5期（长沙会议论文，荣华堂审读，梅森起草）
2000年12月由安徽省志办调入上海市地方志办公室工作，研究内容有所增益			
2001年1月	续志编纂的逻辑思考	《黑龙江史志》2001年第1期	《上海修志向导》2001年第1期转载
2001年1月	见证沧桑巨变：回眸20世纪安徽经贸	《安徽经贸》	2001年第1期
2001年1月	旧中国的证券交易	《安徽农村金融》	2001年第1期
2001年1月	上海印象	《志苑》	2001年第1期（化名：多木）
2001年2月	拓宽志书年鉴内容 加强社会生活记述	《上海志鉴》	2001年第2期

刊发时间	文论名称	刊发刊物	刊期（或转载）
2001年3月	中国共产党在上海的伟大历程（《中共上海党志》书评）	《上海志鉴》	2001年第3期
2001年4月	续修：重温章学诚方志理论	《中国地方志》	2001年第4期
2001年5月	续修城市志：写好基础设施建设	《上海志鉴》	2001年第5期
2001年6月	“与时俱进”，做好新世纪的地方志工作	《上海志鉴》	2001年第6期
2002年2月	研究新时期经济建设和社会发展的进程，编纂好新一届城市志	《上海志鉴》	2002年第2期
2002年5月	特色志编写之我见	《上海志鉴》	2002年第5期
2002年5月	指导地方志事业的重要文献（注：纪念江泽民关于地方志讲话）	《中国地方志》	2002年第5期（代上海市志办起草纪念文章，《中国地方志》编辑部约稿）
2003年4月	《钱门塘乡志》整理提要	《上海志鉴》	2003年第2期
2003年4月	为新中国的方志事业铸写春秋	《云南史志》	2003年第4期
2003年6月	方志系统史志鉴编纂须准确定位	《志苑》	2003年6月号
2003年8月	方志系统史志鉴编纂须准确定位	《上海志鉴》	2003年第4期（转载）
2003年10月	《光绪松江府续志·凡例》读后	《上海志鉴》	2003年第5期
2003年12月	辉煌的业绩——上海市地方志系统“读志用志”纪实	《上海志鉴》	2003年第6期
2004年2月	论新时期方志事业管理体制的新创建	《上海志鉴》	2004年第1期
2004年4月	中国地方志协会工作经验交流会综述	《上海志鉴》	2004年第2期
2004年6月	一片上海研究的全新园地——《上海研究论丛》1—13辑述评	《上海研究论丛》第14辑	上海社会科学院出版社出版
2004年8月	“伟大的历史性的日子——纪念上海解放55周年学术研讨会”综述	《上海志鉴》	2004年第4期

刊发时间	文论名称	刊发刊物	刊期（或转载）
2004年8月	私营经济在解放初上海经济恢复中的作用——社会主义市场经济时期发展私营经济的一面历史之镜	《上海志鉴》	2004年第4期
2004年8月	全国第二轮修志试点工作经验交流会综述	《上海志鉴》	2004年第4期
2004年8月	“折衷派”与“记录地情的综合性文献”：也谈方志性质	2004年8月全国地方志学术年会入选论文《新方志理论与实践二十年》（论文集）	中国地方志协会秘书处编（方志出版社2005年版）
2004年10月	上海方志理论研究述略	《上海志鉴》	2004年第5期
2004年12月	纪念嘉定钱大昕先生逝世200周年加强上海方志基础理论研究	《上海志鉴》	2004年第5期
2004年12月	第二轮修志需要探讨的几个问题	《宁夏史志》	2004年第6期
2005年1月	方志性质宽泛性和学科间交融性的发展趋势浅议	《中国地方志》2005年第1期	中指组办《〈中国地方志〉优秀论文选编》上册415页（中国城市出版社2013年版）
2005年2月	旅澳散记	《志苑》	2005年2月号
2005年4月	钱大昕方志理论与乾嘉以来方志理论研究的走向	《中国地方志》2005年第4期	中指组办《〈中国地方志〉优秀论文选编》上册435页（中国城市出版社2013年版）
2005年5月	第二轮修志需探讨的几个问题	《新方志理论与实践二十年》（论文集）	中国地方志协会秘书处编（方志出版社2005年版）
2005年5月	清末民初社会变迁中今上海地区的乡村社会——民国十年《钱门塘乡志》个案管窥	《上海研究论丛》第15辑	上海社会科学院出版社出版
2005年6月	陈云与新中国地方志事业	《上海志鉴》2005年第三期（朱敏彦 梅森 陈旭）；陈云百周年纪念—《全国陈云生平和思想研讨会论文集》	朱敏彦定稿，陈旭初稿，梅森修改补充完稿

刊发时间	文论名称	刊发刊物	刊期（或转载）
2005年8月	中国地方志协会学术年会论文述评	《上海志鉴》	2005年第4期
2005年9月	多元社会结构的多元运作——谈社会主义第二轮新方志编纂的新特点	《中国地方志》2005年第9期	中指组办《〈中国地方志〉优秀论文选编》中册1846页（中国城市出版社2013年版）
2005年10月	如何辩证地认识和处理年鉴的基本内容和特色内容的关系	《上海志鉴》	2005年第5期
2005年12月	努力为上海改革开放和现代化建设服务——上海市地方志系统“读志用志”纪实（朱敏彦梅森）	《上海志鉴》	2005年第5期（朱敏彦定稿，梅森撰稿）
2005年12月	两次淞沪会战中的皖籍爱国将领	《上海研究论丛》第16辑	上海社会科学院出版社出版
2006年2月	第二轮新方志编纂误区的几点争鸣——参加《黄山志（续志稿）》评议会后的思考	《上海志鉴》	2006年第1期
2006年6月	志书质量综论与制定志书质量标准体系的思考	《上海志鉴》	2006年第3期
2006年8月	《条例》对历代中央政府修志命令的继承与创新	《上海志鉴》	2006年第4期
2006年9月	从历代中央政府的修志命令看《地方志工作条例》的继承与创新	《中国地方志》	2006年第9期
2006年12月	应该采用什么样的哲学原理去思考方志性质——与梁滨久先生商榷	《中国地方志》	2006年12期
2006年12月	上海近现代西式楼宇的建筑过程及解析	《上海研究论丛》第17辑	上海社会科学院出版社出版
2007年4月	志书质量标准体系的建立是地方志事业成熟的标志	《中国地方志》	2007年4期
2007年4月	应该采用什么样的哲学原理去思考方志性质——与梁滨久先生商榷	《上海志鉴》转载	2007年第2期
2007年6月	地方志在当代反腐倡廉中应该担纲一份责任	《上海志鉴》2007年第3期	《黑龙江史志》2007年第6期转载

刊发时间	文论名称	刊发刊物	刊期（或转载）
2007年8月	第二轮上海市级志书编纂的理论思考	《上海志鉴》	2007年第4期
2007年10月	志书篇目分类述论——兼论志书分类标准制订的需要与原则	《中国地方志》2007年第10期	中指组办《〈中国地方志〉优秀论文选编》中册1955页（中国城市出版社2013年版）
2007年12月	地方志书篇目分类述论——兼论志书分类标准制定的需要与原则	《上海志鉴》（转载）	2007年第6期（原稿，《中国地方志》有删节）
2008年2月	第二轮志书门类要素参考提要（一）	《上海地方志》	2008年第1期
2008年4月	精志例贵创新——评《奉贤县续志》篇目设计	《中国地方志》	2008年第4期
2008年4月	第二轮志书门类要素参考提要（二）	《上海地方志》	2008年第2期
2008年6月	第二轮志书门类要素参考提要（三）	《上海地方志》	2008年第3期
2008年8月	第二轮志书门类要素参考提要（四）	《上海地方志》	2008年第4期
2008年9月	板块集结类目位移的利弊比较	《中国地方志》	2008年第9期
2008年10月	第二轮志书门类要素参考提要（五）（连载5期，上海市地方志办公室参公不允许拿稿酬，2009年由方志出版社出版《地方志书内容要素探微》）	《上海地方志》	2008年第5期
2008年12月	从地方综合年鉴与地方志书的关联与碰撞中认识《地方志工作条例》的相关规定	《上海地方志》，中国西部城市方志编修研讨会议	2008年第6期
2009年2月	《汶川特大地震抗震救灾志》编纂工作实施方案	《中国地方志》	2009年第2期（梅森起草）
2009年10月	第二轮志书经济内容设置剖析	《中国地方志》	2009年第10期
2009年12月	《〈上海市志（1978—2010）〉编纂实施方案》的辨析与备考	《上海地方志》	2009年第6期

刊发时间	文论名称	刊发刊物	刊期（或转载）
2010年4月	广征博采 披沙拣金 缜密考订 正本清源——评《云翔寺志》资料性文献的特征	《上海地方志》	2010年第2期
2010年5月	省级志书二轮与首轮衔接之简析	《江苏地方志》	2010年第3期
2010年6月	第二轮志书城乡建设基础设施人工环境板块的辨析	《中国地方志》	2010年第6期
2010年6月	方志学成为独立学科立项准入时机成熟	《宁夏史志》	2010年第3期
2010年8月	地情资料数据库是未来地方志事业发展的基石	《中国地方志》	2010年第8期
2010年12月	地情资料数据库设计	《上海地方志》	2010年第6期
2011年2月	二轮省级志书编纂琐谈	《上海地方志》	2011年第1期

2010年12月到退休年龄，2011年3月正式退休，社会职务任上海市地方志学会副会长、中国地方志学会学术委员会委员，故仍然参加全国一些学术活动，有所研究

2011年5月	志书社会内容的编纂	《中国地方志》2011年第5期	中指组办《〈中国地方志〉优秀论文选编》中册2352页（中国城市出版社2013年版）
2011年6月	地方志书篇目框架研究的辨正	《上海地方志》	2011年第3期
2011年8月	评《山东省志·烟草志（1991—2005）》	《中国地方志》	2011年第8期
2011年10月	新志种——重大事件志编纂刍议	《上海地方志》	2011年第5期
2012年10月	地方志,华夏文化的根脉	《中国地方志》	2012年第10期
2012年10月	区域性志书质量的细化	《上海地方志》	2012年第5期
2012年12月	重大事件志编纂的实践与思考——兼谈方志文体的继承与创新	《上海地方志》	2012年“重大事件志”专刊
2013年6月	城市化是第二轮志书记述的重要内容	《中国地方志》	2013年第6期
2013年10月	莫把相对当绝对——论当代志书文体语言认知窄化的弊端	《中国地方志》	2013年第10期
2013年10月	给《关于地方志的沉思默想》作者的函——与吕万端先生商榷	《上海地方志》	2013年第5期

刊发时间	文论名称	刊发刊物	刊期（或转载）
2014年4月	《上海市志（1978—2010）》“商业大类篇目”调整之驳论	《上海地方志》	2014年第2期
2014年4月	整体把握志书政治部类编纂的实践与思考	《中国地方志》	2014年第4期
2014年8月	地方志无纸化编纂的实践	《宁夏史志》	2014年第4期
2014年8月	重大事件志编纂的实践与思考——兼谈方志文体的继承与创新	《当代上海研究论丛》	论丛3——《重大事件志论文集》
2014年9月	志书无纸化编纂的实践	《安徽地方志》	2014年第3期
2014年9月	方志性质之争抑或编纂方法之论——戴震与章学诚宁波道署论争辨析与方志学派存在与否质疑	《中国地方志》	2014年第9期
2014年10月	中国地方志简史新解	《上海地方志》	2014年第5期
2015年4月	闵行区的市镇变迁与城市化	《上海地方志》	2015年第2期
2015年6月	中国方志史的研究方法及思路——关联、背景与节点是开启方志史科学研究的钥匙	《中国地方志》	2015年第6期
		《中国历代方志整理与研究》第四届中国地方志学术年会论文集	方志出版社2017年5月版
2015年8月	自然环境志编纂之历史演变	《中国地方志》	2015年第8期
2016年5月		《2014年新方志论坛论文集》	方志出版社2016年5月版
2015年12月	方志理论研究与修志实践的良性互动	《中国方志发展报告（2015）》（文论集）	方志出版社出版
2015年12月	抗日战争期间的方志文化——向在抗日战争战火和颠沛流离中献身方志事业的先辈致敬	《中国地方志》	2015年第12期
2016年2月5日	湖南方志在湖湘文化底蕴中生机勃发（答记者文）	《湖南日报》	多媒体数字版

刊发时间	文论名称	刊发刊物	刊期（或转载）
2016年6月	“修志问道”的蠡测与思考	《安徽地方志》	2016年第2期
2016年9月		《上海地方志》	2016年第3期
2016年12月		《2015年新方志论坛论文集》	方志出版社2016年12月版
2016年6月	评《朔州市朔城区志（1989—2010）》	《朔城志评》（文集）	2016年6月中华书局版
2016年11月	值得推荐：一部城市区志经济部类的编纂——评中国志书精品工程新科精品《北辰区志（1979—2009）》	《北辰志语》方志出版社出版（方志评论文集）	方志出版社2016年11月出版
2016年11月	包公故里的精品续志	《肥东县志（1986—2005）文论集》	方志出版社2016年11月出版
2016年12月	章学诚《文史通义》及其修志境遇之杂谈	《安徽地方志》	2016年第4期
		《上海地方志》	2017年第3期
2017年6月	金陵新志 传世名著	南京市地方志办公室编 南京出版社出版《品读南京丛书·南京历代名志》	2017年 6月第1版
2017年12月	至正金陵新志导读	南京市地方志办公室编 南京出版社出版《南京名志导读（府志篇）》	2017年 12月第1版
2018年4月	第二轮城市志经典之作——评《常州市志（1986—2010）》	《中国地方志》	2018年第2期
2019年10月	民国期间《禹贡半月刊》与方志学研究	《安徽地方志》	2019年第3期

梅森方志学著作与方志编著年表

著作名称	署名职务	著作性质	成果	出版单位	出版年份
*《实用方志编纂学》	副主编	方志学撰著	著作内容框架与篇目设计，撰写1／5文稿，全书通稿修订审改（主编为分管领导）	黄山书社	1988年11月版
《全椒县志》	通稿	方志编著	篇目与编纂方案设计，撰写1／3篇章，全志内容文字通稿与后期出版通校（全志不设主编、总纂）	黄山书社	1989年版，110万字
《安徽沿江地区经济概览》	副主编	地情撰著	修订，执行主编工作（主编省政府办公厅行政领导）	安徽人民出版社	1992年版
《安徽大辞典》	撰稿人	地情编著	撰写名胜古迹9万文字	上海辞书出版社	1992年版
《安徽历史人物辞典》	撰稿人	地情编著	撰写4万文字词条	团结出版社	1992年版
《铁血江淮》	总纂	地情编著	篇目与编纂方案设计，全书通稿，部分内容撰稿	安徽人民出版社	1995年版
《江淮热土的民俗与旅游》	主编	地情编著	与丁剑合作，双主编，撰文12万字（全书18万字）	旅游教育出版社（系列书，1省1本）	1996年11月版
*《方志学简论》	独立署名	方志学专著	独立撰著	黄山书社	1997年版，26万字
《中国专业志要览》	主编	辞书编著	与刘辰合作，双主编，全书组编与词条修改	安徽科技出版社	1997年版
《我的家园·安徽》	独立署名	地情撰著	全书独立撰稿配图	山东画报出版社	1998年10月版
《安徽省志·民俗志卷》	撰稿人	方志参编	撰写安徽特色民俗7万字	方志出版社	1998年版
《安徽省志·总述卷》	副总编	方志编著	撰述概述部分，后期全志修订通稿（总编省志办分管领导）	方志出版社	1999年版
《安徽省志·人物志卷》	常务副总编	方志编著	全书方案篇目起草，人物系统编纂，全志通稿（总编为省志办分管领导）	方志出版社	1999年版

著作名称	署名职务	著作性质	成果	出版单位	出版年份
《军事纵横》	撰稿	地情编著	安徽重要历史事件丛书，参予撰稿	安徽人民出版社	1999年版
*《续志备考》	独立署名	方志编纂方法研究编著	地方志续修指导性著作，包括撰写内容类条提要	黄山书社	2000年6月版
*《续志论文选》	副总编	方志文论选编	起草方案，组织撰稿、筛选，编校（主编为办分管领导）	黄山书社	2000年版
《上海名镇志》	副主编	地情编著	起草方案，全志通稿插图，撰写部分稿件，主编为单位法人	上海社会科学院出版社	2003年8月版，73.4万字
*《上海方志研究概要》	独立署名	方志理论专著	独立撰著	香港天马出版有限公司	2004年5月版，29万字
《上海名建筑志》	副主编	地情编著	起草方案，全志通稿，撰写其中的“欧美风情的沪滨广厦”“风格迥然的寺观堂桥”（天主、基督、伊斯兰教堂含照片拍摄），主编为单位法人	上海社会科学院出版社	2005年12月版，88.6万字
《上海乡镇志丛书》	整理出版委员	旧志整理标点	参与方案讨论，具体标点有〔清〕《娄塘志》、〔民国〕《钱门塘乡志》	上海社会科学院出版社	2006年12月版
*《上海方志研究综论》	副主编	方志理论撰著	在梅森《上海方志研究概要》基础上增加2004—2008年间上海方志研究的研究分析，主编为办分管领导	上海社会科学院出版社	2008年4月版，34.5万字
*《方志编修教程》	副主编	方志编纂方法合著	编写设计和通稿，撰写其中6章（共17章），主编为办分管领导	方志出版社	2004年3月版，32.4万字
*《地方志书内容要素探微》	独立编著	方志研究专著	副标题：数字化地情资料库框架设计参考。包括要素框架目录、中国地情资料数据库软件设计案、电子资料卡片要素与格式设计	方志出版社	2009年9月版，27.9万字
*《当代志书编纂教程·第九章》	撰稿	方志编纂方法合著	中国地方志指导小组办公室组织编纂。第九章政治部类的撰写	方志出版社	2010年11月版

著作名称	署名职务	著作性质	成果	出版单位	出版年份
《上海市第二轮市级志书编纂手册》	起草、编著	方志编纂	受上海市地方志办公室工作委托。该手册包括地方志法规文件、市志编纂方案、行文规范、市级志书版式等。	上海新闻出版局内部资料准印证（2010）第248号	2010年11月，17.28万字
《中国海关志》	顾问、江海关等部分通稿	编著	参与上海海关编辑室初稿编辑工作，出版前对江海关等稿进行修订；启动初2009年在天津海关为全国海关志编纂人员授课	方志出版社	2012年2月版，600万字
《汶川特大地震上海市对口支援都江堰市灾后重建志》	执行总纂	事件志编著	全书编纂方案设计，凡例、篇目拟订，全志总纂通稿，图片编选，撰写其中2/5文字	方志出版社	2012年11月版，128.5万字
《上海文学志稿》	总纂	编著	讨论篇目框架、总纂、改写文稿、通稿，并撰写文学人物与各篇导言	上海社会科学院出版社	2014年3月版
《汶川特大地震抗震救灾志．地震灾害志》卷	审读通稿（见编纂始末）	事件志编著	受汶川特大地震抗震救灾志全志办委托，以全志专家身份对灾害志进行审读通稿（见该志编纂始末）	方志出版社	2015年8月版，156.4万字
《汶川特大地震抗震救灾志．灾后重建志》卷	执行总纂、撰稿	事件志编著	受汶川特大地震抗震救灾志全志办委托，担任灾后重建志指导专家，受承编的国家发改委灾后重建志办聘请担任执行总纂，并撰写第15、16篇，全志修改通稿4遍	方志出版社	2015年8月版，199.2万字
《闵行区志》	顾问（初稿形成阶段总纂修改）	方志编著	培训授课、修订篇目、初稿形成阶段反复总纂修改部门上报的资料性文稿，撰写补充编下导言、地名、商贸、旅游等章节难点内容	上海人民出版社	2018年5月，378万字

著作名称	署名职务	著作性质	成果	出版单位	出版年份
《吴起县志（1990—2013）》	总纂	方志编著	从部门电子资料稿开始总纂，倒逼式直接修改至评审通过，通过网络补充核对资料和沪陕两地传输志稿	陕西人民出版社	2019年2月，165万字
《上海市志·政府志（1978—2010）》	总纂	方志编著	从部门电子资料稿开始总纂，倒逼式修改、总纂、通稿至评审通过	上海人民出版社	预计2020年出版，150万字左右
《上海市志·公安志（1978—2010）》	编审	方志编著	部分志稿修改，部分审读提出意见，提供业务咨询	上海人民出版社	计划2020年出版
《上海市志·普通教育志（1978—2010）》	通稿	方志编著	从部门电子资料稿开始通稿修改	上海古籍出版社	计划2020年出版
《浙江通志·财政志》	通稿	编著	志稿后期的文稿修订	浙江人民出版社	2019年出版
《浙江通志·钱塘江志》	通稿	编著	志稿后期的文稿修订	浙江人民出版社	计划2020年出版
《浙江通志·运河志》	通稿	编著	志稿后期的文稿修订	浙江人民出版社	计划2020年出版
《上海世博会志》	主纂	编著	设计篇目框架和实施方案、主纂1/3篇章	上海人民出版社	2015年通过终审，待出版

说明：前置*符号的著作为方志学、方志编纂学研究专著，其余为志书和地情书。